Compliance Berater

Dissertation zur Erlangung des Dr. iur. der Fakultät III –
Wirtschaftswissenschaften, Wirtschaftsinformatik
und Wirtschaftsrecht der Universität Siegen

Tag der Disputation: 12.02.2025
Erstgutachter: Univ.-Prof. Dr. Peter Krebs
Zweitgutachter: Univ.-Prof. Dr. Jörn Griebel
Amtierender Dekan: Univ.-Prof. Dr. Marc Hassenzahl

Interne Untersuchungen *de lege lata* und *de lege ferenda*

von

Kim-Mara Flier

Fachmedien Recht und Wirtschaft | dfv Mediengruppe | Frankfurt am Main

Bibliografische Information der Deutschen Nationalbibliothek

Die Deutsche Nationalbibliothek verzeichnet diese Publikation in der Deutschen Nationalbibliografie; detaillierte bibliografische Daten sind im Internet über http://dnb.de abrufbar.

ISBN 978-3-8005-1984-2

dfv Mediengruppe

www.ruw.de

Druck: Beltz Grafische Betriebe GmbH, 99947 Bad Langensalza

Printed in Germany

Für meine Familie

Vorwort

Die vorliegende Arbeit wurde im Sommersemester 2024 von der Fakultät für Wirtschaftswissenschaften, Wirtschaftsinformatik und Wirtschaftsrecht der Universität Siegen als Dissertation angenommen. Literatur, Rechtsprechung und sonstige Nachweise entsprechen dem Stand von Februar 2025.

Mein besonderer Dank gilt meinem Doktorvater Herrn Prof. Dr. *Peter Krebs* für seine fachliche Begleitung und Unterstützung, den offenen und fachlichen Austausch, seine stets konstruktiven Anregungen sowie die zügige Erstellung des Erstgutachtens. Für die ebenso rasche und sorgfältige Erstellung des Zweitgutachtens sowie die wertvollen Hinweise danke ich Herrn Prof. Dr. *Jörn Griebel* herzlich.

Den Herausgebern dieser Schriftenreihe danke ich für die Aufnahme meiner Dissertation.

Da ich den Umfang dieses Vorworts nicht durch die namentliche Aufzählung einzelner Personen in die Länge ziehen möchte, gilt mein besonderer Dank all jenen, die mich auf meinem Promotionsweg begleitet haben – sei es durch fachlichen Austausch, kritisches Feedback oder willkommene Ablenkung in arbeitsintensiven Phasen. Jede einzelne Person hat diese Zeit bereichert und dazu beigetragen, dass die Dissertation in ihrer heutigen Form entstehen konnte.

Abschließend möchte ich meinen Eltern von Herzen danken – für ihre Unterstützung, ihr Verständnis und ihren Rückhalt in jeder Phase dieses Weges.

Kim-Mara Flier

Inhaltsverzeichnis

Kapitel 4
Interne Untersuchungen de lege ferenda

Abbildungsverzeichnis

Tabellenverzeichnis

Abkürzungsverzeichnis

a. A.	andere Ansicht
a. F.	alte Fassung
Abs.	Absatz/Absätze
ACFE	Association of Certified Fraud Examiners
AG	Aktiengesetz, Die Aktiengesellschaft, Amtsgericht
AGB	Allgemeine Geschäftsbedingungen
AktG	Aktiengesetz
Alt.	Alternative
AnwBl	Anwaltsblatt
AO	Abgabenordnung
AöR	Archiv für öffentliches Recht
AP	Arbeitsrechtliche Praxis
ArbG	Arbeitsgericht
ArbGG	Arbeitsgerichtsgesetz
ArbRAktuell	Arbeitsrecht Aktuel
ArbRB	Der Arbeits-Rechtsberater
Art.	Artikel
Aufl.	Auflage
Az.	Aktenzeichen
BAG	Bundesarbeitsgericht
BauR	Baurecht
BayObLG	Bayrisches Oberstes Landesgericht
BB	Betriebs Berater
BB Special	Betriebs Berater Special
BC	Zeitschrift für Bilanzierung, Rechnungswesen & Controlling
BDSG	Bundesdatenschutzgesetz
BeckHdB	Beck'sches Handbuch der GmbH
BeckOF	Beck'sche Online-Formulare
BeckOGK	Beck'scher Online-Großkommentar
BeckOK	Beck'scher Online-Kommentar
BeckRS	Beck-Rechtsprechung
BetrVG	Betriebsverfassungsgesetz
BGB	Bürgerliches Gesetzbuch
BGBl.	Bundesgesetzblatt
BGH	Bundesgerichtshof
BKA	Bundeskriminalamt
BMJ	Bundesministerium der Justiz
BMJV	Bundesministerium der Justiz und für Verbraucherschutz
BRAK	Bundesrechtsanwaltskammer
BRAO	Bundesrechtsanwaltsordnung
BR-Drs.	Bundesratsdrucksache
bspw.	beispielsweise
BT-Drs.	Bundestagsdrucksache
BtMG	Betäubungsmittelgesetz
BUJ	Bundesverband der Unternehmensjuristen e. V.
BVerfG	Bundesverfassungsgericht
BVerwG	Bundesverwaltungsgericht

bzw.	beziehungsweise
CB	Compliance Berater
CCZ	Corporate Compliance Zeitschrift
CDU	Christlich Demokratische Union Deutschlands
CMS	Compliance-Management-System
CR	Computer und Recht
CSU	Christlich-Soziale Union in Bayern
DAR	Deutsches Autorecht
DAV	Deutscher Anwaltverein
DB	Der Betrieb
DCGK	Deutscher Corporate Governance Kodex
ders.	derselbe
DICO e. V.	Deutsches Institut für Compliance e. V.
dies.	dieselbe/dieselben
DIIR	Deutsches Institut für Interne Revision
DJT	DeutscherJuristentag
DM	Deutsche Mark
DOJ	US-amerikanisches Justizministerium, United States Department of Justice
DÖV	Die Öffentliche Verwaltung
DRiZ	Deutsche Richterzeitung
DSB	Datenschutz-Berater
DSGVO, DS-GVO	Datenschutz-Grundverordnung
DSK	Datenschutzkonferenz
DStR	Deutsches Steuerrecht
e. V.	eingetragener Verein
EDRM	Electronic Discovery Reference Model
EGMR	Europäischer Gerichtshof für Menschenrechte
Einl.	Einleitung
EKD	Evangelische Kirche Deutschland
EMRK	Europäische Menschenrechtskonvention
ErfK ArbR	Erfurter Kommentar zum Arbeitsrecht
ESG	Environmental, Social and Governance
etc.	et cetera
EU	Europäische Union
EuGRZ	Europäische Grundrechte-Zeitschrift
EuR	Europarecht
EUV	Vertrag über die Europäische Union
f./ff.	folgende (Seite)/folgende (Seiten)
FCPA	Foreign Corrupt Practices Act
FGO	Finanzgerichtsordnung
Fn.	Fußnote
FS	Festschrift
GA	Goltdammer's Archiv für Strafrecht
GewO	Gewerbeordnung
GG	Grundgesetz
ggf.	gegebenenfalls

GK-BetrVG	Gemeinschaftskommentar Betriebsverfassungsgesetz
GmbH	Gesellschaft mit beschränkter Haftung
GmbHG	Gesetz betreffend die Gesellschaft mit beschränkter Haftung
GmbHR	Zeitschrift für Gesellschafts-, Unternehmens- und Steuerrecht
GrCh	Charta der Grundrechte der Europäischen Union
GRUR	Gewerblicher Rechtsschutz und Urheberrecht
GVG	Gerichtsverfassungsgesetz
GWB	Gesetz gegen Wettbewerbsbeschränkungen
GWR	Gesellschafts- und Wirtschaftsrecht
HBfDI	Der hessische Beauftragte für Datenschutz und Informationsfreiheit
Hdb.	Handbuch
HDSIG	Hessisches Datenschutz- und Informationsfreiheitsgesetz
HGB	Handelsgesetzbuch
HinSchG	Hinweisgeberschutzgesetz
HK-ArbR	Handkommentar Individualarbeitsrecht mit kollektiven Bezügen
HK-BGB	Handkommentar zum Bürgerlichen Gesetzbuch
HK-GS	Handkommentar Gesamtes Strafrecht
HK-OWiG	Ordnungswidrigkeitengesetz Handkommentar
Hrsg.	Herausgeber
HS	Halbsatz
IAASB	International Auditing and Assurance Standards Board
insb.	insbesondere
InsO	Insolvenzordnung
InsO-E	Entwurf einer Insolvenzordnung
IPbpR	Internationaler Pakt über bürgerliche und politische Rechte
i. S. d.	im Sinne des
i. V. m.	in Verbindung mit
IWRZ	Zeitschrift für Internationales Wirtschaftsrecht
JA	Juristische Arbeitsblätter
jM	juris – Die Monatszeitschrift
JofA	Journal of Accountancy
JR	Juristische Rundschau
JURA	Juristische Ausbildung
JuS	Juristische Schulung
JZ	JuristenZeitung
Kap.	Kapitel
KG	Kammergericht (Berlin)
KI	Künstliche Intelligenz
KI-VO	Verordnung über Künstliche Intelligenz
KK-OWiG	Karlsruher Kommentar zum Gesetz über Ordnungswidrigkeiten
KK-StPO	Karlsruher Kommentar zur Strafprozessordnung
KO	Konkursordnung
KSchG	Kündigungsschutzgesetz
LAG	Landesarbeitsgericht
LG	Landgericht
lit.	litera
LMRR	Lebensmittelrecht-Rechtsprechung
LS	Leitsatz

MAH	Münchener Anwaltshandbuch
MAR	Market Abuse Regulation
MDR	Monatsschrift für Deutsches Recht
medstra	Zeitschrift für Medizinstrafrecht
Mio.	Millionen
MüKo	Münchener Kommentar
NJOZ	Neue Juristische Online-Zeitschrift
NJW	Neue Juristische Wochenschrift
NJW-RR	Neue Juristische Wochenschrift – Rechtsprechungs-Report
NJW-Spezial	Neue Juristische Wochenschrift Spezial
NK	Neue Kriminalpolitik
NK-StGB	Nomos Kommentar Strafgesetzbuch
Nr.	Nummer
NStZ	Neue Zeitschrift für Strafrecht
NZA	Neue Zeitschrift für Arbeitsrecht
NZA-Beilage	Neue Zeitschrift für Arbeitsrecht-Beilage
NZA-RR	Neue Zeitschrift für Arbeitsrecht – Rechtsprechungs-Report
NZG	Neue Zeitschrift für Gesellschaftsrecht
NZI	Neue Zeitschrift für Insolvenz- und Sanierungsrecht
NZKart	Neue Zeitschrift für Kartellrecht
NZWiSt	Neue Zeitschrift für Wirtschafts-, Steuer- und Unternehmensstrafrecht
NZZ	Neue Zürcher Zeitung
o.V.	ohne Verfasser
öAT	Zeitschrift für das öffentliche Arbeits- und Tarifrecht
OLG	Oberlandesgericht
OWiG	Gesetz über Ordnungswidrigkeiten
PinG	Privacy in Germany
PolR-Hdb	Handbuch des Polizeirechts
PStR	Praxis Steuerstrafrecht
RdA	Recht der Arbeit
RefE	Referentenentwurf
RegE	Regierungsentwurf
RFamU	Recht der Familienunternehmen
RG	Reichsgericht
RiStBV	Richtlinien für das Strafverfahren und das Bußgeldverfahren
RiW	Recht der internationalen Wirtschaft
Rn.	Randnummer
S.	Seite; Satz
SchiedsVZ	Zeitschrift für Schiedsverfahren
SEC	US-amerikanische Börsenaufsicht, United States Securities and Exchange
SK-StPO	Systematischer Kommentar zur Strafprozessordnung
sog.	sogenannt
SPA	Schnellinformation für Personalmanagement und Arbeitsrecht
SPD	Sozialdemokratische Partei Deutschlands
StA	Staatsanwaltschaft
Stbg	Die Steuerberatung

StGB	Strafgesetzbuch
StPO	Strafprozessordnung
StPO(-E)	Entwurf zur Strafprozessordnung
StraFo	Strafverteidiger Forum
StV	Zeitschrift Strafverteidiger
SWK-ArbR	StichwortKommentar Arbeitsrecht
TDDDG	Telekommunikation-Digitale-Dienste-Datenschutz-Gesetz
TKG	Telekommunikationsgesetz
TMG	Telemediengesetz
TTDSG	Telekommunikation-Telemedien-Datenschutz-Gesetz
u. a.	unter anderem
UAbs.	Unterabsatz
US	United States
USA	United States of America
USD	United States Dollar
UWG	Gesetz gegen den unlauteren Wettbewerb
v.	von; vom
V-Leute	Vertrauensleute
V-Person(en)	Vertrauensperson(en)
VerbSG-E	Kölner Entwurf eines Verbandssanktionengesetzes
VerbStrG-E	Entwurf eines Gesetzes zur Einführung der strafrechtlichen Verantwortlichkeit von Unternehmen und sonstigen Verbänden
VerfGH	Verfassungsgerichtshof
VerSanG-E	Entwurf zum Verbandssanktionengesetz
VG	Verwaltungsgericht
VGH	Verwaltungsgerichtshof
vgl.	vergleiche
VN	Vereinte Nationen
VO	Verordnung
Vor./Vorb.	Vorbemerkung
VW	Volkswagen AG
WiJ	Journal der Wirtschaftsstrafrechtlichen Vereinigung e. V.
WirtschaftsStrafR	Wirtschafts- und Steuerstrafrecht Handbuch
wistra	Zeitschrift für Wirtschafts- und Steuerstrafrecht
WM	Zeitschrift für Wirtschafts- und Bankrecht
WPg	Die Wirtschaftsprüfung
WuB	Entscheidungsanmerkungen zum Wirtschafts- und Bankrecht
z. B.	zum Beispiel
ZCG	Zeitschrift für Corporate Governance
ZD	Zeitschrift für Datenschutz
ZfPW	Zeitschrift für die gesamte Privatrechtswissenschaft
ZGR	Zeitschrift für Unternehmens- und Gesellschaftsrecht
ZHR	Zeitschrift für das gesamte Handelsrecht und Wirtschaftsrecht
ZIP	Zeitschrift für Wirtschaftsrecht
ZIS	Zeitschrift für Internationale Strafrechtsdogmatik
ZJS	Zeitschrift für das Juristische Studium
ZPO	Zivilprozessordnung
ZRFC	Zeitschrift Risk, Fraud & Compliance

ZRP	Zeitschrift für Rechtspolitik
ZStW	Zeitschrift für die gesamte Strafrechtswissenschaft
ZUM	Zeitschrift für Urheber- und Medienrecht
ZWH	Zeitschrift für Wirtschaftsstrafrecht und Haftung im Unternehmen

Kapitel 1
Einführung

A. Einleitung

In den Medien wird regelmäßig über große und schwerwiegende Unternehmensskandale berichtet. Zu den prominentesten Beispielen zählen der Bilanzskandal der Wirecard AG[1], der Abgasskandal der Volkswagen AG[2] und – eines von weiteren, damit im Zusammenhang stehenden Unternehmen – die Continental AG[3].

Wenngleich sich der Vorstandsvorsitzende der Wirecard AG wegen des Vorwurfs der Untreue in Untersuchungshaft befindet und ein weiteres Vorstandsmitglied untergetaucht ist, wurden diese gemeinsam mit einem weiteren Vorstandsmitglied in einem Teilurteil des LG München I vom 05.09.2024 als Gesamtschuldner zur Zahlung von Schadensersatz in Höhe von 140 Mio. Euro nebst Zinsen verurteilt.[4] Für den im Jahr 2015 bekanntgewordenen Abgasskandal des Volkswagen-Konzerns belaufen sich die Geldstrafen gemäß Medienberichten auf eine Mrd. Euro. Zusätzlich sollen Bußgelder, Rechtsanwaltskosten und Schadensersatzleistungen Ausgaben von mehr als 32 Mrd. Euro für den Konzern verursacht haben.[5] Die Continental AG hat aufgrund fahrlässiger Aufsichtspflichtverletzungen, die mit der Zulieferung von Motorsteuergeräten und -software in einem Zusammenhang stehen, von der Staatsanwaltschaft Hannover einen Bußgeldbescheid in Höhe von 100 Mio. Euro erhalten.[6] Dem Pressebericht der Continental AG zufolge wurden bei der Bußgeldbemessung die vollumfängliche Kooperation der Gesellschaft, die Aufklärungshilfe und die gestärkten Compliance-Strukturen berücksichtigt.[7] Im Zusammenhang mit dem Abgasskandal wurden in der Vergangenheit auch weitere Zulieferer, wie die ZF Friedrichshafen AG (42,5 Mio. Euro) und die Robert Bosch GmbH (90 Mio. Euro[8]) sowie Wettbewerber,[9] wie die Daimler AG, von den deutschen Behörden zu Geldbußen

---

1 Siehe hierzu: Bender/Holtermann/Iwersen/Votsmeier, Handelsblatt, Jan Marsalek und der Coup des Jahrhunderts.

2 o. V., Der Spiegel, Volkswagen – Dirty Diesel – die Chronik der Ereignisse im VW-Abgasskandal.

3 o. V., Zeit Online, Razzia bei Volkswagen und Continental.

4 LG München I BeckRS 2024, 22856.

5 o. V. Tagesschau, Continental muss 100 Millionen Euro Bußgeld zahlen.

6 Staatsanwaltschaft Hannover, Pressemitteilung 25.04.2024.

7 Continental AG, Pressemitteilung 25.04.2024.

8 Staatsanwaltschaft Stuttgart, Pressemitteilung 23.05.2019, wonach sich die Summe von 90 Mio. Euro in einen Ahndungsteil (2 Mio. Euro) und einen Abschöpfungsteil (88 Mio. Euro) aufteilen.

9 o. V. Tagesschau, Continental muss 100 Millionen Euro Bußgeld zahlen.

verurteilt. Die von der Staatsanwaltschaft Stuttgart verhängte Geldbuße in Höhe von 870 Mio. Euro[10] hat die Daimler AG anerkannt, ohne dass Rechtsmittel eingelegt wurden.[11]

Indes wird nicht jeder Verstoß in und von Unternehmen medial behandelt, zumal die Medien nicht immer Kenntnis davon erlangen. Dennoch finden zahlreiche (Rechts-)Verstöße in Unternehmen statt, unabhängig von der Art, der Branche und der Größe eines Unternehmens. Wenngleich es sich hierbei nicht immer um die zuvor beschriebenen Wirtschaftsskandale handelt, zählen zu den alltäglicheren Fällen Betrugshandlungen durch Lieferanten, indem bspw. überhöhte Rechnungen gestellt werden, die Annahme von Bestechungsgeldern, der Arbeitszeitbetrug oder die Belästigung von Mitarbeitern. Diese Fälle können mitunter zu monetären oder reputativen Schäden des Unternehmens führen.

In jährlichen Studien aus den USA und Deutschland, in denen von ihnen registrierte Fälle in Deutschland verbunden mit einem rechnerischen Gesamtschaden dokumentiert werden, wird angesichts der großen Wirtschaftsskandale lediglich ein Bruchteil der tatsächlichen Fälle erfasst. So wurden im Zuge des Report to the Nations 2024, der von der Association of Certified Fraud Examiners (kurz: ACFE)[12] veröffentlicht wird, zwischen Januar 2022 und September 2023 weltweit insgesamt 1921 Fälle von betrügerischen Verhaltensweisen am Arbeitsplatz gemäß der Definition[13] der ACFE registriert und im Rahmen der Studie analysiert.[14]

Diese von der ACFE registrierten Fälle traten in 138 Ländern und 22 Branchen[15] auf und verursachten einen Gesamtschaden von über 3,1 Mrd. US-Dollar (kurz: USD). Der durchschnittliche Verlust für die Unternehmen aller 138 Länder betrug damit etwas mehr als 1,66 Mio. USD pro Fall, wobei in 22 % der Fälle ein Verlust von mehr als 1 Mio. USD verzeichnet wurde.[16] Die Anzahl der gemeldeten Fälle in Deutschland lag dabei lediglich bei 20.[17] Gemeinsam mit den weiteren Fällen aus Westeuropa ergibt sich ein

---

10 Staatsanwaltschaft Stuttgart, Pressemitteilung 24.09.2019, wonach sich die Summe von 870 Mio. Euro in einen Ahndungsteil (4 Mio. Euro) und einen Abschöpfungsteil (866 Mio. Euro) aufteilen.

11 Staatsanwaltschaft Stuttgart, Pressemitteilung 24.09.2019.

12 AFCE, Who we are: Die Association of Certified Fraud Examiners verfolgt das Ziel, das Aufkommen von Betrug und Wirtschaftskriminalität zu verringern, indem sie ihre Mitglieder dabei unterstützt, Betrug aufzudecken und zu verhindern.

13 Zum Begriff ‚Fraud' und hier im Speziellen ‚occupational fraud': ACFE, Report to the Nations 2024, S. 7; siehe Kapitel 2 A. II. 5. a).

14 ACFE, Report to the Nations 2024, S. 6.

15 ACFE, Report to the Nations 2024, S. 7.

16 ACFE, Report to the Nations 2024, S. 9.

17 ACFE, Report to the Nations 2024, S. 97.

durchschnittlicher Schaden in Höhe von 181.000 USD.[18] Jedoch bilden die in der Studie erfassten und behandelten Verstöße auch aus Sicht der ACFE nicht die Gesamtheit der weltweit begangenen Fraud-Fälle in diesem Zeitraum ab, sondern stellen nur einen Bruchteil dar. Dennoch leitet die ACFE aus den registrierten Fällen Informationen ab, die sich auf die Kosten und die Methoden sowie auf die Opfer und die Täter von Fraud beziehen.[19]

Zu den deutschen Studien gehören die Bundeslagebilder des Bundeskriminalamtes (kurz: BKA). So wurde im Bundeslagebild für Korruptionsstraftaten[20] aus dem Jahr 2022 ein monetärer Schaden von insgesamt 27 Mio. Euro verzeichnet.[21] Im Vergleich dazu wurde im Bundeslagebild für Wirtschaftskriminalität ein monetärer Schaden von 2,679 Mrd. Euro dokumentiert.[22] Indes werden im Bundeslagebild keine Korruptions- bzw. Wirtschaftsstraftaten erfasst, die ohne die Beteiligung der Polizei unmittelbar von Finanzbehörden und/oder Staatsanwaltschaften bearbeitet werden.[23] Somit ist auch hier anzunehmen, dass ein großes Dunkelfeld[24] und damit einhergehend ein noch höherer monetärer Schaden vorliegt.

Eine weitere Schadensstatistik stammt von dem Versicherungsunternehmen Allianz Trade aus dem Jahr 2022. Darin werden die Daten aus Schadensfällen von ‚Vertrauensschadenversicherungen' der vergangenen fünf Jahre aufgeführt.[25] Mit dieser Art von Versicherung werden Unternehmen vor Vermögensschädigungen geschützt, die sog. Vertrauenspersonen vorsätzlich begangen haben.[26] Während der Anteil der Schadensfälle von Mitarbeitern in den letzten zehn Jahren von etwa 75 % auf 57 % gesunken ist, sind sie dennoch für 73 % aller finanziellen Schäden verantwortlich.[27] Zu den fünf häufigsten Delikten zählen Betrug, Untreue, Unterschlagung/Diebstahl,

---

18 ACFE, Report to the Nations 2024, S. 96.

19 ACFE, Report to the Nations 2024, S. 7.

20 Bundeskriminalamt, Bundeslagebild Korruption 2022, S. 4, das den Begriff Korruption als „*Missbrauch eines öffentlichen Amtes, einer Funktion in der Wirtschaft oder eines politischen Mandats zugunsten eines anderen, auf dessen Veranlassung oder Eigeninitiative, zur Erlangung eines Vorteils für sich oder einen Dritten, mit Eintritt oder in Erwartung des Eintritts eines Schadens oder Nachteils für die Allgemeinheit (in amtlicher oder politischer Funktion) oder für ein Unternehmen (betreffend Täter als Funktionsträger in der Wirtschaft)*" ansieht; mit ähnlichem Wortlaut wie die Definition des BKA auch: Vahlenkamp/Knauß, Korruption – hinnehmen oder handeln?, S. 20.

21 Bundeskriminalamt, Bundeslagebild Korruption 2022, S. 18.

22 Bundeskriminalamt, Bundeslagebild Wirtschaftskriminalität 2022, S. 2.

23 Bundeskriminalamt, Bundeslagebild Wirtschaftskriminalität 2023, S. 4; Bundeskriminalamt, Bundeslagebild Korruption 2022, S. 4.

24 Bundeskriminalamt, Bundeslagebild Korruption 2022, S. 20.

25 Allianz Trade, Pressemitteilung Allianz Trade Analyse: Schäden durch kriminelle Mitarbeiter höher als durch externe Täter.

26 Allianz Trade, Vertrauensschadenversicherung.

27 Allianz Trade, Schadensstatistik 2022, S. 4.

Korruption sowie der Verrat von Geschäfts- und Betriebsgeheimnissen.[28] Aus den in der Studie exemplarisch dargestellten Schadensfällen geht hervor, dass die schadhaften Handlungen von Mitarbeitern oft über Jahre unentdeckt bleiben und einen erheblichen Schaden verursachen können.[29]

Die dargestellten Wirtschaftsskandale illustrieren im Vergleich zu den Studien umso deutlicher, dass aus den Unternehmensverstößen erhebliche Schadenssummen resultieren können. Gleichzeitig lassen die aufgezeigten Studien aufgrund ihrer vergleichsweise geringen Fallzahl und Schadenshöhe vermuten, dass die Dunkelziffer der Fälle, die unternehmensintern und damit ohne Kenntnis der Behörden oder Öffentlichkeit stattfinden, deutlich höher sein werden. Um solche (Rechts-)Verstöße in Unternehmen, die von den eigenen Mitarbeitern oder externen Dritten unter Mitwirkung von internen Helfern begangen wurden, aufzuklären und sich vor weiteren Verstößen und damit verbundenen finanziellen Schäden zu schützen, haben Unternehmen ein Interesse daran, interne Untersuchungen durchzuführen.

Interne Untersuchungen bzw. Internal Investigations haben ihren Ursprung in den USA.[30] Bei in Deutschland ansässigen Unternehmen mit einer Börsenzulassung in den USA hatten die US-Behörden einen erheblichen Einfluss auf die Aufklärungspraxis in deutschen Unternehmen.[31] Als Startpunkt in Deutschland gilt der Skandal um Siemens ab dem Jahr 2006.[32]

Demzufolge ist das Instrument einer internen Untersuchung nicht dem Willensakt des deutschen Gesetzgebers entsprungen. Vielmehr wurden interne Untersuchungen von Unternehmen durchgeführt, die in den Fokus der US-amerikanischen Behörden geraten waren und sich mit deren Durchführung vor erheblichen Strafen schützen wollten.[33] So wurden Elemente der nordamerikanischen Justiz *„plötzlich gegenwärtige deutsche Rechtswirklichkeit“*[34], ohne dass die Vereinbarkeit mit der deutschen Rechtskultur und

---

28 Allianz Trade, Schadensstatistik 2022, S. 5.

29 Allianz Trade, Schadensstatistik 2022, S. 14 f.

30 Siehe Kapitel 2 A. III.; vgl. nur: Wessing in: Moosmayer/Lösler, Corporate Compliance, § 47 Rn. 2; Nestler in: Knierim/Rübenstahl/Tsambikakis, Internal Investigations, Kap. 1 Rn. 5; Poppe in: Inderst/Bannenberg/Poppe, Compliance, Kap. 6 Rn. 4; Fuhrmann NZG 2016, 881, 882.

31 Taschke/Zapf in: Kempf/Lüderssen/Volk, Unternehmenskultur und Wirtschaftsstrafrecht, S. 182.

32 Vgl. nur: Wolf in: Graeff/Schröder/Wolf, Der Korruptionsfall Siemens, S. 9, 15; Wessing in: Moosmayer/Lösler, Corporate Compliance § 47 Rn. 3; Taschke/Zapf in: Kempf/Lüderssen/Volk, Unternehmenskultur und Wirtschaftsstrafrecht, S. 182.

33 Vgl. Bittmann/Brockhaus/von Coelln/Heuking NZWiSt 2019, 1, 1; siehe zu den hohen Strafen der US-Behörden Kapitel 2 A. III.

34 Bittmann/Brockhaus/von Coelln/Heuking NZWiSt 2019, 1, 1.

-systematik eruiert werden konnte.[35] Es wird zudem als „*anlassbezogene […] ‚Sturzgeburt*‘“[36] angesehen.

Während internen Untersuchungen in der Vergangenheit keine praktische Bedeutung zugeschrieben wurde,[37] sind sie heutzutage in der Praxis fest etabliert[38] und als unentbehrlicher Teil von Compliance-Maßnahmen anzusehen.[39] Ihre Durchführung wird auch zu einem parallel geführten Ermittlungsverfahren der Staatsanwaltschaft als grundsätzlich zulässig erachtet.[40] Zwar werden interne Untersuchungen nicht mehr in deutschen Ermittlungsverfahren, wohl aber im rechtlichen Kontext des deutschen Strafprozesses als ‚Fremdkörper‘ angesehen. Dies wird damit begründet, dass sie weder in der StPO noch im OWiG erwähnt werden.[41] Wenngleich es Sachverhaltsaufklärungen schon so lange gibt, wie Unternehmen existieren,[42] waren die ursprünglichen internen Untersuchungen in ihrem heutigen Umfang weder bekannt noch üblich.[43]

Rechtsunsicherheiten, die mit der Durchführung von internen Untersuchungen zusammenhängen, gründen u. a. auf dem Versuch, den internen Untersuchungen mit den aktuellen rechtlichen Regelungen zu begegnen.[44]

---

35 Bittmann/Brockhaus/von Coelln/Heuking NZWiSt 2019, 1, 1.

36 Bittmann/Brockhaus/von Coelln/Heuking NZWiSt 2019, 1, 1.

37 Vgl. Knauer/Buhlmann AnwBl 2010, 387, 387.

38 Vgl. nur: Nestler in: Knierim/Rübenstahl/Tsambikakis, Internal Investigations, Kap. 1 Rn. 11, wonach sich interne Untersuchungen in Deutschland etablieren; Klengel/Buchert NStZ 2016, 383, 384; vgl. Krug/Skoupil NJW 2017, 2374, 2374, wonach interne Untersuchungen als Bestandteil der deutschen Unternehmenswirklichkeit angesehen werden; Galle BB 2018, 564, 564, wonach in Deutschland interne Untersuchungen als etabliert angesehen werden können, sie aber im deutschen Recht noch nicht verankert sind.

39 Vgl. nur: Moosmayer, Compliance – Praxisleitfaden für Unternehmen, § 5 C Rn. 311, wonach interne Untersuchungen einen wesentlichen Bestandteil eines effektiven CMS darstellen; Klengel/Buchert NStZ 2016, 383, 384 sehen interne Untersuchungen als festen Bestandteil guter Compliance an; Wimmer NK 2016, 356, 357, versteht interne Untersuchungen als notwendigen Bestandteil von Compliance-Maßnahmen.

40 Vgl. nur: Krey, Zur Problematik privater Ermittlungen des durch eine Straftat Verletzten, S. 38 f.; Wewerka, Internal Investigations, S. 111, wonach die „*Zulässigkeit von privater Straftataufklärung heute überwiegend bejaht wird*“; im Ergebnis so auch: Wimmer in: Transparency International/Friedrich Ebert Stiftung, Strafverfolgung der Korruption, S. 27, 31.

41 Wimmer NK 2016, 356, 357.

42 Raum StraFo 2012, 395, 395.

43 Poppe in: Inderst/Bannenberg/Poppe, Compliance, Kap. 6 Rn. 5; ähnlich: Berndt in: Berndt/Theile, Unternehmensstrafrecht und Unternehmensverteidigung, Rn. 659, wonach unternehmensinterne Untersuchungen in ihrer heutigen Form früher eher unüblich waren.

44 Vgl. Momsen/Grützner CCZ 2017, 242, 242, wonach der Plan, Herausforderungen interner Untersuchungen mit den derzeit gültigen rechtlichen Instrumentarien zu lösen, nicht aufgeht.

B. Problemstellung

Während interne Untersuchungen inzwischen zur gängigen Unternehmenspraxis gehören, spiegelt sich dieser Umstand nicht in der deutschen Gesetzeslage wider.[45] So unterliegt die Durchführung einer internen Untersuchung Anforderungen aus unterschiedlichen Rechtsgebieten. Dabei kann es zu Überschneidungen von Fragestellungen aus diversen Rechtsgebieten wie Arbeits-, Datenschutz-, Gesellschafts-, Kartell-, Straf- und Strafprozess- sowie Wettbewerbsrecht kommen.[46] Grundlegend zu berücksichtigen ist zudem das Verfassungsrecht.[47] Indes sind jeweils keine ausdrücklichen Regelungen für interne Untersuchungen in den Gesetzen vorgesehen.[48] Daher gelingt es oftmals nicht, den Rechtsunsicherheiten im Zusammenhang mit internen Untersuchungen mit den derzeitigen rechtlichen Rahmenbedingungen wirksam zu begegnen.[49] Weitere Herausforderungen stellen ausländische Rechtsnormen dar, die je nach Internationalität des Unternehmens ebenfalls zu berücksichtigen sind. Das betrifft insbesondere die Regelungen des US Foreign Corrupt Practices Acts (kurz: FCPA) und des UK Bribery Acts.[50] Die Berücksichtigung des FCPA gilt nach der hier vertretenen Ansicht auch ungeachtet der Pausierung dieser, die US-Präsident Donald Trump am 10.02.2025 veranlasst hat.[51]

---

45 Vgl. nur: Galle BB 2018, 564, 564, sieht interne Untersuchungen im deutschen Recht als nicht fest verankert an; vgl. Momsen/Grützner CCZ 2017, 242, 242, die viele rechtliche Fragestellungen bei der Durchführung interner Untersuchungen als ungeklärt sehen und dies bis zur Einführung von einheitlichen Regelungen prognostizieren; Berndt in: Berndt/Theile, Unternehmensstrafrecht und Unternehmensverteidigung, Rn. 662, der darlegt, dass für die Durchführung interner Untersuchungen gesetzliche Vorgaben fehlen.

46 Vgl. nur: Theile/Gatter/Wiesenack ZStW 126 (2014), 803, 804, die die Rechtsbereiche des Arbeits-, Datenschutz-, Gesellschafts-, Kartell-, Straf- und Wettbewerbsrecht berührt sehen; vgl. Galle BB 2018, 564, 564, zählt zu den Rechtsgebieten insbesondere „*Arbeits-, Gesellschafts-, Datenschutz-, Strafprozessrecht*“; vgl. Dilling/Musiol CCZ 2024, 257, 258, wonach interne Untersuchungen u. a. den Rechtsbereichen Straf-, Arbeits-, Gesellschafts- und Datenschutzrecht unterliegen.

47 Siehe insbesondere Kapitel 2 B. III. 5. b) cc) (1), (2), (5).

48 Galle BB 2018, 564, 564.

49 Im Ergebnis so auch: Momsen/Grützner CCZ 2017, 242, 242, die viele rechtliche Fragestellungen bei der Durchführung interner Untersuchungen als ungeklärt sehen und dies bis zur Einführung von einheitlichen Regelungen prognostizieren; ähnlich vgl.: Berndt in: Berndt/Theile, Unternehmensstrafrecht und Unternehmensverteidigung, Rn. 662, der darlegt, dass für die Durchführung interner Untersuchungen gesetzliche Vorgaben fehlen.

50 Theile/Gatter/Wiesenack ZStW 126 (2014), 803, 804.

51 The White House, Pausing Foreign Corrupt Practices Act Enforcement to Further American Economic and National Security.

Abhilfe sollte das vom Bundesministerium der Justiz und für Verbraucherschutz (kurz: BMJV) im Jahr 2020 als Regierungsentwurf hervorgebrachte „*Gesetz [...] zur Stärkung der Integrität in der Wirtschaft*“[52] – bzw. das in Artikel 1 enthaltene „*Gesetz zur Sanktionierung von verbandsbezogenen Straftaten*“[53], auch bekannt als Verbandssanktionengesetz (kurz: VerSanG-E) – schaffen. Darin waren neben dem Versuch einer Definition des Begriffs einer internen Untersuchung auch Vorgaben zu deren Durchführung sowie zur Kooperation mit den Strafverfolgungsbehörden enthalten.[54] Dieser stark diskutierte Regierungsentwurf ist allerdings während der 19. Legislaturperiode gescheitert.[55] Obschon der Begriff der internen Untersuchung im Hinweisgeberschutzgesetz (kurz: HinSchG) wieder aufgenommen und verwendet wurde, fehlt es darin an einer Begriffsdefinition und diesbezüglichen Regelungen.[56]

In diesem Zusammenhang erscheint es problematisch, wie uneinheitlich interne Untersuchungen in Unternehmen – je nach Ausgestaltung der Compliance-Strukturen – gehandhabt werden. Verfügt ein Unternehmen über eine erprobte und breit angelegte Compliance-Struktur, wird Hinweisen auf Verstöße auch bei schwachen Verdachtsmomenten oft intensiver und systematischer nachgegangen als bei Unternehmen, die schlanke oder keine Compliance-Strukturen aufweisen. Dies wird in der Literatur zum Teil damit begründet, dass diese Unternehmen regelmäßig über ihre Rechte und Pflichten im Zusammenhang mit internen Untersuchungen verunsichert sind.[57]

C. Gegenstand und Schwerpunkt der Untersuchung

Im Hinblick auf interne Untersuchungen fehlt es in Deutschland somit an einem rechtlichen Rahmen, den Unternehmen als Leitlinie heranziehen können. Mit der vorliegenden Arbeit wird daher das Ziel verfolgt, basierend auf den aktuellen Herausforderungen und Regelungsvorschlägen der vergangenen Jahre einen eigenen Vorschlag zu entwerfen, der Unternehmen als Leitfaden zur Umsetzung von internen Untersuchungen dienen kann.

Dabei wird die Untersuchung in vier Teile gegliedert. Nach der Einführung in die Thematik in Kapitel 1 wird im folgenden Kapitel 2 der aktuelle Stand von internen Untersuchungen dargestellt. Dabei werden neben der Begriffsbestimmung auch einzelne Untersuchungshandlungen beleuchtet, die typi-

52 BMJV, VerSanG Regierungsentwurf 2020, S. 4.
53 BMJV, VerSanG Regierungsentwurf 2020, S. 4.
54 BMJV, VerSanG Regierungsentwurf 2020, S. 14.
55 Buschmann, FS Reuter, S. 85, 85.
56 Siehe Kapitel 2 A. II. 3.
57 Siehe hierzu: Momsen/Grützner DB 2011, 1792, 1792.

scherweise angewendet werden. Schwerpunkt dieses Kapitels ist die Darstellung wesentlicher Regelungslücken und Handlungsbedarfe, die in der Praxis derzeit bestehen. Hierbei werden insbesondere Mitarbeiterbefragungen und die Problematik von Auskünften der Mitarbeiter in einem privatrechtlichen Kontext und deren Verwertbarkeit im Strafprozess betrachtet.

Aufbauend darauf werden in Kapitel 3 ausgewählte Regelungsentwürfe für ein Unternehmensstrafrecht mit ihren Vorschriften für interne Untersuchungen erläutert. Darauffolgend werden die Normen für interne Untersuchungen des Regierungsentwurfs für ein Verbandssanktionengesetz des BMJV beleuchtet, was den Schwerpunkt dieses Kapitels darstellt.

Basierend auf dem Status quo und den dabei herausgearbeiteten Regelungslücken sowie den Regelungsentwürfen aus den Vorjahren und dem Regierungsentwurf des BMJV werden in Kapitel 4 eigene Gesetzesvorschläge im Hinblick auf interne Untersuchungen präsentiert, um die bisherigen Regelungslücken zu schließen.

In dieser Dissertation werden ausgewählte Rechtsbereiche des deutschen Rechts behandelt, die einen entscheidenden Einfluss auf interne Untersuchungen haben. Ausländische Rechtsnormen, detaillierte Regelungen zum Datenschutz, grenzüberschreitende Sachverhalte (sog. Cross-border Investigations[58]) sowie Strafbarkeitsrisiken von Ermittlern, wenn diese bei der internen Untersuchung Verfahrensfehler begehen, finden indes keine Berücksichtigung. Überdies werden in dieser Arbeit interne Untersuchungen aus Sicht der Unternehmen beleuchtet, weshalb auf eine umfassende Betrachtung der Tätigkeit der Strafverfolgungsbehörden verzichtet wird.

Darüber hinaus sind in diese Arbeit Teile der Ergebnisse der Masterarbeit ‚Mitarbeiterbefragungen als zentrales Element der Internal Investigations‘ der Autorin aus dem Jahr 2017 eingeflossen, die an der Fakultät III für Wirtschaftswissenschaften, Wirtschaftsinformatik, Wirtschaftsrecht der Universität Siegen vorgelegt wurde. Ebenso werden die Resultate des 2022 im Compliance-Berater veröffentlichten Aufsatzes „*Der Begriff einer ‚(verbands)internen Untersuchung‘ in den Entwürfen des BMJ(V)*“[59] der Autorin sowie die Studienergebnisse aus der vom Deutschen Institut für Compliance e. V. veröffentlichten Studie „*Interne Untersuchungen in Deutschland – 2022*“[60] punktuell verwertet, bei deren Auswertung die Autorin unterstützt hat.

In dieser Dissertation wird aus Gründen der besseren Lesbarkeit das generische Maskulinum verwendet, das sich ausdrücklich auf die männliche, die weibliche und andere Geschlechteridentitäten bezieht.

---

58 Grützner/Jakob in: Grützner/Jakob, Compliance von A-Z, Cross-border investigation.
59 Flier CB 2022, 291, 291.
60 DICO e. V., Studie „Interne Untersuchungen in Deutschland – 2022“, S. 1.

Kapitel 2
Interne Untersuchungen de lege lata

A. Hintergrundinformationen zu internen Untersuchungen

Im Folgenden werden die Hintergründe zu internen Untersuchungen, wie deren Begriffsbestimmung, Herkunft, Anwendungsgebiete und Auslöser dargestellt. Zudem werden die gesellschaftsrechtliche Verpflichtung zur Durchführung einer solchen sowie die notwendigen Vorprüfungen der (rechtlichen) Rahmenbedingungen aufgeführt.

I. Interne Untersuchungen als Bestandteil von Compliance

Gemäß dem ISO/TS-Standard 37008:2023 (kurz: ISO/TS-Standard) aus dem Jahr 2023 ist unter einer internen Untersuchung ein von einer Organisation oder für eine Organisation eingeleiteter professioneller Prozess zu verstehen, der der Ermittlung von Fakten im Zusammenhang mit mutmaßlichem oder vermutetem Fehlverhalten oder Noncompliance dient.[61] Dabei werden sie von diesem ISO/TS-Standard als Bestandteil eines Compliance-Management-Systems (kurz: CMS) angesehen.[62] Auch in Deutschland sind interne Untersuchungen als ein unentbehrlicher Bestandteil von CMS anerkannt.[63] Eine interne Untersuchung ist Teil der im CMS verankerten Untersuchungspflicht, die auf den drei Säulen eines effektiven CMS basiert (‚prevent, detect, react‘).[64]

---

61 Vgl. ISO/TS-Standard 37008:2023, S. 1: „*internal investigation: professional fact-finding process, initiated by or for an organization (3.3), to establish facts in relation to alleged or suspected wrongdoing, misconduct or noncompliance.*“.

62 ISO/TS-Standard 37008:2023, S. vi.

63 Vgl. nur: Moosmayer, Compliance – Praxisleitfaden für Unternehmen, § 5 C Rn. 311, wonach interne Untersuchungen einen wesentlichen Bestandteil eines effektiven CMS darstellen; Klengel/Buchert NStZ 2016, 383, 384, sehen interne Untersuchungen als festen Bestandteil guter Compliance an; Wimmer NK 2016, 356, 357, versteht interne Untersuchungen als notwendigen Bestandteil von Compliance-Maßnahmen; Brückner BB Special 4 (2010), 21, 21.

64 Vgl. nur: Mengel in: Mengel, Compliance und Arbeitsrecht, § 3 Rn. 1; Däubler in: Däubler/Deinert/Walser, AGB-Kontrolle im Arbeitsrecht, Anhang Rn. 152; Tödtmann/Kaluza-Krieg in: Maschmann/Sieg/Göpfert, Vertragsgestaltung im Arbeitsrecht, Kap. C250 Rn. 15.

Interne Untersuchungen werden dabei als eine Art Gegenstück zur präventiven Compliance angesehen.[65] Zwischen diesen beiden Bereichen – der Compliance und den Internal Investigations – deutet sich eine Zweckidentität an[66], die von dem angloamerikanischen Wort ‚Compliance Investigation' abgeleitet werden kann.[67]

Auf der einen Seite ist ein CMS auf die Verhinderung von Gesetzesverstößen ausgerichtet.[68] Auf der anderen Seite dienen interne Untersuchungen anlassbezogen[69] – und damit in Abgrenzung zu periodisch durchgeführten Untersuchungen wie Revisionsprüfungen[70] – der Aufklärung und Abstellung von Fehlverhaltensweisen und (Rechts-)Verstößen.[71] Dabei können sich die Beweggründe, die Eilbedürftigkeit sowie das Ziel und die Detailtiefe je nach Sachverhalt unterscheiden.[72] Beweggründe können damit je nach dem originären Ziel der Untersuchung die Identifizierung der jeweiligen Verantwortlichen[73] sowie die Ergreifung von (arbeitsrechtlichen) Maßnahmen sein.[74] Gleichzeitig dienen interne Untersuchungen dem Aufzeigen von Schwachstellen und Risiken im Unternehmen sowie der Kontrolle des Compliance-Management-Systems.[75] Neben diesen mannigfaltigen Beweggründen für interne Untersuchungen ist die Abwendung oder Milderung von Schäden für das Unternehmen und damit einhergehend die Haftungsminimierung[76] für dasselbige, Organe und Mitarbeiter ein zentraler Bestandteil einer Sachverhaltsaufklärung. Abgesehen von Schäden, die durch das Fehlverhalten an sich eintreten können, bildet auch die potenzielle Geldbuße aus Ermitt-

65 Vgl. nur: Momsen ZIS 2011, 508, 511, wonach interne Untersuchungen die repressive Facette von Compliance sind; ebenso: Berndt in: Berndt/Theile, Unternehmensstrafrecht und Unternehmensverteidigung, Rn. 659; vgl. Brückner BB Special 4 (2010), 21, 21 f., wonach ausgehend von internen Untersuchungen Fragestellungen abgeleitet werden können, die den präventiven Compliancebereich betreffen („*Wie hätten Unregelmäßigkeiten oder Verstöße verhindert werden können?*"). Zudem soll ein CMS im Unternehmen ein gesetzestreues Verhalten sicherstellen und interne Untersuchungen potenzielle Gesetzesverstöße aufdecken (Seite 22).

66 Nestler in: Knierim/Rübenstahl/Tsambikakis, Internal Investigations, Kap. 1 Rn. 32.

67 Nestler in: Knierim/Rübenstahl/Tsambikakis, Internal Investigations, Kap. 1 Rn. 32; Momsen ZIS 2011, 508, 508.

68 Brückner BB Special 4 (2010), 21, 22.

69 Berndt in: Berndt/Theile, Unternehmensstrafrecht und Unternehmensverteidigung, Rn. 658; Veit, Compliance und interne Ermittlungen, Rn. 256.

70 Uhl/Pikó in: Pikó/Uhl/Licci, Handbuch Corporate Compliance, § 48 Rn. 2.

71 Vgl. Veit, Compliance und interne Ermittlungen, Rn. 253.

72 Mansdörfer jM 2019, 123, 125.

73 Bührer in: Moosmayer/Hartwig, Interne Untersuchungen, Kap. G Rn. 5.

74 Moosmayer, Compliance – Praxisleitfaden für Unternehmen, § 5 C Rn. 311.

75 Berndt in: Berndt/Theile, Unternehmensstrafrecht und Unternehmensverteidigung, Rn. 660; Grützner in: Momsen/Grützner, Wirtschafts- und Steuerstrafrecht, § 16 Rn. 15.

76 Momsen in: Rotsch, Criminal Compliance § 34 B Rn. 11; Berndt in: Berndt/Theile, Unternehmensstrafrecht und Unternehmensverteidigung, Rn. 660.

lungen der deutschen oder ausländischen Behörden eine Schadensquelle für Unternehmen.[77] Interne Untersuchungen, die Weiterleitung der daraus resultierenden Ergebnisse und die Kooperation mit der Staatsanwaltschaft können dabei mitunter bei der Bußgeldbemessung berücksichtigt werden. Zuletzt hat die Continental AG in einem eigenen Pressebericht angegeben, dass diese Kriterien sowie die Stärkung der Compliance im Unternehmen zu einer Bußgeldminderung geführt haben.[78] Gleichzeitig sollen Medienberichten zufolge etwa 150 Mio. Euro von der Continental AG aufgewendet worden sein, um den Skandal aufzuklären.[79] Damit zusammenhängend kann ein weiterer Beweggrund einer internen Untersuchung die Verteidigung sein,[80] die in einem frühen Stadium ansetzt und einer Orientierung dient oder in einem Verfahren gerade auf die Sanktionsmilderung ausgerichtet sein kann.[81] Ferner kann mit der Durchführung von internen Untersuchungen bezweckt werden, dass der Verstoß unternehmensintern aufgeklärt und abgestellt wird, damit Strafverfolgungsbehörden und/oder geschädigte Dritte keine Kenntnis davon erlangen.

Interne Untersuchungen weisen zudem insofern einen präventiven Charakter auf, als damit gegenüber den Mitarbeitern verdeutlicht wird, dass einem Fehlverhalten aktiv nachgegangen wird.[82] Dadurch erhöht sich die Gefahr, entdeckt zu werden, was eine abschreckende Wirkung hat.[83] Zudem werden durch interne Untersuchungen Prozess- und Kontrollschwächen aufgedeckt, aus denen Verbesserungsvorschläge für das CMS und die damit verbunde-

---

77 Siehe hierzu sogleich.

78 Siehe hierzu: Continental AG, Pressemitteilung 25.04.2024, wonach die Continental AG aufgrund fahrlässiger Aufsichtspflichtverletzungen, die mit der Zulieferung von Motorsteuergeräten und -software in einem Zusammenhang stehen, von der Staatsanwaltschaft Hannover einen Bußgeldbescheid in Höhe von 100 Mio. Euro erhalten hat. Bei der Bußgeldbemessung wurden die vollumfängliche Kooperation der Continental AG, die Aufklärungshilfe und die gestärkten Compliance-Strukturen berücksichtigt.

79 Tyborski/Votsmeier, Handelsblatt, Continental muss 150 Millionen für die Aufarbeitung zahlen.

80 Rüsse WuB 2018, 535, 539.

81 Mansdörfer jM 2019, 123, 126.

82 Moosmayer, Compliance – Praxisleitfaden für Unternehmen, § 5 C Rn. 311; vgl. Veit, Compliance und interne Ermittlungen, Rn. 253.

83 Uhl/Pikó in: Pikó/Uhl/Licci, Handbuch Corporate Compliance, § 48 Rn. 8.

nen Maßnahmen abgeleitet werden können.[84] Hierdurch können Wiederholungen der Verstöße verhindert werden.[85]

Eine interne Untersuchung wird dann als erfolgreich angesehen, wenn deren Ergebnisse glaubhaft sind. Dafür ist es erforderlich, dass die Durchführung dieser gründlich, unabhängig[86], umfassend und zügig sowie kostengünstig[87] erfolgt.[88] Neben diesen in der deutschen Literatur benannten Grundsätzen für die Durchführung interner Untersuchungen sind gemäß dem ISO/TS-Standard ähnliche bzw. weitergehende Grundsätze im Zuge einer internen Untersuchung zu berücksichtigen. Eine Überschneidung besteht bei der Unabhängigkeit der Untersuchung, die nicht von Anreizen, Geschehnissen oder anderen Personen, die im Zusammenhang mit dem zu untersuchenden Sachverhalt stehen, beeinflusst oder kontrolliert werden soll. Weitere Grundsätze bei einer internen Untersuchung sind gemäß dem ISO/TS-Standard die Vertraulichkeit der zusammengetragenen Informationen und Dokumente sowie die Kompetenz und Professionalität des Ermittlerteams. Die interne Untersuchung soll zudem objektiv und unvoreingenommen durchgeführt werden. Interessenkonflikte sollen dabei ebenso vermieden werden wie persönliche Empfindungen, Interpretationen und Vorverurteilungen. Zuletzt werden im ISO/TS-Standard Legalität und Rechtmäßigkeit als bedeutsame Grundsätze aufgeführt, wonach das Ermittlerteam die jeweiligen Jurisdiktionen sowie die geltenden Gesetze und Vorschriften kennen muss, um die Rechtmäßigkeit der internen Untersuchung gewährleisten zu können.[89]

II. Begriffsbestimmungen

Nachdem die Definition einer Internal Investigation anhand des ISO/TS-Standards dargestellt wurde, wird nachfolgend die Verwendung des Begriffs einer internen Untersuchung sowie synonym genutzter Termini in der

---

84 Vgl. nur: Moosmayer, Compliance – Praxisleitfaden für Unternehmen, § 5 C Rn. 311; zur Nutzung der Ergebnisse einer internen Untersuchung zur gezielten Analyse der Schwachstellen und Fehler (Lessons Learned) sowie zur Verbesserung des CMS und der internen Kontrollsysteme: Hartung in: Wieland/Steinmeyer/Grüninger, Handbuch Compliance-Management, Teil I 2.5 Rn. 126; zur Anpassung des CMS auf Basis der Erkenntnisse einer internen Untersuchung auch: Bischoff/Minoggio in: Böttger, Wirtschaftsstrafrecht in der Praxis, Kap. 20 Rn. 154.

85 Behringer CB 2018, 257, 259.

86 Brückner BB Special 4 (2010), 21, 22.

87 Bührer in: Moosmayer/Hartwig, Interne Untersuchungen, Kap. G Rn. 6.

88 Vgl. Bührer in: Moosmayer/Hartwig, Interne Untersuchungen, Kap. G Rn. 6 sieht folgende Ziele vor: kostengünstig, gründlich, innerhalb einer angemessenen Zeit; vgl. Brückner BB Special 4 (2010), 21, 22, dieser erfasst folgende Ziele als relevant: unabhängig, gründlich, umfassend, zügig.

89 ISO/TS-Standard 37008:2023, S. 3.

Literatur, Rechtsprechung und in Gesetzen dargestellt. Darüber hinaus werden die Begrifflichkeit ‚Fraud' sowie einzelne, damit im Zusammenhang stehende Erscheinungsformen eingeführt.

1. Der Begriff einer internen Untersuchung in der Literatur

In Bezug auf die Aufklärung unternehmensinterner Fehlverhaltensweisen oder von (Rechts-)Verstößen existieren unterschiedliche Begrifflichkeiten. Zu diesen gehören „*Internal Investigations*"[90], „*interne Untersuchungen*"[91], „*unternehmensinterne Untersuchungen*"[92], „*interne Erhebungen*"[93], „*Compliance-Untersuchung*"[94], „*interne Ermittlungen*"[95], „*unternehmensinterne Ermittlungen*"[96] sowie „*Fraud Investigation*"[97]. Diese Begriffe lassen sich einzeln oder in Kombination verwenden.[98]

Während die dargestellten Begrifflichkeiten für eine interne Untersuchung überwiegend synonym verwendet werden, wird der Terminus ‚Internal Investigation' durch einen Teil der Literatur[99] abgrenzend definiert. Um eine Untersuchung als Internal Investigation anzusehen, sei das Vorliegen von drei Merkmalen relevant: „*1. die **repressive Ausrichtung** der Maßnahmen, 2. die Hinzuziehung **externer Berater** sowie 3. der Zusammenhang mit einem (drohenden) **Straf-** oder zumindest **Bußgeldverfahren*** [Hervorhebungen im Original]"[100]. Begründet wird die Ansicht damit, dass es sich nur um

---

90 Vgl. nur: Wessing in: Moosmayer/Lösler, Corporate Compliance, § 47 Rn. 1; Ott/Lüneborg CCZ 2019, 71, 71; Müller öAT 2023, 1, 1.

91 Vgl. nur: Moosmayer, Compliance – Praxisleitfaden für Unternehmen, § 5 C Rn. 311; Hugger ZHR 179 (2015), 214, 215; Müller öAT 2023, 1, 1.

92 Vgl. nur: Wessing/Dann in: Bürkle/Hauschka/Schieffer, Der Compliance Officer, § 11 Rn. 3; Hugger ZHR 179 (2015), 214, 215; Stück ArbR 2020, 408, 408.

93 Vgl. nur: BRAK, Stellungnahme Nr. 35/2010, S. 10; Jahn/Kirsch in: Rotsch, Criminal Compliance, § 33 Rn. 18; Jahn/Kirsch NZWiSt 2013, 28, 28.

94 Vgl. nur: Beinert/Heinrichs in: Bürkle, Compliance in Versicherungsunternehmen, § 17 Rn. 120; Dzida/Förster NZA-RR 2015, 561, 564; Plagemann/Lanzinner CCZ 2019, 193, 194.

95 Vgl. nur: Momsen in: Rotsch, Criminal Compliance, § 34 B. Rn. 2; Grützner in: Momsen/Grützner, Wirtschafts- und Steuerstrafrecht, § 16 Rn. 8; Kainer/Feinauer NZA 2020, 363, 363.

96 Vgl. nur: Fritz/Nolden CCZ 2010, 170, 172; Spehl/Momsen/Grützner CCZ 2013, 260, 260; Scheben/Geschonneck/Klos ZHR 179 (2015), 240, 240.

97 Albrecht/Albrecht/Albrecht/Zimbelman, Fraud Examination, S. 211.

98 Vgl. exemplarisch: Rieder/Menne CCZ 2018, 203, 207 (Verwendung der Begriffe „*Internal Investigations*", „*unternehmensinterne Ermittlungen*", „*interne Ermittlungen*", „*Ermittlungen*", „*unternehmensinterne Untersuchungen*", „*interne [...] Untersuchungen*" und „*Untersuchung*" auf einer Seite).

99 Nestler in: Knierim/Rübenstahl/Tsambikakis, Internal Investigations, Kap. 1 Rn. 21; Rudkowski, Aufklärung von Compliance-Verstößen, S. 85.

100 Nestler in: Knierim/Rübenstahl/Tsambikakis, Internal Investigations, Kap. 1 Rn. 21.

eine Internal Investigation im engeren Sinne handele, wenn externe Berater hinzugezogen werden. Die Durchführung durch einen externen Berater sei „*(soweit ersichtlich) von allen Autoren als wesentliches Element*"[101] genannt worden. Dem ist bereits in der Herleitung entgegenzuhalten, dass in einer der zwei von der Verfechterin dieser Ansicht herangezogenen Quellen[102] auch von der Möglichkeit ausgegangen wird, dass das Unternehmen die Untersuchung selbst durchführt.[103] Zudem wurden Internal Investigations in der deutschen Literatur zwischenzeitlich umfassend thematisiert. Bestandteil dessen war auch, dass diese durch das Unternehmen selbst durchgeführt werden können.[104] Ein starres Festhalten an der Beschreibung für Internal Investigations, die nur dann als solche angesehen werden, wenn externe Berater hinzugezogen werden, erscheint deshalb zum heutigen Zeitpunkt verfehlt.

Zudem existieren in der Literatur Stimmen, die die Anwendung des Begriffs einer Internal Investigation auch dann für möglich erachten, wenn nicht alle drei Merkmale erfüllt werden.[105] Dies kann mitunter damit begründet werden, dass mit dem Begriff im deutschen Recht keine Rechtsfolgen verbunden sind.[106] Daher – und weil die Begrifflichkeit ‚interne Untersuchung' vom englischen ‚Internal Investigation' abgeleitet werden kann[107] – erscheint eine synonyme Verwendung der Termini plausibel.

Unabhängig davon, ob das Unternehmen die Aufklärung selbst vornimmt oder damit Dritte wie Rechtsanwaltskanzleien oder Wirtschaftsprüfungs-

---

101 Nestler in: Knierim/Rübenstahl/Tsambikakis, Internal Investigations, Kap. 1 Rn. 25.

102 Als Quelle wurde u. a. aufgeführt: Theile/Gatter/Wiesenack ZStW 126 (2014), 803, 803; siehe in: Nestler in: Knierim/Rübenstahl/Tsambikakis, Internal Investigations, Kap. 1 Rn. 25.

103 Theile/Gatter/Wiesenack ZStW 126 (2014), 803, 803 („*entweder durch Unternehmen selbst oder durch mandatierte externe Ermittlungseinheiten*").

104 Vgl. nur: Hauschka/Moosmayer/Lösler in: Hauschka/Moosmayer/Lösler, Corporate Compliance, Anhang Leitlinien Nr. 7, wonach eine interne Untersuchung durch eine Spezialeinheit innerhalb der Compliance-Funktion, interne Revision oder externe Experten durchgeführt werden kann; Shahhosseini/Ahrens in: Godzierz, Corporate Compliance Checklisten, § 11 Rn. 17, die ein Untersuchungsteam aus unternehmenseigenen Mitarbeitern und – sofern notwendig – externen Dienstleistern für sinnvoll erachten; Schreier/Salvenmoser in: Achenbach/Ransiek/Rönnau, Handbuch Wirtschaftsstrafrecht, Teil 2 Kap. 2 Rn. 1, wonach neben Externen innerhalb des Unternehmens die Untersuchung u. a. die interne Revision durchführen kann.

105 Rudkowski/Schreiber, Aufklärung von Compliance-Verstößen, S. 73.

106 Rudkowski, Aufklärung von Compliance-Verstößen, S. 85.

107 Taschke in: Rotsch, Criminal Compliance vor den Aufgaben der Zukunft, S. 65; Taschke/Zapf in: Kempf/Lüderssen/Volk, Unternehmenskultur und Wirtschaftsstrafrecht, S. 182.

gesellschaften beauftragt,[108] kann bei der Verwendung der Begrifflichkeit ‚Untersuchung' der Zusatz ‚intern' Verwendung finden. Der Gebrauch des Zusatzes ‚unternehmensintern' kann dahingehend zu einer Klarstellung beitragen, dass die Sachverhaltsaufklärungen mit unternehmensinternen Ressourcen durchgeführt werden.[109]

Eine synonyme Verwendung der vorgenannten Begrifflichkeiten mit ‚internen Ermittlungen' wird in der Literatur dagegen zum Teil als unpassend angesehen.[110] Der Begriff der Ermittlung wird basierend auf §§ 161 Abs. 1 S. 1, 160 StPO bzw. 163 Abs. 1 StPO für die ermittelnden Tätigkeiten der Staatsanwaltschaft bzw. Polizei verwendet. Die Kompetenzen dieser staatlichen Institutionen sind jedoch nicht mit den Kompetenzen von Unternehmensmitarbeitern vergleichbar, die die Sachverhalte aufklären.[111] Allerdings wird oftmals die Bezeichnung des ‚internen Ermittlers' auch für unternehmensinterne Mitarbeiter verwendet.[112] Ein Grund hierfür ist, dass eine von dem Begriff einer internen Untersuchung abgeleitete Bezeichnung eines Mitarbeiters – hier eines *„interne[n] Untersucher[s]"*[113] – ‚gekünstelt' erscheint.[114]

Auch nach der in dieser Arbeit vertretenen Ansicht sind interne Untersuchungen von Ermittlungen der Behörden sprachlich zu trennen, um eine Unterscheidung der handelnden Parteien herbeizuführen. Der Begründung der Bezeichnung der ‚internen Ermittler' wird indes gefolgt. Insbesondere durch den Zusatz ‚intern' wird eine Abgrenzung zu den Ermittlern der Ermittlungsbehörden erzielt.

2. Der Begriff einer internen Untersuchung in der Rechtsprechung

Die synonyme Verwendung der unterschiedlichen Begrifflichkeiten für Sachverhaltsaufklärungen ist nicht nur in der Literatur, sondern auch in der Rechtsprechung der letzten Jahre zu finden.

---

108 Vgl. nur: Schreier/Salvenmoser in: Achenbach/Ransiek/Rönnau, Handbuch Wirtschaftsstrafrecht, Teil 2, Kap. 2 Rn. 1; Fleischer in: BeckOGK AktG, § 91 Rn. 72; Behrens RIW 2009, 22, 32, zur Fragestellung, ob unternehmensinterne oder -externe Personen die interne Untersuchung im Zusammenhang mit Auslandssachverhalten durchführen sollten.

109 Flier CB 2022, 291, 291.

110 Vgl. nur: Taschke/Zapf in: Kempf/Lüderssen/Volk, Unternehmenskultur und Wirtschaftsstrafrecht, S. 182; Süße/Ahrens BB 2019, 1332, 1334; a. A. Rudkowski, Aufklärung von Compliance-Verstößen, S. 85 ff., die den Begriff ‚interne Ermittlungen' für jede Form einer unternehmensinternen Untersuchung verwendet.

111 Süße/Ahrens BB 2019, 1332, 1334.

112 Vgl. zur Verwendung der Begrifflichkeit ‚interner Ermittler' nur: Wessing in: Moosmayer/Lösler, Corporate Compliance, § 47 Rn. 133; Süße/Ahrens BB 2019, 1332, 1334; Dilling CCZ 2020, 132, 135.

113 Süße/Ahrens BB 2019, 1332, 1334.

114 Süße/Ahrens BB 2019, 1332, 1334.

So hat bspw. das LG Hamburg im Jahr 2010 die Tätigkeiten einer beauftragten Anwaltssozietät als „*interne [...] Untersuchung (sog. Internal Investigation)*“[115] und „*unternehmensinterne [...] Ermittlungen*“[116] bezeichnet. Auch das LG Stuttgart hat im Jahr 2018 die Sachverhaltsaufklärungen von einer durch das Unternehmen beauftragten Rechtsanwaltskanzlei als ‚interne Untersuchung‘ betitelt.[117] Die Begriffe ‚Untersuchung‘ sowie ‚Compliance-Untersuchung‘ wurden dagegen in einem Urteil des LAG Baden-Württemberg aus dem Jahr 2021 für die unternehmensinternen Aufklärungen verwendet.[118] Zur Beschreibung der Aufklärungsmaßnahmen eines Unternehmens wurde in einem Beschluss des OLG Karlsruhe aus dem Jahr 2022 die Begrifflichkeit ‚Untersuchung‘ genutzt.[119] Das ArbG Köln hat in seinem Urteil aus dem Jahr 2020 stattdessen den Begriff ‚interne Ermittlungen‘ für die Tätigkeiten einer Compliance-Abteilung aufgeführt.[120] Der Begriff „*Compliance-Ermittlungen*“[121] wurde dagegen 2021 im Kontext einer „*spezialisierten externen Kanzlei*“[122] vom Bundesarbeitsgericht gebraucht.[123]

Die Darstellung der exemplarisch dargestellten Beschlüsse und Urteile zeigt, dass den einzelnen Begriffen auch in der Rechtsprechung keine unterschiedliche Bedeutung zugesprochen wird, weshalb die Begrifflichkeiten synonym verwendet werden.[124]

3. Der Begriff einer internen Untersuchung in Gesetzen und Gesetzesentwürfen

Das BMJV hat im VerSanG-E vom 16.06.2020 unter § 16 VerSanG-E verbandsinterne Untersuchungen wie folgt definiert: „*Verbandsinterne Untersuchungen können sowohl durch den Verband selbst als auch durch von ihm beauftragte Dritte durchgeführt werden.*“[125] Auf dieser Basis weiß der Rechtsanwender zwar, wer eine interne Untersuchung durchführen kann, allerdings nicht, was der Regierungsentwurfsverfasser im Detail unter dem Terminus versteht. Erst in der Regierungsentwurfsbegründung wird erläutert, dass „*verbandsinterne Untersuchungen [...] nur solche Maßnahmen*

115 LG Hamburg NJW 2011, 942, 942.
116 LG Hamburg NJW 2011, 942, 942 LS.
117 LG Stuttgart BeckRS 2018, 8717 Rn. 31.
118 LAG Baden-Württemberg BeckRS 2021, 40512 LS.
119 OLG Karlsruhe BeckRS 2022, 3332 Rn. 31.
120 ArbG Köln BeckRS 2020, 39149 Rn. 35.
121 BAG NJW 2021, 3483, 3483.
122 BAG NJW 2021, 3483, 3483.
123 BAG NJW 2021, 3483, 3483.
124 Flier CB 2022, 291, 292.
125 BMJV, VerSanG Regierungsentwurf 2020, S. 14.

[sind], die der systematischen Aufklärung des Verdachts einer Ordnungswidrigkeit oder Straftat dienen"[126].[127]

Da das VerSanG-E zwischenzeitlich gescheitert ist, erscheint in diesem Zusammenhang allerdings das Hinweisgeberschutzgesetz, das am 02.07.2023 in Kraft trat, problematischer. Darin wird der Begriff ‚interne Untersuchung' insgesamt dreimal im Gesetzestext verwendet, aber nicht definiert. Zu finden ist die Begrifflichkeit in § 9 Abs. 4 Nr. 2 HinSchG, § 18 Nr. 1 HinSchG und § 26 Abs. 2 Nr. 2 HinSchG.[128] Eine Definition findet sich lediglich für den Begriff einer Folgemaßnahme in § 3 Abs. 7 HinSchG, wonach „*Folgemaßnahmen [...] die von einer internen Meldestelle nach § 18 oder von einer externen Meldestelle nach § 29 ergriffenen Maßnahmen zur Prüfung der Stichhaltigkeit einer Meldung, zum weiteren Vorgehen gegen den gemeldeten Verstoß oder zum Abschluss des Verfahrens [sind]*". Gemäß § 18 Nr. 1 HinSchG zählt dazu die Durchführung einer internen Untersuchung. Neben der Verwendung des Begriffs ohne eine entsprechende Begriffsbestimmung erscheint dessen synonyme Nutzung für Ermittlungshandlungen der Behörden fraglich. So wurde bspw. in § 18 Nr. 4 lit. b HinSchG aufgeführt, dass die interne Meldestelle das Verfahren an die zuständige Behörde zum Zweck ‚weiterer Untersuchungen' abgeben kann. Hierdurch wird abermals die uneinheitliche Verwendung des Begriffs einer (internen) Untersuchung verdeutlicht.

4. Der Begriff einer internen Untersuchung sowie weitere Begrifflichkeiten in dieser Arbeit

Aufgrund der grundsätzlich fehlenden[129] bzw. nicht überzeugenden Legaldefinition einer ‚internen Untersuchung' wie im VerSanG-E, des Fehlens einer rechtlichen Definition einer Internal Investigation und der mangelnden Rechtsfolgen für die Begrifflichkeiten im deutschen Recht werden in der vorliegenden Arbeit die Begriffe ‚Internal Investigations' und ‚(unternehmens)interne Untersuchungen' synonym verwendet. Der Terminus einer Ermittlung wird hierbei zur Unterscheidung zwischen Untersuchungstätigkeiten von Unternehmen und Behörden ausschließlich für Tätigkeiten von Ermittlungsbehörden verwendet.

Die Unterscheidung, ob es sich bei den prüfenden Personen um Mitarbeiter oder Dritte wie Wirtschaftsprüfungsgesellschaften oder Rechtsanwälte handelt, erfolgt bei Bedarf über die Begrifflichkeiten der (unternehmens)in-

126 BMJV, VerSanG Regierungsentwurf 2020, S. 98.
127 Detaillierte Betrachtung von § 16 VerSanG-E in Kapitel 3 D. II. 2. a).
128 Siehe hierzu: Flier CB 2022, 291, 293.
129 Dilling in: BeckOK HinSchG, § 18 Rn. 14, wonach keine Legaldefinition für interne Untersuchungen existiert.

ternen bzw. externen Ermittler(teams). Wird die Begrifflichkeit des Ermittlerteams verwendet, sind damit gleichermaßen interne und externe Ermittler gemeint. Im Kontext von eDiscoverys werden diese Ermittler auch als ‚Reviewer', bei Mitarbeiterbefragungen, die auch als Mitarbeiterinterviews bezeichnet werden, als ‚Interviewer' bezeichnet.

Für Arbeitnehmer, die verdächtigt werden ein Fehlverhalten, eine Straftat oder Ordnungswidrigkeit begangen zu haben, wird in dieser Arbeit der Begriff ‚Verdächtigte'[130] verwendet.

5. ‚Fraud' – Begrifflichkeit und Hintergründe

Wie bereits dargestellt, wird für eine interne Untersuchung zum Teil auch der Begriff ‚Fraud Investigation' verwendet.[131] Zudem wird der Begriff ‚Fraud' in der deutschen Literatur teilweise für Verstöße wie „*ESG-Fraud*"[132] und „*CEO-Fraud*"[133] genutzt. Wenngleich die Bedeutung des Begriffs im deutschen Sprachgebrauch im Zusammenhang mit internen Untersuchungen keine zentrale Rolle einzunehmen scheint, kommt dem Terminus in der englischsprachigen Literatur zu internen Untersuchungen eine erhebliche Bedeutung zu. So wird der Begriff bspw. im ‚Fraud Triangle'[134] verwendet, das auf der Hypothese von *Cressey*[135] basiert, aus der die Bedingungen für die schädigende Handlung hergeleitet werden. Darin heißt es: „*Trusted persons become trust violators when they conceive of themselves as having a financial problem which is non-sharable* [Motivation/Anreiz], *are aware this problem can be secretly resolved by violation of the position of financial trust* [Gelegenheit], *and are able to apply to their own conduct in that situation verbalizations which enable them to adjust their conceptions of themselves as trusted persons with their conceptions of themselves as users of the entrusted funds or property* [(innere) Rechtfertigung]. "[136]

Die aus dem Zusammenwirken von Motivation/Anreiz, Gelegenheit und (innerer) Rechtfertigung resultierende schädigende Handlung kann eine interne Untersuchung begründen. Deshalb werden im Folgenden kurz der Begriff ‚Fraud' sowie damit zusammenhängende und für interne Untersu-

130 Verwendung des Terminus ‚Verdächtigte' ebenfalls von: Maties/Koops NZA 2024, 287, 291; Valerius in: BeckOK StGB, § 164 Rn. 9; ähnlich: Dendorfer-Ditges in: MAH ArbR, § 75 Rn. 128 „*verdächtigte Arbeitnehmer*".

131 Siehe Kapitel 2 A. II. 1; Albrecht/Albrecht/Albrecht/Zimbelman, Fraud Examination, S. 211.

132 Ferati/Meyer CCZ 2022, 349, 349.

133 Teichmann ZWH 2024, 1, 1.

134 Vgl. nur: Wells, Principles of Fraud Examination, S. 13 f.; Bantleon/Thomann DStR 2006, 1714, 1715; Berndt/Jeker BB 2007, 2615, 2615.

135 Vgl. Cressey, Other People's Money, S. 30.

136 Vgl. Cressey, Other People's Money, S. 30.

chungen relevante Aspekte wie die Hauptkategorien nach dem ACFE, die Warnzeichen von Fraud sowie zwei gegensätzliche Motive (Fraud against the Company und Corporate Misconduct) betrachtet.

a) Der Begriff ‚Fraud'

Der Begriff ‚Fraud' entstammt dem lateinischen Wort ‚fraus' und steht für Täuschung.[137] Auch aus dem Englischen kann der Begriff mit ‚Betrug' übersetzt werden,[138] wobei darunter teilweise mehr als bloßer Betrug verstanden wird.[139] Daneben wird Fraud mit Begriffen wie ‚Wirtschaftskriminalität', ‚Financial Crime' und ‚dolose Handlung' gleichgesetzt. Ein einheitliches Verständnis für den Begriff ‚Fraud' und dessen Bedeutung besteht jedoch nicht.[140]

Die ACFE benennt Fraud, der sich von einer Person gegen ihren Arbeitgeber richtet, als „*occupational fraud*"[141]. Hierzu heißt es: „*Occupational fraud is formally defined as the use of one's occupation for personal enrichment through the deliberate misuse or misapplication of the employing organization's resources or asset.*"[142]

Die Begrifflichkeit des ‚personal enrichment' aus der Definition des ACFE wird in der Literatur[143] vereinzelt als zu eng gefasst angesehen. Dies wird damit begründet, dass Mitarbeiter gegen Compliance-Vorschriften oder Gesetze verstoßen und damit Fraud begehen können, ohne dass eine persönliche Bereicherung Auslöser des Handelns war.[144] Jedoch wird auch diese Ansicht des erweiterten Verständnisses des Begriffs ‚personal enrichment' als nicht ausreichend erachtet, da ausschließlich Unternehmensangehörige, nicht aber Unternehmensfremde von dem Begriff umfasst werden.[145]

Unternehmensfremde werden allerdings in der Definition des International Auditing and Assurance Standards Board (kurz: IAASB) inkludiert: „*The term ‚fraud' refers to an intentional act by one or more individuals among management, those charged with governance, employees, or third parties,*

---

137 Vgl. zur Übersetzung Latein-Deutsch: Generalanwalt beim EuGH BeckRS 2008, 71074.

138 Lescher in: Bürkle, Compliance in Versicherungsunternehmen, § 15 Rn. 5.

139 Lescher in: Bürkle, Compliance in Versicherungsunternehmen, § 15 Rn. 5, der eine Einschränkung auf das Betrugsdelikt für nicht sinnvoll erachtet; Jüttner/Koch CB 2018, 437, 438.

140 Lescher in: Bürkle, Compliance in Versicherungsunternehmen, § 15 Rn. 4.

141 ACFE, Report to the Nations 2024, S. 7.

142 ACFE, Report to the Nations 2024, S. 7, Fn. 1.

143 Bantleon/Thomann DStR 2006, 1714, 1715.

144 Siehe Kapitel 2 A. II. 5. d) zu ‚Fraud against the Company' und ‚Corporate Misconduct'; siehe hierzu auch: Bantleon/Thomann DStR 2006, 1714, 1715.

145 So etwa: Lescher in: Bürkle, Compliance in Versicherungsunternehmen, § 15 Rn. 5.

involving the use of deception to obtain an unjust or illegal advantage.“[146] Eine weitere, umfassendere Begriffsbestimmung, die die vorgenannte Definition mit berücksichtigt, stammt von einem anderen Autor: „*Fraud ist jede beabsichtigte Handlung einer oder mehrerer Personen aus dem Kreis der Mitarbeiter, gesetzlichen Vertreter oder Mitglieder des Aufsichtsorgans eines Unternehmens oder Dritter, um sich oder einem Dritten durch diese Handlung rechtswidrig Vorteile zu verschaffen.*“[147]

Da dies eine umfassende Definition darstellt, wird dieser nach der hier vertretenen Auffassung grundsätzlich gefolgt. Allerdings wird vorausgesetzt, dass der von Dritten begangene Fraud in einem Zusammenhang mit dem (Rechts-)Verstoß eines Unternehmensinternen steht. Denn damit bspw. die manipulierten Rechnungen eines Lieferanten bei einem Unternehmen einen Schaden herbeiführen können, bedarf es eines unternehmensinternen Mitarbeiters, der diese Rechnung freigibt und die Zahlung auslöst. Ein solches Fehlverhalten kann sodann den Anknüpfungspunkt für die Durchführung einer internen Untersuchung bilden.

b) Hauptkategorien von Fraud nach dem ACFE

Fraud lässt sich nach dem ACFE grundsätzlich in drei Hauptkategorien einteilen, die Bilanzbetrug, Veruntreuung von Vermögenswerten und Korruption umfassen.[148] Dem Report to the Nations des ACFE aus 2024 zufolge fallen unter die Kategorie ‚Bilanzbetrug‘ Handlungen, bei denen Mitarbeiter Sachverhalte in den Geschäftsberichten absichtlich falsch darstellen oder wesentliche Informationen auslassen. Diese Art von Fraud war gemäß der Studie mit 5 % am wenigsten verbreitet, gleichwohl aber mit durchschnittlich 766.000 USD am verlustreichsten. Veruntreuungen von Vermögenswerten, bei denen Mitarbeiter die Ressourcen des Arbeitgebers stehlen oder für ihre Zwecke missbrauchen, stellten in der Studie dagegen mit 89 % die häufigste Kategorie dar. Sie führte jedoch mit 120.000 USD zu dem durchschnittlich geringsten Schaden. Fälle, bei denen eine korruptive Handlung inkludiert ist, wozu Bestechung, Erpressung und Interessenkonflikte gehören, lagen im Hinblick auf Häufigkeit und Schadenshöhe im mittleren Bereich. Die Eintrittswahrscheinlichkeit für Korruption lag in den registrier-

---

146 IAASB, Proposed International Standard on Auditing 240 (Revised), S. 42 f. Nr. 18 (a); vgl. dahingehend auch: DIIR Revisionsstandard Nr. 5, S. 3, der „*‚Fraud‘ als beabsichtigte Handlung einer oder mehrerer Personen –Mitglieder des für die Leitung und Überwachung einer Organisation verantwortlichen Managements, (sonstige) Mitarbeiter oder Dritte – bezeichnet, mit der ein ungerechtfertigter oder rechtswidriger Vorteil erlangt werden soll.*“

147 Lescher in: Bürkle, Compliance in Versicherungsunternehmen, § 15 Rn. 9.

148 ACFE, Report to the Nations 2024, S. 10.

ten Fällen bei 48 % und der durchschnittliche Schaden bei 200.000 USD.[149] Jedoch beschränken sich die Täter oftmals nicht nur auf eine der drei Kategorien, sondern umfassen mit ihrem Handeln gleich zwei oder alle drei. Während 51 % der Fraudfälle eindeutig der Vermögensschädigung, 10 % der Korruption und 1 % dem Bilanzbetrug zuzuordnen sind, stellen ca. 36 % eine Vermengung von zwei Kategorien dar. Bei den verbleibenden 2 % waren alle drei Hauptkategorien im Verstoß zu identifizieren.[150]

Die Zuordnung zu den drei Hauptkategorien zeigt zwar, dass sich die Delikte eingrenzen lassen, allerdings gliedern sich die Delikte je nach Hauptkategorie in zahlreiche Unterkategorien[151] auf, die bei einem Verstoß auch übergreifend tangiert sein können. Hierdurch wird die Diversität der Verstöße deutlich.

c) *Warnzeichen von Fraud*

Die ACFE hat in ihrer Studie aus dem Jahr 2024 zwanzig Verhaltensweisen aufgeführt, die als Warnzeichen (sog. Red Flags) für Fraud gelten können. Die Teilnehmer der Studie haben in der Umfrage die Verhaltensweisen ausgewählt, die die Täter in ihren Fällen aufwiesen. Das Ergebnis war, dass in 84 % der Fälle mindestens eines dieser Verhaltensmerkmale bei den Tätern erkannt wurde, in 52 % der Fälle waren sogar mehrere Merkmale vorhanden. Nur in 16 % der Fälle konnte keine der Verhaltensweisen beobachtet werden. Nachfolgend werden auszugsweise zehn Verhaltensweisen dargestellt:[152]

1. Leben über die eigenen Verhältnisse (39 %),
2. finanzielle Schwierigkeiten (27 %),
3. ungewöhnlich enge Verbindungen mit Lieferanten oder Kunden (20 %),
4. Kontrollprobleme oder mangelnde Bereitschaft, Pflichten zu teilen (13 %),
5. Reizbarkeit, Misstrauen oder Abwehrbereitschaft (12 %),
6. Geschäftemacher-Haltung (12 %),
7. Mobbing oder Einschüchterung (11 %),
8. Scheidung oder Familienprobleme (10 %),
9. Beschwerde über unzureichende Bezahlung (8 %) sowie
10. Suchtprobleme (7 %).[153]

149 ACFE, Report to the Nations 2024, S. 10 (die dargestellten Prozentwerte betragen in Summe nicht 100 %, was von der Autorin der vorliegenden Arbeit mit der Existenz von Mischformen begründet wird, die laut ACFE zwischen den drei genannten Hauptkategorien auftreten können (ACFE, Report to the Nations 2024, S. 12)).

150 ACFE, Report to the Nations 2024, S. 12.

151 ACFE, Report to the Nations 2024, S. 11.

152 ACFE, Report to the Nations 2024, S. 66.

153 ACFE, Report to the Nations 2024, S. 66.

Der durchschnittliche Betrug dauert demnach zwölf Monate an, bis er entdeckt wurde.[154] Während es sich hierbei um Durchschnittswerte handelt, wird in der Studie dargestellt, dass fraudulente Handlungen bspw. im Zusammenhang mit dem Jahresabschluss oder der Manipulation von Schecks und Zahlungen bis zu ihrer Aufdeckung auch 18 Monate andauerten.[155] Um die Dauer der Aufdeckung und damit zeitgleich die Kosten zu senken, die durch die fraudulenten Handlungen entstehen können, wird vom ACFE empfohlen, die o. g. Red-Flag-Verhaltensweisen bei der Konzeption und Umsetzung von Compliance-Maßnahmen in Unternehmen zu berücksichtigen.[156]

Diese Empfehlung ist nachvollziehbar. Dabei bedarf es nach der hier vertretenen Ansicht insbesondere einer Bekanntmachung dieser Red-Flag-Verhaltensweisen bei den Führungskräften im Unternehmen. Nur so kann deren Sensibilität im Hinblick auf die Verhaltensweisen ihrer Mitarbeiter erhöht werden, was sie dazu befähigt, frühzeitig eingreifen zu können.

d) ‚Fraud against the Company' und ‚Corporate Misconduct'

Eine weitere Unterscheidung in Bezug auf Fraud betrifft die Motivation und Zielrichtung sowie die Nutznießer der Tat. Hierbei gibt es eine Unterteilung in ‚Fraud against the Company' und ‚Corporate Misconduct'.[157]

Aus der Bezeichnung geht bereits hervor, dass sich die Tat bei Fraud against the Company gegen das Unternehmen richtet, ohne dass Dritte einen direkten Schaden erleiden.[158] Es handelt sich dabei um ein „*eigennütziges Delikt*"[159], bei dem die persönliche Bereicherung eines oder mehrerer Mitarbeiter sowie beauftragter Dritter das Ziel ist. Das kann bspw. durch manipulierte Reisekostenabrechnungen oder Diebstahl von Betriebseigentum erfolgen.[160] Ein weiteres Beispiel aus der Praxis ist die Absprache zwischen

154 ACFE, Report to the Nations 2024, S. 15.

155 ACFE, Report to the Nations 2024, S. 16.

156 ACFE, Report to the Nations 2024, S. 68.

157 Vgl. nur: Grüninger in: Wieland/Steinmeyer/Grüninger, Handbuch Compliance-Management, Teil I 1.2.2 Rn. 4 f.; Jüttner/Koch CB 2018, 437, 438; Jüttner/Artinger/Keller/Petersen CCZ 2019, 225, 226 sowie 229; vgl. hierzu – wenngleich die o. g. Begrifflichkeiten nicht verwendet werden – detailliert die Unterscheidung der Arten (hierbei Betriebs- und Belastungskriminalität sowie Unternehmens- und Entlastungskriminalität): Lehmann in: Rotsch, Criminal Compliance, § 3 Rn. 12.

158 Vgl. nur: Grüninger in: Wieland/Steinmeyer/Grüninger, Handbuch Compliance-Management, Teil I 1.2.2 Rn. 4; Jüttner/Koch CB 2018, 437, 438, gehen davon aus, dass Dritte keinen direkten Schaden erleiden; differenzierter hierzu: vgl. Lehmann in: Rotsch, Criminal Compliance, § 3 Rn. 12.

159 Samson/Langrock DB 2007, 1684, 1684.

160 Jüttner/Koch CB 2018, 437, 438.

einem Mitarbeiter und einem Dienstleister, überhöhte Dienstleistungsrechnungen zu stellen, die der Mitarbeiter freigibt, um die Differenz im Anschluss untereinander aufzuteilen.

Die Motivation für eine Tat, die sich gegen das Unternehmen richtet, kann mit dem ‚Fraud Triangle' beschrieben werden.[161] Gemäß dem Fraud Triangle nach *Cressey*[162] kann die Kombination aus Anreiz/Druck, Gelegenheit und (innerer) Rechtfertigung zu einem Verstoß führen.[163] Diese Kombination kann anhand eines Beispiels dargestellt werden: Die Frau des langjährigen Mitarbeiters der XY-GmbH hat die Scheidung eingereicht. Der Mitarbeiter sieht seine Existenz aufgrund der bevorstehenden Kosten bedroht (Motivation/Anreiz bzw. Druck). Als Mitarbeiter in der Buchhaltung ist ihm schon seit Längerem aufgefallen, dass das Vier-Augen-Prinzip bei der Prüfung von Rechnungen nur halbherzig durchgeführt wird. Regelmäßig werden die Rechnungen ohne weitere Kontrollen durch eine einzelne Person im systembasierten Freigabetool zur Überweisung freigegeben. Der Mitarbeiter hat die Berechtigungen, Kreditorenstammdaten im System zu verändern (Gelegenheit). Die XY-GmbH ist finanziell erfolgreich. Der Mitarbeiter sieht das u. a. als sein Verdienst an, da er oft länger als vorgeschrieben gearbeitet hat ((innere) Rechtfertigung). Die Kombination dieser drei Faktoren kann den Mitarbeiter im dargestellten Beispiel dazu bewegen, die Kontoverbindung eines Dienstleisters in seine eigene abzuändern und in das Rechnungsfreigabetool eine fingierte Rechnung einzufügen und diese freizeichnen zu lassen.

Im Vergleich zu Fraud zur eigenen Bereicherung erfolgt beim Corporate Misconduct die pflichtwidrige und strafbare Handlung zum Vorteil des Unternehmens und bringt diesem, wenn auch nur kurzfristig, einen Nutzen.[164] Die Opferrolle nimmt in diesem Fall nicht das Unternehmen selbst ein. Stattdessen sind bspw. die Allgemeinheit oder anonyme Dritte betroffen.[165] Dabei kann es sich u. a. um gegen Kunden oder Behörden gerichteten Betrug oder Täuschungen sowie Kartellabsprachen oder aktive Korruption handeln.[166]

Ein denkbares Szenario für Corporate Misconduct ist die Erstellung von Scheinrechnungen, die, anders als im oben genannten Beispiel, nicht zum

---

161 Vgl. Cressey, Other People's Money, S. 30; vgl. Wells, Principles of Fraud Examination, S. 14; Bantleon/Thomann DStR 2006, 1714, 1715; Boecker/Zwirner BC 2010, 496, 497 f.; Jüttner/Koch CB 2018, 437, 438.

162 Cressey, Other People's Money, S. 30; siehe Kapitel 2 A. II. 5.

163 Vgl. nur: Wells, Principles of Fraud Examination, S. 13 f.; vgl. Bantleon/Thomann DStR 2006, 1714, 1715 f.

164 Vgl. nur: Grüninger in: Wieland/Steinmeyer/Grüninger, Handbuch Compliance-Management, Teil I 1.2.2 Rn. 4; vgl. Samson/Langrock DB 2007, 1684, 1684; Jüttner/Koch CB 2018, 437, 438.

165 Samson/Langrock DB 2007, 1684, 1684 f.

166 Jüttner/Koch CB 2018, 437, 438.

Zweck einer persönlichen Bereicherung verwendet werden, sondern zur Vertuschung und Abrechnung illegaler Arbeitnehmerüberlassungen, für Korruptionszahlungen oder für Abstandszahlungen bei Kartellabsprachen dienen.[167] Dies würde zu einer Rollenverschiebung des Unternehmens vom Geschädigten zum potenziellen „*Quasi-Täter*"[168] führen.[169] Die Geschäftsleitung des durch die Handlung begünstigten Unternehmens kann damit in der öffentlichen Wahrnehmung mit dem Täter in Verbindung gebracht werden.[170]

Im Vergleich zu der oben beschriebenen inneren Motivation beim Fraud against the Company ist der Verstoß im Falle des Corporate Misconduct üblicherweise im Unternehmen begründet.[171] Als Beispiele können der Druck, aufgrund unrealistischer Ziele, Narzissmus oder die Förderung der eigenen Karriere durch einen übertriebenen Ehrgeiz genannt werden. Der Auslöser kann auch in dem Wunsch begründet sein, der Führungskraft zu gefallen.[172]

In der Literatur wird dieser Ansatz zum Teil vertieft und die Kenntnis, Duldung und direkte oder indirekte Anordnung der Unternehmensleitung mit einbezogen. Im Fall einer Kenntnis oder Duldung der Tathandlung eines Mitarbeiters durch mindestens ein Mitglied der Unternehmensleitung, bei der der Mitarbeiter das Ziel verfolgt, sich – direkt oder indirekt – persönlich zu bereichern, das Unternehmen jedoch nicht direkt schädigen möchte, gibt es zwei Täter: den Mitarbeiter und das Unternehmensleitungsmitglied. Diese Tathandlung kann bspw. bei der Akquise von Aufträgen stattfinden. Erfolgt die Tathandlung durch den Mitarbeiter allerdings auf Basis einer direkten oder indirekten Anordnung, wobei die persönliche Bereicherung sowie die Schädigung des Unternehmens direkte oder indirekte Ziele sind, handelt es sich bei dem Täter um die Unternehmensleitung. Hierbei handelt es sich u. a. um Unternehmenskriminalität.[173]

---

167 Kappel/Zöll/Junkers CB 2018, 55, 56; siehe zur Thematik der Scheinrechnungen: Ehling BauR 2017, 1275, 1275 f.

168 Kappel/Zöll/Junkers CB 2018, 55, 56.

169 Kappel/Johannsen in: Ghassemi-Tabar/Pauthner/Wilsing, Corporate Compliance § 7 Rn. 58, weisen auf das Risiko der Rollenverschiebung im Zusammenhang mit einer Anzeigenerstattung des Unternehmens hin; Kappel/Zöll/Junkers CB 2018, 55, 56.

170 Samson/Langrock DB 2007, 1684, 1685.

171 So auch: Samson/Langrock DB 2007, 1684, 1684, wonach der aus der Tat resultierende Vorteil für das Unternehmen angestrebt wird, jedoch ohne dabei die o. g. Begrifflichkeiten ‚Corporate Misconduct' oder ‚Fraud against the Company' zu nennen; Jüttner/Koch CB 2018, 437, 439, wonach ein mehrheitlicher Unternehmensbezug im Hinblick auf die Motive und Anlässe dieser Taten besteht.

172 Jüttner/Koch CB 2018, 437, 439.

173 Lehmann in: Rotsch, Criminal Compliance, § 3 Rn. 12.

e) Stellungnahme zu ‚Fraud against the Company' und ‚Corporate Misconduct'

Aus den Begrifflichkeiten ‚Fraud against the Company' und ‚Corporate Misconduct' im Zusammenhang mit dem Fraud Triangle folgen eindrücklich die unterschiedlichen Motive, die die Ursache für ein doloses Handeln sein können. Auch die Vertiefung von Corporate Misconduct, wodurch die Unternehmensleitung zum Quasi-Täter werden kann, zeigt die verschiedenen Facetten, die eine schädigende Handlung haben kann. Nach der hier vertretenen Auffassung sind sich diese Motive bei der Durchführung von internen Untersuchungen zu vergegenwärtigen, um nicht von Beginn an den Fokus auf eine etwaige Bereicherungsabsicht eines Mitarbeiters zu setzen. Gleichzeitig sollten dabei auch Mitglieder der Unternehmensleitung nicht im Vorhinein von der Untersuchung ausgeschlossen werden, wenngleich deren Interesse an einer Aufklärung im Fall einer eigenen Beteiligung am Verstoß regelmäßig gering sein wird.

Sowohl Fraud against the Company als auch Corporate Misconduct können Auslöser für interne Untersuchungen darstellen, wenngleich sich die daraus abzuleitenden Maßnahmen zur Verbesserung des CMS unterscheiden können.

f) Zwischenergebnis

Der Begriff ‚Fraud' findet nunmehr auch vereinzelt in der deutschen Literatur Anwendung, wenngleich dessen Definition und Reichweite – soweit ersichtlich – nicht abschließend geklärt sind. Vorzugswürdig ist nach der hier vertretenen Auffassung eine weitreichende Definition, die fraudulente Handlungen von Dritten umfasst, die mit ihrem Handeln andere Unternehmen schädigen können. Den entscheidenden Zugang ermöglicht hierbei jedoch regelmäßig eine unternehmensinterne Person.[174]

Aus den Ergebnissen der ACFE-Studie 2024 folgt, dass sich die Fraud-Fälle kategorisieren lassen. Während die betrügerischen Handlungen eindeutig oder überschneidend den Themen Bilanzbetrug, Veruntreuung von Vermögenswerten und Korruption zugeordnet werden können, sind die Warnzeichen mannigfaltig.[175] Nichtsdestotrotz entstammen die beiden Red Flags mit den meisten Stimmen dem Privatleben eines Täters, der über die eigenen Verhältnisse lebt oder sich mit finanziellen Schwierigkeiten konfrontiert sieht.[176] Insbesondere bei solchen Motiven kann sich die schädigende Handlung eines Arbeitnehmers gegen das Unternehmen richten, um seine private

174 Siehe Kapitel 2 A. II. 5. a).
175 Siehe Kapitel 2 A. II. 5. b).
176 Siehe Kapitel 2 A. II. 5. c).

finanzielle Situation zu verbessern (Fraud against the Company). Dagegen können betrügerische Handlungen von Arbeitnehmern – ggf. unter Duldung oder Kenntnis der Unternehmensleitung – auch einen zumindest kurzzeitigen Vorteil für das Unternehmen bewirken (Corporate Misconduct), wenngleich hierbei die Motivlage des Arbeitnehmers bspw. durch einen hohen Erfolgsdruck oder schwer zu erreichende Bonusziele ausgelöst werden kann.[177] Diese Mechanismen sollten bei präventiven und repressiven Compliance-Maßnahmen Berücksichtigung finden.[178]

III. Herkunft von Internal Investigations und aktuelle Entwicklungen

Die Durchführung von Internal Investigations in den USA geht auf die 1960er Jahre zurück, als die Sanktionsverfahren der United States Securities and Exchange Commission (kurz: SEC) an Relevanz gewannen.[179] Allerdings wurde im Rahmen der Watergate-Affäre deutlich,[180] dass der SEC für die Ermittlung einer Vielzahl von Verstößen von Unternehmen begrenzte interne Ressourcen zur Verfügung standen.[181] Zum Zeitpunkt dieser Affäre, die sich Mitte der 1970er Jahre ereignete, wurde für die SEC ersichtlich, dass leitende Angestellte einiger großer Unternehmen nicht nur Bestechungszahlungen im Ausland getätigt hatten, sondern auch in illegale politische Wahlkampfspenden verwickelt waren.[182] Durch die limitierten Ressourcen kam die SEC zu dem Schluss, dass das öffentliche Interesse in den meisten Fällen auch erfüllt wäre, wenn die Verfehlungen durch die Unternehmen selbst aufgedeckt und offengelegt würden, ohne dass die Unternehmen oder deren Mitarbeiter zusätzlich sanktioniert werden müssten.[183] Daraus folgte, dass die SEC Unternehmen dazu ermutigte, eigene Untersuchungen zu Fehlverhalten wie fragliche Auslandszahlungen und illegale Wahlkampfspenden durchzuführen.[184] Hieraus entwickelte die SEC das Voluntary Disclosure Program, das zu einem großen Teil auf der Bereitschaft der Unternehmen

---

177 Siehe Kapitel 2 A. II. 5. d).

178 Siehe Kapitel 2 A. II. 5. e).

179 Vgl. Mathews, Ohio State Law Journal 1984, 655, 656; Behrens RIW 2009, 22, 24.

180 Vgl. Mathews, Ohio State Law Journal 1984, 655, 662, 667, wonach die SEC mit den „*political ‚slush fund' practices*" beschäftigt war.

181 Vgl. nur: U.S. District Court for the District of Columbia, In re Sealed Case, 676 F.2d 793 (D.C. Cir. 1982) Rn. 800; Mathews, Ohio State Law Journal 1984, 655, 667; Duggin, Columbia Business Law Review 2003, 859, 872.

182 Vgl. Mathews, Ohio State Law Journal 1984, 655, 662; Duggin, Columbia Business Law Review 2003, 859, 872.

183 Duggin, Columbia Business Law Review 2003, 859, 872.

184 Zur Ermutigung der Unternehmen zur freiwilligen Meldung durch die SEC vgl. nur: U. S. District Court for the District of Columbia, In re Sealed Case, 676 F.2d 793 (D. C.

basierte, interne Untersuchungen durchzuführen.[185] Für Unternehmen, die Verstöße meldeten, bot die Behörde Nachsicht an.[186] Als eine Folge des Programms wurden eine große Anzahl von relevanten und öffentlichkeitswirksamen Untersuchungen durchgeführt. Dies wird als die Entwicklung einer neuen Institution, der Internal Investigations, angesehen.[187] In den 1970er Jahren haben mehr als 400 US-Unternehmen an dem Programm der SEC teilgenommen.[188] Darunter befanden sich auch 117 Fortune-500-Unternehmen.[189] Als Reaktion auf den Watergate-Skandal wurde 1977 der FCPA erlassen,[190] wonach u. a. Bestechungshandlungen von ausländischen Beamten zum Erhalt oder zur Beibehaltung von Aufträgen durch Unternehmen oder Einzelpersonen im Hoheitsgebiet der Vereinigten Staaten von Amerika verboten wurden.[191]

Durch die von den Behörden geschaffenen Anreize für die Durchführung von internen Untersuchungen haben sich diese im Jahr 2008 so weit verbreitet, dass fast in der Hälfte der US-amerikanischen Kapitalgesellschaften mindestens eine interne Untersuchung von beauftragten Rechtsanwälten durchgeführt wurde.[192] Im selben Jahr führte ein Drittel der Privatunternehmen ebenfalls interne Untersuchungen durch.[193]

Ein US-amerikanischer stellvertretender Generalstaatsanwalt erklärte in seiner Rede vom 17.01.2023 am Georgetown University Law Center, dass die überarbeitete und ab Januar 2023 in den USA wirksame Criminal Division Corporate Enforcement and Voluntary Self-Disclosure Policy[194] eine klare

Cir. 1982) Rn. 800; Duggin, Columbia Business Law Review 2003, 859, 872 f.; vgl. Mathews, Ohio State Law Journal 1984, 655, 668.

185 Vgl. U. S. District Court for the District of Columbia, In re Sealed Case, 676 F.2d 793 (D. C. Cir. 1982) Rn. 800; Duggin, Columbia Business Law Review 2003, 859, 873.

186 U. S. District Court for the District of Columbia, In re Sealed Case, 676 F.2d 793 (D. C. Cir. 1982) Rn. 801; Duggin, Columbia Business Law Review 2003, 859, 873; vgl. Reeb, Internal Investigation, S. 22.

187 Zitiert nach: Mathews, Ohio State Law Journal 1984, 655, 665.

188 Corr/Lawler Vanderbilt Journal of Transnational Law 1999, 1249, 1256; Duggin, Columbia Business Law Review 2003, 859, 873.

189 Vgl. nur: U. S. General Accounting Office, Impact of Foreign Corruption Practices Act of U. S. Business, S. 114; Corr/Lawler Vanderbilt Journal of Transnational Law 1999, 1249, 1256; Duggin, Columbia Business Law Review 2003, 859, 873.

190 U. S. Department of Justice, A Resource Guide to the U. S. Foreign Corrupt Practices Act, S. 2.

191 U. S. Department of Justice, A Resource Guide to the U. S. Foreign Corrupt Practices Act, S. 1.

192 Michels, Seton Hall Law Review 40 (2010), 84; Reeb, Internal Investigation, S. 23.

193 Michels, Seton Hall Law Review 40 (2010), 84 Fn. 1.

194 Wonach die Richtlinie vormals unter dem Titel ‚FCPA Corporate Enforcement Policy‘ bekannt war: U. S. Department of Justice, 9-47.120, S. 1.

Botschaft enthält: „*Come forward, cooperate, and remediate.*“[195] Zeigt sich das Unternehmen im Fall eines Fehlverhaltens bei der Strafkammer (Criminal Division) des Department of Justice (kurz: DOJ) selbst an, kooperiert es vollständig mit diesem und schafft es rechtzeitig sowie angemessen Abhilfe, kann die Criminal Division eine Bußgeldminderung von 50 % bis 75 % gewähren oder einem Gericht empfehlen.[196] Diese Richtlinie war vormals als ‚FCPA Corporate Enforcement Policy‘ bekannt.[197]

Ein Bestandteil ist die vollständige Kooperation, bei der u. a. die rechtzeitige Offenlegung aller nicht vertraulichen Fakten, die zur Aufklärung des fraglichen Fehlverhaltens von Relevanz sind, sowie aller übrigen Fakten, die – sofern vom Unternehmen durchgeführt – im Rahmen einer unabhängigen internen Untersuchung gesammelt wurden, vorgesehen ist. Diese Fakten sollen konkreten Quellen zugeordnet werden, sofern damit nicht gegen das Anwaltsgeheimnis verstoßen wird. Hat sich das Unternehmen für eine interne Untersuchung entschieden, haben zeitnahe Aktualisierungen und fortlaufende Offenlegungen von Informationen zu erfolgen. Zudem hat das Unternehmen alle in das Fehlverhalten verwickelten Personen aus dem eigenen Unternehmen sowie ggf. Dritte zu identifizieren und gemeinsam mit Informationen offenzulegen, die in einem Zusammenhang mit dem Fehlverhalten stehen.[198]

Gemäß einer US-amerikanischen stellvertretenden Generalstaatsanwältin werden die Unternehmen durch die Maßnahmen des Justizministeriums befähigt, das Richtige zu tun, während die Staatsanwälte in die Lage versetzt werden, diejenigen zur Rechenschaft zu ziehen, die sich nicht richtig verhalten. In ihrer Rede beschreibt sie die Kombination aus ‚Zuckerbrot und Peitsche‘ („*a combination of carrots and sticks*“[199]), um die Maßnahmen des Ministeriums darzustellen – eine Verquickung von Anreiz und Abschreckung, um die Bekämpfung von Wirtschaftskriminalität zu verbessern.[200]

Der Auslöser für Internal Investigations in einem deutschen Unternehmen können auch die Ermittlungen der SEC oder des DOJ sein.[201] Ein Beispiel hierfür ist der Fall Siemens: Dem Unternehmen drohten hohe Sanktionen,

---

195 U. S. Department of Justice, Office of Public Affairs, Speech Assistant Attorney General Kenneth A. Polite, Jr., 17.01.2023.

196 U. S. Department of Justice, 9-47.120, S. 2.

197 U. S. Department of Justice, 9-47.120, S. 1.

198 U. S. Department of Justice, 9-47.120, S. 4.

199 Office of Public Affairs U. S. Department of Justice, Speech Deputy Attorney General Lisa O. Monaco, 15.09.2022.

200 Office of Public Affairs U. S. Department of Justice, Speech Deputy Attorney General Lisa O. Monaco, 15.09.2022.

201 Wessing in: Moosmayer/Lösler, Corporate Compliance, § 47 Rn. 154; siehe zu weiteren Auslösern interner Untersuchungen Kapitel 2 A. V.

die es zu einem kooperativen Verhalten mit der SEC und dem DOJ sowie einer umfassenden internen Untersuchung zwangen.[202] Mithilfe der internen Untersuchung und erheblicher Reorganisations- und Sanierungsmaßnahmen[203] konnte Siemens sowohl einer erheblichen Sanktionszahlung nach dem US-Recht entgehen als auch einen Imageschaden für das Unternehmen abwenden.[204] Anstelle einer Strafzahlung zwischen 1,35 und 2,7 Mrd. USD[205] empfahl das US-Justizministerium dem Gericht, Siemens zu einer Strafe in Höhe von 450 Mio. USD zu verurteilen.[206] Das Justizministerium sah die von Siemens ergriffenen Maßnahmen als außergewöhnlich und standardsetzend für multinationale Unternehmen an.[207] Das US-Bundesgericht sprach die Siemens AG sowie drei Tochtergesellschaften für schuldig und verordnete ein Bußgeld in Höhe von 450 Mio. USD (~ 350 Mio. Euro[208]). Zudem stimmte Siemens in einem gegen sie parallel geführten Zivilverfahren der Gewinnabschöpfung von 350 Mio. USD (~ 270 Mio. Euro[209]) zu. Gemeinsam mit dem in Deutschland verhängten Bußgeld musste Siemens wegen Bestechung von Amtsträgern somit 1 Mrd. Euro zahlen.[210] Das Vorgehen von Siemens und ihre Zusammenarbeit mit den Behörden kann für andere Unternehmen in ähnlichen Situationen ein Beispiel darstellen, wie mit einem Verdacht auf (Rechts-)Verstöße umzugehen ist.

Jüngst hat sich auch das Softwareunternehmen SAP SE mit den US-Behörden aufgrund eines Verstoßes gegen den FCPA geeinigt. Hierbei wurde ebenfalls die Kooperation des Unternehmens mit den Behörden gewürdigt, was u. a. die zügige Übermittlung von relevanten Dokumenten und Unterlagen sowie die Übersetzung umfangreicher fremdsprachiger Unterlagen umfasste, damit die Prüfung der Behörde erleichtert und beschleunigt werden

---

202 Wessing in: Moosmayer/Lösler, Corporate Compliance, § 47 Rn. 3.

203 U.S. Department of Justice, Department's Sentencing Memorandum 12.12.2008, S. 24.

204 Wessing in: Moosmayer/Lösler, Corporate Compliance, § 47 Rn. 3.

205 U.S. Department of Justice, Department's Sentencing Memorandum, 12.12.2008, S. 12.

206 U.S. Department of Justice, Department's Sentencing Memorandum, 12.12.2008, S. 25, wonach neben der Empfehlung für Siemens eine weitere Strafzahlungsempfehlung für Siemens Venezuela, Siemens Bangladesch und Siemens Argentinien von jeweils rund 500.000 USD ausgesprochen wurde.

207 U.S. Department of Justice, Department's Sentencing Memorandum, 12.12.2008, S. 24.

208 Siemens AG, Pressemitteilung: Einigung mit Behörden, 15.12.2008, S. 1 f., wonach Siemens als Wechselkurs 1,30 USD angenommen hat.

209 Siemens AG, Pressemitteilung: Einigung mit Behörden, 15.12.2008, S. 1 f., wonach Siemens als Wechselkurs 1,30 USD angenommen hat.

210 Siemens AG, Pressemitteilung: Einigung mit Behörden, 15.12.2008, S. 1.

konnte. Neben weiteren Kriterien[211] wirkte sich u. a. das Verhalten von SAP strafmildernd aus. Das DOJ erließ SAP daher 40 % der Geldbuße, obschon das Unternehmen noch über 220 Mio. USD zahlen musste, um die Ermittlungen der SEC abzuschließen.[212]

Eine Übernahme dieses Vorgehens liegt auch bei Sachverhalten nahe, die keinen Auslandsbezug aufweisen, da eine interne Untersuchung als positives Nachtatverhalten nach § 46 StGB zu verstehen ist, was sich auch in Deutschland in Form einer Sanktionsmilderung auswirken kann.[213]

IV. Anwendungsgebiete von internen Untersuchungen

Interne Untersuchungen dienen der Aufklärung unterschiedlicher Arten von vermutetem oder mutmaßlichem Fehlverhalten oder der Nichteinhaltung unternehmensinterner Richtlinien, Vorschriften oder gesetzlicher Regelungen.[214] Neben Bestechungshandlungen und betrügerischen Aktivitäten[215] können kartellrechtliche Absprachen Gegenstand einer internen Untersuchung werden.[216] Auch Verstöße gegen Nachhaltigkeitsaspekte, die in den Komponenten Environment, Social und Governance (kurz: ESG) zusammengefasst werden,[217] können durch interne Untersuchungen aufgeklärt werden.[218]

Seit 2017 rückten zudem vermehrt weiche Faktoren in den Mittelpunkt interner Untersuchungen, deren Ursprung in der #metoo-Bewegung gründet.[219] Neben dem Missbrauchsprozess um einen ehemaligen US-amerika-

---

211 So hat sich SAP im Rahmen des Pilotprogramms „*Compensation Incentives and Clawbacks*" u. a. dazu verpflichtet, Compliance-Kriterien im Vergütungs- und Bonussystem des Unternehmens umzusetzen (Part I) und Vergütungen von beteiligten Mitarbeitern einzubehalten, was in einem umfangreichen Rechtsstreit verteidigt wurde (Part II): U. S. Department of Justice, Press Release, SAP to Pay Over $220M to Resolve Foreign Bribery Investigations.

212 U. S. Department of Justice, Press Release, SAP to Pay Over $220M to Resolve Foreign Bribery Investigations.

213 Wessing in: Moosmayer/Lösler, Corporate Compliance, § 47 Rn. 3.

214 Vgl. ISO/TS-Standard 37008:2023, S. vi: „*Internal investigation is a professional fact-finding process (...) to establish facts in relation to alleged or suspected wrongdoing, misconduct or noncompliance*".

215 ISO/TS-Standard 37008:2023, S. vi.

216 Zu kartellrechtlichen unternehmensinternen Untersuchungen: Janssen CCZ 2016, 270, 270.

217 Ferati/Meyer CCZ 2022, 349, 349.

218 Ferati/Meyer CCZ 2022, 349, 356.

219 Siehe hierzu: Weyand BB 2024, 1016, 1016; Pikó/Uhl BB 2020, 1204, 1205 f.

nischen Filmproduzenten[220] führte die Veröffentlichung einer ehemaligen Uber-Mitarbeiterin zu der dort vorherrschenden sexistischen Kultur und dem Ignorieren von Hinweisen zu internen Untersuchungen[221] und zu der Entlassung von 20 Uber-Mitarbeitern.[222] Gemäß einer Studie aus dem Jahr 2018 einer weltweit agierenden Kanzlei für Arbeitsrecht haben 23 % der befragten deutschen Arbeitgeber als Reaktion auf die #metoo-Bewegung erneut Untersuchungen zu vergangenen Fällen von sexueller Belästigung aufgenommen.[223] Gegenstand dieser Ermittlungen sind insbesondere Verstöße gegen das allgemeine Gleichbehandlungsgesetz.[224] Auch im ISO/TS-Standard werden Belästigung, Gewalt oder Diskriminierung als Sachverhalte angesehen, die Teil einer internen Untersuchung sein können.[225]

Anders als bei Compliance-Verstößen wie Betrug und Korruption, die wirtschaftskrimineller Natur sind und bei denen die vorrangigen Ziele die Überführung der Täter und die Bestimmung des Schadensausmaßes sind, betreffen Fälle sexueller Belästigung die Privat- und Intimsphäre der Opfer. Neben den zuvor genannten Zielen ist dabei zugleich von Bedeutsamkeit, dass die Opfer geschützt und Fürsorge für sie übernommen werden soll.[226]

V. Auslöser interner Untersuchungen

Die Auslöser interner Untersuchungen können mannigfaltig sein. Dies haben die nachfolgend aufgeführten Ergebnisse der Studie des Deutschen Instituts für Compliance e. V. (kurz: DICO e. V.) ergeben. Dazu gehören mitunter Hinweise von unternehmensinternen Personen oder externen Dritten, auf die im Nachgang detaillierter eingegangen wird.

---

220 Vgl. hierzu: Langer, NZZ, Ein historisches Urteil für die #MeToo-Bewegung, wonach Harvey Weinstein verurteilt wurde; o. V., NZZ, Der Fall Harvey Weinstein, wonach die Artikel der New York Times und New Yorker die Vorwürfe gegen Harvey Weinstein weltweit bekannt gemacht haben; Pikó/Uhl BB 2020, 1204, 1204.

221 o. V. Stanford Law School Conferences, S. 1, wonach mit der Durchführung der Untersuchung von Uber eine Anwaltskanzlei beauftragt wurde; o. V., The New York Times, Uber Report: Eric Holder's Recommendations for Change, Pikó/Uhl BB 2020, 1204, 1205.

222 Solon, The Guardian, Uber fires more than 20 employees after sexual harassment investigation; Pikó/Uhl BB 2020, 1204, 1205.

223 Swinkels, Littler Mendelson, P. C., Pressemitteilung New Littler Research, 12.11.2018; Pikó/Uhl BB 2020, 1204, 1211.

224 Pegal/Prinzenberg wistra 2023, 275, 275, die diese Untersuchungen als „*MeToo-Investigations*" bezeichnen.

225 ISO/TS-Standard 37008:2023, S. vi, „*harassment, violence or discrimination*".

226 Pikó/Uhl BB 2020, 1204, 1211 f.

1. Auslöser interner Untersuchungen nach der Studie des DICO e. V.

In einer vom DICO e. V. durchgeführten nicht repräsentativen Studie zu „*Interne[n] Untersuchungen in Deutschland – 2022*“[227] mit 103 teilnehmenden Unternehmen[228] wurden die Auslöser für eine interne Untersuchung detailliert aufgezeigt. Die Teilnehmer hatten hierbei die Möglichkeit, mehrere Antworten auszuwählen. Zu den Top-3-Auslösern für interne Untersuchungen gehören demnach Hinweise von Mitarbeitern (95,79 %), externen Dritten (83,16 %) und der Compliance-Abteilung (74,74 %). Weitere Auslöser sind:
– Unregelmäßigkeiten, die bei regulären Überprüfungen bspw. durch das Management erkannt wurden (67,37 %),
– Erkenntnisse aus Prüfungen der internen Revision (64,21 %),
– Hinweise, die von Stakeholdern wie Banken oder Lieferanten eingingen (58,95 %),
– Anfragen, die von Behörden gestellt wurden (50,53 %),
– Hinweise von der Ombudsperson des Unternehmens (33,68 %),
– nicht benannte Auslöser (26,32 %) sowie
– Sachverhalte, bei denen weitere Informationen benötigt werden, um bspw. bei einer Entscheidung zu unterstützen (11,58 %).[229]

Zwar enthält die Studie den Hinweis, dass sie nicht repräsentativ ist,[230] jedoch gewährt sie durch ihre Ergebnisse immerhin Einblicke in den Investigationsalltag von über 100 Unternehmen in Deutschland. Die fehlende Repräsentativität lässt sich auf die Branchen der Teilnehmer zurückführen, die nicht die Gesamtheit der deutschen Unternehmenslandschaft abbilden. So gehören die meisten Teilnehmer mit 16,19 % der Branche ‚Anlagenbau‘ an,[231] während eine der umsatzstärksten Branchen in Deutschland – die Automobilindustrie[232] – unter dem Titel „*Automotive, Instandhaltung und Reparatur von Fahrzeugen*“[233] lediglich 7,62 % der Teilnehmer ausmacht.[234] Dies ist darauf zurückzuführen, dass für die Teilnahme Vertreter von Unternehmen angefragt wurden, die dem Arbeitskreis ‚Interne Untersuchungen &

227 DICO e. V., Studie „Interne Untersuchungen in Deutschland – 2022“, S. 1.
228 DICO e. V., Studie „Interne Untersuchungen in Deutschland – 2022“, S. 7.
229 DICO e. V., Studie „Interne Untersuchungen in Deutschland – 2022“, S. 27.
230 DICO e. V., Studie „Interne Untersuchungen in Deutschland – 2022“, S. 7.
231 DICO e. V., Studie „Interne Untersuchungen in Deutschland – 2022“, S. 12.
232 Bundesministerium für Wirtschaft und Klimaschutz, Wirtschaftsbranchen Automobilindustrie, wonach die Automobilindustrie der bedeutsamste Industriezweig in Deutschland ist und, gemessen am Umsatz, die größte Branche im Bereich der verarbeitenden Gewerbe darstellt; Die Bundesregierung – Make it in Germany.
233 DICO e. V., Studie „Interne Untersuchungen in Deutschland – 2022“, S. 12.
234 DICO e. V., Studie „Interne Untersuchungen in Deutschland – 2022“, S. 7.

Hinweisgebersysteme' des DICO e. V. angehören, sowie Mitglieder des Verbandes Deutscher Maschinen- und Anlagenbau e. V.[235]

2. Hinweisgeber als Auslöser von internen Untersuchungen

Auch weitere Auslöser, die aus der Sphäre inner- oder außerhalb des Unternehmens stammen, können zu internen Untersuchungen führen. Dazu gehören Beschwerden von Wettbewerbern, Durchsuchungen der Strafverfolgungsbehörden oder Presseberichte.[236] Unternehmensinterne oder externe Personen, die Hinweise melden, werden als Hinweisgeber oder Whistleblower bezeichnet.[237] Der Begriff ,Whistleblower' wird aus dem Englischen ,to blow the whistle' abgeleitet, was zu Deutsch wörtlich ,in die Pfeife blasen'[238] und im übertragenen Sinne ,jemanden verpfeifen' bzw. ,anzeigen'[239] bedeutet.[240]

Die Meldungen einer Information über einen Verstoß können nach dem HinSchG an Meldestellen gerichtet werden. Unterschieden wird nach § 3 Abs. 4 HinSchG zwischen internen und externen Meldestellen. Eine interne Meldestelle nach § 12 Abs. 1 HinSchG ist eine vom Beschäftigungsgeber eingerichtete und betriebene Stelle, an die sich Beschäftigte wenden können. Die Pflicht, die Meldestelle nach Abs. 1 S. 1 einzurichten, haben Beschäftigungsgeber nach Abs. 2, die regelmäßig mindestens 50 Personen beschäftigen. In Bezug auf eine externe Meldestelle wird im HinSchG danach unterschieden, von wem diese betrieben wird. Der Bund hat eine externe Meldestelle beim Bundesamt für Justiz geschaffen, die externe Meldungen annimmt (§ 19 Abs. 1 S. 1 HinSchG). Die Länder können zudem eine eigene externe Meldestelle einrichten. Diese betreffen nach § 20 HinSchG die jeweiligen Landes- und Kommunalverwaltungen. Auch die Bundesanstalt für Finanzdienstleistungsaufsicht hat als externe Meldestelle eine nach § 21 HinSchG definierte Zuständigkeit für die Meldung von Informationen, die von § 4d des Finanzdienstleistungsaufsichtsgesetzes erfasst werden. Zuletzt ist nach § 22 HinSchG das Bundeskartellamt als externe Meldestelle vor-

---

235 Vgl. DICO e. V., Studie „Interne Untersuchungen in Deutschland – 2022", S. 7.

236 Galle BB 2018, 564, 564.

237 Vgl. nur: Kumpan in: Schwark/Zimmer, Kapitalmarktrechts-Kommentar, § 3b BörsG Rn. 6 „*Whistleblower – Hinweisgeber*"; vgl. Kallos in: Weber, Rechtswörterbuch, „*Whistleblower*", wonach Personen wie Arbeitnehmer, die Informationen über Missstände mitteilen, als Whistleblower bezeichnet werden; vgl. Galle BB 2018, 564, 565, die Mitarbeiter, die Hinweise melden, als Whistleblower ansieht.

238 Oster/Wagner in: Dauses/Ludwigs, Handbuch des EU-Wirtschaftsrechts, Kap. E. V. Rn. 209.

239 o. V., Duden, Definition Whistleblower.

240 Vgl. o. V., Duden, Definition Whistleblower; vgl. Oster/Wagner in: Dauses/Ludwigs, Handbuch des EU-Wirtschaftsrechts, Kap. E. V. Rn. 209.

gesehen, das für die Meldung von Informationen zuständig ist, die Verstöße nach § 2 Abs. 1 Nr. 8, 9 HinSchG betreffen.

Grundsätzlich steht es der meldenden Person frei, Hinweise in anonymer Form oder unter Angabe der eigenen Identität abzugeben.[241] Nach § 16 Abs. 1 S. 3 HinSchG obliegt es Unternehmen zu entscheiden, ob auch Personen Hinweise melden können, die nicht dort angestellt sind, aber mit diesem in einem beruflichen Kontakt stehen.[242] Eine gleiche Freiheit steht den Unternehmen bei der Entscheidung zu, ob sie die Abgabe anonymer Meldungen ermöglichen (§ 16 Abs. 1 S. 4 HinSchG).

Die Regelung in S. 4 entstammt der Beschlussempfehlung des Vermittlungsausschusses.[243] Diese wird als „*Kompromisslösung*"[244] angesehen, denn die Pflicht, auch anonyme Meldekanäle einzurichten, gilt als einer der heikelsten Punkte im Gesetzgebungsverfahren zum HinSchG.[245] Der Rechtsausschuss hatte sich zuvor für eine Umformulierung ausgesprochen, wonach „*die interne Meldestelle [...] auch anonym eingehende Meldungen zu bearbeiten [hat].*"[246] Auch in der Literatur gibt es teilweise die Ansicht, die sich gegen die aktuelle Regelung des § 16 Abs. 1 S. 4 HinSchG ausspricht und sie für „*bedauerlich*"[247] und „*rechtlich falsch*"[248] hält. Begründet wird dies damit, dass bereits aus der Legalitätspflicht der Unternehmensleitung folgt, dass anonyme Meldungen entgegengenommen und bearbeitet werden müssen.[249] Zudem werden anonyme Meldekanäle in der Compliance-Literatur als Best-Practice-Beispiele angesehen.[250]

---

241 Vgl. Miege CCZ 2021, 149, 150.

242 Bruns in: BeckOK Arbeitsrecht, § 16 HinSchG Rn. 3.

243 BT-Drs. 20/6700, S. 2; Bruns in: BeckOK Arbeitsrecht, § 16 HinSchG Rn. 6.

244 Dilling in: BeckOK HinSchG, § 16 Rn. 5.

245 Bruns in: BeckOK Arbeitsrecht, § 16 HinSchG Rn. 4.

246 BT-Drs. 20/4909, S. 24.

247 Dilling in: BeckOK HinSchG, § 16 Rn. 5.

248 Dilling in: BeckOK HinSchG, § 16 Rn. 5.

249 Vgl. nur: Dilling in: BeckOK HinSchG, § 16 Rn. 5, wonach aus der Legalitätspflicht folgt, dass die Unternehmensleitung anonyme Hinweise annehmen und bearbeiten muss; Pörtge CCZ 2020, 65, 67, wonach die Geschäftsleitung verpflichtet ist Hinweisen nachzugehen; Zapf CB 2021, 467, 468, wonach weitgehend Einigkeit besteht, dass Hinweisen grundsätzlich nachzugehen ist; Pielow/Volk CB 2021, 232, 235, wonach Leitungspersonen die Pflicht haben, anonyme Hinweise aufzuklären; Fassbach/Hülsberg/Spamer CB 2022, 151, 152, wonach aus der Legalitätspflicht folgt, dass auch anonymen Hinweisen nachgegangen werden muss.

250 Vgl. nur: Fassbach/Hülsberg/Spamer CB 2022, 151, 152; vgl. Dilling in: BeckOK HinSchG, § 16 Rn. 6; ähnlich: Passarge CB 2022, Heft 06, Umschlagteil, I [1]: „*Tatsächlich ist die Möglichkeit der Anonymität für Hinweisgeber für die Aufklärung schwerwiegender und struktureller Missstände und Gesetzesverstöße zwingend erforderlich.*"

Die Effizienz von Compliance-Maßnahmen ist aus der Sicht des BGH in einem Urteil aus dem Jahr 2017 ein Indikator, der bei der Bußgeldverhängung berücksichtigt wird.[251] Zudem hat der BGH ein Hinweisgebersystem als eine Maßnahme angesehen, die sich bußgeldmindernd auswirken kann.[252] Unter Berücksichtigung dieser Ansichten wird in der Literatur teilweise die Auffassung vertreten, dass Unternehmen nicht auf anonyme Meldungen verzichten können, wenn sie vorbringen, dass ihr Hinweisgebersystem eine Compliance-Maßnahme ist, die dem Best-Practice-Beispiel entspricht und nicht nur nach dem HinSchG rechtskonform ist.[253]

Eine Folgemaßnahme aus einem eingegangenen Hinweis kann nach § 18 Nr. 1 HinSchG eine interne Untersuchung sein. Da Hinweisgebersysteme – wie dargestellt – bereits bei einer geringen Anzahl an Beschäftigten verpflichtend einzuführen sind, ist anzunehmen, dass interne Untersuchungen auch bald bei kleinen und mittleren Unternehmen zur Normalität gehören werden.

VI. Entscheidung für oder gegen eine interne Untersuchung

Werden Auffälligkeiten oder Unregelmäßigkeiten im Unternehmen bekannt, führen die Hinweise nicht automatisch zu der Pflicht, eine interne Untersuchung einzuleiten.[254] Zunächst sind Maßnahmen zur Plausibilisierung einzuleiten.[255] Führt die Plausibilisierung allerdings nicht zur Ausräumung der Verdachtsmomente und wird dabei eine maßgebliche Schwelle überschritten, ist eine interne Untersuchung zu beginnen. Eine gesetzlich definierte Schwelle, wann Verstöße zu einer internen Untersuchung führen, existiert jedoch nicht.

Das OLG Hamm hat im Jahr 2016 im Zusammenhang mit einem GmbH-Geschäftsführer entschieden, dass dieser durch Unternehmensangehörige hervorgerufenen Gesetzesverletzungen oder Unregelmäßigkeiten unverzüglich nachzugehen hat. Sofern ‚greifbare Anhaltspunkte für Zuwiderhandlungen' vorliegen, habe der Geschäftsführer hinreichende Vorkehrungen zu treffen,

---

251 BGH BeckRS 2017, 114578 Rn. 118; ähnlich auch: BGH BeckRS 2022, 13180 Rn. 30, wonach die Vorinstanz den Selbstreinigungsprozess der Nebenbeteiligten, wozu auch die Einführung umfassender Compliance-Maßnahmen gehörte, honoriert hat.

252 BGH BeckRS 2022, 13180 Rn. 30.

253 Dilling in: BeckOK HinSchG, § 16 Rn. 7.

254 Ott/Lüneborg CCZ 2019, 71, 73.

255 Vgl. nur: Ott/Lüneborg CCZ 2019, 71, 73; Knaup/Vogel CB 2023, 211, 212; Dendorfer-Ditges in: MAH ArbR, § 75 Rn. 109; im Ergebnis so auch: Mühl BB 2016, 1992, 1993, der dies „*Erstkontrolle*" nennt.

die weitere (Gesetzes-)Verstöße verhindern.[256] Die Literatur hat unterschiedliche Ansatzpunkte entwickelt, die teilweise die Formulierung des OLG Hamm anführen,[257] die jedoch auch über „*schlüssige Verdachtsmomente*“[258] bis hin zu einem „*konkrete[n] Hinweis auf eine Straftat*“[259] reichen.[260] Andere Autoren greifen indes auf den in § 152 Abs. 2 StPO definierten strafrechtlichen Anfangsverdacht zurück, wo die Schwelle vorgegeben wird, ab wann die Staatsanwaltschaft dazu verpflichtet ist, ihre Ermittlungen einzuleiten.[261] Gemäß dieser Norm bedarf es dafür ‚zureichender tatsächlicher Anhaltspunkte‘. Weiter konkretisierte der BGH hierzu im Jahr 1994, dass konkrete Tatsachen vorliegen müssen, die ein Beleg dafür sind, dass der Sachverhalt, der Gegenstand der Untersuchung ist, eine Straftat beinhaltet.[262] Wird dies nunmehr auf compliancerelevante Sachverhalte angewendet, muss sich für die Einleitung einer internen Untersuchung aus der Plausibilisierung eines Verdachts ein Anfangsverdacht für Non-Compliance ergeben. Ferner bedarf es konkreter Tatsachen, woraus sich zumindest die Wahrscheinlichkeit ergibt, dass bei dem zu untersuchenden Sachverhalt ein Rechts- oder Regelverstoß stattgefunden hat.[263] Ähnlich wie bei dem strafrechtlichen Anfangsverdacht reichen auch im Compliance-Kontext Vermutungen, Spekulationen und Möglichkeiten, die rein theoretischer Natur sind, nicht aus, solange sie nicht auf konkreten Tatsachen beruhen.[264] In der Literatur werden von zwei Autoren die Voraussetzungen, die die Aufklärungspflicht bei Verdachtsmo-

---

256 OLG Hamm BeckRS 2016, 130998 Rn. 66 mit Verweis auf eine gleichlautende Vorversion von: Fleischer in: MüKo GmbHG Band 2, § 43 Rn. 173.

257 Fleischer CCZ 2008, 1, 2 „*greifbare Anhaltspunkte für Zuwiderhandlungen*“; ebenso auch: Eggers in: HK-KapMStrafR, Kap. 15,1 Rn. 4.

258 Vgl. nur: Wilsing/Winkler in: Semler/v. Schenck/Wilsing, Arbeitshandbuch für Aufsichtsratsmitglieder, § 8 Rn. 13; Fassbach/Hülsberg CB 2018, 1, 3; Wilsing/Goslar in: Krieger/Schneider, Handbuch Managerhaftung, § 17 Rn. 17.13.

259 Berndt in: Berndt/Theile, Unternehmensstrafrecht und Unternehmensverteidigung, Rn. 660.

260 Siehe zur Darstellung des Spektrums: Knaup/Vogel CB 2023, 211, 212 und Ott/Lüneborg CCZ 2019, 71, 76.

261 Vgl. nur: Ott/Lüneborg CCZ 2019, 71, 76; Gehling/Lüneborg in: Busch/Hoven/Pieth/Rübenstahl, Antikorruptions-Compliance, Teil 4 Kap. 25. A. III. 3. Rn. 23; im Ergebnis so auch: Knaup/Vogel CB 2023, 211, 212; ebenso: Shahhosseini/Ahrens in: Godzierz, Corporate Compliance Checklisten, § 11 Rn. 13; vgl. auch: Moosmayer, Compliance – Praxisleitfaden für Unternehmen, § 5 C Rn. 314, der den Begriff „*Anfangsverdacht*“ verwendet.

262 BGH NJW 1994, 2839, 2840; so auch: KG BeckRS 2014, 19173 Rn. 3; in der Literatur hierzu auch: Ott/Lüneborg CCZ 2019, 71, 76.

263 Ott/Lüneborg CCZ 2019, 71, 76.

264 Vgl. nur: Ott/Lüneborg CCZ 2019, 71, 76; ähnlich auch: Shahhosseini/Ahrens in: Godzierz, Corporate Compliance Checklisten, § 11 Rn. 13 und Momsen in: Rotsch, Criminal Compliance, § 34 B Rn. 15, die beide die Notwendigkeit von tatsächlichen Anhaltspunkten bzw. Fakten sehen, die über Gerüchte hinausgehen.

menten auslösen, grundsätzlich nachvollziehbar zusammengefasst. Demnach muss der Verdacht auf einem konkreten Tatsachenkern basieren. Es muss zudem möglich und nicht vollständig unwahrscheinlich sein, dass sich der Rechtsverstoß in der Unternehmenssphäre zugetragen hat. Zudem muss der potenzielle Rechtsverstoß auch unter Compliance-Gesichtspunkten relevant sein.[265] Diese Vorgehensweise wird nach der hier vertretenen Ansicht geteilt, wenngleich eine Beschränkung auf potenzielle Rechtsverstöße betriebsbezogene Fehlverhalten, wie Verstöße gegen unternehmensinterne Vorschriften oder Richtlinien, ausschließt. Eine Erweiterung auf diese Fälle erscheint indes sinnvoll.[266]

Eine Aufklärungspflicht der Unternehmensleitung hat mit zunehmender Relevanz des Verstoßes mehr Bedeutung. Die Relevanz eines Verstoßes kann unter Berücksichtigung bestimmter Kriterien bemessen werden. Zu den Kriterien zählen neben dem zuvor beschriebenen Verdachtsgrad die Fragen, um was für einen Verstoß es sich handelt (Richtlinien- und/oder Gesetzesverstoß), wie viele Verstöße vorliegen und wie lange diese bereits andauern. Auch der potenzielle Schaden und etwaige drohende Bußgelder oder Strafen sowie die Anzahl der Geschädigten spielen dabei eine Rolle.[267] Ebenso sind mögliche Reputationsschäden als Kriterium zu berücksichtigen.[268] Neben dem Unternehmen an sich können Rechtsgüter von Dritten durch den Verstoß verletzt worden sein, was die Relevanz einer Aufklärung erhöhen kann.

Die Entscheidung für oder gegen die Einleitung einer internen Untersuchung setzt eine Risikoeinschätzung voraus, wobei der befürchtete Unternehmensschaden evaluiert wird. Dabei ist es nicht zwingend erforderlich, dass der Schaden materieller Natur ist. Wenn jedoch mit einem bedeutsamen Schaden zu rechnen ist, sind entsprechende Untersuchungshandlungen einzuleiten.[269] Je schwerwiegender die vorgeworfene Pflichtverletzung ist oder je mehr Fakten vorliegen, desto eher wird sich ein Unternehmen für eine interne Untersuchung entscheiden. Können allerdings bloße Behauptungen nicht mithilfe konkreter Fakten bekräftigt werden oder betreffen die Behauptungen keine Rechtsverstöße oder Pflichtverletzungen, kann eine interne Untersuchung nicht zwingend erforderlich erscheinen.[270] Für den Fall, dass nach einer ersten Plausibilisierung keine weiteren Untersuchungshandlungen vorgenommen werden, sollten die entsprechenden Gründe für

---

265 Ott/Lüneborg CCZ 2019, 71, 76; ähnlich auch: Knaup/Vogel CB 2023, 211, 212.

266 Im Ergebnis so auch: Shahhosseini/Ahrens in: Godzierz, Corporate Compliance Checklisten, § 11 Rn. 15; Knaup/Vogel CB 2023, 211, 212; dieser Aspekt findet Eingang in den eigenen Regelungsentwurf, siehe Kapitel 4 A. I.

267 Teicke CCZ 2019, 298, 298.

268 Ott/Lüneborg CCZ 2019, 71, 76.

269 Wisskirchen/Glaser DB 2011, 1392, 1393.

270 Wisskirchen/Glaser DB 2011, 1392, 1394.

einen Dritten nachvollziehbar dokumentiert werden.[271] Alle zum Zeitpunkt der Entscheidung für oder gegen eine interne Untersuchung bekannten Umstände sind im konkreten Einzelfall abzuwägen.[272] Dabei wird für die Praxis empfohlen, in Zweifelsfällen die Entscheidung zugunsten einer internen Untersuchung zu fällen und die bestehenden Zweifel bei der Untersuchung zu berücksichtigen.[273]

In Anbetracht der rechtlichen Verpflichtungen des betroffenen Unternehmens zur Aufklärung[274] sowie der medialen Einflussnahme, die eine Diskreditierung des Unternehmens bei Untätigkeit gegenüber der Öffentlichkeit und den Stakeholdern zur Folge haben kann, kann zudem eine Handlungsnotwendigkeit bestehen.[275] Als besonders elementar wird die Pflicht einer zeitnahen Aufklärung angesehen, wenn die Verfolgungsbehörden Kenntnisse über die Verstöße im Unternehmen erlangt haben.[276]

Daneben lässt sich aus der BGH-Rechtsprechung[277] ableiten, dass die Aufklärung von Verstößen einen positiven Einfluss auf die Bußgeldbemessung haben kann.[278] Auch im Regierungsentwurf für das Gesetz zur Stärkung der Integrität in der Wirtschaft war in § 17 Abs. 1 VerSanG-E vorgesehen, dass das Gericht die Sanktion mildern soll, wenn die Vorgaben aus § 17 Abs. 1 Nr. 1 bis 5 VerSanG-E kumulativ erfüllt werden.[279]

Unter Berücksichtigung der vorgenannten Aspekte und unter Vorgriff auf die gesetzliche Verpflichtung der Geschäftsleitung, interne Untersuchungen durchzuführen, ist nicht von der Hand zu weisen, dass Unternehmen verpflichtet sind, bei einem Anfangsverdacht interne Untersuchungen durchzuführen. Ein etwaiges Desinteresse der Unternehmensleitung an der Aufklärung von Verstößen kann zu einer Schadensersatzpflicht basierend auf der Verletzung ihrer Sorgfaltspflichten führen.[280]

---

271 Teicke CCZ 2019, 298, 298; so auch: Mühl BB 2016, 1992, 1993.

272 Ähnlich auch: Wisskirchen/Glaser DB 2011, 1392, 1393, die eine Risikoeinschätzung vorsehen.

273 Wisskirchen/Glaser DB 2011, 1392, 1394.

274 Siehe Kapitel 2 A. VIII.

275 Süße/Ahrens BB 2019, 1332, 1332 f.

276 Teicke CCZ 2019, 298, 298.

277 BGH BeckRS 2017, 114578 Rn. 118.

278 Vgl. nur: BGH BeckRS 2017, 114578 Rn. 118: „*Für die Bemessung der Geldbuße ist zudem von Bedeutung, inwieweit die Nebenbeteiligte ihrer Pflicht, Rechtsverletzungen aus der Sphäre des Unternehmens zu unterbinden, genügt und ein effizientes Compliance-Management installiert hat, das auf die Vermeidung von Rechtsverstößen ausgelegt sein muss.*“; vgl. Fuhrmann NZG 2016, 881, 886; so auch: Süße/Ahrens BB 2019, 1332, 1333.

279 BMJV, VerSanG Regierungsentwurf 2020, S. 14.

280 Siehe Kapitel 2 A. VIII. 2.

VII. Eingrenzung des Untersuchungsgegenstands

Werden dem Unternehmen bspw. über Hinweise mehrere plausible Einzelfälle bekannt, ist eine Suche nach systematischen Zusammenhängen zwischen den einzelnen Sachverhalten im Rahmen einer internen Untersuchung durchzuführen. Die Einzelfälle können Gemeinsamkeiten aufweisen, die sich auf Muster innerhalb der Organisation oder auf Verhaltensweisen beziehen.[281] Hierdurch lassen sich die zu untersuchenden Sachverhalte thematisch bündeln.

Zwar kann von betroffenen Unternehmen nicht verlangt werden, im Rahmen der Untersuchung allumfassende Nachforschungen in jede Richtung vorzunehmen. Allerdings wird pflichtwidrig gehandelt, wenn die Aufklärung bewusst eingeschränkt wird.[282]

Eine zeitliche Beschränkung von Sachverhalten ist bspw. dann denkbar, wenn das weit in der Vergangenheit liegende Fehlverhalten mit den aktuelleren Verstößen vergleichbar ist. Gleiches gilt, wenn nicht zu erwarten ist, dass neue Erkenntnisse zukünftige Rechtsverstöße vermeiden sowie Verjährungsfristen etwaige Handlungspflichten oder Rechtsfolgen ausschließen würden.[283] Indes sollte eine zeitliche Einschränkung eines Sachverhalts nicht dazu führen, dass eine interne Untersuchung gänzlich ausbleibt. Wenn bspw. die Vorteilsgewährung eines Amtsträgers nach § 333 Abs. 1 StGB mehr als fünf Jahre zurückliegt und nach § 78 Abs. 3 Nr. 4 StGB als verjährt gilt, ist es zur Aufklärung des Sachverhalts und ggf. zur Ahndung des verdächtigten Arbeitnehmers dennoch sinnvoll, eine interne Untersuchung durchzuführen.

VIII. Verpflichtung zur Durchführung interner Untersuchungen

Die Geschäftsleitung treffen im Falle eines unternehmensinternen Verdachts, der auf einen Verstoß gegen Gesetze oder interne Richtlinien hindeutet, Pflichten, die in einer „*Pflichtentrias*“[284] zusammengefasst werden. Danach hat die Geschäftsleitung den Sachverhalt unverzüglich aufzuklären,

281 Fleischer in: BeckOGK AktG, § 91 Rn. 72.
282 Gündel CB 2014, 397, 398.
283 Gündel CB 2014, 397, 398.
284 Vgl. nur: Fleischer NZG 2014, 321, 324 nennt den Begriff im Zusammenhang mit Vorstandspflichten; Reichert/Ott NZG 2014, 241, 242 verwenden den Begriff im Zusammenhang mit den Aufgaben des Vorstands; Ott/Lüneborg CCZ 2019, 71, 72, führen die Begrifflichkeit im Zusammenhang mit dem Geschäftsleiter auf.

die Verstöße abzustellen und das Fehlverhalten angemessen zu sanktionieren (kurz: Aufklären, Abstellen, Sanktionieren).[285]

Mit einer internen Untersuchung kommt das Management seiner Pflicht zur Führung und Überwachung des Unternehmens im Einklang mit den geltenden Gesetzen nach, was *„in gewisser Weise auch [als] ein Akt der ‚unternehmensinternen Hygiene'"*[286] verstanden werden kann.[287]

1. Pflicht nach §§ 130, 30 OWiG

Aus § 130 Abs. 1 S. 1 OWiG ergibt sich für den Inhaber eines Betriebs oder eines Unternehmens die Pflicht, erforderliche Aufsichtsmaßnahmen zu ergreifen, um *„Zuwiderhandlungen gegen Pflichten zu verhindern, die den Inhaber eines Betriebs oder Unternehmens treffen und deren Verletzung mit Strafe oder Geldbuße bedroht ist"*. Werden diese Aufsichtsmaßnahmen vorsätzlich oder fahrlässig unterlassen und wird eine Zuwiderhandlung begangen, handelt der Inhaber ordnungswidrig, wenn *„durch eine Aufsicht die Zuwiderhandlung verhindert oder wesentlich erschwert worden wäre"*.

Mit dem Inhaber gemäß § 130 Abs. 1 S. 1 OWiG sind nach § 9 Abs. 1 OWiG u. a. vertretungsberechtigte Organe einer juristischen Person sowie Organmitglieder (Nr. 1) oder vertretungsberechtigte Gesellschafter einer rechtsfähigen Personengesellschaft (Nr. 2) gleichgestellt.[288] Auch wenn die nach § 9 Abs. 1 OWiG abschließend aufgezählten Handelnden nicht die zur Ahndung erforderlichen besonderen persönlichen Merkmale in ihrer eigenen Person erfüllen, können die Tatbestandsmerkmale, die für den Vertretenen aufgrund des besonderen Persönlichkeitsbezugs gelten, auch dem Vertreter zugerechnet werden.[289] Hiermit wird dem Umstand Rechnung getragen, dass Leitungsaufgaben in der Verwaltung und Wirtschaft vermehrt an Angestellte sowie Arbeitnehmer übertragen werden. Ohne die Regelung in § 9 Abs. 1 OWiG würden andernfalls Sanktionslücken auftreten.[290] Somit findet § 130 OWiG bspw. im Fall des § 9 Abs. 1 Nr. 1 OWiG bei einem Vorstand Anwendung, der nach § 78 Abs. 1 S. 1 AktG ein vertretungsberechtigtes Organ der AG, jedoch nicht Inhaber des Betriebs ist. Dieser ist zur

285 Vgl. nur: LG München I BeckRS 2014, 1998 Rn. I. (2) (a); Fleischer NZG 2014, 321, 324 *„(Aufklären, Abstellen, Ahnden!)"*; vgl. Arnold ZGR 43 (2014), 76, 81; Reichert/Ott NZG 2014, 241, 242; Ott/Lüneborg CCZ 2019, 71, 72.

286 Moosmayer/Petrasch ZHR 182 (2018), 505, 507.

287 Moosmayer in: Moosmayer/Hartwig, Interne Untersuchungen, Kap. A. Rn. 1; Moosmayer/Petrasch ZHR 182 (2018), 505, 507.

288 So auch: Rogall in: KK-OWiG, § 130 Rn. 33.

289 BayObLG NJW 1994, 2303, 2305; Krenberger/Krumm in: Krenberger/Krumm, OWiG, § 9 Rn. 2.

290 Valerius in: BeckOK OWiG, § 9 Einleitung.

Ergreifung von Aufsichtsmaßnahmen gezwungen, da er andernfalls persönlich verantwortlich ist.[291]

Mithilfe von Organisationsanordnungen haben die gleichgestellten Organe bzw. Inhaber des Betriebs für die Einhaltung der gesetzlichen Bestimmungen durch die Arbeitnehmer zu sorgen.[292] Dabei werden vom BGH regelmäßige stichprobenartige und überraschende Prüfungen zur Aufsicht als geeignet angesehen, um vorsätzlichem Fehlverhalten entgegenzuwirken. Hierdurch wird den Arbeitnehmern zudem verdeutlicht, dass Verstöße nicht unerkannt bleiben und darüber hinaus geahndet werden können.[293] Der BGH führte weiter aus, dass der Inhaber in Fällen, in denen absehbar ist, dass die stichprobenartigen Prüfungen nicht zielführend sind, dazu verpflichtet ist, andere geeignetere Aufsichtsmaßnahmen zu ergreifen. Dazu sind überraschend durchgeführte Geschäftsprüfungen, deren Umfang vom konkreten Einzelfall abhängt, zu zählen.[294]

Werden die notwendigen Maßnahmen zur Aufklärung eines Verstoßes unterlassen, kann gegen die juristische Person oder die Personenvereinigung ein Bußgeld nach § 30 OWiG verhängt werden. Aus der Erläuterung des Gesetzgebers aus dem Jahr 1967 geht hervor, dass mit § 30 OWiG der Zweck verfolgt wird, „*einen Ausgleich dafür [zu] ermöglichen, daß der juristischen Person, die nur durch ihre Organe zu handeln imstande ist, zwar die Vorteile dieser in ihrem Interesse vorgenommenen Betätigung zufließen, daß sie aber beim Fehlen einer Sanktionsmöglichkeit nicht den Nachteilen ausgesetzt wäre, die als Folge der Nichtbeachtung der Rechtsordnung im Rahmen der für sie vorgenommenen Betätigung eintreten können*“[295].[296] Hierdurch soll der Begründung zufolge eine juristische Person nicht bessergestellt werden als eine natürliche Person.[297] Des Weiteren sollen der juristischen Person dadurch die unrechtmäßig erlangten Vorteile abgenommen werden, die dieser durch die Zuwiderhandlungen ihrer Organe zugeflossen sind.[298]

Somit resultiert aus dem Ordnungswidrigkeitenrecht eine mittelbare Pflicht der Geschäftsleitung, interne Untersuchungen durchzuführen.[299]

---

291 Glombik, Vorstandspflichten bei verbandsinternen Untersuchungen, S. 112; zur persönlichen Verantwortlichkeit auch: Wagner CCZ 2009, 8, 13.

292 KG BeckRS 1997, 11944 Rn. 38.

293 BGH BeckRS 2010, 17534; BGH BeckRS 1985, 1172 Rn. 1.

294 BGH BeckRS 1985, 1172 Rn. 1.

295 BT-Drs. V/1269, S. 59.

296 von Galen/Schaefer in: Leitner/Rosenau, Wirtschafts- und Steuerstrafrecht, § 30 OWiG Rn. 1.

297 BT-Drs. V/1269, S. 59.

298 BT-Drs. V/1269, S. 60; so auch: Rogall in: KK-OWiG, § 30 Rn. 18; von Galen/Schaefer in: Leitner/Rosenau, Wirtschafts- und Steuerstrafrecht, § 30 OWiG Rn. 1.

299 Vgl. nur: Theusinger/Jung in: Römermann, MAH GmbH-Recht, § 24 Rn. 88; Potinecke/Block in: Knierim/Rübenstahl/Tsambikakis, Internal Investigation, Kap. 2 Rn. 12;

2. Pflicht nach §§ 76 Abs. 1, 93 Abs. 1 S. 1 AktG

Der Vorstand einer Aktiengesellschaft (kurz: AG) hat diese nach § 76 Abs. 1 AktG in eigener Verantwortung zu leiten. Neben der Leitungsverantwortung ergibt sich daraus eine Pflicht zur Unternehmensüberwachung.[300] So hat der Vorstand dafür zu sorgen, dass gesetzliche Bestimmungen und unternehmensinterne Richtlinien eingehalten werden.[301] Aus § 93 Abs. 1 S. 1 AktG ergibt sich daneben die Pflicht der Vorstandsmitglieder, die Sorgfalt eines ordentlichen und gewissenhaften Geschäftsleiters bei der Führung der Gesellschaft anzuwenden. Aus dieser Leitungssorgfalt wird die Pflicht abgeleitet, auf Hinweise zu (Gesetzes-)Verstößen unverzüglich zu reagieren.[302] Ferner hat der Vorstand Missachtungen von gesetzlichen Regelungen aufgrund seiner Legalitätskontrollpflicht entgegenzuwirken.[303] Diese Pflicht wird auch als Compliance-Pflicht bezeichnet.[304]

Des Weiteren ergibt sich aus § 91 Abs. 2 AktG die Pflicht, geeignete Maßnahmen vorzunehmen, um den Bestand des Unternehmens zu sichern, sowie entsprechende Überwachungssysteme einzurichten.[305] Zusammengefasst können die Pflichten des Vorstands erneut als „*Pflichtentrias*“[306] oder als „*aktienrechtliche[r] Dreiklang*“[307] beschrieben werden.

---

so auch: Wagner CCZ 2009, 8, 14, der die Form der Sachverhaltsaufklärung vom Einzelfall abhängig macht.

300 Potinecke/Block in: Knierim/Rübenstahl/Tsambikakis, Internal Investigations, Kap. 2 Rn. 7.

301 Regierungskommission, DCGK 2022, Grundsatz 5, S. 5; Potinecke/Block in: Knierim/Rübenstahl/Tsambikakis, Internal Investigations, Kap. 2 Rn. 7.

302 Vgl. nur: Potinecke/Block in: Knierim/Rübenstahl/Tsambikakis, Internal Investigations, Kap. 2 Rn. 8; vgl. auch: Fleischer AG 2003, 291, 294, wonach der Vorstand Verdachtsmomenten unverzüglich nachzugehen hat; ebenso: Fleischer in: BeckOGK AktG, § 93 Rn. 141.

303 Vgl. nur: Koch in: Koch, AktG, § 93 Rn. 17; Verse ZHR 175 (2011), 401, 403, wonach die Vermeidung von Missständen nicht nur repressiv, sondern auch präventiv erfolgen soll; Hoffmann/Schieffer NZG 2017, 401, 402, nach denen der Vorstand aktiv Vorkehrungen zu treffen hat, die sich gegen Verstöße von Unternehmensangehörigen richten.

304 Vgl. nur: Koch in: Koch, AktG, § 93 Rn. 17; zu Compliance als ein Bestandteil der Leitungsaufgabe auch Koch in: Koch, AktG, § 76 Rn. 16 f.; Spindler in: MüKo AktG Band 2, § 91 Rn. 63, „*Compliance-Pflicht bzw. Legalitätskontrollpflicht*“; Bayer/Scholz in: Melot de Beauregard/Lieder/Liersch, Managerhaftung, § 3 Rn. 38, der Titel des Abschnitts lautet „*Legalitätskontrollpflicht (Compliance-Pflicht)*“.

305 Vgl. nur: Hartwig in: Moosmayer/Hartwig, Interne Untersuchungen, Kap. B Rn. 2; Moosmayer/Petrasch ZHR 182 (2018), 504, 506 f.; Hüffer NZG 2007, 47, 49.

306 Vgl. nur: Reichert/Ott NZG 2014, 241, 242; Fleischer NZG 2014, 321, 324; Nolte/Michaelis BB 2020, 1154, 1156.

307 Fleischer NZG 2014, 321, 329 „*aktienrechtlichen Dreiklang*“; so auch: Fleischer in: BeckOGK AktG, § 91 Rn. 72 „*aktienrechtliche ‚Dreiklang‘*“; ähnlich auch: Rothenburg in: Goette/Arnold, Handbuch Aufsichtsrat, § 4 Rn. 285, „*aktienrechtlicher Dreischritt*“.

Bei der Leitung muss dem Vorstand ein weiter Handlungsspielraum zugestanden werden, *„ohne den eine unternehmerische Tätigkeit schlechterdings nicht denkbar ist“*[308]. Bei seiner Tätigkeit kann der Vorstand bewusst geschäftliche Risiken eingehen. Damit verbunden besteht die potenzielle Gefahr von falschen Beurteilungen und Einschätzungen, denen der Vorstand, auch wenn er verantwortungsbewusst handelt, ausgesetzt sein kann.[309] Nach herrschender Meinung liegt bei der Frage, ‚ob‘ ein Compliance-Verstoß aufgeklärt wird, kein Ermessen des Vorstands vor.[310] Dagegen besteht beim ‚Wie‘ grundsätzlich ein Ermessensspielraum, sodass der Vorstand die konkreten Methoden zur Aufklärung und das Ausmaß der Maßnahmen bestimmen kann. Der Ermessensspielraum besteht allerdings nur dann, wenn dem Vorstand verschiedene Aufklärungsmethoden zur Auswahl stehen, bei denen derselbe Aufklärungserfolg zu erwarten ist. Ist dies nicht der Fall, besteht die Pflicht, die erfolgversprechendste Methode zur Aufklärung zu wählen.[311] Es kommen insbesondere interne Untersuchungen als Aufklärungsmethode infrage,[312] die der Vorstand unternehmensintern durch die entsprechenden Fachabteilungen oder durch externe Berater durchführen lassen kann.[313] Vorgaben zum Umfang oder zum Detaillierungsgrad einer internen Untersuchung gibt es indes nicht, weshalb auch ein Gespräch mit dem verdächtigten Mitarbeiter, das der Aufklärung eines potenziellen Verstoßes dient, als interne Untersuchung angesehen wird.[314] Die Überwachung der Aufklärungsmaßnahmen liegt dabei weiterhin im Verantwortungsbereich des Vorstands und ist – abhängig von der Schwere des Compliance-Verstoßes – intensiv durchzuführen.[315]

---

308 BGH NJW 1997, 1926, 1927; BGH NJW 2017, 578, 579 Rn. 26; BGH BeckRS 2022, 4355 Rn. 9.

309 Vgl. nur: BGH NJW 1997, 1926, 1927; BGH NJW 2017, 578, 579 Rn. 28; OLG Hamm BeckRS 2010, 18482.

310 Vgl. nur: Potinecke/Block in: Knierim/Rübenstahl/Tsambikakis, Internal Investigations, Kap. 2 Rn. 9; Rothenburg in: Goette/Arnold, Handbuch Aufsichtsrat, § 4 Rn. 311; Reichert/Ott ZIP 2009, 2173, 2176; Reichert/Ott NZG 2014, 241, 242; a. A., wonach auch das ‚Ob‘ dem zuständigen Vorstandsmitglied obliegt, wenn die Kompetenz zur Einleitung einer Untersuchung an die Ressortverantwortlichen delegiert wurde: Fuhrmann NZG 2016, 881, 882.

311 Vgl. nur: Fleischer in: BeckOGK AktG, § 91 Rn. 72; Reichert/Ott ZIP 2009, 2173, 2176; Reichert/Ott NZG 2014, 241, 243.

312 Vgl. nur: Reichert/Ott NZG 2014, 241, 243; Arnold ZGR 43 (2014), 76, 83; im Ergebnis so auch: Knauer ZWH 2012, 41, 46.

313 Vgl. nur: Fleischer in: BeckOGK AktG, § 91 Rn. 72; Potinecke/Block in: Knierim/Rübenstahl/Tsambikakis, Internal Investigations, Kap. 2 Rn. 28; Arnold ZGR 43 (2014), 76, 83; Reichert/Ott NZG 2014, 241, 243.

314 Glombik, Vorstandspflichten bei verbandsinternen Untersuchungen, S. 98.

315 Reichert/Ott NZG 2014, 241, 243.

Der Fall des ehemaligen Vorstandsvorsitzenden der Volkswagen AG, Herrn Martin Winterkorn, zeigt eindrücklich, welche Folgen eine unterlassene Aufklärung haben kann. Im Zusammenhang mit dem VW-Dieselskandal hat der Aufsichtsrat der Volkswagen AG eine Untersuchung zu Haftungsansprüchen durch eine Rechtsanwaltskanzlei veranlasst. Der Aufsichtsrat kam basierend auf den Ergebnissen der Untersuchung zu der Schlussfolgerung, dass der ehemalige Vorstandsvorsitzende seine Sorgfaltspflichten zur unverzüglichen und umfassenden Aufklärung durch Unterlassen verletzt hat. Dies bezog sich auf die nicht stattgefundene Aufklärung zu den Hintergründen des Einsatzes der unzulässigen Softwarefunktionen in den 2,0 Liter TDI-Dieselmotoren. Zudem unterließ es Herr Winterkorn sicherzustellen, dass Anfragen der US-amerikanischen Behörden zum betreffenden Kontext zeitnah sowie wahrheitsgemäß und vollumfänglich beantwortet wurden.[316] Dies führte zu einer Schadensersatzzahlung von insgesamt 11,2 Mio. Euro, die dieser an den VW-Konzern leisten musste.[317] Der Aufsichtsrat ist überdies davon überzeugt, dass der damalige Konzernvorstand und Vorstandsvorsitzende der AUDI AG, Herr Rupert Stadler, seine Sorgfaltspflichten zur Untersuchung unzulässiger Softwarefunktionen im Zusammenhang mit den 3,0 Liter und 4,2 Liter V-TDI-Dieselmotoren verletzt hat.[318] Aufgrund der Pflichtverletzung hat Herr Stadler 4,1 Mio. Euro Schadensersatz an den VW-Konzern geleistet.[319] Anders als in diesen Beispielen, kann gemäß der in § 93 Abs. 1 S. 1 AktG normierten Business Judgment Rule eine Pflichtverletzung für Vorstandsmitglieder jedoch auch ausgeschlossen sein. Dies gilt demnach immer dann, „*wenn das Vorstandsmitglied bei einer unternehmerischen Entscheidung vernünftigerweise annehmen durfte, auf der Grundlage angemessener Information zum Wohle der Gesellschaft zu handeln.*“

Der Vorstand kann zwar einzelne Pflichten delegieren, die „*übergeordnete Organisations, System- und Überwachungsverantwortung [verbleibt] aber unentrinnbar beim Gesamtvorstand*“[320].[321] Ist die Risikolage einer Gesellschaft mit beschränkter Haftung (kurz: GmbH) oder einer GmbH & Compa-

316 Brendel/Laude, Volkswagen AG, Pressemitteilung „Volkswagen Aufsichtsrat macht Schadensersatzansprüche gegen Prof. Martin Winterkorn und Rupert Stadler geltend“.

317 o. V., Manager-Magazin, Ex-Vorstände zahlen 288 Millionen Euro an Volkswagen.

318 Brendel/Laude, Volkswagen AG, Pressemitteilung „Volkswagen Aufsichtsrat macht Schadensersatzansprüche gegen Prof. Martin Winterkorn und Rupert Stadler geltend“.

319 Kharraz, Redaktion beck-aktuell, becklink 2027523.

320 Fleischer in: BeckOGK AktG, § 91 Rn. 83; Fleischer NZG 2014, 321, 323.

321 Vgl. nur: Koch in: Koch, AktG, § 76 Rn. 18, wonach die Gesamtverantwortung beim Vorstand verbleibt; Fleischer in: BeckOGK AktG, § 91 Rn. 83; vgl. Merkt ZIP 2014, 1705, 1712, allerdings bezogen auf die Geschäftsleitung.

gnie Kommanditgesellschaft mit der einer AG vergleichbar, sind die repressiven Compliance-Pflichten der AG übertragbar.[322]

3. Pflicht nach § 111 Abs. 1 und 2 AktG

Der Aufsichtsrat hat nach § 111 Abs. 1 AktG eine Überwachungspflicht gegenüber der Geschäftsführung bzw. dem Vorstand und dessen Leitungsmaßnahmen.[323] Darunter ist keine Überwachung mit einem Detailgrad zu verstehen, der das Tagesgeschäft des Vorstands umfasst.[324] Vielmehr handelt es sich um Geschäftsführungsakte, die für die Gesellschaft bedeutend sind und sowohl die gesellschaftliche Lage als auch deren Entwicklung betreffen.[325]

Zu überwachen ist außerdem, ob der Vorstand alles Erforderliche unternimmt, um eine Vermögensmehrung der Gesellschaft zu erreichen und Schäden durch die Einleitung entsprechender Gegenmaßnahmen zu verhindern.[326] Während die Compliance-Pflicht den Vorstand betrifft, gehört die Überwachung dieser Pflicht zur Aufgabe des Aufsichtsrats.[327] Dabei überwacht dieser u. a. im Hinblick auf die repressive Compliance, ob die Verdachtsfälle ordnungsgemäß aufgearbeitet, Mängel im CMS systematisch

---

322 Gehling/Lüneborg in: Busch/Hoven/Pieth/Rübenstahl, Antikorruptions-Compliance, Teil 4 Kap. 25 A. I. 1 Rn. 5.

323 Vgl. nur: Koch in: Koch, AktG, § 111 Rn. 2; Rothenburg in: Goette/Arnold, Handbuch Aufsichtsrat, § 4 Rn. 219; Lutter/Krieger/Verse, Rechte und Pflichten des Aufsichtsrats, § 3 Rn. 65.

324 Vgl. in die Richtung nur: OLG Stuttgart BeckRS 2012, 14126, wonach eine detaillierte und laufende Überwachung des Vorstands durch den Aufsichtsrat weder zu erwarten noch zulässig ist; Habersack in: MüKo AktG Band 2, § 111 Rn. 19; Reichert/Ott NZG 2014, 241, 244.

325 Habersack in: MüKo AktG Band 2, § 111 Rn. 19; Reichert/Ott NZG 2014, 241, 244.

326 Vgl. nur: Groß-Bölting/Rabe in: Hölters/Weber, AktG, § 111 Rn. 4; Kruchen in: Backhaus/Tielmann, Der Aufsichtsrat, § 111 AktG Rn. 3; Habbe CCZ 2019, 27, 28; zur Aufgabe des Vorstands zur u. a. Schadensabwendung: Spindler in: MüKo AktG Band 2, § 93 Rn. 26.

327 Vgl. nur: Koch in: Koch, AktG, § 111 Rn. 4, wonach der Aufsichtsrat die Pflicht zur Überwachung der Leitungsmaßnahmen des Vorstands hat, wozu auch die Compliance-Organisation gehört; im Ergebnis so auch: Groß-Bölting/Rabe in: Hölters/Weber, AktG, § 111 Rn. 21, wonach die Überwachungspflicht des Aufsichtsrats an die Compliance-bezogenen Pflichten des Vorstands anknüpft; Wilsing/Goslar in: Krieger/Schneider, Handbuch Managerhaftung, § 17 Rn. 17.18; Kort, FS Hopt, S. 983, 997 f., wonach dem Aufsichtsrat die Prüfung der Vorstandsmitglieder obliegt, ob sich diese regeltreu verhalten sowie dafür sorgegetragen haben, dass eine Compliance-Organisation aufgebaut wurde; Reichert/Ott NZG 2014, 241, 242, wonach der Vorstand die Primärverantwortung trägt, dass Compliance etabliert und durchgesetzt wird und der Aufsichtsrat die vom Vorstand wahrgenommenen Compliance-Aufgaben zu überwachen hat.

nachverfolgt und beseitigt sowie das mitarbeiterseitige Fehlverhalten angemessen geahndet wurden.[328]

Aus dem Grundsatz 16 des derzeit gültigen Deutschen Corporate Governance Kodex (kurz: DCGK) vom 28.04.2022 geht hervor, dass der Vorstand den Aufsichtsrat „*regelmäßig, zeitnah und umfassend über alle für das Unternehmen relevanten Fragen insbesondere der Strategie, der Planung, der Geschäftsentwicklung, der Risikolage, des Risikomanagements und der Compliance*“[329] zu informieren hat.[330] Unter ‚Compliance‘ wird nach Grundsatz 5 „*die Einhaltung der gesetzlichen Bestimmungen und der internen Richtlinien*“[331] verstanden, für die der Vorstand zu sorgen und auf deren Beachtung er zudem hinzuwirken hat.[332] Neben der präventiven Compliance wird darunter auch die repressive Compliance und damit der Einsatz von internen Untersuchungen verstanden.[333] Der Aufsichtsrat hat seine Überwachung zu intensivieren und eigene Recherchen vorzunehmen, wenn die Informationen des Vorstands dem genannten Grundsatz widersprechen und stattdessen „*unklar, unvollständig oder erkennbar unrichtig*“[334] sind.[335] Zur Erfüllung seiner Aufgabe kann der Aufsichtsrat Sonderberichte anfordern (§ 90 Abs. 3 AktG), nach § 111 Abs. 2 AktG sein Einsichts- und Prüfungsrecht ausüben sowie bei komplexen Sachverhalten sachverständige Berater hinzuziehen.[336] Ausgehend von der Überwachung, ob der Vorstand seine Aufgabe ordnungsgemäß wahrgenommen hat,[337] hat der Aufsichtsrat Bewertungen vorzunehmen. Dabei wird betrachtet, ob die ergriffenen Maßnahmen zur Aufklärung des Sachverhalts recht, ordnungs- und zweckmäßig[338]

328 Vgl. nur: Reichert/Ott NZG 2014, 241, 242; Bölting/Rabe in: Hölters/Weber, AktG, § 111 Rn. 21, die zur Überwachungspflicht der repressiven Compliance die „*Sachverhaltsaufklärung, Beseitigung von Defiziten einschließlich Systemdefiziten, Verfolgung, Sanktionierung*“ zählen; ähnlich auch: Habersack AG 2014, 1, 5.

329 Regierungskommission, DCGK 2022, Grundsatz 16, S. 12.

330 Regierungskommission, DCGK 2022, Grundsatz 16, S. 12.

331 Regierungskommission, DCGK 2022, Grundsatz 5, S. 5.

332 Regierungskommission, DCGK 2022, Grundsatz 5, S. 5.

333 Vgl. nur: Kremer in: Kremer/Bachmann/Favoccia/v. Werder, DCGK, Teil 3 A. I. Grundsatz 5 Rn. 64; Ghassemi-Tabar in: Ghassemi-Tabar, DCGK, Grundsatz 5 Rn. 55; vgl. Reichert/Ott ZIP 2009, 2173, 2174, 2176, die darunter u. a. repressive Sanktionierungen fassen.

334 Groß-Bölting/Rabe in: Hölters/Weber, AktG, § 111 Rn. 22.

335 Groß-Bölting/Rabe in: Hölters/Weber, AktG, § 111 Rn. 22; Siepelt/Pütz CCZ 2018, 78, 81, wonach aus der „‚*Bringschuld‘ des Vorstandes eine ‚Holschuld‘ des Aufsichtsrats*“ wird, wenn keine ausreichenden Informationen zur Verfügung gestellt werden.

336 Groß-Bölting/Rabe in: Hölters/Weber, AktG, § 111 Rn. 22.

337 Vgl. nur: Groß-Bölting/Rabe in: Hölters/Weber, AktG, § 111 Rn. 22; Winter, FS Hüffer, S. 1103, 1109; siehe zur Compliance-Überwachungspflicht des Aufsichtsrats auch: Eichner/Leukel AG 2020, 513, 514.

338 Vgl. nur: Reichert/Ott NZG 2014, 241, 247; Groß-Bölting/Rabe in: Hölters/Weber, AktG, § 111 Rn. 22; Winter, FS Hüffer, S. 1103, 1109.

waren und der Vorstand den Sachverhalt mit der notwendigen Objektivität und hinreichenden Tiefe aufgeklärt hat.[339]

Zwischen Vorstand und Aufsichtsrat gibt es grundsätzlich eine eindeutige Zuweisung von Zuständigkeiten und Verantwortungen, die nicht verändert werden soll.[340] Jedoch gilt die Frage der Abgrenzung der Kompetenzen von Vorstand und Aufsichtsrat im Zusammenhang mit internen Untersuchungen als noch ungeklärt.[341] In der Literatur wurde für die Kompetenzabgrenzung bei internen Untersuchungen ein Drei-Stufen-Modell entwickelt.[342] Dieses reicht von der vorstandseigenen über die vorstandsbegleitende bis hin zur vorstandsunabhängigen Untersuchung.[343] Während der Vorstand bei der vorstandseigenen Untersuchung unter eigener Verantwortung und Leitung forscht und sich die Tätigkeiten des Aufsichtsrats auf dessen allgemeine Überwachungs- und Kontrollmöglichkeiten beschränken, nimmt der Aufsichtsrat bei der vorstandsbegleitenden Untersuchung eine aktive Rolle ein.[344] Im Vergleich zur vorstandseigenen Untersuchung werden hierbei nicht nur nachgelagerte Mitarbeiter betrachtet, sondern der Verdacht bezieht sich auf eine Pflichtverletzung des Vorstands. Diese kann in der lückenhaften Berichterstattung des Vorstands an den Aufsichtsrat liegen oder auf Verdachtsmomenten beruhen, die sich gegen einzelne (ehemalige) Mitglieder

---

339 Reichert/Ott NZG 2014, 241, 247; Groß-Bölting/Rabe in: Hölters/Weber, AktG, § 111 Rn. 22.

340 Vgl. nur: Groß-Bölting/Rabe in: Hölters/Weber, AktG, § 111 Rn. 25; Reichert/Ott NZG 2014, 241, 241; siehe zum Trennungsprinzip nach § 111 Abs. 4 S. 1 AktG auch: Habbe CCZ 2019, 27, 28.

341 Wilsing/Winkler in: Semler/v. Schenck/Wilsing, Arbeitshandbuch für Aufsichtsratsmitglieder, § 8 Rn. 9.

342 Vgl. nur: Wilsing/Winkler in: Semler/v. Schenck/Wilsing, Arbeitshandbuch für Aufsichtsratsmitglieder, § 8 Rn. 7; so auch: Gehling/Lüneborg in: Busch/Hoven/Pieth/Rübenstahl, Antikorruptions-Compliance, Teil 4 Kap. 25 B. 2 Rn. 32; zur allgemeinen Klassifikation der unterschiedlichen Überwachungsstufen des Aufsichtsrats: Habbe CCZ 2019, 27, 30 f.; vgl. ähnlich dazu: Potinecke/Block in: Knierim/Rübenstahl/Tsambikakis, Internal Investigations, Kap. 2 Rn. 36, wonach der Aufsichtsrat in Abhängigkeit zum Risikopotenzial eine begleitende, unterstützende oder gestaltende Überwachungsverantwortung ausüben sollte.

343 Vgl. nur: Wilsing/Winkler in: Semler/v. Schenck/Wilsing, Arbeitshandbuch für Aufsichtsratsmitglieder, § 8 Rn. 8; so auch: Semler, Leitung und Überwachung der Aktiengesellschaft, S. 131 f. Rn. 233 f., der dies in eine begleitende, unterstützende und gestaltende Überwachung des Aufsichtsrats einteilt; Potinecke/Block in: Knierim/Rübenstahl/Tsambikakis, Internal Investigations, Kap. 2 Rn. 36, wonach der Aufsichtsrat in Abhängigkeit zum Risikopotenzial eine begleitende, unterstützende oder gestaltende Überwachungsverantwortung ausüben sollte.

344 Wilsing/Winkler in: Semler/v. Schenck/Wilsing, Arbeitshandbuch für Aufsichtsratsmitglieder, § 8 Rn. 8; vgl. Semler, Leitung und Überwachung der Aktiengesellschaft, S. 131 f. Rn. 233 f.

des Vorstands beziehen.[345] Während bei diesem Ansatz bereits von einer aktiven Rolle des Aufsichtsrats ausgegangen wird, wird in anderen Teilen der Literatur die Ansicht vertreten, dass bei Sachverhalten, bei denen sich der Verdacht auf eine Pflichtverletzung lediglich gegen einzelne Vorstandsmitglieder richtet, die Verantwortung zur Aufklärung bei den restlichen Vorstandsmitgliedern liegt, um deren Vorstandspflichten nachzukommen.[346] Gleichwohl seien auch dem Aufsichtsrat Aufklärungsmaßnahmen zuzubilligen, wenn dieser den Eindruck habe, dass er seiner Überwachungsverantwortung und seiner Aufgabe zur Verfolgung nur so gerecht werden könne.[347]

Bei der dritten Stufe handelt es sich um eine vorstandsunabhängige Untersuchung,[348] wobei der Aufsichtsrat die Aufklärung des Sachverhalts eigenständig durchführt bzw. einleitet.[349] Gemäß einzelner Ansichten in der Literatur kommt es in der Praxis jedoch selten vor, dass sich ein Verdacht auf sämtliche Vorstandsmitglieder erstreckt.[350] Die Aufklärungsarbeit durch den Aufsichtsrat ist in anderen Teilen der Literatur stark umstritten. Dies betrifft nicht nur die Frage, ob der Aufsichtsrat überhaupt zur Durchführung interner Untersuchungen berechtigt oder verpflichtet ist, sondern auch die Voraussetzungen dafür.[351] Begründet wird dies insbesondere mit der originären Funktion des Aufsichtsrats, dessen Kontrolle rein auf den Vorstand bezogen ist. Eine Informationserhebung im Unternehmen ergibt sich dagegen nicht aus dem Gesetz.[352] Die Tätigkeit des Aufsichtsrats, interne Untersuchungen selbstständig durchzuführen, kann sich daher nur auf bestimmte Ausnahmen

345 Wilsing/Winkler in: Semler/v. Schenck/Wilsing, Arbeitshandbuch für Aufsichtsratsmitglieder, § 8 Rn. 8.

346 Rothenburg in: Goette/Arnold, Handbuch Aufsichtsrat, § 4 Rn. 357; so auch: Wagner CCZ 2009, 8, 15 unter strenger Berücksichtigung der primären Überwachungszuständigkeit des Vorstands.

347 Rothenburg in: Goette/Arnold, Handbuch Aufsichtsrat, § 4 Rn. 357; Arnold ZGR 43 (2014), 76, 103.

348 Wilsing/Winkler in: Semler/v. Schenck/Wilsing, Arbeitshandbuch für Aufsichtsratsmitglieder, § 8 Rn. 8.

349 Wilsing/Winkler in: Semler/v. Schenck/Wilsing, Arbeitshandbuch für Aufsichtsratsmitglieder, § 8 Rn. 8; Berger in: Ruhmannseder/Behr/Krakow, Hinweisgebersysteme, Kap. 4 II. 2. Rn. 198; vgl. ebenso: Potinecke/Block in: Knierim/Rübenstahl/Tsambikakis, Internal Investigations, Kap. 2 Rn. 39, wonach der Aufsichtsrat gestaltend tätig werden muss, wenn eine schwerwiegende Gefahr besteht, hierbei jedoch eine Beratungsfunktion neben seiner Kontrollfunktion ausüben soll; dahingehend auch: Reichert/Ott NZG 2014, 241, 248 f.

350 Berger in: Ruhmannseder/Behr/Krakow, Hinweisgebersysteme, Kap. 4 II. 2. Rn. 198; Habbe CCZ 2019, 27, 31.

351 Vgl. nur: Wilsing/Winkler in: Semler/v. Schenck/Wilsing, Arbeitshandbuch für Aufsichtsratsmitglieder, § 8 Rn. 23; siehe zum Streitstand: Arnold ZGR 43 (2014), 76, 100 ff.; ebenso zum Streitstand: Fleischer in: BeckOGK AktG, § 90 Rn. 44 f.

352 Vgl. nur: Wilsing/Winkler in: Semler/v. Schenck/Wilsing, Arbeitshandbuch für Aufsichtsratsmitglieder, § 8 Rn. 23; Potinecke/Block in: Knierim/Rübenstahl/Tsambika-

beschränken.[353] Sind nicht nur einzelne (ehemalige) Vorstandsmitglieder von dem Verdacht einer Pflichtverletzung betroffen, wodurch vernünftigerweise nicht von einer ordnungsgemäßen Aufklärung durch den Vorstand ausgegangen werden kann, oder unterlässt der Vorstand die Ermittlungsmaßnahmen vollständig, kann eine solche Ausnahme angenommen werden, wobei der Aufsichtsrat in der Pflicht gesehen wird, eine interne Untersuchung in eigener Verantwortung durchzuführen.[354] Die Verpflichtung des Aufsichtsrats wird überdies an der Schwere der Gefahr bemessen, die für die Gesellschaft aufgrund des potenziellen Compliance-Verstoßes droht.[355] Zwar sind beide Sichtweisen nachvollziehbar, jedoch besteht im Fall eines Verdächtigten aus dem Kreis der Vorstände das Risiko, dass die anderen Mitglieder nicht die notwendige Objektivität anwenden, um die Untersuchung durchführen zu lassen.[356] Die Überwachung des Aufsichtsrats erscheint daher sinnvoll.

So hat auch der BGH in seiner ARAG/Garmenbeck-Entscheidung im Jahr 1997 ausgeführt, dass der Aufsichtsrat zur Geltendmachung von Schadensersatzansprüchen gegen den Vorstand in einem ersten Schritt u. a. in rechtlicher und tatsächlicher Hinsicht den Tatbestand festzustellen hat, der zum Schadensersatz verpflichtet.[357] Hierdurch wird in der Literatur ein Zwang des Aufsichtsrats zur Veranlassung einer Sachverhaltsaufklärung gesehen, wenn ein Verdachtsmoment gegen den Vorstand besteht.[358] Würde der Aufsichtsrat den Sachverhalt nicht aufklären lassen oder würde er keine Entscheidungsgrundlage herbeiführen, auf deren Basis Ansprüche geltend gemacht oder auf diese verzichtet werden können, bestünde für die Auf-

---

kis, Internal Investigations, Kap. 2 Rn. 33; Leuering/Simon NJW-Spezial 2007, 123, 123.

353 Vgl. nur: Wilsing/Winkler in: Semler/v. Schenck/Wilsing, Arbeitshandbuch für Aufsichtsratsmitglieder, § 8 Rn. 23; im Ergebnis so auch: Habbe CCZ 2019, 27, 31; so auch: Arnold ZGR 43 (2014), 76, 103, wonach sich der Aufsichtsrat ausnahmsweise zu einer eigenen Untersuchung entscheiden dürfte.

354 Vgl. nur: Wilsing/Winkler in: Semler/v. Schenck/Wilsing, Arbeitshandbuch für Aufsichtsratsmitglieder, § 8 Rn. 24; Potinecke/Block in: Knierim/Rübenstahl/Tsambikakis, Internal Investigations, Kap. 2 Rn. 53; Potinecke/Gottschalk CB 2015, 444, 447 f.; differenzierter: Ott/Lüneborg CCZ 2019, 71, 75, die eine autonome Aufklärungskompetenz beim Aufsichtsrat unabhängig davon sehen, ob nur einzelne oder alle Vorstandsmitglieder betroffen sind.

355 Habbe CCZ 2019, 27, 33; ähnlich: Hopt ZGR 49 (2020), 373, 393, wonach eine Zuständigkeit des Aufsichtsrats, eine interne Untersuchung durchführen zu lassen, bei schwerwiegenden Complianceverstößen angenommen werden kann.

356 So auch: Berger in: Ruhmannseder/Behr/Krakow, Hinweisgebersysteme, Kap. 4 II. 2. Rn. 198; vgl. Hopt ZGR 49 (2020), 373, 392, wonach der Aufsichtsrat in der Regel nicht davon ausgehen kann, dass die Untersuchung unvoreingenommen durchgeführt wird, wenn mehrere Vorstandsmitglieder betroffen sind.

357 BGH NJW 1997, 1926, 1927.

358 Taschke/Schoop in: Rotsch, Criminal Compliance, § 34 B Rn. 91; Taschke NZWiSt 2012, 89, 90.

sichtsratsmitglieder das Risiko einer zivilrechtlichen sowie – wegen eines Untreuevorwurfs – einer strafrechtlichen Haftung.[359] Diese Pflichten gelten ebenso für den Vorstand in Bezug auf Mitarbeiter, die im Verdacht stehen, ein Fehlverhalten begangen zu haben. Die Sanktionen, die den Aufsichtsrat bei fehlender Sachverhaltsaufklärung ereilen können, gelten gleichermaßen für den Vorstand.[360] Aus § 43 Abs. 1 GmbHG ergeben sich diese Pflichten auch für den Geschäftsführer einer GmbH.[361]

Die Aufklärungstätigkeit des Aufsichtsrats entbindet den Vorstand allerdings seinerseits nicht von seiner Pflicht, selbst Sachverhaltsaufklärung durchzuführen.[362] Dies bedeutet, dass für den Fall der Durchführung einer Untersuchung des Aufsichtsrats formal zwei Untersuchungen stattfinden würden, da der Vorstand gleichzeitig und unabhängig untersuchen würde. Während sich die Untersuchung aus der Leitungsaufgabe des Vorstands ergibt, resultiert die Untersuchung des Aufsichtsrats aus seiner Überwachungsaufgabe.[363] Aus Effizienzgründen kann es – abhängig vom Einzelfall – vorteilhaft sein, wenn die Organe und ihre Berater zusammenarbeiten.[364] Dabei ist darauf zu achten, dass die Untersuchungen unabhängig erfolgen und diese durch die Organe gegenseitig nicht „*inhaltlich beeinflusst, behindert oder sogar verhindert*“[365] werden.[366]

4. Pflicht nach § 43 Abs. 1 GmbHG

Ebenso wie die Vorstandsmitglieder nach § 93 Abs. 1 S. 1 AktG hat der Geschäftsführer einer GmbH nach § 43 Abs. 1 GmbHG die Sorgfalt eines ordentlichen Geschäftsmannes bei Gesellschaftsangelegenheiten walten zu lassen. Werden die Obliegenheiten der Geschäftsführung durch einen Geschäftsführer verletzt, ist dieser nach § 43 Abs. 2 GmbHG der Gesellschaft zum Ersatz des entstandenen Schadens verpflichtet. Wird die Sorgfaltspflicht jedoch durch den Geschäftsführer erfüllt und entsteht für die Gesellschaft trotzdem ein Nachteil, haftet der Geschäftsführer nicht.[367]

---

359 Taschke/Schoop in: Rotsch, Criminal Compliance, § 34 B Rn. 91.

360 Taschke/Schoop in: Rotsch, Criminal Compliance, § 34 B Rn. 92; vgl. zur Geltendmachung von Schadensersatzansprüchen gegen den Vorstand: Semler AG 2005, 321, 321 ff.

361 Taschke/Schoop in: Rotsch, Criminal Compliance, § 34 B Rn. 92.

362 Vgl. nur: Fett/Habbe AG 2018, 257, 262; Habbe CCZ 2019, 27, 30; Wilsing/Winkler in: Semler/v. Schenck/Wilsing, Arbeitshandbuch für Aufsichtsratsmitglieder, § 8 Rn. 24.

363 Arnold ZGR 43 (2014), 76, 103.

364 Vgl. nur: Arnold ZGR 43 (2014), 76, 103; Habbe CCZ 2019, 27, 31; Bingel/Martin ZGR 50 (2021), 608, 613.

365 Arnold ZGR 43 (2014), 76, 104.

366 Arnold ZGR 43 (2014), 76, 104.

367 Gündel CB 2014, 397, 397.

Resultierend aus der allgemeinen Überwachungspflicht trifft die Geschäftsführer eine Compliance-Pflicht.[368] Demnach ist der Geschäftsführer nicht nur selbst zu einem rechtskonformen Handeln verpflichtet, sondern hat zugleich dafür Sorge zu tragen, dass innerhalb des Unternehmens regeltreu gehandelt wird.[369] Während die zuerst genannte Pflicht zur Legalitätspflicht im engeren Sinne gehört,[370] wird die Sicherstellung eines regeltreuen Verhaltens im Unternehmen als Legalitätskontrollpflicht bezeichnet.[371]

Die Geschäftsführung ist durch die Legalitätspflicht dazu verpflichtet, ein CMS einzurichten. Darunter zu fassen sind nicht nur präventive Maßnahmen zur Verhinderung von Rechtsverstößen, die von der Gesellschaft oder ihren Mitarbeitern ausgehen.[372] Die Geschäftsführung muss außerdem bei Anhaltspunkten für ein Fehlverhalten unmittelbar eingreifen und diesen nachgehen.[373] Andernfalls besteht für die Geschäftsführung das Risiko einer Pflichtverletzung, wenn die Organisation und Kontrolle der Mitarbeiter nicht ausreichen, um Fehlverhalten zu verhindern oder zu erschweren.[374]

Die Durchführung interner Untersuchungen basiert auf der Sorgfaltspflicht des Geschäftsführers.[375] Aus der Überwachungspflicht der Geschäftsführung folgt die Notwendigkeit von Kontrollen, die zum einen nicht einzig als Reaktion auf einen entdeckten Verstoß eingesetzt und zum anderen nicht nur gelegentlich durchgeführt werden sollen. Im Bewusstsein der Mitarbeiter muss deutlich werden, dass Verstöße aufgedeckt und sanktioniert werden.[376] Gemäß dem OLG Nürnberg wird das Verständnis über regelmäßige unangekündigte und stichprobenartige Prüfungen erreicht.[377] Reicht dies nicht aus, sind durch die Geschäftsführung andere Aufsichtsmaßnahmen zu ergreifen, die geeignet sind, um die gewünschte Wirkung zu erlangen, wie umfassende

---

368 Fleischer in: MüKo GmbHG Band 2, § 43 Rn. 178.

369 Bischof/Gieseler NZG 2024, 618, 622.

370 Vgl. nur: Spindler in: MüKo AktG Band 2, § 93 Rn. 121; Koch in: Koch, AktG, § 93 Rn. 17; Fleischer in: MüKo GmbHG Band 2, § 43 Rn. 178.

371 Vgl. nur: Koch in: Koch, AktG, § 93 Rn. 17; Spindler in: MüKo AktG Band 2, § 93 Rn. 121; Fleischer in: MüKo GmbHG Band 2, § 43 Rn. 178.

372 OLG Nürnberg NZG 2022, 1058, 1062 Rn. 79.

373 Vgl. nur: BGH BeckRS 1984, 31072035; OLG Nürnberg NZG 2022, 1058, 1062 Rn. 79; Fleischer in: MüKo GmbHG Band 2, § 43 Rn. 173.

374 OLG Nürnberg NZG 2022, 1058, 1062 Rn. 79.

375 Vgl. nur: in die Richtung auch: LG München I BeckRS 2014, 1998 Rn. I. 1. a. (2) (a) und (b); Fuhrmann in: Centrale für GmbH, GmbH-Handbuch, Teil I 10., F. IV. Rn. 2321; Löschhorn/Fuhrmann NZG 2019, 161, 164, wonach das LG München I ‚strenge Sorgfaltsmaßstäbe' gefordert hat, wozu interne Untersuchungen gezählt werden.

376 OLG Nürnberg NZG 2022, 1058, 1062 Rn. 80.

377 So auch bereits: BGH BeckRS 2010, 17534; BGH BeckRS 1985, 1172 Rn. 1; ausdrücklich dazu: OLG Nürnberg NZG 2022, 1058, 1062 Rn. 80; Fleischer in: MüKo GmbHG Band 2, § 43 Rn. 175.

und überraschende Geschäftsprüfungen.[378] Von der Geschäftsführung wird hinsichtlich ihrer Kontrollpflicht jedoch nicht verlangt, ein übergreifendes Kontrollnetz zu etablieren.[379] Auch bildet die objektive Zumutbarkeit die äußere Grenze aller Aufsichtsmaßnahmen.[380] Dabei sind die Wahrung des Betriebsklimas ebenso zu berücksichtigen wie die Würde der Angehörigen des Unternehmens.[381] Als weitere Zumutbarkeitsschranken sind das eigenverantwortliche Handeln der Unternehmensangehörigen[382] und der Vertrauensgrundsatz einzustufen, der bei der Arbeitsteilung gilt.[383]

Die Delegation einer Überwachungsaufgabe durch den Geschäftsführer ist – analog zu den Ausführungen zu §§ 76, 93 AktG[384] – möglich. Die Pflicht zur Überwachung wird dabei auf das Führungs- und Überwachungsverhalten der Mitarbeiter reduziert, die dem Geschäftsführer unmittelbar unterstellt sind („*Überwachung der Überwacher*“[385]).[386] Auch hierbei verbleibt die Oberaufsicht beim Geschäftsführer.[387]

Wie das CMS[388] ausgestaltet ist und welche Pflichten zum Handeln aus den allgemeinen Pflichten bei einem Regelverstoß im Unternehmen ab-

---

378 So auch bereits: BGH BeckRS 1985, 1172 Rn. 1; ausdrücklich dazu: OLG Nürnberg NZG 2022, 1058, 1062 Rn. 80; Fleischer in: MüKo GmbHG Band 2, § 43 Rn. 175.

379 Vgl. nur: OLG Nürnberg NZG 2022, 1058, 1062 Rn. 80; Rogall in: KK-OWiG, § 130 Rn. 17; Fleischer in: MüKo GmbHG Band 2, § 43 Rn. 175.

380 Vgl. nur: OLG Nürnberg NZG 2022, 1058, 1062 Rn. 80; Rogall in: KK-OWiG, § 130 Rn. 51; Fleischer in: MüKo GmbHG Band 2, § 43 Rn. 175.

381 Vgl. nur: BGH BeckRS 1986, 31168713, wonach „*zu starkem Mißtrauen geprägte Aufsichtsmaßnahmen den Betriebsfrieden stören und die Würde des Arbeitnehmers verletzen können*“; OLG Nürnberg NZG 2022, 1058, 1062 Rn. 80; Rogall in: KK-OWiG, § 130 Rn. 51: „*Jede unverhältnismäßige ‚Schnüffelei‘ hat zu unterbleiben; sie stellt keine ‚gehörige‘ Aufsicht dar“;* Fleischer in: MüKo GmbHG Band 2, § 43 Rn. 175.

382 Vgl. nur: BGH BeckRS 1986, 31168713; OLG Nürnberg NZG 2022, 1058, 1062 Rn. 80; Fleischer in: MüKo GmbHG Band 2, § 43 Rn. 175.

383 Vgl. nur: OLG Nürnberg NZG 2022, 1058, 1062 Rn. 80; Fleischer in: MüKo GmbHG Band 2, § 43 Rn. 175; Theusinger/Jung in: Römermann, MAH GmbH-Recht, § 24 Rn. 8.

384 Siehe Kapitel 2 A. VIII. 2.

385 Vgl. nur: OLG Nürnberg NZG 2022, 1058, 1062 Rn. 82; Fleischer in: MüKo GmbHG Band 2, § 43 Rn. 177; Walther RFamU 2024, 11, 13.

386 Vgl. nur: OLG Nürnberg NZG 2022, 1058, 1062 Rn. 82; Fleischer in: MüKo GmbHG Band 2, § 43 Rn. 177; Walther RFamU 2024, 11, 13.

387 Vgl. nur: OLG Nürnberg NZG 2022, 1058, 1062 Rn. 82; vgl. Fleischer AG 2003, 291, 295, wonach die Oberaufsicht beim Vorstand verbleibt; Fleischer in: MüKo GmbHG Band 2, § 43 Rn. 177; Hegnon CCZ 2009, 57, 59, die Oberaufsicht verbleibt bei der Geschäftsleitung.

388 Zum Entscheidungsspielraum der Geschäftsführer im Zusammenhang mit dem CMS vgl. nur: Fleischer in: MüKo GmbHG Band 2, § 43 Rn. 185; Gündel CB 2014, 397, 398, Leinekugel in: Oppenländer/Trölitzsch, GmbH-GF-HdB, § 18 Rn. 19.

zuleiten sind, obliegt der Geschäftsführung und ihrem unternehmerischen Ermessen.[389] Um zu ermitteln, welche organisatorischen Vorkehrungen zu treffen sind, die zur Vermeidung von Regelverstößen beitragen sollen, sind die Größe sowie Komplexität des Unternehmens, die Branche und Präsenz am Markt sowie die Märkte zu berücksichtigen, die räumlich bedient werden.[390] Ebenso sollen Verfehlungen und Unregelmäßigkeiten aus vergangenen Sachverhalten berücksichtigt werden.[391] Die zu ergreifenden Maßnahmen liegen ebenso im Ermessen der Geschäftsführung[392] bzw. der Compliance-Verantwortlichen[393] wie auch die Übertragung der Durchführung der Sachverhaltsaufklärung auf interne oder externe Ermittler,[394] die Entscheidung über eine Selbstanzeige gegenüber den Strafverfolgungsbehörden sowie der entsprechende Zeitpunkt.[395] Die Auswahl der zu beauftragenden Externen unterliegt strengen Anforderungen, da die Gefahr eines Missbrauchs in Bezug auf ‚Opinion-Shopping' besteht.[396] Die Auswahl hat pflichtgemäß zu erfolgen, was bedeutet, dass sichergestellt sein muss, dass die externen Dritten unabhängig sind und über die fachlichen Qualifikationen und Informationen verfügen, die den Sachverhalt innerhalb des Unternehmens betreffen. Die Geschäftsführung behält bei einer Beauftragung die Pflicht, bei der Aufklärung des Sachverhalts unterstützend tätig zu sein. Die Ermittlerteams müssen bspw. Zugriff auf die relevanten Dokumente erhalten. Daneben muss die Geschäftsführung Mitarbeiterbefragungen ermöglichen.[397] Gleichwohl bedarf es bei den erhaltenen Auskünften einer Plau-

389 Gündel CB 2014, 397, 398.

390 Vgl. nur: Gündel CB 2014, 397, 398; Reichert/Ott ZIP 2009, 2173, 2174; vgl. Fleischer in: MüKo GmbHG Band 2, § 43 Rn. 183, der als zu beachtende Kriterien u. a. die Größe und Organisation des Unternehmens zählt; vgl. Beurskens in: Noack/Servatius/Haas, GmbH-Gesetz, § 43 Rn. 11, wonach u. a. die Branche, Größe und Struktur des Unternehmens berücksichtigt werden sollen.

391 Vgl. nur: Fleischer in: MüKo GmbHG Band 2, § 43 Rn. 183; Beurskens in: Noack/Servatius/Haas, GmbH-Gesetz, § 43 Rn. 11; Reichert/Ott ZIP 2009, 2173, 2174.

392 Vgl. nur: Gündel CB 2014, 397, 398; Reichert/Ullrich in: BeckHdB GmbH, § 20 Rn. 28; vgl. Arnold ZGR 43 (2014), 76, 83 im Zusammenhang mit dem Vorstand.

393 Fleischer in: MüKo GmbHG Band 2, § 43 Rn. 186.

394 Vgl. nur: Fleischer in: MüKo GmbHG Band 2, § 43 Rn. 187; Gündel CB 2014, 397, 398; Arnold ZGR 43 (2014), 76, 83.

395 Vgl. nur: Fleischer in: MüKo GmbHG Band 2, § 43 Rn. 186, wonach das Stellen eines Strafantrags nicht immer geboten, aber vereinzelt erforderlich sein kann; Reichert/Ott ZIP 2009, 2173, 2177, wenngleich sich dies zu einer Pflicht verdichtet, wenn andere Aufklärungsmöglichkeiten nicht den notwendigen Erfolg erzielen; vgl. Arnold ZGR 43 (2014), 76, 83 im Zusammenhang mit dem Vorstand; Gündel CB 2014, 397, 398.

396 Zum ‚Opinion Shopping' siehe auch: Kindler, FS Goette, S. 231, 236; Fleischer NJW 2009, 2337, 2339.

397 Gündel CB 2014, 397, 398.

sibilitätskontrolle. Dienen die Auskünfte eines externen Sachverständigen allerdings nur als ‚Feigenblatt', wird die Geschäftsführung nicht entlastet.[398]

5. Zwischenergebnis

Besteht ein Verdacht, der auf eine Pflichtverletzung oder einen Verstoß gegen Gesetze oder interne Richtlinien hindeutet, sind die Organe der Gesellschaft nach §§ 130, 30, 9 OWiG, §§ 76 Abs. 1, 93 Abs. 1 S. 1 AktG, § 111 Abs. 1 und 2 AktG und § 43 Abs. 1 GmbHG mittelbar bzw. unmittelbar verpflichtet, den Verdacht bzw. die Verstöße aufzuklären. Die Verstöße sind sodann abzustellen und das Fehlverhalten ist zu sanktionieren. Diese Pflichten lassen sich mit der Pflichtentrias (Aufklären, Abstellen und Sanktionieren) zusammenfassen.[399]

Die Geschäftsführung und der Vorstand haben keinen Ermessensspielraum bei der Frage, ‚ob' eine interne Untersuchung durchgeführt wird. Allerdings kann ein Ermessensspielraum im Hinblick auf das ‚Wie' bestehen, womit der Umfang der Untersuchung und die einzusetzenden Untersuchungshandlungen gemeint sind. Dieser Ermessensspielraum gilt allerdings nur so lange, wie dem Vorstand oder der Geschäftsführung diverse Untersuchungshandlungen zur Verfügung stehen, die alle ähnlich erfolgversprechend sind. Ist dies nicht der Fall, ist die Aufklärungsmethode zu wählen, die am aussichtsreichsten ist.[400]

Umstritten ist die Rolle des Aufsichtsrats bei internen Untersuchungen. Es kann jedoch festgehalten werden, dass dieser in Ausnahmefällen eine interne Untersuchung durchführen dürfen muss, auch wenn die originäre Pflicht beim Vorstand liegt. Die Ausnahmefälle können angenommen werden, wenn der gesamte Vorstand in die Pflichtverletzung involviert ist und dadurch eine ordnungsgemäße Aufklärung nicht zu erwarten ist. Gleiches gilt, wenn er seinen Pflichten zur Berichterstattung gegenüber dem Aufsichtsrat nicht nachkommt. Auch kann eine Untersuchung durch den Aufsichtsrat sinnvoll erscheinen, wenn nicht ausgeschlossen werden kann, dass die weiteren Mitglieder die Untersuchung nicht objektiv durchführen lassen.[401]

IX. Vorprüfung der (rechtlichen) Rahmenbedingungen

Bevor eine interne Untersuchung begonnen werden kann, muss sich das Ermittlerteam einen ersten groben Überblick über die aktuelle Situation

398 Kindler, FS Goette, S. 231, 237; Fleischer NJW 2009, 2337, 2339.
399 Siehe Kapitel 2 A. VIII. 1.–4.
400 Siehe Kapitel 2 A. VIII. 2.
401 Siehe Kapitel 2 A. VIII. 3.

verschaffen. Dabei sind der anwendbare Rechtsrahmen sowie Risiken aus diversen Rechtsbereichen wie Arbeits-, Datenschutz- und Strafrecht zu betrachten und im Laufe der Untersuchung im Blick zu behalten.[402] Auch muss sich das Ermittlerteam einen Überblick über die im Unternehmen geltenden Richtlinien verschaffen, um eine erste Bewertung abgeben zu können, wogegen ein verdächtigter Arbeitnehmer mit seinem Verhalten potenziell dagegen verstoßen haben könnte.

Im Rahmen der Vorprüfung sind diverse Themen zu berücksichtigen, die sich das Ermittlerteam auch im Laufe der Prüfung zu vergegenwärtigen hat, um kurzfristig reagieren zu können. Dazu gehören die Informations- und Mitbestimmungsrechte des Betriebsrats, die Möglichkeit von Amnestieprogrammen sowie Kündigungsfristen und Vorgaben im Falle einer Verdachtskündigung.[403] Datenschutzrechtliche Fragestellungen sind ebenfalls zu betrachten. Dies betrifft insbesondere die Datenverarbeitung zur Aufdeckung von Straftaten gemäß § 26 Abs. 1 S. 2 BDSG. Die Erörterung dieser Norm wird im Zusammenhang mit der Darstellung der forensischen Datenanalyse vorgenommen, betrifft aber gleichermaßen die Rechtmäßigkeit der Verarbeitung von personenbezogenen Daten bei Untersuchungshandlungen wie bei Mitarbeiterbefragungen[404].

Die nachfolgend dargestellten Themen der Vorprüfung beziehen sich auf die einzelnen Untersuchungshandlungen, die im Anschluss detailliert beleuchtet werden.

1. Rechte des Betriebsrats bei internen Untersuchungen

Dem Betriebsrat stehen unterschiedliche Beteiligungsrechte zu. Zu unterscheiden sind hierbei einerseits Mitwirkungsrechte im weiteren Sinne, zu denen das Recht auf Information, Anhörung und Beratung sowie Initiativrechte gehören, und andererseits die Mitbestimmungsrechte. Letztere umfassen – abgeleitet von der Begrifflichkeit an sich – das Recht auf Mitbestimmung sowie das Widerspruchs- und Zustimmungsverweigerungsrecht.[405] Bei Untersuchungshandlungen einer internen Untersuchung können sich ebenfalls Beteiligungsrechte des Betriebsrats ergeben. Im Folgenden werden Rechte des Betriebsrats im Zusammenhang mit der Auswertung von Dokumenten, der Durchführung von E-Mail-Reviews und Mitarbeiterbefra-

---

402 Vgl. Zedtwitz von Arnim/Cahnbley in: Dieners, Compliance im Gesundheitswesen, Kap. 9 Rn. 19, wonach der anwendbare Rechtsrahmen stets im Blick behalten werden muss.

403 Zedtwitz von Arnim/Cahnbley in: Dieners, Compliance im Gesundheitswesen, Kap. 9 Rn. 21.

404 Vgl. zu Mitarbeiterinterviews: Byers, Mitarbeiterkontrollen, Kap. VI. Rn. 187.

405 Koch in: Schaub/Koch, Arbeitsrecht von A-Z, Betriebsrat (Beteiligungsrechte) Rn. 1.

gungen beleuchtet. Die Frage, ob ein Recht des Mitarbeiters besteht, ein Betriebsratsmitglied in der Mitarbeiterbefragung als Beistand hinzuzuziehen, wird hingegen an anderer Stelle erörtert.[406]

a) Informationsrecht nach § 80 Abs. 2 BetrVG

Damit der Betriebsrat seinen Aufgaben aus dem Betriebsverfassungsgesetz nachkommen kann, hat der Arbeitgeber ihn nach § 80 Abs. 2 S. 1 BetrVG „*rechtzeitig und umfassend*" zu unterrichten. Anhand dieser Informationen muss er in die Lage versetzt werden, selbstständig prüfen zu können, ob sich für ihn Rechte und Pflichten aus dem BetrVG – und insbesondere, aber nicht ausschließlich aus § 80 Abs. 1 BetrVG[407] – ergeben, die er wahrzunehmen hat.[408] Um diese Prüfung zu ermöglichen, reichen Anhaltspunkte aus, wonach eine gewisse Wahrscheinlichkeit besteht, dass Rechte und Pflichten des Betriebsrats tangiert sein können. Eine solche Wahrscheinlichkeit ist nicht erst mit dem Eintreten von greifbaren Anhaltspunkten zu bejahen.[409] Nur wenn offensichtlich ist, dass ein Beteiligungsrecht nicht anzunehmen ist, scheidet ein Auskunftsanspruch aus.[410] Nach § 80 Abs. 1 S. 1 BetrVG hat der Betriebsrat darüber zu wachen, dass die geltenden Gesetze durch den Arbeitgeber eingehalten werden, die zugunsten des Arbeitnehmers bestehen.[411] Um eine solche Vorschrift handelt es sich bspw. bei § 26 Abs. 1 S. 2 BDSG.[412] Der Betriebsrat ist vom Arbeitgeber über die Durchführung von Interviews[413] im Rahmen von internen Untersuchungen zu unterrichten sowie wenn dieser bspw. EDV-Systeme[414] einführen bzw. ändern möchte.

In der Literatur gibt es unterschiedliche Ansichten dazu, wann der Betriebsrat über die Untersuchungsmaßnahmen wie eine Mitarbeiterbefragung zu

---

406 Siehe Kapitel 2 B. III. 2. b) ff) (3).

407 Vgl. nur: Wewerka, Internal Investigations, S. 141; Mengel/Ullrich NZA 2006, 240, 244; Zimmer/Heymann BB 2010, 1853, 1855, wonach § 80 Abs. 1 Nr. 1 BetrVG als ‚Auffangaufgabe' angesehen wird.

408 Vgl. nur: BAG NZA 1999, 722, 724; BAG NZA 1999, 1345, 1346; Naber/Ahrens CCZ 2020, 36, 37 f.

409 BAG NZA 2008, 1078, 1080; Kolbe in: Dornbusch/Krumbiegel/Löwisch, AR-Kommentar, § 80 BetrVG Rn. 14.

410 Vgl. nur: BAG NZA 1999, 722, 724; BAG NZA 2011, 811, 812 Rn. 16; Kolbe in: Dornbusch/Krumbiegel/Löwisch, AR-Kommentar, § 80 BetrVG Rn. 14.

411 Vgl. nur: BAG NZA 1987, 747, 748; BAG NZA 2018, 108, 109 Rn. 12; BAG NZA 2021, 959, 959 LS 2 sowie 959, 962 Rn. 27.

412 BAG NZA 2021, 959, 959 LS 2 sowie 959, 962 Rn. 27.

413 Vgl. nur: Trebinger/Linsenmaier/Schelz/Schmidt in: Fitting BetrVG, § 80 Rn. 53; Raif in: Kramer, IT-Arbeitsrecht, § 3 Rn. 14; Rudkowski NZA 2011, 612, 615.

414 Vgl. nur: Trebinger/Linsenmaier/Schelz/Schmidt in: Fitting BetrVG, § 80 Rn. 53; Raif in: Kramer, IT-Arbeitsrecht, § 3 Rn. 14; Werner in: BeckOK Arbeitsrecht, § 87 BetrVG Rn. 96, 99.

informieren ist. So wird vertreten, dass eine nachträgliche Information des Betriebsrats im Zusammenhang mit Mitarbeiterbefragungen ausreichend sein kann.[415] Dagegen wird die Auffassung vertreten, dass der Betriebsrat auch vorab darüber zu informieren ist, dass Mitarbeiterbefragungen stattfinden werden.[416] Damit der Betriebsrat in die Lage versetzt wird, seine Rechte adäquat prüfen zu können, ist der Meinung zu folgen, den Betriebsrat bereits vor der Durchführung über Untersuchungshandlungen informieren zu müssen, wenn aus Sicht des Unternehmens ein Mitbestimmungsrecht vorliegt oder hierüber Zweifel bestehen.

Während in der Literatur die Information des Betriebsrats nach § 80 Abs. 2 BetrVG im Kontext interner Untersuchungen insbesondere im Zusammenhang mit Mitarbeiterbefragungen thematisiert wird,[417] können solche Informationsrechte auch bei anderen Untersuchungshandlungen wie bei der Datenauswertung bestehen,[418] Folglich ist der Betriebsrat über einzelne Untersuchungshandlungen in Kenntnis zu setzen, bei denen Rechte und Pflichten aus dem BetrVG betroffen sein können.

b) Mitbestimmungsrecht nach § 87 Abs. 1 Nr. 1 BetrVG

Der Betriebsrat hat nach § 87 Abs. 1 Nr. 1 BetrVG ein Mitbestimmungsrecht bei Angelegenheiten, die die „*Fragen der Ordnung des Betriebs und des Verhaltens der Arbeitnehmer im Betrieb*“ betreffen. Dabei ist der Betriebsrat in Fällen zu beteiligen, in denen Regelungen nicht eine Konkretisierung der Arbeitspflicht der Arbeitnehmer (sog. Arbeitsverhalten) bezwecken, sondern Verhaltensregeln enthalten, die allgemein verbindlich sind und für die Aufrechterhaltung der Ordnung im Betrieb sorgen sollen (sog. Ordnungsverhalten).[419] Durch das Mitbestimmungsrecht sollen die Arbeitnehmer durch den von ihnen gewählten Betriebsrat die Möglichkeit erhalten, das betriebliche

---

415 Wisskirchen/Glaser DB 2011, 1447, 1450, sehen jedoch in Einzelfällen eine frühzeitige Einbindung auch als möglich an; nicht eindeutig: Mengel/Ullrich NZA 2006, 240, 244, wonach der Betriebsrat „*vorab oder nach*“ der durchgeführten Befragung zu informieren ist.

416 Vgl. nur: Frings, FS Wessing, S. 665, 681; Wybitul/Böhm RdA 2011, 362, 364; Vogt NJOZ 2009, 4206, 4219 und Zimmer/Heymann BB 2010, 1853, 1855 sehen neben einer vorherigen Information eine Pflicht zur nachträglichen Information über z. B. Erkenntnisse aus den Mitarbeiterbefragungen.

417 Vgl. nur: Trebinger/Linsenmaier/Schelz/Schmidt in: Fitting BetrVG, § 80 Rn. 53; Wybitul/Böhm RdA 2011, 362, 364; Wisskirchen/Glaser DB 2011, 1447, 1449 f.

418 Vgl. nur: Mengel/Ullrich NZA 2006, 240, 244; Wewerka, Internal Investigations, S. 141; so auch: Trebinger/Linsenmaier/Schelz/Schmidt in: Fitting BetrVG, § 80 Rn. 53, im Zusammenhang mit jeder Verarbeitung personenbezogener Daten, über die der Betriebsrat zu unterrichten ist.

419 Vgl. nur: BAG NJW 1982, 404, 404; BAG NJW 1984, 2431, 2431; BAG NZA 2000, 1176, 1177; Schrey in: Inderst/Bannenberg/Poppe, Compliance, Kap. 5 Rn. 159.

Zusammenleben und wirken mitzugestalten.[420] Betrifft die Untersuchungshandlung somit ausschließlich das Arbeitsverhalten eines Arbeitnehmers, ist kein Mitbestimmungsrecht des Betriebsrats anzunehmen. Etwas anderes kann nur dann gelten, wenn das Ordnungsverhalten betroffen ist.

Ein Kriterium, das bei der Eruierung eines Mitbestimmungsrechts zu berücksichtigen ist, ist der kollektive Bezug. Angelegenheiten, die einen kollektiven Bezug aufweisen, sind mitbestimmungspflichtig, während Einzelfälle, die nicht im Katalog des § 87 Abs. 1 BetrVG entsprechend ausgelegt wurden, dies nicht sind.[421] Hierbei handelt es sich um die Fälle des § 87 Abs. 1 Nr. 5 und 9 BetrVG.[422] So besteht nach Nr. 5 u. a. ein Mitbestimmungsrecht im Hinblick auf die zeitliche Lage von Urlaubstagen eines Arbeitnehmers, wenn dieser mit seinem Arbeitgeber keine Einigung erzielen kann. Nach Nr. 9 besteht indes ein Mitbestimmungsrecht des Betriebsrats im Zusammenhang mit der „*Zuweisung und Kündigung*" der Wohnräume, die den Arbeitnehmern im Rahmen ihres Arbeitsverhältnisses vermietet wurden. In diesen Fällen liegt kein kollektiver Bezug vor, wenngleich der Betriebsrat ein Mitbestimmungsrecht hat.[423]

Fraglich ist jedoch, wann ein kollektiver Bezug vorliegt, der eine mitbestimmungsfreie von einer mitbestimmungspflichtigen Maßnahme oder Entscheidung abgrenzt. Ein denkbares Abgrenzungsmerkmal könnte die Anzahl der Mitarbeiter sein, die von der Maßnahme oder Entscheidung betroffen sind. Dieses Merkmal kann jedoch nur als ein Indiz verwendet werden.[424] Entscheidend bei der Frage nach dem kollektiven Bezug ist der Inhalt der Maßnahme des Arbeitgebers und ob diese die kollektiven Interessen der Arbeitnehmer berührt.[425] Daher wird als wesentliches Abgrenzungsmerkmal die Frage herangezogen, ob es sich bei der Maßnahme bzw. Entscheidung des Arbeitgebers inhaltlich um eine Regelung genereller Natur handelt oder ob sich diese auf einen Einzelfall und damit auf die besondere Situation eines

---

420 Vgl. nur: BAG BeckRS 1981, 108301; BAG NZA 1997, 216, 217 f.; BAG NZA 1995, 857, 857 f.

421 Vgl. in die Richtung nur: BAG NZA 2015, 442, 445; Wiese in: GK-BetrVG, § 87 Rn. 20; Trebinger/Linsenmaier/Schelz/Schmidt in: Fitting BetrVG, § 87 Rn. 14.

422 Wiese in: GK-BetrVG, § 87 Rn. 19; Trebinger/Linsenmaier/Schelz/Schmidt in: Fitting BetrVG, § 87 Rn. 14; Kolbe in: Dornbusch/Krumbiegel/Löwisch, AR-Kommentar, § 87 BetrVG Rn. 2.

423 Vgl. nur: Trebinger/Linsenmaier/Schelz/Schmidt in: Fitting BetrVG, § 87 Rn. 14; Kania in: ErfK ArbR, § 87 BetrVG Rn. 6; Kolbe in: Dornbusch/Krumbiegel/Löwisch, AR-Kommentar, § 87 BetrVG Rn. 2.

424 Vgl. nur: BAG NZA 1987, 207, 208 Rn. II 1; BAG BeckRS 1991, 30739286 Rn. II 1; Trebinger/Linsenmaier/Schelz/Schmidt in: Fitting BetrVG, § 87 Rn. 16; Kolbe in: Dornbusch/Krumbiegel/Löwisch, AR-Kommentar, § 87 BetrVG Rn. 2.

425 Vgl. nur: BAG NZA 1987, 207, 208; BAG BeckRS 1991, 30739286; Trebinger/Linsenmaier/Schelz/Schmidt in: Fitting BetrVG, § 87 Rn. 16.

Arbeitnehmers bezieht. Ein kollektiver Bezug liegt indes vor, wenn von der Maßnahme oder Entscheidung abstrakt der gesamte Betrieb, eine Gruppe von Mitarbeitern oder ein Arbeitsplatz, jedoch nicht nur ein einzelner Mitarbeiter betroffen ist.[426] Mitbestimmungsfrei sind dagegen Maßnahmen und Entscheidungen, die sich auf das Arbeitsverhältnis eines einzelnen Mitarbeiters beschränken.[427]

Kann die Nichtanwendbarkeit des § 87 Abs. 1 Nr. 1 BetrVG nicht von Anfang an ausgeschlossen werden, ist der Betriebsrat nach § 80 Abs. 2 BetrVG durch den Arbeitgeber zu unterrichten.[428] Diese Kontaktaufnahme mit dem Betriebsrat dient allerdings nur der Prüfung, ob ein Mitbestimmungsrecht im konkreten Fall vorliegt.

c) Rechte des Betriebsrats bei einzelnen Untersuchungshandlungen

Im Zusammenhang mit einzelnen Untersuchungshandlungen können den Betriebsrat verschiedene Mitbestimmungsrechte treffen.

aa) Rechte des Betriebsrats bei der Auswertung von Dokumenten

Fordert ein interner Ermittler bei einem Arbeitnehmer dienstliche Unterlagen an, um diese im Rahmen der internen Untersuchung auszuwerten, ist das Arbeitsverhalten betroffen. Dieses ist – in Abgrenzung zum Ordnungsverhalten eines Arbeitnehmers – mitbestimmungsfrei.[429]

Ein Mitbestimmungsrecht des Betriebsrats aus § 87 Abs. 1 Nr. 1 BetrVG besteht daher weder bei der Anordnung eines Arbeitnehmers, dienstliche Unterlagen herauszugeben, noch bei der Anordnung, Unterlagen zu erstellen.[430] Wird dagegen eine IT-gestützte Massendatenauswertung vorgenommen,

---

426 Trebinger/Linsenmaier/Schelz/Schmidt in: Fitting BetrVG, § 87 Rn. 15.

427 Vgl. nur: Trebinger/Linsenmaier/Schelz/Schmidt in: Fitting BetrVG, § 87 Rn. 16; vgl. auch Wybitul/Böhm RdA 2011, 362, 364; Kolbe in: Dornbusch/Krumbiegel/Löwisch, AR-Kommentar, § 87 BetrVG Rn. 2, wonach eine Mitbestimmungsfreiheit bei Regelungen vorliegt, die einzelne Arbeitsverhältnisse ohne Auswirkungen auf andere Arbeitnehmer betreffen.

428 Wybitul/Böhm RdA 2011, 362, 364.

429 Trebinger/Linsenmaier/Schelz/Schmidt in: Fitting BetrVG, § 87 Rn. 64 ff.; Mengel, Compliance und Arbeitsrecht, § 4 Rn. 69; Mengel/Ullrich NZA 2006, 240, 244, wonach die Herausgabe von Unterlagen das mitbestimmungsfreie Arbeitsverhalten betrifft; zur Mitbestimmungspflicht, die das Ordnungsverhalten betrifft, siehe auch: Galle BB 2018, 564, 568.

430 Vgl. nur: Wiese in: GK-BetrVG, § 87 Rn. 215, zur mitbestimmungsfreien Anordnung, u. a. arbeitsbegleitende Papiere zu erstellen; vgl. Richardi/Maschmann in: Richardi BetrVG, § 87 Rn. 196, wonach Anordnungen mitbestimmungsfrei sind, die festlegen, welche Arbeiten in welcher Weise von Arbeitnehmern auszuführen sind; Mengel, Compliance und Arbeitsrecht, § 4 Rn. 69.

kann sich ein Mitbestimmungsrecht aus § 87 Abs. 1 Nr. 6 BetrVG ergeben, da dieses Analysewerkzeug der technischen Überwachung von Mitarbeitern dienen kann.[431]

bb) Rechte des Betriebsrats bei E-Mail-Reviews

Ein Mitbestimmungsrecht des Betriebsrats kommt nach § 87 Abs. 1 Nr. 6 BetrVG bei Sachverhalten in Betracht, bei denen technische Einrichtungen eingeführt und angewendet werden sollen, „*die dazu bestimmt sind, das Verhalten oder die Leistung der Arbeitnehmer zu überwachen*". Unter einer technischen Einrichtung ist „*jedes optische, mechanische, akustische oder elektronische Gerät*"[432] zu fassen, das der Erhebung und Auswertung von Daten dient.[433]

Um ein E-Mail-Review durchführen zu können, muss auf den E-Mail-Account eines Arbeitnehmers zugegriffen werden, was in der Regel über den Server erfolgt. Mithin wird dadurch der Tatbestand gemäß § 87 Abs. 1 Nr. 6 BetrVG erfüllt.[434] Das Mitbestimmungsrecht dient jedoch nicht der Verhinderung der Einführung oder Anwendung technischer Einrichtungen. Stattdessen sollen bei der Ausgestaltung der Maßnahme die Interessen der Arbeitnehmer und der Arbeitgeber angemessen berücksichtigt werden. Die Norm dient dem Schutz der Arbeitnehmer, indem sichergestellt werden soll, dass nicht in ihr allgemeines Persönlichkeitsrecht mithilfe von anonymen technischen Kontrolleinrichtungen eingegriffen wird.[435] Somit bezieht sich die Mitbestimmung des Betriebsrats auf zwei Bereiche: die Erhebung und die Verarbeitung von Daten im technischen Sinne, die dazu geeignet sind, die Leistung und das Verhalten der Arbeitnehmer zu überwachen. Davon umfasst sind die technische Datenerhebung und die technische Verarbeitung von (nicht) technischen Daten.[436] Davon abzugrenzen ist die Aufforderung

431 Siehe hierzu sogleich; vgl. nur: Thüsing/Granetzny in: Thüsing, Beschäftigtendatenschutz und Compliance, § 20 Rn. 89; Trebinger/Linsenmaier/Schelz/Schmidt in: Fitting BetrVG, § 87 Rn. 234, wonach ein Mitbestimmungsrecht bereits ausgelöst wird, wenn eine technische Einrichtung objektiv zur Arbeitnehmerkontrolle geeignet ist; Kort NZA 2011, 1319, 1321.

432 LAG Baden-Württemberg BeckRS 2012, 212660 Rn. 61; ArbG Düsseldorf BeckRS 2015, 65116 Rn. 25; Kania in: ErfK ArbR, § 87 BetrVG Rn. 49.

433 Kania in: ErfK ArbR, § 87 BetrVG Rn. 49 f.

434 Vgl. nur. Straube in: Straube/Rasche, Arbeitsrechtliche Korruptionsbekämpfung, Kap. C Rn. 188; ähnlich: Wybitul/Böhm RdA 2011, 362, 366; vgl. auch Galle BB 2018, 564, 565, wonach der Einsatz eines eDiscovery-Tools das Mitbestimmungsrecht nach § 87 Abs. 1 Nr. 6 BetrVG tangiert.

435 Vgl. nur: BAG NZA 2017, 657, 658 f. Rn. 21; BAG NZA 2017, 1205, 1209 Rn. 20; Kania in: ErfK ArbR, § 87 BetrVG Rn. 48.

436 Maschmann in: Richardi BetrVG, § 87 Rn. 489.

an den Arbeitnehmer, dem Arbeitgeber die dienstlichen E-Mails herauszugeben. Ein Mitbestimmungsrecht ist diesbezüglich nicht anzunehmen.[437]

Im Rahmen der Auswertung der E-Mail-Accounts von beschuldigten Arbeitnehmern hat der Betriebsrat gemäß § 87 Abs. 1 Nr. 6 BetrVG das Recht auf Mitbestimmung.[438] Fehlt es indes an einem kollektiven Tatbestand, da das Programm zum E-Mail-Review nur für einen einzelnen Arbeitnehmer eingeführt wurde, liegt keine Mitbestimmungspflicht vor.[439] Hierbei wird es sich in der Praxis allerdings um eine Ausnahme handeln. Denn ein einmal für einen einzelnen Arbeitnehmer eingeführtes Programm wird auch für weitere Arbeitnehmer in zukünftigen Untersuchungen genutzt werden können.[440]

Daneben kommt es nicht auf die subjektive Absicht des Arbeitgebers an, die Arbeitnehmer mit einem E-Mail-Review zu überwachen. Es reicht, dass das Programm in der Lage ist, Informationen zu Arbeitnehmern über ihre Leistung und ihr Verhalten zu generieren und aufzuzeichnen.[441]

Da interne Untersuchungen oftmals mit zeitlichen Restriktionen verbunden sind und ein zeitnahes Ergebnis angestrebt wird, soll der Prozess der Einbindung bestenfalls im Vorhinein mit dem Betriebsrat abgestimmt werden. Hierdurch kann verhindert werden, dass wertvolle Zeit verloren geht, um den Prozess der Einbindung zu ermitteln, damit der Betriebsrat sein Mitbestimmungsrecht ausüben kann.

Besteht in einem Unternehmen bereits eine Betriebsvereinbarung, die Regelungen zur privaten Nutzung von Telekommunikationsmitteln am Arbeitsplatz sowie zur Kontrolle privater EMails und Dokumente umfasst, kann das Mitbestimmungsrecht des Betriebsrats „*verbraucht*“[442] sein.[443] In einem solchen Fall ist das Vorgehen an der Betriebsvereinbarung auszurichten.[444]

---

437 Zimmer/Heymann BB 2010, 1853, 1855; Straube in: Straube/Rasche, Arbeitsrechtliche Korruptionsbekämpfung, Kap. C Rn. 188.

438 Vgl. nur: Toma CB 2017, 339, 341; Galle BB 2018, 564, 565; Engelhoven in: Engelhoven, Richtiges Verhalten in der Compliance-Krise, § 4 Rn. 67.

439 Vgl. hierzu auch: Traut in: Thüsing/Wurth, Social Media im Betrieb, § 8 Rn. 8, wonach eine für eine einzelne Person eingeführte Überwachungsmaßnahme mitbestimmungsfrei sein kann; Frank/Heine CCZ 2021, 195, 199.

440 Traut in: Thüsing/Wurth, Social Media im Betrieb, § 8 Rn. 8.

441 BAG NZA 2021, 959, 964 Rn. 57.

442 Mengel, Compliance und Arbeitsrecht, § 4 Rn. 70.

443 Mengel, Compliance und Arbeitsrecht, § 4 Rn. 70.

444 Vgl. dahingehend nur: BAG NZA 2021, 959, 965 Rn. 61 f.; Mengel, Compliance und Arbeitsrecht, § 4 Rn. 70; Seitz in: Oberthür/Seitz, Betriebsvereinbarungen, Kap. A XIV. Rn. 11.

cc) Rechte des Betriebsrats bei Mitarbeiterbefragungen

Auch bei Mitarbeiterbefragungen können den Betriebsrat Mitbestimmungs- und Zustimmungsrechte treffen.

(1) Mitbestimmungsrecht nach § 87 Abs. 1 Nr. 1 BetrVG

Bei Mitarbeiterbefragungen könnte ein Mitbestimmungsrecht des Betriebsrats nach § 87 Abs. 1 Nr. 1 BetrVG bestehen. Wie eingangs dargestellt, bedarf es hierbei eines Bezugs zum Ordnungsverhalten und eines kollektiven Bezugs.

Wenn einzelne Mitarbeiter zu einer Auskunft im Rahmen einer Mitarbeiterbefragung aufgefordert werden, wird es in der Regel an einem kollektiven Bezug fehlen.[445] Richtet sich die Untersuchungshandlung allerdings nicht an einzelne Mitarbeiter, sodass ein kollektiver Bezug angenommen werden kann, ist zu entscheiden, ob sich die Befragung auf das Ordnungs- oder Arbeitsverhalten bezieht.[446] Bei der Mitarbeiterbefragung, bei der regelmäßig ein (Rechts-)Verstoß im Zusammenhang mit der erbrachten Arbeitsleistung aufgeklärt werden soll, ist das mit der Arbeitsleistung eng verknüpfte Arbeitsverhalten betroffen, das nicht mitbestimmungspflichtig ist. Ein Mitbestimmungsrecht ist daher nicht anzunehmen, solange der Mitarbeiter dazu aufgefordert wird, über seine Arbeitsaufgaben sowie über Ereignisse Auskunft zu geben, die mit dieser Aufgabe in einem direkten Zusammenhang stehen.[447] Bei internen Untersuchungen können die Fragen an die befragten Mitarbeiter jedoch in Ausnahmefällen über das Arbeitsverhalten hinausgehen und verhaltensbezogene Themen berühren. In diesen Fällen kann sich ein Mitbestimmungsrecht des Betriebsrats nach § 87 Abs. 1 Nr. 1 BetrVG ergeben.[448] Somit kann ein Mitbestimmungsrecht nach § 87 Abs. 1 Nr. 1 BetrVG bei Mitarbeiterbefragungen in Einzelfällen angenommen werden.

Kann die Nichtanwendbarkeit des § 87 Abs. 1 Nr. 1 BetrVG nicht von Anfang an ausgeschlossen werden, ist der Betriebsrat nach § 80 Abs. 2 BetrVG durch den Arbeitgeber zu unterrichten.[449] Diese Kontaktaufnahme mit dem

445 Wybitul/Böhm RdA 2011, 362, 364.

446 Siehe Kapitel 2 A. IX. 1. b); siehe hierzu auch: Wybitul/Böhm RdA 2011, 362, 364; siehe zur Unterscheidung zur Unterscheidung des Ordnungs- und Arbeitsverhaltens: Kania in: ErfK ArbR, § 87 BetrVG Rn. 18.

447 Vgl. nur: Wybitul/Böhm RdA 2011, 362, 364; im Ergebnis so auch: Majer in: Moosmayer/Hartwig, Interne Untersuchungen, Kap. D. Rn. 21; im Ergebnis ebenso: Engelhoven in: Engelhoven, Richtiges Verhalten in der Compliance-Krise, § 4 Rn. 156.

448 Vgl. nur: Mengel/Ullrich NZA 2006, 240, 244 f.; Mengel, Compliance und Arbeitsrecht, § 4 Rn. 71; ähnlich: Majer in: Moosmayer/Hartwig, Interne Untersuchungen, Kap. D. Rn. 21, sieht jedoch die Einschränkung im kollektiven Bezug.

449 Vgl. Wybitul/Böhm RdA 2011, 362, 364.

Betriebsrat dient allerdings nur der Prüfung, ob ein Mitbestimmungsrecht im konkreten Fall vorliegt. Dafür werden allgemeine Informationen über die Mitarbeiterbefragung, aber keine spezifischen Inhalte wie die zu stellenden Fragen mitgeteilt. Zu den allgemeinen Informationen gehören die Tatsache, dass eine Befragung stattfinden soll, der Gegenstand der Befragung sowie die Anzahl der Mitarbeiter, die befragt werden sollen, die Standorte, an denen die Mitarbeiter von der Befragung betroffen sind, sowie die Form der Gespräche.[450] Auf dieser Basis kann der Betriebsrat ein etwaiges Mitbestimmungsrecht prüfen.[451] Ob der Betriebsrat auch über die Namen der zu befragenden Arbeitnehmer zu informieren ist, ist umstritten.[452] Einigkeit besteht allerdings dahingehend, dass die Erkenntnisse, die aus der Mitarbeiterbefragung gewonnen wurden, nicht informativ an den Betriebsrat kommuniziert werden müssen.[453]

(2) Zustimmungsrecht nach § 94 Abs. 1 S. 1 BetrVG

Werden bei der Mitarbeiterbefragung von den internen Ermittlern Fragebögen eingesetzt, könnte nach § 94 Abs. 1 S. 1 BetrVG ein Zustimmungsrecht des Betriebsrats bestehen.

Aus § 94 Abs. 1 S. 1 BetrVG ergibt sich, dass Personalfragebögen der Zustimmung des Betriebsrats bedürfen. Unter einem solchen Fragebogen ist eine „*formularmäßige Zusammenfassung von Fragen über die persönlichen Verhältnisse, insbesondere Eignung, Kenntnisse und Fähigkeiten einer Person zu verstehen*"[454].[455] Daneben sind auch standardisierte Fragenkataloge (Checklisten) unter § 94 Abs. 1 BetrVG zu fassen, bei denen der Arbeitgeber die Fragen mündlich stellt und die Antworten des Arbeitnehmers schrift-

---

450 Vgl. nur: Majer in: Moosmayer/Hartwig, Interne Untersuchungen, Kap. D. Rn. 37, die aufzählt, dass der Betriebsrat die Informationen über die Anzahl der Mitarbeiter, deren Standort sowie den Befragungsgegenstand zu erhalten hat; vgl. Engelhoven in: Engelhoven, Richtiges Verhalten in der Compliance-Krise, § 4 Rn. 157, wonach der Betriebsrat über die Anzahl der Mitarbeiter, deren Standorte und eine grobe Umschreibung des gegenständlichen Sachverhalts zu informieren ist; Wybitul/Böhm RdA 2011, 362, 364.

451 Wybitul/Böhm RdA 2011, 362, 364.

452 Hierzu etwa Engelhoven in: Engelhoven, Richtiges Verhalten in der Compliance-Krise, § 4 Rn. 157.

453 Majer in: Moosmayer/Hartwig, Interne Untersuchungen, Kap. D. Rn. 37; Engelhoven in: Engelhoven, Richtiges Verhalten in der Compliance-Krise, § 4 Rn. 157.

454 BAG NZA 1994, 375, 376; so auch: BAG NZA 2001, 107, 108 und LAG Düsseldorf BeckRS 2023, 26256 Rn. 88.

455 Vgl. nur: BAG NZA 1994, 375, 376; BAG NZA 2001, 107, 108; vgl. Trebinger/Linsenmaier/Schelz/Schmidt in: Fitting BetrVG, § 94 Rn. 6; Raab in: GK-BetrVG, § 94 Rn. 16; Thüsing in: Richardi BetrVG, § 94 Rn. 6.

lich festhält.[456] Eine Zustimmungspflicht besteht, wenn der Fragebogen die *„Eignung [besitzt,] für eine Vielzahl von zukünftig zu erfassenden Fällen“*[457] zu gelten.[458]

Mithilfe eines nach § 94 Abs. 1 BetrVG zustimmungspflichtigen Personalfragebogens sollen Angaben u. a. über die persönlichen Verhältnisse des Arbeitnehmers,[459] nicht jedoch über dessen Verhalten und Leistung festgehalten werden.[460] Beziehen sich die Fragen auf geschäftliche Vorgänge oder das Verhalten von bestimmten Personen, liegt kein Zusammenhang zu dem persönlichen Verhältnis eines Arbeitnehmers, dessen Eignung, Kenntnissen und Fähigkeiten vor, weshalb diese Fragen nicht zustimmungspflichtig sind. Das persönliche Verhältnis und damit eine Zustimmungspflicht wird allerdings tangiert sein, wenn sich z. B. Fragen im Fragebogen auf die persönliche Beziehung des Arbeitnehmers mit Kunden oder Konkurrenten beziehen.[461] Dabei führt eine zustimmungspflichtige Frage jedoch nicht zu einer Zustimmungspflicht für den gesamten Fragebogen. Die Pflicht zur Zustimmung kann sich daher nur auf einzelne Fragen beziehen.[462]

Im Rahmen von internen Untersuchungen sind standardisierte Fragebögen zur Ermittlung eines konkreten Sachverhalts regelmäßig nicht geeignet.[463] Dies ist einerseits dem Umstand geschuldet, dass standardisierte Fragebögen dem Interviewer die Flexibilität nehmen, die Fragen der Mitarbeiterbefragung auf den individuellen Gesprächsverlauf anzupassen. Andererseits können die Fragen einen suggestiven Charakter aufweisen, sobald die Befragung eine entsprechende Detailtiefe erreicht hat und die vorbereiteten

---

456 Vgl. nur: BAG NZA 1994, 375, 376; Raab in: GK-BetrVG, § 94 Rn. 17; Thüsing in: Richardi BetrVG, § 94 Rn. 8, wonach es unerheblich ist, ob der Fragebogen von der befragten Person ausgefüllt wird oder der Fragesteller die Personaldaten erhebt; ähnlich: Heinze, Personalplanung, Einstellung und Kündigung, S. 39 Rn. 94, wonach auch in Worten ausgedrückte vorformulierte Fragen unter § 94 BVerfG fallen.

457 Heinze, Personalplanung, Einstellung und Kündigung, S. 39 Rn. 94.

458 Heinze, Personalplanung, Einstellung und Kündigung, S. 39 Rn. 94.

459 BAG NZA 1994, 375, 376; Thüsing in: Richardi BetrVG, § 94 Rn. 6.

460 Oberthür in: MHdB ArbR Band 4, § 355 Rn. 5; Thüsing in: Richardi BetrVG, § 94 Rn. 10.

461 Vgl. nur: Oberthür in: MHdB ArbR Band 4, § 355 Rn. 5, worunter u. a. Beziehungen zu Organisationen und Personen zu den persönlichen Verhältnissen zählen; im Ergebnis so auch: Böhm, Non-Compliance und Arbeitsrecht, S. 105; Wybitul/Böhm RdA 2011, 362, 365.

462 Vgl. nur: Wybitul/Böhm RdA 2011, 362, 365; ähnlich auch: Reinhardt/von Walter CB 2014, 114 ,117 und Reinhardt CB 2015, 361, 362.

463 Vgl. nur: Wisskirchen/Glaser DB 2011, 1447, 1450, wonach standardisierte Fragebögen bei internen Untersuchungen untersagt sind; Steffen/Stöhr RdA 2017, 43, 51; ähnlich auch: Breßler/Kuhnke/Schulz/Stein NZG 2009, 721, 725, wonach standardisierte Fragen in Interviews kaum relevant sein werden.

Fragen zu generisch sind.[464] Dieser Ansicht ist in der Praxis in einer Vielzahl an Mitarbeiterbefragungen zuzustimmen. Jedoch kann es der Sachverhalt erfordern, dass diversen Arbeitnehmern dieselben Fragen gestellt werden, um im Anschluss die Auskünfte vergleichen zu können. Daher ist bei Mitarbeiterbefragungen im Rahmen von internen Untersuchungen ein Zustimmungsrecht des Betriebsrats nach § 94 Abs. 1 S. 1 BetrVG im Einzelfall zu prüfen.

d) Rechtsfolgen bei Missachtung der Beteiligungsrechte

Die Durchführung der in § 87 Abs. 1 BetrVG beschriebenen Maßnahmen bedarf der Mitbestimmung des Betriebsrats. Der Verstoß gegen diese Mitbestimmungsrechte führt zu einem betriebsverfassungswidrigen Zustand. Hieraus ergibt sich für den Betriebsrat die Möglichkeit, Unterlassungs- und Beseitigungsansprüche gegen den Arbeitgeber geltend zu machen.[465] Der Unterlassungsanspruch zielt darauf ab, zukünftiges Verhalten zu untersagen.[466] Dauert der mitbestimmungswidrige Zustand noch an, wird mit dem Beseitigungsanspruch dagegen das Ziel verfolgt, diese Lage zu beenden.[467] Neben der Einleitung eines Beschlussverfahrens beim zuständigen Arbeitsgericht kann der Betriebsrat kollektivrechtlich im Falle eines wiederholten Verstoßes beantragen, dass ein Ordnungsgeld festgesetzt wird.[468] Der allgemeine Unterlassungsanspruch wird zum Teil gleichermaßen bei einem Verstoß gegen § 94 BetrVG als anwendbar angesehen.[469]

Zudem kann eine arbeitgeberseitig ergriffene und gegen das Mitbestimmungsrecht verstoßende Maßnahme gegen einen Mitarbeiter unwirksam sein. Handelt ein Arbeitgeber betriebsverfassungswidrig, soll er sich nicht gegenüber den Arbeitnehmern auf sein normverletzendes Verhalten berufen können.[470] Dadurch soll verhindert werden, dass sich der Arbeitgeber

464 Wisskirchen/Glaser DB 2011, 1447, 1450.

465 Vgl. zum Unterlassungs- und Beseitigungsanspruch nur: BAG NZA 1999, 49, 52; BAG NZA 2012, 685, 686 Rn. 14; BAG NZA 2021, 959, 967 Rn. 84; ausschließlich zum Unterlassungsanspruch: BAG NZA 2007, 819, 819 Rn. 13.

466 Vgl. nur: BAG NZA 2021, 959, 967 Rn. 84; BAG NZA 2023, 369, 371 Rn. 21; BAG NZA 2024, 201, 202 Rn. 14.

467 Vgl. nur: BAG NZA 2021, 959, 967 Rn. 84; BAG NZA 2024, 201, 202 Rn. 14; LAG Berlin-Brandenburg BeckRS 2012, 71381 B. II. 3. (6) b) aa).

468 Köhler/Häferer GWR 2015, 159, 161.

469 Vgl. nur: LAG Niedersachsen BeckRS 2007, 48467; zweifelnd, aber gleichzeitig nicht abschließend entschieden zu § 94 Abs. 2 BetrVG vgl.: LAG Nürnberg NZA-RR 2011, 130, 131; LAG Düsseldorf BeckRS 2023, 26256 Rn. 93; so aber ausdrücklich: Kania in: ErfK ArbR, § 94 BetrVG Rn. 5, wonach der allgemeine Unterlassungsanspruch bestehen dürfte.

470 Vgl. nur: BAG NZA 1992, 749, 759; BAG NZA 1995, 277, 279; Kania in: ErfK ArbR, § 87 BetrVG Rn. 139.

über seine arbeitsvertraglichen Gestaltungsmöglichkeiten dem Zwang entzieht, sich mit dem Betriebsrat zu einigen. Auch soll die Unwirksamkeit der arbeitsvertraglichen Abreden und Maßnahmen für den Arbeitgeber eine Sanktion für die Verletzung der Mitbestimmungsrechte darstellen.[471] Hierbei bedarf es jedoch einer Differenzierung. Hat ein Mitarbeiter bspw. gegen eine Regelung aus dem Verhaltenskodex insofern verstoßen, dass er bei der Annahme eines Geschenks von einem Kunden vorher die Genehmigung seines Vorgesetzten hätte einholen müssen – und die Richtlinie allerdings ohne den Betriebsrat eingeführt wurde –, besteht keine individualrechtliche Bindungswirkung. In dem Fall, dass ein Arbeitgeber mitbestimmungswidrig Beweise gegen einen Mitarbeiter sammelt, der ein Fehlverhalten begangen hat, können diese jedoch verwendet werden, da grundsätzlich kein allgemeines Beweisverwertungsverbot besteht.[472] Sofern mit der Verwertung der Beweise allerdings eine unverhältnismäßige Persönlichkeitsrechtsverletzung verbunden ist, kann ein Beweisverwertungsverbot gelten,[473] wenn das arbeitgeberseitige Interesse am Eingriff nicht überwiegt.[474]

e) Zwischenergebnis

Die im Rahmen von internen Untersuchungen durchgeführten Untersuchungshandlungen können Rechte des Betriebsrats auslösen. Um die Rechtsfolgen bei der Missachtung der Beteiligungsrechte auszuschließen, ist den Ermittlerteams zu raten, sich vor der Untersuchung die Mitbestimmungsrechte des Betriebsrats zu vergegenwärtigen und diesen in Zweifelsfällen einzubinden. Dies gilt insbesondere bei Maßnahmen, die einen kollektiven Bezug haben und das Ordnungsverhalten der Arbeitnehmer betreffen. Maßnahmen, die auf einzelne Mitarbeiter ausgerichtet sind und das Arbeitsverhalten betreffen, gelten dagegen als mitbestimmungsfrei.[475] Die Rechte des Betriebsrats sind im Einzelfall zu betrachten und entsprechend zu würdigen.

2. Amnestieprogramm

Unter einem Amnestieprogramm ist eine schriftliche[476] Vereinbarung zwischen einem Unternehmen und einem Mitarbeiter zu verstehen,[477] in der das Unternehmen dem Mitarbeiter einen Anreiz setzt, an der internen Untersu-

471 Vgl. nur: BAG NZA 1992, 225, 226; BAG NZA 1992, 749, 759; BAG NZA 1995, 277, 279.
472 Köhler/Häferer GWR 2015, 159, 161.
473 Vgl. nur: BAG NZA 2008, 1008, 1011 Rn. 33, 34; Grützner in: Momsen/Grützner, Wirtschafts- und Steuerstrafrecht, § 16 Rn. 510; Köhler/Häferer GWR 2015, 159, 161.
474 Grützner in: Momsen/Grützner, Wirtschafts- und Steuerstrafrecht, § 16 Rn. 510.
475 Siehe Kapitel 2 A. IX. 1. b).
476 Annuß/Pelz BB Special 4 (2010), 14, 19; Kahlenberg/Schwinn CCZ 2012, 81, 84.
477 Annuß/Pelz BB Special 4 (2010), 14, 19.

chung mitzuwirken und Fehlverhalten von sich selbst oder Dritten – die mit der eigenen Tat in einem Zusammenhang stehen – offenzulegen, indem das Unternehmen auf arbeits- und/oder zivilrechtliche Sanktionen verzichtet.[478] Derartige Programme kommen insbesondere dann zum Einsatz, wenn nach den ersten Befragungen der nachweisliche Eindruck entstanden ist, dass die Sachverhaltsaufklärung von einzelnen Mitarbeitern, Arbeitnehmergruppen oder ganzen Bereichen ‚blockiert' wird.[479] Mithilfe einer Amnestie kann diese „*Mauer des Schweigens*"[480] durchbrochen werden.[481]

Bei der Ausgestaltung eines Amnestieangebots ist die Unternehmensleitung allerdings an arbeits-, gesellschafts-, straf- und vergaberechtliche[482] Vorgaben gebunden.[483] Sie muss das Wohl der Gesellschaft berücksichtigen, weshalb Einzelfallprüfungen erforderlich sind, um zu ermitteln, ob der Verzicht auf Ansprüche angemessen ist.[484] Dabei muss das Interesse des Unternehmens an der Aufklärung das Interesse an der Sanktion überwiegen.[485] Neben der Abwägung der Vor- und Nachteile einer Amnestieregelung für das Unternehmen soll der Eindruck vermieden werden, dass die Unternehmensleitung Rechtsverstöße duldet, wenn sie einem straffälligen Mitarbeiter eine Amnestie gewährt.[486]

a) Kronzeugenregelung nach § 46 StGB, § 31 BtMG

Regelungen, bei denen die Mithilfe der Täter an der Aufklärung gewürdigt wird, finden sich insbesondere in § 46 StGB und § 31 Betäubungsmittelgesetz (kurz: BtMG).

Im Strafgesetzbuch trat am 01.09.2009 mit § 46b StGB die „*große Kronzeugenregelung*"[487] in Kraft, die sich in die Aufklärungshilfe nach § 46b

---

478 Leisner in: Knierim/Rübenstahl/Tsambikakis, Internal Investigations, Kap. 10 Rn. 1.
479 Schürrle/Olbers CCZ 2010, 178, 182.
480 Vgl. nur: Uffmann/Beckmann in: Braun/Wisskirchen, KonzernArbR, Kap. 8 Rn. 428; Göpfert/Merten/Siegrist NJW 2008, 1703, 1704; ähnlich auch: Schürrle/Olbers CCZ 2010, 178, 182, die dies „*Wand des Schweigens*" nennen.
481 Vgl. nur: Göpfert/Merten/Siegrist NJW 2008, 1703, 1704; Schürrle/Olbers CCZ 2010, 178, 182; Hartung in: Wieland/Steinmeyer/Grüninger, Handbuch Compliance-Management, Teil I 2.5.7.6 Rn. 99.
482 Breßler/Kuhnke/Schulz/Stein NZG 2009, 721, 721.
483 Breßler/Kuhnke/Schulz/Stein NZG 2009, 721, 721; Krug/Skoupil NJW 2017, 2374, 2377.
484 Vgl. nur: Göpfert/Merten/Siegrist NJW 2008, 1703, 1704; Mengel in: Knierim/Rübenstahl/Tsambikakis, Internal Investigations, Kap. 14 Rn. 78; Schürrle/Olbers CCZ 2010, 178, 181; Krug/Skoupil NJW 2017, 2374, 2377.
485 BGH NJW 1997, 1926, 1928; Krug/Skoupil NJW 2017, 2374, 2377; Schürrle/Olbers CCZ 2010, 178, 181.
486 Im Ergebnis so auch: Göpfert/Merten/Siegrist NJW 2008, 1703, 1704.
487 Maier in: MüKo StGB Band 2, § 46b Rn. 1.

Abs. 1 Nr. 1 StGB und die Präventionshilfe gemäß § 46b Abs. 1 Nr. 2 StGB aufteilt.[488] Auf Basis dieser Regelung konnten Gerichte den Strafrahmen absenken oder gänzlich von einer Strafe absehen, wenn ein Täter sein Wissen freiwillig offenbart hat und damit wesentlich zur Aufdeckung einer Straftat nach § 100a Abs. 2 StPO (§ 46b Abs. 1 Nr. 1 StGB) oder durch rechtzeitige Offenbarung einer Tatplanung zur Verhinderung der Tat beitragen konnte (§ 46b Abs. 1 Nr. 2 StGB). Zu den in § 100a Abs. 2 StPO genannten Straftaten gehören bspw. Bestechung und Bestechlichkeit von Mandatsträgern nach § 108e StGB (§ 100a Abs. 2 Nr. 1 lit. b StPO) sowie Mord und Totschlag nach §§ 211 und 212 StGB (§ 100a Abs. 2 Nr. 1 lit. h StPO). Neben Straftatbeständen aus dem Strafgesetzbuch sind auch weitere Normen anderer Gesetze wie der Abgabenordnung (Nr. 2), dem Völkerstrafgesetzbuch (Nr. 10) und dem Waffengesetz (Nr. 11) von § 100a Abs. 2 StPO erfasst.

Der zunächst weit formulierte Anwendungsbereich von § 46b Abs. 1 Nr. 1 StGB a. F. wurde mit dem 46. Strafrechtsänderungsgesetz mit dem Titel ‚Beschränkung der Möglichkeit zur Strafmilderung bei Aufklärungs- und Präventionshilfe'[489] dahingehend eingeschränkt, dass das offenbarte Wissen über eine Tat in einem Zusammenhang zur eigenen Tat stehen muss. Mit dieser Änderung einhergehend wurde auch die Regelung in § 31 BtMG gleichlautend angepasst, wonach ebenfalls eine Strafmilderung oder das Absehen von einer Strafe möglich ist, wenn eine Straftat nach §§ 29 bis 30a BtMG aufgedeckt oder nach § 29 Abs. 3, § 29a Abs. 1, § 30 Abs. 1, § 30a Abs. 1 BtMG verhindert wird. Die neuformulierten Regelungen traten sodann zum 01.08.2013 in Kraft.[490]

Der in § 46b Abs. 1 Nr. 1 StGB verwendete Rechtsbegriff der ‚Wesentlichkeit' ist von einem Tatgericht auszulegen und unterliegt daher einer revisionsgerichtlichen Prüfung.[491] Ein Aufklärungsbeitrag wird – auch nach dem allgemeinen Sprachgebrauch – als wesentlich angesehen, wenn dieser *„von entscheidender Bedeutung', ‚grundlegend' oder ‚tragend' ist“*[492]. Ein wesentlicher Aufklärungsbeitrag ist daher anzunehmen, wenn die Aufklärung der Tat ohne den Beitrag nicht oder nicht in dem Umfang hätte stattfinden können. Jedenfalls soll die Aussage dazu geeignet sein, eine sichere Grundlage zu schaffen, um den Tatbeteiligten aburteilen zu können. Dies kann er-

488 Maier in: MüKo StGB Band 2, § 46b Rn. 1.

489 BGBl. I 2013, S. 1481, 1497.

490 BGBl. I 2013, S. 1481, 1497.

491 Vgl. nur: BGH BeckRS 2016, 6506 Rn. 10; BGH BeckRS 2016, 11275; Sander in: Schäfer/Sander/van Gemmeren, Praxis der Strafzumessung, Teil 5 Rn. 1044.

492 BGH NJW 2017, 899, 899; so auch wörtlich: Sander in: Schäfer/Sander/van Gemmeren, Praxis der Strafzumessung, Teil 5 Rn. 1044; während o. V., Duden, Synonym Wesentlich unter dem Begriff wesentlich u. a. die folgenden Wörter fasst: *„tragend“*, *„bedeutsam“*.

reicht werden, indem die Strafverfolgungsbehörden überzeugt werden können, dass die von ihnen ermittelten Erkenntnisse richtig sind.[493]

Der Beitrag eines Täters ist nach § 31 Nr. 1 BtMG als wesentlich anzusehen, wenn die Aufklärung der Tat sowie die Überführung von u. a. Tatbeteiligten und Auftraggebern, aber auch die Entdeckung von Rauschgiftlaboren oder lokalen ohne ihn gar nicht oder nicht vollständig möglich gewesen wäre.[494] Gleichzeitig muss der Aufklärungsbeitrag über die eigene Tat hinausgehen.[495] Die Angaben des Aufklärungsgehilfen müssen dabei nicht allein für die Aufdeckung der Tat ursächlich sein, sondern sie können auch in Kombination mit weiteren Umständen oder Ursachen zum Erfolg der Aufklärung beigetragen haben. Der Aufklärungsbeitrag muss folglich nicht die Hauptursache sein.[496] Werden Angaben zu Tatsachen gemacht, die den Strafverfolgungsbehörden bspw. aus Telefonüberwachungen bereits bekannt sind, kann eine bessere Grundlage für einen Nachweis an der Tatbeteiligung geschaffen werden, wodurch ein Aufklärungserfolg begründet werden kann.[497]

Als unwesentlich ist der Beitrag allerdings zu klassifizieren, wenn die Erkenntnisse den Strafverfolgungsbehörden bereits vorliegen und bei deren Vorhalt lediglich pauschal als richtig bestätigt werden.[498] Gleiches gilt, wenn die Aussagen von Zeugen oder anderer Beschuldigter nur um nicht wesentliche Randdetails ergänzt werden.[499] Werden Beteiligte der Tat und Abnehmer von Tatobjekten lediglich benannt, ist ebenfalls grundsätzlich keine Wesentlichkeit anzunehmen.[500] Die Darstellungen des Täters müssen von den Strafverfolgungsbehörden überprüft werden können. Zudem müs-

---

493 Vgl. nur: BGH BeckRS 2016, 6506 Rn. 10; BGH BeckRS 2019, 23771 Rn. 5; vgl. Maier in: MüKo StGB Band 2, § 46b Rn. 61; von Heintschel-Heinegg in: BeckOK StGB, § 46b Rn. 17; Bußmann in: Matt/Renzikowski, StGB, § 46b Rn. 11.

494 Vgl. nur: BGH NJW 2002, 908, 909; Patzak in: Patzak/Fabricius, BtMG, § 31 Rn. 55; Maier in: MüKo StGB Band 7, § 31 BtMG Rn. 147; Weber in: Weber/Kornprobst/Maier, BtMG, § 31 Rn. 120.

495 Vgl. nur: BGH NJW 1983, 692, 693; BGH BeckRS 1989, 2410; BGH BeckRS 1990, 3737 Rn. 3; Patzak in: Patzak/Fabricius, BtMG, § 31 Rn. 52.

496 Vgl. BGH BeckRS 1990, 03980; Maier in: MüKo StGB Band 7, § 31 BtMG Rn. 148.

497 Vgl. nur: BGH BeckRS 1995, 4419 Rn. 3, 4; BGH BeckRS 2019, 27657 Rn. 8, 9; Weber in: Weber/Kornprobst/Maier, BtMG, § 31 Rn. 95; Patzak in: Patzak/Fabricius, BtMG, § 31 Rn. 56.

498 Patzak in: Patzak/Fabricius, BtMG, § 31 Rn. 57.

499 Patzak in: Patzak/Fabricius, BtMG, § 31 Rn. 57; Weber in: Weber/Kornprobst/Maier, BtMG, § 31 Rn. 122; Sander in: Schäfer/Sander/van Gemmeren, Praxis der Strafzumessung, Teil 5 Rn. 1044, im Zusammenhang mit § 46b Abs. 1 S. 1 Nr. 1 StGB.

500 Vgl. nur: BGH BeckRS 1997, 5305 Rn. 1; BGH BeckRS 1999, 30085221; Patzak in: Patzak/Fabricius, BtMG, § 31 Rn. 47; Streng in: Kindhäuser NK-StGB, § 46b Rn. 9.

sen diese nach Überzeugung des Gerichts einen wesentlichen Beitrag zu einem voraussichtlich erfolgreichen Abschluss der Strafverfolgung leisten.[501]

b) Inhaltliche und zeitliche Einschränkungen

Während in § 46 StGB und § 31 BtMG eine Aufklärungshilfe gesetzlich normiert ist, findet sich im Arbeitsrecht keine vergleichbare Regelung, die ihre Wirkung auch auf Mitarbeiterbefragungen im Rahmen von internen Untersuchungen entfaltet. Stattdessen gehen aus dem Schrifttum vielmehr Best-Practice-Ansätze hervor.

Demnach soll ein Amnestieangebot sowohl in inhaltlicher als auch in zeitlicher Hinsicht eingeschränkt werden. Inhaltlich kann es sich auf bestimmte, vom Arbeitgeber näher zu definierende Projekte beziehen, bei denen von Maßnahmen abgesehen werden kann. Bei der Entscheidung über Sanktionen soll die Schwere des Vergehens berücksichtigt werden, mit der Folge, dass sich die Amnestieregelung nicht auf vorsätzlich begangene Taten oder Verbrechen beziehen kann.[502] Amnestieerklärungen können sich je nach Sachverhalt inhaltlich stark voneinander unterscheiden und sind an die politische und strategische Ausrichtung des Unternehmens anzupassen.[503] So kann dem aussagenden Mitarbeiter ein Verzicht auf arbeitsrechtliche Sanktionen angeboten werden, was sich im Detail auf eine Abmahnung, eine Versetzung oder eine Kündigung auswirken kann.[504] Hierbei soll in Betracht gezogen werden, dass eine Änderungskündigung weiterhin möglich bleibt, um dem Mitarbeiter bei einem schwerwiegenden Verstoß einen anderen Aufgabenbereich zuweisen zu können.[505] Zu den weiteren Angeboten zählen der Verzicht auf die Durchsetzung von Schadensersatzansprüchen[506] sowie auf die Erstattung einer Strafanzeige bzw. die Stellung eines Strafantrags.[507] Ebenso

501 Vgl. nur: BGH BeckRS 1997, 5305 Rn. 1; BGH BeckRS 1999, 30085221; Patzak in: Patzak/Fabricius, BtMG, § 31 Rn. 47.

502 Breßler/Kuhnke/Schulz/Stein NZG 2009, 721, 723.

503 Mengel in: Knierim/Rübenstahl/Tsambikakis, Internal Investigations, Kap. 14 Rn. 70; Krug/Skoupil NJW 2017, 2374, 2377.

504 Vgl. nur: Göpfert/Merten/Siegrist NJW 2008, 1703, 1704; Krug/Skoupil NJW 2017, 2374, 2377; vgl. Fuhrmann NZG 2016, 881, 889; zum Kündigungsverzicht auch: Park/Eggers in: MAH WirtschaftsstrafR, § 11 Rn. 191.

505 Leisner in: Knierim/Rübenstahl/Tsambikakis, Internal Investigations, Kap. 10 Rn. 45; Richter/Sütter in: Busch/Hoven/Pieth/Rübenstahl, Antikorruptions-Compliance, Teil 4 Kap. 29 C. IV. 1. Rn. 55.

506 Vgl. nur: Breßler/Kuhnke/Schulz/Stein NZG 2009, 721, 722; Annuß/Pelz BB Special 4 (2010), 14, 16; Krug/Skoupil NJW 2017, 2374, 2377; Richter/Sütter in: Busch/Hoven/Pieth/Rübenstahl, Antikorruptions-Compliance, Teil 4 Kap. 29 C. IV. 1. Rn. 57 f.

507 Vgl. nur: Kahlenberg/Schwinn CCZ 2012, 81, 83; Breßler/Kuhnke/Schulz/Stein NZG 2009, 721, 722; Krug/Skoupil NJW 2017, 2374, 2377; Richter/Sütter in: Busch/Hoven/Pieth/Rübenstahl, Antikorruptions-Compliance, Teil 4 Kap. 29 C. IV. 1. Rn. 71.

können die Rechtsverteidigungs-[508] oder Rechtsanwaltskosten[509] oder ggf. Geldbußen oder Geldstrafen[510] übernommen und die mitgeteilten Informationen vertraulich behandelt werden[511]. Die Vertraulichkeit kann allerdings nicht schrankenlos zugesichert werden. Denn die Unternehmensleitung kann aufgrund von rechtlichen Pflichten dazu gezwungen sein, die vom Mitarbeiter erhaltenen Informationen zumindest in Teilen offenzulegen. Dabei sind bspw. kapitalmarktrechtliche Veröffentlichungspflichten nach Art. 17 der europäischen Marktmissbrauchsverordnung (Market Abuse Regulation – kurz: MAR)[512] genauso wie gesellschaftsrechtliche Auskunftsansprüche gemäß § 131 AktG[513], § 51a GmbHG[514] zu berücksichtigen. Die potenzielle Weitergabe ist in der Amnestieregelung als Hinweis transparent darzulegen.[515] Eine Weitergabe der Informationen an die Beteiligten der internen Untersuchung wie Rechtsanwälte oder die Unternehmensleitung sowie Compliance-Verantwortliche soll ebenso zulässig sein. Die Offenlegung gegenüber den Ermittlungsbehörden ist überdies denkbar.[516] Ein Amnestieangebot gilt allerdings nur zwischen dem Unternehmen und dem Mitarbeiter und hat keinen Einfluss auf ein etwaiges Verfahren, das die Strafverfolgungsbehörden

---

508 Vgl. nur: Göpfert/Merten/Siegrist NJW 2008, 1703, 1704; Breßler/Kuhnke/Schulz/Stein NZG 2009, 721, 723; Momsen ZIS 2011, 508, 510; Krug/Skoupil NJW 2017, 2374, 2377.

509 Dzida/Klopp ArbRB 2017, 116, 119; Wessing in: Moosmayer/Lösler, Corporate Compliance, § 47 Rn. 75, führen dies unter dem Begriff ‚Verteidigungskosten' auf.

510 Vgl. nur: Breßler/Kuhnke/Schulz/Stein NZG 2009, 721, 723; Krug/Skoupil NJW 2017, 2374, 2377; siehe hierzu auch die kritischen Anmerkungen von: Annuß/Pelz BB Special 4 (2010), 14, 17; zustimmend, aber durchaus auch kritisch: Kahlenberg/Schwinn CCZ 2012, 81, 85 f.

511 Vgl. nur: Mengel in: Knierim/Rübenstahl/Tsambikakis, Internal Investigations, Kap. 14 Rn. 73; Breßler/Kuhnke/Schulz/Stein NZG 2009, 721, 723; Kahlenberg/Schwinn, CCZ 2012, 81, 83; Krug/Skoupil NJW 2017, 2374, 2377.

512 Vgl. nur: Redenius-Hövermann/Walter ZIP 2020, 1331, 1334 f.; Szesny/Kuthe/Plückelmann in: Szesny/Kuthe, Kapitalmarkt Compliance, 9. Teil Kap. 31 III. Rn. 28; Merkner/Sustmann/Retsch NZG 2021, 1198, 1200; Meldepflichten zu § 15 Wertpapierhandelsgesetz a. F., der vor Art. 17 MAR galt: OLG Braunschweig BeckRS 2021, 35001 Rn. 50; Breßler/Kuhnke/Schulz/Stein NZG 2009, 721, 725.

513 Vgl. nur: Kubis in: MüKo AktG Band 3, § 131 Rn. 338, wonach nur in Ausnahmefällen wie bei Vermögensdelikten eine *„Angelegenheit der Gesellschaft"* besteht, weshalb ein Auskunftsrecht angenommen werden kann. Dies ist allerdings an das Vorliegen von zwei Voraussetzungen geknüpft; Breßler/Kuhnke/Schulz/Stein NZG 2009, 721, 725 f.; Kahlenberg/Schwinn CCZ 2012, 81, 83.

514 Vgl. nur: Breßler/Kuhnke/Schulz/Stein NZG 2009, 721, 725 f.; Schindler in: BeckOK GmbHG, § 51a Rn. 18, wonach die Auskunftspflicht der Gesellschafter alle Themen betrifft, die einen Bezug zur Gesellschaft haben; Kahlenberg/Schwinn CCZ 2012, 81, 83.

515 Vgl. nur: Majer in: Moosmayer/Hartwig, Interne Untersuchungen, Kap. E. IV. Rn. 14; Annuß/Pelz BB Special 4 (2010), 14, 17; Kahlenberg/Schwinn CCZ 2012, 81, 83.

516 Kahlenberg/Schwinn CCZ 2012, 81, 83; Annuß/Pelz BB Special 4 (2010), 14, 17.

eingeleitet haben. Darauf ist der aussagende Mitarbeiter ebenfalls hinzuweisen.[517]

In zeitlicher Hinsicht soll die Gültigkeit eines Amnestieprogramms eingeschränkt werden.[518] Andernfalls könnten die Mitarbeiter abwarten, ob ihr Fehlverhalten aufgedeckt wird, um erst dann auf das Amnestieangebot einzugehen.[519] Daneben darf eine Amnestieregelung lediglich für Sachverhalte gelten, die in der Vergangenheit liegen. Würde das Unternehmen auf eine Haftung für ein vorsätzliches Handeln eines Dritten im Vorfeld verzichten, wäre dies nach § 276 Abs. 3 BGB unzulässig.[520] In zeitlicher Hinsicht ist ebenfalls zu berücksichtigen, dass die Amnestieregelung auf einen Untersuchungszeitraum eingeschränkt wird, bei dem etwaige Verjährungsfristen aus dem Straf- und Steuerrecht beachtet werden.[521]

c) *Pflichten eines Arbeitnehmers*

Während ein Unternehmen im Rahmen eines Amnestieprogramms auf Sanktionen gegen den auskunftsgebenden Mitarbeiter verzichtet, hat der Mitarbeiter im Gegenzug die von ihm erwartete Leistung zu erbringen, indem er an der Sachverhaltsaufklärung freiwillig und umfassend mitwirkt. In der Amnestieregelung ist eindeutig festzulegen, welche Erwartungen an den Mitarbeiter gestellt werden und wann seine Mitwirkung als ausreichend angesehen wird, damit ihm die vereinbarten Vorteile zugestanden werden. Dabei reicht es nicht aus, wenn der Mitarbeiter lediglich Informationen offenbart, die dem Ermittlerteam bereits bekannt waren oder deren Aufdeckung kurz bevorstand. Dem Mitarbeiter, der eine Amnestieregelung in Anspruch nehmen möchte, soll darüber hinaus mitgeteilt werden, dass sich seine wahrheitsgemäßen Auskünfte auf weitere Sachverhalte erstrecken können, die dem Ermittlerteam, das die Fragen stellt, nicht bekannt sind. In der Li-

---

517 Vgl. nur: Schürrle/Olbers CCZ 2010, 178, 182; Krug/Skoupil NJW 2017, 2374, 2377 Fn. 55; ähnlich auch: Grimm in: Tschöpe, Arbeitsrecht Handbuch, Teil 6 Rn. 331, wonach die Amnestieregelung einen entsprechenden Vorbehalt enthalten sollte, wenn es zu einer strafgerichtlichen Verurteilung kommt; im Ergebnis so auch: Beulke/Ruhmannseder in: Ruhmannseder/Lehner/Beukelmann, Compliance aktuell, Kap. 12010 VIII. Rn. 58, wonach die Amnestiezusage keinen Einfluss auf strafrechtliche Konsequenzen hat; Richter/Sütter in: Busch/Hoven/Pieth/Rübenstahl, Antikorruptions-Compliance, Teil 4 Kap. 29 C. IV. 1. Rn. 71.

518 Vgl. nur: Moosmayer, Compliance – Praxisleitfaden für Unternehmen, § 5 C Rn. 334; Schürrle/Olbers CCZ 2010, 178, 182; Kahlenberg/Schwinn CCZ 2012, 81, 82.

519 Moosmayer, Compliance – Praxisleitfaden für Unternehmen, § 5 C Rn. 334; Kahlenberg/Schwinn CCZ 2012, 81, 82.

520 Vgl. nur: Göpfert/Merten/Siegrist NJW 2008, 1703, 1704; Breßler/Kuhnke/Schulz/Stein NZG 2009, 721, 723; Kahlenberg/Schwinn CCZ 2012, 81, 83; Krug/Skoupil NJW 2017, 2374, 2377 Fn. 54.

521 Leisner in: Knierim/Rübenstahl/Tsambikakis, Internal Investigations, Kap. 10 Rn. 39.

teratur wird deshalb empfohlen, neben den Fragen zu bestimmten Sachverhalten auch eine offene Frage zu stellen, die weitere noch nicht thematisierte Sachverhalte umfasst (bspw.: ‚Gibt es aus Ihrer Sicht weitere Vorgänge oder Sachverhalte, die wir im Gespräch noch nicht thematisiert haben, die für unsere Untersuchung allerdings von Relevanz sein können?‘).[522] Der Arbeitnehmer ist überdies verpflichtet, vollständige sowie wahrheitsgemäße Auskünfte zu geben,[523] um einen Sanktionsverzicht zu erlangen.[524]

Die Entscheidung darüber, ob der Mitarbeiter die Voraussetzungen eines vereinbarten Amnestieprogramms erfüllt, kann in die Verantwortung eines Gremiums gelegt werden, das speziell dafür ausgewählt wurde. Bei Vorliegen der Voraussetzungen ist das Unternehmen an die Zusage gebunden, sodass ihm kein Ermessensspielraum mehr zusteht.[525] Diese Vorgehensweise erscheint nach der hier vertretenen Ansicht sinnvoll, wenn das gewählte Gremium die Entscheidung über alle Amnestieprogramme im Unternehmen trifft, um eine einheitliche Behandlung der Arbeitnehmer gewährleisten zu können.

d) Etwaiger Ausschluss von Personen bei einem Amnestieprogramm

Mitarbeitern in wesentlichen Kontrollfunktionen oder Mitgliedern der Unternehmensleitung sollte eine Amnestie – wenn diese für angemessen und notwendig erachtet wird – nur in zivilrechtlicher Hinsicht gewährt werden. Ausbleibende arbeitsrechtliche Maßnahmen wären in Bezug auf die Vorbildfunktion, die diese Personengruppen innerhalb des Unternehmens haben, nicht tragbar.[526] Im Fall einer AG hat der Aufsichtsrat bei Verstößen durch Mitglieder des Vorstands durchsetzbare Schadensersatzansprüche grundsätzlich zu verfolgen. Nur in Ausnahmefällen darf hiervon abgesehen werden, wie der BGH in seinem ARAG/Garmenbeck-Urteil entschied. Demnach kann eine Verfolgung der Ansprüche ausbleiben, „*wenn gewichtige Gründe des Gesellschaftswohls dagegen sprechen und diese Umstände die Gründe, die für eine Rechtsverfolgung sprechen, überwiegen oder ihnen zumindest gleichwertig sind. Anderen außerhalb des Unternehmenswohles*

---

522 Leisner in: Knierim/Rübenstahl/Tsambikakis, Internal Investigations, Kap. 10 Rn. 64.

523 Siehe hierzu Kapitel 2 B. III. 4. b) cc); Leisner in: Knierim/Rübenstahl/Tsambikakis, Internal Investigations, Kap. 10 Rn. 64; Dendorfer-Ditges in: MAH ArbR, § 75 Rn. 338.

524 Dendorfer-Ditges in: MAH ArbR, § 75 Rn. 338.

525 Leisner in: Knierim/Rübenstahl/Tsambikakis, Internal Investigations, Kap. 10 Rn. 64.

526 Vgl. nur: Moosmayer, Compliance – Praxisleitfaden für Unternehmen, § 5 C Rn. 335; Kahlenberg/Schwinn CCZ 2012, 81, 82, spricht sich gänzlich gegen eine Amnestie bei Mitgliedern der Unternehmensleitung aus; im Ergebnis so auch: Beulke/Ruhmannseder in: Ruhmannseder/Lehner/Beukelmann, Compliance aktuell, Kap. 12010 VIII. Rn. 58.

liegenden, die Vorstandsmitglieder persönlich betreffenden Gesichtspunkten darf der Aufsichtsrat nur in Ausnahmefällen Raum geben“[527]. Eine solche Ausnahme kann etwa ein Kartellrechtsverstoß sein, an dem Mitglieder der Unternehmensleitung beteiligt sind. Die Vermeidung einer kartellrechtlichen Geldbuße kann für das Gesellschaftswohl einen gewichtigen Grund darstellen, einem Unternehmensleitungsmitglied eine Amnestie zu gewähren.[528]

e) Vorteile einer Amnestie im Rahmen interner Untersuchungen

Mithilfe solcher Amnestieprogramme können die internen und externen Ermittler in kurzer Zeit an umfangreiche Informationen gelangen.[529] Insbesondere bei kartellrechtlichen Sachverhalten ist eine zügige Sachverhaltsaufklärung wesentlich.[530] Ein Amnestieprogramm bietet sich auch bei Sachverhalten an, die sehr komplex sind und bei denen das Ermittlerteam bei deren Aufklärung auf die Mitwirkung von einzelnen Arbeitnehmern (Kronzeugen) angewiesen ist.[531] Zudem können Unklarheiten, die sich auf Basis der gesammelten Unterlagen ergeben haben, durch die Auskünfte von Mitarbeitern beseitigt werden.[532] So kann sich aus diesen Informationsquellen ein vollständiges Bild ergeben, wodurch eine vollständige und zweifelsfreie Aufklärung des Sachverhalts ermöglicht werden kann.[533] Auch wird mit einer Amnestieregelung, in der die Kündigung ausgeschlossen wird, der Verschiebung der Darlegungs- und Beweislast in einer Mitarbeiterbefragung, in der der Arbeitnehmer selbstbelastende Auskünfte gibt, entgegengewirkt.[534] Die positiven Aspekte einer schnellen Aufklärung können sich auch auf die Ermittlungen der Strafverfolgungsbehörden auswirken, die ebenfalls verkürzt werden können. Betroffene Unternehmen können sich durch eine kurze Verfahrensdauer schneller dem öffentlichen Interesse an dem Verfahren entziehen und sich ihrem Kerngeschäft widmen.[535]

f) Nachteile einer Amnestie im Rahmen interner Untersuchungen

Neben den positiven Aspekten einer Amnestie kann der Mitarbeiter durch den Verzicht auf arbeitsrechtliche Konsequenzen weiterhin dem Unternehmen angehören, obwohl er Verstöße begangen hat, die zu einer internen

527 BGH NJW 1997, 1926, 1926 LS.
528 Kahlenberg/Schwinn CCZ 2012, 81, 82.
529 Leisner in: Knierim/Rübenstahl/Tsambikakis, Internal Investigations, Kap. 10 Rn. 4; Krug/Skoupil NJW 2017, 2374, 2377.
530 Dendorfer-Ditges in: MAH ArbR, § 75 Rn. 336.
531 Naber/Ahrens CCZ 2020, 36, 39.
532 Leisner in: Knierim/Rübenstahl/Tsambikakis, Internal Investigations, Kap. 10 Rn. 9.
533 Leisner in: Knierim/Rübenstahl/Tsambikakis, Internal Investigations, Kap. 10 Rn. 10.
534 Siehe hierzu Kapitel 2 B. III. 5. e).
535 Leisner in: Knierim/Rübenstahl/Tsambikakis, Internal Investigations, Kap. 10 Rn. 11.

Untersuchung geführt haben. Dieser Umstand kann eine negative Wirkung auf redliche Mitarbeiter innerhalb des Unternehmens haben. Problematisch könnte dies insbesondere in Fällen sein, in denen richtlinientreue Mitarbeiter aus wirtschaftlichen Gründen entlassen werden müssen, während zugleich Mitarbeitern aufgrund eines Amnestieprogramms nicht gekündigt wird, die in der Vergangenheit gegen Gesetze oder Richtlinien verstoßen haben.[536] Dieser Herausforderung könnte dadurch begegnet werden, dass die Amnestieregelung zwar das Absehen von Sanktionen betrifft, der Arbeitnehmer mit einer vereinbarten Amnestieregelung jedoch im Falle betriebsbedingter Kündigungen nicht ausgeschlossen wird, wenn diese seinen Bereich, seine Abteilung oder Position betreffen.

Neben dieser unternehmensinternen Herausforderung kann das Unternehmen bei einer Weiterbeschäftigung solcher Mitarbeiter von öffentlichen Vergaben ausgeschlossen werden.[537] Diese Problematik lässt sich oft nur mithilfe von kostspieligen Aufhebungsvereinbarungen lösen.[538] Bei Amnestieprogrammen kann darüber hinaus das Risiko bestehen, dass die übrige Belegschaft an der Glaubwürdigkeit der Compliance im Unternehmen zweifelt und annimmt, dass Fehlverhalten im Rahmen einer Amnestie toleriert wird.[539]

g) Amnestieregelung zur Übernahme von Zahlungsverpflichtungen

Wenn das Unternehmen durch den Mitarbeiter geschädigt wurde, ist fraglich, ob es Zahlungsverpflichtungen des Mitarbeiters übernehmen darf, die gegen diesen verhängt wurden. Dabei gilt es zu evaluieren, ob die Übernahme der Zahlungen dem Wohle der Gesellschaft dient. So muss dem Unternehmen im Gegenzug für die Zahlungen ein Vorteil erwachsen, der zumindest als gleichwertig zu beurteilen ist.[540] Diese Prüfung soll auch die steuerlichen Aspekte einer solchen Kostenübernahme umfassen, da es sich dabei um einen steuerlichen Arbeitslohn handeln könnte.[541] So hat der BGH entschieden, dass sich ein öffentliches Unternehmen der Untreue schuldig

536 Leisner in: Knierim/Rübenstahl/Tsambikakis, Internal Investigations, Kap. 10 Rn. 15.

537 Zum Ausschluss von öffentlichen Vergaben bei Verzicht auf personelle Maßnahmen vgl. nur: OLG Düsseldorf BeckRS 2005, 11753 Rn. 24; Uffmann/Beckmann in: Braun/Wisskirchen, KonzernArbR, Kap. 8 Rn. 433; Leisner in: Knierim/Rübenstahl/Tsambikakis, Internal Investigations, Kap. 10 Rn. 15.

538 Leisner in: Knierim/Rübenstahl/Tsambikakis, Internal Investigations, Kap. 10 Rn. 15.

539 Leisner in: Knierim/Rübenstahl/Tsambikakis, Internal Investigations, Kap. 10 Rn. 17.

540 Leisner in: Knierim/Rübenstahl/Tsambikakis, Internal Investigations, Kap. 10 Rn. 60.

541 Vgl. nur: Leisner in: Knierim/Rübenstahl/Tsambikakis, Internal Investigations, Kap. 10 Rn. 63; Kahlenberg/Schwinn CCZ 2012, 81, 85; Beulke/Ruhmannseder in: Ruhmannseder/Lehner/Beukelmann, Compliance aktuell, Kap. 12010 VIII. Rn. 62; Richter/Sütter in: Busch/Hoven/Pieth/Rübenstahl, Antikorruptions-Compliance, Teil 4 Kap. 29 C. IV. 1. Rn. 70.

gemacht hat, als es die Geldstrafe eines Angestellten aus dem Verbandsvermögen bezahlte.[542] Jedoch lässt sich das Urteil nicht unmittelbar auf private Unternehmen übertragen. Stattdessen bedarf es einer Einzelfallprüfung, ob das Unternehmen bei der Übernahme von Geldstrafen, -bußen oder auflagen den Straftatbestand der Untreue gemäß § 266 StGB erfüllt.[543] Aus der Sicht einzelner Stimmen der Literatur wird die Vermögensbetreuungspflicht durch die Unternehmensleitung dann nicht verletzt, wenn ein Mitarbeiter erst durch die Übernahme der Geldstrafe oder -buße kooperiert und dadurch ein hohes Bußgeld gegen das Unternehmen abgewendet werden kann.[544]

h) Grenzen einer Amnestie im Rahmen interner Untersuchungen

Neben den strafrechtlichen Vorschriften, die vor der Vereinbarung einer Amnestie zu beachten sind, sind bei der Einzelfallprüfung auch arbeits-, gesellschafts- und vergaberechtliche Normen zu berücksichtigen. Wird bspw. gegenüber einem Arbeitnehmer der Verzicht auf arbeitsrechtliche Sanktionen wie eine außerordentliche Kündigung ‚ins Blaue hinein' erklärt, obwohl gegen den Arbeitnehmer kein hinreichender Verdacht besteht, wäre dies aus arbeitsrechtlicher Sicht problematisch.[545] Dies liegt daran, dass auf eine außerordentliche Kündigung aus einem wichtigen Grund nicht im Vorhinein verzichtet werden kann.[546] Eine detaillierte Prüfung vor dem Verzicht auf Ansprüche ist ferner angesichts der gesellschaftsrechtlichen Verpflichtungen des Vorstands bzw. der Geschäftsführung notwendig. Hierbei besteht andernfalls bspw. das Risiko, dass die Organmitglieder durch den Abschluss einer Amnestieregelung zum Schadensersatz verpflichtet werden können, wenn ihnen vorgeworfen werden kann, dass sie durch die Amnestie zum Schaden der Gesellschaft gehandelt haben.[547] Im Vergaberecht ist die Selbstreinigung des Unternehmens von besonderer Bedeutung, wenn einem Unternehmen schwere Rechtsverstöße zugerechnet werden können[548] oder

---

542 BGH NJW 1991, 990, 992; so auch: Kahlenberg/Schwinn CCZ 2012, 81, 85.

543 Vgl. nur: Leisner in: Knierim/Rübenstahl/Tsambikakis, Internal Investigations, Kap. 10 Rn. 60; Kahlenberg/Schwinn CCZ 2012, 81, 85; im Hinblick auf die notwenige Einzelfallprüfung auch: Beulke/Ruhmannseder in: Ruhmannseder/Lehner/Beukelmann, Compliance aktuell, Kap. 12010 VIII. Rn. 56.

544 Kahlenberg/Schwinn CCZ 2012, 81, 85.

545 Kahlenberg/Schwinn CCZ 2012, 81, 85.

546 Vgl. nur: Sandmann in: Henssler/Willemsen/Kalb, Arbeitsrecht Kommentar, § 626 BGB Rn. 37; Müller-Glöge in: ErfK ArbR, § 620 BGB Rn. 30, wonach nicht im Voraus auf eine Kündigung verzichtet werden darf, jedoch wohl nach der Entstehung des Kündigungsrechts; Breßler/Kuhnke/Schulz/Stein NZG 2009, 721, 724.

547 Breßler/Kuhnke/Schulz/Stein NZG 2009, 721, 723.

548 Zur Möglichkeit eines fakultativen Ausschlusses vgl. bspw nur: § 124 Abs. 1 Nr. 1, 3, 4 GWB; Kaufmann in: Pünder/Schellenberg, Vergaberecht, § 124 GWB Rn. 8 f.; Breßler/Kuhnke/Schulz/Stein NZG 2009, 721, 726.

wenn ein bspw. wegen Betrug, Bestechung und Bestechlichkeit im geschäftlichen Verkehr oder Geldwäsche rechtskräftig verurteiltes Unternehmen den Ausschluss von einer Vergabe[549] oder eine Vergabesperre abwenden möchte.[550] Einer vergaberechtlichen Selbstreinigung steht allerdings eine Generalamnestie, bei der z. B. auf alle personellen Konsequenzen verzichtet wird, entgegen.[551] Unter einer Generalamnestie ist eine generische Sanktionsverschonung gegenüber beteiligten Mitarbeitern zu verstehen.[552]

i) Stellungnahme

Basierend auf den aufgezeigten Vor- und Nachteilen[553] einer Amnestieregelung wird deren Einsatz nach der hier vertretenen Ansicht ambivalent beurteilt. Mit dem Einsatz einer Amnestieregelung belohnt das Unternehmen die Auskunftsfreude eines Mitarbeiters, der einen Verstoß begangen hat oder daran beteiligt war. Allerdings kann sich durch die Auskunft des Mitarbeiters u. a. die Aufklärungszeit der Untersuchung verkürzen, was je nach Komplexität oder Dringlichkeit des Sachverhalts ein valider Grund sein kann, um die Auskunft eines fraudulent handelnden Mitarbeiters zu honorieren. Unter Vorgriff auf das Ergebnis der Problematik einer Vermeidung der Darlegungs- und Beweislast bei selbstbelastenden Auskünften von Mitarbeitern kann durch eine Amnestieregelung zudem sichergestellt werden, dass bei einem Verzicht auf eine Kündigung die Beweislastregeln nicht umgangen werden.[554]

Es erscheint aus Praxissicht sinnvoll, dass Unternehmen im Vorhinein Entscheidungen treffen, ob und wenn ja, unter welchen Bedingungen Amnestieregelungen im Unternehmen möglich sind. Hierdurch wird nicht nur verhindert, dass im konkreten Fall viel Zeit für die Entscheidungsfindung aufgewendet wird, ob Amnestieprogramme mit den Grundsätzen und der Kultur des Unternehmens vereinbar sind und wie ein solches Programm ausgestaltet sein sollte. Es führt auch zu einer Gleichbehandlung der betroffenen Mitarbeiter und einer Entlastung der internen Ermittler. Denn diese grundlegenden Entscheidungen sollen nicht in der Verantwortung der inter-

---

549 Zur Möglichkeit eines zwingenden Ausschlusses vgl. nur: § 123 Abs. 1 Nr. 3, 4, 6 GWB; dazu auch Kaufmann in: Pünder/Schellenberg, Vergaberecht, § 123 GWB Rn. 5; Breßler/Kuhnke/Schulz/Stein NZG 2009, 721, 726.

550 Zu Vergabe- bzw. Auftragssperren vgl. nur: Kaufmann in: Pünder/Schellenberg, Vergaberecht, § 124 GWB Rn. 31; Opitz in: Burgi/Dreher/Opitz, GWB Band 1, § 126 Rn. 17; Breßler/Kuhnke/Schulz/Stein NZG 2009, 721, 726.

551 Breßler/Kuhnke/Schulz/Stein NZG 2009, 721, 726.

552 Breßler/Kuhnke/Schulz/Stein NZG 2009, 721, 722; so auch: Uffmann/Beckmann in: Braun/Wisskirchen, KonzernArbR, Kap. 8 Rn. 421.

553 Siehe Kapitel 2 A. IX. 2. e), f).

554 Siehe hierzu Kapitel 2 B. III. 5. e).

nen Ermittler liegen. Letztere sind nur die ausführende Partei für die grundlegende Entscheidung über das ‚Ob', die die Unternehmensleitung oder das ausgewählte Gremium im Sinne des Unternehmens getroffen hat. Die konkrete Ausgestaltung des Amnestieprogramms ist sodann innerhalb des von der Geschäftsleitung gesetzten Rahmens im Einzelfall zu treffen.

Da Amnestieregelungen im Einzelfall zu treffen sind und eine gesetzliche Regelung diese in ihrer mannigfaltigen Ausprägung nicht adäquat abbilden kann, wird nach der hier vertretenen Ansicht weiterhin dem Best-Practice-Ansatz gefolgt, anstatt eine gesetzliche Regelung zu befürworten.

3. Exkurs: Mitarbeiterbefragung in Verbindung mit einer Verdachtskündigung

Bei einer Verdachtskündigung handelt es sich um einen Sonderfall einer außerordentlichen Kündigung. Obwohl nicht sicher ist, dass ein Arbeitnehmer eine ihm vorgeworfene Pflichtverletzung tatsächlich begangen hat, kann das Arbeitsverhältnis zwischen ihm und dem Arbeitgeber beendet werden.[555] Für die Verdachtskündigung ist es von Relevanz, dass sich der Verdacht auf ein Verhalten bezieht, das ebenfalls eine fristlose Kündigung begründet hätte, wenn der verdächtige Mitarbeiter tatsächlich schuldig wäre.[556] Darüber hinaus muss der Verdacht in einer Schwere vorliegen, die ausreicht, das erforderliche Vertrauen für die Weiterführung des Arbeitsverhältnisses zu zerstören. Der Arbeitgeber muss daneben bei der Sachverhaltsaufklärung jegliche zumutbaren Anstrengungen unternommen haben, zu denen die Gelegenheit für den Arbeitnehmer zählt, Stellung zu beziehen.[557] Eine weitere Voraussetzung für eine wirksame Verdachtskündigung ist, dass starke Verdachtsmomente vorliegen, die auf konkreten sowie objektiven Tatsachen basieren und dringend sein müssen.[558] Es muss eine hohe, auf Indizien gestützte Wahrscheinlichkeit dafür vorliegen, dass der beschuldigte Arbeitnehmer die Tat begangen hat.[559] Wird eine Verdachtskündigung als ordentliche Kündigung ausgesprochen, haben gleichermaßen Tatsachen vorzuliegen, die auch eine außerordentliche Kündigung gerechtfertigt hätten.[560]

---

555 Rudkowski, Aufklärung von Compliance-Verstößen, S. 147.

556 Vgl. nur: BAG NZA 2013, 137, 138 Rn. 17; BAG NZA 2014, 143, 145 Rn. 14; Rudkowski, Aufklärung von Compliance-Verstößen, S. 148.

557 Vgl. nur: BAG NZA-RR 2012, 222, 223 Rn. 16; BAG NZA 2013, 371, 372 Rn. 13; BAG NZA 2016, 287, 288 Rn. 21.

558 Vgl. nur: BAG NZA-RR 2012, 222, 223 Rn. 16; BAG NZA 2013, 371, 372 Rn. 14; BAG NZA 2016, 287, 288 Rn. 21; Giese ZIP 2020, 1004, 1004.

559 Vgl. nur: BAG NJW 1964, 1918, 1919; LAG Baden-Württemberg BeckRS 2011, 65963; LAG Düsseldorf BeckRS 2000, 40393 Rn. 29.

560 Vgl. nur: BAG NZA 2014, 243, 246 Rn. 32; BAG NZA 2016, 287, 288 Rn. 22; Giese ZIP 2020, 1004, 1004.

Eine Kündigung kann nach § 626 Abs. 2 S. 1 BGB nur innerhalb einer zweiwöchigen Frist vorgenommen werden. Diese beginnt nach S. 2 *„mit dem Zeitpunkt, in dem der Kündigungsberechtigte von den für die Kündigung maßgebenden Tatsachen Kenntnis erlangt.“* Das BAG hat hierzu im Jahr 2022 geurteilt, dass *„erst die Kenntnis von sämtlichen Tatsachen, die eine Entscheidung dahin erlauben, ob dem Arbeitgeber die Fortsetzung des Arbeitsverhältnisses zugemutet werden kann oder nicht“*[561], für den Beginn der Frist nach § 626 Abs. 2 S. 1 BGB maßgeblich ist.[562] Sofern die Untersuchung unverzüglich durchgeführt wurde, beginnt die Frist des § 626 Abs. 2 BGB üblicherweise mit dem Vorliegen eines Prüfungsberichts,[563] und damit nach dem Abschluss der Ermittlungen.[564] Allerdings kann auch ein Zwischenbericht den Beginn der Zwei-Wochen-Frist auslösen, wenn die Kenntnis über mögliche Kündigungsgründe gesichert war. Die Kündigungserklärungsfristen beginnen für die betroffenen Mitarbeiter individuell[565] ab dem Zeitpunkt, ab dem die hinreichende Kenntnis von etwaigen Kündigungsgründen vorlag. Es ist dabei unerheblich, dass ggf. gegen andere Mitarbeiter weiter ermittelt wird.[566] Zudem muss zuvor eine Anhörung des Arbeitnehmers stattgefunden haben.[567]

Bei einer ordnungsgemäßen Anhörung des Arbeitnehmers muss dieser mit den Erkenntnissen und Umständen konfrontiert werden, die wesentlich sind und die zu dem Verdacht auf eine Pflichtverletzung geführt haben. Diese Darstellung sollte soweit wie möglich wertungsfrei erfolgen. Dabei muss der Arbeitgeber keine Quellen oder jegliche zur Verfügung stehenden Beweismittel offenlegen. Für die praktische Umsetzung ist es somit ausreichend, belastende und kontextbezogene E-Mails vorzulesen, anstatt diese vollständig zu zeigen. Zudem können belastende Befragungen von Mitarbeitern zusammengefasst wiedergegeben werden, ohne dass das Protokoll in vollem Umfang vorgelegt wird.[568]

Bei einer Anhörung im Rahmen einer Verdachtskündigung ist die Pflichtverletzung bereits genau bestimmt. In dem Gespräch mit dem Mitarbeiter

---

561 BAG NZA 2022, 1276, 1278 Rn. 22.

562 Vgl. nur: BAG NJW 1972, 1486, 1487; BAG NZA 2022, 1276, 1278 Rn. 22; LAG Rheinland-Pfalz BeckRS 2023, 27976 Rn. 34.

563 Dzida NZA 2014, 809, 810.

564 Vgl. nur: BAG BeckRS 2003, 40697 Rn. B. 3. c) bb) (1); BAG BeckRS 2008, 50549 Rn. 24; Bittmann/Brockhaus/von Coelln/Heuking NZWiSt 2019, 1, 4.

565 LAG Baden-Württemberg BeckRS 2021, 40512 Rn. 45, wonach es sich bei der Kündigung um eine Individualmaßnahme handelt, deren Erklärungsfrist gemäß 2. LS individuell läuft; Stück CCZ 2022, 122, 123.

566 Stück CCZ 2022, 122, 123.

567 Vgl. nur: BAG NZA 1987, 699, 700; BAG BeckRS 2008, 50549 Rn. 19; Bittmann/Brockhaus/von Coelln/Heuking NZWiSt 2019, 1, 4.

568 Giese ZIP 2020, 1004, 1005.

soll lediglich die Ungewissheit beseitigt werden, dass der Arbeitnehmer die Pflichtverletzung tatsächlich zu verschulden hat. Im Vergleich dazu können die Details einer Pflichtverletzung bei einer Mitarbeiterbefragung im Rahmen einer internen Untersuchung noch unbekannt sein.[569] Im Rahmen einer (Verdachts-)Kündigung[570] ist der Arbeitnehmer nicht dazu verpflichtet, dem Arbeitgeber das Tatsachenmaterial zu liefern,[571] damit die Kündigung ‚schlüssig' wird.[572] Stattdessen hat er das ‚Recht zu schweigen'.[573]

Wird die Mitarbeiterbefragung somit mit einer Anhörung im Rahmen einer Verdachtskündigung verbunden, sind Anforderungen des BAG einzuhalten. Die Befragung muss sich dabei stets auf einen greifbaren Sachverhalt beziehen. Gleichzeitig soll dem Mitarbeiter die Möglichkeit gegeben werden, Tatsachen zu bestreiten und sich zu entlasten.[574] Dabei ist ihm nach § 1 Abs. 2 S. 4 KSchG ein Schweigerecht zuzugestehen, da der Arbeitgeber die Tatsachen zu beweisen hat, die die Kündigung bedingen, nicht der Arbeitnehmer.

X. Zusammensetzung des Ermittlerteams

1. Zusammensetzung des Ermittlerteams auf Organisationsebene

Die Aufklärung eines Verstoßes im Unternehmen kann durch ein unternehmensinternes Ermittlerteam durchgeführt oder an einen externen Dritten wie eine Wirtschaftsprüfungsgesellschaft oder eine Anwaltskanzlei ausgelagert werden. Eine Kombination ist auch denkbar, wenn innerhalb des Unternehmens die personellen Ressourcen oder das notwendige Know-how fehlen, um einen Sachverhalt in einer möglichst kurzen Zeit aufklären zu können. So waren Presseberichten[575] zufolge rund 450 unternehmensinterne und externe Experten mit der Aufklärung des Dieselskandals bei Volkswagen befasst.

Zudem kann es je nach Ausgestaltung des infrage stehenden Sachverhalts bei der Zusammenstellung des Untersuchungsteams notwendig sein, Mitarbei-

---

569 Rudkowski, Aufklärung von Compliance-Verstößen, S. 124.

570 Müller NZA-RR 2023, 225, 228, wonach die Grundsätze für Kündigungen sowie den Sonderfall der Verdachtskündigung gelten.

571 BAG NJW 2009, 1897, 1898 Rn. 32; Müller NZA-RR 2023, 225, 228.

572 Vgl. nur: BAG NJW 2009, 1897, 1898 Rn. 32; Klinkhammer ArbRAktuell 2020, 7, 10; Müller NZA-RR 2023, 225, 228.

573 Vgl. nur: BAG NJW 2009, 1897, 1898 Rn. 32; Rudkowski NZA 2011, 612, 613; Müller NZA-RR 2023, 225, 228.

574 Vgl. nur: BAG NZA 2008, 809, 810 Rn. 15; BAG NZA 2014, 1015, 1017 Rn. 24; BAG NZA 2013, 137, 140 Rn. 33.

575 o. V., Die Welt, Wie VW die Dieselgate-Drahtzieher finden will; Lüneborg/Resch NZG 2018, 209, 209.

ter aus unterschiedlichen Unternehmensbereichen zu beteiligen. Das Kernteam besteht dabei in der Regel aus Mitarbeitern der internen Revision[576] sowie des Compliance-[577] und Rechtsbereichs[578]. Daneben kann eine Beteiligung von Mitarbeitern aus der Datenschutz, IT, Personal-[579], Unternehmenskommunikations- und Steuerabteilung notwendig sein. Ebenso kann es erforderlich sein, dass der Betriebsrat oder die Unternehmenssicherheit einbezogen werden.[580] Um einem Kompetenzgerangel in der laufenden Untersuchung entgegenzuwirken, sollte bereits zu einem frühen Zeitpunkt eine klare Aufgabenverteilung zwischen den beteiligten Akteuren vorgenommen werden.[581] Überschneidungen zwischen Kompetenzen der Teammitglieder können andernfalls zu unnötigem Aufwand führen und das Untersuchungsergebnis beeinträchtigen.[582] Um dem vorzubeugen, bieten sich Richtlinien, Notfallpläne sowie Betriebsvereinbarungen[583] an, die bereits abgeschlossen wurden, bevor es zu einer internen Untersuchung kommt.[584]

Spannungspunkte können sich zudem ergeben, wenn Mitarbeiter mit einer beratenden, präventiven Funktion – wie die in einer Compliance-Abteilung – gleichzeitig im Rahmen einer internen Untersuchung repressiv tätig sind.[585] Eine klare Trennung der Aufgaben kann für die Mitarbeiter dabei entlastend wirken.[586] Vorteilhaft kann die Kombination dieser Funktionen sein, da im Zuge einer internen Untersuchung unmittelbar Handlungsbe-

---

576 Vgl. nur: Amling/Bantleon DStR 2008, 1300, 1301; Brückner BB Special 4 (2010) 21, 23; Wisskirchen/Glaser DB 2011, 1392, 1394; Süße/Ahrens BB 2019, 1332, 1333; Dendorfer-Ditges in: MAH ArbR, § 75 Rn. 109.

577 Wessing in: Moosmayer/Lösler, Corporate Compliance, Kap. 7, § 47 Rn. 87.

578 Vgl. nur: Süße/Ahrens BB 2019, 1332, 1333; Dendorfer-Ditges in: MAH ArbR, § 75 Rn. 109; ähnlich Wisskirchen/Glaser DB 2011, 1392, 1394, die als potenzielle Untersuchungsmitglieder aus der Sphäre innerhalb des Unternehmens Unternehmensjuristen und Compliance-Manager ansehen.

579 Wisskirchen/Glaser DB 2011, 1392, 1394.

580 Süße/Ahrens BB 2019, 1332, 1333 f.

581 Vgl. Wessing in: Moosmayer/Lösler, Corporate Compliance, § 47 Rn. 87, hierbei konkret bezogen auf das Kompetenzgerangel zwischen Compliance- und Revisionsabteilung; Süße/Ahrens BB 2019, 1332, 1334.

582 Vgl. Wessing in: Moosmayer/Lösler, Corporate Compliance, § 47 Rn. 87, hierbei konkret bezogen auf das Kompetenzgerangel zwischen Compliance- und Revisionsabteilung.

583 Vgl. nur: Ströbel/Böhm/Breunig/Wybitul CCZ 2018, 14, 19; Naber/Ahrens PinG 2018, 257, 258; Süße/Ahrens BB 2019, 1332, 1334; kritisch zum Abschluss von Betriebsvereinbarungen für interne Untersuchungen: Wisskirchen/Glaser DB 2011, 1392, 1393.

584 Süße/Ahrens BB 2019, 1332, 1334.

585 Süße/Ahrens BB 2019, 1332, 1334; vgl. auch Wessing in: Moosmayer/Lösler, Corporate Compliance, § 47 Rn. 88, wonach eine klare Trennung repressiver und präventiver Tätigkeit notwendig ist.

586 Süße/Ahrens BB 2019, 1332, 1334.

darfe im bestehenden Compliance-Management-System festgestellt werden können. Werden die Compliance-Mitarbeiter in der Untersuchung allerdings als „*interne Staatsanwaltschaft*"[587] wahrgenommen, kann dies zu einem Vertrauensverlust der Mitarbeiter in die Compliance des Unternehmens und in die Mitarbeiter führen, die diese Stelle bekleiden. Das kann zur Folge haben, dass sich die Mitarbeiter zukünftig nicht mehr vertrauensvoll bei Fragen und Unklarheiten an die Compliance-Abteilung wenden, da sie das Risiko sehen, dass die beratende Person gegen sie ermittelt.[588]

Daneben werden in der Literatur vereinzelt Bedenken geäußert, wenn jede interne Untersuchung durch die interne Revision durchgeführt wird. Als Grund hierfür wird ihre ebenfalls beratende Tätigkeit genannt, die Bestandteil ihres Selbstverständnisses sei.[589] Danach sei vorab zu eruieren, welche Abteilung die Sachverhaltsaufklärung durchführt und ob Bestandteile der Untersuchung grundsätzlich an externe Ermittler[590] wie Anwaltskanzleien oder Wirtschaftsprüfungsunternehmen ausgelagert werden.[591] Eine Einbeziehung externer Ermittler wird meist dann als zwingend angesehen, wenn sich das Unternehmen selbst mit einer Sanktion konfrontiert sieht. Dies gilt insbesondere dann, wenn dem Unternehmen nach § 30 OWiG eine Geldbuße droht oder Ermittlungsbehörden aus dem Ausland involviert sind. Wenngleich die Koordination in solchen Fällen von den externen Ermittlern durchgeführt wird, bleiben die internen Ermittler essenzielle Ansprechpartner, die die interne Untersuchung unterstützen.[592]

Bei Rechtsanwälten als externe Ermittler kommt ein weiterer Vorteil zum Tragen. Dieser ergibt sich aus der rechtlichen Privilegierung, die diese Berufsgruppe insbesondere gegenüber Behörden, aber auch der Staatsanwaltschaft innehat. Rechtsanwälte würden sich nach § 203 Abs. 1 Nr. 3 StGB strafbar machen, wenn sie die ihnen in ihrer Funktion anvertrauten Betriebs- oder Geschäftsgeheimnisse offenbaren würden. Daneben können sich Rechtsanwälte vor Gericht auf ein Zeugnisverweigerungsrecht nach § 53 Abs. 1 S. 1 Nr. 3 StPO, § 383 ZPO berufen.[593] Zudem genießen Unterla-

---

587 Süße/Ahrens BB 2019, 1332, 1334; Wessing in: Moosmayer/Lösler, Corporate Compliance, § 47 Rn. 88.

588 Süße/Ahrens BB 2019, 1332, 1334; vgl. Wessing in: Moosmayer/Lösler, Corporate Compliance, § 47 Rn. 88.

589 Süße/Ahrens BB 2019, 1332, 1334.

590 Süße/Ahrens BB 2019, 1332, 1332; Naber/Ahrens CCZ 2020, 36, 39; ausführlich zu den Vor- und Nachteilen der externen Auftragsvergabe: Böhmer in: Bay, Handbuch Internal Investigations, Kap. 2 Rn. 1 ff.

591 Süße/Ahrens BB 2019, 1332, 1334; Naber/Ahrens CCZ 2020, 36, 39.

592 Süße/Ahrens BB 2019, 1332, 1332.

593 Wisskirchen/Glaser DB 2011, 1392, 1394.

gen aus einem Mandatsverhältnis und insbesondere Verteidigungsunterlagen bei Rechtsanwälten einen höheren Schutz vor einer Beschlagnahme.[594]

Während die Funktion präventiver und repressiver Compliance auch nach der hier vertretenen Ansicht auf der Ebene der beteiligten Abteilungen bei einer internen Untersuchung zu trennen ist, um die Grundvoraussetzungen für ein vertrauensvolles Verhältnis zur Compliance-Abteilung zu schaffen, kann der Meinung in Bezug auf die interne Revision nicht gänzlich gefolgt werden. Zwar bietet die Auslagerung von Untersuchungen an externe Ermittler einige Vorteile, die sich insbesondere aus ihrem Know-how und ihrer Schnelligkeit ergeben, jedoch scheint die Außenwirkung der Revision in der Praxis – anders als im Compliance-Bereich – regelmäßig stärker auf die Prüfung als auf die Beratung ausgerichtet zu sein. Wenn dies in einem Unternehmen anders ist, können die Revisoren durch Transparenz in der internen Untersuchung klarstellen, dass sie nicht in ihrer Rolle als Berater agieren.

Übersteigt der zu untersuchende Sachverhalt in seinem Ausmaß und seiner Komplexität die unternehmensinternen Kapazitäten, sind diese im Unternehmen gänzlich nicht vorhanden oder bedarf es bei der Aufklärung einer besonderen Unabhängigkeit, ist ein Unternehmen auch nach der hier vertretenen Auffassung gut beraten, externe Dritte mit der Durchführung der internen Untersuchung zu beauftragen.

2. Zusammensetzung des Ermittlerteams auf personeller Ebene

An das Profil eines internen Ermittlers gibt es keine gesetzlichen Anforderungen, wodurch die Unternehmensleitung grundsätzlich ein weitreichendes Ermessen hinsichtlich dessen Auswahl hat.[595] Die Mitarbeiter, die für das Untersuchungsteam in Frage kommen, sollten allerdings über ein entsprechendes Know-how im Zusammenhang mit internen Untersuchungen verfügen. Dazu gehören Kenntnisse über den grundsätzlichen Ablauf von internen Untersuchungen an sich sowie Unternehmens- und Sachkenntnisse.[596] Sie müssen mit den Untersuchungsmethoden vertraut sein und Einschätzungen vornehmen können, um zu ermitteln, welche Methoden in der entsprechenden Situation zum Ziel führen und an welcher Stelle welche Hürden auftreten können. Während einer Untersuchung ist ein unerfahrenes und unkoordiniertes Handeln des Ermittlerteams nachteilig. Das gilt ins-

594 Siehe Kapitel 2 D. II. 6. und Kapitel 2 D. III. 1., 2.

595 Vgl. Fleischer in: BeckOGK AktG, § 91 Rn. 72, wonach die Compliance-Verantwortlichen interne Abteilungen wie die interne Revision oder externe Berater zur Aufklärung hinzuziehen; Süße/Ahrens BB 2019, 1332, 1333.

596 Brückner BB Special 4 (2010), 21, 23; zur Notwendigkeit zur Einbringung der nötigen Erfahrung, Fachkunde und Kompetenz auch: Park/Eggers in: MAH WirtschaftsstrafR, § 11 Rn. 44.

besondere bei Beweisen, die in elektronischer Form vorliegen. Anders als bei papierhaften Dokumenten kann die Beweiskraft von elektronischen Beweisen schnell verloren gehen, wenn sie unsachgemäß gehandhabt werden. Vielmehr muss eine ‚Chain of Custody' eingehalten werden, wonach die Dokumentation der Sicherung, Aufbereitung und Analyse der gesicherten Daten lückenlos erfolgen muss.[597]

Neben der fachlichen Kenntnis bedarf es bei den Ermittlern einer absoluten Verschwiegenheit. Ferner müssen sie empathisch sein. Es sollten ausgeprägte Team- und Kommunikationsfähigkeiten, insbesondere gegenüber der Unternehmensleitung und den Mitarbeitern, vorhanden sein.[598] Ebenso muss das Ermittlerteam objektiv gegenüber dem Untersuchungsgegenstand und den darin involvierten Personen[599] sowie neutral und vertrauenswürdig sein.[600]

Bei der Zusammenstellung des Untersuchungsteams ist insbesondere für Mitarbeiterbefragungen darauf zu achten, dass ihnen die rechtlichen Rahmenbedingungen bekannt sind und sie über praktische Fähigkeiten verfügen, die zur Durchführung von Befragungen benötigt werden. Dabei handelt es sich u. a. um Kenntnisse in den Bereichen der Aussagenpsychologie sowie in der Vernehmungslehre. Es ist insbesondere entscheidend, dass die Interviewer kein persönliches oder berufliches Interesse an dem Untersuchungsausgang haben und bei Mitarbeiterbefragungen in keinem Näheverhältnis zu den zu befragenden Mitarbeitern stehen.[601] Sofern bei den internen Ermittlern juristische Kenntnisse fehlen, ist die Rechtsabteilung einzubinden.[602]

Ein wesentlicher Vorteil unternehmensinterner Untersuchungsteams gegenüber externen Ermittlern sind deren Kenntnisse über die Geschäftsabläufe des Unternehmens, was in der Regel eine bessere Einordnung der Vorfälle ermöglicht.[603] Daneben behält das Unternehmen die Kontrolle über die interne Untersuchung an sich und über die weiteren Geschehnisse.[604]

---

597 Faske in: Busch/Hoven/Pieth/Rübenstahl, Antikorruptions-Compliance, Teil 4 Kap. 27 C. IV. 3. Rn. 135.

598 Süße/Ahrens BB 2019, 1332, 1333.

599 Faske in: Busch/Hoven/Pieth/Rübenstahl, Antikorruptions-Compliance, Teil 4 Kap. 27 C. IV. 3. Rn. 135.

600 Faske in: Busch/Hoven/Pieth/Rübenstahl, Antikorruptions-Compliance, Teil 4 Kap. 27 C. V. 3 Rn. 189; Wisskirchen/Glaser DB 2011, 1392, 1394.

601 Vgl. nur: Wessing in: Moosmayer/Lösler, Corporate Compliance, § 47 Rn. 112; Wisskirchen/Glaser DB 2011, 1392, 1394; Naber/Ahrens CCZ 2020, 36, 39.

602 Faske in: Busch/Hoven/Pieth/Rübenstahl, Antikorruptions-Compliance, Teil 4 Kap. 27 C. IV. 3. Rn. 135.

603 Vgl. Racky/Gloeckner/Fehn-Claus CCZ 2018, 282, 283, die diesen Vorteil auf Mitarbeiter der Rechtsabteilung beziehen, die die internen Untersuchungen aus ihrer Sicht durchführen.

604 Poppe in: Inderst/Bannenberg/Poppe, Compliance, Kap. 6 Rn. 7.

XI. Zwischenergebnis

Von Mitarbeitern begangene Verstöße gegen Gesetze oder interne Richtlinien können auf unterschiedlichen Beweggründen basieren und dabei den Arbeitgeber zum Opfer, Quasitäter oder direkten Täter machen.[605] Unabhängig von den Hintergründen der Tat und davon, wie der Verdacht bekannt wird, sind die Täter in jedem Fall natürliche Personen, die Gegenstand einer internen Untersuchung werden können.[606]

Interne Untersuchungen sind ein von einem Unternehmen selbst oder von diesem beauftragten Dritten eingeleiteter Prozess, der der Ermittlung und Aufklärung von Fakten im Zusammenhang mit mutmaßlichem oder vermutetem Fehlverhalten sowie rechtlichen Verstößen dient.[607] Wenngleich der Begriff einer internen Untersuchung in der Praxis geläufig ist, fehlt eine Legaldefinition, aus der hervorgeht, was der Gesetzgeber genau unter einer solchen versteht und wer diese durchführen kann.[608] Die Bestrebungen des VerSanG-E, Rechtssicherheit u. a. durch eine Definition einer ‚verbandsinternen Untersuchung' zu schaffen, waren daher nicht nur wünschenswert, sondern auch notwendig.[609] Das Scheitern des Regierungsentwurfs in der 19. Legislaturperiode[610] und das anschließende Aufgreifen der Begrifflichkeit im HinSchG ohne eine entsprechende Definition verdeutlichen die Notwendigkeit einer Begriffsbestimmung.[611] Durch die Integration interner Untersuchungen in die nationalen Gesetze kann zudem dem Umstand entgegengewirkt werden, dass es sich bei den aus den USA stammenden internen Untersuchungen um einen ‚Fremdkörper' im deutschen Rechtssystem handelt.[612]

Eindeutig ist dagegen die Pflicht des Managements, für Compliance – und damit für interne Untersuchungen – im Unternehmen zu sorgen. Als Bestandteil einer erfolgreichen Compliance sind diese in der heutigen Praxis erforderlich und können als ein Akt der „*unternehmensinternen Hygiene*"[613] verstanden werden.[614] Wird sich auf Basis verschiedener Abwägungskriterien und insbesondere auf Basis zureichender tatsächlicher Anhaltspunkte für

---

605 Siehe Kapitel 2 A. II. 5. d).
606 Siehe Kapitel 2 A. I.
607 Siehe Kapitel 2 A. I.
608 Siehe Kapitel 2 A. II. 3., 4.
609 Siehe Kapitel 2 A. II. 3.
610 Siehe Kapitel 1 B.
611 Siehe Kapitel 2 A. II. 3.
612 Siehe Kapitel 1 A.
613 Moosmayer in: Moosmayer/Hartwig, Interne Untersuchungen, Kap. A. Rn. 1; Moosmayer/Petrasch ZHR 182 (2018), 504, 507.
614 Siehe Kapitel 2 A. VIII. 1.–5.

die Durchführung interner Untersuchungen entschieden,[615] sind im Rahmen von Vorprüfungen die (rechtlichen) Rahmenbedingungen zu eruieren.[616] Dazu gehören die Pflichten, den Betriebsrat über einzelne Untersuchungshandlungen zu informieren,[617] eine Abwägung hinsichtlich der Anwendung von Amnestieprogrammen[618] und die Wahrung von Fristen, wenn eine Verdachtskündigung[619] angestrebt wird. Zudem ist – sofern ausreichend personelle Kapazitäten zur Verfügung stehen – das Ermittlerteam sorgsam und dem Sachverhalt entsprechend zusammenzustellen.[620]

Eine Definition für interne Untersuchungen sollte in einem zukünftigen Gesetz berücksichtigt werden.[621] Falls Unternehmen in einem zukünftigen Gesetz zu internen Untersuchungen eine Sanktionsmilderung bei einer Kooperation mit den Strafverfolgungsbehörden in Aussicht gestellt wird, sollte zudem erwogen werden, die selbstbelastende Auskunft von Mitarbeitern zu honorieren. Indes wird eine gesetzliche Regelung für Amnestieprogramme im Unternehmen für nicht sinnvoll erachtet.

B. Einzelne Untersuchungshandlungen

Zwar ist eine interne Untersuchung von Fall zu Fall unterschiedlich, allerdings gibt es grundlegende Handlungsweisen, die je nach Sachverhalt angewendet werden können. Dazu gehören die Durchsicht physischer und elektronischer Dokumente und Daten, wobei E-Mail-Reviews unterstützend angewendet werden können, sowie die Durchführung von Hintergrundrecherchen und Mitarbeiterbefragungen.

Das Ausmaß der Untersuchungshandlungen hängt von der Größe des zu untersuchenden Sachverhalts ab. Bei dem Siemens-Skandal[622], der im Jahr 2006 begann, wurden u. a.

– 800 informelle Mitarbeitergespräche geführt, um dadurch an Hintergrundinformationen zu gelangen,

---

615 Siehe Kapitel 2 A. VI.
616 Siehe Kapitel 2 A. IX.
617 Siehe Kapitel 2 A. IX. 1.
618 Siehe Kapitel 2 A. IX. 2.
619 Siehe Kapitel 2 A. IX. 3.
620 Siehe Kapitel 2 A. X.
621 Dieser Aspekt findet Eingang in den eigenen Regelungsentwurf, siehe Kapitel 4 A.
622 Die Korruptionsaffäre von Siemens wird in der Presse auch als *„der größte Schmiergeld-Skandal der deutschen Nachkriegsgeschichte"* betitelt. Zur Gewinnung von Aufträgen sollen Vertriebsmitarbeiter von Siemens zwischen den Jahren 1994 und 2006 1,3 Milliarden Euro an Geschäftspartner und Beamte gezahlt haben, siehe hierzu: Gode, Business Insider, Die Siemens-Korruptionsaffäre: der größte Schmiergeld-Skandal der deutschen Nachkriegsgeschichte.

- 1750 Interviews mit Mitarbeitern von Siemens sowie weiteren Personen durchgeführt,
- 82 Mio. elektronische Dokumente durchsucht, um wesentliches Material zu ermitteln,
- 14 Mio. Dokumente gesichert,
- 38 Mio. Finanztransaktionen analysiert und
- 10 Mio. Bankbelege durchgesehen.[623]

Mit der Untersuchung hat Siemens die Anwaltskanzlei Debevoise & Plimpton LLP beauftragt,[624] die ihrerseits die Wirtschaftsprüfungsgesellschaft Deloitte & Touche GmbH u. a. für forensische Prüfungen hinzugezogen hat.[625] Neben der Untersuchung haben die beiden Unternehmen das interne Kontrollsystem von Siemens bewertet und hierfür weltweit ca. 850 Gespräche mit Mitarbeitern von Siemens geführt.[626] Für diese Tätigkeiten haben sich die unmittelbaren Kosten für Siemens bis Oktober 2008 auf insgesamt 553 Mio. Euro belaufen.[627]

Sofern es notwendig erscheint, können der Inhalt und der Umfang der internen Untersuchung während des Untersuchungsverlaufs angepasst werden. Das ist vor allem dann der Fall, wenn während der laufenden Untersuchung Sachverhalte bekannt werden, die zwar nicht zum originären Prüfungsgegenstand gehörten, auf Basis der bisher gesammelten Erkenntnisse jedoch als prüfungswürdig eingeschätzt werden.[628] Die internen und externen Ermittler beginnen bei der Prüfung üblicherweise mit ihnen bereits bekannten Prüfungsansätzen, die sich in der Praxis bewährt haben. Auf dieser Basis nähern sie sich zum Teil auch neuen Ansätzen an.[629] Mithin kann das Ergebnis der Untersuchung zu Beginn noch nicht festgelegt werden.[630]

Nachfolgend werden einzelne grundlegende Untersuchungshandlungen exemplarisch dargestellt, bevor detailliert auf die Durchführung von Mitarbeiterbefragungen eingegangen wird.

Die Untersuchungshandlungen, die sich auf die Analyse von Daten beziehen, werden auch in der Praxis idealerweise einer Befragung vorangestellt,

623 Siemens AG, Pressemitteilung: Zusammenfassung der Erkenntnisse, 15.12.2008, S. 5.
624 Siemens AG, Pressemitteilung: Zusammenfassung der Erkenntnisse, 15.12.2008, S. 2.
625 Siemens AG, Pressemitteilung: Zusammenfassung der Erkenntnisse, 15.12.2008, S. 3.
626 Siemens AG, Pressemitteilung: Zusammenfassung der Erkenntnisse, 15.12.2008, S. 5.
627 Siemens AG, Pressemitteilung: Zusammenfassung der Erkenntnisse, 15.12.2008, S. 9: Die Kosten für Debevoise & Plimpton LLP beliefen sich auf 204 Mio. Euro, während Deloitte & Touche GmbH 349 Mio. Euro erhielt.
628 Scheunemann/Hellfritzsch in: Bay, Handbuch Internal Investigations, Kap. 6 Rn. 26.
629 Zawilla in: Jackmuth/de Lamboy/Zawilla, Fraud Management, S. 719, 726.
630 Scheunemann/Hellfritzsch in: Bay, Handbuch Internal Investigations, Kap. 6 Rn. 26.

was der Vorbereitung präziser Fragen sowie der Vermeidung von Wiederholungen dient.[631]

I. Datenerhebung und -auswertung

Um einen Verdacht auf einen Regelverstoß und dessen Ausmaß validieren zu können, müssen in einem ersten Schritt Daten erhoben und ausgewertet werden. Dies stellt einen zentralen Bestandteil einer internen Untersuchung dar,[632] denn die Untersuchungshandlung dient einerseits dem Zweck, kritische Dokumente bzw. Beweise zu finden, die für die Untersuchung von Relevanz sind,[633] andererseits sind sie zur Vorbereitung auf die Interviews mit Arbeitnehmern unerlässlich.[634]

Die Datenerhebung soll durch das Ermittlerteam zielgerichtet vorgenommen werden, sodass nur Daten gesammelt werden, die für die Aufklärung des Sachverhalts relevant sind. Das dient dazu, den Aufwand auf ein vertretbares Ausmaß zu begrenzen.[635] Zudem soll dadurch vermieden werden, dass der Aufwand des Ermittlerteams für die Auswertung zu vieler Daten, die mit dem aufzuklärenden Sachverhalt nicht in einem inneren Zusammenhang stehen, unverhältnismäßig hoch ausfällt.[636] Aus diesem Grund ist gründlich zu eruieren, welche Abteilungen im Unternehmen und insbesondere, welche Mitarbeiter dieser festgelegten Abteilungen potenziell relevante Informationen besitzen. In einem nächsten Schritt sind die entsprechend benötigten Daten und Dokumente zu identifizieren.[637] Hierbei können Arbeitnehmer, die als Zeugen befragt werden, unterstützen. Diese Gespräche mit Zeugen-Arbeitnehmern dienen vorrangig der Informationsgewinnung.[638] Dabei können sie Informationen zu Arbeitsabläufen, unternehmensinternen Strukturen, Dokumenten, Systemen und auch handelnden Personen ertei-

631 Grützner in: Momsen/Grützner, Wirtschafts- und Steuerstrafrecht, § 16 Rn. 162.

632 Rabl/Hartwig in: Moosmayer/Hartwig, Interne Untersuchungen, Kap. K Rn. 16.

633 Vgl. ISO/TS-Standard 37008:2023, S. 8: „*The main purpose of reviewing these records is to spot critical documents essential to the investigation.*“

634 Hartung in: Wieland/Steinmeyer/Grüninger, Handbuch Compliance-Management, Teil I 2.5.7.1 Vor 78.

635 So auch: Grützner in: Momsen/Grützner, Wirtschafts- und Steuerstrafrecht, § 16 Rn. 165, der es zu den schwierigsten Aufgaben des Ermittlerteams zählt, eine Balance zwischen zu vielen und dem Übersehen von Informationen zu finden.

636 Grützner in: Momsen/Grützner, Wirtschafts- und Steuerstrafrecht, § 16 Rn. 166.

637 Grützner in: Momsen/Grützner, Wirtschafts- und Steuerstrafrecht, § 16 Rn. 167.

638 Gehling/Lüneborg in: Busch/Hoven/Pieth/Rübenstahl, Antikorruptions-Compliance, Teil 25 B. III. 3 Rn. 68.

len.[639] Aus diesem Grund können diese Gespräche auch vor oder parallel zur Datenerhebung und -auswertung stattfinden.

Zu papierhaften Dokumenten können bspw. Aktenvermerke, Reisekostenabrechnungen sowie Schriftverkehr und Verträge gehören,[640] während elektronischen Daten u. a. E-Mails und Instant Messages zuzuordnen sind.[641] Die Auswertung von papierhaften Dokumenten des Unternehmens ist rechtlich unkritisch,[642] da sie Eigentum des Unternehmens sind.[643] Durch den Arbeitgeber uneingeschränkt einsehbar sind zudem dienstliche elektronische Dokumente, da der dienstliche Charakter eines Dokuments nicht von dessen materieller Form abhängt.[644] Der Arbeitgeber hat zivilrechtlich nach §§ 985, 861 BGB sowie auf Basis arbeitsvertraglicher Vorgaben einen Anspruch auf Herausgabe von Geschäftsunterlagen.[645] Arbeitnehmer sind nach § 855 BGB nur Besitzdiener[646] der Arbeitsmittel und analog einem Beauftragten nach § 667 BGB verpflichtet, die ihnen zur Ausführung ihrer Tätigkeit zur Verfügung gestellten Arbeitsmittel herauszugeben.[647] Bei den jeweiligen Personalakten gilt dies jedoch nicht. Hierbei kann das Persönlichkeitsrecht des

---

639 Ähnlich: Gehling/Lüneborg in: Busch/Hoven/Pieth/Rübenstahl, Antikorruptions-Compliance, Teil 25 B. III. 3 Rn. 68.

640 Eufinger BB 2016, 1973, 1975.

641 So auch: Rabl/Hartwig in: Moosmayer/Hartwig, Interne Untersuchungen, Kap. K Rn. 16.

642 Vgl. nur: Hartung in: Wieland/Steinmeyer/Grüninger, Handbuch Compliance-Management, Teil I 2.5.7.1 Rn. 78; Dendorfer-Ditges in: MAH ArbR, § 75 Rn. 112, wonach Arbeitgeber uneingeschränkt Einblick in dienstliche Dokumente erhalten können; im Ergebnis so auch: Mengel/Ullrich NZA 2006, 240, 241; vgl. Göpfert/Merten/Siegrist NJW 2008, 1703, 1705, wonach bei internen Untersuchungen uneingeschränkt auf Akten und Unterlagen zurückgegriffen werden kann, da der Arbeitnehmer nach § 855 BGB Besitzdiener des Arbeitgebers ist.

643 Hartung in: Wieland/Steinmeyer/Grüninger, Handbuch Compliance-Management, Teil I 2.5.7.1 Rn. 78, beschreibt ausdrücklich das Eigentum des Arbeitgebers an dienstlichen Unterlagen.

644 Vgl. nur: Dendorfer-Ditges in: MAH ArbR, § 75 Rn. 114; Mengel/Ullrich NZA 2006, 240, 241; im Ergebnis so auch: Göpfert/Merten/Siegrist NJW 2008, 1703, 1705; Eufinger BB 2016, 1973, 1975.

645 Vgl. nur: BAG NZA 2012, 501, 502 Rn. 17; Linck in: Schaub, Arbeitsrechts-Handbuch, § 150 Rn. 1; Naber/Ahrens CB 2020, 465, 468.

646 Vgl. nur: LAG Berlin NJW 1986, 2528, 2528; vgl. LAG Chemnitz MMR 2008, 416, 417 und vgl. Eufinger BB 2016, 1973, 1975 verweisen im Hinblick auf den Besitzdiener auf § 955 BGB; Dendorfer-Ditges in: MAH ArbR, § 75 Rn. 112; Göpfert/Merten/Siegrist NJW 2008, 1703, 1705.

647 Vgl. nur: BAG NJW 2006, 3803, 3804 Rn. 21; BAG NZA 2012, 501, 502 Rn. 17; LAG Chemnitz MMR 2008, 416, 417; Göpfert/Merten/Siegrist NJW 2008, 1703, 1705; vgl. auch Naber/Ahrens CB 2020, 465, 468.

Arbeitnehmers betroffen sein.[648] Es muss, insbesondere bei einer Einsicht durch Dritte, die Vertraulichkeit sichergestellt werden.[649] Hierfür bedarf es einer Abwägung des arbeitgeberseitigen Interesses an einer Einsichtnahme zum Zweck der internen Untersuchung und des arbeitnehmerseitigen Interesses am Schutz des Persönlichkeitsrechts.[650]

Eine weitere Informationsquelle stellen die Systeme des Rechnungswesens dar.[651] Über sie können Zahlungsströme innerhalb des Unternehmens oder gegenüber Dritten sowie zahlungsauslösende Belege eingesehen und analysiert werden. Im Zusammenhang mit Rechnungen und Belegen dienen die dazugehörigen vertraglichen Grundlagen als eine weitere Quelle.

Darüber hinaus sollte das Ermittlerteam interne Arbeitsanweisungen und Richtlinien des Unternehmens bei ihrer Datenerhebung und -sichtung berücksichtigen, die einen Einfluss auf den aufzuklärenden Sachverhalt haben können. In Betracht kommen dabei bspw. Betriebsvereinbarungen und der Code of Conduct. Je nach Ausgestaltung des fraglichen Sachverhalts können auch abteilungsspezifische Richtlinien wie die Einkaufsrichtlinie von Interesse sein.[652]

Die Ergebnisse aus der Dokumentenerhebung und -auswertung dienen regelmäßig als Grundlage für anschließende Mitarbeiterbefragungen. Sofern geboten, kann allerdings zunächst eine forensische Datenanalyse wie ein E-Mail-Review durchgeführt werden.

II. Forensische Datenanalyse

In Vorbereitung auf eine Mitarbeiterbefragung bzw. als eine eigenständige Maßnahme im Rahmen von internen Untersuchungen können elektronische forensische Datenanalysen (engl. Electronic Discovery, kurz: eDiscovery) vorgenommen werden.[653] Mithilfe von eDiscovery werden große Datenmen-

---

648 Vgl. nur: Dendorfer-Ditges in: MAH ArbR, § 75 Rn. 117; Hartung in: Wieland/Steinmeyer/Grüninger, Handbuch Compliance-Management, Teil I 2.5.7.1 Rn. 79; Mengel/Ullrich NZA 2006, 240, 242.

649 Vgl. nur: BAG NZA 1990, 933, 934; Dendorfer-Ditges in: MAH ArbR, § 75 Rn. 117; Hartung in: Wieland/Steinmeyer/Grüninger, Handbuch Compliance-Management, Teil I 2.5.7.1 Rn. 79.

650 Vgl. zur Abwägung des Persönlichkeitsrechts gegenüber überwiegenden schutzwürdigen Interessen nur: BAG NJW 1988, 791, 971; BAG NZA 1990, 933, 934; detailliert zur dargestellten Abwägung: Mengel/Ullrich NZA 2006, 240, 242.

651 Vgl. zu Accountingdaten auch: Rabl/Hartwig in: Moosmayer/Hartwig, Interne Untersuchungen, Kap. K Rn. 22.

652 Wisskirchen/Glaser DB 2011, 1392, 1395.

653 Vgl. die nachfolgenden Quellen, die eDiscoverys als potenziellen Bestandteil von internen Untersuchungen ansehen: Faske in: Busch/Hoven/Pieth/Rübenstahl, Antikor-

gen durchsucht, um Hinweise zu finden, die zur Aufklärung der die interne Untersuchung begründenden Verdachtsmomente beitragen können.[654] Dabei wird „*die Identifikation, Sicherung, Sammlung, Verarbeitung, Analyse und Produktion elektronisch gespeicherter Informationen*"[655] durchgeführt.[656] Zu dem Zweck können spezielle Analyseplattformen und eDiscovery-Tools eingesetzt werden.[657] Oft können geschäftliche Vorgänge und der Verdacht auf einen Regelverstoß ohne eine solche Durchsicht kaum aufgeklärt werden.[658]

Hierdurch kann bspw. überprüft werden, ob externe Speichermedien an den dienstlich genutzten Laptop angeschlossen und, sofern dies stattgefunden hat, welche unternehmensinternen Daten transferiert wurden.[659] Dies kann insbesondere relevant sein, wenn der Verdacht besteht, dass der verdächtigte Mitarbeiter Geschäftsgeheimnisse aus dem Unternehmen transferiert hat.

In diesem Zusammenhang ist auch eine weitere Analysemöglichkeit von Bedeutung, die sich auf den Internetverlauf einer verdächtigten Person bezieht. Hierbei können nicht nur die Webseiten ermittelt werden, die die Person in der letzten Zeit besucht hat, sondern auch Aktivitäten erkannt werden, die mit Cloud-basierten Diensten in einem Zusammenhang stehen.[660]

Eine weitere Analysemöglichkeit ergibt sich in Bezug auf Dokumente und Informationen, die in elektronischer Form gespeichert werden.[661] Dazu gehören E-Mails und Nachrichten, die über unternehmensinterne Kommunikationsplattformen wie Microsoft Teams ausgetauscht werden.[662] Die Vorgehensweise eines sog. (repressiven[663]) E-Mail-Reviews aus praktischer Sicht wird im Folgenden ebenso dargestellt wie die rechtliche Zulässigkeit,

---

ruptions-Compliance, Teil 4 Kap. 27. C. V. 3. Rn. 189; Berndt/Aggeler/Teo BB 2012, 173, 173; Wagner BB 2017, 898, 901; Bartuschka BB 2020, 941, 942; Wirtz/Baumann RDi 2024, 27, 28.

654 Vgl. Meseke, Digitale Forensik, S. 136.

655 Wirtz/Baumann RDi 2024, 27, 28.

656 Rosenthal, Praxishandbuch für interne Untersuchungen und eDiscovery, S. 199; Wirtz/Baumann RDi 2024, 27, 28.

657 Zu Analyseplattformen und eDiscovery-Tools auch: ISO/TS-Standard 37008:2023, S. 8; zu den Analyseplattformen auch: Schöning/Sauro CCZ 2016, 11, 15.

658 Wybitul/Böhm CCZ 2015, 133, 133.

659 Vgl. ISO/TS-Standard 37008:2023, S. 20: „*USB history: a list of files that have been copied to external storage devices.*".

660 Vgl. ISO/TS-Standard 37008:2023, S. 20: „*Internet history: the websites that the custodian has recently visited, including activities associated with any cloud-based services.*".

661 Spies in: Forgó/Helfrich/Schneider, Betrieblicher Datenschutz, Teil XIII Kap. 2 Rn. 4.

662 Vgl. zu „*instant message[s]*": ISO/TS-Standard 37008:2023, S. 20.

663 Siehe zum hier nicht betrachteten präventiven E-Mail-Review: Frank/Heine CCZ 2021, 195, 196 f.

die bei einem Verbot oder einer Gestattung der Privatnutzung dienstlicher E-Mail-Kommunikationssysteme zu beachten ist.

1. Zulässigkeit des Zugriffs auf dienstliche E-Mail-Accounts

Werden der Zugriff und die Kontrolle eines E-Mail-Accounts eines verdächtigten Mitarbeiters angestrebt, ist die Verarbeitung personenbezogener Daten nach Art. 6 DSGVO für den hier betrachteten Sachverhalt nur zulässig, wenn dies u. a. durch eine Rechtsvorschrift gestattet ist oder der Mitarbeiter vor der Maßnahme wirksam eingewilligt hat.[664]

Da bei einer internen Untersuchung grundsätzlich Daten verarbeitet werden, deren zulässige Verarbeitung legitim sein muss, gelten die folgenden Ausführungen gleichermaßen für andere Prüfungshandlungen.

a) Rechtmäßigkeit der Verarbeitung nach § 26 Abs. 1 S. 2 BDSG

Soll überprüft werden, zu welchem Zeitpunkt Arbeitnehmer E-Mails geschrieben haben und welche Informationen dabei an Dritte versendet bzw. von diesen empfangen wurden, werden Daten im Sinne von Art. 4 Nr. 2 DSGVO erhoben, erfasst, geordnet, gespeichert und ausgelesen.[665] Die Rechtmäßigkeit einer solchen Verarbeitung von Daten ist allerdings nur gegeben, sofern ein Erlaubnistatbestand nach Art. 6 DSGVO erfüllt ist. Ein solcher kann für interne Untersuchungen in Art. 6 Abs. 1 UAbs. 1 lit. b, c und f DSGVO gefunden werden.[666] Der deutsche Gesetzgeber hat zur Ausfüllung der in Art. 88 Abs. 1 DSGVO normierten Öffnungsklausel zudem eine Vorschrift erlassen,[667] die die Verarbeitung von Beschäftigtendaten zur Aufklärung von Straftaten ermöglicht. Dabei handelt es sich um § 26 Abs. 1 S. 2 BDSG, wonach die Verarbeitung von personenbezogenen Daten zur Aufdeckung einer Straftat durch einen Beschäftigten zulässig, „*wenn zu dokumentierende tatsächliche Anhaltspunkte den Verdacht begründen, dass die betroffene Person im Beschäftigungsverhältnis eine Straftat begangen hat, die Verarbeitung zur Aufdeckung erforderlich ist und das schutzwürdige Interesse der oder des Beschäftigten an dem Ausschluss der Verarbeitung nicht überwiegt, insbesondere Art und Ausmaß im Hinblick auf den Anlass nicht unverhältnismäßig sind.*“

---

664 Zur Notwendigkeit einer Rechtsvorschrift oder Einwilligung ohne Bezug auf die DSGVO auch: Wybitul/Böhm CCZ 2015, 133, 135.

665 LAG Köln BeckRS 2019, 29458 Rn. 30.

666 Kahl/Vogel CB 2023, 340, 342; vgl. HBfDI, Handreichung zur Verarbeitung personenbezogener Daten von Beschäftigten im Lichte des EuGH-Urteils vom 30. März 2023, S. 6 f.

667 Maier/Ossoinig in: Spiecker gen. Döhmann/Bretthauer, Dokumentation zum Datenschutz, Kap. E 4.0 Rn. 14.

Dafür bedarf es nach dem Gesetzeswortlaut keines dringenden Tatverdachts, der voraussetzt, dass der Grad der Wahrscheinlichkeit für die Begehung der Straftat hoch ist.[668] Stattdessen wird ein Anfangsverdacht als ausreichend angesehen.[669] Es ist allerdings notwendig, dass die Datenverarbeitung für die Aufklärung der Straftat erforderlich ist. Mildere oder gleichwertig wirksame Instrumente dürfen zur Aufklärung nicht zur Verfügung stehen.[670] Ein milderes Mittel gegenüber einem arbeitgeberseitigen Zugriff könnte bspw. die Bitte an den Mitarbeiter sein, dem Vorgesetzten die an einem vorgegebenen Tag erhaltenen E-Mails weiterzuleiten. Die Kenntnisnahme von privaten E-Mails würde damit – sofern dies grundsätzlich vom Unternehmen erlaubt oder geduldet wird[671] – ausgeschlossen werden.[672] Im Rahmen einer internen Untersuchung ist ein Vorgehen in dieser Form jedoch hinsichtlich der Unsicherheit einer vollständigen Weiterleitung eher nicht anzunehmen.

Gleichzeitig darf das Interesse des Arbeitgebers an der Aufklärung nicht durch das schutzwürdige Interesse des Mitarbeiters überwogen werden. Um die Belange des Mitarbeiters entsprechend zu berücksichtigen, ist zu prüfen, ob der Verdachtsgrad bei den anzuwendenden Instrumenten angemessen ist. Wenn die Verarbeitung der Daten zunehmend intensiver wird, kann es auch erforderlich sein, dass nicht nur ein Anfangsverdacht, sondern bereits ein höherer Verdachtsgrad vorliegt, um die Schutzbedürftigkeit des Mitarbeiters entsprechend zu würdigen.[673] Bei der Abwägung der Interessen des Arbeitgebers und des Mitarbeiters ist arbeitgeberseitig insbesondere der Maßnahmenzweck von Relevanz. Je schwerwiegender der Eingriff in die Rechte des Arbeitgebers ist, um den Verstoß zu beseitigen oder präventiv zu verhindern, desto stärker müssen die Persönlichkeitsrechte des Arbeitnehmers eingeschränkt werden und desto mehr muss der Arbeitnehmer diese Einschrän-

---

668 Vgl. nur: BAG BeckRS 2008, 51136 Rn. 30; BAG NZA 2017, 443, 446 Rn. 25 mit Bezug auf § 32 Abs. 1 S. 2 BDSG a. F.; Gola/Pötters in: Gola/Heckmann, DS-GVO/BDSG, § 26 BDSG Rn. 58; Franzen in: ErfK ArbR, § 26 BDSG Rn. 38; a. A. Wedde in: DWWS, EU-DSGVO und BDSG, § 26 BDSG Rn. 164.

669 Vgl. nur: BAG NZA 2017, 443, 446 Rn. 25 mit Bezug auf § 32 Abs. 1 S. 2 BDSG a. F.; Frank/Heine CCZ 2021, 195, 196; Gola/Pötters in: Gola/Heckmann, DS-GVO/BDSG, § 26 BDSG Rn. 58; Seifert in: Simitis/Hornung/Spiecker gen. Döhmann, Datenschutzrecht, § 26 BDSG Rn. 135; ähnlich auch: Rudkowski, Aufklärung von Compliance-Verstößen, S. 95.

670 Vgl. nur: BAG NZA 2017, 112, 114 Rn. 28, wonach mildere Mittel zuvor ausgeschöpft worden sein müssen; ausdrücklich dazu: Frank/Heine CCZ 2021, 195, 196; Maschmann in: Kühling/Buchner, DS-GVO/BDSG, § 26 BDSG Rn. 61.

671 Siehe hierzu Kapitel 2 B. II. 1. d) bb) und cc).

672 Thüsing/Traut in: Thüsing, Beschäftigtendatenschutz und Compliance, § 9 Rn. 45.

673 Frank/Heine CCZ 2021, 195, 196; zur Abwägung gegen die Intensität der Überwachungsmaßnahme auch: Franzen in: ErfK ArbR, § 26 BDSG Rn. 39.

kung hinnehmen.[674] Bei der Abwägung ist arbeitgeberseitig die betriebliche Regelung zur privaten E-Mail-Nutzung zu beachten.[675]

Die tatsächlichen Anhaltspunkte, die die Straftat begründen, sind aus formeller Sicht nach § 26 Abs. 1 S. 2 BDSG zu dokumentieren. Hierdurch wird die nachträgliche Kontrolle der Rechtmäßigkeit durch die betroffenen Personen erleichtert.[676] Zwar gibt es hierfür kein Formerfordernis, aus Beweisgründen soll die Dokumentation allerdings schriftlich oder elektronisch erfolgen.[677] Aus praktischer Sicht bietet sich vor der Durchführung eines E-Mail-Reviews die strukturierte Dokumentation der nachfolgenden Kriterien an, die sich aus § 26 Abs. 1 S. 2 BDSG ergeben. Während sich die Kriterien auf der linken Seite der nachfolgenden Tabelle befinden, sind auf der rechten Seite Hilfestellungen für das Ermittlerteam zur Eintragung zu finden.

Kriterium aus § 26 Abs. 1 S. 2 BDSG	**Hilfestellung zur Eintragung**
Sachverhaltsdarstellung	[Kurze, prägnante Darstellung des Sachverhalts]
Betrachtungsumfang der personenbezogenen Daten	[Nennung der Mitarbeiter, die Bestandteil der eDiscovery sein sollen; sofern erforderlich, Benennung zusätzlicher Hardware, die untersucht werden soll]
Betrachtungszeitraum	[Eingrenzung des Zeitraums unter Berücksichtigung etwaiger Fristen]
Verdachtsbegründung durch tatsächliche Anhaltspunkte	[Siehe Sachverhaltsdarstellung bzw. sofern dort nicht abgebildet: kurze, prägnante Darstellung der verdachtsbegründenden tatsächlichen Anhaltspunkte, die sich aus der „*kriminalistische[n] Erfahrung*“[678] des Ermittlerteams ergeben]

674 Thüsing/Traut in: Thüsing, Beschäftigtendatenschutz und Compliance, § 9 Rn. 46.
675 Thüsing/Traut in: Thüsing, Beschäftigtendatenschutz und Compliance, § 9 Rn. 47.
676 Vgl. nur: BAG NZA 2017, 443, 447 Rn. 33; BAG NZA 2017, 1327, 1331 Rn. 37, allerdings bezogen auf § 32 Abs. 1 S. 2 BDSG; Gola/Pötters in: Gola/Heckmann, DS-GVO/BDSG, § 26 BDSG Rn. 62.
677 Gola/Pötters in: Gola/Heckmann, DS-GVO/BDSG, § 26 BDSG Rn. 62.
678 Fuhlrott GWR 2020, 23, 24.

Kriterium aus § 26 Abs. 1 S. 2 BDSG	**Hilfestellung zur Eintragung**
Begehung einer Straftat im Beschäftigungsverhältnis?	[Beispiel: Bei den o. g. Personen handelt es sich um Beschäftigte des Unternehmens, bei denen der Anfangsverdacht besteht, im Rahmen ihrer Tätigkeit Arbeitszeitbetrug begangen zu haben.] Da die Formulierung allerdings weit gefasst ist, können hiervon auch Straftaten umfasst sein, die außerhalb der Arbeit stattfanden, allerdings eine arbeitsvertragliche Pflichtverletzung begründen und eine Kündigung rechtfertigen.[679]
Bereits durchgeführte Tätigkeiten zur Aufdeckung der Straftat (milderes Mittel)	[Auflistung der Untersuchungshandlungen, die bereits vorgenommen wurden]
Verarbeitung von personenbezogenen Daten durch E-Mail-Review erforderlich?	[Beispiel: Ja, da mildere Mittel nicht zum Untersuchungserfolg geführt haben; Auflistung der milderen Mittel]
Schutzwürdiges Interesse des Beschäftigten überwiegt?	[Abwägung der Interessen des Beschäftigten gegenüber dem arbeitgeberseitigen Interesse an der Aufdeckung des Sachverhalts. Beispielhafte Interessen eines Unternehmens: – Vermeidung/Abstellen von Schäden, – Vermeidung von Reputationsrisiken. Bei der Interessenabwägung ist zudem Art. 6 Abs. 1 UAbs. 1 lit. f DSGVO[680] zu beachten.]
Verhältnismäßigkeit für Art und Ausmaß	[Beispiel: Die Datenverarbeitung betrifft nur E-Mail-Accounts, bei denen ein begründeter Anfangsverdacht besteht, dass diese an dem o. g. Verstoß beteiligt sind.]

Tabelle 1: Dokumentationshilfe basierend auf den Kriterien nach § 26 Abs. 1 S. 2 BDSG (eigene Darstellung).

679 Gola/Pötters in: Gola/Heckmann, DS-GVO/BDSG, § 26 BDSG Rn. 60; ähnlich auch: Rudkowski, Aufklärung von Compliance-Verstößen, S. 94.

680 Siehe hierzu sogleich.

b) Entscheidung zum Umgang mit Beschäftigungsdaten des EuGH

Die Anwendung der Rechtsgrundlage nach § 26 Abs. 1 S. 2 BDSG könnte jedoch unter Bezugnahme auf die Entscheidung des EuGH aus dem Jahr 2023 entfallen, wenn sie nicht im Einklang mit Art. 88 Abs. 2 DSGVO steht.

Die Entscheidung des EuGH betrifft den Umgang mit Daten von Beschäftigten nach § 23 Abs. 1 des Hessischen Datenschutz- und Informationsfreiheitsgesetzes (kurz: HDSIG) zur Zeit der Covid-19-Pandemie. Im Jahr 2020 hat der Minister des Hessischen Kultusministeriums durch die Schaffung eines rechtlichen und organisatorischen Rahmens die Weiterführung des Unterrichts über die Teilnahme an Videokonferenz-Livestreams geschaffen. Um die personenbezogenen Daten der Schüler zu schützen, wurde die Einwilligung der Schüler bzw. bei Minderjährigen die der Erziehungsberechtigten eingeholt, was die Voraussetzung für die Zuschaltung zum Videokonferenzdienst war. Dagegen wurden die betroffenen Lehrkräfte nicht um eine Einwilligung gebeten. Hiergegen reichte der Hauptpersonalrat der Lehrerinnen und Lehrer des Hessischen Kultusministeriums Klage beim VG Wiesbaden ein. Der Minister des Hessischen Kultusministeriums stützte sich dagegen auf § 23 Abs. 1 S. 1 HDSIG und sah die Einholung der Einwilligung der Lehrer als entbehrlich an. Das VG Wiesbaden stellte bei dieser Norm in Frage, ob die Grenzen des Art. 88 DSGVO eingehalten wurden, und sah Art. 88 Abs. 2 DSGVO als nicht erfüllt an.[681] Art. 88 Abs. 2 DSGVO nennt Zwecke, die erfüllt sein müssen, wenn spezifische Vorschriften zur Datenverarbeitung auf nationaler Ebene geschaffen werden sollen. Weitere inhaltliche Anforderungen werden jedoch nicht vorgegeben.[682] „*Diese Vorschriften [haben] […] geeignete und besondere Maßnahmen zur Wahrung der menschlichen Würde, der berechtigten Interessen und der Grundrechte der betroffenen Person*“[683] zu umfassen.

Gemäß dem Tenor des Gerichts ist Art. 88 DSGVO dahingehend auszulegen, „*dass eine nationale Rechtsvorschrift keine ‚spezifischere Vorschrift‘ im Sinne von Abs. 1 dieses Artikels sein kann, wenn sie nicht die Vorgaben von Abs. 2 dieses Artikels erfüllt.*“[684] Zudem sind Art. 88 Abs. 1 und 2 DSGVO so zu verstehen, „*dass nationale Rechtsvorschriften zur Gewährleistung des Schutzes der Rechte und Freiheiten von Beschäftigten hinsichtlich der Verarbeitung ihrer personenbezogenen Daten im Beschäftigungskontext unangewendet bleiben müssen, wenn sie nicht die in ebendiesem Art. 88 I und II vorgegebenen Voraussetzungen und Grenzen beachten, es sei denn, sie*

681 EuGH NZA 2023, 487, 487.
682 Selk in: Ehmann/Selmayr, DSGVO, Art. 88 Rn. 119.
683 Art. 88 Abs. 2 DSGVO.
684 EuGH NZA 2023, 487, 487 Rn. 75.

stellen eine Rechtsgrundlage im Sinne von Art. 6 III DS-GVO dar, die den Anforderungen dieser Verordnung genügt."[685]

Die Vorschrift § 23 Abs. 1 HDSIG entspricht dem Wortlaut von § 26 Abs. 1 BDSG und beinhaltet in der Folge auch die Vorschrift zur Aufdeckung von Straftaten nach § 26 Abs. 1 S. 2 BDSG. Indes wird in § 26 Abs. 1 S. 2 BDSG nicht bloß das in Art. 6 Abs. 1 UAbs. 1 lit. b DSGVO enthaltene „*'Erforderlichkeit[s]'-Kriterium(...)*"[686] wiederholt. Vielmehr werden darin Anforderungen an die Zulässigkeit einer Verarbeitung von Beschäftigungsdaten formuliert, um Straftaten aufzudecken. Ungeachtet dessen, dass sich die Richter des EuGH nicht direkt zu dem spezifischen Regelungsgehalt von Abs. 1 S. 2 geäußert haben, wird in Teilen der Literatur nachvollziehbar die Meinung vertreten,[687] dass dieser Satz anwendbar bleibt. Zum Teil wird dies damit begründet, dass mit den zusätzlichen Voraussetzungen in § 26 Abs. 1 S. 2 BDSG den Anforderungen von Art. 88 Abs. 2 DSGVO Rechnung getragen wird.[688] Demnach kann die Vorschrift des § 26 Abs. 1 S. 2 BDSG weiterhin in der bisherigen Form angewendet werden.

Im Jahr 2024 erklärte der EuGH in einer weiteren Entscheidung, dass eine Rechtsvorschrift, die nach Art. 88 Abs. 1 DSGVO erlassen wurde, nicht nur den Anforderungen des Art. 88 Abs. 2 DSGVO entsprechen muss, sondern zu dem auch Art. 5, Art. 6 Abs. 1 sowie Art. 9 Abs. 1 und Abs. 2 DSGVO.[689] Zur Umgehung der Diskussion um die Rechtmäßigkeit von § 26 Abs. 1 S. 2 BDSG ist bei der Verarbeitung von Beschäftigungsdaten bei internen Untersuchungen insbesondere Art. 6 Abs. 1 UAbs. 1 lit. f DSGVO zu beachten.[690]

---

685 EuGH NZA 2023, 487, 487 Rn. 89.

686 Kaufmann/Wegmann/Wieg NZA 2023, 740, 742.

687 So etwa: Seifert in: Simitis/Hornung/Spiecker gen. Döhmann, Datenschutzrecht, BDSG § 26 Rn. 132; Wünschelbaum NZA 2023, 542, 544; Kaufmann/Wegmann/Wieg NZA 2023, 740, 742; vgl. auch: Meinecke NZA 2023, 487, 493, der davon ausgeht, dass die weiteren Vorschriften des § 26 BDSG – mit Ausnahme des Abs. 1 S. 1 – anwendbar bleiben; Sorber/Knoepffle DSB 2025, 79, 80; vgl. auch: Wünschelbaum/Sorber NZA 2024, 1540, 1540, wonach § 26 Abs. 1 S. 1 BDSG von EuGH für unanwendbar erklärt wurde; siehe auch: Dendorfer-Ditges in: MAH ArbR, § 75 Rn. 368, wonach die Regelung § 26 Abs. 1 S. 2 BDSG den unionsrechtlichen Vorgaben entspreche; grundsätzlich ebenso bejahend, wenn auch vorsichtiger argumentierend Glocker/Hoffmann BB 2023, 1333, 1335; a. A. Schild ZD 2023, 391, 395.

688 Vgl. nur: Maier/Ossoinig in: Spiecker gen. Döhmann/Bretthauer, Dokumentation zum Datenschutz, Kap E. 4.0 Rn. 16; Seifert in: Simitis/Hornung/Spiecker gen. Döhmann, Datenschutzrecht, BDSG § 26 Rn. 132; vgl. Hoffmann/Glocker PinG 2023, 46, 48; Kaufmann/Wegmann/Wieg NZA 2023, 740, 742; im Ergebnis so auch: Riesenhuber in: BeckOK Datenschutzrecht, § 26 BDSG Rn. 129; a. A. Maschmann in: Kühling/Buchner, DS-GVO/BDSG, § 26 BDSG Rn. 58.

689 EuGH NJW 2025, 637, 638 Rn. 34.

690 Vgl. Dittrich/Klemm-Ruf in: Kamann/Ohlhoff/Völcker, Kartellverfahren und Kartellprozess, § 53 Rn. 42, im Zusammenhang mit internen kartellrechtlichen Ermittlungen;

c) Einwilligung des Arbeitnehmers

Wie eingangs beschrieben, kann auch eine wirksame, in der Regel schriftliche oder elektronische Einwilligung eines Arbeitnehmers die Verarbeitung personenbezogener Daten legitimieren. Gemäß § 26 Abs. 2 S. 1 BDSG hat die Einwilligung eines Arbeitnehmers freiwillig zu erfolgen. Diese Vorschrift aus dem BDSG knüpft dabei an die Definition einer Einwilligung an, die sich aus Art. 4 Nr. 11 und Art. 7 DSGVO ergibt.[691] Fraglich ist, ob im Rahmen von internen Untersuchungen eine freiwillige Einwilligung eines Arbeitnehmers angenommen werden kann.

Bei der Beurteilung, ob eine Freiwilligkeit vorliegt, sind nach § 26 Abs. 2 S. 1 BDSG die Umstände des Beschäftigungsverhältnisses und dabei insbesondere die dort vorherrschenden Abhängigkeiten sowie weitere Umstände, unter denen die Einwilligung erteilt wurde, zu berücksichtigen. Damit muss im konkreten Einzelfall geprüft werden, ob der Arbeitnehmer die Einwilligung freiwillig und „*ohne Zwang*"[692] erteilen konnte[693]. Zudem muss nach Art. 7 DSGVO und den Erwägungsgründen 32, 42 sowie 43 eine echte Wahlmöglichkeit für die betroffene Person bestehen, wodurch diese in die Lage versetzt wird, eine Einwilligung ohne Nachteile zu verweigern oder zurückzuziehen. Nur dann ist die Einwilligung als freiwillig anzusehen.[694]

In einem Arbeitsverhältnis, bei dem der Arbeitnehmer aufgrund des Machtgefälles im Vergleich zum Arbeitgeber eine unterlegene Rolle einnehmen kann, ist fraglich, ob eine Freiwilligkeit angenommen werden kann.[695] Wird

---

Riesenhuber in: BeckOK Datenschutzrecht, § 26 BDSG Rn. 175, im Zusammenhang mit der Aufdeckung von Straftaten; siehe ebenso: Wedde in: DWWS, EU-DSGVO und BDSG, § 26 BDSG Rn. 161h, der die Norm für die Verarbeitung von Daten zum Zweck der Straftataufdeckung außerhalb des öffentlichen Bereichs anführt.

691 Franzen in: ErfK ArbR, § 26 BDSG Rn. 40; ähnlich: Taeger in: Taeger/Gabel, DSGVO – BDSG – TTDSG, Art. 7 DS-GVO Rn. 113.

692 Art. 2 lit. h RL 95/46/EG – Datenschutz-RL (seit 24.05.2018 außer Kraft), wonach eine Einwilligung „*ohne Zwang*" als Voraussetzung angesehen wurde. Zwar haben diese beiden Wörter keinen Eingang in die DSGVO gefunden, jedoch wird dies in der Literatur zum Teil weiterhin als Bestandteil der Definition von Freiwilligkeit angesehen, so etwa: Schild in: BeckOK Datenschutzrecht, Art. 4 DSGVO Rn. 127.

693 Taeger in: Taeger/Gabel, DSGVO – BDSG – TTDSG, Art. 7 DS-GVO Rn. 112.

694 Spiecker gen. Döhmann/Bretthauer in: Spiecker gen. Döhmann/Bretthauer, Dokumentation zum Datenschutz 97 2025, Kap. G 2.4.78 D5.

695 Vgl. im Ergebnis nur: Dendorfer-Ditges in: MAH ArbR, § 75 Rn. 401, wonach eine Freiwilligkeit bei der Abgabe einer Einwilligungserklärung bei Arbeitnehmern grundsätzlich bezweifelt wird, da eine freie Willensentscheidung aufgrund der Stellung eines Arbeitnehmers regelmäßig ausgeschlossen werde; kritisch auch: Däubler in: DWWS, EU-DSGVO und BDSG, § 26 BDSG Rn. 231, wonach die Einwilligung im Beschäftigungsverhältnis nur in Ausnahmefällen als Grundlage für eine Verarbeitung herangezogen werden kann; Conrad/Treeger in: Auer-Reinsdorff/Conrad, Handbuch IT- und Datenschutzrecht, § 34 Rn. 339, wonach eine freiwillige Einwilligung ange-

ein Arbeitnehmer eines Verstoßes beschuldigt, der ein E-Mail-Review rechtfertigt, ist nicht auszuschließen, dass der Arbeitnehmer von der Situation eingeschüchtert wird und aufgrund der wirtschaftlichen Abhängigkeit eine Einwilligung erteilt.[696] Vor diesem Hintergrund ist auch § 26 Abs. 2 S. 2 Alt. 1 BDSG zu sehen, wonach eine Freiwilligkeit vorliegt, „*wenn für die beschäftigte Person ein rechtlicher oder wirtschaftlicher Vorteil erreicht wird oder Arbeitgeber und beschäftigte Person gleichgelagerte Interessen verfolgen.*" Im Regelfall kann davon ausgegangen werden, dass kein rechtlicher oder wirtschaftlicher Vorteil zu erwarten ist, wenn ein Arbeitnehmer der Sichtung und Auswertung seiner E-Mails zustimmt. Das Gegenteil wäre nur in Fällen denkbar, in denen der Arbeitnehmer von seiner Unschuld überzeugt ist und dem E-Mail-Review zu seiner eigenen Entlastung zustimmt. Diesen Gedanken weiter ausgeführt, würde der Arbeitnehmer jedoch bereits im Vorhinein seine Unschuld auf Basis von Beweisen wie E-Mails belegen und es nicht auf ein E-Mail-Review ankommen lassen. Daher wäre vielmehr zu erwarten, dass ein rechtlicher oder wirtschaftlicher Vorteil eines Arbeitnehmers ausgeschlossen werden kann. Eine weitere Alternative ist in § 26 Abs. 2 S. 2 Alt. 2 BDSG vorgesehen, wonach eine Freiwilligkeit auch dann angenommen werden kann, wenn der Arbeitgeber und der Arbeitnehmer gleichgelagerte Interessen verfolgen. Basierend auf dem zuvor skizzierten Szenario ist dies jedoch ebenfalls auszuschließen. Folglich kann eine freiwillige Einwilligungserteilung nach der hier vertretenen Ansicht im Falle eines E-Mail-Reviews regelmäßig nicht angenommen werden.

Ob eine Drucksituation besteht, die bei dem Arbeitnehmer in eine Zwangswirkung resultiert, wodurch der Arbeitnehmer keine echte Wahlmöglichkeit hat,[697] wird indes vom Einzelfall und der Persönlichkeitsstruktur des Arbeitnehmers abhängen.

---

nommen werden kann, wenn eine echte Wahlmöglichkeit bestand, bei Überwachungsmaßnahmen jedoch die Drucksituation überwiegen wird.

696 Siehe auch Literaturstimmen die vertreten, dass bei Maßnahmen, die die Mitarbeiterüberwachung betreffen, keine wirksame vorherige Einwilligungsmöglichkeit gegeben sein kann: Maschmann in: Kühling/Buchner, DS-GVO/BDSG, § 26 BDSG Rn. 63; dahingehend auch: Conrad/Treeger in: Auer-Reinsdorff/Conrad, Handbuch IT- und Datenschutzrecht, § 34 Rn. 339; vgl. auch Däubler in: DWWS, EU-DSGVO und BDSG, § 26 Rn. 226, der als Beispiel einer unfreiwilligen Einwilligung eine jederzeit stattfindende Kontrolle des Spinds eines Mitarbeiters nennt, der diesem für die private Ablage überlassen wurde.

697 Arning/Rothkegel in: Taeger/Gabel, DSGVO – BDSG – TTDSG, Art. 4 DSGVO Rn. 304. vgl. auch: Conrad/Treeger in: Auer-Reinsdorff/Conrad, Handbuch IT- und Datenschutzrecht, § 34 Rn. 339, wonach eine freiwillige Einwilligung angenommen werden kann, wenn eine echte Wahlmöglichkeit bestand, bei Überwachungsmaßnahmen jedoch die Drucksituation überwiegen wird.

Zu berücksichtigen ist indes auch, dass eine Einwilligung jederzeit widerrufen werden kann. Aus diesem Grund sollte die Aktualität der Einwilligung vor dem Hintergrund geprüft werden, dass zwischen der Erteilung und tatsächlichen Durchführung der Untersuchungsmaßnahme ein zeitlicher Abstand liegen kann.[698]

d) Regelungen zur Nutzung des dienstlichen E-Mail-Accounts in Unternehmen

Bei dem Zugriff und der Überwachung der E-Mail-Accounts der Mitarbeiter durch den Arbeitgeber wird grundsätzlich danach unterschieden, ob die private Nutzung des betrieblichen Computers, des Internets sowie der dienstlichen Kommunikationsmittel wie E-Mails erlaubt oder verboten wurde.[699] Bei dienstlichen E-Mails darf der Arbeitgeber – analog zu schriftlichen Geschäftskorrespondenzen in Form von Briefen – jederzeit die Vorlage durch die Mitarbeiter verlangen.[700] Dienstliche E-Mail-Konten können neben rein geschäftlichen E-Mails jedoch private E-Mails enthalten. Für die Prüfung der E-Mail-Konten ist zunächst von Relevanz, ob die private Nutzung der dienstlichen E-Mail-Accounts im Unternehmen erlaubt, verboten bzw. geduldet wird.[701]

Im Rahmen der Studie des DICO e. V. zu internen Untersuchungen in Deutschland gewährten die teilnehmenden Unternehmen durch die Beantwortung der Frage zur privaten Nutzung von betrieblichen E-Mail-Postfächern und Firmengeräten Einblicke in ihren Umgang mit dieser Thematik. Während mehrere Antwortmöglichkeiten ausgewählt werden konnten, erhielt die Auswahlmöglichkeit, dass die private Nutzung des betrieblichen E-Mail-Postfachs untersagt ist, mit 55,71 % die meisten Stimmen. Zudem gaben 22,86 % der Unternehmen an, dass sie die private Nutzung des E-Mail-Postfachs ebenso wie die Privatnutzung von dienstlichen Geräten und Messenger-Diensten untersagen, die Mitarbeiter dies aber trotzdem mit Kenntnis des Unternehmens privat nutzen.[702] Aufgrund der Möglichkeit zur

---

698 Zoch in: Böttger, Wirtschaftsstrafrecht in der Praxis, Kap. 17 Rn. 324; ebenso: Voigt/H. Oenning/J. Oenning in: Bussche v. d./Voigt, Konzerndatenschutz, Teil 5 Kap. 1 Rn. 24, die darin eine Herausforderung in der Praxis sehen.

699 Vgl. nur: Waldzus in: Behringer, Compliance kompakt, S. 66; ähnlich: de Wolf NZA 2010, 1206, 1207 und Fülbier/Splittgerber NJW 2012, 1995, 1997 f.

700 Vgl. nur: Thüsing/Traut in: Thüsing, Beschäftigtendatenschutz und Compliance, § 9 Rn. 34, 35, wonach sich der Arbeitgeber jederzeit Kenntnis von betrieblichen Schriftstücken verschaffen können muss; vgl. auch Byers in: WHWS, Kap. X Rn. 28, wonach dienstlicher Schriftverkehr und geschäftliche E-Mails gleichzustellen sind; Frank/Heine CCZ 2021, 195, 196.

701 Siehe hierzu sogleich.

702 DICO e. V., Studie „Interne Untersuchungen in Deutschland – 2022“, S. 49.

Mehrfachauswahl ist nicht auszuschließen, dass Unternehmen beide zuvor dargestellten Antworten ausgewählt haben.

Weitere 8,57 % der Unternehmen gaben an, dass in ihren Unternehmen keine Regelungen existieren, die Privatnutzung aber geduldet wird. Dagegen führten 27,14 % der Unternehmen an, dass sie die Privatnutzung des betrieblichen E-Mail-Postfachs erlauben.[703]

Wenngleich die Mehrheit der befragten Unternehmen die Privatnutzung des betrieblichen EMail-Postfachs untersagt, ist der Anteil der Unternehmen, die die Privatnutzung erlauben oder dulden, dennoch hoch. Die Gestattung oder Duldung der privaten Nutzung kann jedoch bei der Durchführung von E-Mail-Reviews rechtliche Herausforderungen mit sich bringen, die derzeit noch nicht abschließend gesetzlich oder höchstrichterlich entschieden wurden.[704]

aa) Verbot der privaten Nutzung des dienstlichen E-Mail-Accounts

Die Entscheidung des Arbeitgebers, die private Nutzung des dienstlichen E-Mail-Accounts zu verbieten, hat Auswirkungen auf die Kontroll- und Einsichtsrechte des Arbeitgebers in die vom Arbeitnehmer genutzten Geräte und E-Mail-Accounts.

Wurde die private Nutzung durch den Arbeitgeber untersagt, ergeben sich das Zugriffsrecht sowie das Recht zur Auswertung allein aus dem BDSG. Überdies ist das allgemeine Persönlichkeitsrecht zu berücksichtigen.[705] Besteht der Verdacht auf eine Straftat, die durch den Arbeitgeber mithilfe eines Zugriffs auf E-Mails und E-Mail-Logfiles aufgedeckt werden soll, ist § 26 Abs. 1 S. 2 BDSG bzw. Art. 6 Abs. 1 UAbs. 1 lit. f DSGVO[706] einschlägig.[707] Wie bereits dargestellt, sind die Voraussetzungen dieser Norm zu prüfen und es ist eine Interessenabwägung vorzunehmen.[708] Der Arbeitgeber darf hierbei jedoch unterstellen, dass sich der Arbeitnehmer vertragsgerecht verhalten hat. Ferner darf angenommen werden, dass der dienstliche E-Mail-Account keine privaten E-Mails beinhaltet. Etwaiger Vorkehrungen, um private

703 DICO e. V., Studie „Interne Untersuchungen in Deutschland – 2022“, S. 49.

704 Siehe hierzu sogleich.

705 Vgl. nur: Mengel, Compliance und Arbeitsrecht, § 4 Rn. 22; Ernst NZA 2002, 585, 588; Mengel BB 2004, 2014, 2015.

706 Siehe hierzu Kapitel 2 B. II. 1. a); Riesenhuber in: BeckOK Datenschutzrecht, § 26 BDSG Rn. 175.

707 Vgl. zur Rechtmäßigkeit nach § 26 Abs. 1 S. 2 BDSG nur: Thüsing/Traut in: Thüsing, Beschäftigtendatenschutz und Compliance, § 9 R. 48 und Akkilic NZA 2020, 623, 625; zur Rechtmäßigkeit nach § 26 Abs. 1 S. 2 BDSG bzw. Art. 6 Abs. 1 UAbs. 1 lit. f DSGVO siehe: Riesenhuber in: BeckOK Datenschutzrecht, § 26 BDSG Rn. 175.

708 Siehe Kapitel 2 B. II. 1. a).

Dateien vor der Untersuchung auszusondern, bedarf es nicht.[709] Auf den vermeintlich rein dienstlichen E-Mail-Verkehr kann der Arbeitgeber daher jederzeit berechtigterweise zugreifen, womit der Mitarbeiter rechnen muss.[710] Für diesen besteht lediglich eine ‚eingeschränkte'[711] bzw. ‚berechtigte'[712] Privatheitserwartung.[713] Sofern darüber hinaus ein Anfangsverdacht auf eine Straftat besteht, kann der Mitarbeiter *„keine durchgreifenden ‚vernünftigen Erwartungen*'[714]"[715] haben, die im Zusammenhang mit dem Inhalt seiner privaten EMails stehen.[716] Nach der hier vertretenen Auffassung sollte bei E-Mails mit offensichtlich privaten Inhalten trotzdem das allgemeine Persönlichkeitsrecht des Verdächtigten beachtet werden, weshalb E-Mails unter Berücksichtigung der Verhältnismäßigkeit ggf. von der Durchsicht auszuschließen sind.[717]

bb) Gestattung der privaten Nutzung des dienstlichen E-Mail-Accounts

Hat der Arbeitgeber die private Nutzung erlaubt, hat der Arbeitnehmer *„eine weitgehende Privatheitserwartung"*[718].[719] Das Recht, den dienstlichen E-Mail-Account privat zu nutzen, ergibt sich gleichwohl auch aus einer Billigung oder Duldung dieser Nutzung durch den Arbeitgeber. Dies gilt auch ohne eine ausdrückliche Erklärung. Notwendig ist jedoch, dass einige Zeit

---

709 Mengel, Compliance und Arbeitsrecht, § 4 Rn. 22; Mengel in: Grobys/Panzer-Heemeier, SWK-ArbR, Compliance Rn. 15.

710 BAG NZA 2019, 893, 899 Rn. 54; Frank/Heine CCZ 2021, 195, 196.

711 Zur eingeschränkten Privatheitserwartung: Frank/Heine CCZ 2021, 195, 196.

712 Zur berechtigten Privatheitserwartung: BAG BeckRS 2018, 20923 Rn. 44; BAG BeckRS 2023, 15327 Rn. 49; LAG Rheinland-Pfalz BeckRS 2019, 6752 Rn. 42.

713 Frank/Heine CCZ 2021, 195, 196; a. A. Thüsing/Traut in: Thüsing, Beschäftigtendatenschutz und Compliance, § 9 Rn. 43, wonach dem Arbeitnehmer in solchen Fällen *„keine ‚Privatsphäre'"* eingeräumt wird.

714 ErwG 47 S. 1 zur DSGVO; Frank/Heine CCZ 2021, 195, 196.

715 Frank/Heine CCZ 2021, 195, 196.

716 Kratz/Gubbels NZA 2009, 652, 654, gehen noch weiter und sehen einen konkreten Missbrauchsverdacht für die Kontrolle als nicht notwendig an, wenn die Privatnutzung der E-Mails verboten war und sich private E-Mails im Postfach befinden; Frank/Heine CCZ 2021, 195, 196.

717 Vgl. nur: Nienaber, Umfang, Grenzen und Verwertbarkeit compliancebasierter unternehmensinterner Ermittlungen, S. 217; Salvenmoser/Schreier in: Achenbach/Ransiek/Rönnau, Handbuch Wirtschaftsstrafrecht, Teil 2 Kap. 2 Rn. 121, wonach in solchen Fällen das Allgemeine Persönlichkeitsrecht zu beachten ist und die Einsichtnahme erforderlich sowie verhältnismäßig zu sein hat; Grosjean DB 2003, 2650, 2652, der es ebenso als notwendig erachtet, das Persönlichkeitsrecht zu beachten.

718 Frank/Heine CCZ 2021, 195, 196.

719 Vgl. LAG Hessen BeckRS 2018, 36472 Rn. 74, in dem Fall war die E-Mail-Nutzung zumindest geduldet (Rn. 56) und der Schutz der informationellen Selbstbestimmung wurde hierbei als überwiegend angesehen; Frank/Heine CCZ 2021, 195, 196.

vergangen ist,[720] in der der E-Mail-Account privat genutzt werden konnte. Das Recht des Arbeitnehmers ergibt sich dann aus einem Vertrauenstatbestand bzw. – durch die Kenntnis des Arbeitgebers und dessen Wollen – aus einer faktischen Gewährung.[721] Nach einer jüngeren Entscheidung des LAG Baden-Württemberg aus dem Jahr 2023 darf ein Arbeitnehmer – wenngleich dies nicht ausdrücklich gestattet wurde – die Erlaubnis für E-Mails annehmen, wenn ihm ein Smartphone als Kommunikationsmittel überlassen wurde und für bestimmte Kommunikationsformen wie WhatsApp, SMS und Telefonie ausdrücklich eine Mischnutzung (dienstlich und privat) erlaubt wurde.[722] Daneben sah das LAG Baden-Württemberg eine verdachtsunabhängige Auswertung des dienstlichen E-Mail-Accounts, der auch für die Privatnutzung freigegeben wurde, für unzulässig an.[723]

Eine Kontrolle des dienstlichen E-Mail-Accounts durch den Arbeitgeber wird bei einer gestatteten Privatnutzung allerdings schwieriger, denn während bei dem Verbot der Privatnutzung nur das BDSG einschlägig ist, entsprach es der früheren herrschenden Meinung, dass bei der Kontrolle von E-Mails im Falle einer Gestattung der Privatnutzung des E-Mail-Accounts das Telekommunikationsgesetz a. F. (kurz: TKG a. F.) gilt.[724]

(1) Anwendung des Telekommunikation-Digitale-Dienste-Datenschutz-Gesetzes

Am 01.12.2021 ist das Telekommunikation-Telemedien-Datenschutz-Gesetz (kurz: TTDSG) in Kraft getreten, dessen Name in Telekommunikation-Digitale-Dienste-Datenschutz-Gesetz (kurz: TDDDG) geändert wurde.[725] Weitere wesentliche Änderungen wurden indes nicht vorgenommen.[726] Dieses Gesetz beinhaltet Vorschriften, die einen Bezug zum Datenschutz aufweisen und für Telekommunikations- und Telemediendienste gelten.[727] Mit der Zusammenführung der datenschutzbezogenen Regelungen aus dem TKG und

720 Mengel in: Hümmerich/Reufels, Gestaltung von Arbeitsverträgen, § 1 Rn. 2897; Mengel BB 2004, 2014, 2015.

721 Mengel in: Hümmerich/Reufels, Gestaltung von Arbeitsverträgen, § 1 Rn. 2897.

722 LAG Baden-Württemberg BeckRS 2023, 11981 Rn. 140.

723 LAG Baden-Württemberg BeckRS 2023, 11981 Rn. 121, 133; ähnlich auch: LAG Hessen BeckRS 2018, 36472 Rn. 79.

724 Vgl. nur: Mengel, Compliance und Arbeitsrecht, § 4 Rn. 23; zur Notwendigkeit, das TKG zu berücksichtigen, auch: Maschmann NZA-Beilage 2018, 115, 122; Akkilic NZA 2020, 623, 625.

725 Munz in: Westphalen, Graf von/Thüsing/Pamp, Vertragsrecht und AGB-Klauselwerke, Kap. Datenschutzklauseln, S. 4 Rn. 10; siehe zur Namensänderung des Gesetzes auch: Landesbeauftragte Datenschutz Niedersachsen, FAQ TDDDG.

726 Landesbeauftragte Datenschutz Niedersachsen, FAQ TDDDG.

727 Herrmann in: Assion, TTDSG, § 1 Rn. 1; Munz in: Westphalen, Graf von/Thüsing/Pamp, Vertragsrecht und AGB-Klauselwerke, Kap. Datenschutzklauseln, S. 5 Rn. 10.

dem Vorläufer des Gesetzes, dem Telemediengesetz (kurz: TMG) in das TDDDG, wurden die diesbezüglichen Normen in den beiden Gesetzen entfernt.[728] Mit dem Gesetz wurden zudem die Vorschriften der ePrivacy-Richtlinie in das deutsche Recht überführt.[729]

Im Arbeitnehmer-Arbeitgeber-Verhältnis können diese Vorschriften Anwendung finden, wenn der Arbeitgeber gemäß § 3 Abs. 2 S. 1 Nr. 2 TDDDG als *„Anbieter von ganz oder teilweise geschäftsmäßig angebotenen Telekommunikationsdiensten“* gilt. In diesem Fall wäre der Arbeitgeber gemäß § 3 Abs. 2 S. 1 TDDDG zur Wahrung des Fernmeldegeheimnisses nach Art. 10 GG verpflichtet, dem *„der Inhalt der Telekommunikation und ihre näheren Umstände, insbesondere die Tatsache, ob jemand an einem Telekommunikationsvorgang beteiligt ist oder war“,* unterliegen.

Diese Rechtsunsicherheit hatte bereits nach der alten Regelung in § 88 TKG a. F. – dem heutigen § 3 TDDDG – Bestand, wenn Arbeitnehmern die Privatnutzung der dienstlichen Telekommunikationssysteme gestattet war.[730] Da der Gesetzgeber mit dem neuen TDDDG nicht die Möglichkeit ergriffen hat, diese Rechtsunsicherheit zu beheben,[731] bestehen diese auch nach dem neuen Gesetz fort.[732] In der Rechtsprechung[733] und der Literatur[734] wird teilweise gegen die Anwendbarkeit der Vorschrift auf Arbeitgeber argumentiert. Während die Argumentation der Rechtsprechung lautet, dass es sich bei Arbeitgebern nicht um ‚Dienstanbieter‘ von Telekommunikationsdienstleistungen handelt,[735] wird die Grundlage in der Literatur insbesondere in § 3 Nr. 61 TKG gesehen. Mit dieser Vorschrift wird definiert, was unter Telekommunikationsdiensten zu verstehen ist. Ein wesentlicher Aspekt ist dabei, dass die Dienste demnach *„in der Regel gegen Entgelt“* erbracht werden. Wenngleich nach der Begriffsbestimmung Entgeltlichkeit nicht ausnahms-

---

728 Hadidi in: Geppert/Schütz, § 3 TTDSG Rn. 1.

729 Vgl. nur: Munz in: Westphalen, Graf von/Thüsing/Pamp, Vertragsrecht und AGB-Klauselwerke, Kap. Datenschutzklauseln, S. 4 f. Rn. 10; Redeker, IT-Recht, Kap. D Rn. 1110; siehe: Assion NJW 2024, 632, 635, wonach Art. 5 Abs. 3 der ePrivacy-Richtlinie die Grundlage für § 25 TTDSG bildet.

730 Baumgartner in: Gierschmann/Baumgartner, TTDSG, § 3 Rn. 41.

731 Baumgartner in: Gierschmann/Baumgartner, TTDSG, § 3 Rn. 42.

732 Vgl. nur: Dieckhoff/Assion ZD 2023, 371, 376; Baumgartner in: Gierschmann/Baumgartner, TTDSG, § 3 Rn. 42; vgl. Gola RDV 2021, 305, 306; vgl. Reinhard in: BeckOF IT- und DatenR, Kap. 2.10 Rn. 3.

733 Vgl. nur: LAG Niedersachen BeckRS 2010, 70504; LAG Berlin-Brandenburg BeckRS 2011, 72743; LAG Berlin-Brandenburg BeckRS 2016, 67048 Rn. 81.

734 Vgl. nur: Franzen in: ErfK ArbR, § 26 BDSG Rn. 30; Thüsing in: Thüsing, Beschäftigtendatenschutz und Compliance, § 3 Rn. 95; Klachin/Rauer BB 2022, 1588, 1589, die den Einordnungen der LAG, dass Arbeitgeber keine Telekommunikationsdienstleister sind, zustimmen.

735 Vgl. nur: LAG Niedersachen BeckRS 2010, 70504; LAG Berlin-Brandenburg BeckRS 2011, 72743; VGH Kassel NJW 2009, 2470.

los vorgesehen ist, würde sie bei der Anwendung auf das Verhältnis von Arbeitgebern und ihren Arbeitnehmern, denen die betrieblichen Telekommunikationssysteme für die Ausübung ihrer Tätigkeit in der Regel unentgeltlich zur Verfügung gestellt werden, „*in ihr Gegenteil verkehrt*"[736] werden.[737] Für die Ausnahme im Arbeitsverhältnis würde auch die Klarstellung in der Gesetzesentwurfsbegründung sprechen, in der mit Bezug auf die Richtlinie (EU) 2018/1972 ebenfalls auf die Entgeltlichkeit – wenngleich in einem anderen Kontext – abgestellt wird. Demnach wird aufgrund der fehlenden Entgeltlichkeit der Funkdienst der Behörden nicht einem Telekommunikationsdienst gemäß § 3 TDDDG[738] entsprechen.[739] Entgegen der Ansicht, dass in einem Arbeitsverhältnis keine Telekommunikationsdienste gemäß § 3 Nr. 61 TKG einschlägig sind, bejahten die deutschen Datenschutzaufsichtsbehörden[740] und auch vereinzelt Vertreter aus der Literatur[741] einen Telekommunikationsdienst bei der Gestattung der Privatnutzung von dienstlichen Telekommunikationssystemen nach § 3 Nr. 24 TKG a. F., dem Vorläufer von § 3 Nr. 61 TKG.

Folglich ist weiterhin nicht abschließend geklärt, ob Arbeitgeber als geschäftsmäßige Anbieter von Telekommunikationsdiensten nach dem Wortlaut des § 3 Abs. 2 S. 1 Nr. 2 TDDDG i. V. m. § 3 Nr. 61 TKG auszunehmen sind. Insbesondere vor dem Hintergrund, dass Datenschutzbehörden das TKG a. F. für anwendbar hielten,[742] sollten im Falle einer gestatteten Privatnutzung bei der Sichtung und Auswertung von E-Mails die Anforderungen an das Fernmeldegeheimnis eingehalten werden.[743]

---

736 Baumgartner in: Gierschmann/Baumgartner, TTDSG, § 3 Rn. 43.

737 Thüsing in: Thüsing, Beschäftigtendatenschutz und Compliance, § 3 Rn. 82; Baumgartner in: Gierschmann/Baumgartner, TTDSG, § 3 Rn. 43; Schimmelpfennig/Wenning DB 2006, 2290, 2293.

738 BT-Drs. 19/27441, S. 34.

739 Siehe auch: Baumgartner in: Gierschmann/Baumgartner, TTDSG, § 3 Rn. 43.

740 DSK, Orientierungshilfe E-Mails und anderen Internetdiensten am Arbeitsplatz, S. 4 f. und S. 8; Landesbeauftragter Datenschutz Baden-Württemberg, Dienstliche und private E-Mail- und Internet-Nutzung am Arbeitsplatz, S. 5.

741 Vgl. nur: Munz in: Taeger/Gabel, DSGVO – BDSG – TTDSG, § 3 TTDSG Rn. 17; Maschmann in: Kühling/Buchner, DS-GVO/BDSG, § 26 BDSG Rn. 50; Maschmann in: Ruhmannseder/Lehner/Beukelmann, Compliance aktuell, Kap. 2010 IV. 5. Rn. 112; Kiparski CR 2021, 482, 485 Rn. 20; siehe zum Meinungsstand in der Literatur und Rechtsprechung zu § 3 Nr. 24 TKG a. F.: Thüsing in: Thüsing, Beschäftigtendatenschutz und Compliance, § 3 Rn. 74 ff., der dies im Ergebnis aber selbst ablehnt, § 3 Rn. 95; a. A. Baumgartner in: Gierschmann/Baumgartner, TTDSG, § 3 Rn. 43.

742 Vgl. DSK, Orientierungshilfe E-Mails und anderen Internetdiensten am Arbeitsplatz, S. 4 und S. 8.

743 Vgl. Reinhard in: BeckOF IT- und DatenR, Kap. 2.10 Rn. 3, wonach bis zur Klärung durch die höchstrichterliche Rechtsprechung davon ausgegangen werden sollte, dass der Arbeitgeber dem Fernmeldegeheimnis unterliegt, sofern dieser die Privatnutzung gestattet.

(2) Verdacht auf erhebliche Straftaten

Wird bei einer internen Untersuchung eine Überprüfung der E-Mails von verdächtigten Arbeitnehmern angestrebt, wird in der Literatur diese Auswertung von allen oder einer Vielzahl an Arbeitnehmern des Unternehmens aufgrund einer (vermuteten) Straftat als ungerechtfertigt angesehen. Etwas anderes gilt jedoch, wenn ein konkreter Verdacht besteht, dass eine erhebliche Straftat begangen wurde.[744] Ist ein dringender Tatverdacht anzunehmen, liegt ein „*‚qualifizierte[r]‘ Anlass*“[745] vor, der auch den Zugriff auf die private Korrespondenz einschließen kann.[746] Gründet der Untersuchungswille des Arbeitgebers im Vergleich dazu auf einem vagen Hinweis, dass der Arbeitnehmer geschäftsschädigend gehandelt haben soll, wurde es indes vom LAG Hessen als unzulässig angesehen, wenn dessen E-Mail-Account über ein gesamtes Jahr ausgewertet wird.[747] Somit muss der Eingriff verhältnismäßig sein. Zum Nachweis bietet sich die zuvor dargestellte Tabelle zur Dokumentation der Interessenabwägung an.

(3) Zugriff auf ‚ruhende E-Mails‘

Unter einer ‚ruhenden E-Mail‘ wird eine E-Mail verstanden, die im Postfach eines Empfängers eingegangen ist und sich auf dem Server befindet.[748] Eine E-Mail wird jedoch nur dann als ruhend angesehen, wenn der Empfänger die E-Mail gelesen oder zur Kenntnis genommen hat und diese im Postfach – das als Speichermedium fungiert – belässt.[749]

Der Kommunikationsvorgang ist damit bereits abgeschlossen, weshalb nach herrschender Sicht der Schutz des Fernmeldegeheimnisses nicht mehr einschlägig ist.[750] Denn dieses erstreckt sich nur auf den technischen Übertra-

---

744 Mengel, Compliance und Arbeitsrecht, § 4 Rn. 24; dahingehend auch bereits: Beckschulze DB 2007, 1526, 1528, wonach sich der Arbeitgeber keinen strafrechtlichen Risiken aussetzt, wenn die Auswertung der E-Mail-Speicher zur Aufklärung einer konkreten Straftat und bei Vorliegen eines konkreten Verdachts bei einzelnen Mitarbeitern durchgeführt wird.

745 Zum qualifizierten Anlass auch: BAG NZA 2019, 893, 899 Rn. 54; Frank/Heine CCZ 2021, 195, 196.

746 Thüsing/Traut in: Thüsing, Beschäftigtendatenschutz und Compliance, § 9 Rn. 44; Frank/Heine CCZ 2021, 195, 196.

747 LAG Hessen BeckRS 2018, 36472 Rn. 74; so auch: Frank/Heine CCZ 2021, 195, 196.

748 Mengel, Compliance und Arbeitsrecht, § 4 Rn. 25.

749 Mengel, Compliance und Arbeitsrecht, § 4 Rn. 26.

750 Vgl. nur: BVerfG NJW 2009, 2431, 2432; LAG Niedersachsen BeckRS 2010, 70504; LAG Berlin-Brandenburg BeckRS 2011, 72743; VG Frankfurt a. M. BeckRS 2008, 41196; Mengel, Compliance und Arbeitsrecht, § 4 Rn. 25.

gungsvorgang an sich.[751] Wurde eine E-Mail versendet oder empfangen, ist der Vorgang abgeschlossen. Gilt die E-Mail als ‚ruhende E-Mail', wird das TKG bzw. TDDDG als nicht mehr anwendbar angesehen.[752] Die Verantwortung und Entscheidung, was mit den E-Mails nach dem Versand oder Eingang geschieht – das heißt ob diese nach dem eigentlichen Übertragungsvorgang an einem anderen Ablageort des Dienstrechners abgespeichert und archiviert oder ob sie in einer anderen Weise verarbeitet werden –, obliegt dem Versender oder Empfänger der E-Mail.[753]

Handelt es sich um ‚ruhende E-Mails', findet das BDSG Anwendung.[754] Sind die Voraussetzungen für ‚ruhende E-Mails' allerdings nicht erfüllt, unterliegen die E-Mails dem Fernmeldegeheimnis und das TDDDG kommt zur Anwendung, auch wenn die technische Übertragung beendet ist.[755]

Das BVerfG hat den Schutz des Fernmeldegeheimnisses als beendet angesehen, wenn der Übertragungsvorgang abgeschlossen und die E-Mail beim Empfänger eingetroffen ist.[756] Eine Ausdehnung des Schutzes des Fernmeldegeheimnisses auf die Zeit nach der Beendigung des eigentlichen Übertragungsvorgangs von E-Mails hat auch das LAG Hessen im Jahr 2018 als anlasslos angesehen.[757] Allerdings sah das BVerfG in einem Urteil aus dem Jahr 2009 den zugangsgesicherten Kommunikationsinhalt eines E-Mail-Postfachs nach Art. 10 Abs. 1 GG als geschützt an, wenn Nutzer nur mithilfe einer Internetverbindung auf das Postfach zugreifen können.[758] Dies gelte auch bei E-Mails, die der Empfänger bereits gelesen hat,[759] sowie bei ruhenden E-Mails, auch wenn kein dynamischer Telekommunikationsvorgang stattfindet.[760] Diese Ansicht kann aus der Sicht des BVerfG maßgeblich mit dem Verbleib der E-Mails bei dem Provider begründet werden, der außerhalb des Herrschaftsbereichs des Kommunikationsteilnehmers liegt. Aus Ermangelung einer technischen Beherrschbarkeit sah das BVerfG eine besondere Schutzbedürftigkeit des Einzelnen durch das Fernmeldegeheim-

751 VG Frankfurt a. M. BeckRS 2008, 41196; Mengel, Compliance und Arbeitsrecht, § 4 Rn. 25.

752 Vgl. nur: Mengel, Compliance und Arbeitsrecht, § 4 Rn. 25; Wessing in: Moosmayer/Lösler, Corporate Compliance, § 47 Rn. 40; Mengel NZA 2017, 1494, 1496.

753 VG Frankfurt a. M. BeckRS 2008, 41196.

754 Mengel, Compliance und Arbeitsrecht, § 4 Rn. 25; Wessing in: Moosmayer/Lösler, Corporate Compliance, § 47 Rn. 40.

755 Vgl. LAG Niedersachsen BeckRS 2010, 70504; Mengel, Compliance und Arbeitsrecht, § 4 Rn. 26; Wessing in: Moosmayer/Lösler, Corporate Compliance, § 47 Rn. 40.

756 Vgl. nur: BVerfG NJW 2006, 976, 978 Rn. 68, 73; BVerfG NJW 2009, 2431, 2432 Rn. 45; BVerfG BeckRS 2011, 2618 Rn. 13.

757 LAG Hessen BeckRS 2018, 36472 Rn. 60.

758 BVerfG NJW 2009, 2431, 2432 Rn. 46.

759 BVerfG NJW 2009, 2431, 2432 Rn. 48.

760 BVerfG NJW 2009, 2431, 2432 Rn. 47.

nis.[761] In einem neuen Urteil des LAG Baden-Württemberg aus dem Jahr 2023 wurde ungeachtet der Ansicht des BVerfG offengelassen, ob bei einem abgeschlossenen Versandvorgang die Vorschriften aus § 88 TKG a.F. bzw. § 3 TDDDG Anwendung finden.[762]

Die Auffassung des BVerfG ist nach der hier vertretenen Auffassung auf interne Untersuchungen übertragbar und nachvollziehbar, wenn die E-Mails eines Arbeitnehmers nicht über dessen E-Mail-Account auf seinem Laptop, sondern ‚im Hintergrund' durch die IT gesichert werden. In der Praxis werden regelmäßig alle eingehenden und ausgehenden E-Mails der Mitarbeiter auf dem E-Mail-Server gespeichert,[763] unabhängig davon, ob sie zwischenzeitlich durch den Arbeitnehmer in dessen Postfach gelöscht wurden. Hierdurch kann der Arbeitnehmer seine Verantwortung und Entscheidung über den Verbleib der E-Mails gerade nicht ausüben. Die auf dem Server gespeicherten E-Mails sind folglich nicht als ‚ruhende E-Mails' anzusehen, wenn eine Löschung im E-Mail-Account des Arbeitnehmers nicht auch gleichzeitig eine Löschung auf dem Server auslöst und der Entscheidungswille des Arbeitnehmers somit nicht durchgreift. Da auch E-Mails Geschäftsbriefe sein können,[764] für die nach § 147 Abs. 1 Nr. 2 und 3 der Abgabenordnung (kurz: AO) Aufbewahrungsfristen gelten, erscheint dies als nicht umsetzbar. Wird als Datengrundlage eines E-Mail-Reviews indes der E-Mail-Account eines Arbeitnehmers basierend auf seinem E-Mail-Account – bspw. durch die Spiegelung der Daten auf dessen Laptop – verwendet, dürfen die E-Mails auch nach der Rechtsprechung als ‚ruhende E-Mails' anzusehen sein.

Somit kann im Kontext interner Untersuchungen der Zugriff auf E-Mails bei Mitarbeitern, denen die Privatnutzung erlaubt ist, unter den Bedingungen des BDSG im Einzelfall möglich sein, wenn der technische Übertragungsvorgang abgeschlossen ist, der Schutz des Fernmeldegeheimnisses nicht mehr gilt und die E-Mails tatsächlich als ‚ruhende E-Mails' anzusehen sind.

(4) Berücksichtigung der Privatnutzung bei internen Untersuchungen

Wird die Privatnutzung des dienstlichen E-Mail-Accounts gestattet oder geduldet, ist – wie bereits dargestellt – noch nicht abschließend geklärt, ob ein Arbeitgeber gemäß § 3 Abs. 2 S. 1 Nr. 2 TDDDG als geschäftsmäßiger An-

761 BVerfG NJW 2009, 2431, 2432 Rn. 46; zustimmend: LAG Hessen BeckRS 2018, 36472 Rn. 60.

762 LAG Baden-Württemberg BeckRS 2023, 11981 LS 3.

763 Im Ergebnis so auch: BVerfG NJW 2009, 2431, 2432; LAG Hessen BeckRS 2018, 36472 Rn. 60; Maschmann in: Kühling/Buchner, DS-GVO/BDSG, § 26 BDSG Rn. 48.

764 Vgl. nur: Stephan/Tieves in: MüKo GmbHG Band 2, § 35a Rn. 8; Reuschle in: Ebenroth/Boujong, HGB, § 37a Rn. 6; vgl. Lamsa in: Heidel/Schall, HGB, § 37a Rn. 4.

bieter von Telekommunikationsdiensten auftritt. Wird das TDDDG jedoch bei der Sichtung und Auswertung von E-Mails nicht berücksichtigt und wird dies von Gerichten als Verletzung des Fernmeldegeheimnisses angesehen, kann eine strafrechtliche Haftung nach § 206 StGB in Betracht kommen.

Um dieses Risiko zu reduzieren, kommen in der Praxis – gemäß der Literatur[765] – drei Optionen in Frage. Dies betrifft zunächst die Regelung in einer Betriebsvereinbarung, in der arbeitgeberseitige Rechte und Untersuchungsbefugnisse festgelegt werden (Option 1). Zudem können von den betroffenen Arbeitnehmern, deren E-Mails gesichtet und ausgewertet werden sollen, Einwilligungen eingeholt werden (Option 2). Hierin wird, ggf. auch im Zusammenhang mit der Betriebsvereinbarung, die Möglichkeit gesehen, dass durch die Einwilligung die Rechtswidrigkeit entfällt. Ferner kommt eine Trennung von dienstlichen und privaten E-Mails vor der Prüfung in Betracht (Option 3)[766]. Dies führt zu einem fehlenden Vorsatz, wenn der Arbeitgeber davon ausgehen durfte, dass sich im E-Mail-Account keine privaten E-Mails mehr befinden.[767]

Während durch die erste und die dritte Option vertretbar die Möglichkeit geboten wird, die Arbeitnehmerrechte entsprechend zu berücksichtigen, ist Option 2 kritisch zu beurteilen. Hierbei fehlt es – wie bereits ausgeführt – an einer freiwilligen Einwilligung, die indes eine notwendige Voraussetzung darstellt. Denn von einer freiwilligen Einwilligung in die Kontrolle des dienstlichen E-Mail-Accounts kann aufgrund des Machtgefälles nicht ausgegangen werden.

Für die dritte Option kommen insbesondere zwei verschiedene Vorgehensweisen in Betracht. Zum einen könnte der Arbeitnehmer zur Benennung einer Suchwortliste aufgefordert werden, auf deren Basis die privaten E-Mails von den dienstlichen E-Mails separiert werden können. Alternativ könnte der Arbeitnehmer – abhängig von dem Gegenstand der Untersuchung und den gegen ihn bestehenden Verdachtsmomenten – die Separierung selbstständig vornehmen. Damit der verdächtigte Arbeitnehmer in diesem Zuge allerdings keine für die Untersuchung relevanten Informationen beseitigen kann, sollte eine neutrale Person, wie ein extern mandatierter Rechtsanwalt, das Vorgehen des Arbeitnehmers überwachen. Dies wird auch als *„Guided Separation“*[768] bezeichnet.[769] Dahingehend sah auch das LAG Baden-Württemberg die vorherige Information des Arbeitnehmers über die Maßnahme sowie die Schaffung der Möglichkeit als notwendig an, dass der Arbeitneh-

765 Zoch in: Böttger, Wirtschaftsstrafrecht in der Praxis, Kap. 17 Rn. 324.

766 So auch: Thüsing/Traut in: Thüsing, Beschäftigtendatenschutz und Compliance, § 9 Rn. 44.

767 Zoch in: Böttger, Wirtschaftsstrafrecht in der Praxis, Kap. 17 Rn. 324.

768 Zoch in: Böttger, Wirtschaftsstrafrecht in der Praxis, Kap. 17 Rn. 328.

769 Zoch in: Böttger, Wirtschaftsstrafrecht in der Praxis, Kap. 17 Rn. 328.

mer private Nachrichten in einem gesonderten Ordner speichert, die vom Zugriff im Rahmen der internen Untersuchung ausgenommen sind.[770]

Bis zur höchstrichterlichen oder gesetzlichen Klärung der Frage, ob Arbeitgeber unter das TDDDG bzw. TKG fallen, bieten nach der hier vertretenen Ansicht die Optionen 1 und 3 dem Arbeitgeber die Möglichkeit, E-Mail-Accounts trotz erlaubter Privatnutzung zu sichten und auszuwerten. Hierbei wird nicht nur das Fernmeldegeheimnis gewahrt, sondern auch die strafrechtlichen Haftungsrisiken werden minimiert.[771] Eine Einwilligung, wie dies in der Option 2 vorgesehen ist, ist aufgrund der regelmäßig fehlenden Freiwilligkeit nicht als Lösung heranzuziehen.

(5) Zwischenergebnis zur Gestattung der privaten Nutzung des dienstlichen E-Mail-Accounts

Wird die Privatnutzung des dienstlichen E-Mail-Accounts gestattet oder geduldet, ist noch nicht abschließend geklärt, ob ein Arbeitgeber gemäß § 3 Abs. 2 S. 1 Nr. 2 TDDDG als geschäftsmäßiger Anbieter von Telekommunikationsdiensten auftritt.[772] Insbesondere vor dem Hintergrund, dass Datenschutzbehörden das TKG a. F. für anwendbar hielten,[773] sollten bei der Sichtung und Auswertung von E-Mails die Anforderungen an das Fernmeldegeheimnis eingehalten werden.[774] Dies gilt zum Schutz vor haftungsrechtlichen Risiken auch ungeachtet der als vorzugswürdig anzusehenden Auffassung, dass der technische Übertragungsvorgang einer E-Mail bei Verlassen oder Eingang einer E-Mail abgeschlossen und diese sodann als ‚ruhend' anzusehen ist. E-Mails sind jedoch dann nicht als ‚ruhend' zu klassifizieren, wenn die EMails vom Server kopiert werden, um sie für den Review zu nutzen. Grund hierfür ist, dass in der unternehmerischen Praxis der Entscheidungswille von Mitarbeitern, eine E-Mail im eigenen Account zu löschen, regelmäßig keine Durchschlagskraft auf den Server haben kann, auf dem die E-Mails weiterhin gespeichert bleiben.[775] Aus diesem Grund bieten sich zur Analyse die E-Mail-Daten an, die unmittelbar auf dem Laptop des Arbeitnehmers gespeichert sind, wenngleich das Risiko besteht, dass die relevanten E-Mails bereits gelöscht wurden. Die Anwendung einer Liste

770 LAG Baden-Württemberg BeckRS 2023, 11981 Rn. 121.

771 Zoch in: Böttger, Wirtschaftsstrafrecht in der Praxis, Kap. 17 Rn. 330.

772 Siehe Kapitel 2 B. II. 1. d) bb) (1).

773 Vgl. DSK, Orientierungshilfe E-Mails und anderen Internetdiensten am Arbeitsplatz, S. 4 und S. 8.

774 Vgl. Reinhard in: BeckOF IT- und DatenR, Kap. 2.10 Rn. 3, wonach bis zur Klärung durch die höchstrichterliche Rechtsprechung davon ausgegangen werden sollte, dass der Arbeitgeber dem Fernmeldegeheimnis unterliegt, sofern dieser die Privatnutzung gestattet.

775 Siehe Kapitel 2 B. II. 1. d) bb) (3).

von privaten Stichworten, die herausgefiltert werden, oder das Aussortieren privater E-Mails unter Aufsicht eines Rechtsanwalts erscheinen daher erfolgversprechender.[776] Strebt der Arbeitgeber eine Kontrolle der E-Mails zur Aufklärung einer Straftat an, soll dies jedoch auch bei einer Gestattung der Privatnutzung grundsätzlich zulässig sein.[777]

cc) Kontrollen zum Ausschluss einer Duldung

Um die Durchsicht von E-Mails als Untersuchungshandlung im Rahmen einer internen Untersuchung zu erleichtern, bietet sich das Verbot der privaten Nutzung dienstlicher Kommunikationsmittel an.

Dabei sollte das Verhalten des Unternehmens allerdings nicht in einem Widerspruch zu den Regelungen stehen. Dies könnte vorliegen, wenn die Privatnutzung des dienstlichen E-Mail-Accounts zwar verboten ist, das Verbot von den Arbeitnehmern mit Wissen und Wollen des Arbeitgebers jedoch nicht eingehalten wird.[778] Mit dieser stillschweigend gestatteten privaten Nutzung kann sich eine betriebliche Übung ergeben, durch die die Privatnutzung als erlaubt gilt.[779]

Es ist ratsam, die Nutzung der dienstlichen Kommunikationsmittel klar zu regeln[780] und – sofern vom Unternehmen gewünscht – private Nutzungsverbote festzuhalten.[781] Mithilfe von Stichproben ist das Nutzungsverbot zu prüfen,[782] wobei gegen Verstöße konsequent vorzugehen ist.[783] Hierdurch wird das formulierte Nutzungsverbot mit dem Verhalten des Unternehmens in Einklang gebracht, um den Anschein einer Duldung auszuschließen.

e) Informationspflicht gemäß Art. 13 Abs. 1 DSGVO

Bei der Erhebung personenbezogener Daten sind die Informationspflichten nach Art. 13 DSGVO durch den Arbeitgeber zu beachten. Demnach ist der Beschäftigte über die Verarbeitung an sich, über den damit verfolg-

---

776 Siehe Kapitel 2 B. II. 1. d) bb) (4).

777 Siehe Kapitel 2 B. II. 1. d) bb) (2).

778 Mengel in: Hümmerich/Reufels, Gestaltung von Arbeitsverträgen, § 1 Rn. 2897.

779 Kuckuk/Schempp ArbRB 2023, 51, 52; Mengel in: Hümmerich/Reufels, Gestaltung von Arbeitsverträgen, § 1 Rn. 2897.

780 Howald öAT 2014, 49, 50; Mengel in: Hümmerich/Reufels, Gestaltung von Arbeitsverträgen, § 1 Rn. 2897.

781 Mengel in: Hümmerich/Reufels, Gestaltung von Arbeitsverträgen, § 1 Rn. 2897.

782 Vgl. nur: BAG NZA 2017, 1327, 1331 Rn. 31, hierbei im Zusammenhang mit der Kontrolle von Verlaufsdaten eines Internetbrowsers; zu dienstlichen Kommunikationsmitteln jedoch: LAG Baden-Württemberg BeckRS 2023, 11981 Rn. 119; Maschmann NZA-Beilage 2018, 115, 112.

783 Mengel in: Hümmerich/Reufels, Gestaltung von Arbeitsverträgen, § 1 Rn. 2897.

ten Zweck und die rechtliche Grundlage der Verarbeitung zu informieren (Art. 13 Abs. 1 lit. c DSGVO).

Über die Speicherung von Verbindungs- und Inhaltsdaten einer bei einem Arbeitnehmer eingehenden E-Mail hat der Arbeitgeber zu informieren.[784] Diese Informationspflicht trifft in Fällen, in denen diese Daten zu einem festgelegten Zweck gespeichert werden sollen, jedoch nicht bei jeder eingehenden E-Mail erneut zu, wenn der Arbeitnehmer nach Art. 13 Abs. 4 DSGVO bereits über die Information verfügt.[785] Die Informationspflicht über die in Art. 13 Abs. 1 und 2 DSGVO vorgegebenen Inhalte kann gegenüber neuen Mitarbeitern als Anhang zum Arbeitsvertrag erfüllt werden. Bestehende Mitarbeiter können bspw. über das Intranet, per E-Mail oder über Richtlinien und Betriebsvereinbarungen informiert werden.[786]

Hierbei bietet es sich an, verschiedene Szenarien in die Information aufzunehmen, um aufzuzeigen, für welche Zwecke die personenbezogenen Daten verarbeitet werden können. Auch verschiedene Maßnahmen, die im Rahmen von internen Untersuchungen auftreten können, sollten dabei berücksichtigt werden.[787] Wird indes bspw. nur die stichprobenartige Verhaltenskontrolle als Zweck aufgenommen,[788] kann eine neue Informationspflicht entstehen, wenn ein E-Mail-Review durchgeführt werden soll oder der Arbeitgeber verdeckt auf die E-Mails zugreifen möchte. Handelt es sich um einen anderen Zweck als den, über den die betroffene Person ursprünglich informiert wurde, ist die betroffene Person gemäß Art. 13 Abs. 3 DSGVO über diesen anderen Zweck sowie über die Informationen nach Art. 13 Abs. 2 DSGVO – abgesehen von Art. 13 Abs. 2 lit. b und lit. d DSGVO[789] –

---

784 Vgl. nur: Frank/Heine CCZ 2021, 195, 197; Klaas CCZ 2018, 242, 247; vgl. hierzu auch: Behling BB 2018, 52, 56, hierbei allerdings im Zusammenhang mit der Information zur Speicherung und Verwendung der Kommunikationsdaten zu Kontrollzwecken.

785 Vgl. nur: Frank/Heine CCZ 2021, 195, 197; Klaas CCZ 2018, 242, 247; vgl. zur Notwendigkeit der Information bei der ersten Ergebung im Generellen: Paal/Hennemann in: Paal/Pauly, DS-GVO/BDSG, Art. 13 DSGVO Rn. 11a.

786 Klaas CCZ 2018, 242, 247; ähnlich auch: Wybitul/Böhm CCZ 2015, 133, 135, die für die Kommunikation der Information eine IT-Richtlinie oder Betriebsvereinbarung mit einer begleitenden Kommunikation wie durch Frage- und Antwortlisten oder Trainings (siehe Fn. 19) vorsehen.

787 Vgl. Klaas CCZ 2018, 242, 247, wonach, um dem Grundsatz der Zweckbindung zu genügen, verschiedene Fälle interner Untersuchungsmaßnahmen berücksichtigt werden sollten.

788 Frank/Heine CCZ 2021, 195, 197.

789 Bäcker in: Kühling/Buchner, DS-GVO/BDSG, Art. 13 DSGVO Rn. 75, wonach von einer erneuten Information über diese Betroffenenrechte abgesehen wird, da der Betroffene bei der Datenerhebung diese abstrakten Informationen bereits erhalten hat.

zu informieren.[790] Im Vergleich zu einer Speicherung der Daten zu stichprobenartigen Kontrollzwecken dient ein E-Mail-Review, das zur Aufdeckung des Verdachts auf eine konkrete Straftat dient, einem anderen Zweck nach Art. 5 Abs. 1 lit. b DSGVO. Zudem ist die Rechtsgrundlage hierzu in § 26 Abs. 1 S. 2 BDSG zu finden.[791]

Von einer Information des betroffenen Arbeitnehmers kann allerdings abgesehen werden, wenn nach § 32 Abs. 1 Nr. 4 BDSG mit der Information die rechtlichen Ansprüche des Unternehmens beeinflusst werden könnten und das Unternehmensinteresse an der Nichterteilung der Information gegenüber den Betroffeneninteressen überwiegt. Diese Fragestellung ist im Einzelfall zu prüfen. Da der Arbeitnehmer vor dieser Weiterverarbeitung zu informieren ist, könnte im Kontext eines E-Mail-Reviews das Risiko bestehen, dass der verdächtigte Arbeitnehmer bspw. Dokumente vom Server löscht, die ihn belasten. Somit bestünde eine Verdunklungsgefahr, die sich negativ auf das Unternehmensinteresse auswirken könnte.

Folglich ist im Einzelfall zu entscheiden, ob der Arbeitnehmer über den neuen Zweck zur Verarbeitung seiner personenbezogenen Daten im Rahmen eines E-Mail-Reviews zu informieren ist. Ist § 32 Abs. 1 Nr. 4 BDSG einschlägig, sollte dies vom Arbeitgeber dokumentiert werden.

f) Zwischenergebnis

Die Durchführung von E-Mail-Reviews kann eine wesentliche Untersuchungshandlung darstellen, wenn alle milderen Mittel zur Aufklärung des Sachverhalts ausgeschöpft sind oder nicht derselbe Aufklärungserfolg zu erwarten ist. Dabei sind stets die Vorgaben aus § 26 Abs. 1 S. 2 BDSG sowie Art. 6 Abs. 1 UAbs. 1 lit. f DSGVO zu beachten und zu dokumentieren. Dies gilt sowohl bei dem Verbot als auch bei der Gestattung oder Duldung der privaten Nutzung des dienstlichen E-Mail-Accounts.[792]

Ist die Privatnutzung im Unternehmen erlaubt oder geduldet, sind die Kontrollbefugnisse des Arbeitgebers stark eingeschränkt, wobei sicherheitshalber § 3 Abs. 2 S. 1 Nr. 2 TDDDG i. V. m. § 3 Nr. 61 TKG zu beachten ist. Denn nach aktueller Rechtslage ist weiterhin nicht höchstrichterlich oder gesetzlich geregelt, ob Arbeitgeber als Telekommunikationsanbieter nach § 3 Abs. 2 S. 1 Nr. 2 TDDDG anzusehen sind. Die Datenschutzaufsichtsbehörden haben dies nach der alten Gesetzeslage (§ 88 TKG a. F.) bejaht.[793]

---

790 Vgl. zur Notwendigkeit einer erneuten Erhebung von Daten und Einwilligung, da die Datenverarbeitung wieder „*bei Null*" beginnt: Buchner/Petri in: Kühling/Buchner, DS-GVO/BDSG, Art. 6 DSGVO Rn. 185; vgl. Frank/Heine CCZ 2021, 195, 197.

791 Frank/Heine CCZ 2021, 195, 197.

792 Siehe Kapitel 2 B. II. 1. a).

793 Siehe Kapitel 2 B. II. 1. d) bb) (1).

Das Telekommunikationsgesetz wird indes als nicht anwendbar angesehen, wenn es sich um ‚ruhende E-Mails' handelt. Abhängig von der IT-Landschaft eines Unternehmens kann von ‚ruhenden E-Mails' nicht ausgegangen werden, wenn die Löschung einer privaten E-Mail im Mitarbeiterpostfach nicht dazu führt, dass die E-Mail auch auf dem Server gelöscht wird. Bei einer Sicherung der Mitarbeiter-E-Mails auf dem Server handelt es sich nach der hier vertretenen Ansicht nicht um ‚ruhende E-Mails'.[794] Wenn indes ein Verdacht auf eine erhebliche Straftat besteht, eine wirksame Betriebsvereinbarung vorliegt, wodurch die Kontrolle der E-Mails legitimiert wird,[795] oder eine ‚Guided Separation' der E-Mails durchgeführt wird, können E-Mails auch bei erlaubter oder geduldeter Privatnutzung gesichtet und ausgewertet werden.[796]

Um als Arbeitgeber der Informationspflicht nach Art. 13 DSGVO nachzukommen, ist vor der Durchführung eines E-Mail-Reviews zu prüfen, ob es sich um eine neue Datenverarbeitung handelt, über die die betroffene Person zu informieren ist, bzw. ob das Unternehmensinteresse gemäß § 32 Abs. 1 Nr. 4 BDSG bspw. aufgrund einer Verdunklungsgefahr gegenüber dem Betroffeneninteresse überwiegt.[797]

2. Vorgehensweise bei einer eDiscovery aus der Praxissicht

a) Electronic Discovery Reference Model

Das Electronic Discovery Reference Model (kurz: EDRM) ist ein Referenzmodell, das aus verschiedenen Teilprozessen besteht und als Leitfaden für die Durchführung von eDiscoverys herangezogen werden kann.[798] Damit wird das Ziel verfolgt, das Volumen der elektronischen Daten zu reduzieren und deren Relevanz zu erhöhen.[799] Dabei müssen die Schritte nicht starr nach dem Diagramm des EDRM durchgeführt werden. Vielmehr kann die Reihenfolge an die jeweiligen Belange angepasst werden. Gleichzeitig können Teilprozessschritte bei Bedarf mehrmals wiederholt werden, um genauere Ergebnisse zu erzielen. Dabei gilt das EDRM gemäß dem Herausgeber als Grundlage für Diskussionen und Analysen, nicht jedoch als die einzig

794 Siehe Kapitel 2 B. II. 1. d) bb) (3).
795 Siehe Kapitel 2 B. II. 1. d) bb) (2).
796 Siehe Kapitel 2 B. II. 1. d) bb) (4).
797 Siehe Kapitel 2 B. II. 1. e).
798 Vgl. Beier/Hauser/Weichselbraun CB 2022, 202, 202 f.; siehe aber auch: EDRM, EDRM-Modell, wonach sich das Modell nicht als einzig richtiger Weg zur Durchführung einer eDiscovery versteht: „*The diagram is intended as a basis for discussion and analysis, not as a prescription for the one and only right way to approach e-discovery.*"
799 Berndt/Aggeler/Teo BB 2012, 173, 175.

richtige Herangehensweise bei der Durchführung von eDiscoverys.[800] Das Modell hat sich in der Praxis allerdings als Standard zur Durchführung von eDiscovery-Projekten etabliert.[801] Dabei ermöglicht es insbesondere für Unternehmen, die bisher keine oder wenige Berührungspunkte mit eDiscoverys hatten, einen Überblick über die wesentlichen Schritte einer eDiscovery:

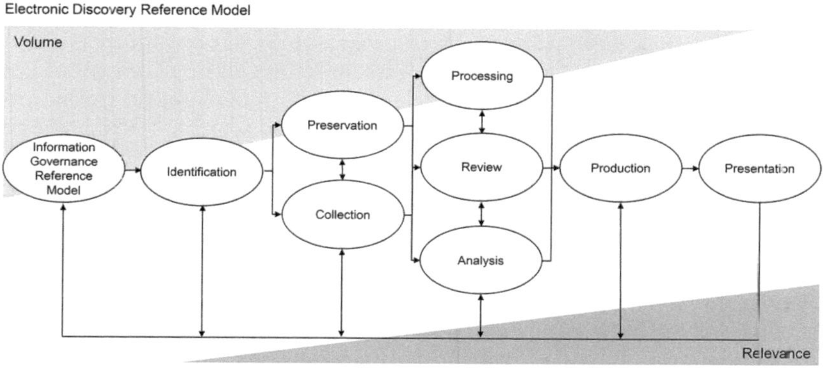

Abbildung 1: EDRM Model 2024, eigene Darstellung (Quelle: EDRM, Current EDRM Model).

Das EDRM beginnt mit dem Information Governance Reference Model. Kernpunkt dieses Modells ist das Informationsmanagement. Demnach ist es für ein Unternehmen unerlässlich, u. a. die geschäftlichen Anforderungen zu verstehen und die Infrastruktur sowie die Werkzeuge für das Informationsmanagement zu kennen.[802] Das Modell bzw. das Informationsmanagement ist dabei kein unmittelbarer Bestandteil einer eDiscovery, es dient jedoch deren Vorbereitung.[803]

Der Teilprozess der ‚Identification' dient der Identifikation und Validierung von sämtlichen Quellen der elektronisch gespeicherten Daten, die als Beweismittel dienen können.[804] Dies umfasst neben der Ermittlung von zu untersuchenden Organisationen sowie Personen die Aufdeckung und Loka-

800 EDRM, EDRM-Modell.

801 Vgl. nur: Özbek DuD 2010, 576, 578; Beier/Hauser/Weichselbraun CB 2022, 202, 203; vgl. im Ergebnis so auch: Faske in: Busch/Hoven/Pieth/Rübenstahl, Antikorruptions-Compliance, Teil 4 Kap. 27 C. V. 3. Rn. 190, wonach alle gängigen eDiscovery-Tools das EDRM-Model unterstützen.

802 EDRM, Information Governance Reference Model.

803 Vgl. Billard in: Peterson/Shenoi, Advances in Digital Forensic, 277, 277; Beier/Hauser/Weichselbraun CB 2022, 202, 203.

804 Vgl. EDRM, EDRM Identification Guide; vgl. Billard in: Peterson/Shenoi, Advances in Digital Forensic, 277, 278; Beier/Hauser/Weichselbraun CB 2022, 202, 203.

lisation der eingesetzten IT-Systeme und Kommunikationsmittel.[805] Hierbei werden der Bereich, der Umfang und die Tiefe der Daten bestimmt. Anschließend erfolgen die Teilprozessschritte ‚Preservation' und ‚Collection'. Während bei der Preservation das Ziel darin besteht, die elektronisch gespeicherten Daten vor einer unangemessenen Veränderung und Zerstörung zu schützen, gilt es im Prozessschritt ‚Collection', die elektronisch gespeicherten Daten zu sammeln, um sie in den nachfolgenden drei Schritten, die dem eigentlichen E-Mail-Review zuzuordnen sind, zu verwenden. Sodann wird das Volumen der Daten im Prozessschritt ‚Processing' reduziert. Bei Bedarf können sie in diesem Prozessschritt auch in eine andere Form umgewandelt werden, um die nachfolgenden Prozessschritte – Review und Analysis – zu erleichtern. Während im Review die Daten anhand ihrer Relevanz klassifiziert werden, werden sie im Teilprozess ‚Analysis' nach Inhalt, Kontext, Muster, Themen und Personen analysiert. Nachdem das eigentliche E-Mail-Review durchgeführt wurde, werden die Daten im Schritt ‚Production' nach dem EDRM anderen Personen über geeignete Übermittlungsmechanismen weitergeleitet. Das EDRM schließt mit dem Schritt ‚Presentation' ab, wonach die elektronisch gespeicherten Daten einem bestimmten Adressatenkreis präsentiert werden. Beispiele hierfür sind Gerichtsverhandlungen und Anhörungen.[806]

Der Prozess wird mit einer erheblichen Datenmenge begonnen, die während der Durchführung der Teilprozessschritte reduziert wird. Gleichzeitig nimmt die Relevanz der elektronischen Daten zu.

Im Folgenden werden die Vorbereitung, die Durchführung und der Abschluss einer eDiscovery aufgezeigt. Die Prozessschritte werden dabei in Anlehnung an die o. g. Teilprozessschritte des EDRM näher erläutert.

b) Vorbereitung einer eDiscovery

Die im Folgenden beschriebenen Vorgehensweisen basieren im Wesentlichen auf den praktischen Teilprozessen ‚Identification', ‚Preservation' und ‚Collection' des Referenzmodells.[807]

Im Fokus einer eDiscovery stehen einzelne Personen oder ein zu bestimmender und begrenzter Personenkreis. Die Betroffenen, deren Daten analysiert werden, werden auch ‚Custodians'[808] genannt. Neben einer Eingrenzung der Custodians sowie der Ermittlung der von ihnen genutzten

805 Vgl. EDRM, EDRM Identification Guide; Beier/Hauser/Weichselbraun CB 2022, 202, 203.

806 EDRM, Current EDRM Model.

807 Siehe Kapitel 2 B. II. 2. a).

808 Vgl. nur: Spies in: Bussche v. d./Voigt, Konzerndatenschutz, Teil 5 Kap. 2 Rn. 1; Schöning/Sauro CCZ 2016, 11, 15; Fritzsche CB 2017, 71, 71.

Kommunikationsmittel werden die zu analysierenden Daten auf Basis des Untersuchungszeitraums und unter Berücksichtigung etwaiger Verjährungsfristen eingeschränkt.

Erst nach einer datenschutzrechtlichen Prüfung[809] und einer Interessenabwägung dürfen EMails gesichert werden,[810] um sie nach dem Hochladen in die Software einem Review unterziehen zu können. Dabei muss das Unternehmensinteresse an der Durchführung eines EMail-Reviews gegenüber dem Persönlichkeitsinteresse des beschuldigten Mitarbeiters überwiegen.[811] Zudem gilt es, Mitbestimmungsrechte des Betriebsrats (insbesondere nach § 87 Abs. 1 Nr. 6 BetrVG[812]) zu berücksichtigen sowie die Frage zu klären, ob die private Nutzung des geschäftlichen E-Mail-Accounts im Unternehmen erlaubt, verboten oder geduldet wurde.[813]

Bei der Sicherung ist die Erstellung einer ‚Chain of Custody' von Bedeutung, bei der von den Originaldaten ein identisches Spiegelbild produziert wird.[814] Dieses Verfahren muss forensisch einwandfrei sowie prüffähig durchgeführt werden.[815] Mit der Isolation der Daten wird zudem sichergestellt, dass diese im Nachhinein nicht mehr verändert oder manipuliert werden können. Auch werden sie vor einem unberechtigten Zugriff geschützt.[816] Nach der Sammlung der Daten werden diese zur Sichtung und Analyse der Dokumente auf die Analyseplattform geladen.[817] Dabei handelt es sich stets um eine Sicherungskopie des E-Mail-Accounts.[818] Sofern die Mitarbeiter bei der Sicherung der Daten sowie deren Upload und Verarbeitung in der Software nicht geübt sind, bietet sich die Beauftragung von Dienstleistern an, die hierauf spezialisiert sind.

Abhängig von der Anzahl der Custodians und dem Betrachtungszeitraum kann es sich hierbei um über hunderttausend E-Mails[819] handeln.

---

809 Siehe hierzu Kapitel 2 B. II. 1. a); sowie ausführlich: Klaas/Wybitul in: Momsen/Grützner, Wirtschafts- und Steuerstrafrecht, § 16 Rn. 198 ff., 291 ff.

810 Siehe hierzu sogleich.

811 Wybitul NJW 2014, 3605, 3606; Wybitul/Böhm CCZ 2015, 133, 135.

812 Siehe hierzu Kapitel 2 A. IX. 1. c) bb); Wybitul NJW 2014, 3605, 3609.

813 Siehe hierzu sogleich.

814 Faske in: Busch/Hoven/Pieth/Rübenstahl, Antikorruptions-Compliance, Teil 4 Kap. 27 IV. 5. b) Rn. 156.

815 Schöning/Sauro CCZ 2016, 11, 15.

816 Özbek DuD 2010, 576, 579; Beier/Hauser/Weichselbraun CB 2022, 202, 203.

817 Schöning/Sauro CCZ 2016, 11, 15.

818 Wybitul/Böhm CCZ 2015, 133, 138.

819 Vgl. nur: Habbe CCZ 2019, 27, 31; Faske in: Busch/Hoven/Pieth/Rübenstahl, Antikorruptions-Compliance, Teil 4 Kap. 27 C. V. 3. Rn. 189, wonach die Untersuchung mehrere Terabyte Daten umfassen kann; Weiand/Greß CB 2025, Heft 03, Beilage, 4, 4, die in ihrem Beispiel mehrere hunderttausende E-Mails sowie Dokumente aufführen.

c) Durchführung einer eDiscovery

Im Folgenden wird die Durchführung eines E-Mail-Reviews näher beschrieben. Dies umfasst die zuvor beschriebenen Teilprozessschritte ‚Processing', ‚Review' und ‚Analysis' in Anlehnung an das EDRM.[820]

Mithilfe von präzisen und zugleich ausreichend weit gefassten Suchbegriffen[821] in Kombination mit Suchoperatoren können die E-Mails mithilfe einer Software durchsucht werden.[822] Hierbei kann es sich bspw. um die Unternehmensnamen relevanter Wettbewerber und deren Vertriebsmitarbeiter oder im Falle eines kartellrechtlichen Sachverhalts um spezifische, sensible Formulierungen handeln.

Es kann vorkommen, dass eine E-Mail an mehrere Personen versendet wurde, die Gegenstand der Untersuchung sind. Wenn diese E-Mail in das Raster der Suchkriterien fiele, würde sie mehrfach im eDiscovery-Tool angezeigt werden. Mithilfe einer Deduplizierung auf Basis von Metadaten wie dem Datum oder der E-Mail-Adresse des Absenders wird eine mehrfach vorkommende E-Mail nur einmal im Analysetool angezeigt.[823] Duplizierte E-Mails können allerdings auch über die Hashwerte der E-Mails ermittelt und herausgefiltert werden.[824] Je nach eingesetztem Analysetool ist es möglich, die Daten mithilfe von Grafiken visuell darzustellen. Dadurch kann direkt sichtbar gemacht werden, welcher Custodian mit welcher weiteren Partei innerhalb und außerhalb des Unternehmens in Kontakt stand und welche der zur Einschränkung genutzten Suchbegriffe zutreffend waren.[825] Weitere Darstellungsmöglichkeiten umfassen die zeitliche Komponente, bei der bspw. ein hohes E-Mail-Aufkommen oder Lücken – und damit ein potenziell bewusstes Löschen von E-Mails – identifiziert werden können.

Insbesondere bei E-Mail-Reviews mit vielen Custodians oder einem großen Datenumfang kann es erforderlich sein, für die Zeit des Reviews weitere Mitarbeiter als Reviewer in die Untersuchung miteinzubeziehen. Hierfür ist es von Bedeutung, dass die neuen Reviewer über den Zweck der Untersuchung und die Hintergründe geschult werden.[826] Darüber hinaus sollten sie auch darauf hingewiesen werden, dass bei der Durchführung des E-Mail-Re-

820 Siehe Kapitel 2 B. II. 2. a).

821 Zur Suchwortliste auch: Faske in: Busch/Hoven/Pieth/Rübenstahl, Antikorruptions-Compliance, Teil 4 Kap. 27 C. V. 3. Rn. 194.

822 Habbe CCZ 2019, 27, 31.

823 Vgl. Habbe CCZ 2019, 27, 31; vgl. auch: Billard in: Peterson/Shenoi, Advances in Digital Forensic, 277, 281.

824 Beier/Hauser/Weichselbraun CB 2022, 202, 205.

825 Schöning/Sauro CCZ 2016, 11, 15.

826 Zur Schulung des Untersuchungsteams vor der Durchführung der Auswertung auch: Wybitul/Böhm CCZ 2015, 133, 138.

views das Datengeheimnis[827] zu wahren ist und E-Mails mit einem erkennbar privaten Inhalt nicht gelesen werden dürfen.[828]

Die Analyse der E-Mails erfolgt gewöhnlich in einem zweistufigen Verfahren.[829] Im ersten Schritt werden die E-Mails in einem First-Level-Review durch einen Reviewer in der Software auf Hinweise in Bezug auf einzelne Sachverhalte überprüft. Findet ein Reviewer eine E-Mail, die einen Hinweis auf einen Vorwurf enthält oder mit der ein Vorwurf widerlegt werden kann, markiert er die E-Mail mit zuvor festgelegten Stichworten wie ‚relevant' oder ‚nicht relevant'[830].[831] Nach dieser Systematik werden alle E-Mails von einem oder mehreren internen oder externen Ermittlern gelesen und bewertet. Dabei werden nicht nur die reinen E-Mail-Texte, sondern auch die Anhänge der E-Mails auf ihre Relevanz in dem fraglichen Sachverhalt geprüft und markiert. Hierbei wird der Grundsatz angewendet, dass im ersten Schritt vorzugsweise zu viele Dokumente als ‚relevant' kategorisiert werden als zu wenige. In einem nächsten Schritt werden die zuvor als ‚relevant' gekennzeichneten E-Mails in einem Second-Level-Review von einem weiteren Reviewer überprüft, wodurch eine detailliertere Bewertung erfolgen kann.[832] Während der E-Mail-Review üblicherweise dazu dient, Beweise für ein Fehlverhalten oder Straftaten zu erlangen, können damit auch entlastende Informationen angestrebt werden.[833]

Als Ergänzung zu dem manuellen zweistufigen Verfahren kann bei großen Datenmengen eine Software eingesetzt werden, um mittels künstlicher In-

---

827 Beckschulze/Henkel DB 2001, 1491, 1492; Wybitul/Böhm CCZ 2015, 133, 138.

828 Vgl. nur: Beckschulze/Henkel DB 2001, 1491, 1494; Göpfert/Merten/Siegrist NJW 2008, 1703, 1705; Wybitul/Böhm CCZ 2015, 133, 138; Eufinger BB 2016, 1973, 1975.

829 Vgl. Meseke, Digitale Forensik, S. 137, wonach der Review-Prozess mindestens zweistufig ist; Zedtwitz von Arnim/Cahnbley in: Dieners, Compliance im Gesundheitswesen, Kap. 9 Rn. 33.

830 Vgl. nur: Faske in: Busch/Hoven/Pieth/Rübenstahl, Antikorruptions-Compliance, Teil 4 Kap. 27 C. V. 3. Rn. 194, Qualifizierung der E-Mails nach relevant oder nicht relevant; vgl. Habbe CCZ 2019, 27, 31, wonach die E-Mails nach ihrer Relevanz kategorisiert werden; vgl. Weiß/Sirakova NZKart 2024, 594, 600, wonach Dokumente nach Oberkategorien klassifiziert werden können, die als Beispiel „*‚hot', ‚responsive' oder ‚not responsive'*" anführen.

831 Vgl. im Ergebnis so auch: Zedtwitz von Arnim/Cahnbley in: Dieners, Compliance im Gesundheitswesen, Kap. 9 Rn. 33, die allerdings die Kategorien „*‚highly relevant', ‚relevant', ‚not relevant'*" vorsehen; vgl. Weiß/Sirakova NZKart 2024, 594, 600, wonach Dokumente nach Oberkategorien klassifiziert werden können, die als Beispiel „*‚hot', ‚responsive' oder ‚not responsive'*" anführen.

832 Vgl. Meseke, Digitale Forensik, S. 137; Zedtwitz von Arnim/Cahnbley in: Dieners, Compliance im Gesundheitswesen, Kap. 9 Rn. 33; vgl. zum Second-Level-Review auch: Weiß/Sirakova NZKart 2024, 594, 600.

833 Meseke, Digitale Forensik, S. 136.

telligenz (kurz: KI) relevante Dokumente erkennen zu können.[834] Dies ist auch als ‚Predictive Coding' bekannt. Hierfür muss die Software mit bereits identifizierten relevanten Dokumenten angelernt werden, die ein bestimmtes Muster sowie entsprechende Korrespondenzen beinhalten.[835] Für das Anlernen der KI sind einige Dokumente notwendig, damit verlässliche Ergebnisse erzielt werden können.[836] Diese Dokumente können aus der Untersuchungshandlung stammen, bei der Daten erhoben und gesichtet wurden.[837] Alternativ kann in Vorbereitung auf die Anwendung der KI auch eine manuelle Durchsicht von E-Mails erfolgen, bei der eine überschaubare Menge an Daten klassifiziert wird. Mithilfe dieser Beispieldaten sichtet die Software die restlichen Dokumente und klassifiziert diese selbstständig oder schlägt dem Reviewer eine Klassifizierung vor. Hierdurch können der Review und die Analyse beschleunigt werden.[838]

In der Praxis kommt dieses Verfahren bei großen eDiscoverys in Betracht, wenn mehrere Mitarbeiter verdächtigt werden. Bei einer geringeren Datenmenge von unter 10.000 Dokumenten sowie bei sich stark unterscheidenden Datenquellen (bspw. bei einer Mischung der Daten aus Kommunikation, Verträgen und Buchhaltungssystemen sowie unterschiedlichen Sprachen) wird der Nutzen von Predictive Coding indes als beschränkt eingestuft.[839]

Während beim Predictive Coding die Review-Software mit einen Beispielset aus manuell vorgesichteten Daten angelernt wird,[840] lernt das System beim ‚Continuous Active Learning' fortlaufend. Hierfür werden die Klassifizierungen der Reviewer durch das System beobachtet und ausgewertet. Die daraus gewonnenen Erkenntnisse nutzt das System, um dem Reviewer potenziell relevante Dokumente vorrangig anzuzeigen. Durch diese Priori-

834 Vgl. zum u. a. Predictive Coding: Rosenthal, Praxishandbuch für interne Untersuchungen und eDiscovery, S. 208 f.; vgl. Habbe/Pelz BB 2020, 1226, 1230; vgl. Meseke, Digitale Forensik, S. 137.

835 Vgl. nur: Rosenthal, Praxishandbuch für interne Untersuchungen und eDiscovery, S. 208; Teicke CCZ 2019, 298, 302; vgl. Habbe/Pelz BB 2020, 1226, 1230; vgl. Meseke, Digitale Forensik, S. 137; Weiß/Sirakova NZKart 2024, 594, 600; vgl. hierzu Reiss/Schoch/Erlekam/von Haugwitz CB 2025, Heft 03, Beilage, 15, 18, die in dem Zusammenhang das Risiko eines Recall Bias sehen.

836 Rosenthal, Praxishandbuch für interne Untersuchungen und eDiscovery, S. 208; vgl. auch Weiß/Sirakova NZKart 2024, 594, 600, die ausreichend Dokumente als Lernmaterial für die KI als notwendig erachten; vgl. hierzu: Reiss/Schoch/Erlekam/von Haugwitz CB 2025, Heft 03, Beilage, 15, 18, die in dem Zusammenhang das Risiko eines Recall Bias sehen.

837 Siehe Kapitel 2 B. I.

838 Rosenthal, Praxishandbuch für interne Untersuchungen und eDiscovery, S. 208.

839 Rosenthal, Praxishandbuch für interne Untersuchungen und eDiscovery, S. 208 f.

840 Ritzenhoff in: Rübenstahl/Hahn/Voet van Vormizeele, Kartell Compliance, 3. Teil Kap. 18 D. III. Rn. 56 Fn. 100; Rosenthal, Praxishandbuch für interne Untersuchungen und eDiscovery, S. 208 f.

sierung der Dokumente werden zunehmend weniger relevante Dokumente angezeigt, wodurch die Reviewzeit verkürzt werden kann.[841]

Abhängig von der jeweiligen Zweckbestimmung des eingesetzten eDiscovery-Tools,[842] kann der zukünftige Einsatz von KI bei eDiscoverys in den Regelungsbereich der KI-Verordnung (kurz: KI-VO) fallen,[843] die am 01.08.2024 in Kraft getreten ist und deren überwiegende Regelungen nach Art. 113 KI-VO ab dem 02.08.2026 anwendbar sind. Mit der Verordnung soll sichergestellt werden, dass der Einsatz von KI-Systemen den Grundwerten und -rechten der Europäischen Union entspricht.[844] Mit der Klassifizierung eines eDiscovery-Tools als Hochrisiko-KI-System im Sinne von Art. 6 KI-VO, sind umfangreiche Pflichten zu berücksichtigen, die nach Art. 16 ff. KI-VO für Anbieter bzw. nach Art. 26 KI-VO für Betreiber der KI-Systeme gelten.[845]

Während es in der Literatur noch keine eindeutige Meinung gibt, ob eDiscovery-Tools im Einsatz bei internen Untersuchungen als Hochrisiko-KI-Systeme anzusehen sind,[846] werden die Leitlinien der Europäischen Kommission zu mehr Rechtssicherheit führen, in welchen Fällen KI-Systeme (nicht) hochriskant sind. Diese sollen spätestens zum 02.02.2026 veröffentlicht werden.[847]

d) *Abschluss einer eDiscovery*

Nach diesen elementaren Prozessschritten wird die eDiscovery abgeschlossen. Dabei werden die Schritte ‚Production' und ‚Presentation' nach dem Referenzmodell durchgeführt.[848]

Nachdem die E-Mails im Rahmen eines First- und Second-Level-Reviews gesichtet und klassifiziert wurden, sind die daraus erhobenen be- und entlastenden Beweise zu extrahieren. Die belastenden E-Mails können in einem nächsten Schritt dazu verwendet werden, die verantwortlichen Mitarbeiter im Zuge einer Befragung mit den gewonnenen Erkenntnissen zu konfrontieren. Gleiches gilt, wenn durch das E-Mail-Review keine relevanten In-

---

841 Rosenthal, Praxishandbuch für interne Untersuchungen und eDiscovery, S. 209.

842 Wirtz/Baumann RDi 2024, 27, 35.

843 Dilling/Musiol CCZ 2024, 257, 260.

844 Vgl. Art. 1 Abs. 1 KI-VO; Hacker/Cordes/Berz GRUR 2024, 1777, 1783; Dilling/Musiol CCZ 2024, 257, 262.

845 Dilling/Musiol CCZ 2024, 257, 262.

846 Für die Klassifizierung von Systemen als Hochrisiko-KI-System, die im Rahmen von internen Untersuchungen eingesetzt werden: Dilling/Musiol CCZ 2024, 257, 263; gegenteilige Ansicht bereits unter der Vermutung, dass Nr. 6 lit. g Anhang III KI-VO-E gestrichen wird: Wirtz/Baumann RDi 2024, 27, 34 f.

847 Art. 6 Abs. 5 KI-VO; Dilling/Musiol CCZ 2024, 257, 264.

848 Siehe Kapitel 2 B. II. 2. a).

formationen identifiziert werden konnten, da in E-Mails bspw. auf Termine oder Anrufe zur persönlichen Besprechung (unter dem beispielhaften Hinweis ‚Ich rufe dich gleich dazu an') hingewiesen wurde. Dabei sind die be- und entlastenden Beweise oder die Hinweise, dass die relevante Kommunikation ausschließlich mündlich stattfand, entsprechend zu dokumentieren.[849]

Bei Bedarf können die – basierend auf dem EDRM – extrahierten E-Mails einem definierten Adressatenkreis präsentiert werden.[850] In der Literatur wird diesbezüglich betont, dass Daten und Inhalte, die mit der Untersuchung in keiner Verbindung stehen, zu schwärzen und damit unkenntlich zu machen sind.[851]

3. Vorgehensweise bei anderen dienstlich genutzten Kommunikationsmitteln

Neben einem klassischen E-Mail-Review können weitere Kommunikationsdaten wie Microsoft-Teams-Nachrichten, SMS oder Messenger-Dienste wie WhatsApp in die Auswertung einbezogen werden. Hierfür sind ebenfalls die oben genannten Vorgaben und Vorgehensweisen im Zusammenhang mit der Analyse von E-Mail-Daten zu beachten.[852] Entscheidend ist auch hier, ob die private Nutzung durch den Arbeitgeber erlaubt, geduldet oder verboten wurde.

Kommt der Arbeitgeber für die monatlichen Kosten für ein firmeneigenes oder privates Smartphone auf und wird die private Verwendung gestattet, liegt eine Mischnutzung vor. Aus Sicht des LAG Baden-Württemberg darf bei einer Mischnutzung keine verdeckte und umfassende Kontrolle der Nachrichten durchgeführt werden, wenn kein Verdacht besteht.[853] Wie bereits zuvor ausgeführt wurde, bedarf es auch bei der Untersuchung weiterer Kommunikationsdaten eines Anfangsverdachts.[854]

---

849 Zur Notwendigkeit der Dokumentation bei eDiscoverys auch: Wybitul/Böhm CCZ 2015, 133, 138.

850 EDRM, EDRM-Modell.

851 Beier/Hauser/Weichselbraun CB 2022, 202, 204 sowie 206.

852 So auch: Schrey/Kielkowski/Gola MMR 2017, 656, 660, wonach im Hinblick auf die Zugriffsmöglichkeiten von Nachrichten in Messenger-Diensten auf die Diskussion sowie Rechtsprechung zum Zugriff auf E-Mails zurückgegriffen werden kann; ebenso: Kuckuk/Schempp ArbRB 2023, 51, 52.

853 LAG Baden-Württemberg BeckRS 2023, 11981 Rn. 145.

854 Vgl. zum Anfangsverdacht nur: BAG NZA 2017, 443, 444 LS im Zusammenhang mit § 32 Abs. 1 Satz 2 BDSG a. F.; Stück ZD 2023, 696, 702; Thüsing/Pötters in: Thüsing, Beschäftigtendatenschutz und Compliance § 11 Rn. 47.

4. Zwischenergebnis

Die Auswertung des dienstlichen E-Mail-Accounts und weiterer Kommunikationsmittel richtet sich bei dem Verbot der Privatnutzung nach den Vorgaben des § 26 Abs. 1 S. 2 BDSG und Art. 6 Abs. 1 UAbs. 1 lit. f DSGVO.[855] Im Unternehmenskontext ist das Verbot der privaten Nutzung der dienstlichen Kommunikationsmittel aufgrund der geringeren rechtlichen Herausforderungen im Vergleich zur Gestattung oder Duldung vorzugswürdiger.[856] Wenn hingegen kein Verbot gewählt wurde, sind bei der Vorbereitung auf ein E-Mail-Review bzw. bei der Auswertung weiterer Kommunikationsmittel zusätzliche rechtliche Hürden zu beachten, die derzeit nicht höchstrichterlich bzw. gesetzlich geregelt wurden. Ein Beispiel hierfür ist die Frage, ob Arbeitgeber als Telekommunikationsanbieter nach § 88 TKG a. F. bzw. § 3 Abs. 2 S. 1 Nr. 2 TDDDG anzusehen sind.[857]

Daten aus E-Mails und weiteren Kommunikationssystemen können im E-Mail-Review von den Reviewern gänzlich manuell, auf Basis einer Suchwortliste und unterstützend unter Einsatz von KI ausgewertet werden.[858] Dabei dient die Auswertung dazu, sowohl be- als auch entlastende Beweise zu finden, die zur Aufklärung des Vorwurfs gegen den Arbeitnehmer beitragen sollen. Die gewonnenen Beweismittel können in Mitarbeiterbefragungen zur Konfrontation des Arbeitnehmers genutzt werden.[859]

III. Mitarbeiterbefragungen

1. Einführung

Besteht gegen einen Arbeitnehmer der Verdacht, eine Pflicht aus seinem Arbeitsvertrag verletzt zu haben, liegt es im Interesse des Arbeitgebers, den Sachverhalt aufzuklären, um bei Bedarf Maßnahmen einzuleiten.[860]

Neben den bereits vorgestellten Untersuchungshandlungen ist die systematische Befragung von Mitarbeitern im Rahmen sogenannter Interviews eine der bedeutsamsten Aufklärungsmethoden, um vermeintlich oder tatsächlich begangene Compliance-Verstöße oder Straftaten identifizieren zu können.[861]

---

855 Siehe Kapitel 2 B. II. 1. a), b).
856 Siehe Kapitel 2 B. II. 1. d) aa).
857 Siehe Kapitel 2 B. II. 1. d) bb) (1).
858 Siehe Kapitel 2 B. II. 2. c).
859 Siehe Kapitel 2 B. II. 2. c) und d).
860 So auch: Schrader/Thoms/Mahler NZA 2018, 965, 968.
861 Vgl. nur: Scherp, Fraud Management, S. 234, wonach dem Personalbeweis neben dem Urkundenbeweis die größte Bedeutung zukommt; Kienast in: Wessing/Dann, Deutsch-Amerikanische Korruptionsverfahren, § 8 Rn. 1; vgl. Göpfert/Merten/Siegrist NJW 2008, 1703, 1705, wonach die Mitarbeiterbefragung einen zentralen Aspekt

Sie wird auch als das Herzstück interner Untersuchungen angesehen.[862] Diese Untersuchungsmethode wird insbesondere bei verdächtigten Arbeitnehmern üblicherweise zum Ende der Beweisgewinnung durchgeführt,[863] um vorab über andere Untersuchungshandlungen wie Datenerhebungen und -sichtungen ausreichend Informationen zu sammeln und den Verdacht zu verdichten.[864] Mit den daraus erlangten Kenntnissen können die verdächtigten Arbeitnehmer in einem Interview konfrontiert werden.[865] Von dieser Regel kann jedoch abgewichen werden, wenn die Ermittlerteams kurzfristig an Informationen gelangen müssen.[866] Denn Mitarbeiter sind in Bezug auf unternehmensinterne Missstände und von einzelnen Personen aus der Kollegschaft begangene Fehlverhalten Wissensträger[867] und haben dadurch bei der Aufklärung des Sachverhalts eine Schlüsselrolle.[868] Bei besonders zeitkritischen Sachverhalten, wie wenn die Ermittlungsbehörden das Unternehmen aufgrund eines kartellrechtlichen Verstoßes durchsuchen, kann die sofortige Befragung von Arbeitnehmern notwendig sein, um bspw. Kronzeugenanträge stellen zu können.[869] Um eine hinreichende Aufklärung zu ermöglichen, sind betroffene Unternehmen daher oftmals auf die Mitwirkung ihrer Mitarbeiter angewiesen.[870]

---

der internen Untersuchung darstellt; Krug/Skoupil NJW 2017, 2374, 2374, wonach die Befragungen ein wichtiger Bestandteil von internen Untersuchungen sind.

862 Vgl. nur: Buchert, Die unternehmensinterne Befragung, S. 241; Veit, Compliance und interne Ermittlungen, Rn. 268; vgl. Duggin, Columbia Business Law Review 2003, 859, 864 und 892.

863 Vgl. Krug/Skoupil NJW 2017, 2374, 2374, wobei hierbei keine Spezifizierung der Rolle des Arbeitnehmers bei der Befragung angenommen wird.

864 Vgl. Krug/Skoupil NJW 2017, 2374, 2374; vgl. Eufinger BB 2016, 1973, 1976, wonach es sich oftmals anbietet Dokumente zu sichten, um den Arbeitnehmer in einer Befragung damit zu konfrontieren zu können; vgl. auch: Scherp, Fraud Management 2018, S. 245, der die Befragung von Verdächtigten erst als sinnvoll erachtet, wenn eine ausreichende Auswertung von Beweismitteln stattgefunden hat.

865 Vgl. nur: Eufinger BB 2016, 1973, 1976; Krug/Skoupil NJW 2017, 2374, 2374; Scherp, Fraud Management 2018, S. 245.

866 Vgl. nur: Engelhoven in: Engelhoven, Richtiges Verhalten in der Compliance-Krise, § 4 Rn. 143; Eufinger BB 2016, 1973, 1976; vgl. Krug/Skoupil NJW 2017, 2374, 2374.

867 Vgl. nur: Göpfert/Merten/Siegrist NJW 2008, 1703, 1704; Theile StV 2011, 381, 384; Moosmayer/Petrasch ZHR 182 (2018), 504, 511.

868 Herrmann/Zeidler NZA 2017, 1499, 1505; Moosmayer/Petrasch ZHR 182 (2018), 504, 511.

869 Engelhoven in: Engelhoven, Richtiges Verhalten in der Compliance-Krise, § 4 Rn. 143; zur unmittelbaren Befragung von verdächtigten Mitarbeitern im kartellrechtlichen Kontext auch: Galle BB 2018, 564, 565.

870 Vgl. nur: Kienast in: Wessing/Dann, Deutsch-Amerikanische Korruptionsverfahren, § 8 Rn. 1; vgl. Fritz/Nolden CCZ 2010, 170, 174, wonach Unternehmen insbesondere auf die Kooperation der Mitarbeiter angewiesen sind, da sie nicht über die Zwangsmittel wie Ermittlungsbehörden verfügen; vgl. Kasiske NZWiSt 2014, 262, 265.

Die Mitarbeiterbefragungen sind dabei im Allgemeinen weiter gefasst als die Vernehmungen, die von Ermittlungsbehörden durchgeführt werden. Die behördlichen Vernehmungen sind in ihrer Ausgestaltung karger und verfolgen die Leitmotive der Erheblichkeit und der Stützung eines Anfangsverdachts.[871] Dabei erhalten Beschuldigte in einem Strafverfahren gegenüber der Staatsanwaltschaft das Recht, sich nicht zur Beschuldigung äußern zu müssen (§ 163a Abs. 3 S. 2 StPO i. V. m. § 136 Abs. 1 S. 2 StPO). Gleiches gilt bei Vernehmungen durch Polizeibeamte (§ 163a Abs. 3 S. 2 StPO i. V. m. § 136 Abs. 1 S. 2 StPO) oder in einer Hauptverhandlung (§ 243 Abs. 5 S. 1 StPO), bei der sie keine Aussage zur Sache oder Anklage tätigen müssen. Dies gilt auch für Zeugen, wenn sie sich mit ihrer Aussage selbst belasten müssten (§ 55 Abs. 1 StPO).[872]

Inwieweit Arbeitnehmer im Arbeitsverhältnis zur Teilnahme an einem Interview verpflichtet sind und Auskünfte geben müssen, die sie ggf. auch selbst belasten, wird im folgenden Abschnitt erörtert. Zunächst wird jedoch die Vorgehensweise bei Mitarbeiterbefragungen dargestellt.

2. Vorgehensweisen bei Mitarbeiterbefragungen

Vor und während einer Mitarbeiterbefragung sind zahlreiche Entscheidungen zu treffen, die sich mitunter auf die Befragung auswirken können. Daher werden nachfolgend die wesentlichen Bereiche und Fragestellungen erörtert, die von den Ermittlerteams zu berücksichtigen sind.

a) Auswahl der Interviewpartner

Um mithilfe einer Mitarbeiterbefragung relevante Informationen zu erlangen, ist die Auswahl der Interviewpartner von zentraler Bedeutung. Wurde der Hinweis über eine Fehlverhaltensweise oder einen Verstoß von einem Mitarbeiter an den Arbeitgeber gemeldet, dessen Identität bekannt ist, wird das erste Interview regelmäßig mit diesem stattfinden.[873]

Für die Reihenfolge der nachfolgenden Interviewpartner gibt es unterschiedliche Herangehensweisen. So können Interviews von den Ermittlerteams auf Basis der Hierarchiepyramide nach dem Top-down-Approach – das heißt von oben nach unten – geführt werden. Dabei werden zunächst die Abteilungsleiter und die Führungskräfte befragt.[874] Werden in diesen Interviews

871 Spehl CCZ 2017, 204, 204.

872 Zur Verschwiegenheit eines Zeugen: BGH NJW 1955, 230, 231.

873 Wisskirchen/Glaser DB 2011, 1447, 1447; Zimmermann/Lingscheid CB 2013, 23, 24.

874 Vgl. im Ergebnis so nur: Grützner in: Momsen/Grützner, Wirtschafts- und Steuerstrafrecht, § 16 Rn. 375; Böhm, Non-Compliance und Arbeitsrecht, S. 97; Itzen BB Special 5 (2008), 12, 14; Breßler/Kuhnke/Schulz/Stein NZG 2009, 721, 721 Fn. 5; Galle BB 2018, 564, 565.

weitere Mitarbeiter in den nachfolgenden Hierarchieebenen identifiziert, werden mit diesen ebenfalls Interviews geführt.[875] Dieses Vorgehen bietet sich aufgrund der gesteigerten Auskunftspflichten der leitenden Mitarbeiter an.[876] Gleichzeitig ist diese Herangehensweise bei Sachverhalten denkbar, die mit einem erheblichen Zeitdruck verbunden sind. So wird in solchen Fällen empfohlen, erst Gespräche mit der obersten Führungsebene zu führen, um im Anschluss – sofern es die Zeit zulässt – die Befragung auf die nachgeordneten Berichtlinien auszuweiten.[877]

Daneben werden bei Mitarbeiterbefragungen regelmäßig erst Arbeitnehmer als Zeugen – und damit der ‚äußere Kreis' um die verdächtigte(n) Person(en) – befragt, bevor mit dem oder den Verdächtigten ein Interview geführt wird.[878] Hierdurch können die internen Ermittler relevante Informationen zusammentragen und Details erfragen, die zum Verständnis des fraglichen Sachverhalts von Relevanz sind. Dabei gilt jede Person, die nicht verdächtigt wird, als Zeuge. Zeugen können aufgrund ihrer Position im Unternehmen von Relevanz sein, da sie bspw. über Hintergrundinformationen zu Prozessen und Richtlinien für den spezifischen Bereich verfügen. Auch Vorgesetzte können als Zeugen regelmäßig relevante Informationen liefern, die bspw. das Verhalten der verdächtigten Personen betreffen. Daneben können Personen auch Zufallszeugen sein, wenn sie bspw. bei einer Bestechungshandlung die Tat beobachtet haben.

Durch die Wahl dieser Reihenfolge kann das Risiko minimiert werden, dass der Interviewer eine Befragung mit einem zentralen Zeugen oder mit dem Verdächtigten durchführt, ohne dass ihm dieser Umstand bewusst ist. Gleichzeitig kann bei einer solchen Unkenntnis regelmäßig keine adäquate Vorbereitung auf das Interview vorgenommen werden. Hierdurch kann zwischen dem befragten Mitarbeiter und dem Interviewer ein Wissensgefälle vorliegen, was das Risiko einer beeinträchtigten Interviewqualität birgt. Ein weiteres Risiko besteht in der Sensibilisierung des Mitarbeiters für kritische Themen durch ggf. unvorsichtig gestellte Fragen in Ermangelung einer ent-

875 Vgl. nur: Böhm, Non-Compliance und Arbeitsrecht, S. 97; Itzen BB Special 5 (2008), 12, 14; Breßler/Kuhnke/Schulz/Stein NZG 2009, 721, 721, Fn. 5.

876 Vgl. nur: Grützner in: Momsen/Grützner, Wirtschafts- und Steuerstrafrecht, § 16 Rn. 375; Lützeler/Müller-Sartori CCZ 2011, 19, 19, wonach die Auskunft als Nebenpflicht bei Führungskräften einen weiteren Umfang hat; Marzluf/Afshari CB 2014, 460, 465, wonach Führungskräfte eine gesteigerte Auskunftspflicht haben; Eufinger BB 2016, 1973, 1976; siehe zur Auskunftspflicht leitender Angestellter Kapitel 2 B. III. 4. b) bb) (4).

877 Galle BB 2018, 654, 656.

878 Vgl. nur: Naber/Ahrens CCZ 2020, 36, 40; im Ergebnis so auch: Grützner in: Momsen/Grützner, Wirtschafts- und Steuerstrafrecht, § 16 Rn. 372 und Janssen CCZ 2016, 270, 271.

sprechenden Vorbereitung. Auch kann die Aussagebereitschaft des Mitarbeiters in einem weiteren Gespräch dadurch eingeschränkt werden.[879]

Neben diesem beschriebenen Vorgehen, wobei der Verdächtigte zuletzt befragt wird, kann es in Ausnahmefällen jedoch sinnvoll sein, wenn die Befragung des Verdächtigten vor der Zeugenbefragung oder zwischendurch stattfindet.[880] Dieser Ansatz kann gewählt werden, wenn anhand der Dokumentenlage bereits hinreichende Verdachtsmomente belegt werden können oder kurzfristig Schaden vom Unternehmen abgewendet werden soll. Denkbar ist dies insbesondere bei besonders zeitkritischen Sachverhalten, wenn bspw. Durchsuchungen durch die Ermittlungsbehörden aufgrund von Kartellrechtsverstößen durchgeführt werden.[881]

Um Ungenauigkeiten der Zeugenaussagen durch den Zeitablauf zu reduzieren und einer Beeinflussung von Zeugen untereinander, aber auch gegenüber Verdächtigten und ggf. Tätern durch Gespräche entgegenzuwirken, soll die Befragung von Zeugen so schnell wie möglich stattfinden.[882] Auch dem Austausch zwischen verdächtigten Mitarbeitern soll bspw. mit parallel geführten Befragungen gezielt vorgebeugt werden.[883]

Im Rahmen der Auswahl der Interviewpartner und in Vorbereitung auf die Mitarbeiterbefragung ist auf die Sprache zu achten, die die zu befragenden Personen sprechen. Sofern die Sprachkenntnisse der Interviewer diese Sprache nicht abdecken, ist für den Einsatz eines Übersetzers zu sorgen.[884]

b) Vorbereitung der Mitarbeiterbefragung

aa) Einführung

Zur Vorbereitung auf eine Mitarbeiterbefragung soll eine Zusammenfassung der bis dahin ausgewerteten Informationen vorgenommen werden, die durch andere Untersuchungshandlungen ermittelt wurden. Die dabei auftretenden Fragen sind in einem Fragenkatalog zu kategorisieren.[885] Die mit den Fra-

879 Krug/Skoupil NJW 2017, 2374, 2375.

880 Wisskirchen/Glaser DB 2011, 1447, 1447.

881 Engelhoven in: Engelhoven, Richtiges Verhalten in der Compliance-Krise, § 4 Rn. 143; siehe zur Zeitkritikalität bei Befragungen auch: Galle BB 2018, 564, 565.

882 Scherp, Fraud Management, S. 245.

883 Grützner in: Momsen/Grützner, Wirtschafts- und Steuerstrafrecht, § 16 Rn. 373.

884 Vgl. ISO/TS-Standard 37008:2023, S. 9: „*The interviewers should consider the language in which the interview will be conducted. Arrangement should be made for translation if the interviewers do not speak the language understood by the interviewee.*“; ähnlich auch: Faske in: Busch/Hoven/Pieth/Rübenstahl, Antikorruptions-Compliance, Teil 4 Kap. 27, C. IV. 3 Rn. 135 mit dem Hinweis, dass Untersuchungen bei denen externe Dolmetscher beauftragt werden in der Regel länger dauern und arbeitsaufwändiger sind.

885 Krug/Skoupil NJW 2017, 2374, 2375.

gen im Zusammenhang stehenden Dokumente sind diesen zuzuordnen.[886] Damit wird sichergestellt, dass das entsprechende Dokument während des Interviews bei Bedarf als Beleg präsentiert werden kann,[887] ohne dass die Befragung durch das Suchen der Unterlagen gestört wird.[888] Der aus dem Fragenkatalog folgende Gesprächsleitfaden soll während der Befragung nicht streng abgearbeitet werden. Das Interview kann und soll eine Eigendynamik entwickeln, worauf sich das starre Abarbeiten von Fragen des Gesprächsleitfadens kontraproduktiv auswirken kann. Kommt es dagegen auf die Beantwortung expliziter Einzelfragen an, die u. a. zu einer Vergleichbarkeit zwischen den Auskünften verschiedener Mitarbeiter führen soll, wird die Nutzung des Gesprächsleitfadens empfohlen.[889]

Auf der Grundlage dieser Vorarbeiten und anhand der Kenntnisse, die sich das Ermittlerteam vorab über die Gesellschaft und deren Tätigkeitsfeld sowie über einzelne Abteilungen verschaffen konnte, können Auskünfte der Mitarbeiter in Befragungen verstanden und in einen Gesamtkontext eingeordnet werden. Sowohl interne als auch externe Ermittler, die die Befragung durchführen, müssen sich diese Kenntnisse erarbeiten und sich mit dem Aufgabenfeld und dem Arbeitsalltag des zu befragenden Mitarbeiters beschäftigen. Zu Beginn eines Interviews werden die Rahmenbedingungen des Geschäftsfeldes und der Aufgaben des Mitarbeiters abgefragt. Dies ist besonders dann relevant, wenn es sich um das erste Gespräch handelt.[890]

Mithilfe von Zeugeninterviews kann das Ermittlerteam das notwendige Verständnis von bspw. Prozessen, abteilungsspezifischen Richtlinien und Vorgaben erlangen, die für die Aufklärung eines Sachverhalts von Relevanz sind. Ohne diese Vorkenntnisse können die Interviewer bei der Befragung eines verdächtigten Mitarbeiters von diesem über Sachverhalte getäuscht werden.

Auch in der Literatur wird teilweise empfohlen, bei Interviews eine zu unbedarfte Vorgehensweise zu vermeiden, bei der sich nicht ausreichend auf das Interview vorbereitet wird. Darin wird das Risiko gesehen, dass sich Mitarbeiter bei der Befragung nicht ernst genommen fühlen oder sie die Interviewer aufgrund ihrer Unwissenheit in die Irre führen können. Letzteres

---

886 Krug/Skoupil NJW 2017, 2374, 237; im Ergebnis so auch: Scherp, Fraud Management, S. 245.

887 Vgl. Scherp, Fraud Management, S. 245.

888 Scherp, Fraud Management, S. 245; Naber/Ahrens CCZ 2020, 36, 40, wonach die Unterlagen im direkten Zugriff des Befragungsteams sein sollten, um unnötiges Suchen zu vermeiden.

889 Veit ZRFC 2017, 171, 171.

890 Veit ZRFC 2017, 171, 171.

ist insbesondere dann denkbar, wenn es sich bei dem Befragten um einen langjährigen Mitarbeiter handelt.[891]

Bei den nachfolgend dargestellten Vorgehensweisen wird bedarfsabhängig zwischen der Befragung von Mitarbeitern als Zeugen sowie als Verdächtigte unterschieden. Hierbei fließen insbesondere bei der Vorgehensweise im Zusammenhang mit Zeugen, die in ihrer mannigfaltigen Ausprägung bspw. als Zufallszeugen oder Experten auftreten können, Kenntnisse aus der Berufspraxis der Verfasserin ein, da die Befragung von Zeugen in der wissenschaftlichen Literatur – soweit ersichtlich – nur lückenhaft behandelt wird.

bb) Befragungsteam

Der Erfolg einer Mitarbeiterbefragung ist mitunter von der Auswahl der Personen abhängig, die diese durchführen sollen. Daher werden nachfolgend insbesondere die Zusammensetzung der Ermittlerteams sowie deren Rollen während der Befragung beleuchtet.

(1) Grundlagen

Es gehört zum Best-Practice-Vorgehen, dass Interviews von mindestens zwei Personen geführt werden.[892] Ein Interviewer stellt dabei dem Mitarbeiter Fragen, während ein weiteres Mitglied des Befragungsteams die Fragen und Antworten bspw. in einem (Wortlaut-)Protokoll[893] dokumentiert. Bei Bedarf oder Unklarheiten können die Ermittler innerhalb des Befragungsteams die Rollen wechseln. Insbesondere dann, wenn der Interviewer keinen Zugang zu dem Befragten findet, kann es notwendig sein, die Rollen zu tauschen.[894] Die Möglichkeit eines situativen Rollentausches bietet den Interviewern eine Flexibilität, die nicht gewährleistet wäre, wenn nur eine Person die Befragung durchführen und anstelle einer weiteren Person im Untersuchungsteam das Interview mithilfe eines Aufnahmegeräts digital aufzeichnen würde.

Zudem wird in der Anwesenheit von zwei Personen auf Seiten des Befragungsteams der Vorteil gesehen, dass zwei Zeugen die Auskünfte des befragten Mitarbeiters wahrnehmen. Auch aufgrund der Möglichkeit, dass die Stimmung während der Befragung umschlagen und der Befragte dem

---

891 Veit ZRFC 2017, 171, 171.

892 Vgl. nur: DICO e. V., Studie „Interne Untersuchungen in Deutschland – 2022“, S. 42, wonach 94,29 % der teilnehmenden Unternehmen angaben, dass Befragungen von ihren Untersuchungsteams, wann immer dies möglich ist, von mindestens zwei Personen durchgeführt werden (bei der Beantwortung der dazugehörigen Frage waren Mehrfachnennungen möglich); so auch: Engelhoven in: Engelhoven, Richtiges Verhalten in der Compliance-Krise, § 4 Rn. 146; Naber/Ahrens CCZ 2020, 36, 39.

893 Siehe hierzu Kapitel 2 B. III. 2. d).

894 Naber/Ahrens CCZ 2020, 36, 39.

Ermittlerteam drohen oder handgreiflich werden kann, wird die Anwesenheit von zwei Personen im Ermittlerteam empfohlen.[895] In einzelnen Befragungen kann es notwendig sein, dass mehr als zwei Personen auf Seiten der Interviewer anwesend sind. Ein Grund kann das spezifische Fachwissen eines dritten Interviewers sein, das zur Einschätzung der Glaubwürdigkeit der befragten Personen unerlässlich ist, der damit das Interviewer-Kernteam ergänzt. Um eine bedrückende Atmosphäre zu verhindern, ist jedoch darauf zu achten, dass die Anzahl der Interviewer nicht unangemessen hoch ist.[896]

Um Widersprüche und Inkonsistenzen zwischen Aussagen mehrerer Befragter identifizieren zu können, sollen möglichst alle Befragungen durch dasselbe Befragungsteam durchgeführt werden.[897] Finden Befragungen von Mitarbeitern allerdings gleichzeitig – bspw. zur Vorbeugung von Manipulationen[898] – oder an unterschiedlichen Orten statt, ist dies nicht zu gewährleisten und erschwert den Abgleich der Aussagen. Diese Problematik kann nur durch mehrere Befragungsteams behoben werden, die sich gegenseitig zeitnah die wesentlichen Aussagen der einzelnen Befragungen zur Verfügung stellen.[899]

(2) Rollen des Befragungsteams

Ein Bestandteil der Vorbereitung auf die Befragung ist die Entscheidung über die Zusammensetzung des Befragungsteams („*Frau/Mann/erfahren/(scheinbar) naiv*“[900]) sowie die Definition der Rollen („*förmlich/freundlich/abweisend etc.*“[901]).[902] Rollen, die nicht gekünstelt sind, sondern der eigenen Persönlichkeit entsprechen, gelten dabei als erfolgversprechender.[903] Gleiches gilt für den persönlichen Befragungsstil eines Ermittlers. Dieser hat einen entscheidenden Einfluss auf die Befragung und reicht von autoritär, distanziert bis hin zu partnerschaftlich sowie kontaktvoll und kann weitere Wesensarten und Zwischenformen haben.[904] Bei dieser Bandbreite an Stilen

895 Engelhoven in: Engelhoven, Richtiges Verhalten in der Compliance-Krise, § 4 Rn. 146.
896 Vgl. nur: ISO/TS-Standard 37008:2023, S. 9; so auch: Wilmer in: Jackmuth/de Lamboy/Zawilla, Fraud Management, S. 793; Scherp, Fraud Management, S. 245 f., wonach durch die Teilnahme zu vieler Personen ein aussagefeindliches Klima entsteht.
897 Naber/Ahrens CCZ 2020, 36, 39 f.
898 v. Kummer SPA 2023, 185, 186.
899 Naber/Ahrens CCZ 2020, 36, 40.
900 Veit ZRFC 2017, 171, 172.
901 Veit ZRFC 2017, 171, 172.
902 Veit ZRFC 2017, 171, 172.
903 Vgl. Arntzen, Vernehmungspsychologie, S. 43; so auch: Grützner in: Momsen/Grützner, Wirtschafts- und Steuerstrafrecht, § 16 Rn. 397.
904 Vgl. Arntzen, Vernehmungspsychologie, S. 43, wenngleich hierbei kein Bezug auf Mitarbeiterbefragungen genommen wird; so auch: Grützner in: Momsen/Grützner, Wirtschafts- und Steuerstrafrecht, § 16 Rn. 397.

sind zwei Extreme zu vermeiden. Dazu zählt zum einen die Gesprächsführung, die wohlwollend und familiär ist. Hierbei wird der Mitarbeiter dazu verleitet, in seinem Aussageverhalten nicht gewissenhaft genug zu sein und vielmehr zu ‚plaudern'. Das andere Extrem, in dem die Gesprächsführung unterkühlt ist und lediglich Fragen gestellt werden, ohne diese durch weitere Erläuterungen in einen Kontext zu setzen, ist ebenfalls zu vermeiden und kann seitens des Mitarbeiters eine ablehnende Haltung auslösen.[905]

Es ist ratsam, dass sich die Ermittlerteams diese Rollen vergegenwärtigen und während der Befragung auf ihren Befragungsstil achten. Durch dieses Bewusstsein kann sichergestellt werden, dass die Extreme vermieden werden. Direkte Feedbacks zwischen den Mitgliedern des Ermittlerteams nach Mitarbeiterbefragungen bieten zudem die Möglichkeit, die Außenwirkung der angewendeten Befragungsstile einzuholen, um sie mit der Eigenwahrnehmung abzugleichen und daraus Erkenntnisse für die nächste Mitarbeiterbefragung abzuleiten.

cc) Ort der Befragung und Sitzordnung

Das Ermittlerteam muss vor einer Befragung wesentliche Entscheidungen treffen. Dazu gehört die Entscheidung darüber, an welchem Ort die Befragung stattfinden soll. Ferner muss die Anordnung der Sitzplätze für den befragten Mitarbeiter und das Ermittlerteam während der Befragung festgelegt werden.

(1) Bei einem verdächtigten Arbeitnehmer

Für die Befragung von verdächtigten Mitarbeitern wird teilweise empfohlen, einen neutralen Ort wie ein (nahegelegenes) Hotel auszuwählen.[906] Dadurch soll den Befragten Diskretion garantiert und die Aussage erleichtert werden, indem eine räumliche Distanz zum Unternehmen hergestellt wird.[907] Gleichzeitig kann die unbekannte Umgebung jedoch dazu führen, dass der Mitarbeiter verängstigt wird.[908]

---

905 Vgl. Arntzen, Vernehmungspsychologie, S. 15 f., wenngleich hierbei kein direkter Bezug auf Mitarbeiter genommen wird; so auch: Grützner in: Momsen/Grützner, Wirtschafts- und Steuerstrafrecht, § 16 Rn. 397.

906 Wisskirchen/Glaser DB 2011, 1447, 1447, die ein nahegelegenes Hotel als sinnvoll erachten; vgl. Naber/Ahrens CCZ 2020, 36, 40, die ein Hotel an einem neutralen Ort benennen.

907 Vgl. Wisskirchen/Glaser DB 2011, 1447, 1447, die diesen Vorteil nur bei Zeugen sehen, wenngleich nach der hier vertretenen Ansicht für verdächtigte Arbeitnehmer nichts anderes gelten kann.

908 Grützner in: Momsen/Grützner, Wirtschafts- und Steuerstrafrecht, § 16 Rn. 376.

Alternativ kann auch eine Räumlichkeit im Unternehmen gewählt werden. Dies bietet sich an, wenn eine Ortsbegehung[909] erforderlich ist oder der befragte Mitarbeiter unmittelbar im Gespräch Unterlagen zur Verfügung stellen soll.[910] Dabei soll das Gespräch in einem Einzelbüro stattfinden. Hierbei besteht der Vorteil, dass der Mitarbeiter mit der Umgebung bereits vertraut ist.[911] Dieser Umstand wird in Teilen der Literatur jedoch als problematisch beurteilt, denn dieser ‚Heimvorteil' des Mitarbeiters kann das Risiko bergen, dass das Befragungsteam die Gesprächsführung verliert.[912] Wenn der verdächtigte Arbeitnehmer allerdings kein Einzelbüro hat, sollten andere Räumlichkeiten innerhalb des Unternehmens gewählt werden, um die Vertraulichkeit sicherzustellen. Dabei sollte der Raum nicht für Dritte einsehbar sein, damit sich der aussagende Mitarbeiter nicht beobachtet fühlt.[913]

Darüber hinaus kann sich die Platzwahl des Mitarbeiters auf dessen Wohlbefinden und auf den Ausgang der Befragung auswirken. Aus diesem Grund sollte der Mitarbeiter einen Platz erhalten, bei dem er die Tür im Blick hat sowie nicht direkt von der Sonne angestrahlt wird.[914] Empfehlenswert ist aus psychologischer Sicht, eine Sitzordnung über Eck[915] zu wählen und sich nicht – ähnlich wie bei einem Verhör – einander gegenüber zu sitzen.[916] Dabei wird es als bedeutsam erachtet, dass zum Mitarbeiter weiterhin eine Distanz gewahrt wird, um dessen Intimdistanz nicht zu verletzen. Dabei sind 60 bis 80 cm[917] nicht zu unterschreiten.[918]

Ist die Risikolage der Verdachtsmomente gering, ist im Einzelfall die Durchführung der internen Untersuchung digital bzw. ‚remote' möglich.[919] Dabei sind die Vor- und Nachteile des Einzelfalls im Zusammenhang mit den Mitarbeiterbefragungen genau abzuwägen. Die zeitliche Flexibilität und Orts-

---

909 Wisskirchen/Glaser DB 2011, 1447, 1447.

910 Albrecht/Albrecht/Albrecht/Zimbelman, Fraud Examination, S. 287.

911 So auch: Löw CCZ 2014, 159, 161, in den Fällen, in denen es sich um das eigene Büro des verdächtigten Mitarbeiters oder dem eines Zeugen handelt; Albrecht/Albrecht/Albrecht/Zimbelman, Fraud Examination, S. 287.

912 Naber/Ahrens CCZ 2020, 36, 40.

913 Vgl. Wisskirchen/Glaser DB 2011, 1447, 1447 *„abseits der Augen der Kollegen"*.

914 Grützner in: Momsen/Grützner, Wirtschafts- und Steuerstrafrecht, § 16 Rn. 377.

915 Vgl. nur: Seidenstücker, Konstruktion und Evaluation eines Trainingsprogramms für klinische Interviews, S. 60; Renner/Jacob, Das Interview, S. 68; v. Kummer SPA 2023, 185, 186.

916 Vgl. nur: Renner/Jacob, Das Interview, S. 68; v. Kummer SPA 2023, 185, 186; Löw CCZ 2014, 159, 161.

917 Seidenstücker, Konstruktion und Evaluation eines Trainingsprogramms für klinische Interviews, S. 60, wonach 60 bis 80 cm nicht zu unterschreiten sind; a. A. Renner/Jacob, Das Interview, S. 69, wonach die Intimdistanz erst bei 50 cm angenommen wird.

918 Seidenstücker, Konstruktion und Evaluation eines Trainingsprogramms für klinische Interviews, S. 60.

919 Moosmayer/Grützner CCZ 2021, 288, 299.

ungebundenheit sind Vorteile einer remote Befragung. Indes ist es schwierig bis unmöglich, eine psychologische Drucksituation aufzubauen, die mit einer persönlichen Befragung vergleichbar ist. Zudem kann es schwieriger sein, die Emotionen der befragten Person richtig zu deuten und darauf einzugehen. Probleme können außerdem auftreten, wenn eine tatsächliche oder bei dem befragten Mitarbeiter vorgetäuschte schlechte Internetverbindung auftritt und das Interview hierdurch unter- bzw. abgebrochen wird. Auch kann das Risiko bestehen, dass weitere Personen bei dem verdächtigten Mitarbeiter anwesend sind und zuhören, ohne dass dies mit dem Ermittlerteam abgestimmt wurde.

(2) Bei einem Arbeitnehmer als Zeugen

Im Rahmen von Zeugenbefragungen geht es für das Ermittlerteam vorrangig um die Informationsgewinnung. Hierdurch wird das Befragungsteam in die Lage versetzt, den Sachverhalt zu überblicken, an Hintergrundinformationen zu gelangen und be- sowie entlastende Beweise zu sammeln. Diese Informationen werden sodann im Gespräch mit dem oder den verdächtigten Mitarbeitern genutzt.

Um die Aussagebereitschaft eines Arbeitnehmers zu erleichtern, der als Zeuge befragt werden soll, kann für die Befragung ein Ort außerhalb des Unternehmens gewählt werden. Hierdurch kann die Vertraulichkeit erhöht und dem Mitarbeiter die Sorge genommen werden, dass er von Arbeitskollegen beobachtet und mit der Befragung in Verbindung gebracht wird.[920] Bei der Befragung eines nicht im Fokus stehenden Mitarbeiters wird in der Literatur empfohlen, dass keine künstlich konfrontative Gesprächsatmosphäre geschaffen werden sollte, indem das Ermittlerteam dem befragten Mitarbeiter bei einem Präsenztermin im selben Raum gegenübersitzt.[921] Dieser Ansicht ist zu folgen. Bei einer konfrontativen Gesprächsatmosphäre könnte sich der Arbeitnehmer als Zeuge andernfalls angegriffen fühlen, was zu einer defensiven Reaktion und dem Verheimlichen von wichtigen Informationen führen kann.

Eine offene und respektvolle Atomsphäre kann indes die Auskunftsbereitschaft des Arbeitnehmers fördern.[922] Daher scheint es naheliegend, die Ausführungen zur Sitzordnung bei einem verdächtigten Arbeitnehmer auch bei Zeugenbefragungen zu berücksichtigen. Indes ist das Gespräch mit einem

920 Vgl. nur: Wisskirchen/Glaser DB 2011, 1447, 1447; Zimmermann/Lingscheid CB 2013, 23, 24; Naber/Ahrens CCZ 2020, 36, 40.

921 Grützner in: Momsen/Grützner, Wirtschafts- und Steuerstrafrecht, § 16 Rn. 377.

922 Im Ergebnis vgl. auch: Bohm/Wagner CB 2014, 16, 19, wonach eine positive Atmosphäre die Motivation des Befragten zur Auskunft fördern kann.

Zeugen in der Regel weitaus informeller als die Befragung eines verdächtigten Mitarbeiters.

Aufgrund der Besprechungskultur, die sich durch die Covid-19-Pandemie verändert hat, werden in der Praxis insbesondere Prozesserhebungen mit Zeugen ‚remote' durchgeführt. Auch in diesen Gesprächen ist darauf zu achten, dass die Vertraulichkeit gewahrt wird. So sollte der Zeuge, der nicht allein in einem Raum, sondern bspw. im Großraumbüro sitzt, das Gespräch nur mit Kopfhörern führen oder bestenfalls in ein Einzelbüro wechseln.

dd) Form und Inhalt der Einladung zur Befragung

Vor der Durchführung einer Mitarbeiterbefragung stellt sich zunächst die praktische Frage, wie Mitarbeiter zu einer Befragung eingeladen werden und welche Informationen ihnen dabei mitzuteilen sind. Grundsätzlich könnte angenommen werden, dass zu befragende Mitarbeiter über eine schriftliche Einladung auf die anstehende Mitarbeiterbefragung hingewiesen werden müssen.

(1) Bei einem verdächtigten Arbeitnehmer

In der Literatur zu internen Untersuchungen gibt es zu Form und Inhalt der Einladung zu Mitarbeiterbefragungen – soweit ersichtlich – keinen Diskussionsbedarf. Bei der weitaus formaleren Anhörung für eine Verdachtskündigung werden überwiegend keine Voraussetzungen an eine Einladung und für ein Schriftformerfordernis gesehen.[923] So sah es auch das BAG in einer Entscheidung zu einer Verdachtskündigung eines Berufsausbildungsverhältnisses im Jahr 2015 als nicht erforderlich an, dem Mitarbeiter vorab den Gesprächsinhalt mitzuteilen,[924] da dies zu einer Verdunkelungsgefahr führen könne.[925] Gleichzeitig kann dadurch das Überraschungsmoment bei der Befragung genutzt werden.[926] Somit besteht ein Spannungsfeld zwischen der arbeitgeberseitigen Fürsorgepflicht gegenüber dem Arbeitnehmer und dem

---

923 Vgl. nur: Niemann in: ErfK ArbR, § 626 BGB Rn. 178; Dzida NZA 2013, 412, 413; Lücke BB 1998, 2259, 2261.

924 BAG NZA 2015, 741, 745 Rn. 58; a. A. Eylert NZA-RR 2014, 393, 402, wonach es für die Anhörung eines Mitarbeiters nicht ausreichend sei, ihn zu einem ‚Personalgespräch' einzuladen, da er sich inhaltlich nicht adäquat vorbereiten könne, um Stellung zu nehmen und etwaige Verdachtsmomente ausräumen zu können.

925 Vgl. nur: BAG NZA 2015, 741, 745 Rn. 61; Lücke BB 1998, 2259, 2261; Lembke RdA 2013, 82, 87.

926 Knierim/Tsambikakis/Klug in: Knierim/Rübenstahl/Tsambikakis, Internal Investigations, Kap. 7 Rn. 34; Veit ZRFC 2017, 171, 171.

Interesse des Unternehmens, den Sachverhalt ohne Vorbehalte aufklären zu können.[927]

Eine kritische Ansicht vertrat das LAG Berlin-Brandenburg in einem Urteil aus dem Jahr 2012. Darin wurde geurteilt, dass der Mitarbeiter bei der Einladung zur Anhörung vor Ausspruch einer Verdachtskündigung zumindest auf den zu besprechenden Themenkreis hinzuweisen ist, damit er sich – auch mental[928] – auf das Gespräch vorbereiten kann. Darüber hinaus ist der Mitarbeiter dadurch in der Lage, im Bedarfsfall eine Vertrauensperson wie einen Rechtsanwalt oder ein Mitglied des Betriebsrats einzubeziehen.[929] In diesem Urteil wurde eine Arbeitnehmerin der Arbeitszeitmanipulation beschuldigt und im Rahmen eines Personalgesprächs mit den Anschuldigungen konfrontiert.[930] Aus Sicht des LAG Berlin-Brandenburg durfte ein Anhörungsgespräch vor dem Ausspruch einer Verdachtskündigung nicht so ausgestaltet sein, dass die Arbeitnehmerin ein solches mit einer größeren Anzahl an Vorgesetzten allein wahrnimmt, ohne dass sie im Vorfeld auf das Thema des Gesprächs hingewiesen wurde. Als ein Beispiel für die Benennung des Themenkreises wurde vom Gericht als Titel „*Anhörung im Vorfeld einer beabsichtigten Kündigung wegen falscher Arbeitszeitaufzeichnungen*"[931] angeführt.[932] Soll ein Mitarbeiter aufgrund des Vorwurfs, einen Compliance-Verstoß begangen zu haben, zu einer Befragung eingeladen werden, die mit einer Verdachtskündigung verbunden wird, könnte diese – angelehnt an den Vorschlag des LAG Berlin-Brandenburg – wie folgt heißen: ‚Anhörung im Vorfeld einer beabsichtigten Kündigung wegen der Bildung schwarzer Kassen mit dem Lieferanten X'.[933] Aus praktischer Sicht wird dieses Vorgehen unter Berücksichtigung der Ansicht des BAG[934] von der Literatur[935] überwiegend abgelehnt.

Da bereits bei Verdachtskündigungen kein Schriftformerfordernis besteht, kann nach der hier vertretenen Ansicht eine formale Vorgabe bei Mitarbeiterbefragungen im Rahmen von internen Untersuchungen ebenfalls nicht angenommen werden. In der Praxis haben sich Einladungen per E-Mail oder

---

927 Lücke BB 1998, 2259, 2261.

928 Vgl. nur: BAG NZA 2015, 741, 746 Rn. 60; LAG Berlin-Brandenburg BeckRS 2012, 69524 Rn. II. 2.; Eylert NZA-RR 2014, 393, 402.

929 LAG Berlin-Brandenburg BeckRS 2012, 69524 Rn. II. 2.

930 LAG Berlin-Brandenburg BeckRS 2012, 69524.

931 LAG Berlin-Brandenburg BeckRS 2012, 69524 Rn. II. 2.

932 LAG Berlin-Brandenburg BeckRS 2012, 69524 Rn. II. 2.

933 Siehe auch: Dzida NZA 2014, 809, 813, der als Titel „*Anhörung im Vorfeld einer beabsichtigten Kündigung wegen Ihrer Einbindung in die systematische Bestechung vom Kunden*"" formuliert hat.

934 BAG NZA 2015, 741, 745 Rn. 58.

935 Vgl. nur: Niemann in: ErfK ArbR, § 626 BGB Rn. 178; Dannenfeldt in: MAH Strafverteidigung, § 33 Rn. 130; Dzida NZA 2014, 809, 813.

das Einstellen von Terminen in den Kalender der zu befragenden Mitarbeiter bewährt. Hierbei sollte die Termineinladung als ‚privat' und eine E-Mail als ‚vertraulich' klassifiziert und versendet werden.

Zu den Informationen, die eine Einladung enthalten soll, existieren in der Literatur unterschiedliche Auffassungen.[936] Die nachfolgenden Ausführungen beziehen sich auf Sachverhalte, bei denen der begangene (Rechts-) Verstoß nicht ohnehin offenkundig ist, wodurch eine Ankündigung des Befragungsgegenstands in der Einladung eher zu keiner Verdunklungsgefahr mehr führen kann.

Von Teilen der Literatur wird eine der Befragung dienliche Ankündigung aus Fairnessgründen auch bei Mitarbeiterbefragungen empfohlen,[937] wenngleich der konkrete Einzelfall zu berücksichtigen ist.[938] Damit soll aus Sicht dieser Literatur die innere Mitwirkungsbereitschaft der Mitarbeiter erhöht werden, was sich in einer Verbesserung der Befragungsergebnisse äußern können soll.[939] Sofern das Interesse des Mitarbeiters an einer Mitwirkung jedoch von Beginn an nicht vorhanden gewesen ist, wird auch die Einladung daran wenig ändern können.[940] Da die Verdunklungsgefahr insbesondere bei Ankündigungen der Befragungen hoch ist, wird in Teilen der Literatur empfohlen, Mitarbeiter in Ausnahmefällen auch zu dem Interview unter einem Vorwand einzuladen.[941] Die Einladung unter einem Vorwand verstößt nach

---

936 Vgl. nur: Eylert NZA-RR 2014, 393, 402, damit sich der Arbeitnehmer inhaltlich und auch mental auf die Anhörung vorbereiten kann; Knierim/Tsambikakis/Klug in: Knierim/Rübenstahl/Tsambikakis, Internal Investigations, Kap. 7 Rn. 34, wonach eine Ankündigung insb. aus Fairnessgründen zu empfehlen ist, in Einzelfällen aber auch auf den Überraschungseffekt gesetzt werden kann; Mengel NZA 2017, 1494, 1498, wonach aus Fairnessgründen das Interviewthema bei der Einladung zu benennen ist; ebenso im Hinblick auf die Fairness: Scherp, Fraud Management, S. 240; differenzierend und abhängig von der Möglichkeit zur Ausnutzung des Überraschungseffekts etwa: Lützeler/Müller-Sartori CCZ 2011, 19, 22; differenzierend auch: Veit ZRFC 2017, 171, 171 f.; Zimmermann/Lingscheid CB 2013, 23, 24, sehen als Alternative die Einladung zur Befragung unter einem Vorwand.

937 Vgl. nur: Knierim/Tsambikakis/Klug in: Knierim/Rübenstahl/Tsambikakis, Internal Investigations, Kap. 7 Rn. 34; Scherp, Fraud Management, S. 240; Eylert NZA-RR 2014, 393, 402, damit sich der Arbeitnehmer inhaltlich und auch mental auf die Anhörung vorbereiten kann; Eylert NZA-RR 2014, 393, 402; Veit ZRFC 2017, 171, 171, wonach die Erfahrung gezeigt habe, dass Arbeitnehmer auf die Transparenz mit größerem Vertrauen und Auskunftsfreude reagieren.

938 Veit ZRFC 2017, 171, 171.

939 Knierim/Tsambikakis/Klug in: Knierim/Rübenstahl/Tsambikakis, Internal Investigations, Kap. 7 Rn. 34; Veit ZRFC 2017, 171, 171 f.

940 Knierim/Tsambikakis/Klug in: Knierim/Rübenstahl/Tsambikakis, Internal Investigations, Kap. 7 Rn. 34.

941 Zimmermann/Lingscheid CB 2013, 23, 24; offen gelassen durch: Knierim/Tsambikakis/Klug in: Knierim/Rübenstahl/Tsambikakis, Internal Investigations, Kap. 7 Rn. 34, wenngleich sie die Möglichkeit der Nutzung eines Überraschungseffektes als möglich

der hier vertretenen Auffassung nicht gegen das Gebot des fairen Verhandelns, zu dem auch das BAG im Jahr 2022 geurteilt hat. Im Zusammenhang mit einem Aufhebungsvertrag, bei dem eine sofortige Annahme notwendig war, hat das BAG entschieden, dass das Gebot des fairen Verhandelns verletzt sein kann, wenn unangenehme Rahmenbedingungen vorliegen.[942] Diese wurden bspw. angenommen, wenn ein Arbeitnehmer unter Nennung eines Vorwands in das Büro des Vorgesetzten gebeten wird mit dem Ziel, diesen dort über „*mehrere Stunden in einer kreuzverhörähnlichen und von Außenkontakten isolierten Situation so lange festzuhalten, bis er den Aufhebungsvertrag unterzeichnet*"[943].[944] Anders als bei der beispielhaft genannten Situation durch das BAG ist das primäre Ziel der Mitarbeiterbefragung, Informationen zu erlangen. Für den Fall, dass der Mitarbeiter dieser Situation entfliehen möchte, wird er in der Praxis durch das Ermittlerteam nicht daran gehindert.

Aus praktischer Sicht ist bei einer Einladung unter einem Vorwand zu beachten, dass das Vertrauensverhältnis eines Arbeitnehmers zu dem Unternehmen leiden kann, wenn dieser unter einem konstruierten Vorwand eingeladen wird und dieser im Gespräch den eigentlichen Grund der Mitarbeiterbefragung erkennt. Deswegen ist dieses Vorgehen nach der hier vertretenen Auffassung lediglich im Einzelfall und unter vorheriger Abwägung der Vor- und Nachteile zu wählen. Wird die Untersuchung von der internen Revision durchgeführt, hat es sich in der Praxis bewährt, einen Mitarbeiter zu einem Gespräch im Rahmen der Revisionsprüfung einzuladen, ohne die zu besprechenden Themen zu benennen.

Fragt ein Mitarbeiter vor seiner Befragung aktiv an, ob ihm die Themen der Befragung, Fragen oder Unterlagen vorab zugänglich gemacht werden können, ist seitens des Untersuchungsteams abzuwägen, ob eine Vorbereitung des Mitarbeiters der Befragung dienlich ist. Sofern Sachverhalte weit in der Vergangenheit liegen oder komplex sind, wird von Teilen der Literatur in der Vorbereitung die Möglichkeit gesehen, die zu einer Verbesserung der Ergebnisse führen kann. Gleichzeitig besteht jedoch die Gefahr, dass der Mitarbeiter bei Kenntnis von Themen, Fragen und Unterlagen die vertraulichen Dokumente für seine Verteidigung nutzt und diese zu diesem Zweck

---

erachten; zur Ausnutzung des Überraschungseffekts auch: Lützeler/Müller-Sartori CCZ 2011, 19, 22.

942 So auch bereits: BAG NJW 2019, 1966, 1968 Rn. 34; BAG NJW 2022, 1970, 1972 Rn. 26; vgl. auch LAG Thüringen NZA-RR 1999, 399, 400, wonach bei der Anhörung des Arbeitnehmers u. a. darauf zu achten ist, dass seine Bewegungs- und Entscheidungsfreiheit nicht eingeschränkt wird.

943 BAG NJW 2022, 1970, 1972 Rn. 26.

944 BAG NJW 2022, 1970, 1972 Rn. 26; vgl. auch: LAG Thüringen NZA-RR 1999, 399, 400, wonach die Bewegungsfreiheit des Arbeitnehmers nicht eingeschränkt werden darf.

das Unternehmen verlassen.[945] Daneben wird zum Teil die Gefahr gesehen, dass der Mitarbeiter die übermittelten Informationen zur Abstimmung der Auskünfte mit anderen Mitarbeitern verwenden sowie sachverhaltsrelevante Informationen und Unterlagen vernichten oder verbergen kann. Ein solches Risiko wird insbesondere dann als relevant erachtet, wenn der zu befragende Mitarbeiter konkret im Verdacht steht, einen Compliance-Verstoß begangen zu haben.[946] Der Austausch zwischen den Mitarbeitern kann zusätzlich zur Folge haben, dass persönliche unbeeinflusste Erinnerungen einzelner Mitarbeiter aufgrund des Austausches durch eine *„gemeinsame [...] Rekonstruktion der Ereignisse [...] (‚memory conformity')"*[947] ersetzt werden.[948]

Darüber hinaus entfällt damit die Nutzung des Überraschungsmoments[949] bei bestimmten Fragen oder Sachverhalten. Diese Vor- und Nachteile sind durch das Befragungsteam abzuwägen, bevor Inhalte einer Befragung an einen Mitarbeiter kommuniziert werden.[950] Bei der Abwägung des Teams ist zudem die im Unternehmen vorherrschende Stimmung zu berücksichtigen. Wenn in einem Unternehmen bekannt wird, dass eine interne Untersuchung zu einem Sachverhalt durchgeführt wird, können die Mitarbeiter unterschiedlich reagieren. Regelmäßig kann dieser Umstand zu einer Verunsicherung in der Belegschaft führen. Dies kann sich bspw. durch aggressives oder eingeschüchtertes Verhalten sowie durch Gruppenbildung äußern. Zudem kann daraus eine Eigendynamik resultieren, durch die Gerüchte und die Verbreitung von Halbwahrheiten gefördert werden. Als Gegenmaßnahme wird es als vorteilhaft angesehen, der Dynamik in Einzelfällen mit Transparenz entgegenzuwirken. Eine zu große Transparenz wird bei verdächtigten Arbeitnehmern jedoch aus den zuvor genannten Gründen eher als kontraproduktiv angesehen.[951]

Nach der hier vertretenen Auffassung sind die vorher aufgeführten Abwägungskriterien in die Entscheidung des Ermittlerteams im jeweiligen Einzelfall einzubeziehen. Ist der begangene (Rechts-)Verstoß, der in der angekündigten Befragung thematisiert werden soll, nicht ohnehin offenkundig, sollten insbesondere bei verdächtigten Arbeitnehmern bestenfalls nur so viele Informationen wie nötig und gleichzeitig so wenig Informationen wie

945 Naber/Ahrens CCZ 2020, 36, 40.
946 Veit ZRFC 2017, 171, 172.
947 Harbst SchiedsVZ 2021, 49, 52.
948 Harbst SchiedsVZ 2021, 49, 52.
949 Vgl. nur: Veit ZRFC 2017, 171, 171; Naber/Ahrens CCZ 2020, 36, 40; Knierim/Tsambikakis/Klug in: Knierim/Rübenstahl/Tsambikakis, Internal Investigations, Kap. 7 Rn. 34; Lützeler/Müller-Sartori CCZ 2011, 19, 22.
950 Naber/Ahrens CCZ 2020, 36, 40.
951 Veit ZRFC 2017, 171, 172.

möglich in der Einladung zur Mitarbeiterbefragung und bei etwaigen Rückfragen des verdächtigten Mitarbeiters kommuniziert werden.

(2) Bei einem Arbeitnehmer als Zeugen

Analog zum Vorgehen bei verdächtigten Mitarbeitern haben sich in der Praxis Einladungen zu Mitarbeiterbefragungen bewährt, die per E-Mail versendet werden. Auch das Einstellen von Terminen in den Kalender der zu befragenden Mitarbeiter ist eine etablierte Vorgehensweise. Hierbei gelten die zuvor dargestellten Klassifizierungen[952] entsprechend, um die Vertraulichkeit der Einladung zu verdeutlichen.

Die Entscheidung, ob dem Zeugen vorab proaktiv oder ggf. nur auf dessen Nachfrage hin der Gegenstand der Befragung mitgeteilt wird, ist davon abhängig, ob der zu untersuchende (Rechts-)Verstoß ohnehin offenkundig ist oder nicht und obliegt dem Befragungsteam. Hierbei sind die Vor- und Nachteile abzuwägen, die im Zusammenhang mit verdächtigten Arbeitnehmern aufgeführt wurden.[953] Ein Vorteil der Informationsweitergabe liegt in der Vermittlung von Transparenz gegenüber dem zu befragenden Arbeitnehmer, was sich im Gespräch mit Vertrauen und einer Auskunftsfreude bezahlt machen kann.[954] Zudem besteht dadurch die Möglichkeit, dass der Zeuge Dokumente für das Gespräch vorbereiten kann.[955] Ein Nachteil kann jedoch darin liegen, dass der zu befragende Arbeitnehmer den Sachverhalt mithilfe der vom Befragungsteam vorab gewährten Informationen einschätzen und die verdächtigten Mitarbeiter vorwarnen kann.

Hierbei bedarf es erneut einer Einzelfallentscheidung und einer Einschätzung des Ermittlerteams über die zu befragende Person. So soll bestimmt werden, wie viele Informationen über den Sachverhalt vorab bekannt gegeben werden können.

ee) Zur Notwendigkeit einer Erklärung zum Gesprächsinhalt und zu den Verdachtsmomenten

Je nachdem, wie viele Informationen das Ermittlerteam bei der Einladung zur Mitarbeiterbefragung preisgegeben hat, stellt sich die Frage, ob während der Mitarbeiterbefragung die Notwendigkeit besteht, den Arbeitnehmer über den Gesprächsinhalt bzw. über die Verdachtsmomente zu unterrichten.

---

952 Siehe Kapitel 2 B. III. 2. b) dd) (1).

953 Siehe Kapitel 2 B. III. 2. b) dd) (1).

954 Veit ZRFC 2017, 171, 171 f.

955 Vgl. Veit ZRFC 2017, 171, 172, jedoch ohne eine Unterscheidung zwischen Arbeitnehmern als Zeugen oder Verdächtigten vorzunehmen.

(1) Bei einem verdächtigten Arbeitnehmer

Im Falle einer Anhörung für eine Verdachtskündigung ist anerkannt, dass sich das Gespräch auf einen ‚greifbaren Sachverhalt' beziehen muss.[956] Dabei müssen die Tatsachen nach dem BAG bestimmt und sowohl zeitlich als auch räumlich eingegrenzt sein, sodass der angehörte Mitarbeiter die Möglichkeit hat, diese zu bestreiten, zu entkräften und zur Aufklärung beizutragen.[957] Jedoch ist es aus Sicht des BAG nicht notwendig, den Verdacht gegen den Arbeitnehmer im Rahmen der Anhörung ausdrücklich zu erläutern. Vielmehr muss der Arbeitnehmer den für den Arbeitgeber aufklärungsbedürftigen Sachverhalt sowie dessen potenzielle Verantwortlichkeit aus Sicht des Arbeitgebers erkennen können. Darüber hinaus muss der Arbeitnehmer erfassen können, dass ihm im Rahmen des Gesprächs die Möglichkeit zugestanden werden soll, Stellung zu beziehen.[958] Eine Konfrontation des Mitarbeiters mit einer allgemeinen Wertung reicht dagegen nicht aus.[959]

Zwar sollte der verdächtigte Mitarbeiter bei einer Befragung im Rahmen einer internen Untersuchung ebenfalls die Möglichkeit erhalten, Entlastendes zu berichten und Tatsachen zu bestreiten, allerdings ist aus Sicht einer Literaturstimme die Grundlage kein zuvor erläuterter ‚greifbarer Sachverhalt'. Denn ein solcher greifbarer Sachverhalt kann dem Arbeitgeber zum Zeitpunkt der Befragung aufgrund fehlender Detailkenntnisse über die Pflichtverletzung noch nicht vorliegen. Daneben muss das Ermittlerteam bei der Erläuterung des Tathergangs alle relevanten Informationen nennen. Mit diesem Wissen kann es dem befragten, verdächtigten Mitarbeiter erleichtert werden, die Geschehnisse zu verschleiern.[960] Dieser Ansicht ist zuzustimmen, denn aus praktischer Sicht ist die Nennung eines greifbaren Sachverhalts lediglich in Fällen denkbar, in denen das Ermittlerteam den Sachverhalt bereits aufgeklärt und alle belastenden Informationen zusammengetragen hat. In diesem Fall könnte die Nennung des Sachverhalts der Konfrontation des Mitarbeiters dienen. Welches Vorgehen das Ermittlerteam wählt, ist in der Praxis vom jeweiligen Einzelfall, dem geplanten Vorgehen und dem Kenntnisstand des Ermittlerteams zum Zeitpunkt der Befragung abhängig.

---

956 Siehe Kapitel 2 A. IX. 3.

957 Vgl. nur: BAG NZA 2008, 809, 810; BAG NZA 2013, 137, 140 Rn. 33; BAG NZA 2014, 1015, 1017 Rn. 24.

958 Vgl. nur: BAG NZA 2018, 1405, 1408 Rn. 33, so auch: LAG Hamm BeckRS 2019, 38478 Rn. 117; LAG Köln BeckRS 2020, 9071 Rn. 61.

959 BAG NZA 2008, 809, 810.

960 Rudkowski NZA 2011, 612, 613.

Dennoch wird auch in der Literatur teilweise die Meinung vertreten, wonach im Gespräch aus Fairnessgründen eine Erläuterung über Hintergründe[961] und Verdachtsmomente vorgesehen wird.[962]

(2) Bei einem Arbeitnehmer als Zeugen

Vorabinformationen, die dem Arbeitnehmer als Zeugen zu dem Sachverhalt mitgeteilt werden, werden aus rechtlicher Sicht als nicht geboten angesehen.[963]

In der Befragung wird es von der Position und dem zu untersuchenden Sachverhalt abhängen, wie viele Informationen dem Mitarbeiter im Gespräch genannt werden müssen, um den Zweck, wie die Erlangung eines Prozessverständnisses oder den Erhalt relevanter Unterlagen, erfüllen zu können. Ist der Gesprächspartner bspw. der Personalleiter, der im Fall eines Arbeitszeitbetrugs die Prozesse erläutern kann, wird das Ermittlerteam zur Anforderung der Arbeitszeitnachweise nicht umhinkommen, diesem – unter Verweis auf die Vertraulichkeit der Informationen – die verdächtigten Arbeitnehmer und ggf. einzelne Aspekte des zu untersuchenden Sachverhalts zu nennen. Soll stattdessen ein Kollege des verdächtigten Mitarbeiters zu den Prozessen der Arbeitszeitaufzeichnung befragt werden, sind diese Informationen in der Regel nicht zu teilen. Andernfalls besteht das Risiko, dass der verdächtige Mitarbeiter durch den Zeugen gewarnt wird.

ff) Recht des Arbeitnehmers auf einen Beistand

Mitarbeiterbefragungen stellen für die Mitarbeiter üblicherweise eine neue Erfahrung dar. Die Situation, zu einem Sachverhalt von internen Ermittlern und damit Kollegen oder externen Ermittlern wie Rechtsanwälten befragt zu werden, kann bei den Mitarbeitern verschiedene Emotionen auslösen. So können sie der Situation bspw. kritisch oder unsicher begegnen. Zur Auflösung angespannter Stimmungen kann ein Beistand – in Person eines Rechtsanwalts oder eines Betriebsratsmitglieds – beitragen, den der Mitarbeiter zur Befragung hinzuzieht. Fraglich ist, ob ein Arbeitnehmer auf die Hinzuziehung eines (rechtlichen) Beistands einen Anspruch hat.

961 Knauer/Gaul NStZ 2013, 192, 193, wonach der Arbeitnehmer über den Zweck der Untersuchung informiert werden soll; Naber/Ahrens CCZ 2020, 36, 41.
962 Naber/Ahrens CCZ 2020, 36, 41.
963 Schrader/Thoms/Mahler NZA 2018, 965, 971.

(1) Recht des verdächtigten Arbeitnehmers zur Hinzuziehung eines Rechtsanwalts

Ein Arbeitnehmer hat kein generelles Recht, bei Mitarbeiterbefragungen einen Rechtsanwalt als Beistand hinzuzuziehen.[964] Der Strafausschuss der Bundesrechtsanwaltskammer (kurz: BRAK) hat sich dafür ausgesprochen, dass Mitarbeitern in einer Befragung die Hinzuziehung eines anwaltlichen Beistands gestattet sein soll.[965] Dem schließen sich einzelne Stimmen der Literatur an und begründen dies mit der arbeitsvertraglichen Fürsorgepflicht eines Arbeitgebers, aus der die Pflicht resultiert, dem zu befragenden Arbeitnehmer einen anwaltlichen Beistand zu gewähren.[966] Dagegen wird in anderen Teilen der Literatur die Auffassung vertreten, dass ein solches Recht für Arbeitnehmer grundsätzlich nicht besteht.[967] Dies wird teilweise auf die arbeitsvertragliche Loyalitätspflicht eines Arbeitnehmers gestützt, wonach den Arbeitnehmer gegenüber seinem Arbeitgeber eine Auskunftspflicht für dienstliche Angelegenheit trifft, auch wenn er sich dabei selbst belasten muss. Dabei benötige der Arbeitnehmer bei der Erbringung dieser Arbeitspflicht sowie bei anderen arbeitsvertraglichen Verpflichtungen keine Unterstützung seitens eines Dritten.[968]

Ausnahmsweise wird die Gewährung eines Rechtsanwalts von einem Teil der Literatur als legitim erachtet,[969] wenn der Mitarbeiter das Risiko einer Selbstbelastung[970] sieht oder der Arbeitgeber plant Fragen zu strafbaren Verhalten zu stellen.[971] Gleiches gilt zur Schaffung einer ausgeglichenen

---

964 Vgl. nur: Knierim in: Rotsch, Criminal Compliance, § 7 Rn. 36; Mengel in: Moosmayer/Lösler, Corporate Compliance, § 9 Rn. 104; Wilsing/Goslar in: Krieger/Schneider, Handbuch Managerhaftung, § 17 Rn. 17.57, wonach ein solches Recht nicht dem Gesetz zu entnehmen und daher abzulehnen ist; Rudkowski, Aufklärung von Compliance-Verstößen, S. 127.

965 BRAK, Stellungnahme Nr. 35/2010, S. 10.

966 Vgl. nur: Sidhu/von Saucken/Ruhmannseder NJW 2011, 881, 883; Groß CB 2023, 308, 310; Göpfert/Merten/Siegrist NJW 2008, 1703, 1708, sehen es ebenfalls auf Basis der Fürsorgepflicht des Arbeitgebers als geboten an einen Rechtsbeistand zu gewähren, jedoch mit der Einschränkung für die Fälle, in denen dem Arbeitnehmer Fragen zu strafrechtlichen Verhalten gestellt werden.

967 Vgl. nur: LAG Hamm BeckRS 2001, 41047 Rn. 4; Mengel/Ullrich NZA 2006, 240, 244; Groß CB 2023, 308, 309, führt dies auf die fehlende Regelung im deutschen Recht zurück.

968 Dzida/Klopp ArbRB 2017, 116, 117.

969 Groß CB 2023, 308, 310, wonach die Anwesenheit eines Rechtsanwalts bei Mitarbeiterbefragungen nur in speziellen Situationen oder abhängig vom Inhalt des Interviews gelten soll.

970 Vgl. nur: Mengel/Ullrich NZA 2006, 240, 244; Dzida/Klopp ArbRB 2017, 116, 117; Groß CB 2023, 308, 310.

971 Göpfert/Merten/Siegrist NJW 2008, 1703, 1708; Rübenstahl WiJ 2012, 17, 24.

Ausgangslage,[972] wenn der Arbeitgeber für die Befragung einen externen Rechtsanwalt beauftragt.[973] Existiert im Unternehmen eine Betriebsvereinbarung, durch die verdächtigten Arbeitnehmern das Recht zur Hinzuziehung eines Rechtsanwalts gewährt wird, kann sich ein Anspruch des Arbeitnehmers auf einen Beistand aus § 77 Abs. 4 BetrVG ergeben.[974]

Wenngleich – abseits einer etwaigen Betriebsvereinbarung – keine rechtliche Pflicht zur Hinzuziehung eines Rechtsbeistands besteht, ist nach der hier vertretenen Auffassung der Argumentation zuzustimmen, wonach die Schaffung einer Waffengleichheit ausschlaggebend ist. Für den Fall, dass der Arbeitgeber externe Rechtsanwälte für die Befragung einsetzt, sollte daher auch dem Befragten ein Rechtsanwalt gewährt werden. Dies kann dazu beitragen, dass sich ein Arbeitnehmer während der Befragung sicherer fühlt. Das Angebot zur Hinzuziehung eines Rechtsanwalts hat in der Praxis in Einzelfällen jedoch auch bereits zu Unverständnis seitens des Arbeitnehmers und zu einer erhöhten Besorgnis geführt.

Grundsätzlich obliegt die Entscheidung, ob dem Arbeitnehmer ein rechtlicher Beistand gewährt wird, dem Unternehmen. Wenn das Unternehmen keine Vorgabe getroffen hat, legt das Befragungsteam fest, ob ein Rechtsbeistand hinzugezogen werden darf.

(2) Recht des Arbeitnehmers als Zeuge zur Hinzuziehung eines Rechtsanwalts

Ebenso wie für den Arbeitnehmer, der als Verdächtigter befragt wird, gilt auch für den Arbeitnehmer als Zeuge, dass er auf Basis der gesetzlichen Vorschriften kein Recht hat, einen Rechtsanwalt als Beistand hinzuzuziehen.[975] Aus Sicht einer Ansicht der Literatur habe ein Arbeitnehmer, der als Zeuge befragt werden soll, kein schutzwürdiges Interesse zur Hinzuziehung eines Rechtsanwalts, wenn er zum Verdächtigten nicht in einem Angehörigenverhältnis stehe. Hierdurch müsse er keine arbeitsrechtlichen Maßnah-

---

972 Vgl. nur: sog. „*Waffen*'- *und Chancengleichheit*" nach LAG Hamm BeckRS 2001, 41047 Rn. 4; Knierim in: Rotsch, Criminal Compliance, § 7 Rn. 36, wonach es aus Waffengleichheitsgründen dafür sprechen würde, dass ein Anwalt der Beistand eines befragten Arbeitnehmers ist; Mengel in: Knierim/Rübenstahl/Tsambikakis, Internal Investigations, 14. Kap. Rn. 44, wonach vieles dafür spricht, dass ein Rechtsanwalt als Beistand aus Gründen der Waffengleichheit zu gewähren ist; Groß CB 2023, 308, 310 und 311; a. A. Röß NZA 2021, 675, 680.

973 Vgl. nur: LAG Hamm BeckRS 2001, 41047 Rn. 4; Knierim in: Rotsch, Criminal Compliance, § 7 Rn. 36; Rudkowski, Aufklärung von Compliance-Verstößen, S. 127; Dzida/Klopp ArbRB 2017, 116, 117; Schrader/Thoms/Mahler NZA 2018, 965, 970.

974 Groß CB 2023, 308, 309.

975 Schrader/Thoms/Mahler NZA 2018, 965, 971.

men befürchten.[976] Andere Stimmen der Literatur sehen – soweit ersichtlich – ein Angehörigenverhältnis indes nicht als den zentralen Aspekt an, der ausschlaggebend für die Hinzuziehung eines Rechtsanwalts bei einem Arbeitnehmer ist, der als Zeuge befragt wird. Stattdessen fehlt es aus deren Sicht an einem Verdacht, dass der Zeugen-Arbeitnehmer eine strafbare Handlung begangen hat, sodass ihm kein Rechtsanwalt zu gewähren sei.[977] Auch erstreckt sich eine Betriebsvereinbarung, die die Hinzuziehung von Rechtsanwälten ermöglicht, oftmals nicht auch auf Arbeitnehmer als Zeugen, die nicht durch einen Hinweis verdächtigt werden. Somit wird auch ein Anspruch eines Arbeitnehmers als Zeuge aus einer Betriebsvereinbarung regelmäßig nicht bestehen.[978]

Nach der hier vertretenen Auffassung ist der Anknüpfungspunkt nicht das Angehörigenverhältnis, sondern das Fehlen eines Verdachts auf bspw. eine Straftat. Daher sollten die Regelungen für verdächtigte Arbeitnehmer auch für Arbeitnehmer als Zeugen ab dem Zeitpunkt gelten, ab dem das Befragungsteam den Eindruck erlangt, dass der Zeuge eine Straftat oder eine Ordnungswidrigkeit begangen haben könnte. Dieses Recht kann auch Mitarbeitern eingeräumt werden, deren Status als Zeuge oder Verdächtigter zu Beginn des Gesprächs noch nicht sicher ist.[979] Andernfalls wird jedoch keine Notwendigkeit gesehen, dem Arbeitnehmer als Zeugen die Hinzuziehung eines Rechtsanwalts zu gewähren, da er – wie auch der Arbeitnehmer als Verdächtigter – zur Erbringung seiner arbeitsvertraglichen Pflichten keine Unterstützung durch einen Dritten benötigt.[980]

(3) Recht des Arbeitnehmers zur Hinzuziehung des Betriebsrats

Der Arbeitnehmer hat – unabhängig davon, ob er Zeuge oder Verdächtigter ist – in den abschließend aufgeführten Fällen des § 81 Abs. 4 S. 3 BetrVG, § 82 Abs. 2 S. 2 BetrVG, § 83 Abs. 1 S. 2 BetrVG sowie des § 84 Abs. 1 S. 2

---

976 Röß NZA 2021, 675, 679 f.

977 Vgl. eindeutig zu Arbeitnehmern als Zeugen, bei denen kein Verdacht auf eine strafbare Handlung vorliegt, nur: Eufinger DB 2019, 2408, 2410; Mengel/Ullrich NZA 2006, 240, 244 und Göpfert/Merten/Siegrist NJW 2008, 1703, 1708, sehen einen Rechtsanwalt als Beistand regelmäßig nicht für geboten an, da eine Vergleichbarkeit der Mitarbeiterbefragungen mit Gesprächen bei staatlichen Ermittlungen ausscheidet, wobei nicht zwischen Verdächtigtem und Zeugen unterschieden wird.

978 Groß CB 2023, 308, 309.

979 Vgl. nur: Dzida/Klopp ArbRB 2017, 116, 117, sog. ‚gefährdete Zeugen'; dazu auch: Wessing in: Moosmayer/Lösler, Corporate Compliance, § 47 Rn. 73, wonach sich gefährdete Zeugen der Gefahr in der Befragung aussetzen, sich selbst zu belasten; zum gefährdeten Zeugen, dem ein rechtlicher Beistand zu gewähren ist ebenso: Grimm NZA 2019, 1534, 1536.

980 So auch: Dzida/Klopp ArbRB 2017, 116, 117, die in ihren Ausführungen nicht zwischen Arbeitnehmern als Verdächtigte oder Zeuge unterscheiden.

BetrVG das Recht, ein Mitglied des Betriebsrats zu den jeweiligen Anlässen hinzuzuziehen.[981] Dies betrifft Erörterungen zwischen Arbeitgeber und Arbeitnehmer, wenn nach § 81 Abs. 4 S. 2 BetrVG „*sich die Tätigkeit des Arbeitnehmers ändern wird und seine beruflichen Kenntnisse und Fähigkeiten zur Erfüllung seiner Aufgaben nicht ausreichen*“, wenn über die Zusammensetzung des Arbeitsentgelts, über die Leistungsbeurteilung und die beruflichen Entwicklungsmöglichkeiten des Arbeitnehmers gesprochen wird (§ 82 Abs. 2 S. 2 BetrVG), bei einer Einsicht in die Personalakte (§ 83 Abs. 1 S. 2 BetrVG) und bei Ausübung des arbeitnehmerseitigen Beschwerderechts (§ 84 Abs. 1 S. 2 BetrVG).

Das bedeutet im Umkehrschluss, dass der Arbeitnehmer kein allgemeines Recht zur Hinzuziehung eines Mitglieds des Betriebsrats hat.[982] Hieraus folgt, dass dieses Recht auch grundsätzlich nicht bei Mitarbeiterbefragungen besteht, wenngleich der Arbeitgeber seinen Mitarbeitern dieses Recht freiwillig einräumen kann.

In der Literatur wird die Gewährung der Hinzuziehung eines Betriebsratsmitglieds zum Teil als sinnvoll erachtet, um dem verdächtigten Arbeitnehmer ein Sicherheitsgefühl zu geben.[983] Dies wird damit begründet, dass es nicht im Interesse des Arbeitgebers sein kann, eine unvollständige Auskunft hinzunehmen, nur weil sich der Arbeitnehmer in der Mitarbeiterbefragung alleingelassen fühlt.[984] Eine andere Stimme der Literatur erachtet die alleinige Anwesenheit eines Betriebsratsmitglieds – insbesondere in Fällen, in denen ein verdächtiger Mitarbeiter bspw. zu strafrechtlich relevanten Sachverhalten befragt wird – dagegen kritisch. Dies wird damit begründet, dass der Arbeitnehmer bei kompetenter Wahrnehmung seiner Rechte sowie bei der Sachaufklärung nicht in der Form unterstützt werden kann, wie dies ein Rechtsanwalt kann.[985] Ein weiterer Aspekt, der gegen die Hinzuziehung eines Betriebsratsmitglieds herangezogen wird, ist das Risiko der fehlenden Vertraulichkeit.[986] Eine Geheimhaltungspflicht gilt nach § 79 Abs. 1

---

981 Vgl. nur: BAG NZA 2005, 416, 418 zählt die o. g. Paragrafen als Regelungsgrundlage auf, wann ein Arbeitnehmer ein Anrecht auf das Hinzuziehen eines Betriebsratsmitglieds hat; Knierim/Tsambikakis/Klug in: Knierim/Rübenstahl/Tsambikakis, Internal Investigations, Kap. 7 Rn. 91; Stück GmbHR 2019, 156, 162.

982 Vgl. nur: BAG NZA 2005, 416, 418, wonach der Arbeitnehmer keinen generellen Anspruch hat, zu jedem Gespräch mit dem Arbeitgeber ein Betriebsratsmitglied hinzuzuziehen; Knierim/Tsambikakis/Klug in: Knierim/Rübenstahl/Tsambikakis, Internal Investigations, Kap. 7 Rn. 91; Naber/Ahrens CCZ 2020, 36, 39.

983 Ähnlich: Majer in: Moosmayer/Hartwig, Interne Untersuchungen, Kap. D. Rn. 42, wonach der Mitarbeiter dadurch psychisch entlastet werden kann; Engelhoven in: Engelhoven, Richtiges Verhalten in der Compliance-Krise, § 4 Rn. 160.

984 Engelhoven in: Engelhoven, Richtiges Verhalten in der Compliance-Krise, § 4 Rn. 160.

985 Rübenstahl ZWH 2020, 164, 172.

986 So auch: Rübenstahl ZWH 2020, 164, 172.

S. 1 BetrVG nur, wenn es sich um ein fremdes Betriebs- oder Geschäftsgeheimnis bzw. nach § 120 Abs. 2 BetrVG um ein fremdes Geheimnis eines Arbeitnehmers handelt, das zu dessen persönlichem Lebensbereich gehört. Die Geheimhaltungspflicht des Betriebsrats gilt jedoch nach § 79 Abs. 1 S. 3 BetrVG nicht gegenüber Mitgliedern des Betriebsrats. Ferner gilt sie gemäß § 79 Abs. 1 S. 4 BetrVG bspw. nicht gegenüber dem Gesamtbetriebsrat, dem Konzernbetriebsrat und den Arbeitnehmervertretern im Aufsichtsrat. Auch entfällt die Geheimhaltungspflicht, wenn das der Befragung beiwohnende Betriebsratsmitglied vor Gericht als Zeuge aussagen muss[987], denn ein amtsbezogenes Zeugnisverweigerungsrecht kommt einem Betriebsratsmitglied nach § 53 Abs. 1 StPO gerade nicht zu[988]. Die internen Untersuchungen werden regelmäßig mit dem Wissen eines begrenzten Personenkreises durchgeführt, um zu verhindern, dass Arbeitnehmer, die eines Verstoßes beschuldigt werden, der sich im Laufe der Untersuchung nicht bestätigt, nicht ‚verbrannt' werden. Dieses Ziel kann jedoch unterlaufen werden, wenn die Vertraulichkeit nicht gewahrt wird. Demnach wäre es vorzugswürdig, einen Rechtsanwalt anstelle eines Betriebsratsmitglieds als Beistand hinzuzuziehen.

Wenn durch das Ermittlerteam ausgeschlossen werden soll, dass ein Betriebsratsmitglied an der Befragung teilnehmen darf, wird von einzelnen Stimmen der Literatur empfohlen, darauf zu achten, dass während der Befragung keine Leistungsbeurteilung vorgenommen oder die berufliche Entwicklung thematisiert wird.[989] Auch in der Mitschrift der Mitarbeiterbefragung soll daher keine Bewertung der Mitarbeiterbefragung stattfinden, sondern lediglich der Sachverhalt festgehalten werden.[990]

Gestattet ein Unternehmen einen Beistand, ohne sich auf Rechtsanwälte oder Betriebsratsmitglieder festzulegen, kann die Entscheidung dem Arbeitnehmer freigestellt werden. Hierdurch würde diesem die Entscheidung obliegen, von wem er sich am besten unterstützt fühlt.

---

987 Vgl. nur: Kania in: ErfK ArbR, § 79 BetrVG Rn. 13; Trebinger/Linsenmaier/Schelz/Schmidt in: Fitting BetrVG, § 79 Rn. 30; Thüsing in: Richardi BetrVG, § 79 Rn. 16; Werner in: BeckOK Arbeitsrecht, § 79 BetrVG Rn. 24.

988 Vgl. nur: Trebinger/Linsenmaier/Schelz/Schmidt in: Fitting BetrVG, § 79 Rn. 30; vgl. Oetker in: GK-BetrVG, § 79 Rn. 58; Thüsing in: Richardi BetrVG, § 79 Rn. 16; Werner in: BeckOK Arbeitsrecht, § 79 BetrVG Rn. 24.

989 Vgl. nur: Vogt NJOZ 2009, 4206, 4213; Zimmer/Heymann BB 2010, 1853, 1854; Bernhardt/Bullinger CB 2016, 205, 207.

990 Engelhoven in: Engelhoven, Richtiges Verhalten in der Compliance-Krise, § 4 Rn. 159; siehe auch: Toma CB 2017, 339, 340 und Galle BB 2018, 564, 568, wonach eine Beurteilung des Mitarbeiters nicht Gegenstand der internen Untersuchung ist.

(4) Stellungnahme

Wenngleich keine rechtliche Pflicht besteht, dem befragten Arbeitnehmer die Hinzuziehung eines Rechtsanwalts oder eines Betriebsratsmitglieds als Beistand zu gewähren,[991] können Unternehmen dies – insbesondere unter Berücksichtigung des Fairnessgedankens – freiwillig anbieten.[992] Jedoch kann insbesondere der Faktor Zeit ein für die interne Untersuchung erheblicher Parameter sein, der die Gewährung eines Beistands ausschließt.

Nach der Belehrung des Mitarbeiters über sein Recht, einen Beistand hinzuzuziehen, kann nicht unmittelbar mit der Mitarbeiterbefragung fortgefahren werden. Stattdessen muss dem Mitarbeiter ausreichend Zeit gegeben werden, um seine Möglichkeiten zu evaluieren, einen Beistand auszuwählen und sich mit diesem besprechen zu können.[993] Auch bei der Terminierung der Mitarbeiterbefragung wäre eine weitere Partei (Betriebsrat oder Rechtsanwalt) einzuplanen, was zu einem erhöhten Koordinierungsaufwand führt. Gleichzeitig könnte sich die Befragung aufgrund paralleler Termine oder Abwesenheiten verzögern oder sich auch kurzfristig verschieben. Dem Ziel der schnellen Informationsgewinnung wird hierdurch nicht entsprochen.

Die zusätzlich gewährte Zeit für die Hinzuziehung eines Beistands kann durch den Mitarbeiter zudem für eine Vorbereitung auf das Gespräch genutzt werden. Hierbei ist es allerdings auch denkbar, dass sich der zu befragende Mitarbeiter mit anderen bereits befragten Kollegen austauscht oder sich mögliche Antworten zurechtlegt. Dadurch kann den Ermittlern die Chance eines Überraschungsmoments genommen werden. In der Praxis können diese Herausforderungen beseitigt werden, indem der Arbeitnehmer unmittelbar über sein Recht zur Hinzuziehung eines Beistands im Rahmen der Einladung zum Interview in Kenntnis gesetzt wird.[994] Wenn die Einladung jedoch wenige bis keine Hinweise auf den aufzuklärenden Sachverhalt enthalten würde, wäre es fraglich, ob der Arbeitnehmer den Sachverhalt bereits so weit einschätzen kann, als dass er einen Beistand hinzuzieht. Denn wenn er den Grund für das Interview zunächst falsch einschätzen und auf einen Bestand verzichten würde, könnte sich dies nachteilig für den Arbeitnehmer auswirken. Gleiches gilt für die Entscheidung, ob ein Betriebsratsmitglied oder ein Anwalt hinzugezogen werden soll. Enthält die Einladung dagegen all jene Informationen, die für den Arbeitnehmer zur Abschätzung des Sachverhalts von Relevanz sind, gelten die bereits beschriebenen Bedenken.[995] Der Arbeitnehmer hätte dann zwar ausreichend Zeit, einen Beistand zu kon-

991 Siehe Kapitel 2 B. III. 2. b) ff) (1)–(3).
992 Siehe Kapitel 2 B. III. 2. b) ff) (1).
993 Behr/Guttenberger DB 2020, 1218, 1224.
994 Zur Einladung siehe Kapitel 2 B. III. 2. b) dd).
995 Siehe hierzu Kapitel 2 B. III. 2. b) ee) (1).

taktieren, allerdings könnte er sich auch vorbereiten und informell mit Kollegen austauschen.

Zugleich kann die Anwesenheit eines Beistands dazu führen, dass der Arbeitnehmer die Mitarbeiterbefragung als weniger angespannt erachtet, da eine Person dem Gespräch beiwohnt, die ‚auf seiner Seite' steht. Dies kann sich positiv auf die Atmosphäre und die Bereitschaft zur Auskunft auswirken. Die von der Literatur aufgeworfenen negativen Aspekte bei der Anwesenheit eines Betriebsratsmitglieds sind vom Unternehmen vorab im Einzelfall zu berücksichtigen.[996]

Unabhängig davon, für welche Lösung sich das Unternehmen nach einer Abwägung entscheidet oder ob die Entscheidung dem Arbeitnehmer überlassen wird, sollte nach der hier vertretenen Auffassung ein einheitliches Vorgehen im Unternehmen gewählt werden. Hierdurch wird sichergestellt, dass alle Arbeitnehmer, die in die Situation einer internen Untersuchung geraten, unabhängig vom Ermittlerteam gleichbehandelt werden. Dabei sollte die Entscheidung nicht dem jeweiligen Ermittlerteam überlassen werden, da die Arbeitnehmer hierdurch der jeweiligen Präferenz dieser ‚ausgeliefert' wären.

gg) Belehrungspflichten des Arbeitgebers

Bei internen Untersuchungen ist im Zusammenhang mit Mitarbeiterbefragungen zunächst die Frage zu klären, ob die Mitarbeiter belehrt werden müssen.

Die Pflicht, Beschuldige zu belehren, ergibt sich aus § 136 Abs. 1 StPO, jedoch wird diese für Vernehmungen geltende Vorschrift im zivilrechtlichen Bereich als nicht anwendbar angesehen.[997] Somit besteht grundsätzlich keine gesetzliche Pflicht zur Belehrung.[998] Damit bleibt bei der etwaigen Belehrung eines Mitarbeiters vieles eine Frage des Geschmacks des jeweiligen Befragungsteams.[999]

---

996 Siehe Kapitel 2 B. III. 2. b) ff) (3).

997 Vgl. nur: Greeve/Tsambikakis in: Knierim/Rübenstahl/Tsambikakis, Internal Investigations, Kap. 18 Rn. 30, wonach sich § 136a StPO nur an die Strafverfolgungsbehörden richtet; vgl. Wessing in: Moosmayer/Lösler, Corporate Compliance, § 47 Rn. 64, der die StPO für interne Untersuchungen für nicht anwendbar erachtet; vgl. Ritzenhoff in: Rübenstahl/Hahn/Voet van Vormizeele, Kartell Compliance, 3. Teil Kap. 18 D. IV. Rn. 59, wonach die Regeln der StPO nicht für private Befragende gelten.

998 Vgl. nur: Knierim/Tsambikakis/Klug in: Knierim/Rübenstahl/Tsambikakis, Internal Investigations, Kap. 7 Rn. 37; Rudkowski, Aufklärung von Compliance-Verstößen, S. 124; Krug/Skoupil NJW 2017, 2374, 2376.

999 Knierim/Tsambikakis/Klug in: Knierim/Rübenstahl/Tsambikakis, Internal Investigations, Kap. 7 Rn. 37.

Interne Untersuchungen und entsprechend auch Mitarbeiterbefragungen sollten jedoch nicht auf Basis von Subjektivität, sondern konkreter, zuvor festgelegter Grundsätze durchgeführt werden.[1000] Aus diesem Grund werden nachfolgend die nicht rechtsverbindlichen Thesen der BRAK dargestellt, die sich für Belehrungen im Zusammenhang mit internen Untersuchungen aussprechen. Darauffolgend werden mögliche Bestandteile einer Belehrung eruiert, bevor die Unterschiede zwischen einer Belehrung von verdächtigten Arbeitnehmern und Zeugen-Arbeitnehmern dargelegt werden.

(1) Thesen des Strafausschusses der Bundesrechtsanwaltskammer zur Belehrungspflicht

Der Strafausschuss der Bundesrechtsanwaltskammer[1001] hat im November 2010 die „*Thesen der Bundesrechtsanwaltskammer zum Unternehmensanwalt im Strafrecht*"[1002] veröffentlicht. Diese Thesen wurden u. a. von Rechtsanwälten erarbeitet, die sich auch in Aufsätzen und Handbüchern wissenschaftlich mit internen Untersuchungen beschäftigen.[1003]

Dabei sind in den BRAK-Thesen drei Thesen enthalten, deren Unterthesen sich zum Teil auf interne Erhebungen[1004], und dabei insbesondere auf Mitarbeiterbefragungen, beziehen.[1005]

Einen rechtsverbindlichen Charakter haben die BRAK-Thesen zwar nicht,[1006] sie können jedoch Indizien für berufsrechtswidrige Vorgehen enthalten, wenn ein Rechtsanwalt einen Mitarbeiter befragt.[1007] Auch für das Vorgehen bei Mitarbeiterbefragungen im Rahmen von internen Untersu-

---

1000 Knierim/Tsambikakis/Klug in: Knierim/Rübenstahl/Tsambikakis, Internal Investigations, Kap. 7 Rn. 37.

1001 BRAK, Organisation: „*Die Bundesrechtsanwaltskammer besteht aus den 27 regionalen Rechtsanwaltskammern und der Rechtsanwaltskammer beim Bundesgerichtshof.*"

1002 BRAK, Stellungnahme Nr. 35/2010, S. 1.

1003 So bspw. Thomas C. Knierim, Mitherausgeber von Knierim/Rübenstahl/Tsambikakis, Internal Investigations und Dr. Matthias Jahn, Mitautor in Rotsch, Criminal Compliance 2014.

1004 In den BRAK-Thesen wird der Terminus einer ‚Ermittlung' nur im Kontext der Tätigkeiten der Strafverfolgungsbehörden verwendet. In Abgrenzung dazu wird für die Tätigkeiten der Unternehmensanwälte der Begriff ‚Erhebung' gewählt: BRAK, Stellungnahme Nr. 35/2010, S. 9.

1005 BRAK, Stellungnahme Nr. 35/2010, S. 4, 9 ff.

1006 Vgl. nur: Wessing/Dann in: Bürkle/Hauschka/Schieffer, Der Compliance Officer, § 11 Rn. 41; Knierim/Tsambikakis/Klug in: Knierim/Rübenstahl/Tsambikakis, Internal Investigations, Kap. 7 Rn. 44; Rübenstahl WiJ 2012, 17, 19; Krug/Skoupil NJW 2017, 2374, 2375.

1007 Knierim/Tsambikakis/Klug in: Knierim/Rübenstahl/Tsambikakis, Internal Investigations, Kap. 7 Rn. 44.

chungen werden die BRAK-Thesen, wenngleich sie dafür nicht unmittelbar gelten, oftmals auch als Orientierungspunkt herangezogen.[1008] Eine Orientierung bieten die Thesen insbesondere für Unternehmen, die aktuell keine Belehrungen durchführen, sich aber mit der Thematik auseinandersetzen, ob und wie dies notwendig wäre. Die Thesen ermöglichen einen Einblick in die Ansichten einer Interessengruppe und können als Ansatzpunkt für eigene Belehrungsinhalte dienen. Gleiches gilt für Unternehmen, die bereits Belehrungen durchführen und die Thesen als Vergleichsmaßstab heranziehen, um ihre eigenen Inhalte abzugleichen und bei Bedarf anzupassen.

Im Hinblick auf Mitarbeiterbefragungen heißt es in der BRAK-These 3 Unterthese 1: „*Bei internen Erhebungen, insbesondere bei der Befragung von Mitarbeitern des Unternehmens, wahrt der Unternehmensanwalt die allgemeinen Gesetze und die sich aus den rechtsstaatlichen Grundsätzen ergebenden Standards*."[1009] Diese Unterthese wird in der Begründung um die Ansicht ergänzt, dass Unternehmensanwälte die Standards einhalten sollen, die sich aus der Ordnung des Rechtsstaats ergeben – wissend, dass die Regelungen der StPO im Kontext der Mitarbeiterbefragungen im Unternehmen keine Wirkung haben. Bezogen auf Belehrungen bei Mitarbeiterbefragungen sollen die Mitarbeiter aus Sicht der Kammer darüber informiert werden, dass sie einen anwaltlichen Beistand hinzuziehen dürfen, dessen Kosten das Unternehmen trägt, sofern dies rechtlich zulässig sei.[1010] Auch über die Weitergabe von Interviewprotokollen an Behörden und über die potenziell daraus entstehenden Nachteile bei einer Verwertung dieser Protokolle soll der Mitarbeiter gemäß der Ansicht der BRAK bei der Belehrung aufgeklärt werden. Für den Fall, dass Unternehmen mit dem Mitarbeiter eine Amnestie vereinbaren, hat die Belehrung des Mitarbeiters gemäß der BRAK die Information zu umfassen, dass das Unternehmen keine strafrechtliche Amnestie gewähren kann. Neben der schriftlichen Dokumentation, die nicht den Eindruck eines amtlichen Handelns erwecken darf, ist die Auskunftsperson über eine Belehrung in Kenntnis zu setzen, dass auf ihr Verlangen ein Protokoll der Befragung angefertigt wird, in das sie Einsicht nehmen kann. Zudem ist das Protokoll basierend auf der Erläuterung der BRAK von der Auskunftsperson genehmigen zu lassen.[1011]

Nach der hier vertretenen Auffassung bieten die BRAK-Thesen eine mögliche Orientierung für Unternehmen. Die Einhaltung der Thesen – insbesondere der These 3, Unterthese 1 – wird bei Unternehmen jedoch nur relevant werden, wenn die rechtliche Grundlage der Thesen auch ihrem Rechtsempfinden bei der Durchführung von internen Untersuchungen entspricht. In-

1008 Vgl. hierzu exemplarisch: Krug/Skoupil NJW 2017, 2374, 2375 f.
1009 BRAK, Stellungnahme Nr. 35/2010, S. 4.
1010 BRAK, Stellungnahme Nr. 35/2010, S. 10.
1011 BRAK, Stellungnahme Nr. 35/2010, S. 11.

des erscheint es wahrscheinlicher, dass Unternehmen bei internen Untersuchungen den aus ihrer Sicht rechtlich sicheren – und im Hinblick auf die Informationsgewinnung erfolgversprechendsten – Weg präferieren werden. Eine Anwendung der BRAK-These kann dem entgegenstehen, weshalb diese nach der hier vertretenen Ansicht nicht vollumfänglich überzeugend erscheint. Jedoch können sich Unternehmen der Bestandteile einer Belehrung gemäß den BRAK-Erläuterungen bedienen.

(2) Bestandteile einer Belehrung

Neben den von der BRAK dargelegten Bestandteilen einer Belehrung gibt es weitere Themenbereiche, über die ein Arbeitgeber seine befragten Mitarbeiter belehren kann. Je nach Rechtsauffassung kann darüber belehrt werden, dass dem Mitarbeiter ein Schweigerecht für den Fall zusteht, dass er sich selbst belasten muss, oder welche arbeitsrechtlichen Konsequenzen ihn treffen können, wenn er die Auskunft unberechtigterweise verweigert.[1012] Zudem kann Bestandteil der Belehrung sein, dass im Fall einer Auskunftsverweigerung der arbeitgeberseitige Auskunftsanspruch gerichtlich durchgesetzt werden kann[1013] – wenngleich hierbei auch gewichte Gründe gegen diese Information als Bestandteil der Belehrung sprechen. In den beiden zuletzt genannten Fällen sind vor deren Ausspruch die Grenzen zu einer rechtswidrigen Drohung zu berücksichtigen. Je nach Formulierung und Art der Kommunikation kann die Schwelle hierzu schnell überschritten sein.[1014] Die Klarstellung, dass es sich bei der Mitarbeiterbefragung um eine Befragung zwischen Privaten, nicht jedoch um eine amtliche Vernehmung handelt, wird als weiterer möglicher Inhalt einer Belehrung angesehen.[1015]

Wenngleich die Regelungen des § 136a StPO keine Anwendung finden, wird es in der Literatur trotzdem als notwendig erachtet, dass sich die Ermittlerteams bei einer Befragung in diesen Grenzen bewegen.[1016] Dabei hat es für eine spätere Verwertung im Strafprozess jedoch keine Auswirkungen, wenn

---

1012 So auch: Park/Eggers in: MAH WirtschaftsstrafR, § 11 Rn. 92, hierbei jedoch differenzierend, ob der Arbeitgeber eine Auskunftspflicht annimmt oder nicht; Krug/Skoupil NJW 2017, 2374, 2377.

1013 Zur Durchsetzbarkeit des Auskunftsanspruchs siehe Kapitel 2 B. III. 6. b).

1014 Siehe Kapitel 2 B. III. 6. c).

1015 Park in: MAH WirtschaftsstrafR, § 11 Rn. 92; Krug/Skoupil NJW 2017, 2374, 2377.

1016 Vgl. nur: Greeve/Tsambikakis in: Knierim/Rübenstahl/Tsambikakis, Internal Investigations, Kap. 18 Rn. 30; ähnlich: BRAK, Stellungnahme Nr. 35/2010, S. 11, wonach der Unternehmensanwalt die unzulässigen Methoden nach § 136a StPO vermeiden soll; im Ergebnis so auch: Naber/Ahrens CCZ 2020, 36, 40, die darstellen, dass ein Unternehmen kein Interesse daran haben kann, dass interne Untersuchungen mithilfe ordnungswidriger Methoden nach § 136a StPO durchgeführt werden.

sich das Ermittlerteam grundlegend gegen eine Belehrung entscheidet.[1017] Etwas anderes kann nur gelten, wenn die ausbleibende Belehrung gemeinsam mit weiteren Kriterien als nicht fair erachtet wird, wodurch sich im Einzelfall ein Beweisverwertungsverbot ergeben kann.[1018]

(3) Belehrung von verdächtigten Arbeitnehmern

Wie bereits dargestellt, besteht keine Pflicht, verdächtigte Arbeitnehmer zu belehren. Um Missverständnissen vorzubeugen, wird nach der hier vertretenen Auffassung aber zumindest die Information, dass es sich bei der Mitarbeiterbefragung um ein Gespräch zwischen Privaten handelt, in einer Belehrung als bedeutungsvoll angesehen. Zudem wird der Hinweis über die Mitwirkungspflicht[1019] verdächtigter Mitarbeiter sowie über die Möglichkeit, ein Betriebsratsmitglied oder einen Rechtsanwalt als Beistand hinzuziehen zu dürfen, als sinnvoll erachtet. In Unternehmen, in denen kein Betriebsrat besteht, entfällt die potenzielle Entscheidungsmöglichkeit für den Mitarbeiter, sodass als einzige Option die Hinzuziehung eines Rechtsanwalts verbleibt. Möchte das Ermittlerteam die Anwesenheit eines Betriebsratsmitglieds bewusst ausschließen, kann sie dem verdächtigten Arbeitnehmer anraten einen Rechtsanwalt als Beistand zu konsultieren. Im Falle einer Auskunftsverweigerung erscheint auch die sachliche Darlegung der rechtlichen Konsequenzen, die dem Arbeitnehmer drohen können, sinnvoll.[1020]

(4) Belehrung von Arbeitnehmern als Zeugen

Eine Belehrung von Arbeitnehmern, die als Zeugen befragt werden, ist nicht erforderlich.[1021] Es ist nach der hier vertretenen Ansicht jedoch ratsam klarzustellen, dass es sich bei der Mitarbeiterbefragung um ein Gespräch zwischen Privaten handelt.

Eine über diese Information hinausgehende Belehrung gegenüber Zeugen erscheint bei kooperationsbereiten Mitarbeitern jedoch nicht notwendig. Eine Belehrung über die Möglichkeit eines (rechtlichen) Beistands ist hierbei unerheblich.[1022] Erhalten die Ermittlerteams allerdings während der Be-

---

1017 Knierim/Tsambikakis/Klug in: Knierim/Rübenstahl/Tsambikakis, Internal Investigations, Kap. 7 Rn. 42; Rübenstahl WiJ 2012, 17, 31.

1018 Siehe Kapitel 2 C. I. 2. d) cc).

1019 Siehe hierzu Kapitel 2 B. III. 3. (Teilnahmepflicht) und Kapitel 2 B. III. 4. (Auskunftspflichten).

1020 Siehe hierzu Kapitel 2 B. III. 6. c).

1021 Schrader/Thoms/Mahler NZA 2018, 965, 971.

1022 Im Ergebnis so auch: Schrader/Thoms/Mahler NZA 2018, 965, 971, die Belehrungen an sich und ein Teilnahmerecht eines Dritten wie eines Rechtsanwalts für nicht rechtlich ersichtlich erachten.

fragung den Eindruck, dass sich ein Zeuge eines Fehlverhaltens belasten muss, sollen die Belehrungsinhalte, die gegenüber Verdächtigten mitgeteilt werden, ebenso an den vermeintlichen Zeugen kommuniziert werden.

(5) Stellungnahme

Während die nicht rechtsverbindlichen BRAK-Thesen eine Orientierungshilfe bieten können,[1023] inwieweit Mitarbeiter bei einer Befragung belehrt werden können, obliegt die Entscheidung über das ‚Ob' und ‚Wie' letztlich dem Ermittlerteam. Um eine Gleichbehandlung aller Mitarbeiter in einem Unternehmen sicherzustellen, die potenziell in einer Mitarbeiterbefragung befragt werden, soll nach der hier vertretenen Auffassung eine unternehmensweit einheitliche Vorgabe bestehen, ob und in welcher Form belehrt wird. Der Informationsgehalt, den die befragten Mitarbeiter erhalten würden, würde abhängig vom Ermittlerteam andernfalls erheblichen Schwankungen unterliegen.

hh) Grenzen bei Mitarbeiterbefragungen

Interne Ermittler haben bei der Durchführung interner Untersuchungen ihr Verhalten an geltenden Gesetzen und Standards auszurichten.[1024] Andernfalls droht die Verwirklichung von strafrechtlichen Tatbeständen wie Amtsanmaßung (§ 132 StGB)[1025] und Nötigung (§ 240 StGB)[1026]. Denkbar sind auch ein Hausfriedensbruch (§ 123 StGB)[1027] oder die Verletzung des Briefgeheimnisses (§ 202 StGB)[1028]. Eine weitere Strafbarkeit kann sich aufgrund der Verletzung der Vertraulichkeit des Wortes gemäß § 201 StGB ergeben,[1029]

1023 Siehe Kapitel 2 B. III. 2. b) gg) (1).

1024 Vgl. Weiß CCZ 2014, 136, 136, wonach auch für interne Untersuchungen strafrechtliche Grenzen gelten; vgl. Burgard in: Moosmayer/Hartwig, Interne Untersuchungen, Kap. N Rn. 17.

1025 Vgl. nur: Weiß CCZ 2014, 136, 138; Klengel/Mückenberger CCZ 2009, 81, 82; Wessing in: Moosmayer/Lösler, Corporate Compliance, § 47 Rn. 133.

1026 Siehe Kapitel 2 B. III. 6. c); vgl. nur: Klengel/Mückenberger CCZ 2009, 81, 82; Weiß CCZ 2014, 136, 136 f.; Burgard in: Moosmayer/Hartwig, Interne Untersuchungen, Kap. N Rn. 18.

1027 Vgl. nur: Weiß CCZ 2014, 136, 137 f.; Burgard in: Moosmayer/Hartwig, Interne Untersuchungen, Kap. N Rn. 18; Schuster in: Knierim/Rübenstahl/Tsambikakis, Internal Investigations, Kap. 12 Rn. 145.

1028 Vgl. nur: Klengel/Mückenberger CCZ 2009, 81, 83; Weiß CCZ 2014, 136; 138; Burgard in: Moosmayer/Hartwig, Interne Untersuchungen, Kap. N Rn. 18.

1029 Vgl. nur: Klengel/Mückenberger CCZ 2009, 81, 84; Wessing in: Moosmayer/Lösler, Corporate Compliance, § 47 Rn. 149; vgl. mit Bezug auf Strafbarkeitsrisiken von Aufsichtsratsmitgliedern: Wilsing/Winkler in: Semler/v. Schenck/Wilsing, Arbeitshandbuch für Aufsichtsratsmitglieder, § 8 Rn. 90.

wenn das Gesagte des befragten Mitarbeiters bei einer Mitarbeiterbefragung heimlich aufgezeichnet wird.[1030] Durch heimliche Bildaufnahmen kann sich zudem eine Strafbarkeit wegen der Verletzung von Persönlichkeitsrechten nach § 201a StGB ergeben.[1031]

Wenngleich die Regelungen der StPO in dem Zusammenhang von Mitarbeiterbefragungen nicht gelten,[1032] sollten während der Befragung keine Handlungen angewendet werden, die gemäß § 136a StPO als eine verbotene Vernehmungsmethode verstanden werden können.[1033] Insbesondere verboten sind nach § 136a Abs. 1 S. 1 StPO Misshandlungen, Ermüdungen, Täuschungen und Hypnose, die die Freiheit der Willensentschließung und Willensbetätigung des Beschuldigten beeinträchtigen könnten. Auch Verletzungen des Kernbereichs des allgemeinen Persönlichkeitsrechts[1034] sollten bei der Mitarbeiterbefragung und auch grundsätzlich bei der Beweiserhebung unterbleiben.

ii) Urteil des Schweizer Bundesgerichts vom 19.01.2024

In den vergangenen Jahren waren interne Untersuchungen – abgesehen von der Jones-Day-Entscheidung aus dem Jahr 2018 und soweit ersichtlich – nur selten Gegenstand deutscher gerichtlicher Entscheidungen. Unter diesem Aspekt erscheint die aktuelle Rechtsprechung aus dem deutschen Nachbarland, das seinerseits interne Untersuchungen ebenfalls rechtlich nicht detailliert geregelt hat,[1035] besonders interessant. Darin wurden Entscheidungen

---

1030 Burgard in: Moosmayer/Hartwig, Interne Untersuchungen, Kap. N Rn. 96 f.

1031 Vgl. nur: Klengel/Mückenberger CCZ 2009, 81, 85; Wessing in: Moosmayer/Lösler, Corporate Compliance, § 47 Rn. 149; vgl. mit Bezug auf Strafbarkeitsrisiken von Aufsichtsratsmitgliedern: Wilsing/Winkler in: Semler/v. Schenck/Wilsing, Arbeitshandbuch für Aufsichtsratsmitglieder, § 8 Rn. 90.

1032 Vgl. nur: Jäger in: HK-GS, § 136 StPO Rn. 2b, konkretisiert dies auf § 136 StPO; Momsen ZIS 2011, 508, 514 „*Auch für interne Ermittlungen findet die StPO keine Anwendung.*"; Greco/Caracas NStZ 2015, 7, 7, wonach keine Bindung an die StPO vorliegt; Veit, Compliance und interne Ermittlungen, Rn. 273; Kasiske NZWiSt 2014, 262, 263, hält die StPO bei nichtsubstitutiven internen Untersuchungen für nicht anwendbar. Jedoch sei die StPO anzuwenden, wenn die interne Untersuchung seit deren Beginn unter der Einflussnahme von Strafverfolgungsbehörden durchgeführt werde.

1033 Vgl. nur: BRAK, Stellungnahme Nr. 35/2010, S. 11; Naber/Ahrens CCZ 2020, 36, 40; Wessing/Dann in: Bürkle/Hauschka/Schieffer, Der Compliance Officer, § 11 R. 41.

1034 Siehe hierzu Kapitel 2 C. I. 2. b) aa)–dd).

1035 Vgl. hierzu auch: Schweizer Bundesgericht 19.01.2024 – 4A_368/2023, wonach der Sachverhalt auch unter dem Gesichtspunkt der StPO und strafprozessualen Grundsätzen beleuchtet wird, jedoch klargestellt wird, dass diese Regelungen nicht für interne Untersuchungen gelten; Hahn/Wohlmann/Livschitz in: Ruhmannseder/Lehner/Beukelmann, Compliance aktuell, S1010 III. Rn. 35, wonach in der Schweiz gesetzli-

zu Fragestellungen getroffen, die in den vorherigen Abschnitten bereits erörtert wurden. So ging es um den Inhalt der Einladung einer Befragung, die Notwendigkeit einer Erklärung zu den Gesprächsinhalten und Verdachtsmomenten sowie um das Recht eines Arbeitnehmers, einen Beistand – hier eine Vertrauensperson – zur Mitarbeiterbefragung hinzuzuziehen.

So hat das Bundesgericht in der Schweiz im Jahr 2024 zu einem Sachverhalt geurteilt, in dem sich eine Mitarbeiterin an die betriebsinterne Ombudsfrau gewandt hat und dabei einen Mitarbeiter der sexuellen Belästigung beschuldigte. Nachdem die Arbeitgeberin eine interne Untersuchung durchgeführt hatte, wurde dem Mitarbeiter ordentlich gekündigt.[1036] Der Mitarbeiter klagte daraufhin gegen die Arbeitgeberin und verlangte die Änderung seines Arbeitszeugnisses sowie eine Entschädigung aufgrund seiner vermeintlich missbräuchlichen Kündigung.[1037]

Im Zusammenhang mit internen Untersuchungen urteilte das Bundesgericht, dass die Regelungen der schweizerischen Strafprozessordnung nicht für diese gelten. Die Anwendbarkeit der strafprozessualen Vorschrift verbiete sich im Privatrecht aus Sicht des Bundesgerichts schon allein aufgrund der grundverschiedenen Rechtsverhältnisse. Während zwischen den Parteien ein freiwilliges personenbezogenes Dauerschuldverhältnis auf Grundlage des Arbeitsvertrags besteht, sind beschuldigte Personen im Strafverfahren der staatlichen Strafgewalt unterworfen – und dies ohne Berücksichtigung ihres Willens. Einen weiteren Unterschied sah das Bundesgericht in den unterschiedlichen Rechtsfolgen. Dem Staat stehen im Strafverfahren autoritativ Bußen sowie Geld- und Freiheitsstrafen oder Maßnahmen zur Verfügung, die bis zu einer lebenslänglichen Verwahrung reichen. Damit geht ein einschneidender Grundrechtseingriff einher, der so in keinem anderen Rechtsgebiet denkbar ist. Im gegenständlichen arbeitsrechtlichen Sachverhalt ging es jedoch um den Kündigungsschutz eines Arbeitnehmers. Der schlimmste denkbare Fall war dabei eine ordentliche Kündigung.[1038]

Im Zusammenhang mit der bereits erörterten Fragestellung über den Inhalt einer Einladung zur Befragung sah es das Bundesgericht als nicht notwendig

---

che Compliance-Vorgaben existieren und ein Gebot besteht, interne Untersuchungen im Fall eines Rechtsbruchverdachts durchzuführen; Reiter, Internal Investigations in der Schweiz und bei den Vereinten Nationen, S. 116, wonach *„in den meisten Gemeinwesen der Schweiz […] internal investigations auf Ebene der Gesetze und Verordnungen nicht besonders und umfassend geregelt [sind]“*; siehe: Uhl/Pikó in: Pikó/Uhl/Licci, Handbuch Corporate Compliance, § 48 Rn. 137 f. zu Rechten und Pflichten von Arbeitnehmern in der Schweiz im Zusammenhang mit internen Untersuchungen.

1036 Schweizer Bundesgericht 19.01.2024 – 4A_368/2023 Rn. A.

1037 Schweizer Bundesgericht 19.01.2024 – 4A_368/2023 Rn. B.

1038 Schweizer Bundesgericht 19.01.2024 – 4A_368/2023 Rn. 4.1.

an, dass der beschuldigte Arbeitnehmer vor dem Gespräch über den genauen Inhalt informiert wird. Stattdessen wurde es als ausreichend angesehen, wenn dieser erst im Interview über den Zweck und Inhalt des Gesprächs in Kenntnis gesetzt wird.[1039] Detaillierte Informationen – wie im vorliegenden Sachverhalt, „*wann er wen, wo und wie sexuell belästigt habe*“[1040] – wurden ebenfalls nicht als erforderlich erachtet. Überdies ergibt sich dabei aus Sicht des Gerichts ein Zielkonflikt zwischen dem Selbstverteidigungsrecht und dem Hinweisgeberschutz.[1041] Auch auf die Frage, ob der Arbeitnehmer das Recht hat, einen Beistand hinzuzuziehen, entschied das Bundesgericht, dass der Arbeitnehmer darauf keinen Anspruch hat.[1042]

Im Vergleich zur deutschen Rechtsprechung hat das Schweizer Bundesgericht mit seinem Urteil einige Fragestellungen im Zusammenhang mit internen Untersuchungen behandelt und eine klare Ansicht vertreten, die die Position von Unternehmen stärkt. Die daraus resultierenden Ergebnisse entsprechen der zuvor dargestellten überwiegenden deutschen Literatur sowie der hier vertretenen Auffassung.

c) Ablauf einer Mitarbeiterbefragung und Fragetechniken

Nachfolgend wird der exemplarische Ablauf einer Mitarbeiterbefragung eines verdächtigten Mitarbeiters sowie eines Arbeitnehmers als Zeugen beschrieben. Zugleich werden unterschiedliche Fragetechniken dargestellt, die dabei eingesetzt werden können.

aa) Bei einem verdächtigten Arbeitnehmer

Für Mitarbeiter ist eine Befragung im Rahmen einer internen Untersuchung oft eine neue Erfahrung. Dementsprechend angespannt und nervös können sie auf diese Situation reagieren.[1043] Zur Herstellung einer angemessenen Atmosphäre und zur Reduzierung der Nervosität des Mitarbeiters soll sich das Ermittlerteam Zeit für Smalltalk und einführende Worte nehmen,[1044]

1039 Schweizer Bundesgericht 19.01.2024 – 4A_368/2023 Rn. 4.4.1.
1040 Schweizer Bundesgericht 19.01.2024 – 4A_368/2023 Rn. 4.4.3.
1041 Schweizer Bundesgericht 19.01.2024 – 4A_368/2023 Rn. 4.4.3.
1042 Schweizer Bundesgericht 19.01.2024 – 4A_368/2023 Rn. 4.4.2.
1043 Grützner in: Momsen/Grützner, Wirtschafts- und Steuerstrafrecht, § 16 Rn. 396.
1044 Vgl. nur: Veit ZRFC 2017, 171, 172; vgl. auch: Löw CCZ 2014, 159, 162, der dies ebenfalls für notwendig erachtet, um den Normalzustand des Gesprächspartners kennenzulernen und zukünftige Verhalten im Gespräch mit diesem abgleichen zu können; vgl. Albrecht/Albrecht/Albrecht/Zimbelman, Fraud Examination, S. 291, die Smalltalk als sinnvoll erachten, um eine gemeinsame Basis zu schaffen.

sich vorstellen, dem Mitarbeiter gegenüber freundlich auftreten und Augenkontakt zu ihm suchen.[1045]

Der Interviewer soll während der Befragung ergebnisoffen sein und diese mit Neugier im Hinblick auf das Geschehene führen. Hat der Interviewer dagegen bereits eine Erwartungshaltung, können dadurch das Klima des Gesprächs und dessen Ausgang beeinflusst werden.[1046]

(1) Einleitung der Mitarbeiterbefragung

Die Einleitung in das Gespräch dient dazu, einander vorzustellen,[1047] eine dem Sachverhalt angemessene Atmosphäre zu schaffen,[1048] die Kooperationsbereitschaft[1049] des Mitarbeiters herzustellen und – je nach Rechtsauffassung[1050] – diesen zu belehren sowie die Hintergründe[1051] für die Befragung zu erläutern. Zugleich empfiehlt es sich – auf Grundlage der Treuepflicht des Arbeitnehmers gegenüber dem Arbeitgeber – diesen darauf hinzuweisen, dass die Befragung an sich, deren Inhalt sowie die Untersuchung vertraulich zu behandeln sind.[1052] Der Arbeitnehmer kann im Rahmen seiner Vorstellung bereits aufgefordert werden, ebenfalls die Dauer der Betriebszugehörigkeit sowie seine Tätigkeiten zu nennen.[1053]

Wie bereits dargestellt, muss bei der Notwendigkeit einer Erläuterung zum Gesprächsinhalt nicht auf die Vorgaben einer Verdachtskündigung abgestellt werden, wenn der Arbeitgeber mit diesem Gespräch nicht zugleich die Voraussetzungen für eine solche Kündigung schaffen möchte.[1054] Für die nachfolgende Erläuterung wird dies angenommen. Der für eine Verdachts-

1045 Grützner in: Momsen/Grützner, Wirtschafts- und Steuerstrafrecht, § 16 Rn. 397.

1046 Veit ZRFC 2017, 171, 171.

1047 Vgl. nur: Wilmer in: Jackmuth/de Lamboy/Zawilla, Fraud Management, S. 794; Zimmermann/Lingscheid CB 2013, 23, 25; Bohm/Wagner CB 2014, 16, 17; Albrecht/Albrecht/Albrecht/Zimbelman, Fraud Examination, S. 291.

1048 Grützner in: Momsen/Grützner, Wirtschafts- und Steuerstrafrecht, § 16 Rn. 396; Bohm/Wagner CB 2014, 16, 17; siehe auch: Löw CCZ 2014, 159, 160, wonach eine schlechte Atmosphäre den Redefluss hemmen kann.

1049 Grützner in: Momsen/Grützner, Wirtschafts- und Steuerstrafrecht, § 16 Rn. 396.

1050 Siehe hierzu Kapitel 2 B. III. 2. b) gg).

1051 Grützner in: Momsen/Grützner, Wirtschafts- und Steuerstrafrecht, § 16 Rn. 396; ähnlich auch: Bohm/Wagner CB 2014, 16, 17, die die Notwendigkeit zur Nennung des Auftrags aufführen.

1052 Uffmann/Beckmann in: Braun/Wisskirchen, KonzernArbR, Kap. 8 Rn. 450; Zimmermann/Lingscheid CB 2013, 23, 25.

1053 Vgl. Zimmermann/Lingscheid CB 2013, 23, 25, wonach das Interview mit allgemeinen Fragen wie zur Betriebszugehörigkeit beginnen soll.

1054 Siehe Kapitel 2 B. III. 2. b) ee); siehe auch: Zimmermann/Lingscheid CB 2013, 23, 26, die darauf hinweisen, dass die Besonderheiten einer Verdachtskündigung zu beachten sind, wenn das Interview zugleich eine Anhörung für eine solche darstellt.

kündigung erforderliche ‚greifbare Sachverhalt' liegt bei internen Untersuchungen regelmäßig noch nicht vor.[1055] Jedoch kann aus Gründen der Fairness eine Erläuterung über Hintergründe und Verdachtsmomente vorgenommen werden.[1056] Gegenüber einer vollständigen Offenbarung des Untersuchungsgegenstands stellt die Anwendung eines vorgeschobenen Grundes zur Verschleierung der ursprünglichen Hintergründe für eine Befragung ein anderes Extrem dar. Dies wird in der Praxis als sog. Legende bezeichnet.

Dabei ist anzunehmen, dass ein Mitarbeiter, der verdächtigt wird, einen (Rechts-)Verstoß begangen zu haben, einen vorgeschobenen Grund wie eine Prozessaufnahme als Befragungsanlass schnell erkennen wird. Dies kann sich auf die Atmosphäre während der Befragung und die Aussagebereitschaft des Mitarbeiters auswirken.[1057] Auch kann mit der Anwendung einer Legende dem Fairnessgedanken nicht entsprochen werden.[1058] Als Kompromiss zwischen einer ganzheitlichen Offenbarung des Anlasses und einem vorgeschobenen Grund kann die Erklärung dienen, dass mithilfe der Befragung Hinweisen nachgegangen wird oder Unregelmäßigkeiten aufgeklärt werden sollen.[1059] Auf ausschweifende Erläuterungen zu den Interviewhintergründen soll jedoch verzichtet werden, um die Möglichkeit von Missverständnissen und Fehlinterpretationen zu minimieren.[1060]

Nach der hier vertretenen Auffassung kann die Anwendung einer Legende in Ausnahmefällen notwendig sein. Dies kann insbesondere von externen Ermittlern leichter umgesetzt werden, da sie als externe Dritte auftreten und im Unternehmen ggf. noch nicht bekannt sind. Unternehmensinterne Ermittler befragen indes regelmäßig ihre Kollegen, weshalb aus Fairness- und Kollegialitätsgründen bestenfalls darauf verzichtet werden soll, die Kollegen anzulügen. Klarheit ist auch dahingehend zu schaffen, dass es sich bei dem Gespräch um eine unternehmensinterne Maßnahme handelt, damit nicht fälschlicherweise der Eindruck entsteht, dass das Interview eine staatliche Vernehmung ist.[1061] Je nach Ausgestaltung dieser Mindestanforderung an eine Belehrung sowie bei der Anwendung der von der Literatur[1062] vereinzelt empfohlenen Information des Verdächtigten über dessen Status als solcher kann die Möglichkeit, das Gespräch unter einer Legende zu führen, regelmäßig ausscheiden.

1055 Siehe zu Verdachtskündigungen Kapitel 2 A. IX. 3.
1056 Naber/Ahrens CCZ 2020, 36, 41.
1057 Wilmer in: Jackmuth/de Lamboy/Zawilla, Fraud Management, S. 794.
1058 Siehe hierzu sogleich, Kapitel 2 C. I. 2. d) cc).
1059 Wilmer in: Jackmuth/de Lamboy/Zawilla, Fraud Management, S. 794.
1060 So auch: Grützner in: Momsen/Grützner, Wirtschafts- und Steuerstrafrecht, § 16 Rn. 399, wonach Verwirrungen durch ausschweifende Erklärungen vermieden werden sollten.
1061 Siehe hierzu Kapitel 2 B. III. 2. b) gg) (2).
1062 Zimmermann/Lingscheid CB 2013, 23, 25.

(2) Mitarbeiterbefragung und Fragetechniken

Nach der Einleitung ist die Befragung mit der Sachverhaltsdarstellung durch den Mitarbeiter zu beginnen.[1063] Hierzu kann ein freier Bericht als Befragungsinstrument genutzt werden,[1064] der durch eine offene, aber zugleich hinreichend konkret formulierte Frage des Interviewers über ein Ereignis oder einen Prozess eingeleitet wird.[1065] Dafür ist dem Mitarbeiter ausreichend Zeit zur Verfügung zu stellen, damit er sich an einzelne Sachverhalte erinnern und diese darlegen kann.[1066] Zu diesem Zeitpunkt des Gesprächs ist es essenziell, dass es so wenige Unterbrechungen wie möglich gibt, damit der Befragte in seinem Redefluss nicht gestört und bei seinen Auskünften nicht beeinflusst wird.[1067] Schweift der Mitarbeiter bei seinen Schilderungen deutlich ab oder führt er den Sachverhalt zu detailliert aus, kann es sinnvoll sein, wenn die Ermittler den Befragten auf den ursprünglichen Gesprächsgegenstand aufmerksam machen.[1068] Auf Gesprächspausen während der freien Berichterstattung sollen die Interviewer mit Schweigen reagieren.[1069] Um den Redefluss nicht zu stören, empfiehlt es sich, aufkommende (Detail-)Fragen zunächst zu notieren und diese im Verlauf des Interviews zu stellen.[1070]

Frühe Fragen sowie solche, die sich auf Rechtsverstöße beziehen, können seitens des Mitarbeiters zu Misstrauen führen, der somit vorsichtigere Formulierungen wählt. Im Laufe der Befragung ist es jedoch notwendig, dass die Aussagen eine Detailtiefe erreichen und durch offene Fragen gelenkt werden.[1071] Offene Fragen werden mit den sog. W-Fragen (z. B. was, wer, wie, wann oder wo) eingeleitet.[1072] In den Antworten auf solche Fragen offenbaren die Mitarbeiter detaillierte Informationen, sofern entsprechende Erinnerungen vorhanden sind.[1073] Sie werden regelmäßig im informativen Teil

---

1063 Naber/Ahrens CCZ 2020, 36, 41.

1064 Wilmer in: Jackmuth/de Lamboy/Zawilla, Fraud Management, S. 796.

1065 Wilmer in: Jackmuth/de Lamboy/Zawilla, Fraud Management, S. 795.

1066 Naber/Ahrens CCZ 2020, 36, 41.

1067 Janssen CCZ 2016, 270, 270 f.; Naber/Ahrens CCZ 2020, 36, 41; im Ergebnis so auch: Albrecht/Albrecht/Albrecht/Zimbelman, Fraud Examination, S. 283.

1068 Grützner in: Momsen/Grützner, Wirtschafts- und Steuerstrafrecht, § 16 Rn. 389.

1069 Vgl. Wilmer in: Jackmuth/de Lamboy/Zawilla, Fraud Management, S. 795, hierbei im Zusammenhang mit Zeugen- und Hinweisgeberinterviews.

1070 Vgl. auch Wendler/Hoffmann, Technik und Taktik der Befragung, S. 7, wonach der Bericht nicht durch Fragen unterbrochen werden soll; Janssen CCZ 2016, 270, 270.

1071 Janssen CCZ 2016, 270, 271.

1072 Vgl. nur: Jansen in: MAH Strafverteidigung, § 36 Rn. 61; Wendler/Hoffmann, Technik und Taktik der Befragung, S. 7; Knierim/Tsambikakis/Klug in: Knierim/Rübenstahl/Tsambikakis, Internal Investigations, Kap. 7 Rn. 66; Uhl/Pikó in: Pikó/Uhl/Licci, Handbuch Corporate Compliance, § 48 Rn. 102.

1073 Knierim/Tsambikakis/Klug in: Knierim/Rübenstahl/Tsambikakis, Internal Investigations, Kap. 7 Rn. 66; ähnlich: Wilmer in: Jackmuth/de Lamboy/Zawilla, Fraud

des Interviews eingesetzt, da sie nicht mit Ja oder Nein beantwortet werden können.[1074] Fragen, die mit ‚Warum' beginnen, werden von Teilen der Literatur hingegen als nicht ratsam angesehen, da mit einer Warum-Frage ein Vorwurf impliziert wird, der bei dem Befragten einen Rechtfertigungsdruck hervorrufen kann.[1075] Da dies negative Folgen für die Gesprächsatmosphäre haben kann, sind solche Fragen insbesondere am Anfang eines Interviews nicht zu stellen.[1076] Daneben gibt es weitere Fragetypen wie Leer- und Anstoßfragen, die eingesetzt werden können, wenn das Gespräch ins Stocken gerät oder die bisherigen Schilderungen des befragten Mitarbeiters nicht ins Detail gehen.[1077] Während die Leerfrage dazu dienen kann, eine allgemeine Richtung zu benennen (Beispiel: „*Ging es dann noch weiter?*"[1078]),[1079] wird bei der Anstoßfrage ein konkretes Stichwort eingebracht, was häufig benötigt wird, um das Gespräch fortführen zu können (Beispiel: ‚War da noch etwas, als die Ausschreibung finalisiert wurde?').[1080]

Bei der Formulierung der Fragen ist seitens des Ermittlerteams darauf zu achten, dass eindeutige, kurze, verständliche und freundliche Formulierungen verwendet werden.[1081] Für die Einleitung der Frage muss der Interviewende regelmäßig Informationen preisgeben, wobei darauf zu achten ist, dass nicht zu viele Informationen offenbart werden.[1082] Aus diesem Grund wird empfohlen, mit allgemeinen Fragen zu beginnen, die sich auf strittige

---

Management, S. 798, wonach offene Fragen es dem Interviewten ermöglichen umfassend zu antworten.

1074 Vgl. Wells, Principles of Fraud Examination, S. 394; so auch: Albrecht/Albrecht/Albrecht/Zimbelman, Fraud Examination, S. 294.

1075 Bohm/Wagner CB 2014, 16, 18; Wilmer in: Jackmuth/de Lamboy/Zawilla, Fraud Management, S. 798.

1076 Wilmer in: Jackmuth/de Lamboy/Zawilla, Fraud Management, S. 798.

1077 Häcker in: Bender/Häcker/Schwarz, Tatsachenfeststellung vor Gericht, Rn. 997 f.

1078 Häcker in: Bender/Häcker/Schwarz, Tatsachenfeststellung vor Gericht, Rn. 998.

1079 Häcker in: Bender/Häcker/Schwarz, Tatsachenfeststellung vor Gericht, Rn. 998; dahingehend auch: Wendler/Hoffmann, Technik und Taktik der Befragung, S. 7, wonach Leerfragen genutzt werden, um eine Person zu weiteren Auskünften zu bringen.

1080 Siehe hierzu auch: Häcker in: Bender/Häcker/Schwarz, Tatsachenfeststellung vor Gericht, Rn. 999, der zu Anstoßfragen das folgende Beispiel anführt: „*War da noch etwas mit jemand aus der Verwandtschaft?* "; dahingehend auch: Wendler/Hoffmann, Technik und Taktik der Befragung, S. 7, wonach Anstoßfragen genutzt werden, um ein Thema einzuleiten (Beispiel: ‚Was ist dann passiert?').

1081 Vgl. nur: Knierim/Tsambikakis/Klug in: Knierim/Rübenstahl/Tsambikakis, Internal Investigations, Kap. 7 Rn. 66; vgl. auch Häcker in: Bender/Häcker/Schwarz, Tatsachenfeststellung vor Gericht, Rn. 973, wonach die Fragen einfach, eindeutig und kurz sein sollen; Naber/Ahrens CCZ 2020, 36, 42.

1082 Vgl. hierzu: Hofmann ZCG 2006, 27, 28, wonach der Interviewer Informationen preisgeben muss, für ihn allerdings die Regel gilt, dass er mehr zuhören als reden sollte.

Aspekte beziehen.[1083] Dabei ist stets zu berücksichtigen, dass das Ermittlerteam während des Interviews mehr zuhören als reden soll.[1084] Hegt der Interviewer den Verdacht, dass sich der Mitarbeiter nicht erinnern kann oder möchte, kann er ihn durch eine Ermahnung zu einer Auskunft animieren.[1085] Zweifel an den Auskünften des Mitarbeiters kann der Interviewer zudem offen kommunizieren.[1086]

Wenn dem befragten Mitarbeiter bspw. private Beziehungen zu Lieferanten inklusive Urlaubseinladungen vorgeworfen werden, wäre es denkbar, dass das Ermittlerteam zunächst keine Fragen zu den Lieferanten stellt. Stattdessen könnten Fragen zu prozessualen Abläufen wie der Auswahl von Lieferanten oder den Ausschreibungsverfahren gestellt werden, um den fraglichen Sachverhalt besser zu verstehen. Im besten Fall liefert der befragte Mitarbeiter durch seine Erläuterungen zahlreiche Informationen, auf die das Ermittlerteam in dem Interview eingehen kann, um schließlich gezielter nachzufragen. Falsche Darstellungen oder Widersprüche können identifiziert und Aussagen entkräftet werden, wenn aus den Dokumenten, die bereits vor der Mitarbeiterbefragung vorlagen, wesentliche Informationen hervorgegangen sind.

Geschlossene Fragen, die im Vergleich zu offenen Fragen thematisch beschränkt sind und keine Alternativen umfassen,[1087] können ergänzend zu offenen Fragen verwendet werden,[1088] wenn mit den offenen Fragen keine Informationen mehr erzielt werden.[1089] Allerdings haben solche Fragen eine ausschließende Wirkung, derer sich der Interviewer bewusst sein muss.[1090] Suggestiv-[1091] und Fangfragen sind ebenso wie Beeinflussungen von Mit-

---

1083 Wilmer in: Jackmuth/de Lamboy/Zawilla, Fraud Management, S. 797.

1084 Vgl. Wells JofA 2002, „*Do more listening than talking*"; Hofmann ZCG 2006, 27, 28; vgl. Naber/Ahrens CCZ 2020, 36, 41, wonach der Mitarbeiter den Hauptredeanteil haben soll; vgl. v. Kummer SPA 2023, 185, 187, „*Der Interviewer muss darauf achten, seine Redeanteile klein zu halten.*"

1085 Janssen CCZ 2016, 270, 271; siehe zur Erinnerungsfähigkeit Kapitel 2 B. III. 2. c) bb).

1086 Vgl. Janssen CCZ 2016, 270, 271.

1087 Vgl. nur: Häcker in: Bender/Häcker/Schwarz, Tatsachenfeststellung vor Gericht, Rn. 1003; dahingehend auch: Wendler/Hoffmann, Technik und Taktik der Befragung, S. 198, worauf auf geschlossene Fragen regelmäßig nur mit ‚Ja' oder ‚Nein' geantwortet werden kann; ähnlich: Löw CCZ 2014, 159, 164, wonach geschlossene Fragen eine eingeschränkte Antwortmöglichkeit bieten.

1088 Wilmer in: Jackmuth/de Lamboy/Zawilla, Fraud Management, S. 798.

1089 Wendler/Hoffmann, Technik und Taktik der Befragung, S. 198.

1090 Häcker in: Bender/Häcker/Schwarz, Tatsachenfeststellung vor Gericht, Rn. 1003.

1091 Grützner in: Momsen/Grützner, Wirtschafts- und Steuerstrafrecht, § 16 Rn. 424 und Dendorfer-Ditges in: MAH ArbR, § 75 Rn. 137, wonach keine Suggestivfragen zu stellen sind; ähnlich, vgl.: Wessing/Ahlbrecht, Zeugenbeistand Rn. 167, wonach bei Suggestiv- und Fangfragen der Zeugenbeistand einzuschreiten hat.

arbeitern, bei denen eine bestimmte Richtung vorgegeben wird, zu vermeiden.[1092] Abgesehen von vollkommen voraussetzungslosen W-Fragen weisen jedoch fast alle Fragen einen mehr oder weniger ausgeprägten suggestiven Anteil auf. Daher besteht eine Suggestion nicht nur in Fällen, in denen einer Person offensichtlich Worte in den Mund gelegt werden. Stattdessen kann dies auch auf subtilere Weise erfolgen.[1093] Zu den heimlichen Suggestivfragen werden in der Literatur auch Voraussetzungsfragen gezählt. Die Frage beinhaltet dabei bspw. mögliche Szenarien, wobei stillschweigend vorausgesetzt wird, dass der Sachverhalt an sich stattgefunden hat (Beispiel: ‚Wurde Ihnen das Geld vom Dienstleister in bar übergeben oder überwiesen?‘).[1094]

Den geschlossenen Fragen werden auch Alternativfragen zugeordnet, bei denen dem Befragten lediglich zwei Antwortmöglichkeiten vorgegeben werden.[1095] Eine spezielle Form der Alternativfragen sind die Ja/Nein-Fragen, bei denen die Antwortmöglichkeiten auf ‚Ja‘ oder ‚Nein‘ beschränkt sind.[1096] Insbesondere zu einem Zeitpunkt des Interviews, zu dem es auf Fakten wie Daten, Summen oder Zeiten ankommt, werden geschlossene Fragen empfohlen, sofern diese Aspekte im Verlauf des Interviews noch nicht genannt wurden.[1097] Dabei ist zu beachten, dass Ja/Nein-Fragen nur in Ausnahmefällen und nur zum Ende des Interviews gestellt werden sollen, wenn der Befragte keine klaren Antworten zu eindeutigen Themen gegeben hat.[1098] Neben den beispielhaft dargestellten Fragetypen[1099] können in Befragungen Vernehmungstaktiken[1100] bzw. -methoden[1101] eingesetzt werden. Zu diesen Vernehmungsmethoden gehört der Einsatz des sog. kognitiven Interviews mit dem die Erinnerungsleistung durch diverse Abrufstrategien

---

1092 Ähnlich: Wessing/Ahlbrecht, Zeugenbeistand Rn. 167 im Zusammenhang mit Zeugenvernehmungen im Prozess; ausdrücklich: Wessing in: Moosmayer/Lösler, Corporate Compliance, § 47 Rn. 117.

1093 Häcker in: Bender/Häcker/Schwarz, Tatsachenfeststellung vor Gericht, Rn. 1008.

1094 Häcker in: Bender/Häcker/Schwarz, Tatsachenfeststellung vor Gericht, Rn. 1012 f.

1095 Häcker in: Bender/Häcker/Schwarz, Tatsachenfeststellung vor Gericht, Rn. 1004.

1096 Häcker in: Bender/Häcker/Schwarz, Tatsachenfeststellung vor Gericht, Rn. 1006.

1097 Vgl. Wells, Principles of Fraud Examination, S. 394; ähnlich auch: Wilmer in: Jackmuth/de Lamboy/Zawilla Fraud Management, S. 798.

1098 Häcker in: Bender/Häcker/Schwarz, Tatsachenfeststellung vor Gericht, Rn. 1006; vgl. Wells, Principles of Fraud Examination, S. 394, wonach geschlossene Fragen im informativen Teil der Befragung zu vermeiden sind und erst vermehrt zum Ende des Interviews gestellt werden sollen.

1099 Siehe zu Fragetypen detailliert: Häcker in: Bender/Häcker/Schwarz, Tatsachenfeststellung vor Gericht, Rn. 991 ff.

1100 Siehe zu Vernehmungstaktiken bei kartellrechtlichen Untersuchungen: Janssen CCZ 2016, 270, 272 f.

1101 Häcker in: Bender/Häcker/Schwarz, Tatsachenfeststellung vor Gericht, Rn. 1088 f.

erhöht werden soll.[1102] Werden Beweismittel in die Befragung eingebracht, kann das Ermittlerteam darüber hinaus durch deren strategischen Einsatz die Lügenerkennung erleichtern. Diese Methode ist auch als ‚strategic use of evidence' bekannt.[1103]

Mit den Fragen ist der Sachverhalt so weit einzugrenzen, dass sich daraus die konkreten Vorwürfe ergeben, die zuletzt zu erörtern sind.[1104] Schließlich soll durch das Befragungsteam nicht versäumt werden, nachzufragen, ob der befragte Mitarbeiter die Tat, die die interne Untersuchung begründet, begangen hat. In der Praxis hat sich auch die Abschlussfrage bewährt, ob der Arbeitnehmer dem Befragungsteam noch etwas mitteilen möchte, was im Laufe der Mitarbeiterbefragung nicht oder aus Sicht des Mitarbeiters nicht ausreichend thematisiert wurde.

Aus psychologischer Sicht ist während der Befragung zudem darauf zu achten, dass der Redefluss des Befragten durch Signale der Interviewer gesteuert werden kann. Dazu zählen Nicken, Blickkontakt und bestätigende Kommentare. Auch das Stirnrunzeln wird als ein Signal angesehen. Diese Signale sollen durch den Interviewer nicht unbewusst gesendet werden, um so den Redefluss nicht ungeplant zu beeinflussen. Fehlt es jedoch gänzlich an solchen Signalen, kann dies den Befragten verunsichern. Zugleich kann die Körperhaltung des Interviewers Einfluss auf den Redefluss nehmen, wenn dieser bspw. dem Befragten mit seinem Körper zugewandt ist oder die Arme verschränkt.[1105] Indes ist die Annahme überholt, dass auf Basis der visuellen Eindrücke wie (Mikro-)Mimik des Befragten Rückschlüsse auf die Glaubhaftigkeit seiner Aussage getroffen werden können.[1106]

1102 Zum kognitiven Interview detailliert: Häcker in: Bender/Häcker/Schwarz, Tatsachenfeststellung vor Gericht, Rn. 1092 f.; Köhnken/Kraus/vom Schemm in: Volbert/Steller, Handbuch der Rechtspsychologie, S. 232, 233; Reinhold/Yoon/May Kriminalistik 2021, 289, 289; Eisenberg, Beweisrecht der StPO, Kap. 1 IV Rn. 1339 f.

1103 Siehe zu ‚strategic use of evidence' ausführlich: Hartwig/Granhag/Strömwall/Kronkvist, Law and Human Behavior 2006, 603, 605 f.; vgl. Vrij/Granhag/Porter, Psychological Science in the Public Interest 2010, 89, 108; Niegisch/Thielgen Kriminalistik 2018, 726, 731.

1104 Grützner in: Momsen/Grützner, Wirtschafts- und Steuerstrafrecht, § 16 Rn. 416.

1105 v. Kummer SPA 2023, 185, 187.

1106 Vgl. nur: Bond/DePaulo Personality and Social Psychology Review 2006, 214, 231, wonach der Gesichtsausdruck keinen Hinweis auf die Wahrheit der aussagenden Person liefert; Vrij/Hartwig/Granhag Annual Review of Psychology 295, 303, die die Techniken zur Lügenermittlung als Pseudowissenschaften ansehen; ausführlich dazu auch: Baumgart Kriminalistik 2024, 308, 310 f., wonach die Überführung einer lügenden Person „*weiterhin ein unerfüllter Wunschtraum*" (S. 312) bleibt; a. A. Ekman in: Martin, The Philosophy of Deception, S. 129.

(3) Abschluss der Mitarbeiterbefragung

Nach der Beendigung der Befragung wird es teilweise für notwendig erachtet, den befragten Mitarbeiter nicht direkt aus dem Gespräch zu entlassen. Stattdessen soll das Ermittlerteam zur eigenen Rückversicherung die erhaltenen Informationen überprüfen, um zu verhindern, dass der Mitarbeiter im Nachgang behaupte, dass seine Auskünfte falsch dokumentiert wurden.[1107] Nach der hier vertretenen Ansicht kann dies in der Praxis nur erreicht werden, wenn dem Arbeitnehmer das Gesprächsprotokoll vorgelegt wird. Unter Vorgriff auf das Ergebnis der Protokollierung der Mitarbeiterbefragung wird in dieser Arbeit die Unterschrift des gesamten Protokolls aus Gründen der Komplexität und des erhöhten Abstimmungsbedarfs abgelehnt. Stattdessen wird eine Unterschrift unter dem relevanten Teil des Protokolls befürwortet, in dem Fehlverhalten wie eine Straftat oder eine Ordnungswidrigkeit zugegeben wurden.[1108]

In der Praxis hat sich zudem herausgebildet, dass es nach der Beendigung der Befragung und unabhängig davon, wie das Gespräch zwischenzeitlich verlaufen ist und welche Emotionen aufgetreten sind, ratsam ist, die Bereitschaft des Arbeitnehmers einzuholen, für weitere Fragen erneut zur Verfügung zu stehen.

bb) Bei einem Arbeitnehmer als Zeugen

Der Aufbau und Ablauf einer Befragung unterscheidet sich bei Mitarbeitern, die als Zeugen befragt werden, nicht wesentlich zum Vorgehen bei einer Mitarbeiterbefragung von Verdächtigten. Auch bei diesen Mitarbeitern ist es von Relevanz, eine entspannte Atmosphäre zu schaffen, indem Smalltalk und eine kurze Vorstellung durchgeführt werden, um anschließend mit den Fragen zu Prozessen oder zur Erlangung von Hintergrundinformationen zu beginnen.[1109] Der Nervosität von Mitarbeitern, die als Zeugen befragt werden, kann regelmäßig damit begegnet werden, dass ihnen mitgeteilt wird, dass sie als Zeugen eingeladen wurden und nicht verdächtigt werden.[1110] Ziel des Gesprächs ist es, relevante Informationen zu erhalten, die für das Ermittlerteam notwendig sind, um den fraglichen Sachverhalt aufklären zu können. Bei der Gestaltung der Fragen kann auf das Vorgenannte zurückgegriffen werden, wenngleich sich die Fragen hierbei regelmäßig nicht zu einem Vorwurf gegen den Arbeitnehmer verdichten werden. Indes ist das Gespräch im Vergleich zur Befragung von Verdächtigten oftmals informeller.

1107 Grützner in: Momsen/Grützner, Wirtschafts- und Steuerstrafrecht, § 16 Rn. 426.
1108 Siehe hierzu sogleich, Kapitel 2 B. III. 2. d).
1109 Siehe Kapitel 2 B. III. 2. c) aa).
1110 Zimmermann/Lingscheid CB 2013, 23, 25.

Die Arbeitnehmer als Zeugen können uneingeschränkt zu Sachverhalten befragt werden, die die Art und den Umfang ihrer erbrachten Leistungen sowie den eigenen Arbeitsbereich betreffen.[1111] Auch Wahrnehmungen, die der Arbeitnehmer als Zeuge im Kontext seiner Arbeitsleistung gemacht hat, können Gegenstand der Befragung sein. Gleiches gilt für Wahrnehmungen, die außerhalb des unmittelbaren Aufgabenbereichs des Mitarbeiters liegen.[1112] Als Beispiel sind hier Beobachtungen zu nennen, die auf einer Dienstreise gemacht wurden.[1113] Hierbei ist jedoch zu berücksichtigen, dass Zeugen bei der Reproduktion von Wahrnehmungen irrtumsanfällig sind. Dies liegt in dem Umstand begründet, dass bei einer Auskunft die folgenden Schritte durchlaufen werden: Ein Ergebnis wird wahrgenommen und diese Wahrnehmung wird im Gedächtnis des Zeugen gespeichert. Während der Mitarbeiterbefragung erinnert sich der Zeuge an das Ereignis und gibt es in seinen eigenen Worten wieder.[1114] Jedoch kann nicht davon ausgegangen werden, dass diese Wahrnehmungen die Realität vollständig abbilden. Stattdessen gelten Wahrnehmungen als lückenhaft und selektiv.[1115] Die entstandenen Lücken werden im Gehirn allerdings – ähnlich wie bei einem ‚blinden Fleck' im Auge, der von der sehenden Person nicht selbst wahrgenommen wird[1116] – ausgefüllt.[1117] Diese Erinnerungsverfälschungen liegen nicht in der Rolle eines Zeugen begründet, sondern sie betreffen alle Menschen.[1118] Dieser Umstand ist von den Ermittlerteams zu berücksichtigen, wenn sie einzig über subjektive Wahrnehmungen sprechen, die sich nicht mit Beweisen belegen lassen.

1111 Vgl. nur: Schrader/Thoms/Mahler NZA 2018, 965, 971, mit Bezug auf Zeugen; ohne Unterscheidung zwischen Arbeitnehmer als Zeuge oder Verdächtigter: Diller DB 2004, 313, 313 sowie Göpfert/Merten/Siegrist NJW 2008, 1703, 1705.

1112 Vgl. nur: Schrader/Thoms/Mahler NZA 2018, 965, 971; ohne Unterscheidung zwischen Arbeitnehmer als Zeuge oder Verdächtigter: Diller DB 2004, 313, 313 f. und Göpfert/Merten/Siegrist NJW 2008, 1703, 1705.

1113 Schrader/Thoms/Mahler NZA 2018, 965, 971; ohne Unterscheidung zwischen Arbeitnehmer als Zeuge oder Verdächtigter: Göpfert/Merten/Siegrist NJW 2008, 1703, 1705.

1114 Hamacher/Happe NZA 2021, 665, 667, hierbei jedoch im Zusammenhang mit dem Zeugenbeweis im arbeitsgerichtlichen Verfahren.

1115 Vgl. nur: Geipel, Handbuch der Beweiswürdigung, Kap. 22 Rn. 13; Eschelbach ZAP 2014, 971, 976; Hamacher/Happe NZA 2021, 665, 668.

1116 Scheier/Lubberger MarkenR 2014, 453, 455; Hamacher/Happe NZA 2021, 665, 668 Fn. 44.

1117 Vgl. nur: Hamacher/Happe NZA 2021, 665, 668 und Fn. 44; vgl. Geipel, Handbuch der Beweiswürdigung, Kap. 22 Rn. 13, wonach die unvollständigen Wahrnehmungen gemeinsam mit den Erfahrungen einer Person zu einem sinnvollen Ganzen zusammengefügt werden; ebenso: Veit, Compliance und interne Ermittlungen, Rn. 269; vgl. Scheier/Lubberger MarkenR 2014, 453, 455, wonach das Gehirn den blinden Fleck im Auge mithilfe angrenzender Reize sowie gespeicherter Erfahrungen kompensiert.

1118 Eschelbach ZAP 2014, 971, 977.

d) Protokollierung und Nachbereitung des Interviews

Die Fragen des Ermittlers und die Aussagen des Mitarbeiters sind zu Beweiszwecken schriftlich, unverfälscht[1119] und möglichst in einem wortgenauen Protokoll zu dokumentieren.[1120] Die Angaben des Mitarbeiters sind genau in der Form zu dokumentieren, wie sie getroffen wurden, auch wenn diese unstrukturiert und verworren sind,[1121] um eine Verfälschung der getätigten Aussagen zu vermeiden.[1122] Dies gilt nach der hier vertretenen Ansicht sowohl bei der Befragung von verdächtigten Arbeitnehmern als auch bei der Befragung von Zeugen.

Neben der schriftlichen Dokumentation der Befragung kann das Interview mithilfe eines Audioaufnahmegeräts oder einer Kamera aufgenommen und im Nachhinein transkribiert werden.[1123] Unter Wahrung des § 201 Abs. 1 StGB ist hierbei die Einwilligung aller Gesprächsteilnehmer notwendig.[1124] Bei der Aufzeichnung des Interviews wird teilweise das Risiko gesehen, dass der Mitarbeiter aufgrund der Aufzeichnung sein Aussageverhalten ändert.[1125] Auch kann der Mitarbeiter seine Einwilligung zur Aufzeichnung des Interviews nach § 26 Abs. 2 S. 4 BDSG i. V. m. Art. 7 Abs. 3 DSGVO jederzeit widerrufen.[1126] Darüber hinaus kann sich die Aufzeichnung als unwirksam

---

1119 Krug/Skoupil NJW 2017, 2374, 2378.

1120 Vgl. nur: ISO/TS 37008 S. 9: „*An accurate record of the interview should be taken.*“; Grützner in: Momsen/Grützner, Wirtschafts- und Steuerstrafrecht, § 16 Rn. 428; die folgenden Quellen sehen, sofern möglich, ein Wortlautprotokoll vor, vgl. nur: Wisskirchen/Glaser DB 2011, 1447, 1449; Reinhardt/Kaindl CB 2017, 210, 213; Naber/Ahrens CCZ 2020, 36, 42; Dendorfer-Ditges in: MAH ArbR, § 75 Rn. 137; Löw CCZ 2014, 159, 159; Park/Eggers in: MAH WirtschaftsstrafR, § 11 Rn. 94.

1121 Ähnlich auch: Grützner in: Momsen/Grützner, Wirtschafts- und Steuerstrafrecht, § 16 Rn. 428, wonach auch umgangssprachliche Begriffe oder falsche Begriffe vom Befragten dokumentiert werden sollen; detailliert dazu auch: Wisskirchen/Glaser DB 2011, 1447, 1449.

1122 Grützner in: Momsen/Grützner, Wirtschafts- und Steuerstrafrecht, § 16 Rn. 428; Krug/Skoupil NJW 2017, 2374, 2378.

1123 Vgl. nur: Lützeler/Müller-Sartori CCZ 2011, 19, 23; Park/Eggers in: MAH WirtschaftsstrafR, § 11 Rn. 94; Krug/Skoupil NJW 2017, 2374, 2378; vgl. Scherp, Fraud Management, S. 241.

1124 Vgl. nur: Lützeler/Müller-Sartori CCZ 2011, 19, 23; Krug/Skoupil NJW 2017, 2374, 2378; Scherp, Fraud Management, S. 241.

1125 Vgl. nur: Rudkowski, Aufklärung von Compliance-Verstößen, S. 125; Wisskirchen/Glaser DB 2011, 1447, 1449, sehen das Risiko der Verunsicherung und Aussagenzurückhaltung, weshalb sich das digitale Aufzeichnen von Befragungen aus ihrer Sicht nicht in der Praxis bewährt hat; Zimmermann/Lingscheid CB 2013, 23, 25, sehen insbesondere das Risiko der Verunsicherung des Arbeitnehmers sowie die Zurückhaltung von Auskünften.

1126 Vgl. nur: Rudkowski, Aufklärung von Compliance-Verstößen, S. 125; zum Widerrufsrecht nach Art. 7 DS-GVO auch: Frenzel in: Paal/Pauly, DS-GVO/BDSG, Art. 7 DS-GVO Rn. 16; vgl. Zedtwitz von Arnim/Cahnbley in: Dieners, Compliance im

herausstellen, sofern die Einwilligung des Arbeitnehmers durch die Anwendung eines unangemessenen Drucks erzielt wurde.[1127] Zudem kann die Aufzeichnung einer Mitarbeiterbefragung aus der Sicht der Arbeitnehmer an die Vorgehensweise der Polizei erinnern, die ihnen – auch wenn sie bisher keine Berührungspunkte mit der Polizei in einer solchen Form hatten – zumindest aus den Medien geläufig sein dürfte. Denn nach § 136 Abs. 4 S. 1 StPO können audio-visuelle Aufzeichnungen bei der Vernehmung von Beschuldigten stattfinden; in zwei Fallkonstellationen ist dies verpflichtend (§ 136 Abs. 4 S. 2 Nr. 1 und 2 StPO). Um sich als Ermittlungsteam gegenüber Vernehmungen von Ermittlungsbehörden klar abzugrenzen und nicht den Eindruck eines amtlichen Auftretens zu vermitteln, wird die Aufzeichnung des Interviews nach der hier vertretenen Auffassung abgelehnt.

Eine schriftliche Protokollierung kann der Mitarbeiter jedoch nicht untersagen.[1128] Auch besitzt der befragte Mitarbeiter kein Recht zur Einsicht in das Interviewprotokoll der Ermittler.[1129]

Eine Unterschrift durch den befragten Mitarbeiter ist möglich,[1130] aber nicht immer notwendig,[1131] da das Protokoll als Erinnerungshilfe für die am Interview beteiligten Personen,[1132] zur Auswertung und Vergleichbarkeit der Auskünfte aus anderen Befragungen sowie zur Erstellung des Untersuchungsberichts dient,[1133] aber keine rechtliche Wirkung hat.[1134] Durch die

---

Gesundheitswesen, Kap. 9 Rn. 83, im Hinblick auf die Einwilligung bei internen Untersuchungen im Allgemeinen.

1127 Vgl. nur: Rudkowski, Aufklärung von Compliance-Verstößen, S. 125; zur Ausübung von Druck, der einer freiwilligen Einwilligung entgegensteht auch: Krüger/Neukam in: Katko, Checklisten DS-GVO, § 4 Rn. 8; ebenso: Bergt in: Koreng/Lachenmann, Formularhandbuch Datenschutzrecht, Kap. H I. 1. Rn. 7, wenngleich die Erörterung grundsätzlich die Einwilligungserklärung zur Veröffentlichung von Mitarbeiterfotos betrifft.

1128 Vgl. nur: Lützeler/Müller-Sartori CCZ 2011, 19, 23; Krug/Skoupil NJW 2017, 2374, 2378; Naber/Ahrens CCZ 2020, 36, 42.

1129 Vgl. nur: Wisskirchen/Glaser DB 2011, 1447, 1449; Reinhardt/Kaindl CB 2017, 210, 213; Naber/Ahrens CCZ 2020, 36, 42.

1130 Vgl. ISO/TS 37008 S. 9: „*Interviewees may sign a record of interview where this is appropriate and permitted.*“; Reinhardt/Kaindl CB 2017, 210, 213.

1131 Vgl. zur Notwendigkeit einer Unterschrift, wenn der Mitarbeiter ein ‚Geständnis‘ ablegt: Grützner in: Momsen/Grützner, Wirtschafts- und Steuerstrafrecht, § 16 Rn. 427; a. A. Bischoff/Minoggio in: Böttger, Wirtschaftsstrafrecht in der Praxis, Kap. 20 Rn. 124, wonach bei einer förmlichen Befragung das Protokoll möglichst vom Arbeitnehmer zu unterzeichnen sei.

1132 Rudkowski, Aufklärung von Compliance-Verstößen, S. 129.

1133 Grützner in: Momsen/Grützner, Wirtschafts- und Steuerstrafrecht, § 16 Rn. 427.

1134 Rudkowski, Aufklärung von Compliance-Verstößen, S. 129; Wisskirchen/Glaser DB 2011, 1447, 1449, wonach nur ein notarielles Schuldanerkenntnis Rechtssicherheit anbietet, sich dieses in der Praxis jedoch in nur wenigen Fällen anbieten wird, a. A. Löw CCZ 2014, 159, 160.

Unterschrift aller beteiligten Personen kann jedoch die korrekte Wiedergabe der Befragung dokumentiert werden. Damit wird verdeutlicht, dass die Protokollinhalte abgestimmt wurden, auch wenn die Unterschriften nicht den Beweiswert des Protokolls erhöhen. Wird dem Befragten die Abschrift des Protokolls zur Unterschrift vorgelegt, kann dies zu einer Diskussion über den Inhalt des Protokolls sowie zu einer Anpassung führen.[1135] Solche Anpassungen durch den Befragten sind im Protokoll kenntlich zu machen, indem der befragte Mitarbeiter die Änderungen handschriftlich einträgt oder diese anderweitig hervorgehoben werden.[1136] Ob eine Unterschrift durch den Befragten für notwendig erachtet wird, obliegt dem Ermittlerteam bzw. muss anhand der Unternehmensleitlinien für die Durchführung von internen Untersuchungen beurteilt werden. Ein Großteil der im Rahmen der DICO-Studie befragten Unternehmen (57,14 %)[1137] lässt die Protokolle weder von Zeugen noch von verdächtigten Arbeitnehmern unterzeichnen.

In der Praxis zählt die Dokumentation der Mitarbeiterbefragungen zum Best-Practice-Vorgehen.[1138] Nach der hier vertretenen Auffassung ist ein Protokoll, in dem die Aussagen des Befragten detailliert wiedergegeben werden, für Dokumentationszwecke sinnvoll. Wurden relevante wörtliche Zitate aufgeschrieben, sollen diese auch als solche gekennzeichnet werden. Dieses Vorgehen soll bei den befragten Mitarbeitern stets gleich sein, unabhängig davon, ob sie als Zeugen oder als Verdächtigte befragt werden. Eine Unterschrift unter das gesamte Protokoll wird nach der hier vertretenen Auffassung aus Gründen der Komplexität und des erhöhten Abstimmungsbedarfs abgelehnt. Hat ein Mitarbeiter während der Befragung jedoch ein Fehlverhalten wie eine Straftat oder eine Ordnungswidrigkeit zugegeben, kann die Mitschrift zu diesem Teil der Befragung in einem separaten Dokument ausgedruckt und dem Mitarbeiter zum Lesen, Kommentieren und anschließend zur Unterschrift vorgelegt werden.[1139]

3. Teilnahmepflicht von (verdächtigten) Arbeitnehmern

Vor einer Mitarbeiterbefragung ist zunächst die grundlegende Frage zu klären, ob ein Mitarbeiter – unabhängig davon, ob als Verdächtigter oder Zeuge – zur Teilnahme an einer Befragung verpflichtet werden kann.

1135 Reinhardt/Kaindl CB 2017, 210, 213; Naber/Ahrens CCZ 2020, 36, 42.

1136 Naber/Ahrens CCZ 2020, 36, 42.

1137 DICO e. V., Studie „Interne Untersuchungen in Deutschland – 2022“, S. 46.

1138 Vgl. DICO e. V., Studie „Interne Untersuchungen in Deutschland – 2022“, S. 45, wonach alle Teilnehmer der Studie die Befragungen protokollieren.

1139 Im Ergebnis ähnlich: Grützner in: Momsen/Grützner, Wirtschafts- und Steuerstrafrecht, § 16 Rn. 427.

a) Teilnahmepflicht nach § 106 GewO

Der Arbeitgeber besitzt nach § 106 GewO ein Weisungsrecht gegenüber seinen Arbeitnehmern.[1140] Soweit nichts anderes „*durch den Arbeitsvertrag, Bestimmungen einer Betriebsvereinbarung, eines anwendbaren Tarifvertrages oder gesetzliche Vorschriften festgelegt*“ ist, kann der Arbeitgeber nach § 106 S. 1 GewO den „*Inhalt, Ort und [die] Zeit der Arbeitsleistung nach billigem Ermessen näher bestimmen*“. Das Recht des Arbeitgebers bezieht sich nach § 106 S. 2 GewO ebenso auf die Ordnung und das Verhalten der Arbeitnehmer im Betrieb. Demnach kann der Arbeitgeber im Rahmen seines Weisungsrechts die Hauptleistung des Arbeitnehmers konkretisieren, diesem Aufgaben zuweisen sowie Ort und Zeit der Aufgabenerledigung bestimmen.

Das arbeitgeberseitige Weisungsrecht kann sich außerdem auf weitere Pflichten aus § 241 Abs. 1 BGB beziehen, die unter den Begriff der „*leistungssichernden Neben- oder Verhaltenspflichten*“[1141] fallen. Die Erfüllung dieser Pflichten ist notwendig, damit die Hauptleistungen sinnvoll ausgetauscht werden können.[1142] Der Arbeitgeber muss sich bei der Erteilung von Weisungen nicht an eine vorgegebene Form halten, weshalb diese mündlich erteilt werden können.[1143] Strebt der Arbeitgeber im Rahmen eines Gesprächs die Vorbereitung, Erteilung oder Beanstandung der Nichterfüllung von Weisungen an, die sich auf einen vom Weisungsrecht umfassten Bereich beziehen, kann er den Arbeitnehmer zur Teilnahme an dem Gespräch verpflichten.[1144]

Eine solche Beanstandung nicht erfüllter Weisungen bzw. die Arbeitsleistung, die Ordnung oder das Verhalten im Betrieb sind regelmäßig bei Mitarbeiterbefragungen tangiert,[1145] mit deren Hilfe Straftaten aufgeklärt werden sollen. Daher ist auch bei Mitarbeiterbefragungen eine Teilnahmepflicht an-

---

1140 Vgl. nur: Rudkowski NZA 2011, 612, 612; Krug/Skoupil NJW 2017, 2374, 2375; Schrader/Thoms/Mahler NZA 2018, 965, 965.

1141 BAG NZA 2017, 183, 185 Rn. 26, 29; ähnlich auch: BAG NZA 2009, 1011, 1012 Rn. 17 („*leistungssichernde Verhaltenspflichten*“); ebenso: Schrader/Thoms/Mahler NZA 2018, 965, 966 („*leistungssichernden Verhaltenspflichten*“).

1142 Vgl. nur: BAG NZA 2009, 1011, 1012 Rn. 17; BAG NZA 2017, 183, 185 Rn. 26; Schrader/Thoms/Mahler NZA 2018, 965, 966.

1143 Vgl. nur: BAG NZA 2009, 1011, 1012 Rn. 17; Straube in: Straube/Rasche, Arbeitsrechtliche Korruptionsbekämpfung, Kap. C Rn. 46; Ghassemi-Tabar/Wenzl in: MHdB GesR Band 7, § 107 Rn. 76.

1144 Vgl. nur: BAG NZA 2009, 1011, 1012 Rn. 17; BAG NZA 2017, 183, 184 Rn. 24; Preis in: ErfK ArbR, § 106 GewO Rn. 3; im Ergebnis so auch: Ittmann in: BeckOGK HGB § 74 Rn. 150.1.

1145 Lützeler/Müller-Sartori CCZ 2011, 19, 22; Groß CB 2023, 308, 308.

zunehmen.[1146] Dies gilt gleichermaßen für Verdächtigte und Zeugen-Arbeitnehmer.[1147]

b) Teilnahmepflicht gegenüber externen Ermittlern

Während der (verdächtigte) Arbeitnehmer gegenüber dem Arbeitgeber zur Teilnahme verpflichtet ist, besteht diese Pflicht auch dann, wenn der Arbeitgeber externe Ermittler für die Durchführung der Befragung einsetzt.[1148] Denn bei der Auswahl eines Vertreters ist der Arbeitgeber nicht auf Unternehmensangehörige beschränkt und kann sich daher auch von einem geeigneten Vertreter wie einem externen Rechtsanwalt vertreten lassen.[1149]

c) Einschränkung der Teilnahmepflicht

Aus § 106 GewO ergibt sich, dass das Weisungsrecht das Arbeitgebers im Rahmen des billigen Ermessens auszuüben ist. Überdies hat der Arbeitgeber die Interessen des Arbeitnehmers zu achten, die grundrechtlich geschützt sind.[1150]

In der Folge muss die Mitarbeiterbefragung auf einem sachlich begründeten Anlass basieren. Zudem müssen der Termin an sich und dessen Dauer sowie der ausgewählte Ort angemessen sein.[1151] So wird bei Mitarbeiterbefragungen, die einen schikanösen Charakter aufweisen, keine Teilnahmepflicht des Arbeitnehmers angenommen.[1152] Gleiches gilt, wenn die Befragung übermäßig lange andauert[1153] oder außerhalb der Arbeitszeit[1154] bzw. zu Unzei-

1146 Lützeler/Müller-Sartori CCZ 2011, 19, 22.
1147 Groß CB 2023, 308, 308.
1148 Zur Auskunftspflicht gegenüber mandatierten Rechtsanwälten vgl. nur: Mengel, Compliance und Arbeitsrecht, Kap. 4 Rn. 34; Göpfert/Merten/Siegrist NJW 2008, 1703, 1706; Lützeler/Müller-Sartori CCZ 2011, 19, 22.
1149 Lützeler/Müller-Sartori CCZ 2011, 19, 22; zur Hinzuziehung von Vertretern in Personalgesprächen: Kandaouroff/Rose DB 2008, 1210, 1213; Müller FA 2010, 294, 295.
1150 Vgl. nur: BAG NZA 2009, 1011, 1012 Rn. 17; Preis in: ErfK ArbR, § 106 GewO Rn. 10 f.; Groß CB 2023, 308, 308 f.
1151 Vgl. nur: Lützeler/Müller-Sartori CCZ 2011, 19, 22; Groß CB 2023, 308, 309; vgl. Stück DB 2007, 1137, 1138.
1152 Vgl. nur: Byers, Mitarbeiterkontrollen, Kap. VI Rn. 189; Naber/Ahrens CCZ 2020, 36, 38; Groß CB 2023, 308, 309.
1153 Vgl. nur: Lützeler/Müller-Sartori CCZ 2011, 19, 22; Naber/Ahrens CCZ 2020, 36, 38; Groß CB 2023, 308, 309.
1154 Vgl. nur: Byers, Mitarbeiterkontrollen, Kap. VI Rn. 189; Naber/Ahrens CB 2020, 465, 466 f.; Groß CB 2023, 308, 309.

ten[1155] wie während einer Arbeitsunfähigkeit des Mitarbeiters stattfindet[1156], sofern es sich nicht um einen Notfall handelt[1157].

d) Zwischenergebnis

Die Mitarbeiterbefragung kann sowohl von unternehmensinternen Mitarbeitern als auch von einem vom Arbeitgeber beauftragten Dritten durchgeführt werden.[1158] In beiden Fällen ist der Arbeitnehmer als Verdächtigter und auch als Zeuge zur Teilnahme an der Befragung verpflichtet.[1159] Etwas anderes gilt nur, wenn mit der Ausübung des Weisungsrechts die geschützten Interessen des Mitarbeiters missachtet werden und die Weisung nicht dem billigen Ermessen entspricht.[1160]

4. Auskunftspflichten des Arbeitnehmers

Fraglich ist, inwieweit Arbeitnehmer gegenüber ihren Arbeitgebern eine Pflicht zur Auskunft trifft.

a) Ausgangssituation und Auskunftsdilemma

In einem strafrechtlichen Verfahren hat ein Zeuge nach § 55 Abs. 1 StPO ein Auskunftsverweigerungsrecht. Dies betrifft Fragen, „*deren Beantwortung ihm selbst oder einem der in § 52 Abs. 1 [StPO] bezeichneten Angehörigen die Gefahr zuziehen würde, wegen einer Straftat oder einer Ordnungswidrigkeit verfolgt zu werden*“. Einem Beschuldigten steht in einem Strafverfahren gemäß § 136 Abs. 1 S. 1 HS. 1 StPO ein Schweigerecht zu.[1161] Gleiches gilt für Angeklagte nach § 243 Abs. 5 S. 1 StPO vor Gericht.

Diese Rechte sind Ausfluss des ‚nemo tenetur se ipsum accusare‘-Grundsatzes, dieser bedeutet wörtlich, dass „*niemand dazu verpflichtet ist, sich selbst anzuklagen.*“[1162] Vom BGH heißt es dazu, dass „*niemand verpflichtet*

1155 Vgl. nur: Byers, Mitarbeiterkontrollen, Kap. VI Rn. 189; Lützeler/Müller-Sartori CCZ 2011, 19, 22; Groß CB 2023, 308, 309.

1156 Vgl. in die Richtung nur: BAG NZA 2017, 183, 185 Rn. 28 f., 33; ebenso: Preis in: ErfK ArbR, § 106 GewO Rn. 6; Groß CB 2023, 308, 309.

1157 Vgl. nur: BAG NZA 2017, 183, 185 Rn. 33, wonach ein dringender betrieblicher Anlass bestehen muss, dass der arbeitsunfähig erkrankte Arbeitnehmer der Weisung des Arbeitgebers für ein Personalgespräch nachkommen muss; ebenso: Preis in: ErfK ArbR, § 106 GewO Rn. 6; Lützeler/Müller-Sartori CCZ 2011, 19, 22 Fn. 49.

1158 Siehe Kapitel 2 B. III. 3. b).

1159 Siehe Kapitel 2 B. III. 3. a).

1160 Siehe Kapitel 2 B. III. 3. c).

1161 Moosmayer/Petrasch ZHR 182 (2018), 504, 511.

1162 Johannes/Weinhold in: Sydow/Marsch, DS-GVO/BDSG, § 65 Rn. 35; ähnlich auch: Hartmann-Rüppel/Nagel CB 2022, 230, 233 Fn. 19.

ist, zu seiner eigenen Überführung beizutragen, insbesondere sich selbst zu belasten"[1163] und dazu nicht gezwungen[1164] werden darf. Im Folgenden wird dieser Grundsatz als ‚Nemo-tenetur-Grundsatz' bezeichnet.

Sollte dem Arbeitnehmer ein solches Recht gegenüber seinem Arbeitgeber bei einer Befragung nicht zustehen und ist er daher zu einer wahrheitsgemäßen, selbstbelastenden Auskunft verpflichtet, kann dadurch eine prekäre Situation entstehen. Der Arbeitnehmer befindet sich in einem Auskunftsdilemma.[1165] Dieses Dilemma entsteht durch den Umstand, dass der Arbeitnehmer im Arbeitsverhältnis Auskunftspflichten gegenüber dem Arbeitgeber hat, er sich im Rahmen einer strafprozessualen Befragung bei einer potenziellen Selbstbelastung aber auf sein Aussageverweigerungsrecht berufen könnte. Überdies könnten die Befragungsprotokolle aus der internen Untersuchung, die die selbstbelastenden Auskünfte des Arbeitnehmers enthalten, von den Strafverfolgungsbehörden beschlagnahmt oder ihnen im Rahmen einer Kooperation übergeben werden. Dies hätte zur Folge, dass die Strafverfolgungsbehörden trotz des Aussageverweigerungsrechts Zugriff auf die Befragungsprotokolle und potenziell selbstbelastenden Auskünfte hätten. Dies würde dem Nemo-tenetur-Grundsatzes zuwiderlaufen.[1166]

Vor dem Hintergrund dieses Auskunftsdilemmas ist zu klären, ob ein Arbeitnehmer gegenüber seinem Arbeitgeber Auskünfte erteilen und sich dabei selbst belasten muss. Überdies ist in einem weiteren Schritt zu prüfen, inwieweit die Befragungsprotokolle vor der Verwertung durch die Strafverfolgungsbehörden als Beweise geschützt werden können.

Der Begriff der Selbstbelastungsfreiheit wird in dieser Arbeit synonym für den Nemo-tenetur-Grundsatz verwendet.

b) Auskunftspflicht des Arbeitnehmers

Für den Arbeitnehmer besteht – wie zuvor dargestellt – eine Pflicht, an der Befragung teilzunehmen.[1167] Nunmehr ist zu klären, inwieweit der Arbeitnehmer zur Auskunft verpflichtet ist. Dies gilt insbesondere unter Berücksichtigung, dass ein allgemeiner Auskunftsanspruch aus Sicht der Gerichte

---

1163 BGH NJW 2007, 3138, 3139 Rn. 19.

1164 BGH NJW 1992, 2304, 2305: „*Dementsprechend beruht das Auskunftsverweigerungsrecht aus § 55 StPO ebenso wie das Schweigerecht des Beschuldigten auf dem Grundsatz, daß niemand gezwungen werden darf, gegen sich selbst auszusagen.*"

1165 Vgl. Baranowski, Die Kodifikation von Internal Investigations, S. 26, die die Situation eines Arbeitnehmers zutreffend als „*Aussagedilemma*" betitelt; ähnlich auch: Veit, Compliance und interne Ermittlungen, Rn. 284, die dies als „*Dilemma*" bezeichnet.

1166 Vgl. nur: Baranowski, Die Kodifikation von Internal Investigations, S. 26; Greco/Caracas NStZ 2015, 7, 7; Veit, Compliance und interne Ermittlungen, Rn. 284.

1167 Siehe Kapitel 2 B. III. 3.

im allgemeinen Zivilrecht[1168] – der über die „*anerkannten Fälle der Pflicht zum substantiierten Bestreiten [hinausgeht]*“[1169] – wie auch im Arbeitsverhältnis nicht besteht.[1170]

Unstreitig hat ein Arbeitnehmer umfassend Auskunft zu geben, wenn die Auskunftspflicht Bestandteil seiner vereinbarten Hauptleistungspflicht laut Arbeitsvertrag ist. Eine solche vertragliche Regelung ist jedoch in der Praxis allenfalls bei Compliance-Beauftragten, angestellten Rechtsanwälten oder Detektiven, nicht jedoch bei allen Angestellten denkbar.[1171]

Eine Auskunftspflicht könnte sich jedoch auch für Arbeitnehmer aus ihren arbeitsvertraglichen Nebenpflichten ergeben. Nachfolgend wird hierbei zwischen den Pflichten unterschieden, die vorrangig verdächtigten Arbeitnehmern bzw. Arbeitnehmern als Zeugen zuzuordnen sind. Dabei gelten die aufgeführten Auskunftspflichten zum Teil für Verdächtigte und Zeugen gleichermaßen. Insbesondere kann ein Arbeitnehmer, der als Verdächtigter befragt wird, gleichzeitig die Rolle eines Zeugen einnehmen, wenn er bspw. Informationen über das Fehlverhalten anderer Arbeitnehmer offenlegen soll.

aa) Auskunftspflicht eines verdächtigten Arbeitnehmers

Auskunftspflichten eines verdächtigten Arbeiternehmers resultieren aus unterschiedlichen gesetzlichen Vorschriften, die nachfolgend beleuchtet werden.

(1) Auskunftspflicht im unmittelbaren Zusammenhang mit dem Arbeitsbereich

Wenn einem Arbeitnehmer in einer Mitarbeiterbefragung Fragen gestellt werden, die seinen unmittelbaren Arbeitsbereich und damit seine dortigen Tätigkeiten sowie seine Arbeitsergebnisse betreffen, wird eine Auskunftspflicht nach § 666 BGB i. V. m. § 675 Abs. 1 BGB angenommen.[1172]

1168 Vgl. nur: BGH NJW 1990, 3151, 3151 LS.; BAG NZA 2016, 1339, 1341 Rn. 18; LAG Niedersachsen BeckRS 2021, 52965 Rn. 22.

1169 BGH NJW 1990, 3151, 1351 LS.

1170 Vgl. nur: BAG NZA 2016, 1339, 1341 Rn. 18; LAG Sachsen BeckRS 2021, 44586 Rn. 58; LAG Niedersachsen BeckRS 2021, 52965 Rn. 22.

1171 Vgl. nur: Wewerka, Internal Investigations, S. 230; Rieble ZIP 2003, 1273, 1275; Böhm WM 2009, 1923, 1924.

1172 Vgl. nur: Grützner in: Momsen/Grützner, Wirtschafts- und Steuerstrafrecht, § 16 Rn. 440; Dendorfer-Ditges in: MAH ArbR, § 75 Rn. 130; Wessing in: Moosmayer/Lösler, Corporate Compliance, § 47 Rn. 45; Majer in: Moosmayer/Hartwig, Interne Untersuchungen, Kap. D. Rn. 45; Diller DB 2004, 313, 313; Göpfert/Merten/Siegrist NJW 2008, 1703, 1705 nehmen eine Auskunftspflicht aus § 666 BGB an und konkretisieren dies auch auf Fälle, in denen der Vertrag durch eine Kündigung endet;

Nach der in § 666 BGB geregelten Benachrichtigungs-, Auskunfts- und Rechenschaftspflicht ist ein Beauftragter „*verpflichtet[,] dem Auftraggeber die erforderlichen Nachrichten zu geben, auf Verlangen über den Stand des Geschäfts Auskunft zu erteilen und nach der Ausführung des Auftrags Rechenschaft abzulegen*". Im Vergleich zur Auskunfts- und Rechenschaftspflicht, bei der das Verlangen des Auftraggebers vorausgesetzt wird,[1173] gilt die Benachrichtigungspflicht unabhängig davon.[1174] Bei der Benachrichtigungspflicht hat ein Auftragnehmer den Auftraggeber unaufgefordert über jegliche Umstände in Kenntnis zu setzen, die für ihn von Relevanz sind.[1175] Während sich die Auskunftspflicht in der Regel „*auf den Stand des Geschäftes als Ganzes*"[1176] bezieht, entsteht die Rechenschaftspflicht, nachdem der Auftrag ausgeführt wurde.[1177] Die Pflicht zur Rechenschaft nach § 666 Var. 3 BGB endet auch nicht bei einer Vertragsbeendigung durch eine Ausgleichsklausel, die die Abgeltung von wechselseitigen Ansprüchen der Vertragsparteien zum Inhalt hat.[1178] Nach der Rechtsprechung des BGH kommt dem Auskunftsrecht des Auftraggebers nach § 666 BGB insbesondere dann eine besondere Bedeutung zu, wenn der Beauftragte gegen eine Pflicht verstoßen hat, die ihm oblag.[1179] Dabei muss der Beauftragte auch dann Auskunft geben, wenn er sich damit einer strafbaren Handlung oder einer solchen, die ihn zum Schadensersatz verpflichtet, bezichtigen müsste.[1180]

Wenngleich § 666 BGB originär auf Verhältnisse zwischen dem Auftraggeber und dem Beauftragten Anwendung findet, können sich einige Vorschriften aus dem Auftragsrecht gemäß § 675 Abs. 1 BGB auch auf Dienstverträ-

Böhm WM 2009, 1923, 1924; Scherp, Fraud Management, S. 237; Tödtmann/von Erdmann NZA 2020, 1577, 1577; Hübenthal, Selbstbelastungsfreiheit und Internal Investigations, S. 188; Ittmann in: BeckOGK HGB § 74 Rn. 150.1.

1173 Vgl. nur: BGH BeckRS 2016, 12373 Rn. 37; Wiese in: HK-BGB, § 666 Rn. 4, 5; spezifisch zur Auskunftspflicht, vgl. nur: BGH NJW 2012, 917, 918 Rn. 11; Fischer in: BeckOK BGB, § 666 Rn. 5; spezifisch zur Rechenschaftspflicht: BGH NJW 2012, 58, 61 Rn. 29; Fischer in: BeckOK BGB, § 666 Rn. 9; Beuthien in: Soergel, BGB Band 10, § 666 Rn. 8.

1174 Wiese in: HK-BGB, § 666 Rn. 3.

1175 Fischer in: BeckOK BGB, § 666 Rn. 3; vgl. Schäfer in: MüKo BGB Band 6, § 666 Rn. 18.

1176 Wiese in: HK-BGB, § 666 Rn. 4.

1177 Vgl. nur: BGH BeckRS 2016, 12373 Rn. 38; Wiese in: HK-BGB, § 666 Rn. 5; Fischer in: BeckOK BGB, § 666 Rn. 9; Schäfer in: MüKo BGB Band 6, § 666 Rn. 29.

1178 BAG NZA 2012, 501, 503 Rn. 28; Schäfer in: MüKo BGB Band 6, § 666 Rn. 2; dies gilt gleichermaßen für den Herausgabeanspruch nach § 667 BGB.

1179 BGH NJW 1964, 1469, 1470; siehe zum Urteil des BGH im Zusammenhang mit der Selbstbelastungspflicht: Kap. 2 B. III. 4. c) bb).

1180 Vgl. BGH NJW 1964, 1469, 1470; vgl. BGH NJW 1990, 510, 511; siehe: Beuthien in: Soergel, BGB Band 10, § 666 Rn. 8, wonach dies unter Berücksichtigung von § 260 BGB begründet wird.

ge auswirken, wenn ihr Gegenstand eine „*Geschäftsbesorgung*"[1181] ist.[1182] Hierbei kann es sich um jede Aufgabe handeln, mit der ein Arbeitnehmer beauftragt wurde.[1183] Arbeitnehmer sind genauso wie Beauftragte im Interesse des Arbeitgebers bzw. Auftraggebers sowie auf dessen Kosten tätig. Daraus resultierend kann der Arbeitgeber von dem Arbeitnehmer – ebenso wie ein Auftraggeber von seinem Beauftragten – billigerweise Informationen über die Erledigung der ihm übertragenen Aufgabe verlangen.[1184] Die Auskunftspflicht nach § 666 BGB i. V. m. § 675 Abs. 1 BGB gilt dabei umfassend.[1185]

(2) Auskunftspflicht im mittelbaren Zusammenhang mit dem Arbeitsbereich

Den Arbeitnehmer kann auch eine Auskunftspflicht treffen, ohne dass ein unmittelbarer Zusammenhang zu seinem Arbeitsbereich besteht. Diese Pflicht wird auf die arbeitsvertragliche Nebenpflicht nach §§ 611, 241 Abs. 2 BGB[1186] gestützt oder aus dem zivilrechtlichen allgemeinen Auskunftsanspruch (§§ 242, 241 Abs. 2 BGB)[1187] bzw. aus der Treuepflicht aus dem

---

1181 Spinner in: MüKo BGB Band 5, § 611 Rn. 3.

1182 Spinner in: MüKo BGB Band 5, § 611 Rn. 3; Müller in: Maschmann/Sieg/Göpfert, Vertragsgestaltung im Arbeitsrecht, Kap. C, 508 Strafrechtsschutz Rn. 7.

1183 Müller in: Maschmann/Sieg/Göpfert, Vertragsgestaltung im Arbeitsrecht, Kap. C, 508 Rn. 7; Böhm WM 2009, 1923, 1924.

1184 Fritz/Nolden CCZ 2010, 170, 171.

1185 Siehe zur Reichweite der Auskunftspflicht, die auch die Selbstbelastungspflicht umfasst Kapitel 2 B. III. 5. f); vgl. nur: BGH NJW 1964, 1469, wonach das Auskunftsrecht des Auftraggebers nach § 666 BGB besonders gewichtig ist, wenn der Beauftragte gegen eine Pflicht verstoßen hat, die ihm oblag; Wessing in: Moosmayer/Lösler, Corporate Compliance, § 47 Rn. 45, wonach die Auskunftspflicht umfassend gilt und nicht durch Zumutbarkeitserwägungen eingeschränkt wird; Diller DB 2004, 313, 314, wonach die Auskunftspflicht nicht durch Zumutbarkeitserwägungen begrenzt wird; Böhm WM 2009, 1923, 1924; Knauer/Buhlmann AnwBl 2010, 387, 389.

1186 Vgl. nur: Majer in: Moosmayer/Hartwig, Interne Untersuchungen, Kap. D. Rn. 47; Dilling in: BeckOK HinSchG, § 18 Rn. 40; Böhm, Non-Compliance und Arbeitsrecht, S. 151; Tödtmann/von Erdmann NZA 2020, 1577, 1577; vgl. Hübenthal, Selbstbelastungsfreiheit und Internal Investigations, S. 188 mit Bezug auf § 611a Abs. 1 BGB.

1187 Vgl. nur: Jahn/Kirsch in: Rotsch, Criminal Compliance, § 33 Rn. 27; Diller DB 2004, 313, 314; Tödtmann/von Erdmann NZA 2020, 1577, 1577; Fritz in: Maschmann/Sieg/Göpfert, Vertragsgestaltung im Arbeitsrecht, Kap. 170 Auskunftspflichten Rn. 3; ähnlich: Dendorfer-Ditges in: MAH ArbR, § 75 Rn. 137, wonach die Auskunftspflicht aus §§ 241 Abs. 2, 242 BGB (arbeitsvertragliche Treuepflicht) resultiert; Hübenthal, Selbstbelastungsfreiheit und Internal Investigations, S. 188; Ittmann in: BeckOGK HGB § 74 Rn. 150 f.; vgl. Beuthien in: Soergel, BGB Band 10, § 666 Rn. 10, wonach die allgemeine Auskunftspflicht aus § 242 BGB abgeleitet wird.

Grundsatz von Treu und Glauben (§ 242 BGB)[1188] abgeleitet. Anders als bei dem Auskunftsanspruch aus § 666 BGB i. V. m. § 675 Abs. 1 BGB wird vorliegend eine eingeschränkte Auskunftspflicht eines Arbeitnehmers angenommen.[1189]

Ein Auskunftsanspruch besteht, wenn ein Berechtigter (hier der Arbeitgeber) über seine Rechte in Bezug auf deren Bestehen oder deren Umfang in entschuldbarer Weise im Ungewissen ist, der Verpflichtete (hier der Arbeitnehmer) aber unschwer die notwendige Auskunft zur Beseitigung der Ungewissheit geben kann.[1190] Der Begriff ‚unschwer' wurde in der Rechtsprechung[1191] verwendet, um Bezug auf das Interessenabwägungsgebot aus § 242 BGB zu nehmen.[1192] Unter ‚unschwer' wird in der höchstrichterlichen Rechtsprechung auch *„ohne unbillig belastet zu sein"*[1193] verstanden.[1194] Dem Arbeitnehmer muss die Aussage zumutbar sein, das heißt, er darf nicht ‚unbillig' belastet werden.[1195] Das Verhältnis zwischen Arbeitgeber und Arbeitnehmer wird durch *„eine besondere persönliche Bindung [...] ge-*

1188 Vgl. nur: BAG NZA 1996, 637, 638; BAG NZA 1997, 41, 42; LAG Niedersachsen BeckRS 2021, 52965 Rn. 22, wonach der Auskunftsanspruch ausnahmsweise aus § 242 BGB folgend gewohnheitsrechtlich anerkannt ist; Majer in: Moosmayer/Hartwig, Interne Untersuchungen, Kap. D. Rn. 47; Dilling in: BeckOK HinSchG, § 18 Rn. 40; Wessing in: Moosmayer/Lösler, Corporate Compliance, § 47 Rn. 46; Park/Eggers in: MAH WirtschaftsstrafR, § 11 Rn. 108; Rieble ZIP 2003, 1273, 1275; Schrader/Mahler NZA-RR 2016, 57, 64; Tödtmann/von Erdmann NZA 2020, 1577, 1577; Böhm, Non-Compliance und Arbeitsrecht, S. 153, sieht den Auskunftsanspruch aus § 242 BGB allein auf Fälle beschränkt, in denen ohne die Auskunft existenzgefährdende Schäden oder Belastungen für den Arbeitnehmer drohen; Zimmermann/Lingscheid CB 2013, 23, 26; Scherp, Fraud Management, S. 237.

1189 Vgl. nur: BAG NZA 1996, 637, 638; Dendorfer-Ditges in: MAH ArbR, § 75 Rn. 134, wonach der eingeschränkte Auskunftsanspruch aus §§ 241 Abs. 2, 242 BGB abgeleitet wird; Wessing in: Moosmayer/Lösler, Corporate Compliance, § 47 Rn. 46; Diller DB 2004, 313, 314, wonach im Vergleich zur Auskunftspflicht nach §§ 666, 675 BGB die Auskunft zumutbar sein muss; Vogt NJOZ 2009, 4206, 4213 sieht eine eingeschränkte Auskunftspflicht basierend auf der arbeitsvertraglichen Treuepflicht, wenn die arbeitgeberseitigen Interessen überwiegen.

1190 Vgl. nur: RG v. 19.11.1938 – II 69/38, 377, 379; BGH NJW 1954, 70, 71; BGH NJW 1986, 1247, 1249.

1191 Vgl. nur: RG v. 19.11.1938 – II 69/38, 377, 379; BGH NJW 1954, 70, 71; BGH NJW 1986, 1247, 1249.

1192 Vgl. nur: BAG NJW 2023, 2592, 2594 Rn. 19, 20; BGH BeckRS 2024, 10732 Rn. 11; Rieble ZIP 2003, 1273, 1276.

1193 BGH NJW 2007, 1806, 1808.

1194 Vgl. nur: BGH NJW 1986, 1244, 1245; BGH NJW 1989, 389, 390; BGH NJW 2007, 1806, 1808.

1195 Rieble ZIP 2003, 1273, 1276; vgl. Schrader/Thoms/Mahler NZA 2018, 965, 968, wonach die Auskunft den Arbeitnehmer nicht übermäßig belasten darf; im Ergebnis so auch: Dilling in: BeckOK HinSchG, § 18 Rn. 40, wonach die gewünschte Auskunft dem Arbeitnehmer zumutbar sein muss.

prägt“[1196], die Inhalt dieser Nebenpflicht ist. Damit verbunden ist auch die Rücksichtnahme der Vertragspartner auf die jeweiligen Interessen des anderen.[1197]

Das BAG hat in einem Urteil zur Auskunftspflicht einer Arbeitnehmerin zu ihrer potenziellen Vergangenheit beim Ministerium für Staatssicherheit aus dem Jahr 1995 Grundsätze entwickelt, die gegeben sein müssen, um einen Auskunftsanspruch des Arbeitgebers in einem bestehenden Arbeitsverhältnis zu begründen. Demnach muss ein Arbeitgeber „*ein berechtigtes, billigenswertes*[1198] *und schutzwürdiges Interesse [...] an der Beantwortung der Frage*“[1199] haben. Die Verpflichtung zur Auskunft darf darüber hinaus für den Arbeitnehmer keine übermäßige Belastung darstellen,[1200] wodurch der Anspruch des Arbeitgebers ausgeschlossen ist, wenn sich dieser die Informationen auf eine andere, zumutbare Weise beschaffen kann. Die Fragen müssen einer Interessenabwägung nach dem Verhältnismäßigkeitsgrundsatz standhalten, wenn sie in das allgemeine Persönlichkeitsrecht des Arbeitnehmers eingreifen. Ferner muss dabei der Bereich der privaten Lebensgestaltung als solcher gewahrt bleiben.[1201] Zudem wurde die Darlegungs- und Beweislast sowie deren prozessuale Verteilung festgehalten. Gleiches gilt für die gesetzlichen Beweislastregeln. So hat das BAG bestimmt, dass „*die Darlegungs- und Beweissituation [...] nicht durch die Gewährung materiellrechtlicher Auskunftsansprüche unzulässig verändert werden [darf].*“[1202] Nach Treu und Glauben kann ein Auskunftsanspruch „*nur da ergänzend eingreifen, wo auch die grundsätzliche Verteilung der Darlegungs- und Be-*

1196 BAG NZA 1996, 637, 638.

1197 Vgl. nur: BAG NZA 1996, 637, 638; Schrader/Thoms/Mahler NZA 2018, 965, 968; vgl. Reichold in: MHdB ArbR Band 1, § 53 Rn. 15, wonach im Arbeitsverhältnis eine intensive Pflicht zur Rücksichtnahme besteht; vgl. auch Looschelders/Olzen in: Staudinger, BGB Band 2, § 242 Rn. 797, wonach die Rücksichtspflichten aus der arbeitgeberseitigen Fürsorge- und arbeitnehmerseitigen Treuepflicht resultieren, wenngleich mit diesen Begriffen nur verdeutlicht wird, dass die gegenseitige Rücksichtspflicht durch den personalen Charakter eines Arbeitsverhältnisses vereinzelt eine besondere Intensität haben kann.

1198 Vgl. nur: BAG NZA 2005, 289, 291; BAG NZA 2013, 1150, 1157 Rn. 62; LAG Schleswig-Holstein BeckRS 2014, 72704.

1199 BAG NZA 1996, 637, 638.

1200 Vgl. nur: BAG NZA 2005, 289, 291; BAG NZA 2013, 1150, 1157 Rn. 62; LAG Schleswig-Holstein BeckRS 2014, 72704.

1201 BAG NZA 1996, 637, 638.

1202 BAG NZA 1996, 637, 638; so auch: BAG NZA 2005, 289, 291 und BAG NZA 2013, 1150, 1157 Rn. 62.

weislast einer entsprechenden Korrektur bedarf.“[1203] An diesen Grundsätzen ist der Auskunftsanspruch zu messen.[1204]

Bei der Abwägung ist im Hinblick auf das arbeitnehmerseitige Interesse vor allem das Persönlichkeitsrecht zu berücksichtigten. Ein Eingriff muss dem Grundsatz der Verhältnismäßigkeit standhalten.[1205] Zu den weiteren Kriterien, die einbezogen werden müssen, zählen die Funktion des Arbeitnehmers und dessen Position innerhalb der Hierarchie im Unternehmen,[1206] die Wahrscheinlichkeit sowie die Höhe des Schadens,[1207] das Vortatverhalten des Arbeitnehmers im Sinne von nachweislich vorher begangenen Rechtsverstößen,[1208] das „*(Mit) Verschulden des Arbeitnehmers*“[1209] sowie des Arbeitgebers[1210] und die Nachteile, die dem Arbeitnehmer drohen können,[1211] wozu bspw. der Verlust des Arbeitsplatzes sowie eine strafrechtliche Verfolgung gehören.[1212]

Das BAG hat einen Auskunftsanspruch resultierend aus der arbeitsvertraglichen Nebenpflicht neben dem bereits ausgeführten Urteil aus dem Jahr 1995 ebenfalls bei einem durch einen Arbeitnehmer begründeten nachträglichen Wettbewerbsverstoß[1213] oder einer unerlaubten Nebentätigkeit[1214] angenommen. In Teilen der Literatur wird bei der Interessenabwägung ein überwiegendes arbeitnehmerseitiges Interesse an der Auskunftsverweigerung, basierend auf dem Recht nach Art. 2 Abs. 1 GG i. V. m. Art. 1 Abs. 1 GG auf Selbstdarstellung und -bewahrung, gegenüber dem arbeitgeberseitigen Interesse an der Aufklärung angenommen, da das Interesse des Arbeitnehmers

---

1203 BAG NZA 1996, 637, 638.

1204 So bspw. angewendet durch das LAG Rheinland-Pfalz BeckRS 2015, 71243 Rn. 57 und LAG Berlin-Brandenburg BeckRS 2017, 139402 Rn. 32; Wessing in: Moosmayer/Lösler, Corporate Compliance, § 47 Rn. 46 f.

1205 Vgl. nur: BAG NZA 1996, 637, 638; vgl. Göpfert/Merten/Siegrist NJW 2008, 1703, 1705; Eufinger BB 2016, 1973, 1976.

1206 Vgl. nur: Rudkowski NZA 2011, 612, 613; Schrader/Mahler NZA-RR 2016, 57, 64; Klasen/Schaefer BB 2012, 641, 645.

1207 Vgl. nur: Diller DB 2004, 313, 314; Klasen/Schaefer BB 2012, 641, 645; vgl. Rudkowski NZA 2011, 612, 613, wonach die Gefahr bzw. der Schaden für die Rechtsgüter des Arbeitgebers in die Abwägung miteinfließen sollten.

1208 BAG BeckRS 1967, 11 Rn. 19; Klasen/Schaefer BB 2012, 641, 645.

1209 Diller DB 2004, 313, 314.

1210 Diller DB 2004, 313, 314; Klasen/Schaefer BB 2012, 641, 645.

1211 Vgl. nur: Diller DB 2004, 313, 314; Göpfert/Merten/Siegrist NJW 2008, 1703, 1705, sehen in Fällen erheblicher Nachteile bspw. aus einer rechtlichen Verfolgung, ein Auskunftsverweigerungsrecht als vorliegend an; Klasen/Schaefer BB 2012, 641, 645.

1212 Klasen/Schaefer BB 2012, 641, 645.

1213 BAG AP BGB § 242 Auskunftspflicht Nr. 12.

1214 Vgl. nur: BAG AP BGB § 242 Auskunftspflicht Nr. 13; BAG BeckRS 1990, 31017310; LAG Hamm BeckRS 2015, 70104 Rn. 39.

deutlich stärker zu gewichten sei,[1215] wenn es sich um kündigungsrelevante Sachverhalte handele.[1216] Dies wird zum einen damit begründet, dass dem Arbeitgeber andere Untersuchungsmaßnahmen zur Verfügung stehen, die zur Aufklärung des Sachverhalts beitragen können, und zum anderen damit, dass der verdächtige Arbeitnehmer mithilfe einer Verdachtskündigung an etwaigen weiteren Verletzungen gehindert werden kann.[1217] Im Vergleich zu einem staatlichen Strafverfahren wird zum Teil die Meinung in der Literatur vertreten, dass es weniger im Interesse des Arbeitgebers liegt, den Sachverhalt zweifelsfrei festzustellen.[1218] Ein überwiegendes Interesse des Arbeitgebers bestehe indes, wenn der Arbeitnehmer bspw. seinen privaten Urlaub zur Übergabe von hohen Bestechungsgeldern an Dritte nutzt.[1219]

Das Interesse des Arbeitgebers ist bei Fragen zum mittelbaren Aufgabenbereich des Arbeitnehmers entsprechend der Kriterien des BAG gegen die Interessen des Arbeitnehmers abzuwägen. Mithilfe einer Amnestieregelung[1220] und eines damit verbundenen Kündigungsverzichts kann die zugunsten eines Arbeitnehmers ausfallende Interessenabwägung jedoch dazu führen, dass eine Auskunft des Arbeitnehmers erzielt wird.

(3) Auskunftspflicht nach Beendigung des Arbeitsverhältnisses

Mit der Beendigung eines Arbeitsverhältnisses enden die sich aus dem Arbeitsverhältnis ergebenden Hauptpflichten, die zwischen Arbeitnehmer und Arbeitgeber wechselseitig bestehen. Auch die wechselseitigen Nebenpflichten der Parteien reduzieren sich erheblich, sodass nur noch Pflichten zum Schutz und zur Rücksichtnahme verbleiben.[1221]

In der Literatur wird vereinzelt eine Auskunftspflicht ehemaliger Mitarbeiter nach der Beendigung des Arbeitsverhältnisses als Bestandteil der nachvertraglichen Treuepflicht verstanden.[1222] Insbesondere dann, wenn der Aufgabenbereich des ehemaligen Mitarbeiters betroffen sei, bestehe

---

1215 Im Ergebnis so auch: Rudkowski, Aufklärung von Compliance-Verstößen, S. 126, dabei wird dieses Argument ohne die Zuordnung zu einem Aufgabenbereich getroffen.

1216 Siehe hierzu Kapitel 2 A. IX. 3.; Rudkowski NZA 2011, 612, 613; Eufinger DB 2017, 1266, 1271.

1217 Vgl. nur: Rudkowski, Aufklärung von Compliance-Verstößen, S. 125 f., dabei wird dieses Argument ohne die Zuordnung zu einem Aufgabenbereich getroffen; Rudkowski NZA 2011, 612, 613; Eufinger DB 2017, 1266, 1271.

1218 Rudkowski, Aufklärung von Compliance-Verstößen, S. 126.

1219 Grützner in: Momsen/Grützner, Wirtschafts- und Steuerstrafrecht, § 16 Rn. 441.

1220 Siehe Kapitel 2 A. IX. 2.

1221 Diller DB 2004, 313, 318; zu beachten sind allerdings §§ 74 ff. HGB.

1222 Vgl. nur: Diller DB 2004, 313, 313; Göpfert/Merten/Siegrist NJW 2008, 1703, 1707; Kienast in: Wessing/Dann, Deutsch-Amerikanische Korruptionsverfahren, § 8

eine solche Auskunftspflicht. Andernfalls können sich Mitarbeiter einer Auskunftspflicht gegenüber dem Arbeitgeber entziehen, indem sie kündigen oder gekündigt werden bzw. einen Aufhebungsvertrag vereinbaren.[1223]

Wird die Auskunft eines ausgeschiedenen Mitarbeiters angestrebt, bedarf es grundsätzlich einer Abwägung zwischen den Interessen des Arbeitgebers und denen des ausgeschiedenen Arbeitnehmers. In die Abwägung sind die ehemalige Position und Funktion des Arbeitnehmers, die Schwere des im Raum stehenden Compliance-Verstoßes sowie die weiteren Möglichkeiten der Informationsbeschaffung des Arbeitgebers zu dem Sachverhalt einzubeziehen. Ferner ist die Zeit zu berücksichtigen, die zwischen dem Ausscheiden und der Verfügbarkeit des Mitarbeiters zum Zweck einer Befragung vergangen ist. Ein fester Maßstab, wie lange nach dem Ausscheiden eines Mitarbeiters eine Befragung möglich ist, wird in der Literatur als nicht existent angesehen. Als Richtwert für einen Auskunftsanspruch kann angenommen werden, dass das arbeitgeberseitige Interesse an einer Auskunft des ausgeschiedenen Mitarbeiters umso größer sein muss, je länger das Beschäftigungsverhältnis schon ruht.[1224]

Gemäß anderen Stimmen der Literatur ist die Auskunftspflicht auf Situationen begrenzt, in denen die Existenz des Unternehmens bedroht wird.[1225] Begründet wird dies damit, dass die Unterstützungspflichten eines Arbeitnehmers, wozu bspw. die Schadensabwendungspflicht gehört, im bestehenden Arbeitsverhältnis über das Gehalt abgedeckt werden. Mit Beendigung des Arbeitsverhältnisses existieren gerade keine Gehaltszahlungen mehr, die diese Unterstützungspflicht rechtfertigen.[1226] Etwas anderes kann allerdings dann gelten, wenn dies vertraglich ausdrücklich – bspw. in einem Beratervertrag – vereinbart wurde.[1227]

Die Notwendigkeit einer Extremsituation, in der schwerste Schäden vom Unternehmen abgewendet werden müssen oder dessen Existenz gefährdet ist, wird auch bei Mitarbeitern vorausgesetzt, die sich bereits im Ruhestand befinden. Wird deren Auskunft begehrt, bedarf es überdies der Notwendigkeit, dass die Auskunft dieses Ruheständlers das Unternehmen vor diesen Gefahren bewahren kann.[1228]

Rn. 10; vgl. Schäfer in: MüKo BGB Band 6, § 666 Rn. 24 im Zusammenhang mit dem Auftragsverhältnis.

1223 Kienast in: Wessing/Dann, Deutsch-Amerikanische Korruptionsverfahren, § 8 Rn. 10.

1224 Kienast in: Wessing/Dann, Deutsch-Amerikanische Korruptionsverfahren, § 8 Rn. 10.

1225 Rieble ZIP 2003, 1273, 1277; Diller DB 2004, 313, 318.

1226 Diller DB 2004, 313, 318.

1227 Rieble ZIP 2003, 1273, 1277.

1228 Rieble ZIP 2003, 1273, 1277.

Nach der hier vertretenen Auffassung muss im konkreten Einzelfall entschieden werden, inwieweit einem ausgeschiedenen Arbeitnehmer eine Auskunftspflicht zukommen kann. Indes erscheint es widersprüchlich, wenn sich ein Arbeitnehmer mit einer Kündigung von seinen Pflichten gegenüber dem Arbeitgeber entbinden kann, unabhängig davon, wie schwer er das Unternehmen zuvor mit seinem Handeln oder Unterlassen geschädigt hat. In die Interessenabwägung sind die zuvor aufgeführten Kriterien wie die Schwere des Verstoßes sowie die bekleidete Position des Arbeitnehmers einzubeziehen. Bezogen auf die Position des Arbeitnehmers wird die Auskunftspflicht umso schwerer wiegen, je höher er in der Unternehmenshierarchie stand. Die Kriterien gelten auch für Arbeitnehmer im Ruhestand, wobei die Maßstäbe an deren Auskunftspflicht hoch anzusetzen sind.

Insbesondere in Fällen, in denen ein Arbeitnehmer aufgrund seines Verhaltens gekündigt wird und die Sachverhaltsaufklärung noch andauert, bietet es sich an, die Auskunftspflicht auch nach dem Ausscheiden aus dem Unternehmen ausdrücklich vertraglich festzuhalten.

(4) Auskunfts- und Anzeigepflicht aus der Schadensabwendungspflicht

Den Arbeitnehmer treffen nach § 241 Abs. 2 BGB Schutzpflichten, wozu die Pflicht zur „*Rücksicht auf die Rechte, Rechtsgüter und Interessen des anderen Teils*“ gehört. Hierzu wird auch der Schutz des Vermögens gezählt.[1229] Unter die Schutzpflichten fällt ferner die Aufklärungs- bzw. Informationspflicht. Damit einhergehend ist eine Partei dazu verpflichtet, eine andere Partei, die über einen Umstand in Unkenntnis ist, der der ersten Partei bekannt und der für Entscheidungen im Schuldverhältnis relevant ist, zu informieren.[1230] Daraus folgt die Pflicht des Arbeitnehmers, den Arbeitgeber über ihm bekannte drohende Schäden zu informieren, damit dieser entsprechende Milderungsmaßnahmen einleiten kann.[1231] Resultierend aus der Schadensabwendungspflicht des Arbeitnehmers, hat aus Sicht der Rechtsprechung die Anzeige – sofern für den Arbeitnehmer möglich und zumutbar – für bemerkbare oder voraussehbare Gefahren und Schäden gegenüber dem Arbeitgeber unverzüglich zu erfolgen.[1232] Diese Pflicht zur Anzeige besteht, wenn dem Arbeitgeber durch eigene Angestellte oder Dritte Schäden oder Gefah-

---

1229 Schulze in: HK-BGB, § 241 Rn. 5, 6; Bachmann in: MüKo BGB Band 2, § 241 Rn. 173.

1230 Schulze in: HK-BGB, § 241 Rn. 7.

1231 Vgl. nur: Dann/Schmidt NJW 2009, 1852, 1852; Mengel/Ullrich NZA 2006, 240, 243; Eufinger CCZ 2017, 130, 133.

1232 Vgl. nur: BAG NZA 2009, 193, 194 Rn. 21; LAG Rheinland-Pfalz BeckRS 2016, 68356 Rn. 50; LAG Mecklenburg-Vorpommern BeckRS 2022, 36601 Rn. 28.

ren drohen.[1233] Sie unterscheidet sich von der Auskunftspflicht darin, dass das Geschehene ungefragt offenbart werden muss, während bei einer Auskunftspflicht erst auf Nachfrage die Pflicht zur Offenbarung besteht.[1234] Allerdings ist anzunehmen, dass bei Bestehen einer Anzeigepflicht gleichzeitig eine Auskunftspflicht vorliegt.[1235]

Die Pflicht zur Schadensabwendung trifft den Arbeitnehmer nicht nur im Zusammenhang mit seinem Arbeitgeber, sondern auch gegenüber anderen Arbeitnehmern.[1236] Ein drohender Schaden ist durch den Mitarbeiter ebenfalls dann zu melden, wenn die Ursache und der Eintritt des Schadens außerhalb des unmittelbaren Bereichs seiner Arbeit liegen. Im Zusammenhang mit drohenden Schäden aus behördlichen Maßnahmen oder Gerichtsverfahren sowie Schäden, die durch Zwangsmaßnahmen Dritter entstehen können, hat der Arbeitnehmer in der Form mitzuwirken, dass er diese Informationen an den Arbeitgeber übermittelt.[1237] Im Vergleich zu dieser Anzeige- oder Hinweispflicht hat der Arbeitnehmer bei aus Notfällen resultierenden Schäden, die bspw. durch Naturkatastrophen entstehen können, die Schäden überdies abzuwenden bzw. zu minimieren.[1238]

Im Übrigen verletzt ein Arbeitnehmer u. a. die Schadensabwendungspflicht, wenn er einen Compliance-Verstoß begeht, der mit dem Arbeitsverhältnis zusammenhängt.[1239]

(5) Zwischenergebnis

Ein verdächtigter Arbeitnehmer ist nach § 666 BGB i. V. m. § 675 Abs. 1 BGB zur Auskunft verpflichtet, wenn die Fragen, die im Zuge des arbeitgeberseitigen Auskunftsanspruchs gestellt werden, in einem unmittelbaren Zusammenhang mit seinem Arbeitsbereich stehen.[1240] Im Fall überwiegender Interessen des Arbeitgebers folgt dies aus §§ 611, 241 Abs. 2 BGB sowie § 242 BGB und gilt gleichermaßen für dessen mittelbaren Aufgabenbereich.[1241]

1233 Vgl. nur: BAG NZA 2009, 193, 194, sog. Eigenschädigung des Arbeitgebers; LAG Berlin-Brandenburg BeckRS 2012, 73099 Rn. 2.1.1; LAG Niedersachsen BeckRS 2021, 52966 Rn. 96.

1234 Schrader/Thoms/Mahler NZA 2018, 965, 971.

1235 Rudkowski NZA 2011, 612, 614.

1236 Vgl. nur: LAG Düsseldorf BeckRS 2005, 43849 Rn. 35; LAG Düsseldorf BeckRS 2006, 40003; Linck in: Schaub, Arbeitsrechts-Handbuch, § 53 Rn. 38.

1237 Diller DB 2004, 313, 314.

1238 Joussen in: BeckOK Arbeitsrecht, § 611a BGB Rn. 447.

1239 Eufinger CCZ 2017, 130, 133; Müller-Petzer CCZ 2018, 162, 167.

1240 Siehe Kapitel 2 B. III. 4. b) aa) (1).

1241 Siehe Kapitel 2 B. III. 4. b) aa) (2).

Einer Interessenabwägung bedarf es ebenfalls, wenn ein Arbeitnehmer das Unternehmen verlassen hat und nunmehr einer Straftat, einer Ordnungswidrigkeit oder einer Pflichtverletzung verdächtigt wird. In die Abwägung sind die Schwere des Verstoßes, die Dauer, die das Arbeitsverhältnis zum ausgeschiedenen Arbeitnehmer bereits ruht, sowie die Funktion einzubeziehen, die er bekleidet hat. Auch die Möglichkeit, anderweitig an die Informationen zu gelangen, soll hierbei berücksichtigt werden. Überwiegen die arbeitgeberseitigen Interessen, kann der Arbeitnehmer zur Auskunft verpflichtet sein. Dies ist von entscheidender Bedeutung, damit sich der Arbeitnehmer der Auskunft nicht durch eine Kündigung entziehen kann. Gleiches gilt auch bei Mitarbeitern, die in die Rente eingetreten sind, wenngleich dies nur bei erheblichen Schäden oder einer Existenzgefährdung des Unternehmens zu bejahen ist. In beiden Sachverhalten bedarf es einer Prüfung des Einzelfalls.[1242]

Einen (verdächtigten) Arbeitnehmer treffen zudem weitere Auskunfts- und Anzeigepflichten. Letzteres gilt in Fällen, in denen er resultierend aus seiner Schadensabwendungspflicht zur Anzeige von (drohenden) Schäden verpflichtet ist.[1243]

bb) Auskunftspflicht des Arbeitnehmers als Zeuge

Neben den verdächtigten Arbeitnehmern sind Befragungen von Arbeitnehmern als Zeugen eine weitere wesentliche Informationsquelle. Dabei kann auch ein verdächtiger Arbeitnehmer gleichzeitig eine Zeugenrolle einnehmen.

(1) Auskunftspflicht im (un)mittelbaren Zusammenhang mit dem Arbeitsbereich

Einem Arbeitnehmer können durch den Arbeitgeber uneingeschränkt Fragen gestellt werden, die die Art sowie den Umfang seiner Leistungen, den eigenen Arbeitsbereich und die Wahrnehmungen betreffen, die der Arbeitnehmer im Zusammenhang mit seiner Arbeitsleistung gemacht hat.[1244] Dabei kann es sich bspw. um Wahrnehmungen des Arbeitnehmers von einer seiner Dienstreisen handeln, auch wenn sie nicht unmittelbar seinen Arbeits-

---

1242 Siehe Kapitel 2 B. III. 4. b) aa) (3).

1243 Siehe Kapitel 2 B. III. 4. b) aa) (4).

1244 Vgl. nur: Rudkowski NZA 2011, 612, 613 f.; Schrader/Thoms/Mahler NZA 2018, 965, 971; siehe hierbei auch Diller DB 2004, 313, 313 sowie Göpfert/Merten/Siegrist NJW 2008, 1703, 1705, die nicht zwischen einem Arbeitnehmer als Zeugen oder Verdächtigten unterscheiden.

bereich betreffen.[1245] Gleiches gilt für Geschäftsessen. Es kommt dabei wie bei Dienstreisen darauf an, dass die Wahrnehmungen im Rahmen seiner beruflichen Verpflichtung gemacht wurden und diese Gelegenheiten mit der arbeitsvertraglichen Tätigkeit des Arbeitnehmers in einem Zusammenhang stehen, da sie vom Arbeitgeber angewiesen wurden oder sie typischerweise zu den Aufgaben des Arbeitnehmers zählen.[1246]

Folglich gelten die Auskunftspflichten für verdächtigte Arbeitnehmer gleichermaßen für Mitarbeiterbefragungen mit Arbeitnehmern als Zeugen, die primär aus Gründen der Informationsgewinnung befragt werden. Im Zusammenhang mit dem mittelbaren Aufgabenbereich ist anzunehmen, dass das Interesse des Zeugen-Arbeitnehmers unter Berücksichtigung der notwendigen Interessenabwägung regelmäßig stärker ausgeprägt ist.

(2) Auskunftspflicht nach Beendigung des Arbeitsverhältnisses

Aus dem Unternehmen ausgeschiedene Zeugen-Arbeitnehmer können noch über Informationen verfügen, an die sie im Rahmen ihres Arbeitsverhältnisses gelangt sind und die nunmehr für eine interne Untersuchung von Relevanz sein können. Indes erscheint die Notwendigkeit einer Zeugenauskunft nicht so schwer zu wiegen wie die einer Täterauskunft, an die bereits – wie vorher ausgeführt – strenge Maßstäbe zu setzen sind.[1247] Es ist davon auszugehen, dass das Interesse des ehemaligen Zeugen-Arbeitnehmers an dem Schutz seines allgemeinen Persönlichkeitsrechts nach Art. 2 Abs. 1 GG i. V. m. Art. 1 Abs. 1 GG gegenüber dem Auskunftsinteresse des Arbeitgebers regelmäßig überwiegen wird, wenn es sich bei dem Zeugen-Arbeitnehmer nicht um die einzige Person handelt, die das Unternehmen vor existenziellen Schäden bewahren kann. Davon kann jedoch in den seltensten Fällen ausgegangen werden.

Da sich die Erfahrungen und Beobachtungen eines ausgeschiedenen Zeugen-Arbeitnehmers als wertvoll erweisen können, erscheint es erfolgversprechender, diesen zu fragen, ob er freiwillig für eine Befragung zur Verfügung stehen würde. Hierbei gilt es allerdings die Umstände des Ausscheidens des Mitarbeiters zu berücksichtigen.

1245 Vgl. nur: Rudkowski NZA 2011, 612, 614; Schrader/Thoms/Mahler NZA 2018, 965, 971; Göpfert/Merten/Siegrist NJW 2008, 1703, 1705 unterscheiden nicht nach dem Status des Arbeitnehmers.

1246 Rudkowski NZA 2011, 612, 614.

1247 Siehe Kapitel 2 B. III. 4. b) aa) (3).

(3) Auskunfts- und Anzeigepflicht aus der Schadensabwendungspflicht

Genauso wie einen verdächtigten Arbeitnehmer trifft einen Arbeitnehmer als Zeugen gegenüber seinem Arbeitgeber die Pflicht zur Anzeige drohender Schäden.[1248] Die Ausführungen zur Schadensabwendungspflicht bei verdächtigten Arbeitnehmern, die aus der arbeitsvertraglichen Treue- bzw. Nebenpflicht resultiert, finden daher gleichermaßen Anwendung.[1249]

(4) Anzeige- und Auskunftspflicht über Fehlverhalten anderer Arbeitnehmer

Ist ein Zeugen-Arbeitnehmer zugleich Vorgesetzter, kann eine Anzeigepflicht in Bezug auf Arbeitnehmer bestehen, die arbeitswidrig agieren.[1250] Diese Pflicht kann ihm kraft Vertrags zugeordnet werden, wenn er bspw. damit betraut ist, andere zu beaufsichtigen oder dieser eine besondere Vertrauensstellung[1251] hat.[1252] Gleiches gilt für Arbeitnehmer, die eine Kontrollfunktion haben und in deren Aufgabenbereich sich die schädigende Handlung eines Arbeitnehmers mit Wiederholungsgefahr zugetragen hat.[1253] Als Beispiel können hier leitende Angestellte angeführt werden, deren Aufgabe es ist, Kassenbelege gegenzuzeichnen.[1254] Bei dieser Überwachungs- und Kontrollpflicht bedarf es keiner ausdrücklichen vertraglichen Regelung.[1255]

1248 Vgl. LAG Düsseldorf BeckRS 2006, 40003, wonach den Arbeitnehmer – ohne Unterscheidung zwischen Zeuge oder Verdächtigter – die Pflicht zur Schadensabwendung trifft; detailliert zu Zeugen-Arbeitnehmern: Schrader/Thoms/Mahler NZA 2018, 965, 971; siehe auch die Ausführungen zu verdächtigten Arbeitnehmern Kapitel 2 B. III. 4. b) aa) (4).

1249 Siehe Kapitel 2 B. III. 4. b) aa) (4).

1250 Vgl. nur: abgeleitet aus der Treuepflicht: BAG NJW 1958, 1747, 1748; BGH NJW-RR 1989, 614, 615; Dendorfer-Ditges in: MAH ArbR, § 75 Rn. 131; Rudkowski NZA 2011, 612, 614; Schrader/Thoms/Mahler NZA 2018, 965, 971.

1251 Vgl. zur Pflicht zur Mitteilung gravierender Pflichtverletzung durch andere Mitarbeiter aufgrund einer (Vertrauens-)Stellung nur: BAG NJW 1970, 1861, 1861; BAG NZA 1998, 374, 376; vgl. Bengelsdorf/Reufels in: MAH ArbR, § 49 Rn. 374, wonach die ausbleibende Mitteilung einen außerordentlichen Kündigungsgrund darstellen kann.

1252 Vgl. BAG NJW 1970, 1861, 1861; vgl. auch BGH NJW-RR 1989, 614, 615, wonach in dem entschiedenen Sachverhalt der BGH geprüft hat, ob der Beklagte kraft Vertrags oder aufgrund seiner Stellung im Betrieb zur Meldung von durch Dritte begangene Verstöße verpflichtet war; ausdrücklich hierzu: Reichold in: MHdB ArbR Band 1, § 55 Rn. 10.

1253 Vgl. nur: BAG NJW 1958, 1747, 1748, sog. „*aktualisierte Überwachungs- und Kontrollpflicht*", BGH NJW-RR 1989, 614, 615; Schrader/Thoms/Mahler NZA 2018, 965, 971; Dendorfer-Ditges in: MAH ArbR, § 75 Rn. 132.

1254 BAG NJW 1958, 1747, 1748; Reichold in: MHdB ArbR Band 1, § 55 Rn. 10.

1255 BAG NJW 1958, 1747, 1748; BGH NJW-RR 1989, 614, 615, wonach den Arbeitnehmer auch ohne ausdrückliche Vereinbarung im Arbeitsvertrag Nebenpflichten

Eine Anzeigepflicht impliziert gleichzeitig eine Auskunftspflicht, die mit der Offenbarung auf eine Nachfrage hin verbunden ist.[1256] Bei Arbeitnehmern, die Zeuge einer schädigenden Handlung in ihrem Aufgabenbereich werden, bei der sie zwar eine Kontrollfunktion gegenüber dem vertragsbrüchigen Kollegen ausüben, aber nicht dessen Vorgesetzter sind, wird eine Anzeigepflicht angenommen.[1257] Dabei wird die Anzeige eines drohenden oder eingetretenen, nicht lediglich unerheblichen Schadens[1258] und die Auskunft darüber als zumutbar angesehen. Den arbeitgeberseitigen Interessen an einer Aufklärung und der Schadensvermeidung steht kein schutzwürdiges Interesse des Arbeitnehmers in der Rolle des Zeugen gegenüber.[1259] Droht allerdings kein Personen- oder erheblicher Sachschaden,[1260] darf von der Anschwärzung eines Arbeitskollegen aus Kollegialitätsgründen abgesehen werden.[1261]

(5) Zwischenergebnis

‚Reine' Zeugen-Arbeitnehmer und Arbeitnehmer, die in ihrer Rolle als Verdächtigter zugleich eine Zeugenrolle einnehmen, haben umfassende Auskunftspflichten. Dies betrifft ihren unmittelbaren Aufgabenbereich sowie die Wahrnehmungen, die sie in ihrem zugewiesenen Tätigkeitsfeld gemacht haben.[1262] Darüber hinaus ergibt sich aus ihrer Schadensabwendungspflicht eine Anzeigepflicht, die auch dann gilt, wenn andere Arbeitnehmer einen Schaden verursacht haben oder ein Personen- bzw. ein erheblicher Sach-

---

wie die Informations-, Obhuts- und Rücksichtspflichten treffen; Reichold in: MHdB ArbR Band 1, § 55 Rn. 10.

1256 Dendorfer-Ditges in: MAH ArbR, § 75 Rn. 131; Rudkowski NZA 2011, 612, 614.

1257 Vgl. nur: Rudkowski NZA 2011, 612, 614; Schrader/Thoms/Mahler NZA 2018, 965, 971; vgl. auch: Dendorfer-Ditges in: MAH ArbR, § 75 Rn. 131, wonach diese Pflicht bei Zeugen-Arbeitnehmern bereits gilt, wenn schädigende Handlungen außerhalb ihres Aufgabenbereichs von Kollegen begangen wurden. Im Umkehrschluss kann für den eigenen Aufgabenbereich nichts anderes gelten.

1258 Vgl. nur: BGH NJW-RR 1989, 614, 615, verweist auf Literaturstimmen, wonach ein *„erheblicher' Schaden"* drohen muss, legt sich aber selbst im Sinne eines Grundsatzes nicht fest; engere Ansicht: Preis/Greiner in: ErfK ArbR, § 611a BGB Rn. 847: *„Personenschaden oder schwerer Sachschaden"*; Reichold in: MHdB ArbR Band 1, § 55 Rn. 10 *„Personen- oder Sachschäden"*.

1259 Rudkowski NZA 2011, 612, 614; Schrader/Thoms/Mahler NZA 2018, 965, 971.

1260 Vgl. nur: Preis/Greiner in: ErfK ArbR, § 611a BGB Rn. 847; Spinner in: MüKo BGB Band 5, § 611a Rn. 1002; Linck in: Schaub, Arbeitsrechts-Handbuch, § 53 Rn. 38.

1261 Vgl. nur: BAG NJW 1970, 1861, 1861, wonach das Anschwärzen von Arbeitskollegen im verhandelten Sachverhalt nicht ungerechtfertigterweise zugemutet wurde; so ausdrücklich: Spinner in: MüKo BGB Band 5, § 611a Rn. 1002; Linck in: Schaub, Arbeitsrechts-Handbuch, § 53 Rn. 38, wonach mit der Einschränkung einem Denunziantentum im Unternehmen vorgebeugt wird.

1262 Siehe Kapitel 2 B. III. 4. b) bb) (1).

schaden droht. Dabei ist die Notwendigkeit zur Anzeige des schädigenden Verhaltens von Kollegen von der Rolle des Zeugen-Arbeitnehmers und der Schwere der Tat abhängig.[1263]

An eine Auskunftspflicht für Zeugen-Arbeitnehmer nach Beendigung des Arbeitsverhältnisses sind strenge Maßstäbe zu setzen, wenngleich diese Pflicht nach einer Interessenabwägung oftmals nicht anzunehmen ist. In der Praxis kann es indes leichter sein, den ausgeschiedenen Zeugen-Arbeitnehmer um eine freiwillige Auskunft zu bitten, wenn dessen Auskunft für die Aufklärung des Sachverhaltes notwendig erscheint.[1264]

cc) Wahrheitspflicht der Arbeitnehmer

Besteht für den Arbeitnehmer – unabhängig davon, ob es sich um einen Verdächtigten oder einen Zeugen handelt[1265] – eine Auskunftspflicht, hat er die ihm gestellten Fragen wahrheitsgemäß sowie vollständig zu beantworten. Der befragte Mitarbeiter hat grundsätzlich kein Recht, eine unwahre Auskunft zu geben.[1266]

Dahingehend entschied auch das LAG Hamm in einem Urteil aus dem Jahr 2023, das die Wirksamkeit einer fristlosen Kündigung zum Gegenstand hatte.[1267] Einer schwerbehinderten Raumpflegerin wurde eine Kündigung ausgesprochen, nachdem sie – ohne sich aus dem Zeiterfassungssystem auszuloggen – in einem gegenüber ihrer Arbeitsstelle liegenden Café mindestens zehn Minuten einen Kaffee getrunken haben soll.[1268] Vom Arbeitgeber auf dieses Fehlverhalten angesprochen, leugnete sie den Café-Besuch und erklärte, dass sich der Arbeitgeber geirrt hätte. Nachdem der Arbeitgeber angekündigt hatte, ihr Beweisfotos zeigen zu wollen, gab die Mitarbeiterin zu, dass sie die Arbeitsstelle verlassen und sich dadurch pflichtwidrig nicht aus- und wieder eingeloggt hatte.[1269] Bereits dieser Umstand stellte aus Sicht des LAG Hamm einen wichtigen Grund zur außerordentlichen Kündigung nach § 626 Abs. 1 BGB dar. Ferner erkannte es einen „*schweren Vertrauensbruch*“[1270], der durch die Leugnung ihres Verhaltens bzw. durch die vor-

---

1263 Siehe Kapitel 2 B. III. 4. b) bb) (3), (4).

1264 Siehe Kapitel 2 B. III. 4. b) bb) (2).

1265 Rudkowski NZA 2011, 612, 613.

1266 Vgl. nur: Kienast in: Wessing/Dann, Deutsch-Amerikanische Korruptionsverfahren, § 8 Rn. 14; vgl. Lützeler/Müller-Sartori CCZ 2011, 19, 20, wonach der Arbeitnehmer kein ‚Recht zur Lüge‘ hat; ähnlich auch: Veit, Compliance und interne Ermittlungen, Rn. 288, wonach der Arbeitgeber darauf vertrauen können muss, dass der Arbeitnehmer wahrheitsgemäß antwortet.

1267 LAG Hamm BeckRS 2023, 19574 Rn. 1.

1268 LAG Hamm BeckRS 2023, 19574 Rn. 4.

1269 LAG Hamm BeckRS 2023, 19574 Rn. 5.

1270 LAG Hamm BeckRS 2023, 19574 Rn. 34.

angegangene Pflichtverletzung ausgelöst und vertieft wurde.[1271] Aus dieser Entscheidung geht eindrücklich hervor, wie schwer eine Lüge zum Schutz vor einem Arbeitsplatzverlust wiegen kann. Denn für Mitarbeiter stellt der Schutz des Arbeitsplatzes ein starkes Motiv dar, um im Rahmen einer Mitarbeiterbefragung zu lügen.

Dabei ist der Ansicht eines Teils der Literatur zuzustimmen, wonach eine unwahre Auskunft dem Arbeitnehmer allein in den Fällen zugestanden werden kann, in denen das Fragerecht des Arbeitgebers das Persönlichkeitsrecht des Arbeitnehmers verletzt. Würde der Arbeitgeber einen im Einkauf tätigen Mitarbeiter zu dessen verwandtschaftlichem Verhältnis zu einem Kunden befragen, muss die Frage wahrheitsgemäß beantwortet werden. Dies würde jedoch nicht gelten, wenn sich die Frage auf sein Liebesverhältnis bezieht.[1272]

Daneben darf der Arbeitnehmer seine Auskunft nicht in der Form verkürzen, dass der Interviewer aus den erhaltenen Informationen falsche Schlüsse ziehen kann, was bspw. zur Belastung eines Dritten führen könnte.[1273]

dd) Empfänger der Aussagen der Arbeitnehmer

Auf allgemeinen Konsens stößt der Umstand, dass ein Arbeitnehmer grundsätzlich gegenüber seinem Arbeitgeber verpflichtet ist, Auskunft zu geben.[1274]

Zudem kann der Arbeitgeber diese Aufgabe delegieren, sodass auch unmittelbare Vorgesetzte, der Personalleiter oder Mitarbeiter der Compliance-Abteilung Adressaten für den auskunftsgebenden Mitarbeiter sein können.[1275] Die Übertragung dieser Aufgabe vom Arbeitgeber an einen externen Dritten,

---

1271 LAG Hamm BeckRS 2023, 19574 Rn. 16, 34.

1272 Lützeler/Müller-Sartori CCZ 2011, 19, 20.

1273 Kienast in: Wessing/Dann, Deutsch-Amerikanische Korruptionsverfahren, § 8 Rn. 14.

1274 Siehe Kapitel 2 B. III. 4. b) aa)–bb); so auch: Bittmann/Molkenbur wistra 2009, 373, 376.

1275 Vgl. nur: Rudkowski, Aufklärung von Compliance-Verstößen, S. 127, die als Personen, die die Befragung durchführen, den Arbeitgeber selbst, den Vorgesetzten des verdächtigten Mitarbeiters oder ein internes Ermittlerteam bestehend aus z. B. Mitarbeitern der Personal- oder Compliance-Abteilung vorsieht; Göpfert/Merten/Siegrist NJW 2008, 1703, 1706, wonach die Geschäftsführung, der direkte Vorgesetzte des verdächtigten Arbeitnehmers und z. B. auch der Personalleiter Adressaten der Auskunftspflicht sind; Bittmann/Molkenbur wistra 2009, 373, 376 sehen die Auskunftserteilung auch gegenüber bspw. unmittelbaren Vorgesetzten oder der Compliance-Abteilung für möglich an; Wewerka, Internal Investigations, S. 235, die sowohl die Übertragung auf den Unternehmensvertreter, den Personalleiter als auch auf den Vorgesetzten für möglich erachtet.

wie einen Rechtsanwalt, wird mithin ebenso als zulässig angesehen.[1276] Insbesondere die Beauftragung externer Ermittler, die einer Berufsgruppe nach § 53 StPO angehören und damit einer beruflichen Verschwiegenheitspflicht und einem Zeugnisverweigerungsrecht unterliegen, kann Vorteile für den Arbeitgeber erbringen.[1277]

ee) Zwischenergebnis

Arbeitnehmer trifft in vielen Sachverhalten eine Auskunftspflicht. Dabei ist es von ihrer Rolle als Verdächtigter oder Zeuge abhängig, wann eine Auskunftspflicht anzunehmen ist.

Die weitreichendste Pflicht wird bei Fragen an Verdächtigte und Zeugen angenommen, die den unmittelbaren Arbeitsbereich des Arbeitnehmers betreffen. Diese Pflicht resultiert aus § 666 BGB i. V. m. § 675 Abs. 1 BGB.[1278] Überdies besteht nach § 241 Abs. 2 BGB die Pflicht, Schaden vom Arbeitgeber abzuwenden, woraus eine Anzeige- und Auskunftspflicht folgt.[1279]

Beziehen sich die Fragen dagegen auf Sachverhalte, die den mittelbaren Aufgabenbereich betreffen, wird die Auskunftspflicht aus §§ 611, 241 Abs. 2, 242 BGB hergeleitet. Hierbei bedarf es einer Abwägung zwischen den Interessen des Arbeitnehmers als Verdächtigter oder Zeuge und denen des Arbeitgebers. Überwiegen die Interessen des Arbeitnehmers, ist eine Auskunftspflicht nicht anzunehmen.[1280] Mithilfe einer Amnestieregelung und eines damit verbundenen Kündigungsverzichts kann die zugunsten eines Arbeitnehmers ausfallende Interessenabwägung dennoch dazu führen, dass eine Auskunft des Arbeitnehmers erzielt wird.[1281]

Eine Abwägung der widerstreitenden Interessen ist ebenfalls in Fällen vorzunehmen, die die Auskunftspflicht eines Arbeitnehmers nach Beendigung seines Arbeitsverhältnisses betreffen.[1282] Im Fall eines Zeugen-Arbeitnehmers ist indes zu bejahen, dass die Interessenabwägung regelmäßig zugunsten des Arbeitnehmers ausfallen wird, da dessen Auskunftspflicht im Vergleich zu einer Täteraussage als nicht ebenso relevant einzustufen ist.[1283] Eine Interessenabwägung hat ebenfalls bei der Anzeigepflicht in Bezug

---

1276 Vgl. nur: Wewerka, Internal Investigations, S. 235, wonach auch externe Anwälte Beauftragte des Unternehmens sein können; Göpfert/Merten/Siegrist NJW 2008, 1703, 1706; Rudkowski, Aufklärung von Compliance-Verstößen, S. 127.

1277 Böhmer in: Bay, Handbuch Internal Investigations, Kap. 2 Rn. 1, 8.

1278 Siehe Kapitel 2 B. III. 4. b) aa) (1); siehe Kapitel 2 B. III. 4. b) bb) (1).

1279 Siehe Kapitel 2 B. III. 4. b) aa) (4); siehe Kapitel 2 B. III. 4. b) bb) (3).

1280 Siehe Kapitel 2 B. III. 4. b) aa) (2); siehe Kapitel 2 B. III. 4. b) bb) (1).

1281 Siehe Kapitel 2 A. IX. 2.

1282 Siehe Kapitel 2 B. III. 4. b) aa) (3); siehe Kapitel 2 B. III. 4. b) bb) (2).

1283 Siehe Kapitel 2 B. III. 4. b) bb) (2).

auf Fehlverhaltensweisen von Kollegen ohne Aufsichtspflicht zu erfolgen. Wenn jedoch eine Anzeigepflicht eines Arbeitnehmers gegenüber seinem Arbeitgeber besteht, wird auch eine Auskunftspflicht angenommen.[1284] Die Auskünfte der Arbeitnehmer sind dabei stets wahrheitsgemäß zu erteilen.[1285] Dies gilt sowohl gegenüber dem Arbeitgeber als auch gegenüber einem Dritten, der vom Arbeitgeber mit der Durchführung der internen Untersuchung beauftragt wurde.[1286]

5. Selbstbelastungsfreiheit oder -pflicht des Arbeitnehmers

Es konnte nunmehr festgehalten werden, dass den Arbeitnehmer Auskunftspflichten treffen, die insbesondere, aber nicht ausschließlich an den Bezug zu ihrem Aufgabenbereich geknüpft sind, und dass davon abhängig zum Teil ein überwiegendes Interesse des Arbeitgebers bestehen muss.[1287] Daran anschließend ist zu klären, ob sich ein Arbeitnehmer bei seiner Auskunft selbst belasten muss, während er sich in behördlichen Verfahren auf sein Schweigerecht bzw. sein Auskunftsverweigerungsrecht berufen könnte.

Sowohl verdächtigte Arbeitnehmer als auch Zeugen können sich während der Befragung mit der Situation konfrontiert sehen, dass ihnen eine Frage gestellt wird, bei deren Beantwortung sie sich selbst wegen eines Verstoßes gegen Richtlinien, einer Ordnungswidrigkeit oder Straftat belasten müssten. Aus diesem Grund wird nachfolgend keine Unterscheidung zwischen Verdächtigten und Zeugen vorgenommen, sondern auf die ähnliche Situation abgestellt.

Zu Erörterung der Selbstbelastungspflicht werden im Folgenden zunächst der Nemo-tenetur-Grundsatz sowie dessen Herleitung dargestellt, bevor die etwaige Selbstbelastungspflicht aus Sicht der Rechtsprechung und der Literatur beleuchtet wird. Nach der anschließenden Darstellung der Sanktionsmöglichkeiten eines Arbeitgebers im Fall einer Verweigerung eines Arbeitnehmers an der Mitwirkung wird erörtert, inwieweit der Nemo-tenetur-Grundsatz auch bei internen Untersuchungen Anwendung finden kann.

a) Inhalt und Ursprung des Nemo-tenetur-Grundsatzes

Der Nemo-tenetur-Grundsatz besagt, dass „*niemand dazu verpflichtet ist, sich selbst anzuklagen.*“[1288] Damit ist das Verbot eines Zwangs verbunden,

1284 Siehe Kapitel 2 B. III. 4. b) aa) (4); siehe Kapitel 2 B. III. 4. b) bb) (3), (4).
1285 Siehe Kapitel 2 B. III. 4. b) cc).
1286 Siehe Kapitel 2 B. III. 4. b) dd).
1287 Siehe Kapitel 2 B. III. 4. b).
1288 Johannes/Weinhold in: Sydow/Marsch, DS-GVO/BDSG, § 65 Rn. 35; ähnlich auch: Hartmann-Rüppel/Nagel CB 2022, 230, 233 Fn. 19.

was der Große Senat für Strafsachen des BGH in einer Entscheidung wie folgt dargelegt hat: „*Gegenstand des Schutzes des nemo-tenetur-Grundsatzes ist die Freiheit von Zwang zur Aussage oder zur Mitwirkung am Strafverfahren. Die Freiheit von Irrtum fällt nicht in den Anwendungsbereich dieses Grundsatzes.*“[1289] Gleichzeitig ergibt sich aus dem Grundsatz die Freiheit eines Beschuldigten, zu entscheiden, ob er anstelle einer Äußerung in einer anderen Weise an der Sachverhaltsaufklärung mitwirken möchte oder nicht.[1290] Der Nemo-tenetur-Grundsatz wird als ein mit „*Verfassungsrang ausgestattetes Recht*“[1291] angesehen,[1292] dem die einfachgesetzliche Rechtsordnung untergeordnet ist. Eine Beschränkung auf das Straf- bzw. Strafprozessrecht wird daher ausgeschlossen.[1293] Jedoch besteht über den Inhalt des Grundsatzes sowie über dessen Reichweite gemäß dem BGH sowohl zwischen der Literatur und der Rechtsprechung als auch innerhalb der Rechtsprechung Uneinigkeit.[1294]

Auch die Rechtsgrundlage des Grundsatzes ist nicht abschließend geklärt. Er wird jedoch auf historische Entwicklungen zurückgeführt, die ihren Ursprung aus Sicht Einzelner mithin in einer talmudischen Rechtsregel haben, die ihrerseits auf die ‚Fünf Bücher Moses‘ zurückgeht.[1295] Eine bedeutende Textstelle ergibt sich aus einer Auslegung des Talmuds durch einen jüdischen Gelehrten. Darin heißt es: „*Rava says: A person is his own relative and therefore may not testify about himself. Therefore, a person cannot render himself wicked by his own testimony.*“[1296] Frei übersetzt ist ein Mensch demnach sein eigener Verwandter, weshalb er nicht über sich selbst Zeugnis ablegen darf. Durch ihre eigene Aussage kann sich eine Person gemäß dieser Auslegung nicht selbst belasten. Dies deckt sich mit dem Rahmen des Nemo-tenetur-Grundsatzes und ist der Grund dafür, dass ein neuzeitlicher Autor diese Textstelle als „*talmudische[n] Nemo-tenetur-Grundsatz*“[1297] ansieht.

1289 BGH NJW 1996, 2940, 2943; so auch: BGH NJW 2007, 3138, 3140.

1290 Vgl. zur Freiheit der Mitwirkung nur: BGH NJW 1954, 649, 650; BGH BeckRS 1985, 738; BGH NJW 1996, 2940, 2942 nimmt überdies konkret Bezug auf den Nemo-tenetur-Grundsatz.

1291 Knauer/Buhlmann AnwBl 2010, 387, 389; Momsen ZIS 2011, 508, 513.

1292 Vgl. nur: Knauer/Buhlmann AnwBl 2010, 387, 389; Momsen ZIS 2011, 508, 513; Roxin NStZ 1995, 465, 468.

1293 Knauer/Buhlmann AnwBl 2010, 387, 389; Momsen ZIS 2011, 508, 513.

1294 BGH NJW 2007, 3138, 3140 Rn. 21.

1295 Hierzu ausführlich: Rogall, Der Beschuldigte als Beweismittel gegen sich selbst, S. 67 f.; a.A. Buchholz, Der nemo tenetur-Grundsatz, S. 39.

1296 Steinsaltz, Koren Talmud Bavli Sanhedrin Part I, Perek I Daf. 9 Amud b (S. 48).

1297 Rogall, Der Beschuldigte als Beweismittel gegen sich selbst, S. 69; ähnlich dazu: Steinsaltz, Koren Talmud Bavli Sanhedrin Part I, Perek I Daf. 9 Amud b (S. 48) und Libai, Interrogation of a Suspect and the Privilege Against Self-Incrimination, S. 255 Fn 39.

Aufgrund der Unsicherheit, die mit der Entwicklung des Grundsatzes bis *„zur rechtlichen Verankerung in europäischen Strafprozessordnungen“*[1298] einhergeht, setzt eine andere Stimme der Literatur später an und verbindet den Nemo-tenetur-Grundsatz mit der Ablehnung der Folter.[1299] Während die Folter über Jahrhunderte als wesentliches Instrument verwendet wurde, um Geständnisse zu erlangen, wurde sie bspw. in Preußen im Jahr 1740[1300] mit Ausnahmen bzw. in 1754 ausnahmslos abgeschafft.[1301] Wenngleich die Ablehnung von Folter u. a. mit Humanität begründet wurde, kann sie als erster Schritt gesehen werden, der die Grundlage für die Ablehnung eines Aussagezwangs bildet.[1302]

b) Rechtliche Grundlage des Nemo-tenetur-Grundsatzes

Während der Grundsatz, sich nicht selbst belasten zu können, bereits im Talmud berücksichtigt wurde und in der Ablehnung von Folter nachvollziehbar die ursprüngliche Basis des Nemo-tenetur-Grundsatzes gesehen werden kann, wird im Folgenden – ohne eine weitergehende Betrachtung der historischen Herkunft – der Nemo-tenetur-Grundsatz aus den heute gültigen Gesetzen hergeleitet, um anschließend die Anwendbarkeit des Grundsatzes bei Mitarbeiterbefragungen eruieren zu können.

aa) Nemo-tenetur-Grundsatz im Völkerrecht

Fraglich ist, ob sich der Nemo-tenetur-Grundsatz aus dem Völkerrecht ergibt und sich auf die deutsche Rechtsordnung auswirkt.

1298 Zerbes ZStW 129 (2017), 1035, 1037 (Hervorhebung des Wortes ‚rechtlichen‘ im Original).

1299 Dazu und zur ausführlichen geschichtlichen Herleitung: Zerbes ZStW 129 (2017), 1035, 1037 f.

1300 Wonach Friedrich II. die Folter in 1740 mit Ausnahmen eingeschränkt hat, vgl. nur: Mittermaier, Handbuch des peinlichen Processes Band 2, S. 162; Schmoeckel, Humanität und Staatsraison, S. 19; Bungenberg/Reinhold in: Krenzler/Herrmann/Niestedt, EU-Außenwirtschafts- und Zollrecht, Anti-Folter-VO, vor Art. 1 Erwägungsgründe Rn. 6.

1301 Wonach Friedrich II. die bei der Abschaffung der Folter im Jahr 1740 erlaubten Ausnahmefälle in 1754 abgeschafft hat, vgl. nur: Mittermaier, Handbuch des peinlichen Processes Band 2, S. 162; Schmoeckel, Humanität und Staatsraison, S. 37; Bungenberg/Reinhold in: Krenzler/Herrmann/Niestedt, EU-Außenwirtschafts- und Zollrecht, Anti-Folter-VO, vor Art. 1 Erwägungsgründe Rn. 6.

1302 Zerbes ZStW 129 (2017), 1035, 1038.

(1) Unschuldsvermutung nach Art. 6 Abs. 2 EMRK

Aus Art. 6 Abs. 2 der Europäischen Konvention zum Schutz der Menschenrechte und Grundfreiheiten (kurz: EMRK) ergibt sich die Unschuldsvermutung für jede Person, die einer Straftat angeklagt ist, bis zum gesetzlichen Beweis ihrer Schuld.

Mit der Unschuldsvermutung soll abgesichert werden, dass das Verfahren bis zur abschließenden Entscheidung ergebnisoffen[1303] und frei von Vorverurteilungen oder Schuldzuweisungen ist[1304]. Die Unschuldsvermutung ist dabei ein Element eines fairen Verfahrens.[1305]

Zudem soll die Unschuldsvermutung historisch in einem Zusammenhang mit dem Nemo-tenetur-Grundsatz stehen,[1306] wenngleich sie keine mit dem Grundsatz vergleichbare ausdrückliche Regelung enthält.[1307] Auch kann sie nicht dahingehend ausgelegt werden, dass der Grundsatz einen Teil der Unschuldsvermutung darstellt. Begründet wird dies mit dem Umstand, dass es sich bei der EMRK um einen völkerrechtlichen Vertrag handelt, der damit einhergehend den völkerrechtlichen Auslegungsregeln unterliegt.[1308] Dabei muss insbesondere der historische Hintergrund bei der Auslegung der Vorschrift Berücksichtigung finden.[1309] So soll mit der Unschuldsvermutung gewährleistet werden, dass ein Angeklagter vor Gericht nicht diskriminiert wird. Letzteres könnte der Fall sein, wenn der Angeklagte nicht als Bürger, sondern als Objekt gesehen wird, das durch seine Tat seine Persönlichkeitsrechte verloren hat.[1310] Aus diesem Grund richtet sich die Unschuldsvermu-

---

1303 Vgl. nur: Gercke/Temming in: Gercke/Temming/Zöller, StPO, Einleitung Rn. 25; Gaede in: MüKo StPO Band 4, Art. 6 EMRK § 131; Barrot ZJS 2010, 701, 701.

1304 Barrot ZJS 2010, 701, 701.

1305 Vgl. nur: EGMR v. 12.12.2001 – Application no. 41087/98 – Phillips/Vereinigtes Königreich: „*The Court considers that, in addition to being specifically mentioned in Article 6 § 2, a person's right in a criminal case to be presumed innocent and to require the prosecution to bear the onus of proving the allegations against him or her forms part of the general notion of a fair hearing under Article 6 § 1*"; Harrendorf/König/Voigt in: Meyer-Ladewig/Nettesheim/von Raumer, EMRK, Art. 6 Rn. 194.

1306 Vgl. nur: Rogall, Der Beschuldigte als Beweismittel gegen sich selbst, S. 109; im Ergebnis vgl. auch Guradze, FS Loewenstein, S. 151, 153 ff. und 165; Nienaber, Compliancebasierte unternehmensinterne Ermittlungen, S. 361.

1307 Harrendorf/König/Voigt in: Meyer-Ladewig/Nettesheim/von Raumer, EMRK, Art. 6 Rn. 152.

1308 Vgl. nur: Rogall, Der Beschuldigte als Beweismittel gegen sich selbst, S. 109 f.; Nienaber, Compliancebasierte unternehmensinterne Ermittlungen, S. 362; zum EMRK als völkerrechtlicher Vertrag vgl. auch: Braasch JuS 2013, 602, 603.

1309 Vgl. nur: Guradze, Die Europäische Menschenrechtskonvention, Einl. § 11 III 3, S. 36; Rogall, Der Beschuldigte als Beweismittel gegen sich selbst, S. 110; Nienaber, Compliancebasierte unternehmensinterne Ermittlungen, S. 362.

1310 Rogall, Der Beschuldigte als Beweismittel gegen sich selbst, 1977, S. 110; Nienaber, Compliancebasierte unternehmensinterne Ermittlungen, S. 362.

tung vorrangig an Richter und nicht an sonstige Beteiligte eines Verfahrens. Zudem wird dem Richter eine Gesinnung verboten, die gegenüber dem Angeklagten von Vorurteilen geprägt ist.[1311] In der Verhandlung ist der Angeklagte als verdächtiger Bürger und nicht als Überführter zu behandeln, was dabei zum Ausdruck kommen muss.[1312] Die Kommission vertrete die Ansicht, dass es sich bei Art. 6 Abs. 2 EMRK um eine „*Beweislastregelung' bzw. um eine Regel der Beweiswürdigung*"[1313] handele.[1314] So trägt die Anklage die Beweislast, nicht jedoch die angeklagte Person. Eine Beweislastumkehr würde indes zu einer Verletzung von Art. 6 Abs. 2 EMRK führen.[1315] So darf auch das Schweigen einer angeklagten Person nicht als Grundlage dienen, um daraus ungerechtfertigte Schlüsse zu ziehen.[1316]

Indes wird der Nemo-tenetur-Grundsatz in Art. 6 Abs. 2 EMRK nicht in seiner vollen Bandbreite widergespiegelt. Auch wird die Unschuldsvermutung der Bedeutung des Grundsatzes nicht gerecht,[1317] stellt dieser lediglich einen integralen Bestandteil des Fair-Trial-Grundsatzes dar. Der Nemo-tenetur-Grundsatz ergibt sich folglich nicht unmittelbar als Rechtsgrundlage aus Art. 6 Abs. 2 EMRK.[1318]

(2) Fair-Trial-Grundsatz nach Art. 6 Abs. 1 EMRK

Während Art. 6 Abs. 2 EMRK als Grundlage des Nemo-tenetur-Grundsatzes ausscheidet, wird der Grundsatz als zentraler Bestandteil eines fairen Verfahrens angesehen, das wiederum eng mit der Unschuldsvermutung nach Art. 6 Abs. 2 EMRK verknüpft ist.[1319] Nach Art. 6 Abs. 1 S. 1 EMRK hat

---

1311 Vgl. nur: Guradze, Die Europäische Menschenrechtskonvention, Art. 6 Rn. 23; Rogall, Der Beschuldigte als Beweismittel gegen sich selbst, S. 110; Nienaber, Compliancebasierte unternehmensinterne Ermittlungen, S. 362.

1312 Rogall, Der Beschuldigte als Beweismittel gegen sich selbst, S. 110; Nienaber, Compliancebasierte unternehmensinterne Ermittlungen, S. 362.

1313 Rogall, Der Beschuldigte als Beweismittel gegen sich selbst, S. 110.

1314 Vgl. nur: Guradze, Die Europäische Menschenrechtskonvention, Art. 6 Rn. 24; Rogall, Der Beschuldigte als Beweismittel gegen sich selbst, S. 110; Nienaber, Compliancebasierte unternehmensinterne Ermittlungen, S. 362.

1315 Vgl. nur: EGMR v. 06.12.1988 – Application no. 10590/83, Barberà, Messegué und Jabardo/Spanien Rn. 77; EGMR BeckRS 2001, 165698, Rn. 15; Harrendorf/König/Voigt in: Meyer-Ladewig/Nettesheim/von Raumer, EMRK, Art. 6 Rn. 194.

1316 Harrendorf/König/Voigt in: Meyer-Ladewig/Nettesheim/von Raumer, EMRK, Art. 6 Rn. 162, 194.

1317 Nienaber, Compliancebasierte unternehmensinterne Ermittlungen, S. 362.

1318 Vgl. nur: Rogall, Der Beschuldigte als Beweismittel gegen sich selbst, S. 110; Rogall in: Wolter/Deiters, SK-StPO Band 2, Vor 133 Rn. 131; Nienaber, Compliancebasierte unternehmensinterne Ermittlungen, S. 362.

1319 Vgl. in die Richtung nur: EGMR BeckRS 1996, 123460, „*the heart of a fair trial*"; so ausdrücklich: Grabenwarter/Pabel, EMRK, § 24 Rn. 138; Harrendorf/König/Voigt in:

„jede Person [...] ein Recht darauf, dass über Streitigkeiten in Bezug auf ihre zivilrechtlichen Ansprüche und Verpflichtungen oder über eine gegen sie erhobene strafrechtliche Anklage von einem unabhängigen und unparteiischen, auf Gesetz beruhenden Gericht in einem fairen Verfahren, öffentlich und innerhalb angemessener Frist verhandelt wird."

Im Urteil Jalloh gegen Deutschland, dessen Gegenstand die Zulässigkeit der Entnahme von Betäubungsmitteln aus dem Magen eines Verdächtigen durch die zwangsweise Verabreichung eines Brechmittels war,[1320] bewertete der Europäische Gerichtshof für Menschenrechte (kurz: EGMR) die Selbstbelastungsfreiheit als einen wesentlichen Bestandteil des Rechts auf ein faires Verfahren.[1321] Um festzustellen, ob dieses Recht verletzt wurde, hat der Gerichtshof Bewertungskriterien entwickelt. Dazu zählen „*die Art und Schwere des Zwangs zur Beschaffung der Beweise, das Gewicht des öffentlichen Interesses an der Verfolgung dieser Straftat und der Bestrafung des Täters, das Vorhandensein angemessener Verfahrensgarantien und die Verwertung der so erlangten Beweise.*"[1322] Anhand dieser Punkte wird deutlich, dass die Selbstbelastungsfreiheit den Beschuldigten u. a. vor der Ausübung von unzulässigem Zwang schützen soll.[1323] Die Bedeutung des Nemo-tenetur-Grundsatzes wurde auch in einem weiteren Urteil des EGMR herausgestellt, in dem es um das Schweigerecht in Steuer- und Strafverfahren ging.[1324] Demnach gehört es zu den international anerkannten Grundsätzen, dass einem Beschuldigten ein Schweigerecht sowie das Recht zusteht, nicht selbst zur eigenen Beschuldigung beitragen zu müssen. Dabei handelt es sich um „*ein Kernstück des von Art. 6 I EMRK garantierten fairen Verfahrens*"[1325].[1326] Mit der Selbstbelastungsfreiheit verbunden sei zudem die Pflicht der Behörden, ohne Rückgriff auf die Beweise, die unter Verletzung des Nemo-tenetur-Grundsatzes erhoben wurden, die von ihnen aufgestellten Behauptungen mit Beweisen zu fundieren.[1327]

Meyer-Ladewig/Nettesheim/von Raumer, EMRK, Art. 6 EMRK Rn. 152, 162; Grabenwarter/Pabel in: Dörr/Grote/Marauhn, EMRK/GG, Kap. 14 Rn. 164.

1320 EGMR NJW 2006, 3117, 3117.

1321 Vgl. nur: EGMR NJW 2006, 3117, 3124 Rn. 97; Lohse/Jakobs in: KK-StPO, Art 6 MRK Rn. 50; Meyer NZWiSt 2022, 99, 102.

1322 EGMR NJW 2006, 3117, 3124 Rn. 117.

1323 Vgl. nur: EGMR NJW 2006, 3117, 3123 Rn. 100; so auch: Lohse/Jakobs in: KK-StPO, Art. 6 MRK Rn. 50; Rogall in: Wolter/Deiters, SK-StPO Band 2, Vor § 133 Rn. 131.

1324 EGMR NJW 2002, 499, 499.

1325 EGMR NJW 2002, 499, 501 Rn. 64.

1326 Vgl. nur: EGMR v. 18.01.1994 – Application no. 18731/91, Murray/Vereinigtes Königreich; EGMR NJW 2002, 499, 501 Rn. 64; EGMR v. 11.03.2009 – Application no. 4268/04, Panovits/Cyorus, Rn. 65.

1327 Vgl. nur: EGMR NJW 2002, 499, 501 Rn. 64; EGMR NJW 2006, 3117, 3123 Rn. 100; EGMR v. 11.03.2009 – Application no. 4268/04, Panovits/Cyorus, Rn. 65.

Einen weiteren wesentlichen Bestandteil der Verfahrensfairness stellt u. a. die Waffengleichheit[1328] zwischen einem Beschuldigten und der Strafverfolgung dar.[1329] Während hieraus keine tatsächlichen Verfahrensrechte resultieren, dient der Grundsatz der Waffengleichheit dazu, in der Rückschau zu prüfen, ob das gesamte Verfahren sowie einzelne prozessuale Befugnisse fair gewesen sind.[1330] Die EMRK besitzt nach Art. 59 Abs. 2 GG als völkerrechtlicher Vertrag den Rang eines einfachen Bundesgesetzes.[1331] Hierdurch ist die EMRK dem Grundgesetz untergeordnet.[1332] Jedoch unterscheidet sich die EMRK von einem einfachen Bundesgesetz in dem Sinne,[1333] dass sie als Auslegungshilfe dient, um den Inhalt und die Reichweite der Grundrechte sowie deren rechtsstaatlichen Grundsätze zu bestimmen.[1334] Dabei soll den Garantien der EMRK sowie der Rechtsprechung des EGMR gemäß dem BVerfG in einem möglichst umfangreichen Maß Geltung verschafft werden. Damit verbunden sollen Verurteilungen der Bundesrepublik Deutschland vermieden werden.[1335] Dies stellt das BVerfG insbesondere an Art. 1 Abs. 2 GG dar, wonach die Norm *„zwar kein Einfallstor für einen unmittelbaren Verfassungsrang der EMRK [ist], die Vorschrift [...] aber mehr als ein unverbindlicher Programmsatz [ist], indem sie eine Maxime für die Auslegung des Grundgesetzes vorgibt und verdeutlicht, dass seine Grundrechte auch als Ausprägung der allgemeinen Menschenrechte zu verstehen sind und*

1328 Guradze, Die Europäische Menschenrechtskonvention, Art. 6 Rn. 15, wonach die Europäische Kommission aus dem Begriff ‚fair hearing' das Prinzip der Waffengleichheit abgeleitet hat; siehe hierzu: EGMR v. 23.11.1962 – Nr. 524/59, Nr. 617/59, Ofner und Hopfinger/Österreich, S. 17, 47, in der die Übersetzung *„treatment on an ‚equal footing'"* wörtlich für Waffengleichheit verwendet wurde; so auch: EGMR v. 28.03.1963 – Nr. 596/59, 789/60, Pataki und Dunshirn/Österreich, S. 38 *„treatment on equal footing"*.

1329 Vgl. nur: Lohse/Jakobs in: KK-StPO, Art. 6 MRK Rn. 41; Harrendorf/König/Voigt in: Meyer-Ladewig/Nettesheim/von Raumer, EMRK, Art. 6 Rn. 117; Safferling NStZ 2004, 181, 182.

1330 Vgl. nur: Lohse/Jakobs in: KK-StPO, Art. 6 MRK Rn. 45; ähnlich: Harrendorf/König/Voigt in: Meyer-Ladewig/Nettesheim/von Raumer, EMRK, Art. 6 Rn. 105, wonach der Gerichtshof alle Umstände des Verfahrens berücksichtigt, um zu prüfen, ob das Verfahren fair war; Esser in: Löwe-Rosenberg, StPO Band 12, Art. 6 EMRK Rn. 258, wonach geprüft wird, ob das Verfahren in der Gesamtbetrachtung fair war.

1331 Vgl. nur: Grabenwarter/Pabel, EMRK, § 3 Rn. 8; vgl. Nienaber, Compliancebasierte unternehmensinterne Ermittlungen, S. 364; Gaede in: MüKo StPO Band 4, Art. 1 EMRK Rn. 6; Schmitt in: Meyer-Goßner/Schmitt, EMRK, Vor Art. 1 Rn. 3.

1332 BVerfG NJW 2011, 1931, 1935 Rn. 86; BVerfG NJW 2018, 2695, 2699 Rn. 126.

1333 Vgl. nur: BVerfG NJW 2011, 1931, 1935 Rn. 86; BVerfG NJW 2018, 2695, 2699 Rn. 126; Haug NJW 2018, 2674, 2675.

1334 Vgl. nur: BVerfG NJW 2011, 1931, 1935 Rn. 86; BVerfG NJW 2018, 2695, 2699 Rn. 128; BVerfG NJW 2023 3487, 3489 Rn. 31; Schmitt in: Meyer-Goßner/Schmitt, EMRK, Vor Art. 1 Rn. 3; Grabenwarter/Pabel, EMRK, § 16 Rn. 14.

1335 BVerfG NJW 2011, 1931, 1935 f. Rn. 90; BVerfG NJW 2018, 2695, 2699 Rn. 130.

diese als Mindeststandard in sich aufgenommen haben.“[1336] Unmittelbare Bedeutung gewinnt die EMRK darüber hinaus, wenn es innerstaatlich an gesetzlichen Vorschriften fehlt. Dies gilt auch, wenn Regelungen bestehen, die nicht an die Mindeststandards heranreichen, die in der EMRK normiert sind.[1337]

Indes wird die Selbstbelastungsfreiheit im deutschen Strafverfahrensrecht nicht unmittelbar aus dem Grundsatz des fairen Verfahrens abgeleitet. Denn im Hinblick auf die Vorgaben für ein faires Verfahren werden die EMRK-Garantien durch das deutsche Strafprozessrecht strukturell erfüllt und teilweise sogar übertroffen. Dies bezieht sich insbesondere auf die Würdigung des Schweigens bei Angeklagten nach § 261 StPO.[1338]

Zudem findet sich der Grundsatz auch in weiteren Vorschriften des deutschen Strafprozessrechts wieder. So muss die Staatsanwaltschaft bspw. nach § 160 Abs. 2 StPO neben belastenden Umständen auch entlastende Umstände ermitteln. Darüber hinaus ist die Verpflichtung zur Fairness in diversen Einzelvorschriften – darunter in §§ 136, 136a StPO – verankert.[1339]

Wenngleich der Nemo-tenetur-Grundsatz nicht unmittelbar in Art. 6 Abs. 1 EMRK genannt wird, steht der Grundsatz dennoch in einer engen Verbindung mit dem Fair-Trial-Grundsatz und wird vom EGMR als Herzstück[1340] eines fairen Verfahrens angesehen.

(3) Art. 14 Abs. 3 lit. g IPbpR

Ausdrückliche Erwähnung findet der Nemo-tenetur-Grundsatz in Art. 14 Abs. 3 lit. g des Internationalen Pakts über bürgerliche und politische Rechte (kurz: IPbpR) vom 19.12.1966, der mit dem im Bundesgesetzblatt am 15.11.1973 abgedruckten Zustimmungsgesetz[1341] verkündet wurde und am 23.03.1976[1342] in Kraft trat. Demnach darf „*[j]eder wegen einer strafbaren Handlung Angeklagte [...] nicht gezwungen werden, gegen sich selbst als Zeuge auszusagen oder sich schuldig zu bekennen.*“[1343] Damit im Zusammenhang ist jede Art von Zwang – sowohl mittelbar als auch unmittel-

---

1336 BVerfG NJW 2011, 1931, 1935 f. Rn. 90; BVerfG NJW 2018, 2695, 2699 Rn. 130.

1337 Lohse/Jakobs in: KK-StPO, Art. 6 MRK Rn. 42.

1338 Lohse/Jakobs in: KK-StPO, Art. 6 MRK Rn. 55.

1339 Lohse/Jakobs in: KK-StPO, Art. 6 MRK Rn. 42.

1340 EGMR BeckRS 1996, 123460, „*the heart of a fair trial*“.

1341 BGBl. II 1973, S. 1533, 1533 f.

1342 Deutscher Bundestag, Rechtsverbindlichkeit völkerrechtlicher Abkommen sowie der Beschlüsse von Einrichtungen der VN, 2019, S. 6.

1343 BGBl. II 1973, S. 1533, 1540 f.

bar – verboten.[1344] Die Vorschrift in Art. 14 Abs. 3 lit. g IPbpR ist im Zusammenhang mit Art. 7 und 10 Abs. 1 IPbpR zu betrachten,[1345] wonach Folter verboten wird und die Menschenwürde zu achten ist.

Wird eine Aussage unter Verletzung dieser Vorschriften erlangt, liegt automatisch auch ein Verstoß gegen Art. 14 Abs. 3 lit. g IPbpR vor. Eine Verwendung der so gewonnenen Beweismittel scheidet aus.[1346] In Deutschland findet der IPbpR über Art. 59 Abs. 2 GG mit dem Rang eines einfachen Bundesgesetzes Anwendung.[1347] Nach dem Wortlaut der Norm beschränkt sich der Anwendungsbereich ausschließlich auf Angeklagte und somit nicht auf sich selbst belastende Zeugen,[1348] obwohl deren Berufung auf den Nemo-tenetur-Grundsatz bei der Gefahr einer selbstbelastenden Aussage anerkannt ist.[1349] Jedoch nicht nach Art. 14 Abs. 3 lit. g IPbpR.[1350] Daher ist unklar, ob diese Abgrenzung in Art. 14 Abs. 3 lit. g IPbpR beabsichtigt war oder missverständlich formuliert wurde.[1351]

Während der Nemo-tenetur-Grundsatz auf einfachgesetzlicher Ebene in der StPO lediglich als Grundprinzip in §§ 55, 136 Abs. 1, 136a Abs. 1 und 3, 163a Abs. 3 StPO sowie § 243 Abs. 4 S. 1 StPO Eingang gefunden hat, ist die Selbstbelastungsfreiheit nach Art. 14 Abs. 3 lit. g IPbpR auch für das deutsche Strafprozessrecht ausdrücklich gesetzlich geregelt.[1352]

1344 Gollwitzer, Menschenrechte im Strafverfahren MRK und IPBPR, MRK Art. 6 Rn. 250.

1345 Hofmann/Boldt in: Internationaler Bürgerrechtepakt, Art. 14 Rn. 10.

1346 Hofmann/Boldt in: Internationaler Bürgerrechtepakt, Art. 14 Rn. 10.

1347 Vgl. nur: Rogall, Der Beschuldigte als Beweismittel gegen sich selbst, S. 121 f.; Nienaber, Compliancebasierte unternehmensinterne Ermittlungen, S. 364; Wewerka, Internal Investigations, S. 213 Fn. 155.

1348 Vgl. nur: Reiß, Besteuerungsverfahren und Strafverfahren, S. 142; Rogall, Der Beschuldigte als Beweismittel gegen sich selbst, S. 118; Hofmann/Boldt in: Internationaler Bürgerrechtepakt, Art. 14 Rn. 10; Wewerka, Internal Investigations, S. 214 Fn. 158.

1349 Rogall, Der Beschuldigte als Beweismittel gegen sich selbst, S. 150; Wewerka, Internal Investigations, S. 214 Fn. 158.

1350 Rogall, Der Beschuldigte als Beweismittel gegen sich selbst, S. 150; kritisch jedoch: Gollwitzer, Menschenrechte im Strafverfahren MRK und IPBPR, MRK Art. 6 Rn. 252, wonach die Norm in der weiten Auslegung auch auf Zeugen anwendbar sei, die Frage der Auslegung jedoch dahinstehen könne, da das Verfassungsrecht über diese Regelung im IPbpR hinausreiche.

1351 Vgl. nur: vgl. Reiß, Besteuerungsverfahren und Strafverfahren, S. 142; vgl. Rogall, Der Beschuldigte als Beweismittel gegen sich selbst, S. 117 f.; Wewerka, Internal Investigations, S. 214 Fn. 158.

1352 Lohse/Jakobs in: KK-StPO, Art. 6 MRK Rn. 55.

(4) Stellungnahme

Im Völkerrecht wird der Nemo-tenetur-Grundsatz nur im Art. 14 Abs. 3 lit. g IPbpR ausdrücklich normiert und gilt für das deutsche Strafprozessrecht.[1353] Wenngleich der Nemo-tenetur-Grundsatz in einer engen Verbindung zum Fair-Trial-Grundsatz steht, wird daraus nicht unmittelbar die Selbstbelastungsfreiheit für das in Deutschland gültige Strafprozessrecht abgeleitet.[1354] Gleiches gilt für die Unschuldsvermutung.[1355]

Die EMRK hat formell den Rang eines einfachen Bundesgesetzes und ist damit hierarchisch dem Verfassungsrecht untergeordnet.[1356] Jedoch folgt aus der Rechtsprechung des BVerfG, dass die EMRK heranzuziehen ist, wenn die *„Grundrechte und rechtsstaatlichen Grundsätze des Grundgesetzes"*[1357] auszulegen sind. Gleiches gilt aus Sicht des BVerfG für die Rechtsprechung des EGMR, was mit *„der Völkerrechtsfreundlichkeit des Grundgesetzes und seiner inhaltlichen Ausrichtung auf die Menschenrechte"*[1358] begründet wird. Eine vollständige Harmonisierung der Grundrechtsaussagen mit denen der EMRK wird als Auslegungshilfe jedoch nicht verlangt. Vielmehr bedarf es der Berücksichtigung ihrer Wertungen.[1359] Zudem ist in dem Fall, dass der EuGH bspw. im Rahmen eines Vorlageverfahrens zum Selbstbelastungsverbot eines Arbeitnehmers bei einer internen Untersuchung unter Berücksichtigung der EMRK Stellung beziehen müsste, eher nicht zu erwarten, dass das BVerfG dieser Ansicht entgegenstehen würde.

Folglich wird die EMRK durch deutsche Gerichte als Auslegungshilfe berücksichtigt. Da sich der Nemo-tenetur-Grundsatz jedoch nicht unmittelbar aus der EMRK ergibt, werden im Folgenden die Europäische Grundrechtecharta und das Verfassungsrecht im Hinblick auf den Grundsatz beleuchtet.

bb) Nemo-tenetur-Grundsatz in der Europäischen Grundrechtecharta

Der Grundrechtekatalog der Charta der Grundrechte der Europäischen Union (kurz: GRCh) wurde am 12.12.2007 vom Europäischen Parlament, dem Rat der Europäischen Union und der Kommission beschlossen und am 14.12.2007 im Amtsblatt[1360] der Europäischen Union bekannt gegeben. Die GRCh zählt nicht zu den europäischen Verträgen, wenngleich ihr Rang gemäß Art. 6 Abs. 1 UAbs. 1 EUV dem eines solchen Vertrages entspricht.

1353 Siehe Kapitel 2 B. III. 5. b) aa) (3).
1354 Siehe Kapitel 2 B. III. 5. b) aa) (2); Lohse/Jakobs in: KK-StPO, Art. 6 MRK Rn. 55.
1355 Siehe Kapitel 2 B. III. 5. b) aa) (1).
1356 Siehe Kapitel 2 B. III. 5. b) aa) (2).
1357 BVerfG NJW 2018, 2695, 2699 Rn. 126.
1358 BVerfG NJW 2018, 2695, 2699 Rn. 126.
1359 BVerfG NJW 2018, 2695, 2699 Rn. 126.
1360 Amtsblatt der Europäischen Union C 303 v. 14.12.2007, S. 1 f.

Dabei wird die Stellung der daraus hervorgehenden Grundrechte durch ihre Verortung in einem eigenständigen Dokument nicht abgeschwächt, sondern vielmehr hervorgehoben.[1361]

Das Präsidium des Konvents hat in einem Vermerk vom 11.10.2000 beschrieben, dass der Art. 47 Abs. 2 und 3 GRCh dem Art. 6 Abs. 1 EMRK entspricht.[1362] Bei „*Streitigkeiten in Bezug auf zivilrechtliche Ansprüche und Verpflichtungen oder strafrechtliche Anklagen [...], wenn es um das Recht der Union und dessen Anwendung geht*"[1363], findet Art. 47 Abs. 2 und 3 GRCh hingegen keine Anwendung.[1364] Zudem entspricht Art. 48 Abs. 1 GRCh nahezu wörtlich Art. 6 Abs. 2 EMRK.[1365] Das Vorgenannte zu Art. 6 Abs. 1 und 2 EMRK findet somit auch auf Art. 47 Abs. 2 und 3 GRCh und Art. 48 Abs. 1 GRCh entsprechend Anwendung.[1366] Auch in der GRCh wird der Nemo-tenetur-Grundsatz nicht explizit genannt, wenngleich er durch das Zusammenspiel des fairen Verfahrens nach Art. 47 Abs. 2 GRCh mit der Unschuldsvermutung gemäß Art. 48 Abs. 1 GRCh gewährleistet wird. Eine Voraussetzung für ein faires Verfahren ist, dass bei einer strafrechtlichen Feststellung der Schuld die hierzu herangezogenen Beweismittel nicht dadurch gewonnen werden, dass ein Beschuldigter zur aktiven Mitwirkung gezwungen wurde.[1367] Für Chartarechte, die den Rechten der EMRK entsprechen, gilt Art. 52 Abs. 3 GRCh, wonach diese Rechte gemäß S. 1 die gleiche Bedeutung und Tragweite haben wie in der EMRK.[1368]

Dies unterstreicht die signifikante Rolle, die „*der EMRK in ihrer Auslegung durch den EGMR bereits zuvor für den vom EuGH entwickelten Grundrechtsschutz in der Union zukam.*"[1369] Aus der Erläuterung des Präsidiums geht hervor, dass die erforderliche Kohärenz gemäß der Erläuterung zu Art. 52 Abs. 3 GRCh zwischen der GRCh sowie der EMRK mithilfe des Grundsatzes geschaffen wird, dass die Rechte der GRCh denen der EMRK entsprechen. Die Rechte besitzen dabei die gleiche Bedeutung, Tragweite und

---

1361 Jarass in: Jarass, EU-Grundrechte-Charta, Einleitung Rn. 5.

1362 Vgl. nur: Europäisches Parlament, Charte 4473/00, S. 50; Kubiciel/Großmann in: Meyer/Hölscheidt, Charta der Grundrechte der Europäischen Union, Art. 47 Rn. 22; Jarass in: Jarass, Charta der Grundrechte der EU, Art. 48 Rn. 1.

1363 Europäisches Parlament, Charte 4473/00, S. 50.

1364 Europäisches Parlament, Charte 4473/00, S. 50.

1365 Vgl. nur: Europäisches Parlament, Charte 4473/00, S. 49; Kubiciel/Großmann in: Meyer/Hölscheidt, Charta der Grundrechte der Europäischen Union, Art. 48 Rn. 2; Jarass in: Jarass, Charta der Grundrechte der EU, Art. 48 Rn. 1.

1366 Siehe Kapitel 2 B. III. 5. b) aa) (1) und (2).

1367 Kubiciel/Großmann in: Meyer/Hölscheidt, Charta der Grundrechte der Europäischen Union, Art. 48 Rn. 12.

1368 Jarass in: Jarass, Charta der Grundrechte der EU, Art. 48 Rn. 1.

1369 Schwerdtfeger in: Meyer/Hölscheidt, Charta der Grundrechte der Europäischen Union, Art. 52 Rn. 52; siehe auch: Lenaerts EuR 2012, 3, 13.

Einschränkungen, wie sie ihnen gemäß den Bestimmungen der EMRK zugesprochen werden. Sollen diese Rechte durch den Gesetzgeber eingeschränkt werden, sind aus Sicht des Präsidiums dabei die Standards einzuhalten, „*die in der ausführlichen Regelung der Einschränkungen in der EMRK vorgesehen sind*“[1370]. In dem Zusammenhang darf damit keine Beeinträchtigung der „*Eigenständigkeit des Gemeinschaftsrechts und des Gerichtshofs der Europäischen Gemeinschaften*“[1371] einhergehen.[1372] Dies sei insbesondere dann von Bedeutung, wenn die Mitgliedstaaten der Europäischen Union nach Art. 51 Abs. 1 S. 1 Alt. 2 GRCh Unionsrecht durchführen. In diesen Fällen „*tritt die Bindung an die Charta neben die Bindung an die EMRK.*“[1373]

Da Art. 47 Abs. 2 und 3 GRCh und Art. 48 Abs. 1 GRCh inhaltlich den bereits zuvor erläuterten Art. 6 Abs. 1 und 2 EMRK entsprechen, wird auf die Erläuterungen und Ergebnisse zur Herleitung des Nemo-tenetur-Grundsatzes auf diese Abschnitte verwiesen. Der Nemo-tenetur-Grundsatz lässt sich daher nicht unmittelbar aus der GRCh ableiten.

cc) Nemo-tenetur-Grundsatz im Verfassungsrecht

Anders als in Art. 14 Abs. 3 lit. g IPbpR, der sich zumindest auf Angeklagte bezieht, wird der Nemo-tenetur-Grundsatz im deutschen Verfassungsrecht nicht explizit genannt.[1374] Auf Ebene der Länder wird der Grundsatz – mit Ausnahme der Verfassung des Landes Brandenburg – ebenfalls nicht ausdrücklich aufgeführt.[1375] So heißt es in Art. 52 der brandenburgischen Verfassung, in dem die Grundrechte vor Gericht geregelt sind, dass nach Abs. 5 „*[k]ein Mensch [...] gezwungen werden [darf], gegen sich selbst oder durch Gesetz bestimmte nahestehende Personen auszusagen.*“[1376] Der Begriff einer nahestehenden Person wird in der brandenburgischen Verfassung nicht weiter definiert. Indes kann eine solche Definition bspw. § 138 Abs. 1 Nr. 1 bis 4 InsO entnommen werden. Demnach werden insbesondere Ehegatten (Nr. 1), Lebenspartner (Nr. 2) und Verwandte (Nr. 3) als nahestehende Personen verstanden. Im Kontext interner Untersuchungen und in Abgrenzung zu den vorgenannten nahestehenden Personen kann jedoch angenommen werden, dass unter den Begriff keine Arbeitskollegen zu subsumieren sind. Eine erzwungene Auskunft zulasten eines Arbeitskollegen wäre mithin zulässig.

1370 Europäisches Parlament, Charte 4473/00, S. 48.
1371 Europäisches Parlament, Charte 4473/00, S. 48.
1372 Europäisches Parlament, Charte 4473/00, S. 48.
1373 Schwerdtfeger in: Meyer/Hölscheidt, Charta der Grundrechte der Europäischen Union, Art. 52 Rn. 52; siehe auch: Callewaerts EuGRZ 2003, 198, 199, wonach die GRCh auf der EMRK aufbaut, anstatt mit dieser zu konkurrieren.
1374 Rogall, Der Beschuldigte als Beweismittel gegen sich selbst, S. 124.
1375 Rogall in: Wolter/Deiters, SK-StPO Band 2, Vor § 133 Rn. 132.
1376 Land Brandenburg, Verfassung.

Ungeachtet der fehlenden expliziten Nennung im deutschen Verfassungsrecht lässt sich der Grundsatz aus unterschiedlichen Artikeln des Grundgesetzes herleiten.

(1) Achtung der Menschenwürde nach Art. 1 Abs. 1 GG

Der Grundsatz der Selbstbelastungsfreiheit sowie das daraus resultierende Schweigerecht eines Beschuldigten werden vom Bundesverfassungsgericht aus der Achtung der Menschenwürde gemäß Art. 1 Abs. 1 GG abgeleitet.[1377] Nach Art. 1 Abs. 1 GG ist die Würde des Menschen unantastbar. Sie wird allerdings dann berührt, wenn die durch Zwang hervorgebrachte Selbstbezichtigung eines Beschuldigten gegen diesen verwendet werden würde.[1378] Ein solcher Zwang ist aus Sicht des BVerfG nicht mit der Menschenwürde zu vereinen und stellt eine Unzumutbarkeit dar, wenn „*durch eigene Aussagen die Voraussetzungen für eine strafgerichtliche Verurteilung oder die Verhängung entsprechender Sanktionen*“[1379] geschaffen werden würden.[1380] In einem solchen Fall ist den Richtern zufolge der abwägungsfeste Kerngehalt der Selbstbelastungsfreiheit verletzt, der unmittelbar mit der Menschenwürde verbunden ist, woraus sich eine Verletzung des Art. 1 Abs. 1 GG ergibt. Wenn dieser Kerngehalt gerade nicht betroffen ist, unterliegt nicht jede von der Verfassung gewährleistete Ausprägung des Grundsatzes dem unmittelbaren Schutz des Art. 1 GG.[1381] Sichergestellt wird die Beachtung der Selbstbelastungsfreiheit durch Art. 2 Abs. 1 GG i. V. m. Art. 20 Abs. 3 GG und Art. 2 Abs. 1 GG i. V. m. Art. 1 Abs. 1 GG.[1382] Der Schutz des Art. 1 GG reicht dagegen nicht so weit, dass das Schweigen eines Beschuldigten nicht zur Beweiswürdigung herangezogen werden darf.[1383] Dies gilt aus Sicht des BVerfG auch dann nicht, wenn sich dies nachteilig für den Beschuldigten auswirken kann,[1384] er einen Aussagedruck verspürt und seine Selbstbe-

1377 Vgl. nur: BVerfG NJW 1981, 1431, 1431; BVerfG BeckRS 2016, 51435 Rn. 8; vgl. auch: BVerfG BeckRS 2020, 40592 Rn. 190.

1378 Vgl. nur: BVerfG NJW 1981, 1431, 1431; BVerfG BeckRS 2016, 51435 Rn. 35; BVerfG BeckRS 2022, 1707 Rn. 53.

1379 BVerfG NJW 1981, 1431, 1432; BVerfG BeckRS 2016, 51435 Rn. 35; BVerfG BeckRS 2022, 1707 Rn. 53.

1380 Vgl. nur: BVerfG NJW 1981, 1431, 1432; BVerfG BeckRS 2016, 5143 Rn. 35; BVerfG BeckRS 2022, 1707 Rn. 53.

1381 BVerfG BeckRS 2016, 51435 Rn. 36.

1382 Vgl. nur: BVerfG NJW 1975, 103, 104; BVerfG BeckRS 2016, 51435 Rn. 36; BVerfG BeckRS 2022, 1707 Rn. 50; so auch: BayObLG BeckRS 2022, 28619 Rn. 22.

1383 BVerfG BeckRS 2016, 51435 Rn. 36.

1384 BVerfG BeckRS 2010, 48605 im Zusammenhang mit dem sog. teilweisen Schweigen, woraus Schlüsse zum Nachteil des Beschwerdeführers gezogen werden können; BVerfG BeckRS 2016, 51435 Rn. 36.

lastungsfreiheit berührt wird.[1385] Etwas anderes gilt gemäß der Rechtsprechung, wenn dem Beschuldigten ein Schweigerecht zusteht. Verweigert ein Beschuldigter sein Mitwirken gänzlich, darf sein Schweigen nicht verwertet werden, da andernfalls mittelbar ein unzulässiger psychischer Aussagezwang erzeugt wird. Das Schweigerecht eines Beschuldigten würde dadurch entwertet werden.[1386]

Der Gesetzgeber besitzt im Falle eines berechtigten Informationsbedürfnisses, das durch die Auskunft erfüllt wird, die Befugnis, die Interessen der Beteiligten abzuwägen. Wird eine Selbstbelastung außerhalb eines Strafverfahrens erzwungen, sieht das BVerfG dies nur in Verbindung mit dem Vorliegen eines strafrechtlichen Verwertungsverbots als zulässig an.[1387] Pflichten zur Mitwirkung verletzten das Selbstbelastungsverbot nicht, wenn in einem Ordnungswidrigkeiten- oder Strafverfahren keine Rechte zur Zeugnis- und Aussageverweigerung berührt werden.[1388] So wird nach dem BVerfG der Kernbereich der aus dem Grundgesetz resultierenden Selbstbelastungsfreiheit auch dann nicht berührt, wenn Unterlagen, die aufgrund von gesetzlichen Aufzeichnungs- oder Vorlagepflichten erstellt wurden, dazu genutzt werden, eine Straftat oder eine Ordnungswidrigkeit zu ahnden.[1389]

Die Freiheit des Beschuldigten kann aus Sicht der Gerichte daher rechtmäßig eingeschränkt werden, wenn Erkenntnismöglichkeiten genutzt werden, bei denen der Aussagefreiheitsbereich eines Beschuldigten unberührt bleibt.[1390]

(2) Allgemeines Persönlichkeitsrecht nach Art. 2 Abs. 1 GG i. V. m. Art. 1 Abs. 1 GG

Das allgemeine Persönlichkeitsrecht nach Art. 2 Abs. 1 GG i. V. m. Art. 1 Abs. 1 GG sichert jedem *„einen autonomen Bereich privater Lebensgestaltung, in dem er seine Individualität entwickeln und wahren kann.“*[1391] Dieses Recht geht nicht aus dem Wortlaut der genannten Rechtsnormen hervor. Stattdessen entwickelte der BGH im Jahr 1954 das allgemeine Persönlichkeitsrecht in der sog. ‚Leserbrief‘-Entscheidung. Es wurde als Rechtsgut aus

---

1385 BVerfG BeckRS 2016, 51435 Rn. 36.

1386 BVerfG BeckRS 1995, 22077 Rn. 1 b); BVerfG BeckRS 2016, 51435 Rn. 35.

1387 Vgl. nur: BVerfG NJW 1981, 1431, 1431; BVerfG BeckRS 2008, 35240 Rn. 3; BVerfG BeckRS 2022, 1707 Rn. 52.

1388 Vgl. nur: BVerfG NJW 1982, 568, 568; BVerfG BeckRS 2020, 40592 Rn. 310; BVerfG BeckRS 2022, 1707 Rn. 52.

1389 BVerfG BeckRS 2010, 50089 Rn. 41; BVerfG BeckRS 2022, 1707 Rn. 55.

1390 Vgl. nur: BVerfG NJW 1981, 1087, 1088; BVerfG BeckRS 2020, 40592 Rn. 310; BVerfG BeckRS 2022, 1707 Rn. 52.

1391 BVerfG NJW 1994, 2475, 2475.

§ 823 Abs. 1 BGB hervorgebracht,[1392] im Zusammenhang mit dem Verfassungsrecht sodann gleichrangig auf Art. 1 GG und Art. 2 GG bezogen.[1393] In der Entscheidung hieß es, dass „*das allgemeine Persönlichkeitsrecht als ein verfassungsmäßig gegewährleistetes [sic!] Grundrecht angesehen werden*"[1394] muss. Dabei wird Art. 1 GG unter Verfassungsrechtlern allerdings vielmehr als Interpretationsrichtlinie[1395] statt als eine Rechtsquelle für das allgemeine Persönlichkeitsrecht angesehen.[1396] Bei dem allgemeinen Persönlichkeitsrecht handelt es sich daher um ein „*Grundrecht im Grundrecht*"[1397]. Das BVerfG hat den Selbstbelastungsschutz als Bestandteil des allgemeinen Persönlichkeitsrechts anerkannt.[1398]

Das BVerfG begründete dies damit, dass „*der einzelne [...] vom Staat grundsätzlich nicht in eine Konfliktlage gebracht werden [soll], in der er sich selbst strafbarer Handlungen oder ähnlicher Verfehlungen bezichtigen muß oder in Versuchung gerät, durch Falschaussagen ein neues Delikt zu begehen, oder wegen seines Schweigens in Gefahr kommt, Zwangsmitteln unterworfen zu werden.*"[1399] Durch diese Folgen resultiert, dass eine erzwungene Auskunftspflicht als Eingriff angesehen wird, durch den die Handlungsfreiheit des Einzelnen beschränkt wird. Damit sind eine Beeinträchtigung des allgemeinen Persönlichkeitsrechts nach Art. 2 Abs. 1 GG sowie eine Berührung der Menschenwürde verbunden, wenn die Aussage als ein Mittel gegen die aussagende Person verwendet werden soll.[1400] Der Eingriff in den Kernbereich der Menschenwürde stellt eine Verfassungswidrigkeit dar.[1401]

1392 Vgl. nur: BGH NJW 1954, 1404, 1404; BGH NJW 1957, 1146, 1147; BGH NJW 1958, 827, 829; Lang in: BeckOK GG, Art. 2 Rn. 71.

1393 BGH NJW 1954, 1404, 1405; Lang in: BeckOK GG, Art. 2 Rn. 71.

1394 BGH NJW 1954, 1404, 1405; mit anderem Wortlaut auch: Nipperdey, in: Neumann/Nipperdey/Scheuner, Die Grundrechte Band 2, S. 42, wonach das Persönlichkeitsrecht „*ein Grundrecht im Sinne der Verfassung und des Gesetzes über das Bundesverfassungsgericht*" sei.

1395 Vgl. nur: Rixen in: Sachs, GG, Art. 2 Rn. 63; Lang in: BeckOK GG, Art. 2 Rn. 72; vgl. auch: Jarass in: Jarass/Pieroth, GG, Art. 2 Rn. 39, wonach die Grundlage des allgemeinen Persönlichkeitsrechts Art. 2 Abs. 1 darstellt, während Art. 1 Abs. 1 dieses beeinflusst; beschreibend so auch: Gomille ZUM 2022, 241, 244.

1396 Vgl. BVerfG NJW 1970, 555, 555; Lang in: BeckOK GG, Art. 2 Rn. 72.

1397 Zitiert nach: Voßkuhle/Schemmel JuS 2024, 312, 313.

1398 Vgl. nur: BVerfG NJW 1981, 1431, 1431, wonach eine erzwingbare Auskunftspflicht als eine Beeinträchtigung des Persönlichkeitsrechts im Sinne von Art. 2 Abs. 1 GG anzusehen ist; BVerfG NJW 1997, 1841, 1843; BVerfG BeckRS 2016, 51435 Rn. 34.

1399 BVerfG NJW 1997, 1841, 1843.

1400 BVerfG NJW 1981, 1431, 1431; BVerfG NJW 2005, 352, 352.

1401 Vgl. nur: Antoni in: Hömig/Wolff/Kluth, Grundgesetz für die Bundesrepublik Deutschland, Art. 1 Rn. 2; Hinrichs NJW 2000, 2173, 2174; zur Unantastbarkeit der Menschenwürde auch: Herdegen in: Dürig/Herzog/Scholz, GG Band 1, Art. 1 Abs. 1 S. 48 f. Rn. 73.

Obwohl der Einzelne vor Zwangslagen verfassungsrechtlich geschützt ist, wird „*die Rechtmäßigkeit von gesetzlichen Auskunftspflichten nicht grundsätzlich aus[geschlossen], auch wenn damit der Zwang zur Offenbarung strafbarer Handlungen verbunden ist.*“[1402] Dies wurde insbesondere bei einer als verfassungsrechtlich zulässigen steuerrechtlichen Auskunftspflicht angenommen, bei der ein staatliches Interesse an der Aufgabenerfüllung und einer Gleichbehandlung der Steuerpflichtigen besteht.[1403] Hingegen wurde es damit als nicht gerechtfertigt angesehen, dass der Auskunftspflichtige an „*seiner strafrechtlichen Verurteilung beitragen muss*“[1404]. Dabei bewertete das BVerfG das im Strafverfahren verfassungsrechtlich gebotene Schweigerecht des Einzelnen als ‚illusorisch‘, „*wenn eine außerhalb des Strafverfahrens erzwungene Selbstbezichtigung gegen seinen Willen strafrechtlich gegen ihn verwendet werden dürfte*“[1405]. Wird eine Selbstbezichtigung unter Zwang herbeigeführt, bedarf es nach Ansicht der Richter eines strafrechtlichen Verwertungsverbots, damit dies verfassungsrechtlich zulässig ist.[1406] Von Relevanz ist hierbei das Vorliegen eines Zwangs. Denn nur in den Fällen, in denen eine Selbstbelastung erzwungen wurde, „*wird der Einzelne zum Zwecke der Strafverfolgung instrumentalisiert und zum Mittel gegen sich selbst verwendet.*“[1407] Wenn bei Nichterfüllung einer aus dem Gesetz folgenden Auskunftspflicht jedoch keine Zwangsmaßnahmen erfolgen, kann verfassungsrechtlich kein strafrechtliches Beweisverwertungsverbot hergeleitet werden.[1408]

Es ist allgemein anerkannt, dass der Nemo-tenetur-Grundsatz heutzutage u.a. vom allgemeinen Persönlichkeitsrecht aufgenommen wird,[1409] wenngleich auch eine Auskunftspflicht mit Selbstbelastung im Einklang mit Art. 2 Abs. 1 GG i. V. m. Art. 1 Abs. 1 GG stehen kann, wenn der Selbstbelastungsfreiheit schützenswerte kollidierende Interessen in verhältnismäßiger Form

1402 BVerfG NJW 2005, 352, 352.

1403 Vgl. nur: BVerfG NJW 1981, 1431, 1432; BVerfG NJW 2005, 352, 352; BVerfG BeckRS 2010, 51411.

1404 BVerfG NJW 2005, 352, 352.

1405 BVerfG NJW 1981, 1431, 1433; BVerfG NJW 2005, 352, 352; BVerfG BeckRS 2008, 35240 Rn. 3.

1406 Vgl. nur: BVerfG NJW 1981, 1431, 1433; BVerfG NJW 2005, 352, 352; BVerfG BeckRS 2008, 35240 Rn. 3.

1407 BVerfG NJW 2005, 352, 353.

1408 Vgl. nur: BVerfG NStZ 1995, 599, 600; BVerfG NJW 2005, 352, 353; vgl. auch Stürner NJW 1981, 1757, 1761.

1409 Vgl. zum Schutz vor einem Selbstbezichtigungszwang, der als Teil des allgemeinen Persönlichkeitsrechts anerkannt ist nur: BGH BeckRS 2019, 15738 Rn. 10; ähnlich: Fritzsche/Bernhard NZKart 2021, 599, 599; ebenso: Jahn/Kirsch in: Rotsch, Criminal Compliance, § 33 Rn. 25.

gegenüberstehen.[1410] In Fällen, in denen eine Auskunft benötigt wird, um ein berechtigtes Informationsinteresse zu erfüllen, verbleibt es in der Befugnis des Gesetzgebers, die Belange der Beteiligten gegeneinander abzuwiegen.[1411] Jedoch muss dann sichergestellt werden, dass mit der Auskunft keine Voraussetzungen einhergehen, die zu einer strafgerichtlichen Verurteilung oder zur Verhängung anderer, vergleichbarer Sanktionen führen.[1412] Eine Verfassungsmäßigkeit ist somit nur dann anzunehmen, wenn die Auskunftspflicht mit einer Selbstbelastung in einem anschließenden Strafverfahren gegen die aussagende Person nicht verwertet werden darf.[1413]

(3) Rechtsstaatsprinzip nach Art. 20 Abs. 3 GG

Daneben führen das BVerfG[1414] und der BGH[1415] an, dass der Nemo-tenetur-Grundsatz auch im Rechtsstaatsprinzip verankert werden kann. So heißt es in Art. 20 Abs. 3 GG, dass „*die Gesetzgebung [...] an die verfassungsmäßige Ordnung, die vollziehende Gewalt und die Rechtsprechung [...] an Gesetz und Recht gebunden [ist].*" Das Rechtsstaatsprinzip enthält keine eindeutigen Details, woraus sich Gebote oder Verbote bestimmen lassen,[1416] allerdings wird daraus „*die Forderung nach materieller Gerechtigkeit*"[1417] deutlich. Dies soll jedoch nicht so interpretiert werden, dass das Rechtsstaatsprinzip „*mit überpositiven Gehalten aufgefüllt*"[1418] werden darf.[1419] Das Rechtsstaatsprinzip lässt sich zudem durch weitere Vorschriften des Grundgesetzes konkretisieren, zu denen insbesondere solche gehören, die

1410 Vgl. BVerwG NVwZ 1984, 376, 377; Di Fabio in: Dürig/Herzog/Scholz, GG Band 1, Art. 2 Abs. 1 S. 189 Rn. 188.

1411 Vgl. nur: BVerfG NJW 1981, 1431, 1432; BVerfG BeckRS 2010, 51411; vgl. hierzu auch: Lücke DÖV 2002, 93, 103, wonach das allgemeine Persönlichkeitsrecht nicht schrankenlos gilt.

1412 BVerfG NJW 1981, 1431, 1433, wonach der Beschuldigte mit seiner Aussage nicht zu seiner Verurteilung beitragen soll; Di Fabio in: Dürig/Herzog/Scholz, GG Band 1, Art. 2 Abs. 1 S. 189 Rn. 188.

1413 BVerfG NJW 1981, 1431, 1433; Di Fabio in: Dürig/Herzog/Scholz, GG Band 1, Art. 2 Abs. 1 S. 189 Rn. 188; a.A. Heußner BVerfG NJW 1981, 1431, 1433, der ein Verwertungsverbot für nicht ausreichend erachtet und zum Schutz des Persönlichkeitsrechts ein Offenbarungsverbot für notwendig ansieht.

1414 Vgl. nur: BVerfG NJW 2013, 1058, 1061 Rn. 60; BVerfG NJW 2014, 3506, 3506 Rn. 13; BVerfG BeckRS 2022, 1707 Rn. 50.

1415 BGH NJW 2018, 1986, 1987 Rn. 23.

1416 Vgl. nur: BVerfG NJW 1979, 1925, 1925; BVerfG BeckRS 1980, 43113; Jarass in: Jarass/Pieroth, GG, Art. 20 GG Rn. 38.

1417 BVerfG NJW 2013, 1058, 1060 Rn. 55; BVerfG NJW 2023, 3350, 3351 Rn. 16; Jarass in: Jarass/Pieroth, GG, Art. 20 GG Rn. 38.

1418 Jarass in: Jarass/Pieroth, GG, Art. 20 GG Rn. 38.

1419 Jarass in: Jarass/Pieroth, GG, Art. 20 GG Rn. 38.

eine abwehrrechtliche Funktion haben.[1420] Das Prinzip bindet vorrangig die Träger der Bundesstaatsgewalt sowie – soweit das Verhältnis Staat – Bürger betroffen ist – über Art. 28 Abs. 1 S. 1 GG die Träger der Landesstaatsgewalt.[1421]

Die Selbstbelastungsfreiheit wird in Teilen von der Literatur aus dem Rechtsstaatsprinzip nach Art. 20 Abs. 3 GG i. V. m. Art. 1 GG abgeleitet.[1422] So führt eine Stimme aus der Literatur aus, dass „*[e]in Strafverfahren, wie auch immer gestaltet, das die Aussagefreiheit des Beschuldigten aufheben würde, [...] im Sinne des Grundgesetzes kein rechtsstaatliches Verfahren mehr [wäre].*“[1423] Die Aussagefreiheit sei „*Ausdruck einer rechtsstaatlichen Grundhaltung [...], die ihrerseits auf einer Achtung des Rechtsstaates vor der Menschenwürde beruht.*“[1424] Darüber hinaus sieht eine weitere Stimme den aus dem Rechtsstaatsprinzip abgeleiteten Grundsatz des fairen Verfahrens als Rahmen für die Rechtsanwendung an. Daraus resultiere eine „*inhärente Maxime gleichen Umfangs*“[1425] in allen staatlichen Verfahren.[1426] Dieser Grundsatz werde aus dem Rechtsstaatsprinzip gemeinsam mit weiteren Grundrechten abgeleitet und komme bei Sachverhalten zur Anwendung, bei denen die speziellen grundrechtlichen Verfahrensgewährleistungen nicht wirksam seien.[1427]

In Teilen der Literatur wird ferner eine gegenteilige Ansicht vertreten, wonach basierend darauf, dass es sich bei der Selbstbelastungsfreiheit aus Art. 2 Abs. 1 GG und Art. 14 Abs. 3 lit. g IPbpR um ein Grundrecht handelt, es gleichwohl zum Rechtsstaat gehört, der es sicherstellen muss.[1428] ‚Aufgefüllt‘ wird das Rechtsstaatsprinzip demnach aber durch die anderen Grund-

---

1420 Rux in: BeckOK GG, Art. 20 Rn. 140.

1421 Vgl. nur: BVerfG BeckRS 1952, 191 Rn. 83; BVerfG NJW 1953, 1137, 1138, wonach die Landesgesetzgeber an das Rechtsstaatsprinzip gebunden sind; offenlassend, ob Art. 20 Abs. 3 GG die Landesverfassung unmittelbar bindet: BVerfG NJW 1994, 1942, 1943; Jarass in: Jarass/Pieroth, GG, Art. 20 GG Rn. 39.

1422 Vgl. nur: Jahn StV 1998, 653, 654; Reiß, Besteuerungsverfahren und Strafrecht, S. 157, leitet die Selbstbelastungsfreiheit aus Art. 20 i. V. m. Art. 1 GG i. V. m. Art. 79 Abs. 3 GG ab; Schneider, Grund und Grenzen des strafrechtlichen Selbstbegünstigungsprinzips, S. 41, wonach der Nemo-tenetur-Grundsatz einen fundamentalen Bestandteil von Art. 20 Abs. 3 GG darstellt.

1423 Reiß, Besteuerungsverfahren und Strafrecht, S. 157.

1424 Reiß, Besteuerungsverfahren und Strafrecht, S. 157; ähnlicher Wortlaut auch: BVerfG NJW 1981, 1431, 1431; ebenso Beschlüsse aus den Folgejahren: BVerfG BeckRS 1995, 22077 und BVerfG BeckRS 2016, 46112 Rn. 20.

1425 Jahn StV 1998, 653, 654.

1426 Jahn StV 1998, 653, 654.

1427 Vgl. nur: BVerfG NJW 2003, 1577, 1584; BVerfG NJW 2004, 141, 145; Jarass in: Jarass/Pieroth, GG, Art. 20 GG Rn. 42.

1428 Rogall, Der Beschuldigte als Beweismittel gegen sich selbst, S. 138.

rechte.[1429] Wenn die Selbstbelastungsfreiheit aus dem Rechtsstaatsprinzip abgeleitet wird, wird derselbe Sachverhalt nur aus einer anderen Perspektive betrachtet, im Falle des Rechtsstaatsprinzips ausgehend vom Staat, basierend auf den anderen Grundrechten ausgehend vom Individuum.[1430] Daher sei es nicht schädlich, die Selbstbelastungsfreiheit mit dem Rechtsstaatsprinzip in Verbindung zu bringen, wobei es sich um eine „*blankettartige Bezeichnung*“[1431] handele und der Kern der Selbstbelastungsfreiheit dort nicht zu verorten sei.[1432]

Gegen die Verortung des Nemo-tenetur-Grundsatzes im Rechtsstaatsprinzip sprechen aus der Sicht einer weiteren Stimme der Literatur zudem die starke Prägung der Selbstbelastungsfreiheit durch die Menschenwürde sowie der starke Bezug zum Persönlichkeitsrecht, zumal keiner der Aspekte im Rechtsstaatsprinzip verankert sei. Ferner werde das Rechtsstaatsprinzip dem individuell-konkreten Anspruch des Nemo-tenetur-Grundsatzes nicht vollständig gerecht. Aus diesem Grund wird nach dieser Ansicht die alleinige Verortung des Grundsatzes im Rechtsstaatsprinzip ausgeschlossen.[1433]

Somit sind sich die Forschenden einig, dass der Nemo-tenetur-Grundsatz nicht allein dem Rechtsstaatsprinzip entspringt, wenngleich sie die Bedeutung des Prinzips unterschiedlich stark einschätzen. Während nach den zuerst genannten Meinungen eine stärkere Bedeutung des Rechtsstaatsprinzips vermutet wird, erkennen die Vertreter der zuletzt genannten Ansichten ein Zusammenspiel des Rechtsstaatsprinzips mit anderen Grundrechten an, wobei das Prinzip ihrer Meinung nach nicht den Kern des Grundsatzes bildet.

Auch nach der hier vertretenen Auffassung bildet das Rechtsstaatsprinzip für sich allein nicht den Kern der Selbstbelastungsfreiheit. Jedoch ist das Rechtsstaatsprinzip als notwendiger Rahmen anzusehen, wonach u. a. die Exekutive und die Judikative an Recht und Gesetz gebunden sind. Der Nemo-tenetur-Grundsatz lässt sich daher vielmehr aus dem Rechtsstaatsprinzip sowie weiteren Vorschriften des Grundgesetzes wie Art. 1 Abs. 1 GG und Art. 2 Abs. 1 GG ableiten, wenngleich die Selbstbelastungsfreiheit auch dort nicht wörtlich benannt wird. Herauszustellen ist hierbei das Recht des Ein-

---

1429 Vgl. nur: Rogall, Der Beschuldigte als Beweismittel gegen sich selbst, S. 138; vgl. Robbers, Bonner Kommentar Art. 20 Rn. 44, wonach Art. 20 GG die Grundprinzipien deutscher Staatlichkeit enthält, die durch die weiteren verfassungsrechtlichen Bestimmungen näher entfaltet werden; vgl. Bauer, Die Aussage des über das Schweigerecht nicht belehrten Beschuldigten, S. 63, wonach die Menschenwürde das Rechtsstaatsprinzip mit materiellem Gehalt ausfüllt.

1430 Rogall, Der Beschuldigte als Beweismittel gegen sich selbst, S. 138.

1431 Rogall, Der Beschuldigte als Beweismittel gegen sich selbst, S. 139.

1432 Vgl. Rogall, Der Beschuldigte als Beweismittel gegen sich selbst, S. 138 f.

1433 Nienaber, Compliancebasierte unternehmensinterne Ermittlungen, S. 384.

zelnen auf ein faires, rechtsstaatliches Verfahren, worunter auch der Schutz vor einem Selbstbezichtigungszwang zu subsumieren ist.

(4) Anspruch auf rechtliches Gehör nach Art. 103 Abs. 1 GG

Nach Art. 103 Abs. 1 GG hat jede Person vor Gericht einen Anspruch auf rechtliches Gehör. Für gerichtliche Verfahren folgt dieser Grundsatz aus Sicht des BVerfG aus dem Rechtsstaatsgedanken. Damit die Gerichte angemessene Entscheidungen über Lebenssachverhalte treffen können, bedarf es der Anhörung der Beteiligten.[1434] Gleichzeitig erfordert die Menschenwürde, dass eine Person nicht zu einem „*Objekt der richterlichen Entscheidung*"[1435] gemacht wird. Um dem entgegenzuwirken, hat jede Person das Recht, sich im Verfahren zu äußern, um den Ausgang des Verfahrens zu beeinflussen.[1436]

Der Nemo-tenetur-Grundsatz kann indes nicht aus Art. 103 Abs. 1 GG hergeleitet werden, da es sich hierbei um zwei unterschiedliche, aber einander ergänzende Sachverhalte handelt.[1437] Während durch Art. 103 Abs. 1 GG das Recht sichergestellt wird, sich äußern und aktiv mitwirken zu dürfen, wird durch den Nemo-tenetur-Grundsatz der Schutz gewährleistet, sich im Falle einer Selbstbelastung nicht äußern zu müssen.[1438]

(5) (Un)mittelbare Drittwirkung der Grundrechte

Aus Art. 1 Abs. 3 GG ergibt sich, dass die Gesetzgebung, die vollziehende Gewalt und die Rechtsprechung den Grundrechten als unmittelbar geltendes Recht unterliegen. Folglich ist unstreitig, dass die staatliche Gewalt an die Grundrechte gebunden ist. Die Wirkung der Grundrechte zwischen Privatpersonen ist dagegen weniger eindeutig.[1439] Diesbezüglich wird zwischen der unmittelbaren und der mittelbaren Drittwirkung der Grundrechte unterschieden.

1434 BVerfG NJW 1957, 1228, 1228; BVerfG NJW 1959, 427, 427.

1435 BVerfG NJW 1959, 427, 427; BVerfG NJW 1975, 1013, 1015; BVerfG NJW 2023, 2712, 2712 Rn. 13.

1436 Vgl. nur: BVerfG NJW 1957, 1228, 1228; BVerfG NJW 1959, 427, 427; BVerfG NJW 1975, 1013, 1015; BVerfG NJW 1980, 2698, 2698.

1437 Vgl. im Ergebnis nur: Fink wistra 2014, 457, 458; Rogall, Der Beschuldigte als Beweismittel gegen sich selbst, S. 125; Nienaber, Compliancebasierte unternehmensinterne Ermittlungen, S. 365.

1438 Vgl. nur: Fink wistra 2014, 457, 458; im Ergebnis so auch: Rogall, Der Beschuldigte als Beweismittel gegen sich selbst, S. 125 und Nienaber, Compliancebasierte unternehmensinterne Ermittlungen, S. 365; a.A. Böse GA 2002, 98, 119 f.

1439 Fischinger in: MHdB ArbR Band 1, § 7 Rn. 3.

Die Lehre zur unmittelbaren Drittwirkung basiert auf der Erkenntnis, dass Grundrechte als Grundsatznormen zu verstehen sind, die im Rahmen der Lebensbereiche, auf die sie bezogen sind, für die gesamte Rechtsordnung gelten und folglich ebenso für die Privatrechtsordnung. Differenzierter ist jedoch das unterschiedliche Rechtsverhältnis zu betrachten, in dem die Grundrechte nach der unmittelbaren Drittwirkung Anwendung finden. Während sich im Verhältnis Staat zu Bürger ein Grundrechtsverpflichteter (Staat) und ein Grundrechtsträger (Bürger) gegenüberstehen, handelt es sich im privatrechtlichen Bereich um zwei Grundrechtsträger[1440], die ihrerseits jeweils geschützte Rechtspositionen innehaben.[1441] Hieran ändert auch das Verhältnis eines Arbeitgebers zu einem Arbeitnehmer nichts. Zwar könnte hierbei argumentiert werden, dass der Arbeitgeber nach dem „*Erst-Recht-Schluss*“[1442] durch seine soziale Macht zur Durchsetzung seines Willens befähigt ist, sodass die Grundrechte für ihn genauso gelten müssten wie für den Gesetzgeber.[1443] Jedoch kann soziale oder wirtschaftliche Macht nichts daran ändern, dass die Inhaber eines Unternehmens ebenfalls Grundrechtsträger und zugleich Arbeitgeber sind. Somit gilt die Gewährleistung der Grundrechte für sie gleichermaßen. Folglich handelt es sich bei der Arbeitgeber-Arbeitnehmer-Konstellation um die Beziehung von zwei Bürgern, die von der Bürger-Staat-Beziehung abzugrenzen ist.[1444] Eine unmittelbare Verpflichtung Privater untereinander aus den Grundrechten ist ausdrücklich nur in Art. 9 Abs. 3 S. 2 GG[1445] normiert und im Übrigen auszuschließen.[1446] Das BAG hat die unmittelbare Drittwirkung ebenfalls nur bei einzelnen Grundrechten wie dem allgemeinen Persönlichkeitsrecht sowie der Menschenwürde, nicht jedoch grundsätzlich bei allen Grundrechten für anwendbar erach-

---

1440 Vgl. nur: Fischinger in: MHdB ArbR Band 1, § 7 Rn. 8; vgl. Alexy, Theorie der Grundrechte, S. 481, wonach bei dem Verhältnis Bürger zu Bürger sich Grundrechtsträger gegenüberstehen; Edenharter EuR 2022, 302, 305.

1441 Fischinger in: MHdB ArbR Band 1, § 7 Rn. 8.

1442 Fischinger in: MHdB ArbR Band 1, § 7 Rn. 8.

1443 Fischinger in: MHdB ArbR Band 1, § 7 Rn. 8; a. A. Gamillscheg, Die Grundrechte im Arbeitsrecht, S. 32 wonach gerade nach dem „*Erst-Recht-Schluss*“ Unternehmen aufgrund ihrer sozialen Macht die Bindungen treffen müsse, die sich die staatlich organisierte Gemeinschaft selbst auferlegt habe.

1444 Vgl. Fischinger in: MHdB ArbR Band 1, § 7 Rn. 8; vgl. Alexy, Theorie der Grundrechte, S. 480 f. zur Differenz zwischen der Relation Staat-Bürger und Bürger-Bürger, wenngleich kein Bezug zu Arbeitgebern genommen wird.

1445 Vgl. nur: BVerfG NJW 1981, 1829, 1830; BAG NZA 2000, 1294, 1295; Cornils in: Stern/Sodan/Möstl, Das Staatsrecht der Bundesrepublik Deutschland Band III, § 69 Rn. 15.

1446 Die Grundrechte verpflichten Privatpersonen untereinander grundsätzlich nicht unmittelbar, vgl. dazu nur: BVerfG NJW 2018, 1667, 1668 Rn. 32; BVerfG NJW 2020, 300, 305 Rn. 76; Jarass in: Jarass/Pieroth, GG, Art. 1 Rn. 48.

tet.[1447] Die unmittelbare Drittwirkung ist auf *Nipperdey* zurückzuführen.[1448] Im Einklang mit dessen Ausführungen erläutert der BGH, dass „*die Bestimmungen in Art. 1 und 2 GG, in denen die Unantastbarkeit der Menschenwürde ausgesprochen und das Recht eines jeden auf die freie Entfaltung seiner Persönlichkeit anerkannt ist, soweit er nicht die Rechte anderer verletzt und nicht gegen die verfassungsmäßige Ordnung oder das Sittengesetz verstößt, ein Grundrecht gewährleistet [sic!], das sich nicht nur gegen den Staat und seine Organe richtet, sondern auch im Privatrechtsverkehr gegenüber jedermann gilt.*“[1449] Daraus wird deutlich, dass diese Grundrechte nicht uneingeschränkt gelten, sondern ihre Grenzen u. a. bei der Verletzung anderer Rechte finden.

Im Vergleich dazu werden die Grundrechte nach der mittelbaren Drittwirkung[1450] insbesondere durch zivilrechtliche Generalklauseln vermittelt,[1451] indem der Einfluss der Grundrechte über „*Einbruchsstellen*“[1452] ebenfalls im Privatrecht wirkt.[1453] Zu diesen Einbruchsstellen gehören offene Begrifflichkeiten des Privatrechts wie ‚sittenwidrig‘ oder ‚Treu und Glauben‘ in §§ 138, 242, 826 BGB,[1454] die in privatrechtlichen Beziehungen zur Anwen-

---

1447 BAG NJW 1957, 1688, 1689; so auch: Schaefer in: Stern/Sodan/Möstl, Das Staatsrecht der Bundesrepublik Deutschland Band III, § 78 Rn. 17, Fn. 52.

1448 Vgl. nur: Enneccerus/Nipperdey, Allg. Teil, § 78 Rn. I. 2., wonach die Bestimmungen der Art. 1 und Art. 2 GG „*nicht nur die Staatsgewalt, sondern auch die Rechtsgenossen*“ binden; mit gleichem Wortlaut ebenso: Nipperdey, in: Neumann/Nipperdey/Scheuner, Die Grundrechte Band 2, S. 42; Papier in: Merten/Papier, Handbuch der Grundrechte Band II, § 55 Rn. 23.

1449 BGH NJW 1957, 1146, 1146; ebenfalls zitiert von: BAG NJW 1957, 1688, 1689.

1450 Die Lehre der mittelbaren Drittwirkung geht auf *Günther Düring* zurück, womit er auf die unmittelbare Drittwirkung nach Nipperdey reagiert hat, siehe hierzu: Dürig, FS Nawiasky, S. 157, 176 ff.: „*Die normativen Mittel zur Abwehr von Angriffen aus der Drittrichtung, mit deren Hilfe bei Fehlen spezieller Schutznormen das objektive Privatrecht seinen Schutzauftrag […] erfüllt, sind seine wertausfüllungsfähigen und wertausfüllungsbedürftigen Generalklauseln.*“ Hervorhebungen der Begriffe ‚Mittel‘, ‚Schutzauftrag‘ und ‚wertausfüllungsfähigen und wertausfüllungsbedürftigen Generalklauseln‘ im Original; Papier in: Merten/Papier, Handbuch der Grundrechte Band II, § 55 Rn. 23; Cornils in: Stern/Sodan/Möstl, Das Staatsrecht der Bundesrepublik Deutschland Band III, § 69 Rn. 17.

1451 Herdegen in: Dürig/Herzog/Scholz, GG Band 1, Art. 1 Abs. 3 S. 38 Rn. 74; Muckel JA 2018, 553, 554.

1452 Herdegen in: Dürig/Herzog/Scholz, GG Band 1, Art. 1 Abs. 3 S. 38 Rn. 74; Cornils in: Stern/Sodan/Möstl, Das Staatsrecht der Bundesrepublik Deutschland Band III § 69 Rn. 17.

1453 Vgl. nur: Herdegen in: Dürig/Herzog/Scholz, GG Band 1, Art. 1 Abs. 3 S. 38 Rn. 74; Cornils in: Stern/Sodan/Möstl, Das Staatsrecht der Bundesrepublik Deutschland Band III, § 69 Rn. 18; Muckel JA 2018, 553, 554.

1454 Vgl. nur dahingehend: BVerfG NJW 1958, 257, 257, wonach zu den Generalklauseln § 826 BGB zählt; Herdegen in: Dürig/Herzog/Scholz, GG Band 1, Art. 1 Abs. 3

dung kommen, bei denen „*überhaupt irgendein Interpretationsspielraum besteht*"[1455]. Zudem wirken die Grundrechte bei allen anderen Tatbestandsmerkmalen der zivilrechtlichen Vorschriften, die auslegungsfähig und -bedürftig sind.[1456] Über diese Generalklauseln und nicht bestimmten rechtlichen Begrifflichkeiten entfalten die Grundrechte ihre Ausstrahlungswirkung über die Auslegung der Fachgerichte.[1457]

Im Lüth-Urteil des BVerfG aus dem Jahr 1958 wurde zudem eine dogmatische Konstruktion entwickelt, die Grundrechten eine mittelbare Drittwirkung verlieh.[1458] So heißt es im Urteil, dass die „*grundrechtlichen Bestimmungen des GG [...] aber auch eine objektive Wertordnung [verkörpern], die als verfassungsrechtliche Grundentscheidung für alle Bereiche des Rechts gilt.*"[1459] Die Menschenwürde nach Art. 1 Abs. 1 GG ist im deutschen Rechtssystem von besonderer Bedeutung. Diese zieht sich als ‚Wertmaßstab' durch die gesamte Rechtsordnung,[1460] sodass sie bei der Auslegung jeder Rechtsnorm zu beachten ist.[1461]

Sowohl die Menschenwürde als auch das allgemeine Persönlichkeitsrecht müssen angesichts der mittelbaren Drittwirkung der Grundrechte auch im Verhältnis zwischen Privaten beachtet werden,[1462] zumal der Nemo-tenetur-Grundsatz aus diesen beiden Grundrechten hergeleitet werden kann.

S. 38 Rn. 74; Cornils in: Stern/Sodan/Möstl, Das Staatsrecht der Bundesrepublik Deutschland Band III, § 69 Rn. 18; Papier in: Merten/Papier, Handbuch der Grundrechte Band II, § 55 Rn. 23, wonach die Regelungen nach §§ 138, 242, 826 BGB insbesondere, jedoch nicht ausschließlich zu den Generalklauseln gehören; Muckel JA 2018, 553, 554; *Böhm* sieht überdies auch eine Auslegung nach § 275 Abs. 3 BGB als möglich an, wenn die Auskunft des Arbeitnehmers als persönlich unzumutbar angesehen wird: Böhm, Non-Compliance und Arbeitsrecht, S. 159; Knauer/Buhlmann AnwBl 2010, 387, 390, nennen beispielhaft § 242 BGB.

1455 Cornils in: Stern/Sodan/Möstl, Das Staatsrecht der Bundesrepublik Deutschland Band III, § 69 Rn. 18.

1456 Vgl. nur: BVerfG NJW 2011, 3428, 3432; BVerfG NJW 2016, 2247, 2250 Rn. 82; BAG NZA 2023, 757, 759.

1457 Vgl. nur: BVerfG NJW 2018, 1667, 1668 Rn. 32; BVerfG NJW 2020, 300, 305 Rn. 76; OLG Karlsruhe NJW 2018, 3110, 3111 Rn. 18.

1458 Petersen, Deutsches und Europäisches Verfassungsrecht II, § 8 B Rn. 9.

1459 BVerfG NJW 1958, 257, 257 1. LS.

1460 Rogall, Der Beschuldigte als Beweismittel gegen sich selbst, S. 154; ähnlich: Dürig AöR 81 (1956), 117, 123, wonach die Gesamtrechtsordnung durch den Staat so auszugestalten ist, dass keine Menschenwürdeverletzung – auch nicht durch „*außerstaatliche Kräfte*" möglich ist.

1461 BVerfG NJW 1958, 257, 257; Rogall, Der Beschuldigte als Beweismittel gegen sich selbst, S. 154.

1462 Vgl. nur: Rogall in: Wolter/Deiters, SK-StPO Band 2, Vor § 133 Rn. 161, wonach der Selbstbelastungsfreiheit eine mittelbare Drittwirkung zukommt; Hille, Kooperation von Unternehmen, S. 94; im Ergebnis auch: Buchert, Die unternehmensinterne Befragung, S. 208.

Somit können auch nach der hier vertretenen Auffassung die Grundrechte eine mittelbare Drittwirkung im Arbeits- und im Zivilrecht entfalten.[1463] Insbesondere ist im Zusammenhang mit dem arbeitsrechtlichen Auskunftsanspruch außerhalb des Arbeitsbereichs eines Mitarbeiters § 242 BGB entsprechend auszulegen.[1464] Hieraus kann jedoch nicht abgeleitet werden, dass den Mitarbeitern aufgrund der mittelbaren Drittwirkung des Nemo-tenetur-Grundsatzes schrankenlos eine Selbstbelastungsfreiheit zugesprochen werden kann. Eingriffe in das Persönlichkeitsrecht können gerechtfertigt sein, wenn andere Personen auf die Auskunft des Mitarbeiters angewiesen sind.[1465]

(6) Stellungnahme

Das BVerfG[1466] und der BGH[1467] sehen den Nemo-tenetur-Grundsatz vorrangig als „*notwendige[n] Ausdruck einer auf dem Leitgedanken der Achtung der Menschenwürde beruhenden rechtsstaatlichen Grundhaltung*"[1468] an, der auf dem allgemeinen Persönlichkeitsrecht[1469] und dem Recht auf ein faires und rechtsstaatliches Verfahren aus dem Rechtsstaatsprinzip beruht.[1470] Nach den vorgenannten Überlegungen wird nach der hier vertretenen Auffassung der Grundsatz jedoch nicht allein aus dem Rechtsstaatsprinzip abgeleitet.[1471]

Darüber hinaus kann der mit Verfassungsrang ausgestaltete Grundsatz auch auf andere Rechtsgebiete und Normen wie § 242 BGB ausstrahlen,[1472] wobei

---

1463 Vgl. nur: Knauer/Buhlmann AnwBl 2010 387, 390; Jarass in: Jarass/Pieroth, GG, Art. 1 Rn. 51 zur Ausstrahlungswirkung auf private Normen; Schubert in: MüKo BGB Band 2, § 242 Rn. 134.

1464 Im Ergebnis so auch: Rödiger, Strafverfolgung von Unternehmen, S. 271.

1465 BAG NZA 2008, 1008, 1011; Eufinger BB 2016, 1973, 1974; siehe auch hierzu Kapitel 2 B. III. 5. b) cc) (2).

1466 Vgl. nur: BVerfG NJW 2013, 1058, 1061 Rn. 60; BVerfG BeckRS 2016, 51435 Rn. 34; BVerfG BeckRS 2022, 1707 Rn. 50.

1467 BGH NJW 2018, 1986, 1987 Rn. 23.

1468 Vgl. nur: BVerfG NJW 2013, 1058, 1061 Rn. 60; BVerfG NJW 2014, 3506, 3506 Rn. 13; BVerfG BeckRS 2022, 1707 Rn. 50; BGH NJW 2018, 1986, 1987 Rn. 23.

1469 BVerfG BeckRS 2008, 35240 Rn. 2, leitet den Nemo-tenetur-Grundsatz ausschließlich aus dem allgemeinen Persönlichkeitsrecht ab.

1470 Vgl. nur: BVerfG NJW 1981, 1087, 1087; BVerfG NJW 1981, 1431, 1431; BVerfG BeckRS 2022, 1707 Rn. 50.

1471 Siehe Kapitel 2 B. III. 5. b) cc) (3).

1472 Vgl. nur: Knauer/Buhlmann AnwBl 2010, 387, 390; Nienaber, Compliancebasierte unternehmensinterne Ermittlungen, S. 391; zur Ausstrahlungswirkung der Grundrechte vgl. auch: BVerfG NJW 1987, 827, 827; Jarass in: Jarass/Pieroth, GG, Art. 1 Rn. 51; a.A. Kasiske NZWiSt 2014, 262, 263, dieser lehnt eine Ausstrahlungswirkung ins Arbeitsrecht ab.

die Selbstbelastungsfreiheit trotz der mittelbaren Drittwirkung nicht schrankenlos gewährt wird.[1473] Die verfassungsrechtlich unterschiedliche Herleitung der Selbstbelastungsfreiheit beeinflusst indes *„die personale Reichweite des Schutzes“*[1474].[1475] In der Literatur wird in den diversen Herleitungen vereinzelt ein methodisches Problem erkannt: Mit dem Feststehen des Schutzgehalts des Nemo-tenetur-Grundsatzes wäre die eindeutigere Suche nach dessen Verankerung in der Verfassung möglich. Würde die Grundlage des Grundsatzes in der Verfassung feststehen, könnte sich dessen Schutzgehalt daraus eindeutiger erschließen lassen. Jedoch fehle es an beidem.[1476]

Ein ausnahmsloses Gebot, das keinen Zwang zur Offenbarung einer begangenen strafbaren Handlung vorsieht, ergibt sich aus der Verfassung indes nicht.[1477] Ausnahmen bestehen in den Fällen, in denen mit der Auskunft ein berechtigtes Informationsbedürfnis erfüllt werden soll. Der Gesetzgeber ist dann befugt, die Belange der Parteien gegeneinander abzuwägen.[1478] Ein solches berechtigtes und schutzwürdiges Auskunftsinteresse kann bei Unternehmen angenommen werden, die sich aufgrund der Straftat eines Mitarbeiters selbst mit Rechtsfolgen konfrontiert sehen.[1479] Die Auskünfte eines Mitarbeiters über dessen eigenen Arbeitsbereich stellen daher die für das Unternehmen bedeutsamste Informationsquelle dar. Die Ausübung eines Aussageverweigerungsrechts durch einen Arbeitnehmer hätte damit auch Auswirkungen für den Arbeitgeber.[1480]

dd) Nemo-tenetur-Grundsatz auf einfachgesetzlicher Ebene

Zu prüfen ist nunmehr, inwieweit die Selbstbelastungsfreiheit auch auf einfachgesetzlicher Ebene der deutschen Strafprozessordnung normiert ist. So soll sich der Grundsatz auf §§ 55, 136 Abs. 1, 136a Abs. 1 und 3, 163a Abs. 3 sowie § 243 Abs. 5 S. 1 StPO ausgewirkt haben.[1481] Während § 163a Abs. 3 StPO zur Vernehmung eines Beschuldigten in einem fortgeschritte-

---

1473 Siehe Kapitel 2 B. III. 5. b) cc) (5).

1474 Radtke GA 2020, 470, 470.

1475 Radtke GA 2020, 470, 470.

1476 Kleinheisterkamp, Kreditwesengesetz und Strafverfahren, S. 200 f.; kritisch: Bosch, Aspekte des nemo-tenetur-Prinzips aus verfassungsrechtlicher und strafprozessualer Sicht, S. 28.

1477 Vgl. nur: BVerfG NJW 1981, 1431, 1431; BVerfG BeckRS 2022, 1707 Rn. 52; OLG Saarbrücken BeckRS 2024, 687 Rn. 19; siehe hierzu auch Kapitel 2 B. III. 5. b) cc).

1478 Vgl. nur: BVerfG NJW 1981, 1431, 1431; BVerfG BeckRS 2004, 22491; BVerfG BeckRS 2022, 1707 Rn. 52.

1479 Rödiger, Strafverfolgung von Unternehmen, S. 300; Nienaber, Compliancebasierte unternehmensinterne Ermittlungen, S. 110.

1480 Siehe hierzu sogleich in Kapitel 2 B. III. 7. c).

1481 BGH NJW 2007, 3138, 3140; Esser in: Löwe-Rosenberg, StPO Band 12, Art. 14 IPBPR Rn. 278.

nen Ermittlungsverfahren unter Anwendung von u.a. §§ 136, 136a StPO gilt, entfaltet § 243 Abs. 5 S. 1 StPO seine Gültigkeit für den Angeklagten vor Gericht. Aufgrund der damit bereits fortgeschrittenen Verfahren werden nachfolgend nur die drei zuerst genannten Vorschriften (§§ 55, 136 Abs. 1, 136a Abs. 1 und 3 StPO) beleuchtet.

Auch im deutschen Strafprozess gilt der Grundsatz der Aussagefreiheit, der von der Achtung der Menschenwürde geprägt ist.[1482] Der auf diesem Grundsatz basierende Schutz wirkt regelmäßig bei einem staatlich veranlassten Aussagezwang. Anhand eines Vergleichs der Position der Strafverfolgungsbehörden mit der eines Beschuldigten in einem Strafverfahren wird die strukturell unterlegene Position der Beschuldigten deutlich. Diesem Umstand soll durch die Selbstbelastungsfreiheit und weitere Rechte aus der StPO entgegengewirkt werden, um ein faires Verfahren zu sichern und dadurch der unterlegenen Stellung entgegenzuwirken.[1483] Die Regelungen der StPO bilden folglich die Schranken für das Handeln der Strafverfolgungsbehörden.[1484]

(1) Vernehmungen nach § 136 Abs. 1 S. 2 HS. 1 StPO

Ein Ausfluss des Nemo-tenetur-Grundsatzes auf einfachgesetzlicher Ebene findet sich insbesondere in § 136 Abs. 1 S. 2 HS. 1 StPO.[1485] Demnach ist ein Beschuldigter „*darauf hinzuweisen, daß es ihm nach dem Gesetz freistehe, sich zu der Beschuldigung zu äußern oder nicht zur Sache auszusagen.*“

Gegenstand dieser Norm ist eine Belehrungspflicht. Eine Selbstbelastungsfreiheit wird daraus indes nicht begründet, sondern vorausgesetzt.[1486]

Die Belehrung des Beschuldigten ist verpflichtend. Sie dient dazu, einem Irrtum über eine Aussagepflicht entgegenzuwirken, dessen Auslöser eine Konfrontation mit einem amtlichen Auskunftsersuchen sein könnte.[1487] Unterbleibt eine Belehrung, kann die Aussage eines Beschuldigten unverwertbar sein.[1488] Nach der Belehrung steht es dem Beschuldigten frei, die

---

1482 Ähnlich dazu, wonach die Aussagefreiheit „*notwendiger Ausdruck einer auf dem Leitgedanken der Achtung der Menschenwürde beruhenden rechtsstaatlichen Grundhaltung*“ ist, vgl. nur: BVerfG NJW 2013, 1058, 1061; BVerfG BeckRS 2016, 51435 Rn. 34; so ausdrücklich: Diemer in: KK-StPO, § 136 Rn. 10.

1483 Kasiske NZWiSt 2014, 262, 263 f.

1484 Vgl. Zerbes ZStW 125 (2013), 551, 571.

1485 Schlüchter/Radbruch NStZ 1995, 354, 355; Brenner DAR 2022, 615, 615.

1486 Radtke GA 2020, 470, 470.

1487 Vgl. nur: BGH NJW 1996, 2940, 2941; BGH BeckRS 2010, 13972 Rn. 16; Diemer in: KK-StPO, § 136 Rn. 11.

1488 Vgl. nur: BGH BeckRS 2015, 2134 Rn. 37; BGH BeckRS 2018, 28269 Rn. 28; Diemer in: KK-StPO, § 136 Rn. 11.

Verteidigungsart zu wählen, die ihm am zweckmäßigsten erscheint.[1489] Unterschieden wird hierbei zwischen einer Aussage und Schweigen, wobei das Schweigen nicht zum Nachteil des Beschuldigten ausgelegt werden darf.[1490] Der Schutzbereich sowie die Grenzen der Selbstbelastungsfreiheit werden im Zusammenhang mit § 136 Abs. 1 S. 2 HS. 1 StPO jedoch nicht unmittelbar geregelt.[1491]

(2) Verbotene Vernehmungsmethoden und Beweisverwertungsverbote nach § 136a StPO

Aus § 136a Abs. 1 S. 1 StPO ergeben sich verbotene Vernehmungsmethoden, die die „*Mißhandlung [...] durch Ermüdung, durch körperlichen Eingriff, durch Verabreichung von Mitteln, durch Quälerei, durch Täuschung oder durch Hypnose*" umfassen. Diese dürfen nicht eingesetzt werden, um – so heißt es in Abs. 1 S. 1 weiter – „*[d]ie Freiheit der Willensentschließung und der Willensbetätigung des Beschuldigten*" zu beeinträchtigen. Dabei darf nach S. 2 Zwang nur angewendet werden, sofern dies nach dem Strafverfahrensrecht zulässig ist. Auch Drohungen mit einer Maßnahme, die nach dieser Norm unzulässig ist, sowie das Versprechen von Vorteilen, die gesetzlich nicht vorgesehen sind, sind nach S. 3 verboten.

Damit liegen die Zwangsmittel innerhalb der vorgegebenen Grenzen des Nemo-tenetur-Grundsatzes. Einige der verbotenen Vernehmungsmethoden nach § 136a Abs. 1 S. 1 StPO stellen eindeutige Beispiele für den Selbstbelastungszwang[1492] dar, weshalb sie gerade aus diesem Grund verboten sind.[1493] Gegenstand des § 136a StPO ist gemäß dessen Wortlaut ein Beweisverwertungsverbot. Es bezieht sich auf die Art und Weise, wie der Beweis erhoben wurde.[1494] Dieses Beweisverwertungsverbot gilt nach § 136a Abs. 3 S. 2 StPO auch dann, wenn der Beschuldigte in die Verwertung der Aussagen einwilligt, die unter Verletzung der Verbote nach Abs. 1 und 2 zustande gekommen sind.

1489 Diemer in: KK-StPO, § 136 Rn. 10.

1490 Vgl. zum nachteilig ausgelegten Schweigen nur: BGH NJW 1992, 2304, 2305; BGH NJW 2000, 1962, 1963; BGH BeckRS 2014, 17480; Diemer in: KK-StPO, § 136 Rn. 10.

1491 Radtke GA 2020, 470, 470.

1492 Vgl. nur: Greco/Caracas NStZ 2015, 7, 11; die nachfolgenden Autoren sehen die Bestimmung des § 136a StPO als die „*Kernvorschrift zum Schutz der Aussagefreiheit*" an: Rogall, Der Beschuldigte als Beweismittel gegen sich selbst, S. 50; Rogall in: Wolter/Deiters, SK-StPO Band 2, § 136a Rn. 4; Diemer in: KK-StPO, § 136a Rn. 1.

1493 Greco/Caracas NStZ 2015, 7, 11.

1494 Rogall, Der Beschuldigte als Beweismittel gegen sich selbst, S. 106, benennt dies indes ‚Beweismethodenverbot'.

Eine unmittelbare Herleitung des Nemo-tenetur-Grundsatzes aus § 136a StPO ist indes nicht möglich.[1495]

(3) Auskunftsverweigerungsrecht nach § 55 StPO

Auch § 55 StPO soll einen Ausfluss des Nemo-tenetur-Grundsatzes darstellen.[1496] Gemäß § 55 Abs. 1 StPO kann ein Zeuge die Auskunft auf Fragen verweigern, durch deren Beantwortung die Gefahr bestehen könnte, dass er selbst oder ein Angehöriger nach § 52 Abs. 1 StPO wegen einer Straftat oder einer Ordnungswidrigkeit verfolgt werden könnte. Nach Abs. 2 ist der Zeuge über sein Recht zur Auskunftsverweigerung zu belehren.

Bei dem Recht, das sich aus dieser Norm ergibt, handelt es sich um ein Persönlichkeitsrecht, „*durch das der Staat die Achtung der menschlichen Würde zum Ausdruck bringt.*“[1497] Der Zwang, sich selbst einer Straftat oder Ordnungswidrigkeit bezichtigen zu müssen, wird daher als unzumutbar und mit der Menschenwürde unvereinbar angesehen.[1498]

Ohne diese Vorschrift würde ein Zeuge es riskieren, dass gegen ihn nach § 70 StPO ein Ordnungsgeld oder eine Ordnungshaft verhängt werden könnte, sofern er sich selbst belastet.[1499] Die Vorschrift des § 55 StPO soll den Zeugen vor einer „*seelische[n] Zwangslage*“[1500] bewahren, der er sich ausgesetzt sehen könnte, wenn er wahrheitsgemäß alle Informationen preisgeben müsste, mit denen er sich selbst oder Angehörige belasten würde.[1501] Gleichzeitig wird dadurch der Konflikt innerhalb der StPO aufgelöst, der zwischen dem Beschuldigtenbegriff sowie dem Schutz eines Verdächtigen in seiner Rolle als Zeuge besteht.[1502]

Über sein Auskunftsverweigerungsrecht ist der Zeuge nach § 55 Abs. 2 StPO zwingend zu belehren.[1503] Dabei ist es nicht erforderlich, aber formell un-

---

1495 So auch: Rogall, Der Beschuldigte als Beweismittel gegen sich selbst, S. 106.

1496 Vgl. nur: Rogall, Der Beschuldigte als Beweismittel gegen sich selbst, S. 257, der § 55 StPO „*als Grundtypus des Verbots der Selbstbelastung*“ ansieht; Schlüchter/Radbruch NStZ 1995, 354, 355; Greco/Caracas NStZ 2015, 7, 11.

1497 Maier in: MüKo StPO Band 1, § 55 Rn. 1.

1498 Vgl. nur: BVerfG NJW 1981, 1431, 1432; BVerfG NJW 1999, 779, 779; Maier in: MüKo StPO Band 1, § 55 Rn. 1.

1499 Greco/Caracas NStZ 2015, 7, 11.

1500 Maier in: MüKo StPO Band 1, § 55 Rn. 2.

1501 BGH NJW 1958, 557, 558, wonach dem Zeugen „*die Demütigung einer Selbstbezichtigung oder Beschuldigung seiner Angehörigen nicht zugemutet werden*“ soll; Maier in: MüKo StPO Band 1, § 55 Rn. 2.

1502 BGH NJW 1992, 2304, 2305; Maier in: MüKo StPO Band 1, § 55 Rn. 2.

1503 Vgl. nur: BayObLG NJW 1984, 1246, 1247, wonach bei fehlender Belehrung über das Auskunftsverweigerungsrecht der Verfahrensfehler zu prüfen ist; Huber in: BeckOK StPO, § 55 Rn. 11; Bader in: KK-StPO, § 55 Rn. 17; a.A. Koffka JR 1968, 30,

schädlich, wenn der Zeuge vor der Vernehmung über sein Auskunftsverweigerungsrecht belehrt wird.[1504] Die Belehrung hat jedoch spätestens dann zu erfolgen, wenn die Verhörperson anhand von konkreten Anhaltspunkten erkennt, dass eine Selbstbelastung droht.[1505]

Das Auskunftsverweigerungsrecht ist in Vernehmungen nur punktuell einsetzbar und erstreckt sich allein auf einzelne Fragen, zu denen der Zeuge die Auskunft verweigern kann.[1506] Eine vollständige Verweigerung kann nur in Ausnahmefällen berechtigt sein. Dies gilt dann, wenn die gesamte Auskunft in einem engen Zusammenhang mit einem etwaigen straf- oder ordnungswidrigkeitenrechtlichen Verhalten steht und kein Gegenstand der Vernehmung verbleibt, zu dem er gefahrlos aussagen könnte.[1507] Der Zeuge hat nach § 56 S. 1 StPO glaubhaft darzulegen, dass eine Gefahr der Verfolgung vorliegt,[1508] während nicht verlangt werden darf, dass er Angaben zu den Tatsachen macht, die eine Verfolgungsgefahr begründen würden.[1509]

Alle Auskünfte, die der Zeuge getätigt hat, bis er sich auf sein Auskunftsverweigerungsrecht nach § 55 StPO berufen hat, sind verwertbar.[1510] Auch umfassende Auskünfte während einer früheren Vernehmung können uneingeschränkt verwertet werden.[1511]

Im Vergleich zu den anderen Normen, die einen Ausfluss des Nemo-tenetur-Grundsatzes darstellen, ist hierbei hervorzuheben, dass der Anwen-

---

31, wonach es im Ermessen des Gerichts liegt, ob ein Zeuge nach § 55 Abs. 2 StPO zu belehren ist.

1504 Vgl. nur: Bader in: KK-StPO, § 55 Rn. 17; ähnlich auch: Ignor/Bertheau in: Löwe-Rosenberg, StPO Band 2, § 55 Rn. 33, wonach es nicht unzulässig ist, wenn der Zeuge vor der Vernehmung nach § 55 Abs. 2 StPO belehrt wird und ihm dadurch vermittelt wird, dass ihm oder Angehörigen zugetraut wird eine Straftat oder Ordnungswidrigkeit begangen zu haben; Maier in: MüKo StPO Band 1, § 55 Rn. 95.

1505 Vgl. nur: OLG Frankfurt a. M. NJW 1951, 614, 614, wonach ein Zeuge belehrt werden muss, wenn die Gefahr einer strafrechtlichen Verfolgung besteht; Schmitt in: Meyer-Goßner/Schmitt, StPO, § 55 Rn. 14, wonach der Zeuge zu belehren ist, wenn Grund zur Annahme besteht, dass die Voraussetzungen von § 55 Abs. 1 StPO vorliegen; Bader in: KK-StPO, § 55 Rn. 17.

1506 Vgl. nur: BGH BeckRS 2002, 4992 Rn. 7; BGH NJW 2005, 2166, 2166; Maier in: MüKo StPO Band 1, § 55 Rn. 51.

1507 Vgl. nur: BGH BeckRS 2002, 4992 Rn. 8; BGH NJW 2005, 2166, 2167; Ignor/Bertheau in: Löwe-Rosenberg, StPO Band 2, § 55 Rn. 6.

1508 Vgl. nur: BGH StV 1986, 282, 282; Krause in: MAH Strafverteidigung, § 7 Rn. 251; Maier in: MüKo StPO Band 1, § 56 Rn. 9; Bader in: KK-StPO, § 56 Rn. 2.

1509 Vgl. nur: BGH StV 1986, 282, 282; vgl. BGH StV 1987, 328, 328; Krause in: MAH Strafverteidigung, § 7 Rn. 251; Huber in: BeckOK StPO, § 56 Rn. 2.

1510 Maier in: MüKo StPO Band 1, § 55 Rn. 82; Ignor/Bertheau in: Löwe-Rosenberg, StPO Band 2, § 55 Rn. 23.

1511 Vgl. nur: KG BeckRS 2009, 20795; Maier in: MüKo StPO Band 1, § 55 Rn. 87; Gercke in: Gercke/Temming/Zöller, StPO, § 55 Rn. 16.

dungsbereich des § 55 StPO auf Zeugen beschränkt ist. Demgegenüber betreffen alle anderen Vorschriften den Beschuldigten.

(4) Stellungnahme

Der Nemo-tenetur-Grundsatz wird in der StPO nicht ausdrücklich normiert. Allerdings stellen die dargestellten Vorschriften einen Ausfluss des Grundsatzes dar bzw. bewegen sich innerhalb dieser Grenzen. Dabei erstreckt sich der Schutz nicht nur auf Beschuldigte,[1512] sondern nach § 55 StPO auch auf Zeugen, die sich mit der Gefahr konfrontiert sehen, sich oder Angehörige mit ihrer Aussage zu belasten.[1513]

Die Gültigkeit dieses Grundsatzes beschränkt sich jedoch aus Sicht eines Teils der Literatur und Rechtsprechung auf das Verhältnis eines Beschuldigten bzw. eines Zeugen zu den staatlichen Organen, sodass Beziehungen zwischen Privatpersonen nicht erfasst sind.[1514] Aus diesem Grund wird die Anwendbarkeit der StPO auf Mitarbeiterbefragungen im Rahmen von internen Untersuchungen abgelehnt.[1515] Diese Ansicht wird auch in dieser Arbeit vertreten, wenngleich davon keine Fälle umfasst sind, in denen sich der Staat das Verhalten der Privaten zurechnen lassen muss.[1516]

ee) Stellungnahme

Gemäß der vorherigen Betrachtung ist der Nemo-tenetur-Grundsatz ausdrücklich in Art. 14 Abs. 3 lit. g IPbpR[1517] und in der Verfassung des Landes Brandenburg[1518] normiert. Eine Verankerung des Grundsatzes findet sich

1512 Siehe Kapitel 2 B. III. 5. b) dd) (1), (2).

1513 Siehe Kapitel 2 B. III. 5. b) dd) (3).

1514 Vgl. nur: OLG Celle NJW 1985, 640, 641, wonach der Nemo-tenetur-Grundsatz bei einer Auskunft einer Privatperson gegenüber einer privaten Institution als nicht berührt angesehen wurde; so auch: KG BeckRS 1994, 124005, wonach der Grundsatz „*nur im Verhältnis des Beschuldigten zu staatlichen Organen Anwendung finden kann*"; Diemer in: KK-StPO, § 136 Rn. 10; Meyer-Mews JuS 2004, 126, 129.

1515 Vgl. nur: Hauck in: Löwe-Rosenberg, StPO Band 3/1, § 100a Rn. 86, wonach sich die StPO nur auf staatliche Maßnahmen bezieht; Jäger in: HK-GS, § 136 StPO Rn. 2b konkretisiert dies auf § 136 StPO; Momsen ZIS 2011, 508, 514, „*[a]uch für interne Ermittlungen findet die StPO keine Anwendung*"; Greco/Caracas NStZ 2015, 7, 7, wonach keine Bindung an die StPO vorliegt; Kasiske NZWiSt 2014, 262, 263, hält die StPO bei nichtsubstitutiven internen Untersuchungen für nicht anwendbar. Jedoch sei die StPO anzuwenden, wenn die interne Untersuchung seit deren Beginn unter der Einflussnahme von Strafverfolgungsbehörden durchgeführt werde.

1516 Siehe sogleich.

1517 Siehe Kapitel 2 B. III. 5. b) aa) (3).

1518 Siehe Kapitel 2 B. III. 5. b) dd).

allerdings sowohl im Völkerrecht[1519], in der Europäischen Grundrechtecharta[1520] und im Verfassungsrecht[1521], wenngleich dieser dort nicht wörtlich zu finden ist. Allerdings lässt sich der Grundsatz aus der Menschenwürde[1522], dem allgemeinen Persönlichkeitsrecht[1523] sowie – wenn auch nicht ausschließlich – aus dem Rechtsstaatsprinzip[1524] ableiten. Darüber hinaus stellen einzelne Normen der StPO einen Ausfluss dieses Grundsatzes dar.[1525]

Aufgrund seines Verfassungsrangs ist der Grundsatz allerdings nicht auf das Straf- bzw. Strafprozessrecht beschränkt.[1526] Stattdessen entfalten grundrechtliche Bestimmungen als objektive Wertordnung ihre Wirkung auf alle Bereiche des Rechts.[1527] Der Nemo-tenetur-Grundsatz strahlt daher auch auf das Privatrecht aus,[1528] weshalb die dortigen Regelungen in ihrer Auslegung und Anwendung im Einklang mit dem objektiven Gehalt der Grundrechte stehen müssen.[1529] Dies gilt insbesondere für unbestimmte Rechtsbegriffe wie den allgemeinen Auskunftsanspruch, der aus § 242 BGB (‚Treu und Glaube') abgeleitet wird.[1530]

Auf Basis der mittelbaren Drittwirkung kann der Nemo-tenetur-Grundsatz daher auch grundsätzlich bei der Auskunftspflicht im arbeitsrechtlichen Kontext Beachtung finden.

c) *Meinungsstand der Rechtsprechung zur Selbstbelastungsfreiheit oder -pflicht*

Eine Auskunftspflicht in privaten Rechtsverhältnissen war bereits Gegenstand einiger gerichtlicher Entscheidungen. Nachfolgend werden ausgewählte Entscheidungen des BVerfG sowie des BGH und weiterer Instanzgerichte dargestellt – wenngleich die Sachverhalte nicht ausschließlich Arbeitnehmer betrafen – ehe Entscheidungen von Arbeitsgerichten beleuchtet werden.

1519 Siehe Kapitel 2 B. III. 5. b) aa).
1520 Siehe Kapitel 2 B. III. 5. b) bb).
1521 Siehe Kapitel 2 B. III. 5. b) cc).
1522 Siehe Kapitel 2 B. III. 5. b) cc) (1).
1523 Siehe Kapitel 2 B. III. 5. b) cc) (2).
1524 Siehe Kapitel 2 B. III. 5. b) cc) (3).
1525 Siehe Kapitel 2 B. III. 5. b) dd).
1526 Knauer/Buhlmann AnwBl 2010, 387, 389; Momsen ZIS 2011, 508, 513.
1527 BVerfG NJW 1958, 257, 257 1. LS.; Kocak, Selbstbelastungspflichten bei Mitarbeiterbefragungen, S. 109.
1528 Kocak, Selbstbelastungspflichten bei Mitarbeiterbefragungen, S. 109; ähnlich: Barczak JuS 2021, 1, 2; grundsätzlich zur Ausstrahlungswirkung von Grundrechten vgl.: Sachs/Mann in: Sachs, GG, Vor Art. 1 Rn. 32.
1529 Kocak, Selbstbelastungspflichten bei Mitarbeiterbefragungen, S. 109, siehe auch Kapitel 2 B. III. 5. b) cc) (5).
1530 Siehe Kapitel 2 B. III. 5. b) cc) (5).

aa) BVerfG – ‚Gemeinschuldnerbeschluss'

Im Jahr 1981 hat das BVerfG in seinem bis heute vielfach beachteten Gemeinschuldnerbeschluss die Anwendung des Nemo-tenetur-Grundsatzes berücksichtigt. Wenngleich der Beschluss die Selbstbelastungspflicht von Arbeitnehmern nicht unmittelbar betrifft, ist er in der vorliegenden Arbeit zum Gesamtverständnis essenziell, auch weil die Literatur in Zusammenhang mit der Selbstbelastungspflicht von Arbeitnehmern bei internen Untersuchungen regelmäßig Bezug auf diese Entscheidung nimmt.[1531]

Gegenstand des Beschlusses war die Verfassungsbeschwerde eines in Konkurs geratenen Kaufmanns, der in seiner Vernehmung vor dem Konkursgericht die Aussage mit Verweis auf ein gegen ihn anhängiges Ermittlungsverfahren wegen Verdachts eines Konkursvergehens verweigerte, weil er sich möglicherweise selbst einer Straftat bezichtigen müsste. Um Antworten des Kaufmanns zu erzwingen, ordnete das Konkursgericht Beugehaft an. Seine sich dagegen wendende Verfassungsbeschwerde wies das BVerfG mit der Begründung zurück, dass verschiedene Vorkehrungen innerhalb der geltenden Rechtsordnung einen Schutz vorsähen, um einen unzumutbaren Eingriff sowie eine Beeinträchtigung zu verhindern. Der Schutz vor Zwang, sich mit seinen Aussagen oder anderweitigen Handlungen selbst einer strafbaren Handlung zu belasten, stellt nach Ansicht des BVerfG jedoch kein ausnahmsloses Gebot dar. Indes sind dem Gericht zufolge die Rolle der aussagenden Person sowie der Zweck ihrer Auskunft zu berücksichtigen. Art und Umfang des Schutzes nach Art. 2 Abs. 1 GG hängen demnach auch davon ab, ob und inwiefern die auskunftsbegehrende Person auf die Information angewiesen ist und ob die Auskunft aus einem Pflichtenkreis resultiert, den der potenziell Auskunftsbegebende durch eigene Willensentscheidung übernommen hat.[1532] Im vorliegenden Fall waren ebenfalls die Interessen geschädigter Gläubiger tangiert, weshalb der Gemeinschuldner nur mittels einer uneingeschränkten Auskunftspflicht daran gehindert werden konnte, Bestandteile der Konkursmasse dem Zugriff der Gläubiger zu entziehen. Billigte man ihm ein Auskunftsverweigerungsrecht zu, wäre der Gemeinschuldner im Vergleich zu den Gläubigern und zu deren Nachteil ungerechtfertigt bevorzugt. Nach Auffassung des BVerfG stellt der vom Gesetzgeber ausgeübte Zwang keine Verletzung der Menschenwürde dar. Indes bejahte das BVerfG einen Eingriff in das nach Art. 2 Abs. 1 GG geschützte allgemeine Persönlichkeitsrecht des Gemeinschuldners. In dieses Grundrecht wird unverhältnismäßig eingegriffen, wenn die unter Zwang herbeigeführte Auskunft in einem Strafverfahren gegen den Willen und zum Nachteil der aussagenden Person verwertet wird. Daher ist die Auskunftspflicht des Ge-

---

1531 Siehe Kapitel 2 C. I. 2. c) bb)–cc).

1532 BVerfG NJW 1981, 1431, 1431.

meinschuldners um ein strafrechtliches Verwertungsverbot zu ergänzen. Das Schweigerecht im Strafverfahren stellt andernfalls eine Illusion dar.[1533]

Die Schließung dieser Regelungslücke durch die Einführung eines Verwertungsverbots obliegt nach dem BVerfG grundsätzlich dem Gesetzgeber. Allerdings ist es gleichwohl die Aufgabe von Richtern, Gesetzeslücken in enger Anlehnung an geltendes Recht und verfassungsrechtliche Vorgaben bis zur Neuregelung zu schließen. Dies gilt insbesondere bei Regelungen, die *„aus vorkonstitutioneller Zeit überkommen[...] [wurden und] aus verfassungsrechtlichen Gründen als ergänzungsbedürftig[...]“*[1534] angesehen werden. Die Konkursordnung steht aus Sicht der Richter einer Ergänzung der Auskunftspflicht um ein Verwertungsverbot in Anlehnung an die in § 136a StPO sowie § 393 Abs. 2 AO enthaltenen Verwertungsverbote nicht entgegen.[1535]

Die bereits damals in § 100 der Konkursordnung (kurz: KO)[1536] vorgesehene Auskunftspflicht eines Gemeinschuldners hat der Gesetzgeber um ein Beweisverwendungsverbot in § 97 Abs. 1 S. 3 InsO ergänzt. Demnach darf die Auskunft des Schuldners nur mit dessen Zustimmung in einem straf- oder ordnungswidrigkeitsrechtlichen Verfahren ‚verwendet‘ werden.[1537]

In seinem Gemeinschuldnerbeschluss führte das BVerfG weiter aus, dass der Schutz gegen eine Selbstbezichtigung nicht allein in strafrechtlichen und damit vergleichbaren Verfahren gilt, sondern ebenso in Zivilprozessen und den damit verbundenen Verfahren anzuwenden ist, in denen der Zwang, eine begangene Straftat oder eine *„zur Unehre gereichende Tatsache“*[1538] zu offenbaren, die Grenze der Wahrheitspflicht darstellt.[1539] Diesen Schutz bejahte das BVerfG nicht nur für Beschuldigte und Prozessparteien, sondern ebenso für Zeugen[1540], die als *„Verfahrensbeteiligte[...] [nicht] als bloßes Objekt der Wahrheitsermittlung verwendet“*[1541] werden sollten.

1533 BVerfG NJW 1981, 1431, 1433.
1534 BVerfG NJW 1981, 1431, 1433.
1535 BVerfG NJW 1981, 1431, 1433.
1536 § 100 KO a.F.: *„Der Gemeinschuldner ist verpflichtet, dem Verwalter, dem Gläubigerausschusse und auf Anordnung des Gerichts der Gläubigerversammlung über alle das Verfahren betreffenden Verhältnisse Auskunft zu geben.“*
1537 Siehe zur Prüfung der Anwendbarkeit eines Beweisverwertungsverbots nach § 97 Abs. 1 S. 3 InsO bei Mitarbeiterbefragungen Kapitel 2 C. 2. c).
1538 BVerfG NJW 1981, 1431, 1431.
1539 BVerfG NJW 1981, 1431, 1431.
1540 BVerfG NJW 1981, 1431, 1431 f.
1541 BVerfG NJW 1981, 1431, 1432.

bb) BGH – ‚Architektenfall'

Der BGH hatte im Jahr 1964 über einen Sachverhalt zu entscheiden, in dem ein Architekt mit der Planung sowie der Leitung eines Neubaus auf dem Grundstück des Klägers beauftragt wurde. Der Architekt war dabei auch für die Ausschreibung und Vergabe von Gewerken zuständig und hat darüber hinaus die Schlussrechnung angefertigt. Die Rechnungen von zwei Gewerken enthielten einen Aufschlag von 10% bzw. 15%. Nach der Begleichung der Rechnungen durch den Kläger wurde ohne dessen Kenntnis der Aufschlag von den Gewerken an den Architekten bezahlt. Der Kläger verlangte von dem Architekten Auskunft, da er davon ausging, dass solche Absprachen auch mit anderen Gewerken getroffen wurden. Der BGH hat eine Auskunftspflicht nach §666 BGB angenommen. Nach Ansicht des BGH ist dies insbesondere von besonderer Bedeutung, wenn der Beauftragte eine ihm obliegende Pflicht verletzt hat. Der BGH erkennt in Art. 1, 2 und 20[1542] GG keinen übergeordneten Rechtssatz, der besagt, dass unter keinen Umständen Zwang zur Selbstbezichtigung einer Straftat auf eine Person ausgeübt werden darf.[1543] Stattdessen führte der BGH im Rahmen einer Gegenüberstellung der widerstreitenden Interessen aus, dass derjenige, der *„ein fremdes Rechtsgut verletzt, [...] grundsätzlich dafür einzustehen und für die Wiedergutmachung zu sorgen [hat]."*[1544] Dies ist auch dann anzunehmen, wenn sich der Schädiger selbst einer begangenen Straftat bezichtigen muss. Ausnahmen bestünden nur in Fällen, in denen das Gesetz ausdrücklich eine Selbstbelastungsfreiheit anerkennt. Es steht jedoch nicht mit dem Rechtsstaatlichkeitsgedanken in *„Widerspruch, wenn in einem solchen Falle die Belange des Geschädigten höher bewertet werden als die des Schädigers."*[1545]

cc) OLG Karlsruhe – Verwertungsverbot für Arbeitgeberanhörung

Das OLG Karlsruhe hatte zu entscheiden, wie weit die Pflicht eines Arbeitnehmers reicht, den Arbeitgeber bei Störungen und Schäden zu informieren. Eine Mitarbeiterin soll im Betrieb ihres Arbeitgebers eine Chemikalie in einen Chromsäurebadbehälter gegossen haben, um dessen Inhalt unbrauchbar zu machen und die Leiterplattenproduktion für einige Tage auszusetzen. Durch die Zugabe der Chemikalie wurde eine chemische Reaktion hervorgerufen, die zu einem Sachschaden in Höhe von etwa 30.000 DM führte. Die Produktion wurde zudem für sechs Wochen stillgelegt, woraus ein weiterer Schaden in einer Höhe von ca. 700.000 DM resultierte. Auf den Sach-

1542 BVerfG NJW 1963, 1195, 1195; BGH NJW 1964, 1469, 1471.
1543 BGH NJW 1964, 1469, 1471.
1544 BGH NJW 1964, 1469, 1471.
1545 BGH NJW 1964, 1469, 1471.

verhalt und konkret auf die Beigabe der Chemikalie vom Arbeitgeber angesprochen, wurde die Mitarbeiterin „*weiß und mußte sich setzen.*"[1546] Aus der Tatsache, dass die Mitarbeiterin die Frage nach ihrer Verantwortlichkeit unbeantwortet ließ, leitete die Strafkammer einen Hinweis auf ihre Schuld ab.[1547]

Das OLG Karlsruhe hat eine Pflicht des Arbeitnehmers zur Information des Arbeitgebers angenommen, solange die Schäden dem Arbeitgeber noch nicht bekannt sind. Soweit möglich, habe der Arbeitnehmer drohende Schäden zu verhindern und dem Arbeitgeber unverzüglich mitzuteilen.[1548] Allerdings sieht das OLG keine Pflicht der Arbeitnehmerin, Schäden anzuzeigen, die sie selbst verursacht hat. Folglich müsse sie Fragen hierzu nicht beantworten. Hinsichtlich der Verwertbarkeit von Auskünften eines Arbeitnehmers gegenüber seinem Arbeitgeber folgte das OLG der o. g. Gemeinschuldnerentscheidung des BVerfG nicht. Während der Gemeinschuldner zur Auskunft gezwungen werden dürfe, stehe es der Arbeitnehmerin im Fall des OLG mangels gesetzlicher Auskunftspflichten frei, sich gegenüber ihrem Arbeitgeber aufgrund eines Schadens zu äußern oder nicht. Wenn jemand diese Freiheit genießt, muss der Betreffende nach Ansicht des Gerichts „*auch die Verantwortung für das gesprochene Wort tragen; dazu gehört auch, daß es – auch in einem Strafverfahren – gegen ihn verwendet werden darf*"[1549]. Gleiches gilt, wenn geschwiegen wird. Wer die Möglichkeit hat zu reden, sich aber entschließt zu schweigen, muss es „*sich gefallen lassen, daß aus seinem Schweigen in Verbindung mit seinem Gesamtverhalten auch ihm nachteilige Schlüsse gezogen werden können*".[1550] Eine Ausnahme wird im Strafverfahren lediglich für Beschuldigte angenommen. Das Schweigen kann dabei nicht frei verwertet werden, da andernfalls das aus dem Fair-Trial-Grundsatz abgeleitete Recht eines Beschuldigten, sich durch das gesprochene Wort oder schweigend zu verteidigen, ausgehöhlt wird.[1551] Eine Ausweitung dieses Grundsatzes auf außerstrafprozessuale Situationen ist aus Sicht des OLG jedoch nicht möglich, da dies andernfalls „*dem staatlichen Interesse an der Verfolgung und Aufklärung von Straftaten zuwiderlaufen[...] würde und nach strafverfahrensrechtlichen Grundsätzen [eine] nicht erforderliche Ausdehnung des Schweigerechts des Beschuldigten dar-*

1546 OLG Karlsruhe NStZ 1989, 287, 287.
1547 OLG Karlsruhe NStZ 1989, 287, 287.
1548 OLG Karlsruhe NStZ 1989, 287, 287.
1549 OLG Karlsruhe NStZ 1989, 287, 287.
1550 OLG Karlsruhe NStZ 1989, 287, 287.
1551 OLG Karlsruhe NStZ 1989, 287, 287; zum Schweigen eines Beschuldigten, aus dem keine nachteiligen Schlüssige gezogen werden dürfen auch: Schmitt in: Meyer-Goßner/Schmitt, StPO, § 261 Rn. 16, 18; Bartel in: MüKo StPO Band 2, § 261 Rn. 202; Tiemann in: KK-StPO, § 261 Rn. 158.

stellen [würde], die auch durch den fair-trial-Grundsatz nicht gerechtfertigt wäre.“[1552]

Das OLG Karlsruhe hielt ein Schweigerecht aufgrund fehlender gesetzlicher Auskunftspflichten bei dem Arbeitnehmer für anwendbar. Ein Beweisverwertungsverbot insbesondere unter Berücksichtigung des Gemeinschuldnerbeschlusses wurde in der Folge ausgeschlossen. Die Situationen des auskunftspflichtigen Schuldners und des schweigenden Arbeitnehmers sind überdies nicht vergleichbar, denn vom Arbeitnehmer wurden gerade keine Angaben gemacht, die Eingang in einem Strafverfahren hätten finden können.[1553] Nach den Ausführungen zur Auskunftspflicht verdächtigter Arbeitnehmer geht das OLG Karlsruhe nach der hier vertretenen Ansicht indes unzutreffend davon aus, dass es an einer gesetzlichen Auskunftspflicht fehlte.[1554]

dd) LG Hamburg – Beschlagnahme von Interviewprotokollen aus internen Untersuchungen – HSH Nordbank

Der vom LG Hamburg gefasste Beschluss behandelte eine interne Untersuchung bei der HSH Nordbank, die von einer beauftragten Anwaltssozietät durchgeführt wurde. Bestandteil der internen Untersuchung waren Mitarbeiterbefragungen und die Einholung von schriftlichen Stellungnahmen unter einer Vertraulichkeitszusage. Die interne Untersuchung wurde mit einem Rechtsgutachten abgeschlossen, das der Staatsanwaltschaft Hamburg übermittelt wurde. Diese forderte zudem die Protokolle der Mitarbeiterbefragungen sowie die zugehörigen handschriftlichen Aufzeichnungen an, was die Anwaltssozietät unter Hinweis auf die Zusage der Vertraulichkeit ablehnte. Das AG Hamburg ordnete auf Antrag der Staatsanwaltschaft die Beschlagnahme der Unterlagen an.[1555]

In seiner Entscheidung führte das LG Hamburg aus, dass der Nemo-tenetur-Grundsatz bei Konfliktsituationen eines befragten Arbeitnehmers bei einer Auskunftspflicht gegenüber dem Arbeitgeber und einem daraus abgeleiteten Verwertungsverbot unter der Anwendung von § 97 Abs. 1 S. 3 InsO „*eher fernliegend erscheint*“[1556].[1557] Zudem komme es „*nicht entscheidend darauf an, dass auch der Einhaltung arbeitsvertraglicher Pflichten für den Betroffenen durchaus erhebliche, mitunter existenzielle Bedeutung zukom-*

1552 OLG Karlsruhe NStZ 1989, 287, 288.
1553 Rogall NStZ 1989, 287, 288.
1554 Siehe Kapitel 2 B. III. 4. b) aa) und bb); so auch: Stegbauer in: Parigger/Helm/Stevens-Bartol, Arbeits- und Sozialstrafrecht, § 136a StPO Rn. 22.
1555 LG Hamburg NJW 2011, 942, 942.
1556 LG Hamburg NJW 2011, 942, 944.
1557 LG Hamburg NJW 2011, 942, 944.

men kann, sondern vielmehr darauf, dass die entstehende Konfliktlage in diesen Fällen nicht von einer im Widerspruch zum Nemo-tenetur-Grundsatz stehenden gesetzlichen Auskunftsverpflichtung, sondern von einer vom Betroffenen freiwillig eingegangenen vertraglichen Verpflichtung zur möglichen Selbstbelastung ausgeht."[1558]

Stimmen der Literatur[1559] äußern sich zu Recht kritisch zum Beschluss und führen an, dass die Freiwilligkeit, mit der ein Arbeitsverhältnis eingegangen wird, nicht mit einer Verpflichtung vergleichbar ist, mit der auf die Selbstbelastungsfreiheit verzichtet wird. Unter Berücksichtigung von Art. 12 Abs. 1 S. 1 GG, dem Recht auf freie Wahl von Beruf, Arbeitsplatz und Ausbildungsstätte, sowie nach Art. 2 GG, dem Recht auf freie Persönlichkeitsentfaltung, erscheint die Argumentation des LG Hamburg aus Sicht der Literatur und auch nach der hier vertretenen Ansicht fraglich. Denn der Wesensgehalt dieser Grundrechte ist berührt, wenn von Personen verlangt wird, keine Arbeitsverhältnisse mehr einzugehen, um einer etwaigen Selbstbezichtigung vorzubeugen.[1560]

ee) BAG – Außerordentliche Kündigung wegen vermeintlicher Nebenpflichtverletzung

Das BAG urteilte im Jahr 2008 über die Selbstbelastungspflicht einer Redakteurin, die im Verdacht stand, eine Straftat außerhalb des dienstlichen Bereichs begangen zu haben. Aufgrund des Straftatverdachts und ihrer Stellung als Tendenzträgerin[1561] kündigte ihr Arbeitgeber das Arbeitsverhältnis.[1562] Gemäß BAG geht mit dieser Stellung eine gesteigerte Rücksichtnahmepflicht einher, sodass die Redakteurin verpflichtet sei, „*sowohl bei [...] [ihrer] Arbeitsleistung als auch im außerbetrieblichen Bereich nicht gegen die Tendenz, d. h. die grundsätzlichen Zielsetzungen des Unternehmens, zu verstoßen*"[1563].[1564] Aus Sicht des BAG konnte sich die Redakteurin an der Aufklärung aktiv beteiligen oder schweigen,[1565] wobei sie sich nicht selbst

1558 LG Hamburg NJW 2011, 942, 944.
1559 Vgl. nur: Roxin StV 2012, 116, 120; Fritz CCZ 2011, 156, 160; Eufinger BB 2023, 1010, 1014.
1560 Roxin StV 2012, 116, 120.
1561 BAG NJW 2009, 1897, 1899 Rn. 34, 35.
1562 BAG NJW 2009, 1897, 1897.
1563 BAG NJW 2009, 1897, 1899 Rn. 35.
1564 Vgl. nur: BAG NZA 2004, 501, 506; BAG NJW 2009, 1897, 1899 Rn. 35; Polzer/Powietzka NZA 2000, 970, 973.
1565 Zum Recht zu Schweigen: BAG NJW 2009, 1897, 1898 Rn. 32; Fischer BB 2003, 522, 524; ähnlich auch: Hoefs, Verdachtskündigung, S. 207.

belasten musste.[1566] Sie konnte nicht von ihrem Arbeitgeber zur Übergabe von Tatsachenmaterial gezwungen werden, „*um dessen Kündigung ‚schlüssig' zu machen*"[1567]. Die unterlassene Mitwirkung führt aus Sicht des BAG nicht zur Verletzung einer arbeitsvertraglichen Nebenpflicht durch die Redakteurin. Gleichzeitig sei der Arbeitgeber nicht schutzlos gewesen, wenn er die Vorwürfe mit eigenen Mitteln nicht selbst aufklären konnte. Dies gilt dem Gericht zufolge insbesondere dann, wenn Bereiche außerhalb des Arbeitsverhältnisses betroffen sind. Über § 475 StPO kann er Auskünfte aus dem laufenden Strafverfahren erlangen, wenn er ein berechtigtes Interesse hat.[1568]

Die Erläuterungen des BAG beziehen sich folglich zwar auf einen Straftatverdacht außerhalb des Arbeitsverhältnisses, jedoch beschränken sie sich nicht auf das außerdienstliche Verhalten.[1569] In der Urteilsbegründung wird dargelegt, dass Vorwürfe gegen einen Arbeitnehmer relevant sind, die „*Auswirkungen auf das Arbeitsverhältnis haben*"[1570] können. Auswirkungen können dabei sowohl das inner- als auch das außerbetriebliche Verhalten eines Arbeitnehmers haben.[1571] Zwar wird der Nemo-tenetur-Grundsatz im Urteil nicht explizit genannt, nichtsdestotrotz ist die Rechtsauffassung, sich nicht selbst belasten und sich nicht auf die arbeitgeberseitigen Vorwürfe einlassen zu müssen[1572], Ausdruck und Verwirklichung dieses Grundsatzes.[1573]

Eine Stimme der Literatur folgt der Auffassung des BAG in diesem Fall grundsätzlich, sieht diese jedoch als zu weitgehend an. Dieser ist zuzustimmen, dass das BAG das berechtigte Interesse des Arbeitgebers verkennt, das hier im Vergleich zum arbeitnehmerseitigen Interesse zweitrangig erscheint. Daneben ist ungeklärt, ob die Ansicht des BAG auch dann Bestand hätte, wenn in einem solchen Fall die Hauptleistungspflichten des Arbeitnehmers betroffen wären. Daher ist fraglich, ob das Urteil verallgemeinert werden kann.[1574]

1566 Vgl. nur: BAG NJW 2009, 1897, 1898 Rn. 32; Ebeling, Die Kündigung wegen Verdachts, S. 173 f.; im Ergebnis so auch: Hoefs, Verdachtskündigung, S. 207.

1567 BAG NJW 2009, 1897, 1898 Rn. 32 mit Verweis auf: Ebeling, Die Kündigung wegen Verdachts, S. 174; im Ergebnis ebenso: Hoefs, Verdachtskündigung, S. 207.

1568 BAG NJW 2009, 1897, 1898 Rn. 32.

1569 BAG NJW 2009, 1897, 1899 Rn. 35; Grützner in: Momsen/Grützner, Wirtschafts- und Steuerstrafrecht, § 16 Rn. 435.

1570 BAG NJW 2009, 1897, 1898 Rn. 32.

1571 Tödtmann/von Erdmann NZA 2020, 1577, 1579.

1572 BAG NJW 2009, 1897, 1898 Rn. 32.

1573 Eufinger BB 2023, 1010, 1011; vgl. auch Tödtmann/von Erdmann NZA 2020, 1577, 1579, wonach das BAG ausgedrückt hat, dass der Nemo-tenetur-Grundsatz im Arbeitsverhältnis anzuwenden ist.

1574 Grützner in: Momsen/Grützner, Wirtschafts- und Steuerstrafrecht, § 16 Rn. 435.

ff) LAG Hamm – Selbstbelastungspflicht eines (ehemaligen) Arbeitnehmers

Wenngleich das BAG im zuvor dargestellten Fall der Redakteurin eine Selbstbelastungsfreiheit angenommen hat, vertraten andere Gerichte in den vergangenen Jahren abweichende Rechtsauffassungen. So führte das LAG Hamm in einem Urteil aus dem Jahr 2009 an, dass ein Arbeitnehmer bei einem Verstoß gegen das Wettbewerbsrecht nach § 60 HGB aus § 242 BGB zur selbstbelastenden Auskunft verpflichtet ist. Die Auskunftspflicht umfasst dabei auch wettbewerbswidriges Verhalten, wodurch sich der Arbeitnehmer in einem Ermittlungsverfahren der Staatsanwaltschaft selbst belasten würde.[1575] Weiter legte das LAG Hamm dar, dass nach der Rechtsprechung des BVerfG[1576] Beschuldigten, Prozessbeteiligten und Zeugen im Falle einer Selbstbelastung ein Schweige- bzw. Aussageverweigerungsrecht zugesprochen wird. Personen, die aus rechtsgeschäftlichen oder rechtlichen Gründen verpflichtet sind, müssten allerdings Auskünfte erteilen. Hierbei konfligiert das Informationsinteresse des Arbeitgebers mit dem Interesse des Arbeitnehmers, sich nicht belasten zu müssen. In solchen Konstellationen verfügt der Auskunftspflichtige über Informationen, ohne deren Weitergabe der Auskunftsberechtigte erheblich benachteiligt wäre oder seinen Aufgaben nicht adäquat nachgehen könnte. Ist ein Zwang zur Selbstbelastung vertretbar, hat eine Weiterleitung der selbstbelastenden Auskünfte an die Strafverfolgungsbehörden und damit eine Verwertung der Auskünfte gegen die Auskunftsperson zu unterbleiben.[1577] Nach der Rechtsprechung zu § 666 BGB wird eine Auskunftspflicht auch dann vorgesehen, wenn sich der Auskunftspflichtige damit selbst einer strafbaren Handlung bezichtigen müsste. Das Auskunftsrecht ist nach Ansicht des Gerichts insbesondere dann von Bedeutung, wenn der Auftragnehmer einen Verstoß begangen hat, der eine ihm obliegende Pflicht betrifft, und der Auftraggeber dadurch vorsätzlich treuwidrig geschädigt wurde.[1578]

gg) ArbG Saarlouis – Auskunftspflicht eines Arbeitnehmers

Die gleiche Ansicht wie das LAG Hamm vertrat das ArbG Saarlouis in einem Teilurteil aus dem Jahr 1983. In diesem war ein Arbeitnehmer gegenüber seinem Arbeitgeber zur Auskunft über den Umfang der von ihm ge-

---

1575 LAG Hamm BeckRS 2009, 74015.

1576 BVerfG NJW 1981, 1431, 1431 f.

1577 LAG Hamm BeckRS 2009, 74015 mit Verweis auf die Rechtsprechung des BVerfG, vgl. nur: BVerfG NJW 1981, 1431, 1432; BVerfG NJW 2005, 352, 352; BVerfG BeckRS 2008, 35240 Rn. 3.

1578 LAG Hamm BeckRS 2009, 74015 mit Verweis auf: BGH NJW 1964, 1469, 1470; BGH NJW 1990, 510, 511.

stohlenen und weiterveräußerten Waren verpflichtet.[1579] Dabei führte das Arbeitsgericht aus, dass das Recht aus Art. 2 Abs. 1 GG und Art. 1 Abs. 1 GG, sich selbst nicht belasten zu müssen, seine Grenzen findet, wenn der Geschädigte daran gehindert wird, seine Ansprüche geltend zu machen.[1580] Jedoch sah das Arbeitsgericht die Grundrechte der aussagenden Person als gewahrt an, wenn die Auskünfte in einem Strafverfahren nicht verwertet werden dürfen.[1581]

Das Auskunftsinteresse des Arbeitgebers und der Schutz des Arbeitnehmers wurden hierbei hinreichend berücksichtigt. Die Verwirklichung des Grundrechtsschutzes des betroffenen Arbeitnehmers erscheint im Zusammenhang mit dem arbeitsgerichtlichen Urteil, das in einem etwaigen strafrechtlichen Ermittlungsverfahren keine präjudizierende Wirkung entfalten würde, jedoch fraglich. Dies betrifft auch den Umstand, inwieweit sich die Vorgaben eines Arbeitsgerichts gegenüber den Strafverfolgungsbehörden auswirken.[1582]

hh) Stellungnahme

In den dargestellten Entscheidungen haben die Gerichte – mit Ausnahme des OLG Karlsruhe[1583] und des BAG[1584] – eine Pflicht zur Selbstbelastung anerkannt.[1585] Wenngleich das LG Hamburg eine solche Pflicht ebenfalls vorsieht, schließt es sich bei seiner Begründung nicht dem BVerfG und dem BGH an, sondern stützt die Auskunftspflicht auf das freiwillig eingegangene Arbeitsverhältnis. Diese Begründung wurde in der Literatur – wie zuvor dargestellt – zu Recht vielfach kritisiert.[1586]

Die widerstreitenden Interessen wurden in Teilen der Entscheidungen in unterschiedlicher Intensität abgewogen, wobei in diesen Fällen die Interessen des Arbeitgebers die des Arbeitnehmers bzw. die Interessen der Gläubiger die des Gemeinschuldners überwogen haben. In dem Urteil des BAG[1537], das zugunsten des Arbeitnehmers ausgefallen ist, indem eine Selbstbelastungsfreiheit angenommen wurde, wurde die Interessenabwägung jedoch

1579 ArbG Saarlouis BeckRS 2011, 69046 Rn. 21.
1580 So auch bereits: BVerfG NJW 1981, 1431, 1432; ArbG Saarlouis BeckRS 2011, 69046 Rn. 24.
1581 So auch bereits: BVerfG NJW 1981, 1431, 1433; ArbG Saarlouis BeckRS 2011, 69046 Rn. 26.
1582 Eufinger BB 2023, 1010, 1012.
1583 Siehe Kapitel 2 B. III. 5. c) cc).
1584 Siehe Kapitel 2 B. III. 5. c) ee).
1585 So etwa Kapitel 2 B. III. 5. aa), bb), dd), ff) gg).
1586 Siehe Kapitel 2 B. III. 5. c) dd).
1587 Siehe Kapitel 2 B. III. 5. c) ee).

dahingehend kritisiert, dass bei der Entscheidung das berechtigte Interesse des Arbeitgebers verkannt wurde.

Zur Wahrung der Grundrechte der auskunftspflichtigen Person wurden nicht nur die Interessen im Rahmen einer Abwägung berücksichtigt. Vielmehr wurde vom BVerfG sowie vom ArbG Saarlouis die Notwendigkeit eines Beweisverwertungsverbotes anerkannt.[1588]

Die gerichtlichen Entscheidungen lassen bereits einen Rückschluss auf die Möglichkeiten zu, um den Nemo-tenetur-Grundsatz entsprechend zu wahren. Während dieser besagt, dass *„niemand verpflichtet ist, zu seiner eigenen Überführung beizutragen, insbesondere sich selbst zu belasten“*[1589], kann der Grundsatz in einem ersten Schritt über eine Selbstbelastungsfreiheit berücksichtigt werden (erste Schutzalternative). Wird eine Selbstbelastungspflicht angenommen, kann der Grundsatz dennoch gewahrt bleiben, indem die selbstbelastenden Aussagen aufgrund des Verwertungsverbots nicht zur eigenen Überführung der Arbeitnehmer beitragen dürfen (zweite Schutzalternative).

d) Meinungsstand in der Literatur zur Selbstbelastungsfreiheit oder -pflicht des Arbeitnehmers

Die Selbstbelastungspflicht von Arbeitnehmern wird in der Literatur unterschiedlich beurteilt. Analog zur Ansicht des LG Hamburg wird die Freiwilligkeit, mit der das Arbeitsverhältnis eingegangen wurde, auch in der Literatur[1590] zum Teil für die Beurteilung der Selbstbelastungspflicht eines Arbeitnehmers herangezogen, da der Arbeitnehmer annehmen dürfe, dass mit dem Arbeitsverhältnis eine Pflicht zur Auskunft verbunden sei. Diese Argumentation wurde bereits an anderer Stelle entkräftet,[1591] weshalb eine Selbstbelastungspflicht auf Basis des freiwillig eingegangenen Arbeitsverhältnisses ausscheidet.

Daneben existiert eine Ansicht, wonach eine Auskunftspflicht bei einer Selbstbelastung eines verdächtigten Arbeitnehmers strikt abzulehnen ist.[1592] Was bei dieser Ansicht jedoch verkannt wird, ist, dass ein verdächtigter

---

1588 Siehe Kapitel 2 B. III. 5. aa), gg).

1589 BGH NJW 2007, 3138, 3139.

1590 Henssler NZA-Beilage 2018, 31, 37, wonach sich der Arbeitgeber durch Abschluss des Arbeitsvertrags in die Situation begeben habe, in der er zur Aussage verpflichtet sei; Grimm NZA 2019, 1534, 1535, der das Arbeitsverhältnis als vom Arbeitnehmer freiwillig eingegangen erachtet und daraus resultierend eine Aussagepflicht annimmt.

1591 Siehe Kapitel 2 B. III. 5. c) dd).

1592 Rudkowski NZA 2011, 612, 613, wonach der Arbeitnehmer ein Schweigerecht hat, wenn er sich selbst belasten muss.

Mitarbeiter über Täterwissen verfügen kann, das für den Arbeitgeber von erheblicher Relevanz ist. Dabei muss das vorrangige Ziel nicht darin bestehen, dass der Sachverhalt vollständig aufgeklärt wird, um gegen den Arbeitnehmer arbeitsrechtliche Konsequenzen einzuleiten und Schadensersatzforderungen geltend zu machen. Stattdessen können Sachverhalte so gelagert sein, dass Dritte, wie Verbraucher, von dem Fehlverhalten betroffen sind. Ein gravierendes Beispiel für die Auswirkungen eines zugestandenen Auskunftsverweigerungsrechts zum Schutz vor einer Selbstbelastung hat ein Autor[1593] dargelegt. Dabei ging es um ein Unternehmen, das Flugzeuge veräußert, die aufgrund eines potenziell schuldhaften Verhaltens der Produktionsmitarbeiter gesundheitsgefährdende Mängel aufweisen. Die Feststellung dieser Mängel würde zu einem Rückruf sowie zu einer Stilllegung der in Verkehr gebrachten Flugzeuge führen. Für den Fortbestand des Unternehmens wäre es essenziell, die Mängel unverzüglich zu beseitigen. Die Mitarbeiter der Produktion wären Wissensträger, deren Auskunft das Unternehmen begehrt, obgleich die Arbeitnehmer dadurch selbst strafrechtlich belangt werden könnten. Mit einem Auskunftsverweigerungsrecht würden jedoch die Interessen des Unternehmens sowie der Share- und Stakeholder – wobei die Täter Ausnahmen darstellen – nicht hinreichend berücksichtigt.[1594] Anhand dieses Beispiels wird deutlich, dass in einzelnen Situationen aufgrund der Notwendigkeit eines zeitnahen Einschreitens keine anderen Maßnahmen als die Befragung des Täters als gleichwertig erfolgversprechend erscheinen, um schnellstmöglich an die relevanten Informationen zu gelangen. Ein weiteres Beispiel stellen Kartellrechtsverstöße dar, bei denen ein Unternehmen ein erhebliches Interesse an einer schnellen unternehmensinternen Aufklärung des Sachverhalts hat, um im Anschluss bei den Behörden den Kronzeugenstatus zu erwirken.

Anstelle einer pauschalen Zustimmung oder Ablehnung wird in der Literatur im Hinblick auf die Selbstbelastungspflicht eines Mitarbeiters daher zwischen Auskünften differenziert, die den unmittelbaren oder mittelbaren Aufgabenbereich betreffen.

1593 Vgl. zu dem Beispiel: Trüg in: Lehmkuhl/Meyer, Das Unternehmen im Brennpunkt nationaler und internationaler Strafverfahren, S. 13, 32; Trüg NZWiSt 2022, 106, 113.

1594 Trüg in: Lehmkuhl/Meyer, Das Unternehmen im Brennpunkt nationaler und internationaler Strafverfahren, S. 13, 32; Trüg NZWiSt 2022, 106, 113.

aa) Selbstbelastungspflicht im unmittelbaren Zusammenhang mit dem Arbeitsbereich

Im Rahmen des vertraglichen Aufgabenbereichs trifft den Arbeitnehmer die Pflicht, umfassend Auskunft zu geben.[1595] Neben der Ansicht, wonach die Auskunftspflicht bei einer Selbstbelastung eines verdächtigten Arbeitnehmers grundsätzlich abzulehnen ist,[1596] geht die herrschende Meinung von einer Auskunftspflicht nach § 666 BGB i. V. m. § 675 Abs. 1 BGB aus, die auch nicht verweigert werden kann, wenn sich der Arbeitnehmer selbst einer Straftat oder einer Ordnungswidrigkeit bezichtigen müsste.[1597] Dabei wird insbesondere die Entscheidung des LAG Hamm[1598] oder die Architekten-Entscheidung des BGH[1599] als Begründung herangezogen. Unter der Anwendung der Ausführungen des BGH auf Mitarbeiterbefragungen im Rahmen von internen Untersuchungen kann auch dabei von einer vollumfänglichen Pflicht zur Auskunft ausgegangen werden.[1600] Ohne eine solche stünde dem Arbeitgeber nicht die Möglichkeit zu, die Leistung des Arbeitnehmers zu kontrollieren.[1601] Der Stellenwert des arbeitgeberseitigen Aus-

---

1595 Siehe Kapitel 2 B. III. 4. b) aa) (1) und Kapitel 2 B. III. 4. b) bb) (1).

1596 Vgl. nur: Schmitt in: Meyer-Goßner/Schmitt, StPO, § 136 Rn. 7a, wonach keine arbeitsrechtliche Verpflichtung bestehe, dass sich Arbeitnehmer im Rahmen von internen Untersuchungen selbst belasten müssen; Rudkowski, Aufklärung von Compliance-Verstößen, S. 126; Rudkowski NZA 2011, 612, 613, wonach der Arbeitnehmer ein Schweigerecht habe, wenn er sich selbst belasten müsse; kritisch ebenso: Maschmann NZA-Beilage 2012 50, 55 f., wonach die Ansicht der Selbstbelastungspflicht nicht absolut überzeugend sei.

1597 Vgl. nur: Majer in: Moosmayer/Hartwig, Interne Untersuchungen, Kap. D. Rn. 45; Böhm, Non-Compliance und Arbeitsrecht, S. 150, der eine Auskunftspflicht eines Arbeitnehmers bis hin zu einer Selbstbelastung annimmt; Diller DB 2004, 313, 314, wonach eine Auskunft nicht verweigert werden darf, wenn der Arbeitnehmer sich damit einer strafbaren Handlung belasten müsste; Böhm WM 2009, 1923, 1924, der eine Auskunftspflicht eines Arbeitnehmers bis hin zu einer Selbstbelastung annimmt; Vogt NJOZ 2009, 4206, 4212; Knauer/Buhlmann AnwBl 2010 387, 389; Greco/Caracas NStZ 2015, 7, 7; Krug/Skoupil NJW 2017, 2374, 2375; vgl. zur umfassenden Auskunftspflicht bei Fragen zum Tätigkeitsbereich des Arbeitnehmers auch: Park/Eggers in: MAH WirtschaftsstrafR, § 11 Rn. 109; Wessing in: Moosmayer/Lösler, Corporate Compliance, § 47 Rn. 50, wonach die überwiegende Meinung eine Selbstbelastungspflicht annimmt; a. A. Rudkowski NZA 2011, 612, 613, die bei Gefahr einer Selbstbelastung grundsätzlich ein Schweigerecht annimmt, ohne zwischen den Bereichen zu unterscheiden, die die Frage betrifft.

1598 Grützner in: Momsen/Grützner, Wirtschafts- und Steuerstrafrecht, § 16 Rn. 438.

1599 Nienaber, Compliancebasierte unternehmensinterne Ermittlungen, S. 110 und Rödiger, Strafverfolgung von Unternehmen, S. 296 f.

1600 Nienaber, Compliancebasierte unternehmensinterne Ermittlungen, S. 110.

1601 Vgl. nur: Lützeler/Müller-Sartori CCZ 2011, 19, 20; Mengel/Ullrich NZA 2006, 240, 243; Nienaber, Compliancebasierte unternehmensinterne Ermittlungen, S. 110.

kunftsanspruchs ist dabei besonders hoch,[1602] da diesen auch die Rechtsfolgen einer Straftat treffen können.[1603] Hierdurch kann insbesondere die Unternehmensleitung die Gefahr treffen, persönlich zu haften.[1604] Ohne eine Selbstbelastungspflicht wäre der Arbeitnehmer in einer Machtposition gegenüber seinem Arbeitgeber und könnte darüber entscheiden, ob dieser die gewünschten Informationen erhält.[1605] Hierdurch würde dem Arbeitgeber durch den Arbeitnehmer die Möglichkeit genommen werden, den Sachverhalt aufzuklären sowie bspw. organisatorische Maßnahmen einzuleiten, um zukünftige gleichgelagerte Verstöße zu verhindern.

Ein Argument gegen eine Selbstbelastungspflicht sei die Möglichkeit des Arbeitgebers, den verdächtigen Arbeitnehmer mithilfe einer Verdachtskündigung an der etwaigen Begehung weiterer Verletzungen zu hindern und ihn so aus dem Unternehmen zu entfernen.[1606] Dabei ist einer gegenteiligen Auffassung aus der Literatur zuzustimmen, wonach diese Argumentation als nicht überzeugend erachtet wird. Dies wird mit den strengen Voraussetzungen an die Aufklärungstätigkeiten begründet, die die Arbeitsgerichte bereits vor einer wirksamen Verdachtskündigung als erforderlich ansehen.[1607]

Im Rahmen einer Abwägung der widerstreitenden Interessen des Arbeitnehmers und des Arbeitgebers sind die Unternehmensinteressen bei einer Auskunftspflicht im Zusammenhang mit dem unmittelbaren Aufgabenbereich als überwiegend anzusehen, was den Arbeitnehmer zu selbstbelastenden Auskünften verpflichtet.[1608] Indes ist es bei einer Selbstbelastung des Arbeitnehmers nicht Bestandteil seiner Pflicht, sein eigenes Verhalten zu

---

1602 Vgl. nur: Reeb, Internal Investigations, S. 96; Nienaber, Compliancebasierte unternehmensinterne Ermittlungen, S. 110; ähnlich auch: Rödiger, Strafverfolgung von Unternehmen, S. 300, wonach der Arbeitgeber ein schutzwürdiges und berechtigtes Auskunftsinteresse hat, wenn der Arbeitnehmer im Arbeitsverhältnis eine Straftat begeht.

1603 Rödiger, Strafverfolgung von Unternehmen, S. 300; Nienaber, Compliancebasierte unternehmensinterne Ermittlungen, S. 110.

1604 Nienaber, Compliancebasierte unternehmensinterne Ermittlungen, S. 110.

1605 Fritz/Nolden CCZ 2010, 170, 175 f.

1606 Rudkowski, Aufklärung von Compliance-Verstößen, S. 126, wobei dieses Argument ohne die Zuordnung zu einem Aufgabenbereich getroffen wird; Rudkowski NZA 2011, 612, 613; a. A. Majer in: Moosmayer/Hartwig, Interne Untersuchungen, Kap. D. Rn. 47.

1607 Vgl. nur: BAG BeckRS 2004, 40716; BAG BeckRS 2008, 50549 Rn. 18 und Lützeler/Müller-Sartori CCZ 2011, 19, 21, wonach der Arbeitgeber *„alle zumutbaren Anstrengungen zur Aufklärung des Sachverhalts"* durchzuführen hat; Majer in: Moosmayer/Hartwig, Interne Untersuchungen, Kap. D. Rn. 47.

1608 Nienaber, Compliancebasierte unternehmensinterne Ermittlungen, S. 110; im Ergebnis so auch: Lützeler/Müller-Sartori CCZ 2011, 19, 20, wonach der Arbeitnehmer im Zusammenhang mit seinem unmittelbaren Aufgabenbereich uneingeschränkt Auskünfte erteilen muss.

bewerten. Vielmehr ist es die Aufgabe des Arbeitgebers, anhand der Informationen, die er von dem Arbeitnehmer erhalten hat, das pflichtwidrige oder strafbare Verhalten des Arbeitnehmers zu bestimmen.[1609]

bb) Selbstbelastungspflicht im Zusammenhang mit der Schadensabwendungspflicht

Zur Schadensabwendungspflicht hat sich der Arbeitnehmer vertraglich verpflichtet. Es wird in der Literatur mit Verweis auf die Entscheidung des LAG Hamm als nicht nachvollziehbar angesehen, wenn diese Pflicht nicht auch Schäden umfasst, die der Arbeitnehmer selbst verursacht hat. Folglich wird eine Selbstbelastungspflicht des Arbeitnehmers bejaht.[1610] Andernfalls obliegt dem Arbeitnehmer die Entscheidung, dem Arbeitgeber rechtzeitig die Informationen über einen Schaden zukommen zu lassen, damit dieser Gegenmaßnahmen einleiten kann. Dies stellt einen für den Arbeitgeber nicht zumutbaren Umstand dar.

Etwas anderes gilt indes in Fällen, in denen die Interessenabwägung zugunsten des Arbeitnehmers ausgefallen ist. Eine Pflicht zur Selbstbelastung würde dann entfallen. Dies wird jedoch als Ausnahme angesehen und wäre lediglich in Bagatellfällen von Relevanz.[1611]

cc) Selbstbelastungspflicht im mittelbaren Zusammenhang mit dem Arbeitsbereich

Eine Selbstbelastung, die sich auf Sachverhalte bezieht, die nicht im unmittelbaren vertraglichen Aufgabenbereich liegen, wird in Teilen der Literatur als „*unzumutbar und unverhältnismäßig*"[1612] angesehen, weshalb der Arbeitnehmer die Aussage dann verweigern können soll, ohne dass ihm arbeits- oder zivilrechtliche Konsequenzen drohen.[1613] So sei es dem Arbeitnehmer unzumutbar, wenn er sich selbst oder nahe Angehörige[1614] bei einer

1609 Böhm, Non-Compliance und Arbeitsrecht, S. 150.

1610 Grützner in: Momsen/Grützner, Wirtschafts- und Steuerstrafrecht, § 16 Rn. 438.

1611 Grützner in: Momsen/Grützner, Wirtschafts- und Steuerstrafrecht, § 16 Rn. 438.

1612 Wessing/Dann in: Bürkle/Hauschka/Schieffer, Der Compliance Officer, § 11 Rn. 34.

1613 Vgl. in die Richtung nur: BAG NJW 2009, 1897, 1898, wonach durch eine fehlende Mitwirkung keine arbeitsvertraglichen Nebenpflichten verletzt werden; ausdrücklich zur arbeits- und zivilrechtlichen Sanktionsfreiheit: Wessing/Dann in: Bürkle/Hauschka/Schieffer, Der Compliance Officer, § 11 Rn. 34; vgl. Dann/Schmidt NJW 2009, 1851, 185, wonach dem Arbeitnehmer keine arbeitsrechtlichen Sanktionen drohen, wenn er die Mitwirkung unter Hinweis einer drohenden Selbstbelastung verweigert habe. Hierbei wird nicht zwischen Aufgabenbereichen unterschieden, die die Aussage tangieren.

1614 So ausdrücklich auch mit Bezug auf Angehörige: Dendorfer-Ditges in: MAH ArbR, § 75 Rn. 135.

wahrheitsgemäßen Auskunft belasten müsse, was zu einer strafrechtlichen Ermittlung führen könnte.[1615] Deshalb sei ihm ein Schweigerecht zuzugestehen.[1616]

Anstatt eine generelle Selbstbelastungsfreiheit bei Fragen anzunehmen, die den mittelbaren Aufgabenbereich betreffen, wird von einem großen Teil der Literatur mit einer Interessenabwägung argumentiert. Danach kann eine Verpflichtung zur Selbstbelastung nur bei einem überwiegenden arbeitgeberseitigen Interesse angenommen werden.[1617] Über die Generalklausel des §242 BGB können die Grundrechte im Wege der mittelbaren Drittwirkung in das Privatrecht einwirken, was im Rahmen der Interessenabwägung umfassend zu berücksichtigen ist.[1618] Daraus folgt, dass dem Arbeitnehmer eine Selbstbelastungsfreiheit zuzugestehen ist, wenn dessen Auskunft als unzumutbar angesehen wird.[1619] Diese kann bspw. dann vorliegen, wenn der Arbeitgeber sich die notwendigen Informationen auf eine andere zumutbare Weise verschaffen kann.[1620] Hierbei stehen dem Arbeitgeber eine Vielzahl an Möglichkeiten wie Zeugenbefragungen oder technische Ermittlungsmaßnahmen zur Verfügung, weshalb die Interessen des Arbeitgebers gemäß einer Literaturstimme im Rahmen einer Interessenabwägung weit weniger gewichtig sind, als teilweise angenommen wird.[1621] Dieser Ansicht ist bei Sachverhalten, in denen das arbeitgeberseitige Interesse für eine Auskunfts-

---

1615 Vgl. nur: Dendorfer-Ditges in: MAH ArbR, §75 Rn. 135, die jedoch zu dem Ergebnis kommt, dass ein Auskunftsverweigerungsrecht nicht in Betracht kommt, wenn nur der Arbeitsbereich des Arbeitgebers betroffen ist; Rudkowski NZA 2011, 612, 613; Rudkowski, Aufklärung von Compliance-Verstößen, S. 126, wobei dieses Argument ohne die Zuordnung zu einem Aufgabenbereich getroffen wird; im Ergebnis so auch: Wessing in: Moosmayer/Lösler, Corporate Compliance, §47 Rn. 51.

1616 Vgl. nur: Rudkowski NZA 2011, 612, 613; Dendorfer-Ditges in: MAH ArbR, §75 Rn. 135, zum Auskunftsverweigerungsrecht bei einer unzumutbaren Auskunft, sofern nicht nur der Arbeitsbereich des Arbeitgebers betroffen ist; vgl. Göpfert/Merten/Siegrist NJW 2008, 1703, 1705, wonach sich ein Arbeitnehmer nicht selbst belasten muss, wenn die Fragen Wahrnehmungen betreffen, die außerhalb seines Aufgabenbereichs liegen.

1617 Vgl. nur: Grützner in: Momsen/Grützner, Wirtschafts- und Steuerstrafrecht, §16 Rn. 441; Scherp, Fraud Management, S. 237; Spehl/Momsen/Grützner CCZ 2014, 170, 171; Krug/Skoupil NJW 2017, 2374, 2375; so auch: Park/Eggers in: MAH WirtschaftsstrafR, §11 Rn. 108 f.

1618 Siehe hierzu sogleich; Vogtmeier, Arbeitnehmerdatenschutz bei internen Untersuchungen, S. 601.

1619 Vgl. nur: Göpfert/Merten/Siegrist NJW 2008, 1703, 1705, sehen ein Schweigerecht bspw. an, wenn der Arbeitnehmeraussage erhebliche Nachteile wie behördliche Verfolgungen entgegenstehen; Vogtmeier, Arbeitnehmerdatenschutz bei internen Untersuchungen, S. 601; vgl. Krug/Skoupil NJW 2017, 2374, 2375.

1620 Vgl. nur: BAG NZA 1996, 637, 638; Diller DB 2004, 313, 314; Göpfert/Merten/Siegrist NJW 2008, 1703, 1705.

1621 Rudkowski NZA 2011, 612, 613.

pflicht nicht überwiegt, zuzustimmen. Jedoch ist fraglich und im Einzelfall zu prüfen, ob die Interessenabwägung dennoch für die Durchführung einer eDiscovery reichen würde.[1622] Zur Abwägung der widerstreitenden Interessen kann mitunter auf die vom BAG entwickelten Grundsätze zurückgegriffen werden.[1623]

dd) Stellungnahme

Die Selbstbelastungspflicht von Arbeitnehmern bei Mitarbeiterbefragungen wird im Schrifttum uneinheitlich beurteilt. Neben Vertretern, die diese Pflicht sowohl im Zusammenhang mit dem unmittelbaren als auch mittelbaren Aufgabenbereich ablehnen, überwiegt eine differenziertere Ansicht, wonach zwischen den beiden Aufgabenbereichen zu unterscheiden ist. Während eine Selbstbelastungspflicht bei Fragen angenommen wird, die den unmittelbaren Aufgabenbereich betreffen, bedarf es einer Interessenabwägung bei Fragen die sich auf den mittelbaren Aufgabenbereich beziehen.[1624] Dabei sind die Grundrechte zu berücksichtigen, die im Rahmen der mittelbaren Drittwirkung über § 242 BGB auch auf privatrechtliche Sachverhalte ausstrahlen.[1625] Im Rahmen der Selbstbelastung hat der Arbeitnehmer allerdings nicht sein Verhalten zu bewerten, denn dies obliegt dem Arbeitgeber.[1626] Zusammenfassend ist der Anwendungsbereich eines Auskunftsanspruchs, der sich aus §§ 611, 241 Abs. 2 BGB ergibt, weiter als der Anwendungsbereich des Anspruchs aus § 666 BGB i. V. m. § 675 Abs. 1 BGB, wenngleich dessen inhaltliche Grenzen deutlich enger sind.[1627]

Ohne eine Unterscheidung zwischen Fragen, die sich auf Sachverhalte im unmittelbaren oder mittelbaren Aufgabenbereich beziehen – zumal die Fragen zu den Bereichen ineinander übergehen und nicht strikt getrennt werden können[1628] –, wird für die Praxis im Hinblick auf die Selbstbelastungspflicht grundsätzlich empfohlen, im Einzelfall vorsorglich eine Abwägung zwischen dem arbeitgeberseitigen Aufklärungsinteresse und dem arbeitneh-

1622 Siehe zur Interessenabwägung im Zusammenhang mit eDiscovery Kapitel 2 B. II. 1. a).
1623 Siehe Kapitel 2 B. III. 4. b) aa) (2).
1624 Siehe Kapitel 2 B. III. 5. d) aa), bb).
1625 Siehe Kapitel 2 B. III. 5. b) cc) (5).
1626 Siehe Kapitel 2 B. III. 5. d) aa).
1627 Böhm, Non-Compliance und Arbeitsrecht, S. 152; Böhm WM 2009, 1923, 1925.
1628 Vgl. Göpfert/Merten/Siegrist NJW 2008, 1703, 1706, wonach die Abgrenzung von Ermittlungen, die die Bereiche betreffen, die innerhalb bzw. außerhalb des Aufgabenbereichs eines Mitarbeiters liegen, als nicht trivial angesehen wird.

merseitigen Persönlichkeitsinteresse nach Art. 2 Abs. 1 GG, Art. 1 Abs. 1 GG vorzunehmen.[1629]

Aus der Praxissicht erscheint es nicht möglich, einen flüssigen Gesprächsverlauf in einer Mitarbeiterbefragung sicherzustellen, während gleichzeitig bei der Formulierung der Fragen die widerstreitenden Interessen abgewogen werden. Zugleich können nicht alle zu stellenden Fragen im Vorfeld vorbereitet werden, da dies die notwendige Flexibilität während der Befragung beeinträchtigen würde.[1630] Es bietet sich für die Interviewer an, dass bei der Formulierung der Fragen ein deutlicher Bezug zum unmittelbaren Aufgabenbereich hergestellt wird. Sofern dies nicht möglich ist, kann dies als erster Indikator für das Ermittlerteam genutzt werden, dass sich die Fragen außerhalb des unmittelbaren Aufgabenbereichs bewegen. Betreffen überdies diese Fragen nicht die Kernpunkte der Untersuchung, die es zwingend aufzuklären gilt, kann dies als weiterer Indikator angesehen werden, dass eine Interessenabwägung eher zugunsten des Arbeitnehmers ausfallen würde. Eine Verweigerung der Mitwirkung kann jedoch nur einzelne Fragen, aber nicht die Beantwortung aller Fragen betreffen.[1631]

Darüber hinaus wird basierend auf der Schadensabwendungspflicht eine Selbstbelastungspflicht in der Literatur in Fällen angenommen, in denen der Arbeitnehmer einen Schaden verursacht hat.[1632]

e) Vermeidung der Darlegungs- und Beweislast nach § 1 Abs. 2 S. 4 KSchG

Eine Selbstbelastungspflicht eines Arbeitnehmers könnte indes gerade nicht vorliegen, wenn § 1 Abs. 2 S. 4 KSchG Anwendung findet. Darin heißt es, dass ein „*Arbeitgeber [...] die Tatsachen zu beweisen [hat], die die Kündigung bedingen.*“ Demnach hat ein Arbeitgeber in einem Kündigungsschutzverfahren die berechtigte Kündigung zu beweisen. Die einzelnen Umstände,

---

1629 So ausdrücklich: Mengel in: Knierim/Rübenstahl/Tsambikakis, Kap. 14 Rn. 39; ähnlich auch: Majer in: Moosmayer/Hartwig, Interne Untersuchungen, Kap. D. Rn. 48 zur Einzelfallprüfung unter Berücksichtigung der von ihr dargestellten Grundsätze zur Auskunftspflicht; vgl. Rudkowski NZA 2011, 612, 613, die bei einer Interessenabwägung unabhängig vom Bereich, den die Frage tangiert, eine stärkere Gewichtung der Arbeitnehmerinteressen erkennt; siehe auch: Lützeler/Müller-Sartori CCZ 2011, 19, 20, wonach die Interessenabwägung in den seltensten Fällen zugunsten des Arbeitnehmers ausfallen wird, wenn diesem Fragen zur Arbeitsaufgabe und -leistung gestellt werden.

1630 Vgl. hierzu bereits die Ausführungen zum Personalfragebogen im Kontext des BetrVG Kapitel 2 IX. 1. c) cc) (2).

1631 Vgl. zur Möglichkeit der Verweigerung von einzelnen Fragen nur: Majer in: Moosmayer/Hartwig, Interne Untersuchungen, Kap. D. Rn. 49; Göpfert/Merten/Siegrist NJW 2008, 1703, 1706; Klasen/Schaefer BB 2012, 641, 646; Krug/Skoupil NJW 2017, 2374, 2375.

1632 Siehe Kapitel 2 B. III. 5. d) cc).

die zur Kündigung geführt haben, sowie die Pflichtverletzungen sind detailliert nach Ort, Zeit, und Inhalt bzw. Ablauf zu beschreiben.[1633] Dies betrifft zudem das Verschulden[1634] des Arbeitnehmers sowie die Unzumutbarkeit einer Weiterbeschäftigung[1635].

aa) Selbstbelastungspflicht im unmittelbaren Zusammenhang mit dem Arbeitsbereich

Das BAG hat in einer Entscheidung aus dem Jahr 1995 ein Auskunftsverweigerungsrecht für Arbeitnehmer bei Umständen angenommen, die eine Kündigung rechtfertigen.[1636] Bei einer Straftat, die im Rahmen eines Arbeitsverhältnisses begangen wurde, ist ein solcher Umstand anzunehmen.[1637] Im vorliegenden Kontext ist ein dort entwickelter Grundsatz von besonderer Relevanz, nach dem „*die Darlegungs- und Beweissituation [...] nicht durch die Gewährung materiellrechtlicher Auskunftsansprüche unzulässig verändert werden [darf].*“[1638] Die Beweislast für Tatsachen, die zu einer Kündigung führen sollen, trägt demnach der Arbeitgeber. Aus Sicht des BAG würde sich ein Widerspruch ergeben, wenn der Arbeitnehmer vorprozessual zur Auskunft verpflichtet wäre.[1639] Darauf basierend könnte sich für den Arbeitnehmer eine Auskunftsfreiheit in Bezug auf kündigungsrelevante Tatsachen ergeben, da er andernfalls die entsprechenden Beweise für seine Kündigung liefern würde. Etwas anderes kann nach dem BAG nur dann gelten, wenn „*besondere rechtliche Grundlagen*“[1640] vorliegen.

Einige Stimmen der Literatur sehen in § 666 BGB i. V. m. § 675 Abs. 1 BGB eine solche besondere rechtliche Grundlage zur Auskunftspflicht.[1641] Dies wird mitunter damit gegründet, dass das Vertrauensverhältnis zwischen

---

1633 Vgl. nur: ArbG Hagen BeckRS 2012, 71401 Rn. B. a) aa) 1.); Markowski in: HK-ArbR, § 1 KSchG Rn. 259; Röckl NZA-RR 2016, 505, 506.

1634 Vgl. nur: Oetker in: ErfK ArbR, § 1 KSchG Rn. 206; Markowski in: HK-ArbR, § 1 KSchG Rn. 260; Hergenröder in: MüKo BGB Band 5, § 1 KSchG Rn. 241.

1635 Vgl. nur: Oetker in: ErfK ArbR, § 1 KSchG Rn. 206; Markowski in: HK-ArbR, § 1 KSchG Rn. 260; zur fehlenden Weiterbeschäftigungsmöglichkeit siehe: Krause in: Linck/Krause/Bayreuther, KSchG, § 1 Rn. 467.

1636 BAG NZA 1996, 637, 639, mit Ausnahme bei Vorliegen einer besonderen rechtlichen Grundlage.

1637 Kasiske NZWiSt 2014, 262, 264.

1638 BAG NZA 1996, 637, 638; so auch: BAG NZA 2005, 289, 291.

1639 BAG NZA 1996, 637, 639.

1640 BAG NZA 1996, 637, 639.

1641 Vgl. nur: Böhm WM 2009, 1923, 1924; Kasiske NZWiSt 2014, 262, 264 f.; Böhm, Non-Compliance und Arbeitsrecht, S. 150; im Ergebnis so auch: Kruse, Compliance und Rechtsstaat, S. 147, der basierend auf den Normen ein starkes Vertrauensverhältnis sieht, deren logische Konsequenz eine Rechenschaftspflicht für den übernommenen Pflichtenkreis sein muss; a. A. Hille, Kooperation von Unternehmen, S. 107 f.

einem Arbeitgeber und einem Arbeitnehmer nach § 666 BGB i. V. m. § 675 Abs. 1 BGB stärker ausgeprägt ist als die vertragliche Nebenpflicht nach §§ 611, 241 Abs. 2 BGB. Andernfalls könnte ein Arbeitnehmer die Auskunft über von ihm vorsätzlich herbeigeführte Missstände – wie Kassendifferenzen – verweigern. Dies wäre im Kassendifferenzenbeispiel widersprüchlich, wenn gerade dieser Arbeitnehmer, der für den Arbeitgeber mit der Führung der Kasse betraut wurde und zur Rechnungslegung verpflichtet war, schweigen dürfte.[1642] Eine andere Stimme der Literatur steht diesem Beispiel zu Recht kritisch entgegen, denn in der vorsätzlich herbeigeführten Kassendifferenz liegt gerade das Ereignis begründet, das sowohl aufklärungsbedürftig als auch kündigungsrelevant ist. Hieraus ergibt sich gerade eine Auskunftspflicht, der § 1 Abs. 2 S. 4 KSchG entgegensteht.[1643] Dieser Ansicht ist zuzustimmen. Es ist davon auszugehen, dass – um beim Beispiel der Kassendifferenzen zu bleiben – vor der Mitarbeiterbefragung andere Untersuchungshandlungen vorgenommen wurden, im Rahmen derer die verfügbaren Informationsquellen geprüft und die Kassendifferenzen belegt werden konnten. Unter der Annahme, dass diese Schritte vorgenommen wurden und die Mitarbeiterbefragung dem vorrangigen Zweck dient, den Mitarbeiter zu konfrontieren, könnte es sich bei der Befragung vielmehr um eine Anhörung handeln, die der Vorbereitung einer Kündigung dient. Hierbei erhält der Arbeitnehmer die Möglichkeit, die ihm vorgeworfenen Tatsachen zu bestreiten und sich zu entlasten.[1644] Sachverhalte, bei denen es um Kassendifferenzen geht, sind regelmäßig hinreichend belegt, bevor es zu einem Mitarbeitergespräch kommt, sodass der Sachverhalt in der Regel schon vor der Täterauskunft aufgeklärt werden kann. Ähnlich wie in einem Sachverhalt, den das ArbG Hamburg[1645] im Jahr 2011 zu entscheiden hatte, könnte es hierbei gerade nicht um die Erforschung der Höhe – im vorliegenden Fall der Kassendifferenz – gehen. Vielmehr wird die Rechenschaft des Arbeitnehmers über die ihm vorgeworfene Pflichtverletzung angestrebt.[1646] Auch Anhörungen bei einer Verdachtskündigung dienen nicht der Sachverhaltsaufklärung, weshalb diese Mitarbeitergespräche klar voneinander abzugrenzen sind.[1647]

Eine Verschiebung der Darlegungs- und Beweislast kann mithin in Fällen angenommen werden, in denen ein Arbeitgeber die Auskunft des Arbeitnehmers ausschließlich vor dem Hintergrund verlangt, um einen Kündigungsgrund zu finden. Der arbeitsrechtliche Auskunftsanspruch des

---

1642 Böhm, Non-Compliance und Arbeitsrecht, S. 150.

1643 Hille, Kooperation von Unternehmen, S. 107.

1644 Siehe Kapitel 2 A. IX. 3.

1645 ArbG Hamburg BeckRS 2011, 73102 Rn. III. 4.

1646 ArbG Hamburg BeckRS 2011, 73102 Rn. III. 4.

1647 Vgl. nur: Mengel NZA 2017, 1494, 1498; Knierim in: Rotsch, Criminal Compliance, § 7 Rn. 33; Grimm in: Tschöpe, Arbeitsrecht Handbuch, Teil 6 Rn. 324; Hille, Kooperation von Unternehmen, S. 108.

Arbeitnehmers wird damit missbraucht und ihm müsste ein Auskunftsverweigerungsrecht zugestanden werden. Dies ist jedoch im Vorhinein nur schwerlich einzuschätzen.[1648] Kommt es dem Arbeitgeber nur darauf an, Kündigungsgründe gegen den Arbeitnehmer zu finden, sollte dies über eine Verdachtskündigung umgesetzt werden. Dabei ist der Arbeitnehmer – wie zuvor ausgeführt – nicht zur Lieferung des Tatsachenmaterials verpflichtet, das seine Kündigung schlüssig macht.[1649] Nach der hier vertretenen Ansicht überwiegt in einer solchen Situation das schützenswerte Interesse des Arbeitnehmers.

Anstelle des Beispiels einer Kassendifferenz soll an dieser Stelle ein anderes Beispiel für einen Missstand herangezogen werden, bei dem das vorrangige Ziel die tatsächliche Aufklärung des Sachverhalts ist. Ein solcher kann bspw. vorliegen, wenn ein Unternehmen die Aufklärung eines Kartellrechtsverstoßes, ausgelöst durch illegale Preisabsprachen, anstrebt, um im Anschluss bei den Behörden den Kronzeugenstatus zu erwirken. Der Umstand, der dabei gegen die Anwendbarkeit von § 1 Abs. 2 S. 4 KSchG spricht, kann im originären Zweck einer internen Untersuchung gesehen werden, der nach der hier vertretenen Ansicht in der Sachverhaltsaufklärung[1650] zu verorten ist.

In diesen Fällen, in denen es dem Unternehmen auf die Aufklärung des Sachverhalts ankommt, überwiegen die Interessen des Arbeitgebers, wenngleich eine Abgrenzung in der Praxis teilweise schwer darstellbar erscheint. Das vorrangige Bestreben eines Unternehmens zur Sachverhaltsaufklärung kann indes mit einer Amnestieregelung, die die Kündigung des Arbeitnehmers ausschließt, verdeutlicht werden.[1651] Mit einer solchen Regelung entfällt der Schutzzweck des § 1 Abs. 2 S. 4 KSchG, denn die Auskunft des Arbeitnehmers führt nicht zu dessen Kündigung.[1652]

Unabhängig davon, welche Art eines Missstandes durch das vorsätzliche Handeln eines Arbeitnehmers aufgetreten ist, erscheint es widersprüchlich, wenn ein Arbeitnehmer im Kontext einer Sachverhaltsaufklärung über das

---

1648 So auch: Nienaber, Compliancebasierte unternehmensinterne Ermittlungen, S. 111.

1649 Siehe Kapitel 2 A. IX. 3.

1650 Siehe Kapitel 2 A. I.; siehe auch Stimmen der Literatur, die als Ziel einer internen Untersuchung die Aufdeckung bzw. Aufklärung von Rechtsverletzungen sehen: Wilsing/Winkler in: Semler/v. Schenck/Wilsing, Arbeitshandbuch für Aufsichtsratsmitglieder, § 8 Rn. 1.

1651 Zur Amnestieregelung, die einer Verschiebung der Darlegungs- und Beweislast entgegenwirkt auch: Nienaber, Compliancebasierte unternehmensinterne Ermittlungen, S. 111.

1652 Im Ergebnis so auch: Wewerka, Internal Investigations, S. 239 f., wonach Mitarbeiter mit einer Amnestieregelung keine arbeitsrechtlichen Konsequenzen befürchten müssen; so auch: Hille, Kooperation von Unternehmen, S. 108; ähnlich: Nienaber, Compliancebasierte unternehmensinterne Ermittlungen, S. 111, wonach nur die außerordentliche Kündigung ausgeschlossen werden soll; Kasiske NZWiSt 2014, 262, 264.

Zustandekommen dieses Fehlers gegenüber seinem Arbeitgeber schweigen dürfte.[1653] Zumal der Arbeitnehmer ungerechtfertigt bevorzugt werden würde, wenn er in dem ihm übertragenen Aufgabenbereich „*besonders verwerflich gehandelt*"[1654] hätte.[1655] Aus diesem Grund erscheint es nachvollziehbar, dass ein Auskunftsanspruch nach § 666 BGB i. V. m. § 675 Abs. 1 BGB auch dann angenommen wird, wenn der Arbeitnehmer sich selbst einer Pflichtverletzung, einer Straftat oder einer Ordnungswidrigkeit bezichtigen muss, was auch eine Kündigung rechtfertigen kann, sofern der Arbeitnehmer ein überwiegendes Aufklärungsinteresse hat.[1656] Als weiterer Schutz wird in der Literatur angeführt, dass der Arbeitnehmer alternativ über ein Beweisverwertungsverbot seiner selbstbelastenden Auskünfte in einem Kündigungsschutzprozess geschützt werden kann.[1657] Eine kündigungsschutzrechtliche Beweislastregelung kommt bei einem beendeten Arbeitsverhältnis überdies nicht mehr in Betracht.[1658]

Folglich ist festzuhalten, dass die Beweislastregelung nicht zuungunsten des Arbeitgebers angewendet werden kann, wenn dieser ein überwiegendes, schutzwürdiges Interesse an der Aufklärung eines Sachverhalts hat. Der Arbeitnehmer hat in diesen Fällen umfassend Auskunft zu seinem unmittelbaren Aufgabenbereich zu geben.

bb) Selbstbelastungspflicht im mittelbaren Zusammenhang mit dem Arbeitsbereich

Angesichts der obenstehenden Ausführungen zu § 1 Abs. 2 S. 4 KSchG und der Erläuterungen des BAG, wonach ein Arbeitnehmer nicht dazu verpflichtet ist, seinen eigenen Kündigungsgrund zu liefern, sofern keine besondere rechtliche Grundlage gegeben ist, wird eine Rechtfertigung der Auskunft nach §§ 611, 241 Abs. 2 BGB als erschwert angesehen. Gemäß einer Meinung der Literatur liegt arbeitgeberseitig ein „*besonderes, schutzwürdiges*

1653 Im Ergebnis so auch: Nienaber, Compliancebasierte unternehmensinterne Ermittlungen, S. 111; vgl. auch: BAG NZA 2014, 243, 248 Rn. 49 und Mohnke in: Grobys/Panzer-Heemeier, SWK-ArbR, Kündigung, verhaltensbedingte, Rn. 93, wonach Eingriffe in das allgemeine Persönlichkeitsrecht eines Arbeitnehmers aufgrund überwiegender und schutzwürdiger Arbeitgeberinteressen gerechtfertigt sein können.

1654 BVerfG NJW 1981, 1431, 1433, wenngleich sich das Gericht auf das Verhältnis des Gemeinschuldners zu den Gläubigern bezieht.

1655 Vgl. BVerfG NJW 1981, 1431, 1433 mit Bezug auf das Verhältnis des Gemeinschuldners zu den Gläubigern; Rödiger, Strafverfolgung von Unternehmen, S. 300.

1656 Hille, Kooperation von Unternehmen, S. 108.

1657 Hille, Kooperation von Unternehmen, S. 108; angedeutet von: Rudkowski NZA 2011, 612, 613 Fn. 19.

1658 Vgl. nur: Rödiger, Strafverfolgung von Unternehmen, S. 286; Scharnberg, Illegale Internal Investigations, S. 278; Hille, Kooperation von Unternehmen, S. 108.

Informationsinteresse“[1659] vor, wenn der arbeitnehmerseitigen Auskunft „*eine entsprechende Bedeutung zugemessen*“[1660] werden kann. Dieses Informationsinteresse ist dabei nicht mit dem Beweisführungsinteresse in einem Kündigungsschutzprozess gleichzusetzen.[1661] Von einer Pflicht ist aber nur in den Fällen auszugehen, in denen die Auskunft des Arbeitnehmers für die Aufklärung gewichtig ist. In diesem Zusammenhang ist es indes nicht ausreichend, wenn der Arbeitgeber bloß eine Hoffnung hegt, dass der Arbeitnehmer zur Aufklärung beitragen kann.[1662] Auch nach der hier vertretenen Ansicht bedarf es einer Interessenabwägung, um die Belange der einzelnen Parteien entsprechend zu würdigen. Darüber hinaus ist der Zweck der internen Untersuchungen gleichermaßen von Bedeutung, wie dies im Zusammenhang mit der Selbstbelastungspflicht im unmittelbaren Aufgabenbereich ausgeführt wurde.

Wie im Zusammenhang mit dem unmittelbaren Aufgabenbereich ausgeführt, könnte auch in diesem Kontext eine Amnestieregelung, die einen Kündigungsverzicht beinhaltet, § 1 Abs. 2 S. 4 KSchG unberührt lassen.[1663] Alternativ wird wiederum ein Beweisverwertungsverbot im Kündigungsschutzverfahren angeführt.[1664]

cc) Stellungnahme

Die Beweislastregelung nach § 1 Abs. 2 S. 4 KSchG steht augenscheinlich einer selbstbelastenden Auskunft eines Arbeitnehmers entgegen. Denn dadurch würde er dem Arbeitgeber den Grund für seine eigene Kündigung liefern. In Fällen, in denen der Arbeitgeber eine interne Untersuchung und insbesondere eine Mitarbeiterbefragung mit dem Ziel durchführt, den befragten Mitarbeiter zu kündigen, kann nichts anderes gelten. Indes kann die Beweislastregelung einer Untersuchung nicht entgegenstehen, die auf eine Sachverhaltsaufklärung gerichtet ist. Im Zusammenhang mit Fragen, die den unmittelbaren Aufgabenbereich betreffen, wäre es sonst nicht nachvollziehbar, wenn der Arbeitnehmer, dessen Handeln zu einer Schädigung geführt hat, mit Täterwissen schweigen dürfte. Der Arbeitgeber würde hierbei im Vergleich zum Arbeitnehmer schlechtergestellt.[1665] Das Aufklärungsinteresse des Arbeitgebers könnte überdies verdeutlicht werden, indem mit dem Arbeitnehmer eine Amnestieregelung vereinbart wird, die seine Kün-

1659 Böhm WM 2009, 1923, 1925; Böhm, Non-Compliance und Arbeitsrecht, S. 152.
1660 Böhm WM 2009, 1923, 1925; Böhm, Non-Compliance und Arbeitsrecht, S. 152.
1661 Böhm WM 2009, 1923, 1925; Böhm, Non-Compliance und Arbeitsrecht, S. 152.
1662 Böhm WM 2009, 1923, 1925; Böhm, Non-Compliance und Arbeitsrecht, S. 152; vgl. im Ergebnis so auch: Jahn StV 2009, 41, 44.
1663 Siehe Kapitel 2 B. III. 5. e) aa).
1664 Hille, Kooperation von Unternehmen, S. 115.
1665 Siehe Kapitel 2 B. III. 5. e) aa).

digung ausschließt.[1666] Hierdurch fände § 1 Abs. 2 S. 4 KSchG gerade keine Anwendung. Alternativ ist ein Beweisverwertungsverbot in Bezug auf seine selbstbelastenden Auskünfte in einem Kündigungsschutzprozess denkbar.[1667] Ginge es dem Arbeitgeber ausschließlich um das Auffinden eines Kündigungsgrundes, könnte er den verdächtigten Arbeitnehmer vielmehr mit den bereits zusammengetragenen Vorwürfen konfrontieren und mittels einer Verdachtskündigung aus dem Unternehmen entfernen.[1668]

Bei Mitarbeiterbefragungen ist ein Großteil der Fragen regelmäßig auf den unmittelbaren Aufgabenbereich gerichtet, während Fragen zum mittelbaren Bereich weniger Bedeutung zugemessen wird.[1669] Soll dennoch eine solche Frage formuliert werden, muss sichergestellt werden, dass das arbeitgeberseitige Interesse an der Aufklärung gegenüber dem Interesse des Arbeitnehmers, keine Auskunft zu geben, überwiegt. Teilweise wird daher eine Entscheidung im Einzelfall für notwendig erachtet.[1670] Hierbei sind die bereits ausgeführten Herausforderungen zu berücksichtigen sowie die Indikatoren zu eruieren, die gegen Fragen zum unmittelbaren Aufgabenbereich sprechen.[1671]

f) Stellungnahme zur Selbstbelastungsfreiheit oder -pflicht des Arbeitnehmers

Sowohl durch die Rechtsprechung als auch durch die Literatur wird die Selbstbelastungspflicht von Arbeitnehmern bei Mitarbeiterbefragungen nicht einheitlich beurteilt.[1672]

Ausgehend davon, warum ein verdächtigter Arbeitnehmer in eine Mitarbeiterbefragung geraten ist, liegen im Regelfall ein von ihm ausgehendes Fehlverhalten sowie ein damit zusammenhängender (Rechts-)Verstoß vor. Hierbei muss eine solche Intensität gegeben sein, dass eine interne Untersuchung durchgeführt wird, die ihrerseits für das Unternehmen mit einem

1666 Siehe Kapitel 2 A. IX. 2.
1667 Siehe Kapitel 2 B. III. 5. e) aa).
1668 Siehe Kapitel 2 A. IX. 3.
1669 So auch: Hille, Kooperation von Unternehmen, S. 112.
1670 Vgl. nur: Grützner in: Momsen/Grützner, Wirtschafts- und Steuerstrafrecht, § 16 Rn. 441; Taschke/Zapf in: Kempf/Lüderssen/Volk, Unternehmenskultur und Wirtschaftsstrafrecht, S. 197, wonach es als vorzugswürdig angesehen wird, wenn im konkreten Einzelfall die Interessen des Arbeitnehmers und Arbeitgebers gegeneinander abgewogen werden; Ruhmannseder, FS I. Roxin, S. 501, 508, wonach das Unternehmen „*in jedem Einzelfall eine genaue Entscheidung darüber treffen [soll], in welchem Umfang eine Auskunftsverpflichtung des jeweiligen Mitarbeiters bestehen soll*".
1671 Siehe Kapitel 2 B. III. 5. d) dd).
1672 Siehe Kapitel 2 B. III. 5. c), d).

personellen und vor allem finanziellen Aufwand verbunden ist. Es erscheint fraglich, wenn dem verdächtigten Arbeitnehmer für diese Fälle, in denen er über sein Fehlverhalten berichten soll und sich damit selbst belasten muss, ein Schweigerecht zugestanden werden soll. Mit Bezug auf den Architektenfall des BGH[1673] muss auch ein Arbeitnehmer, der ein Rechtsgut des Arbeitgebers verletzt hat, dafür einstehen und für die Wiedergutmachung sorgen. Dies täte er mit einem Schweigen über sein Handeln gerade nicht. Es wäre indes nicht nachvollziehbar, wenn die Belange des Schädigers höher bewertet werden würden als die des Geschädigten. Vielmehr muss der Arbeitnehmer für sein Handeln einstehen, weshalb in der Konsequenz von einer Selbstbelastungspflicht auszugehen ist. Gleiches gilt für Arbeitnehmer, die nicht als Haupttäter, sondern als Nebentäter gehandelt haben.

Werden Arbeitnehmer als Zeugen befragt und sehen sie sich im Laufe der Mitarbeiterbefragung mit der Situation konfrontiert, dass sie aufgrund einer potenziellen Selbstbelastung die Auskunft verweigern möchten, kann nichts anderes als das zuvor für verdächtigte Arbeitnehmer Ausgeführte gelten.[1674] Die Praxis hat jedoch gezeigt, dass Zeugen für das Befragungsteam bedeutsame Hintergrundinformationen liefern können, obschon eine Notwendigkeit zur Selbstbelastung regelmäßig ausscheidet. Indes sind Zeugen-Arbeitnehmer bei der Aufklärung eines Sachverhalts aus Praxissicht oftmals engagiert, geben freiwillig Auskünfte und belegen diese – sofern möglich – mit Dokumenten.

Im Einklang mit dem überwiegenden Teil der Literatur wird damit auch nach der hier vertretenen Auffassung die Zulässigkeit einer Selbstbelastungspflicht bei Fragen gesehen, die den unmittelbaren Aufgabenbereich betreffen.[1675] In vielen Fällen wird – abhängig von dem konkreten Sachverhalt – das Unternehmen in der Lage sein, den Sachverhalt anhand dieser Auskünfte bereits aufzuklären.

Wenn es notwendig ist, auch Fragen zum mittelbaren Aufgabenbereich zu stellen, wird nach überwiegender Auffassung eine Abwägung der widerstreitenden Interessen des Arbeitnehmers und des Arbeitgebers angenommen.[1676]

1673 BGH NJW 1964, 1469, 1471.

1674 Siehe Kapitel 2 B. III. 4. b) aa).

1675 Siehe hierzu Kapitel 2 B. III. 5. d) aa); vgl. nur: Böhm, Non-Compliance und Arbeitsrecht, S. 150; Diller DB 2004, 313, 314; Göpfert/Merten/Siegrist NJW 2008, 1703, 1705, 1709; Böhm WM 2009, 1923, 1924; Vogt NJOZ 2009, 4206, 4212; Krug/Skoupil NJW 2017, 2374, 2375; Knauer/Buhlmann AnwBl 2010, 387, 389; a.A. Rudkowski NZA 2011, 612, 613, die bei Gefahr einer Selbstbelastung grundsätzlich ein Schweigerecht annimmt, ohne zwischen den Bereichen zu unterscheiden, die die Frage betrifft.

1676 Vgl. nur: Vogt NJOZ 2009, 4206, 4213, der eine Auskunftspflicht annimmt, wenn die Interessen des Arbeitgebers überwiegen; Scherp, Fraud Management, S. 237; Göp-

Dieser Auffassung ist zuzustimmen. Hierbei können auch die vom BAG im Jahr 1995 entwickelten Grundsätze im Zusammenhang mit der Auskunftspflicht herangezogen werden. So bedarf es eines berechtigten Interesses des Arbeitgebers an der Beantwortung der Frage sowie keiner übermäßigen Belastung des Arbeitnehmers. Ferner darf die Darlegungs- und Beweissituation nicht unzulässig verändert werden.[1677] Dies ist jedoch regelmäßig auszuschließen, wenn der tatsächliche Zweck einer internen Untersuchung die Aufklärung ist.[1678] Dies kann mit dem Abschluss einer Amnestievereinbarung und einem damit verbundenen Verzicht einer ordentlichen Kündigung verdeutlicht werden.[1679]

Überwiegen in einer Interessenabwägung nunmehr die Interessen des Arbeitnehmers, muss sich dieser im Rahmen seiner Auskunft nicht belasten. Im gegenteiligen Fall, in dem die Interessen des Arbeitgebers überwiegen, ist der Arbeitnehmer zu einer vollständigen, selbstbelastenden Auskunft verpflichtet. Die Grenze bildet indes das allgemeine Persönlichkeitsrecht[1680]. Um das allgemeine Persönlichkeitsrecht entsprechend zu würdigen, könnte die Lösung des Aussagendilemmas mit Rückgriff auf einen Teil der dargestellten Rechtsprechung in einem Beweisverwertungsverbot im Hinblick auf die selbstbelastenden Auskünfte liegen.[1681]

Zusammenfassend hat sich der Arbeitnehmer – sofern erforderlich – selbst zu belasten, wenn er unter Berücksichtigung von Interessenabwägungen zu einer Auskunft verpflichtet ist.

6. Handlungsmöglichkeiten des Arbeitgebers bei arbeitnehmerseitiger Verweigerung der Mitwirkung

Verweigert der Arbeitnehmer trotz bestehender Pflicht die Auskunft, stehen dem Arbeitgeber verschiedene Handlungsmöglichkeiten zur Verfügung, um die erforderliche Auskunft dennoch zu erhalten.

a) Sanktionierung des Arbeitnehmers bei Verweigerung der Mitwirkung

Wenn der Arbeitnehmer die Mitwirkung im Rahmen einer Mitarbeiterbefragung verweigert, hat der Arbeitgeber die Möglichkeit, nach §273 Abs. 1

---

fert/Merten/Siegrist NJW 2008, 1703, 1705; Krug/Skoupil NJW 2017, 2374, 2375; siehe hierzu auch Kapitel 2 B. III. 4. b) aa) (2).

1677 BAG NZA 1996, 637, 638; siehe hierzu auch Kapitel 2 B. III. 4. b) aa) (2).

1678 Zum verfolgten Zweck einer internen Untersuchung siehe Kapitel 2 A. I.

1679 Siehe Kapitel 2 B. III. 5. e) aa), bb) sowie zur Amnestieregelung Kapitel 2 A. IX. 2.

1680 BAG NZA 1996, 637, 638; siehe zum allgemeinen Persönlichkeitsrecht auch Kapitel 2 III. 5. b) cc) (2).

1681 So etwa Kapitel 2 B. III. 5. c) aa) und gg); siehe hierzu sogleich, Kapitel 2 C. I. 2. b).

BGB einen Teil der Vergütung zurückzubehalten.[1682] Bei der Höhe der Kürzung sind nicht nur die Pfändungsfreigrenzen nach § 850c ZPO zu beachten,[1683] sondern auch die etwaigen Schadensersatzansprüche des Arbeitnehmers gemäß § 280 Abs. 1 BGB, sofern Letzterer ein Recht dazu hatte, seine Mitwirkung an der Aufklärung zu verweigern.[1684] Daneben kann der Arbeitgeber arbeitsrechtliche Sanktionen wie Abmahnungen, Versetzungen und Kündigungen ergreifen.[1685] Wurde der Mitarbeiter bereits wegen der Verletzung seiner Nebenpflicht abgemahnt und verweigert dieser weiterhin die Auskunft,[1686] kann das Arbeitsverhältnis verhaltensbedingt gekündigt werden.[1687] Die vorherige Erörterung zum Zweck der Untersuchung ist dabei zu berücksichtigen.[1688] Es erscheint nach der hier vertretenen Ansicht wirkungsvoller, den Arbeitnehmer mithilfe eines Amnestieprogramms zu einer Mitwirkung zu bewegen, sofern dessen Auskunft zwingend erforderlich ist.[1689]

b) Durchsetzbarkeit des arbeitgeberseitigen Auskunftsanspruchs

Über die bereits dargestellten Sanktionsmöglichkeiten eines Arbeitgebers hinaus kann die Auskunftspflicht eines Arbeitnehmers eingeklagt und vollstreckt werden.[1690] Handelt es sich bei der Auskunft um eine Handlung, die nach § 888 Abs. 1 S. 1 ZPO nicht von einem Dritten vorgenommen werden kann und ausschließlich vom Willen des Schuldners abhängt, kann gegen den Schuldner ein Zwangsgeld oder eine Zwangshaft verhängt werden.

1682 Vgl. nur: Dendorfer-Ditges in: MAH ArbR, § 75 Rn. 145; Grützner in: Momsen/Grützner, Wirtschafts- und Steuerstrafrecht, § 16 Rn. 467; Göpfert/Merten/Siegrist NJW 2008, 1703, 1706.

1683 Vgl. nur: Dendorfer-Ditges in: MAH ArbR, § 75 Rn. 145; Göpfert/Merten/Siegrist NJW 2008, 1703, 1706; dahingehend auch: Grützner in: Momsen/Grützner, Wirtschafts- und Steuerstrafrecht, § 16 Rn. 468.

1684 Vgl. nur: Dendorfer-Ditges in: MAH ArbR, § 75 Rn. 145; Göpfert/Merten/Siegrist NJW 2008, 1703, 1707; dahingehend auch: Grützner in: Momsen/Grützner, Wirtschafts- und Steuerstrafrecht, § 16 Rn. 468.

1685 Göpfert/Merten/Siegrist NJW 2008, 1703, 1707; Böhm WM 2009, 1923, 1926.

1686 Dendorfer-Ditges in: MAH ArbR, § 75 Rn. 145.

1687 Vgl. nur: Dendorfer-Ditges in: MAH ArbR, § 75 Rn. 145; Göpfert/Merten/Siegrist NJW 2008, 1703, 1707; zur Abmahnung vor einer verhaltensbedingten Kündigung auch: Schubert ArbR 2023, 334, 335.

1688 Siehe Kapitel 2 A. I.

1689 Siehe Kapitel 2 A. IX. 2.

1690 Vgl. nur: Gerst CCZ 2012, 1, 3; Bittmann/Molkenbur wistra 2009, 373, 375; Park/Eggers in: MAH WirtschaftsstrafR, § 11 Rn. 105.

Ein wesentlicher Anwendungsfall einer unvertretbaren Handlung ist die Verpflichtung, eine Auskunft zu erteilen.[1691] Dem steht § 888 Abs. 3 ZPO nicht entgegen,[1692] wonach die Vorschriften des § 888 ZPO nicht in Fällen zur Anwendung kommen, die die „*Leistung von Diensten aus einem Dienstvertrag*" betreffen. Bei einer Auskunft im Rahmen von internen Untersuchungen handelt es sich um Nebenleistungspflichten, während das Zwangsvollstreckungsverbot aus § 888 Abs. 3 ZPO die Hauptleistungspflichten des Arbeitnehmers und damit seine Arbeitsleistung als solche tangiert.[1693] Die Auskunfts- und Rechenschaftspflicht nach § 666 BGB als Nebenleistungspflicht ist einklagbar und nach § 62 Abs. 2 S. 1 ArbGG[1694] i. V. m. § 888 Abs. 1 ZPO ebenso vollstreckbar[1695] wie die Pflichten eines Arbeitnehmers aus §§ 611, 241 Abs. 2 BGB.[1696]

In der Praxis kommt der Durchsetzbarkeit des Auskunftsanspruchs im Rahmen von internen Untersuchungen jedoch regelmäßig keine wesentliche Bedeutung zu, da die Dauer einer solchen Auskunftsklage nicht mit der Dauer einer internen Untersuchung zu vereinbaren ist.[1697] Nichtsdestotrotz kann hieraus eine Zwangswirkung auf den Arbeitnehmer resultieren. Der Arbeitnehmer ist von seinem Arbeitgeber zur Auskunft anzuweisen. Wird ihm in Zuge dessen die Möglichkeit zur Durchsetzbarkeit erläutert, könnte dies zu einer Zwangslage führen.

1691 Vgl. nur: Gruber in: MüKo ZPO Band 2, § 888 Rn. 3; Hamacher in: Hamacher, Antragslexikon Arbeitsrecht, Kap. E Rn. 15; Böhm WM 2009, 1923, 1925.

1692 So auch: Baranowski, Die Kodifikation von Internal Investigations, S. 168; Doege, Bedeutung des nemo-tenetur-Grundsatzes, S. 431; Rogall in: Wolter/Deiters, SK-StPO Band 2, Vor 133 Rn. 140b; Park/Eggers in: MAH WirtschaftsstrafR, § 11 Rn. 105; a. A. Kraus, Selbstbelastungsfreiheit S. 106 f.

1693 Vgl. nur: Bittmann/Molkenbur wistra 2009, 373, 375 Fn. 27; Böhm, Non-Compliance und Arbeitsrecht, S. 156 f.; Hille, Kooperation von Unternehmen, S. 130.

1694 Röß NZA 2021, 675, 676.

1695 Vgl. nur: Böhm, Non-Compliance und Arbeitsrecht, S. 157; Böhm WM 2009, 1923, 1925; Röß NZA 2021, 675, 676; so auch: Knauer/Buhlmann AnwBl 2010, 2010, 387, 389, die die Auskunftspflicht für vollstreckbar ansehen und daraus ableiten, dass ein Arbeitnehmer keine Entscheidungsfreiheit hat, ob er zum unmittelbaren Aufgabenbereich aussagen möchte oder nicht; Rogall in: Wolter/Deiters, SK-StPO Band 2, Vor 133 Rn. 140b, der die bestehende Auskunftspflicht ohne eine entsprechende Unterteilung für vollstreckbar hält.

1696 Böhm, Non-Compliance und Arbeitsrecht, S. 157 und Böhm WM 2009, 1923, 1925, wonach für §§ 611, 241 Abs. 2 BGB nichts anderes als für §§ 666, 675 Abs. 1 BGB gelten kann.

1697 Vgl. nur: Dann CCZ 2010, 237, 240, der bei der Durchsetzung des Auskunftsanspruchs von erheblichen Verzögerungen ausgeht; dahingehend auch: Gerst CCZ 2012, 1, 3, der einen zeitaufwändigen Rechtsstreit bei einer zügigen Sachverhaltsaufklärung nicht als förderlich ansieht; ähnlich auch: Rübenstahl WiJ 2012, 17, 20, der anzweifelt, dass der Auskunftsanspruch effektiv und zeitnah durchgesetzt werden kann; ebenso: Stück MDR 2021, 268, 273.

c) Zulässigkeit der angedrohten Sanktionen gemäß § 240 StGB

Wie bereits dargestellt, ist die Sanktionierung und zwangsweise Durchsetzung des arbeitgeberseitigen Auskunftsanspruchs möglich. Dabei handelt es sich um rechtlich zulässige Maßnahmen. Fraglich ist jedoch, ob es zulässig ist, dem Arbeitnehmer als unmittelbare Folge eines ihm vorgeworfenen Fehlverhaltens Sanktionen anzudrohen, wenn er in der Mitarbeiterbefragung nicht, nicht vollständig oder nicht wahrheitsgemäß aussagt.

Eine Drohung liegt vor, wenn ein zukünftiges empfindliches Übel in Aussicht gestellt wird und der Drohende vorgibt, auf dessen Eintritt Einfluss zu haben.[1698] Ein Übel ist im weiteren Sinne jede Veränderung der Außenwelt, die als nachteilig empfunden wird.[1699] Dieses muss zudem empfindlich bzw. erheblich sein, wodurch der Bedrohte sein Verhalten nach dem vom Täter gewünschten Verhalten verändert.[1700] Wenn dem Arbeitnehmer rechtswidrig mit einem empfindlichen Übel gedroht wird, wodurch dieser zu einer Handlung – wie der wahrheitsgemäßen, selbstbelastenden Auskunft – veranlasst wird, kann eine Nötigung nach § 240 Abs. 1 StGB vorliegen.

Aus Sicht eines Teils der Literatur kann die Ankündigung einer Kündigung durch die Interviewer ein Übel aufgrund des potenziellen Arbeitsplatzverlustes darstellen,[1701] auch wenn ein tatsächlicher Einfluss auf die Kündigungsentscheidung durch diese nicht gegeben ist.[1702] Ein anderer Teil der Literatur sieht dagegen die Androhung einer Anzeige und Kündigung als rechtmäßig an, wenn damit von einem Unternehmen auf eine Straftat reagiert wird, die ein Mitarbeiter begangen hat.[1703]

1698 Vgl. nur: BGH NJW 1983, 765, 767: „*Der Täter muß tatsächlich oder nach den Befürchtungen des Bedrohten Herr des Geschehens sein, die Herbeiführung oder Verhinderung des angekündigten Nachteils muß (tatsächlich oder scheinbar) in seiner Macht stehen.*“; dahingehend auch: Sinn in: MüKo StGB Band 4, § 240 Rn. 69, wonach der Drohende den Einfluss auf das Übel hat oder vorgibt; Heger in: Lackner/Kühl/Heger, StGB, § 240 Rn. 12; Kraus, Selbstbelastungsfreiheit, S. 112.

1699 Vgl. nur: Valerius in: BeckOK StGB, § 240 Rn. 36; Toepel in: Kindhäuser NK-StGB, § 240 Rn. 103; so auch: Schluckebier/Werner in: SSW-StPO, § 240 Rn. 12, „*etwas Nachteiliges oder [...] Unangenehmes*“.

1700 Vgl. nur: BGH NJW 1983, 765, 767; Valerius in: BeckOK StGB, § 240 Rn. 37; so auch: Schluckebier/Werner in: SSW-StPO, § 240 Rn. 12.

1701 Vgl. nur: Schuster in: Knierim/Rübenstahl/Tsambikakis, Internal Investigations, Kap. 12 Rn. 139, sieht die Drohung mit einer Kündigung als empfindliches Übel an; vgl. auch: Kuhlen, FS Lüderssen, S. 649, 651, wonach die Drohung mit bspw. einer fristlosen Kündigung als ein empfindliches Übel angesehen wird; so etwa: Renners, Private Investigation und Arbeitsrecht, S. 144; Kraus, Selbstbelastungsfreiheit S. 112.

1702 Kraus, Selbstbelastungsfreiheit S. 112.

1703 Vgl. nur: Petri StraFo 2007, 221, 223 f.; Heger in: Lackner/Kühl/Heger, StGB, § 240 Rn. 24; Eisele in: Schönke/Schröder, StGB, § 240 Rn. 23a.

Gemäß § 240 Abs. 2 StGB wird eine Drohung nur in den Fällen als rechtswidrig angesehen, in denen die Androhung des Übels im Verhältnis zum angestrebten Zweck als verwerflich zu erachten ist. Die Verwerflichkeit wird auf Basis der Mittel-Zweck-Relation ermittelt.[1704] Hierfür ist es notwendig, dass der Mittel und der Zweck zueinander in ein Verhältnis gesetzt werden.[1705] Als rechtswidrig wird eine Drohung angesehen, deren Schwere in keinem Verhältnis zum angestrebten Zweck steht.[1706] Gleiches gilt, wenn es an einem inneren Zusammenhang zwischen Mittel und Zweck fehlt.[1707]

So wird es als unzulässig angesehen, wenn im Rahmen einer Mitarbeiterbefragung gegenüber dem Befragten mit der Erstattung einer Anzeige für einen Sachverhalt gedroht wird, die in keinem Zusammenhang mit der Untersuchung steht. Dagegen wird der Hinweis auf die Möglichkeit einer Strafanzeige als zulässig erachtet, die sich auf Vorgänge bezieht, bei denen sich der Arbeitnehmer möglicherweise strafbar gemacht hat, wobei dies Gegenstand der Sachverhaltsaufklärung ist.[1708] So ist eine strafbare Nötigung denkbar, wenn der Arbeitnehmer während der Befragung keine Auskunft hätte geben müssen, da sich die Frage nicht auf seinen unmittelbaren Auskunftsbereich bezog, und eine Interessenabwägung bei Fragen zum mittelbaren Auskunftsbereich zuungunsten des Unternehmens ausgefallen ist, diesem allerdings dennoch mit einer Kündigung gedroht wurde.[1709] Gleiches gilt, wenn es an der schweren Pflichtverletzung bzw. Straftat oder dem inneren Zusammenhang mit der internen Untersuchung fehlt.[1710]

1704 Eidam in: Matt/Renzikowski, StGB, § 240 Rn. 61; Heger in: Lackner/Kühl/Heger, StGB, § 240 Rn. 18.

1705 Vgl. nur: BGH NJW 1983, 765, 767, wonach *„die Verquickung von Mittel und Zweck [...] nach allen bei der Wertung zu berücksichtigenden Umständen verwerflich sein“* muss, damit § 240 StGB erfüllt wird; Eisele in: Schönke/Schröder, StGB, § 240 Rn. 9, wonach die Drohung mit dem Zweck in eine Beziehung zu setzen ist; Eidam in: Matt/Renzikowski, StGB, § 240 Rn. 61.

1706 Vgl. nur: BayObLG NJW 1971, 768, 769; OLG Hamm NJW 1982, 2676, 2678; Heger in: Lackner/Kühl/Heger, StGB, § 240 Rn. 24.

1707 Vgl. nur: BayObLG NJW 1971, 768, 769; Heger in: Lackner/Kühl/Heger, StGB, § 240 Rn. 24; Toepel in: Kindhäuser NK-StGB, § 240 Rn. 153; bei Androhung von erlaubtem Verhalten den Tatbestand bereits ablehnend: Lesch, FS Rudolphi, S. 483, 487.

1708 Weiß CCZ 2014, 136, 137.

1709 Im Ergebnis so auch: Hille, Kooperation von Unternehmen, S. 134 und Kraus, Selbstbelastungsfreiheit S. 113; vgl. zum Risiko der Nötigung durch das Ermittlerteam auch: Rübenstahl WiJ 2012, 17, 29.

1710 Vgl. nur: Schuster in: Knierim/Rübenstahl/Tsambikakis, Internal Investigations, Kap. 12 Rn. 142, wonach ein Zusammenhang zwischen gewünschtem Verhalten und dem verwendeten Nötigungsmittel bestehen muss, damit die Drohung nicht als verwerflich anzusehen ist; Wessing in: Moosmayer/Lösler, Corporate Compliance, § 47 Rn. 137; Kraus, Selbstbelastungsfreiheit S. 113.

Somit ist es bei einer Drohung im Rahmen von einer Mitarbeiterbefragung relevant, dass ein Verdacht auf das Vorliegen einer schweren Straftat oder Pflichtverletzung vorliegt, der auf objektiven Tatsachen beruht und in einem Kontext mit der konkreten Untersuchung steht.[1711] Da es hieran durchaus fehlen kann,[1712] bedarf es bei der Frage, ob eine Strafbarkeit nach § 240 StGB vorliegt, einer Prüfung des Einzelfalls; eine allgemeingültige Aussage ist indes nicht möglich.[1713]

Um den Eindruck einer Drohung zu vermeiden, wird in der Literatur für Interviewer empfohlen, im Zusammenhang mit der Tonlage, Mimik und Gestik sachlich[1714] zu bleiben, wenn der verweigernde Arbeitnehmer über die Konsequenzen informiert wird und hierdurch ein ‚sanfter Druck' mit dem Ziel einer Kooperation ausgeübt wird.[1715] Indes wird es von der Wahrnehmung der befragten Person abhängen, ob die so durchgeführte Informationsvermittlung als Drohung empfunden wird.

Um eine Kooperation zu erreichen und die Drucksituation abzumildern, kann sich das Unternehmen für eine Amnestieregelung entscheiden, bei der auf arbeits- oder zivilrechtliche Ansprüche gegen den Arbeitnehmer verzichtet wird.[1716]

d) Stellungnahme

Dem Arbeitgeber stehen diverse Handlungsmöglichkeiten zur Verfügung, wenn sich der Arbeitnehmer weigert, Auskunft zu geben und hierdurch bei der Sachverhaltsaufklärung mitzuwirken. Dazu gehört die Zurückbehaltung eines Teils seiner Vergütung nach § 273 Abs. 1 BGB. Zudem kann der Arbeitgeber arbeitsrechtliche Sanktionen ergreifen, wenn hierdurch § 1 Abs. 2 S. 1 KSchG nicht konterkariert wird.[1717]

1711 Vgl. nur: Wessing in: Moosmayer/Lösler, Corporate Compliance, § 47 Rn. 137; Schuster in: Knierim/Rübenstahl/Tsambikakis, Internal Investigations, Kap. 12 Rn. 142; Wilsing/Goslar in: Krieger/Schneider, Handbuch Managerhaftung, § 17 Rn. 17.67.

1712 Wilsing/Goslar in: Krieger/Schneider, Handbuch Managerhaftung, § 17 Rn. 17.67.

1713 Hille, Kooperation von Unternehmen, S. 134.

1714 Vgl. nur: Schuster in: Knierim/Rübenstahl/Tsambikakis, Internal Investigations, Kap. 12 Rn. 142, wonach sich auf sachliche Informationen über die Konsequenzen, die eine Kooperationsverweigerung mit sich bringen kann, beschränkt werden soll; ebenso: Kuhlen, FS Lüderssen, S. 649, 659, der die „*sachliche Information*" für notwendig erachtet; Weiß CCZ 2014, 136, 137.

1715 Weiß CCZ 2014, 136, 137.

1716 Siehe Kapitel 2 A. IX. 2.; so auch: Wewerka, Internal Investigations, S. 262, wonach Siemens die Drucksituation durch Amnestien abgemildert hat.

1717 Siehe Kapitel 2 B. III. 6. a).

Darüber hinaus kann der Arbeitgeber seinen Auskunftsanspruch rechtlich durchsetzen, wenngleich sich dies in der Praxis regelmäßig als langwierig und damit mit einer schnellen Aufklärung des Sachverhalts als nicht vereinbar erweist.[1718] Nichtsdestotrotz kann hierdurch eine Zwangswirkung auf den Arbeitnehmer ausgelöst werden. Es wird jedoch als eher zulässig angesehen, wenn der befragte Arbeitnehmer, der eine Straftat oder eine Pflichtverletzung begangen hat, die Gegenstand der internen Untersuchung ist, sachlich auf die möglichen Konsequenzen wie eine Kündigung hingewiesen wird.[1719] Alternativ bietet sich die Vereinbarung einer Amnestieregelung an, um eine potenzielle Drucksituation für den Arbeitnehmer zu vermeiden.[1720]

7. Nemo-tenetur-Grundsatz als Grenze der Selbstbelastungspflicht bei Mitarbeiterbefragungen

Die dargestellten Rechtsprechungen und Literaturansichten haben die Selbstbelastungspflicht nicht einheitlich beurteilt. Die Ausführungen haben jedoch gezeigt, dass es hinreichende Gründe gibt, die für die Annahme einer Selbstbelastungspflicht von Arbeitnehmern aufgrund der regelmäßig überwiegenden arbeitgeberseitigen Interessen sprechen. Fraglich ist jedoch, ob bei der vorrangigen Berücksichtigung der Arbeitgeberinteressen der Nemo-tenetur-Grundsatz verletzt werden könnte. Der Nemo-tenetur-Grundsatz könnte unmittelbar aufgrund eines staatlichen Zwangs zu beachten sein.

Im Zusammenhang mit internen Untersuchungen soll der Grundsatz noch einmal betrachtet werden: ‚nemo tenetur se ipsum accusare' bedeutet wörtlich, dass „*niemand dazu verpflichtet ist, sich selbst anzuklagen.*"[1721] Der Grundsatz ist ein grundlegendes Prinzip des rechtsstaatlichen Strafverfahrens. Der Beschuldigte braucht sich demnach nicht zu den Vorwürfen äußern, die gegen ihn erhoben werden.[1722] Mit dem Grundsatz unvereinbar ist nach dem BVerfG und BGH die Anwendung von Zwang, „*sich durch seine eigene Aussage einer Straftat zu bezichtigen oder zu seiner Überführung aktiv bei[...]tragen*"[1723] zu müssen. Dabei muss der Beschuldigte „*frei von Zwang eigenverantwortlich entscheiden können, ob und gegebenenfalls inwieweit er im Strafverfahren mitwirkt.*"[1724]

1718 Siehe Kapitel 2 B. III. 6. b).

1719 Siehe Kapitel 2 B. III. 6. c).

1720 Siehe zur Amnestieregelung Kapitel 2 A. IX. 2.

1721 Johannes/Weinhold in: Sydow/Marsch, DS-GVO/BDSG, § 65 Rn. 35; ähnlich auch: Hartmann-Rüppel/Nagel CB 2022, 230, 233 Fn. 19.

1722 Eufinger BB 2023, 1010, 1010.

1723 Vgl. nur: BVerfG NJW 2004, 999, 1005; BVerfG NJW 2013, 1058, 1061 Rn. 60; BGH NJW 2018, 1986, 1987.

1724 Vgl. nur in die Richtung: BVerfG NJW 1975, 103, 103 im Zusammenhang mit der freien Entscheidung über das Auskunftsverweigerungsrecht eines Zeugen; ausdrück-

Anders als ein Beschuldigter im Strafverfahren, bei der eine natürliche Person den Organen des Staates gegenübersteht, handelt es sich bei internen Untersuchungen regelmäßig um Sachverhaltsaufklärungen zwischen Privaten. Damit einhergehend hat der Arbeitnehmer keine formale Stellung als Beschuldigter, wenngleich er einer Tat verdächtigt werden kann. Soll der Grundsatz nun auch auf das privatrechtliche Verhältnis angewendet werden, dann dürfte der Arbeitnehmer nicht zur Auskunft verpflichtet sein, wenn er sich damit einer Straftat bezichtigen müsste. Er müsste ohne den Einsatz von Zwang darüber entscheiden können, ob er an seiner eigenen Überführung mitwirken möchte. Der Grundsatz würde zu einem *„Grundrecht[...] auf Schweigen"*[1725] werden. Der Grundsatz muss jedoch in den Rechten anderer Personen eine Grenze finden. Ist der Arbeitgeber auf die Informationen des Arbeitnehmers angewiesen, kann sein Schweigen nicht grenzenlos gelten.[1726] Gleichwohl ist der Arbeitnehmer zu schützen, wenn die von ihm erteilte Information über den Informationszweck des Arbeitgebers hinaus verwendet werden soll. Dies ist im Fall einer Verwertung durch die Strafverfolgungsbehörden in einem gegen den Arbeitnehmer gerichteten Verfahren anzunehmen.

Der Schutz kann durch ein Auskunftsverweigerungsrecht[1727] oder ein Beweisverwertungsverbot[1728] erreicht werden. Welcher Schutz bei Arbeitnehmern Anwendung findet, ist in der Literatur[1729] umstritten. Bei der Annahme einer Selbstbelastungsfreiheit bedarf es keines Beweisverwertungsverbotes

lich allerdings: BVerfG NJW 2013, 1058, 1061 Rn. 60 und BGH NJW 2018, 1986, 1987 Rn. 23.

1725 Stürner NJW 1981, 1757, 1757; Verrel NStZ 1997, 361, 364.

1726 Vgl. hierzu Kapitel 2 B. III. 5. b) cc) (5).

1727 Vgl. nur: Vogtmeier, Arbeitnehmerdatenschutz bei internen Untersuchungen, S. 454, wonach ein Schutz durch die Einschränkung der Auskunftspflicht erzielt werden kann; zum Auskunftsverweigerungsrecht aus dem Nemo-tenetur-Grundsatz auch: Prechtel/Schulz in: Momsen/Grützner, Wirtschafts- und Steuerstrafrecht, § 24 Rn. 210; Eufinger BB 2023, 1010, 1010.

1728 Vgl. nur: Vogtmeier, Arbeitnehmerdatenschutz bei internen Untersuchungen, S. 454; zum selbstständigen Beweisverwertungsverbot, das aus dem Nemo-tenetur-Grundsatz folgen kann: Meyer-Mews JuS 2004, 39, 39; so auch: Hefendehl wistra 2003, 1, 8, wonach der Nemo-tenetur-Grundsatz gemäß dem Gemeinschuldnerbeschluss des BVerfG ein Verwertungsverbot gefordert hat.

1729 Zur Annahme eines Schweigerechts für Arbeitnehmer: Schmitt in: Meyer-Goßner/Schmitt, StPO, § 136 Rn. 7a, der für Arbeitnehmer bei Mitarbeiterbefragungen ein Schweigerecht anerkennt, ein Beweisverwertungsverbot aufgrund eines ausschließlichen Zwangs abgeleitet aus einem zivilrechtlichen Vertragsverhältnis ausschließt; dagegen für ein Beweisverwertungsverbot: Doege, Bedeutung des nemo-tenetur-Grundsatzes, S. 444 und Vogtmeier, Arbeitnehmerdatenschutz bei internen Untersuchungen, S. 454, 596 sowie Baranowski, Die Kodifikation von Internal Investigations, S. 184.

(erste Schutzalternative).[1730] Wird indes eine selbstbelastende Auskunftspflicht angenommen, kann diese über ein Beweisverwertungsverbot kompensiert werden (zweite Schutzalternative).[1731]

Daher ist zunächst zu erörtern, welche Art von Zwang zur Selbstbelastung in einer Mitarbeiterbefragung vorliegen kann und ob damit der Nemo-tenetur-Grundsatz berührt wird. Des Weiteren ist zu prüfen, ob dem Staat das Handeln des Arbeitgebers zugerechnet werden kann. Denn wenn ein Unternehmen lediglich als der ‚verlängerte Arm' der Strafverfolgungsbehörden agiert, könnte der Nemo-tenetur-Grundsatz unmittelbar berührt werden. Zuletzt ist zu klären, ob das Interesse des Arbeitnehmers zu schweigen tatsächlich in den arbeitgeberseitigen Interessen seine Grenze findet, da diese überwiegen.

a) Zwang zur Selbstbelastung bei Mitarbeiterbefragungen

Das BVerfG[1732] und der BGH[1733] haben im Rahmen ihrer bisherigen Rechtsprechung anerkannt, dass aufgrund des Nemo-tenetur-Grundsatzes ein Zwang zur Selbstbelastung verboten ist. Dieser Zwang bezog sich auf die Aussage oder Mitwirkung an einem Strafverfahren.[1734] Unter Zwang kann sowohl ein unmittelbar als auch ein mittelbar ausgeübter Druck verstanden werden.[1735]

Für die Anwendbarkeit des Nemo-tenetur-Grundsatzes bei internen Untersuchungen ist daher zunächst zu erörtern, ob ein Zwang zur Selbstbelastung im Arbeitsverhältnis vorliegt. Fraglich ist darüber hinaus, ob dieser Zwang mit der Intensität staatlichen Zwangs gleichzusetzen ist.

1730 Vgl. nur: Schmitt in: Meyer-Goßner/Schmitt, StPO, § 136 Rn. 7a, der für Arbeitnehmer bei Mitarbeiterbefragungen ein Schweigerecht anerkennt, ein Beweisverwertungsverbot aufgrund eines ausschließlichen Zwangs abgeleitet aus einem zivilrechtlichen Vertragsverhältnis ausschließt; Rogall in: Wolter/Deiters, SK-StPO Band 2, Vor § 133 Rn. 140a; im Ergebnis so auch: Doege, Bedeutung des nemo-tenetur-Grundsatzes, S. 140.

1731 Vgl. nur: Rogall in: Wolter/Deiters, SK-StPO Band 2, Vor § 133 Rn. 140b; so auch: Doege, Bedeutung des nemo-tenetur-Grundsatzes, S. 140; Wolff, Selbstbelastung und Verfahrenstrennung, S. 136.

1732 Vgl. nur: BVerfG NJW 2013, 1058, 1061 Rn. 60; BVerfG NJW 2014, 3506, 3506 Rn. 13; BVerfG BeckRS 2016, 51435 Rn. 34.

1733 Vgl. nur: BGH NJW 2009, 2463, 2466 Rn. 36; BGH NJW 2017, 94, 99 Rn. 58; BGH NJW 2018, 1986, 1987 Rn. 23.

1734 Vgl. nur: BGH NJW 1996, 2940, 2943; BGH NJW 2007, 3138, 3140 Rn. 22; LG Göttingen BeckRS 2008, 3494.

1735 Vgl. nur: Rogall in: Wolter/Deiters, SK-StPO Band 2, Vor § 133 Rn. 139; Engländer ZIS 2008, 163, 163; differenzierter: Doege, Bedeutung des nemo-tenetur-Grundsatzes, S. 112 ff.

aa) Zwang bei Mitarbeiterbefragungen – staatlicher Zwang

Wie bereits festgestellt, kann aus der Durchsetzbarkeit des arbeitgeberseitigen Auskunftsanspruchs eine Zwangswirkung resultieren.[1736]

Als unklar gilt, welche Intensität der Zwang haben muss, damit der Schutz des Nemo-tenetur-Grundsatzes greift.[1737] Einerseits kann angeführt werden, dass ein verbotener Selbstbelastungszwang nicht durch das bloße Androhen eines Übels, sondern erst mit der tatsächlichen Verwirklichung realisiert wird.[1738] Andererseits wird teilweise davon ausgegangen, dass die Intensitätsschwelle bei der Androhung einer Kündigung das erforderliche Maß überschreitet und der Nemo-tenetur-Grundsatz berührt ist.[1739] Im Kontext interner Untersuchungen wird die anzunehmende Vollstreckbarkeit der Selbstbelastungspflicht im privatrechtlichen Verhältnis zum Teil als ausreichend anzusehen sein, um den Nemo-tenetur-Grundsatz und das darin enthaltene Zweckelement zu bejahen.[1740] Dies wird auch von anderen Teilen der Literatur im Kontext der Auskunftspflicht eines Insolvenzschuldners vertreten und damit begründet, dass ein Schuldner, der seine erzwingbare Auskunftspflicht erfüllt, schlechtergestellt wird als derjenige, der seine Mitwirkung verweigert und es auf eine Klage ankommen lässt.[1741] Dieses Ungleichgewicht lässt sich auch auf das Verhältnis zwischen Arbeitnehmer und Arbeitgeber übertragen. Nur dem Arbeitnehmer, der die Klage in Kauf nimmt, würde nach der zuerst angeführten Argumentation eine Zwangswirkung und damit die Anwendung des Nemo-tenetur-Grundsatzes zugestanden werden.

1736 Siehe Kapitel 2 B. III. 6. b), c).

1737 Greco/Caracas NStZ 2015, 7, 11.

1738 Vgl. nur: Rogall in: Wolter/Deiters, SK-StPO Band 2, Vor § 133 Rn. 139, wonach der Grundsatz der Abwehr einer finalen Zwangsausübung dient; vgl. ebenfalls: Paeffgen, Vorüberlegungen zu einer Dogmatik des Untersuchungshaft-Rechts, S. 69 f., wonach eine Androhung nicht ausreicht; Verrel, Die Selbstbelastungsfreiheit im Strafverfahren, S. 212 f.

1739 Greco/Caracas NStZ 2015, 7, 11; vgl. Stegbauer in: Parigger/Helm/Stevens-Bartol, Arbeits- und Sozialstrafrecht, § 136a StPO Rn. 19, sieht in der Drohung mit einer Kündigung aufgrund der Durchsetzbarkeit einen Zwang zur Selbstbelastung; vgl. Sinn in: MüKo StGB Band 4, § 240 Rn. 78, wonach die Entziehung der Arbeitsstelle als empfindliches Übel angesehen wird.

1740 Rogall in: Wolter/Deiters, SK-StPO Band 2, Vor § 133 Rn. 140b; ähnlich auch: Stegbauer in: Parigger/Helm/Stevens-Bartol, Arbeits- und Sozialstrafrecht, § 136a StPO Rn. 19.

1741 Wedekind in: Pape/Uhländer, Insolvenzrecht, § 97 Rn. 37 und Schork NJW 2007, 2056, 2058 beziehen sich dabei allerdings auf die Auskunftspflicht von Schuldnern; Wilkens, Internal Investigations, S. 893 f., wobei hierbei der Bezug zu einem Insolvenzschuldner oder Arbeitnehmer nicht konkretisiert wird.

Es kann daher keinen Unterschied machen, ob die Auskunft ‚erzwingbar' ist oder ‚erzwungen' wurde.[1742] In beiden Situationen ist nicht davon auszugehen, dass der Arbeitnehmer sein Wissen auf Basis einer freien Entscheidung offenbart,[1743] denn hierfür wäre es notwendig, dass die Erfüllung der Auskunftspflicht nicht durch Zwangsmittel rechtlich durchgesetzt werden kann.[1744] Denn wie zuvor festgestellt, kann der arbeitgeberseitige Auskunftsanspruch nach § 888 Abs. 1 ZPO durchgesetzt werden.[1745] Folglich ist ein rechtlicher Zwang anzunehmen.

Fraglich ist, ob der Zwang in einer Mitarbeiterbefragung die Intensität eines staatlichen Zwangs haben könnte.

Bei internen Untersuchungen könnte angenommen werden, dass kein mit einer staatlichen Ermittlung gleichzusetzender Zwang besteht. Dabei könnte mitunter an die unterschiedliche Kräfteverteilung angeknüpft werden, indem vertreten wird, dass es den Ermittlerteams an der Handhabe fehlt, die Mitarbeiter zu einer Auskunft zu zwingen.[1746] Diese Ansicht wurde bereits widerlegt, sodass der Arbeitgeber im Vergleich zum Arbeitnehmer eine überlegene Position einnehmen kann, wodurch sowohl eine unterschiedliche Kräfteverteilung als auch die Möglichkeit zum Einsatz von Zwang vorliegt.[1747]

Einzelne Autoren sehen die Konfliktlage eines befragten Arbeitnehmers in der vom Gesetzgeber geschaffenen Mitwirkungspflicht der Arbeitnehmer begründet. So sei in der privatrechtlichen, individuellen Vereinbarung zwischen dem Arbeitgeber und dem Arbeitnehmer eine uneingeschränkte Auskunftspflicht in der Regel nicht vorgesehen. Daher sei der Arbeitnehmer erst dadurch in der Konfliktlage, sich selbst belasten zu müssen, da der Gesetzgeber Vorschriften geschaffen hat, die den Arbeitnehmer zur Auskunft verpflichten, zumal der Auskunftsanspruch durchsetzbar ist.[1748] Somit wird diese Zwangslage als durch den Staat bewirkt angesehen.[1749] Die Annahme eines staatlichen Zwangs wird vereinzelt in der Literatur mit der

---

1742 Wilkens, Internal Investigations, S. 893 f.

1743 Wilkens, Internal Investigations, S. 894.

1744 Wilkens, Internal Investigations, S. 894 Fn. 3767.

1745 Siehe Kapitel 2 B. III. 6. b).

1746 Vgl. Scherp, Fraud Management, S. 238, der keine Zwangsmittel ansieht, die dem Arbeitgeber zur Herbeiführung einer Aussage zur Verfügung stehen.

1747 Siehe zu den Handlungsmöglichkeiten eines Arbeitgebers bei der Verweigerung der Mitwirkung eines Arbeitnehmers Kapitel 2 B. III. 6.

1748 Vgl. nur: Buchert, Die unternehmensinterne Befragung, S. 215; im Ergebnis ebenso: Rödiger, Strafverfolgung von Unternehmen, S. 276 f.; vgl. Wolff, Selbstbelastung und Verfahrenstrennung, S. 131 ff., zur Schaffung einer staatlichen Zwangslage durch verwaltungsrechtliche Mitwirkungspflichten.

1749 Vgl. nur: Gerst CCZ 2012, 1, 3, wonach der Zwang zur Selbstbelastung mit staatlicher Hilfe ausgeübt wird; Rogall in: Wolter/Deiters, SK-StPO Band 2, Vor § 133

vorgebrachten Argumentation entkräftet, dass für den vorliegenden privatrechtlichen Konflikt der Staat lediglich das Instrument der Durchsetzung zur Verfügung stellt, um die Konfliktlage aufzulösen.[1750]

Im Arbeitsverhältnis kann ein durch staatliches Recht vermittelter Zwang vorliegen,[1751] der die mittelbare Folge einer Pflichtverletzung des Arbeitnehmers auf seine Auskunftsverweigerung ist.[1752] Eine unmittelbare staatliche Beteiligung kommt jedoch erst bei der Zwangsvollstreckung der arbeitsrechtlichen Auskunftspflicht in Betracht. Vor dem Einsatz dieses Instruments ist das Interesse an der Auskunft ausschließlich privatrechtlich motiviert.[1753] Im Zeitpunkt der Zwangsausübung, das heißt bei Unterrichtung über die potenziellen Konsequenzen eines arbeitnehmerseitigen Schweigens, liegt daher kein unmittelbar staatlicher, aber ein rechtlicher Zwang vor.

bb) Zwang bei Mitarbeiterbefragungen – wirtschaftlicher Zwang

Fraglich ist nunmehr, inwieweit auch ein wirtschaftlicher bis hin zu existenzbedrohender Zwang auf Arbeitnehmer bei Mitarbeiterbefragungen ausgeübt werden kann.

Ein wirtschaftlicher Druck kann ausgeübt werden, indem dem Betroffenen wirtschaftliche Nachteile dargelegt werden, die ihn treffen könnten, wenn er die gewünschte Entscheidung nicht trifft. Die Entscheidung des Betroffenen – im Falle eines Arbeitnehmers zu schweigen oder eine Auskunft zu geben –, muss dabei so erheblich beeinträchtigt werden, dass eine Zwangssituation anzunehmen ist.[1754] Im Fall eines Arbeitnehmers zählen zu den

---

Rn. 140 c; Rödiger, Strafverfolgung von Unternehmen, S. 276 f.; Buchert, Die unternehmensinterne Befragung, S. 215.

1750 Vgl. nur: Knauer/Buhlmann AnwBl 2010, 387, 389; Momsen/Grützner DB 2011, 1792, 1795; Baranowski, Die Kodifikation von Internal Investigations, S. 50.

1751 Vgl. nur: Rödiger, Strafverfolgung von Unternehmen, S. 276 f.; so auch: Scharnberg, Illegale Internal Investigations, S. 290; Hille, Kooperation von Unternehmen, S. 272.

1752 Hille, Kooperation von Unternehmen, S. 272.

1753 Vgl. hierzu nur: Knauer/Buhlmann AnwBl 2010, 387, 389; Momsen ZIS 2011, 508, 513 und Momsen/Grützner DB 2011, 1792, 1795, die einen privatrechtlichen Konflikt sehen, in dem der Staat lediglich das Instrument des Zwangs zur Verfügung stellt; sowie: Baranowski, Die Kodifikation von Internal Investigations, S. 50, die die Zwangslage des Arbeitnehmers grundsätzlich als nicht staatlich, sondern vertraglich veranlasst ansehen; ähnlich: Doege, Bedeutung des nemo-tenetur-Grundsatzes, S. 433, der eine vergleichbare Situation zum Gemeinschuldner bei einem privatrechtlichen Auskunftsanspruch dann sieht, wenn er gerichtlich festgestellt und mit einer Zwangsvollstreckung vollstreckt wird.

1754 Vgl. hierzu Götting in: Götting/Nordemann, UWG, § 4a Rn. 32, wobei hierbei von einem Betroffenen, jedoch nicht konkret von einem Arbeitnehmer ausgegangen wird.

wirtschaftlichen Nachteilen insbesondere arbeitsrechtliche Maßnahmen wie finanzielle Einbußen durch einen Schadensersatz oder eine Kündigung.[1755]

Mit einem Arbeitsplatzverlust gehen dabei nicht nur finanzielle Konsequenzen einher. Weitere Belastungen stellen die Zukunftsunsicherheit sowie die soziale Stigmatisierung dar. Auch können u. a. das Selbstwertgefühl und die soziale Einbindung geschwächt werden oder gänzlich verloren gehen.[1756] Aus der Begrifflichkeit ‚existenzbedrohend' lässt sich zudem ableiten, dass es sich dabei um einen Umstand handelt, der die Existenz bspw. einer Person ernsthaft gefährdet. Im Falle einer Kündigung bedarf es daher einer Verquickung persönlicher Umstände, damit die wirtschaftlichen Nachteile ein solches Ausmaß annehmen, dass sie zeitgleich auch die Existenz einer Person bedroht.

Zu klären ist nunmehr, ob diese Zwangsausübung ausreicht, um den Nemo-tenetur-Grundsatz zu berühren.

Wenngleich die nachfolgenden gerichtlichen Entscheidungen zu Asylverfahren bereits Bezug auf strafrechtliche Beweisverwertungsverbote nehmen, sollen die darin ausgeführten Erläuterungen zum Nemo-tenetur-Grundsatz zunächst im vorliegenden Kontext eines wirtschaftlichen Zwangs eingeordnet werden.

Der BGH hatte in einem Beschluss aus dem Jahr 1989 zu entscheiden, ob die Angaben eines Asylbewerbers im Asylverfahren strafrechtlich verwertet werden können. Dabei sah es der BGH als *„zweifelhaft"*[1757] an, ob von dem Grundsatz, dass sich der Asylbewerber zwischen dem Schutz vor einer Selbstbelastung oder der Rechtsverwirklichung entscheiden muss, eine Ausnahme gemacht werden kann, wenn *„besonders gewichtige oder gar existentielle Nachteile drohen"*[1758]. Die vom BGH hervorgebrachten Zweifel wurden zwar kundgetan, waren jedoch nicht weiter Bestandteil der Entscheidung.[1759] Das VG Düsseldorf hat entgegen der Ansicht des BGH *„im Einzelfall eine mit der dem Schutz des ‚nemo tenetur se ipsum accusare'-Grundsatzes unterliegenden Zwangslage vergleichbare Intensität"*[1760] bei einem Einlassdruck als nicht auszuschließen angesehen. Dies bejahte das VG Düsseldorf insbesondere in Fällen, in denen dem Betroffenen *„besonders ge-*

1755 Siehe Kapitel 2 III. 6. a).

1756 Kieselbach/Beelmann Psychotherapeut 2006, 452, 454.

1757 BGH NJW 1990, 1426, 1427.

1758 BGH NJW 1990, 1426, 1427.

1759 BGH NJW 1990, 1426, 1427, wonach die Fragestellung nicht entschieden werden brauchte; so auch: OLG Düsseldorf NStZ 1992, 349, 350, wonach der BGH die Zweifel benannt, aber auf sich beruhen lassen hat.

1760 VG Düsseldorf BeckRS 2017, 114904 Rn. 10.

wichtige oder gar existenzielle Nachteile drohen“[1761].[1762] Im Vergleich zum Asylbewerber hat der Arbeitnehmer eine erzwingbare Auskunftspflicht.[1763] Allerdings dürften die existenziellen Folgen für einen Asylbewerber, der mit dem Schweigen den Erfolg seines Asylantrags gefährdet, schwerer wiegen als die mit dem Schweigen des Arbeitnehmers hervorgerufene Kündigung.[1764] Die Auffassung des VG Düsseldorf zeigt indes, dass eine den Nemo-tenetur-Grundsatz berührende Zwangslage auch dann in Einzelfällen angenommen werden kann, wenn gerade kein staatlicher Zwang vorliegt.

Dahingehend argumentieren auch vereinzelte Teile der Literatur. Demnach können die Zwangsmittel, die dem Arbeitgeber zur Verfügung stehen, bei dem Arbeitnehmer eine Existenzbedrohung auslösen, weshalb die Art des Zwangs – ob staatlicher oder tatsächlicher – keinen Unterschied macht. Die Situation des Arbeitnehmers verändert sich dadurch nicht.[1765] Der Druck, den die internen Ermittler durch die Darlegung der arbeits- und zivilrechtlichen Konsequenzen – wie einer Kündigung – auf die Arbeitnehmer in Mitarbeiterbefragungen ausüben, kann erheblich sein.[1766] Gleichzeitig wird es für einen Arbeitnehmer in einer Befragungssituation – wenn überhaupt – nur einen geringen Unterschied ausmachen, ob sich dieser gerade im Rahmen eines staatlichen Verfahrens als Beschuldigter befindet oder vom Arbeitgeber als Verdächtigter befragt wird.[1767] Relevant ist eine Drucksituation mit einer vergleichbaren Intensität, wodurch die Entscheidungsfreiheit des Arbeitnehmers beeinträchtigt wird.[1768] Diese Ansichten der Literatur eint der Wunsch, die Mitarbeiter zu schützen. Mit Rückgriff auf die Eingangsfrage kann festgehalten werden, dass ein wirtschaftlicher Zwang für den Arbeitnehmer durchaus gravierend sein kann. Jedoch ist nicht davon auszugehen, dass jede arbeits- bzw. zivilrechtliche Sanktionierung eines Arbeitnehmers

---

1761 VG Düsseldorf BeckRS 2017, 114904 Rn. 10.

1762 VG Düsseldorf BeckRS 2017, 114904 Rn. 10.

1763 Kocak, Selbstbelastungspflichten bei Mitarbeiterbefragungen, S. 191.

1764 Wilkens, Internal Investigations, S. 893.

1765 Böhm WM 2009, 1923, 1928; Petrasch CB 2020, 45, 48.

1766 Vgl. nur: Böhm WM 2009, 1923, 1928, wonach die Maßnahme die Existenz bedrohen könne; Wewerka, Internal Investigations, S. 240 f., wonach die angedrohten zivil- und arbeitsrechtlichen Nachteile erheblich sein können; Hille, Kooperation von Unternehmen, S. 274 f., wonach der Druck auf den Mitarbeiter groß sein kann.

1767 Vgl. nur: Wewerka, Internal Investigations, S. 242, unter der Annahme einer vergleichbaren Intensität der Drucksituation; Hille, Kooperation von Unternehmen, S. 275; ähnlich: Bischoff/Minoggio in: Böttger, Wirtschaftsstrafrecht in der Praxis, Kap. 20 Rn. 144, die den auf den Arbeitnehmer ausgeübten Druck im Arbeitsverhältnis in vielen Fällen sogar als größer erachten, als dies im Strafverfahren wäre.

1768 Vgl. nur: Wastl/Litzka/Pusch NStZ 2009, 68, 71; Wewerka, Internal Investigations, S. 242; vgl. hierzu auch: Knauer/Buhlmann AnwBl 2010, 387, 388, die die persönliche sowie wirtschaftliche Drucksituation im Zusammenhang mit einer Amnestieregelung als erheblich einschätzen, da keine Entscheidungsfreiheit besteht.

zu einer existenzbedrohenden Situation führt. Hierbei ist vielmehr der konkrete Einzelfall[1769] zu betrachten. Ein staatlicher Zwang liegt indes nicht vor. Auch erscheint es nach der hier vertretenen Ansicht fraglich, pauschal ein vergleichbares Empfinden wie bei einem staatlichen Zwang anzunehmen. Vielmehr kommt es auf das Empfinden der befragten Person im Einzelfall und ihre Einschätzung[1770] an, ob bspw. ein Gespräch zwischen Privaten mit der möglichen Folge einer Kündigung die gleiche belastende Intensität annehmen kann wie ein Gespräch mit einer staatlichen Institution, bei der eine Gefahr wie ein Strafverfahren besteht.

Zusammenfassend kann bei Mitarbeiterbefragungen ein wirtschaftlicher und in Einzelfällen auch ein faktischer, existenzbedrohender Zwang durch die Ausübung von Druck angenommen werden. Die Berührung des Nemo-tenetur-Grundsatzes aufgrund existenzieller Nachteile für die Auskunftsperson müsste indes erheblich sein, um die Einschätzung des VG Düsseldorf übertragen zu können. Eine Kündigung und die Ablehnung des Asylantrags, wonach im schlimmsten Fall die Pflicht zur Ausreise besteht, sind allerdings nicht unmittelbar vergleichbar. Eine pauschale Übertragbarkeit auf alle auskunftspflichtigen Arbeitnehmer kann dann insbesondere nicht angenommen werden; folglich bedarf es einer Prüfung des konkreten Einzelfalls. Die Anwendbarkeit des Nemo-tenetur-Grundsatzes könnte indes vorliegen, wenn das Handeln der Privaten dem Staat zuzurechnen ist.[1771] Alternativ könnte die Zwangslage des Arbeitnehmers auf Grundlage des Fair-Trial-Grundsatzes gelöst werden. Aus systematischen Gründen wird diese Möglichkeit an späterer Stelle betrachtet.[1772]

cc) Zwang ohne objektive Auskunftspflicht?

Auf den Arbeitnehmer können wie zuvor dargestellt verschiedene Auskunftszwänge einwirken. Fraglich ist, ob ein Zwang auch dann anzunehmen ist, wenn objektiv keine Auskunftspflicht vorliegt. Das kann angenommen werden, wenn zwar tatsächlich keine rechtliche Pflicht zur Auskunft besteht,

1769 So auch: Reeb, Internal Investigations, S. 103, der es zudem für notwendig erachtet, die konkrete Persönlichkeitsstruktur des befragten Arbeitnehmers zu berücksichtigen; Hille, Kooperation von Unternehmen, S. 274, die eine Einzelfallbetrachtung für notwendig erachtet, da die Sanktion nicht immer existenzbedrohend sein muss; a. A. Buchert, Die unternehmensinterne Befragung, S. 216, wonach die Maßnahmen des Arbeitgebers sich regelmäßig existenzbedrohend auf den Arbeitnehmer auswirken dürften.

1770 So auch: Reeb, Internal Investigations, S. 103, der es für notwendig erachtet, die konkrete Persönlichkeitsstruktur des befragten Arbeitnehmers zu berücksichtigen.

1771 Siehe hierzu sogleich Kapitel 2 B. III. 7. b).

1772 Siehe Kapitel 2 C. I. 2. d).

das Ermittlerteam dem Arbeitnehmer aber mit dieser fiktiven Pflicht und einer daraus resultierenden fiktiven Rechtsfolge droht.

Verändert der Arbeitnehmer aufgrund des angedrohten, für ihn nachteiligen Übels sein Verhalten, kann ein empfindliches Übel vorliegen. Dieses ist nach § 240 Abs. 2 StGB als rechtswidrig anzusehen, wenn die Androhung des Übels im Verhältnis zum angestrebten Zweck als verwerflich zu erachten ist. Wie an anderer Stelle dargelegt, wird die Verwerflichkeit auf Basis der Mittel-Zweck-Relation ermittelt. Hierfür ist es notwendig, dass die Mittel und der Zweck zueinander in ein Verhältnis gesetzt werden.[1773] Die Drohung mit einer nicht existenten Rechtsfolge auf die Auskunftsverweigerung des Arbeitnehmers steht als Mittel in keinem Verhältnis zu dem Zweck, zur Auskunft des Arbeitnehmers zu gelangen. Dieses Vorgehen ist daher nach § 240 Abs. 2 StGB als verwerflich anzusehen. Das Ermittlerteam setzt sich gemäß § 240 Abs. 1 StGB hierdurch Strafbarkeitsrisiken aus. Zugleich ist die dadurch subjektive Zwangslage des Arbeitnehmers, die ohne das Bestehen eines objektiven Zwangs ausgelöst wurde, nicht tolerierbar.

Indes ist eine Vergleichbarkeit der vorliegenden Konfliktlage basierend auf einem subjektiven Zwang nicht mit einem Zwang aus einer rechtlichen oder gesetzlichen Auskunftspflicht vergleichbar. Denn die vorliegende Situation eines Arbeitnehmers resultiert ausschließlich auf einem rechtswidrigen Verhalten einer anderen privaten Person.[1774] Die Konfliktlage wird daher nicht durch den Gesetzgeber geschaffen, wodurch es keiner Kompensation zur umfassenden Auskunftspflicht bedarf. Ein allein subjektiver Zwang zwischen Privaten kann nach vorliegender Ansicht daher nicht ausreichen, um den Nemo-tenetur-Grundsatz zu berühren. Die Grenzen des Grundsatzes würden andernfalls in der Form unzulässig erweitert werden, dass jede Form von Zwang verboten wäre, wodurch sich der Grundsatz tatsächlich zu einem „*Grundrecht[...] auf Schweigen*“[1775] realisieren würde. Dies kann jedoch nicht angenommen werden.

Der Arbeitnehmer kann jedoch auch hierbei nicht schutzlos bleiben. Die Täuschung wird als verbotene Vernehmungsmethode in § 136a Abs. 1 S. 1 StPO aufgeführt und resultiert bei einer Verletzung zu einem Beweisverwertungsverbot. Allerdings wird die Anwendbarkeit der StPO auf Mitarbeiterbefragungen im Rahmen von internen Untersuchungen abgelehnt.[1776] Etwas

---

1773 Siehe Kapitel 2 B. III. 6. c).

1774 Kasiske NZWiSt 2014, 262, 262 f.

1775 Stürner NJW 1981, 1757, 1757; Verrel NStZ 1997, 361, 364.

1776 Vgl. nur: Jäger in: HK-GS, § 136 StPO Rn. 2b konkretisiert dies auf § 136 StPO; Hauck in: Löwe-Rosenberg, StPO Band 3/1, § 100a Rn. 86, wonach sich die StPO nur auf staatliche Maßnahmen bezieht; Momsen ZIS 2011, 508, 514, „*[a]uch für interne Ermittlungen findet die StPO keine Anwendung*“; Greco/Caracas NStZ 2015, 7, 7, wonach keine Bindung an die StPO vorliegt; Kasiske NZWiSt 2014, 262, 263,

anderes könnte sich indes ergeben, wenn das Verhalten der Privaten dem Staat zuzurechnen ist. Dieser Ansatz sowie ein etwaiger Schutz auf Grundlage des Fair-Trial-Grundsatzes werden aus systematischen Gründen an späterer Stelle betrachtet.[1777]

dd) Stellungnahme

In einer Mitarbeiterbefragung kann ein durch staatliches Recht vermittelter rechtlicher[1778] sowie – basierend auf der wirtschaftlichen Drucksituation[1779] – ein faktischer Zwang[1780] auf den befragten Arbeitnehmer ausgeübt werden. Bereits die Anwendung faktischen Zwangs wird in Teilen der Literatur als ausreichend angesehen, damit der Nemo-tenetur-Grundsatz eingreift. Einer rechtlichen oder gesetzlichen Pflicht, selbstbelastende Auskünfte zu geben, bedürfe es gerade nicht, da dies andernfalls zu einer paradoxen Schlussfolgerung führen würde. Denn die Anwendung von Folter stellt keinen rechtlichen Zwang dar, wenngleich sie gegen den Nemo-tenetur-Grundsatz in seiner einfachgesetzlichen Ausprägung nach § 136a StPO verstößt.[1781]

Jedoch bedarf es eines objektiven Zwangs, da ein subjektiver Zwang, der durch das rechtswidrige Verhalten Privater ausgelöst wurde, nach der hier vertretenen Ansicht nicht für die Berührung des Nemo-tenetur-Grundsatzes ausreicht.[1782] In den Fällen eines ausgeübten Zwangs, bei denen gerade nicht der Auskunftsanspruch eingeklagt und vollstreckt wird, fehlt es indes an der staatlichen Komponente, die es zur unmittelbaren Anwendbarkeit des Nemo-tenetur-Grundsatzes bedarf.[1783] Diese könnte jedoch vorliegen, wenn eine Zurechnung angenommen werden kann, wodurch das Handeln der Privaten als staatlich angesehen wird.[1784]

hält die StPO bei nichtsubstitutiven internen Untersuchungen für nicht anwendbar. Jedoch sei die StPO anzuwenden, wenn die interne Untersuchung seit deren Beginn unter der Einflussnahme von Strafverfolgungsbehörden durchgeführt werde.

1777 Siehe zur Zurechnung Kapitel 2 B. III. 7. b); siehe zum Fair-Trial-Grundsatz Kapitel 2 C. I. 2. d).

1778 Siehe Kapitel 2 B. III. 7. a) aa).

1779 So auch: Nienaber, Compliancebasierte unternehmensinterne Ermittlungen, S. 100; siehe Kapitel 2 B. III. 7. a) bb).

1780 Siehe Kapitel 2 B. III. 7. a) bb).

1781 Greco/Caracas NStZ 2015, 7, 11; Hille, Kooperation von Unternehmen, S. 275.

1782 Siehe Kapitel 2 B. III. 7. a) cc).

1783 Siehe Kapitel 2 B. III. 7.; Kapitel 2 B. III. 7. a) aa).

1784 Greco/Caracas NStZ 2015, 7, 12.

b) Dem Staat zurechenbares Handeln Privater

Nachdem festgehalten werden konnte, dass bei Mitarbeiterbefragungen ein Druck auf die Arbeitnehmer ausgeübt werden kann, der in eine Zwangswirkung resultiert, ist nachfolgend zu prüfen, ob dieses private Handeln dem Staat zugerechnet werden kann.

aa) Meinungsstand der Literatur zur Zurechnung privaten Handelns

Der Nemo-tenetur-Grundsatz könnte tangiert sein, wenn das Handeln der Privaten dem Staat bei Mitarbeiterbefragungen unter Anwendung eines Selbstbelastungszwangs zugerechnet werden kann.[1785] Nach *Kant* ist eine „*Zurechnung (imputatio) in moralischer Bedeutung [...] das Urtheil, wodurch jemand als Urheber (causa libera) einer Handlung, die alsdann That (factum) heißt und unter Gesetzen steht, angesehen wird*“[1786].

Eine Zurechnung knüpft im herkömmlichen Sinne regelmäßig an ein rechtswidriges Verhalten eines Privaten an.[1787] Interne Untersuchungen gelten allerdings als rechtmäßig,[1788] weshalb auch im Zusammenhang mit der Durchführung von Mitarbeiterbefragungen grundsätzlich von einem solchen rechtmäßigen Handeln auszugehen ist. Eine Zurechnung kann jedoch auch bei einer grundsätzlich rechtmäßig durchgeführten privaten Beweisbeschaffung angenommen werden, wenn sich der Staat aktiv beteiligt hat.[1789]

Für die Beurteilung einer etwaigen Zurechnung privater Untersuchungen sind die Verhaltensweisen der Strafverfolgungsbehörden und das Ausmaß ihrer Einflussnahme im Einzelfall maßgeblich. Dabei ist ein Beteiligungsspektrum zwischen Anregungen[1790] zu einzelnen Untersuchungshandlungen

1785 Greco/Caracas NStZ 2015, 7, 12 f.

1786 Kant in: Königlich Preußische Akademie der Wissenschaften, Metaphysik der Sitten Band VI, S. 227.

1787 Anders wistra 2014, 329, 333.

1788 Vgl. Rödiger, Strafverfolgung von Unternehmen, S. 245, wonach allgemein anerkannt ist, dass die Untersuchungstätigkeiten von Privaten parallel zu staatlichen Strafverfahren zulässig sind; Wewerka, Internal Investigations, 2012, S. 111, wonach die „*Zulässigkeit von privater Straftataufklärung heute überwiegend bejaht wird*“; dies. S. 117, wonach private Ermittlungen zulässig sind; Greco/Caracas NStZ 2015, 7, 8, die Internal Investigations grundsätzlich ohne Zweifel als rechtmäßig ansehen.

1789 Vgl. nur: Dietlein, Lehre von den grundrechtlichen Schutzpflichten, S. 99; im Ergebnis so auch: Godenzi, Private Beweisbeschaffung im Strafprozess, S. 176; Anders wistra 2014, 329, 333.

1790 Eckhardt, Private Ermittlungsbeiträge, S. 116, wenngleich dieser hierin noch keine Ermittlungshandlung sieht, die zu einer Zurechenbarkeit führt.

und der Veranlassung[1791] zur Durchführung einer unternehmensinternen Untersuchung durch die Strafverfolgungsbehörden – ggf. im Zusammenhang mit einem pflichtwidrigen Unterlassen eigener Ermittlungen – möglich.[1792] Dennoch hat nicht jede Handlung der Strafverfolgungsbehörden eine Zurechnung zur Folge. Entscheidend sind die Art und der Umfang, mit denen die Strafverfolgungsbehörden Einfluss auf die interne Untersuchung nehmen.[1793] Dieser Einfluss muss bei einer Zusammenarbeit zwischen dem privaten Ermittler und den Strafverfolgungsbehörden ein solches Maß annehmen, dass die Untersuchung in einer Form durch die Strafverfolgungsbehörden geprägt wird, dass ihr Charakter verändert[1794] bzw. die Durchführung der Untersuchung zumindest mittelbar beeinflusst wird.[1795]

Weitere Literaturstimmen sehen ebenfalls eine Veranlassung[1796], wonach es eines aktiven Einflusses bedarf, der von den Strafverfolgungsbehörden gegenüber einem Unternehmen ausgeübt wird, für eine Zurechnung als notwendig an. Demnach kann sich jedes aktive Handeln der Behörden über die Durchführung einer internen Untersuchung oder einzelner Untersuchungshandlungen in der unternehmerischen Willensbildung niederschlagen. Dahingehend unterscheidet sich diese Ansicht noch nicht zu der zuvor ausgeführten. Allerdings sehen zwei Stimmen der Literatur[1797] ein informelles Auskunftsverlangen seitens der Behörden bereits als Veranlassung an. Damit sei ein „*implizite[r] Drohcharakter*“[1798] verbunden, wobei das Unternehmen fürchten müsse, dass ein Ermittlungs- oder Bußgeldverfahren eingeleitet werde, wodurch sich ein „*willensbrechender Zwang […] [ergibt], der das Unternehmen zum Werkzeug (§ 25 I Var. 2 StGB) der StA [Staatsanwaltschaft] macht*“[1799]. Darüber hinaus führen diese Autoren aus, „*dass derjenige, der die Zwangsausübung erst auslöst, sich von der nachfolgenden Zwangslage nicht mehr distanzieren kann*“[1800].

1791 Siehe hierzu nur: Eckhardt, Private Ermittlungsbeiträge, S. 116; Greco/Caracas NStZ 2015, 7, 14 und Dorneck GVRZ 2021, 25 Rn. 12, wählen hierbei ebenfalls den Begriff der ‚Veranlassung‘.

1792 Eckhardt, Private Ermittlungsbeiträge, S. 116.

1793 Eckhardt, Private Ermittlungsbeiträge, S. 116, der diese Überlegungen nicht konkret auf interne Untersuchungen überträgt.

1794 Eckhardt, Private Ermittlungsbeiträge, S. 119.

1795 Eckhardt, Private Ermittlungsbeiträge, S. 123, betreffend die Ermittlungen, die von Privatpersonen vorgenommen werden.

1796 Vgl. nur: Wastl/Litzka/Pusch NStZ 2009, 68, 70; Greco/Caracas NStZ 2015, 7, 13; Dorneck GVRZ 2021, 25 Rn. 12.

1797 Greco/Caracas NStZ 2015, 7, 13: „*In materiell-rechtlicher Terminologie kann also bereits bei einer informellen Frage durch die StA willensbrechender Zwang vorliegen, der das Unternehmen zum Werkzeug (§ 25 I Var. 2 StGB) der StA macht.*“

1798 Greco/Caracas NStZ 2015, 7, 13.

1799 Greco/Caracas NStZ 2015, 7, 13.

1800 Greco/Caracas NStZ 2015, 7, 13.

Insbesondere bei Sachverhalten, die umfangreich und komplex sind, können Untersuchungsergebnisse für die Strafverfolgungsbehörden von Relevanz sein. Insoweit kann es vorkommen, dass sich die Behörden die Untersuchungsergebnisse zu eigen machen wollen und ein Unternehmen „*unter Androhung erheblicher Sanktionen*“[1801] zur Durchführung einer internen Untersuchung auffordern.[1802] Ein von Vertretern der Literatur befragter Rechtsanwalt äußerte sich ebenfalls dahingehend, sprach hierbei allerdings über die Übergabe bzw. Delegation von Arbeitsaufträgen an das bereits untersuchende Unternehmen durch die Strafverfolgungsbehörden nach deren Maßnahmen zur Verfahrenssicherung.[1803] Dabei können die privaten Ermittler aus Sicht eines anderen Autors mit den Untersuchungshandlungen eine gesamte Verfahrensphase der Ermittlungsbehörden übernehmen.[1804]

Allerdings trifft die Staatsanwaltschaft nach § 160 Abs. 1 StPO die Pflicht, den Sachverhalt zu erforschen. Daher darf die Staatsanwaltschaft die faktische Leitung der Ermittlungen nicht aus der Hand geben, damit insbesondere die Ermittlungsobjektivität gesichert wird.[1805] Im Zusammenhang mit der Auftragsvergabe ist zudem das pflichtwidrige Unterlassen staatlicher Ermittlungen mit dem Ziel denkbar, die Ergebnisse der internen Untersuchung zu nutzen. Unter der Voraussetzung, dass es sich bei dem Verdacht, durch den die interne Untersuchung ausgelöst wurde, um ein Offizialdelikt handelt, würde es sich bei dem Absehen von Ermittlungen um einen Verstoß gegen das Legalitätsprinzip gemäß § 152 Abs. 2 StPO handeln. Werden diese strafprozessualen Grundsätze durch das pflichtwidrige Hinauszögern der Einleitung eines Ermittlungsverfahrens bewusst umgangen, um auf die Ergebnisse der internen Untersuchungen zurückgreifen zu können, kann es gerechtfertigt sein, dass das Handeln der privaten Ermittler den Strafverfolgungsbehörden zugerechnet wird.[1806]

Gemäß einigen Literaturstimmen liegt im Falle einer Beauftragung eine Zurechnung vor.[1807] Wenn das Unternehmen durch die Staatsanwaltschaft mit

1801 Wettner/Mann DStR 2014, 655, 656.

1802 Wettner/Mann DStR 2014, 655, 656.

1803 Theile/Gatter/Wiesenack ZStW 126 (2014), 803, 815 f.

1804 Zerbes ZStW 125 (2013), 551, 569.

1805 Vgl. nur in die Richtung: BVerwG NJW 1975, 893, 894, wonach die Staatsanwaltschaft die Herrin des Ermittlungsverfahrens ist und die Verantwortung für die Durchführung des Verfahrens trägt; ebenso wie das BVerwG auch: Neuhaus/Artkämper/Weise, Kriminaltechnik und Beweisführung im Strafverfahren, Teil 1 C. II. Rn. 39; ausdrücklich dazu: Kölbel/Ibold in: MüKo StPO Band 2, § 160 Rn. 27.

1806 Dorneck GVRZ 2021, 25 Rn. 12; im Ergebnis so auch: Greco/Caracas NStZ 2015, 7, 14.

1807 Vgl. nur: Godenzi, Private Beweisbeschaffung im Strafprozess, S. 175 f.; Anders wistra 2014, 329, 333; so auch: Rogall in: Wolter/Deiters, SK-StPO Band 2, § 136a Rn. 12; vgl. darüber hinaus: Keller, FS Grünwald, S. 267, 274, wonach das Handeln anhand

der Durchführung einer internen Untersuchung beauftragt wird, dann können die Interessen und Ansprüche der Staatsanwaltschaft und des Arbeitgebers in Form eines staatlich-strafrechtlichen Aufklärungsanspruchs sowie eines arbeitsrechtlichen Auskunftsinteresses nicht unabhängig voneinander bestehen. Vereinzelt wird eine Auftragsvergabe allerdings als praktisch irrelevant erachtet.[1808]

Nehmen die Strafverfolgungsbehörden Unterlagen aus internen Untersuchungen im Rahmen einer freiwilligen Herausgabe entgegen, liegt keine zurechenbare Handlung seitens der Strafverfolgungsbehörden vor.[1809]

Neben der Zurechnung im Zusammenhang mit internen Untersuchungen wird auch die Zurechnung beim Tätigwerden von Vertrauenspersonen, auch als V-Leute und V-Personen bekannt, in der Literatur[1810] thematisiert. Bei Kenntnis über die Vorgehensweise einer Vertrauensperson, die von den Ermittlungsbehörden ausdrücklich oder stillschweigend gebilligt wurde, wird dabei von einer Zurechenbarkeit ausgegangen. Dabei ist es ausreichend, wenn „*die Behörde mit den betr. [betreffenden] Aktivitäten rechnen konnte und diese geschehen lässt.*"[1811] Das Verhalten der Vertrauenspersonen ist den Strafverfolgungsbehörden wie ihr eigenes Verhalten zuzurechnen,[1812] darauf basierend wird das Handeln der V-Personen als hoheitlich angesehen.[1813] Unter Vorgriff auf das Ergebnis der in einem der folgenden Abschnitte dargestellten analogen Anwendung von § 136a Abs. 3 S. 2 StPO gelten §§ 136, 136a StPO dabei entsprechend.[1814]

---

der Normen wie der StPO (sofern Aufgaben der Strafverfolgungsbehörden übernommen wurden) zu messen ist, wenn Privaten diese Aufgaben übertragen wurden.

1808 Anders wistra 2014, 329, 334.

1809 Vgl. Eckhardt, Private Ermittlungsbeiträge, S. 116.

1810 Vgl. nur: Keller, Rechtliche Grenzen der Provokation von Straftaten, S. 151 f.; Erfurth, Verdeckte Ermittlungen, S. 30 ff.; Deckers in: MAH Strafverteidigung, § 19 Rn. 44.

1811 Vgl. nur ähnlich auch: BGH NJW 2000, 1123, 1126, wonach im verhandelten Sachverhalt das Handeln der Vertrauensperson der Polizei nicht zurechenbar war, da sie mit dem Fehlverhalten dieser nicht rechnen konnte; die Argumentation vom BGH übernehmend auch: van Gemmeren in: Schäfer/Sander/van Gemmeren, Praxis der Strafzumessung, Teil 4 Rn. 854, wonach die Kenntnis des verantwortlichen Amtsträgers bezüglich der Provokation durch die Vertrauensperson notwendig ist oder der Amtsträger das Verhalten hätte verhindern können; ausdrücklich hierzu: Kölbel/Ibold in: MüKo StPO Band 2, § 163 Rn. 23.

1812 So auch: BGH BeckRS 1996, 860, wonach im konkreten Sachverhalt die Polizei sich einer Privatperson bedient hat, um einen Beschuldigten auszuhorchen, wodurch sie „*in Wahrheit selbst*" gehandelt hat; Trüg in: MAH Strafverteidigung, § 24 Rn. 89.

1813 Keller, Rechtliche Grenzen der Provokation von Straftaten, S. 153.

1814 Vgl. nur: BGH BeckRS 1996, 860; Beulke/Swoboda, Strafprozessrecht, § 23 Rn. 741; Trüg in: MAH Strafverteidigung, § 24 Rn. 89; siehe zur Analogieprüfung des § 136a StPO auch Kapitel 2 C. I. 1. d).

Bei solchen Sachverhalten muss den Arbeitnehmern in Befragungen aus Sicht eines Autors ein Schweigerecht zustehen. Wird dieses Recht missachtet, resultiert daraus ein Verwertungsverbot.[1815] Etwas anderes trifft nur in Fällen zu, in denen die Vertrauenspersonaus Sicht der Behörden gänzlich unvorhersehbar handelt.[1816] Notwendig ist folglich *„eine ‚maßgebliche staatliche Beteiligung' bzw. eine solche ‚Förderung'"*[1817] in Form eines Vorverhaltens des Staates, da ein rückwirkender Eingriff des Staates in die Grundrechte nicht existiert.[1818]

bb) Meinungsstand der Rechtsprechung zur Zurechnung privaten Handelns

Die verdeckte Ermittlung von Privaten auf Veranlassung der staatlichen Behörden war regelmäßig Gegenstand gerichtlicher Entscheidungen. Hierbei ging es indes nicht um interne Untersuchungen, sondern um den Einsatz von Vertrauenspersonen[1819], Hörfallen[1820] sowie das Aushorchen von Personen in Untersuchungshaft[1821]. Bei einer Vertrauensperson handelt es sich um eine Person, die nicht der Strafverfolgungsbehörde angehört, sich jedoch dazu bereit erklärt hat, vertraulich bei der Aufklärung von Straftaten zu unterstützen. Die Identität der Vertrauensperson wird grundsätzlich geheim gehalten.[1822] Bei ihrer Tätigkeit werden Vertrauenspersonen ‚geführt', wo-

---

1815 Anders wistra 2014, 329, 334.

1816 Kölbel/Ibold in: MüKo StPO Band 2, § 163 Rn. 23; Trüg in: MAH Strafverteidigung, § 24 Rn. 90.

1817 Anders wistra 2014, 329, 333.

1818 Vgl. Kaspar GA 2013, 206, 218; Anders wistra 2014, 329, 333.

1819 Vgl. exemplarisch: BGH BeckRS 1995, 2262 (Einsatz einer Vertrauensperson zur Aufklärung eines Heroinhandels); BGH BeckRS 2023, 8184 (heimliche Befragung eines Beschuldigten durch eine Vertrauensperson).

1820 Vgl. exemplarisch: BGH NJW 1983, 1570, 1570 (Telefongespräch zwischen V-Person und Tatverdächtigtem, das mit einem Tonträger aufgezeichnet wurde); BGH NJW 1986, 2261, 2262 (heimliche Tonbandaufnahme eines Angeklagten zum Stimmenvergleich); BGH NJW 1996, 2940, 2940 (Telefonat einer Privatperson mit einem Tatverdächtigen auf Basis einer Veranlassung der Ermittlungsbehörden unter Mithören eines Dolmetschers am Zweithörer); siehe zu weiteren Rechtsprechungen von ‚Hörfallen': Henrichs/Weingast in: KK-StPO, § 110c Rn. 15.

1821 Vgl. exemplarisch: BGH NJW 1987, 2525, 2525 (Beweisverwertungsverbot für Aussagen, die ein Beschuldigter seinem Mitgefangenen, der von der Polizei in dessen Zelle verlegt wurde, um ihn auszuhorchen, offenbart hat); BGH NJW 1998, 3506, 3506 (Herauslocken eines Geständnisses durch eine sog. wahrsagende Mitgefangene).

1822 Vgl. nur: BGH BeckRS 2020, 36337 Rn. 22; Anlage D I.2.2. zur RiStBV – Gemeinsame Richtlinien der Justizminister/-senatoren und der Innenminister/-senatoren über die Inanspruchnahme von Informanten sowie über den Einsatz von Vertrauenspersonen [V-Personen] und Verdeckten Ermittlern im Rahmen der Strafverfolgung; Hauschild in: MüKo StPO Band 1, § 110a Rn. 25.

bei sie gezielt und weisungsgemäß Informationen beschaffen, wodurch sie sich von Personen unterscheiden, die als Informanten agieren.[1823] Denn ein Informant gibt in Einzelfällen gegen Zusicherung der Vertraulichkeit Informationen an die Strafverfolgungsbehörden.[1824]

In Einzelfällen hat die Rechtsprechung die von Vertrauenspersonen durchgeführten Befragungen von Verdächtigten, die einer Vernehmung ähnlich sind und heimlich – das heißt ohne die Aufklärung der dahinterstehenden Ermittlungsabsicht – durchgeführt werden, als unzulässig eingestuft. Dabei führte der BGH aus, dass bei solchen Befragungen die vom Rechtsstaat gesetzten Grenzen zu beachten sind, da hierbei eine Nähe zum Nemo-tenetur-Grundsatz vorliegt. Unter Berücksichtigung dieser Nähe sowie des Fair-Trial-Grundsatzes, der aus dem Rechtsstaatsprinzip folgt, kann demnach eine Unzulässigkeit auch vor dem Hintergrund des Gebotes einer effektiven Strafverfolgung resultieren.[1825]

So wurde es mit dem Nemo-tenetur-Grundsatz als unvereinbar angesehen, wenn einem Beschuldigten „*in gezielten, vernehmungsähnlichen Befragungen, die auf Initiative der Ermittlungsbehörden ohne Aufdeckung der Verfolgungsabsicht durchgeführt werden*“[1826], selbstbelastende Auskünfte entlockt werden sollten, obwohl er von seinem Recht zu schweigen Gebrauch gemacht hatte.[1827] Als unzulässig wurde es ebenfalls angesehen, wenn Beschuldigte zu selbstbelastenden Aussagen gedrängt wurden.[1828] Dies gilt dem BGH zufolge gleichermaßen für Täuschungen des Beschuldigten, die mit einem psychologischen Druck zu vergleichen sind.[1829] Jedoch wird im Hinblick auf §§ 136 Abs. 1, 136a Abs. 1 S. 1 StPO vom BGH eine darüber hinausgehende generelle Unverwertbarkeit von Aussagen eines Beschuldigten abgelehnt, die dieser gegenüber einer Vertrauensperson tätigt. Dies wird damit begründet, dass, wenn keine formelle Vernehmung vorliegt und somit kein Aussagezwang besteht, eine Berührung der Aussagefreiheit des Be-

---

1823 Vgl. nur: Hauschild in: MüKo StPO Band 1, § 110a Rn. 25; vgl. auch: Blome/Sellmeier DÖV 2016, 881, 882; vgl. zur Unterscheidung auch: Gebhard/Hoheisel-Gruler Kriminalistik 2021, 515, 515.

1824 Anlage D I.2.1. zur RiStBV – Gemeinsame Richtlinien der Justizminister/-senatoren und der Innenminister/-senatoren über die Inanspruchnahme von Informanten sowie über den Einsatz von Vertrauenspersonen [V-Personen] und Verdeckten Ermittlern im Rahmen der Strafverfolgung.

1825 Ähnlich auch: BGH NJW 1996, 2940, 2943; so ausdrücklich jedoch: BGH BeckRS 2023, 8184 Rn. 22.

1826 BGH BeckRS 2023, 8184 Rn. 22.

1827 Vgl. nur: BGH NJW 2007, 3138, 3140 Rn. 27; BGH BeckRS 2009, 8599 Rn. 7; BGH BeckRS 2023, 8184 Rn. 22.

1828 Vgl. nur: BGH NJW 2007, 3138, 3139 Rn. 15; BGH BeckRS 2009, 8599 Rn. 7; BGH BeckRS 2023, 8184 Rn. 22.

1829 BGH BeckRS 2011, 14181 Rn. 16; BGH BeckRS 2023, 8184 Rn. 22.

schuldigten ausgeschlossen wird.[1830] Jedoch gebietet der Schutzzweck von § 136a StPO ein Verwertungsverbot, wenn die in § 136a Abs. 1, 2 StPO beschriebenen Verhaltensweisen von Privaten ausgeführt werden und sich die staatlichen Behörden dieses Verhalten zurechnen lassen müssen. Eine solche Zurechnung bildet indes eine Ausnahme. Sie kann sich jedoch aus der Art ergeben, wie die Ermittlungsbehörden und die Privatpersonen zusammenarbeiten, sowie „*aus den Umständen, unter denen die Privatperson zu beweiserheblichen Angaben eines Tatverdächtigen gelangt*“[1831] ist.[1832]

Diese Ansicht vertrat der BGH im Jahr 1998 im Fall der sog. Wahrsagerin, in dem eine Inhaftierte in der Justizvollzugsanstalt für Frauen als vermeintliche Wahrsagerin auftrat und eine Mitgefangene u. a. unter Anwendung von Rauschgiftmitteln wie Haschisch und Marihuana aushorchte. Die Informationen aus den Gesprächen übergab sie der Kriminalpolizei. Die Wahrsagerin war vorher als Spitzel der Strafverfolgungsbehörden tätig.[1833] In diesem Fall kam eine Zurechnung in Betracht, da die Ausforschung „*unter den besonderen Bedingungen der Untersuchungshaft*“[1834] stattfand.[1835]

Dies begründete der BGH damit, dass von einer Untersuchungshaft ein Zwang ausgeht, mit dem der Zweck der Durchführung eines geordneten Strafverfahrens sichergestellt wird. Zudem ist sie darauf ausgerichtet, eine spätere Strafverfolgung zu gewährleisten. Die Untersuchungshaft darf deshalb nicht für eine Beeinflussung des Beschuldigten im Hinblick auf seine Aussage und den Verzicht auf sein Schweigerecht missbraucht werden.[1836] In dem Sachverhalt wurde eine Zurechnung angenommen, da es als die Pflicht des Staates angesehen wurde, das täuschende Verhalten der Inhaftierten zu unterbinden. So schilderte der BGH, dass, wenn „*Untersuchungsgefangene im Interesse einer geordneten Strafrechtspflege Einschränkungen ihrer physischen und psychischen Freiheit hinnehmen, [...] den Staat im Gegenzug die Verpflichtung [trifft], sie vor massiven Eingriffen nicht nur in ihre körperliche Integrität, sondern auch in die Freiheit selbstbestimmten Verhaltens zu schützen, denen sie infolge der Haftsituation – anders als bei der Wahl sozialer Kontakte im freien Leben – nur begrenzt ausweichen können.*“[1837]

Ein Beweisverwertungsverbot galt auch für Informationen aus einem Sachverhalt, den der BGH im Jahr 1987 zu entscheiden hatte. Hierbei hatten

---

1830 BGH BeckRS 2023, 8184 Rn. 23.
1831 BGH NJW 1998, 3506, 3507.
1832 BGH NJW 1998, 3506, 3507.
1833 BGH NJW 1998, 3506, 3506.
1834 BGH NJW 1998, 3506, 3507.
1835 BGH NJW 1998, 3506, 3507.
1836 BGH NJW 1998, 3506, 3507.
1837 BGH NJW 1998, 3506, 3508.

Kriminalbeamte einen Gefängnisinsassen auf einen Mithäftling angesetzt und taktisch angewiesen, um Informationen zu einem Überfall zu erhalten. Die Informationen über den Überfall übermittelte der Insasse sodann an die Kriminalbeamten und sagte in der Hauptverhandlung als Zeuge aus.[1838] Gemäß einem Urteil des BGH aus dem Jahr 2001 muss sich der Staat das Verhalten der eingesetzten Vertrauensperson auch zurechnen lassen, wenn eine unzulässige Tatprovokation unter Kenntnis des Amtsträgers, der für die Vertrauensperson verantwortlich war, zur Anwendung kam oder dieser die Provokation hätte unterbinden können. Denn mit dem Einsatz einer Vertrauensperson hat die Polizei sowohl die Möglichkeit als auch die Pflicht zur Überwachung dieser Person. Eine Ausnahme erkannte der BGH nur in Fällen, in denen die Polizei nicht mit dem Fehlverhalten der Vertrauensperson rechnen kann[1839].[1840] Eine Zurechnung ist zudem anzunehmen, wenn „*die Ermittlungsbehörden die genannten Zeugen in irgendeiner Weise zu deren Vorgehen veranlasst, sie dabei gefördert, unterstützt, bestärkt oder sonst beeinflusst hätten.*“[1841] Handeln die Zeugen dagegen eigeninitiativ, wurde vom BGH eine zurechenbare Informationsgewinnung ausgeschlossen, die den Nemo-tenetur-Grundsatz verletzt.[1842] Dies entschied dieser im Jahr 2016 in einem Sachverhalt, in dem Mitgefangene einen Häftling zu einer bis dahin nicht aufgefundenen Leiche befragten und dabei das Angebot vorspielten, ihm bei der Beseitigung der Leiche behilflich zu sein. Die Äußerungen des Häftlings kommunizierten sie sodann an die Ermittlungsbehörden.[1843] Auch in einem Urteil im Jahr 1982 entschied der BGH, dass bei einem Handeln einer Privatperson aus eigener Initiative und mit eigennützigen Motiven eine Zurechnung nicht angenommen werden kann.[1844] Folglich reichte das initiative Tätigwerden von Privatpersonen nicht für Zwang aus.

Der VerfGH Rheinland-Pfalz befasste sich in einem Urteil im Jahr 2014 ebenfalls mit Zurechnungen. Der Sachverhalt bezog sich auf die Verwertung von angekauften Steuerdaten-CDs in einem strafrechtlichen Ermittlungsverfahren. Für eine Zurechnung wurde es als relevant eingestuft, ob es ein aktives Bemühen des Ministeriums der Finanzen gegeben hat. Dies wurde ausgeschlossen, da das Ministerium lediglich auf das proaktive Herantreten des Anbieters und dessen Handeln aus eigenem Antrieb reagierte. Notwendig

---

1838 BGH NJW 1987, 2525, 2525 f.

1839 Vgl. nur: BGH NJW 2000, 1123, 1126; BGH NJW 2001, 2981, 2981; so auch: van Gemmeren in: Schäfer/Sander/van Gemmeren, Praxis der Strafzumessung, Teil 4 Rn. 854, wonach die Ausnahme ebenfalls – wenngleich allerdings nur in sehr seltenen Fällen – angenommen wird.

1840 BGH NJW 2001, 2981, 2981.

1841 BGH NJW 2017, 1828, 1830 Rn. 16.

1842 BGH NJW 2017, 1828, 1830 Rn. 17.

1843 BGH NJW 2017, 1828, 1829 f. Rn. 5, 17.

1844 BGH BeckRS 1982, 741.

wurde darüber hinaus „*eine konkludente Beauftragung oder Förderung des privaten Handelns*“[1845] erachtet, was das Gericht ebenfalls ausschloss. Es sei für die Behörden nicht vorhersehbar gewesen, „*ob überhaupt jemand tätig wurde, wo, wann und wie dies geschehen sollte*“[1846]. Die Behörden hätten weder bewusst mit dem Informanten zusammengewirkt noch habe der Staat die Möglichkeit gehabt, Einfluss auf das Geschehene zu nehmen. Daher sah der VerfGH Rheinland-Pfalz es als nicht gerechtfertigt an, „*die Privatperson als ‚verlängerten Arm' des Staates anzusehen*“[1847].[1848] Folglich setzt eine Zurechnung auch nach dieser Entscheidung eine aktive Einflussnahme oder zumindest die Möglichkeit dazu voraus.

Zusammenfassend zeigen die dargestellten Entscheidungen, dass es für die dem Staat zurechenbaren Verhaltensweisen von Privatpersonen – mit Ausnahme des Wahrsagerinnen-Falls – eines aktiven Handelns seitens der Ermittlungsbehörden wie das Veranlassen des Vorgehens, dessen Förderung, Unterstützung, Bestärkung oder sonstiger Beeinflussungen bedarf, wodurch die Privatperson als eine Erweiterung der staatlichen Funktion und damit als deren ‚verlängerter Arm' angesehen werden kann.

cc) Regierungsentwurf BMJ zum Einsatz von Vertrauenspersonen

Das Bundesministerium für Justiz hat am 13.03.2024 einen Regierungsentwurf zum Gesetzesentwurf „*zur Regelung des Einsatzes von Verdeckten Ermittlern und Vertrauenspersonen sowie zur Tatprovokation*“[1849] veröffentlicht und sieht dabei eine Anpassung der StPO vor.

Darin ist u. a. eine Modifikation von § 110b StPO vorgesehen, um den Begriff der Vertrauensperson zu definieren sowie die persönlichen Voraussetzungen einer Vertrauensperson und den Umgang mit dieser festzulegen. In Abs. 1 heißt es dabei: „*Vertrauenspersonen sind Personen, die keiner Strafverfolgungsbehörde angehören und vertraulich eine Strafverfolgungsbehörde in der Regel auf längere Zeit bei der Aufklärung von Straftaten unter Führung der Strafverfolgungsbehörde unterstützen und deren Identität grundsätzlich geheim gehalten wird.*“[1850]

So heißt es in der Begründung, dass Vertrauenspersonen nicht selbstständig, sondern unter der Anleitung, Planung und Führung der Strafverfolgungsbehörden agieren. Hierdurch sind sie – im Vergleich zu Informanten – wei-

---

1845 VerfGH Rheinland-Pfalz NJW 2014, 1434, 1439; ähnlich auch: Kaspar GA 2013, 206, 216, 218.
1846 VerfGH Rheinland-Pfalz NJW 2014, 1434, 1439.
1847 VerfGH Rheinland-Pfalz NJW 2014, 1434, 1439.
1848 VerfGH Rheinland-Pfalz NJW 2014, 1434, 1439.
1849 BMJ, Regierungsentwurf zum Einsatz von Vertrauenspersonen, S. 1.
1850 BMJ, Regierungsentwurf zum Einsatz von Vertrauenspersonen, S. 7.

sungsunterworfen. Informanten führen hingegen keine Aufträge der Strafverfolgungsbehörden aus, sondern liefern von sich aus Informationen, die für ein Strafverfahren von Relevanz sein könnten. Ein wesentlicher Aspekt ist folglich die Führung, die bei Informanten nicht vorliegt. Das Handeln der Informanten ist daher nicht dem Staat zurechenbar. Die Regelungen im Regierungsentwurf beziehen sich somit nicht auf diese.[1851]

Mit Einblick in die Begründung des Regierungsentwurfs wird noch einmal deutlich, dass auch auf dieser Ebene das Handeln Privater nur dann dem Staat zugerechnet wird, wenn diese in dessen Auftrag agieren. Dies steht grundsätzlich im Einklang mit der bereits dargelegten Ansicht der Rechtsprechung, wenngleich die Zurechnung im Fall der Wahrsagerin eine Sondersituation darstellt.

dd) Stellungnahme

Die dargestellten Vertreter aus der Literatur sprechen sich grundsätzlich für eine Zurechnung im Kontext interner Untersuchungen aus, wenngleich sie unterschiedlich bewerten, ab wann eine solche Zurechnung angenommen wird.[1852] Indes ist die Rechtsprechung bei der Frage, ob ein Verstoß gegen den Nemo-tenetur-Grundsatz aus einer staatlich veranlassten Ermittlungstätigkeit privater Personen resultieren kann, verhaltener.[1853] Anknüpfungspunkt der Zurechnung waren hierbei Vertrauenspersonen, da die Zurechnung bei internen Untersuchungen – soweit ersichtlich – nicht Gegenstand von gerichtlichen Verfahren war. Wie dargestellt, ist jedoch auf der Grundlage der vorgenannten gerichtlichen Entscheidungen für ein dem Staat zurechenbares Handeln privater Personen ein aktives Zutun in Form einer Veranlassung, Förderung, Unterstützung, Bestärkung oder sonstigen Beeinflussung erforderlich. Eine besondere Situation aufgrund der Untersuchungshaft, wie sie im Fall der Wahrsagerin stattfand, ist mit internen Untersuchungen indes nicht vergleichbar.[1854]

Allerdings besteht zwischen dem zurechenbaren Einsatz von Vertrauenspersonen und internen Untersuchungen von Unternehmen ein wesentlicher Unterschied. Während die Tätigkeit von Vertrauenspersonen auf einer Unterstützung der Behörde bzw. auf einer Beauftragung durch diese basiert, geht die Initiative zur Durchführung einer internen Untersuchung regelmäßig vom Unternehmen aus.[1855] Um einen vergleichbaren Sachverhalt zwischen Vertrauenspersonen und Unternehmen zu kreieren, müssten

1851 BMJ, Regierungsentwurf zum Einsatz von Vertrauenspersonen, S. 28.
1852 Siehe Kapitel 2 B. III. 7. b) aa).
1853 Wastl/Litzka/Pusch NStZ 2009, 68, 70; vgl. Kapitel 2 B. III. 7. b) bb).
1854 Siehe Kapitel 2 B. III. 7. b) bb).
1855 Im Ergebnis so auch: Knauer/Buhlmann AnwBl 2010, 387, 389.

die Strafverfolgungsbehörden vor dem Unternehmen Kenntnis von einem unternehmensinternen Verstoß erlangen und das Unternehmen beauftragen, den Sachverhalt aufzuklären. Dies wäre mit dem Legalitätsprinzip im Falle eines Anfangsverdachts nicht zu vereinbaren. Darüber hinaus ist ein solcher Sachverhalt in der Praxis unwahrscheinlich.

Nach der hier vertretenen Ansicht kann den Strafverfolgungsbehörden das private Handeln von Unternehmen nur dann zugerechnet werden, wenn sie die interne Untersuchung angeordnet haben, sie ihre eigenen Ermittlungen unter Verletzung des Legalitätsprinzips[1856] herauszögern oder wenn sie durch ihr eigenes aktives Handeln in einer solchen Intensität Einfluss auf die interne Untersuchung nehmen, dass sie ohne das Eingreifen anders durchgeführt worden wäre. In solchen Fällen ist ein Verstoß gegen den Nemo-tenetur-Grundsatz bei dem durch Private ausgeübten faktischen Zwang oder rechtswidrigen Handeln zu bejahen. Eine Zurechnung kann nach der hier vertretenen Auffassung jedoch nicht angenommen werden, wenn das Handeln der Strafverfolgungsbehörden gerade nicht das Maß des aktiven Zutuns bzw. der bewussten Einflussnahme übersteigt.

Die Überschreitung dieser Schwelle wird nach der hier vertretenen Auffassung insbesondere nicht bei der Versendung eines informellen Auskunftsverlangens bejaht.[1857] Zwar ist vorstellbar, dass Unternehmen dabei – sowie aufgrund eines daraus resultierenden Ermittlungs- oder Bußgeldverfahrens – in einen blinden Aktionismus verfallen können und die interne Untersuchung durchführen. Jedoch kann hierbei entgegen einzelnen Literaturansichten nicht bereits von einem zurechenbaren Sachverhalt ausgegangen werden. Andernfalls müsste jede interne Untersuchung, die in Erwartung einer potenziellen Kenntnisnahme durch die Strafverfolgungsbehörden durchgeführt wird, den Behörden zugerechnet werden.[1858]

c) Annahme: Selbstbelastungsfreiheit der Arbeitnehmer

Die folgerichtige Konsequenz eines dem Staat zurechenbaren Handelns Privater, wie bei einer aktiven Einflussnahme durch die Strafverfolgungsbehörden und der erzwingbaren Auskunftspflicht, wäre die Anwendbarkeit des Nemo-tenetur-Grundsatzes. Hierdurch müsste – unter Annahme der ersten Schutzalternative des Grundsatzes – den Arbeitnehmern in Mitarbeiterbefra-

1856 Im Hinblick auf die Anordnung und die Verletzung des Legalitätsprinzips auch: Greco/Caracas NStZ 2015, 7, 14.

1857 Siehe hierzu Kapitel 2 B. III. 7. b) aa); a.A. Greco/Caracas NStZ 2015, 7, 13, die in einem informellen Auskunftsverlangen bereits eine Einwirkung in die Willensbildung der Unternehmen sehen.

1858 A.A. dahingehend: Zerbes ZStW 125 (2013), 551, 554, 571, wonach die Ergebnisse von Anfang an auch dem staatlichen Strafverfahren gewidmet seien.

gungen ein Auskunftsverweigerungsrecht[1859] im Fall einer Selbstbelastung zustehen, wodurch die Zwangssituation des Arbeitnehmers beseitigt werden könnte.

Der Nemo-tenetur-Grundsatz ist indes kein „*Grundrecht[…] auf Schweigen*"[1860]. Seine Grenze muss er vorliegend in den Rechten anderer Personen finden. Die Annahme einer Selbstbelastungsfreiheit des Arbeitnehmers hätte für den auf die Auskunft angewiesenen Arbeitgeber jedoch erhebliche Folgen. Zur Veranschaulichung sollen nachfolgend die potenziellen Folgen für einen solchen Fall beleuchtet werden.

Mit dem Verlust des verdächtigten Arbeitnehmers als relevante Informationsquelle könnten dem Unternehmen Nachteile entstehen. Denn Arbeitgeber sind auf die Auskünfte ihrer Mitarbeiter angewiesen, um Schäden, die sich für das Unternehmen bspw. aus einem Kartellordnungswidrigkeitenverfahren ergeben können, abwenden bzw. reduzieren zu können.[1861] Zudem wäre das Instrument einer internen Untersuchung in Verbindung mit einem Auskunftsverweigerungsrecht nicht ebenso wirksam wie interne Untersuchungen, bei denen Arbeitnehmer zur Auskunft verpflichtet sind. Es wäre zu erwarten, dass die Untersuchungen vermehrt erfolglos verlaufen würden, da mithilfe der Mitarbeiterbefragungen keine relevanten Kenntnisse über (strafrechtliche) Fehlverhalten unmittelbar von den verdächtigten Arbeitnehmern erlangt werden könnten.

Dies könnte – wenngleich gesellschaftsrechtlich weiterhin eine Pflicht zur Durchführung interner Untersuchungen besteht – die Motivation der Unternehmen mindern, diese mit der Gewissenhaftigkeit von heute durchzuführen. Auch der Anreiz, eine mitunter kostspielige interne Untersuchung durchzuführen, bliebe aus, da das Risiko, dass die Untersuchung nicht erfolgsträchtig verlaufen würde, groß wäre. Vor diesem Hintergrund erscheint es fragwürdig, dass Arbeitnehmern ein Auskunftsverweigerungsrecht bei selbstbelastenden Auskünften zugestanden werden soll.[1862] Die verdäch-

1859 Im Ergebnis vgl. nur: Kasiske NZWiSt 2014, 262, 263, der bei sog. substitutiven internen Untersuchungen, die von Beginn an in Kooperation und Einflussnahme der Strafverfolgungsbehörden die Vorschriften der StPO für anwendbar hält, woraus sich ein Schweigerecht für einen beschuldigten Arbeitnehmer bzw. ein Auskunftsverweigerungsrecht bei Zeugen ergibt; Schmitt in: Meyer-Goßner/Schmitt, StPO, § 136 Rn. 7 a, der ein Schweigerecht des Arbeitnehmers als notwendig erachtet, wenn sich dieser selbst belasten muss; Rudkowski NZA 2011, 612, 613.

1860 Verrel NStZ 1997, 361, 364.

1861 Dann/Schmidt NJW 2009, 1851, 1853, wonach Arbeitgeber zur Durchsetzung ihrer Rechte zwingend auf die potenziell selbstbelastenden Auskünfte der Arbeitnehmer angewiesen sind; Harrendorf/König/Voigt in: Meyer-Ladewig/Nettesheim/von Raumer, EMRK, Art. 6 Rn. 160.

1862 So vorgesehen in § 17 Abs. 1 Nr. 5 lit. c VerSanG-E, wenngleich dieses Recht dem Arbeitnehmer durch den Arbeitgeber einzuräumen ist, siehe hierzu Kapitel 3 D. II. 2.

tigten Arbeitnehmer haben ggf. einen vorsätzlichen Verstoß begangen und verfügen daher über Täterwissen. So wirkt es abwegig, wenn diese Arbeitnehmer vorrangig vor dem Opfer geschützt werden sollen und dem Opfer zudem nicht die Möglichkeit zugestanden wird, adäquat seiner Pflicht nachzukommen, eine interne Untersuchung durchzuführen, sich durch eine Aufklärung zu verteidigen und vor zukünftigen Schäden zu schützen. So hat auch der BGH[1863] im Architektenfall argumentiert, dass die Belange eines Schädigers nicht höher bewertet werden können als die eines Geschädigten. Unter der Annahme eines Auskunftsverweigerungsrechts eines Arbeitnehmers als Täter würden dessen Interessen höher bewertet werden als die des geschädigten Unternehmens. Neben dem Unternehmen als Opfer können sich die negativen Auswirkungen eines Verstoßes auch auf dessen Mitarbeiter auswirken. Zugleich können – je nach Ausgestaltung des Verstoßes – auch Dritte davon betroffen sein. Zudem erscheint es gegenüber dem Unternehmen nicht gerecht, wenn bei dessen Strafbemessung die zum Erliegen gekommene interne Untersuchung aufgrund der Verweigerung des Arbeitnehmers negativ ausgelegt werden würde.

Indes würden für den Fall, dass Arbeitnehmer mit Täterwissen ihre Auskunft bei einer Selbstbelastung verweigern dürften, Zeugen weiterhin als Informationsquelle zur Verfügung stehen. Aufgrund umfassender Kenntnisse und Beobachtungen reichen diese Auskünfte in manchen Sachverhalten aus, um den die interne Untersuchung begründenden Verdacht aufzuklären. In anderen Fällen können diese Informationen jedoch unzureichend sein, wenn sich die Tathandlungen nicht öffentlich oder sogar im Verborgenen abspielten. Als Beispiele sind manipulierte Ausschreibung und Auftragsvergabe an einen befreundeten Dienstleister zu nennen, wofür die handelnden Mitarbeiter Kickback-Zahlungen erhalten, oder die Überweisung von Bestechungsgeldern eines Lieferanten auf das Privatkonto eines Einkäufers anzuführen. Würde der verdächtigte Arbeitnehmer gegenüber den Ermittlungsbehörden insbesondere im zuletzt genannten Sachverhalt von seinem Auskunftsverweigerungsrecht Gebrauch machen, könnten diese über weitere Quellen Informationen gewinnen, die einem Unternehmen nicht zur Verfügung stehen. Dazu gehören Durchsuchungen nach § 102 StPO und Einsichtnahmen in private Bankkonten[1864]. Diese Möglichkeiten stehen einem Unternehmen dagegen nicht zu. Überdies darf der Zeuge als Auskunftsperson und Beweismittel nicht überschätzt werden. In gerichtlichen Verfahren gilt ein Zeuge als das

---

b) ff) (3); Dann/Schmidt NJW 2009, 1851, 1855 halten ein Auskunftsverweigerungsrecht im Zusammenhang mit SEC-Verfahren für notwendig.

1863 BGH NJW 1964, 1469, 1471; siehe Kapitel 2 B. III. 5. c) bb).

1864 Zur Anfrage einer vollständigen Übersicht aller Kontoverbindungen durch die Staatsanwaltschaft: Krepold/Zahrte in: Ellenberger/Bunte, BankR-HdB, § 8 Rn. 289.

unsicherste Beweismittel.[1865] Nichts anderes kann auch im Rahmen interner Untersuchungen angenommen werden, wenn Zeugen ihre Wahrnehmungen mitteilen, die auf erheblichen Fehlern basieren können.[1866] Deswegen wird in der Literatur der Mensch als Beweismittel zum Teil auch als *„eine ‚Fehlkonstruktion'"*[1867] bezeichnet. Dies verdeutlicht, dass die Auskunft des verdächtigten Arbeitnehmers für das Unternehmen regelmäßig elementar ist.

Um den verdächtigten Arbeitnehmer zur Auskunft zu motivieren, bleibt die Möglichkeit einer Amnestieregelung, wodurch eine Selbstbelastungspflicht erreicht wird.[1868] Wenngleich dies eine adäquate Maßnahme ist, um an die gewünschte Auskunft des verdächtigten Arbeitnehmers zu gelangen, ist es von der Unternehmenspolitik abhängig, inwieweit bspw. einem wegen der Annahme von Bestechungsgeldern und damit vorsätzlich handelnden verdächtigten Arbeitnehmer ein Entgegenkommen in Form eines Kündigungsschutzes gewährt wird.

Gleichzeitig könnte sich das Auskunftsverweigerungsrecht auch für den befragten Mitarbeiter negativ auswirken. Wenn einzelne Fragen in einer Mitarbeiterbefragung unter Anwendung des Auskunftsverweigerungsrechts nicht beantwortet würden, da sich der Mitarbeiter andernfalls selbst oder einen Angehörigen belasten müsste, könnte das Arbeitsverhältnis nach vergeblicher Abmahnung verhaltensbedingt – bspw. mithilfe einer Verdachtskündigung – beendet werden.[1869]

Wenn der Arbeitgeber bei der Durchführung der internen Untersuchung aufgrund der erheblichen Eingriffsintensität der Staatsanwaltschaft nur als deren ‚verlängerter Arm' agiert, sollte der Arbeitnehmer vor einer selbstbelastenden Auskunft durch Auskunftsverweigerungsrecht geschützt werden. Ohne eine solche Beteiligung ist aufgrund der dargestellten überwiegenden Interessen des Arbeitgebers nach der hier vertretenen Auffassung weiterhin von einer Auskunftspflicht des Arbeitnehmers auszugehen. Die Konfliktlage des Arbeitnehmers ist auf anderem Wege zu lösen.[1870]

1865 Vgl. nur: BVerfG NJW 2003, 2444, 2446, wonach die Unzuverlässigkeit des Zeugenbeweises eine Erkenntnis aus psychologischen Untersuchungen ist; ArbG Berlin BeckRS 2005, 151882 Rn. 26, wonach Zeugen über ein unzuverlässiges Erinnerungsbild verfügen; Hamacher in: BeckOGK KSchG, § 4 Rn. 305.1; Hamacher/Happe NZA 2021, 665, 666.

1866 Siehe Kapitel 2 B. III. 2. c) bb).

1867 Hamacher/Happe NZA 2021, 665, 666.

1868 Siehe hierzu Kapitel 2 A. IX. 2.

1869 Dendorfer-Ditges in: MAH ArbR, § 75 Rn. 145; vgl. im Ergebnis auch: Göpfert/Merten/Siegrist NJW 2008, 1703, 1708, wonach Arbeitgeber bei auskunftsverweigernden Mitarbeitern eine Verdachtskündigung aussprechen wollen.

1870 Siehe hierzu sogleich.

d) Stellungnahme zur Anwendbarkeit des Nemo-tenetur-Grundsatzes bei internen Untersuchungen und erster Lösungsansatz

Die Anwendbarkeit des Auskunftsverweigerungsrechts für Arbeitnehmer bei internen Untersuchungen wird nach der hier vertretenen Ansicht ausgeschlossen, wenn diese über den unmittelbaren und ggf. mittelbaren Aufgabenbereich zur Auskunft verpflichtet sind. Die Selbstbelastungspflicht eines Arbeitnehmers gilt unmittelbar gegenüber seinem Arbeitgeber bzw. den von ihm hierfür beauftragten unternehmensinternen Ermittlern oder externen Dritten wie Rechtsanwälten.

Innerhalb dieser unternehmensinternen Sphäre ermöglicht der Arbeitnehmer durch seine Auskunft die Aufklärung des Sachverhalts und eine etwaige Eingrenzung des von ihm zu verantwortenden Schadens.

Verlassen die hierdurch erhaltenen Informationen – in Form von Interviewprotokollen oder Ermittlern als Zeugen vom Hörensagen[1871] – jedoch die unternehmensinterne Sphäre, bekommen sie einen anderen Zweck. Sie dienen somit nicht zur unternehmensinternen Aufklärung des Sachverhalts und die eingangs beschriebene kritische Lage des Arbeitnehmers realisiert sich.[1872] Das Verlassen der Sphäre zur Verwendung der Informationen gegen den Arbeitnehmer in einem Strafverfahren kann bspw. angenommen werden, wenn die Strafverfolgungsbehörden mittels einer Durchsuchung und einer Beschlagnahmung auf die Interviewprotokolle zugreifen, sofern das Unternehmen keine beschuldigtenähnliche Stellung hat bzw. Nebenbeteiligter ist[1873]. Auch eine Kooperation[1874] des Unternehmens mit den Strafverfolgungsbehörden zur Offenlegung von relevanten Unterlagen aus einer internen Untersuchung führt dazu, dass die Sphäre verlassen wird. In solchen Situationen ist der Arbeitnehmer schutzwürdig.[1875]

Dieser Informationentransfer und der veränderte Zweck, den die Information dadurch bekommt, führen zu der Situation, die der Nemo-tenetur-Grundsatz untersagt: Durch die Ausübung von Zwang offenbart ein Beschuldigter selbstbelastende Informationen, die gegen ihn verwertet werden. Wenngleich die Auskunft im arbeitsvertraglichen Kontext den Nemo-tenetur-Grundsatz im Moment der Befragung nicht berührt hat, geschieht dies aber durch die

---

1871 Sarhan wistra 2015, 449, 455.

1872 Siehe Kapitel 2 B. III. 4. a); im Ergebnis so auch: Doege, Bedeutung des nemo-tenetur-Grundsatzes, S. 139.

1873 Siehe hierzu sogleich in Kapitel 2 D. II. 3.

1874 Siehe zur Kooperation mit den Strafverfolgungsbehörden exemplarisch: Bittmann in: Rotsch, Criminal Compliance, § 34B Rn. 131 ff. sowie Knierim/Schröder in: Knierim/Rübenstahl/Tsambikakis, Internal Investigations, Kap. 16 III. 4. zur Kooperation mit staatlichen Behörden; Lenze, Compliance, Internal Investigations und Beschuldigtenrechte, S. 172.

1875 Im Ergebnis so auch: Doege, Bedeutung des nemo-tenetur-Grundsatzes, S. 139.

Zweckentfremdung nachträglich.[1876] Andernfalls würde sich die Staatsanwaltschaft die Zwangslage der Arbeitnehmer zu eigen machen, wenn sie die Beweismittel, die im Rahmen einer Mitarbeiterbefragung erstellt wurden, in der Hauptverhandlung zur Überführung des Angeklagten verwertet, ohne dass dieser dem zugestimmt oder widersprochen hat.[1877] Zudem würden die Rechte eines Beschuldigten in einem Strafverfahren nicht mehr zum Tragen kommen. Das Recht, schweigen zu dürfen, würde entwertet werden, noch bevor es überhaupt entstehen konnte.[1878] Kann ein Beschuldigter die ihm von Gesetzes wegen zustehende Selbstbelastungsfreiheit nicht in Anspruch nehmen, weil seine Auskünfte aus einer Mitarbeiterbefragung verwertet werden, lässt sich dies – wenngleich es derzeit der aktuellen Realität entspricht[1879] – nicht mit dem verfassungsrechtlich geschützten Nemo-tenetur-Grundsatz vereinbaren.[1880] Vielmehr würde der Nemo-tenetur-Grundsatz hierdurch konterkariert werden.[1881]

Die durch Zwang herbeigeführte Selbstbelastungspflicht müsste jedoch verfassungsrechtlich zulässig sein, wenn durch ein strafrechtliches Verwertungsverbot der Schutz des Arbeitnehmers sichergestellt würde.[1882] Somit würde der Nemo-tenetur-Grundsatz, wonach niemand gezwungen werden darf, sich im Strafprozess selbst zu belasten, in seiner zweiten Schutzalternative berücksichtigt werden, wenn die selbstbelastenden Auskünfte des Arbeitnehmers bei Verlassen der Sphäre des Unternehmens nicht verwertet werden dürften.

1876 So auch: Doege, Bedeutung des nemo-tenetur-Grundsatzes, S. 139.

1877 So auch: Sarhan wistra 2015, 449, 455.

1878 Vgl. nur: Jahn StV 2009, 41, 44; Greeve/Tsambikakis in: Knierim/Rübenstahl/Tsambikakis, Internal Investigations, 18. Kap Rn. 28; Nienaber, Compliancebasierte unternehmensinterne Ermittlungen, S. 392.

1879 Nienaber, Compliancebasierte unternehmensinterne Ermittlungen, S. 392.

1880 Vgl. nur: Nienaber, Compliancebasierte unternehmensinterne Ermittlungen, S. 392; vgl. Wolff, Selbstbelastung und Verfahrenstrennung, S. 101; ähnlich: Doege, Bedeutung des nemo-tenetur-Grundsatzes, S. 139.

1881 Vgl. hierzu nur: Jahn StV 2009, 41, 44, wonach das Schweigerecht in strafrechtlichen Verfahren entkernt werden würde, noch bevor es überhaupt entstanden ist bzw. zu einem Vollrecht erstarken konnte; Theile StV 2011, 381, 386, wonach eine selbstbelastende Auskunft und eine Verwertung zu einer faktischen Entwertung des strafprozessualen Selbstbelastungsverbots führen würden; Nienaber, Compliancebasierte unternehmensinterne Ermittlungen, S. 392.

1882 Vgl. nur: BVerfG NJW 1981, 1431, 1433, mit Bezug auf den auskunftspflichtigen Gemeinschuldner; im Zusammenhang mit einem Steuerpflichtigen: BVerfG NJW 2005, 352, 352; BVerfG BeckRS 2008, 35240 Rn. 3. Im Ergebnis so auch: Dann/Schmidt NJW 2009, 1851, 1855, die jedoch in ihren Ausführungen grundsätzlich von keiner Auskunftspflicht der Arbeitnehmer ausgehen.

8. Zwischenergebnis zu Mitarbeiterbefragungen

Arbeitnehmer nehmen bei internen Untersuchungen und insbesondere bei Mitarbeiterbefragungen eine gewichtige Rolle ein. Nicht zuletzt werden sie auch als ‚Wissensträger'[1883] bezeichnet. Im Hinblick auf die Vorbereitung einer internen Untersuchung müssen einige Aspekte beachtet werden, da sie sowohl die Befragung als auch die damit verbundene Auskunftsfreudigkeit der befragten Mitarbeiter beeinflussen können.[1884]

Ein Arbeitgeber kann seinen Arbeitnehmer über sein Weisungsrecht nach § 106 GewO zu einer Teilnahme an einer Mitarbeiterbefragung verpflichten.[1885] Dabei ist der Arbeitnehmer gegenüber dem Arbeitgeber bzw. den von ihm beauftragten Personen zur wahrheitsgemäßen Auskunft verpflichtet.[1886] Bei den Ermittlerteams kann es sich um unternehmensinterne Mitarbeiter handeln, die mit der Untersuchung beauftragt wurden, oder um externe Dritte wie Rechtsanwälte.[1887] Die Pflicht, dem Arbeitgeber wahrheitsgemäße Auskünfte zu erteilen, wird insbesondere für Fragen angenommen, die den unmittelbaren Aufgabenbereich des Arbeitnehmers betreffen. Dabei folgt diese Pflicht aus § 666 BGB i.V.m. § 675 Abs. 1 BGB.[1888] Dies umfasst auch eine etwaige Selbstbelastung durch den Mitarbeiter.[1889]

Darüber hinaus hat der Arbeitnehmer eine Schadensabwendungspflicht gegenüber seinem Arbeitgeber, die aus § 241 Abs. 2 BGB resultiert.[1890] Auch diese Pflicht beinhaltet eine Selbstbelastungspflicht.[1891]

Zuletzt können sich die Fragen während eines Mitarbeiterinterviews auf den mittelbaren Aufgabenbereich eines Arbeitnehmers nach §§ 611, 241 Abs. 2 BGB bzw. § 242 BGB beziehen.[1892] Bei der Beantwortung dieser Fragen und insbesondere im Hinblick auf eine Selbstbelastungspflicht sind die widerstreitenden Interessen des Arbeitgebers und des Arbeitnehmers unter den vom BAG[1893] entwickelten Grundsätzen zu prüfen. Erst bei überwiegenden arbeitgeberseitigen Interessen ist auch hier der Arbeitnehmer zur Auskunft verpflichtet.

1883 Siehe Kapitel 2 B. III. 1.; vgl. nur: Göpfert/Merten/Siegrist NJW 2008, 1703, 1704; Theile StV 2011, 381, 384; Moosmayer/Petrasch ZHR 182 (2018), 504, 511.
1884 Siehe Kapitel 2 B. III. 2. a)–d).
1885 Siehe Kapitel 2 B. III. 3. a).
1886 Siehe Kapitel 2 B. III. 4. b) cc).
1887 Siehe Kapitel 2 B. III. 3. b).
1888 Siehe Kapitel 2 B. III. 4. b) aa) (1); siehe Kapitel 2 B. III. 4. b) bb) (1).
1889 Siehe Kapitel 2 B. III. 5. d) aa); siehe Kapitel 2 B. III. 5. f).
1890 Siehe Kapitel 2 B. III. 4. b) aa) (4); siehe Kapitel 2 B. III. 4. b) bb) (3).
1891 Siehe Kapitel 2 B. III. 5. d) bb); siehe Kapitel 2 B. III. 5. f).
1892 Siehe Kapitel 2 B. III. 4. b) aa) (2); siehe Kapitel 2 B. III. 4. b) bb) (1).
1893 Vgl. BAG NZA 1996, 637, 638.

Somit lässt sich für den unmittelbaren und mittelbaren Aufgabenbereich festhalten, dass, wenn eine Pflicht zur Auskunft besteht, damit gleichwohl auch eine Selbstbelastungspflicht verbunden ist. Dementgegen steht auch nicht die Beweislastregelung nach § 1 Abs. 2 S. 4 KSchG, sofern es sich um interne Untersuchungen handelt, deren primäres Ziel die Aufklärung des Sachverhalts ist. Anders wäre es indes, wenn die interne Untersuchung dafür genutzt wird, Kündigungsgründe gegen einen Arbeitnehmer zu finden. In einem solchen Fall kann nicht von einer selbstbelastenden Auskunftspflicht eines Arbeitnehmers ausgegangen werden. Um die Zielrichtung der Untersuchung zu verdeutlichen, können mit dem Arbeitnehmer Amnestieregelungen vereinbart werden, die einen Kündigungsverzicht enthalten. § 1 Abs. 2 S. 4 KSchG kommt in solchen Fällen gerade nicht zur Anwendung.[1894]

Wenngleich ein mitunter erheblicher Druck auf die Arbeitnehmer bestehen kann, der sich in einer Zwangswirkung auswirkt, wird der Nemo-tenetur-Grundsatz nicht deshalb unmittelbar unterlaufen, weil der Arbeitnehmer eine Auskunftspflicht gegenüber dem Arbeitgeber hat.[1895] Etwas anderes ist nur dann anzunehmen, wenn die Strafverfolgungsbehörden auf die interne Untersuchung in einem erheblichen Maße Einfluss nehmen, sodass sich der Charakter der Untersuchung verändert, wenn sie die Durchführung der internen Untersuchung in dem Unternehmen anordnen oder sie ihre Ermittlungen unter Verletzung der Legalitätspflicht temporär aussetzen.[1896]

Ein Auskunftsverweigerungsrecht des Arbeitnehmers ist aufgrund überwiegender arbeitgeberseitiger Interessen an einer Aufklärung – insbesondere bei drohenden, erheblichen Schäden für das Unternehmen oder Dritte – nach vorliegender Auffassung nicht anzunehmen (erste Schutzalternative des Nemo-tenetur-Grundsatzes). Zum Schutz des Arbeitnehmers sind dessen Auskünfte bei Verlassen der Sphäre des Unternehmens jedoch zu schützen. Hierbei könnte ein Beweisverwertungsverbot in Betracht kommen, um die entstandene Zwangslage des Arbeitnehmers zu kompensieren (zweite Schutzalternative des Nemo-tenetur-Grundsatzes).[1897]

IV. Befragung von Dritten

Bei Sachverhalten, die einen Bezug zu Dritten wie Lieferanten, Kunden oder Geschäftspartnern des Unternehmens aufweisen, können durch die Befragung von Personen außerhalb des Unternehmens relevante Informationen ermittelt werden. Während diese Auskünfte regelmäßig nicht erzwingbar

1894 Siehe Kapitel 2 B. III. 5. e) cc).
1895 Siehe Kapitel 2 B. III. 7. a).
1896 Siehe Kapitel 2 B. III. 7. b).
1897 Siehe Kapitel 2 B. III. 7. d); näher sogleich in Kapitel 2 C. I.

sind, wird die Zulässigkeit der Befragung von Dritten an sich als unbedenklich angesehen.[1898] Dabei wird für die Praxis empfohlen, den Kontakt zum Dritten weniger formal zu gestalten und die Sachverhaltsaufklärung unauffälliger stattfinden zu lassen, um eine möglich wahrheitsgemäße Untersuchung zu ermöglichen. So sei das Auftreten der internen Ermittler mit ihrem „*schweren Geschütz*"[1899] nur in Konstellationen empfehlenswert, in denen bereits klar ist, dass der Dritte vollständig mitwirkt und Auskunft gibt. In allen anderen Fällen stelle solch ein Auftreten bei den Kontaktaufnehmen zu Dritten einen „*Kardinalfehler*"[1900] dar.[1901] Stattdessen sei es ratsamer, die Recherche bzw. die informelle Befragung durch Mitarbeiter vornehmen zu lassen, die bereits mit den Dritten in Kontakt stehen. Hierfür müsse einerseits sichergestellt werden, dass die Mitarbeiter redlich sind. Andererseits müssen sie den Auftrag erhalten, an so viele Informationen – und bestenfalls relevante Dokumente – wie möglich zu gelangen. Mit Abschluss dieser Recherche könne der Dritte um ein persönliches Gespräch gebeten werden, um weitere Informationen sammeln zu können. Situationsabhängig kann in diesem Schritt der Dritte über die interne Untersuchung aufgeklärt werden. Gemäß einzelnen Stimmen in der Literatur ist die Bereitschaft zu weiteren Auskünften höher einzustufen, wenn die Dritten im Rahmen der informellen Befragung bereits wahrheitsgemäße Informationen geliefert haben.[1902]

Auch nach der hier vertretenen Ansicht stellen die Auskünfte von Dritten je nach Sachverhalt eine relevante Informationsquelle dar, wenngleich die dargestellten Einwände, die gegen die unmittelbare Kontaktaufnahme durch das Ermittlerteam sprechen, nicht vollständig nachvollziehbar sind. So stellen das fehlende Know-how und die mangelnde Befragungserfahrung der operativen Mitarbeiter erhebliche Fehlerquellen dar, die die Ergebnisse der Informationsbeschaffung beeinträchtigen können.

Während die Vertreter dieser Ansicht einerseits davon ausgehen, dass Dritte nicht zur Auskunft gezwungen werden können, kann die Bereitschaft von Lieferanten andererseits demnach erhöht werden, indem die vorläufige Aufrechterhaltung der Lieferbeziehung von deren Beitrag zur Sachverhaltsaufklärung abhängig gemacht wird.[1903] Damit geht nach der hier vertretenen Ansicht allerdings ein faktischer Zwang einher, der gravierend sein kann, insbesondere wenn die befragten Parteien kleine oder mittlere Unternehmen sind. Wenn tatsächlich ein solches Vorgehen gewählt und die Bereitschaft zur Auskunft mit der Einstellung der Lieferbeziehung sanktioniert wird, er-

1898 Bischoff/Minoggio in: Böttger, Wirtschaftsstrafrecht in der Praxis, Kap. 20 Rn. 107.
1899 Bischoff/Minoggio in: Böttger, Wirtschaftsstrafrecht in der Praxis, Kap. 20 Rn. 109.
1900 Bischoff/Minoggio in: Böttger, Wirtschaftsstrafrecht in der Praxis, Kap. 20 Rn. 109.
1901 Bischoff/Minoggio in: Böttger, Wirtschaftsstrafrecht in der Praxis, Kap. 20 Rn. 109.
1902 Bischoff/Minoggio in: Böttger, Wirtschaftsstrafrecht in der Praxis, Kap. 20 Rn. 110.
1903 Bischoff/Minoggio in: Böttger, Wirtschaftsstrafrecht in der Praxis, Kap. 20 Rn. 108.

scheint es nach der hier vertretenen Ansicht nicht unschädlich, die Befragung unmittelbar durch das erfahrene Ermittlerteam durchführen zu lassen.

V. Zwischenergebnis: Einzelne Untersuchungshandlungen

Die Verstöße, die innerhalb des Unternehmens begangen werden, sind selten identisch. Aus diesem Grund variieren in einer internen Untersuchung die angewendeten Untersuchungshandlungen von Fall zu Fall. Ähnlichkeiten können jedoch hinsichtlich der Vorgehensweise bestehen, wenn bei einem Verdacht auf eine Straftat zunächst Daten erhoben und gesichtet werden.[1904] Sind mildere Mittel bereits ausgeschöpft oder lassen die übrigen Untersuchungshandlungen keinen gleichen Aufklärungserfolg erwarten, kann zudem eine eDiscovery eingesetzt werden, um den Verdacht aufzuklären.[1905] Oftmals am Ende – aber auch je nach den tatsächlichen Gegebenheiten parallel zu anderen Untersuchungshandlungen – werden Mitarbeiterbefragungen durchgeführt. Da interne Untersuchungen an sich und demzufolge auch die Vorgehensweisen bei Mitarbeiterbefragungen nicht gesetzlich normiert sind, muss sich das Ermittlerteam an anderen Gesetzen orientieren, um selbst ‚compliant' handeln zu können.

Ein wesentlicher Aspekt ist die Teilnahme- und Auskunftspflicht von Verdächtigten und als Zeugen befragten Arbeitnehmern im Zusammenhang mit internen Untersuchungen und die damit korrelierenden Fragestellungen wie ‚Welche Arbeitnehmer befrage ich zuerst?'[1906], ‚Wie baue ich das Gespräch auf und wie bereite ich mich vor?'[1907], ‚Muss ich den Arbeitnehmer belehren?'[1908] und ‚Hat er einen Anspruch auf einen Beistand wie einen Rechtsanwalt oder einen Betriebsrat?'[1909]. Während die ersten beiden Fragen von der verfolgten Taktik abhängen, können die letzten beiden Fragen bei einem verdächtigten Arbeitnehmer zwar grundsätzlich eher verneint werden, wobei ergänzt werden muss, dass es auf die genauen Umstände ankommt. In Ermangelung von rechtlichen Verpflichtungen sind weder eine Belehrung noch ein Beistand notwendig. Aus Fairnessgründen und insbesondere aus Gründen der Waffengleichheit kann der verdächtigte Arbeitnehmer jedoch belehrt und durch einen Beistand unterstützt werden. Bei einem Zeugen-Arbeitnehmer, dessen Befragung weitaus informeller ist, können diese beiden Fragen vielmehr verneint werden.

1904 Siehe Kapitel 2 B. I.
1905 Siehe Kapitel 2 B. II.
1906 Siehe Kapitel 2 B. III. 2. a).
1907 Siehe Kapitel 2 B. III. 2. b).
1908 Siehe Kapitel 2 B. III. 2. b) gg).
1909 Siehe Kapitel 2 B. III. 2. b) ff).

Mitarbeiterbefragungen sind ein wesentlicher Bestandteil von internen Untersuchungen, da die Arbeitnehmer als Wissensträger gelten. Wird ein verdächtigter Mitarbeiter im Rahmen eines Mitarbeiterinterviews zu seinem unmittelbaren Aufgabenbereich befragt, besteht für ihn nach § 666 BGB i. V. m. § 675 Abs. 1 BGB eine umfassende Auskunftspflicht.[1910] Werden in der Befragung Sachverhalte thematisiert, die außerhalb des vom Arbeitnehmer geschuldeten Aufgabenbereichs liegen, resultiert die Auskunftspflicht aus §§ 611, 241 Abs. 2 BGB sowie § 242 BGB; allerdings hat eine Abwägung zwischen dem arbeitgeberseitigen Auskunftsinteresse und dem allgemeinen Persönlichkeitsinteresse des Arbeitnehmers zu erfolgen.[1911] Einer Interessenabwägung bedarf es ebenfalls, wenn ein Arbeitnehmer das Unternehmen verlassen hat und nunmehr einer Straftat, einer Ordnungswidrigkeit oder einer Pflichtverletzung verdächtigt wird.[1912] Eine Auskunftspflicht besteht für den Arbeitnehmer zudem aus seiner Schadensabwendungspflicht.[1913]

Auch Arbeitnehmer als Zeugen bzw. Arbeitnehmer, die in ihrer Rolle als Verdächtigter zugleich eine Zeugenrolle einnehmen, haben umfassende Auskunftspflichten. Dies betrifft genauso wie bei verdächtigten Arbeitnehmern ihren unmittelbaren Aufgabenbereich, Wahrnehmungen, die sie in ihrem zugewiesenen Tätigkeitsfeld gemacht haben,[1914] sowie Anzeigepflichten zur Abwendung drohender Schäden.[1915] Dies gilt auch dann, wenn andere Arbeitnehmer einen Schaden verursacht haben. Allerdings ist die Pflicht zur Anzeige des schädigenden Verhaltens von Kollegen von der Rolle des Zeugen-Arbeitnehmers und der Schwere der Tat abhängig.[1916] Eine Auskunftspflicht nach Beendigung des Arbeitsverhältnisses wird nach der hier vertretenen Ansicht aufgrund regelmäßig überwiegender Interessen des Arbeitnehmers ausgeschlossen.[1917]

Die Auskunftspflicht der Mitarbeiter erstreckt sich auch auf selbstbelastende Auskünfte.[1918] § 1 Abs. 2 S. 4 KSchG steht dem nicht entgegen, sofern die interne Untersuchung der Aufklärung des Sachverhalts und nicht der Suche nach Kündigungsgründen gegen den Arbeitnehmer dient. Um dies zu verdeutlichen, kann mit dem Mitarbeiter eine Amnestieregelung vereinbart werden, die eine Kündigung ausschließt.[1919]

1910 Siehe Kapitel 2 B. III. 4. b) aa) (1).
1911 Siehe Kapitel 2 B. III. 4. b) aa) (2).
1912 Siehe Kapitel 2 B. III. 4. b) aa) (3).
1913 Siehe Kapitel 2 B. III. 4. b) aa) (4).
1914 Siehe Kapitel 2 B. III. 4. b) bb) (1).
1915 Siehe Kapitel 2 B. III. 4. b) bb) (3).
1916 Siehe Kapitel 2 B. III. 4. b) bb) (4).
1917 Siehe Kapitel 2 B. III. 4. b) bb) (2).
1918 Siehe Kapitel 2 B. III. 5. f).
1919 Siehe Kapitel 2 B. III. 5. e).

Würde für den Mitarbeiter keine Pflicht zur Selbstbelastung bestehen, um dadurch einer strafrechtlichen Verfolgung zu entgehen, käme dies einer Benachteiligung des Arbeitgebers gleich. Gleichzeitig würde ein pflichtverletzender Mitarbeiter in jeder Hinsicht belohnt werden. Daraus lässt sich eine Privilegierung von Pflichtverstößen ableiten, wohingegen die Pflichterfüllung benachteiligt wird.[1920] Der Arbeitnehmer, der gegenüber seinem Arbeitgeber wahrheitsgemäß und dabei auch selbstbelastend aussagen müsste, hätte gegenüber Strafverfolgungsbehörden als Zeuge oder Beschuldigter das Recht, die Auskunft zu verweigern. Dies basiert auf dem Nemo-tenetur-Grundsatz, wonach „*niemand dazu verpflichtet ist, sich selbst anzuklagen*“[1921]. Mit dem Grundsatz unvereinbar ist die Anwendung von Zwang, die die Entscheidungsfreiheit des Befragten beeinflusst, ob und inwieweit er aktiv in einem gegen ihn geführten Strafverfahren mitwirken möchte.[1922] Bei Befragungen von Arbeitnehmern kann von dem Arbeitgeber durch die Möglichkeit der Durchsetzbarkeit des arbeitgeberseitigen Auskunftsanspruchs mit Zwangsmitteln oder Zwangshaft oder den wirtschaftlichen Folgen bspw. aufgrund einer Kündigung ebenfalls Zwang ausgeübt werden.[1923] Hierbei kann – je nach Darlegung der Konsequenzen bei einer Auskunftsverweigerung – ein rechtlicher und/oder wirtschaftlicher Zwang vorliegen.[1924] Eine staatliche Komponente kann vorliegen, wenn der Auskunftsanspruch vom Arbeitgeber eingeklagt und vollstreckt[1925] wird oder wenn ein Auskunftszwang vorliegt und das Handeln der Privaten dem Staat zugerechnet werden kann.[1926]

Um den Arbeitnehmer jedoch nicht zum Beweismittel gegen sich selbst zu machen und zu verhindern, dass er an seiner eigenen Verurteilung mitwirkt, sind dessen Auskünfte vor einer Verwendung gegen ihn in einem Strafverfahren oder einem Verfahren wegen Ordnungswidrigkeiten zu schützen.[1927]

Basierend auf den in diesen Abschnitten herausgearbeiteten Unsicherheiten und Hürden, mit denen die Ermittlerteams konfrontiert sein können, sollten – zur Schaffung von Klarheit und Rechtssicherheit – in einem zukünfti-

---

1920 Rack CB 2015, 330, 334 führt dies im Zusammenhang mit Vertragspartnern und Gläubigern aus; vgl. hierzu auch Kapitel 2 B. III. 7. c), d).

1921 Siehe Kapitel 2 B. III. 5. a); Johannes/Weinhold in: Sydow/Marsch, DS-GVO/BDSG, § 65 Rn. 35; ähnlich auch: Hartmann-Rüppel/Nagel CB 2022, 230, 233 Fn. 19.

1922 Siehe Kapitel 2 B. III. 5. a); vgl. nur: BVerfG NJW 1975, 103, 103 im Zusammenhang mit der freien Entscheidung über das Auskunftsverweigerungsrecht eines Zeugen; im Zusammenhang mit Beschuldigten: BVerfG NJW 2013, 1058, 1061 Rn. 66; und BGH NJW 2018, 1986, 1987.

1923 Siehe Kapitel 2 B. III. 6. b).

1924 Siehe Kapitel 2 B. III. 7. a) aa), bb).

1925 Siehe Kapitel 2 B. III. 6. b).

1926 Siehe Kapitel 2 B. III. 7. b).

1927 Siehe hierzu sogleich.

gen Gesetz für interne Untersuchungen die Auskunftspflicht und die Selbstbelastungspflicht eines Arbeitnehmers berücksichtigt werden.

Um Leitlinien für interne Untersuchungen vorzugeben und einen Standard einzuführen, könnten zudem Regelungen für die folgenden Sachverhalte in das Gesetz eingebettet werden:

- die Belehrung von Arbeitnehmern sowie
- die Hinzuziehung eines (rechtlichen) Beistands.[1928]

C. Beweisverwertung von Interviewprotokollen

Nunmehr ist zu eruieren, in welcher Form der Arbeitnehmer geschützt werden kann, wenn die selbstbelastenden Auskünfte in Form von Interviewprotokollen die Sphäre des Arbeitgebers verlassen und bspw. über den Urkundenbeweis Eingang in das Strafverfahren finden sollen.[1929] Die freie Würdigung der Unterlagen als Beweise könnte mit einem Beweisverwertungsverbot eingeschränkt werden. Ein solches Beweisverwertungsverbot ist ebenso wie ein Beweisverwendungsverbot für selbstbelastende Auskünfte von Arbeitnehmern nicht ausdrücklich gesetzlich geregelt.[1930]

Daher können Arbeitgeber die Informationen, die sie von einem Arbeitnehmer erhalten haben, gegen diesen in einem Kündigungsprozess oder in einem Verfahren zur Erlangung von Schadensersatzansprüchen verwenden.[1931] Gleiches gilt für Strafverfahren, in denen die gegenüber dem Arbeitgeber getätigten Aussagen Eingang finden können. Problematisch ist dies vor dem Hintergrund, dass sich der beschuldigte Mitarbeiter in einem Strafverfahren im Fall einer Selbstbelastung auf sein Schweigerecht berufen könnte.[1932] Aus diesem Grund ist nachfolgend zu klären, ob die im Rahmen einer internen Untersuchung getätigten Auskünfte in einem Strafverfahren verwertet werden dürfen. Wird dies abgelehnt, darf die Auskunft des Arbeitnehmers bei der Beweiswürdigung und Urteilsfindung nicht zum Gegenstand gemacht werden.[1933]

1928 Dieser Aspekte finden Eingang in den eigenen Regelungsentwurf, siehe Kapitel 4 C. I.

1929 Anders wistra 2014, 329, 330.

1930 Böhm WM 2009, 1923, 1926.

1931 Grützner in: Momsen/Grützner, Wirtschafts- und Steuerstrafrecht, § 16 Rn. 444.

1932 Theile StV 2011, 381, 384 f.

1933 Vgl. zu einem Beweisverwertungsverbot, das grundsätzlich verhindert, dass ermittelte Tatsachen in die Beweiswürdigung und Urteilsfindung einfließen nur: Schmitt in: Meyer-Goßner/Schmitt, StPO, Einl. Rn. 55; Jäger in: Klein, AO, § 399 Rn. 66; Krause in: MAH Strafverteidigung, § 7 Rn. 189.

Dabei zählen die mit dem Beweisverwertungsverbot im Zusammenhang stehenden Probleme zu den schwierigsten Fragen in einem Strafverfahren.[1934]

Gegenstand der nachfolgenden Erörterung ist nicht die Verwertung von Angaben, die ein Arbeitnehmer freiwillig erteilt hat, da diese Angaben als verwertbar angesehen werden.[1935] Zudem wird im Folgenden ein rechtmäßiges Handeln der Ermittlerteams vorausgesetzt.

I. Beweisverwertungsverbote

Bei einem Beweisverwertungsverbot werden festgestellte Sachverhalte in einem weiteren Verfahren nicht berücksichtigt.[1936] Dabei kann übergeordnet zwischen einem unselbstständigen und einem selbstständigen Beweisverwertungsverbot unterschieden werden.[1937]

1. Unselbstständiges Beweisverwertungsverbot nach § 136a Abs. 3 S. 2 StPO

a) Einführung

Beweisverwertungsverbote, die aus einem Verstoß gegen eine Beweiserhebungsvorschrift resultieren, werden aufgrund ihrer Abhängigkeit von dem Verstoß als unselbstständige Beweisverwertungsverbote bezeichnet.[1938] Ein Beweisverwertungsverbot kann bspw. auf dem Verstoß gegen § 136a StPO beruhen.[1939] Allerdings ist mit jedem Verfahrensverstoß nicht gleichzeitig ein Verwertungsverbot verbunden.[1940] Vielmehr bedarf es einer Einzelfallentscheidung.[1941] Dabei ist nach der Entscheidung des BVerfG das staatliche Interesse an der Aufklärung unter Berücksichtigung weiterer zur Verfügung

---

1934 Burhoff in: Burhoff, Handbuch für das strafrechtliche Ermittlungsverfahren, Rn. 1288.

1935 Vgl. nur: Böhm WM 2009, 1923, 1929; Bischoff/Minoggio in: Böttger, Wirtschaftsstrafrecht in der Praxis, Kap. 20 Rn. 143; Rogall in: Wolter/Deiters, SK-StPO Band 2, Vor 133 Rn. 140c.

1936 Jahn, Gutachten C zum 67. Deutschen Juristentag 2008 C 31.

1937 Vgl. nur: Jahn, Gutachten C zum 67. Deutschen Juristentag 2008 C 32; vgl. Eisenberg, Beweisrecht der StPO, III. Beweisverwertungsverbote Rn. 362; Rogall ZStW 91 (1979), 1, 3.

1938 Vgl. Eisenberg, Beweisrecht der StPO, III. Beweisverwertungsverbot Rn. 362; Rogall ZStW 91 (1979), 1, 3.

1939 Park, Durchsuchung und Beschlagnahme, § 2 Rn. 405.

1940 Vgl. nur: BVerfG NJW 2012, 907, 910 Rn. 121; BVerfG BeckRS 2015, 48649; BGH NJW 1999, 959, 961; Sieber/Brodowski in: Hoeren/Sieber/Holznagel, Handbuch Multimedia-Recht, Teil 19.3 Rn. 166.

1941 Vgl. nur: BVerfG NJW 2012, 907, 910 Rn. 121; BVerfG BeckRS 2015, 48649; BGH NJW 1999, 959, 961.

stehender Beweismittel, die Schwere, die der Straftat zugemessen wird, sowie das Ausmaß des Tatverdachts einzuschätzen. Gegen dieses Aufklärungsinteresse ist die Gewichtigkeit des Rechtsverstoßes abzuwägen. Dabei muss aus Sicht des BVerfG berücksichtigt werden, ob der Rechtsverstoß unter Vorsatz begangen wurde oder ob der Verstoß auf eine fahrlässige oder gutgläubige Handlung zurückzuführen ist. Zudem sollen bei der Bemessung des Gewichts der Schutzzweck der verletzten Norm sowie die Beeinträchtigung des Beweiswertes genauso einbezogen werden wie die Frage, ob die Erhebung des Beweises auch rechtmäßig möglich gewesen wäre. Zuletzt soll auch die Schutzbedürftigkeit des Betroffenen in die Gewichtung einfließen.[1942]

Bei internen Untersuchungen scheidet ein unselbstständiges Beweisverwertungsverbot allerdings aufgrund der fehlenden Anwendbarkeit der Regelungen nach der StPO regelmäßig aus,[1943] wenn die Regelung des § 136a Abs. 3 S. 2 StPO nicht analog Anwendung finden würde.

b) Anwendung von § 136a Abs. 3 S. 2 StPO aufgrund einer Zurechnung

Eine Anwendung von § 136a Abs. 3 S. 2 StPO könnte jedoch vorliegen, wenn durch Private gegen die Vorschrift in § 136a Abs. 1, 2 StPO verstoßen wird und dieses Handeln den Behörden zuzurechnen wäre.[1944]

In § 136a Abs. 1 StPO werden u. a. Täuschung und Zwang als verbotene Vernehmungsmethoden aufgelistet, die dazu geeignet sind, die Freiheit der Willensentschließung eines Beschuldigten zu beeinträchtigen. Das Ermittlerteam kann den befragten Arbeitnehmer über seine Auskunftspflicht unter Angabe einer fiktiven Rechtsfolge bei einer Auskunftsverweigerung täuschen, woraus ein subjektiver Zwang zur Auskunft resultieren kann. Zwar wird bei der vorliegenden Erörterung vorausgesetzt, dass die Ermittlerteams zur Erlangung von Mitarbeiterauskünften die in § 136a StPO genannten Handlungsweisen nicht mit Absicht oder systematisch nutzen. Allerdings kann die Befragung, wie bereits an anderer Stelle dargestellt wurde, zu Drucksituationen mit Zwangswirkung führen. Aufgrund der gesetzlich ge-

1942 BVerfG NJW 2012, 907, 910.

1943 Anders wistra 2014, 329, 330; vgl. zur Nichtanwendbarkeit der StPO bei internen Untersuchungen nur: Jäger in: HK-GS, § 136 StPO Rn. 2b, konkretisiert dies auf § 136 StPO; Momsen ZIS 2011, 508, 514 „*Auch für interne Ermittlungen findet die StPO keine Anwendung.*“; Greco/Caracas NStZ 2015, 7, 7, wonach keine Bindung an die StPO vorliegt; Kasiske NZWiSt 2014, 262, 263, hält die StPO bei nichtsubstitutiven internen Untersuchungen für nicht anwendbar. Jedoch sei die StPO anzuwenden, wenn die interne Untersuchung seit deren Beginn unter der Einflussnahme von Strafverfolgungsbehörden durchgeführt werde.

1944 Siehe hierzu Kapitel 2 B. III. 7. b); vgl. nur: BGH NJW 1998, 3506, 3507; Soiné NJ 2023, 329, 334; Detter NStZ 2003, 1, 7.

regelten Durchsetzbarkeit des Auskunftsanspruchs nach § 888 Abs. 1 ZPO kann daraus ein rechtlicher und bei der Durchsetzung ein staatlicher Zwang resultieren.[1945] Zugleich kann ein wirtschaftlicher bzw. faktischer Zwang bspw. durch die Androhung einer Kündigung entstehen.[1946] Während eine Täuschung grundsätzlich untersagt ist, darf nach § 136a Abs. 1 S. 2 StPO Zwang nur dann angewendet werden, wenn die gesetzlichen Regelungen der StPO dies zulassen. Eine Vorschrift, die einen Zwang im Privaten rechtfertigt, ist vorliegend nicht ersichtlich. Somit könnte der Zwang zu einem Verwertungsverbot führen, wenn damit eine Aussage herbeigeführt wurde oder die Art, wie die Auskunft getroffen wird, beeinflusst wurde.[1947]

Für ein aus § 136a Abs. 3 S. 2 StPO resultierendes Verwertungsverbot bedarf es aus Sicht des BGH nach einer Entscheidung aus dem Jahr 1998 einer den Strafverfolgungsbehörden zurechenbaren Verhaltensweise Privater, wenn diese in ihrem Handeln gegen § 136a Abs. 1 und 2 StPO verstoßen.[1948] Eine Zurechenbarkeit des privaten Handelns im Rahmen von internen Untersuchungen ist, wie bereits an anderer Stelle dargestellt wurde, auf Einzelfälle beschränkt, in denen Strafverfolgungsbehörden unmittelbar und umfassend Einfluss auf die interne Untersuchung nehmen. Somit ist eine Zurechenbarkeit nicht bei jeglichen Mitarbeiterbefragungen anzunehmen.[1949]

Folglich wird in Mitarbeiterbefragungen regelmäßig nur das Kriterium der Zwangswirkung und ggf. der Täuschung, nicht jedoch die Zurechnung erfüllt, weshalb eine Anwendung des § 136a StPO für interne Untersuchungen regelmäßig ausscheidet. Etwas anderes könnte nur in den Ausnahmefällen gelten, in denen der Einfluss der Strafverfolgungsbehörden als so erheblich einzuschätzen ist, dass auch eine Zurechnung bejaht werden muss.

c) Anwendung von § 136a Abs. 3 S. 2 StPO aufgrund einer Menschenwürdeverletzung

Ein Beweisverwertungsverbot könnte nach § 136a Abs. 3 S. 2 StPO jedoch gelten, wenn § 136a StPO durch eine horizontale Drittwirkung auch auf Mitarbeiterbefragungen Anwendung finden würde.[1950]

1945 Siehe Kapitel 2 B. III. 6. b); siehe Kapitel 2 B. III. 7. a) aa).

1946 Siehe Kapitel 2 B. III. 7. a) bb).

1947 BGH NJW 1995, 2933, 2936; Monka in: BeckOK StPO, § 136a StPO Rn. 23.

1948 BGH NJW 1998, 3506, 3507, siehe zur Zurechnung Kapitel 2 III. 7. b).

1949 Siehe hierzu Kapitel 2 B. III. 7. b).

1950 Vgl. nur: Jahn JuS 2000, 441, 444 f.; Jahn JuS 2005, 1057, 1058, wonach § 136a StPO ‚stets' eine horizontale Drittwirkung entfaltet, wenn Privatpersonen materiell-strafrechtlich rechtswidrig handeln; im Ergebnis so auch: Gaede StV 2004, 46, 52 f.; beschreibend hierzu: Grützner in: Momsen/Grützner, Wirtschafts- und Steuerstrafrecht, § 16 Rn. 514.

Privatpersonen haben aus der Sicht des BGH keine Pflichtenstellung, die mit denen der Ermittlungsbehörden vergleichbar ist. Aus diesem Grund sind dem BGH zufolge selbst die Angaben, die mit den in § 136 Abs. 1 StPO aufgeführten Mitteln erlangt wurden, nicht über ein Beweisverwertungsverbot vor einer Verwertung geschützt.[1951] Das OLG Hamburg hat dies zudem mit der alleinigen Anwendbarkeit der Vorschrift auf Staatsorgane begründet, die mit der Strafverfolgung befasst sind. Daraus abgeleitet führt § 136a StPO nicht zu einer Drittwirkung auf Personen wie Privatpersonen, die nicht diesem Personenkreis angehören.[1952] Etwas anderes könnte aus Sicht des Gerichts in Ausnahmefällen nur gelten, wenn Privatpersonen Beweise „*unter besonders krassem Verstoß gegen die Menschenwürde*“[1953] erhoben haben, die nunmehr verwertet werden sollen.[1954] Hierzu werden insbesondere Foltermaßnahmen,[1955] die Art. 15 der Übereinkommen gegen Folter und andere grausame, unmenschliche oder erniedrigende Behandlung oder Strafe vom 10.12.1984[1956] unterfallen sowie Marter und Einkerkerungen gezählt.[1957] Wird das Persönlichkeitsrecht einer Person durch ein solches Handeln außerordentlich verletzt, dürfen die Erkenntnisse, die aus dem Handeln hervorgebracht wurden, nicht vom Staat verwertet werden. Dies gilt auch dann, wenn es sich bei der Tat um schwere Kriminalität handelt.[1958] Zwar ist bei Mitarbeiterbefragungen eine Zwangslage anzunehmen, jedoch resultiert diese Situation aus dem Zusammenspiel der Umstände einer Auskunftspflicht mit einer gleichzeitigen Durchsetzbarkeit des Auskunftsanspruchs durch den Arbeitgeber. Ein Verhalten, das in massiver Form gegen die Menschenwürde verstößt, wie dies vom OLG Hamburg beschrieben wurde, ist bei internen Untersuchungen indes abzulehnen.

1951 Vgl. nur: BGH NJW 1998, 3506, 3507; Detter NStZ 2003 1, 7; Schmitt in: Meyer-Goßner/Schmitt, StPO, Einl. Rn. 56c, begründet dies insbesondere damit, dass die Beweisverwertungsverbote der StPO nicht für Privatpersonen gelten.

1952 OLG Hamburg NJW 2005, 2326, 2329.

1953 OLG Hamburg NJW 2005, 2326, 2329; so auch: Schmitt in: Meyer-Goßner/Schmitt, StPO, § 136a Rn. 3 „*unter bes. krassem Verstoß gegen die Menschenwürde*“.

1954 Vgl. nur: OLG Celle NJW 1985, 640, 641, wonach bei der Beweisgewinnung durch Privatpersonen ein Verstoß gegen die Menschenwürde oder „*gegen die primitivsten rechtsstaatlichen Grundsätze*“ zu einem Verwendungsverbot führt; OLG Hamburg NJW 2005, 2326, 2329; so auch aus Sicht der Literatur ebenso: Jäger in: Hilgendorf/Kudlich/Valerius, Handbuch des Strafrechts Band 8, § 53 Rn. 198; Schmitt in: Meyer-Goßner/Schmitt, StPO, § 136a Rn. 3; Gleß in: Löwe-Rosenberg, StPO Band 4/1, § 136a Rn. 12.

1955 OLG Hamburg NJW 2005, 2326, 2329; Schmitt in: Meyer-Goßner/Schmitt, StPO, § 136a Rn. 3; Gleß in: Löwe-Rosenberg, StPO Band 4/1, § 136a Rn. 12.

1956 BGBl. II 1990, S. 246.

1957 Schmitt in: Meyer-Goßner/Schmitt, StPO, § 136a Rn. 3.

1958 Rogall in: Wolter/Deiters, SK-StPO Band 2, § 136a Rn. 15.

d) Anwendung von § 136a Abs. 3 S. 2 StPO aufgrund einer Analogie

Für eine analoge Anwendung von Vorschriften bedarf es grundsätzlich einer planwidrigen Regelungslücke sowie einer vergleichbaren Interessenlage.[1959] Zugleich darf für die Norm kein Analogieverbot bestehen.[1960]

Für die Annahme einer planwidrigen Regelungslücke muss der Gesetzgeber im konkreten Gesetzgebungsverfahren unbeabsichtigt von dem zugrundeliegenden Regelungsplan abgewichen sein.[1961] Dagegen ist eine solche Regelungslücke nicht anzunehmen, wenn sich bewusst dafür entschieden wurde, dass für bestimmte Tatbestände die Folgen, die eine Regelung vorsieht, gerade nicht eintreten sollen.[1962] Mithin kann in solchen Fällen nicht davon ausgegangen werden, dass eine echte Regelungslücke im geltenden Recht vorliegt, wenngleich sie trotzdem eine unechte Lücke darstellen kann, die „*vom Standpunkt eines künftigen besseren Rechts aus[geht]*"[1963].[1964] Jedoch betrifft die zuletzt genannte Lücke de lege ferenda den Gesetzgeber, der eine entsprechende Rechtsreform veranlassen kann, während der Richter bei der Rechtslücke de lege lata auf die Anwendung des Gesetzes beschränkt ist.[1965] In der Literatur wird vereinzelt die Ansicht vertreten, dass im Zusammenhang mit § 136a StPO eine Regelungslücke besteht, die darauf zurückzuführen sei, dass sich der Gesetzgeber zur Konfliktlage eines Arbeitnehmers bei Mitarbeiterbefragungen und der dabei bestehenden Zwangslage noch keine Gedanken gemacht habe.[1966] Die Zwangslage des Arbeitnehmers wurde zwischenzeitlich im VerSanG-E erkannt und sollte mit der Schaffung eines Auskunftsverweigerungsrechts behoben werden.[1967] Da das Gesetzesvorhaben vorerst gescheitert ist,[1968] besteht die Zwangslage des Arbeitnehmers fort.

1959 Vgl. nur: Mann, Juristische Arbeitstechnik, Kap. 3 Rn. 273 f.; Reimer, Juristische Methodenlehre, Kap. E Rn. 562; Würdinger, FS Roth, S. 141, 144; Baranowski, Die Kodifikation von Internal Investigations, S. 165.

1960 Vgl. nur: Reimer, Juristische Methodenlehre, Kap. E Rn. 562; Baranowski, Die Kodifikation von Internal Investigations, S. 165; vgl. auch: Würdinger, FS Roth, S. 141, 144, wonach die Norm analogiefähig sein muss.

1961 Vgl. detailliert dazu nur: BGH NJW 2009, 1820, 1821; BGH NJW 2010, 2595, 2589; Maus ZfPW 2023, 25, 28.

1962 Vgl. nur: Würdinger AcP 206 (2006), 946, 951; vgl. auch: Engisch, Einführung in das juristische Denken, S. 203; Maus ZfPW 2023, 25, 29.

1963 Vgl. nur: Würdinger, FS Roth, S. 141, 145; Engisch, Einführung in das juristische Denken, S. 203; Maus ZfPW 2023, 25, 29.

1964 Vgl. nur: Würdinger, FS Roth, S. 141, 145; Engisch, Einführung in das juristische Denken, S. 203 f.; Maus ZfPW 2023, 25, 29.

1965 Vgl. nur: Würdinger AcP 206 (2006), 946, 951; Engisch, Einführung in das juristische Denken, S. 204; Maus ZfPW 2023, 25, 29.

1966 Fritz CCZ 2011, 156, 160.

1967 Siehe hierzu Kapitel 3 D. II. 2. b) ff) (3).

1968 Siehe zum aktuellen Stand Kapitel 3 D., F., G.

Dass die Regelung des § 136 StPO – und auch § 136a StPO – gerade nicht für Privatpersonen gilt, kann jedoch der *„maßgebliche[...] Plan des Gesetzgebers bzw. des Gesetzes“*[1969] gewesen sein, weshalb keine planwidrige Regelungslücke angenommen werden kann.[1970] Als Grund hierfür kann die besondere Struktur des Strafverfahrens angeführt werden, auf die die Regelungen der StPO zugeschnitten sind.[1971] Mit § 136 StPO wird der Beschuldigte davor geschützt, dass er irrtümlich davon ausging, dass er durch ein amtliches Auskunftsverlangen zur Aussage verpflichtet ist.[1972] Mit den Beschuldigtenrechten der StPO soll die unterlegene Position eines Beschuldigten gegenüber den Strafverfolgungsbehörden kompensiert werden. Mit der Selbstbelastungsfreiheit im Speziellen soll sichergestellt werden, dass die Fairness im Verfahren geschützt wird.[1973]

Aufgrund des Machtgefälles im Arbeitsverhältnis kann auch der Arbeitnehmer eine unterlegene Position einnehmen.[1974] Jedoch fehlt es an einer (irrtümlichen) Annahme, dass es sich bei dem Auskunftsanspruch des Arbeitgebers um ein amtliches Auskunftsverlangen handelt.[1975] Dies wird insbesondere bei der Betrachtung deutlich, in welchen Fällen §§ 136, 136a StPO zur Anwendung kommen. Denn hierfür muss eine Vernehmung vorliegen. Auf andere Beschaffungsarten findet § 136a StPO indes keine Anwendung.[1976]

Von einer Vernehmung ist dem BGH zufolge formell auszugehen, wenn ein Beschuldigter von einer Person vernommen wird, die ihm gegenüber in ihrer amtlichen Eigenschaft auftritt und zudem in ebendieser Eigenschaft die Auskunft des Beschuldigten verlangt.[1977] Diese Voraussetzungen treffen bei Mitarbeiterbefragungen nicht zu. Jedoch könnte der Mitarbeiter den Ein-

1969 Engisch, Einführung in das juristische Denken, S. 203.

1970 Vgl. nur: Münkel, Mitarbeiteroffenbarungen im Strafprozess, S. 127; Hille, Kooperation von Unternehmen, S. 309; so auch: Eufinger BB 2023, 1010, 1015, der eine planwidrige Regelungslücke aufgrund der fehlenden vergleichbaren Interessenlage ausschließt.

1971 Vgl. nur: Momsen/Grützner DB 2011, 1792, 1792; Kasiske NZWiSt 2014, 262, 263; Eufinger BB 2023, 1010, 1015.

1972 Knauer/Buhlmann AnwBl 2010, 387, 192.

1973 Kasiske NZWiSt 2014, 262, 263.

1974 Siehe Kapitel 2 B. II. 1. c); siehe zu den Handlungsmöglichkeiten eines Arbeitgebers bei der Verweigerung der Mitwirkung eines Arbeitnehmers Kapitel 2 B. III. 6.

1975 So auch: Knauer/Buhlmann AnwBl 2010, 387, 192.

1976 Vgl. nur: BGH NJW 1987, 2525, 2526, wonach die §§ 136, 136a StPO unmittelbar ausschließlich für Vernehmungen gelten; BGH BeckRS 2019, 35561 Rn. 13; Ahlbrecht in: Gercke/Temming/Zöller, StPO, § 136a Rn. 6.

1977 Vgl. nur: BGH NJW 1996, 2940, 2941; BGH BeckRS 2011, 14181 Rn. 8; BGH NJW 2018, 1986, 1987 Rn. 18; so auch Literaturstimmen: Schmitt in: Meyer-Goßner/Schmitt, StPO, § 136a Rn. 4; Ahlbrecht in: Gercke/Temming/Zöller, StPO, § 136a Rn. 6.

druck eines amtlichen Auftretens gewinnen, wenn er das Ermittlerteam mit Strafverfolgungsbeamten verwechselt.

Werden Arbeitnehmer von einem bekannten Kollegen befragt, der als interner Ermittler agiert, ist eine Verwechslungsgefahr nach der hier vertretenen Ansicht auszuschließen. Sind den Arbeitnehmern die Kollegen nicht bekannt, da sie bspw. aus der Konzernzentrale stammen, die Person selbst aber bei einer Tochtergesellschaft tätig ist, oder handelt es sich bei dem Ermittlerteam um externe Dritte, könnte eine Verwechslungsgefahr bestehen. Jedoch sind nach der hier vertretenen Ansicht bei der Vorstellung die notwendigen Informationen durch das Ermittlerteam preiszugeben, sodass der Arbeitnehmer in die Lage versetzt wird, die Befragung als privatrechtlich und gerade nicht als von der Polizei oder Staatsanwaltschaft durchgeführte Vernehmung zu erkennen[1978]. Überdies handelt es sich bei den Arbeitnehmern nicht um ‚Beschuldigte' im Sinne der StPO. Hierunter werden Personen verstanden, gegen die die Staatsanwaltschaft ein Ermittlungsverfahren eingeleitet hat.[1979]

Wenngleich im Strafprozessrecht prinzipiell kein Analogieverbot gilt,[1980] ist eine analoge Anwendung des Beweisverwertungsverbots nach § 136a Abs. 3 S. 2 StPO bei internen Untersuchungen nicht anzunehmen.[1981]

e) Zwischenergebnis zur Anwendbarkeit des § 136a Abs. 3 S. 2 StPO

Bei einer rechtmäßig durchgeführten internen Untersuchung, bei der für die Arbeitnehmer eine Zwangssituation aus den Gesamtumständen resultieren kann, findet § 136a Abs. 3 S. 2 StPO keine Anwendung.[1982]

Etwas anderes könnte nur gelten, wenn das Verhalten der Privatpersonen den Strafverfolgungsbehörden aufgrund von deren Beteiligung zurechenbar ist,[1983] oder bei rechtswidrig durchgeführten Mitarbeiterbefragungen, bei

---

1978 Siehe hierzu Kapitel 2 B. III. 2. b) gg) (3).

1979 Vgl. nur: BGH NJW 1987, 1955, 1955, wonach die Beschuldigteneigenschaft auf dem Willensakt der zuständigen Strafverfolgungsbehörde beruht; BGH NJW 1994, 2904, 2907; Diemer in: KK-StPO, § 136 Rn. 4.

1980 Vgl. nur: Magnus ZRP 2015, 13, 15; Heger in: Lackner/Kühl/Heger, StGB, § 1 Rn. 5; im Ergebnis ähnlich: Kottek, wistra 2017, 9, 16, der eine analoge Anwendung von § 136a Abs. 3 S. 2 StPO annimmt.

1981 So auch: Momsen in: Rotsch, Criminal Compliance, § 34 B Rn. 35, schließt eine analoge Anwendung von § 136 StPO aus, da ein Arbeitnehmer normalerweise nicht irrtümlich davon ausgehen dürfte, dass es sich um eine strafprozessuale Vernehmung handelt; Rogall in: Wolter/Deiters, SK-StPO Band 2, Vor § 133 Rn. 140c Fn. 1198; Eufinger BB 2023, 1010, 1015; a. A. Kasiske NZWiSt 2014, 262, 263, wonach die StPO bei substitutiven Untersuchungen grundsätzlich Anwendung findet.

1982 Siehe Kapitel 2 III. C. I. 1. b)–d).

1983 Siehe Kapitel 2 III. C. I. 1. b).

denen Interviewer die Informationen von dem Arbeitnehmer in menschenverachtender Weise erlangen wollen.[1984]

2. Selbstständiges Beweisverwertungsverbot

a) Einführung

Ein selbstständiges Beweisverwertungsverbot resultiert nicht aus einem Erhebungsfehler, der im Vorfeld durch die Strafverfolgungsbehörden begangen wurde.[1985] Folglich kann ein solches Verbot auch in Fällen greifen, in denen es im Rahmen der zulässigen Beweiserhebung zu einem Eingriff in die Grundrechte bzw. zu einem Verstoß gegen den Fair-Trial-Grundsatz gekommen ist.[1986] Die selbstständigen Beweisverwertungsverbote folgen vorrangig aus dem Grundgesetz. Hierdurch soll u. a. die Privatsphäre eines Beschuldigten, die sich aus dem allgemeinen Persönlichkeitsrecht gemäß Art. 2 Abs. 1 GG i. V. m. Art. 1 Abs. 1 GG ergibt, geschützt werden.[1987] Daneben sind weitere Zuwiderhandlungen wie Verstöße gegen die Menschenwürde – insbesondere in der Ausprägung des Nemo-tenetur-Grundsatzes (Art. 1 Abs. 1 GG) – sowie Verletzungen des Rechtsstaatsprinzips in Form des Rechts auf ein faires Verfahren (Art. 20 Abs. 3 GG) denkbar.[1988] Auf einfachgesetzlicher Ebene sind selbstständige Beweisverwertungsverbote indes nur in Ausnahmefällen wie in § 100d Abs. 1 und 2 StPO normiert.[1989] Zudem ergibt sich ein selbstständiges Beweisverwendungsverbot bspw. aus § 97 Abs. 1 S. 3 InsO.[1990]

Im Falle eines Eingriffs in ein Grundrecht – abgesehen von dem grundrechtlich geschützten Kernbereich der privaten Lebensgestaltung[1991] – bedarf es einer Abwägung zwischen dem staatlichen Interesse an der Strafverfolgung und dem Interesse des Betroffenen im Hinblick auf seine geschützten Grund-

1984 Siehe Kapitel 2 III. C. I. 1. c).
1985 Jäger in: HK-GS, Vorb. § 133 StPO ff. Rn. 7.
1986 Park, Durchsuchung und Beschlagnahme, § 2 Rn. 426.
1987 Vgl. nur: Hengstenberg, Die Frühwirkung der Verwertungsverbote, S. 71; Wohlers in: Wolter/Deiters, SK-StPO Band 1, Einl. Rn. 261; Zeyher JA 2022, 467, 468.
1988 Park, Durchsuchung und Beschlagnahme, § 2 Rn. 426; Hengstenberg, Die Frühwirkung der Verwertungsverbote, S. 73 f.
1989 Zeyher JA 2022, 467, 468 Fn. 15.
1990 Vgl. Jäger in: HK-GS, Vorb. § 133 Rn. 7a, 7b.
1991 Fresemann in: Schäfer/Fresemann/Hinrichs, Praxis des Strafverfahrens, Rn. 1933; Hengstenberg, Die Frühwirkung der Verwertungsverbote, S. 72.

rechte.[1992] In die Abwägung müssen ferner der strafrechtliche Vorwurf,[1993] die Schwere des Grundrechtseingriffs sowie die Notwendigkeit des Beweismittels für die Strafverfolgung im konkreten Einzelfall einbezogen werden. Überwiegen nach der Abwägung die Interessen des Betroffenen und stimmt dieser der Verwertung nicht zu, sind die Beweismittel unverwertbar.[1994]

b) Selbstständiges Beweisverwertungsverbot aus der Verletzung des allgemeinen Persönlichkeitsrechts

Das allgemeine Persönlichkeitsrecht nach Art. 2 Abs. 1 GG i. V. m. Art. 1 Abs. 1 GG ist ein verselbstständigtes eigenes Grundrecht[1995], mit dem sichergestellt wird, dass jeder Mensch *„einen autonomen Bereich privater Lebensgestaltung [hat], in dem er seine Individualität entwickeln und wahren kann.“*[1996] Wie bereits ausgeführt, wird aus diesem Recht der Nemo-tenetur-Grundsatz abgeleitet.[1997] Dieser Grundsatz kann bei der selbstbelastenden Auskunft eines Arbeitnehmers aufgrund des durch den Staat vermittelten Zwangs berührt werden.[1998] Das Absehen von einem Auskunftsverweigerungsrecht kann daher nur als verfassungskonform angesehen werden, wenn mit einem Beweisverwertungsverbot der Eingriff in das allgemeine Persönlichkeitsrecht kompensiert wird.[1999] Bei einem Eingriff in das allgemeine Persönlichkeitsrecht ist zur Beurteilung der Verwertbar-

1992 Vgl. nur: BVerfG NJW 1966, 1603, 1607 im Zusammenhang mit der Güterabwägung zwischen dem Strafverfolgungsinteresse und dem Schutz der Pressefreiheit; BVerfG NJW 1973, 891, 893, zur Interessenabwägung im Zusammenhang mit der unzulässigen Verwertung heimlicher Tonbandaufnahmen; BVerfG NJW 1977, 1489, 1491, zur Interessenabwägung bei einer Beschlagnahme von klinischen Akten in einer Suchtberatungsstelle; in der Literatur so auch: Park, Durchsuchung und Beschlagnahme, § 2 Rn. 427; Hengstenberg, Die Frühwirkung der Verwertungsverbote, S. 72.

1993 Vgl. nur: vgl. BVerfG NJW 1973, 891, 893; BVerfG NJW 1977, 1489, 1491; Park, Durchsuchung und Beschlagnahme, § 2 Rn. 427; Fresemann in: Schäfer/Fresemann/Hinrichs, Praxis des Strafverfahrens, Rn. 1932.

1994 Vgl. nur: Park, Durchsuchung und Beschlagnahme, § 2 Rn. 427; ähnlich: Hengstenberg, Die Frühwirkung der Verwertungsverbote, S. 72, wonach ein verfassungsrechtliches Verwertungsverbot besteht, wenn die Abwägung zugunsten des Schutzes des allgemeinen Persönlichkeitsrechts ausfällt; ähnlich: Fresemann in: Schäfer/Fresemann/Hinrichs, Praxis des Strafverfahrens, Rn. 1934 f.

1995 Vgl. nur: Lücke DÖV 2002, 93, 94 f.; Jarass in: Jarass/Pieroth, GG, Art. 2 GG Rn. 38; ähnlich: Badura, Staatsrecht, Kap. C Rn. 34, wonach das allgemeine Persönlichkeitsrecht in der Gerichtspraxis verselbstständigt worden ist.

1996 BVerfG NJW 1994, 2475, 2475.

1997 Siehe Kapitel 2 B. III. 5. b) cc) (2).

1998 Siehe Kapitel 2 B. III. 7. a) aa), dd).

1999 Siehe Kapitel 2 B. III. 5. b) cc) (2); Kapitel 2 B. III. 7. d).

keit von Beweismitteln insbesondere die Sphärentheorie des BVerfG[2000] zu berücksichtigen. Neben der Eingriffsintensität ist die verfassungsrechtliche Rechtfertigung durch ein Interesse an einer Strafverfolgung in die Entscheidung einzubeziehen.[2001]

Da den unterschiedlichen Sphären des allgemeinen Persönlichkeitsrechts verschiedene Schutzintensitäten gewährt werden, werden im Folgenden zunächst die Sphären nach der Sphärentheorie des BVerfG dargestellt, bevor geprüft wird, welcher Sphäre die selbstbelastende Auskunft eines Arbeitnehmers zuzuordnen ist und inwieweit ein Eingriff durch die staatliche Verwertung der Auskünfte vorliegt.

aa) Sphärentheorie des Bundesverfassungsgerichts

Bei der Sphärentheorie handelt es sich dogmatisch um eine besondere Ausprägung des Grundsatzes der Verhältnismäßigkeit. Zugleich dient die Sphärentheorie der Umschreibung der Schutzgehalte der allgemeinen Persönlichkeitstheorie. Hieraus wird abgeleitet, dass das zugrundeliegende Prinzip der Verhältnismäßigkeit als stufenlose Skala fungiert, auf der das Schutzniveau mit zunehmender Nähe zum Kern der Persönlichkeit steigt. Dabei ergänzen sich die Sphärentheorie und die Verhältnismäßigkeit in dem Sinne, dass die Sphärentheorie dazu dient, Persönlichkeitsausprägungen sowie Fallgruppen auf einer abstrakten Analyseebene zu strukturieren. Ergänzend wird die Verhältnismäßigkeitsprüfung dazu genutzt, im Einzelfall eine angemessene Schutzintensität zu ermitteln.[2002]

Nach der Sphärentheorie wird zwischen Eingriffen in die äußere und innere Sphäre unterschieden. Die äußere Sphäre betrifft die soziale Identität, während die innere Sphäre mit ihren mannigfaltigen Ausprägungen in die Intim- und Privatsphäre unterteilt werden kann. Die informationelle Selbstbestimmung steht in Beziehung zu diesen drei Sphären und liegt ‚quer' zu diesen.[2003]

2000 Vgl. nur: BVerfG NJW 1970, 555, 555, insbesondere zur Intim- und Privatsphäre bei einem Sachverhalt, bei dem ein Untersuchungsführer im Disziplinarverfahren Einsicht in Ehescheidungsakten nahm; BVerfG NJW 1972, 1123, 1123 f. zur Privat- und Intimsphäre im Zusammenhang mit der Beschlagnahme einer ärztlichen Karteikarte eines Beschuldigten; zu den Sphären so auch: BVerfG BeckRS 1973, 436; aus der Literatur: Di Fabio in: Dürig/Herzog/Scholz, GG Band 1, Art. 2 Abs. 1 S. 161 Rn. 158; Zeyher JA 2022, 467, 468 f.

2001 Zeyher JA 2022, 467, 468.

2002 Lang in: BeckOK GG, Art. 2 Rn. 77, vgl. v. Arnauld ZUM 1996, 286, 291.

2003 Lang in: BeckOK GG, Art. 2 Rn. 78.

Bei der Sozialsphäre[2004] handelt es sich um einen weiten Bereich, der die vollständige Teilnahme eines jeden Grundrechtsträgers am öffentlichen Leben umfasst. Die Voraussetzungen für Eingriffe in diese Sphäre sind weniger streng,[2005] da dieser Bereich nicht von der Umwelt abgeschirmt werden kann.[2006] Die Intensität der Belastung bei einem Eingriff ist, sofern sie überhaupt existiert, nur gering.[2007]

Die innere Sphäre beginnt mit der ‚Privat- oder Geheimsphäre'[2008], die sich zwischen der Sozial- und Intimsphäre befindet. Hierbei handelt es sich um Angelegenheiten, die als typischerweise ‚privat' eingestuft werden.[2009] Von der Privatsphäre ist der engere persönliche Lebensbereich umfasst, der sich insbesondere auf die Familie erstreckt. Mit dieser Sphäre wird für das Individuum eine Rückzugsmöglichkeit geschützt. Dies ist ein Bereich, in dem eine Person von anderen *„unbeobachtet sich selbst überlassen ist oder mit Personen seines besonderen Vertrauens ohne Rücksicht auf gesellschaftliche Verhaltenserwartungen und ohne Furcht vor staatlichen Sanktionen verkehren kann."*[2010] Es muss sich jedoch nicht zwingend um den häuslichen Bereich handeln.[2011]

Das Differenzierungskriterium zwischen der Privatsphäre und der Intimsphäre ist deren sozialer Bezug. Ein Eingriff in die Privatsphäre ist nicht grundsätzlich ausgeschlossen, allerdings ist ein verhältnismäßiger Eingriff

---

2004 Teilweise wird hiervon noch die Öffentlichkeitsphäre unterschieden, siehe hierzu: Obergfell in: Ulmer-Eilfort/Obergfell, Verlagsrecht, Kap. 1 I. Rn. 938; Di Fabio in: Dürig/Herzog/Scholz, GG Band 1, Art. 2 Abs. 1 S. 164 Rn. 160 Fn. 20.

2005 Vgl. hierzu BVerfG NJW 2006, 3406, 3408, zur Bildberichterstattung über Privatperson ohne hervorgehobene Prominenz; Lang in: BeckOK GG, Art. 2 Rn. 95; Schmelz ZUM 2011, 593, 594, wonach in der Sozialsphäre die geringsten Rechtfertigungsanforderungen unter Verhältnismäßigkeitsgesichtspunkten bestehen.

2006 Di Fabio in: Dürig/Herzog/Scholz, GG Band 1, Art. 2 Abs. 1 S. 164 Rn. 160; Schmelz ZUM 2011, 593, 594.

2007 Vgl. nur: Di Fabio in: Dürig/Herzog/Scholz, GG Band 1, Art. 2 Abs. 1 S. 164 Rn. 160; Schmelz ZUM 2011, 593, 594; gemäß Rixen in: Sachs, GG, Art. 2 Rn. 104, lassen sich Eingriffe in die Sozialsphäre *„anhand der ‚normalen' Kriterien für Eingriffe in die Handlungsfreiheit rechtfertigen"*.

2008 Di Fabio in: Dürig/Herzog/Scholz, GG Band 1, Art. 2 Abs. 1 S. 162 Rn. 159.

2009 Vgl. nur: BVerfG NJW 2000, 1021, 1022, vom Schutz der Privatsphäre umfasst sind Angelegenheiten, deren Informationsinhalt typischerweise als ‚privat' eingestuft wird; so auch: BGH NJW 2023, 2479, 2480; BAG NZA 2014, 551, 556.

2010 BVerfG NJW 1995, 1015, 1015.

2011 Vgl. nur: BVerfG NJW 2000, 1021, 1025 zum *„Zu-sich-selbst-Kommen[...]"* außerhalb der eigenen Häuslichkeit; BVerfG NJW 2008, 1793, 1794, wonach der Einzelne auch im außerhäuslichen Bereich die Möglichkeit haben muss, zu sich selbst zu kommen; so auch: BGH GRUR-RS 2022, 40562 Rn. 35.

an besonders strenge Voraussetzungen geknüpft.[2012] Bei einer Interessenabwägung müssen dabei die Belange des Gemeinwohls gegenüber dem Geheimhaltungsinteresse einer Person überwiegen.[2013] Jedoch ist nicht anzunehmen, dass das Interesse an der Straftatsaufklärung in einem strafrechtlichen Ermittlungsverfahren den Eingriff in die Privatsphäre eines Beschuldigten generell überwiegt und der Eingriff dadurch gerechtfertigt ist.[2014] In einem Strafverfahren sind bei der Beurteilung im Hinblick auf die Erhebung sowie die Verwertung von Informationen aus der Privatsphäre die Schwere der Tat und der Verdachtsgrad von wesentlicher Bedeutung.[2015]

Unter der Intimsphäre wird ein unantastbarer „*Kernbereich privater Lebensgestaltung*"[2016] verstanden, der einem Eingriff durch die öffentliche Gewalt entzogen ist.[2017] Diese Sphäre wird ebenso von Art. 2 Abs. 1 GG i. V. m. Art. 1 Abs. 1 GG geschützt. Ein Eingriff in diesen Bereich könnte selbst dann nicht gerechtfertigt werden, wenn die Interessen der Allgemeinheit überwiegen würden. Eine Interessenabwägung nach dem Verhältnismäßigkeitsgrundsatz wird nicht durchgeführt.[2018] Im Strafverfahren ist die Verwertung von Beweismitteln, die der Intimsphäre zuzuordnen sind, nicht zulässig.[2019] Die Zuordnung eines Sachverhalts zum unantastbaren Kernbereich hängt mit

2012 BVerfG NJW 1973, 891, 892, wonach ein Eingriff nur unter strikter Wahrung des Verhältnismäßigkeitsgrundsatzes gestattet sein kann, sofern nicht der ohnehin ausgeschlossene unantastbare Bereich der privaten Lebensgestaltung betroffen ist; ebenso: Rixen in: Sachs, GG, Art. 2 Rn. 104; zur Abwägung auch: BVerfG NJW 1990, 563, 565; Schmidt in: ErfK ArbR, Art. 2 GG Rn. 57; Di Fabio in: Dürig/Herzog/Scholz, GG Band 1, Art. 2 Abs. 1 S. 162 Rn. 159.

2013 Vgl. zu den gegenüberstehenden Interessen des Gemeinwohls und dem Geheimhaltungsinteresse nur: BVerfG NJW 1972, 1123, 1124; BVerfG NJW 1990, 563, 565; Di Fabio in: Dürig/Herzog/Scholz, GG Band 1, Art. 2 Abs. 1 S. 162 Rn. 159.

2014 Vgl. nur: BVerfG NJW 1972, 1123, 1124; BayObLG BeckRS 2022, 42055 Rn. 20; Di Fabio in: Dürig/Herzog/Scholz, GG Band 1, Art. 2 Abs. 1 S. 162 Rn. 159.

2015 Vgl. nur: BVerfG NJW 1977, 1489, 1492, wonach die nur auf einen allgemeinen Verdacht auf die Begehung einer Straftat nach dem BtMG geschützte Beschlagnahme von Klientenakten den Verhältnismäßigkeitsgrundsatz verletzt; zur Verwertbarkeit privater Aufzeichnungen, die Angaben über die Planung oder begangene Straftaten (hierbei Mord) beinhalten: BVerfG NJW 1990, 563, 564; so ausdrücklich: Di Fabio in: Dürig/Herzog/Scholz, GG Band 1, Art. 2 Abs. 1 S. 163 Rn. 159.

2016 BVerfG NJW 1973, 891, 892.

2017 Vgl. nur: BVerfG NJW 1957, 297, 298; BVerfG NJW 1957, 865, 867; BVerfG NJW 1973, 891, 892.

2018 Vgl. nur: BVerfG NJW 1973, 891, 892; BVerfG NJW 1990, 563, 563; Fresemann in: Schäfer/Fresemann/Hinrichs, Praxis des Strafverfahrens, Rn. 1933.

2019 Vgl. nur: BVerfG NJW 2012, 907, 908 Rn. 99 und Fresemann in: Schäfer/Fresemann/Hinrichs, Praxis des Strafverfahrens, Rn. 1933, wonach Informationen, die den Kernbereich betreffen, nicht verwendet werden dürfen; ebenso: Eisenberg, Beweisrecht der StPO, III. Beweisverwertungsverbote Rn. 388.

dessen Inhalt zusammen, der einen höchstpersönlichen Charakter aufweisen muss.[2020]

Einen absoluten Schutz entfalten die Grundrechte nach Art. 2 Abs. 1 GG i. V. m. Art. 1 Abs. 1 GG jedoch nicht für den gesamten Bereich des privaten Lebens einer Person. Aus Sicht des BVerfG muss bei überwiegenden Interessen der Allgemeinheit und unter strikter Wahrung des Verhältnismäßigkeitsgebots jedermann staatliche Maßnahmen hinnehmen, wenn gerade nicht der unantastbare Kernbereich betroffen ist.[2021]

Während das BVerfG in früheren Entscheidungen[2022] die Bereiche der Intim- und Privatsphäre strikt getrennt hat, ist es in jüngerer Zeit von dieser Trennung abgerückt. In der Entscheidung des BVerfG[2023] aus dem Jahr 1973 wurde die Verwertung heimlich hergestellter Tonbandaufnahmen zu Äußerungen, die den engsten Lebensbereich betreffen, als ein Eingriff in die Intimsphäre und damit in jenen Kernbereich der privaten Lebensgestaltung angesehen, der absolut geschützt ist. Betreffen die heimlichen Aufnahmen jedoch den Bereich der *„schlichten Privatsphäre"*[2024] und wird der Verhältnismäßigkeitsgrundsatz berücksichtigt, ist die Verwertung unter Berücksichtigung des öffentlichen Interesses bspw. bei schweren Straftaten zu würdigen.[2025] Nach dem BVerfG ist dann eine Einzelfallprüfung notwendig.[2026]

Von einer eingeschränkten und formalistischen Betrachtung des Konzepts der Sphärentheorie hat sich das BVerfG im Rahmen einer umstrittenen Entscheidung vom 14.09.1989 distanziert, bei der nur eine Stimmengleichheit vorlag.[2027] Bei der sog. Tagebuchentscheidung ging es um die Verwertung von tagebuchartigen Aufzeichnungen eines Beschuldigten in einem Straf-

---

2020 Vgl. nur: BVerfG NJW 1990, 563, 564; BVerfG NJW 2004, 999, 1002; Lang in: BeckOK GG, Art. 2 Rn. 80.

2021 Vgl. nur: BVerfG NJW 1970, 555, 555; BVerfG NJW 1972, 1123, 1124; BVerfG NJW 1973, 891, 892.

2022 Vgl. nur: BVerfG NJW 1972, 1123, 1124; BVerfG NJW 1973, 891, 891 f.; vgl. hierzu auch: Di Fabio in: Dürig/Herzog/Scholz, GG Band 1, Art. 2 Abs. 1 S. 164 Rn. 151, wonach die Sphäre vielmehr formell bestimmt wurde, was sich durch die neueren Entscheidungen jedoch in eine inhaltliche Betrachtung unter Berücksichtigung des Bezugs zur Sozialsphäre geändert hat.

2023 BVerfG NJW 1973, 891, 892 f.

2024 Di Fabio in: Dürig/Herzog/Scholz, GG Band 1, Art. 2 Abs. 1 S. 164 Rn. 161.

2025 Vgl. nur: BVerfG NJW 1973, 891, 892 f.; so auch: BayObLG BeckRS 1989, 1703, wonach zudem nicht nur das Abspielen der Tonbandaufnahme, sondern auch die Befragung eines Zeugen, der Kenntnis von dem Gespräch hatte, unzulässig ist; Di Fabio in: Dürig/Herzog/Scholz, GG Band 1, Art. 2 Abs. 1 S. 164 Rn. 161.

2026 BVerfG NJW 1973, 891, 893.

2027 Vgl. nur: BVerfG NJW 1990, 563, 563 f.; Di Fabio in: Dürig/Herzog/Scholz, GG Band 1, Art. 2 Abs. 1 S. 164 Rn. 161; zur Stimmgleichheit auch: Rixen in: Sachs, GG, Art. 2 Rn. 105 Fn. 202.

verfahren. Im Ergebnis hat das BVerfG entschieden, dass autobiografische Schriftstücke wie Tagebücher nicht aufgrund ihrer bloßen Form dem unantastbaren Kernbereich zuzuordnen sind. Vielmehr ist der Kernbereich der privaten Lebensgestaltung gemäß dem BVerfG unter Berücksichtigung des Geheimhaltungsinteresses,[2028] des höchstpersönlichen Charakters des Inhalts sowie der damit in Art und Intensität berührten Sphären anderer oder der Gemeinschaftsbelange zu bestimmen. Der unantastbare Bereich der privaten Lebensgestaltung wird indes ausgeschlossen, wenn solche Aufzeichnungen Informationen über geplante oder ausgeführte Straftaten enthalten und damit einen unmittelbaren Bezug zu konkreten strafbaren Handlungen aufweisen.[2029] Daraus folgt, dass Aufzeichnungen eines Verfassers nicht allein deshalb dem unantastbaren Intimbereich zugeordnet werden können, weil sie äußerlich erkennbar für intime Zwecke verwendet werden. Stattdessen ist die soziale Relevanz des Inhalts eines Gesprächs oder von Aufzeichnungen und die damit verbundene potenzielle Gefährdung allgemeiner Interessen maßgeblich.[2030]

Die Zuordnung zu einer Sphäre ist jedoch in der Praxis mit erheblichen Schwierigkeiten verbunden, wodurch die Erzielung von Rechtssicherheit kaum möglich ist.[2031] Es bedarf deshalb einer Einzelfallprüfung. Dies wird insbesondere mit den fließenden Übergängen zwischen den einzelnen Sphären durch die fehlenden scharfen Grenzen des Begriffs ‚Intimsphäre' begründet.[2032] Überwiegen nach der Einzelfallprüfung die Interessen des Be-

---

2028 BVerfG NJW 1990, 563, 563.

2029 BVerfG NJW 1990, 563, 564.

2030 Im Ergebnis so etwa: BGH NJW 1964, 1139, 1143, wonach bspw. für Aufzeichnungen eines Straftäters über seine Verbrechen und Opfer kein Raum für einen Persönlichkeitsschutz besteht; ebenso: BGH NJW 1988, 1037, 1038, zur Verwertbarkeit von Tagebuchaufzeichnungen, die der Aufklärung eines Mordes dienten; zur Relevanz von Tagebuchaufzeichnungen auch: BGH NJW 1994, 1970, 1971, wonach der Persönlichkeitsschutz höher bewertet wurde, da ein staatlicher Eingriff aufgrund von drei zur Verfügung stehenden Zeugen als nicht gerechtfertigt erachtet wurde; aus der Literatur so auch: Di Fabio in: Dürig/Herzog/Scholz, GG Band 1, Art. 2 Abs. 1 S. 165 Rn. 162.

2031 Vgl. in die Richtung nur: BGH NJW 1964, 1139, 1143, wonach die Unterscheidung der Sphären Schwierigkeiten bereiten kann; so ausdrücklich: Eisenberg, Beweisrecht der StPO, III. Beweisverwertungsverbote Rn. 389; vgl. Gössel in: Löwe-Rosenberg, StPO Band 1, Einl. Abschn. L Rn. 109, wonach die Abgrenzung zwischen absolut geschütztem Kernbereich und Privatbereich große Schwierigkeiten aufwirft; Rixen in: Sachs, GG, Art. 2 Rn. 105, wonach die Literatur die Sphärentheorie kritisiert hat, da eine Abgrenzung der Sphären praktisch nicht möglich ist.

2032 Eisenberg, Beweisrecht der StPO, III. Beweisverwertungsverbote Rn. 389; zur Abgrenzungsproblematik auch: Küpper JZ 1990, 416, 418 und Gössel in: Löwe-Rosenberg, StPO Band1, Einl. Abschn. L Rn. 109.

troffenen und stimmt dieser der Verwertung nicht zu, sind die Beweismittel unverwertbar.[2033]

bb) Betroffene Sphäre bei Mitarbeiterbefragungen

Ausgehend von der Sphärentheorie des BVerfG und den davon abgeleiteten Rechtfertigungen oder Ablehnungen von Eingriffen in die unterschiedlichen Sphären einer Person ist fraglich, welcher Sphäre die Geheimhaltung einer Straftat, die regelmäßig Gegenstand einer Mitarbeiterbefragung ist, zuzuordnen ist. Ferner ist offen, ob sich daraus ein strafprozessuales Beweisverwertungsverbot ergeben kann.

Die Zuordnung eines Sachverhalts zum Kernbereich privater Lebensgestaltung hängt davon ab, *„ob der Betroffene ihn geheim halten will, ob er nach seinem Inhalt höchstpersönlichen Charakters ist und in welcher Art und Intensität er aus sich heraus die Sphäre anderer oder die Belange der Gemeinschaft berührt“*[2034].

Hinsichtlich eines Geheimhaltungsinteresses einer Person ist bei der Beurteilung maßgeblich, ob der Kernbereich der privaten Lebensgestaltung berührt wird. Dies ist auszuschließen, wenn eine Person auf die Geheimhaltung keinen Wert legt.[2035] Das Schutzinteresse eines Mitarbeiters an einem Geheimnis kann in einer Befragung unterschiedlich ausfallen. Im Falle einer freiwilligen Offenbarung einer strafbaren Handlung liegt kein Geheimhaltungsinteresse vor. Wurde ein Mitarbeiter vor der Befragung jedoch belehrt, dass er zu einer vollständigen Auskunft verpflichtet ist und ihm bei einer Nichtbefolgung Konsequenzen drohen, kann sich der Mitarbeiter zur Offenlegung seines Geheimnisses über die begangene Straftat gedrängt fühlen. Wäre er allerdings bei der Belehrung darauf hingewiesen worden, dass er sich und Angehörige bei einer Straftat oder einer Ordnungswidrigkeit nicht selbst belasten muss, würde er die strafbare Handlung ggf. geheim halten. Folglich hängt das Geheimhaltungsinteresse einer Person maßgeblich von den Umständen einer Mitarbeiterbefragung ab und welche Konsequenzen ihr bei der Aufgabe ihres Interesses an der Geheimhaltung drohen. In der vorliegenden Prüfung werden die äußeren Einflüsse auf einen befragten Mitarbeiter jedoch zunächst nicht berücksichtigt, um das ureigene Interesse einer Person ohne etwaige Eingriffe in Persönlichkeitssphären beleuchten zu können.

2033 Park, Durchsuchung und Beschlagnahme, § 2 Rn. 427.

2034 Zur Art und Intensität der Berührung der Sphäre Dritter oder Belange der Gemeinschaft vgl. auch: BVerfG NJW 1990, 563, 563 und BVerfG NJW 2004, 999, 1002; so ausdrücklich: BVerfG NJW 2009, 3357, 3359 Rn. 25.

2035 Vgl. nur: BVerfG NJW 1990, 563, 563 f.; BVerfG NJW 2002, 2164, 2165; LAG Mecklenburg-Vorpommern BeckRS 2018, 33889 Rn. 39.

Das Geheimhaltungsinteresse eines Mitarbeiters kann mannigfaltig sein und von einer geringen bis zu einer starken Intensität reichen. Bei einem geringen Interesse und einer freiwilligen Offenbarung der strafbaren Handlung kann keine Zuordnung zum Kernbereich der privaten Lebensgestaltung angenommen werden. Zur Beurteilung eines Beweisverwertungsverbots für Mitarbeiterauskünfte, durch die sich die Mitarbeiter selbst belasten, ist dieser Sachverhalt allerdings nicht von Relevanz. Wesentlich ist dagegen der gegenteilige Umstand, wenn ein Mitarbeiter ein hohes Geheimhaltungsinteresse daran hat, sich nicht selbst einer Straftat bezichtigen zu müssen, und diesen Sachverhalt zum Selbstschutz während der Mitarbeiterbefragung verschweigen möchte. Zur weiteren Prüfung der Zuordnung zum Kernbereich wird dieses Geheimhaltungsinteresse angenommen.

Der Willen eines Mitarbeiters zur Geheimhaltung eines Sachverhalts ist für die Bestimmung des Kernbereichs nicht allein ausschlaggebend. Von Relevanz ist ebenfalls die Frage, ob der Sachverhalt seinem Inhalt nach von höchstpersönlichem Charakter ist sowie ob die Sphäre einer anderen Person oder Gesellschaftsbelange berührt werden.[2036]

Hinsichtlich der Inhalte mit höchstpersönlichem Charakter wird mangels Definition auf den Inhalt des Begriffs ‚höchstpersönlicher Lebensbereich' im Zusammenhang mit Bildaufnahmen in § 201a StGB zurückgegriffen. Aus der Gesetzesentwurfsbegründung zur Änderung des Strafgesetzbuches vom 10.02.2004 geht hervor, dass der Terminus des höchstpersönlichen Lebensbereichs an der Begrifflichkeit der Intimsphäre ausgerichtet ist. Zu dieser Sphäre gehört die nicht abschließende Aufzählung der Lebensbereiche von Krankheit, Tod sowie Sexualität. Des Weiteren umfasst die Intimsphäre „*die innere Gedanken- und Gefühlswelt mit ihren äußeren Erscheinungsformen wie vertraulichen Briefen und Tagebuchaufzeichnungen sowie die Angelegenheiten, für die ihrer Natur nach Anspruch auf Geheimhaltung besteht, beispielsweise [der] Gesundheitszustand, Einzelheiten über das Sexualleben sowie Nacktaufnahmen.*"[2037] Zudem sind bestimmte Gegebenheiten aus dem Familienleben einer Person diesem höchstpersönlichen Lebensbereich zuzuordnen. Dazu gehören „*die wechselseitigen persönlichen Bindungen, Beziehungen und Verhältnisse innerhalb der Familie [...], [...] [die] unbeteiligten Dritten nicht ohne weiteres zugänglich sind und Schutz vor dem Einblick Außenstehender verdienen.*"[2038] Die Zuordnung des höchstpersönlichen Charakters zur Intimsphäre ergibt sich auch aus der Tagebuchentscheidung des BVerfG aus dem Jahr 1989.[2039]

2036 So auch: BVerfG NJW 1990, 563, 564, im Zusammenhang mit der Verwertbarkeit von tagebuchartigen Aufzeichnungen eines Beschuldigten in einem Strafverfahren.

2037 BT-Drs. 15/2466, S. 5.

2038 BGH NJW 1982, 59, 59; BT-Drs. 15/2466, S. 5.

2039 BVerfG NJW 1990, 563, 565.

Werden diese Beispiele aus der Intimsphäre nunmehr mit Sachverhalten verglichen, deren Gegenstände die Begehung einer Straftat oder einer Ordnungswidrigkeit im Unternehmenskontext sein können, wird deutlich, dass sich die Inhalte wesentlich unterscheiden. Denn die Verwirklichung eines Fehlverhaltens basiert zwar auf der inneren Gedankenwelt, allerdings werden dabei die Sphären anderer Personen tangiert.

Mit der Berührung dieser Sphären geht ein Eingriff in die Rechte von Opfern einher. Die Begehung einer Straftat kann daher nicht als Teil der freien Entfaltung der Persönlichkeit angesehen werden. Informationen, die die Umstände der Begehung der Straftat betreffen, fallen insofern regelmäßig nicht in die Intimsphäre des Beschuldigten.[2040] Betreffen die Informationen allerdings das Tatmotiv,[2041] können sie der Intimsphäre zugeordnet werden.[2042]

Die Eruierung der Gründe, warum ein Fehlverhalten begangen wurde, ist jedoch für die Aufklärung der Tat nicht zwingend notwendig, weshalb es eines Eingriffs in diese Sphäre nicht bedarf. Auskünfte, die ein Arbeitnehmer im Rahmen von Mitarbeiterbefragungen erteilt, werden daher überwiegend der Sozialsphäre zugeordnet,[2043] wenngleich durch das Geheimhaltungsinteresse des Arbeitnehmers auch die Privatsphäre berührt sein kann. Ein Eingriff in diese Sphären durch den Arbeitgeber, insbesondere in Fällen, in denen konkrete Anhaltspunkte einer Straftat seitens des Arbeitnehmers bestehen, erscheint daher verhältnismäßig.

Trotzdem ist die Sphäre des Arbeitnehmers dahingehend schutzwürdig, dass dieser nicht objektifiziert und damit zu Beweiszwecken genutzt werden darf.[2044]

2040 Vgl. nur: BVerfG NJW 1990, 563, 564: „*Enthalten solche Aufzeichnungen etwa Angaben über die Planung bevorstehender oder Berichte über begangene Straftaten, stehen sie also in einem unmittelbaren Bezug zu konkreten strafbaren Handlungen, so gehören sie dem unantastbaren Bereich privater Lebensgestaltung nicht an.*“; BVerfG NJW 2012, 907, 908 Rn. 99; BGH BeckRS 2019, 5424, 5424, folgt der Argumentation des BVerfG mit Bezug auf in Gesprächen getätigte Angaben.

2041 VG Bremen BeckRS 2019, 8153, 2. LS Rn. 10, wonach Details aus dem Privatleben von Personen und zur Motivlage nicht der Presse übermittelt werden dürfen, da diese zur Meinungsbildung in einem hohen Detailgrad nicht erforderlich sind; Gertler in: BeckOK StPO, RiStBV 23 Rn. 12, im Zusammenhang mit Presse und Rundfunk.

2042 Gertler in: BeckOK StPO, RiStBV 23 Rn. 12, im Zusammenhang mit Presse und Rundfunk.

2043 Vgl. nur: Theile StV 2011, 381, 384; Münkel, Mitarbeiteroffenbarungen im Strafprozess, S. 219, wonach die Erkenntnisse dem allgemeinen Geschäftsbereich des Arbeitnehmers entstammen; Hille, Kooperation von Unternehmen, S. 238, wonach die Auskünfte aus Mitarbeiterbefragungen in der Regel der Sozialsphäre zuzuordnen sind.

2044 Münkel, Mitarbeiteroffenbarungen im Strafprozess, S. 219.

cc) Eingriff in das allgemeine Persönlichkeitsrecht durch die staatliche Verwertung von Interviewprotokollen

Während sich die selbstbelastende Auskunftspflicht im Arbeitnehmer-Arbeitgeber-Verhältnis abspielt, wodurch das Aufklärungsinteresse des Arbeitgebers bedient wird, werden die Informationen bei einem staatlichen Eingriff wie einer Beschlagnahme oder einer Kooperation zweckentfremdet. Der zunächst rein zivilrechtliche Informationszweck erhält dabei einen strafrechtlichen Informationszweck.[2045] Mit dieser Zweckentfremdung wird unverhältnismäßig in das allgemeine Persönlichkeitsrecht eines sich selbst belastenden Arbeitnehmers eingegriffen.[2046] Dies realisiert sich indes noch nicht bei der Weiterleitung der Informationen, da sich hieraus allein noch keine strafrechtlichen Konsequenzen ergeben, die unmittelbar auf den Arbeitnehmer einwirken.[2047] Erst die strafprozessuale Verwertung der Informationen gegen den Arbeitnehmer führt dazu, dass die Selbstbelastungsfreiheit verfassungswidrig unberücksichtigt bleibt.[2048]

Denn mit der Verwertung einer durch eine rechtliche Pflicht erlangten Auskunft liegt ein „*Eingriff in die Handlungsfreiheit sowie [...] [eine] Beeinträchtigung des Persönlichkeitsrechts des Art. 2 I GG*“[2049] vor. Zudem kann die Würde des Menschen durch den Selbstbelastungszwang berührt werden, wenn die aussagende Person als Mittel gegen sich selbst eingesetzt wird.[2050] In der Folge wird mit der Verwertung in das Persönlichkeitsrecht eines Arbeitnehmers eingegriffen, was nicht durch das öffentliche Strafverfolgungsinteresse allein gerechtfertigt ist.[2051]

2045 Vgl. nur: im Zusammenhang mit dem Gemeinschuldner: Heußner NJW 1981, 1431, 1433, wonach eine Weitergabe von Informationen an die Strafverfolgungsbehörden, die vom Gemeinschuldner stammen, eine Zweckentfremdung darstellt, die das Persönlichkeitsrecht verletzt; dahingehend auch: Theile StV 2011, 381, 385; Lenze, Compliance, Internal Investigations und Beschuldigtenrechte, S. 177.

2046 Vgl. Heußner NJW 1981, 1431, 1433, zum Gemeinschuldnerbeschluss; Theile StV 2011, 381, 385.

2047 Nienaber, Compliancebasierte unternehmensinterne Ermittlungen, S. 433; vgl. Rogall, Der Beschuldigte als Beweismittel gegen sich selbst, S. 206, wonach der Sinn des Nemo-tenetur-Grundsatzes darin besteht, den Erfolg der Selbstbelastung zu verhindern.

2048 Vgl. nur: Rogall in: Wolter/Deiters, SK-StPO Band 2, Vor § 133 Rn. 138, wonach „*nicht der Informationsschutz an sich [...] der entscheidende Gesichtspunkt [ist], sondern vielmehr die Verwendung zwangsweise erhobener Informationen gegen das Opfer des Zwanges, also der Gesichtspunkt der Instrumentalisierung*“; vgl. auch Rogall, Der Beschuldigte als Beweismittel gegen sich selbst, S. 206; Nienaber, Compliancebasierte unternehmensinterne Ermittlungen, S. 433.

2049 BVerfG NJW 1981, 1431, 1431; BVerfG NJW 2005, 352, 352.

2050 Siehe Kapitel 2 B. III. 5. b) cc) (1); BVerfG NJW 1981, 1431, 1431; BVerfG NJW 2005, 352, 352.

2051 Böhm, Non-Compliance und Arbeitsrecht, S. 160.

Die strafprozessuale Verwertung von selbstbelastenden Auskünften steht dabei der staatlichen Schutzpflicht entgegen. Hierbei hat der Staat den Betroffenen vor einer weiteren Verletzung seines Persönlichkeitsrechts zu bewahren, anstatt in Kauf zu nehmen, dass die aus dem Grundgesetz resultierenden Beschuldigtenrechte unterwandert werden.[2052]

Die Verfassungsmäßigkeit einer bestehenden Auskunftspflicht, mit der eine Pflicht zur Selbstbelastung einhergeht, wird nur dann als erfüllt angesehen, wenn die Aussagen in einem Strafverfahren gegen die aussagende Person nicht verwertet werden dürfen.[2053] Nach überzeugender Ansicht folgt dies aus Art. 2 Abs. 1 GG i. V. m. Art. 1 Abs. 1 GG.[2054] Der Anwendungsbereich des Nemo-tenetur-Grundsatzes wird dahingehend ausgeweitet, dass der Beschuldigte seine von ihm getätigten Auskünfte im Rahmen der Mitarbeiterbefragungen nicht einmal passiv erdulden muss.[2055] Allerdings kann nur mit der Ausweitung des originären Schutzbereichs des Nemo-tenetur-Grundsatzes sichergestellt werden, dass der Grundsatz *„nicht zur Hülle ohne Inhalt“*[2056] wird.[2057]

dd) Stellungnahme

Im arbeitsrechtlichen Verhältnis ist ein Arbeitnehmer zur Auskunft gegenüber seinem Arbeitgeber verpflichtet.[2058] Diese Auskunftspflicht umfasst auch Angaben, die den Arbeitnehmer selbst belasten könnten.[2059] Die Auskünfte über Straftaten können in der Regel der Sozialsphäre zugeordnet werden.[2060] Mit der Auskunft werden die Interessen des Arbeitgebers bedient, den fraglichen Sachverhalt aufzuklären, sodass ein *„Zwei-Personen-Verhältnis[...]“*[2061] vorliegt. Ein solches Verhältnis besteht auch zwischen einem

---

2052 Lenze, Compliance, Internal Investigations und Beschuldigtenrechte, S. 179.

2053 Zu Beweisverwertungsverboten Kapitel 2 C. I.; so auch im Ergebnis: BVerfG NJW 1981, 1431, 1431; ausdrücklich hierzu: Di Fabio in: Dürig/Herzog/Scholz, GG Band 1, Art. 2 Abs. 1 S. 189 Rn. 188; a. A. Heußner NJW 1981, 1433, 1433.

2054 Theile StV 2011, 381, 385; Lenze, Compliance, Internal Investigations und Beschuldigtenrechte, S. 177.

2055 Vgl. hierzu BVerfG NJW 1981, 1431, 1431, dass davon ausging, dass mit einer passiven Duldungspflicht weniger intensiv in die Freiheit der Willensentschließung eingegriffen wird, als dies bei einer Nötigung der Fall ist, bei der durch eigene Äußerungen ein strafbares Handeln offenbart werden muss; ausdrücklich dazu: Theile StV 2011, 381, 385; a. A. Szesny BB 2010, 1995, 1997.

2056 Theile StV 2011, 381, 385.

2057 Theile StV 2011, 381, 385; zur Bedeutung des Selbstbelastungsverbotes siehe auch: Hassemer, FS Maihofer, S. 183, 203.

2058 Siehe Kapitel 2 B. III. 4. b) aa), bb).

2059 Siehe Kapitel 2 B. III. 5. f).

2060 Siehe Kapitel 2 C. I. 2. b) bb).

2061 Lenze, Compliance, Internal Investigations und Beschuldigtenrechte, S. 170.

Unternehmen und den Strafverfolgungsbehörden oder zwischen einem Arbeitnehmer und den Strafverfolgungsbehörden.[2062] Unter der Annahme einer begangenen Straftat oder Ordnungswidrigkeit würden dem Unternehmen und dem Arbeitnehmer im Verhältnis zu den Strafverfolgungsbehörden jeweils strafprozessuale Rechte zukommen. Im Fall eines Unternehmens würden sich diese Rechte aus der beschuldigtenähnlichen Stellung ergeben,[2063] während einem Arbeitnehmer als natürlicher Person und in seiner Rolle als Beschuldigter oder Zeuge insbesondere das Recht zustehen würde, sich nicht selbst belasten zu müssen.[2064]

Indes könnte dieser Grundsatz nunmehr nur noch eine leere Hülle darstellen, wenn die Auskünfte des Arbeitnehmers, die das Zwei-Personen-Verhältnis zwischen Arbeitnehmer und Arbeitgeber verlassen, von der Staatsanwaltschaft zur Verwertung genutzt werden.[2065] In einem solchen Fall könnte sich der Arbeitnehmer gerade nicht auf seine Selbstbelastungsfreiheit berufen, die Beschuldigtenrechte würden unterwandert werden und der Nemo-tenetur-Grundsatz wäre noch vor seiner Entstehung verwirkt.[2066]

Dieses Missverhältnis kann nur behoben werden, indem die erzwingbaren Auskünfte in einem Strafverfahren nicht gegen den Arbeitnehmer verwertet werden dürfen (zweite Schutzalternative).[2067] Daher bedarf es eines Beweisverwertungsverbots, das aus Art. 2 Abs. 1 GG i. V. m. Art. 1 Abs. 1 GG folgt.

c) *Selbstständiges Beweisverwertungsverbot aus analoger Anwendung von § 97 Abs. 1 S. 3 InsO*

In Verbindung mit einem Verstoß nach Art. 2 Abs. 1 GG i. V. m. Art. 1 Abs. 1 GG wird in der Literatur in der Situation eines Arbeitnehmers bei Mitarbeiterbefragungen vielfach ein Beweisverwertungsverbot unter Berücksichti-

2062 Lenze, Compliance, Internal Investigations und Beschuldigtenrechte, S. 170.

2063 Siehe hierzu sogleich.

2064 Siehe Kapitel 2 B. III. 4. a).

2065 So auch: Lenze, Compliance, Internal Investigations und Beschuldigtenrechte, S. 179, der diese Konstellation als „*Dreiecksverhältnis*" bezeichnet, wonach mit dem Verwertungsverbot verhindert werden soll, dass die Staatsanwaltschaft den Nemo-tenetur-Grundsatz faktisch umgeht.

2066 Vgl. hierzu nur: Jahn StV 2009, 41, 44, wonach das Schweigerecht in strafrechtlichen Verfahren entkernt werden würde, noch bevor es überhaupt entstanden ist bzw. zu einem Vollrecht erstarken konnte; Theile StV 2011, 381, 386, wonach eine selbstbelastende Auskunft und eine Verwertung zu einer faktischen Entwertung des strafprozessualen Selbstbelastungsverbots führen würden; Nienaber, Compliance-basierte unternehmensinterne Ermittlungen, S. 392, wonach das Schweigerecht entwertet wird, bevor es vollständig entstehen konnte; siehe auch Kapitel 2 B. III. 7. d).

2067 Siehe Kapitel 2 B. III. 7.

gung von § 97 Abs. 1 S. 3 InsO[2068] bzw. des Gemeinschuldnerbeschlusses[2069] des BVerfG aufgeworfen. Indes gibt es hierzu auch kritische Stimmen, die eine Anwendung der Norm oder des Beschlusses zur Lösung der vorliegenden Problematik ausschließen.

aa) Hintergrund des Gemeinschuldnerbeschlusses

Der Gemeinschuldnerbeschluss des BVerfG, dessen Sachverhalt bereits an anderer Stelle dargestellt wurde, stammt aus dem Jahr 1981.[2070] Bis zum 31.12.1998 waren die Pflichten eines Schuldners zur Auskunft in einem Konkursverfahren in § 100 KO a. F. geregelt. Diese Regelung enthielt eine vollständige Auskunftspflicht eines Schuldners, ohne ihm ein Beweisverwertungs- oder verwendungsverbot zuzusprechen.[2071] Folglich konnten die Auskünfte des Schuldners uneingeschränkt in straf- oder ordnungswidrigkeitenrechtlichen Verfahren verwendet werden.[2072]

In dem Gemeinschuldnerbeschluss des BVerfG wurde die erzwingbare Auskunftspflicht eines Gemeinschuldners als Eingriff in dessen Handlungsfreiheit gewertet. Zudem wurde eine Beeinträchtigung des Persönlichkeitsrechts nach Art. 2 Abs. 1 GG sowie eine Berührung der Würde des Menschen bei einer Verwertung der Aussagen gegen sich selbst angenommen.[2073] Hierbei war allerdings der Fiskus auf die Aussagen angewiesen, weshalb an der Auskunftspflicht festgehalten werden sollte.[2074] In der Folge sollte die Auskunftspflicht des Gemeinschuldners um ein strafrechtliches Verwertungsverbot ergänzt werden, damit seine unter Zwang getätigte selbstbelastende Auskunft nicht gegen seinen Willen zweckentfremdet und verwertet werden könnte, wodurch das Persönlichkeitsrecht des Gemeinschuldners unverhältnismäßig beeinträchtigt worden wäre.[2075] Der Gesetzgeber hat dies in dem seit dem 01.01.1999 gültigen § 97 Abs. 1 S. 3 InsO umgesetzt. Demnach *„darf eine Auskunft, die der Schuldner gemäß seiner Verpflichtung nach Satz 1 erteilt, in einem Strafverfahren oder in einem Verfahren nach dem*

2068 Vgl. nur: Böhm WM 2009, 1923, 1929; Wilkens, Internal Investigations, S. 919; Neuhaus in: Kempf/Lüderssen/Volk, Die Finanzkrise, das Wirtschaftsstrafrecht und die Moral, S. 348, 359 f.

2069 Vgl. nur: Rödiger, Strafverfolgung von Unternehmen, S. 280; Bittmann/Molkenbur wistra 2009, 373, 378; Roxin StV 2012, 116, 120.

2070 BVerfG NJW 1981, 1431, 1431.

2071 § 100 KO a. F.: „*Der Gemeinschuldner ist verpflichtet, dem Verwalter, dem Gläubigerausschusse und auf Anordnung des Gerichts der Gläubigerversammlung über alle das Verfahren betreffenden Verhältnisse Auskunft zu geben.*"

2072 Siehe auch: Petrasch CB 2020, 45, 47 f.

2073 BVerfG NJW 1981, 1431, 1431.

2074 BVerfG NJW 1981, 1431, 1432.

2075 BVerfG NJW 1981, 1431, 1433.

Gesetz über Ordnungswidrigkeiten gegen den Schuldner oder einen in § 52 Abs. 1 der Strafprozeßordnung bezeichneten Angehörigen des Schuldners nur mit Zustimmung des Schuldners verwendet werden.“

Im Vergleich zu den Ausführungen im Gemeinschuldnerbeschluss ging der Gesetzgeber bei der Umsetzung über das Maß hinaus, das in den Feststellungen des Beschlusses gefordert wurde. Neben der Ausdehnung des Beweisverbots nicht nur auf das Strafverfahren, sondern auch auf Verfahren nach dem Gesetz über Ordnungswidrigkeiten wurde anstelle des Begriffs ‚verwertet‘ in § 97 Abs. 1 S. 3 InsO der Terminus ‚verwendet‘ integriert. Hieraus ergibt sich nach herrschender Meinung eine Fernwirkung[2076]. Die Verwertbarkeit der Auskunft macht der Gesetzgeber – dem Wortlaut von § 97 Abs. 1 S. 3 InsO zufolge – darüber hinaus von der Zustimmung des Auskunftspflichtigen abhängig.[2077]

Fraglich ist, ob die Auskünfte eines Arbeitnehmers auch einem Beweisverwertungsverbot aus § 97 Abs. 1 S. 3 InsO analog unterliegen könnten, das nach den Kriterien des Gemeinschuldnerbeschlusses entwickelt wurde.

bb) Analoge Anwendung des § 97 Abs. 1 S. 3 InsO

Um eine Analogie einer Norm annehmen zu können, bedarf es einer planwidrigen Regelungslücke und einer vergleichbaren Interessenlage.[2078] Zugleich darf für die Norm kein Analogieverbot bestehen.[2079]

(1) Planwidrige Regelungslücke

Zunächst ist eine planwidrige Regelungslücke erforderlich.[2080] Bis heute existiert keine Vorschrift, in der die Verwertbarkeit von selbstbelastenden Auskünften eines Arbeitnehmers in einem gegen ihn geführten späteren Strafprozess geregelt ist, wenngleich die Thematik in der Literatur und der Rechtsprechung umfassend behandelt wurde. Auch auf Regierungsebene wurde dies im Rahmen des VerSanG-E vertieft. Die hier vorliegende Lü-

---

2076 Vgl. nur, offen gelassen durch: BGH BeckRS 2017, 127539; ausdrücklich dazu: Schork/Fingerle in: Esser/Rübenstahl/Saliger/Tsambikakis, Wirtschaftsstrafrecht, § 97 InsO Rn. 26; Pelz in: Wabnitz/Janovsky/Schmitt, WirtschaftsStrafR Hdb, Kap. 9 Rn. 468; Jungmann in: Schmidt, InsO, § 97 Rn. 28; Baranowski, Die Kodifikation von Internal Investigations, S. 176; a.A. Bader NZI 2009, 416, 420.

2077 So auch: Baranowski, Die Kodifikation von Internal Investigations, S. 164.

2078 Vgl. nur: Mann, Juristische Arbeitstechnik, Kap. 3 Rn. 273 f.; Reimer, Juristische Methodenlehre, Kap. E Rn. 562; Würdinger, FS Roth, S. 141, 144.

2079 Vgl. nur: Reimer, Juristische Methodenlehre, Kap. E Rn. 562; Baranowski, Die Kodifikation von Internal Investigations, S. 165; vgl. auch: Würdinger, FS Roth, S. 141, 144, wonach die Norm analogiefähig sein muss.

2080 Würdinger AcP 206 (2006), 946, 949; Effer-Uhe, FS Prütting, S. 15, 20.

cke in der Form, dass die selbstbelastende Auskunft eines Arbeitnehmers nicht durch ein Beweisverwertungsverbot im Strafverfahren geschützt ist, wurde indes weder gesetzlich noch über das Gewohnheitsrecht unmittelbar geschlossen.[2081] Des Weiteren ist auszuschließen, dass es der *„maßgebliche[...] Plan des Gesetzgebers bzw. des Gesetzes“*[2082] ist, dass keine Regelung zur Schließung der Problematik besteht. Es besteht somit aufgrund der fehlenden Regelung kein vermuteter, sondern ein tatsächlicher Mangel.[2083] Hierbei kann es sich daher um keine bewusste und gewollte Regelungslücke handeln. Aus diesem Grund wird von einer planwidrigen Regelungslücke ausgegangen.[2084]

Die Überprüfung einer vergleichbaren Interessenlage ist jedoch obsolet, wenn es sich bei § 97 Abs. 1 S. 3 InsO um eine Ausnahmeregelung handelt, für die ein Analogieverbot besteht.

(2) Analogieausschluss durch Ausnahmeregelung

Mit § 97 Abs. 1 S. 3 InsO wird ein selbstständiges Beweisverwertungsverbot bei einer gesetzlichen Auskunftspflicht des Schuldners angenommen.[2085] Ähnliche Regelungen sind vereinzelt im deutschen Recht zu finden, indes existiert bisher keine Regelung, wonach jegliche private Auskunftspflichten, die vollstreckt werden können, vor einem Verwertungsverbot im Strafverfahren geschützt wären.[2086] Ferner kann ein solches Verwertungsverbot nicht automatisch angenommen werden, da in Auskunfts- und Rechenschaftspflichten wie im Schuld, Familien- und Erbrecht dies gerade nicht vorgesehen ist.[2087]

2081 Engisch, Einführung in das juristische Denken, S. 202, wonach Lücken dort auftreten, *„wo weder das Gesetz noch das Gewohnheitsrecht eine unmittelbare Antwort auf eine Rechtsfrage geben.“*

2082 Engisch, Einführung in das juristische Denken, S. 203.

2083 Engisch, Einführung in das juristische Denken, S. 203.

2084 Zum Vorliegen einer planwidrigen Regelungslücke vgl. nur: Böhm WM 2009, 1923, 1928, wonach der Gesetzgeber nicht beabsichtigt haben kann, dass für den Insolvenzschuldner ein Beweisverwendungsverbot, für einen Arbeitnehmer nicht einmal ein Beweisverwertungsverbot vorliegt; Fritz CCZ 2011, 156, 160; Baranowski, Die Kodifikation von Internal Investigations, S. 165; Wilkens, Internal Investigations, S. 895.

2085 Nickolai/Pausch in: Wabnitz/Janovsky/Schmitt, WirtschaftsStrafR Hdb, Kap. 28 Rn. 98.

2086 Baranowski, Die Kodifikation von Internal Investigations, S. 162; im Ergebnis so auch: Greco/Caracas NStZ 2015, 7, 12.

2087 Vgl. nur: BVerfG NJW 1981, 1431, 1432; Baranowski, Die Kodifikation von Internal Investigations, S. 162; Nienaber, Compliancebasierte unternehmensinterne Ermittlungen, S. 426.

Mithin ist davon auszugehen, dass es sich bei § 97 Abs. 1 InsO um eine Ausnahmeregelung handelt.[2088] Solche Ausnahmeregelungen sind gemäß dem lateinischen Grundsatz ‚singularia non sunt extendenda' nicht extensiv auszulegen und nicht analogiefähig.[2089] Dieser Grundsatz erscheint insbesondere in der Methodenlehre in seiner Strenge überholt.[2090] So macht eine Meinung der Literatur deutlich, dass die Argumentationslinie zur Analogiefeindlichkeit von Ausnahmevorschriften in allen Rechtsgebieten „*wie ein unausrottbarer Schattenschlag*"[2091] auftaucht.[2092]

Es wird vielmehr als richtig angesehen, dass eine für einen konkreten Ausnahmefall erlassene Vorschrift nicht analog auf Fälle angewendet werden darf, in denen die Ausnahmesituation gerade nicht besteht.[2093] Daher wird eine Analogie der Ausnahmevorschrift, die sich innerhalb der Grenzen ihres Grundgedankens bewegt, als statthaft angesehen.[2094]

Fraglich ist nunmehr, ob eine vergleichbare Interessenlage vorliegt, wodurch eine gleichartige Ausnahmesituation angenommen werden könnte.[2095]

(3) Kriterien des Gemeinschuldnerbeschlusses

Zur Prüfung dieser Fragestellung können die verallgemeinerten Kriterien aus dem Gemeinschuldnerbeschluss angewendet werden, die in der Literatur abstrahiert wurden.[2096] So muss zunächst eine Auskunftspflicht vorliegen, die eine Pflicht zur Selbstbelastung umfasst und auf einer vergleichbaren Grundlage[2097] basiert. Daneben muss ein Interesse eines (privaten) Dritten an der Auskunft bestehen und die Erfüllung der Auskunftspflicht muss er-

---

2088 Theile StV 2011, 381, 385.

2089 Vgl. nur: Schneider JA 2008, 174, 174; Säcker in: MüKo BGB Band 1, Einl. BGB Rn. 154; Würdinger JuS 2008, 949, 949.

2090 Vgl. nur: Engisch, Einführung in das juristische Denken, S. 216; Würdinger AcP 206 (2006), 946, 965; Baranowski, Die Kodifikation von Internal Investigations, S. 162; zur historischen Herleitung des Grundsatzes und der Annahme der Analogiefähigkeit von Ausnahmevorschriften siehe: Effer-Uhe, FS Prütting, S. 15, 15 ff.

2091 Würdinger AcP 206 (2006), 946, 965.

2092 Würdinger AcP 206 (2006), 946, 965.

2093 Engisch, Einführung in das juristische Denken, S. 216.

2094 Vgl. nur: Engisch, Einführung in das juristische Denken, S. 217; Würdinger NJW 2023, 189, 190 Fn. 13; so auch: Säcker in: MüKo BGB Band 1, Einl. BGB Rn. 154.

2095 Siehe zur Notwendigkeit einer Ausnahmesituation: Engisch, Einführung in das juristische Denken, S. 216; ähnlich auch: Effer-Uhe, FS Prütting, S. 15, 20, der die Notwendigkeit einer hinreichenden Ähnlichkeit sieht; ebenso: Würdinger AcP 206 (2006), 946, 952.

2096 Wilkens, Internal Investigations, S. 888; Baranowski, Die Kodifikation von Internal Investigations, S. 165 f.

2097 Hille, Kooperation von Unternehmen, S. 258 f.

zwingbar sein können.[2098] Basierend auf diesen Kriterien hielt der Gesetzgeber es für erforderlich, die Situation von Gemeinschuldnern zu regeln, was in § 97 InsO umgesetzt wurde.

i) Vergleichbare Auskunftspflichten

Zur Erfüllung des ersten Kriteriums muss eine Auskunftspflicht vorliegen, die so weit reicht, dass davon auch eine potenziell strafrechtlich relevante Selbstbelastung umfasst ist.[2099]

Im Beschluss des BVerfG wurde zwischen Beschuldigten, Prozessparteien und Zeugen differenziert, denen grundsätzlich ein Schweige- und Aussageverweigerungsrecht zusteht, wenn sie sich selbst belasten müssen. Im Gegensatz dazu gilt dies aus Sicht des BVerfG jedoch nicht für Personen, deren Auskunftspflicht aus einem Rechtsgeschäft oder einem Gesetz folgt, wodurch sie verpflichtet sind, einem Dritten oder einer Behörde notwendige Informationen zu vermitteln. Überdies wird in der Entscheidung angeführt, dass in solchen Fällen die Interessen der auskunftspflichtigen Person mit dem Bedürfnis eines Dritten an der entsprechenden Information kollidieren.[2100]

Ein Gemeinschuldner kann nicht wie eine der oben genannten Personengruppen behandelt werden, denen ein Schweige- und Aussageverweigerungsrecht zugestanden wird. Anders als ein Beschuldiger soll der Gemeinschuldner durch seine Aussage keinen Beitrag zu seiner Verurteilung leisten. Überdies unterhält der Gemeinschuldner im Gegensatz zu Zeugen ein besonderes Pflichtenverhältnis zu den Gläubigern, die er geschädigt hat. Unterlässt er nunmehr die Mitwirkung, geht dies nicht zu seinen Lasten, sondern zu Lasten dieser Gläubiger. Um den Konkurs ordnungsgemäß abwickeln zu können, sind die Gläubiger und die Verfahrensorgane auf die Auskunft des Gemeinschuldners, der zugleich einer der bedeutsamsten Informationsträger ist, angewiesen. Nach der damaligen Vorschrift in der Konkursordnung wurde der Gemeinschuldner deshalb zur uneingeschränkten Auskunft verpflichtet, um die übergeordneten Interessen der Gläubiger bedienen zu können. Der Schutz vor einer erzwungenen Selbstbezichtigung war indes nachrangig.[2101]

Wie bereits an anderer Stelle ausgeführt wurde, wird nach der hier vertretenen Ansicht eine Auskunftspflicht von Arbeitnehmern in ihrem Arbeitsverhältnis regelmäßig angenommen.[2102] Diese Pflicht schließt auch seine

2098 Wilkens, Internal Investigations, S. 888.
2099 Wilkens, Internal Investigations, S. 888.
2100 BVerfG NJW 1981, 1431, 1432.
2101 BVerfG NJW 1981, 1431, 1432.
2102 Siehe Kapitel 2 B. III. 4. b) aa) und bb).

mögliche Selbstbelastung ein.[2103] Ähnlich wie der Gemeinschuldner ist er dabei einer der zentralen Informationsträger. Würde von dieser Pflicht abgesehen werden, würde sich dies insbesondere für den Arbeitgeber nachteilig auswirken, da dieser den Sachverhalt andernfalls ggf. nicht adäquat aufklären könnte. Zusätzlich könnte der bereits bestehende Verdacht gegen den Arbeitnehmer für eine potenzielle Verdachtskündigung ausreichen.[2104]

Damit liegt im Hinblick auf die Auskunftspflicht eine vergleichbare Situation vor.

ii) Vergleichbare Grundlage der Auskunftspflicht

Daran anschließend ist fraglich, ob das vom BVerfG vorgesehene Beweisverwertungsverbot daraus resultierte, dass eine gesetzliche Auskunftspflicht vorlag. Wie bereits angeführt, lehnte das LG Hamburg die Anwendbarkeit des Gemeinschuldnerbeschlusses auf arbeitsrechtliche Sachverhalte ab. Demnach resultiere die Auskunftspflicht des Arbeitnehmers aus einem freiwillig eingegangenen Vertrag. Diese Ansicht wurde bereits an anderer Stelle kritisiert.[2105] Dem ist zudem entgegenzuhalten, dass das BVerfG ausdrücklich „*rechtsgeschäftlich[e] oder gesetzlich[e]*"[2106] Auskunftsverpflichtungen gegenüber einem Dritten benennt, die potenziell eine Kollisionsregelung erfordern. Folglich nimmt das BVerfG mit rechtsgeschäftlichen Pflichten gerade auch vertragliche Pflichten an.[2107]

Eine gesetzliche Auskunftsverpflichtung folgt für den Arbeitnehmer aus dem eingegangenen Arbeitsverhältnis gemäß § 666 BGB i. V. m. § 675 Abs. 1 BGB oder §§ 611, 241 Abs. 2, 242 BGB.[2108] Wenngleich die Normen § 666 BGB i. V. m. § 675 Abs. 1 BGB lediglich einen dispositiven Charakter[2109] und im Arbeitsvertrag eine deklaratorische Wirkung haben,[2110] kann es für den Arbeitnehmer keinen Unterschied machen, ob seine Aus-

---

2103 Siehe Kapitel 2 B. III. 5. f).

2104 Siehe zur Verdachtskündigung Kapitel 2 A. IX. 3.

2105 Siehe Kapitel 2 B. III. 5. c) dd).

2106 BVerfG NJW 1981, 1431, 1432.

2107 Baranowski, Die Kodifikation von Internal Investigations, S. 166.

2108 Siehe Kapitel 2 B. III. 4. b) aa) (1), (2); Kapitel 2 B. III. 4. b) bb) (1); Kottek wistra 2017, 9, 13 sieht in §§ 666, 675 BGB eine gesetzliche Auskunftspflicht; Baranowski, Die Kodifikation von Internal Investigations, S. 166, die § 106 GewO, §§ 666, 675 BGB (analog) bzw. §§ 242, 241 Abs. 2 BGB als Rechtsgrundlage anführt.

2109 Vgl. nur: Knauer/Buhlmann AnwBl 2010, 387, 389; Schäfer in: MüKo BGB Band 6, § 666 Rn. 2; Hille, Kooperation von Unternehmen, S. 259.

2110 Vgl. nur: Knauer/Buhlmann AnwBl 2010, 387, 389; Münkel, Mitarbeiteroffenbarungen im Strafprozess, S. 168; Hille, Kooperation von Unternehmen, S. 259; a. A. Kottek wistra 2017, 9, 12, wonach §§ 666, 675 BGB nicht nur als deklaratorisch, sondern als konstitutiv angesehen werden.

kunftspflicht aus einem Vertrag oder einem Gesetz folgt,[2111] zumal die Auskunftspflicht in der Regel nicht individualvertraglich vereinbart wird.[2112]

Eine vergleichbare Grundlage der Auskunftspflicht liegt mithin vor.

iii) Vergleichbare berechtigte Drittinteressen

Als weiteres Kriterium bedarf es eines berechtigten Interesses eines privaten Dritten, der die Auskunft begehrt.[2113] Dies ist anzunehmen, wenn die Auskünfte unverzichtbar sind, um die Rechte der Gläubiger zu wahren.[2114] Dies ist bei einem Gemeinschuldner anzunehmen, da das Schweigen des Insolvenzschuldners sich zu Lasten der Gläubiger ausgewirkt hätte und dieser einer der zentralen Informationsträger war.

Arbeitnehmer sind für die von ihnen begangenen Pflichtverletzungen, Straftaten oder Ordnungswidrigkeiten bedeutsame Wissens- und Informationsträger. Ihre Auskunft ist oftmals essenziell, damit der fragliche Sachverhalt aufgeklärt werden kann.[2115] Folglich ergibt sich bei einem Arbeitgeber ein vergleichbares berechtigtes Interesse wie bei den Gläubigern eines Gemeinschuldners.[2116]

iv) Vergleichbarer staatlicher Zwang der Auskunftspflicht

Um auch das letzte Kriterium erfüllen zu können, muss die Auskunftspflicht vergleichbar erzwingbar sein.

Für eine Vergleichbarkeit spricht, dass in beiden Fällen ein Selbstbelastungszwang besteht, der mit staatlicher Hilfe ausgeübt werden kann.[2117] Auf Anordnung des Insolvenzgerichts kann nach § 101 Abs. 2 KO a. F. ein

---

2111 Kasiske NZWiSt 2014, 262, 266; Hille, Kooperation von Unternehmen, S. 261.

2112 Vgl. nur: Kottek wistra 2017, 9, 13; Münkel, Mitarbeiteroffenbarungen im Strafprozess, S. 168; Hille, Kooperation von Unternehmen, S. 261.

2113 Vgl. nur: Wilkens, Internal Investigations, S. 888; Rödiger, Strafverfolgung von Unternehmen, S. 277 f.; Baranowski, Die Kodifikation von Internal Investigations, S. 167.

2114 Baranowski, Die Kodifikation von Internal Investigations, S. 167; vgl. Wastl/Litzka/Pusch NStZ 2009, 68, 73.

2115 Siehe Kapitel 2 B. III. 7. c).

2116 Vgl. nur: Wilkens, Internal Investigations, S. 892; Münkel, Mitarbeiteroffenbarungen im Strafprozess, S. 192; Baranowski, Die Kodifikation von Internal Investigations, S. 167; a. A. Wastl/Litzka/Pusch NStZ 2009, 68, 73.

2117 Vgl. nur: Rogall in: Wolter/Deiters, SK-StPO Band 2, Vor § 133 Rn. 140 c; Stoffer, Privatisierung, S. 528 f., die in der arbeitsrechtlichen Auskunftspflicht auch einen vom Staat verursachten Aussagezwang erkennt; diese Ansicht vertritt auch: Gerst CCZ 2012, 1, 3, wonach der Selbstbelastungszwang eines Mitarbeiters mit staatlicher Hilfe durch das Unternehmen ausgeübt werden kann.

Schuldner zwangsweise vorgeführt oder nach dessen Anhörung in Haft genommen werden, wenn er die gesetzlichen Pflichten nicht erfüllt. Nach der heutigen Rechtsprechung ist in besonderen Fällen eine Vorführung vor dem Haftbefehl nicht zwingend notwendig, wenn der Schuldner seine Pflichten zur Auskunft und Mitwirkung verletzt.[2118]

Wie bereits ausgeführt wurde, ermöglicht § 888 Abs. 1 ZPO einen einklagbaren und vollstreckbaren Auskunftsanspruch.[2119] Eine unmittelbare staatliche Beteiligung, wie sie im Insolvenzverfahren anzunehmen ist, kommt jedoch erst bei der Zwangsvollstreckung der arbeitsrechtlichen Auskunftspflicht in Betracht. Vor dem Einsatz dieses Instruments ist das Interesse an der Auskunft ausschließlich privatrechtlich motiviert.[2120] Im Zeitpunkt der Zwangsausübung, das heißt bei Unterrichtung über die potenziellen Konsequenzen eines arbeitnehmerseitigen Schweigens, liegt daher kein mit dem eines Gemeinschuldners vergleichbarer staatlicher Zwang vor.

Auch spricht die zeitnahe und effiziente Durchsetzbarkeit der Auskunftspflicht eines Gemeinschuldners nicht für eine vergleichbare Zwangslage. Denn wie zuvor dargestellt wurde, ist die Durchsetzbarkeit des arbeitgeberseitigen Auskunftsanspruchs langwierig.[2121] Dadurch ist die Erwartung, dass sich die Konsequenzen bei einem Arbeitnehmer realisieren, nicht ebenso eminent.

Aufgrund des Unterschiedes in diesem Kriterium ist eine vergleichbare Ausnahmesituation nicht anzunehmen.

(4) Zwischenergebnis

Während bei den ersten drei Kriterien eine vergleichbare Interessenlage angenommen werden kann,[2122] wurde in Bezug auf das Kriterium der Zwangslage im Zeitpunkt der Entstehung des Zwangs ein relevanter Unterschied

---

2118 LG Hamburg BeckRS 2023, 13950 Rn. 16, 17.

2119 Siehe Kapitel 2 B. III. 6. b).

2120 Vgl. hierzu nur: Knauer/Buhlmann AnwBl 2010, 387, 389; Momsen ZIS 2011, 508, 513 und Momsen/Grützner DB 2011, 1792, 1795, die einen privatrechtlichen Konflikt sehen, in dem der Staat lediglich das Instrument des Zwangs zur Verfügung stellt; sowie: Baranowski, Die Kodifikation von Internal Investigations, S. 50, die die Zwangslage des Arbeitnehmers grundsätzlich als nicht staatlich, sondern vertraglich veranlasst ansieht; ähnlich: Doege, Bedeutung des nemo-tenetur-Grundsatzes, S. 433, der eine vergleichbare Situation zum Gemeinschuldner bei einem privatrechtlichen Auskunftsanspruch dann sieht, wenn er gerichtlich festgestellt und mit einer Zwangsvollstreckung vollstreckt wird.

2121 Siehe Kapitel 2 B. III. 6. b); Rübenstahl WiJ 2012, 17, 30 stellt eine dahingehende Vergleichbarkeit der Auskunftspflicht eines Arbeitnehmers und Schuldners in Frage.

2122 Siehe Kapitel 2 C. I. 2. c) bb) (3) i)–iii).

ermittelt.[2123] Somit liegt in der Gesamtschau keine vergleichbare Interessenlage zwischen der Situation des Arbeitnehmers und der eines Gemeinschuldners vor, sodass ein Beweisverwertungsverbot über eine Analogie des § 97 Abs. 1 S. 3 InsO im engeren Sinne ausscheidet.[2124]

cc) Verallgemeinerungsfähiger Inhalt des Gemeinschuldnerbeschlusses

Während eine analoge Anwendung von § 97 Abs. 1 S. 3 InsO auf die Situation von Arbeitnehmern ausscheidet, erscheint es nachvollziehbar, dass in der Literatur[2125] im Hinblick auf die Verwertung der Auskünfte auf die Vergleichbarkeit abgestellt wird. Danach können die Überlegungen des BVerfG sowie die Abwägung der Grundrechtspositionen auch bei der Auskunft von Arbeitnehmern zu einem Beweisverwertungsverbot führen.

Dieser Überlegung steht eine potenziell fehlende Verallgemeinerungsfähigkeit der im Gemeinschuldnerbeschluss enthaltenen Prinzipien indes nicht entgegen. So beschrieben das LG Münster und das LG Dortmund im Zusammenhang mit Zivilrechtsverfahren, dass „*[d]er Kodifizierung des § 97 Abs. 1 InsO [...] ersichtlich die im Gemeinschuldnerbeschluss des Bundesverfassungsrechts aufgestellten Prinzipien zugrunde [liegen], die einen über das Insolvenzverfahren verallgemeinerungsfähigen Inhalt haben.*“[2126] Auch der BGH hat in einem Urteil aus dem Jahr 2018 den Gemeinschuldnerbeschluss im Hinblick auf die Grenze der Selbstbelastungsfreiheit[2127] sowie die strafrechtliche Verwertbarkeit[2128] berücksichtigt. Dabei ging es um die Verjährung von Schadensersatzansprüchen gegen ein Aufsichtsratsmitglied.[2129] Vor diesem Hintergrund wird die Verallgemeinerungsfähigkeit auch im vorliegenden Kontext angenommen.

Diese Verallgemeinerungsfähigkeit bezieht sich insbesondere auf die Ausführungen des BVerfG zum Prinzip einer umfassenden Auskunftspflicht des Gemeinschuldners, die mit einem Beweisverwertungsverbot kompensiert werden sollte. Das BVerfG hat dargestellt, dass „*das Persönlichkeitsrecht des Gemeinschuldners [...] unverhältnismäßig beeinträchtigt [werden würde], wenn seine unter Zwang herbeigeführten Selbstbezichtigungen gegen seinen Willen zweckentfremdet und der Verwertung für eine Strafverfol-*

2123 Siehe Kapitel 2 C. I. 2. c) bb) (3) iv).

2124 So auch: Baranowski, Die Kodifikation von Internal Investigations, S. 169.

2125 Vgl. nur: Baranowski, Die Kodifikation von Internal Investigations, S. 169; im Ergebnis so auch: Hille, Kooperation von Unternehmen, S. 256; ebenso: Rödiger, Strafverfolgung von Unternehmen, S. 280.

2126 LG Dortmund BeckRS 2008, 360; LG Münster 02.05.2003 – 2 O 658/02, IWW-Abrufnummer 031141.

2127 BGH NJW 2019, 596, 599 Rn. 43.

2128 BGH NJW 2019, 596, 600 Rn. 48.

2129 BGH NJW 2019, 596, 596 LS 1.

gung zugeführt würden."[2130] Weiter führte das BVerfG aus, dass die uneingeschränkte Auskunftspflicht des Schuldners gleichwohl nicht dazu führen kann, dass dieser ebenfalls einen Beitrag zu seiner Verurteilung leisten muss. Das Schweigerecht im Strafverfahren wäre andernfalls „*illusorisch*"[2131]. Zugleich würde es verfehlt erscheinen, wenn die Strafverfolgungsbehörden im Vergleich zu anderen Fällen weitreichendere Möglichkeiten zur Strafverfolgung erlangen würden.[2132]

Hieraus abgeleitet erfordert die auf dem Gemeinschuldnerbeschluss basierende Logik eine klare Unterscheidung zwischen den Sphären.[2133] Die dargestellten Erläuterungen des BVerfG lassen sich ebenso auf das Auskunftsdilemma eines Arbeitnehmers übertragen. Während es sich im Falle des Gemeinschuldners um die Sphären im Insolvenz- und Strafverfahren handelt, liegen bei Arbeitnehmern die Sphären im Arbeitsverhältnis und im Strafverfahren. Die durch die gesetzliche Auskunftspflicht in Verbindung mit der Durchsetzbarkeit der Auskunftsansprüche hervorgerufene Zwangswirkung würde im Fall eines Arbeitnehmers ebenso zweckentfremdet werden, wenn die Auskünfte, die im Zusammenhang mit der Sachverhaltsaufklärung getätigt wurden, im Rahmen der Strafverfolgung genutzt werden dürften. Wenn die Auskünfte eines Arbeitnehmers in einem Strafverfahren verwertet werden dürften, würde dieser zum Beweismittel gegen sich selbst werden und damit an seiner eigenen Verurteilung mitwirken. Als Zeuge oder Beschuldigter in einem Strafverfahren hätte er sich allerdings auf sein Schweigerecht berufen können. Auch in diesem Zusammenhang wäre das Schweigerecht im Strafverfahren lediglich eine Illusion. Hieraus ergibt sich eine ähnliche Interessenlage eines Gemeinschuldners und eines Arbeitnehmers im Zeitpunkt der Verwertung der selbstbelastenden Auskünfte.

Da sich die Auskunftspflicht nur auf die arbeitsrechtliche Sphäre auswirken soll, muss der Einsatz für andere Zwecke im Strafverfahren, für die sie eigentlich nicht bestimmt waren, verhindert werden. Auch im Insolvenzrecht ist der „*insolvenzrechtliche Zweck einer möglichst weitgehenden Feststellung und effektiven Verwertung des Schuldnervermögens […] mit der erteilten Auskunft erfüllt.*"[2134] Es erscheint fraglich, warum die Auskunftspflicht eines Arbeitnehmers zur Erfüllung der arbeitsrechtlichen Zwecke deutlich weitreichender sein sollte als die Auskunftspflicht eines Schuldners.

Unter Berücksichtigung dieser Prinzipien des Gemeinschuldnerbeschlusses sind die Auskünfte des Arbeitnehmers mit einem Beweisverwertungsver-

2130 BVerfG NJW 1981, 1431, 1433.
2131 BVerfG NJW 1981, 1431, 1433.
2132 BVerfG NJW 1981, 1431, 1433.
2133 Kasiske NZWiSt 2014, 262, 267.
2134 Stephan in: MüKo InsO Band 2, § 97 Rn. 18.

bot zu schützen, nachdem dieser mit Erfüllung seiner Auskunftspflicht dem Zweck der Aufklärung hinreichend Rechnung getragen hat.

dd) Stellungnahme

Vertreter aus der Literatur sehen eine analoge Anwendung von § 97 Abs. 1 S. 3 InsO für das Auskunftsdilemma von Arbeitnehmern vor, damit deren selbstbelastende Auskünfte nicht in einem Strafprozess gegen sie verwertet werden können.[2135] Zwar kann sich einer analogen Anwendung nach der hier vertretenen Ansicht nicht angeschlossen werden,[2136] jedoch wird ebenfalls von einer ähnlichen Interessenlage ausgegangen, wenn die Auskünfte verwertet werden sollen.[2137] Hierbei ist zudem die eindeutige Trennung der Sphären zu berücksichtigen, wonach der Zweck der Auskunft erfüllt ist, wenn sie in der mit der Auskunft verbundenen Sphäre geleistet wurde. Für einen Gemeinschuldner war die Auskunftspflicht im Insolvenzverfahren erfüllt, während dies bei einem Arbeitnehmer im Arbeitsverhältnis der Fall wäre. Eine Verwertung über diese Sphären hinaus würde in einer ungerechtfertigten Übererfüllung der Auskunftspflicht resultieren.[2138] Die Ausführungen des BVerfG sind auch im Zusammenhang mit Arbeitnehmern entsprechend zu würdigen. Dies bezieht sich auch auf das selbstständige Beweisverwertungsverbot, das aus dem allgemeinen Persönlichkeitsrecht nach Art. 2 Abs. 1 GG i. V. m. Art. 1 Abs. 1 GG bzw. dem daraus hergeleiteten Nemo-tenetur-Grundsatz abgeleitet wurde.[2139]

Mit der Würdigung des Gemeinschuldnerbeschlusses in Form einer Kompensation der selbstbelastenden Auskunftspflicht durch ein Beweisverwertungsverbot wird somit das vorangegangene Ergebnis eines Beweisverwertungsverbots aus der Verletzung des allgemeinen Persönlichkeitsrechts unterstrichen.[2140] Im Hinblick auf eine zukünftige gesetzliche Regelung der arbeitnehmerseitigen Auskunftspflicht erscheint es daher sinnvoll, die Regelung des § 97 Abs. 1 S. 3 InsO inhaltlich jedoch nicht im Wege einer Analogie zu berücksichtigen.[2141]

2135 Vgl. nur: Kottek wistra 2017, 9, 13; Böhm WM 2009, 1923, 1929; Wilkens, Internal Investigations, S. 919.

2136 Siehe Kapitel 2 C. I. 2. c) bb) (4).

2137 So auch: Baranowski, Die Kodifikation von Internal Investigations, S. 173; ähnlich: Park/Eggers in: MAH WirtschaftsstrafR, § 11 Rn. 110, wonach die unterschiedlichen Konstellationen bei einem Arbeitnehmer oder Schuldner keine unterschiedliche Behandlung rechtfertigt; siehe auch Kapitel 2 C. I. 2. c) cc).

2138 Siehe Kapitel 2 C. I. 2. c) cc).

2139 So auch: Baranowski, Die Kodifikation von Internal Investigations, S. 173.

2140 Siehe Kapitel 2 C. I. 2. b) dd).

2141 So auch: Kocak, Selbstbelastungspflichten bei Mitarbeiterbefragungen, S. 224, die eine gesetzliche Normierung nach § 97 Abs. 1 S. 3 InsO für wünschenswert erach-

Im Folgenden wird noch zu klären sein, ob bei der Auskunftspflicht von Arbeitnehmern eine Verwertung, wie sie im Gemeinschuldnerbeschluss vorgesehen war, oder eine Verwendung gemäß § 97 Abs. 1 S. 3 InsO vorzugswürdig ist.[2142]

d) Selbstständiges Beweisverwertungsverbot aus der Verletzung des Fair-Trial-Grundsatzes

Ein Teil der Literatur sieht es als unvereinbar mit dem Recht auf ein faires Verfahren an, wenn Informationen, die durch Mitarbeiterbefragungen gewonnen wurden, in einem Strafprozess verwendet werden.[2143] Dabei halten die Vertreter dieser Auffassung ein darauf basierendes Beweisverwertungsverbot für notwendig.[2144]

aa) Anwendbarkeit des Grundsatzes im privatrechtlichen Verhältnis

Der Fair-Trial-Grundsatz ist in Art. 6 Abs. 1 EMRK[2145] einfachgesetzlich normiert und folgt aus dem Rechtsstaatsprinzip[2146] sowie aus der Achtung der Menschenwürde und den allgemeingültigen Freiheitsgrundrechten.[2147] Ein wesentlicher Gedanke, der mit dem Fair-Trial-Grundsatz verbunden ist, ist die Waffengleichheit zwischen einem Beschuldigten und der Strafverfolgung.[2148] Während hieraus keine tatsächlichen Verfahrensrechte resultieren, dient der Grundsatz der Waffengleichheit dazu, in der Rückschau zu prüfen,

---

tet; ähnlich auch: Bischoff/Minoggio in: Wirtschaftsstrafrecht in der Praxis, Kap. 20 Rn. 145, die eine Regelung „*wie etwa in § 97 Abs. 1 S. 3 InsO*" für sinnvoll erachten; dieser Paragraf findet Eingang in den eigenen Regelungsentwurf, siehe Kapitel 4 C. I.

2142 Siehe hierzu sogleich.

2143 Vgl. nur: Knauer/Buhlmann AnwBl 2010, 387, 393; so auch: Momsen ZIS 2011, 508, 513, 516; Harrendorf/König/Voigt in: Meyer-Ladewig/Nettesheim/von Raumer, EMRK, Art. 6 Rn. 160, wonach interne Untersuchungen, die nicht mit den rechtsstaatlichen Mindeststandards im Einklang stehen, gegen den Fair-Trial-Grundsatz verstoßen.

2144 Vgl. nur: Knauer/Buhlmann AnwBl 2010, 387, 393; Momsen ZIS 2011, 508, 516; Knauer/Gaul NStZ 2013, 192, 193.

2145 Siehe Kapitel 2 B. III. 5. b) aa) (2).

2146 Siehe Kapitel 2 B. III. 5. b) cc) (3); so auch: Knauer/Gaul NStZ 2013, 192, 193; Duttge/Waschkewitz in: HK-GS, Vorb. zu §§ 1 ff. Rn. 65; Harrendorf/König/Voigt in: Meyer-Ladewig/Nettesheim/von Raumer, EMRK, Art. 6 Rn. 102.

2147 Vgl. nur: Duttge/Waschkewitz in: HK-GS, Vorb. zu §§ 1 ff. Rn. 65; Lohse/Jakobs in: KK-StPO, Art. 6 MRK Rn. 44; Knauer/Buhlmann AnwBl 2010, 387, 390.

2148 Lohse/Jakobs in: KK-StPO, Art. 6 MRK Rn. 41.

ob das gesamte Verfahren sowie einzelne prozessuale Befugnisse fair gewesen sind.[2149]

Der Fair-Trial-Grundsatz wurde bei der Erstellung der StPO berücksichtigt, weshalb das Handeln der Strafverfolgungsbehörden nicht unmittelbar an diesem Grundsatz, sondern an der StPO zu messen ist.[2150] Unmittelbare Bedeutung gewinnt die EMRK, wenn es innerstaatlich an gesetzlichen Vorschriften fehlt. Dies gilt auch, wenn Regelungen bestehen, die nicht an die Mindeststandards heranreichen, die in der EMRK normiert sind.[2151] Für eine methodische Zulässigkeit eines unmittelbaren Rückgriffs auf den Fair-Trial-Grundsatz bedarf es einer sich aus der StPO ergebenden Regelungslücke für die fragliche Konstellation.[2152] Begründet wird die Regelungslücke damit, dass die StPO lediglich für Ermittlungen der Staatsanwaltschaft sowie der Polizei gilt, sodass das Leitbild dieses Gesetzes nicht auf Ermittlungen ausgerichtet ist, die von Privatpersonen durchgeführt werden.[2153] Im Fall von Mitarbeiterbefragungen agieren allerdings Private, bei denen ein Verstoß gegen den Fair-Trial-Grundsatz angenommen wird, wenn sie die aus den Befragungen erlangten Erkenntnisse an die Strafverfolgungsbehörden weiterleiten.[2154] Durch den ähnlichen Schutzbedarf kann der Fair-Trial-Grundsatz daher auch im Zusammenhang mit Mitarbeiterbefragungen angewendet werden.[2155]

2149 Lohse/Jakobs in: KK-StPO, Art. 6 MRK Rn. 45; ähnlich: Harrendorf/König/Voigt in: Meyer-Ladewig/Nettesheim/von Raumer, EMRK, Art. 6 EMRK Rn. 105, wonach der Gerichtshof alle Umstände des Verfahrens berücksichtigt, um zu prüfen, ob das Verfahren fair war.

2150 Vgl. nur: Hille, Kooperation von Unternehmen, S. 311; vgl. Lohse/Jakobs in: KK-StPO, Art. 6 MRK Rn. 42, wonach das deutsche Strafprozessrecht bereits die wesentlichen Ausprägungen des Fair-Trial-Grundsatzes beinhaltet; Knauer/Buhlmann AnwBl 2010, 387, 390 f.

2151 Lohse/Jakobs in: KK-StPO, Art. 6 MRK Rn. 42.

2152 Vgl. nur: Hille, Kooperation von Unternehmen, S. 311; Knauer/Buhlmann AnwBl 2010, 387, 390 f.; Momsen ZIS 2011, 508, 513.

2153 Vgl. nur: Reeb, Internal Investigations, S. 121 f.; Knauer/Buhlmann AnwBl 2010, 387, 391; vgl. Momsen ZIS 2011, 508, 513 und 516.

2154 Vgl. nur: Momsen ZIS 2011, 508, 513; Knauer/Buhlmann AnwBl 2010, 387, 391, wonach mit dem Grundsatz nicht vereinbar ist, wenn Ergebnisse aus internen Untersuchungen verwertet werden. Hier indes mit der Einschränkung, dass die Ermittlungen von (Groß-)Kanzleien durchgeführt wurden; im Ergebnis so auch: Hilgers-Klautzsch in: Kohlmann, Steuerstrafrecht Kommentar, § 385 AO Rn. 1036.3.

2155 Vogtmeier, Arbeitnehmerdatenschutz bei internen Untersuchungen, S. 590; im Ergebnis so auch: Knauer/Buhlmann Anwbl 2010, 387, 393.

bb) Meinungsstand

Im Arbeitsverhältnis gewinnt der Fair-Trial-Grundsatz eine besondere Bedeutung. Durch die Herstellung einer Waffengleichheit wird dem Ungleichgewicht zwischen dem Arbeitgeber und dem Arbeitnehmer aktiv entgegengewirkt. Kommt es zu einem Verstoß gegen den Fairnessgedanken und werden die dadurch erlangten Beweise in einem Strafverfahren genutzt, muss sich der unter Privaten begangene Fairnessverstoß auch im Strafverfahren auswirken, da sonst die Waffengleichheit in dieser Sphäre nicht gewahrt wäre.[2156] Stattdessen würde die Staatsanwaltschaft unmittelbar den Fair-Trial-Grundsatz verletzen, wenn sie sich Beweisen bedienen würde, die unter Ausnutzung eines Machtverhältnisses und unter Anwendung einer faktischen Zwangslage ohne Berücksichtigung des Fairnessgedanken erlangt wurden.[2157] Gleiches gilt auch für Auskünfte von Arbeitnehmern, die unter Anwendung eines subjektiven Zwangs durch das rechtswidrige Vorgehen des Ermittlerteams erzielt wurden.[2158]

Der BGH hat in der Hörfallenentscheidung aus dem Jahr 1996 festgestellt, dass bei Sachverhalten, bei denen kein Zwang vorliegt, sodass die Selbstbelastungsfreiheit nicht verletzt ist, zu prüfen ist, ob die Gesamtumstände „*einem Verstoß gegen den nemo-tenetur-Grundsatz nahekommen.*“[2159] Daraus resultierend bedarf es einer Abwägung, ob ein Beweisverwertungsverbot des Angeklagten geboten ist, um ein faires Verfahren zu gewährleisten.[2160] Dabei ist gemäß dem BGH die „*Gesamtschau der Umstände [...] vor dem Hintergrund der besonderen Situation des Angekl. [Angeklagten]*“[2161] zu betrachten, aus denen ein Verstoß folgen kann. Durch die unzulässige und gegen das Recht auf ein faires Verfahren verstoßende Beweisgewinnung führt ein Verstoß zu einem Beweisverwertungsverbot.[2162]

Das Vorliegen eines solchen Verstoßes ist folglich anhand der Ausgestaltung des konkreten Einzelfalls zu prüfen und hängt maßgeblich mit dem Vorge-

2156 Im Ergebnis so auch: Knauer/Gaul NStZ 2013, 192, 193.

2157 Vgl. Knauer/Gaul NStZ 2013, 192, 193, die hierbei von Untersuchungen von Anwälten und Wirtschaftsprüfern ausgehen, woraus sich ein Über- und Unterordnungsverhältnis ergibt.

2158 Vgl. nur: Hille, Kooperation von Unternehmen, S. 323, wonach ein Fair-Trial-Verstoß anzunehmen ist, wenn dem Arbeitnehmer eine umfassende Auskunftspflicht vorgetäuscht wurde; ebenso: Gatter, Ausgestaltung von Mitarbeiterbefragungen, S. 294; ähnlich: Kühne in: Löwe-Rosenberg, StPO Band 1 Einl. Abschn. I, Rn. 108, wonach es unzulässig ist, Personen zu täuschen oder Irrtümer auszunutzen.

2159 BGH NJW 1996, 2940, 2943.

2160 BGH NJW 1996, 2940, 2943.

2161 BGH NJW 2009, 2463, 2465.

2162 BGH NJW 2009, 2463, 2465.

hen des Arbeitgebers zusammen.[2163] Neben der bereits beschriebenen faktischen und subjektiven Zwangslage[2164] durch eine rechtswidrige Handlung des Ermittlerteams soll der Arbeitnehmer – um die Fairness zu wahren – umfassend belehrt und darüber informiert werden,[2165] welche rechtlichen Konsequenzen seine Auskunft haben können und dass diese Auskünfte im Rahmen eines Strafverfahrens verwertet werden können.[2166] Auch ist ihm aus Fairnessgründen gemäß einem Teil der Literatur ein Beistand zu gewähren.[2167] Wird dem Arbeitnehmer eine arbeitsrechtliche Sanktionsfreiheit zugesagt, muss der Arbeitgeber deren Einhaltung sicherstellen, da andernfalls eine Täuschung vorliegen könnte, die sich auf die Verwertbarkeit der Auskünfte auswirkt.[2168] Wird die Befragung der Mitarbeiter in Zusammenarbeit des Unternehmens mit den Strafverfolgungsbehörden durchgeführt, kann der Fair-Trial-Grundsatz ebenso verletzt werden.[2169] Dies wird vereinzelt mit der Einschränkung gesehen, dass durch die Strafverfolgungsbehörden hierdurch bewusst der Nemo-tenetur-Grundsatz umgangen werden solle.[2170]

Im Vergleich zu einem Vertreter aus der Literatur, der den Fair-Trial-Grundsatz als einzigen Lösungsweg zur Behebung des Auskunftsdilemmas eines Arbeitnehmers betrachten,[2171] gibt es eine andere Ansicht, wonach der Fair-Trial-Grundsatz aufgrund der erforderlichen Einzelfallprüfung vielmehr als Auffangnorm angesehen wird, wenn ein Beweisverwertungsverbot nach dem allgemeinen Persönlichkeitsrecht nicht greift. Dadurch kann die Rechtssicherheit der aussagenden Arbeitnehmer erhöht werden.[2172]

2163 Vgl. nur: Knauer ZWH 2012, 81, 86; Hilgers-Klautzsch in: Kohlmann, Steuerstrafrecht Kommentar, § 385 AO Rn. 1036.4; Knauer/Gaul NStZ 2013, 192, 194, wonach ein unmittelbarer Zusammenhang zwischen Beweisverwertungsverbot und konkretem Vorgehen des Unternehmens besteht.

2164 Siehe Kapitel 2 B. III. 7. a) bb), cc).

2165 Vgl. nur: Momsen ZIS 2011, 508, 514; Knauer/Gaul NStZ 2013, 192, 193, sehen eine umfassende Belehrung durch den vernehmenden Anwalt für erforderlich an; Hilgers-Klautzsch in: Kohlmann, Steuerstrafrecht Kommentar, § 385 AO Rn. 1036.4.

2166 Siehe Kapitel 2 B. III. 2. b) gg) (1), (3); ausdrücklich dazu auch: Knauer/Gaul NStZ 2013, 192, 193.

2167 Siehe im Hinblick auf die ‚Waffengleichheit' Kapitel 2 B. III. 2. b) ff) (1); Knauer/Gaul NStZ 2013, 192, 193.

2168 Momsen ZIS 2011, 508, 514; Hilgers-Klautzsch in: Kohlmann, Steuerstrafrecht Kommentar, § 385 AO Rn. 1036.4.

2169 Grützner in: Momsen/Grützner, Wirtschafts- und Steuerstrafrecht, § 16 Rn. 445.

2170 Vgl. nur: Hille, Kooperation von Unternehmen, S. 323; im Ergebnis so auch: Gatter, Ausgestaltung von Mitarbeiterbefragungen, S. 294 f.; kritisch hierzu auch: Kottek, Die Kooperation von deutschen Unternehmen mit der US-amerikanischen Börsenaufsicht SEC, S. 133 f.

2171 Vogtmeier, Arbeitnehmerdatenschutz bei internen Untersuchungen, S. 596.

2172 Siehe hierzu: Hille, Kooperation von Unternehmen, S. 324; ähnlich auch: Münkel, Mitarbeiteroffenbarungen im Strafprozess, S. 128, wonach der Fair-Trial-Grundsatz dogmatisch nicht allein ein Beweisverwertungsverbot begründet.

Diese Ansicht wird insbesondere dadurch untermauert, dass ein Beweisverwertungsverbot als Folge einer Verletzung des Fair-Trial-Grundsatzes ausschließlich in begrenzten Ausnahmen eintreten soll.[2173]

cc) Stellungnahme

Der Fair-Trial- und der Nemo-tenetur-Grundsatz sind eng miteinander verbunden. Dabei sieht der EGMR den Nemo-tenetur-Grundsatz sogar als dessen „*Herzstück*"[2174] an. Im Kontext interner Untersuchungen wird in der Literatur[2175] vereinzelt der Fair-Trial-Grundsatz als Lösung für das Auskunftsdilemma eines Arbeitnehmers gesehen. Indes bedarf es dafür einer retrospektiven Betrachtung der Beweisgewinnung. Ferner muss überprüft werden, ob alle Umstände einem fairen Verfahren entsprechen,[2176] wenngleich für das Vorgehen keine rechtliche Pflicht besteht und sich das Unternehmen daher – wie an anderer Stelle dargestellt – nicht zwingend am Fair-Trial-Grundsatz orientieren muss.[2177]

Jedoch erscheint es auch nach der hier vertretenen Ansicht schlüssig, das Vorgehen der Mitarbeiterbefragung am Fair-Trial-Grundsatz auszurichten. Neben der bereits erörterten Lösung, das Auskunftsdilemma eines Arbeitnehmers im Falle eines rechtlichen Zwangs über das Beweisverwertungsverbot aus Art. 2 Abs. 1 GG i. V. m. Art. 1 Abs. 1 GG zu beheben,[2178] kann daher ein Verwertungsverbot im Einzelfall auch aus dem Fair-Trial-Grundsatz resultieren, wenn ein Arbeitnehmer unfair behandelt wurde. Dies ist bspw. anzunehmen, wenn keine Waffengleichheit vorlag; kein Beistand gewährt wurde, insbesondere dann, wenn externe Ermittler anwesend sind; der Arbeitnehmer über die Befragungsmodalitäten im Unklaren gelassen wurde;[2179] ein rechtswidriger, subjektiver Zwang ausgeübt oder mit wirtschaftlichen Konsequenzen gedroht wurde.[2180] Vorliegend erscheint die Ansicht einer Autorin[2181] nachvollziehbar, den Fair-Trial-Grundsatz als Auffangnorm zu erachten, sofern ein Beweisverwertungsverbot, bspw. aufgrund eines faktischen Zwangs, nicht aus dem Nemo-tenetur-Grundsatz folgt. Dies führt zu einem ‚doppelten Boden', wodurch der Schutz der Arbeitnehmer sowie deren Rechtssicherheit erhöht werden kann.

2173 Trüg in: MAH Strafverteidigung, § 24 Rn. 121.

2174 EGMR BeckRS 1996, 123460: „*the heart of a fair trial*".

2175 Vgl. Vogtmeier, Arbeitnehmerdatenschutz bei internen Untersuchungen, S. 596.

2176 Siehe Kapitel 2 B. III. 5. b) aa) (2).

2177 Siehe zur Gestattung eines rechtlichen Beistands für die befragten Arbeitnehmer und zu Belehrungspflichten Kapitel 2 B. III. 2. b) ff), gg).

2178 Siehe Kapitel 2 C. I. 2. b) dd).

2179 Siehe Kapitel 2 B. III. 2. b) ff) und gg).

2180 Siehe Kapitel 2 B. III. 7. a) bb) und cc).

2181 Hille, Kooperation von Unternehmen, S. 324.

Die zuvor erhobene Notwendigkeit gesetzlicher Regelungen für die Belehrung und die Hinzuziehung eines (rechtlichen) Beistands wird unter Berücksichtigung des Fairnessgedankens unterstrichen.[2182]

e) Zwischenergebnis

Auskünfte, die ein Arbeitnehmer gegenüber seinem Arbeitgeber über begangene Straftaten erteilt, sind regelmäßig der Sozialsphäre zuzuordnen, wenngleich auch die Privatsphäre berührt werden kann. Ein Eingriff in diese Sphären durch den Arbeitgeber, insbesondere in Fällen, in denen konkrete Anhaltspunkte einer Straftat seitens des Arbeitnehmers bestehen, erscheint aber verhältnismäßig.[2183] Im Fall einer strafrechtlichen Verwertung dieser Auskünfte dienen die Informationen jedoch einem anderen Zweck.[2184] Der Nemo-tenetur-Grundsatz, wonach niemand gezwungen werden darf, an seiner eigenen Verurteilung mitzuwirken, wird zwar nicht unmittelbar bei der Mitarbeiterbefragung, wohl aber bei der Verwertung berührt.[2185]

Um das Auskunftsdilemma eines Arbeitnehmers entsprechend aufzulösen, bedarf es eines Beweisverwertungsverbots. Dieses resultiert in Ermangelung einer analogen Anwendung von § 97 Abs. 1 S. 3 InsO aus dem allgemeinen Persönlichkeitsrecht nach Art. 2 Abs. 1 GG i. V. m. Art. 1 Abs. 1 GG bzw. dem daraus abgeleiteten Nemo-tenetur-Grundsatz.[2186] Dies ermöglichen auch die verallgemeinerungsfähigen Kriterien des Gemeinschuldnerbeschlusses des BVerfG, wonach erzwungene selbstbelastende Auskünfte zum Schutz des allgemeinen Persönlichkeitsrechts mithilfe eines Beweisverwertungsverbots kompensiert werden.[2187]

Zwar bietet sich auch eine Herleitung eines Beweisverwertungsverbots aus dem Fair-Trial-Grundsatz an, als dessen ‚Herzstück' die Selbstbelastungsfreiheit angesehen wird. Indes bedarf es dabei stets einer Einzelfallbetrachtung. Deshalb wird dieser Grundsatz als Auffangnorm angesehen und ist zu prüfen, wenn sich ein Beweisverwertungsverbot nicht aus Art. 2 Abs. 1 GG i. V. m. Art. 1 Abs. 1 GG ergibt.[2188]

2182 Siehe Kapitel 2 B. III. 2. b) ff) und gg).
2183 Siehe Kapitel 2 C. I. 2. b) bb).
2184 Siehe Kapitel 2 C. I. 2. b) dd).
2185 Siehe Kapitel 2 B. III. 7. d).
2186 Siehe Kapitel 2 C. I. 2. b) dd); siehe zur Analogieprüfung von § 97 Abs. 1 S. 3 InsO Kapitel 2 C. I. 2. c) bb).
2187 Siehe Kapitel 2 C. I. 2. c) cc).
2188 Siehe Kapitel 2 C. I. 2. d) cc).

3. Reichweite eines Beweisverwertungsverbots

Die Reichweite von Beweisverwertungsverboten ist umstritten.[2189] Neben einem Beweisverwertungsverbot mit Fernwirkung kommt eine Früh- und Fortwirkung in Betracht. Die nachfolgende Untersuchung dient der Prüfung, welche Reichweite ein Beweisverwertungsverbot im Kontext interner Untersuchungen haben könnte.

a) Fernwirkung von Beweisverwertungsverboten

Zu prüfen ist zunächst, ob eine Fernwirkung von Beweisverwertungsverboten vorliegen könnte. Das Verwertungsverbot würde dann nicht nur unmittelbare Beweismittel, sondern auch mittelbar gewonnene Beweismittel umfassen.[2190]

aa) Beweisverwertungs- oder -verwendungsverbot

Aufgrund der als vorzugswürdig erachteten Möglichkeit, sich bei einer potenziellen gesetzlichen Regelung eines Beweisverwertungsverbots von selbstbelastenden Arbeitnehmerauskünften des Wortlauts des § 97 Abs. 1 S. 3 InsO zu bedienen, wird im Folgenden das Beweisverwertungs- bzw. -verwendungsverbot in dieser Norm und im Gemeinschuldnerbeschluss beleuchtet. Denn während im Gemeinschuldnerbeschluss der Begriff ‚verwertet' vorgesehen war, wurde in § 97 Abs. 1 S. 3 InsO der Terminus ‚verwendet' integriert.

Diese Anpassung war jedoch nicht von Anfang an in der InsO vorgesehen. Im Entwurf zur InsO (kurz: InsO-E) aus dem Jahr 1992 enthielt § 109 Abs. 1 S. 3 InsO-E – das heißt der Vorgänger des heutigen § 97 Abs. 1 S. 3 InsO – noch das Verb ‚verwertet'.[2191] Mit dem Entwurf aus dem Jahr 1994 wurde die Begrifflichkeit jedoch durch ‚verwendet' ersetzt. Diese Anpassung wurde vom damaligen Rechtsausschuss unter Berücksichtigung des Anliegens des Bundesdatenschutzbeauftragten vorgenommen. Hiermit sollte verdeutlicht werden, dass die Auskünfte des Schuldners nicht ohne dessen Zustimmung dazu dienen dürfen, weitere Ermittlungen durchzuführen.[2192]

Der Verwendungsbegriff entstammt dem Datenschutzrecht[2193] und wurde in § 3 Abs. 5 BDSG a. F. wie folgt definiert: *„Nutzen ist jede Verwendung per-*

2189 Vgl. Sachs JuS 2010, 751, 751; Münkel, Mitarbeiteroffenbarungen im Strafprozess, S. 227.

2190 Sieber/Brodowski in: Hoeren/Sieber/Holznagel, Handbuch Multimedia-Recht, Teil 19.3 Rn. 171.

2191 BR-Drs. 1/92, S. 25.

2192 BT-Drs. 12/7302, S. 166.

2193 Püschel, FS AG Strafrecht des DAV, S. 759, 763.

sonenbezogener Daten, soweit es sich nicht um Verarbeitung handelt.“[2194] Während dieser Abs. im BDSG, das seit 2018 gilt, nicht mehr enthalten ist, wird der Begriff ‚Verwendung‘ nach § 46 Nr. 2 BDSG als eine Form der ‚Verarbeitung‘ verstanden.

Mit dem Beibehalten von ‚verwenden‘ in der aktuellen Fassung des § 97 Abs. 1 S. 3 InsO wird deutlich, dass dem Gesetzgeber ein Verwertungsverbot in Bezug auf die Auskünfte nicht ausreichte. Daher hielt er am datenschutzrechtlich geprägten Begriff einer ‚Verwendung‘ – und damit am Verwendungsverbot – fest.

Zwar lässt sich eine Fernwirkung nicht als Intention des BVerfG im Gemeinschuldnerbeschluss erkennen,[2195] jedoch obliegt es grundsätzlich dem Gesetzgeber, Beweisverwertungs- und verwendungsverboten eine Fernwirkung zuzusprechen. Im Falle des § 97 Abs. 1 S. 3 InsO hat der Gesetzgeber von diesem Recht Gebrauch gemacht. Darauf basierend darf ein Schuldnachweis nur auf Beweismitteln beruhen, die unabhängig von den Auskünften eines Schuldners nach § 97 Abs. 1 S. 1 und 2 InsO erhoben wurden. Dabei kann es sich um Auskünfte von Dritten oder um Unterlagen handeln. Ein Beweismittel kann in der Konsequenz deshalb unverwertbar sein, wenn im Strafverfahren in Zweifelsfällen nicht nachgewiesen werden kann, ob das Beweismittel auf der Auskunft des Schuldners beruht.[2196] Eine Fernwirkung liegt nach der herrschenden Meinung somit vor.[2197] Dies wird insbesondere aus der dargestellten Intention des Gesetzgebers nach § 97 Abs. 1 S. 3 InsO abgeleitet.[2198]

Fraglich ist allerdings, ob ein Beweisverwendungsverbot auch bei selbstbelastenden Mitarbeiterauskünften vorzugswürdig wäre.

2194 BT-Drs. 18/9416, S. 58.

2195 Vgl. nur: Benz, Selbstbelastungen in außerstrafrechtlichen Zwangslagen S. 45; Münkel, Mitarbeiteroffenbarungen im Strafprozess, S. 134; ähnlich auch: Zipperer in: Uhlenbruck, InsO Band 1, § 97 Rn. 10, wonach die Fernwirkung im Gemeinschuldnerbeschluss ausschließlich von der Mindermeinung betrachtet worden sei.

2196 Vgl. nur: LG Potsdam BeckRS 2009, 5070 Rn. 3) 2. c); im Ergebnis so auch: Hefendehl wistra 2003, 1, 7; vgl. hierzu im Ergebnis auch: Karstens in: Joecks/Jäger/Randt, Steuerstrafrecht, § 393 AO Rn. 92, wonach bei steuerrechtlichen Sachverhalten eine Fernwirkung angenommen werden kann, wenn ein Auffinden der Beweise ohne die Angaben des Steuerpflichtigen nicht möglich gewesen wäre. Da eine Abgrenzung hierbei schwierig sein kann, müsste die Entscheidung im Zweifel zu Lasten des Staates getroffen werden.

2197 Offen gelassen durch: BGH BeckRS 2017, 127539; dagegen ausdrücklich: LG Potsdam BeckRS 2009, 5070 Rn. 3) 2. c); Schork/Fingerle in: Esser/Rübenstahl/Saliger/Tsambikakis, Wirtschaftsstrafrecht, § 97 InsO Rn. 26; Jungmann in: Schmidt, InsO, § 97 Rn. 28; a. A. Bader NZI 2009, 416, 418 ff.

2198 Vgl. nur: LG Stuttgart BeckRS 2001, 2152; Hefendehl wistra 2003, 1, 7; Münkel, Mitarbeiteroffenbarungen im Strafprozess, S. 134.

bb) Meinungsstand

Liegt ein Beweisverwertungsverbot für die Auskunft eines Mitarbeiters im Rahmen einer Befragung vor, ist fraglich, wie weit dieses Verwertungsverbot reicht. Ein Verwertungsverbot verhindert die Verwertung der Arbeitnehmerauskunft[2199] in einem Prozess sowie die inhaltliche Offenbarung der Aussage, die hierdurch nicht Bestandteil der Beweiswürdigung werden darf.[2200] Dazu zählt nicht nur die mündliche Auskunft des Arbeitnehmers, sondern auch die in einem unmittelbaren Zusammenhang mit der Durchsetzung des Auskunftsanspruchs erstellten Dokumente,[2201] wie Interviewprotokolle der Mitarbeiterbefragung oder schriftliche Stellungnahmen des Arbeitnehmers.[2202] Das Verwertungsverbot führt auch dazu, dass das Befragungsteam bzw. der Arbeitgeber nicht vernommen werden dürfen, sodass sie nicht über die ihnen gegenüber vorgebrachten Auskünfte des Arbeitnehmers berichten müssen.[2203] Somit geht es bei einer Fernwirkung im Wesentlichen um die Frage, ob das Beweisverwertungsverbot ausschließlich das unmittelbar betroffene Beweismittel umfasst oder ob es sich auf alle weiteren Beweise erstreckt, die kausal durch die Kenntnis des ursprünglichen Beweismittels erlangt wurden.[2204]

Die im deutschen Strafrecht diskutierte Fernwirkung basiert in ihren Grundsätzen auf der Fernwirkung im amerikanischen Strafprozess, die als Fruit-of-the-poisonous-Tree-Doktrin bekannt ist.[2205] Hierdurch soll sichergestellt werden, dass alle weiteren Beweise, die aus einem rechtswidrigen und somit unverwertbaren Beweis gewonnen werden, rechtswidrig und unverwertbar sind.[2206] Folglich soll verhindert werden, dass in einem Strafverfahren rechtswidrige Vernehmungsmethoden angewendet werden, die sich zudem lohnen.[2207] Im Hinblick auf die Anwendung gibt es auch kritische Stimmen

2199 Vgl. nur: Münkel, Mitarbeiteroffenbarungen im Strafprozess, S. 228; Böhm WM 2009, 1923, 1926; Baranowski, Die Kodifikation von Internal Investigations, S. 179.

2200 Münkel, Mitarbeiteroffenbarungen im Strafprozess, S. 230; Baranowski, Die Kodifikation von Internal Investigations, S. 179.

2201 Rödiger, Strafverfolgung von Unternehmen, S. 314; vgl. Kölbel, Selbstbelastungsfreiheit, S. 70.

2202 Vgl. nur: Rödiger, Strafverfolgung von Unternehmen, S. 314; vgl. Dingeldey NStZ 1984, 529, 532; vgl. Kölbel, Selbstbelastungsfreiheit, S. 70.

2203 Vgl. nur: Baranowski, Die Kodifikation von Internal Investigations, S. 179; im Ergebnis so auch: Kruse, Compliance und Rechtsstaat, S. 216.

2204 Vgl. Heghmanns ZIS 2016, 404, 405; Trüg in: MAH Strafverteidigung, § 24 Rn. 23.

2205 Siehe hierzu: Jäger in: HK-GS, § 136a StPO Rn. 47, zur Fernwirkung, wonach in der Literatur „*in Übereinstimmung mit der amerikanischen fruit of the poisonous tree doctrine*" auch mittelbar erhobene Beweismittel einem Verwertungsverbot unterfallen müssen; vgl. auch Heghmanns ZIS 2016, 404, 413.

2206 Vgl. Eufinger RdA 2021, 8, 9.

2207 Frister in: Lisken/Denninger, PolR-Hdb, Kap. F. Rn. 112.

in der Literatur, die zu bedenken geben, dass die Doktrin in den USA dazu dient, die Strafverfolgungsbehörden zu disziplinieren,[2208] wenn diese gegen ein Grundrecht verstoßen haben.[2209] In Deutschland dient die Doktrin stattdessen zur Sicherstellung der Rechtsstaatlichkeit der Verfassung.[2210] Aufgrund dieser unterschiedlichen Gründe für die Anwendung wird eine unkritische Übernahme der Doktrin zum Teil als verfehlt angesehen.[2211]

Nach der herrschenden Meinung[2212] wird ein allgemeiner Grundsatz, wonach Beweisverwertungsverboten eine Fernwirkung zukommt, bisher abgelehnt.[2213] Die Ablehnung der Fernwirkung wird mit dem ‚Lahmlegungsargument' begründet, wonach das gesamte Strafverfahren durch nur ein Beweisverwertungsverbot, das aus einem Verfahrensfehler resultiert, lahmgelegt werden kann.[2214] Ausnahmsweise erachtete der BGH es im Hinblick auf die Möglichkeit einer Fernwirkung von Beweisverwertungsverboten für notwendig, dass im konkreten Einzelfall unter Berücksichtigung der Sachlage sowie der Art des Verbots entschieden wird.[2215] Bei der Entscheidungsfindung sind sowohl der Schutzbereich der betroffenen Strafverfahrensvorschrift als auch die Schwere des verfolgten Verbrechens zu berücksichtigen und gegeneinander abzuwägen.[2216]

Folglich beschränkt sich die Anwendbarkeit der Doktrin im Strafprozess auf absolute Ausnahmen, wenngleich nicht davon gesprochen werden kann, dass der BGH die Anwendung der Fruit-of-the-poisonous-Tree-Doktrin kategorisch ablehnt.[2217] So hat der BGH eine Fernwirkung bei Beweisverwertungsverboten im Zusammenhang mit § 7 Abs. 3 des Gesetzes zur Beschränkung des Brief, Post- und Fernmeldegeheimnisses vom 13.08.1968 angenom-

---

2208 Vgl. nur: Bradley GA 1985, 99, 101; Finger JA 2006, 529, 539; ähnlich auch: Schmitt in: Meyer-Goßner/Schmitt, StPO, Einl. Rn. 57; wonach die Doktrin genutzt wird, um die Polizei zu disziplinieren.

2209 Harris StV 1991, 313, 313.

2210 Schmitt in: Meyer-Goßner/Schmitt, StPO, Einl. Rn. 57; a.A. Conen, FS Eisenberg, S. 459, 460.

2211 Schmitt in: Meyer-Goßner/Schmitt, StPO, Einl. Rn. 57.

2212 Vgl. nur: BGH NJW 2006, 1361, 1363; Schmitt in: Meyer-Goßner/Schmitt, StPO, Einl. Rn. 57, wonach grundsätzlich keine Fernwirkung besteht; Grützner in: Momsen/Grützner, Wirtschafts- und Steuerstrafrecht, § 16 Rn. 507.

2213 BGH NJW 2006, 1361, 1363; Eufinger RdA 2021, 8, 10.

2214 Vgl. nur: BGH NJW 1978, 1390, 1390; BGH NJW 1984, 2772, 2773; BGH NJW 2006, 1361, 1363.

2215 Vgl. nur: BGH NJW 1978, 1390, 1390; BGH NJW 1980, 1700, 1701; BGH NJW 2006, 1361, 1363 Rn. 22.

2216 Eufinger RdA 2021, 8, 10; zur Abwägung auch: Trüg/Habetha NStZ 2008, 481, 488.

2217 Eufinger RdA 2021, 8, 10; vgl. Trüg/Habetha NStZ 2008, 481, 488, wonach aufgrund von Andeutungen des BGH nicht von einer kategorischen Ablehnung der Fernwirkung ausgegangen werden kann.

men.[2218] Eine Fernwirkung sei immer dann gegeben, wenn die Art, wie die mittelbaren Beweismittel gewonnen wurden, einen schwerwiegenden Grundrechtsverstoß wie eine Verletzung der Menschenwürde darstellt.[2219] Daher wird in der Literatur bei der Verletzung eines Verwertungsverbots aus § 136a StPO sowie einer Verletzung des Nemo-tenetur-Grundsatzes[2220] eine uneingeschränkte Fernwirkung angenommen.[2221]

Für die Annahme einer Fernwirkung im Zusammenhang mit einem Beweisverwertungsverbot für die selbstbelastenden Auskünfte eines Arbeitnehmers spricht, dass diese nur darüber effektiv geschützt wäre. Nur so könnte sichergestellt werden, dass die Auskünfte weder unmittelbar als Beweismittel noch für weitere Erforschungen des Sachverhalts als Ausgangspunkt verwendet werden.[2222] Der Nemo-tenetur-Grundsatz könnte nur über eine Fernwirkung ausreichend gewürdigt werden. Diese Situation ist jedoch gerade nicht gegeben, wenn unverwertbare Beweismittel als Ansatzpunkt dienen, um weitere Beweismittel zu erheben.[2223] Der Arbeitnehmer, der außerhalb

---

2218 BGH NJW 1980, 1700, 1700: „*Das Beweisverwertungsverbot des § 7 III G 10 erfaßt nicht nur solche Kenntnisse und Unterlagen, die unmittelbar durch die nach § 1 G 10 angeordneten Maßnahmen erlangt worden sind, sondern erstreckt sich auch auf solche Beweismittel, zu denen diese Kenntnisse und Unterlagen erst den Weg gewiesen haben.*“; vgl. auch BGH NJW 2006, 1361, 1636 Rn. 22; so auch: Schmitt in: Meyer-Goßner/Schmitt, StPO, Einl. Rn. 57.

2219 Vgl. nur: Eisenberg, Beweisrecht der StPO, III. Beweisverwertungsverbote Rn. 408; vgl. Rogall ZStW 91 (1979), 1, 40, wonach eine Fernwirkung in Sachverhalten anzunehmen ist, in denen Rechte verletzt wurden, die immer vor dem Strafverfolgungsinteresse stehen; ähnlich auch: Seer in: Tipke/Kruse, AO/FGO, § 88 AO Rn. 30, wonach eine Unverwertbarkeit von mittelbar erlangten Beweismitteln nur besteht, wenn die Ermittlungsmaßnahme einen qualifizierten Grundrechtsverstoß oder eine strafbare Handlung darstellt.

2220 So ausdrücklich: Eisenberg, Beweisrecht der StPO, III. Beweisverwertungsverbote Rn. 408.

2221 Vgl. nur: Rogall in: Wolter/Deiters, SK-StPO Band 2, § 136a Rn. 111; so auch: Weil, Verwendungsregelungen und Verwertungsverbote im Strafprozessrecht, S. 31, die eine Fernwirkung bei Verwertungsverboten annimmt, bei denen der Kernbereich der privaten Lebensgestaltung verletzt wurde; Eisenberg, Beweisrecht der StPO, III. Beweisverwertungsverbote Rn. 408.

2222 Vgl. im Ergebnis so nur: Rödiger, Strafverfolgung von Unternehmen, S. 310; Rotsch in: Achenbach/Ransiek/Rönnau, Handbuch Wirtschaftsstrafrecht, Teil 2 Kap. 1 Rn. 62, der eine „*eine Fernwirkung im Sinne eines Beweisverwendungsverbots*“ fordert; Kasiske NZWiSt 2014, 262, 267 hält ein Beweisverwendungsverbot unter Bezugnahme auf § 97 Abs. 1 S. 3 InsO für notwendig, um einen effektiven Schutz der Selbstbelastungsfreiheit des Arbeitnehmers zu erreichen.

2223 Nienaber, Compliancebasierte unternehmensinterne Ermittlungen, S. 447.

des Strafverfahrens zur Auskunft verpflichtet wäre, würde damit schlechtergestellt werden.[2224]

Gegen die Fernwirkung spricht die Annahme, dass der Schutz des Arbeitnehmers aufgrund der verbotenen Verwertbarkeit bereits ausreicht. Dies betrifft seine Auskunft, die Interviewprotokolle sowie die Vernehmung des internen Ermittlerteams als Zeugen.[2225] Ein weiteres Argument beruht auf der Funktionsfähigkeit der Strafrechtspflege.[2226] Auch sollten die Anforderungen für Privatpersonen nicht strenger sein als diejenigen, die für die Strafverfolgungsbehörden gelten.[2227] Ein relevantes Argument gegen eine Fernwirkung ist die Möglichkeit des Arbeitnehmers, die von ihm benannten weiteren Beweismittel mittels eines ‚Schutzschirms' vor einer Verwendung zu bewahren.[2228] Dies könnte jegliche Dokumente wie geschäftliche Unterlagen, Buchungen und Abrechnungen betreffen, aus denen Hinweise auf die Tat des Arbeitnehmers hervorgehen.[2229]

Somit besteht einerseits das Risiko, dass bei einem reinen Verwertungsverbot der Arbeitnehmer durch einen unzureichenden Schutz im Ergebnis in einem Strafverfahren schlechtergestellt wäre. Andererseits könnte die missbräuchliche Ausnutzung[2230] der Fernwirkung dazu führen, dass die Arbeit der Strafverfolgungsbehörden erschwert wird bzw. im Hinblick auf einzelne Maßnahmen zum Erliegen kommt.[2231]

Eine Möglichkeit wird daher für interne Untersuchungen in Anlehnung an § 97 Abs. 1 S. 3 InsO in einer Einschränkung der Fernwirkung gesehen, wonach Unterlagen, denen ein Arbeitnehmer mit seiner Auskunft *„den Weg gewiesen hat"*[2232], verwertbar bleiben, wenn sie offensichtlich eine straf-

---

2224 Vgl. nur: Kruse, Compliance und Rechtsstaat, S. 216 unterstellt dies der Annahme einer endgültigen Verwendung der Informationen in einem strafrechtlichen Verfahren; Hille, Kooperation von Unternehmen, S. 292; vgl. Potočić, Korruption, amerikanische Börsenaufsicht und Ermittlungen durch Private, S. 259.

2225 Scharnberg, Illegale Internal Investigations, S. 294 f.; Hille, Kooperation von Unternehmen, S. 292 f.

2226 Vgl. nur: Sarhan wistra 2015, 449, 455; Wewerka, Internal Investigations, S. 318 f.; Hille, Kooperation von Unternehmen, S. 293.

2227 Thüsing/Pötters in: Thüsing, Beschäftigtendatenschutz und Compliance, § 21 Rn. 47.

2228 Vgl. nur: Baranowski, Die Kodifikation von Internal Investigations. S. 180; so auch: Kruse, Compliance und Rechtsstaat, S. 220, der dies als *„Asyl [...] für Geschäftsunterlagen"* bezeichnet; ebenso bezeichnet dies: Rödiger, Strafverfolgung von Unternehmen, S. 315.

2229 Baranowski, Die Kodifikation von Internal Investigations, S. 180.

2230 Rödiger, Strafverfolgung von Unternehmen, S. 315, spricht hierbei gar von einem *„Asyl von Geschäftsunterlagen"*.

2231 Baranowski, Die Kodifikation von Internal Investigations, S. 180.

2232 BT-Drs. 12/2443, S. 142; so auch: Baranowski, Die Kodifikation von Internal Investigations, S. 179.

rechtliche Relevanz besitzen; die Auskunft an sich jedoch nicht.[2233] Die Fernwirkung wird damit allerdings als ‚sinnentleert' angesehen.[2234]

Eine weitere denkbare Einschränkung könnte – wenngleich diese Überlegung soweit ersichtlich keinen Eingang in die Literatur gefunden hat – in der Unterscheidung der durch den Arbeitnehmer verletzten natürlichen oder juristischen Personen und der damit verbundenen Schwere der Tat gesehen werden. Hierbei könnte angenommen werden, dass die Belange der verletzten natürlichen Personen schwerer wiegen, sodass nur dann von einem Beweisverwertungsverbot auszugehen ist, während bei juristischen Personen als Geschädigte eine Fernwirkung angenommen werden kann. Hierbei eröffnen sich allerdings von Beginn an insbesondere diverse Abgrenzungsproblematiken, weshalb diese Überlegung auch nicht zur Lösung des Problems beitragen kann.

Zur Auflösung der Problematik wird in Teilen der hypothetisch rechtmäßige Ersatzeingriff herangezogen.

cc) Hypothetisch rechtmäßiger Ersatzeingriff

Einer Fernwirkung von Beweisverwertungsverboten könnte ein hypothetisch rechtmäßiger Ersatzeingriff[2235] bzw. hypothetischer Kausalverlauf[2236] entgegenstehen bzw. ein Verwertungsverbot kompensieren.[2237] Im US-amerikanischen Recht gibt es hierzu das Pendant der ‚hypothetical clean path'-Doktrin.[2238]

Diese Lehre betrifft die Frage, ob ein Beweismittel auch hätte erlangt werden können, wenn das Verfahren ordnungsgemäß – und damit ohne die Auskunft und einen Verstoß gegen das Beweisverwertungsverbot[2239] – durchgeführt worden wäre.[2240] Erörtert wird diese Fragestellung regelmäßig im

2233 Baranowski, Die Kodifikation von Internal Investigations, S. 180.

2234 Rödiger, Strafverfolgung von Unternehmen, S. 315; Baranowski, Die Kodifikation von Internal Investigations, S. 180.

2235 Nienaber, Compliancebasierte unternehmensinterner Ermittlungen, S. 444.

2236 Rödiger, Strafverfolgung von Unternehmen, S. 312.

2237 Trüg in: MAH Strafverteidigung, § 24 Rn. 28.

2238 Vgl. nur: Rödiger, Strafverfolgung von Unternehmen, S. 313; Schuhr in: MüKo StPO Band 1, Vorb. § 133 Rn. 116; Rückert in: MüKo StPO Band 1, § 100a Rn. 369, wonach die Doktrin aus dem angloamerikanischen Rechtsraum stammt.

2239 Rödiger, Strafverfolgung von Unternehmen, S. 312; im Zusammenhang mit § 97 InsO auch: Schork/Fingerle in: Esser/Rübenstahl/Saliger/Tsambikakis, Wirtschaftsstrafrecht, § 97 InsO Rn. 50.

2240 Vgl. nur: Schmitt-Leonardy/Klarmann JuS 2022, 304, 307; im Ergebnis so auch: Rödiger, Strafverfolgung von Unternehmen, S. 312 und Schork/Fingerle in: Esser/Rübenstahl/Saliger/Tsambikakis, Wirtschaftsstrafrecht, § 97 InsO Rn. 50.

Zusammenhang mit unselbstständigen Beweisverwertungsverboten.[2241] In diesem Kontext ist die Verwertbarkeit mittelbar erlangter Beweismittel zu klären, wenn das unmittelbare Beweismittel ebenfalls rechtmäßig, das heißt ohne einen Verstoß gegen eine Beweiserhebungsvorschrift hätte erhoben werden können.[2242]

Nun liegt bei Mitarbeiterbefragungen nach vorliegender Auffassung jedoch regelmäßig kein unselbstständiges Beweisverwertungsverbot vor, das aus einem Verstoß gegen eine Beweiserhebungsvorschrift resultieren könnte, sondern ein selbstständiges Beweisverwertungsverbot.[2243] Somit betrifft die Frage des hypothetischen rechtmäßigen Ersatzeingriffs nicht die rechtmäßige Erlangung eines unmittelbaren Beweismittels, das hier in der Auskunft des Mitarbeiters besteht. Stattdessen bezieht sich die Frage auf den Umstand, ob mittelbare Beweismittel, die auf Basis der Auskunft (unmittelbares Beweismittel) erlangt wurden, von den Strafverfolgungsbehörden auch ohne das unmittelbare Beweismittel hätten erhoben werden können.[2244]

Um ein Beweismittel als verwertbar anzusehen, sind nach der Literatur eine Einzelfallprüfung[2245] sowie zwei nachfolgende Prüfungsschritte erforderlich: Das Beweismittel muss von den Strafverfolgungsbehörden bereits in ihren Ermittlungen konkretisiert worden sein und sie müssen bereits tatsächlich begonnen haben, das Beweismittel zu verfolgen.[2246] Zudem muss es „*höchstwahrscheinlich*“[2247] von den Strafverfolgungsbehörden auf einem anderen Weg als über die Auskünfte hätte erlangt werden können.[2248] Die konkrete Benennung und Verfolgung von Beweismitteln erscheint vor dem Hintergrund fraglich, dass Ermittlungen, die in der Praxis Unternehmenssachverhalte betreffen, oftmals vorerst gegen Unbekannt[2249] eingeleitet wer-

---

2241 Rödiger, Strafverfolgung von Unternehmen, S. 312.

2242 Hefendehl wistra 2003, 1, 7.

2243 Siehe Kapitel 2 C. I. 1. a).

2244 So auch: Hefendehl wistra 2003, 1, 7, im Zusammenhang mit § 97 Abs. 1 S. 3 InsO.

2245 Vgl. nur: Rödiger, Strafverfolgung von Unternehmen, S. 313; vgl. im Ergebnis auch: Reichert-Hammer JuS 1989, 446, 450; Jahn, Verhandlungen des 67. DJT, C 76.

2246 Vgl. nur: Rödiger, Strafverfolgung von Unternehmen, S. 313, Jahn, Verhandlungen des 67. DJT, C 76; vgl. Rogall in: Wolter/Deiters, SK-StPO Band 2, § 136a Rn. 121.

2247 Vgl. nur: Beulke ZStW 103 (1991), 657; 670 f.; Rogall NStZ 1988, 385, 392; Rödiger, Strafverfolgung von Unternehmen, S. 313; ähnlich auch: Kasiske Jura 2017, 16, 22 „*mit an Sicherheit grenzender Wahrscheinlichkeit tatsächlich*“.

2248 Vgl. nur: Rödiger, Strafverfolgung von Unternehmen, S. 313 f.; Baranowski, Die Kodifikation von Internal Investigations, S. 181; Rogall in: Wolter/Deiters, SK-StPO Band 2, § 136a Rn. 124.

2249 Zu gegen ‚Unbekannt‘ geführten Ermittlungsverfahren vgl. nur: BVerfG NJW 2018, 2385, 2385, wonach die Staatsanwaltschaft beim Jones Day-Prozess zunächst gegen Unbekannt ermittelte; dazu auch: Rieder/Menne CCZ 2018, 203, 208; Xylander/Kiefner/Bahlinger BB 2018, 2953, 2955 geben zudem einen Einblick in die Praxis; Baranowski, Die Kodifikation von Internal Investigations, S. 181.

den.[2250] So ist einer Stimme in der Literatur[2251] zuzustimmen, wonach das Risiko besteht, dass die Staatsanwaltschaft zur Erfüllung der Kriterien bei ihren Ermittlungen sämtliche mittelbaren Beweismittel auflistet, um eine breite Masse an Beweismitteln abdecken zu können. Hierdurch erhöht sich die Chance, Beweismittel richtig zu benennen, um somit die begonnene tatsächliche Verfolgung zu suggerieren. Welche Beweismittel bei Kenntnis der selbstbelastenden Arbeitnehmerauskunft tatsächlich konkret zu benennen und zu verfolgen sind, kann von der sicherheitshalber vollständig erstellten Liste nicht unterschieden werden.[2252] Durch die Möglichkeit, den hypothetisch rechtmäßigen Ersatzeingriff zu umgehen und durch die beschriebene Vorgehensweise ad absurdum zu führen, stellt dies kein sicheres und vorzugswürdiges Instrument dar.[2253]

dd) Stellungnahme

Wie zuvor dargelegt wurde, umgibt die Fernwirkung von Beweisverwertungsverboten im Rahmen von internen Untersuchungen ein erhebliches Spannungsfeld. Weder soll der Arbeitnehmer bei seiner außerprozessualen Auskunft schlechtergestellt werden, noch soll das Verfahren durch die Ausweitung auf sämtliche mittelbaren Beweismittel, die mitunter missbräuchlich genannt werden, vollständig zum Erliegen kommen.[2254]

Würde eine Fernwirkung angenommen und die Beweismittel, auf die der Arbeitnehmer mit seiner Auskunft mittelbar hingewiesen hat, wären nicht verwertbar, könnte dies mit einer Anpassung der Durchführung einer internen Untersuchung einhergehen. In Anlehnung an die Fernwirkung in § 97 Abs. 1 S. 3 InsO wären alle Unterlagen verwertbar, die sich anderweitig ergeben und gerade nicht aus der Auskunft des Arbeitnehmers resultieren.[2255] Unterlagen, die Ermittlerteams aufgefunden haben, bevor sie mit dem Arbeitnehmer gesprochen haben, wären verwertbar, solange die Unterlagen ohne Erläuterungen des Arbeitnehmers verständlich sind.[2256] Ferner wären Erkenntnisse verwertbar, die das Ermittlerteam aus Auskünften Dritter oder

2250 Baranowski, Die Kodifikation von Internal Investigations, S. 181.

2251 Baranowski, Die Kodifikation von Internal Investigations, S. 181.

2252 Baranowski, Die Kodifikation von Internal Investigations, S. 181; vgl. Kruse, Compliance und Rechtsstaat, S. 134 f.

2253 So auch: Baranowski, Die Kodifikation von Internal Investigations, S. 181; im Ergebnis ebenso: vgl. Jahn, Verhandlungen des 67. DJT, C 78.

2254 Siehe Kapitel 2 C. I. 3. a) bb) und cc).

2255 Vgl. im Zusammenhang mit § 97 InsO: Zipperer in: Uhlenbruck, InsO Band 1, § 97 Rn. 14.

2256 Vgl. im Zusammenhang mit § 97 InsO nur: Hefendehl wistra 2003, 1, 9; Stephan in: MüKo InsO Band 2, § 97 Rn. 27; Nickolai/Pausch in: Wabnitz/Janovsky/Schmitt, Handbuch Wirtschafts- und Steuerstrafrecht, Kap. 28 Rn. 99.

Unterlagen gewonnen hat,[2257] auch wenn der verdächtigte Arbeitnehmer diese zuvor gewonnenen Erkenntnisse zeitlich nachgelagert in seiner Mitarbeiterbefragung benennt, denn dadurch hätte er streng genommen nicht mittelbar auf sie hingewiesen.[2258]

Daraus resultierend würden in der Praxis die anderen Untersuchungsmethoden mehr Bedeutung gewinnen und Mitarbeiter um den verdächtigten Arbeitnehmer würden stärker in den Fokus rücken, um vor dessen Befragung so viele Informationen zusammenzutragen, dass dessen Auskünfte lediglich der Bestätigung oder Widerlegung der Verdachtsmomente dienen. Wenn anhand der Auskünfte keine neuen Erkenntnisse gewonnen werden könnten, wären die Unterlagen, die ggf. inhaltsgleich zur Auskunft sind, in einem Strafverfahren verwertbar.

Aus diesen Überlegungen folgt deutlich, dass die Fernwirkung eines Beweisverwertungsverbots leicht umgangen und der Schutz des Arbeitnehmers ausgehöhlt werden kann. Daher wird sich nach der hier vertretenen Ansicht für ein Beweisverwertungsverbot ohne Fernwirkung ausgesprochen. Der sich selbst belastende Arbeitnehmer wird dennoch hinreichend geschützt, da er nicht als Befragungsperson vernommen und seine Auskunft in einem Strafprozess nicht verlesen werden darf. Auch scheiden die Ermittlerteams als Zeugen aus, wenn es um den Inhalt der ihnen zugetragenen Auskünfte des Arbeitnehmers geht.[2259] Sonstige Beweismittel können damit verwertet werden, außer die Strafverfolgungsbehörden benötigen die Auskunft des Arbeitnehmers, um sie lesbar zu machen. Eine Verwertbarkeit scheidet dann aus, da Ausführungen eines Arbeitnehmers selbst im Geltungsbereich eines Verwertungsverbots nicht berücksichtigt werden dürfen.[2260]

b) Frühwirkung von Beweisverwertungsverboten

Neben einer Fern- oder Fortwirkung ist fraglich, ob einem Beweisverwertungsverbot auch eine Frühwirkung zukommen kann. Der Begriff der Frühwirkung wird in der Literatur zum Teil mit den Begriffen ‚Vorauswirkung'

2257 Vgl. im Zusammenhang mit § 97 InsO nur: Hefendehl wistra 2003, 1, 7; Stephan in: MüKo InsO Band 2, § 97 Rn. 23; Nickolai/Pausch in: Wabnitz/Janovsky/Schmitt, Handbuch Wirtschafts- und Steuerstrafrecht, Kap. 28 Rn. 99.

2258 Siehe hierzu auch: Nickolai/Pausch in: Wabnitz/Janovsky/Schmitt, Handbuch Wirtschafts- und Steuerstrafrecht, Kap. 28 Rn. 100, die davon ausgehen, dass keine „*Flucht in die Auskunft*" gelten kann, indem der Schuldner umfangreich aussagt, deshalb die Schutzwirkung des § 97 Abs. 1 InsO weiter greift und der Schuldner straflos bleibt; im Ergebnis so auch: Heinrich NZWiSt 2020, 346, 349.

2259 So auch: Baranowski, Die Kodifikation von Internal Investigations, S. 181.

2260 Baranowski, Die Kodifikation von Internal Investigations, S. 182.

und ‚Vorwirkung‘ gleichgestellt.[2261] Teilweise wird jedoch zwischen einer Früh- und einer Vorauswirkung unterschieden. Während unter einer Frühwirkung ein Beweisverwertungsverbot verstanden wird, wonach ein Beweis nicht für die Begründung einer anderen Straftat genutzt werden darf, darf bei der Vorauswirkung der Beweis nicht für die Begründung einer bereits anhängigen Tat verwendet werden.[2262]

Wird von der grundsätzlichen Frage ausgegangen, ob ein Anfangsverdacht begründet werden kann, ist dies nach der hier vertretenen Ansicht aufgrund ihrer Nähe zur bereits ausgeschlossenen Fernwirkung[2263] und ihres darauf aufbauenden Charakters zu bejahen.[2264]

c) Fortwirkung von Beweisverwertungsverboten

Bei der Frage nach einer Fortwirkung ist zu eruieren, ob Beweismittel verwertet werden können, wenn die unzulässige Beweisgewinnung in der Form fortwirkt, dass eine erneute, dieses Mal ordnungsgemäße Beweiserhebung nicht möglich ist.[2265] Folglich betrifft die Frage Situationen, in denen eine Person erneut vernommen wird, während bei der ersten Vernehmung ein Verstoß – wie bei einer unterbliebenen Belehrung[2266], Drohung oder Täuschung[2267] – begangen wurde.[2268] Eine Fortwirkung könnte daher vorliegen, wenn die aussagende Person keine Kenntnis über die Unverwertbarkeit der zuvor getätigten Äußerung hatte und deshalb das Bedürfnis hat, daran festzuhalten.[2269] Diesem Irrtum wird mit einer qualifizierten Belehrung be-

2261 So etwa: Trüg in: MAH Strafverteidigung, § 24 Rn. 30: „*Die Vorwirkung/Vorauswirkung oder auch Frühwirkung von Beweisverwertungsverboten*“; Jäger in: Hilgendorf/Kudlich/Valerius, Handbuch des Strafrechts Band 8, § 53 Rn. 208: im Zusammenhang mit der Vorauswirkung von Verwertungsverboten, wonach sich „*die Rechtswidrigkeit einer Beweiserhebung auch aus einer Vorauswirkung oder Frühwirkung eines Verwertungsverbots ergeben [kann]*“.

2262 Kasiske Jura 2017, 16, 23.

2263 So auch: Hengstenberg, Die Frühwirkung der Verwertungsverbote, S. 23, wonach bei der Annahme einer Fernwirkung auch eine Frühwirkung notwendigerweise vorliegen muss.

2264 Im Ergebnis so auch: Baranowski, Die Kodifikation von Internal Investigations, S. 182.

2265 Wohlers, FS Weßlau, S. 413, 436; Schmitt in: Meyer-Goßner/Schmitt, StPO, Einl. Rn. 57.

2266 BGH NJW 2009, 1427, 1428 Rn. 12; Diemer in: KK-StPO, § 136 Rn. 27a.

2267 Wohlers, FS Weßlau, S. 413, 436, der Drohung und Täuschung als Beispiele eines Verstoßes aufzählt.

2268 Vgl. nur: Schmitt in: Meyer-Goßner/Schmitt, StPO, § 136a Rn. 30; Schmitt in: Meyer-Goßner/Schmitt, StPO, Einl. Rn. 57; im Ergebnis so auch: Schuhr in: MüKo StPO Band 1, Vorb. § 133 Rn. 100.

2269 Vgl. im Ergebnis so auch: BGH NJW 2007, 3138, 3142; ausdrücklich dazu: Schuhr in: MüKo StPO Band 1, Vorb. § 133 Rn. 100; vgl. Joerden JuS 1993, 927, 931.

gegnet, wobei der Beschuldigte neben der Belehrung nach § 136 Abs. 1 S. 2 StPO den Hinweis erhält, dass seine frühere Aussage aufgrund einer unterbliebenen Belehrung nicht verwertbar ist.[2270]

Während eine Literaturstimme eine Fortwirkung mit der Begründung ablehnt, dass sich daraus eine „*allgemeine ‚Verwertungsverbotsbelehrung*"[2271] entwickeln könnte und er die Entscheidung über die Anwendung und den Umfang von allgemeinen Rechtsbelehrungen einzig beim Gesetzgeber sieht,[2272] nehmen andere Forschende[2273] eine Fortwirkung bei einem Beweisverwertungsverbot an. Denn nur so könne der Beschuldigte die Situation und die Konsequenzen im Verfahren, die eine neue Aussage und ein Abweichen von seiner vorherigen Aussage zur Folge hätten, adäquat einschätzen und ggf. sein Schweigerecht gebrauchen.

Wenngleich die ersten Argumente nachvollziehbar und grundsätzlich richtig sind, wird nach der hier vertretenen Ansicht jedoch der Letzteren gefolgt. Denn nur mithilfe einer qualifizierten Belehrung[2274], bei der ein Arbeitnehmer von den Strafverfolgungsorganen darauf hingewiesen wird, dass für die im Rahmen der Mitarbeiterbefragung getätigten Auskünfte ein Beweisverwertungsverbot gilt, liegt für Arbeitnehmer eine Entscheidungsfreiheit vor[2275], ohne dass sie sich an ihre Auskunft gegenüber ihrem Arbeitgeber gebunden fühlen[2276].

2270 Vgl. nur: BGH NJW 2009, 1427, 1428 Rn. 12; Arnoldi NStZ 2019, 230, 231; Diemer in: KK-StPO, § 136 Rn. 27a.

2271 Rogall, FS Geppert, S. 519, 521.

2272 Rogall, FS Geppert, S. 519, 521 f.

2273 Vgl. nur: Baranowski, Die Kodifikation von Internal Investigations, S. 101; im Ergebnis so auch: Hille, Kooperation von Unternehmen, S. 296; Kasiske Jura 2017, 16, 24.

2274 Vgl. nur: Schmitt in: Meyer-Goßner/Schmitt, StPO, § 136a Rn. 40, wonach eine qualifizierte Belehrung notwendig sein kann, ein Verstoß gegen § 136a StPO aber nicht grundsätzlich eine Fortwirkung auf später getätigte Aussagen hat; Gleß in: Löwe-Rosenberg, StPO Band 4/1, § 136a Rn. 74, bei einem Verstoß gegen § 136a StPO ist qualifiziert darüber zu belehren, dass eine Verwertung der früheren Aussage nicht möglich ist; Rödiger, Strafverfolgung von Unternehmen, S. 307 f., die eine qualifizierte Belehrung im Rahmen von internen Untersuchungen für sinnvoll erachtet.

2275 So auch: BGH BeckRS 1988, 4967 Rn. 9, wonach dem Angeklagten in der Hauptverhandlung die volle Freiheit gewährleistet werden muss, eine für ihn angemessene Verteidigungsart zu wählen; Schmitt in: Meyer-Goßner/Schmitt, StPO, § 136a Rn. 40, wonach es darauf ankommt, dass sich der Beschuldigte in seiner zweiten Aussage der Entscheidung bewusst war, dass ihm die Möglichkeit zusteht, sich von der ersten Aussage distanzieren zu können; Rödiger, Strafverfolgung von Unternehmen, S. 308, wonach der Arbeitnehmer dahingehend geschützt sein muss, dass ihm seine Entscheidungsfreiheit bewusst wird.

2276 Baranowski, Die Kodifikation von Internal Investigations, S. 101; Hille, Kooperation von Unternehmen, S. 296.

4. Zwischenergebnis

Nach der hier vertretenen Ansicht werden die selbstbelastenden Auskünfte eines Arbeitnehmers über ein Beweisverwertungsverbot ausreichend geschützt. Eine Fern- und Frühwirkung des Verwertungsverbots wird daher abgelehnt.[2277] Allerdings wird eine Fortwirkung für sinnvoll erachtet, damit sich die Arbeitnehmer in einer Vernehmung nicht an ihre Auskünfte gebunden fühlen, die sie in der Mitarbeiterbefragung hervorgebracht haben.[2278]

II. Alternative Lösung: Offenbarungsverbot

Als alternative Lösung zu einem Beweisverwertungsverbot könnten die selbstbelastenden Auskünfte von Arbeitnehmern über ein Offenbarungsverbot geschützt werden.[2279]

Nach dem BGH ist unter dem Begriff ‚Offenbaren' die Vermittlung von Wissen gegenüber dem Empfänger einer Erklärung zu verstehen, über das dieser aus Sicht desjenigen, der das Wissen offenbart, bisher keine oder noch keine sichere Kenntnis hatte.[2280]

Auch im Fall des Gemeinschuldners wurde vereinzelt von der Literatur ein Offenbarungsverbot gefordert, um dessen Auskunft hinreichend zu schützen.[2281] Ein Offenbarungsverbot hätte im Insolvenzverfahren zur Folge, dass eine Weiterleitung der Auskünfte eines Schuldners an die Staatsanwaltschaft, die dieser den in § 97 Abs. 1 S. 1 InsO aufgelisteten Adressaten offenbart hat, untersagt wäre. Hierdurch soll die Möglichkeit ausgeschlossen werden, dass aus den Auskünften ein Anfangsverdacht resultieren könnte.[2282]

Bei internen Untersuchungen würde der Arbeitnehmer durch ein Offenbarungsverbot einen umfassenden Schutz im Ausgleich zu seinen selbstbelastenden Auskünften erfahren, denn diese würden nicht in den Verfügungsbereich der Strafverfolgungsbehörden gelangen. Gleichzeitig würde der Arbeitgeber durch die ihm gegenüber geltende Auskunftspflicht weiterhin in der Lage bleiben, alle ihm verfügbaren Informationsquellen auszuschöpfen, um den Sachverhalt hinreichend aufzuklären und entsprechende Maßnahmen zu ergreifen.

2277 Siehe Kapitel 2 C. I. 3. a), b).

2278 Siehe Kapitel 2 C. I. 3. c).

2279 Vgl. hierzu nur: Hille, Kooperation von Unternehmen, S. 153 f.; Kruse, Compliance und Rechtsstaat, S. 211 f.; Münkel, Mitarbeiteroffenbarungen im Strafprozess, S. 226 f.

2280 BGH NJW 1977, 769, 769.

2281 Heußner NJW 1981, 1431, 1433.

2282 Hefendehl wistra 2003, 1, 4.

Für die Strafverfolgungsbehörden hätte dies zur Folge, dass sie relevante Informationen, an die sie über ihre Ermittlungsmethoden ggf. erst gar nicht gelangt wären, nicht mehr über die Ergebnisse einer internen Untersuchung erhalten würden. Die Auswirkungen eines Offenbarungsverbots auf die Strafverfolgungsbehörden könnten daher mit denen eines Auskunftsverweigerungsrechts gleichgesetzt werden. In beiden Fällen hätten sie keinen Zugriff auf selbstbelastende Auskünfte.

Während diese Argumente für ein Offenbarungsverbot in Bezug auf die selbstbelastenden Auskünfte von Arbeitnehmern sprechen, gibt es ferner Aspekte, die dagegensprechen.

Aus Sicht der Literatur[2283] wäre mit einem Offenbarungsverbot im Rahmen eines Insolvenzverfahrens eine Beeinträchtigung des Kompetenzgefüges verbunden, da die Insolvenzgerichte die Insolvenzakten dahingehend hätten überprüfen müssen, ob darin Auskünfte des Schuldners enthalten sind, die einen Straftatbezug enthalten bzw. dazu geeignet sind, einen Verdacht auf eine Straftat hervorzurufen. Die Weitergabe dieser Auskünfte hätte sodann untersagt werden müssen. Dieses Vorgehen wird in der Literatur mit dem Grund abgelehnt, dass es nicht sachgerecht sei. So fehle es den Insolvenzgerichten an der erforderlichen Sachkunde.[2284] Als ein weiteres Problem wird die mangelnde Trennung von Auskünften, die nicht offenbart werden dürfen, im Vergleich zu denen angeführt, die keinem Verwertungsverbot unterliegen. Zum ersten Fall zählen die Auskünfte des Schuldners, durch die er selbst oder seine Angehörigen belastet werden. Zum zweiten Fall gehören dagegen die Auskünfte eines Schuldners, durch die Dritte strafrechtlich belastet werden. Letztere können bspw. Vertragspartner betreffen,[2285] sodass die Aussagen verwertbar und an die Staatsanwaltschaft zu übermitteln sind. Mit einem Offenbarungsverbot würden jedoch auch solche Informationen über Dritte einen sachwidrigen Schutz erfahren.[2286] Aus diesen und weiteren Gründen wird ein Offenbarungsverbot in § 97 Abs. 1 S. 3 InsO abgelehnt.[2287]

2283 Vgl. nur: Hefendehl wistra 2003, 1, 5; Schork/Fingerle in: Esser/Rübenstahl/Saliger/Tsambikakis, Wirtschaftsstrafrecht, § 97 InsO Rn. 32; Stephan in: MüKo InsO Band 2, § 97 Rn. 21.

2284 Vgl. nur: Hefendehl wistra 2003, 1, 5; Schork/Fingerle in: Esser/Rübenstahl/Saliger/Tsambikakis, Wirtschaftsstrafrecht, § 97 InsO Rn. 32; Stephan in: MüKo InsO Band 2, § 97 Rn. 21.

2285 Hefendehl wistra 2003, 1, 5; Schork/Fingerle in: Esser/Rübenstahl/Saliger/Tsambikakis, Wirtschaftsstrafrecht, § 97 InsO Rn. 32.

2286 Vgl. nur: Hefendehl wistra 2003, 1, 5; Stephan in: MüKo InsO Band 2, § 97 Rn. 21; Schork/Fingerle in: Esser/Rübenstahl/Saliger/Tsambikakis, Wirtschaftsstrafrecht, § 97 InsO Rn. 32.

2287 Siehe weitere Gründe in: Schork/Fingerle in: Esser/Rübenstahl/Saliger/Tsambikakis, Wirtschaftsstrafrecht, § 97 InsO Rn. 32, die im Ergebnis das Offenbarungsverbot ablehnen; ablehnend ebenso: Hefendehl wistra 2003, 1, 5.

Diese Argumentation und Herausforderungen lassen sich ebenso auf die Situation übertragen, in der die selbstbelastenden Auskünfte eines Arbeitnehmers durch ein Offenbarungsverbot geschützt werden.

Auch kann es einem Unternehmen nicht rechtlich untersagt werden, eine Strafanzeige zu erstatten sowie den Strafverfolgungsbehörden die Beweise für die rechtswidrigen Mitarbeiterhandlungen offenzulegen.[2288] Darüber hinaus könnten die Unternehmen durch ein Offenbarungsverbot daran gehindert werden, mit den Strafverfolgungsbehörden zu kooperieren, was sich negativ auf die Zusammenarbeit und somit auf die Strafzumessung auswirken könnte.[2289]

Angesichts dieser Gründe ist ein Offenbarungsverbot im Zusammenhang mit Arbeitnehmerauskünften abzulehnen.[2290] Auch in diesem Zusammenhang erscheint es nicht sachgerecht, wenn sich ein Offenbarungsverbot zulasten der Unternehmen auswirkt. Zudem würde der Schutz des sich selbst belastenden Arbeitnehmers in nicht sachgerechter Weise auf Dritte wie Kollegen und Vorgesetzte übertragen werden, die bei seiner Auskunft mitbelastet werden. Würden diese Dritten gegenüber ihrem Arbeitgeber pflichtwidrig keine selbstbelastenden und wahrheitsgemäßen Auskünfte erteilen, würden ihre Taten, die mit denen des aussagenden Arbeitnehmers zusammenhängen, unsachgemäß geschützt werden.

III. Alternative Lösung: anonymisierte Interviewprotokolle

Ferner haben *Moosmayer* und *Petrasch* einen Gesetzesvorschlag[2291] für die Regelung von internen Untersuchungen hervorgebracht. Während sie darin für Arbeitnehmer eine uneingeschränkte Pflicht zur Auskunft unter Anwendung einer Zustimmungslösung zur Herausgabe von Unterlagen annahmen, nannten sie in ihrer Begründung auch eine alternative Lösung für Einzelfälle. Hierbei handelt es sich um anonymisierte Dokumente, die an die Strafverfolgungsbehörden herausgegeben werden können,[2292] um den Schutz des Arbeitnehmers zu gewährleisten.

2288 Vgl. nur: Theile StV 2011, 381, 386; Kruse, Compliance und Rechtsstaat, S. 211; Hille, Kooperation von Unternehmen, S. 155; Münkel, Mitarbeiteroffenbarungen im Strafprozess, S. 227.

2289 Vgl. nur: Dorneck wistra 2022, 141, 147; Hille, Kooperation von Unternehmen, S. 154 f.; Kruse, Compliance und Rechtsstaat, S. 211.

2290 So auch, vgl. nur: Kruse, Compliance und Rechtsstaat, S. 212; Hille, Kooperation von Unternehmen, S. 156; Münkel, Mitarbeiteroffenbarungen im Strafprozess, S. 227.

2291 Siehe Kapitel 3 B. IV.

2292 Moosmayer/Petrasch ZHR 182 (2018), 504, 526; als Lösung ebenfalls angedacht von: Hille, Kooperation von Unternehmen, S. 157 f.

Fraglich ist jedoch, inwieweit die Staatsanwaltschaft auf Basis der anonymisierten Interviewprotokolle zu eigenen Ermittlungen verpflichtet ist. Das LG Augsburg hatte im Jahr 2017 über einen Sachverhalt zu entscheiden, in dem die Staatsanwaltschaft auf Basis einer anonymen Anzeige eine Durchsuchung durchführen wollte. Das Amtsgericht hatte den Durchsuchungsbeschluss jedoch mit dem Hinweis abgelehnt, dass der anonyme Hinweis keinen Anfangsverdacht begründet. Dabei führte das LG Augsburg in seiner rechtlichen Wertung aus, dass der erhaltene Hinweis *„kein einziges, auf irgendeine Art und Weise objektivierbares Indiz“*[2293] beinhaltet, das einen Tatverdacht begründen könnte.[2294] Hierbei schloss sich das LG Augsburg dem BVerfG an, dem im Vorjahr ein ähnlicher Sachverhalt zur Entscheidung vorlag. Es merkte dabei an, dass der anonyme Hinweis *„von beträchtlicher sachlicher Qualität“*[2295] sein muss.[2296]

Im Zusammenhang mit internen Untersuchungen können die an die Strafverfolgungsbehörden übermittelten anonymisierten Protokolle aus Mitarbeiterbefragungen und ggf. weitere selbstbelastende Unterlagen jedoch gemeinsam mit dem Untersuchungsbericht in einem Gesamtkontext gesehen werden. Die vom BVerfG geforderte sachliche Qualität könnte damit erreicht werden, was zu einem Anfangsverdacht führen könnte.

Nach dem Legalitätsprinzip aus § 152 Abs. 2 StPO hat die Staatsanwaltschaft zudem einzuschreiten, wenn ein Anfangsverdacht besteht.[2297] Darauf basierend erscheint die alternative Lösung einer Anonymisierung von Unterlagen im Vergleich zu Beweisverwertungs- oder verwendungsverboten als nicht vorzugswürdig.[2298]

IV. Zwischenergebnis

Nach geltendem Recht ist kein strafrechtliches Verwertungsverbot für selbstbelastende Auskünfte vorgesehen, die im Rahmen einer internen Untersuchung getätigt wurden.[2299] Zum Teil wird in der Literatur ein Beweisverwertungsverbot auch dann ausgeschlossen, wenn der Arbeitnehmer einer Drucksituation ausgesetzt ist, die aus den arbeitsrechtlichen Pflichten eines Mitarbeiters zur Auskunft resultiert, oder wenn ihm gegenüber eine

2293 LG Augsburg BeckRS 2017, 129942 Rn. 8.

2294 LG Augsburg BeckRS 2017, 129942 Rn. 14.

2295 BVerfG NJW-Spezial 2016, 600, 600; LG Augsburg BeckRS 2017, 129942 Rn. 14.

2296 BVerfG NJW-Spezial 2016, 600, 600.

2297 Vgl. nur: Diemer in: KK-StPO, § 152 Rn. 7; Peters in: MüKo StPO Band 2, § 152 Rn. 26; ähnlich: Hille, Kooperation von Unternehmen, S. 158.

2298 Im Ergebnis so auch: Hille, Kooperation von Unternehmen, S. 157 f.

2299 Grützner in: Momsen/Grützner, Wirtschafts- und Steuerstrafrecht, § 16 Rn. 445; Giese/Dachner ZIP 2020, 498, 500.

Täuschung oder eine Nötigung ausgeübt wurde.[2300] Jedoch hätte dies eine faktische Wertlosigkeit des Schweigerechts in einem Strafverfahren zur Folge.[2301]

Ein strafprozessuales Beweisverwertungsverbot könnte zum Tragen kommen, wenn die interne Untersuchung als rechtswidrig angesehen wird. Nach herrschender Meinung wird die Verwertbarkeit von Beweisen jedoch grundsätzlich vermutet.[2302] Aus der fehlenden Anwendbarkeit der Vorschriften aus der StPO zur Gewinnung von Beweismitteln auf Private ergibt sich zudem,[2303] dass rechtswidrig gewonnene Beweise dem Grunde nach verwertet werden können.[2304] Ausnahmen bestehen bei einem menschenwürdeverletzenden Vorgehen, das bspw. bei einer qualvollen Folter zur Erlangung eines Geständnisses anzunehmen ist.[2305] Gleiches gilt, wenn dem Staat das Verhalten der Privatpersonen zuzurechnen ist,[2306] wenngleich sich dies nach der hier vertretenen Ansicht auf Einzelfälle beschränkt.[2307]

Während sich diese Beweisverwertungsverbote aus einem Verstoß gegen eine Beweiserhebung ergeben, kann ein selbstständiges Beweisverwertungsverbot aus dem allgemeinen Persönlichkeitsrecht gemäß Art. 2 Abs. 1 GG i. V. m. Art. 1 Abs. 1 GG vorliegen, wenn die unter rechtlichem oder – bei Durchsetzung des Auskunftsanspruchs – staatlichen Zwang getätigten selbstbelastenden Auskünfte eines Arbeitnehmers strafprozessual verwertet werden sollen.[2308] Andernfalls wird der Nemo-tenetur-Grundsatz unterlaufen, wenn mit dem Verlassen der arbeitsvertraglichen Sphäre und der Verwertung im Strafverfahren ungerechtfertigt in das Persönlichkeitsrecht eines Arbeitnehmers eingegriffen wird.[2309] Zudem kann sich ein selbstständiges

2300 Greeve/Tsambikakis in: Knierim/Rübenstahl/Tsambikakis, Internal Investigations, Kap. 18 Rn. 31.

2301 Theile StV 2011, 381, 385, wonach es eine faktische Entwertung des strafprozessualen Selbstbelastungsverbots darstellt; Greeve/Tsambikakis in: Knierim/Rübenstahl/Tsambikakis, Internal Investigations, Kap. 18 Rn. 31.

2302 Greeve/Tsambikakis in: Knierim/Rübenstahl/Tsambikakis, Internal Investigations, Kap. 18 Rn. 33; vgl. Trüg StV 2011, 111, 116 f.

2303 Siehe Kapitel 2 C. I. 1. a).

2304 Vgl. nur: Greeve/Tsambikakis in: Knierim/Rübenstahl/Tsambikakis, Internal Investigations, Kap. 18 Rn. 33; ebenso zur Verwertungsmöglichkeit rechtswidrig erlangter Beweismittel: Bartel in: MüKo StPO Band 2, § 261 Rn. 223; Schmitt in: Meyer-Goßner/Schmitt, StPO, Einl. Rn. 56c.

2305 Siehe Kapitel 2 C. I. 1. c); Jäger in: Hilgendorf/Kudlich/Valerius, Handbuch des Strafrechts Band 8, § 53 Rn. 198.

2306 Siehe Kapitel 2 B. III. 7. b) dd); vgl. nur: Greco/Caracas NStZ 2015, 7, 15; Greeve/Tsambikakis in: Knierim/Rübenstahl/Tsambikakis, Internal Investigations, Kap. 18 Rn. 33; Jahn StV 2009, 41, 45.

2307 Siehe Kapitel 2 B. III. 7. b) dd).

2308 Siehe Kapitel 2 B. 7. a) aa); siehe Kapitel 2 C. I. 2. b) dd).

2309 Siehe Kapitel 2 C. I. 2. b) dd); siehe Kapitel 2 C. I. 2. c) cc).

Beweisverwertungsverbot hilfsweise aus dem Fair-Trial-Grundsatz ergeben. Dies ist im jeweiligen Einzelfall zu prüfen, wenn bspw. ein faktischer Zwang oder rechtswidriger subjektiver Zwang ausgeübt wurde.[2310] Eine analoge Anwendung von § 97 Abs. 1 S. 3 InsO scheidet indes aufgrund einer nicht vollständig einheitlichen Interessenlage und der deshalb fehlenden gleichartigen Ausnahmesituation aus.[2311] Aufgrund der Verallgemeinerung der Prinzipien im Gemeinschuldnerbeschluss, wonach eine selbstbelastende Auskunft mit einem Beweisverwertungsverbot zu kompensieren ist, wird die Annahme eines Beweisverwertungsverbots aus Art. 2 Abs. 1 GG i. V. m. Art. 1 Abs. 1 GG gestärkt.[2312] Damit geht einher, dass es bei einer zukünftigen gesetzlichen Regelung von Mitarbeiterbefragungen vorzugswürdig erscheint, sich an die Formulierung von § 97 Abs. 1 S. 3 InsO anzulehnen.[2313] Allerdings wird eine Fernwirkung eines Beweisverwertungsverbots nach der hier vertretenen Ansicht ebenso ausgeschlossen wie eine Frühwirkung.[2314] Daher ist dem in § 97 Abs. 1 S. 3 InsO integrierten Terminus ‚verwenden' nicht zu folgen.[2315] Jedoch soll sich ein Arbeitnehmer in einer Vernehmung durch die Strafverfolgungsbehörden nicht an seine Auskünfte gebunden fühlen, die er gegenüber seinem Arbeitgeber getätigt hat. Aus diesem Grund wird hierbei eine qualifizierte Belehrung für notwendig erachtet.[2316]

Indes wird den alternativen Lösungsansätzen eines Offenbarungsverbots[2317] oder anonymisierter Interviewprotokolle[2318] vorliegend nicht gefolgt.

D. Beschlagnahmeschutz von Unterlagen aus internen Untersuchungen

Das Ziel eines jeden staatsanwaltschaftlichen Ermittlungsverfahrens ist die Untersuchung, ob sich der Anfangsverdacht zu einem hinreichenden Tatverdacht verdichten lässt. Hierfür sind die Erhebung und Auswertung der Beweise notwendig. Bei Verstößen in Unternehmen kann die Beweiserhebung im Unternehmen mithilfe von strafprozessualen Mitteln vorgenommen werden. Dazu gehören die Durchsuchung des Unternehmens sowie die Verneh-

2310 Siehe Kapitel 2 C. I. 2. d).
2311 Siehe Kapitel 2 C. I. 2. c) bb) (3).
2312 Siehe Kapitel 2 C. I. 2. c) cc).
2313 Siehe Kapitel 2 C. I. 2. c) dd).
2314 Siehe Kapitel 2 C. I. 3. a) und b).
2315 Siehe Kapitel 2 C. I. 3. a) dd).
2316 Siehe Kapitel 2 C. I. 3. c).
2317 Siehe Kapitel 2 C. II.
2318 Siehe Kapitel 2 C. III.

mung von Beschäftigten und die Beschlagnahme von Unterlagen.[2319] Eine Durchsuchung (§§ 102 ff. StPO) und eine Sicherstellung bzw. Beschlagnahme (§ 94 StPO) kommen – infolge einer richterlichen Anordnung – u. a. dann zum Tragen, wenn die Herausgabe von Beweismitteln nicht freiwillig erfolgt.[2320]

Unterlagen – insbesondere solche aus internen Untersuchungen – können jedoch auch geschützt sein, wenn für diese ein Beschlagnahmeschutz gilt. Die Beschlagnahmefähigkeit von Unterlagen bei Unternehmen[2321] und Rechtsanwälten[2322] war bereits Gegenstand von gerichtlichen Entscheidungen. Berücksichtigung fanden dabei insbesondere die Regelungen der §§ 97, 148, 160a StPO, die auch als „*strafprozessuale Vorschriftentrias*"[2323] bezeichnet werden.

Zunächst wird die Beschlagnahme durch die Strafverfolgungsbehörden dargestellt, ehe auf den Beschlagnahmeschutz von Unterlagen eingegangen wird.

I. Beschlagnahme

Gegenstände, die für die Ermittlungen als Beweismittel von Bedeutung sein können, sind nach § 94 Abs. 1 StPO in Verwahrung zu nehmen oder in einer anderen Weise sicherzustellen. Eine Sicherstellung wird formlos (Abs. 1) oder mithilfe einer förmlichen Beschlagnahme (Abs. 2) umgesetzt.[2324]

Mit der Verwahrung oder Sicherstellung der Gegenstände wird staatliche Gewalt ausgeübt. Aus der damit verbundenen amtlichen Handlung muss in geeigneter Weise hervorgehen, dass der Gegenstand ab diesem Zeitpunkt der amtlichen Obhut unterliegt.[2325] Unter einem Gegenstand ist jede körperliche bewegliche oder unbewegliche Sache zu verstehen.[2326] Unkörperliche Gegenstände, wozu bspw. Forderungen[2327] zählen, können nicht nach § 94

2319 Krause-Ablaß BB 2018, 1323, 1324.

2320 Gädigk in: Knierim/Rübenstahl/Tsambikakis, Internal Investigations, Kap. 19 Rn. 10.

2321 Vgl. nur: BVerfG BeckRS 2021, 39283; LG Mannheim BeckRS 2012, 15309; LG Braunschweig BeckRS 2015, 16005.

2322 Vgl. nur: BVerfG NJW 2018, 2395, 2395; LG Hamburg NJW 2011, 942, 942; LG Bonn BeckRS 2012, 18104; LG Mannheim BeckRS 2012, 15309.

2323 Park, Durchsuchung und Beschlagnahme, § 7 Rn. 1075.

2324 So auch: Menges in: Löwe-Rosenberg, StPO Band 3/1, § 94 Rn. 4, 34.

2325 Vgl. nur: BGH NJW 1960, 2300, 2300; Hoffmann/Knierim NStZ 2000, 461, 461, zudem beschreiben sie, dass die Anordnung nach § 94 StPO „*zu einer durch Hoheitsakt angeordneten Zwangslage*" führt; Gerhold in: BeckOK StPO, § 94 Rn. 14.

2326 Vgl. nur: Greven in: KK-StPO, § 94 Rn. 3; Hauschild in: MüKo StPO Band 1, § 94 Rn. 12; Menges in: Löwe-Rosenberg, StPO Band 3/1, § 94 Rn. 12.

2327 Greven in: KK-StPO, § 94 Rn. 3; Hauschild in: MüKo StPO Band 1, § 94 Rn. 12.

StPO sichergestellt werden, wenngleich deren Vorliegen mithilfe von körperlichen Gegenständen wie Urkunden bewiesen werden kann.[2328] Für die Sicherstellung von Gegenständen als Beweismittel bedarf es einer potenziellen Beweisbedeutung,[2329] die vorliegt, wenn in der Ex-ante-Betrachtung die Möglichkeit besteht, dass der Gegenstand als Beweis für die Be- oder Entlastung eines Beschuldigten dienen oder in sonstiger Weise eine Bedeutung für die Untersuchung haben kann.[2330]

Befindet sich der Gegenstand bei einer Person, die zumindest mit einem generellen Gewahrsamswillen über den Gegenstand die tatsächliche Sachherrschaft ausübt (Gewahrsamsinhaber),[2331] kann der Gegenstand ohne eine förmliche Beschlagnahme sichergestellt werden, sofern er freiwillig herausgegeben wird.[2332] Bei mehreren Personen, in deren Gewahrsam sich der Gegenstand befindet, bedarf es der Einwilligung aller Beteiligten, sofern eine Person keine Verfügungsberechtigung hat.[2333] Das Einverständnis kann jedoch widerrufen und ein Antrag auf eine gerichtliche Entscheidung gemäß § 98 Abs. 2 S. 2 StPO gestellt werden.[2334] Befindet sich der Gegenstand dagegen nicht im Gewahrsam einer Person, kann die Sicherstellung ebenfalls formlos erfolgen.[2335] Wird der Gegenstand herausgegeben, nachdem Zwang nach § 95 Abs. 2 StPO angedroht wurde, liegt keine Freiwilligkeit

---

2328 Greven in: KK-StPO, § 94 Rn. 3; vgl. Michalke, Strafprozessuale Zwangsmaßnahmen, Rn. 562, hierbei jedoch in Bezug auf Rechte, die über Urkunden bewiesen werden können; zu Urkunden auch: Menges in: Löwe-Rosenberg, StPO Band 3/1, § 94 Rn. 12.

2329 Vgl. nur: BVerfG NJW 1988, 890, 895; Park, Durchsuchung und Beschlagnahme, § 3 Rn. 498; Greven in: KK-StPO, § 94 Rn. 7.

2330 Vgl. nur: LG Nürnberg-Fürth NJW-Spezial 2018, 154, 154, wonach der Gegenstand im späteren gerichtlichen Verfahren den Nachweis zur Tat mitbegründen soll; ausdrücklich: Greven in: KK-StPO, § 94 Rn. 7; im Ergebnis so auch: Park, Durchsuchung und Beschlagnahme, § 3 Rn. 498, wonach die Möglichkeit bestehen muss, dass die Gegenstände zu Untersuchungszwecken im Strafverfahren verwendet werden können.

2331 Vgl. nur: Menges in: Löwe-Rosenberg, StPO Band 3/1, § 94 Rn. 40; Gerhold in: BeckOK StPO, § 94 Rn. 16; zur Bedeutung der tatsächlichen Sachherrschaft: Park, Durchsuchung und Beschlagnahme, § 3 Rn. 623.

2332 Vgl. nur: Köhler in: Meyer-Goßner/Schmitt, StPO, § 94 Rn. 12; Menges in: Löwe-Rosenberg, StPO Band 3/1, § 94 Rn. 4, 35; zur freiwilligen Herausgabe des Gewahrsamsinhabers, wodurch es keiner förmlichen Beschlagnahme bedarf, auch: Greven in: KK-StPO, § 94 Rn. 15.

2333 Vgl. nur: Köhler in: Meyer-Goßner/Schmitt, StPO, § 94 Rn. 12; Greven in: KK-StPO, § 94 Rn. 15; Menges in: Löwe-Rosenberg, StPO Band 3/1, § 94 Rn. 36.

2334 Vgl. nur: Wohlers/Singelnstein in: Wolter/Deiters, SK-StPO Band 2, § 94 Rn. 13; Greven in: KK-StPO, § 94 Rn. 15; Hauschild in: MüKo StPO Band 1, § 94 Rn. 44.

2335 Vgl. nur: Köhler in: Meyer-Goßner/Schmitt, StPO, § 94 Rn. 12, wonach dies gilt, wenn der Gewahrsamsinhaber nicht bekannt ist; Menges in: Löwe-Rosenberg, StPO Band 3/1, § 94 Rn. 35, wenn ein Gewahrsamsinhaber nicht bekannt ist oder eine Sa-

mehr vor.[2336] In § 94 Abs. 2 StPO ist die förmliche Sicherstellung durch eine Beschlagnahme normiert,[2337] die erfolgt, wenn Gegenstände, die sich im Gewahrsam einer Person befinden, nicht freiwillig herausgegeben werden.

Eine freiwillige Übergabe ohne den entsprechenden Zwang, der mit einer Beschlagnahme einhergeht, kann allerdings für das Unternehmen nachteilige Auswirkungen haben. Mit der freiwilligen Übergabe von Ergebnissen aus internen Untersuchungen an die Strafverfolgungsbehörden versuchen Unternehmen bereits heute, den Risiken vorzubeugen, die mit einer Durchsuchung verbunden sind.[2338] Dazu gehört bspw. die erhebliche Störung des Geschäftsbetriebs durch die Anwesenheit der Ermittlungsbehörden.[2339]

Problematisch ist jedoch, dass die (freiwillig) übergebenen Unterlagen in die Ermittlungsakte der Staatsanwaltschaft aufgenommen werden, in die Rechtsanwälte und Beschuldigte zum Zweck der Strafverteidigung nach § 147 Abs. 4 S. 1 StPO Einsicht nehmen können.[2340] Nach § 93 Abs. 1 S. 3 AktG ist der Vorstand jedoch dazu verpflichtet, über Betriebs- und Geschäftsgeheimnisse Stillschweigen zu bewahren. Zu den Geheimnissen können auch solche Informationen zählen, die unternehmensinterne Richtlinien- und Gesetzesverstöße betreffen, die in einer Untersuchung aufgedeckt wurden.[2341] Es ist daher ratsam Geschäftsunterlagen, die Geschäftsgeheimnisse beinhalten, als solche zu kennzeichnen, damit Dritte im Rahmen der Akteneinsicht keine Kenntnis erlangen.[2342]

Eine freiwillige Übergabe von Unterlagen ist auch angesichts datenschutz- und haftungsrechtlicher Vorgaben nicht unkritisch.[2343] Daher wird die Beschlagnahme insbesondere zur Absicherung von datenschutzrechtlichen

---

che herrenlos ist, dann besteht kein Gewahrsam; Greven in: KK-StPO, § 94 Rn. 15, u. a. wenn sich der Gegenstand nicht im Gewahrsam einer Person befindet.

2336 Vgl. nur: Greven in: KK-StPO, § 94 Rn. 15; Wohlers/Singelnstein in: Wolter/Deiters, SK-StPO Band 2, § 94 Rn. 11; Menges in: Löwe-Rosenberg, StPO Band 3/1, § 94 Rn. 36.

2337 Vgl. nur: Greven in: KK-StPO, § 94 Rn. 15; Wohlers/Singelnstein in: Wolter/Deiters, SK-StPO Band 2, § 94 Rn. 15; Menges in: Löwe-Rosenberg, StPO Band 3/1, § 94 Rn. 39.

2338 Ebenso: Gädigk in: Knierim/Rübenstahl/Tsambikakis, Internal Investigations, Kap. 19 Rn. 23, wonach eine freiwillige Übergabe von Beweismitteln zur Vermeidung von Durchsuchungen eingesetzt wird.

2339 Vgl. dazu: Park, Durchsuchung und Beschlagnahme, § 7 Rn. 1022; dazu und weiteren Aspekten, die in die Gesamtabwägung zur Meldung eines Compliance-Falls einzubeziehen sind: Zimmer/Weigl CCZ 2019, 21, 25.

2340 Stück ZD 2021, 307, 312.

2341 Potinecke/Block in: Knierim/Rübenstahl/Tsambikakis, Internal Investigations, Kap. 2 Rn. 199.

2342 Geiger in: Inderst/Bannenberg/Poppe, Compliance, Kap. 4 Rn. 95.

2343 Vgl. Gädigk in: Knierim/Rübenstahl/Tsambikakis, Internal Investigations, Kap. 19 Rn. 13.

Bedenken vielfach von den Unternehmen erwünscht,[2344] da durch die richterliche Anordnung die Herausgabe nicht als freiwillig klassifiziert wird.[2345] Aus diesem Grund wird auf eine richterliche Anordnung oftmals nicht verzichtet.[2346] Weitere Herausforderungen und potenzielle Nachteile können sich für Unternehmen zudem bei grenzüberschreitenden Sachverhalten ergeben.[2347] Daher erscheint eine freiwillige Herausgabe von Unterlagen ohne eine richterliche Anordnung als nicht vorzugswürdig. In der Folge werden nachfolgend die Möglichkeiten eines Beschlagnahmeverbots und die Auswirkungen auf Mitarbeiter beleuchtet. Die Umstände einer freiwilligen Herausgabe werden hingegen nicht aufgezeigt.

II. Beschlagnahme von Unterlagen im Gewahrsam eines Rechtsanwalts

Das Vertrauensverhältnis zwischen einem Berufsgeheimnisträger wie einem Rechtsanwalt (§ 53 Abs. 1 S. 1 Nr. 3 StPO) und seinem Mandanten wird durch § 97 StPO geschützt.[2348] Von diesem Schutz umfasst sind schriftliche Mitteilungen, die zwischen einem Rechtsanwalt und einem Beschuldigten ausgetauscht werden (§ 97 Abs. 1 Nr. 1 StPO), Aufzeichnungen, die der Berufsgeheimnisträger über die ihm vom Beschuldigten anvertrauten Mitteilungen oder Umstände angefertigt hat (§ 97 Abs. 1 Nr. 2 StPO), sowie Gegenstände, die dem Rechtsanwalt in seiner Eigenschaft als Berufsgeheimnisträger überreicht wurden, auf die sich das Zeugnisverweigerungsrecht erstreckt (§ 97 Abs. 1 Nr. 3 StPO).

Die Beschlagnahmefähigkeit von Unterlagen bei Rechtsanwälten wird insbesondere vor der Jones-Day-Entscheidung des BVerfG beleuchtet.

1. BVerfG – Jones-Day-Entscheidung

Im Jahr 2018 hat sich das BVerfG u. a. mit der Auslegung des § 97 StPO im Zusammenhang mit der unter dem Begriff ‚Diesel-Skandal' bekannt gewordenen Manipulation an Abgasanlagen bei Dieselfahrzeugen des Volkswagen-Konzerns befasst.[2349] Gegenstand der Entscheidungen war jedoch nicht

2344 Gädigk in: Knierim/Rübenstahl/Tsambikakis, Internal Investigations, Kap. 19 Rn. 13, 23.

2345 Köhler in: Meyer-Goßner/Schmitt, StPO, § 94 Rn. 13; Köhler in: Meyer-Goßner/Schmitt, StPO, § 98 Rn. 1, 2.

2346 Gädigk in: Knierim/Rübenstahl/Tsambikakis, Internal Investigations, Kap. 19 Rn. 13.

2347 Siehe sogleich in Kapitel 3 B. IV. 3.

2348 Vgl. nur: BVerfG NJW 2018, 2385, 2388 Rn. 79; Hauschild in: MüKo StPO Band 1, § 97 Rn. 36; Soiné in: Soiné, StPO, § 97 StPO Rn. 2, 5.

2349 BVerfG NJW 2018, 2385, 2385.

die Prüfung des einfachen Rechts. Stattdessen sind die Richter der Frage nachgegangen, ob die Grundrechte in ihrer Bedeutung sowie ihrer Tragweite von den Fachgerichten hinreichend berücksichtigt wurden.[2350] So wurden Verfassungsbeschwerden durch die Volkswagen AG[2351], durch die von ihr mit der Durchführung einer internen Untersuchung, rechtlichen Beratung sowie der Vertretung der Volkswagen AG gegenüber den US-amerikanischen Strafverfolgungsbehörden beauftragte Kanzlei Jones Day[2352] sowie von drei Anwälten dieser Kanzlei aus dem mit dem Fall befassten Münchner Büro[2353] erhoben. Diese betrafen die Durchsuchung der Kanzlei und die dabei sichergestellten Dokumente und Daten, die der Aufklärung des Sachverhalts dienten. Die Verfassungsbeschwerden wurden jedoch nicht zur Entscheidung angenommen.[2354]

Aus der Sachverhaltsbeschreibung des Beschlusses geht das Folgende hervor: Die Ermittlungen der Staatsanwaltschaft München II richteten sich im Zusammenhang mit den 3,0-Liter-Dieselmotoren nicht unmittelbar gegen die Volkswagen AG, sondern gegen die Audi AG als deren Tochtergesellschaft. Gegen die Audi AG, die ihrerseits die Kanzlei Jones Day nicht mandatiert hatte, wurde sodann von der Staatsanwaltschaft ein Bußgeldverfahren nach § 30 OWiG eingeleitet. Gegen die Volkswagen AG wurde ebenfalls ein Ermittlungsverfahren geführt. Verantwortlich für dieses Verfahren, das die 2,0-Liter-Dieselmotoren betraf, war jedoch die Staatsanwaltschaft Braunschweig. Bei der Durchsuchung der Geschäftsräume der Jones-Day-Kanzlei wurden Aktenordner sowie elektronische Daten sichergestellt, die die Ergebnisse der internen Untersuchung enthielten. In diesem Zusammenhang wurden – im Wesentlichen erfolglose – Beschwerden gegen die Durchsuchung und Sicherstellung erhoben. Auf Antrag der Volkswagen AG sowie der Jones-Day-Kanzlei wurden jedoch einstweilige Anordnungen erlassen, wonach die Staatsanwaltschaft angewiesen wurde, die sichergestellten Daten und Unterlagen bis zur Entscheidung im Hinblick auf die Verfassungsbeschwerden zu versiegeln und beim AG München zu hinterlegen. Eine Auswertung oder eine sonstige Verwendung dieser Daten und Unterlagen wurde bis zu diesem Zeitpunkt nicht gestattet.[2355]

Hervorzuheben ist die Bedeutung, die das BVerfG den Interviewprotokollen aus internen Untersuchungen beigemessen hat. Demnach sind Protokolle von *„erheblicher Bedeutung […], da sie die Beurteilung von späteren Zeu-*

2350 Vgl. BVerfG NJW 2018, 2385, 2387 Rn. 69; so auch: Lilie-Hutz/Ihwas NZWiSt 2018, 349, 350.
2351 BVerfG NJW 2018, 2385, 2385.
2352 BVerfG NJW 2018, 2392, 2392.
2353 BVerfG NJW 2018, 2395, 2395.
2354 BVerfG NJW 2018, 2385, 2385 Rn. 58.
2355 BVerfG NJW 2018, 2385, 2385.

genaussagen der Mitarbeiter erleichtern. Gerade diese Protokolle stehen der StA [Staatsanwaltschaft] jedoch nicht anderweitig zur Verfügung, sondern können nur durch die Sicherstellung und Beschlagnahme bei der Kanzlei Jones Day erlangt werden"[2356]. In diesem Zusammenhang wurde indes keine Aussage dazu getroffen, ob die Verwendung der Protokolle gegen die beschuldigten Mitarbeiter zulässig ist.

Zudem ist nicht auszuschließen, dass die Entscheidung des BVerfG anders ausgefallen wäre, wenn die Tochtergesellschaft eine eigene Mandatierung der Rechtsanwaltskanzlei vorgenommen hätte.[2357] In der Literatur wird die Konstellation, wie sie in der gegenständlichen Entscheidung verhandelt wurde, bei internen Untersuchungen als atypisch angesehen.[2358] Deswegen scheidet aus Sicht einzelner Stimmen der Literatur ein Grundsatzcharakter dieser Entscheidung in rechtlicher Sicht tendenziell aus.[2359] Zudem bleiben die bisher ungeklärten rechtlichen Herausforderungen im Zusammenhang mit internen Untersuchungen auch nach den Entscheidungen weiterhin offen.[2360] Wenngleich weiterhin andere Rechtsauffassungen verfassungsrechtlich vertretbar sind, wird damit gerechnet, dass die Entscheidung des BVerfG einen gewissen Standard gesetzt hat, wodurch andere rechtliche Auffassungen kein Gehör finden werden.[2361]

Die umfassenden Beschlüsse des BVerfG haben für die Praxis erhebliche Folgen. Während die Strafverfolgungsbehörden darauf angewiesen sind, dass Unternehmen interne Untersuchungen zur Sachverhaltsaufklärung durchführen, wird der Anreiz, dies zu tun, gemindert. Dies liegt zum einen daran, dass Anwaltskanzleien, „*zum Selbstbedienungsladen für die Strafverfolgungsbehörden*"[2362] zu werden drohen. Zum anderen bleiben für Unternehmen und Kanzleien zwei Alternativen übrig, sodass sie entweder den Strafverfolgungsbehörden ihre Erkenntnisse freiwillig liefern oder dass ihnen aufgrund eines fehlenden Schutzbereichs regelmäßig Durchsuchungen drohen.[2363] Mit der Entscheidung geht nach Ansicht von Forschenden ein

2356 BVerfG NJW 2018, 2385, 2391 Rn. 107.
2357 Külz/Odenthal PStR 2018, 231, 234; Park, Durchsuchung und Beschlagnahme, § 7 Rn. 1085.
2358 Kempf/Corsten StV 2019, 59, 64; Park, Durchsuchung und Beschlagnahme, § 7 Rn. 1086.
2359 Park, Durchsuchung und Beschlagnahme, § 7 Rn. 1086; vgl. Oesterle WiJ 2018, 148, 154, der die Entscheidung als weniger verallgemeinerungsfähig erachtet.
2360 Kempf/Corsten StV 2019, 59, 64; Park, Durchsuchung und Beschlagnahme, § 7 Rn. 1086.
2361 Vgl. nur: Knauer NStZ 2019, 164, 164 f.; Wenzl NStZ 2021, 395, 401; Park, Durchsuchung und Beschlagnahme, § 7 Rn. 1086.
2362 Beukelmann NJW-Spezial 2018, 504, 504.
2363 Beukelmann NJW-Spezial 2018, 504, 504.

„*Freibrief für die Beschlagnahme*“[2364] einher,[2365] was genauso kritisch betrachtet wird wie der fehlende Schutz der Unterlagen nach § 148 StPO.[2366]

2. Verhältnis zwischen § 97 StPO und § 160a StPO

Der Schutz von Gegenständen vor einer Beschlagnahme setzt nach § 97 Abs. 1 Nr. 1 und Nr. 2 StPO das Vorliegen einer Beschuldigtenstellung sowie nach § 97 Abs. 2 S. 1 StPO die Verortung der Gegenstände im Gewahrsam eines Zeugnisverweigerungsberechtigten wie eines Rechtsanwalts voraus.

Mit § 97 Abs. 1 StPO soll verhindert werden, dass das Zeugnisverweigerungsrecht gemäß §§ 52, 53 sowie 53a StPO dadurch umgangen wird, dass sich die Strafverfolgungsbehörden im Wege der Beschlagnahme Kenntnis von Tatsachen verschaffen, über die eine Person nicht aussagen muss.[2367] Somit ergänzt das Beschlagnahmeverbot das Zeugnisverweigerungsrecht.[2368]

Im Vergleich zu den Beschlagnahmeverboten nach § 97 StPO werden mit § 160a StPO die Interessen von Berufsgeheimnisträgern geschützt, die nach §§ 53, 53a StPO zur Zeugnisverweigerung berechtigt sind. Dies wird sichergestellt, indem Ermittlungsmaßnahmen verboten (Abs. 1 S. 1) bzw. im Rahmen von Verhältnismäßigkeitsprüfungen (Abs. 2 S. 1) zu berücksichtigen sind. So sind nach § 160a Abs. 1 StPO Ermittlungsmaßnahmen unzulässig, die sich gegen eine Person nach § 53 Abs. 1 S. 1 Nr. 1, 2 oder 4 StPO, Rechtsanwälte oder Kammerrechtsbeistände richten und Erkenntnisse hervorbringen würden, die vom Zeugnisverweigerungsrecht umfasst sind. Werden die Erkenntnisse dennoch erlangt, ist ihre Verwendung nach S. 2 verboten.

Das Verwendungsverbot ist zugleich ein Verwertungsverbot. Es soll gewährleisten, dass die Kommunikation mit dem Berufsgeheimnisträger vertraulich bleibt, und sicherstellen, dass das Erhebungsverbot nach S. 1 eingehalten wird.[2369] Zumal das Vertrauensverhältnis zwischen einem Beschuldigten und einem Rechtsanwalt nicht erst mit dem Abschluss eines zivilrecht-

---

2364 Knauer NStZ 2019, 164, 164; Park, Durchsuchung und Beschlagnahme, § 7 Rn. 1086.

2365 Knauer NStZ 2019, 164, 164; Park, Durchsuchung und Beschlagnahme, § 7 Rn. 1086.

2366 Oesterle WiJ 2018, 152, 153 f., erachtet es zudem für denkbar, dass die Unterlagen als Verteidigungsunterlagen zu klassifizieren waren, da die interne Untersuchung aufgrund des US-amerikanischen Strafverfahrens als Verteidigung nach § 148 StPO anzusehen war; Park, Durchsuchung und Beschlagnahme, § 7 Rn. 1086.

2367 Vgl. nur: BGH NJW 1992, 763, 765; LG Frankfurt (Oder) BeckRS 2022, 13112 Rn. 37; Wohlers/Singelnstein in: Wolter/Deiters, SK-StPO Band 2, § 97 StPO Rn. 1.

2368 Vgl. nur: BVerfG NJW 1972, 1123, 1123; BGH NJW 1998, 840, 841, wonach das Beschlagnahmeverbot an das Zeugnisverweigerungsrecht anknüpft; LG Frankfurt (Oder) BeckRS 2022, 13112 Rn. 37; Menges in: Löwe-Rosenberg, StPO Band 3/1, § 97 StPO Rn. 2.

2369 Weingarten in: KK-StPO, § 160a Rn. 7.

lichen Geschäftsbesorgungsvertrags beginnt, sondern bereits mit dem Anbahnungsverhältnis.[2370] Bei Ermittlungsmaßnahmen, die gegen eine Person nach § 53 Abs. 1 S. 1 Nr. 3 bis 3b oder Nr. 5 StPO gerichtet sind, gilt jedoch nur ein relatives Beweisverwertungsverbot (§ 160a Abs. 2 S. 3 StPO).[2371] Im Rahmen einer Verhältnismäßigkeitsprüfung ist die Betroffenheit eines solchen Zeugnisverweigerungsberechtigten nach § 160a Abs. 2 S. 1 StPO besonders zu berücksichtigen.[2372]

Im Beschluss des BVerfG aus dem Jahr 2018 wurden zudem die §§ 97, 160a StPO behandelt. Dabei merkte das BVerfG an, dass nicht gegen Verfassungsrecht verstoßen wird, wenn die Fachgerichte die Anwendbarkeit des § 160a Abs. 1 S. 1 StPO bei der Sicherstellung und Beschlagnahme ausschließen.[2373] Die Fachgerichte folgen dabei vielmehr der herrschenden Literatur- und Rechtsprechungsmeinung, wonach § 160a Abs. 1 S. 1 StPO durch § 97 StPO als Spezialregelung grundsätzlich verdrängt wird. Begründet wurde das mit § 160a Abs. 5 StPO, wonach §§ 97, 100 c Abs. 6 und 100g Abs. 4 StPO unberührt bleiben.[2374] Überdies führte das BVerfG aus, dass es *„von Verfassungs wegen nicht geboten [ist], den absoluten Schutz des § 160 a I 1 StPO auf den Bereich der Durchsuchungen [...] [,] Sicherstellung [...] und auf Beschlagnahmen von Mandantenunterlagen eines Rechtsanwalts auszudehnen“*[2375]. Demnach ist § 160a StPO eine Regelung, die bei allen anderen Ermittlungsmaßnahmen angewendet wird, wohingegen die Beurteilung, ob eine Beschlagnahme bei einem Berufsgeheimnisträger zulässig ist, an § 97 StPO zu messen ist.[2376] Dies gilt auch dann, wenn durch § 97 StPO im Vergleich zu § 160a StPO ein niedrigeres Schutzniveau gewährt wird.[2377] Durch das Beschlagnahmeverbot in § 97 StPO wird der Menschenwürdegarantie[2378] ausreichend Rechnung getragen, weshalb das Gericht *„eine Ausdehnung des absoluten Schutzes des § 160 a I 1 StPO auch auf sonstige anwaltliche Tätigkeiten [als] nicht geboten“*[2379] ansah.

2370 Vgl. nur: BGH NJW 2014, 1314, 1315; BGH BeckRS 2016, 6847 Rn. 4; Sackreuther in: BeckOK StPO, § 160a Rn. 5.

2371 Vgl. Sackreuther in: BeckOK StPO, § 160a Rn. 16.

2372 Vgl. nur: Sackreuther in: BeckOK StPO, § 160a Rn. 14, 16; zur Abwägung der widerstreitenden Interessen BT-Drs. 16/5846, S. 36; Puschke/Singelnstein NJW 2008, 113, 117; vgl. Köhler in: Meyer-Goßner/Schmitt, StPO, § 160a Rn. 9, zur Abwägung der widerstreitenden Interessen und wonach dem Verhältnismäßigkeitsgrundsatz durch das Gericht ein besonderer Stellenwert zuzumessen ist.

2373 BVerfG NJW 2018, 2385, 2387 Rn. 73.

2374 BVerfG NJW 2018, 2385, 2387 Rn. 74.

2375 BVerfG NJW 2018, 2385, 2387 Rn. 78.

2376 BVerfG NJW 2018, 2385, 2387 Rn. 78.

2377 Vgl. nur: BVerfG NJW 2018, 2385, 2387 Rn. 74; vgl. LG Bochum BeckRS 2016, 15626 Rn. 83; Köhler in: Meyer-Goßner/Schmitt, StPO, § 160a Rn. 17.

2378 BVerfG NJW 2012, 833, 842 Rn. 261; BVerfG NJW 2018, 2385, 2387 Rn. 78.

2379 BVerfG NJW 2018, 2385, 2387 Rn. 78.

Nach der herrschenden Meinung wird § 160a StPO nicht als *„Meistbegünstigungsklausel“*[2380] verstanden. Stattdessen handelt es sich bei den §§ 97, 148 StPO um vorrangige Spezialregelungen.[2381] Bei der Eruierung einer Beschlagnahmefreiheit der Unterlagen aus internen Untersuchungen ist damit § 97 StPO die zentrale Vorschrift.[2382]

3. Unternehmen als Beschuldigte

Um die erste Voraussetzung für den Schutz von Gegenständen vor einer Beschlagnahme nach § 97 Abs. 1 Nr. 1 und Nr. 2 StPO zu erfüllen, ist zunächst zu klären, ob ein Unternehmen die Stellung eines Beschuldigten innehaben kann.

a) Beschuldigtenähnliche Stellung eines Unternehmens

Eine juristische Person kann zwar nicht Beschuldigter im Sinne der StPO sein, jedoch kann ein Unternehmen als Beteiligter nach § 424 StPO bzw. § 444 StPO einem Beschuldigten zumindest nahekommen.[2383] Dabei ist der Beurteilungsstatus analog einer natürlichen Person zu beurteilen.[2384] Dafür ist es notwendig, dass die juristische Person von einer Straftat bzw. einer Ordnungswidrigkeit betroffen ist. Hierbei kann das Unternehmen ein Adressat einer Verbandsgeldbuße gemäß § 30 OWiG oder ein Beteiligter eines Verfalls oder einer Einziehung sein.[2385]

Nach § 428 Abs. 1 S. 1 StPO kann sich ein Einziehungsbeteiligter in jeder Verfahrenslage von einem Rechtsanwalt vertreten lassen, sofern eine Vertretungsvollmacht nachgewiesen werden kann. Bei der Verteidigung findet

---

2380 Entsprechend der Formulierung von: Jahn/Kirsch NStZ 2012, 718, 718 f.; vgl. ebenso: Köhler in: Meyer-Goßner/Schmitt, StPO, § 160a Rn. 17; Schneider NStZ 2016, 308, 310.

2381 Vgl. in die Richtung nur: BVerfG NJW 2018, 2385, 2387 Rn. 74, wonach § 97 StPO eine Spezialregelung darstellt; vgl. Köhler in: Meyer-Goßner/Schmitt, StPO, § 160a Rn. 17, wobei demnach nur § 97 StPO als Spezialregel vorgeht; Oesterle/Tute NZWiSt 2022, 451, 456, wonach §§ 97, 148 StPO als Spezialregelungen vorgehen; a. A. etwa: von Galen NJW 2011, 945, 945.

2382 Gercke GA 2020, 122, 135; Bischoff/Minoggio in: Böttger, Wirtschaftsstrafrecht in der Praxis, Kap. 20 Rn. 48.

2383 Vgl. nur: LG Hamburg NZWiSt 2023, 232, 234; Köhler in: Meyer-Goßner/Schmitt, StPO, § 97 Rn. 10 c: *„Rechtsstellung, die der eines Beschuldigten im Strafverfahren entspricht.“*; Wimmer in: Leitner/Rosenau, Wirtschafts- und Steuerstrafrecht, § 152 StPO Rn. 15, wonach dem Unternehmen Beschuldigtenrechte zukommen.

2384 LG Hamburg NZWiSt 2023, 232, 234; Köhler in: Meyer-Goßner/Schmitt, StPO, § 97 Rn. 10 d.

2385 Vgl. nur: BVerfG NJW 2018, 2385, 2390 Rn. 94; Schneider NStZ 2016, 308, 311; Dann NJW 2015, 2609, 2612.

gemäß § 428 Abs. 1 S. 2 StPO u. a. § 148 StPO Anwendung. Diese Norm gilt gleichwohl bei der Kommunikation zwischen einem nebenbeteiligten Unternehmen sowie dessen Rechtsanwalt.[2386] Mit der Anwendung des § 148 StPO auf diese Unternehmen gilt der Paragraf ebenfalls im Rahmen von § 97 StPO, wodurch Verteidigungsunterlagen des Unternehmens nicht von der Beschlagnahme umfasst sind.[2387]

Wenn ein hinreichender Tatverdacht besteht, kann zum Erhalt eines frühzeitigen Beschlagnahmeschutzes von dem Unternehmen erwogen werden, bereits in einem frühen Stadium und noch vor der internen Untersuchung eine Strafanzeige zu stellen, damit das Unternehmen einen Beschuldigtenstatus erhält.[2388] Bis dahin wird Unternehmen von einzelnen Stimmen der Literatur empfohlen, Unterlagen sicherheitshalber nur in einem begrenzten Umfang zu erstellen.[2389] Eine Selbstanzeige wird von anderen Stimmen der Literatur aufgrund der damit potenziell einhergehenden Risiken[2390] jedoch nur bei Sachverhalten empfohlen, bei denen eine Selbstanzeige bereits aus anderen Gründen geboten ist.[2391] Diese Ansicht ist nachvollziehbar, da eine Selbstanzeige nicht mehr reversibel ist. Zudem gibt das Unternehmen das Vorgehen aus der Hand und kann es nicht mehr kontrollieren.[2392] Diese Entscheidung ist daher im Einzelfall sorgfältig abzuwägen.

b) Zeitpunkt des Bestehens einer beschuldigtenähnlichen Stellung eines Unternehmens

Die Frage, ab welchem Zeitpunkt eine beschuldigtenähnliche Stellung eines Unternehmens anzunehmen ist, ist noch weitgehend umstritten.[2393] Das LG Braunschweig hat in einem Beschluss aus dem Jahr 2015 bereits die Befürchtung eines Betroffenen, dass gegen ihn ein Ermittlungsverfahren geführt wird, und die damit verbundene Kontaktaufnahme zu einem Rechtsanwalt zur strafrechtlichen Beratung als ausreichend angesehen.[2394] Diese

2386 Vgl. zur Kommunikation nur: Kämpfer/Travers in: MüKo StPO Band 1, § 148 Rn. 5a; im Ergebnis so auch: Köhler in: Meyer-Goßner/Schmitt, StPO, § 97 Rn. 10 c; Dann NJW 2015, 2609, 2612.

2387 Vgl. nur: Dann NJW 2015, 2609, 2612; Menges in: Löwe-Rosenberg, StPO Band 3/1, § 97 Rn. 86; im Ergebnis so auch: Schneider NStZ 2016, 308, 312.

2388 Vgl. nur: Wessing/Dann in: Bürkle/Hauschka/Schieffer, Der Compliance Officer, § 11 Rn. 38; Rieder/Menne CCZ 2018, 203, 208; Pelz CCZ 2018, 211, 217.

2389 Wessing/Dann in: Bürkle/Hauschka/Schieffer, Der Compliance Officer, § 11 Rn. 38.

2390 Detailliert zu den Risiken siehe: Rieder/Menne CCZ 2018, 203, 208.

2391 Park, Durchsuchung und Beschlagnahme, § 7 Rn. 1093.

2392 Wettner/Mann DStR 2014, 655, 656.

2393 Ghassemi-Tabar/Wenzl in: MHdB GesR Band 7, § 107 Rn. 128; Zedtwitz von Arnim/Cahnbley in: Dieners, Compliance im Gesundheitswesen, Kap. 9 Rn. 95.

2394 Vgl. nur: LG Braunschweig BeckRS 2015, 16005; so auch: vgl. LG Gießen BeckRS 2012, 15498; Schneider NStZ 2016, 308, 312.

Auffassung hat das BVerfG im Jahr 2018 von Verfassungs wegen als nicht geboten angesehen. Ferner wurden die Beauftragung einer internen Untersuchung oder eine anwaltliche Beratung auf Basis eines befürchteten Ermittlungsverfahrens als unzureichend erachtet. Stattdessen wurde ein Vergleich zu der nach § 97 Abs. 1 StPO bestimmten Voraussetzung einer Beschuldigtenstellung einer natürlichen Person gezogen. Demnach muss ein konkreter Verdacht der Strafverfolgungsbehörden gegen eine solche Person bestehen. Zudem begründet das BVerfG diese Auffassung damit, dass sich die Grenzen eines Beschlagnahmeschutzes ohne objektive Kriterien kaum zuverlässig bestimmen lassen.[2395]

Ferner folgte das LG Hamburg in einem Beschluss aus dem Jahr 2023 dem BVerfG, das sich seinerseits dem LG München I angeschlossen hat, wonach ein Unternehmen noch keine förmliche Verfahrensstellung eines Beteiligungsinteressenten haben muss.[2396] Ausreichend ist bereits, dass sich ein zukünftiges Verfahren anhand von tatsächlichen Anhaltspunkten bereits objektiv abzeichnet.[2397] Hierfür bedarf es einer *„hinreichende[n] Sicherheit"*[2398] bzw. einer *„ausreichende[n] Gewissheit"*[2399], dass das Unternehmen an einem zukünftigen Verfahren beteiligt sein wird.[2400] Dies entspricht einer ähnlichen Rechtslage wie bei beschuldigten natürlichen Personen.[2401]

Angelehnt an die Entscheidung des LG München I hat das BVerfG im Hinblick auf eine beschuldigtenähnliche Stellung einer juristischen Person, die aus einer Nebenbeteiligung im Zusammenhang mit einer nach § 30 OWiG normierten Verbandsgeldbuße resultiert, es als nicht notwendig erachtet, dass gegen eine Leitungsperson der juristischen Person nach § 30 Abs. 1 OWiG ein Straf- oder Bußgeldverfahren eingeleitet wurde.[2402] Stattdessen wurde es als ausreichend bewertet, dass ein *„‚hinreichende[r]' Verdacht"*[2403] für eine Straftat oder eine Verletzung der Aufsichtspflicht nach § 130 OWiG gegen eine bestimmte Leitungsperson vorliegt. Als nicht ausreichend wurde dagegen die bloße *„Möglichkeit oder Wahrscheinlichkeit eines Versto-*

2395 BVerfG NJW 2018, 2385, 2390 Rn. 95.

2396 Vgl. nur: BVerfG NJW 2018, 2385, 2389 Rn. 93; LG Hamburg NZWiSt 2023, 232, 234; Klengel/Buchert NStZ 2016, 383, 385.

2397 Vgl. nur: BVerfG NJW 2018, 2385, 2389 Rn. 93; LG Hamburg NZWiSt 2023, 232, 234; in der Literatur so auch: Köhler in: Meyer-Goßner/Schmitt, StPO, § 97 Rn. 10d.

2398 BVerfG NJW 2018, 2385, 2390 Rn. 93; LG Hamburg NZWiSt 2023, 232, 234.

2399 BVerfG NJW 2018, 2385, 2390 Rn. 93.

2400 BVerfG NJW 2018, 2385, 2390 Rn. 93.

2401 LG Hamburg NZWiSt 2023, 232, 234; Köhler in: Meyer-Goßner/Schmitt, StPO § 97 Rn. 10 d.

2402 BVerfG NJW 2018, 2385, 2389 f. Rn. 93; so auch: LG Hamburg NZWiSt 2023, 232, 234.

2403 BVerfG NJW 2018, 2385, 2390 Rn. 93; LG Hamburg NZWiSt 2023, 232, 234.

ßes einer Leitungsperson"[2404] erachtet.[2405] Der vom BVerfG als notwendig erachtete ‚hinreichende Verdacht' wurde dabei als Gegenbegriff zur Möglich- oder Wahrscheinlichkeit gewertet. Jedoch hat das BVerfG dadurch offengelassen, ob ein gesteigerter Verdachtsgrad notwendig ist und ob der Schutzbereich definiert werden soll, wie dies bei natürlichen Personen der Fall ist.[2406] Das LG Hamburg hat in seiner Entscheidung entgegen der Ansicht der Staatsanwaltschaft dargelegt, dass es sich bei dem „*‚hinreichenden' Verdacht*"[2407] nicht um einen „*hinreichenden Tatverdacht*"[2408] nach § 170 Abs. 1 StPO handelt, da dieser nicht dem Schutzzweck des § 97 StPO gerecht wird.[2409] Andernfalls würde eine beschuldigtenähnliche Stellung erst bei Abschluss der Ermittlungen und der Gewissheit bestehen, dass die für eine Anklageerhebung notwendigen Voraussetzungen vorliegen.[2410]

Von einer beschuldigtenähnlichen Stellung kann somit ausgegangen werden, wenn tatsächliche Anhaltspunkte dafür bestehen, dass das Unternehmen künftig als Verfahrensbeteiligter von einem Bußgeld betroffen sein wird oder Einziehungsinteressent ist.[2411] Fraglich ist indes, wann der Zeitpunkt besteht, dass sich für das Unternehmen objektiv abzeichnet, dass es zukünftig an einem Verfahren beteiligt sein wird. Denn unter Berücksichtigung des Opportunitätsprinzips nach § 47 Abs. 1 OWiG führt nicht jede begangene Straftat einer Leistungsperson zu einer Einleitung eines Ordnungswidrigkeitenverfahrens und damit zu einer Sanktionierung des Unternehmens.[2412] Eine absolute Sicherheit vor einer Beschlagnahme wird daher vereinzelt in der Literatur erst gesehen, wenn ein formales Ordnungswidrigkeitenverfahren eingeleitet wurde oder eine förmliche Stellung eines Unternehmens als Beteiligungs- oder Einziehungsinteressent besteht.[2413] Diese Ansicht ist nachvollziehbar, denn es besteht eine Unsicherheit, ob ein Unternehmen eine künftige Verfahrensbeteiligung objektiv abschätzen kann. Es ist hierdurch vielmehr zu erwarten, dass sich die Gerichte künftig mit dieser Fragestellung in Einzelfällen beschäftigen müssen.

2404 BVerfG NJW 2018, 2385, 2390 Rn. 93.
2405 BVerfG NJW 2018, 2385, 2390 Rn. 93.
2406 Oesterle NZWiSt 2023, 232, 236.
2407 LG Hamburg NZWiSt 2023, 232, 234.
2408 LG Hamburg NZWiSt 2023, 232, 234.
2409 LG Hamburg NZWiSt 2023, 232, 234; Oesterle NZWiSt 2023, 232, 236.
2410 Oesterle NZWiSt 2023, 232, 236.
2411 LG Hamburg NZWiSt 2023, 232, 234.
2412 Vgl. nur: Ghassemi-Tabar/Wenzl in: MHdB GesR Band 7, § 107 Rn. 130; so auch: Rieder/Menne CCZ 2018, 203, 208, wonach die Staatsanwaltschaft einen umfassenden Gestaltungsspielraum hat, kein Ermittlungsverfahren einzuleiten, obwohl eine Anzeige erstattet wurde; Wimmer NZWiSt 2017, 252, 253, wonach der Ermessensspielraum der Staatsanwaltschaft bei größeren Wirtschaftsstrafverfahren ‚Null' betragen wird.
2413 Ghassemi-Tabar/Wenzl in: MHdB GesR Band 7, § 107 Rn. 132.

c) Umfang des Beschlagnahmeschutzes in Konzernstrukturen

In der Entscheidung des BVerfG aus dem Jahr 2018 wurde ebenfalls der Umfang des Beschlagnahmeschutzes thematisiert. In dem zugrunde liegenden Sachverhalt hatte die Volkswagen AG als Muttergesellschaft die Kanzlei Jones Day u. a. mit einer internen Untersuchung bei der beschuldigten Tochtergesellschaft, der Audi AG beauftragt.[2414] Das BVerfG führte dahingehend aus, dass ein hohes Missbrauchspotenzial entstehen kann, wenn sich ein Beschlagnahmeschutz auf alle Mandatsverhältnisse erstreckt – unabhängig davon, ob bei den Mandanten eine Beschuldigtenstellung vorliegt.[2415] Zudem sei es von Verfassungs wegen nicht geboten, den Schutz vor einer Beschlagnahme auch auf die Tochtergesellschaft zu erstrecken, da sie nicht Auftraggeberin der internen Untersuchungen sei.[2416]

Dieser Einschätzung wird in der Literatur nicht ausnahmslos gefolgt. Vielmehr wird aufgrund gleicher Interessen, die sowohl bei der Mutter- als auch bei der Tochtergesellschaft bestehen, auch bei der Tochtergesellschaft zumindest eine mandatsähnliche Beziehung zu dem Anwalt angenommen, wenngleich die Tochtergesellschaft diesen nicht unmittelbar mandatiert hat.[2417] Der Konzern soll damit eher als Einheit betrachtet werden, da die Muttergesellschaft gegenüber der Tochtergesellschaft eine Aufsichtspflicht hat, zumal die Nachteile, die sich aus einer Sanktionierung ergeben, beide Gesellschaften treffen.[2418] Diese Ansicht ist auch nach der hier vertretenen Ansicht vorzugswürdig, wenngleich sich alternativ auch gesellschaftsübergreifende Mandatierungen anbieten würden.[2419]

d) Zwischenergebnis

Mit Rückgriff auf die Ausgangsfrage ist festzuhalten, dass Unternehmen grundsätzlich eine beschuldigtenähnliche Stellung einnehmen können.[2420] Indes ist unter Berücksichtigung der Jones-Day-Entscheidung des BVerfG nicht davon auszugehen, dass bereits die Befürchtung eines Ermittlungsverfahrens eine beschuldigtenähnliche Stellung begründet.[2421] Stattdessen

---

2414 Siehe hierzu ausführlicher Kapitel 2 D. II. 1.; BVerfG NJW 2018, 2385, 2385 sowie 2388 Rn. 84 f.

2415 BVerfG NJW 2018, 2385, 2389 Rn. 91.

2416 BVerfG NJW 2018, 2385, 2389 Rn. 104.

2417 Park/Eggers in: MAH WirtschaftsstrafR, § 11 Rn. 182; Park, Durchsuchung und Beschlagnahme, § 7 Rn. 1085.

2418 Oesterle WiJ 2018, 148, 153; Park, Durchsuchung und Beschlagnahme, § 7 Rn. 1085.

2419 Park, Durchsuchung und Beschlagnahme, § 7 Rn. 1093; so auch: Rieder/Menne CCZ 2018, 203, 208 f., die zudem die Grenzen ‚konzerndimensionaler Mandatierungen' aufzeigen.

2420 Siehe Kapitel 2 D. II. 3. a).

2421 Siehe Kapitel 2 D. II. 3. b).

kann es ausreichen, „*dass sich aufgrund tatsächlicher Anhaltspunkte eine künftige Verfahrensbeteiligung objektiv abzeichnet*"[2422].[2423] Nichtsdestotrotz besteht eine absolute Sicherheit vor einer Beschlagnahme nur dann, wenn ein Ordnungswidrigkeitenverfahren formal eingeleitet wurde oder das Unternehmen formal als Beteiligungs- oder Einziehungsinteressent gilt und ein Mandatsverhältnis[2424] zu einem Rechtsanwalt besteht. Bis dahin müssen Unternehmen mit einer Beschlagnahme rechnen.[2425] Um ein Beschlagnahmeverbot im Hinblick auf die Entscheidung des BVerfG nicht von vornherein auszuschließen, muss zudem auf die Mandatierung bei Konzernstrukturen geachtet werden.[2426]

4. Beschlagnahmeschutz nach § 97 Abs. 1 Nr. 3 StPO ohne Vertrauensverhältnis?

Mit § 97 Abs. 1 StPO wird das Vertrauensverhältnis eines Beschuldigten zu seinem Zeugnisverweigerungsberechtigten geschützt. Im Kontext interner Untersuchungen mandatiert das Unternehmen lediglich die Rechtsanwälte, die die Sachverhaltsaufklärung durchführen. Indes erfolgt keine Mandatierung durch den beschuldigten Mitarbeiter. Damit wird über § 97 Abs. 1 StPO allein das Verhältnis zwischen Rechtsanwalt und Unternehmen geschützt,[2427] nicht jedoch der unmittelbar Beschuldigte.[2428] Etwas anderes könnte jedoch gelten, wenn nach § 97 Abs. 1 Nr. 3 StPO der Beschlagnahmeschutz auch dann Anwendung finden würde, wenn kein Vertrauensverhältnis vorliegt.

Nach Nr. 3 unterliegen Gegenstände, wozu auch ärztliche Untersuchungsbefunde gehören, auf die sich das Zeugnisverweigerungsrecht der in § 53 Abs. 1 S. 1 Nr. 1 bis 3b StPO genannten Personen erstreckt, nicht der Beschlagnahme. Zu dem Begriff ‚Gegenstände' hat das LG Hamburg ebenso „*gegenständliche Erklärungen wie beispielsweise Geschäftspapiere [gezählt], über deren Inhalt der Zeugnisverweigerungsberechtigte nicht auszusagen bräuchte, sofern sie ihm mündlich mitgeteilt worden wären*"[2429]. Auch Unterlagen aus internen Untersuchungen werden in der Literatur vereinzelt

2422 LG Hamburg NZWiSt 2023, 232, 234.

2423 Vgl. nur: BVerfG NJW 2018, 2385, 2389; LG Hamburg NZWiSt 2023, 232, 234; Köhler in: Meyer-Goßner/Schmitt, StPO, § 97 Rn. 10d.

2424 Hille, Kooperation von Unternehmen, S. 165.

2425 Ghassemi-Tabar/Wenzl in: MHdB GesR Band 7, § 107 Rn. 132.

2426 Siehe Kapitel 2 D. II. 3. d).

2427 Vgl. nur: BVerfG NJW 2018, 2385, 2388 Rn. 79; vgl. LG Hamburg NJW 2011, 942, 943; Wohlers/Singelnstein in: Wolter/Deiters, SK-StPO Band 2, § 97 Rn. 31.

2428 Vgl. nur in diese Richtung etwa nur: BVerfG NJW 2018, 2385, 2387 Rn. 72; vgl. von Galen NJW 2011, 945, 945; Wohlers/Singelnstein in: Wolter/Deiters, SK-StPO Band 2, § 97 Rn. 31.

2429 LG Hamburg NZWiSt 2023, 232, 234; ähnlich auch: Hauschild in: MüKo StPO Band 1, § 97 Rn. 36.

zu den geschützten Gegenständen nach § 97 Abs. 1 Nr. 3 StPO gezählt.[2430] Das LG Berlin hat darunter auch Buchungs- und Geschäftsunterlagen[2431] subsumiert, die regelmäßig Bestandteil von internen Untersuchungen sein können. Diese Unterlagen sollen dann vor einer Beschlagnahme geschützt sein, wenn sie einen Aussagegehalt aufweisen, der das Vertrauensverhältnis betrifft.[2432] Jedoch soll für Unterlagen, für die das Unternehmen eine gesetzliche Aufbewahrungs- und Vorlagepflicht hat, gerade kein Beschlagnahmeschutz gelten.[2433] Dies wird damit begründet, dass diese Unterlagen zu dem Zweck angefertigt worden seien, dass Behörden sie überprüfen könnten.[2434] Diese Frage soll jedoch nicht Gegenstand der weiteren Erörterung sein.

a) Meinungsstand für ein Vertrauensverhältnis zur Anwendung von § 97 Abs. 1 Nr. 3 StPO

Die herrschende Meinung sieht in § 97 Abs. 1 Nr. 3 StPO eine Erweiterung des Beschlagnahmeverbots in den Nr. 1 und 2, wofür ebenfalls eine Beschuldigtenstellung notwendig ist.[2435] Hierdurch sind Unterlagen aus internen Untersuchungen wie Interviewprotokolle, die von der vom Unternehmen mandatierten Anwaltskanzlei angefertigt wurden, beschlagnahmefähig.[2436] Untermauert wird diese Ansicht insbesondere mit einem Beschluss des BVerfG[2437] aus dem Jahr 2018 sowie der Entscheidung des EGMR[2438] aus dem Jahr 2024. Indes ging es in dem Beschluss des BVerfG um die Frage, ob die Entscheidung der Vorinstanz frei von Willkür und Verstößen gegen das Verfassungsrecht war.[2439] Eine Entscheidung über die einfachgesetzliche

2430 Pelz CCZ 2018, 211, 213; Wessing ZWH 2012, 6, 9.

2431 LG Berlin NJW 1990, 1058, 1058; siehe hierzu auch exemplarisch Stimmen aus der Literatur: Köhler in: Meyer-Goßner/Schmitt, StPO, § 97 Rn. 30; Park, Durchsuchung und Beschlagnahme, § 3 Rn. 609; Wohlers/Singelnstein in: Wolter/Deiters, SK-StPO Band 2, § 97 Rn. 16, die ebenfalls Geschäftsunterlagen von Nr. 3 umfasst sehen.

2432 Vgl. nur: Menges in: Löwe-Rosenberg, StPO Band 3/1, § 97 Rn. 119; Michalke, Strafprozessuale Zwangsmaßnahmen, Rn. 623; Greven in: KK-StPO, § 97 Rn. 15.

2433 LG Halle BeckRS 2017, 123356 Rn. 10, 12, wonach aufbewahrungspflichtige Unterlagen beim Steuerberater keinen Beschlagnahmeschutz erhalten haben; Greven in: KK-StPO, § 97 Rn. 15.

2434 Vgl. im Ergebnis so auch: LG Braunschweig NJW 1978, 2108, 2109; Menges in: Löwe-Rosenberg, StPO Band 3/1, § 97 Rn. 76; Pelz/Riederer ZWH 2022, 273, 276.

2435 Vgl. nur: BVerfG NJW 2018, 2385, 2387 Rn. 80; LG Bonn BeckRS 2012, 18104; Baur NZG 2018, 1092, 1093; Goeckenjan, FS Samson, S. 641, 654; im Ergebnis so auch: Köhler in: Meyer-Goßner/Schmitt, StPO, § 97 Rn. 10a.

2436 Greven in: KK-StPO, § 97 Rn. 14a.

2437 BVerfG NJW 2018, 2385, 2387 Rn. 72.

2438 EGMR BeckRS 2024, 32743.

2439 Vgl. nur: BVerfG NJW 2018, 2385, 2387 Rn. 69; hierzu ebenso: Oesterle WiJ 2018, 148, 149 und Vogtmeier, Arbeitnehmerdatenschutz bei internen Untersuchungen, S. 474.

Rechtsanwendung sowie deren Auslegung war dagegen nicht die Aufgabe des BVerfG.[2440] Der EGMR hatte nunmehr zu prüfen, ob die Rechte der Beschwerdeführer nach Art. 8 Abs. 1 EMRK durch die verfassungsgerichtliche Auslegung der StPO verletzt wurden; entschied jedoch, dass der Eingriff gerechtfertigt war. Ferner hat der EGMR festgestellt, dass die Auslegung der §§ 97 und 160a StPO durch das BVerfG mit der vorherrschenden inländischen Rechtsprechung und -lehre übereinstimmt.[2441] Eine Auseinandersetzung des EGMR mit dem gegensätzlichen Meinungsstand, der das BVerfG nicht gefolgt ist, erfolgte jedoch nicht.[2442]

Aus Sicht des BVerfG war die Entscheidung des LG München I verfassungsrechtlich nicht zu beanstanden, wonach § 97 Abs. 1 Nr. 3 StPO ebenso wie § 97 Abs. 1 und 2 StPO ein Vertrauensverhältnis zwischen einem Berufsgeheimnisträger und dem Beschuldigten in einem konkreten Ermittlungsverfahren voraussetzt.[2443] Diese Auslegung der Regelung ist dem BVerfG zufolge darüber hinaus nicht willkürlich, sondern steht im Einklang mit der historischen, systematischen, wortlautbezogenen und teleologischen Auslegung der Norm.[2444] Durch eine Ausdehnung des Beschlagnahmeschutzes gemäß § 97 Abs. 1 Nr. 3 StPO auf sämtliche Gegenstände derer, die nach § 53 Abs. 1 Nr. 2 Nr. 1–3 b StPO vom Zeugnisverweigerungsrecht umfasst sind, würde der Regelungsinhalt des § 97 Abs. 1 und 2 StPO *„vollständig absorbier[t] und beide Vorschriften obsolet"*[2445] werden.[2446]

Eine erweiterte Auslegung von § 97 Abs. 1 Nr. 3 StPO ist aus Sicht des BVerfG von Verfassungs wegen zudem nicht geboten.[2447] Dies wurde zum einen damit begründet, dass *„das verfassungsrechtliche Gebot einer effektiven Strafverfolgung und das öffentliche Interesse an vollständiger Wahrheitsermittlung im Strafverfahren"*[2448] dem Interesse des Mandanten am Schutz der Informationen gegenüberstehen, die er seinem Berufsgeheimnisträger anvertraut hat.[2449] Es sei verfassungsrechtlich nicht zu beanstanden, dass das Interesse an der Strafverfolgung vorrangig zum Geheimhaltungs-

---

2440 BVerfG NJW 2018, 2385, 2387 Rn. 69; hierzu auch: Vogtmeier, Arbeitnehmerdatenschutz bei internen Untersuchungen, S. 474.

2441 EGMR BeckRS 2024, 32743 Rn. 15.

2442 Siehe hierzu sogleich.

2443 BVerfG NJW 2018, 2385, 2387 f. Rn. 72, 79, 80.

2444 BVerfG NJW 2018, 2385, 2388 Rn. 80; a.A. Vogtmeier, Arbeitnehmerdatenschutz bei internen Untersuchungen, S. 476 f.

2445 BVerfG NJW 2018, 2385, 2389 Rn. 85.

2446 BVerfG NJW 2018, 2385, 2389 Rn. 85; in der Literatur so auch: Menges in: Löwe-Rosenberg, StPO Band 3/1, § 97 Rn. 21; im Ergebnis ebenso: Erb, FS Kühne, S. 171, 172.

2447 BVerfG NJW 2018, 2385, 2389 Rn. 88.

2448 BVerfG NJW 2018, 2385, 2389 Rn. 89.

2449 BVerfG NJW 2018, 2385, 2389 Rn. 89.

interesse eines Mandanten gesehen wird, wenn die Beschlagnahme außerhalb des Verhältnisses zwischen Berufsgeheimnisträger und Beschuldiger stattfindet. Eine Ausweitung des Schutzes des § 97 Abs. 1 Nr. 3 StPO auf Beschlagnahmen außerhalb eines solchen Verhältnisses würde den Schutz vor Beschlagnahmen zu stark erweitern, was dazu führt, dass Beschlagnahmen nur noch bei unverdächtigen Berufsgeheimnisträgern erlaubt sind, wenn sie von Beginn an auf die Erlangung von Gegenständen abzielen, die nicht vom Zeugnisverweigerungsrecht abgedeckt sind.[2450] Zum anderen besteht bei einer weiteren Auslegung der Vorschrift ein hohes Missbrauchspotenzial, wodurch Beweismittel dem Zugriff der Strafverfolgungsbehörden entzogen werden würden und der Rechtsanwalt dabei als ‚Safehouse' genutzt werden könnte.[2451]

Auch das LG Hamburg nahm im Jahr 2010 an, dass Interviewprotokolle aus internen Untersuchungen, die sich bei der ermittelnden Kanzlei befunden haben, beschlagnahmefähig sind. Diese Entscheidung basierte auf der Argumentation, dass § 97 Abs. 1 Nr. 3 StPO *„der Sinn zu[geschrieben werde], den Anwendungsbereich des Beschlagnahmeverbots auf ‚andere Gegenstände' als die in Abs. 1 Nr. 1 und Nr. 2 genannten zu erweitern, nicht dagegen der Zweck, das Beschlagnahmeverbot nunmehr umfassend und unter Einschluss am Strafverfahren nicht direkt beteiligter Dritter zu erweitern, wodurch die Ausdifferenzierung des für den Beschuldigten geltenden Beschlagnahmeschutzes aus Abs. 1 Nr. 1 und 2 teilweise unterlaufen würde"*[2452]. Somit sei der Beschlagnahmeschutz nach § 97 Abs. 1 Nr. 3 StPO im Kontext der Abs. 1 und 2 zu lesen, da diese Abs. andernfalls in Teilen entbehrlich wären.[2453]

Dieser Ansicht schloss sich das LG Bonn im Jahr 2012 an, während die Beschlagnahme im dort verhandelten Beschluss in den Räumlichkeiten des Unternehmens stattfand. Allerdings befasste es sich ebenfalls mit der Auslegung von § 97 Abs. 1 Nr. 3 StPO und sah die Notwendigkeit, den Wortlaut eingeschränkt auszulegen, zumal es ein Vertrauensverhältnis zwischen Beschuldigten und Zeugnisverweigerungsberechtigten annahm.[2454]

Verdeutlicht wird die herrschende Meinung ebenfalls durch die Bestrebungen im VerSanG-E, die Beschlagnahmeregelung nach § 97 Abs. 1 Nr. 3 StPO zu überarbeiten und um ein Vertrauensverhältnis des Beschuldigten zu einem Zeugnisverweigerungsberechtigten zu ergänzen.[2455]

2450 BVerfG NJW 2018, 2385, 2389 Rn. 90.
2451 BVerfG NJW 2018, 2385, 2389 Rn. 91.
2452 LG Hamburg NJW 2011, 942, 943.
2453 Schuster NZWiSt 2012, 28, 29.
2454 LG Bonn BeckRS 2012, 18104.
2455 Siehe hierzu sogleich in Kapitel 3 D. II. 1. b) aa); BMJV, VerSanG Regierungsentwurf 2020, S. 37.

b) Meinungsstand gegen ein Vertrauensverhältnis zur Anwendung von § 97 Abs. 1 Nr. 3 StPO

Ferner wird die Gegenansicht vertreten, dass § 97 Abs. 1 Nr. 3 StPO kein Vertrauensverhältnis zwischen einem Beschuldigten und einem Zeugnisverweigerungsberechtigten erfordert. Diese Auffassung wird insbesondere von Teilen der Literatur[2456] sowie vom LG Mannheim[2457] geteilt, das in einem Beschluss aus dem Jahr 2012 für Unterlagen aus internen Untersuchungen ein Beschlagnahmeverbot nach § 97 Abs. 1 Nr. 3 StPO und ergänzend nach § 160a Abs. 1 StPO anerkannt hat. Dies hätte zur Folge, dass sich der Schutz vor einer Beschlagnahme auch auf sonstige Gegenstände erstrecken würde, die dem Verteidiger von einem Nichtbeschuldigten übergeben würden. Zudem könnten dann auch Drittgeheimnisse[2458] geschützt sein.

Dieser Gegenauffassung steht auch die Auffassung des BVerfG nicht entgegen, das nur geprüft hat, ob das LG München I mit seiner Entscheidung Verfassungsrecht verletzt hat oder ob die Erwägungen willkürlich waren.[2459] Indes prüfte das BVerfG nicht die einfachgesetzliche Rechtsanwendung sowie deren Auslegung.[2460] Gleiches gilt für die Entscheidung des EGMR.[2461]

Dieser Ansicht ist dahingehend zuzustimmen, dass das BVerfG die Vertretbarkeit der Entscheidung des LG München I an einigen Stellen klargestellt sowie die Verfassungsmäßigkeit nicht beanstandet hat.[2462] So stellte es fest, dass das Verfassungsrecht auch nicht verletzt sei, *„[s]oweit die Fachgerichte davon ausgegangen sind, § 97 I Nr. 3 StPO begründe ebenso wie § 97 I Nr. 1 und 2 StPO ein Beschlagnahmeverbot nur im Rahmen eines Vertrauensverhältnisses zwischen einem Berufsgeheimnisträger und dem im konkreten Ermittlungsverfahren Beschuldigten*“[2463]. Aus Sicht der Literatur[2464] werde hiermit nur attestiert, dass keine Verfassungswidrigkeit bestehe, nicht

2456 Vgl. nur: Jahn ZIS 2011, 453, 460; Nienaber, Compliancebasierte unternehmensinterne Ermittlungen, S. 319, 322; Vogtmeier, Arbeitnehmerdatenschutz bei internen Untersuchungen, S. 488.

2457 LG Mannheim NZWiSt 2012, 424, 425 Rn. 58.

2458 Siehe hierzu sogleich.

2459 BVerfG NJW 2018, 2385, 2387 Rn. 69.

2460 Vgl. nur: BVerfG NJW 2018, 2385, 2387 Rn. 69; Vogtmeier, Arbeitnehmerdatenschutz bei internen Untersuchungen, S. 474; so auch: Gercke GA 2020, 122, 135; dahingehend auch: Veit, Compliance und interne Ermittlungen, Rn. 339.

2461 EGMR BeckRS 2024, 32743 Rn. 15.

2462 BVerfG NJW 2018, 2385, 2388 Rn. 80: *„Auch § 97 I Nr. 3 StPO schütze nur das Vertrauensverhältnis zwischen einem Berufsgeheimnisträger und dem im konkreten Strafverfahren Beschuldigten. Diese Auslegung von § 97 I Nr. 3 StPO ist nicht willkürlich.“*

2463 BVerfG NJW 2018, 2385, 2389 Rn. 79.

2464 Vgl. nur: Vogtmeier, Arbeitnehmerdatenschutz bei internen Untersuchungen, S. 475; Park, Durchsuchung und Beschlagnahme, § 3 Rn. 617; Gercke GA 2020, 122, 136 f.

jedoch, dass eine gegenteilige Ansicht unvertretbar oder verfassungswidrig sei. Auf Basis der noch nicht final geklärten Rechtslage wurde deshalb angenommen, dass auch ein anderes Auslegungsergebnis vertretbar sei.[2465]

Gegen die Annahme eines Vertrauensverhältnisses in § 97 Abs. 1 Nr. 3 StPO werden zahlreiche Gründe angeführt. Dies betrifft mitunter den Wortlaut der Norm, denn hierbei wird – anders als in den Nr. 1 und 2 – nicht der Begriff eines ‚Beschuldigten' verwendet.[2466] Die Argumentation, der Gesetzgeber habe schlicht ‚vergessen', die Beschuldigten in Nr. 3 aufzunehmen, wird zum Teil als fraglich erachtet.[2467] Mit Rückgriff auf die Gesetzesentwurfsbegründung im dritten Strafrechtsänderungsgesetz von 1952 werde deutlich, dass auch mit der Nr. 3 ausgeschlossen werden sollte, dass § 53 Abs. 1 Nr. 3 StPO umgangen werde.[2468] Diese Norm solle mit § 97 Abs. 1 Nr. 3 StPO gerade flankiert werden, was gegen die Annahme eines Vertrauensverhältnisses spreche, da andernfalls das Zeugnisverweigerungsrecht nach § 52 f. StPO umgangen werden würde.[2469] Denn nach § 53 Abs. 1 Nr. 1 bis 3b StPO sind u. a. Verteidiger (Nr. 2) und Rechtsanwälte (Nr. 3) zur Verweigerung des Zeugnisses über Informationen berechtigt, die ihnen in dieser Eigenschaft von denjenigen anvertraut oder bekannt gemacht wurden, die ihre Hilfe und ihre Sachkenntnisse in Anspruch nehmen wollten.[2470] Dem dadurch geschaffenen Vertrauensverhältnis soll nicht die Besorgnis entgegenstehen, der Zeugnisverweigerungsberechtigte könnte als Zeuge vernommen werden.[2471]

2465 Vogtmeier, Arbeitnehmerdatenschutz bei internen Untersuchungen, S. 475.

2466 Vgl. nur: Krekeler NStZ 1987, 199, 201; Nienaber, Compliancebasierte unternehmensinterne Ermittlungen, S. 318, wonach aus der Wortwahl kein Vertrauensverhältnis erforderlich sei; Vogtmeier, Arbeitnehmerdatenschutz bei internen Untersuchungen, S. 476; Park, Durchsuchung und Beschlagnahme, § 3 Rn. 617; Kämpfer/Schwerdtfeger WPg 2019, 236, 239; Gercke GA 2020, 122, 135; Gerhold in: BeckOK StPO, § 97 Rn. 26; Dann/Zülich ZRFC 2011, 267, 272; a. A. Menges in: Löwe-Rosenberg, StPO Band 3/1, § 97 Rn. 21.

2467 Knauer NStZ 2019, 159, 166; Nienaber, Compliancebasierte unternehmensinterne Ermittlungen, S. 318, die ein Redaktionsversehen basierend auf der Gesetzesbegründung ausschließt.

2468 BT-Drs. I/3713, S. 49; Nienaber, Compliancebasierte unternehmensinterne Ermittlungen, S. 318.

2469 Vgl. nur: Nienaber, Compliancebasierte unternehmensinterne Ermittlungen, S. 318; Ignor NJW 2007, 3403, 3403; vgl. Dann/Zülich ZRFC 2011, 267, 272; vgl. zum Zusammenspiel der Normen auch: Momsen NJW 2018, 2362, 2364.

2470 Vgl. nur: OLG Frankfurt a. M. BeckRS 2001, 30200839; Schmitt in: Meyer-Goßner/Schmitt, StPO, § 53 Rn. 1; Kreicker in: MüKo StPO Band 1, § 53 Rn. 1.

2471 Vgl. nur: BVerfG NJW 1975, 588, 589, im Zusammenhang mit dem Zeugnisverweigerungsrecht eines Tierarztes im Strafverfahren; LG Köln NJW 1959, 1598, 1598, im Hinblick auf das Vertrauensverhältnis zwischen Zeuge und Arzt bzw. Arztgehilfe; Bader in: KK-StPO, § 53 Rn. 1.

Dritte sollen ebenso darauf vertrauen können, dass das, was sie dem Berufsgeheimnisträger anvertraut haben, nicht beschlagnahmt werden kann.[2472] Damit sollen auch Unterlagen einem Beschlagnahmeverbot unterliegen, die nicht der Beschuldigte dem Verteidiger zum Zweck der Verteidigung übergeben hat, sondern ein Dritter.[2473] Dadurch wird angenommen, dass jegliche Informationen – unabhängig davon, ob sie vom Beschuldigten oder Nichtbeschuldigten stammen – dem Schutz des § 53 Abs. 1 Nr. 3 StPO unterfallen. Daher muss § 97 Abs. 1 Nr. 3 StPO entsprechend extensiv ausgelegt werden, damit eine Umgehung des Zeugnisverweigerungsrechts nach § 53 Abs. 1 Nr. 3 StPO ausgeschlossen werden kann.[2474] Da § 97 Abs. 1 Nr. 3 StPO ausdrücklich an das Zeugnisverweigerungsrecht gemäß § 53 Abs. 1 Nr. 1 bis 3b StPO anknüpft, sind von einem Beschlagnahmeverbot ebenfalls ‚Drittgeheimnisse' geschützt.[2475] Hierbei gilt: *„was der Mund nicht zu offenbaren braucht, darf auch der Hand nicht entrissen werden.“*[2476] Drittgeheimnisse sind im Kontext interner Untersuchungen dann relevant, wenn ein Zeugnisverweigerungsberechtigter im Rahmen eines geschützten Vertrauensverhältnisses Gegenstände in Gewahrsam hat, aus denen Straftaten von Dritten und nicht des Beschuldigten hervorgehen.[2477]

Zudem werde der Anwendungsbereich des § 97 Abs. 1 Nr. 3 StPO durch eine restriktive Auslegung zu stark eingeschränkt. Während § 97 Abs. 1 Nr. 2 StPO alle Aufzeichnungen umfasst, die der Zeugnisverweigerungsberechtigte erstellt hat, sind unter Nr. 3 nur noch solche Beweismittel zu fassen, die nicht verschriftlicht wurden.[2478] Dazu sind bspw. Blutproben zu zählen, die bei internen Untersuchungen jedoch keine Relevanz aufweisen.[2479]

2472 Nienaber, Compliancebasierte unternehmensinterne Ermittlungen, S. 319; vgl. Jahn ZIS 2011, 453, 456.

2473 Vgl. nur: OLG Koblenz BeckRS 1995, 31161753; Greven in: KK-StPO; § 97 Rn. 14; Park, Durchsuchung und Beschlagnahme, § 3 Rn. 616.

2474 Nienaber, Compliancebasierte unternehmensinterne Ermittlungen, S. 319; vgl. zum Verhältnis von §§ 97 und 53 Abs. 1 Nr. 3 StPO mit der Conclusio, dass § 97 Abs. 1 Nr. 3 StPO unter Berücksichtigung von § 53 Abs. 1 StPO wortgetreu auszulegen ist: Jahn ZIS 2011, 453, 456.

2475 Park, Durchsuchung und Beschlagnahme, § 3 Rn. 617; ähnlich: Bader in: KK-StPO § 53 Rn. 16.

2476 Dünnebier in: Schultz/Dünnebier/Eek, Das Problem einer Sonderstellung der Presse im Strafverfahren, S. 39, 44; Park, Durchsuchung und Beschlagnahme, § 3 Rn. 617.

2477 Park, Durchsuchung und Beschlagnahme, § 3 Rn. 617; zu Drittgeheimnissen vgl. auch: Krekeler NStZ 1987, 199, 201.

2478 Vogtmeier, Arbeitnehmerdatenschutz bei internen Untersuchungen, S. 477; Nienaber, Compliancebasierte unternehmensinterne Ermittlungen, S. 318.

2479 Nienaber, Compliancebasierte unternehmensinterne Ermittlungen, S. 318.

Als weiteres Argument gegen die Annahme eines Vertrauensverhältnisses bei § 97 Abs. 1 Nr. 3 StPO wird die freie Advokatur herangezogen.[2480] Die Grundsatz ‚Freiheit der Advokatur' ist in der Überschrift von § 1 der Berufsordnung für Rechtsanwälte zu finden, mit dem schlagwortartig die staatliche Unabhängigkeit des Anwalts festgehalten wird.[2481] Unter Berücksichtigung des Grundgesetzes soll der Anwaltsberuf frei und unreglementiert sowie selbstbestimmt von jedem Rechtsanwalt ausgeübt werden.[2482] Dabei liegt nicht nur ein individuelles Interesse der Rechtsanwälte oder Rechtssuchenden vor, dass die anwaltliche Berufsausübung vor staatlichen Kontrollen und Bevormundungen geschützt ist. Als „*Organ der Rechtspflege*"[2483], wie dies in § 1 der Bundesrechtsanwaltsordnung (kurz: BRAO) normiert ist, ist ein Rechtsanwalt dazu berufen, die Interessen seines Mandanten zu vertreten.[2484] Dabei wird der Rechtsanwalt vom BVerfG als „*unabhängige[r] Berater und Beistand*"[2485] angesehen. In einem Beschluss aus dem Jahr 1983 wird der Rechtsanwalt vom BVerfG neben Staatsanwälten und Richtern zudem als „*eine eigenständige wichtige Funktion im ‚Kampf um das Recht'*"[2486] erachtet.

Unter Berücksichtigung der vom BVerfG herausgestellten Funktion von Rechtsanwälten treten Stimmen der Literatur dem Beschluss des BVerfG aus dem Jahr 2018 entschieden entgegen, wonach diese ihre Stellung zu Missbrauchszwecken nutzen können.[2487] Die Missbrauchsbedenken des BVerfG wurden in der Literatur[2488] zudem den Vorkehrungen aus der StPO gegenübergestellt, wonach nach § 97 Abs. 2 S. 2 StPO kein Beschlagnahmeverbot anzunehmen ist, wenn gegen den Berufsgeheimnisträger der Verdacht einer Straftat besteht oder „*wenn es sich um Gegenstände handelt, die durch eine Straftat hervorgebracht oder zur Begehung einer Straftat gebraucht oder*

2480 Vgl. nur: Jahn ZIS 2011, 453, 458; Vogtmeier, Arbeitnehmerdatenschutz bei internen Untersuchungen, S. 483 f.; Nienaber, Compliancebasierte unternehmensinterne Ermittlungen, S. 320.

2481 Römermann in: BeckOK BORA, § 1 Rn. 4; siehe zur historischen Entwicklung des anwaltlichen Berufsrechts: Römermann, Anwaltliches Berufsrecht, S. 1 ff.

2482 Vgl. nur: BVerfG NJW 2004, 1305, 1307; BVerfG NJW 2007, 2317, 2318; Bauckmann in: Weyland, BRAO, § 43 Rn. 1.

2483 Vgl. nur: BVerfG NJW 1960, 139, 140; BVerfG NJW 2004, 1305, 1307; BVerfG NJW 2005, 1917, 1919.

2484 Vgl. nur: BVerfG NJW 1960, 139, 140; BVerfG NJW 2004, 1305, 1307; BVerfG NJW 2005, 1917, 1919.

2485 BVerfG NJW 2004, 1305, 1307.

2486 BVerfG NJW 1983, 1535, 1536.

2487 Vgl. nur: Vogtmeier, Arbeitnehmerdatenschutz bei internen Untersuchungen, S. 485; kritisch zu der Ansicht des BVerfG in der Jones-Day-Entscheidung zudem: Knauer NStZ 2019, 164, 166; Lilie-Hutz/Ihwas NZWiSt 2018, 349, 352; Uwer/van Ermingen-Mahlbach Anwbl 2018, 470, 472.

2488 Vogtmeier, Arbeitnehmerdatenschutz bei internen Untersuchungen, S. 485; Uwer/van Ermingen-Mahlbach Anwbl 2018, 470, 472.

bestimmt sind oder die aus einer Straftat herrühren". Mit dem zugunsten der Strafverfolgung eingeschränkten Beschlagnahmeschutz wird die freie Advokatur folglich stark beschnitten.[2489]

Daneben wird in der Ansicht der herrschenden Meinung zudem die Problematik gesehen, dass ohne die extensive Auslegung des § 97 Abs. 1 Nr. 3 StPO und das damit verbundene Beschlagnahmerisiko Unternehmen bei der Durchführung interner Untersuchungen gehemmt werden können.[2490]

Angesichts dieser zahlreichen Gründe gegen die restriktive Auslegung des § 97 Abs. 1 Nr. 3 StPO wird sich vielmehr dafür ausgesprochen, die Vorschrift dahingehend auszulegen, dass auch Gegenstände von einer Beschlagnahme ausgenommen sind, die einem Zeugnisverweigerungsberechtigten zum Zweck der Verteidigung des Beschuldigten von einem Dritten übergeben wurden.[2491] Gleiches gilt nach dieser Ansicht für Unterlagen, die Drittgeheimnisse beinhalten.[2492] Dennoch beschlagnahmte Unterlagen sollen einem Beweisverwertungsverbot unterliegen.[2493]

c) *Stellungnahme*

Neben der herrschenden Meinung, wonach ein Beschlagnahmeverbot nach § 97 Abs. 1 Nr. 3 StPO abzulehnen ist, wenn kein Vertrauensverhältnis zwischen einem Beschuldigten und seinem Zeugnisverweigerungsberechtigten vorliegt,[2494] gibt es somit eine starke Gegenmeinung.[2495] Die Möglichkeit hierzu wurde durch die Jones-Day-Entscheidung des BVerfG eröffnet, in der festgestellt wurde, dass die Ansicht des LG München I auch im Zusammenhang mit der Auslegung von § 97 Abs. 1 Nr. 3 StPO nicht willkürlich ist oder gegen die Verfassung verstößt.[2496] Unter Berücksichtigung von § 53 Abs. 1 Nr. 1 bis 3b StPO erscheint es jedoch auch nach der hier vertretenen Ansicht fraglich, den Anwendungsbereich des § 97 Abs. 1 Nr. 3 StPO derart einzu-

2489 Vgl. nur: in die Richtung auch: Jahn/Kirsch StV 2011, 151, 154; Nienaber, Compliancebasierte unternehmensinterne Ermittlungen, S. 320; Vogtmeier, Arbeitnehmerdatenschutz bei internen Untersuchungen, S. 485.

2490 Vogtmeier, Arbeitnehmerdatenschutz bei internen Untersuchungen, S. 482.

2491 Vgl. nur: Nienaber, Compliancebasierte unternehmensinterne Ermittlungen, S. 321; ähnlich: Park, Durchsuchung und Beschlagnahme, § 3 Rn. 618; Vogtmeier, Arbeitnehmerdatenschutz bei internen Untersuchungen, S. 487 f.; Kämpfer/Schwerdtfeger WPG 2019, 236, 240 vertreten diese Ansicht für das Vertrauensverhältnis zwischen Wirtschaftsprüfern und nichtbeschuldigten Dritten; im Ergebnis so auch: Gerhold in: BeckOK StPO, § 97 Rn. 28.

2492 Park, Durchsuchung und Beschlagnahme, § 3 Rn. 617.

2493 Vgl. nur: Greven in: KK-StPO, § 97 Rn. 9; Nienaber, Compliancebasierte unternehmensinterne Ermittlungen, S. 321; Hauschild in: MüKo StPO Band 1, § 97 Rn. 63.

2494 Siehe Kapitel 2 D. II. 4. a).

2495 Siehe Kapitel 2 D. II. 4. b).

2496 Siehe Kapitel 2 D. II. 4. a).

schränken, dass davon nicht auch Nichtbeschuldigte umfasst werden, die der Verteidigung dienende Informationen überlassen haben.[2497] Denn § 53 StPO umfasst gerade auch Tatsachen, die dem Zeugnisverweigerungsberechtigten von einem Dritten mitgeteilt wurden.[2498] Von Relevanz ist vielmehr, dass diese Informationen dem Berufsgeheimnisträger in einem funktionalen Zusammenhang mit dessen Berufsausübung zur Kenntnis gelangt sind.[2499]

Auch die weiteren Einwände der Gegenansicht erscheinen nach der hier vertretenen Ansicht nachvollziehbar.[2500] Insbesondere führt die restriktive Auslegung der Vorschrift zu einem Dilemma für Unternehmen. Während sie gesellschaftsrechtlich dazu verpflichtet sind, interne Untersuchungen durchzuführen, könnte das Beschlagnahmerisiko für diese Unterlagen gleichzeitig bedeuten, dass sie ihre eigene Verurteilung begründen würden. Um dies zu verhindern, könnten interne Untersuchungen so durchgeführt werden, dass so wenig wie möglich verschriftlicht wird, um keine sonstigen Gegenstände zu produzieren, die beschlagnahmt werden könnten. Dies erscheint in der Praxis unpraktikabel und könnte zur Einschränkung der Handlungsfreiheit von Ermittlerteams und Rechtsanwälten führen, die interne Untersuchungen durchführen.

Nach der hier vertretenen Ansicht wird daher der Gegenansicht gefolgt, die einen Beschlagnahmeschutz für sonstige Gegenstände – und damit Unterlagen aus internen Untersuchungen – bejaht. Dies gilt auch, wenn die Unterlagen nicht unmittelbar von dem Beschuldigten, sondern von Nichtbeschuldigten erstellt wurden. Das Vertrauensverhältnis umfasst damit auch Mitarbeiter, die nicht formell beschuldigt, aber betroffen sind.

5. Beweismittel im Gewahrsam eines Zeugnisverweigerungsberechtigten

Beweismittel sind nicht beschlagnahmefähig, wenn sie sich nach § 97 Abs. 2 S. 1 HS. 1 StPO im Gewahrsam eines Zeugnisverweigerungsberechtigten befinden. Mit Verlassen des geschützten Bereichs und der Möglichkeit der Kenntniserlangung durch zeugnispflichtige Dritte verliert das Beweismittel seine Schutzwürdigkeit.[2501] Dabei wird unter dem Gewahrsam die vom na-

---

2497 Siehe Kapitel 2 D. II. 4. b).

2498 Vgl. nur: Gercke in: Gercke/Temming/Zöller, StPO, § 53 StPO Rn. 6; Schmitt in: Meyer-Goßner/Schmitt, StPO, § 53 Rn. 7 und 9; Nienaber, Compliancebasierte unternehmensinterne Ermittlungen, S. 322.

2499 Vgl. nur: BGH NJW 2014, 1314, 1314 Rn. 6; Schmitt in: Meyer-Goßner/Schmitt, StPO, § 53 Rn. 9; Gercke in: Gercke/Temming/Zöller, StPO, § 53 StPO Rn. 7.

2500 Siehe Kapitel 2 D. II. 4. b).

2501 Vgl. nur: Gercke in: Gercke/Temming/Zöller, StPO, § 97 Rn. 34; Wohlers/Singelnstein Wolter/Deiters, SK-StPO Band 2, § 97 Rn. 47; Gerhold in: BeckOK StPO, § 97 Rn. 31.

türlichen Sachherrschaftswillen getragene tatsächliche Sachherrschaft verstanden.[2502] Zu berücksichtigen sind die tatsächlich vorliegenden Verhältnisse.[2503] Nach § 97 StPO ist es nicht zwingend erforderlich, dass sich die Beweismittel im Alleingewahrsam eines Zeugnisverweigerungsberechtigten befinden,[2504] sodass auch ein Mitgewahrsam ausreichend ist.[2505] Etwas anderes gilt jedoch in den Fällen, in denen das Gewahrsam von dem Zeugnisverweigerungsberechtigten gemeinsam mit dem Beschuldigten ausgeübt wird.[2506] In solchen Fällen gelangt § 97 StPO nicht zur Anwendung.[2507] Bei juristischen Personen sind Gewahrsamsinhaber die Organe der Gesellschaft, die zur Geschäftsführung berufen wurden und die Gegenstände sowohl rechtlich als auch tatsächlich beherrschen.[2508]

Von einem Alleingewahrsam eines Zeugnisverweigerungsberechtigten ist das LG Stuttgart in einer Entscheidung im Jahr 2018 nicht ausgegangen, als die zur Durchführung einer internen Untersuchung beauftragte Rechtsanwaltskanzlei Büros im Bürogebäude der beschuldigten Mandantin anmietete und dadurch faktisch eine Außenstelle der Kanzlei eröffnet wurde. Das beschuldigte Unternehmen besaß Schlüssel zu diesen Räumlichkeiten, wodurch lediglich den unberechtigten Mitarbeitern des Unternehmens der Zutritt verwehrt blieb. Anhand der Schilder an den Türen wurde nur dokumentiert, wer in den Räumlichkeiten zu den üblichen Arbeitszeiten anzutreffen war. Diese Kennzeichnung der Türen mithilfe von Schildern hielt das LG Stuttgart für fraglich. Es handelte sich um einfache, schief angebrachte Papierzettel ohne jegliche Abnutzungserscheinungen, Knicke oder Beschädigungen. Das Gericht nahm daher an, dass sie eilig angebracht wurden. Der Mietvertrag wurde vom LG Stuttgart als formales Konstrukt angesehen, woraus sich aber noch kein Alleingewahrsam ergibt.[2509] Auch nach der hier vertretenen Auffassung erweckt das Vorgehen der Rechtsanwälte vielmehr

---

2502 Vgl. nur: BGH BeckRS 2021, 7199 Rn. 8; LG Stuttgart BeckRS 2018, 8717 Rn. 27; Fischer in: Fischer StGB, § 242 Rn. 11.

2503 LG Stuttgart BeckRS 2018, 8717 Rn. 27.

2504 Vgl. nur: BVerfG NJW 2016, 700, 705 Rn. 76; BGH BeckRS 1964, 103681 Rn. 18; Menges in: Löwe-Rosenberg, StPO Band 3/1, § 97 Rn. 29.

2505 Vgl. nur: Köhler in: Meyer-Goßner/Schmitt, StPO, § 97 Rn. 12; Gercke in: Gercke/Temming/Zöller, StPO, § 97 Rn. 35; Menges in: Löwe-Rosenberg, StPO Band 3/1, § 97 Rn. 29; Wohlers/Singelnstein in: Wolter/Deiters, SK-StPO Band 2, § 97 Rn. 49.

2506 Vgl. nur: BGH BeckRS 1964, 103681 Rn. 18; LG Stuttgart BeckRS 2018, 8717 Rn. 23; Menges in: Löwe-Rosenberg, StPO Band 3/1, § 97 Rn. 30; Gercke in: Gercke/Temming/Zöller, StPO, § 97 Rn. 36.

2507 Vgl. nur: LG Stuttgart BeckRS 2018, 8717 Rn. 23; Köhler in: Meyer-Goßner/Schmitt, StPO, § 97 Rn. 12; vgl. Menges in: Löwe-Rosenberg, StPO Band 3/1, § 97 Rn. 30; Gercke in: Gercke/Temming/Zöller, StPO, § 97 Rn. 36.

2508 Gercke in: Gercke/Temming/Zöller, StPO, § 97 Rn. 35; Hauschild in: MüKo StPO Band 1, § 97 Rn. 20.

2509 LG Stuttgart BeckRS 2018, 8717 Rn. 14.

den Eindruck, dass kurzfristig ein Alleingewahrsam fingiert werden sollte, um die Unterlagen vor einer Beschlagnahme zu schützen.

Wird zwischen dem Beschuldigten und einer Kanzlei jedoch eine räumliche Nähe angestrebt, wird von Teilen der Literatur angeregt, dass die Akten vor einem Zugriff geschützt werden können, indem sie ausschließlich elektronisch geführt und auf ausländischen Servern statt auf den jeweiligen Computern im Unternehmen gespeichert werden.[2510] Für Rechtsanwälte wird dies berufs- und strafrechtlich sowie strafprozessual als zulässig angesehen.[2511] Die Rechtfertigung und Notwendigkeit eines solchen Vorgehens sollte jedoch im Einzelfall geprüft werden.[2512]

Von dem Gewahrsamserfordernis sind allerdings Unterlagen ausgenommen, die nach § 148 Abs. 1 StPO als Verteidigungsunterlagen zu klassifizieren sind.[2513]

6. Zwischenergebnis

Um Unterlagen aus internen Untersuchungen in einer Rechtsanwaltskanzlei vor einer Beschlagnahme zu schützen, müssen die Voraussetzungen nach § 97 StPO erfüllt sein.[2514] Zunächst muss eine Beschuldigtenstellung nach § 97 Abs. 1 StPO vorliegen, die auch eine juristische Person im Sinne einer beschuldigtenähnlichen Stellung einnehmen kann.[2515] Diese Beschuldigtenstellung kann bereits gelten, wenn sich eine zukünftige Verfahrensbeteiligung aufgrund tatsächlicher Anhaltspunkte objektiv abzeichnet.[2516] Entgegen der herrschenden Meinung wird im Hinblick auf § 97 Abs. 1 Nr. 3 StPO der Gegenansicht gefolgt, wonach für einen Beschlagnahmeschutz kein Vertrauensverhältnis erforderlich ist. Dadurch werden sonstige Gegenstände, wozu Unterlagen aus internen Untersuchungen zählen, vor einer Beschlagnahme geschützt, wenn die Unterlagen nicht unmittelbar von dem Beschul-

2510 Vgl. nur: Engelhart wistra 2018, 402, 408; zur Zulässigkeit der Speicherung der Daten im Ausland: Park, Durchsuchung und Beschlagnahme, § 7 Rn. 1094, wonach für den ausländischen Server ein Land ausgewählt werden soll, in dem der Beschlagnahmeschutz weitergehend ist; ebenso: Pragal/Prinzenberg wistra 2023, 275, 281.

2511 Trüg/Ulrich NZWiSt 2021, 1, 6; Pragal/Prinzenberg wistra 2023, 275, 281.

2512 Siehe hierzu: Kempf/Schilling/Oesterle in: MAH WirtschaftsStrafR, § 10 Rn. 209; kritisch jedoch: Xylander/Kiefner/Bahlinger BB 2018, 2953, 2956, die dies nicht als Lösung für alle Unternehmen, sondern eher für Großunternehmen ansehen.

2513 Siehe sogleich; vgl. nur: Menges in: Löwe-Rosenberg, StPO Band 3/1, § 97 Rn. 18; Wohlers/Singelnstein in: Wolter/Deiters, SK-StPO Band 2, § 97 Rn. 47; Hauschild in: MüKo StPO Band 1, § 97 Rn. 21.

2514 Siehe Kapitel 2 D. II. 2.

2515 Siehe Kapitel 2 D. II. 3. a).

2516 Vgl. nur: BVerfG NJW 2018, 2385, 2390 Rn. 94; LG Hamburg NZWiSt 2023, 232, 234; Köhler in: Meyer-Goßner/Schmitt, StPO, § 97 Rn. 10d, sieht dies aber nur in Einzelfällen für möglich an.

digten, sondern von Nichtbeschuldigten erstellt und dem Zeugnisverweigerungsberechtigten übergeben wurden.[2517]

Als weitere Voraussetzung müssen die Gegenstände im Gewahrsam des Zeugnisverweigerungsberechtigten sein. Sonstige Gegenstände nach § 97 Abs. 1 Nr. 3 StPO sind – gemeinsam mit weiteren Mitteilungen und Aufzeichnungen nach § 97 Abs. 1 Nr. 1 und 2 StPO im Gewahrsam eines Rechtsanwalts – vor einer Beschlagnahme geschützt (§ 97 Abs. 2 S. 1 StPO). Dabei ist ein Alleingewahrsam durch den Zeugnisverweigerungsberechtigten nicht zwingend erforderlich. Es reicht ein Mitgewahrsam aus, wenn nicht der Beschuldigte an dem Beweisgegenstand ebenfalls ein Mitgewahrsam hat.[2518]

Die Verortung der Unterlagen und Gegenstände bei einem Zeugnisverweigerungsberechtigten ist jedoch entbehrlich, wenn es sich nach § 148 StPO um Verteidigungsunterlagen handelt.[2519]

III. Beschlagnahme von Unterlagen im Gewahrsam eines Unternehmens

In Abgrenzung zur Beschlagnahme von Unterlagen im Gewahrsam eines Rechtsanwalts können Unterlagen auch bei einem Unternehmen mit einer beschuldigtenähnlichen Stellung vorliegen. Diese Unterlagen sind nach dem Wortlaut des § 97 Abs. 2 S. 1 StPO, wonach ein Gewahrsam bei einem Zeugnisverweigerungsberechtigten vorausgesetzt wird, nicht von dem Beschlagnahmeverbot des § 97 Abs. 1 StPO umfasst.

1. Verteidigungsunterlagen nach § 148 StPO

Gegenstände, bei denen es sich um ‚echte' Verteidigungsunterlagen handelt, sind vor einer Beschlagnahme auch dann geschützt, wenn sie sich bei einem Beschuldigten und nicht bei seinem Rechtsanwalt befinden.[2520] Der Zeitpunkt der Entstehung von Verteidigungsunterlagen war bereits Gegenstand gerichtlicher Entscheidungen, der regelmäßig davon abhing, ob das Ermittlungsverfahren bereits förmlich eingeleitet wurde oder nicht.

2517 Siehe Kapitel 2 D. II. 4. b).
2518 Siehe Kapitel 2 D. II. 5.
2519 Siehe sogleich.
2520 Vgl. nur: BGH NJW 1998, 1963, 1964; LG Bonn BeckRS 2012, 18104; LG Oldenburg BeckRS 2018, 46724 Rn. 13.

a) Eigenschaften einer Verteidigungsunterlage

Korrespondenzen zwischen dem Beschuldigten und dessen Verteidiger, die einen Bezug zu der Verteidigung aufweisen, fallen unter den Begriff einer Verteidigungsunterlage.[2521] Gemäß Art. 2 Abs. 1 GG i. V. m. Art. 20 Abs. 3 GG, Art. 6 Abs. 3 EMRK sind die Unterlagen, die der Verteidigung dienen, über den in § 97 Abs. 2 S. 1 StPO festgelegten Wortlaut hinaus auch bei einem Beschuldigten[2522] sowie auf dem Postweg beschlagnahmefrei.[2523] Der Beschlagnahmeschutz der Verteidigungsunterlagen basiert auf § 148 Abs. 1 StPO, allerdings ist diese Vorschrift im Zusammenhang mit § 97 StPO zu sehen. Denn dessen Schutzumfang wird mittels § 148 Abs. 1 StPO „*lediglich räumlich ausgeweitet, nicht jedoch inhaltlich.*"[2524]

Neben der Korrespondenz im Verteidigungsverhältnis zählen zu den Verteidigungsunterlagen auch Aufzeichnungen, die der Beschuldigte angesichts der Verteidigung angefertigt hat.[2525] Denn dieser soll die Möglichkeit erhalten, seine Gedanken schriftlich festzuhalten, ohne dass er eine Beschlagnahme und Verwertung seiner Aufzeichnungen fürchten muss.[2526] Bei juristischen Personen als Beschuldigte gilt das aus Sicht des LG Braunschweig ebenso für Unterlagen, die von Mitarbeitern und „*ggfl. auch [von] einem Syndikusanwalt*"[2527] zur Verteidigung erstellt wurden.[2528] Hierfür spricht ebenfalls die dargelegte extensive Auslegung von § 97 Abs. 1 S. 3 StPO.

Von Relevanz ist, dass die erstellten Unterlagen auch für einen außenstehenden Dritten nachvollziehbar dem Zweck der Verteidigung zuzuordnen sind.[2529] Unterlagen dürfen jedoch nicht bloß als Verteidigungsunterlagen

---

2521 Vgl. nur: LG Bonn BeckRS 2012, 18104; LG Hamburg BeckRS 2016, 19347; Rettenmaier in: Wabnitz/Janovsky/Schmitt, Handbuch Wirtschafts- und Steuerstrafrecht, Kap. 33 Rn. 43.

2522 Vgl. nur: BGH NJW 1998, 1963, 1964; LG Bonn BeckRS 2012, 18104; vgl. LG Braunschweig BeckRS 2015, 16005 Rn. I, bezieht sich hierbei jedoch nicht auf die Herleitung aus GG und EMRK, merkt aber auch an, dass die Verteidigungsunterlagen über den Wortlaut des § 97 Abs. 2 S. 1 StPO hinweg im Gewahrsam des Beschuldigten beschlagnahmefrei sind; so jedoch: Menges in: Löwe-Rosenberg, StPO Band 3/1, § 97 Rn. 107; ähnlich auch: Greven in: KK-StPO, § 97 StPO Rn. 24.

2523 Vgl. nur: Park, Durchsuchung und Beschlagnahme, § 3 Rn. 627; Menges in: Löwe-Rosenberg, StPO Band 3/1, § 97 Rn. 107; Hauschild in: MüKo StPO Band 1, § 97 Rn. 21.

2524 LG Frankfurt (Oder) BeckRS 2022, 13112 Rn. 36.

2525 Vgl. nur: BGH NJW 1998, 1963, 1964; LG Bonn LG Bonn BeckRS 2012, 18104; Menges in: Löwe-Rosenberg, StPO Band 3/1, § 97 Rn. 107.

2526 Lis, Unternehmensinterne Untersuchungen, S. 219.

2527 LG Braunschweig BeckRS 2015, 16005 Rn. II. 3.

2528 LG Braunschweig BeckRS 2015, 16005 Rn. II. 3.

2529 Vgl. nur: BVerfG NJW 2002, 1410, 1410; BGH NJW 1998, 1963, 1964; LG Gießen BeckRS 2012, 15498 Rn. II.

bezeichnet oder mit diesen vermischt werden.[2530] Daher kommt es auf den Inhalt der einzelnen Unterlagen an. Dabei muss ein unmittelbarer Bezug zwischen den Unterlagen und den darin verkörperten Gedankenerklärungen sowie dem Ermittlungsverfahren bestehen.[2531]

Zur Abgrenzung wird ferner empfohlen, Verteidigungsunterlagen räumlich getrennt aufzubewahren[2532] und als solche zu kennzeichnen[2533]. Zwar werden die Dokumente mit der Kennzeichnung allein nicht automatisch beschlagnahmefrei, jedoch wird dadurch Aufmerksamkeit geschaffen, wenn die Gegenstände in das Sicherstellungsverzeichnis aufgenommen werden.[2534] Kann von der Staatsanwaltschaft bei der Durchsuchung nicht unmittelbar festgestellt werden, dass es sich um Verteidigungsunterlagen handelt, können die Unterlagen vorläufig sichergestellt werden.[2535]

Folglich kommt es bei Verteidigungsunterlagen entscheidend darauf an, dass sie inhaltlich auf die Verteidigung ausgerichtet sind und dies auch für Dritte nachvollziehbar ist.

b) Zeitpunkt der Entstehung von Verteidigungsunterlagen

Der Zeitpunkt, ab dem Unterlagen als Verteidigungsunterlagen zu klassifizieren sind, wird von den Gerichten unterschiedlich beurteilt.

So vertrat das LG Bonn im Jahr 2012 die Ansicht, dass Verteidigungsunterlagen auch beim Beschuldigten beschlagnahmefrei sind, wenngleich dies ein formell eingeleitetes Ermittlungsverfahren und ein Verteidigungsverhältnis voraussetzt. Ab diesem Zeitpunkt ist nach Ansicht des Landgerichts

2530 BGH NJW 1998, 1963, 1964; Menges in: Löwe-Rosenberg, StPO Band 3/1, § 97 Rn. 107; Bielefeld/Wengenroth CB 2016, 79, 81.

2531 Lis, Unternehmensinterne Untersuchungen, S. 219.

2532 Vgl. nur: Sterzinger NJOZ 2010, 1766, 1768; Park, Durchsuchung und Beschlagnahme, § 7 Rn. 1094; ähnlich: Michalke, Strafprozessuale Zwangsmaßnahmen, Rn. 653, der zumindest die Separierung in getrennten Ordnern vorsieht; Bischoff/Minoggio in: Böttger, Wirtschaftsstrafrecht in der Praxis, Kap. 20 Rn. 55, die eine Separierung der Verteidigungsunterlagen von sonstigen Geschäftsunterlagen vorsehen.

2533 Vgl. nur: Michalke, Strafprozessuale Zwangsmaßnahmen, Rn. 653; Sterzinger NJOZ 2010, 1766, 1768; Bischoff/Minoggio in: Böttger, Wirtschaftsstrafrecht in der Praxis, Kap. 20 Rn. 56.

2534 Vgl. nur: Kempf/Schilling/Oesterle in: MAH WirtschaftsStrafR, § 10 Rn. 206; vgl. hierzu auch: Köhler in: Meyer-Goßner/Schmitt, StPO, § 110 Rn. 2, wonach Dokumente, bei denen offensichtlich die Voraussetzungen für Verteidigungsunterlagen vorliegen, sofort herauszugeben sind; vgl. ebenso: Schmitt in: Meyer-Goßner/Schmitt, StPO, § 148 Rn. 7, in Bezug auf Briefkontrollen, wonach eine Öffnung der Briefe nicht zulässig ist, wenn äußere Merkmale auf Schriftwechsel mit dem Verteidiger hindeuten.

2535 BVerfG NJW 2002, 1410, 1410.

ein freier Verkehr im Mandatsverhältnis nach § 148 StPO gewährleistet.[2536] Ebenso wie das LG Bonn hat das LG München I in einem Beschluss aus dem Jahr 2018 für das Vorliegen eines Beschlagnahmeschutzes nach § 97 Abs. 1 Nr. 1 StPO i. V. m. § 148 StPO den Status einer formell beschuldigten Person als relevant angesehen. Dagegen wird es jedoch als unerheblich erachtet, ob die Unterlagen vor oder nach der formellen Einleitung des Ermittlungsverfahrens angefertigt wurden. Stattdessen ist es aus Sicht des Landgerichts maßgeblich, „*ob es sich überhaupt um solche Unterlagen handelt, die in objektiv nachvollziehbarer Weise im Rahmen einer Mandatsbeziehung erstellt wurden, die auf die strafrechtliche Verteidigung des Mandanten gegen diejenigen Vorwürfe gerichtet ist, welche Gegenstand des gegen den Beschuldigten geführten Ermittlungsverfahren sind*“[2537].[2538] Das BVerfG hat indes keine Differenzierung hinsichtlich des Zeitpunkts vorgenommen, zu dem die Unterlagen erstellt wurden.[2539]

Das LG Braunschweig hat in einem Beschluss aus dem Jahr 2015 die Beschlagnahmefreiheit auch für Unterlagen bejaht, die aus einer unternehmensinternen Untersuchung stammten und im Rahmen einer schützenswerten Vertrauensbeziehung zur Vorbereitung auf eine Verteidigung erstellt wurden, ohne dass ein Ermittlungs- oder Ordnungswidrigkeitenverfahren eingeleitet wurde, wenngleich die Beteiligten ein derartiges Verfahren befürchteten. Eine solche Sachverhaltsaufklärung kann dem Landgericht zufolge „*ein wesentliches Element zur Vorbereitung einer wirksamen Verteidigung darstellen, ohne dass bereits konkrete Verteidigungsstrategien erörtert werden müssen.*“[2540] Davon abzugrenzen sind jedoch Revisionsberichte, bei denen keine Anhaltspunkte dafür vorliegt, dass mit ihrer Erstellung der Zweck verfolgt wird, eine Verteidigung im Zusammenhang mit einem etwaigen Verfahren vorzubereiten.[2541]

Das LG Mannheim schloss sich der Ansicht des LG Braunschweig in einem Beschluss aus dem Jahr 2020 in der Hinsicht an, dass es den schriftlichen sowie mündlichen Verkehr zwischen einem Betroffenen und seinem Rechtsanwalt vor der förmlichen Einleitung eines Ermittlungsverfahrens als ebenso schützenswert erachtete wie während eines laufenden Ermittlungsverfahrens.[2542] Dabei reicht es aus, wenn der Rechtsanwalt seine Tätigkeit

---

2536 LG Bonn BeckRS 2012, 18104.
2537 LG München I NStZ 2019, 172, 174.
2538 LG München I NStZ 2019, 172, 174.
2539 LG München I NStZ 2019, 172, 175.
2540 LG Braunschweig BeckRS 2015, 16005 Rn. I.
2541 LG Braunschweig BeckRS 2015, 16005 Rn. II. 3.
2542 LG Mannheim BeckRS 2020, 44104 Rn. 28 mit Verweis auf: LG Gießen BeckRS 2012, 15498.

zu diesem Zeitpunkt *„aus gutem Grund [...] materiell als Verteidigung ansehen kann“*[2543].

Daraus wird abgeleitet, dass auch Unterlagen aus internen Untersuchungen als Verteidigungsunterlagen angesehen werden können, wenn der Unternehmensverteidiger diese im Rahmen einer Untersuchung zum Zweck der Verteidigung erstellt hat.[2544]

Mit § 97 Abs. 1 Nr. 1 StPO sowie § 148 StPO wird eine geordnete und effektive Verteidigung gewährleistet. Dem widerspräche es jedoch, *„wenn der Mandant jederzeit damit rechnen müsste, dass die vor seiner formellen Beschuldigtenstellung geführte Korrespondenz von den Ermittlungsbehörden umfassend verwertet und gegen ihn verwendet werden könnte.“*[2545] Dies würde stattdessen dazu führen, dass eine drohende Beschlagnahme von Verteidigungsunterlagen eine abschreckende Wirkung entfaltet, wodurch sich die Tatverdächtigen ihrem Verteidiger nicht mehr anvertrauen. Mit Art. 6 EMRK ist dies nicht vereinbar.[2546] Ebenso zuzustimmen ist der Darstellung des LG Mannheim, dass ohne das Bestehen einer Beschlagnahmefreiheit die Verteidigung *„gleichermaßen behindernd wie auch unpraktisch erschiene“*[2547], wenn sie sich auf eine konspirative und ausschließlich mündliche Vorbereitung beschränken müsste.[2548] Zudem wird ein Betroffener, der frühzeitig mit der Verteidigung beginnt, schlechtergestellt als der Betroffene, der erst mit der Verteidigung beginnt, nachdem das Ermittlungsverfahren gegen ihn eröffnet bzw. bekanntgegeben wird.[2549] Der damit einhergehende Wertungsunterschied, der überdies nicht in der StPO vorgesehen ist, würde dazu führen, dass eine effektive Verteidigung verhindert wird, denn sowohl ein effektiver Rechtsschutz als auch die Verteidigungsrechte würden unterlaufen werden, die verfassungsrechtlich garantiert sind.[2550]

Wenngleich die effektive Strafverfolgung ein verfassungsrechtliches Gebot ist, kann damit nicht gerechtfertigt werden, dass in das Mandatsverhältnis

---

2543 LG Mannheim BeckRS 2020, 44104 Rn. 28.

2544 Vgl. nur: LG Stuttgart BeckRS 2018, 8717 Rn, 56; Kämpfer/Travers in: MüKo StPO Band 1, § 148 Rn. 18a; Klengel/Buchert NStZ 2016, 383, 386.

2545 LG Mannheim BeckRS 2020, 44104 Rn. 28; ähnlich auch: LG Frankfurt (Oder) BeckRS 2022, 13112 Rn. 30.

2546 Vgl. nur: LG München I NStZ 2019, 172, 174; LG Mannheim BeckRS 2020, 44104 Rn. 28; LG Frankfurt (Oder) BeckRS 2022, 13112 Rn. 30.

2547 LG Mannheim BeckRS 2020, 44104 Rn. 28; ähnlich auch: LG Hamburg BeckRS 2016, 19347 Rn. II. 1. b. dd.

2548 LG Hamburg BeckRS 2016, 19347 Rn. II. 1. b. dd; LG Mannheim BeckRS 2020, 44104 Rn. 28.

2549 Kruse, Compliance und Rechtsstaat, S. 110; Polley/Kuhn/Wegmann KSzW 2012, 206, 211.

2550 Vgl. nur: Polley/Kuhn/Wegmann KSzW 2012, 206, 211; vgl. Michalke WiJ 2013, 104, 107; Kruse, Compliance und Rechtsstaat, S. 110 f.

eingegriffen wird. Dies gilt auch, wenn der Eingriff dahingehend beschränkt ist, dass er sich nur auf die Zeit vor dem eingeleiteten Ermittlungsverfahren bezieht. Die Grenze der effektiven Strafverfolgung bildet der Nemo-tenetur-Grundsatz, der bspw. im Hinblick auf das Auskunftsverweigerungsrecht nach § 55 StPO noch vor der Einleitung eines Ermittlungsverfahrens gilt. Ebenso gilt der Grundsatz durch die Vorschriften §§ 97 Abs. 1 Nr. 1, 148 StPO bei der Kommunikation mit einem Verteidiger, da nur hierdurch eine ‚sinnvolle Verteidigung' ermöglicht werden kann. Daraus haben das LG Mannheim sowie das LG München I abgeleitet und für konsequent angesehen, dass dies ebenso für Unterlagen gelten muss, die zum Zweck der Verteidigung angefertigt wurden, ehe ein Ermittlungsverfahren eingeleitet wurde. Somit sind auch solche Unterlagen als beschlagnahmefrei zu klassifizieren.[2551]

Die dargestellten Ansichten stellen mit Ausnahme der Auffassung des LG Bonn eine gefestigte Rechtsprechung im Hinblick auf Unterlagen als Verteidigungsunterlagen dar, die einen Beschlagnahmeschutz erfahren, wenn objektiv nachvollziehbar ein Zusammenhang der Unterlagen mit einem Strafverfahren anzunehmen ist, das zwar nicht formell eingeleitet ist, aber in der Zukunft erwartet wird. Eine Übertragung dieser Grundsätze auf Mandatsbeziehungen zwischen Verteidigern und juristischen Personen ist überdies anzunehmen.[2552] Dies ist ausdrücklich zu begrüßen, denn ein formell eingeleitetes Ermittlungsverfahren sowie ein Verteidigungsverhältnis zum Zeitpunkt der Durchführung interner Untersuchungen sind oftmals noch nicht gegeben.[2553]

Somit kann festgehalten werden, dass von § 148 StPO auch Unterlagen umfasst sein müssen, die der Verteidigung dienen und erstellt wurden, als das Unternehmen noch nicht formell als Beschuldigter angesehen wurde.[2554] Andernfalls wären Betroffene den Ermittlungsbehörden weitgehend schutzlos ausgeliefert. Hinzu kommt, dass Betroffene, die sich frühzeitig mit ihrer Verteidigung befassen, schlechtergestellt würden als jene, die die formale Beschuldigtenstellung abwarten.

c) Unterlagen aus internen Untersuchungen als Verteidigungsunterlagen

Als Verteidigungsunterlagen sind Unterlagen zu klassifizieren, die für einen Dritten nachvollziehbar zum Zweck der Verteidigung erstellt wurden. Frag-

2551 LG München I NStZ 2019, 172, 174; LG Mannheim BeckRS 2020, 44104 Rn. 29.
2552 Oesterle/Tute NZWiSt 2021, 161, 167.
2553 Nienaber, Compliancebasierte unternehmensinterne Ermittlungen, S. 329.
2554 Vgl. nur: LG München I NStZ 2019, 172, 174; Schiemann in: Gercke/Temming/Zöller, StPO, § 148 Rn. 9 ohne unmittelbaren Bezug auf juristische Personen zu nehmen; Park, Durchsuchung und Beschlagnahme § 7 Rn. 1090.

lich ist nunmehr, ob Unterlagen aus internen Untersuchungen auch als Verteidigungsunterlagen gelten können.

Eine pauschale Zuordnung von Unterlagen aus internen Untersuchungen als Verteidigungsunterlagen wird von der Literatur abgelehnt,[2555] denn die Unterlagen und Daten, die bei einer internen Untersuchung, die in der Regel zunächst ohne eine (strafrechtliche) Bewertung erfolgt, zusammengetragen werden, sind mehrheitlich nicht relevant für das Verfahren.[2556] Unterlagen ohne Verfahrensbezug sollen in den Verteidigungsunterlagen „*kein[en] sichere[n] Hafen*“[2557] finden.[2558] Ferner werden Unterlagen aus internen Untersuchungen, die von Rechtsanwälten im Rahmen einer Beratung allgemeiner Art und ohne Verteidigungsbezug erstellt wurden, nicht als Verteidigungsunterlagen angesehen.[2559] Dies gilt auch für Unterlagen, die aus der Tatbegehung stammen oder zu dieser geführt haben.[2560] Darunter können je nach Sachverhalt auch Korrespondenzen und Geschäftsunterlagen fallen.[2561]

Anstelle einer pauschalen Zuordnung bedarf es einer differenzierteren Betrachtung, wobei die Stellung des Unternehmens im potenziellen Strafprozess und der verfolgte Zweck,[2562] mit dem die interne Untersuchung durchgeführt wird, einzubeziehen sind. Für die Voraussetzungen und den Zeitpunkt einer beschuldigtenähnlichen Stellung wird auf die obigen Ausführungen verwiesen.[2563] Der Zweck einer internen Untersuchung kann mannigfaltig sein.[2564] Wird die Sachverhaltsaufklärung neutral durchgeführt, können die erstellten Arbeitsunterlagen nicht zuvor als Verteidigungsunterlagen deklariert werden.[2565] Stattdessen müssen die Unterlagen auch zum Zweck einer Strafverteidigung oder zur Entwicklung einer Verteidi-

---

2555 Ghassemi-Tabar/Wenzl in: MHdB GesR Band 7, § 107 Rn. 146, wonach eine automatische Zuordnung von Unterlagen als Verteidigungsunterlage als zu weitreichend angesehen wird; vgl. auch: Klengel/Buchert NStZ 2016, 383, 386, wonach ‚konkrete‘ Unterlagen zum Zweck der Verteidigung als Verteidigungsunterlagen anzusehen sind.

2556 Ghassemi-Tabar/Wenzl in: MHdB GesR Band 7, § 107 Rn. 146.

2557 Paradissis NStZ 2023, 449, 450.

2558 Paradissis NStZ 2023, 449, 450.

2559 Zedtwitz von Armin/Cahnbley in: Dieners, Compliance im Gesundheitswesen, Kap. 9 Rn. 96.

2560 Pragal in: Engelhoven, Richtiges Verhalten in der Compliance-Krise, § 4 Rn. 206; Pelz CCZ 2018, 211, 213.

2561 Pelz CCZ 2018, 211, 213.

2562 Wessing/Dann in: Bürkle/Hauschka/Schieffer, Der Compliance Officer, § 11 Rn. 38, wonach der verfolgte Zweck der Untersuchung sowie die Stellung des Unternehmens aus einer strafprozessualen Sicht entscheidend sind.

2563 Siehe Kapitel 2 D. II. 3. b).

2564 Siehe Kapitel 2 A. I.

2565 Wessing/Dann in: Bürkle/Hauschka/Schieffer, Der Compliance Officer, § 11 Rn. 38.

gungsstrategie erstellt worden sein.[2566] Dabei dürfen diese Verteidigungszwecke keine untergeordnete Rolle spielen, damit die Unterlagen aus internen Untersuchungen als Verteidigungsunterlagen anzusehen sind.[2567] Nach der hier vertretenen Ansicht ist der originäre Zweck einer internen Untersuchung die objektive Aufklärung eines fraglichen Sachverhalts. Der Zweck einer internen Untersuchung könnte jedoch auf eine Verteidigung erweitert werden, wenn sich für das Unternehmen nachvollziehbar abzeichnet, dass es künftig als Verfahrensbeteiligter von einem Bußgeld betroffen oder Einziehungsinteressent sein wird.[2568] Dieser Untersuchungszweck ist zu dokumentieren, damit die Untersuchung zu einem späteren Zeitpunkt als erste Verteidigungsmaßnahme verstanden werden kann.[2569] Dabei ist es – mit Rückgriff auf das Ergebnis der Ausführungen von § 97 Abs. 1 S. 3 StPO – unerheblich, wer die Unterlagen erstellt und sie dem Verteidiger übermittelt. Es können gleichwohl unternehmensinterne als auch unternehmensexterne[2570] Personen sein,[2571] solange dies im Auftrag und auf Veranlassung des Unternehmens geschieht.[2572]

Wenngleich diese Unterlagen auch bei beschuldigten Unternehmen vor einer Beschlagnahme geschützt sind, wird gemäß der aktuellen Literatur trotzdem dazu geraten, Untersuchungsberichte sowie Protokolle aus Mitarbeiterbefragungen nicht im eigenen Gewahrsam aufzubewahren.[2573]

2566 Dahingehend auch: Rüttgers/Schneider GA 2014, 160, 169 f., wonach Verteidigungsunterlagen vom Zweck der internen Untersuchung abhängen, der aus dem Inhalt der Beauftragung resultiert; Pelz CCZ 2018, 211, 213.

2567 Pelz CCZ 2018, 211, 213.

2568 Siehe Kapitel 2 D. II. 3 a).

2569 Vgl. nur: Minoggio, Unternehmensverteidigung, § 6 Rn. 214; Dann/Zülich ZRFC 2011, 267, 272; Bischoff/Minoggio in: Böttger, Wirtschaftsstrafrecht in der Praxis, Kap. 20 Rn. 59.

2570 Zu Unterlagen, die von einem Unternehmensverteidiger erstellt wurden, vgl. nur: LG Stuttgart BeckRS 2018, 8717 Rn, 56; Kämpfer/Travers in: MüKo StPO Band 1, § 148 Rn. 18a; Klengel/Buchert NStZ 2016, 383, 386; zu von Rechtsanwälten im Rahmen von internen Untersuchungen erstellten Unterlagen auch ohne ein eingeleitetes Ermittlungsverfahren, die als beschlagnahmefrei angesehen werden: Menges in: Löwe-Rosenberg, StPO Band 3/1, § 97 Rn. 86.

2571 Vgl. nur: LG Braunschweig BeckRS 2015, 16005 Rn. II. 3.; im Ergebnis so auch: Bischoff/Minoggio in: Böttger, Wirtschaftsstrafrecht in der Praxis, Kap. 20 Rn. 55, wonach es unerheblich ist, wer die Untersuchungsunterlagen erstellt hat; Klengel/Buchert NStZ 2016, 383, 386; Pelz CCZ 2018, 211, 213.

2572 Pelz CCZ 2018, 211, 213.

2573 Pragal in: Engelhoven, Richtiges Verhalten in der Compliance-Krise, § 4 Rn. 207; ebenso: Bischoff/Minoggio in: Böttger, Wirtschaftsstrafrecht in der Praxis, Kap. 20 Rn. 63, die dies ohne Einschränkung auf bestimmte Unterlagen aus internen Untersuchungen empfehlen.

d) Rechtsfolgen bei der Beschlagnahme von Verteidigungsunterlagen

Bei Gegenständen, die offensichtlich unter ein Beschlagnahmeverbot fallen, ist bereits deren Durchsicht gemäß § 110 StPO untersagt.[2574] Dabei handelt es sich nach § 110 StPO um eine Vorfeldmaßnahme der Beschlagnahme, bei der die Staatsanwaltschaft prüft, ob für das jeweilige Dokument ein Beweiserhebungs- bzw. verwertungsverbot vorliegt.[2575] Gemäß dem LG Köln hat die Durchsicht von Unterlagen, die als Verteidigungsunterlagen benannt wurden, wenn möglich vor Ort stattzufinden, sofern die Staatsanwaltschaft an der Durchsuchungsmaßnahme teilnimmt.[2576]

Werden Verteidigungsunterlagen beschlagnahmt, kommt es zu einer Verletzung der §§ 97, 148 StPO. Folglich findet das in § 160a StPO normierte absolute Beweisverwertungsverbot Anwendung. Eine Ausnahme von dieser Regel liegt vor, wenn der vom Unternehmen beauftragte Rechtsanwalt verdächtigt wird, an der Straftat beteiligt zu sein (§ 97 Abs. 2 S. 2 StPO).

2. Zwischenergebnis

Die schriftliche Kommunikation zwischen einem Beschuldigten und seinem Verteidiger zum Zweck der Verteidigung ist geschützt.[2577] Von dem Schutz umfasst ist jegliche Form von Schriftgut sowie Unterlagen und Aktenbestandteile, die übersendet wurden.[2578] Unterlagen aus internen Untersuchungen sind dann als Verteidigungsunterlagen anzusehen, wenn sie zum Zweck der Verteidigung angefertigt wurden. Dabei ist es unerheblich, wer diese Unterlagen angefertigt hat – es kann sich sowohl um den Unternehmensverteidiger als auch um unternehmensinterne Mitarbeiter handeln.[2579]

Wenngleich Verteidigungsunterlagen im Gewahrsam des Unternehmens als beschlagnahmefrei gelten, kann durch ihren Verbleib bei einem Berufsgeheimnisträger einer etwaigen gegenteiligen Ansicht der Staatsanwaltschaft über die Eigenschaft einzelner Dokumente vorgebeugt werden.[2580]

2574 Köhler in: Meyer-Goßner/Schmitt, StPO, § 110 Rn. 2; Kempf/Schilling/Oesterle in: MAH WirtschaftsStrafR, § 10 Rn. 206.

2575 Vgl. hierzu: LG Köln BeckRS 2022, 56232 Rn. 18; LG Köln BeckRS 2024, 1868 Rn. 16.

2576 LG Köln BeckRS 2024, 1868 Rn. 22.

2577 Siehe Kapitel 2 D. III. 1. a).

2578 Vgl. dazu auch: LG Fulda NJW 2000, 1508, 1510, hierbei allerdings im Kontext der Fragestellung, ob diese Unterlagen (wie Akten, Schriftstücke und andere Gegenstände) beschlagnahmefrei sind, wenn sie dem Zugriff der Strafverfolgungsbehörden missbräuchlich entzogen wurden; Kämpfer/Travers in: MüKo StPO Band 1, § 148 Rn. 17; siehe Kapitel 2 D. III. 1. a).

2579 Siehe Kapitel 2 D. III. 1. c).

2580 Siehe Kapitel 2 D. III. 1. c).

IV. Beschlagnahme von Unterlagen im Gewahrsam eines Syndikusrechtsanwalts

Mit dem Beschlagnahmeverbot nach § 97 StPO wird die Umgehung des Zeugnisverweigerungsrechts nach §§ 53, 53a StPO durch die Beschlagnahme von einschlägigen Dokumenten oder Gegenständen zur Beweisgewinnung verhindert.[2581] Voraussetzung dafür ist allerdings, dass die Unterlagen bei einer Person vorliegen, die zur Zeugnisverweigerung berechtigt ist.

Zeugnisverweigerungsberechtigte Personen sind nach § 53 Abs. 1 Nr. 2 StPO sowohl Verteidiger als auch u. a. Rechtsanwälte, Wirtschaftsprüfer und Steuerberater nach § 53 Abs. 1 S. 1 Nr. 3 HS. 1 StPO in Bezug auf das, was ihnen in dieser Eigenschaft anvertraut oder bekannt geworden ist. Dies gilt nach § 53 Abs. 1 S. 1 Nr. 3 HS. 2 StPO nicht für Syndikusrechtsanwälte, sofern sie nicht nach § 53a StPO bei einer Person angestellt sind, die zur Zeugnisverweigerung berechtigt ist. Unter einem Syndikusrechtsanwalt ist nach § 46 Abs. 2 S. 1 BRAO ein angestellter Rechtsanwalt zu verstehen, der seinen Beruf als Rechtsanwalt nicht bei einem Arbeitgeber ausübt, der nach Abs. 1 Rechtsanwälten, Patentanwälten oder rechts- oder patentanwaltlichen Berufsausübungsgesellschaften zuzuordnen ist. Zudem hat er im Zusammenhang mit seinem Arbeitsverhältnis anwaltliche Tätigkeiten für seinen Arbeitgeber auszuüben.

Vor der Einführung der §§ 46 ff. BRAO zum 01.01.2016 war umstritten, ob auch Syndikusrechtsanwälten selbst ein Recht zur Zeugnisverweigerung zusteht. Auf der einen Seite wurde Syndikusrechtsanwälten aufgrund ihrer Weisungsgebundenheit kein Zeugnisverweigerungsrecht zugesprochen. Auf der anderen Seite wurde das Bestehen eines solchen Rechts in den Fällen bejaht, in denen Syndikusrechtsanwälte mit Aufgaben betraut waren, deren Bearbeitung typischerweise von Anwälten durchgeführt wurde und die dabei nicht weisungsgebunden, sondern basierend auf ihrer freien Überzeugung als Anwalt handelten.[2582] Das zentrale Entscheidungskriterium war somit die Weisungsgebundenheit.[2583] Diese Unterscheidung wurde jedoch

---

2581 Vgl. nur: BVerfG NJW 1966, 1603, 1607; BVerfG NJW 1972, 1123, 1125 im Zusammenhang mit der Beschlagnahme von ärztlichen Karteikarten; Bock/Gerhold in: Knierim/Rübenstahl/Tsambikakis, Internal Investigations, Kap. 5 Rn. 23; Baur NZG 2018, 1092, 1092.

2582 Ruhmannseder in: Ruhmannseder/Behr/Krakow, Hinweisgebersysteme, Kap. 6 I. Rn. 470; zum damaligen Diskussionsstand eines Zeugnisverweigerungsrechts bei Syndikusrechtsanwälten: Roxin NJW 1992, 1129, 1129 f.; Munte AnwBl 1998, 500, 508, wonach ein solches Recht den Syndikusrechtsanwälten zusteht, wenn sie anwaltliche Tätigkeiten erledigen und ihre Stellung der eines unabhängigen Anwalts entspricht.

2583 Ruhmannseder in: Ruhmannseder/Behr/Krakow, Hinweisgebersysteme, Kap. 6 I. Rn. 470.

durch die Neuerung des § 53 Abs. 1 S. 1 Nr. 3 HS. 2 StPO unterbunden.[2584] Gleichzeitig wird die Anwendbarkeit des § 53 StPO auf die Tätigkeit von Syndikusrechtsanwälten in § 46c Abs. 3 BRAO ausdrücklich ausgeschlossen.

Damit einhergehend bleiben dem Syndikusrechtsanwalt die Privilegien verwehrt, die nach §§ 97 Abs. 1–3, 100c Abs. 6, 160a StPO einem Anwalt zustehen.[2585] Dies wird mit dem „*Gebot einer effektiven Strafverfolgung*"[2586] begründet. Bei einer Übertragung dieser Privilegien auf Syndikusrechtsanwälte „*würde die Gefahr hervor[ge]rufen [werden], dass relevante Beweismittel den Strafverfolgungsbehörden nicht zur Verfügung stünden.*"[2587] Für die Strafverfolgungsbehörde muss es möglich sein, das Vorliegen von Beweiserhebungsverboten „*anhand äußerlich einfach feststellbarer Kriterien*"[2588] vorzunehmen. Eine Nachvollziehbarkeit wird mit der Einführung einer speziellen Genehmigung für die Tätigkeit eines Syndikusrechtsanwalts sichergestellt. Eine Unterscheidung zwischen den Tätigkeiten einer „*‚Rechtsberatung' und [einer] ‚sonstige[n] geschäftliche[n] Beratung*"[2589] wurde mithin nicht als ein solches einfach feststellbares Kriterium beurteilt.[2590]

Eine Beschlagnahmefreiheit wird für Beweismittel, die sich im Gewahrsam eines Syndikusrechtsanwalts befinden, nur dann angenommen, wenn es sich bei diesem um einen tatsächlichen Berufsgeheimnisträger nach § 53 Abs. 1 S. 1 Nr. 3 StPO handelt und dessen Aufgaben den Tätigkeiten entsprechen, die ein selbstständiger Anwalt durchführt.[2591] Folglich darf der Syndikusrechtsanwalt nicht ausschließlich für das Unternehmen tätig werden, in dem er angestellt ist, wie dies regelmäßig bei einem Leiter der Rechtsabteilung[2592] der Fall ist, sondern auch für Dritte. Darüber hinaus müssen die

2584 Vgl. nur: BT-Drs. 18/5201, S. 40; Bock/Gerhold in: Knierim/Rübenstahl/Tsambikakis, Internal Investigations, Kap. 5 Rn. 10; Ruhmannseder in: Ruhmannseder/Behr/Krakow, Hinweisgebersysteme, 6. Kap. I. Rn. 470.

2585 BT-Drs. 18/5201, S. 40; Bock/Gerhold in: Knierim/Rübenstahl/Tsambikakis, Internal Investigations, Kap. 5 Rn. 10.

2586 BT-Drs. 18/5201, S. 38.

2587 BT-Drs. 18/5201, S. 40.

2588 BT-Drs. 18/5201, S. 40.

2589 BT-Drs. 18/5201, S. 40.

2590 BT-Drs. 18/5201, S. 40.

2591 Vgl. LG Bonn BeckRS 2008, 3704 Rn. 27; vgl. LG Berlin NStZ 2006, 470, 470 ff. Rn. 1 und 9; Hauschild in: MüKo StPO Band 1, § 97 Rn. 39.

2592 Vgl. nur: LG Bonn BeckRS 2008, 3704 Rn. 27; Hauschild in: MüKo StPO Band 1, § 97 Rn. 39; Bader in: KK-StPO, § 53 Rn. 15.

Unterlagen betroffen sein, die der Syndikusrechtsanwalt in seiner Funktion als unabhängiger Rechtsanwalt für Dritte angefertigt hat.[2593]

Das Anwaltsprivileg von Syndikusrechtsanwälten wurde ebenfalls auf europäischer Ebene in einem Urteil des EuGH aus dem Jahr 2010 behandelt.[2594] Daraus geht hervor, dass sich Syndikusrechtsanwälte bei Ermittlungen der Kommission nicht auf das Anwaltsprivileg berufen können.[2595] Denn der Schutz, der aufgrund des Grundsatzes der Vertraulichkeit gewährt wird, kann nicht auf den konzern- oder unternehmensinternen Schriftwechsel mit einem Syndikusrechtsanwalt erstreckt werden.[2596] Begründet wurde dies u. a. mit der wirtschaftlichen Abhängigkeit und der engen Bindung des Syndikusrechtsanwalts zu seinem Arbeitgeber, wodurch keine mit einem externen Rechtsanwalt vergleichbare berufliche Unabhängigkeit gegeben ist.[2597] Somit darf gerade kein Beschäftigungsverhältnis zwischen einem Rechtsanwalt und einem Mandanten vorliegen, damit eine solche Unabhängigkeit bejaht wird.[2598]

Im Vergleich dazu steht Syndikusrechtsanwälten im Zivilprozess nach § 383 Abs. 1 Nr. 6 ZPO ein Zeugnisverweigerungsrecht zu, woraus gleichzeitig das Recht abgeleitet werden kann, einer Urkundenvorlage nicht nachzukommen, auch wenn diese gerichtlich angeordnet wurde (§ 142 Abs. 2 ZPO).[2599]

Für die Beschlagnahme von Unterlagen bei einem Syndikusrechtsanwalt kann indes nichts anderes als für eine Beschlagnahme von Unterlagen gelten, die sich bei einem anderen Mitarbeiter des Unternehmens befinden, solange es sich dabei um Verteidigungsunterlagen handelt.

V. Verfassungsrechtliches Beschlagnahmeverbot

Stimmen der Literatur, die einen Beschlagnahmeschutz nach § 97 Abs. 1 Nr. 3 StPO lediglich auf das Verhältnis des Beschuldigten zu seinem Rechtsanwalt, nicht aber auf Nichtbeschuldigte wie Mitarbeiter beziehen, sehen die Lösung der Beschlagnahmeproblematik von Unterlagen aus internen Untersuchungen und insbesondere von Interviewprotokollen vielmehr in einem verfassungsrechtlichen Beschlagnahmeverbot.[2600] Dies führt dazu, dass als Vorwirkung eines Beweisverwertungsverbots keine Beschlagnahme

2593 In die Richtung auch: LG Bonn BeckRS 2008, 3704 Rn. 27; ausdrücklich: Hauschild in: MüKo StPO Band 1, § 97 Rn. 39.
2594 EuGH NJW 2010, 3557, 3557.
2595 Vgl. EuGH NJW 2010, 3557, 3560 Rn. 44; Moosmayer NJW 2010, 3548, 3549.
2596 EuGH NJW 2010, 3557, 3560 Rn. 44.
2597 EuGH NJW 2010, 3557, 3560 Rn. 49.
2598 EuGH NJW 2010, 3557, 3560 Rn. 44.
2599 BT-Drs. 18/5201, S. 43.
2600 Wohlers/Singelnstein in: Wolter/Deiters, SK-StPO Band 2, § 97 Rn. 32, 93 f.

durchgeführt werden darf, da das Beweismittel unverwertbar ist. Eine Beschlagnahme wäre unverhältnismäßig und daher unzulässig.[2601]

Ein solches Beschlagnahmeverbot lässt sich aus Art. 2 Abs. 1 GG i. V. m. Art. 1 Abs. 1 GG bzw. dem daraus abgeleiteten Nemo-tenetur-Grundsatz herleiten. Dies gilt für Gegenstände, die unmittelbar infolge einer gesetzlichen Auskunftspflicht hervorgebracht wurden.[2602] Allerdings kann die Anwendbarkeit eines verfassungsrechtlichen Beschlagnahmeverbots nur angenommen werden, wenn es sich um eine gewichtige rechtliche Auskunftspflicht handelt, der im Fall einer Verletzung mit einer Straf- oder Zwangsandrohung begegnet werden kann. Vertragliche Pflichten reichen dagegen nicht aus. So ist bspw. die Schadensmeldung an einen Versicherer nicht darunter gefasst.[2603]

Die Auskunftspflicht eines Arbeitnehmers basiert formal betrachtet auf einem privatrechtlichen Arbeitsvertrag, der, resultierend aus § 666 BGB i. V. m. § 675 Abs. 1 BGB, gesetzlich normiert ist.[2604] Wenngleich die Normen lediglich einen dispositiven Charakter[2605] und im Arbeitsvertrag eine deklaratorische Wirkung haben,[2606] kann es für den Arbeitnehmer keinen Unterschied machen, ob seine Auskunftspflicht auf einem Vertrag oder einem Gesetz beruht,[2607] zumal die Auskunftspflicht in der Regel nicht individualvertraglich vereinbart wird.[2608] Der arbeitgeberseitige Auskunftsanspruch lässt sich zudem mit Zwangsgeld oder Zwangshaft durchsetzen.[2609] Insbesondere darin unterscheidet sich die Auskunftspflicht eines Arbeitneh-

---

2601 Wohlers/Singelnstein in: Wolter/Deiters, SK-StPO Band 2, § 97 Rn. 94.

2602 Grundlegend hierzu vgl.: BVerfG NJW 1981, 1431, 1431 f.; Park, Durchsuchung und Beschlagnahme, § 3 Rn. 676; vgl. ebenso zu Beweisverwertungsverboten aus Art. 1, 2 GG: Burhoff in: Burhoff, Handbuch für das strafrechtliche Ermittlungsverfahren, Rn. 1298.

2603 Menges in: Löwe-Rosenberg, StPO Band 3/1, § 97 Rn. 15, jedoch ohne Bezug auf ein verfassungsrechtliches Beschlagnahmeverbot zu nehmen; Park, Durchsuchung und Beschlagnahme, § 3 Rn. 676.

2604 Vgl. nur: Kottek wistra 2017, 9, 13, der in §§ 666, 675 BGB eine gesetzliche Auskunftspflicht sieht; Münkel, Mitarbeiteroffenbarungen im Strafprozess, S. 168; Hille, Kooperation von Unternehmen, S. 261; im Ergebnis so auch: Knauer/Buhlmann AnwBl 2010, 387, 389.

2605 Vgl. nur: Knauer/Buhlmann AnwBl 2010, 387, 389; Schäfer in: MüKo BGB Band 6, § 666 Rn. 2; Hille, Kooperation von Unternehmen, S. 259.

2606 Vgl. nur: Knauer/Buhlmann AnwBl 2010, 387, 389; Münkel, Mitarbeiteroffenbarungen im Strafprozess, S. 168; Hille, Kooperation von Unternehmen, S. 259; a. A. Kottek wistra 2017, 9, 12, wonach §§ 666, 675 BGB nicht nur als deklaratorisch, sondern als konstitutiv angesehen werden.

2607 Kasiske NZWiSt 2014, 262, 266; Hille, Kooperation von Unternehmen, S. 261.

2608 Vgl. nur: Kottek wistra 2017, 9, 13; Münkel, Mitarbeiteroffenbarungen im Strafprozess, S. 168; Hille, Kooperation von Unternehmen, S. 261.

2609 Siehe hierzu Kapitel 2 B. III. 6. b).

mers von der eines Versicherungsnehmers, denn im Vergleich dazu würde der Versicherer im Fall einer Auskunftsverweigerung lediglich seinen Versicherungsschutz verlieren[2610].

In der Literatur wird zur Annahme eines verfassungsrechtlichen Beschlagnahmeverbots zudem teils die Notwendigkeit gesehen, dass die auf den Arbeitnehmer einwirkende Drucksituation zur Selbstbelastung dem Staat zugerechnet werden kann.[2611] Neben einem vom Staat unmittelbar vermittelten Zwang im Falle der Durchsetzung des Auskunftsanspruchs, liegt eine Zurechenbarkeit lediglich in Einzelfällen vor.[2612]

In diesen Einzelfällen kann ein verfassungsrechtliches Beschlagnahmeverbot zur Anwendung kommen.

VI. Zwischenergebnis

Ist keine beschuldigtenähnliche Stellung eines Unternehmens anzunehmen oder liegt kein Mandatsverhältnis vor, ist der Anwendungsbereich des § 97 Abs. 1 StPO nicht eröffnet und die Unterlagen aus internen Untersuchungen können – unabhängig davon, an welchem Ort sie sich befinden – beschlagnahmt werden.[2613]

Ist eine beschuldigtenähnliche Stellung anzunehmen oder liegt ein Mandatsverhältnis vor, ist mit der Eröffnung des Anwendungsbereichs des § 97 Abs. 1 StPO nicht zwingend eine Beschlagnahmefreiheit von Unterlagen aus internen Untersuchungen verbunden. Hierbei kommt es maßgeblich auf den Ort an, an dem sich die Unterlagen befinden. Vor einer Beschlagnahme geschützt sind Unterlagen bei einem Rechtsanwalt. Dies gilt gleichwohl für Unterlagen, die dem Verteidiger nicht nur von dem Beschuldigten übermittelt wurden, sondern auch von nichtbeschuldigten Dritten.[2614] Jedoch können auch Unterlagen bei dem betroffenen Unternehmen beschlagnahmefrei sein. Maßgeblich ist dabei jedoch, dass die Unterlagen als ‚echte' Verteidigungsunterlagen nach § 148 StPO zu klassifizieren sind.[2615] In diesem Zusammenhang ist auch der Zeitpunkt zu berücksichtigen, zu dem die Verteidigungsunterlagen erstellt wurden. Dabei ist die Ansicht vorzugswürdig, wonach ein Beschlagnahmeschutz bereits dann besteht, wenn objektiv nachvollziehbar ein Zusammenhang der Unterlagen mit einem Strafverfahren

---

2610 OLG Celle NJW 1985, 640, 640.
2611 Wohlers/Singelnstein in: Wolter/Deiters, SK-StPO Band 2, § 97 Rn. 96.
2612 Siehe hierzu Kapitel 2 B. III. 7. b) dd).
2613 Siehe Kapitel 2 D. II. 6.; Ghassemi-Tabar/Wenzl in: MHdB GesR Band 7, § 107 Rn. 140.
2614 Siehe Kapitel 2 D. II. 6.
2615 Siehe Kapitel 2 D. III. 1. a).

anzunehmen ist, das zwar nicht formell eingeleitet ist, aber in der Zukunft erwartet wird.[2616] Wurden die Unterlagen zur Verteidigung erstellt und handelt es sich somit um ‚echte' Verteidigungsunterlagen, ist es indes unerheblich, wer die Unterlagen erstellt hat.[2617]

Wenngleich diese Unterlagen auch bei beschuldigten Unternehmen vor einer Beschlagnahme geschützt sind, wird gemäß der aktuellen Literatur trotzdem dazu geraten, Untersuchungsberichte sowie Protokolle aus Mitarbeiterbefragungen nicht im eigenen Gewahrsam aufzubewahren.[2618] Ein Risiko könnte sich auch bei einem ermittelnden Rechtsanwalt ergeben, wenn eine beschuldigtenähnliche Stellung noch nicht anzunehmen ist oder es an der Mandatsbeziehung fehlt.[2619]

Der Schutz kann bei einem Syndikusrechtsanwalt indes nur angenommen werden, wenn dieser als tatsächlicher Berufsgeheimnisträger nach § 53 Abs. 1 Nr. 3 StPO und selbstständiger Anwalt anzusehen ist.[2620] Etwas anderes gilt bei Verteidigungsunterlagen, da es dann keinen Unterschied machen kann, ob die Unterlagen bei einem Syndikusrechtsanwalt oder bei jedem anderen Mitarbeiter vorliegen.[2621]

E. Zusammenfassende Betrachtung Kapitel 2

Interne Untersuchungen sind heute als wirksames Aufklärungsinstrument für Unternehmen nicht mehr wegzudenken. Denn mit den Untersuchungen können (Rechts-)Verstöße und Fehlverhaltensweisen im Unternehmen wirksam aufgeklärt werden. Dabei gilt der Siemens-Skandal aus dem Jahr 2008 als Geburtsstunde interner Untersuchungen in Deutschland.[2622]

2616 Siehe Kapitel 2 D. III. 1. a); ebenso: Oesterle/Tute NZWiSt 2021, 161, 166 f.

2617 Siehe Kapitel 2 D. III. 1. c); vgl. nur: Pelz CCZ 2018, 211, 213; Bischoff/Minoggio in: Böttger, Wirtschaftsstrafrecht in der Praxis, Kap. 20 Rn. 55; ähnlich: Wessing ZWH 2012, 6, 9, wonach auch ein Beschuldigter Verteidigungsunterlagen anfertigen kann.

2618 Siehe Kapitel 2 D. III. 1. c).; Pragal in: Engelhoven, Richtiges Verhalten in der Compliance-Krise, § 4 Rn. 207; ebenso: Bischoff/Minoggio in: Böttger, Wirtschaftsstrafrecht in der Praxis, Kap. 20 Rn. 63, die dies ohne Einschränkung auf bestimmte Unterlagen aus internen Untersuchungen empfehlen.

2619 Hille, Kooperation von Unternehmen, S. 165.

2620 Vgl. LG Bonn BeckRS 2008, 3704 Rn. 27; LG Berlin NStZ 2006, 470, 470 ff. Rn. 1 und 9, wonach dem Syndikusrechtsanwalt, der nicht als Rechtsanwalt, sondern vielmehr als Sachbearbeiter tätig wurde, kein Zeugnisverweigerungsrecht zusteht; Hauschild in: MüKo StPO Band 1, § 97 Rn. 39.

2621 Siehe Kapitel 2 D. IV.

2622 Siehe Kapitel 1 A.; vgl. nur: Wolf in: Graeff/Schröder/Wolf, Der Korruptionsfall Siemens, S. 9, 15; Wessing in: Moosmayer/Lösler, Corporate Compliance § 47 Rn. 3;

Mit der Durchführung von internen Untersuchungen erfüllen Unternehmen ihre gesellschaftsrechtliche Pflicht zur Überwachung, woraus für Vorstände[2623] und Geschäftsleiter[2624] von GmbHs eine ‚Compliance-Pflicht' erwächst. Die (gesellschafts-)rechtlichen Pflichten der Unternehmen ergeben sich indes aus §§ 76 Abs. 1, 93 Abs. 1 S. 1 AktG, § 111 Abs. 1, 2 AktG oder § 43 Abs. 1 GmbHG sowie aus §§ 130, 30, 9 OWiG.[2625]

Zu den typischen Untersuchungshandlungen, die bei internen Untersuchungen eingesetzt werden, zählen die Erhebung und Sichtung von Dokumenten, Mitarbeiterbefragungen und – sofern geboten und rechtlich zulässig – eDiscoverys.[2626] In vielen Bereichen der Untersuchungsmaßnahmen hat sich eine Best-Practice-Vorgehensweise etabliert. Dies betrifft bspw. den Umstand, dass Daten und Unterlagen in der Regel zuerst gesichtet werden, bevor mit anderen Untersuchungshandlungen begonnen wird.[2627] Üblich ist es zudem, dass Mitarbeiterbefragungen von mindestens zwei Ermittlern[2628] durchgeführt und die Befragungen dokumentiert werden.[2629] In anderen Bereichen, insbesondere bei der Untersuchungshandlung einer Mitarbeiterbefragung, sind viele Entscheidungen eine Frage der individuellen Taktik des Ermittlerteams und unterscheiden sich daher von Unternehmen zu Unternehmen bzw. von Ermittlerteam zu Ermittlerteam.[2630] Dies betrifft Fragen wie die Gewährung eines (rechtlichen) Beistands[2631] oder die Belehrung[2632] des Mitarbeiters vor dessen Befragung. Dies bietet den Unternehmen und den Ermittlerteams viele Freiheiten bei der Gestaltung der internen Untersuchungen. Diese Entscheidungsfreiheit macht den zu befragenden Arbeitnehmer indes von den Ermittlerteams abhängig. Diese Freiheiten stehen den Ermittlerteams zu, da es für interne Untersuchungen keine ausdrücklichen gesetzlichen Regelungen gibt. Aus diesem Grund ist eine interne Untersuchung im Rechtskontext weiterhin ein ‚Fremdkörper'[2633].

Um zu verhindern, dass interne Untersuchungen in rechtlicher Hinsicht weiterhin fremd wirken, sollten nach der hier vertretenen Ansicht gesetzliche Vorschriften für die Durchführung interner Untersuchungen geschaffen wer-

---

Taschke/Zapf in: Kempf/Lüderssen/Volk, Unternehmenskultur und Wirtschaftsstrafrecht, S. 182.

2623 Koch in: Koch, AktG, § 76 Rn. 19.
2624 Fleischer in: MüKo GmbHG Band 2, § 43 Rn. 178.
2625 Siehe Kapitel 2 A. VIII. 1.–4.
2626 Siehe Kapitel 2 B. II.
2627 Siehe Kapitel 2 B. I.
2628 Siehe Kapitel 2 B. III. 2. b) bb) (1).
2629 Siehe Kapitel 2 B. III. 2. d).
2630 Siehe Kapitel 2 B. III. 2.a)–d).
2631 Siehe Kapitel 2 B. III. 2. b) ff).
2632 Siehe Kapitel 2 B. III. 2. b) gg).
2633 Siehe Kapitel 1 A.

den. Hierdurch kann über alle Unternehmen hinweg – von mittelständischen Unternehmen mit wenig Erfahrung bis hin zu großen Konzernen mit etablierten Investigationsabteilungen – ein einheitlicher Standard etabliert werden, wodurch insbesondere bei unerfahrenen Unternehmen die Qualität der Untersuchungen verbessert werden kann. Auch kann dadurch die Fairness bei der Durchführung von internen Untersuchungen sichergestellt werden.

So sollten in einem zukünftigen Gesetz für interne Untersuchungen nach der hier vertretenen Ansicht die nachfolgenden Aspekte berücksichtigt werden, um Unsicherheiten und Hindernissen im Rahmen der Ermittlungshandlungen zu begegnen:

- eine Definition für den Begriff einer internen Untersuchung,[2634]
- die Auskunftspflicht und die Selbstbelastungspflicht eines Arbeitnehmers,[2635]
- die Verwertbarkeit der Auskünfte eines Arbeitnehmers und[2636]
- die Beschlagnahmefähigkeit von Unterlagen aus internen Untersuchungen.[2637]

Um Leitlinien für interne Untersuchungen vorzugeben und einen Standard einzuführen, könnten zudem Regelungen für die folgenden Sachverhalte in das Gesetz eingebettet werden:

- die Belehrung von Arbeitnehmern,[2638]
- die Hinzuziehung eines (rechtlichen) Beistands sowie[2639]
- Regelungen zum Umgang mit Geschäftsgeheimnissen.[2640]

2634 Dieser Aspekt findet Eingang in den eigenen Regelungsentwurf, siehe Kapitel 4 A. I.
2635 Dieser Aspekt findet Eingang in den eigenen Regelungsentwurf, siehe Kapitel 4 C. I.
2636 Dieser Aspekt findet Eingang in den eigenen Regelungsentwurf, siehe Kapitel 4 C. I.
2637 Dieser Aspekt findet Eingang in den eigenen Regelungsentwurf, siehe Kapitel 4 E. I.
2638 Dieser Aspekt findet Eingang in den eigenen Regelungsentwurf, siehe Kapitel 4 C. I.
2639 Dieser Aspekt findet Eingang in den eigenen Regelungsentwurf, siehe Kapitel 4 C. I.
2640 Dieser Aspekt findet Eingang in den eigenen Regelungsentwurf, siehe Kapitel 4 E. I.

Kapitel 3
Regelungsvorschläge für interne Untersuchungen

A. Notwendigkeit für die Regelung von internen Untersuchungen

Wie in Kapitel 2 dargestellt, gibt es im Zusammenhang mit internen Untersuchungen Sachverhalte, die in der Literatur kontrovers diskutiert werden. Dies betrifft insbesondere das Auskunftsdilemma, mit welchem sich selbst belastende Mitarbeiter in einer Mitarbeiterbefragung konfrontiert sehen können.

Ob aufgrund dieser Unsicherheiten ein Regelungsbedarf für interne Untersuchungen anzunehmen ist, kann unterschiedlich beurteilt werden. Zum einen bietet die unregulierte Situation den Unternehmen erhebliche Freiheiten bei der Durchführung von internen Untersuchungen.[2641] Durch die unterschiedlichen Lösungsmöglichkeiten für bestehende Rechtsfragen müssen die Unternehmen zum anderen selbst eruieren, welcher Lösung sie folgen. Daraus resultiert ein uneinheitliches Bild im Hinblick auf das Vorgehen bei internen Untersuchungen in Deutschland, was sich ebenfalls auf deren Qualität auswirken kann.

Interne Untersuchungen haben in Unternehmen bereits eine hohe Relevanz, die durch neue regulatorische Anforderungen und die damit verbundenen Potenziale für weitere Verstöße weiter steigen wird. Daher erscheint es umso mehr geboten, dass die mit internen Untersuchungen verbundenen Rechtsfragen aufgelöst werden. Dies gilt insbesondere im Hinblick auf die verfassungsrechtlichen Spannungslagen, die bei internen Untersuchungen angesichts der regelmäßig gegenläufigen Interessen der Arbeitgeber im Vergleich zu einem verdächtigten Arbeitnehmer auftreten können. Es ist dabei die Aufgabe des Gesetzgebers, eindeutige Regelungen zu treffen und Klarheit für insbesondere die Auskunfts- sowie Selbstbelastungspflichten verdächtigter Mitarbeiter und für Beweisverwertungsverbote zu schaffen.

Zur Vereinheitlichung der Durchführungspraxis von internen Untersuchungen, der Erreichung eines qualitativen Standards sowie der Auflösung der bestehenden Spannungslagen wird in der vorliegenden Arbeit für eine gesetzliche Regelung votiert.

2641 Vgl. dazu auch: Berndt in: Berndt/Theile, Unternehmensstrafrecht und Unternehmensverteidigung, Rn. 660.

B. Gesetzesvorschläge und Stellungnahmen

In den letzten Jahren ist der Ruf nach einem Unternehmensstrafrecht – nicht zuletzt aufgrund von Skandalen wie Cum-Ex oder Wirecard – immer lauter geworden.[2642] Dabei wurden in den Entwürfen und Stellungnahmen zum Unternehmensstrafrecht auch Regelungsvorschläge für interne Untersuchungen in unterschiedlichen Ausprägungen berücksichtigt.

Im Jahr 2013 hielten die Parteien CDU, CSU und SPD im Koalitionsvertrag das Ziel fest, „*Kriminalität in allen gesellschaftlichen Bereichen wirksam [zu] bekämpfen*“[2643]. Konkretisiert wurde das Ziel mit dem Plan, das Ordnungswidrigkeitenrecht auszubauen. Darüber hinaus wurde im Koalitionsvertrag angemerkt, dass Regelungen für Zumessungen von Unternehmensbußen benötigt werden, die konkret und nachvollziehbar sind. Ebenso soll ein Unternehmensstrafrecht geprüft werden, welches für multinationale Konzerne gilt.[2644]

Im selben Jahr wurde vom Justizministerium des Landes Nordrhein-Westfalen (kurz: Justizministerium des Landes NRW) ein Entwurf für ein Verbandsstrafgesetzbuch[2645] (kurz: VerbStrG-E) veröffentlicht. Ebenfalls im Jahr 2013 hat der Gesetzgeber den Bußgeldrahmen nach §§ 30, 130 OWiG auf bis zu 10 Mio. Euro erhöht.[2646] Der Bundesverband der Unternehmensjuristen e. V. (kurz: BUJ) hat im Jahr 2014 eine Ergänzung der §§ 30, 130 OWiG vorgeschlagen.[2647] Einen weiteren Vorschlag für ein ‚Compliance-Anreiz-Gesetz‘ hat der DICO e. V. im Jahr 2016 veröffentlicht, in welchem §§ 30, 130 OWiG u. a. dahingehend ergänzt wurden, dass insbesondere präventive, aber auch repressive Compliance-Maßnahmen bei der Sanktionsbemessung berücksichtigt werden.[2648] Auf den Kölner Entwurf eines Verbandssanktionengesetzes[2649] im Jahr 2017 folgten 2018 die Frankfurter Thesen[2650] zur Unternehmensverantwortung für Unternehmenskriminalität. Ebenfalls im Jahr 2018 haben *Moosmayer* und *Petrasch* einen Gesetzesvorschlag für Sachverhaltsaufklärungen durch Unternehmen formuliert, der in den Kontext des Vorschlags des BUJ gesetzt wurde.[2651] In 2019 wurde vom BMJV inoffiziell ein

2642 Vgl. Bremen, FS Reuter, S. 39, 40.
2643 Koalitionsvertrag zwischen CDU, CSU und SPD für die 18. Legislaturperiode vom 27.11.2013, S. 145.
2644 Koalitionsvertrag zwischen CDU, CSU und SPD für die 18. Legislaturperiode vom 27.11.2013, S. 145.
2645 Justizministerium des Landes NRW, Gesetzesentwurf VerbStrG-E 2013, S. 7.
2646 BGBl. I 2013, S. 1737, 1747 f.; Bremen, FS Reuter, S. 39, 40.
2647 BUJ, Gesetzgebungsvorschlag OWiG, S. 1.
2648 DICO e. V., Compliance-Anreiz-Gesetz 2016, S. 2, 9 f.
2649 Henssler/Hoven/Kubiciel/Weigend NZWiSt 2018, 1 1.
2650 Jahn/Schmitt-Leonardy/Schoop wistra 2018, 27, 27.
2651 Moosmayer/Petrasch ZHR 182 (2018), 504, 535.

‚Gesetz zur Bekämpfung der Unternehmenskriminalität' veröffentlicht. Darin ist in Artikel 1 das Verbandssanktionengesetz enthalten, das eigene Paragrafen für interne Untersuchungen umfasst. Dieser Referentenentwurf wurde 2020 zum Regierungsentwurf und scheiterte im selben Jahr.[2652]

Zwei Wochen nach der inoffiziellen Veröffentlichung des Verbandssanktionengesetzes des BMJV wurde der Münchner Entwurf eines Verbandssanktionengesetzes vorgestellt. Dieser wurde in Erwartung, jedoch nicht in Kenntnis des vom BMJV veröffentlichten Entwurfs als Gegenentwurf verfasst.[2653] Der Entwurf enthält in seinem dritten Teil sieben Paragrafen zu internen Untersuchungen.[2654]

Die Vorschläge reichen von einer sog. kleinen Lösung, durch die das bestehende Ordnungswidrigkeitenrecht mithilfe von zurückhaltenden Anpassungen in Bezug auf die Verfolgung und die Sanktionierung konkretisiert werden sollte, bis hin zu einer großen Lösung, die die Einführung eines Unternehmensstrafrechts umfasst.[2655] Der kleinen Lösung sind bspw. der Entwurf des BUJ[2656] sowie der Vorschlag von *Moosmayer* und *Petrasch*[2657] zuzuordnen. Gegen diese Lösung sprachen sich allerdings die Verfasser des Kölner Entwurfs aus, da dadurch *„eine Vielzahl materiell-rechtlicher, prozessualer und praktischer Fragen [nicht] bedacht und geregelt"*[2658] werden können, was bei einer Reform des Verbandssanktionenrechts jedoch als notwendig angesehen wird.[2659] Der großen Lösung ist der Gesetzesentwurf des Justizministeriums des Landes NRW zuzuordnen.[2660] Neben der kleinen und großen Lösung zur Sanktionierung von Unternehmen wird eine weitere Lösung gesehen, die sich zwischen dem Straf- und Ordnungswidrigkeitenrecht bewegt, aber keinem dieser Rechte dogmatisch zugeordnet werden kann. Diese wird auch als *„dritte Sanktionsspur"*[2661] bzw. *„dritte[r] Weg"*[2662] bezeichnet. Hierbei soll als Anlass einer verbandsbezogenen Rechtsfolge sui generis die Straftat einer natürlichen Person genommen werden.[2663] Dazu

2652 Buschmann, FS Reuter, S. 85, 85.
2653 Saliger/Tsambikakis/Mückenberger/Huber, Münchner Entwurf eines Verbandssanktionengesetzes, S. 5.
2654 Saliger/Tsambikakis/Mückenberger/Huber, Münchner Entwurf eines Verbandssanktionengesetzes, S. 28.
2655 Baur/Holle ZRP 2019, 186, 187.
2656 Siehe sogleich in Kapitel 3 B. II.
2657 Siehe sogleich in Kapitel 3 B. IV.
2658 Henssler/Hoven/Kubiciel/Weigend NZWiSt 2018, 1, 6.
2659 Henssler/Hoven/Kubiciel/Weigend NZWiSt 2018, 1, 6.
2660 Siehe Kapitel 3 B. I.; Baur/Holle ZRP 2019, 186, 187 Rn. 15.
2661 Baur/Holle ZRP 2019, 186, 187.
2662 Henssler/Hoven/Kubiciel/Weigend in: Kubiciel, Neues Unternehmenssanktionenrecht ante portas, S. 153, 157.
2663 Baur/Holle ZRP 2019, 186, 187.

gehört bspw. der Kölner Entwurf eines Verbandssanktionengesetzes sowie der Regierungsentwurf zum Verbandssanktionengesetz.[2664]

Auszugsweise werden nachfolgend der Entwurf des Justizministeriums des Landes NRW, der Vorschlag des BUJ, der Kölner Entwurf eines Verbandssanktionengesetzes sowie der Gesetzesvorschlag von *Moosmayer* und *Petrasch* pointiert im Hinblick auf ihre jeweiligen Regelungen für interne Untersuchungen dargestellt.

I. Justizministerium des Landes Nordrhein-Westfalens

Im Jahr 2013 wurde durch das Justizministerium des Landes NRW der Entwurf eines Gesetzes zur Einführung der strafrechtlichen Verantwortlichkeit von Unternehmen und sonstigen Verbänden veröffentlicht. Der Entwurf umfasst 22 Paragrafen, bei denen es sich um ein „*Verbandsstrafgesetzbuch*"[2665] handelt. Aus dem Begriff lässt sich bereits ableiten, dass vorgesehen ist, dass Verbände strafrechtlich haften, wenn ihre Mitarbeiter oder ihre Mitglieder durch Zuwiderhandlungen gegen Gesetze verstoßen. Diese Haftung kommt zum Tragen, wenn Verbände durch diese Zuwiderhandlungen bereichert wurden, werden sollten oder Pflichten des Verbands verletzt wurden.[2666]

An der vorherrschenden Sanktionspraxis von Unternehmen wurde u. a. das Opportunitätsprinzip nach § 30 OWiG kritisiert, das eine Ahndung vom Ermessen der Verfolgungsbehörden abhängig macht. Im Gegensatz dazu besteht bei der Verfolgung von Straftaten natürlicher Personen ein Ermittlungs- und Verfolgungszwang nach dem Legalitätsprinzip nach §§ 152 Abs. 2, 170 StPO. Gleichzeitig ist für die Einstellung von Verfahren eine aussagekräftige Begründung notwendig (Nr. 89 Abs. 2, 3 RiStBV). Zur Schaffung von transparenten Verfahren und einer gleichen Behandlung von am Rechtsverkehr teilnehmenden natürlichen und juristischen Personen ist die Anwendung des Legalitätsprinzips nach Ansicht des Justizministeriums des Landes NRW auch bei der Strafverfolgung von Unternehmen „*ein wichtiger Garant*"[2667].[2668]

Neben einer Sanktionierung sieht das VerbStrG-E vor, dass Compliance-Bemühungen der Unternehmen strafmildernd anerkannt werden sollen.[2669] So wird es durch § 5 Abs. 1 VerbStrG-E ermöglicht, dass das Gericht von einer

2664 Henssler/Hoven/Kubiciel/Weigend in: Kubiciel, Neues Unternehmenssanktionenrecht ante portas, S. 153, 157.
2665 Justizministerium des Landes NRW, Gesetzesentwurf VerbStrG-E 2013, S. 3.
2666 Justizministerium des Landes NRW, Gesetzesentwurf VerbStrG-E 2013, S. 3.
2667 Justizministerium des Landes NRW, Gesetzesentwurf VerbStrG-E 2013, S. 23.
2668 Justizministerium des Landes NRW, Gesetzesentwurf VerbStrG-E 2013, S. 23.
2669 Beulke/Moosmayer CCZ 2014, 146, 146.

Verbandssanktion absieht, „*wenn der Verband ausreichende organisatorische oder personelle Maßnahmen getroffen hat, um vergleichbare Verbandsstraftaten in Zukunft zu vermeiden und wenn ein bedeutender Schaden nicht entstanden oder dieser zum überwiegenden Teil wieder gut gemacht ist.*“[2670] Ungeklärt ist jedoch, welche Maßnahmen hierbei durch die Unternehmen vorzunehmen sind. Die fehlende Detaillierung führt dazu, dass keine Standards geschaffen werden. Hierzu hat der damalige Justizminister in NRW erklärt, dass es keine festen Standards aufgrund der Diversität der Unternehmen geben kann, an denen sich diese orientieren können. Um der eigenen Verantwortung gerecht zu werden, müsse jedes Unternehmen vielmehr seine eigenen Wege finden.[2671]

Eine Regelung zur Berücksichtigung von internen Untersuchungen wird in § 5 Abs. 2 VerbStrG-E normiert. Demnach heißt es: „*Hat der Verband durch freiwilliges Offenbaren wesentlich dazu beigetragen, dass eine Verbandsstraftat aufgedeckt werden konnte und den Ermittlungsbehörden Beweismittel zur Verfügung gestellt, die geeignet sind, die Tat nachzuweisen, so kann das Gericht von Strafe absehen, wenn der Verband ausreichende organisatorische und personelle Maßnahmen getroffen hat, vergleichbare Verbandsstraftaten in Zukunft zu vermeiden.*“[2672]

Mit dieser Regelung soll dem Umstand Rechnung getragen werden, dass Straftaten im Verband oftmals bekannt werden, ohne dass sie Gegenstand von Ermittlungen der Strafverfolgungsbehörden werden. Nunmehr soll, in Anlehnung an Bonusprogramme im Rahmen von kartellrechtlichen Ermittlungen, ein Anreiz zur Offenlegung verbandsinterner Untersuchungsergebnisse geschaffen werden.[2673] Dabei reicht es nach dem Gesetzesentwurf indes nicht aus, wenn lediglich die Zuwiderhandlung preisgegeben wird. Stattdessen muss der Verband, der von der Strafbeilegung profitieren möchte, die Verbandstat offenbaren. Damit soll vermieden werden, dass der Verband einen einzelnen Mitarbeiter als „*Bauernopfer*“[2674] an die Ermittlungsbehörden ausliefert. Vielmehr soll durch den Verband die Straftat aufgedeckt werden.[2675] Im Zusammenhang mit dem wesentlichen Beitrag, den der Verband zu leisten hat, lehnt sich die Gesetzesentwurfsbegründung für den Begriff der Wesentlichkeit an die bisherige Rechtsprechung zu § 46b StGB und § 31 BtMG an.[2676]

2670 Justizministerium des Landes NRW, Gesetzesentwurf VerbStrG-E 2013, S. 9.
2671 Jatzkowski/Votsmeier JUVE-Rechtsmarkt 2014, 74, 79.
2672 Justizministerium des Landes NRW, Gesetzesentwurf VerbStrG-E 2013, S. 9.
2673 Justizministerium des Landes NRW, Gesetzesentwurf VerbStrG-E 2013, S. 55.
2674 Justizministerium des Landes NRW, Gesetzesentwurf VerbStrG-E 2013, S. 56.
2675 Justizministerium des Landes NRW, Gesetzesentwurf VerbStrG-E 2013, S. 56.
2676 Siehe Kapitel 2 A. IX. 2. a); Justizministerium des Landes NRW, Gesetzesentwurf VerbStrG-E 2013, S. 56.

Durch die Regelungen in § 5 Abs. 2 VerbStrG-E wird aus Sicht des Justizministeriums des Landes NRW einer falschen Belastung vorgebeugt, denn von einer Strafe wird nur abgesehen, wenn die Beweismittel geeignet sind und damit eine hinreichende Qualität aufweisen. Ein ‚Wettrennen' um eine Bonusregelung, wie dies im Kartellrecht möglich ist,[2677] soll bei der Betroffenheit von mehreren Verbänden damit vermieden werden.[2678]

Die nach § 5 Abs. 1 und 2 VerbStrG-E ergriffenen organisatorischen und personellen Maßnahmen hat der Verband gemäß § 5 Abs. 3 VerbStrG-E auf Verlangen darzustellen *„und glaubhaft zu machen"*[2679]. Hiermit soll der Anreiz geschaffen werden, dass das betroffene Unternehmen nicht nur Aufklärungshilfe leistet, sondern Compliance-Vorkehrungen prüft und optimiert.[2680]

Das Absehen von einer Strafe nach § 5 Abs. 2 VerbStrG-E ist jedoch nach § 5 Abs. 4 VerbStrG-E ausgeschlossen, wenn der Verband die Beweismittel, durch die die Tat nachgewiesen werden kann, erst nach der Beschließung der Eröffnung des Hauptverfahrens offenbart.[2681] Hiermit soll verhindert werden, dass der Verband die Informationen zum Nachweis der Tat aus taktischen Gründen zunächst zurückhält.[2682]

Die ergriffenen Compliance-Maßnahmen vor und nach der Tat sind durch die Gerichte u. a. bei der Zumessung der Verbandsgeldstrafe zu berücksichtigen (§ 6 Abs. 3 VerbStrG-E).[2683] Daneben können die Gerichte gemäß § 8 Abs. 2 Nr. 3 VerbStrG-E die Verbände anweisen, *„organisatorische oder personelle Maßnahmen zu treffen, um vergleichbare Verbandsstraftaten in Zukunft zu vermeiden und dem Gericht oder einem vom Gericht zu bestimmenden Sachverständigen in regelmäßigen Abständen über diese Maßnahmen zu berichten."*[2684] Daraus ergibt sich eine ausdrücklich vom Staat angeordnete Compliance, um eine Strafe unmittelbar zu vermeiden.[2685]

Der Gesetzesentwurf des Justizministeriums des Landes NRW hat zu wissenschaftlichen Debatten geführt. Allerdings sind Folgen in Form eines kriminalpolitischen Durchschlags ausgeblieben. Das ist im Wesentlichen

---

2677 Justizministerium des Landes NRW, Gesetzesentwurf VerbStrG-E 2013, S. 56; zum Wettrennen bei einer Kronzeugenregelung auch: Schwarze/Bechtold/Bosch, Rechtsstaatliche Defizite im Kartellrecht der Europäischen Gemeinschaft, S. 53.

2678 Justizministerium des Landes NRW, Gesetzesentwurf VerbStrG-E 2013, S. 56.

2679 Justizministerium des Landes NRW, Gesetzesentwurf VerbStrG-E 2013, S. 56.

2680 Justizministerium des Landes NRW, Gesetzesentwurf VerbStrG-E 2013, S. 56.

2681 Justizministerium des Landes NRW, Gesetzesentwurf VerbStrG-E 2013, S. 10.

2682 Justizministerium des Landes NRW, Gesetzesentwurf VerbStrG-E 2013, S. 56.

2683 Justizministerium des Landes NRW, Gesetzesentwurf VerbStrG-E 2013, S. 10.

2684 Justizministerium des Landes NRW, Gesetzesentwurf VerbStrG-E 2013, S. 11.

2685 Süße/Schneider Newsdienst Compliance 2014, 71002.

darauf zurückzuführen, dass der Gesetzesentwurf keinen Eingang in den Gesetzgebungsprozess gefunden hat.[2686]

Die in Kapitel 2 dargestellten Herausforderungen im Zusammenhang mit internen Untersuchungen wurden mit dem VerbStrG-E nicht gelöst.[2687] Dies ist darauf zurückzuführen, dass der Entwurf vielmehr ein Strafgesetzbuch für Unternehmen und sonstige Verbände zum Ziel hatte als die Regulierung von internen Untersuchungen. Zudem ist das in § 5 Abs. 2 VerbStrG-E vorgesehene freiwillige Offenbaren und Zurverfügungstellen von Unterlagen an die Ermittlungsbehörden, wie bereits in Kapitel 2 erörtert, für das Unternehmen mit Risiken verbunden.[2688]

Der Grundgedanke des Gesetzesentwurfs, starke Anreize für das Absehen von einer Strafe nach § 5 Abs. 1, 2 und 4 VerbStrG-E zu setzen, ist positiv hervorzuheben und sollte nach der hier vertretenen Ansicht auch in einer zukünftigen gesetzlichen Norm berücksichtigt werden. Indes findet dieser Gedanke keinen Eingang in den eigenen Gesetzesvorschlag, da sich dieser auf die Regelung von internen Untersuchungen und nicht auf deren Sanktionierungen und damit zusammenhängende Milderungsmöglichkeiten bezieht.

II. Bundesverband der Unternehmensjuristen e. V.

Die Fachgruppe Compliance des BUJ hat gemeinsam mit einem Rechtsanwalt im April 2014 die Anpassung des geltenden Ordnungswidrigkeitenrechts vorgeschlagen. Dieser Ansatz bezieht sich auf Änderungen und Ergänzungen in Bezug auf §§ 30, 130 OWiG und kann als alternativer Vorschlag zum VerbStrG-E des Justizministeriums des Landes NRW verstanden werden.[2689]

So hat das BUJ eine Ergänzung des § 30 OWiG um zwei weitere Abs. (Abs. 7 und 8) vorgeschlagen. Aus beiden Abs. gehen Regelungen hervor, die sich auf die Sachverhaltsaufklärung im Rahmen von internen Untersuchungen beziehen. So ist nach § 30 Abs. 7 S. 2 OWiG n. F. die Zumessung der Geldbuße mildernd zu berücksichtigen, sofern die betroffene juristische Person oder Personenvereinigung „*geeignete und angemessene organisatorische oder personelle Maßnahmen ergreift, um vergleichbare Zuwiderhandlungen künftig zu verhindern*“.[2690] Aus der Erläuterung zu der beabsichtigten Neure-

2686 Hoven/Kubiciel, Stellungnahme zum Antrag „Deutschland braucht endlich ein Unternehmensstrafrecht“, S. 1.
2687 Siehe Kapitel 2 E.
2688 Siehe Kapitel 2 D. I.
2689 Beulke/Moosmayer CCZ 2014, 146, 146.
2690 BUJ, Gesetzgebungsvorschlag OWiG, S. 8; ebenfalls zitiert von: Brömmelmeyer NZKart 2014, 478, 481; hierzu auch: Beulke/Moosmayer CCZ 2014, 146, 148.

gelung geht hervor, dass die Mitwirkung des Unternehmens an der Aufklärung des Sachverhalts, die aktiv und vorbehaltslos vorgenommen wird, ein erster Schritt zur Vermeidung von zukünftigen Zuwiderhandlungen ist. Die ermittelten Schwachstellen in den Strukturen der Organisation und des Personals sind sodann abzustellen. Mit der Bereitschaft, diese beiden Schritte durchzuführen, zeigen die Verantwortlichen des Unternehmens den Willen zu einem gesetzestreuen Verhalten sowie den Willen zur Sicherstellung eines rechtskonformen Verhaltens durch die eigenen Mitarbeiter.[2691] Bei Vorliegen dieser Voraussetzung in Verbindung mit einem durch die Zuwiderhandlung entstandenen, geringfügigen Schaden oder einer überwiegenden Wiedergutmachung des Schadens kann nach § 30 Abs. 7 S. 4 OWiG n. F. von einer Geldbuße gegen die juristische Person abgesehen werden.[2692]

Auch in der begründenden Anmerkung zu § 30 Abs. 8 OWiG n. F. wird Bezug auf interne Untersuchungen genommen. Demnach wird durch die unterbliebene Geldbuße bei einer Selbstanzeige nach § 30 Abs. 8 Nr. 1 OWiG n. F. ein starker Anreiz geschaffen, sodass Zuwiderhandlungen mithilfe interner Ermittlungen selbst aufgedeckt werden. Dieser Anreiz führt gemäß dem BUJ ferner dazu, dass wirksame Maßnahmen ergriffen werden, um die Zuwiderhandlungen, die auf dem gleichen Grund basieren, zukünftig zu verhindern.[2693]

Neben der Ergänzung des § 30 OWiG wurde eine Neuformulierung des § 130 OWiG vorgeschlagen.[2694] Nach dem bisherigen Stand sind Inhaber von Betrieben oder Unternehmen verpflichtet, erforderliche Aufsichtsmaßnahmen durchzuführen, die zu einer Verhinderung von Zuwiderhandlungen führen sollen. Bis auf eine Beschreibung in S. 2, dass Aufsichtspersonen sorgfältig ausgewählt und überwacht werden sollen, wird jedoch nicht konkretisiert, welche Maßnahmen als erforderlich angesehen werden.[2695]

Aus diesem Grund werden vom BUJ in § 130 Abs. 1 S. 3 OWiG n. F. nicht abschließende Maßnahmen für den Inhaber eines Betriebs oder eines Unternehmens aufgelistet, „*die geeignet sind, Zuwiderhandlungen gegen ihn treffende straf- oder bußgeldbewehrte Pflichten zu verhindern*“.[2696] So ist in

2691 BUJ, Gesetzgebungsvorschlag OWiG, S. 14; unter Bezugnahme auf die ähnlichen Meinungen von: Engelhart, Sanktionierung von Unternehmen und Compliance, S. 441 und Loer in: Wessing/Dann, Deutsch-Amerikanische Korruptionsverfahren, 2013, § 10 Rn. 82; im Ergebnis so auch: Beulke/Moosmayer CCZ 2014, 146, 148.

2692 BUJ, Gesetzgebungsvorschlag OWiG, S. 8; Beulke/Moosmayer CCZ 2014, 146, 147.

2693 BUJ, Gesetzgebungsvorschlag OWiG, S. 16.

2694 BUJ, Gesetzgebungsvorschlag OWiG, S. 18; hierzu auch: Beulke/Moosmayer CCZ 2014, 146, 151.

2695 BUJ, Gesetzgebungsvorschlag OWiG, S. 19.

2696 BUJ, Gesetzgebungsvorschlag OWiG, S. 18; ebenfalls zitiert von: Brömmelmeyer NZKart 2014, 478, 480; hierzu auch: Beulke/Moosmayer CCZ 2014, 146, 151.

§ 130 Abs. 1 S. 3 Nr. 5 OWiG n. F. *„die Aufklärung von Verdachtsmomenten [vorgesehen], welche auf Straftaten oder Ordnungswidrigkeiten im Zusammenhang mit dem Geschäftsbetrieb hindeuten sowie die Ahndung entsprechenden Fehlverhaltens“*.[2697] Darunter versteht das BUJ bspw. die Durchführung von internen Untersuchungen oder regelmäßigen Kontrollen.[2698]

Die Entwürfe des Justizministeriums des Landes NRW und des BUJ ähneln sich inhaltlich insbesondere im Hinblick auf das Absehen (vgl. § 5 Abs. 1 VerbStrG-E) bzw. die Milderung von Sanktionen (vgl. § 30 Abs. 7 S. 1, 2 OWiG n. F.). Der damalige Justizminister hat sich positiv zu den mithin wörtlichen Übernahmen aus seinem Gesetzesentwurf und der konstruktiven Auseinandersetzung geäußert.[2699] Der Vorschlag des BUJ, §§ 30, 130 OWiG zu reformieren und dabei rechtskonformes Verhalten durch Anreize zu fördern, ist aus Sicht von zwei Mitherausgebern des Vorschlags aussichtsreicher als die Einführung eines Verbandsstrafrechts.[2700] Analog den Regelungen nach dem VerbStrG-E war es auch bei diesem Entwurf nicht das Ziel, interne Untersuchungen zu regeln, weshalb die in Kapitel 2 herausgearbeiteten Herausforderungen weiterhin unreguliert geblieben wären.

Dem Grundgedanken der Regelungen, Anreize für die Durchführung von internen Untersuchungen zu schaffen, wird analog zu den Vorgaben nach § 5 VerbStrG-E des Entwurfs des Justizministeriums des Landes NRW gefolgt. Es erscheint sinnvoll, diese in einem zukünftigen Gesetz für interne Untersuchungen, in dem auch Bezug auf die Sanktionierung genommen wird, zu berücksichtigen.

III. Kölner Entwurf eines Verbandssanktionengesetzes

Im Jahr 2017 wurde der Kölner Entwurf eines Verbandssanktionengesetzes (VerbSG-E) veröffentlicht. Mithilfe des 22 Paragrafen umfassenden Gesetzesentwurfs sollen Verbände bei verbandsbezogenen Straftaten sanktioniert werden (§ 1 Abs. 1 VerbSG-E).[2701] Dabei sind in § 18 VerbSG-E konkrete Regelungen für interne Untersuchungen vorgesehen:

„§ 18 Interne Untersuchungen
(1) Interne Untersuchungen sind Maßnahmen zur Aufklärung verbandsbezogener Zuwiderhandlungen, die im Auftrag des Verbandes durchgeführt

2697 BUJ, Gesetzgebungsvorschlag OWiG, S. 18; ebenfalls zitiert von: Brömmelmeyer NZKart 2014, 478, 480; so auch zitiert von: Beulke/Moosmayer CCZ 2014, 146, 152.

2698 BUJ, Gesetzgebungsvorschlag OWiG, S. 21; ebenso: Beulke/Moosmayer CCZ 2014, 146, 152.

2699 Jatzkowski/Votsmeier JUVE-Rechtsmarkt 2014, 74, 79.

2700 Beulke/Moosmayer CCZ 2014, 146, 152.

2701 Henssler/Hoven/Kubiciel/Weigend NZWiSt 2018, 1, 1.

werden. Rechtsanwälte und Syndikusrechtsanwälte des Verbandes sind zur Verweigerung des Zeugnisses über den Ablauf und die Ergebnisse interner Untersuchungen berechtigt.
(2) Aufzeichnungen über interne Untersuchungen unterliegen nicht der Beschlagnahme.
(3) Angaben, die ein Zeuge bei einer Befragung im Rahmen einer internen Untersuchung gegenüber einem Beauftragten des Verbandes gemacht hat, dürfen in einem Strafverfahren gegen den Zeugen ohne dessen Zustimmung nicht als Beweismittel verwertet werden."[2702]

1. § 18 Abs. 1 Kölner Entwurf eines Verbandssanktionengesetzes

In § 18 Abs. 1 S. 1 VerbSG-E wird eine interne Untersuchung zunächst definiert. Hierunter werden Maßnahmen verstanden, die zur Aufklärung verbandsbezogener Zuwiderhandlungen durchgeführt werden. Um welche Maßnahmen es sich handelt und was unter einer Zuwiderhandlung im Detail zu verstehen ist, wird an dieser Stelle jedoch nicht dargestellt.

Auch bleibt offen, wer mit der Durchführung interner Untersuchungen beauftragt werden kann. Aus einem Aufsatz von zwei der vier Herausgeber des Gesetzesentwurfs geht hervor, dass die Durchführung von „*Mitarbeiter[n] eines betroffenen Unternehmens oder durch externe Ermittler*"[2703] vorgenommen werden kann.[2704] Der Begriff eines externen Ermittlers kann dabei jedoch so weit ausgelegt werden, dass darunter genauso Personengruppen zu verstehen sind, denen als Berufsgeheimnisträger nach § 53 StPO ein Zeugnisverweigerungsrecht zusteht, als auch private Ermittler wie Detektive.[2705] Hieraus ergibt sich der Vorteil, dass Unternehmen bei der Beauftragung von Personen, die eine interne Untersuchung durchführen, aus einem breiten Personenkreis wählen können.[2706]

Im Vergleich dazu ist das Zeugnisverweigerungsrecht, das nach § 18 Abs. 1 S. 2 VerbSG-E nur Rechtsanwälten und Syndikusrechtsanwälten des Verbands in Bezug auf den Ablauf und die Ergebnisse der internen Untersuchung zusteht, eingeschränkt.

Seit 2016 gilt das Zeugnisverweigerungsrecht nach § 53 StPO nicht mehr für Syndikusrechtsanwälte,[2707] weshalb es aus der Sicht einzelner Stimmen der Literatur für sinnvoll erachtet wird, Syndikusrechtsanwälte in diesem

2702 Henssler/Hoven/Kubiciel/Weigend NZWiSt 2018, 1, 4.
2703 Weigend/Hoven ZRP 2018, 30, 33.
2704 Weigend/Hoven ZRP 2018, 30, 33.
2705 Zerbes/El-Ghazi NZWiSt 2018, 425, 430.
2706 Dieser Aspekt findet Eingang in den eigenen Regelungsentwurf, siehe Kapitel 4 A.I.
2707 Siehe Kapitel 2 D. IV.

Zusammenhang explizit zu erwähnen.[2708] Angesichts der entgegenstehenden aktuellen Gesetzeslage in Deutschland sowie der europäischen Rechtsprechung[2709] ist es jedoch nach der hier vertretenen Ansicht fraglich, inwieweit eine abweichende nationale Gesetzgebung vorzugswürdig ist.

Ferner wird in der Literatur teilweise hinterfragt, warum Rechtsanwälte in § 18 Abs. 1 S. 2 VerbSG-E aufgeführt werden, wenngleich ihnen nach § 53 Abs. 1 Nr. 3 StPO ohnehin ein Zeugnisverweigerungsrecht zusteht. In diesem Zusammenhang sei es fraglich, ob die Aufzählung im VerbSG-E insoweit abschließend sei, dass weiteren Berufsgeheimnisträgern nach § 53 Abs. 1 Nr. 3 StPO – wie Wirtschaftsprüfern und Steuerberatern – ihr Zeugnisverweigerungsrecht bei internen Untersuchungen aberkannt werde. Das Verhältnis zwischen § 18 Abs. 1 S. 2 VerbSG-E und § 53 StPO sei damit regelungsbedürftig.[2710] Wenn die Regelung so interpretiert wird, dass neben Syndikusrechtsanwälten nur Rechtsanwälte zur Zeugnisverweigerung berechtigt sein sollen, da diese regelmäßig mit der Durchführung von internen Untersuchungen beauftragt werden, ist es nachvollziehbar, warum bspw. keine Steuerberater aufgelistet wurden. Indes müssten Wirtschaftsprüfer ergänzt werden, die in der Praxis regelmäßig interne Untersuchungen vornehmen. Die Unsicherheit bleibt mithin bestehen.

2. § 18 Abs. 2 Kölner Entwurf eines Verbandssanktionengesetzes

In § 18 Abs. 2 VerbSG-E ist vorgesehen, dass Aufzeichnungen aus internen Untersuchungen nicht der Beschlagnahme unterliegen.[2711] Hiermit soll verhindert werden, dass die Erkenntnisse aus der internen Untersuchung für die Anklagebehörden als „*Materialsammlung*“[2712] dienen. Nach zwei Mitverfassern[2713] des Entwurfs wurde dabei „*eine weitgehende Abschottung der Ermittlungsergebnisse interner Untersuchungen gegenüber dem Zugriff der Strafverfolgungsbehörden*“[2714] gewählt. Allerdings dürfen Strafverfolgungsbehörden aus ihrer Sicht trotz dieser Abschottung Unterlagen und Daten beschlagnahmen, die während der internen Untersuchung gesammelt wurden. Wenngleich der Wortlaut der Norm ‚Aufzeichnungen‘ vorsieht, sind „*nur die Ergebnisse der eigenen Befragungsarbeit der ermittelnden Personen*“[2715] gemäß zweier Mitverfasser geschützt. Unter ‚Aufzeichnungen‘ lassen sich indes auch andere Dokumente einer internen Untersuchung

2708 Zerbes/El-Ghazi NZWiSt 2018, 425, 430.
2709 Siehe Kapitel 2 D. IV.; EuGH NJW 2010, 3557, 3557.
2710 Zerbes/El-Ghazi NZWiSt 2018, 425, 430.
2711 Henssler/Hoven/Kubiciel/Weigend NZWiSt 2018, 1, 4.
2712 Weigend/Hoven ZRP 2018, 30, 33.
2713 Vgl. Weigend/Hoven ZRP 2018, 30, 30.
2714 Weigend/Hoven ZRP 2018, 30, 33.
2715 Weigend/Hoven ZRP 2018, 30, 33.

zuordnen, die nicht aus der Befragungsarbeit stammen. Hierzu können dokumentierte Analysen, Arbeitsergebnisse sowie (Zwischen-)Berichte gehören, weshalb die Beschreibung der Autoren zum Wortlaut der Norm widersprüchlich erscheint.

Zudem geht aus dem Wortlaut des Regelungsvorschlags nicht hervor, ob sich das Beschlagnahmeverbot ausschließlich auf Aufzeichnungen bezieht, die nach § 18 Abs. 1 S. 2 VerbSG-E von einem Syndikusrechtsanwalt oder einem Rechtsanwalt erstellt wurden, oder auch auf Unterlagen, die von Personen erstellt wurden, die mit der Durchführung einer internen Untersuchung betraut waren. Auch wird der Ort, an dem die Aufzeichnungen vor einer Beschlagnahme geschützt sind, nicht konkretisiert. Hierdurch kann angenommen werden, dass die Aufzeichnungen unabhängig von ihrem Aufbewahrungsort einem Beschlagnahmeschutz unterliegen. Da jedoch alle weiteren Unterlagen und Daten, die bei der internen Untersuchung gesammelt wurden, keinem Beschlagnahmeschutz unterliegen, ist fraglich, wie diese Unterlagen von geschützten Aufzeichnungen abzugrenzen sind.

3. § 18 Abs. 3 Kölner Entwurf eines Verbandssanktionengesetzes

Nach § 18 Abs. 3 VerbSG-E dürfen die Angaben, die der Zeuge in einer Befragung gegenüber dem Beauftragten des Verbandes gemacht hat, nicht ohne dessen Zustimmung in einem Strafverfahren als Beweismittel gegen den Zeugen – der nunmehr die Rolle eines Beschuldigten[2716] einnimmt – verwertet werden.[2717] Durch diese Regelung soll gemäß zwei Mitverfassern des Entwurfs verhindert werden, dass Arbeitnehmer in eine „*Strafbarkeitsfalle*“[2718] geraten, wenn sie aus ihrer arbeitsrechtlichen Verpflichtung heraus wahrheitsgemäße Angaben machen.[2719] Durch das Beweisverwertungsverbot, das den Arbeitnehmern in diesem Abs. zugesprochen wird, wird deutlich, dass seine wahrheitsgemäße Auskunft so weit reichen kann, dass er sich selbst belasten muss. Angehörige nach § 52 StPO sind von dieser Regelung basierend auf ihrem Wortlaut jedoch nicht umfasst. Ebenso kommt dem Beweisverwertungsverbot keine Fernwirkung[2720] zu. Dieser Annahme eines Beweisverwertungsverbots entspricht auch die hier vertretene Ansicht. Allerdings bezieht sich die Norm dem Wortlaut nach nur auf Zeugen. Arbeitnehmer, die zum Zeitpunkt der Untersuchung verdächtigt werden, werden nicht benannt. Da der Entwurf aber grundsätzlich die Geltung des Nemo-tenetur-Grundsatzes[2721] für Verbände bejahte und daher ein Schweigerecht für

2716 Zerbes/El-Ghazi NZWiSt 2018, 425, 431.
2717 Henssler/Hoven/Kubiciel/Weigend NZWiSt 2018, 1, 4.
2718 Weigend/Hoven ZRP 2018, 30, 33.
2719 Weigend/Hoven ZRP 2018, 30, 33.
2720 Zur Fernwirkung bei Beweisverwertungsverboten siehe Kapitel 2 C. I. 3. a).
2721 Henssler/Hoven/Kubiciel/Weigend NZWiSt 2018, 1, 10.

Vertreter des Verbands in § 17 Abs. 1 S. 1 VerbSG-E[2722] vorsah, erschiene es fraglich, wenn der Nemo-tenetur-Grundsatz bei einem Mitarbeiter, der eine verbandsbezogene Zuwiderhandlung begangen hat, verletzt werden können soll.

4. Zwischenergebnis zum Kölner Entwurf eines Verbandssanktionengesetzes

Mit § 18 VerbSG-E wurde die Lösung der wesentlichen Fragen im Zusammenhang mit einer internen Untersuchung angestrebt. Dies betrifft die Fragen, was eine interne Untersuchung ist und wer diese durchführen darf (Abs. 1), die Beschlagnahmefähigkeit von Unterlagen aus internen Untersuchungen (Abs. 2) sowie die Frage nach der Auskunfts- und Selbstbelastungspflicht von Mitarbeitern und deren Schutz über ein Beweisverwertungsverbot (Abs. 3). Mit diesen Regelungen wurde allen als wesentlich erachteten Herausforderungen aus Kapitel 2 begegnet.[2723] Keine Regelungen wurden hingegen im Hinblick auf die Belehrung des Arbeitnehmers über seine Rechte und Pflichten sowie die Hinzuziehung eines (rechtlichen) Beistands getroffen.[2724] Ebenso existiert keine Regelung zum Umgang mit Geschäftsgeheimnissen.[2725] Indes bleibt unklar, ob sich das Beweisverwertungsverbot tatsächlich nur auf Zeugen beziehen soll, wie es der Wortlaut von § 18 Abs. 3 VerbSG-E vorsieht.

Hervorzuheben ist, dass der VerbSG-E im Vergleich zu den anderen dargestellten Entwürfen eine Definition des Begriffs einer internen Untersuchung umfasst. Darüber hinaus werden Untersuchungsaufzeichnungen – wenngleich deren Umfang fraglich ist – und die aussagenden Zeugen geschützt, gegen die ein Strafverfahren geführt wird. Indes werden dadurch nicht alle Unklarheiten beseitigt, die im Zusammenhang mit internen Untersuchungen bestehen.

Mit Ausnahme der dargestellten ungeklärten Fragestellungen ist dem Grundgedanken von § 18 VerbSG-E jedoch zuzustimmen. Insbesondere § 18 Abs. 1 S. 1 VerbSG-E[2726], § 18 Abs. 2[2727] und 3[2728] VerbSG-E werden daher für den

2722 Henssler/Hoven/Kubiciel/Weigend NZWiSt 2018, 1, 4.
2723 Siehe Kapitel 2 E.
2724 Siehe zur Gewährung eines (rechtlichen) Beistands und Belehrung Kapitel 2 B. III. 2. b) ff) und gg).
2725 Siehe hierzu Kapitel 2 D. I.
2726 Dieser Paragraf wird im eigenen Regelungsentwurf berücksichtigt, siehe Kapitel 4 A. I.
2727 Dieser Paragraf wird im eigenen Regelungsentwurf berücksichtigt, siehe Kapitel 4 E. I.
2728 Dieser Paragraf wird im eigenen Regelungsentwurf berücksichtigt, siehe Kapitel 4 D. I.

hier zu formulierenden Regelungsentwurf herangezogen und weiterentwickelt. Zudem wird der Begriff der „*ermittelnden Personen*"[2729] aus dem Aufsatz zum VerbSG-E zweiter Mitverfasser des Entwurfs übernommen.

IV. Gesetzesvorschlag von Moosmayer und Petrasch

Als Reaktion auf den Koalitionsvertrag vom 12.03.2018 haben *Moosmayer* und *Petrasch* in einem Beitrag in demselben Jahr einen ‚Denkanstoß'[2730] in Form eines Formulierungsvorschlags für die Regelung von internen Untersuchungen unterbreitet. Der Vorschlag des § 30a OWiG n. F. mit dem Titel „*Sachverhaltsaufklärung durch Unternehmen*"[2731] soll den Gesetzesvorschlag des BUJ ergänzen.[2732] So umfasst § 30a OWiG n. F. zehn Abs. und enthält Regelungen für die wesentlichsten Rechtsunsicherheiten, die im Zusammenhang mit internen Untersuchungen in Deutschland bestehen.

1. Grundlagen

Der Vorschlag der Autoren beginnt in § 30a OWiG n. F. mit einer Definition von internen Untersuchungen, wonach darunter „*eigene Sachverhaltsaufklärungen durch eine juristische Person oder Personenvereinigung bei Hinweisen auf Fehlverhalten durch Mitarbeiter (interne Untersuchung)*"[2733] verstanden werden können. Ausgangspunkt der Untersuchung ist somit der Hinweis auf ein Fehlverhalten. Fraglich ist, warum in der Definition einer internen Untersuchung lediglich Bezug auf Mitarbeiter genommen wird, bei denen es einen Hinweis auf ein Fehlverhalten gibt, während in § 30a Abs. 3 lit. c OWiG n. F. eine Unterscheidung zwischen Personengruppen vorgenommen wird, mit denen Befragungen durchgeführt werden können. Bei den Personengruppen handelt es sich um betroffene Mitarbeiter, Mitglieder der Unternehmensleitung und Aufsichtsgremien.[2734] Gemäß der Definition würde es sich bei Hinweisen auf ein Fehlverhalten seitens der beiden zuletzt genannten Personengruppen nicht um eine interne Untersuchung handeln.

Detaillierte Vorschriften, die bei der Durchführung von internen Untersuchungen in Ausführung von § 30 Abs. 7 und Abs. 8 OWiG n. F. sowie § 130

2729 Weigend/Hoven ZRP 2018, 30, 33; Dieser Aspekt findet Eingang in den eigenen Regelungsentwurf, siehe Kapitel 4 A. I.
2730 Moosmayer/Petrasch ZHR 182 (2018), 504, 505.
2731 Moosmayer/Petrasch ZHR 182 (2018), 504, 536.
2732 Moosmayer/Petrasch ZHR 182 (2018), 504, 535.
2733 Moosmayer/Petrasch ZHR 182 (2018), 504, 536.
2734 Moosmayer/Petrasch ZHR 182 (2018), 504, 537.

Abs. 1 und Abs. 4, 5 OWiG n. F. nach dem Regelungsvorschlag des BUJ zu berücksichtigen sind,[2735] finden sich in den darauffolgenden Absätzen.[2736]

So ist in § 30a Abs. 1 OWiG n. F. vorgesehen, dass bei internen Untersuchungen sowohl arbeits- als auch datenschutzrechtliche Vorschriften, die zwischen Arbeitgebern und Arbeitnehmern gelten, Anwendung finden.[2737] Die Nennung dieser beiden zentralen Vorschriften, die bei einer internen Untersuchung zu berücksichtigen sind, führt nach der hier vertretenen Ansicht zu einer Sensibilisierung der Rechtsanwender, sodass sie sich mit den daraus resultierenden Vorgaben auseinandersetzen.

Mit der Durchführung von internen Untersuchungen dürfen nach § 30a Abs. 2 S. 1 OWiG n. F. externe oder interne Stellen beauftragt werden.[2738] Hierdurch wird dem betroffenen Unternehmen die Entscheidung überlassen, welche unternehmensinternen Abteilungen oder Externe wie Rechtsanwaltskanzleien oder Berater[2739] die Sachverhaltsaufklärung durchführen. Insbesondere durch den weit gefassten Begriff einer ‚Stelle' könnten darunter auch Wirtschaftsprüfer oder Detektive gefasst werden.

Weiter heißt es in § 30a Abs. 2 S. 2 OWiG n. F., dass die ausgewählte Stelle durch Rechtsanwälte oder Syndikusrechtsanwälte zu beaufsichtigen ist.[2740] *Moosmayer* und *Petrasch* sprechen sich klar für die Beteiligung von Juristen bei internen Untersuchungen aus und warnen sogar davor, bei internen Untersuchungen keine Juristen als Beistand oder Aufsicht hinzuzuziehen. Insbesondere bei Bestandteilen interner Untersuchungen, die stark juristisch geprägt sind und verschiedene Rechtsbereiche betreffen, ist eine juristische Begleitung und Betreuung ihnen zufolge notwendig.[2741] Der Ansatz, der dieser Vorschrift zugrunde liegt, ist grundsätzlich nachvollziehbar. So können juristische Hürden ohne entsprechende Fachkenntnisse nicht oder nicht zeitnah erkannt werden.

Basierend auf den Angaben von 71 deutschen Unternehmen im Rahmen der DICO-Studie aus dem Jahr 2022 bestehen die Untersuchungsteams von den Unternehmen bereits zu einem hohen Anteil aus Personen, die einen rechtswissenschaftlichen Hintergrund haben.[2742] Zur Beaufsichtigung von exter-

---

2735 Siehe Kapitel 3 B. II.
2736 Moosmayer/Petrasch ZHR 182 (2018), 504, 536.
2737 Moosmayer/Petrasch ZHR 182 (2018), 504, 536.
2738 Moosmayer/Petrasch ZHR 182 (2018), 504, 536.
2739 Moosmayer/Petrasch ZHR 182 (2018), 504, 518.
2740 Moosmayer/Petrasch ZHR 182 (2018), 504, 536.
2741 Moosmayer/Petrasch ZHR 182 (2018), 504, 519.
2742 Siehe hierzu DICO e. V., Studie „Interne Untersuchungen in Deutschland – 2022", S. 33, wonach der Anteil von Mitarbeitern mit einem rechtswissenschaftlichen Hintergrund in den Untersuchungsteams bei rund 93 % lag. Bei der Frage waren Mehrfachantworten möglich.

nen Dritten, die keine juristischen Kenntnisse haben, die die interne Untersuchung durchführen, erscheint die Regelung allerdings nachvollziehbar. Dies gilt insbesondere unter der Berücksichtigung, dass davon auszugehen ist, dass kleine und mittlere Unternehmen aufgrund des fehlenden Knowhows ohnehin externe Dritte mit entsprechender Expertise mit der Durchführung von internen Untersuchungen beauftragen werden.

Im eigenen Regelungsentwurf wird die Definition einer internen Untersuchung um die dargestellten Personengruppen erweitert.[2743] Zudem wird § 30a Abs. 1 OWiG n. F. inhaltlich Eingang in den Regelungsentwurf finden.[2744]

2. Kernbestandteile einer internen Untersuchung

Ferner zählen *Moosmayer* und *Petrasch* in § 30a Abs. 3 OWiG n. F. – anders als in den bereits dargestellten Regelungsvorschlägen – die wesentlichen Bestandteile einer internen Untersuchung auf:

„*(3) Wesentliche Bestandteile einer internen Untersuchung sind in der Regel:*
(a) Die Auswertung und Dokumentation sämtlicher fallbezogener Informationen und Unterlagen in gedruckter und elektronischer Form,
(b) wenn geboten die Sicherung, Sichtung und Dokumentation des gesamten fallbezogenen elektronischen Postverkehrs von involvierten Mitarbeitern,
(c) die Befragung von betroffenen Mitarbeitern, Angehörigen der Unternehmensleitung und der Aufsichtsgremien zum Untersuchungssachverhalt und deren ordnungsgemäße Dokumentation sowie
(d) die Erstellung eines Untersuchungsberichts.“[2745]

Diese Auflistung kann den Unternehmen als Orientierungshilfe in Form von verlässlichen Leitplanken dienen.[2746] Welche Maßnahmen zur Aufklärung eines Sachverhalts effektiv und sachgerecht sind, kann aus Sicht der Autoren in erster Linie nur anhand wirtschaftlicher Maßstäbe beurteilt werden. Ein Gesetz mit detaillierten Vorschriften ist aus ihrer Sicht nicht dazu geeignet, alle Facetten der Unternehmenslandschaft – von kleinen Betrieben bis hin zu weltweit agierenden Großkonzernen – lückenlos abzudecken.[2747] Mit der Formulierung ‚in der Regel‘ wird den Unternehmen daher keine Pflicht auferlegt, alle Untersuchungshandlungen umzusetzen. Die Entscheidung für einzelne Untersuchungshandlungen liegt damit im Ermessen der Unterneh-

2743 Siehe hierzu die Regelung im eigenen Regelungsentwurf in Kapitel 4 A. I.
2744 Siehe hierzu die Regelung im eigenen Regelungsentwurf in Kapitel 4 B. I.
2745 Moosmayer/Petrasch ZHR 182 (2018), 504, 536 f.
2746 Vgl. Moosmayer/Petrasch ZHR 182 (2018), 504, 520.
2747 Moosmayer/Petrasch ZHR 182 (2018), 504, 520.

men, die ihre Wahl von der jeweiligen Risikolage des (Rechts-)Verstoßes abhängig machen können.

Die in § 30a Abs. 3 lit. a OWiG n. F. erwähnte Untersuchungshandlung, Informationen und Dokumente, die der Sachverhaltsaufklärung dienlich sind, auszuwerten und zu dokumentieren, gehört regelmäßig zu den ersten Schritten einer internen Untersuchung.[2748]

In Anbetracht einer etwaigen beruflichen Nutzung von Messenger-Diensten und Kommunikationstools wie Microsoft Teams in Unternehmen könnte die Regelung von *Moosmayer* und *Petrasch* in § 30a Abs. 3 lit. b OWiG n. F. um ebendiese Kommunikationsmöglichkeiten erweitert werden. Da es sich bei elektronischem Postverkehr ebenfalls um eine Kommunikationsform handelt, könnte ein neuer Regelungsvorschlag so angepasst werden, dass auch jegliche dienstliche elektronische Kommunikation gemeint ist: *„wenn geboten die Sicherung, Sichtung und Dokumentation der gesamten fallbezogenen [dienstlich genutzten Kommunikationsmittel]"*[2749]. Allerdings bezieht sich die Regelung nur auf Mitarbeiter, wenngleich die in § 30a Abs. 3 lit. c OWiG n. F. genannten Personengruppen ebenfalls involviert sein könnten. Daher erscheint es sinnvoll, den Kreis der potenziell beteiligten Personen um diese Personengruppen zu erweitern.

Die Befragung von Mitarbeitern gehört zu den zentralen Elementen[2750] einer internen Untersuchung und wird daher in § 30a Abs. 3 lit. c OWiG n. F.[2751] genannt. Auffallend ist im Vergleich zum VerbSG-E, zu der Definition einer internen Untersuchung in § 30a OWiG n. F. sowie zu § 30a Abs. 3 lit. b OWiG n. F., dass die Autoren *„Angehörige[...] der Unternehmensleitung und der Aufsichtsgremien"*[2752] benennen, die ihrerseits nicht zu den Arbeitnehmern zählen[2753]. Dieser Konkretisierung ist zu folgen. Wie bereits im Zusammenhang mit der Definition von internen Untersuchungen in diesem Gesetzesvorschlag dargestellt wurde, erscheint es sinnvoll, § 30a OWiG n. F. um diese Personengruppen zu ergänzen.

2748 Siehe Kapitel 2 B. I.

2749 Moosmayer/Petrasch ZHR 182 (2018), 504, 536 f.

2750 Siehe Kapitel 2 B. III. 1.

2751 Moosmayer/Petrasch ZHR 182 (2018), 504, 537.

2752 Moosmayer/Petrasch ZHR 182 (2018), 504, 537.

2753 Vgl. nur: BGH NJW 1981, 1270, 1271, wonach Geschäftsführer einer GmbH keine Arbeitnehmer sind; Gotthardt in: BeckOK Arbeitsrecht, § 622 BGB Rn. 9, wonach Organmitglieder grundsätzlich nicht zu Arbeitnehmern zählen; Spindler in: MüKo AktG Band 2, § 84 AktG Rn. 65, wonach Vorstandsmitglieder aufgrund ihrer unabhängigen Stellung grundsätzlich nicht als Arbeitnehmer gelten; ähnlich: Wirtz/Baumann RDi 2024, 27, 31 Rn. 20, wonach Vorstände und Geschäftsführer als Unternehmensangehörige anzusehen sind, deren Anstellungsverträge jedoch grundsätzlich keine Arbeitsverträge sind.

Zusätzlich wäre im gesamten Gesetzesentwurf – sofern anwendbar – eine Unterscheidung zwischen den Personengruppen im Hinblick auf deren Stellung als Beschuldigter oder Zeuge denkbar. Damit könnte verhindert werden, dass die formalen Anforderungen, die für die Belehrung und die Hinzuziehung eines Beistands[2754] gelten, nicht auf Zeugenbefragungen ausgedehnt werden, die lediglich der Informationsbeschaffung dienen.

In § 30a Abs. 3 lit. d OWiG n. F. wird festgehalten, dass zu den wesentlichen Bestandteilen einer internen Untersuchung in der Regel auch ein Untersuchungsbericht gehört.[2755] Abweichungen von dieser Norm sind grundsätzlich möglich. Die Dokumentation muss indes hinsichtlich ihres Detaillierungsgrades an die Risikolage und den Adressatenkreis angepasst werden, sodass sie von einem Untersuchungsbericht abweichen kann.

Die Beurteilung, ob die vom Unternehmen durchgeführten Untersuchungshandlungen ausreichend und angemessen waren, um den Sachverhalt vollständig aufzuklären, obliegt nach Ansicht der Autoren der Staatsanwaltschaft. So ist sie in der Pflicht nachzuweisen, ob die vom Unternehmen angewendeten Untersuchungshandlungen nicht den gesetzlichen Anforderungen entsprechen.[2756]

Der Abs. 3 bietet Unternehmen eine Hilfestellung, welche Maßnahmen bei einer internen Untersuchung regelmäßig umzusetzen sind. Davon können insbesondere Unternehmen profitieren, die über keine hinreichenden Erfahrungen mit internen Untersuchungen verfügen. Dieser Regelung ist inhaltlich zu folgen, sodass sie bei der Erstellung eines eigenen Regelungsentwurfs unter Berücksichtigung der zuvor dargestellten Ergänzungen berücksichtigt wird.[2757]

3. Regelungen im Zusammenhang mit Strafverfolgungsbehörden

Die Autoren des Entwurfs stellen in ihrer Erläuterung zum Regelungsentwurf klar, dass der Gesetzgeber die Durchführung einer internen Untersuchung und die Kooperation der Unternehmen mit den Strafverfolgungsbehörden nur erreichen kann, wenn ein ausreichender Beschlagnahmeschutz gewährt wird.[2758] Aus diesem Grund erkennen sie in der Jones-Day-Entscheidung des BVerfG einen Widerspruch zu den politischen und gesetz-

---

2754 Kritisch hierzu: Ahrens/Redwitz CB 2021, 102, 103, die Argumente für eine Trennung von Verdächtigten und Zeugen im Zusammenhang mit dem VerSanG-E aufzeigen.

2755 Moosmayer/Petrasch ZHR 182 (2018), 504, 537.

2756 Moosmayer/Petrasch ZHR 182 (2018), 504, 520.

2757 Dieser Paragraf wird im eigenen Regelungsentwurf berücksichtigt, siehe Kapitel 4 B I.

2758 Moosmayer/Petrasch ZHR 182 (2018), 504, 521.

geberischen Bemühungen, interne Untersuchungen als Bestandteil von Compliance und als Prozess der Selbstreinigung zu stärken.[2759] Daraus resultierend sind nach Abs. 4 Unterlagen vor einer Beschlagnahme und Sicherstellung bei einem Rechtsanwalt oder Syndikusrechtsanwalt geschützt, wenn sie der Vorbereitung auf eine Verteidigung dienen:

„*(4) Die bei einer internen Untersuchung durch externe Rechtsanwälte und/oder Syndikusrechtsanwälte angefertigten und erhobenen Unterlagen im Sinne des Absatzes 3 sind der Beschlagnahme und Sicherstellung beim Rechtsanwalt oder Syndikusrechtsanwalt nicht zugänglich, sofern sie der Vorbereitung einer Verteidigung in einem Straf- oder Ordnungswidrigkeitenverfahren gegen das Unternehmen oder eines Mitarbeiters dienen. Eine Verteidigung und deren Vorbereitung sind in der Regel bereits dann gegeben, wenn im Zeitpunkt der Beauftragung des Rechtsanwaltes oder Syndikusrechtsanwaltes nicht auszuschließen ist, dass das Unternehmen und/ oder ein Arbeitnehmer zeitnah mit der Einleitung eines behördlichen Verfahrens zu rechnen haben. Die Regelungen der §§ 97, 160a StPO bleiben unberührt.*“[2760]

Zu den beschlagnahmefreien Unterlagen zählen *Moosmayer* und *Petrasch*: „*Jegliche originär mandatsbezogene Kommunikation zwischen Anwalt und Unternehmen (Mandant), sämtliche Mitschriften von Interviews mit Mitarbeitern, interne Vermerke des Untersuchungsteams und alle Unterlagen (auch in elektronischer Form), die als Anlagen oder Quellen Bestandteil des abschließenden Berichtes sind sowie der Untersuchungsbericht selbst.*“[2761]

Während interne Untersuchungen nach § 30a Abs. 2 S. 1 OWiG n. F. von einer externen oder internen Stelle durchgeführt werden können, bezieht sich der Beschlagnahmeschutz nach § 30a Abs. 4 S. 1 OWiG n. F. nur auf Unterlagen, die von externen Rechtsanwälten und/oder Syndikusrechtsanwälten erstellt oder erhoben wurden.[2762] Dabei ist es aus ihrer Sicht unerheblich, wo sich die Unterlagen befinden.[2763] Geschützt sind ebenso Unterlagen, die sich im Gewahrsam eines Syndikusrechtsanwalts befinden, während sie gleichzeitig eine zwingende Notwendigkeit einer Gleichstellung von exter-

---

2759 Moosmayer/Petrasch ZHR 182 (2018), 504, 521 unter Bezugnahme auf: Schiffner, Internationale Kanzleien nicht vom Grundgesetz geschützt, www.juve.de mit Zitat von Wirtschaftsstrafrechtler *Gercke*: „*Sie stehen letztlich im Widerspruch zu den aktuellen Bemühungen des Gesetzgebers, genau dieses Mittel als Teil wirkungsvoller Compliance-Maßnahmen und eines hiermit einhergehenden Selbstreinigungsprozesses im Rahmen der Überlegungen für ein Unternehmenssanktionsrecht zu stärken.*“

2760 Moosmayer/Petrasch ZHR 182 (2018), 504, 537.

2761 Moosmayer/Petrasch ZHR 182 (2018), 504, 524.

2762 Moosmayer/Petrasch ZHR 182 (2018), 504, 537.

2763 Moosmayer/Petrasch ZHR 182 (2018), 504, 524; zum Ort der Beschlagnahme dahingehend ebenso argumentierend: Momsen/Grützner CCZ 2017, 242, 248.

nen Rechtsanwälten und Syndikusrechtsanwälten sehen. Hierfür sollte ihrer Ansicht nach *„über ein eigenes Anwaltsprivileg für unternehmensinterne Rechtsanwälte nachgedacht werden“*[2764].[2765] Wie bereits im Zusammenhang mit dem VerbSG-E erläutert wurde, wird der Erweiterung der Rechte von Syndikusrechtsanwälten aufgrund der entgegenstehenden nationalen und europäischen Gesetzesgrundlagen nicht gefolgt.

Im Hinblick auf das Setzen von Anreizen nehmen *Moosmayer* und *Petrasch* u. a. Bezug auf den Gesetzesvorschlag des BUJ, in dem sie konstruktive Ansätze sehen.[2766] So verweisen *Moosmayer* und *Petrasch* in Abs. 5 auf diesen Gesetzesvorschlag (§ 30 Abs. 7 OWiG n. F.) und sehen eine freiwillige Offenlegung der Untersuchungsergebnisse an eine zuständige Stelle als Milderungsgrund an, sofern die Ergebnisse dazu geeignet waren, Hinweisen auf Zuwiderhandlungen in angemessener Weise nachzugehen. Hierbei kann von einer Geldbuße gänzlich abgesehen werden, wenn kein bedeutender Schaden eingetreten ist:

„(5) Die Durchführung einer internen Untersuchung und die freiwillige Offenlegung der Ergebnisse einer solchen gegenüber den zuständigen Stellen gilt regelmäßig als Milderungsgrund bei der Bemessung einer Geldbuße gemäß § 30 Abs. 7, sofern sie geeignet und angemessen war, Hinweisen auf Fehlverhalten nachzugehen. Von der Festsetzung einer Geldbuße kann vollständig abgesehen werden, wenn ein bedeutender Schaden nicht eingetreten ist. § 30 Abs. 7 Satz 4 gilt entsprechend.“[2767]

Eine freiwillige Übergabe wird indes nach der hier vertretenen Ansicht aufgrund der bereits ausgeführten Aspekte kritisch gesehen.[2768] Eine verpflichtende Offenlegung von Unterlagen wird zudem im Zusammenhang mit grenzüberschreitenden Sachverhalten, in die auch US-amerikanische Behörden involviert sind, als potenziell problematisch angesehen und kann sich auch hier vielmehr zum Nachteil des Unternehmens auswirken.[2769] Es wird zum Teil als kritisch erachtet, dass die daraus resultierende Pflicht in Deutschland, wesentliche Dokumente einer verbandsinternen Untersuchung an die Staatsanwaltschaft zu übermitteln, dazu führen kann, dass diese Pflicht ebenso in den USA gilt. Zwar unterliegen solche Unterlagen nach dem US-amerikanischen Recht einem Schutz durch das ‚Legal Privi-

---

2764 Moosmayer/Petrasch ZHR 182 (2018), 504, 524.
2765 Moosmayer/Petrasch ZHR 182 (2018), 504, 524.
2766 Moosmayer/Petrasch ZHR 182 (2018), 504, 532.
2767 Moosmayer/Petrasch ZHR 182 (2018), 504, 537.
2768 Siehe Kapitel 2 D. I.
2769 Priewer/Ritzenhoff WiJ 2019, 166, 171, bezogen auf VerSanG-RefE; im Zusammenhang mit Konfliktpotenzialen bei grenzüberschreitenden Untersuchungen aufgrund der Kooperationspflicht: Schneider/Priewer Compliance 09/2019, S. 7.

lege',[2770] allerdings kann eine Herausgabe der Dokumente an eine Behörde im Ausland – wie im Falle von Sachverhalten in Deutschland der deutschen Staatsanwaltschaft – zu einem Verzicht auf das Legal Privilege führen, der auch als ,Privilege Waiver' bezeichnet wird.[2771] Dabei kann nicht nur das DOJ oder andere Ermittlungsbehörden wie die SEC Zugriff auf die Unterlagen erhalten, sondern auch Dritte.[2772] Durch US-amerikanische Sammelklagen im Rahmen der ,Civil Discovery' können dazu auch Tausende Kläger zählen.[2773] Aus diesem Grund wurde gemäß einzelnen Literaturstimmen in der Vergangenheit zum Teil auf schriftliche Stellungnahmen verzichtet, um dem US-amerikanischen Rechtsinstrument der ,Discovery' zu entgehen.[2774] Bei einer Discovery handelt es sich um ein Beweisausforschungsverfahren, das vor einer gerichtlichen Verhandlung stattfindet und bei zivilrechtlichen Streitigkeiten eingesetzt wird.[2775] Dabei sind die streiterheblichen Informationen vor dem Verfahren vollständig darzulegen, damit die Parteien ein besseres und einheitliches Verständnis über den Rechtsstreit erlangen.[2776]

Aufgrund der zahlreichen Nachteile, die eine freiwillige Herausgabe von Unterlagen mit sich bringen kann, sollte nach der hier vertretenen Ansicht für die Herausgabe von Unterlagen eine Alternativlösung gefunden werden, sodass sich hieraus keine Risiken für das Unternehmen ergeben. Eine Mög-

---

2770 Vgl. nur: Priewer/Ritzenhoff WiJ 2019, 166, 171, bezogen auf VerSanG-RefE; Knauer NStZ 2020, 441, 446; zum Anwaltsprivileg ausführlich: Gajek/Raspé/Schlösser-Rost WiJ 2018, 200 ff.

2771 Vgl. zum Verzicht auf das Legal Privilege nur: United States Court of Appeals, Third Circuit, 19.12.1991 – 951 F.2d 1414, Westinghouse Electric Corp. v. Republic of Philippines: „*The client cannot be permitted to pick and choose among his opponents, waiving the privilege for some and resurrecting the claim of confidentiality to obstruct others, or to invoke the privilege as to communications whose confidentiality he has already compromised for his own benefit... The attorney-client privilege is not designed for such tactical employment.*"; United States Court of Appeals, Ninth Circuit. 10.05.2012. No. 11–71844, Pacific. Picture Corp v. United States District Court for the Central District of California, Los Angeles: „*privileged documents to third parties will generally destroy the privilege*"; Gajek/Raspé/Schlösser-Rost WiJ 4/2018, 200, 211; Priewer/Ritzenhoff WiJ 2019, 166, 171, bezogen auf VerSanG-RefE; Knauer NStZ 2020, 441, 446.

2772 Vgl. nur: United States Court of Appeals, Ninth Circuit. 10.05.2012. No. 11–71844, Pacific. Picture Corp v. United States District Court for the Central District of California, Los Angeles: „*privileged documents to third parties will generally destroy the privilege*"; Gajek/Raspé/Schlösser-Rost WiJ 4/2018, 200, 212, wonach nach überwiegender Ansicht der Gerichte ein Verzicht gegenüber der Behörde auch gegenüber Dritten gilt; Priewer/Ritzenhoff WiJ 2019, 166, 171 f.

2773 Priewer/Ritzenhoff WiJ 2019, 166, 171 f.; im Ergebnis so auch: Michaelis/Krause CCZ 2020, 343, 348.

2774 Behr/Guttenberger DB 2020, 1218, 1223.

2775 Theissen IWRZ 2020, 10, 10.

2776 Theissen IWRZ 2020, 10, 11.

lichkeit kann eine abgestimmte Beschlagnahme im Sinne von § 98 StPO darstellen.[2777]

4. Regelungen im Zusammenhang mit Arbeitnehmern

Moosmayer und *Petrasch* sehen im Hinblick auf das bereits dargestellte Auskunftsdilemma eines Mitarbeiters einen Handlungsbedarf. Die Notwendigkeit eines Arbeitnehmerschutzes wird durch die Entwurfsautoren insbesondere dann erkannt, wenn ein Unternehmen den Behörden die Unterlagen aus einer internen Untersuchung offenlegt, die ggf. auch mithilfe selbstbelastender Auskünfte erstellt werden konnten.[2778] Dabei stellen sie klar, dass der Nemo-tenetur-Grundsatz im Arbeitsrecht keine Anwendung findet.[2779] Daher wird in ihrem Gesetzesentwurf eine Lösung angestrebt, wonach die Mitarbeiter gegenüber dem Arbeitgeber dazu verpflichtet sind, uneingeschränkt und wahrheitsgemäß Auskunft zu geben,[2780] während die Mitarbeiter selbst darüber entscheiden dürfen, ob die Auskünfte an die Strafverfolgungsbehörden übergeben werden. Hierzu kann der Arbeitnehmer sein Einverständnis verweigern (siehe Abs. 6).[2781] Die Autoren haben sich in der Erläuterung zu ihrem Gesetzesvorschlag zudem gegen ein arbeitsrechtliches Auskunftsverweigerungsrecht ausgesprochen. Ein zentrales Element ihrer Argumentation ist der Umstand, dass die Grenzen einer internen Untersuchung und einer Ermittlung durch die Strafverfolgungsbehörden verwässern würden, wenn den Arbeitnehmern im Einklang mit dem Nemo-tenetur-Grundsatz ein Schweigerecht zugestanden wird. Um eine Privatisierung der Strafverfolgung zu vermeiden, sollte aus ihrer Sicht von einer solchen Regelung Abstand genommen werden.[2782] Ein Beweisverwertungsverbot haben sie ebenfalls abgelehnt.[2783] Dies wurde damit begründet, dass der Umfang des Verbots nicht zu überblicken sei, zumal aus der Praxis hervorgeht, dass die Behörden trotz eines Verwertungsverbots in der Lage sind, Sachverhalte umfassend aufzuklären, wenn die Unterlagen einmal in ihrem Besitz sind.[2784] Eine alternative Lösung zeigen *Moosmayer* und *Petrasch* mit der Zustimmungslösung auf, die an § 97 Abs. 1 S. 3 InsO angelehnt ist.[2785] Hierzu merken die Autoren an,

---

2777 Zur abgestimmten Beschlagnahme im Sinne von § 98 StPO siehe: Szesny/Stelten ZRP 2020, 130, 132.

2778 Moosmayer/Petrasch ZHR 182 (2018), 504, 525.

2779 Moosmayer/Petrasch ZHR 182 (2018), 504, 525 f.

2780 Moosmayer/Petrasch ZHR 182 (2018), 504, 526.

2781 Moosmayer/Petrasch ZHR 182 (2018), 504, 537.

2782 Moosmayer/Petrasch ZHR 182 (2018), 504, 527.

2783 Moosmayer/Petrasch ZHR 182 (2018), 504, 527 mit Verweis auf: Rudkowski NZA 2011, 612, 613 Fn. 19, wonach gegen ein Beweisverwertungsverbot der Einwand erhoben wird, dass der Umfang des Verbots unübersehbar wäre.

2784 Moosmayer/Petrasch ZHR 182 (2018), 504, 527.

2785 Moosmayer/Petrasch ZHR 182 (2018), 504, 528.

dass es ihnen zufolge notwendig ist, dass sich die Zustimmung nicht nur auf die Aussage, sondern auch auf weitere Quellen bezieht. Zu diesen Quellen zählen sie auch interne Ermittler, die als Zeugen vernommen werden.[2786] Zusammenfassend halten sie fest, dass die Interessen der Beteiligten bei einer Lösung dieses Problems berücksichtigt werden müssen. Dabei muss ihrer Ansicht nach eine Lösung geschaffen werden, die für diese Beteiligten – Arbeitnehmer mit ihren strafprozessualen Rechten, Unternehmen mit ihrem Aufklärungsinteresse sowie der Staat mit seinem Interesse an der Aufklärung von Straftaten – allgemein verträglich ist.[2787]

In Abs. 7 wird eine Belehrung der Arbeitnehmer vorgesehen. Dabei soll der Arbeitnehmer vor der Mitarbeiterbefragung über seine Pflichten sowie seine Rechte belehrt werden, die insbesondere im Zusammenhang mit Abs. 6 bestehen. Dabei ist der Mitarbeiter nach *Moosmayer* und *Petrasch* auch über die Rechtsfolgen in einem Strafverfahren aufzuklären, die eine freiwillige Offenbarung der Auskünfte in einem Strafverfahren haben könnte.[2788] Zudem ist dem Arbeitnehmer nach S. 2 eine anwaltliche Vertretung oder ein Beistand durch ein Betriebsratsmitglied zu gewähren.[2789]

In Abs. 8 wird geregelt, wie es sich auswirkt, wenn der Arbeitnehmer mit der Herausgabe der Unterlagen nicht einverstanden ist.[2790] So dürfen die Interviewprotokolle und Unterlagen, aus denen eine direkte oder indirekte Straftat des Arbeitnehmers hervorgeht, nicht an Dritte wie Strafverfolgungsbehörden übergeben werden.[2791] Als eine Möglichkeit, um Mitarbeiter zu einer Kooperation zu animieren, wird eine Amnestieregelung gesehen,[2792] mit der ein Arbeitnehmer für seine Einwilligung zur Weitergabe belohnt werden kann.[2793] Ferner ist es nach *Moosmayer* und *Petrasch* denkbar, die Unterlagen in Einzelfällen anonymisiert herauszugeben.[2794] Zudem steht es dem Arbeitgeber nach Abs. 8 frei, auf Basis der Erkenntnisse aus der internen Untersuchung arbeitsrechtliche Maßnahmen einzuleiten.[2795] Sowohl das Offenbarungsverbot als auch anonymisierte Interviewprotokolle wurden in Kapitel 2 beleuchtet und für interne Untersuchungen im Ergebnis abgelehnt.[2796] Der Möglichkeit einer Amnestieregelung und Sanktionierungen

2786 Moosmayer/Petrasch ZHR 182 (2018), 504, 528.
2787 Moosmayer/Petrasch ZHR 182 (2018), 504, 529.
2788 Moosmayer/Petrasch ZHR 182 (2018), 504, 526.
2789 Moosmayer/Petrasch ZHR 182 (2018), 504, 537.
2790 Moosmayer/Petrasch ZHR 182 (2018), 504, 537.
2791 Moosmayer/Petrasch ZHR 182 (2018), 504, 526.
2792 Vgl. Moosmayer/Petrasch ZHR 182 (2018), 504, 526 mit Verweis auf: Eßwein CCZ 2018, 73, 74; Herrmann/Zeidler NZA 2017, 1499, 1504.
2793 Moosmayer/Petrasch ZHR 182 (2018), 504, 526.
2794 Moosmayer/Petrasch ZHR 182 (2018), 504, 526; a. A. siehe Kapitel 2 C. III.
2795 Moosmayer/Petrasch ZHR 182 (2018), 504, 537.
2796 Siehe Kapitel 2 C. II., III.

wird gefolgt, wenngleich die Auskunftspflicht nach der hier vertretenen Ansicht unter Berücksichtigung von § 1 Abs. 2 S. 4 KSchG von dem Zweck der Untersuchung abhängt.[2797]

Wird das Einverständnis zur Weitergabe nach Abs. 6 durch den Arbeitnehmer jedoch nicht verweigert, kann sich dies in einem gegen ihn geführten Verfahren wegen einer Straftat oder einer Ordnungswidrigkeit strafmildernd auswirken (siehe Abs. 10).[2798] Mit dieser Regelung soll sichergestellt werden, dass die Vorteile, die das Unternehmen aus der Aufklärung und Zusammenarbeit mit den Strafverfolgungsbehörden zieht, wie eine Strafmilderung oder ein gänzlicher Strafverzicht, auch dem Mitarbeiter zugutekommen, der durch seine selbstbelastende Aussage zur Aufklärung des Sachverhalts beigetragen hat. Somit dient diese Regelung auch als Anreiz für Mitarbeiter, die Weitergabe ihrer Auskünfte nicht zu verweigern.[2799] Dieser Abs. wird auch nach der hier vertretenen Ansicht befürwortet, da dadurch die Offenbarungen der Mitarbeiter honoriert werden.

Verweigert ein Arbeitnehmer allerdings die Weitergabe, darf das dem Unternehmen nicht im Sinne einer nicht umfassenden Offenlegung negativ ausgelegt werden (siehe Abs. 9).[2800] Dieser Abs. ist nachvollziehbar, da Unternehmen geschützt werden, wenn die Informationen vom Mitarbeiter nicht offengelegt werden.

Im Detail lauten die Regelungen von *Moosmayer* und *Petrasch* wie folgt:

„*(6) Der Arbeitnehmer kann gegenüber dem Arbeitgeber sein Einverständnis dazu verweigern, dass die unter Abs. 3 genannten Unterlagen an die Strafverfolgungsbehörden hinausgegeben werden, wenn diese Informationen beinhalten, die den Arbeitnehmer selbst oder einen der in § 52 Abs. 1 StPO bezeichneten Angehörigen in die Gefahr bringen würde[n], wegen einer Straftat oder einer Ordnungswidrigkeit verfolgt zu werden. Die arbeitsrechtlichen Pflichten des Arbeitnehmers gegenüber dem Arbeitgeber zur wahrheitsgemäßen Aussage bleiben hiervon unberührt.*
(7) Der Arbeitnehmer ist vor einer Befragung über seine Rechte und Pflichten, insbesondere im Hinblick auf die des Absatzes 6, aufzuklären. Ihm ist Gelegenheit zu geben, sich anwaltlich oder durch ein Mitglied des Betriebsrates vertreten zu lassen.
(8) Der Arbeitgeber darf bei Verweigerung des Einverständnisses des Arbeitnehmers im Sinne des Absatzes 6 Unterlagen, die den Arbeitnehmer selbst oder einen der in § 52 Abs. 1 StPO bezeichneten Angehörigen in die Gefahr bringen würde, wegen einer Straftat oder einer Ordnungswidrigkeit verfolgt

2797 Siehe Kapitel 2 B. III. 5. e) cc).
2798 Moosmayer/Petrasch ZHR 182 (2018), 504, 538.
2799 Moosmayer/Petrasch ZHR 182 (2018), 504, 532 f.
2800 Moosmayer/Petrasch ZHR 182 (2018), 504, 527, 538.

zu werden, nicht an Dritte herausgeben. Er ist jedoch nicht gehindert, im Fall eines strafrechtlichen und/oder bußgeldbewehrten Fehlverhaltens des Arbeitnehmers, arbeitsrechtliche Maßnahmen gegen den Arbeitnehmer auf der Grundlage der Sachverhaltsaufklärung zu treffen.
(9) Sollte der Arbeitgeber aufgrund der Verweigerung des Arbeitnehmers im Sinne des Absatzes 6 nicht in der Lage sein, eine vollumfängliche Offenlegung zu betreiben, so beeinträchtigt dies die Milderungstatbestände zugunsten des Arbeitgebers grundsätzlich nicht.
(10) Verweigert der Arbeitnehmer sein Einverständnis im Sinne des Absatzes 6 nicht, so kann dies im Rahmen eines gegen ihn geführten Straf- oder Ordnungswidrigkeitenverfahrens strafmildernd berücksichtigt werden."[2801]

Mithilfe dieser Abs. werden die wesentlichen Herausforderungen bewältigt, die für Arbeitnehmer bei internen Untersuchungen bestehen können. Zwar sind sie demnach gegenüber ihrem Arbeitgeber zur umfassenden Auskunft verpflichtet, jedoch erhalten sie durch die Möglichkeit, ihr Einverständnis zur Weitergabe verweigern zu können, einen umfassenden Schutz. Ein Schutz wird zwar auch nach der hier vertretenen Ansicht für wichtig erachtet, jedoch in der vorliegenden Form aus den vorgenannten Gründen abgelehnt.

Neben der Ergänzung von weiteren Personengruppen, die in § 30a Abs. 3 lit. c OWiG n. F. aufgeführt sind,[2802] wird den obenstehenden Abs. mit Ausnahme des Offenbarungsverbots (Abs. 6) und den damit zusammenhängenden Abs. 8 und 9 im eigenen Regelungsentwurf inhaltlich gefolgt.[2803] Auch wird die eigene Überlegung zur Trennung von Regelungen für Zeugen und Verdächtigte weiter verfolgt.[2804]

5. Zwischenergebnis zum Gesetzesvorschlag von Moosmayer und Petrasch

Der Regelungsvorschlag von *Moosmayer* und *Petrasch* geht – bereits aufgrund seines Umfangs – weiter als die zuvor vorgestellten Entwürfe. Damit werden die wesentlichen Herausforderungen gelöst, die in der derzeitigen Rechtsordnung ungeklärt sind.[2805] Wie dargestellt wurde, könnte der Anwendungsbereich von internen Untersuchungen dahingehend erweitert werden, dass damit nicht nur Fehlverhaltensweisen von Mitarbeitern auf-

2801 Moosmayer/Petrasch ZHR 182 (2018), 504, 537 f.
2802 Dieser Aspekt wird im eigenen Regelungsentwurf berücksichtigt, siehe Kapitel 4 A. I.
2803 Diese Abs. werden im eigenen Regelungsentwurf berücksichtigt, siehe Kapitel 4 C. I.
2804 Dieser Aspekt wird im eigenen Regelungsentwurf berücksichtigt, siehe Kapitel 4 D. I.
2805 Siehe zu den als regelungsbedürftig klassifizierten Sachverhalten Kapitel 2 E.

geklärt werden, sondern auch Zuwiderhandlungen von den in § 30a Abs. 3 lit. c OWiG n. F. genannten Personengruppen.[2806] Denkbar wäre zudem eine Trennung der Regelungen für Zeugen und verdächtigte Arbeitnehmer sowie eine Neuregelung, die keine freiwillige Herausgabe von Unterlagen zum Inhalt hat.[2807] Durch die freiwillige Übergabe von Unterlagen an die Strafverfolgungsbehörden wurde in dem Gesetzesvorschlag jedoch gleichzeitig eine neue Herausforderung geschaffen, die es zukünftig zu lösen gilt.[2808]

Zusammenfassend stellt dieser Gesetzesvorschlag eine Möglichkeit dar, um interne Untersuchungen in Deutschland zu regeln und die Standards für deren Durchführung zu erhöhen. Insbesondere beinhaltet der Vorschlag Regelungen, die die in Kapitel 2 herausgearbeiteten, als wesentlich und regelungsbedürftig benannten Herausforderungen lösen.[2809] Auch die Belehrung des Arbeitnehmers über seine Rechte und Pflichten sowie die Hinzuziehung eines (rechtlichen) Beistands wurde im vorliegenden Vorschlag berücksichtigt.[2810] Während hierbei keine Regelung zum Umgang mit Geschäftsgeheimnissen getroffen wurde,[2811] beinhaltet der Entwurf von *Moosmayer* und *Petrasch* noch darüber hinausgehende Themen.

Aufgrund der Detailtiefe des Gesetzesvorschlags wird der eigene Regelungsentwurf verstärkt an diese Regelungen angelehnt.

V. Zwischenergebnis zu den Gesetzesvorschlägen und Stellungnahmen

Die dargestellten Vorschläge enthalten jeweils Regelungen, die sich auf interne Untersuchungen beziehen. Die Ausgestaltungen dieser Regelungsvorschläge unterscheiden sich jedoch deutlich. Während in den Entwürfen des Justizministeriums des Landes NRW und des BUJ die Regelungen zu internen Untersuchungen im Zusammenhang mit der Milderung von Sanktionen stehen und auf weiterführende Details wie eine Definition oder die Auflistung von Maßnahmen verzichtet wurde,[2812] enthalten der Kölner Entwurf und der Entwurf von *Moosmayer* und *Petrasch* umfassendere Vorgaben zu internen Untersuchungen. Insbesondere durch die Definition der Begrifflichkeit in beiden Vorschlägen als auch durch weitere spezifische Regelungen zur Durchführung einer internen Untersuchung, mit denen den Herausforderungen in der Praxis begegnet werden sollte, haben die jeweili-

2806 Siehe Kapitel 3 B. IV. 1.
2807 Siehe Kapitel 3 B. IV. 2.
2808 Siehe Kapitel 3 B. IV. 3.
2809 Siehe Kapitel 2 E.
2810 Siehe Kapitel 3 B. IV. 4.
2811 Siehe Kapitel 2 D. I.; siehe Kapitel 2 E.
2812 Siehe Kapitel 3 B. I. und II.

gen Autoren dieser Entwürfe die Diskussion um gesetzliche Regelungen ein großes Stück vorangebracht.[2813]

Der in den Entwürfen normierte Prämierungsgedanke für eine Sachverhaltsaufklärung basiert indes auf der Annahme, dass es vorzugswürdiger ist und mehr Wirkung hat, wenn positive Anreize geschaffen werden, als repressive Maßnahmen anzuwenden.[2814]

Wenngleich nicht allen vorgestellten Regelungen im Detail gefolgt wird, bilden die Regelungsvorschläge und die dahinterliegenden Grundgedanken im Wesentlichen eine optimale Ausgangsbasis, auf der im eigenen Regelungsentwurf aufgebaut werden kann.[2815]

C. Der Koalitionsvertrag vom 12.03.2018

Im Koalitionsvertrag der Großen Koalition, bestehend aus CDU, CSU und SPD, vom 12.03.2018 wurde das Ziel formuliert, neue Regelungen für ein Unternehmenssanktionsrecht zu schaffen, um Wirtschaftskriminalität effektiv zu verfolgen sowie angemessen ahnden zu können. Dadurch sollen auch verstärkt Unternehmen sanktioniert werden, die vom Fehlverhalten ihrer Mitarbeiter profitiert haben. Um zu gewährleisten, dass die Rechtsanwendung bundesweit einheitlich ausgeübt wird, wurde eine Abkehr vom Opportunitätsprinzip angestrebt, um stattdessen das Legalitätsprinzip umzusetzen.[2816] Damit wird das Ermessen der Strafverfolgungsbehörden, bei einem Anfangsverdacht auf eine Straftat einzuschreiten, zu einer Pflicht modifiziert.[2817] Mithilfe einer klaren Verfahrensregelung soll die Rechtssicherheit für die betroffenen Unternehmen erhöht und eine Flexibilität für die Justizpraxis durch Regelungen zur Verfahrenseinstellung geschaffen werden. Mit der Ausrichtung der Bußgeldobergrenze an der Wirtschaftskraft eines Unternehmens soll erreicht werden, dass die Bußgelder auch für große Konzerne eine einschneidende Konsequenz darstellen. Diese Grenze wird bei einem Umsatz von mehr als 100 Mio. Euro bei 10 Prozent des weltweiten

2813 Siehe Kapitel 3 B. III. und IV.

2814 So auch im Zusammenhang mit der Schaffung von Anreizen im Regelungsvorschlag des BUJ und VerbStrG-E: Sarhan wistra 2017, 336, 336; siehe hierzu auch: Kutschaty comply 2015, 14, 14, wonach das Bußgeldrecht verhindert, dass zusätzlich zur Geldbuße Auflagen erteilt und überwacht werden, die proaktiv Corporate Compliance fördern.

2815 Siehe hierzu die Regelungen im eigenen Regelungsentwurf in Kapitel 4.

2816 Koalitionsvertrag zwischen CDU, CSU und SPD für die 19. Legislaturperiode vom 12.03.2018, Zeile 5895 ff.

2817 Zum Legalitäts- und Opportunitätsprinzip vgl.: Beukelmann in: BeckOK StPO, § 152 Rn. 2, 3.

Unternehmensumsatzes gesetzt. Zugleich sollen die Sanktionen veröffentlicht werden.[2818]

Die Große Koalition hat darüber hinaus gesetzliche Vorgaben für Internal Investigations vorgesehen, um für alle Beteiligten Rechtssicherheit zu schaffen. Dies bezieht sich insbesondere auf die Beschlagnahme von Unterlagen und die Möglichkeiten zur Durchsuchung durch die Strafverfolgungsbehörden. Für die Aufklärungshilfe in Form einer Internal Investigation und die anschließende Offenlegung der daraus gewonnenen Erkenntnisse sollen nach den Plänen im Koalitionsvertrag gesetzliche Anreize geschaffen werden.[2819]

Mit dieser Planung wird verdeutlicht, dass die damaligen Regierungsparteien die bestehenden Rechtsunsicherheiten im Hinblick auf interne Untersuchungen erkannt haben und mit einem neuen Gesetz beseitigen wollten.[2820] Basierend auf der Formulierung im Koalitionsvertrag hat die Große Koalition Internal Investigations als wesentliches Instrument zur Aufklärung von Zuwiderhandlungen identifiziert. Des Weiteren wurde das Kooperationsmodell zwischen Unternehmen und Ermittlungsbehörden in Wirtschaftsstrafverfahren gestärkt.[2821]

Der Begriff ‚Internal Investigations' wurde im Koalitionsvertrag als eigenständiger und feststehender Begriff verwendet.[2822] Im Vergleich zum Koalitionsvertrag vom 16.12.2013, der zwischen der CDU, CSU und der SPD geschlossen und in dem aufgeführt wurde, dass ein Unternehmensstrafrecht für multinationale Konzerne lediglich geprüft werden soll,[2823] ist der Koalitionsvertrag aus dem Jahr 2018 hinreichend konkret.[2824] Folglich sind interne Untersuchungen in Deutschland ein fester Bestandteil der Compliance geworden und bei den politischen Entscheidungsträgern angekommen.[2825]

2818 Koalitionsvertrag zwischen CDU, CSU und SPD für die 19. Legislaturperiode vom 12.03.2018, Zeile 5895 ff.

2819 Koalitionsvertrag zwischen CDU, CSU und SPD für die 19. Legislaturperiode vom 12.03.2018, Zeile 5916 ff.

2820 Süße ZIS 2018, 350, 350.

2821 Süße ZIS 2018, 350, 351.

2822 Moosmayer/Petrasch ZHR 182 (2018), 504, 507.

2823 Koalitionsvertrag zwischen CDU, CSU und SPD für die 18. Legislaturperiode vom 16.12.2013, S. 145.

2824 Moosmayer/Petrasch ZHR 182 (2018), 504, 508 Fn. 15.

2825 Moosmayer/Petrasch ZHR 182 (2018), 504, 507 f.

D. Regierungsentwurf des Bundesministeriums der Justiz und für Verbraucherschutz – Entwurf eines Gesetzes zur Stärkung der Integrität in der Wirtschaft (Verbandssanktionengesetz)

Das BMJV hat – basierend auf den Plänen aus dem Koalitionsvertrag der Großen Koalition – ein Gesetz entworfen, mit dem verbandsbezogene Straftaten sanktioniert werden können. Zudem wird damit das Ziel verfolgt, Compliance-Maßnahmen und interne Untersuchungen durch die Verbände zu fördern.[2826]

I. Entstehung des Regierungsentwurfs

Ende August 2019 wurde der Referentenentwurf des BMJV zum ‚Gesetz zur Bekämpfung der Unternehmenskriminalität' inoffiziell veröffentlicht.[2827] In Art. 1 des Gesetzesentwurfs wird das ‚Gesetz zur Sanktionierung von verbandsbezogenen Straftaten' – das heißt der Entwurf eines Verbandssanktionengesetzes (VerSanG-E) – eingeführt.[2828]

Mit dem Entwurf wird das Ziel einer Neuregelung des Unternehmenssanktionsrechts angestrebt. Zugleich soll die Verfolgung von Unternehmen, die aus den kriminellen Handlungen und dem Fehlverhalten ihrer Mitarbeiter einen Nutzen ziehen, intensiviert werden.[2829] Darüber hinaus dient der Entwurf dazu, die im Koalitionsvertrag geplante Rechtssicherheit herzustellen, indem Regelungen und Anreize für die Durchführung von Internal Investigations geschaffen wurden.[2830]

Mit dem Referentenentwurf des BMJV wird der bereits beschriebenen „*dritte[n] Sanktionsspur*"[2831] gefolgt, die sich dogmatisch zwischen dem Straf- und Ordnungswidrigkeitenrecht bewegt, aber keinem Rechtsgebiet klar zuzuordnen ist.[2832]

Nach der inoffiziellen Veröffentlichung des Referentenentwurfs im August 2019 wurde der Vorschlag im April 2020 (Bearbeitungsstand: 20.04.2020) unter dem neuen Titel ‚Gesetz zur Stärkung der Integrität in der Wirtschaft'

2826 BMJV, VerSanG Regierungsentwurf 2020, S. 50.
2827 Vgl. nur: Kainer/Feinauer NZA 2020, 363, 363; Bielefeld CB 2020, 221, 221; Teicke CCZ 2019, 298, 298.
2828 BMJV, VerSanG Referentenentwurf 2019, S. 4.
2829 Kainer/Feinauer NZA 2020, 363, 363.
2830 Koalitionsvertrag zwischen CDU, CSU und SPD für die 19. Legislaturperiode vom 12.03.2018, Zeile 5916 f.
2831 Baur/Holle ZRP 2019, 186, 187.
2832 Siehe Kapitel 3 B.; Baur/Holle ZRP 2019, 186, 187.

offiziell bekannt gegeben.[2833] Daraufhin wurde eine Verbandsanhörung mit einer Frist bis zum 12.06.2020 eingeleitet.[2834] Zahlreiche Verbände haben die Möglichkeit genutzt, Stellung zu diesem Referentenentwurf zu beziehen.[2835] Die Geschwindigkeit, in der der Referentenentwurf zu einem Regierungsentwurf wurde, spiegelt sich auch in den vorgenommenen Anpassungen wider. Vier Tage nach Ablauf der Frist zur Einreichung von Stellungnahmen zum Referentenentwurf wurde der Regierungsentwurf veröffentlicht, wobei diese vier Tage ein Wochenende beinhalteten.

Die von Verbänden, Rechtsanwälten und Wissenschaftlern geäußerte Kritik hat somit keinen Eingang in den Regierungsentwurf vom 16.06.2020 gefunden, wodurch sich der Regierungsentwurf nur in wenigen Punkten von dem letzten Referentenentwurf unterscheidet. Vielfach kritisiert wurden u. a. die Vorschriften zu verbandsinternen Untersuchungen und die damit zusammenhängende funktionale Trennung zwischen der Untersuchung und der Verteidigung.[2836] Daraus resultierend entstand der Eindruck, dass die Anhörung der Verbände nur aus formellen Gründen durchgeführt wurde. Denn die Hilfe bei der Entwicklung eines praxistauglichen Gesetzes wurde durch das BMJV somit ausgeschlagen.[2837]

Der federführende Rechtsausschuss und der Wirtschaftsausschuss (nachfolgend: Ausschüsse) haben am 08.09.2020 eine gemeinsame Ausschussempfehlung als Abstimmungsgrundlage für den Bundestag veröffentlicht. Diese Empfehlung enthält unterschiedliche Empfehlungen, die von einer vollständigen Ablehnung bis hin zu zwei Prüfungsanregungen des Regierungsentwurfs reichen.[2838] Der Hintergrund, dass der Ausschuss die Prüfung des Regierungsentwurfs empfiehlt, sind die ihrerseits gehegten Zweifel an der Zielerreichung des Entwurfs. Mit dem Gesetz wird die Einführung einer Strafbarkeit von juristischen Personen angestrebt. Dies hätte nicht nur einen Paradigmenwechsel, sondern auch neue Vollzugszuständigkeiten durch die Staatsanwaltschaften zur Folge.[2839] Denn nach § 23 VerSanG-E ist jene Verfolgungsbehörde für die Verfolgung des Verbands (bzw. für das Sanktionsverfahren) zuständig, die ebenfalls für die Verfolgung der zugrunde

---

2833 BMJV, VerSanG Referentenentwurf 2020, S. 1.

2834 Vgl. Peukert/Sinn Newsdienst Compliance 2021, 230005, wonach der Regierungsentwurf am 16.06.2024 und damit vier Tage nach Ablauf der Frist zur Verbandsanhörung veröffentlicht wurde.

2835 Siehe hierzu die Stellungnahmen der Interessenverbände: BMJV, Stellungnahmen zum Referentenentwurf.

2836 Peukert/Sinn Newsdienst Compliance 2021, 230005.

2837 Vgl. Caracas CCZ 2020, 331, 331, der den Eindruck gewinnt, dass das Ergebnis des Entwurfs bereits feststand und das Konsultationsverfahren damit zu einer Farce herabgestuft wurde; Peukert Newsdienst Compliance 2020, 230002.

2838 BR-Drs. 440/1/20, S. 1 f., 3 f., 4 f.

2839 BR-Drs. 440/1/20, S. 3.

liegenden Verbandstat zuständig ist.[2840] Aufgrund der zersplitterten Vollzugszuständigkeiten der Staatsanwaltschaften und der wenigen Fälle, die in Deutschland zu erwarten sind, haben die Ausschussmitglieder in ihrer Empfehlung die Möglichkeit erwähnt, dass durch die Dienststellen kein relevantes Fachwissen aufgebaut werden kann. Die tatsächliche Rechtsanwendung könnte daher *„mindestens mehrere Jahre dauern [...], wenn sie nicht sogar dauerhaft unterbleibt."*[2841] Im Vergleich dazu hat der Finanzausschuss in derselben Empfehlung an den Bundesrat vorgeschlagen, gegen den Gesetzesentwurf nach Art. 76 Abs. 2 GG keine Einwendungen zu erheben.[2842]

Im Plenum des Bundesrates fand die Empfehlung der beiden Ausschüsse zur vollständigen Ablehnung des Gesetzesentwurfs am 18.09.2020 keine Mehrheit.[2843] Der Bundesrat hat stattdessen in seiner Stellungnahme auf die fachlichen Änderungs- bzw. Streichungsbedarfe hingewiesen und die Bundesregierung um Prüfung gebeten.[2844] Zur Überraschung vieler Beobachter ist die Verabschiedung des Gesetzes aufgrund der Uneinigkeit der Parteien in der 19. Legislaturperiode jedoch gescheitert.[2845] Als problematisch wurde in der Literatur insbesondere bewertet, dass die Untersuchungsergebnisse aufgrund der vorgesehenen funktionalen Trennung zwischen der Untersuchungsführung und der Verteidigung nicht dem Verteidigungsprivileg nach § 97 StPO unterfallen würden und die Untersuchungsergebnisse nicht vor einer staatsanwaltschaftlichen Beschlagnahme geschützt wären.[2846] Von der Unionsfraktion wurde zudem kritisiert, dass der vorgesehene Anreiz zur Aufklärung von Verstößen ins Gegenteil hätte umschlagen können, wodurch Unternehmen zukünftig keine Untersuchungen mehr durchgeführt hätten. Dadurch wäre ein zentrales Ziel des Gesetzesentwurfs verfehlt worden.[2847] Aufgrund der weiterhin bestehenden Gesetzeslücken und des politischen Drucks, die Systeme zur Sanktionierung von juristischen Personen zu vereinheitlichen und eine Rechtsgleichheit zu schaffen, wird jedoch angenom-

---

2840 BMJV, VerSanG Regierungsentwurf 2020, S. 17.

2841 BR-Drs. 440/1/20, S. 3.

2842 BR-Drs. 440/1/20, S. 36.

2843 Bundesrat, Beschluss vom 18.09.2020, TOP 46.

2844 Bundesrat, Beschluss vom 18.09.2020, TOP 46; zur Stellungnahme des Bundesrats: BR-Drs. 440/20, S. 1.

2845 Peukert/Sinn Newsdienst Compliance 2021, 230005; Buschmann, FS Reuter, S. 85, 85.

2846 Vgl. nur: Teicke CCZ 2019, 298, 300, bezogen auf VerSanG-RefE; Peukert/Sinn Newsdienst Compliance 2021, 230005; Rotsch/Mutschler/Grobe CCZ 2020, 169, 179.

2847 Budras, FAZ, Skandale ohne Folgen; Peukert/Sinn Newsdienst Compliance 2021, 230005.

men, dass sich auch künftige Regierungen mit der Thematik beschäftigen werden.[2848]

Nachfolgend wird der letzte Stand des Regierungsentwurfs vom 16.06.2020 beleuchtet.

II. Inhalte des Regierungsentwurfs

Der Regierungsentwurf ist in sieben Teile gegliedert. Dabei befinden sich im ersten Teil die allgemeinen Vorschriften. Die Teile 2 bis 4 des VerSanG-E umfassen die materiell-rechtlichen Grundlagen für eine Verbandssanktionierung. Die Vorschriften zur Verhängung einer Sanktion gegen einen Verband bilden den Teil 5. In Teil 6 ist das neue Verbandssanktionenregister zu finden. Der Regierungsentwurf schließt mit den Schlussbestimmungen in Teil 7 ab.[2849]

1. Regelungen mit Bezug auf verbandsinterne Untersuchungen

Der Regierungsentwurf enthält neben konkreten Regelungen zur Durchführung von verbandsinternen Untersuchungen auch Vorschriften mit Bezug oder Auswirkungen auf diese, die nachfolgend dargestellt werden.

a) Zentrale Begrifflichkeiten aus dem Verbandssanktionengesetz

In § 3 Abs. 1 VerSanG-E ist eine Sanktionierung von Verbänden vorgesehen, wenn eine Verbandstat entweder nach Nr. 1 von einer Leitungsperson eines Verbands oder nach Nr. 2 von jemandem begangen wurde, der als natürliche Person Angelegenheiten des Verbands wahrgenommen hat. Eine Verantwortlichkeit besteht dabei jedoch nur dann, „*wenn Leitungspersonen des Verbandes die Straftat durch angemessene Vorkehrungen zur Vermeidung von Verbandstaten wie insbesondere Organisation, Auswahl, Anleitung und Aufsicht hätten verhindern oder wesentlich erschweren können.*“[2850]

Aus der Definition einer Verbandsverantwortlichkeit nach § 3 Abs. 1 Nr. 1 VerSanG-E gehen die zentralen Begrifflichkeiten des VerSanG-E hervor. Dabei handelt es sich um die Begriffe ‚Verband‘, ‚Leitungsperson‘ sowie ‚Verbandstat‘, die in § 2 VerSanG-E definiert werden.

2848 Peukert/Sinn Newsdienst Compliance 2021, 230005.
2849 BMJV, VerSanG Regierungsentwurf 2020, S. 4 f., 71.
2850 BMJV, VerSanG Regierungsentwurf 2020, S. 8.

aa) Definition eines Verbandes

Mit dem Begriff eines Verbandes wird in § 2 Abs. 1 Nr. 1 lit. a–c VerSanG-E der Adressat einer Verbandssanktion definiert. Demnach ist ein Verband „*eine juristische Person des öffentlichen oder privaten Rechts*“[2851] (lit. a), „*ein nicht rechtsfähiger Verein*“[2852] (lit. b) oder „*eine rechtsfähige Personengesellschaft*“[2853] (lit. c). Der Verfasser des Regierungsentwurfs hat sich dabei an § 30 Abs. 1 Nr. 1–3 OWiG orientiert,[2854] wobei im Vergleich zum § 30 Abs. 1 Nr. 1 OWiG im Entwurf die Verantwortlichkeit von juristischen Personen des öffentlichen Rechts klargestellt wurde.

Eine weitere Voraussetzung ergibt sich aus § 1 VerSanG-E, wonach nur Verbände, „*deren Zweck auf einen wirtschaftlichen Geschäftsbetrieb gerichtet ist*“[2855], von den Regelungen des Gesetzes erfasst werden.[2856] Liegt diese Voraussetzung vor, könnte sich eine Verbandssanktion auch grundsätzlich gegen Anstalten, Beliehene sowie Kommunen und Stiftungen des öffentlichen Rechts richten, wenn diese fiskalisch handeln. Nicht erfasst werden dagegen gemeinnützige Vereine, die auf dem Markt keine Leistungen erbringen, die mit einem Unternehmen vergleichbar sind.[2857] Für Verbände, deren Zweck nicht auf einen wirtschaftlichen Geschäftsbetrieb gerichtet ist, finden die Regelungen nach dem OWiG Anwendung.[2858]

Die Evangelische Kirche hat sich in ihrer Stellungnahme zum VerSanG-E für diese Einschränkung im Anwendungsbereich ausgesprochen,[2859] da die Kirchen gerade nicht von dem Gesetz betroffen wären. Dieser Umstand ist grundsätzlich zu hinterfragen, da im Jahr 2023 die Evangelische Kirche 5,9 Mrd. Euro[2860] und die Katholische Kirche[2861] 6,5 Mrd. Euro in Deutschland eingenommen haben. Mit insgesamt ca. 1,5 Mio. Arbeitnehmern ist die Evangelische und Katholische Kirche zudem der zweitgrößte Arbeitgeber in

2851 BMJV, VerSanG Regierungsentwurf 2020, S. 7.
2852 BMJV, VerSanG Regierungsentwurf 2020, S. 7.
2853 BMJV, VerSanG Regierungsentwurf 2020, S. 7.
2854 BMJV, VerSanG Regierungsentwurf 2020, S. 72.
2855 BMJV, VerSanG Regierungsentwurf 2020, S. 7.
2856 BMJV, VerSanG Regierungsentwurf 2020, S. 7, 72; siehe auch: Talaska/Görlich Stbg 2020, 406, 410, die insbesondere ausführen, dass sich der Anwendungsbereich vorrangig auf ‚klassische‘ Unternehmensformen bezieht (bspw. AG, GmbH, GmbH & Co. KG).
2857 Krick in: MüKo StGB Band 6, § 299 Rn. 668.
2858 Talaska/Görlich Stbg 2020, 406, 410 f.; Krick in: MüKo StGB Band 6, § 299 Rn. 668.
2859 Evangelische Kirche Deutschland, Stellungnahme VerSanG-RefE, S. 1, wonach „*[d]ie Evangelische Kirche in Deutschland […] es für richtig [hält], dass der Anwendungsbereich des Gesetzes auf Verbände beschränkt werden soll, deren Zweck auf einen wirtschaftlichen Geschäftsbetrieb gerichtet ist.*“.
2860 EKD, Kirchensteuerstatistik 2023, S. 4.
2861 DBK, Katholische Kirchensteuer im gesamten Bundesgebiet 1991–2023, S. 1.

Deutschland.[2862] Daher ist es nachvollziehbar, dass die Ausschüsse empfohlen haben, die in § 1 VerSanG-E enthaltene Einschränkung auf einen wirtschaftlichen Geschäftsbetrieb zu streichen,[2863] wodurch auch Kirchen in den Anwendungsbereich des Gesetzes fallen würden.

In einem Verbandssanktionengesetz ist der Verband als definierter Anwendungsbereich sinnstiftend. In zukünftigen gesetzlichen Regelungen, die nicht zwingend in eine Neuauflage des VerSanG-E eingebettet werden müssen, könnte alternativ auch der Anknüpfungspunkt eines Arbeitgebers gewählt werden, worunter auch kirchliche Arbeitgeber fallen sollten.

bb) Definition einer Leitungsperson

Im Regierungsentwurf ist nach § 3 Abs. 1 Nr. 1 VerSanG-E eine Sanktion gegen den Verband vorgesehen, wenn eine Leitungsperson eine Verbandsstraftat begangen hat. Bei einer Leitungsperson handelt es sich nach § 2 Abs. 1 Nr. 2 VerSanG-E um „*ein Mitglied eines vertretungsberechtigten Organs einer juristischen Person [(lit. a)], ein Mitglied des Vorstandes eines nicht rechtsfähigen Vereins [(lit. b)], ein[en] vertretungsberechtigte[n] Gesellschafter einer rechtsfähigen Personengesellschaft [(lit. c)] [oder um einen] […] Generalbevollmächtigte[n] und, soweit er eine leitende Stellung innehat, ein[en] Prokurist[en] und ein[en] Handlungsbevollmächtigte[n] eines Verbandes [(lit. d)]*“[2864]. Nach lit. e kann auch „*jede sonstige Person, die für die Leitung des Betriebs oder Unternehmens eines Verbandes verantwortlich handelt, wozu auch die Überwachung der Geschäftsführung oder die sonstige Ausübung von Kontrollbefugnissen in leitender Stellung gehört*“[2865], eine Leitungsperson sein.

Die Voraussetzung für eine Verbandssanktion nach § 3 Abs. 1 Nr. 2 VerSanG-E ist, dass Leitungspersonen mithilfe von angemessenen Vorkehrungen die Verbandstat, die eine Person, die in Wahrnehmung von Angelegenheiten des Verbands begangen hat, hätten vermeiden oder wesentlich erschweren können. Dazu sind insbesondere organisatorische Maßnahmen sowie Schritte vorzunehmen, die die Auswahl, die Anleitung und die Aufsicht betreffen.[2866] In Bezug auf die Angemessenheit dieser Maßnahmen können gemäß dem Gesetzesentwurfsverfasser die Grundsätze des § 130 OWiG angewendet werden. Demnach müssen die Maßnahmen nach dem VerSanG-E sowohl rechtlich zulässig als auch geeignet und notwendig sein, ohne dass ein zumutbares Maß überschritten wird. Eine Person, die eine

2862 Sekretariat der Deutschen Bischofskonferenz, Arbeitshilfe Nr. 339, S. 69.
2863 BR-Drs. 440/1/20, S. 5.
2864 BMJV, VerSanG Regierungsentwurf 2020, S. 7.
2865 BMJV, VerSanG Regierungsentwurf 2020, S. 7.
2866 BMJV, VerSanG Regierungsentwurf 2020, S. 8.

Verbandstat begeht, muss jedoch nicht zwingend dem Betrieb angehören. Aus der Begründung geht hervor, dass es sich dabei auch um eine Person handeln kann, die temporär damit betraut wurde, Aufgaben wahrzunehmen, die Verbandsangelegenheiten betreffen. Allerdings muss die Person demnach einem Direktions- und Weisungsrecht einer Leitungsperson des Verbands unterliegen. Nimmt eine Leitungsperson ihr gebotenes Recht zur Direktion und Weisung nicht wahr, kann ein Organisationsfehler vorliegen.[2867]

cc) Definition einer Verbandstat

Eine Verbandstat ist gemäß § 2 Abs. 1 Nr. 3 VerSanG-E „*eine Straftat, durch die Pflichten, die den Verband treffen, verletzt worden sind oder durch die der Verband bereichert worden ist oder werden sollte.*“[2868] Somit kann jede Straftat eine Verbandstat sein, sofern mindestens eine der zwei genannten Alternativen vorliegt. Dabei werden grundsätzlich alle Deliktsgruppen einbezogen, was den europarechtlichen Vorgaben entspricht, „*die die Verantwortlichkeit von juristischen Personen für eine Reihe von Allgemeindelikten sowie wirksame, verhältnismäßige und abschreckende Sanktionierungsmöglichkeiten verlangen.*“[2869]

Die erste Möglichkeit einer Verbandsstraftat besteht darin, dass Pflichten verletzt wurden, die den Verband treffen. Diese Alternative ist nicht anzunehmen, wenn die strafbare Handlung einer Person ausschließlich gegen den Verband gerichtet war (siehe hierzu sog. Fraud against the company[2870]). Als Beispiel wird in der Regierungsentwurfsbegründung das Veruntreuen von Geldern des Verbands durch einen Mitarbeiter angeführt. Handelt es sich bei den veruntreuten Geldern jedoch um Mittel, die dem Unternehmen anvertraut wurden, richtet sich die Straftat nicht ausschließlich gegen den Verband.[2871] Wenn sich die Tat, wie im letztgenannten Fall, sowohl gegen den Verband als auch gegen Dritte richtet, kann nach der Begründung zum Regierungsentwurf eine Verbandsstraftat vorliegen. Die Schädigung des Verbands kann bei der Bemessung der Verbandssanktion nach § 15 Abs. 3 Nr. 8 VerSanG-E berücksichtigt werden. Alternativ kann es sachgerecht sein, wenn das Verfahren gegen den Verband gemäß §§ 35 ff. VerSanG-E eingestellt wird.[2872]

2867 BMJV, VerSanG Regierungsentwurf 2020, S. 78.

2868 BMJV, VerSanG Regierungsentwurf 2020, S. 7.

2869 BMJV, VerSanG Regierungsentwurf 2020, S. 75.

2870 Siehe Kapitel 2 A. II. 5. d).

2871 BMJV, VerSanG Regierungsentwurf 2020, S. 75 mit Berufung auf: Helmrich wistra 2010, 331, 333.

2872 BMJV, VerSanG Regierungsentwurf 2020, S. 75.

Gemäß der zweiten Alternative kann eine Verbandstat bei einer Bereicherung des Verbands durch die Straftat der Leistungsperson vorliegen (siehe hierzu sog. Corporate Misconduct[2873]). Als unerheblich wird dabei vom BMJV angesehen, ob die Bereicherung tatsächlich stattgefunden hat oder hätte stattfinden sollen.[2874] Die Begriffe der ‚Bereicherung' nach dem VerSanG-E und des ‚Vermögensvorteils' nach § 263 StGB werden von den Verfassern des Entwurfs als weitgehend deckungsgleich angesehen. Darunter werden jeweils nur Vermögensvorteile verstanden, durch die der wirtschaftliche Wert des Vermögens erhöht wird. Es reicht dabei bspw. aus, dass die Wettbewerbssituation durch eine Bestechung verbessert wurde.[2875] Wie auch bei § 30 OWiG muss der erlangte oder angestrebte Vorteil rechtswidrig sein,[2876] da andernfalls keine abschöpfbare Bereicherung vorliegt.[2877]

Eine Verbandstat ist allerdings auszuschließen, wenn ausschließlich der Verband Opfer der Straftat wird (Fraud against the company[2878]) oder wenn eine Exzesstat vorliegt.[2879] Eine solche ist anzunehmen, wenn die betriebsbezogene Zuwiderhandlung nach der Lebenserfahrung außerhalb des Erwartbaren liegt und die Maßnahmen zur Vermeidung oder Erschwerung der Tat unrealistisch erscheinen.[2880] Denn bei einer Exzesstat hat die Straftat auch bei angemessenen Compliance-Maßnahmen aufgrund einer mangelnden Geeignetheit nicht verhindert werden können.[2881]

b) Beschuldigtenstatus und Beschlagnahme

Wurden bisher nur natürliche Personen nach der StPO als Beschuldigte angesehen, haben Verbände nach dem Regierungsentwurf prozessual nicht mehr nur die Stellung als Beteiligte inne (§§ 433, 444 StPO), sondern werden gemäß § 27 VerSanG-E Beschuldigten gleichgestellt.[2882] Demnach sind

2873 Siehe Kapitel 2 A. II. 5. d).

2874 BMJV, VerSanG Regierungsentwurf 2020, S. 75.

2875 BMJV, VerSanG Regierungsentwurf 2020, S. 76.

2876 BMJV, VerSanG Regierungsentwurf 2020, S. 76; so auch: Rogall in: KK-OWiG, § 30 Rn. 99.

2877 Rogall in: KK-OWiG, § 30 Rn. 99.

2878 Siehe Kapitel 2 A. II. 5. d).

2879 BMJV, VerSanG Regierungsentwurf 2020, S. 78.

2880 Rogall in: KK-OWiG, § 30 Rn. 112; Nagel in: Parigger/Helm/Stevens-Bartol, Arbeits- und Sozialstrafrecht, § 30 OWiG Rn. 45; anders: Schmitt-Leonardy in: HK-OWiG, § 30 Rn. 35, wonach es keiner Betriebsbezogenheit bedarf, die Kriterien, wann eine solche vorliegt, aber kaum geklärt sind.

2881 BMJV, VerSanG Regierungsentwurf 2020, S. 79 mit Verweis auf: Rogall KK-OWiG, § 130 Rn. 46, wonach es bei Exzesstaten an der Gelegenheit an Aufsichtsmaßnahmen fehlen wird.

2882 BMJV, VerSanG Regierungsentwurf 2020, S. 109.

die Vorschriften der StPO über Beschuldigte in einem Sanktionsverfahren auf die betroffenen Verbände anzuwenden.[2883]

Analog zur Anwendung des § 157 StPO bei natürlichen Personen wird nach der Intention der Regierungsentwurfsverfasser auch ein Verband als Angeschuldigter behandelt, wenn öffentlich Klage gegen ihn erhoben wurde. Ebenso hat er die Stellung eines Angeklagten, wenn das Hauptverfahren eröffnet wurde. Mit der Rolle des Beschuldigten werden dem Verband auch die Rechte eines Beschuldigten im Verfahren zuteil.[2884] Damit einhergehend hat der Verband bzw. dessen gesetzlicher Vertreter nach §§ 33 ff. StPO das Recht auf rechtliches Gehör und gemäß § 166 StPO i. V. m. § 33 Abs. 1 S. 1 StPO das Recht, Beweisanträge zu stellen, Rechtsmittel einzulegen und die Aussage zu verweigern. Darüber hinaus hat der Verband das Recht, einen Verteidiger nach §§ 137 ff. StPO zu wählen, dem nach § 147 Abs. 1–6 StPO Akteneinsicht zu gewähren ist. Sofern der Verband keinen Verteidiger hat, gilt § 147 Abs. 7 StPO entsprechend. Die in § 148 StPO vorgesehene freie Kommunikation zwischen einem Beschuldigten und dem Verteidiger gilt auch für Verbände und ihre Verteidiger.[2885]

Die im VerSanG-E vorgesehene Regelung führt zu einer Klarstellung für Verbände über ihren Status als Beschuldigte. Dies ist grundsätzlich zu begrüßen, da dadurch Rechtssicherheit geschaffen wird und es keiner Herleitung aus Gesetzen bedarf.

aa) § 97 Abs. 1 Nr. 3 StPO(-E)

Mit der Gleichstellung des Verbands mit einem Beschuldigten gilt nach dem Regierungsentwurf auch für den Verband nach § 97 Abs. 1 StPO das Beschlagnahmeverbot, das ab Beginn der Beschuldigtenstellung greift.[2886] Mit der Einführung des VerSanG-E sollen zugleich auch einzelne Vorschriften von § 97 StPO angepasst werden. Dabei ist vorgesehen, dass Gegenstände nicht der Beschlagnahme unterliegen, wenn sie nicht dem Vertrauensverhältnis zwischen dem Beschuldigten und der zeugnisverweigerungsberechtigten Person zuzurechnen sind.[2887]

2883 BMJV, VerSanG Regierungsentwurf 2020, S. 18.
2884 BMJV, VerSanG Regierungsentwurf 2020, S. 109.
2885 BMJV, VerSanG Regierungsentwurf 2020, S. 110.
2886 BMJV, VerSanG Regierungsentwurf 2020, S. 110 f.
2887 BMJV, VerSanG Regierungsentwurf 2020, S. 137.

§ 97 Abs. 1 Nr. 3 StPO	§ 97 Abs. 1 Nr. 3 StPO-E[2888]
„(1) Der Beschlagnahme unterliegen nicht 3. andere Gegenstände einschließlich der ärztlichen Untersuchungsbefunde, auf die sich das Zeugnisverweigerungsrecht der in § 53 Abs. 1 Satz 1 Nr. 1 bis 3b Genannten erstreckt."	*„(1) Der Beschlagnahme unterliegen nicht 3. andere Gegenstände einschließlich der ärztlichen Untersuchungsbefunde, die dem Vertrauensverhältnis des Beschuldigten zu den in § 53 Absatz 1 Satz 1 Nummer 1 bis 3b Genannten zuzurechnen sind und auf die sich das Zeugnisverweigerungsrecht erstreckt."*

Tabelle 2: Gegenüberstellung von § 97 Abs. 1 Nr. 3 StPO gemäß der aktuell gültigen Norm sowie gemäß dem Entwurf zum VerSanG-E (eigene Darstellung).

Mit der Neufassung des § 97 Abs. 1 Nr. 3 StPO-E soll eine bisher bestehende Rechtsunsicherheit behoben werden. Während aus § 97 Abs. 1 Nr. 1, 2 StPO ausdrücklich hervorgeht, dass Aufzeichnungen, die aus einem Vertrauensverhältnis zwischen einem Beschuldigten und einem Berufsgeheimnisträger resultieren, nicht der Beschlagnahme unterliegen, entspringt die Rechtsunsicherheit des § 97 Abs. 1 Nr. 3 StPO aus dem derzeitigen Wortlaut, da dort kein Vertrauensverhältnis erwähnt wird.[2889]

Dieser Unsicherheit begegnet das BMJV nunmehr mit einer Anpassung des § 97 Abs. 1 Nr. 3 StPO, wonach ein Vertrauensverhältnis zwischen dem Beschuldigten und dem Zeugnisverweigerungsberechtigten in allen Fällen des § 97 Abs. 1 StPO-E vorliegen muss. Die Gegenstände müssen demnach zu einem Vertrauensverhältnis zwischen dem Beschuldigten und seinem Berufsgeheimnisträger gezählt werden können, damit sie vor einer Beschlagnahme geschützt sind.[2890]

Mit dieser Klarstellung sind Unterlagen einer internen Untersuchung, die erstellt wurden, bevor der Verband die Stellung eines Beschuldigten und damit dessen Rechte hatte, insoweit nicht geschützt. Praktische Herausforderungen können auch in Konzernverhältnissen entstehen, wenn die Muttergesellschaft den Berufsgeheimnisträger mandatiert hat und sich der Schutz vor Ermittlungsmaßnahmen aufgrund des Mandatsverhältnisses damit nicht auf die betroffene Tochtergesellschaft erstreckt, wenngleich die internen Untersuchungen erst nach der Mandatierung begonnen wurden.[2891]

2888 BMJV, VerSanG Regierungsentwurf 2020, S. 37.

2889 BMJV, VerSanG Regierungsentwurf 2020, S. 137; siehe hierzu bereits Kapitel 2 D. II. 4.

2890 BMJV, VerSanG Regierungsentwurf 2020, S. 137.

2891 So auch: Busch in: Murmann, Der Regierungsentwurf eines Verbandssanktionengesetzes vom 16.6.2020, S. 17, 27; Rotsch/Mutschler/Grobe CCZ 2020, 169, 181.

Wenngleich eine Klarstellung zu begrüßen ist, ist das Ergebnis nicht zufriedenstellend.[2892] Die Anpassung wird dahingehend als problematisch angesehen, da „*die problematische Tendenz der Gerichte, den Beschlagnahmeschutz auszuhöhlen, [nunmehr] gesetzlich fixiert*“[2893] wird. Dies entspricht auch der vorliegenden Ansicht. Zudem steht die Möglichkeit zur Beschlagnahme von Untersuchungsunterlagen konträr zu dem Anreizsystem, das mit §§ 16–18 VerSanG-E geschaffen wurde. Da die Unterlagen, die vor der Beschuldigtenstellung des Unternehmens angefertigt wurden, jederzeit von den Strafverfolgungsbehörden beschlagnahmt werden können,[2894] wird der Anreiz, interne Untersuchungen durchzuführen, bevor der Verband eine Beschuldigtenstellung hat, gemindert.

bb) § 97 Abs. 2 S. 2 StPO(-E) und § 97 Abs. 6 StPO(-E)

Das Vertrauensverhältnis und somit der Schutz vor einer Beschlagnahme von Unterlagen gilt bei Dokumenten, die der Verteidigungsvorbereitung dienen. Ebenso liegt der Beschlagnahmeschutz bei Unterlagen vor, die den Rechtsanwälten, den Steuerberatern oder den Wirtschaftsprüfern des beschuldigten Verbands als Berufsgeheimnisträger für eine bestimmte Beratungstätigkeit überreicht wurden. Wenn Interviewprotokolle im Rahmen von internen Untersuchungen dem Vertrauensverhältnis zuzuordnen sind, sind auch diese vor einer Beschlagnahme geschützt. Nicht unter § 97 Abs. 2 StPO fallen jedoch Dokumente und Interviewprotokolle, die erstellt wurden, bevor der Verband als Beschuldigter galt, oder die einem anderen Zweck dienen.[2895]

2892 A.A. Heinrich wistra 2022, 59, 64, der sich dafür ausspricht, dass die Bundesregierung die in § 97 StPO angedachte Änderung berücksichtigt und zeitnah ein Gesetz mit dieser Änderung beschließt.

2893 Park, Durchsuchung und Beschlagnahme, § 7 Rn. 1097.

2894 Im Ergebnis so auch: Park, Durchsuchung und Beschlagnahme, § 7 Rn. 1097, der eine weitreichendere Ausgestaltung des Beschlagnahmeschutzes als notwendig erachtet; dahingehend ebenso: BRAK, Stellungnahme Nr. 33/2020, S. 26; auch: Jahn/Schmitt-Leonardy/Schoop wistra 2018, 27, 30, die eine Beschlagnahmefreiheit der Ergebnisse aus internen Untersuchungen für notwendig erachten, da diese einer effektiven Verteidigung dient.

2895 BMJV, VerSanG Regierungsentwurf 2020, S. 137.

§ 97 Abs. 2 S. 2 StPO	§ 97 Abs. 2 S. 2 StPO-E[2896]
„Diese Beschränkungen gelten nur, wenn die Gegenstände im Gewahrsam der zur Verweigerung des Zeugnisses Berechtigten sind, es sei denn, es handelt sich um eine elektronische Gesundheitskarte im Sinne des § 291a des Fünften Buches Sozialgesetzbuch. Die Beschränkungen der Beschlagnahme gelten nicht, wenn bestimmte Tatsachen den Verdacht begründen, dass die zeugnisverweigerungsberechtigte Person an der Tat oder an einer Datenhehlerei, Begünstigung, Strafvereitelung oder Hehlerei beteiligt ist, oder wenn es sich um Gegenstände handelt, die durch eine Straftat hervorgebracht oder zur Begehung einer Straftat gebraucht oder bestimmt sind oder die aus einer Straftat herrühren.“	*„Die Beschränkungen der Beschlagnahme gelten nicht* *1. wenn bestimmte Tatsachen den Verdacht begründen, dass die zeugnisverweigerungsberechtigte Person an der Tat oder an einer Datenhehlerei, Begünstigung, Strafvereitelung oder Hehlerei beteiligt ist, oder wenn es sich um Gegenstände handelt, die durch eine Straftat hervorgebracht oder zur Begehung einer Straftat gebraucht oder bestimmt sind oder die aus einer Straftat herrühren;* *2. für Aufzeichnungen und Gegenstände, zu deren Aufbewahrung ein redlicher Kaufmann oder ein Gewerbebetrieb im Rahmen der Überwachung seines Geschäftsbetriebs gesetzlich verpflichtet ist.“*

Tabelle 3: Gegenüberstellung von § 97 Abs. 2 S. 2 StPO gemäß der aktuell gültigen Norm sowie gemäß dem Entwurf zum VerSanG-E (eigene Darstellung).

Mit der neuen Formulierung des Abs. 2 soll klargestellt werden, dass Unterlagen, die auf Basis gesetzlicher Verpflichtungen aufbewahrt werden müssen, nicht der Beschlagnahme entzogen werden können, indem sie Beratern übergeben werden, die damit als „*sicherer Hafen*“[2897] fungieren könnten.[2898] Einen Beschlagnahmeschutz erfahren demnach nur Unterlagen, die in einem Vertrauensverhältnis entstanden sind oder als Verteidigungsmaterial dienen, auf das sich das Vertrauensverhältnis zwischen dem Mandanten und dem Berufsgeheimnisträger erstreckt.[2899] Eine Vertraulichkeit kann jedoch bspw. nicht bei Buchhaltungsunterlagen angenommen werden, wenn der Kaufmann nach § 257 HGB zu deren Aufbewahrung verpflichtet ist.[2900]

Daneben soll mit „*Durchsuchungen zum Zwecke des Auffindens von Beweismitteln, die nach den Absätzen 1 bis 5 nicht der Beschlagnahme unterliegen, sind unzulässig*“ ein neuer Abs. 6 ergänzt werden.[2901] Dieser dient der

2896 BMJV, VerSanG Regierungsentwurf 2020, S. 37.
2897 BMJV, VerSanG Regierungsentwurf 2020, S. 138.
2898 BMJV, VerSanG Regierungsentwurf 2020, S. 137; so auch: Menges in: Löwe-Rosenberg, StPO Band 3/1, § 97 Rn. 76.
2899 BMJV, VerSanG Regierungsentwurf 2020, S. 137 unter Bezugnahme auf: BGH NJW 2018, 3261, 3262.
2900 BMJV, VerSanG Regierungsentwurf 2020, S. 137.
2901 BMJV, VerSanG Regierungsentwurf 2020, S. 37.

Klarstellung, dass die Grenzen aus § 97 StPO-E ebenfalls bei Durchsuchungen gelten. Wenn anzunehmen ist, dass sich die Durchsuchungsergebnisse nur auf Gegenstände beziehen, die nach § 97 StPO-E nicht beschlagnahmt werden dürfen, ist die Anordnung einer Durchsuchung unzulässig. Mit dieser Regelung wird § 160a Abs. 5 StPO-E ergänzt. Für Durchsuchungen und Beschlagnahmen gelten gesetzliche Grenzen, die speziell in §§ 94–98 StPO und §§ 105–110 StPO geregelt sind.[2902]

Durch die Anpassung der beiden Paragrafen sollte nach dem BMJV sowohl die Reichweite einer zulässigen Beschlagnahme bestimmt als auch eine Klarstellung des Verhältnisses von § 97 StPO zu § 160a StPO bezweckt werden.[2903]

cc) § 160a Abs. 5 StPO(-E)

Mit § 160a StPO soll das Zeugnisverweigerungsrecht von Berufsgeheimnisträgern i. S. d. §§ 53, 53a StPO abgesichert werden. Die Zulässigkeit von Ermittlungsmaßnahmen gilt bei diesen Berufsgeheimnisträgern nur eingeschränkt oder ist – im Falle von Maßnahmen bei Geistlichen, Rechtsanwälten, Verteidigern oder Abgeordneten – gänzlich unzulässig.[2904] Die Regelung des § 160a StPO tritt jedoch bei Vorliegen einer speziellen Regelung aus der StPO nach § 160a Abs. 5 StPO zurück. Dabei handelt es sich nach der aktuellen Fassung um §§ 97, 100d Abs. 5 StPO und § 100g Abs. 4 StPO.

Mit der Neufassung des § 160a Abs. 5 StPO-E wird eine Auflistung der spezielleren Regelungen der StPO vorgesehen, die sich auf eine Vielzahl strafprozessualer Ermittlungsmaßnahmen beziehen, auf die die Abs. 1 bis 4 keine Anwendung mehr finden sollen. Die bisherigen Normen werden davon nicht mehr umfasst, wodurch klargestellt werden soll, dass § 160a StPO auf abschließend geregelte Beschlagnahmen keine Anwendung finden soll[2905]:

§ 160a Abs. 5 StPO	§ 160a Abs. 5 StPO-E[2906]
„Die §§ 97, 100d Abs. 5 und § 100g Abs. 4 bleiben unberührt.“	*„Die Absätze 1 bis 4 finden auf Maßnahmen nach den §§ 94, 95, 100b, 100c, 100g, 102, 103 und 110 keine Anwendung.“*

Tabelle 4: Gegenüberstellung von § 160a Abs. 5 StPO gemäß der aktuell gültigen Norm sowie gemäß dem Entwurf zum VerSanG-E (eigene Darstellung).

2902 BMJV, VerSanG Regierungsentwurf 2020, S. 138.
2903 BMJV, VerSanG Regierungsentwurf 2020, S. 97, 111.
2904 Sackreuther in: BeckOK StPO, § 160a Rn. 1.
2905 Park, Durchsuchung und Beschlagnahme, § 7 Rn. 1096.
2906 BMJV, VerSanG Regierungsentwurf 2020, S. 37.

Aus Sicht des BMJV ist „*[e]in absolutes Beschlagnahmeverbot [...] nicht mit den Erfordernissen einer effektiven Strafverfolgung vereinbar*“[2907] und gilt daher nur in besonderen Ausnahmefällen. Dazu zählt das BMJV Maßnahmen der Strafverfolgungsbehörden, die einen unzulässigen Eingriff in den geschützten Bereich der Menschenwürde bedeuten würden. Eine Untersagung der Beweiserhebung und -verwertung ist aus Sicht des BMJV lediglich in einem solchen Fall zulässig.[2908] Anders als die Tätigkeit von Verteidigern ist die Tätigkeit von Rechtsanwälten, die nach § 3 BRAO die Beratung und Vertretung der Mandanten umfasst, nicht absolut geschützt. Die Gewährleistung einer effektiven Strafverfolgung zählt nicht zu den besonderen Pflichten eines Rechtsanwalts, weshalb gerade „*aus seiner Stellung im Gefüge der Rechtspflege auch kein Anspruch auf einen absoluten Beschlagnahmeschutz hergeleitet werden kann*“[2909].

In der Beziehung zwischen dem Beschuldigten und seinem Verteidiger wird aus Sicht des BMJV durch § 148 StPO der notwendige effektive Schutz gewährleistet.[2910] Hierdurch bleiben Verteidigungsunterlagen weiterhin beschlagnahmefrei. Abseits davon können allerdings alle Unterlagen, die nicht als Verteidigungsunterlage gelten, beschlagnahmt werden. Der Anreiz, vor einer Beschuldigtenstellung interne Untersuchungen durchzuführen, wird dadurch nach der hier vertretenen Ansicht erheblich gemindert, was den Zweck der nachfolgenden Normen zu internen Untersuchungen verfehlt.

c) Legalitätsprinzip statt Opportunitätsprinzip

aa) § 3 Abs. 1 VerSanG-E – Legalitätsprinzip

Angesichts des Wortes ‚kann‘ in § 30 Abs. 1 OWiG („*Hat jemand (...) eine Straftat oder Ordnungswidrigkeit begangen, durch die Pflichten, welche die juristische Person oder die Personenvereinigung treffen, verletzt worden sind oder die juristische Person oder die Personenvereinigung bereichert worden ist oder werden sollte, so* ***kann*** *[Hervorhebung durch Verfasserin] gegen diese eine Geldbuße festgesetzt werden.*“) wird deutlich, dass es im Ermessen der Verfolgungsbehörden liegt, ob ein Bußgeldverfahren eingeleitet wird.[2911] Somit gilt das Opportunitätsprinzip.[2912]

2907 BMJV, VerSanG Regierungsentwurf 2020, S. 139.
2908 BMJV, VerSanG Regierungsentwurf 2020, S. 139.
2909 BMJV, VerSanG Regierungsentwurf 2020, S. 139.
2910 BMJV, VerSanG Regierungsentwurf 2020, S. 139.
2911 Scharenberg NZWiSt 2020, 230, 230.
2912 Vgl. nur: Nagel in: Parigger/Helm/Stevens-Bartol, Arbeits- und Sozialstrafrecht, § 30 OWiG Rn. 55; Meyberg in: BeckOK OWiG, § 30 Rn. 94; Scharenberg NZWiSt 2020, 230, 230.

In § 3 Abs. 1 VerSanG-E ist hingegen vorgesehen, dass bei der Sanktionierung von Verbänden das Legalitätsprinzip gelten soll („*wird [...] verhängt*“[2913]).[2914] Gleiches geht aus § 24 Abs. 1 VerSanG-E i. V. m. § 152 Abs. 2 StPO hervor.[2915]

Dadurch haben Staatsanwaltschaften bei ihren Ermittlungen keinen Ermessensspielraum mehr, sondern müssen bei einem Anfangsverdacht einer Verbandstat (auch) gegen das Unternehmen Ermittlungen einleiten.[2916] Angesichts der heterogenen Verfolgungspraxis in Deutschland[2917] könnte somit eine Vereinheitlichung sichergestellt werden.

Gleichwohl sind in §§ 35 ff. VerSanG-E Einstellungsgründe formuliert, wodurch kein ausnahmsloser Verfolgungszwang seitens der Behörden besteht.[2918] Hierzu haben Autoren aus der Literatur die These aufgestellt, dass die Anzahl der Verfahren, die nach dem Legalitätsprinzip verfolgt und aufgrund von Opportunitätserwägungen (§§ 24 Abs. 1, 35 ff. VerSanG-E) eingestellt werden, circa der Anzahl der eingestellten Verfahren zur Verfolgung von Ordnungswidrigkeiten nach § 47 Abs. 1 S. 1 OWiG entsprechen wird. Ausgehend von dieser These sei es fraglich, ob die Einführung des Legalitätsprinzips hier erforderlich sei, zumal anzunehmen sei, dass dies zu einer zusätzlichen Belastung für Staatsanwaltschaften[2919], Gerichte[2920] und betroffene Verbände führe. Stattdessen könne eine Beibehaltung des Opportunitätsprinzips aus Effizienzgründen ratsam sein.[2921]

bb) Exkurs: Verfolgungspraxis der Strafverfolgungsbehörden

Im Vergleich zum beschriebenen Legalitätsprinzip obliegt es dem pflichtmäßigen Ermessen der Strafverfolgungsbehörden de lege lata, zu entschei-

2913 BMJV, VerSanG Regierungsentwurf 2020, S. 8.

2914 Scharenberg NZWiSt 2020, 230, 232.

2915 Rotsch/Mutschler/Grobe CCZ 2020, 169, 175; Scharenberg NZWiSt 2020, 230, 232.

2916 Nolte/Michaelis BB 2020, 1154, 1154.

2917 Siehe sogleich.

2918 Siehe hierzu: BMJV, VerSanG Regierungsentwurf 2020, S. 20; ähnlich auch: Scharenberg NZWiSt 2020, 230, 232, der in den Regelungen des §§ 35 ff. VerSanG-E eine Durchbrechung des Legalitätsprinzips sieht.

2919 Vgl. nur: Knauer NStZ 2020, 441, 443, wonach angezweifelt wird, ob die derzeitige Ausstattung der Justiz die Zunahme an Verfahren bewältigen kann; Krause-Ablaß NZWiSt 2020, 377, 379, wonach die zusätzlichen Aufgaben basierend auf dem Gesetz ohne eine geeignete personelle Ausstattung nicht angemessen bewältigt werden kann; Taschke in: Murmann, Der Regierungsentwurf eines Verbandssanktionengesetzes vom 16.6.2020, S. 91, 94, der im Legalitätsprinzip eine extreme Belastung für Gerichte und Staatsanwaltschaften sieht.

2920 Taschke in: Murmann, Der Regierungsentwurf eines Verbandssanktionengesetzes vom 16.6.2020, S. 91, 94.

2921 Rotsch/Mutschler/Grobe CCZ 2020, 169, 175.

den, ob nach dem Opportunitätsprinzip gemäß § 47 Abs. 1 S. 1 OWiG eine Ordnungswidrigkeit verfolgt wird.[2922] Die Verfolgungspraxis der Strafverfolgungsbehörden ist in Deutschland dabei unterschiedlich ausgeprägt, was die drei nachfolgend dargestellten Studien und Erhebungen belegen.

Im Rahmen einer Befragung von Transparency International Deutschland e. V. im Jahr 2012 wurde die Korruptionsbekämpfung in Deutschland untersucht. Dabei wurde ermittelt, dass die Verfolgung von Wirtschaftskriminalität in den einzelnen Bundesländern ungleich verortet und unterschiedlich stark ausgeprägt ist.[2923]

Darüber hinaus hat eine Forschungsgruppe der Universität zu Köln im Jahr 2017 gemeinsam mit Experten aus der Praxis und der Wissenschaft neben dem bekannten *„Kölner Entwurf eines Verbandssanktionengesetzes"*[2924] auch die *„Anwendungspraxis des § 30 OWiG"*[2925] erforscht.[2926] Daraus ging hervor, dass 18 von 49 kontaktierten Staatsanwaltschaften in den Jahren 2011 bis 2016 keine Bußgelder gegen Unternehmen verhängt haben. Weniger als drei Verfahren wurden jährlich durch die Mehrheit der übrigen befragten Staatsanwaltschaften mit einer Geldbuße abgeschlossen.[2927] Des Weiteren wurde angegeben, dass die Wahrscheinlichkeit für eine Geldbuße bei unter 20 % liegt, wenn die Voraussetzungen des § 30 OWiG gegeben sind. Fast alle befragten Staatsanwaltschaften führten an, gelegentlich von einem Verfahren abzusehen, obwohl es sich um klare Sachverhalte handelt. Begründet wurde dies mit dem Fehlen personeller Ressourcen sowie unzureichenden Fachkenntnissen der Staatsanwälte im Bereich des OWiG.[2928] Aus dem Ergebnis der Untersuchung folgt, dass das Ermessen hinsichtlich der Einleitung eines Ordnungswidrigkeitenverfahrens gegen ein Unternehmen durch die Behörden unterschiedlich ausgeübt wurde. Diese Unterschiede werden auch im bundesweiten Vergleich deutlich. Danach werden

---

2922 Weigend/Hoven ZRP 2018, 30, 30; Moosmayer/Petrasch ZHR 182 (2018), 504, 513 Fn. 43.

2923 Vgl. Müller, Transparency International Deutschland e. V., Korruptionsbekämpfung in Deutschland, S. 2 f.; Moosmayer/Petrasch ZHR 182 (2018), 504, 513.

2924 Siehe hierzu Kapitel 3 B. III.; Henssler/Hoven/Kubiciel/Weigend NZWiSt 2018, 1, 1.

2925 Henssler/Hoven/Kubiciel/Weigend NZWiSt 2018, 1, 6.

2926 Henssler/Hoven/Kubiciel/Weigend NZWiSt 2018, 1, 6: Die Untersuchung zur *„Anwendungspraxis des § 30 OWiG"* wurde mithilfe von Fragebögen in 14 Staatsanwaltschaften aus 10 Ländern untersucht. Darüber hinaus wurde eine *„Aktenauswertung von 91 rechtskräftig abgeschlossenen Verfahren bei 20 Staatsanwaltschaften in 13 Ländern sowie flankierenden Leitfadeninterviews mit 11 ExpertInnen"* vorgenommen; Weigend/Hoven ZRP 2018, 30, 30 Fn. 11.

2927 Henssler/Hoven/Kubiciel/Weigend NZWiSt 2018, 1, 6; Weigend/Hoven ZRP 2018, 30, 31 f.

2928 Henssler/Hoven/Kubiciel/Weigend NZWiSt 2018, 1, 6.

im Süden und im Westen deutlich mehr Bußgelder verhängt als im Norden und im Osten von Deutschland.[2929] Die Folge ist eine Rechtsverzerrung, die sich häufig zuungunsten von Unternehmen in Ballungszentren und größeren Städten auswirkt.[2930] Für die Ahndung von Unternehmenskriminalität hat sich das OWiG aus Sicht der Forschenden somit nicht als wirksames Instrument erwiesen.[2931]

Im Rahmen einer im Jahr 2007 durchgeführten Erhebung gaben 36 von 80 befragten Staatsanwaltschaften (45 %) an, dass das § 30 OWiG ihrer Ansicht nach wesentlich häufiger angewendet werden würde, wenn anstelle des Opportunitätsprinzips das Legalitätsprinzip für diese Vorschrift gelten würde. Dagegen verneinten 16,25 % (Anzahl: 13) der Staatsanwaltschaften diese Aussage und 38,75 % (Anzahl: 31) enthielten sich.[2932]

cc) Stellungnahme

Die dargestellten Studien und Ergebnisse zeigen, dass die Verfolgungspraxis in Deutschland in den vergangenen Jahren bundesweit unterschiedlich ausgeübt wurde.

Unter Berücksichtigung des Grundrechts der Gleichheit vor dem Gesetz (Art. 3 GG) darf die Strafverfolgung allerdings nicht von dem geografischen Sitz des Unternehmens abhängig sein, sondern muss innerhalb Deutschlands vereinheitlicht werden.[2933] Die Bestrebungen des VerSanG-E, die eine Vereinheitlichung der Verfolgungspraxis unter Berücksichtigung von Einstellungsgründen vorgesehen haben, ist daher zu begrüßen. Nur so kann sichergestellt werden, dass Unternehmen in Deutschland einheitlich behandelt werden. Inwieweit sich die These der Forschenden realisieren wird, bleibt indes abzuwarten. Allerdings könnte sich hierdurch die von den Ausschüs-

---

2929 Henssler/Hoven/Kubiciel/Weigend NZWiSt 2018, 1, 6; Fn. 10, 11: „*Die befragten Staatsanwaltschaften in Schleswig-Holstein und Sachsen verhängten in den vergangenen fünf Jahren jeweils nur in einem Verfahren eine Geldbuße nach § 30 OWiG, während in Baden-Württemberg und Bayern in diesem Zeitraum immerhin 27 Bußgeldverfahren gegen Unternehmen rechtskräftig abgeschlossen wurden.*“, „*Die Schwerpunktstaatsanwaltschaft in Braunschweig führte innerhalb der letzten fünf Jahre 6 Verfahren gegen Unternehmen. Bei den Schwerpunktstaatsanwaltschaften in Köln und Frankfurt waren es jeweils 7 und bei der Schwerpunktstaatsanwaltschaft in Karlsruhe sogar 10 Verfahren*“; Weigend/Hoven ZRP 2018, 30, 31.

2930 Behr/Guttenberger DB 2020, 1218, 1218.

2931 Henssler/Hoven/Kubiciel/Weigend NZWiSt 2018, 1, 6.

2932 Kirch-Heim, Sanktionen gegen Unternehmen, S. 94 f.

2933 Moosmayer/Petrasch ZHR 182 (2018), 504, 513.

sen befürchtete Überlastung der Staatsanwaltschaft ergeben,[2934] weshalb ein Aufbau von Ressourcen notwendig erscheint.

d) Absehen von der Verfolgung bei verbandsinternen Untersuchungen

Die Behörden können nach § 41 Abs. 1 S. 1 VerSanG-E von einer Verfolgung des Verbandes absehen, bis die verbandsinterne Untersuchung des betroffenen Verbandes abgeschlossen ist. Dabei kann die Verfolgungsbehörde nach § 41 Abs. 1 S. 2 VerSanG-E eine Frist bestimmen, bis zu der der Abschlussbericht über die interne Untersuchung vorzulegen ist. Über diese Frist sind der betroffene Verband sowie der Untersuchungsführer zu unterrichten (S. 3). Jedoch kann die Frist gemäß S. 4 „*auf Antrag verlängert werden*".[2935] Wird das Verfahren wieder aufgenommen, ist dies in den Akten nach § 41 Abs. 2 VerSanG-E zu dokumentieren,[2936] damit genau bestimmt werden kann, wann die Verjährung weiterläuft.[2937]

Aus der Begründung des § 41 Abs. 1 VerSanG-E geht hervor, dass die vorläufige Einstellung des Verfahrens dann möglich sein kann, wenn der betroffene Verband interne Untersuchungen vornimmt, die insbesondere den Voraussetzungen für die Durchführung von internen Untersuchungen nach § 17 VerSanG-E entsprechen. Hierfür hat der Verband die Durchführung einer internen Untersuchung anzuzeigen. Kooperiert der Verband und führt er die Untersuchung umfassend durch, kann die vorläufige Einstellung der strafrechtlichen Verfolgung aus Sicht des Regierungsentwurfsverfassers sinnvoll sein. Hierbei müssen im ersten Schritt keine strafprozessualen Zwangsmittel wie Durchsuchungen oder Beschlagnahmen durch die Verfolgungsbehörden vorgenommen werden. Dies führt der Begründung zufolge zu einer Ressourcenschonung seitens der Strafverfolgungsbehörde, wenngleich sie weiterhin Herrin des Ermittlungsverfahrens bleiben soll. Die vorläufige Einstellung des Verfahrens liegt nach § 41 VerSanG-E indes weiterhin im Ermessen der Verfolgungsbehörden, sodass Verbände keinen Anspruch auf die Verfahrenseinstellung haben. Auch ein Einsatz von strafprozessualen Zwangsmitteln zu einem frühen Verfahrenszeitpunkt und die Einstellung des Verfahrens aufgrund von anderen Anhaltspunkten liegt allein im Ermessen der Verfolgungsbehörden.[2938]

2934 BR-Drs. 440/20, S. 150, 152, 155, wonach bei den Staatsanwaltschaften durch den erwarteten Anstieg der Verfahren um bis zu 50 % bis zu 250 Staatsanwältinnen und Staatsanwälte zusätzlich benötigt werden.

2935 BMJV, VerSanG Regierungsentwurf 2020, S. 23.

2936 BMJV, VerSanG Regierungsentwurf 2020, S. 23, 119.

2937 BMJV, VerSanG Regierungsentwurf 2020, S. 119.

2938 BMJV, VerSanG Regierungsentwurf 2020, S. 118.

Das Ermittlungsverfahren ist gemäß der Begründung des Entwurfs durch die Verfolgungsbehörden in den Fällen wiederaufzunehmen, in denen der Verband sich nicht oder nicht mehr an die gesetzlichen Vorgaben und insbesondere an § 17 VerSanG-E hält. Gemäß der Begründung zum Regierungsentwurf gilt Gleiches, wenn die Verpflichtung des Verbandes zur Zusammenarbeit mit den Verfolgungsbehörden verletzt wird, falsche Unterlagen oder Informationen übermittelt und keine wesentlichen Aufklärungsbeiträge geleistet werden. Weitere Szenarien, die zu einer Wiederaufnahme des Ermittlungsverfahrens führen, werden in der unzureichenden Beachtung der Arbeitnehmerschutzrechte oder der entsprechenden Hinweispflichten sowie in dem Fall gesehen, dass die eigene Tätigkeit verschleiert werden sollte.[2939]

Wenngleich die Verfolgungsbehörde weiterhin Herrin des Verfahrens bleibt, wird es in der Literatur vereinzelt als riskant angesehen, wenn die Ermittlungen an Private – den betroffenen Verband selbst oder von ihm beauftragte Dritte – übergeben werden. Der Verband könnte dies als Möglichkeit nutzen, um Aspekte zu verheimlichen, die für ihn nachteilig sind.[2940] Darüber hinaus gelten die Interessen als auch die Ausgangslagen als auseinanderfallend: Wenn das Ziel eines Ermittlungsverfahrens eine effektive Strafverfolgung ist, ergeben sich interne Untersuchungen in der Regel aus der gesellschaftlichen Pflicht zur ordnungsgemäßen Unternehmensführung.[2941] Ein weiterer Unterschied wird im Hinblick auf die gerichtliche Kontrolle, der strafprozessualen Maßnahmen im Vergleich zu internen Untersuchungen gesehen. Hierdurch wird den Betroffenen, wozu auch die Mitarbeiter eines Verbands gehören, ein rechtlicher Schutz geboten. Würden strafrechtliche Ermittlungen zukünftig in Gänze durch die betroffenen Verbände oder von ihnen beauftragte Dritte durchgeführt, läge darüber hinaus eine dogmatische Unvereinbarkeit mit dem Offizialprinzip vor.[2942] Denn nach dem Offizialprinzip besitzt nur die Staatsanwaltschaft „*die originäre Kompetenz zur Ermittlung von Straftaten*".[2943] In § 41 Abs. 1 VerSanG-E sind jedoch nur interne Untersuchungen durch einen Verband als Grundlage für ein Ermittlungsverfahren vorgesehen, was in der Literatur vereinzelt Bedenken aufkommen lässt.[2944]

Die Anwendung des § 41 VerSanG-E liegt indes im Ermessen der Verfolgungsbehörden. Daher können sie sich gegen die Anwendung der Vorschrift entscheiden und eigenständig ermitteln. Dem Verband steht es jedoch frei, parallel den Sachverhalt aufzuklären, um – für den Fall, dass eine Sanktion verhängt wird – eine Strafmilderung nach § 18 i. V. m. § 17 Abs. 1 Ver-

2939 BMJV, VerSanG Regierungsentwurf 2021, S. 119.
2940 Krause-Ablaß NZWiSt 2020, 377, 379.
2941 Petrasch DRiZ 2020, 96, 97; Krause-Ablaß NZWiSt 2020, 377, 379.
2942 Krause-Ablaß NZWiSt 2020, 377, 379.
2943 Gertler in: BeckOK StPO, RiStBV 1 Der Staatsanwalt Rn. 1.
2944 Krause-Ablaß NZWiSt 2020, 377, 379, hier sogar „*tiefgreifende[...] Bedenken*".

SanG-E zu erzielen. Der wesentliche Beitrag, den der betroffene Verband oder die externe Anwaltskanzlei mit der Sachverhaltsaufklärung gemäß § 17 Abs. 1 Nr. 1 VerSanG-E leisten soll, ist allerdings nicht mehr zu erreichen, wenn die Ermittlungsbehörden den Sachverhalt bereits aufgearbeitet haben[2945].[2946] Nichtsdestoweniger werden betroffene Unternehmen in der Regel einen zeitlichen Vorteil gegenüber den Ermittlungsbehörden haben, sodass ein etwaiger Zeitdruck, den Sachverhalt vor den Ermittlungsbehörden aufklären zu müssen,[2947] unbegründet sein sollte.[2948] In der Regel wissen die betroffenen Verbände vor den Ermittlungsbehörden von der Verbandstat und sind mit ihren Revisionsabteilungen bzw. extern beauftragten Anwaltskanzleien in personeller und technischer Hinsicht besser ausgestattet als die Ermittlungsbehörden.[2949]

Wie auch bei Individualbeschuldigten endet das Ermittlungsverfahren gegen Verbände durch die Einstellung des Verfahrens, weil ein hinreichender Tatverdacht fehlt oder nach § 170 StPO Anklage erhoben wird.[2950] In §§ 35 ff. VerSanG-E sind indes weitere Gründe für die Einstellung eines Verfahrens vorgesehen. So kann gemäß § 35 VerSanG-E auf eine Verfolgung aufgrund von Geringfügigkeit verzichtet werden, sodass eine Anlehnung an § 153 StPO erfolgt,[2951] während § 36 VerSanG-E in Anlehnung an § 153a StPO Regelungen für das Absehen von einer Verfolgung unter Auflagen und Weisungen beinhaltet.[2952] Eine Anwendung der §§ 153, 153a StPO ist aufgrund der Anknüpfung an die Schuld des Täters nicht möglich. Anders ist dies bei §§ 35, 36 VerSanG-E, weshalb sie als Spezialvorschriften den Regelungen §§ 153, 153a StPO vorgehen. Bereits heute enden Wirtschaftsstrafverfahren, die gegen Individualtäter geführt werden, mit einer Einstellung gemäß § 153a StPO. Daraus lässt sich ableiten, dass einer Einstellung gegen eine Geldauflage bei Verbänden aufgrund ihrer in der Regel größeren Zahlungskraft im Vergleich zu natürlichen Personen eine zentrale Bedeutung zukommen wird.[2953] Daneben kann von einer Verfolgung abgesehen werden, wenn der Verband derart schwer von den Folgen der Verbandstat getroffen wurde, dass eine Sanktionierung als verfehlt erscheint (§ 37 Abs. 1 VerSanG-E).

2945 Ott/Lüneborg NZG 2019, 1361, 1365, bezogen auf VerSanG-RefE; Krause-Ablaß NZWiSt 2020, 377, 379.
2946 Krause-Ablaß NZWiSt 2020, 377, 379.
2947 Ott/Lüneborg NZG 2019, 1361, 1365, bezogen auf VerSanG-RefE; Krause-Ablaß NZWiSt 2020, 377, 379.
2948 Krause-Ablaß NZWiSt 2020, 377, 379 f.
2949 Krause-Ablaß NZWiSt 2020, 377, 380.
2950 Krause-Ablaß NZWiSt 2020, 377, 380.
2951 BMJV, VerSanG Regierungsentwurf 2020, S. 115.
2952 BMJV, VerSanG Regierungsentwurf 2020, S. 116.
2953 Krause-Ablaß NZWiSt 2020, 377, 380.

Weitere Gründe wie eine Insolvenz des Verbandes (§ 39 Abs. 1 VerSanG-E) sind §§ 38 bis 42 VerSanG-E zu entnehmen.[2954]

e) Stellungnahme

Die vorgenannten wesentlichen Begrifflichkeiten, die mit dem VerSanG-E eingeführt werden, sowie die Anpassungen von bestehenden StPO-Vorschriften dienen einer effektiven Umsetzung der weiteren Regelungen des Regierungsentwurfs.

Wenngleich die Regelungen grundsätzlich nachvollziehbar sind, birgt insbesondere die Neuregelung des § 97 Abs. 1 Nr. 3 StPO-E Nachteile. Zwar führt sie einerseits zu einer notwendigen Klarstellung, wodurch der Meinungsstreit und die Unsicherheiten, ob dieser Paragraf ebenso für Nichtbeschuldigte gilt, aufgelöst werden.[2955] Andererseits können der fehlende ganzheitliche Schutz vor Beschlagnahmen in Verbindung mit der in § 17 VerSanG-E normierten Pflicht zur uneingeschränkten und ununterbrochenen Kooperation mit den Strafverfolgungsbehörden dazu führen, dass Verbände gehemmt sind, interne Untersuchungen durchzuführen. Ein solches Hemmnis kann insbesondere eintreten, wenn die durch die Untersuchungshandlungen hervorgebrachten Beweismittel keinen Schutz erfahren, weil bspw. der Verband noch nicht als Beschuldigter gilt oder der Beschuldigtenstatus einer Tochtergesellschaft nicht auch für die Muttergesellschaft besteht, die die Untersuchung durchführt.[2956]

In solchen Konstellationen wiegt der Umstand noch schwerer, dass die Verbände durch die interne Untersuchung die Beweislage schaffen sollen, die gegen sie in einem Strafprozess verwendet werden kann.[2957] Fraglich ist daher auch die Ansicht des BMJV, wonach ein Beschlagnahmeverbot zu einer Beeinträchtigung der Wahrheitsfindung führen würde.[2958] Durch diese Auffassung werden Verbände kriminalisiert, die ihrerseits interne Untersuchungen zur Aufklärung von verbandsinternen Verstößen einsetzen. So wird dadurch impliziert, dass eine Wahrheitsfindung nicht möglich wäre, wenn den Verbänden ein Beschlagnahmeverbot zugestanden würde.

In weiterer Folge könnten Unternehmen die internen Untersuchungen erst beginnen, wenn sie einen Beschuldigtenstatus haben, den sie bspw. durch eine Selbstanzeige erzielt haben. Hierdurch könnten sich die Verfahren meh-

2954 BMJV, VerSanG Regierungsentwurf 2020, S. 21 f.
2955 Siehe hierzu Kapitel 2 D. II. 4.
2956 Siehe hierzu exemplarisch den Sachverhalt der Jones-Day-Entscheidung in Kapitel 2 D. II. 1.
2957 Zur Schaffung der eigenen Beweislage auch: Trüg NZWiSt 2022, 106, 112.
2958 BMJV, VerSanG Regierungsentwurf 2020, S. 139.

ren, weshalb die Strafverfolgungsbehörden unter Berücksichtigung des Legalitätsprinzips ihre Kapazitätsgrenzen erreichen könnten.

2. Regelungen zu verbandsinternen Untersuchungen

Angesichts des fehlenden Rechtsrahmens für interne Untersuchungen hat das BMJV erkannt, dass staatliche und private Ermittler im Hinblick auf ihre Befugnisse und Rechte Unsicherheiten ausgesetzt sind. Diese resultieren bspw. aus den bisher ungeklärten Fragen, welche Rechte den Arbeitnehmern bei Befragungen zustehen, die durch das Unternehmen durchgeführt werden, und inwieweit Unterlagen aus internen Untersuchungen der Beschlagnahme unterliegen. Fraglich ist aus Sicht des BMJV darüber hinaus, unter welchen Voraussetzungen die unternehmensinterne Aufklärungsarbeit zu einer Sanktionsmilderung führen kann.[2959]

Daneben hat das BMJV die Notwendigkeit für Regelungen identifiziert, um das Verhältnis zwischen privatrechtlichen Untersuchungen, die durch das Unternehmen oder beauftragte Dritte durchgeführt werden, und staatlichen Ermittlungen durch die Strafverfolgungsbehörden zu klären. Dabei weist das BMJV ausdrücklich darauf hin, dass die Schutzrechte der Arbeitnehmer „*nicht unterlaufen oder ausgehöhlt werden*“[2960] dürfen.[2961]

Mit dem VerSanG-E soll dieser notwendige Rechtsrahmen geschaffen werden. Neben den – bereits dargestellten – Anpassungen in §§ 97, 160a StPO, mit denen die Reichweite des Beschlagnahmeverbots klargestellt werden soll, wird mit den Regelungen in §§ 16 bis 18 VerSanG-E im Zusammenspiel mit weiteren Regelungen vom BMJV ein sog. „*gestuftes Anreizsystem*“[2962] geschaffen. Unter Berücksichtigung dieser Regelung soll die Aufklärungsarbeit eines Unternehmens mit einer Sanktionsmilderung honoriert werden, sofern sie ‚tatsächlich‘ dazu beiträgt, dass der Sachverhalt von den Strafverfolgungsbehörden aufgeklärt wird.[2963]

Hervorzuheben ist, dass das BMJV in der Gesetzesentwurfsbegründung ausdrücklich erwähnt, dass gesellschaftliche Anforderungen Auslöser für die Durchführung von internen Untersuchungen sein können. So werden insbesondere die „*Sorgfalts- und Leitungspflicht des Vorstands der AG*“[2964] gemäß §§ 76 Abs. 1, 93 AktG, die Pflicht des Aufsichtsrats zur Überwachung nach § 111 AktG sowie die Sorgfaltspflicht von GmbH-Geschäftsführern nach § 43 GmbHG genannt. Hieraus „*kann sich [...] [insbesondere] die Ver-*

2959 BMJV, VerSanG Regierungsentwurf 2020, S. 97.
2960 BMJV, VerSanG Regierungsentwurf 2020, S. 96.
2961 BMJV, VerSanG Regierungsentwurf 2020, S. 96.
2962 BMJV, VerSanG Regierungsentwurf 2020, S. 97.
2963 BMJV, VerSanG Regierungsentwurf 2020, S. 97.
2964 BMJV, VerSanG Regierungsentwurf 2020, S. 96.

pflichtung ergeben, verbandsinterne Compliance-Verstöße und Straftaten aufzuklären, um weiteren Schaden von der Gesellschaft abzuwenden."[2965] Durch die Verwendung des Begriffs ‚kann' wird deutlich, dass nicht in jedem Fall einer Straftat eine interne Untersuchung folgen muss.[2966] Gleichzeitig wird die Erforderlichkeit der Durchführung einer internen Untersuchung von dem Zweck der weiteren Schadensverhinderung abhängig gemacht.[2967]

Verzichtet ein betroffener Verband allerdings pauschal auf interne Untersuchungen und damit auf die Sanktionsmilderung, erscheint dies im Zusammenhang mit dem Untreuetatbestand nach § 266 StGB sowie § 93 Abs. 1 AktG problematisch.[2968] So entschied der BGH zuletzt in einem Urteil aus dem Jahr 2022, dass erst dann eine Pflichtverletzung eines Vorstands einer AG vorliegt, „*wenn die Grenzen, in denen sich ein von Verantwortungsbewusstsein getragenes, ausschließlich am Unternehmenswohl orientiertes, auf sorgfältiger Ermittlung der Entscheidungsgrundlagen beruhendes unternehmerisches Handeln bewegen muss, überschritten sind, die Bereitschaft, unternehmerische Risiken einzugehen, in unverantwortlicher Weise überspannt wird oder das Verhalten des Vorstands aus anderen Gründen als pflichtwidrig gelten muss.*"[2969] Diese Grundsätze – auch als Business Judgement Rule bekannt[2970] – sind zudem der Maßstab zur Beurteilung, ob nach § 266 Abs. 1 StGB eine Pflichtverletzung anzunehmen ist.[2971] Ein Indiz für eine Pflichtverletzung kann gemäß dieser und einer weiteren BGH-Entscheidungen vorliegen, wenn eine Entscheidung auf Basis unzulänglicher Tatsachengrundlagen getroffen wurde.[2972] „*Diese ist letztlich nur dann zu bejahen, wenn ein schlechthin unvertretbares Vorstandshandeln vorliegt*"[2973], zumal sich „*der Leitungsfehler […] auch einem Außenstehenden förmlich aufdrängen*"[2974] muss. Entscheidet sich die Unternehmensleitung bei Kenntnis von einem Verstoß eines Mitarbeiters somit gegen eine inter-

2965 BMJV, VerSanG Regierungsentwurf 2020, S. 96.

2966 Rübenstahl ZWH 2020, 164, 165.

2967 BMJV, VerSanG Regierungsentwurf 2020, S. 96; so auch: Rübenstahl ZWH 2020, 164, 165.

2968 Külz/Odenthal PStR 2020, 10, 16; Winkler DB 2020, 1363, 1366.

2969 Vgl. nur: BGH BeckRS 2020, 43998 Rn. 22; BGH BeckRS 2021, 7195 Rn. 15; BGH BeckRS 2022, 4355 Rn. 9.

2970 BGH BeckRS 2022, 4355 Rn. 9.

2971 Vgl. nur: BGH BeckRS 2020, 43998 Rn. 22; BGH BeckRS 2021, 7195 Rn. 15; BGH BeckRS 2022, 4355 Rn. 9.

2972 Vgl. nur: BGH BeckRS 2020, 43998 Rn. 24; BGH BeckRS 2022, 4355 Rn. 9; so auch: Spindler in: MüKo AktG Band 2, § 93 Rn. 47.

2973 Ähnlich auch: BGH NJW 2017, 578, 580 Rn. 31 und BGH BeckRS 2020, 43998 Rn. 24; ausdrücklich: BGH BeckRS 2022, 4355 Rn. 9.

2974 Vgl. nur: BGH NJW 2017, 578, 580 Rn. 31; BGH BeckRS 2020, 43998 Rn. 24; BGH BeckRS 2022, 4355 Rn. 9.

ne Untersuchung, obwohl nur damit die Verfolgung potenzieller Schadensersatzansprüche ermöglicht wird, kann eine entsprechende Pflichtverletzung angenommen werden.[2975]

a) § 16 VerSanG-E – Verbandsinterne Untersuchungen

„Verbandsinterne Untersuchungen können sowohl durch den Verband selbst als auch durch von ihm beauftragte Dritte durchgeführt werden.“[2976]

Mit § 16 VerSanG-E wird dem betroffenen Verband die Möglichkeit geboten, selbstständig zu entscheiden, ob die interne Untersuchung durch unternehmensfremde Dritte oder durch die eigenen Mitarbeiter durchgeführt werden soll. In der Gesetzesentwurfsbegründung wird § 16 VerSanG-E ferner insoweit konkretisiert, dass nur solche Maßnahmen zu verbandsinternen Untersuchungen gehören, die dazu dienen, einen Verdacht auf eine Ordnungswidrigkeit oder eine Straftat systematisch aufzuklären.[2977] Zudem sind demnach interne Untersuchungen von einer Verteidigung des Verbands zu unterscheiden.[2978]

In der Begründung wird explizit Bezug auf kleine und mittlere Unternehmen genommen. Die teils erheblichen Kosten für die Beauftragung externer Dritter lassen aus Sicht der Gesetzesentwurfsverfasser insbesondere bei diesen Unternehmen das Bedürfnis aufkommen, den Sachverhalt mit eigenen Mitteln aufklären zu wollen. Eine Sanktionsmilderung nach § 17 VerSanG-E wird dabei ausdrücklich nicht ausgeschlossen, wenn sich der Verband dazu entscheidet, eigenes Personal für die Sachverhaltsaufklärung einzusetzen.[2979] Die Klarstellung, wer interne Untersuchungen durchführen kann, ist zwar grundsätzlich zu begrüßen, allerdings ist der Begründung des BMJV jedoch entgegenzuhalten, dass in der Praxis die Problematik besteht, dass diese Unternehmen üblicherweise nicht über die nötigen Ressourcen verfü-

---

2975 Lilie-Hutz/Ihwas NZWiSt 2018, 349, 352, sehen überdies das Risiko einer Strafbarkeit wegen Untreue nach § 266 StGB unter Verweis auf die ARAG/Garmenbeck-Entscheidung (siehe hierzu Kapitel 2 A. IX. 2. d)).

2976 BMJV, VerSanG Regierungsentwurf 2020, S. 14.

2977 BMJV, VerSanG Regierungsentwurf 2020, S. 98.

2978 Siehe hierzu Funktionstrennung in: § 17 Abs. 1 Nr. 2 VerSanG-E; BMJV, VerSanG Regierungsentwurf 2020, S. 98.

2979 BMJV, VerSanG Regierungsentwurf 2020, S. 98.

gen,[2980] um die Verstöße mit eigenen Mitteln aufklären zu können.[2981] Daher benötigen sie externe Unterstützung, um eine Sanktionsmilderung erlangen zu können,[2982] wodurch sich keine Kostenersparnis realisieren lässt.

Indes erscheint in § 16 VerSanG-E die unvollständige Definition einer verbandsinternen Untersuchung problematisch.[2983] Zwar wird aus dem Wortlaut deutlich, wer diese durchführen darf, aber nicht, was der Gesetzesentwurfsverfasser tatsächlich darunter versteht. Um das Verständnis der Rechtsanwender zu verbessern und um verbandsinterne Untersuchungen klar von anderen Untersuchungen des Unternehmens abzugrenzen, ist nach der hier vertretenen Ansicht daher eine eindeutige Legaldefinition einer verbandsinternen Untersuchung wünschenswert.[2984]

b) § 17 VerSanG-E – Milderung der Verbandssanktion bei verbandsinternen Untersuchungen

aa) § 17 Abs. 1 VerSanG-E

„(1) Das Gericht soll die Verbandssanktion mildern, wenn [...]“[2985].

Mit § 17 Abs. 1 VerSanG-E hat der Gesetzesentwurfsverfasser eine Soll-Vorschrift entwickelt, wonach die Milderung einer Verbandssanktion durch das Gericht vorgenommen werden soll, wenn die Vorgaben aus § 17 Abs. 1 Nr. 1 bis 5 VerSanG-E kumulativ erfüllt werden. Das Ermessen des Gerichts soll damit – so das BMJV – gebunden sein.[2986] Im Vergleich dazu wurde in einer vorherigen Version des Referentenentwurfs mit dem Bearbeitungsstand vom 15.08.2019 der Begriff ‚kann‘ anstelle von ‚soll‘ verwendet.[2987] Somit werden die Gerichte durch diese Regelung gebunden. Mit der Regelung soll

2980 Zu begrenzten Ressourcen im Mittelstand vgl. nur: Bartuschka CB 2017, 30, 35, der beschreibt, dass Revisionsabteilungen im deutschen Mittelstand selten sind; so auch: Klein/Janßen/Parsow WPg 2017, 1008, 1010, die aufzeigen, dass nicht alle mittelständischen Unternehmen eine Revisionsabteilung haben; vgl. Ott/Lüneborg CCZ 2019, 71, 74, die beschreiben, dass mittelständische Unternehmen keine Compliance- oder Revisionsabteilung aufgrund des Budgets bzw. fehlender personeller Ressourcen haben.

2981 Sartorius/Schmidt wistra 2020, 393, 394 sehen die Regelung aufgrund der begrenzten Ressourcen kleiner und mittlerer Unternehmen daher als ein vermeintliches und vorgeschobenes Entgegenkommen an.

2982 Taschke in: Murmann, Der Regierungsentwurf eines Verbandssanktionengesetzes vom 16.6.2020, S. 91, 105; Sartorius/Schmidt wistra 2020, 393, 394.

2983 Siehe hierzu bereits Kapitel 2 A. II. 1.–4.

2984 Siehe hierzu die Regelung im eigenen Regelungsentwurf, Kapitel 4 A. I.

2985 BMJV, VerSanG Referentenentwurf 2020, S. 14.

2986 BMJV, VerSanG Regierungsentwurf 2020, S. 98.

2987 BMJV, VerSanG Referentenentwurf 2019, S. 13.

dem Umstand begegnet werden, dass bisher nicht klar geregelt ist, wann sich eine interne Untersuchung strafmildernd auswirken kann.

In der Gesetzesentwurfsbegründung zu § 17 Abs. 1 VerSanG-E wird klargestellt, dass die unternehmensinterne Untersuchung nicht den aus dem Legalitätsprinzip resultierenden Amtsermittlungsgrundsatz zurückdrängen soll. Sie soll nicht zu einem Ersatz der verfolgungsbehördlichen Ermittlungen, sondern zu einer Unterstützung der Justizbehörden führen. Um die Unterstützung der Behörden zu würdigen, soll die Aufklärungsarbeit zu einer Milderung der Sanktion führen. Dies setzt jedoch voraus, dass die in § 17 VerSanG-E genannten qualitativen Anforderungen kumulativ erfüllt sein müssen. In der Gesetzesentwurfsbegründung wird ein daraus resultierender Zwang ausdrücklich ausgeschlossen.[2988] Anstatt dass das Gericht die Verbandssanktion lediglich mildern ‚soll', erscheint es aufgrund der Anstrengungen, die für den Verband mit der Erfüllung der Anforderungen einhergehen, vorzugswürdiger, wenn es diese zu mildern ‚hat'.[2989]

Genügt die interne Untersuchung eines Verbands nicht den Anforderungen des § 17 VerSanG-E, können die Bemühungen trotzdem bei der Sanktionszumessung berücksichtigt werden, wenngleich die Sanktionsmilderung nicht aus § 17 VerSanG-E folgt. Durch das Gericht sind bei seiner Abwägung zur Bemessung nach § 15 Abs. 3 S. 1 VerSanG-E Umstände zu beachten, die sowohl für als auch gegen den Verband sprechen. Dabei werden u. a. gemäß § 15 Abs. 3 S. 2 Nr. 7 VerSanG-E *„das Bemühen des Verbandes, die Verbandstat aufzudecken und den Schaden wiedergutzumachen, sowie nach der Verbandstat getroffene Vorkehrungen zur Vermeidung und Aufdeckung von Verbandstaten"*[2990] berücksichtigt.

Im Vergleich zu dem Referentenentwurf des VerSanG-E aus dem Jahr 2019 wurde in dem nachfolgenden Referentenentwurf im Jahr 2020 und dem hier dargestellten Regierungsentwurf in § 18 Abs. 1 VerSanG-E, der dem derzeitigen § 17 Abs. 1 VerSanG-E entspricht, Nr. 6 ersatzlos gestrichen. Darin hieß es: *„Das Gericht kann die Verbandssanktion mildern, wenn die verbandsinterne Untersuchung in Übereinstimmung mit den geltenden Gesetzen durchgeführt wird."*[2991] In der Erläuterung wurde dazu klargestellt, dass die Sanktionsmilderung nur bei einem gesetzestreuen Verhalten erlangt werden kann, was insbesondere arbeits- und datenschutzrechtliche Vorgaben betrifft.[2992] Zwar ist dieser Wortlaut nicht mehr in § 17 Abs. 1 VerSanG-E enthalten, allerdings wird in der Gesetzesentwurfsbegründung weiterhin darauf Bezug genommen: *„Weitere Voraussetzung für eine sanktionsmildernde*

2988 BMJV, VerSanG Regierungsentwurf 2020, S. 98.
2989 Tsambikakis/Gierok medstra 2020, 205, 209.
2990 BMJV, VerSanG Regierungsentwurf 2020, S. 13.
2991 BMJV, VerSanG Referentenentwurf 2019, S. 13 f.
2992 BMJV, VerSanG Referentenentwurf 2019, S. 103.

Berücksichtigung von verbandsinternen Untersuchungen ist selbstverständlich, dass diese in Übereinstimmung mit den geltenden Gesetzen durchgeführt werden. Denn der Staat kann nur gesetzestreues Verhalten mit einer Sanktionsmilderung honorieren."[2993] Problematisch erscheint in diesem Zusammenhang die Möglichkeit, die Soll-Vorschrift des § 17 Abs. 1 VerSanG-E auszuhöhlen, wenn bei der Durchführung einer internen Untersuchung geringfügig gegen geltendes Recht verstoßen wird und dadurch eine Sanktionsmilderung ausbleibt. Dies ist insbesondere dann denkbar, wenn die Untersuchungen komplex und die Sachverhalte grenzüberschreitend sind, wodurch die interne Untersuchung diversen Rechtsvorschriften unterliegt.[2994] Insbesondere vor dem Hintergrund der Regelungen der DSGVO, durch die hohe Anforderungen an die Verarbeitung personenbezogener Daten gestellt werden, wird die vollständige Einhaltung als „*so gut wie unmöglich*"[2995] angesehen.[2996] Unter der Annahme, dass dies der Gedanke des Gesetzesentwurfsverfassers war, werden bei unternehmensinternen Untersuchungen im Vergleich zu Ermittlungsmaßnahmen der Strafverfolgungsbehörden strengere Maßstäbe angesetzt.[2997] Der Grund hierfür ist, dass im Strafverfahren rechtswidrig erhobene Erkenntnisse nicht zwingend unverwertbar sind.[2998] Dass die Gesetzesentwurfsbegründung in diesem Zusammenhang unverändert ist, der Abs. aber vollständig gestrichen wurde, kann jedoch eher auf ein redaktionelles Versehen des BMJV zurückgeführt werden.[2999]

bb) § 17 Abs. 1 Nr. 1 VerSanG-E

„*(1) Das Gericht soll die Verbandssanktion mildern, wenn*
1. der Verband oder der von ihm beauftragte Dritte wesentlich dazu beigetragen haben, dass die Verbandstat und die Verbandsverantwortlichkeit aufgeklärt werden konnte"[3000].

In § 17 Abs. 1 Nr. 1 VerSanG-E wird für eine Sanktionsmilderung die tatsächliche Leistung eines wesentlichen Beitrags zur Aufklärung des Sachverhalts sowie die Aufklärung der Verbandsverantwortlichkeit von dem Verband selbst oder einem beauftragten Dritten gefordert.[3001]

2993 BMJV, VerSanG Regierungsentwurf 2020, S. 98.
2994 Sartorius/Schmidt wistra 2020, 393, 394.
2995 Rotsch/Mutschler/Grobe CCZ 2020, 169, 178.
2996 Rotsch/Mutschler/Grobe CCZ 2020, 169, 178.
2997 Sartorius/Schmidt wistra 2020, 393, 394.
2998 Vgl. nur: Sartorius/Schmidt wistra 2020, 393, 394; Hauschild in: MüKO StPO Band 1, § 98 Rn. 13; Heil in: KK-StPO, § 261 Rn. 149.
2999 Sartorius/Schmidt wistra 2020, 393, 394.
3000 BMJV, VerSanG Regierungsentwurf 2020, S. 14.
3001 BMJV, VerSanG Regierungsentwurf 2020, S. 14, 99.

Ungeklärt sind hierbei die Kriterien, nach denen eine interne Untersuchung durchgeführt werden soll, damit sie als ‚wesentlich' angesehen wird. So lässt sich aus der Begrifflichkeit nicht ableiten, welche Qualität, welchen Inhalt und welchen Umfang der Aufklärungsbeitrag aufweisen muss, um zu einer Sanktionsmilderung zu führen.[3002]

In der Begründung zu dieser Norm wird ebenfalls nicht genauer definiert, wann der Beitrag eines Verbands zur Aufklärung als wesentlich anzusehen ist. Es lässt sich lediglich eine Abgrenzung zu einem unwesentlichen Beitrag ableiten, der gegeben ist, wenn die Aufklärung des Sachverhalts bereits durch die Verfolgungsbehörden erfolgt ist. Es wird erläutert, dass betroffene Verbände keinen vorrangigen Anspruch auf die Durchführung einer internen Untersuchung haben, um dadurch eine Sanktionsmilderung erwirken zu können. Zudem besteht kein Anspruch darauf, die interne Untersuchung ohne eine gleichzeitige Ermittlung der Verfolgungsbehörden durchzuführen.[3003] Problematisch erscheinen dabei Sachverhalte, bei denen eine Wesentlichkeit nicht erreicht werden kann, da sich der Verband mit einer unlösbaren Aufgabe konfrontiert sieht. Dies kann dadurch ausgelöst werden, dass dem Arbeitnehmer als Täter nach § 17 Abs. 1 Nr. 5 lit. c VerSanG-E ein Auskunftsverweigerungsrecht zugesprochen wird, von dem er Gebrauch macht.[3004] Eine weitere nahezu unlösbare Aufgabe liegt in der Möglichkeit der hinreichenden Verheimlichung der Tat durch den Täter oder die den Aufklärungsmaßnahmen des Verbands zuvorgekommenen eigenen Ermittlungen der Strafverfolgungsbehörden, die über weitreichendere Kompetenzen wie Telekommunikationsüberwachungen verfügen.[3005] Die Drucksituation, dass die Strafverfolgungsbehörden schneller ermitteln, kann zu einer Konkurrenzsituation führen,[3006] wenngleich berücksichtigt werden sollte, dass die Verbände üblicherweise einen zeitlichen Vorsprung haben. Grund hierfür ist, dass sie in der Regel vor den Ermittlungsbehörden von dem Verstoß erfahren.

Eine Drucksituation kann sich indes ergeben, wenn mehrere Verbände betroffen sind und – ähnlich wie bei der kartellrechtlichen Kronzeugenrege-

---

3002 Lanzinner/Petrasch CCZ 2020, 109, 111, bezogen auf VerSanG-RefE; ähnlich auch: Schmitz WiJ 2019, 154, 157, bezogen auf VerSanG-RefE, wonach mit der Vorschrift dem Verband überlassen wird in welcher Form die Aufklärung des Sachverhalts durchgeführt wird.

3003 BMJV, VerSanG Regierungsentwurf 2020, S. 99.

3004 Siehe hierzu Kapitel 3 D. II. 2. b) ff) (3).

3005 Sartorius/Schmidt wistra 2020, 393, 395.

3006 Vgl. nur: Bielefeld CB 2019, 413, 414, bezogen auf VerSanG-RefE und befürchtet einen zeitlichen ‚Wettlauf'; ebenso: Ott/Lüneborg NZG 2019, 1361, 1365, bezogen auf VerSanG-RefE und benennen dies ‚Wettlauf'; Sartorius/Schmidt wistra 2020, 393, 395, nennen dies ‚Windhunderennen' und erachten den hervorgerufenen ‚Wettlauf' als nicht sinnvoll.

lung – nur der Verband eine Sanktionsmilderung erhält, der als erster kooperiert.[3007]

Die Klärung der Verbandsverantwortlichkeit umfasst die Überprüfung, ob die Leitungspersonen des betroffenen Verbands ihrer Pflicht zur Organisation und Kontrolle nachgekommen sind. Daneben ist zu ergründen, ob die Compliance des Verbands Mängel aufweist.[3008] Fraglich ist hierbei, welche Maßstäbe angesetzt werden, um zu prüfen, ob die Leitungspersonen diesen Pflichten ausreichend nachgekommen sind.

Eine Erläuterung dazu, was der Gesetzesentwurfsverfasser als wesentlich ansieht, wäre in einem zukünftigen Gesetz bzw. einer Neuauflage des Entwurfs somit wünschenswert.

cc) § 17 Abs. 1 Nr. 2 VerSanG-E

„(1) Das Gericht soll die Verbandssanktion mildern, wenn
2. der beauftragte Dritte oder die für den beauftragten Dritten bei den verbandsinternen Untersuchungen handelnden Personen nicht Verteidiger des Verbandes oder eines Beschuldigten, dessen Verbandstat dem Sanktionsverfahren zugrunde liegt, sind“[3009].

Mit § 17 Abs. 1 Nr. 2 VerSanG-E werden die Funktionen der verbandsinternen Untersuchung und der Verteidigung des Verbands voneinander abgegrenzt. Dieser Umstand wurde in Kapitel 2 nicht beleuchtet, da dies nach vorliegender Auffassung in der Praxis kein wesentliches Problem darstellt.

Mit dieser Regelung soll der Untersuchungsführer gegenüber der Unternehmensverteidigung eigenständig und unabhängig agieren können. Aus Sicht des BMJV bedarf es für die Aufarbeitung einer Straftat, die ggf. auch die involvierte Firmenleitung betrifft, eines unabhängigen Untersuchungsführers.[3010] Wenn diese Funktionen nicht getrennt sind, reduziert sich nach dem BMJV die Glaubwürdigkeit von Ergebnissen, die eine interne Untersuchung hervorgebracht hat. Dagegen kann diese Funktionstrennung zu einem Vertrauensvorschuss führen, den die Verfolgungsbehörden gewähren. Gleichzeitig stellt dies nach Ansicht des BMJV für den Verband den Beginn einer ernst gemeinten Selbstreinigung sowie eines nachhaltigen Kulturwandels dar.[3011]

Unter bestimmten Voraussetzungen darf nach der Regierungsentwurfsbegründung eine mit einer internen Untersuchung beauftragte Kanzlei auch

---

3007 Sartorius/Schmidt wistra 2020, 393, 395.
3008 Peukert Newsdienst Compliance 2020, 230002.
3009 BMJV, VerSanG Regierungsentwurf 2020, S. 14.
3010 BMJV, VerSanG Regierungsentwurf 2020, S. 99.
3011 BMJV, VerSanG Regierungsentwurf 2020, S. 99; Mansdörfer jm 2019, 123, 126.

die Verteidigung des Verbands oder des Beschuldigten übernehmen. Dabei ist jedoch der Begründung zufolge organisatorisch sicherzustellen, dass der Verteidiger weder an der Untersuchung mitgewirkt hat noch in sonstiger Weise an dieser beteiligt war oder auf die Erkenntnisse aus der internen Untersuchung unmittelbar zugreifen konnte.[3012] Trotz dieser vom BMJV damit bezweckten ‚Chinese Wall' ist eine solche Vertraulichkeit gemäß einem Autor in der Praxis großer Beratungsunternehmen nicht in jedem Fall gegeben. Hierbei gebe es *„viele Tore und Türen, mit denen Chinese Walls versehen sein können."*[3013]

Die eindeutige Voraussetzung einer Funktionstrennung nach § 17 Abs. 1 Nr. 2 VerSanG-E sowie gemäß der dazugehörigen Gesetzesentwurfsbegründung steht jedoch in einem Widerspruch zu der Gesetzesentwurfsbegründung zu § 16 VerSanG-E. Darin heißt es, dass eine Funktionstrennung erforderlich ist, ***„sobald** [Hervorhebung durch Verfasserin] sich dieser [hier: der Verband] mit einer konkreten Beschuldigung konfrontiert sieht."*[3014] Einerseits wird zu diesem Zeitpunkt noch kein behördliches Verfahren gegen den betroffenen Verband durchgeführt. Andererseits ist noch unklar, ob die zukünftige Sanktionierung wegen einer Verbandstat nach dem VerSanG-E oder aufgrund einer Ordnungswidrigkeit nach § 30 OWiG erfolgt. Daraus kann abgeleitet werden, dass ein Verteidiger bis zu diesem Zeitpunkt sowohl die interne Untersuchung durchführen als auch die Verteidigung des Verbands ausüben kann.[3015]

Es ist fraglich, in welcher Form ein Interessenkonflikt bei der gleichzeitigen Ausübung der beiden Funktionen vorliegt. Es ist Teilen der Literatur zuzustimmen, wonach die unternehmensinterne Untersuchung sowie die Verteidigung des Verbands in gleicher Weise dem Unternehmensinteresse dienen. Ein Interessenkonflikt kann in beiden Fällen vielmehr zwischen dem Interesse des Verbands an der Aufklärung oder Verteidigung und dem Interesse anderer Personen wie Verbandsmitarbeitern oder juristischen Personen bestehen. Dem Interesse des Verbands an einer Kooperation mit der Justiz kann demnach bspw. das Interesse einzelner Mitarbeiter widersprechen, keinen Beitrag zur Aufklärung leisten zu wollen.[3016] Daneben besteht auch praktisch eine enge Verbindung zwischen der Aufklärung und der Verteidigung. Eine sachgerechte Verteidigung des Verbands erfordert eine ausreichende Grundlage an Informationen, die über Untersuchungen erreicht werden kann. Gleichzeitig sollten die Untersuchungsergebnisse bei einer

3012 BMJV, VerSanG Regierungsentwurf 2020, S. 99.
3013 Köllner NZI 2020, 60, 63.
3014 BMJV, VerSanG Regierungsentwurf 2020, S. 98; siehe hierzu auch: Bielefeld CB 2020, 221, 223, der ‚sobald' ebenfalls hervorgehoben hat.
3015 Bielefeld CB 2020, 221, 223.
3016 Hugger ZHR 179 (2015), 214, 223.

sachgerechten Unternehmensverteidigung berücksichtigt werden. Daher bestehen grundsätzlich zahlreiche Argumente für eine enge Abstimmung von internen Untersuchungen und der Unternehmensverteidigung. Zudem kann eine Trennung der Tätigkeiten für den betroffenen Verband einen erheblichen finanziellen und zeitlichen Mehraufwand verursachen.[3017] Denn sowohl die Verteidiger als auch die internen Ermittler müssen u. a. Mitarbeiter befragen, um zunächst den Sachverhalt eruieren zu können. Dies führt zu Überschneidungen bei den durchgeführten Untersuchungshandlungen, was zu diffizilen Abgrenzungsfragen zwischen beschlagnahmefähigen und -freien Unterlagen führen kann.[3018]

Außerdem hat die Trennung dieser Aufgaben zur Folge, dass die verteidigenden Rechtsanwälte grundsätzlich unter Generalverdacht gestellt werden, in unlauterer Weise in die interne Untersuchung eingreifen zu können und Ergebnisse sowie Informationen zu fälschen oder zurückzuhalten.[3019] Das BVerfG hat den Beruf des Rechtsanwaltes im Jahr 1975 als einen *„staatlich gebundene[n] Vertrauensberuf"*[3020] bezeichnet und diesem eine amtsähnliche Stellung zugeordnet, woraus sich eine Verpflichtung zu Gerechtigkeit und Wahrheit ergibt,[3021] wenngleich das BVerfG in der Jones-Day-Entscheidung ein hohes Missbrauchspotenzial gesehen hat, wenn der Schutz vor einer Beschlagnahme ebenso auf alle Mandatsverhältnisse – unabhängig von einer Beschuldigtenstellung des Mandanten – Anwendung finden würde.[3022] Diese Ansicht wurde bereits an anderer Stelle kritisiert.[3023] Diese Ansicht sowie die nach dem VerSanG-E gesehene Gefährdung einer objektiven Aufklärung durch die Einbeziehung der Verteidigung in die interne Untersuchung wird zum Teil als anmaßend erachtet.[3024] Während der dargelegte Interessenkonflikt § 43a Abs. 4 BRAO widerspricht,[3025] wird einem Missbrauch durch die berufsrechtlichen Regelungen nach § 258 StGB bzw. § 356 StGB[3026] (Strafvereitelung bzw. Parteiverrat) vorgebeugt.[3027]

Der Gesetzesentwurfsverfasser schafft mit dieser Trennung die Möglichkeit, Arbeitsprodukte, die im Rahmen einer internen Untersuchung entstanden sind und nicht dem Vertrauensverhältnis zwischen Zeugnisverweigerungs-

---

3017 Hugger ZHR 179 (2015), 214, 224.
3018 Trüg NZWiSt 2022, 106, 112.
3019 Priewer/Ritzenhoff WiJ 2019, 166, 167.
3020 BVerfG NJW 1975, 103, 105.
3021 BVerfG NJW 1975, 103, 105.
3022 BVerfG NJW 2018, 2385, 2389 Rn. 91.
3023 Siehe Kapitel 2 D. II. 4. b).
3024 Sartorius/Schmidt wistra 2020, 393, 395.
3025 DAV NZG 2020, 298, 303, bezogen auf VerSanG-RefE; Sartorius/Schmidt wistra 2020, 393, 395.
3026 DAV NZG 2020, 298, 303, bezogen auf VerSanG-RefE.
3027 Sartorius/Schmidt wistra 2020, 393, 395.

berechtigten und Beschuldigten unterfallen, ungehindert zu beschlagnahmen.[3028] Damit dient der Abs. primär der Strafrechtspflege und fördert nicht ebenfalls die frühe Durchführung von internen Untersuchungen.

Ein Interessenkonflikt bei der Vertretung eines Mandanten und der gleichzeitigen Aufklärung im Rahmen einer internen Untersuchung wird in dem Regierungsentwurf[3029] sowie vereinzelt in der Literatur[3030] gesehen. Dagegen gibt es auch konträre Ansichten.[3031] Angesichts der vorgenannten Gründe sollte nach der hier vertretenen Auffassung von einer Funktionstrennung in einem zukünftigen Gesetz abgesehen werden.

dd) § 17 Abs. 1 Nr. 3 VerSanG-E

„(1) Das Gericht soll die Verbandssanktion mildern, wenn
3. der Verband oder der von ihm beauftragte Dritte ununterbrochen und uneingeschränkt mit den Verfolgungsbehörden zusammenarbeiten“[3032].

Eine ununterbrochene und uneingeschränkte Zusammenarbeit zwischen dem Verband bzw. dem beauftragten Dritten und den Verfolgungsbehörden wird in § 17 Abs. 1 Nr. 3 VerSanG-E verlangt. Fraglich ist jedoch, wie die Begrifflichkeiten ‚ununterbrochen‘ und ‚uneingeschränkt‘ zu deuten sind und wie sie praktisch ausgestaltet sein sollen.

Die genannten Begrifflichkeiten könnten als Pflicht zu einem bedingungslosen kooperativen Verhalten des Verbands gegenüber Gerichten und Strafverfolgungsbehörden verstanden werden. Dabei würde jedoch stetig das Risiko und die Sorge des Verbands bestehen, dass die Strafverfolgungsbehörden die Zusammenarbeit des Verbands als eingeschränkt und unterbrochen ansehen. Um diesen Anschein zu vermeiden, ergibt sich für die Verbände die Konsequenz, von Beginn an alles zu tun, was die Strafverfolgungsbehörden von ihnen verlangen.[3033] Für interne Untersuchungen könnte dies zukünftig bedeuten, dass sie sowohl intensiver als auch umfangreicher durchgeführt werden. Jedoch könnte genau das auch das Ziel des Gesetzestextverfassers

---

3028 Vgl. nur: Ott/Lüneborg NZG 2019, 1361, 1368, bezogen auf VerSanG-RefE; Nienaber/Schauenburg/Wenglarczyk NZWiSt 2020, 223, 228; Sartorius/Schmidt wistra 2020, 393, 396.

3029 Vgl. BMJV, VerSanG Regierungsentwurf 2020, S. 99.

3030 Park/Eggers in: MAH WirtschaftsstrafR, § 11 Rn. 186, wonach sie dringend eine personelle Trennung der internen Untersuchung und der Unternehmensverteidigung empfehlen.

3031 DAV NZG 2020, 298, 303, bezogen auf VerSanG-RefE, wonach die potenziellen Konflikte bei verbandinternen Untersuchungen und der Strafverteidigung konstruiert werden; Sartorius/Schmidt wistra 2020, 393, 395, wonach der herbeiargumentierte Interessenkonflikt nicht existiert.

3032 BMJV, VerSanG Regierungsentwurf 2020, S. 14.

3033 Lanzinner/Petrasch CCZ 2020, 109, 111, bezogen auf VerSanG-RefE.

bei dieser Regelung gewesen sein.[3034] Für externe Ermittler wie Rechtsanwälte oder Wirtschaftsprüfer, die interne Untersuchungen durchführen, ist die Regelung monetär vorteilhaft und auch die Strafverfolgungsbehörden könnten künftig auf Kosten der Verbände für sie relevantes Material ermitteln lassen.[3035] Zusätzlich könnten die Strafverfolgungsbehörden die internen Untersuchungen mithilfe gezielter Nachfragen beeinflussen, wenn bspw. wesentliche Untersuchungsschritte und -ergebnisse sowie deren Zurverfügungstellung mit den Strafverfolgungsbehörden abgesprochen werden.[3036] Basierend auf den Ausführungen zur Zurechnung, könnte damit das wesentliche Maß an Intensität überschritten werden, sodass das private Handeln den Strafverfolgungsbehörden zuzurechnen wäre.[3037]

Durch umfangreichere Untersuchungen steigt zudem die Wahrscheinlichkeit, dass mehr Verstöße offenbart werden, die es durch den Verband aufzuklären gilt. Je intensiver und umfangreicher Verbände ermitteln, desto eher könnten somit der Sanktionsbemessungsrahmen und die potenzielle Sanktion für den Verband erhöht werden. Ausgehend von diesem Umstand wird von Autoren das Risiko gesehen, dass Verbände nur noch eingeschränkt oder gar nicht mehr ermitteln und nicht mit den Strafverfolgungsbehörden kooperieren.[3038] Der Gedanke ist nachvollziehbar, allerdings wird dadurch die Möglichkeit auf eine Sanktionsmilderung gemindert. Mit dieser Entscheidung kann sich die Geschäftsleitung des Verbands einem Risiko aussetzen.[3039]

In diesem Zusammenhang ist jedoch unklar, ob auch Zufallsfunde aus einer internen Untersuchung zu anderen Verbandstaten ebenfalls gegenüber den Strafverfolgungsbehörden offengelegt werden müssen.[3040]

Die Entscheidung, wie eine Kooperation zwischen Verbänden und Behörden ausgestaltet ist, liegt zudem im Ermessen der Behörden. Aufgrund mangelnder Vorgaben im Gesetzesentwurf können sich bei der Frage, wie das Ermessen ausgeübt wird, territoriale Unterschiede zwischen den Staatsanwaltschaften ergeben. Um ein einheitliches Vorgehen gewährleisten zu können, wird von Einzelnen der Literatur der Bedarf einer Vorgabe gesehen, die den Rahmen der Kooperation definiert.[3041] Den Verzicht auf detaillierte Vorgaben begründet das BMJV mit der Vielfältigkeit der Sachverhalte, die interne

3034 Schmitz WiJ 2019, 154, 158, bezogen auf VerSanG-RefE; Lanzinner/Petrasch CCZ 2020, 109, 111 f., bezogen auf VerSanG-RefE.
3035 Lanzinner/Petrasch CCZ 2020, 109, 112, bezogen auf VerSanG-RefE.
3036 Sartorius/Schmidt wistra 2020, 393, 397.
3037 Siehe Kapitel 2 B. III. 7. b) dd).
3038 Lanzinner/Petrasch CCZ 2020, 109, 112, bezogen auf VerSanG-RefE.
3039 Siehe Kapitel 3 D. II. 2.
3040 Behr/Guttenberger DB 2020, 1218, 1223.
3041 Rotsch/Mutschler/Grobe CCZ 2020, 169, 179.

Untersuchungen auslösen können, sowie mit den vielgestaltigen verbandsinternen Untersuchungen an sich. Aus der Gesetzesentwurfsbegründung geht jedoch zumindest im Ansatz hervor, was von den ermittelnden Verbänden erwartet wird. Dazu gehört, dass die Verbände die von den Verfolgungsbehörden gestellten Fragen zu beantworten haben. Daneben müssen die Verbände Zwischenberichte über die Untersuchung erstellen und an die Verfolgungsbehörden übermitteln.[3042] Die ohne Zwang übermittelten Dokumente könnten jedoch für den Verband zu Folgeproblemen im Zusammenhang mit datenschutz- und haftungsrechtlichen Vorgaben führen, gegen die dabei verstoßen werden kann. Auch kann das verbandseigene Interesse an der Geheimhaltung von Geschäftsgeheimnissen konterkariert werden.[3043] Bei einer Zurückhaltung von Informationen über die Untersuchung sowie über deren Ablauf werden die Voraussetzungen zur Sanktionsmilderung gegenüber den Verfolgungsbehörden gemäß der Begründung zum Regierungsentwurf nicht erfüllt.[3044] Für ermittelnde Verbände wird daher empfohlen, eine lückenlose Dokumentation des Austauschs mit den Strafverfolgungsbehörden anzufertigen, damit vor Gericht eine umfassende Kooperation nachgewiesen werden kann.[3045]

Dass durch den Verband oder den Dritten eine Pflicht zur Anzeige oder zur sofortigen Mitteilung der Untersuchungsergebnisse besteht, wird nicht durch § 17 Abs. 1 Nr. 3 VerSanG-E begründet. Allerdings wird der Zeitpunkt, zu dem sich der Verband offenbart, bei der Festlegung des Umfangs der Sanktionsmilderung berücksichtigt. Entscheidet sich ein Verband für die Zusammenarbeit mit einer Strafverfolgungsbehörde, muss dieser dem BMJV zufolge umfassend mit der Behörde kooperieren. Geht der Impuls für eine Zusammenarbeit jedoch nicht von dem Verband, sondern von der Verfolgungsbehörde im Zuge ihrer Ermittlungen aus, kann nach der Regierungsentwurfsbegründung nur durch eine unverzügliche Kooperation des Verbands eine Sanktionsmilderung erlangt werden. Demnach ist eine Voraussetzung für eine unverzügliche Kooperation, dass die Entscheidung des Verbands für eine Kooperation mit den Verfolgungsbehörden innerhalb einer kurzen Frist vorgenommen wird.[3046]

Unklar bleibt darüber hinaus der Widerspruch zwischen dem Gebot der ununterbrochenen und uneingeschränkten Kooperation einerseits und dem Aussageverweigerungsrecht des gesetzlichen Vertreters des Beschuldigten

3042 BMJV, VerSanG Regierungsentwurf 2020, S. 99 f.

3043 Siehe Kapitel 2 D. I.

3044 BMJV, VerSanG Regierungsentwurf 2020, S. 99.

3045 Bielefeld CB 2019, 413, 415, bezogen auf VerSanG-RefE; Ott/Lüneborg NZG 2019, 1361, 1366, bezogen auf VerSanG-RefE.

3046 BMJV, VerSanG Regierungsentwurf 2020, S. 100.

nach § 27 i. V. m. § 33 Abs. 1 VerSanG-E andererseits.[3047] Durch das Handeln für einen beschuldigten Verband werden die gesetzlichen Vertreter zwar nicht selbst als Beschuldigte angesehen, allerdings können sie für den Verband die Beschuldigtenrechte wahrnehmen und ausüben.[3048] Soll der Verband bspw. vernommen werden, vertreten die gesetzlichen Vertreter den Verband bei der Aussage nach § 28 Abs. 1 VerSanG-E.[3049] Das gilt jedoch nicht, wenn der gesetzliche Vertreter nach § 28 Abs. 2 VerSanG-E in dem gegenwärtigen oder einem anderen Verfahren einer Verbandstat beschuldigt wird.[3050] Fraglich ist in diesem Zusammenhang zudem, inwieweit das Aussageverweigerungsrecht bei einer Kooperation zwischen dem beschuldigten Verband und den Strafverfolgungsbehörden ausgeübt werden kann. Das Gebot einer ununterbrochenen und uneingeschränkten Kooperation könnte auch Ermittlungsergebnisse umfassen, die eine strafrechtliche Belastung der Geschäftsleitung, sonstiger Leitungspersonen und damit ggf. der gesetzlichen Vertreter betreffen.[3051] Folglich könnte aus einer Zurückhaltung angeforderter Auskünfte und Informationen eine eingeschränkte Kooperation resultieren.[3052] Diese Konfliktlage wird der Verband mithin hinnehmen müssen, wenn er mit den Strafverfolgungsbehörden eine Kooperation eingehen möchte oder muss. Fraglich ist darüber hinaus, ob ein gesetzlicher Vertreter zur Kooperation mit den Behörden verpflichtet ist, wenn er sich oder einen seiner Angehörigen einer bereits endeckten oder unentdeckten Straftat bezichtigen müsste. Ist der gesetzliche Vertreter selbst Beschuldigter, ist er zwar nach § 28 Abs. 2 VerSanG-E von der Vertretung des Verbands ausgeschlossen. Dieser Umstand könnte sich allerdings erst aus der Kooperation mit den Behörden ergeben. Die Situation könnte gemäß einzelnen Autoren nachvollziehbar zukünftig in folgender Weise aufgelöst werden: Der Verband muss sich die Handlungen eines gesetzlichen Vertreters, der bei Kenntnis des Sachverhalts nach § 28 Abs. 2 VerSanG-E als gesetzlicher Vertreter ausgeschlossen worden wäre, nicht als mangelnde Kooperation zurechnen lassen. Dies gilt für den Fall, dass er Informationen zu seinem eigenen Schutz oder zum Schutz seiner Angehörigen zurückhält.[3053]

Wenngleich die Norm zu Lasten des Verbands formuliert ist,[3054] kann die verlangte Zusammenarbeit nicht einseitig sein. Das bedeutet, dass auch die

---

3047 Vgl. nur: BR-Drs. 440/20, S. 16; Lanzinner/Petrasch CCZ 2020, 109, 111, bezogen auf VerSanG-RefE; Behr/Guttenberger DB 2020, 1218, 1223.

3048 BMJV, VerSanG Regierungsentwurf 2020, S. 111, 113.

3049 BMJV, VerSanG Regierungsentwurf 2020, S. 113.

3050 BMJV, VerSanG Regierungsentwurf 2020, S. 111.

3051 Dahingehend auch: Ott/Lüneborg NZG 2019, 1361, 1366 und Lanzinner/Petrasch CCZ 2020, 109, 112, beide bezogen auf VerSanG-RefE.

3052 Vgl. Ott/Lüneborg NZG 2019, 1361, 1366, bezogen auf VerSanG-RefE.

3053 Szesny/Stelten ZRP 2020, 130, 133.

3054 Rotsch/Mutschler/Grobe CCZ 2020, 169, 179.

Verfolgungsbehörden einen personellen und damit einen finanziellen Mehraufwand zu erwarten haben.[3055] Der Beitrag des Verbands und der Beitrag der Strafverfolgungsbehörden sollten indes ausgeglichen sein.[3056]

Werden die Begrifflichkeiten ‚ununterbrochen' und ‚uneingeschränkt' in einem zukünftigen Gesetz beibehalten, sollte in der Gesetzesentwurfsbegründung beispielhaft beschrieben werden, was der Rechtsanwender darunter zu verstehen hat. Zudem sollten die mit der Norm aufgekommenen Rechtsfragen Berücksichtigung finden.

ee) § 17 Abs. 1 Nr. 4 VerSanG-E

„*(1) Das Gericht soll die Verbandssanktion mildern, wenn*
4. der Verband oder der von ihm beauftragte Dritte den Verfolgungsbehörden nach Abschluss der verbandsinternen Untersuchung das Ergebnis der verbandsinternen Untersuchung einschließlich aller für die verbandsinterne Untersuchung wesentlichen Dokumente, auf denen dieses Ergebnis beruht, sowie des Abschlussberichts zur Verfügung stellen"[3057].

Das Resultat der internen Untersuchung sowie alle relevanten Unterlagen, die die Basis des Ergebnisses darstellen, sind dem Regierungsentwurfswortlaut zufolge den Verfolgungsbehörden spätestens nach Beendigung der Untersuchung zur Verfügung zu stellen.

Hierbei sind nach dem Gesetzesentwurfsverfasser nicht nur belastende Dokumente über einzelne Mitarbeiter zu übermitteln, sondern ebenso entlastende Dokumente. Auf Basis der Dokumentenlage sollen die Verfolgungsbehörden demnach die Ergebnisse der Untersuchung umfassend überprüfen können. Dementsprechend wird es vom BMJV als unzulässig angesehen, wenn den Verfolgungsbehörden Dokumente vorenthalten werden. Die in § 17 Abs. 1 Nr. 2 VerSanG-E geforderte Kooperation des Verbands gilt auch nach der Übermittlung der Dokumente und Ergebnisse. Bei Nachfragen der Verfolgungsbehörden oder dem Nachfordern zusätzlicher Dokumente hat der Verband zu kooperieren.[3058] Auch hier bestehen Risiken, die sich durch eine Übergabe von Unterlagen ohne Ausübung von Zwang ergeben.[3059]

Um die Problematik der freiwilligen Herausgabe und der damit verbundenen negativen Konsequenzen aufzulösen, kann der Vorschlag zweier Auto-

---

3055 BR-Drs. 440/20, S. 150, 152, 155, wonach bei den Staatsanwaltschaften durch den erwarteten Anstieg der Verfahren um bis zu 50 % bis zu 250 Staatsanwältinnen und Staatsanwälte zusätzlich benötigt werden.
3056 Rotsch/Mutschler/Grobe CCZ 2020, 169, 179.
3057 BMJV, VerSanG Regierungsentwurf 2020, S. 14.
3058 BMJV, VerSanG Regierungsentwurf 2020, S. 100.
3059 Siehe Kapitel 2 D. I.

ren[3060] herangezogen werden, die eine abgestimmte Beschlagnahme nach § 98 StPO zwischen dem Verband und der Staatsanwaltschaft vorsehen. Da durch die Beschlagnahme die ‚freiwillige' Mitwirkung in Frage gestellt werden kann, sollte das jedoch nicht dazu führen, dass die Kooperation des Verbands bei einer Beschlagnahme in Verbindung mit §§ 16 ff. VerSanG-E angezweifelt wird. Eine Lösung über ein Herausgabeersuchen wird aufgrund des fehlenden Zwangs gegenüber dem Beschuldigten (analog zu § 95 Abs. 2 StPO) als nicht wirkungsvoll angesehen. Neben der Herausforderung, dass der Verband durch die freiwillige Übergabe von Dokumenten Rechte verletzen könnte, besteht das Risiko, dass Dritte, die zur Akteneinsicht berechtigt sind, Einblicke in sensible Informationen erhalten können. In der Literatur wird hierfür vorgeschlagen, die Informationen entsprechend zu kennzeichnen und die Staatsanwaltschaft um die Anlage von Sonderbänden zu bitten, um das Geheimhaltungsinteresse des Verbands gegenüber Dritten zu wahren.[3061]

Neben diesem Dilemma, mit dem sich die Verbände im Zusammenhang mit der Übergabe von Unterlagen konfrontiert sehen können, besteht eine weitere Unsicherheit darin, dass die Beurteilung der Wesentlichkeit der Dokumente abermals im Ermessen der Strafverfolgungsbehörden liegt.[3062] So ist anzunehmen, dass die Behörden die Unterlagen einer intensiven Plausibilisierung unterziehen werden. Die Beurteilung der Wesentlichkeit kann mit der Einschätzung einhergehen, ob die vorgelegten Unterlagen vollständig erscheinen und die angewendete Durchführungsmethodik überzeugt. Hierbei ist zumindest zu erwarten, dass die Unterlagen nach einem positiven Plausibilisierungsergebnis die Basis für die eigenen Ermittlungen darstellen werden. Somit werden sich ermittelnde Verbände zukünftig selbst be- bzw. entlasten.[3063] Dies lässt den Anschein einer Privatisierung staatlicher Aufgaben aufkommen.

Hiervon distanziert sich das BMJV allerdings ausdrücklich und stellt klar, dass es durch die bei der Staatsanwaltschaft verbleibende Verantwortung des Sanktionsverfahrens zu keiner Privatisierung der Strafverfolgung kommt. Vielmehr sieht es die verbandsinternen Untersuchungen als Unterstützung der Staatsanwaltschaft an.[3064] Vorliegend besteht ein schmaler Grat zwischen Privatisierung und Überstützung, wenngleich die tatsächliche Ausgestaltung von dem Vorgehen der Staatsanwaltschaften abhängig sein wird.

3060 Szesny/Stelten ZRP 2020, 130, 132.
3061 Szesny/Stelten ZRP 2020, 130, 132.
3062 Rotsch/Mutschler/Grobe CCZ 2020, 169, 180.
3063 Ott/Lüneborg NZG 2019, 1361, 1367, bezogen auf VerSanG-RefE.
3064 BMJV, Fragen und Antworten zum Gesetzentwurf zur Stärkung der Integrität in der Wirtschaft, S. 13.

Bei dieser Regelung positiv hervorzuheben ist jedoch, dass mit der Regelung zur Vorlage der Unterlagen deutlich wird, unter welchen Bedingungen sich eine Kooperation zwischen den Verbänden und den Verfolgungsbehörden lohnt.[3065]

Die Notwendigkeit zur Übergabe der wesentlichen Dokumente, Ergebnisse und Berichte erscheint nachvollziehbar. Wenn jedoch gleichzeitig für die Strafverfolgungsbehörden die Möglichkeit besteht, alle Unterlagen zu beschlagnahmen, ist fraglich, inwieweit eine Anreizwirkung durch § 17 Abs. 1 Nr. 4 VerSanG-E ausgelöst werden kann. Insbesondere die Problematik der freiwilligen Übergabe bzw. bei grenzüberschreitenden Sachverhalten die potenziellen Zugriffsmöglichkeiten ausländischer Behörden sowie die Einsicht von Rechtsanwälten und Betroffenen in die Ermittlungsakte, die mithin auch Geschäftsgeheimnisse beinhalten kann, sollten bei einer zukünftigen Regelung berücksichtigt werden.

ff) § 17 Abs. 1 Nr. 5 VerSanG-E

„(1) Das Gericht soll die Verbandssanktion mildern, wenn
5. die Befragungen in der verbandsinternen Untersuchung unter Beachtung der Grundsätze eines fairen Verfahrens durchgeführt werden, insbesondere […]“[3066].

Die interne Untersuchung ist nach § 17 Abs. 1 Nr. 5 VerSanG-E unter Berücksichtigung der Grundsätze eines fairen Verfahrens durchzuführen. Dazu zählt insbesondere die Belehrung der zu befragenden Mitarbeiter, dass ihre in der Befragung getätigten Auskünfte in einem zukünftigen Strafverfahren gegen sie verwendet werden können (lit. a) und dass der zu befragende Mitarbeiter einen Anwalt oder ein Betriebsratsmitglied als Beistand zur Befragung hinzuziehen darf (lit. b). Besteht durch die Antworten des befragten Mitarbeiters die Gefahr, dass er selbst oder ein Angehöriger nach § 52 Abs. 1 StPO wegen einer Straftat oder einer Ordnungswidrigkeit verfolgt wird, hat der Mitarbeiter das Recht, die Auskunft zu verweigern. Hierauf ist der Mitarbeiter ebenfalls vor der Befragung hinzuweisen (lit. c).[3067]

Aus der Begrifflichkeit ‚insbesondere‘ lässt sich ableiten, dass die Erfüllung der lit. a–c notwendig, aber nicht abschließend ist.[3068] Denn trotz der Erfüllung dieser Voraussetzungen kann das Verfahren als nicht fair bewertet

3065 Ott/Lüneborg NZG 2019, 1361, 1367, bezogen auf VerSanG-RefE.
3066 BMJV, VerSanG Regierungsentwurf 2020, S. 14.
3067 BMJV, VerSanG Regierungsentwurf 2020, S. 14.
3068 Vgl. auch Lanzinner/Petrasch CCZ 2020, 109, 112, bezogen auf VerSanG-RefE, die diese als nicht hinreichend ansehen; Sartorius/Schmidt wistra 2020, 393, 398.

werden.[3069] Dies ist bspw. anzunehmen, wenn im Verfahren andere Mängel festgestellt werden.[3070] Dazu kann die Ausübung von Vernehmungsmethoden führen, die nach § 136a Abs. 1 S. 1 StPO verboten sind. Hierzu zählen Täuschungen oder die Ausübung von Zwang durch das Ermittlerteam oder das Stellen von Suggestivfragen sowie das Ermüden oder Überrumpeln von Mitarbeitern.[3071] Der Beweiswert von Zeugenaussagen, die auf solche Weise erlangt werden, kann erheblich gemindert sein. Aus diesem Grund kann aus Sicht des BMJV eine sog. vertypte Sanktionsmilderung durch die Verbände nur erlangt werden, wenn bei Mitarbeiterbefragungen die Standards berücksichtigt werden, die ebenso für rechtsstaatliche Institutionen gelten. Das Rechtsstaatsprinzip[3072] ist zwischen Privaten – und somit im Verhältnis von Arbeitnehmern und Arbeitgebern – auch aus Sicht des BMJV allerdings nicht unmittelbar anwendbar. Daher wurde sich in der Formulierung des § 17 VerSanG-E an dem Fair-Trial-Grundsatz orientiert.[3073]

Zu betonen ist, dass den Mitarbeitern ihre Rechte nicht durch Gesetz, sondern gemäß den Formulierungen in lit. b sowie lit. c durch den Verband gewährt werden sollen, sofern der Verband eine Sanktionsmilderung nach § 18 VerSanG-E anstrebt.[3074] Dies widerspricht jedoch dem Umstand, dass es sich in § 17 Abs. 1 Nr. 5 VerSanG-E um Grundsätze eines fairen Verfahrens handeln soll.[3075] Hierin liegt ein Widerspruch zum Auskunftsverweigerungsrecht. Denn ein solches Recht ist für den Verfasser des Regierungsentwurfs unverzichtbar. Das müsste zur Folge haben, dass das Auskunftsverweigerungsrecht gegenüber dem Arbeitgeber im Arbeitsrecht besteht. Dies steht jedoch der Formulierung entgegen, dass das Recht ‚einzuräumen' ist, denn mit der Gültigkeit des Rechts im Arbeitsrecht würde dem Arbeitgeber kein Entscheidungsspielraum mehr zustehen. Stattdessen wäre der Arbeitgeber verpflichtet, den Arbeitnehmer auf sein Recht hinzuweisen. Somit wird durch die Regelung in lit. c keine Klarheit im Hinblick auf ein arbeitsrechtliches Auskunftsverweigerungsrecht geschaffen.[3076] Problematisch ist zudem, dass aufgrund des Abhängigkeitsverhältnisses zwischen dem Arbeitnehmer

---

3069 Schmitz WiJ 2019, 154, 157, bezogen auf den VerSanG-RefE, wonach Raum bleibt, um die Bemühungen des Unternehmens trotz Einhaltung der Regelungen als unfair zu bewerten; Lanzinner/Petrasch CCZ 2020, 109, 112, bezogen auf VerSanG-RefE.

3070 Lanzinner/Petrasch CCZ 2020, 109, 112, bezogen auf VerSanG-RefE.

3071 Siehe Kapitel 2 B. III. 2. b) hh); im Ergebnis so auch: Lanzinner/Petrasch CCZ 2020, 109, 112 Fn. 33, bezogen auf VerSanG-RefE.

3072 Siehe hierzu auch Kapitel 2 B. III. 5. b) cc) (3).

3073 BMJV, VerSanG Regierungsentwurf 2020, S. 100.

3074 Lanzinner/Petrasch CCZ 2020, 109, 112 f., Fn. 34, bezogen auf VerSanG-RefE.

3075 Siehe hierzu auch Kapitel 3 D. II. 2. b) ff); Henssler/Hoven/Kubiciel/Weigend in: Kubiciel, Neues Unternehmenssanktionenrecht ante portas, S. 153, 164.

3076 Henssler/Hoven/Kubiciel/Weigend in: Kubiciel, Neues Unternehmenssanktionenrecht ante portas, S. 153, 164.

und dem Arbeitgeber der Eindruck einer Drucksituation entstehen kann,[3077] was objektiv dem Grundsatz eines fairen Verfahrens entgegenstehen und zur Nichterfüllung der Vorschrift führen kann.

Die Pflichten nach § 17 Abs. 1 Nr. 5 VerSanG-E betreffen zudem alle Befragungen, unabhängig vom Status des befragten Mitarbeiters, da der Begriff der ‚Befragung' nicht definiert wurde. Damit muss auch bei informatorischen Befragungen wie bei Fragen zu Geschäftsprozessen belehrt werden – ungeachtet der Tatsache, dass selbst bei informatorischen Befragungen der Polizei keine Belehrungspflicht gilt. Dies führt zu strengeren Voraussetzungen im privatrechtlichen Bereich.[3078] Die Belehrung im Rahmen eines Gesprächs, das lediglich der Informationsgewinnung dient, würde durch die Regelung zudem nicht nur formalisiert und verkompliziert werden, sondern könnte darüber hinaus zu einer Verunsicherung der Mitarbeiter führen.[3079] Zur Lösung der Problematik könnten die Befragungen von beschuldigten Arbeitnehmern und denen, die als Zeugen bspw. Informationen zu Prozessen geben können, getrennt werden. Hierzu bedarf es einer Klarstellung in einem zukünftigen Gesetz.

Die Verlagerung einer Belehrungspflicht und eines Aussageverweigerungsrechts aus dem Verhältnis zwischen Staat und Beschuldigten in das private Verhältnis zwischen Arbeitgeber und Arbeitnehmer wird von einzelnen Autoren der Literatur als „*eklatant[...] und fragwürdig[...]*"[3080] angesehen.[3081] Das BMJV sieht darin vielmehr ein Risiko und ein potenzielles Ermittlungshemmnis für staatliche Behörden, da die Befragungen nicht von Mitarbeitern der Strafverfolgungsbehörden durchgeführt werden. Ein Grund wird darin gesehen, dass die zuerst getätigte Aussage in der Regel als die glaubhafteste gilt.[3082] Auch die empfundene Peinlichkeit darüber, dass eine Lüge aufgedeckt wurde, sei eine starke Motivation für die aussagende Person, auf der falschen Aussage zu beharren,[3083] auch wenn der Adressat der Auskunft von einem Verband zu einer staatlichen Behörde wechselt. Zur Lösung des Problems bieten sich indes qualifizierte Belehrungen[3084] an.

Für ein zukünftiges Gesetz wäre es wünschenswert, abschließend und ohne den Begriff ‚insbesondere' aufzuzählen, was von den Rechtsanwendern er-

---

3077 Rotsch/Mutschler/Grobe CCZ 2020, 169, 180.
3078 Teicke CCZ 2019, 298, 303, bezogen auf VerSanG-RefE.
3079 Sartorius/Schmidt wistra 2020, 393, 397.
3080 Rotsch/Mutschler/Grobe CCZ 2020, 169, 180.
3081 Rotsch/Mutschler/Grobe CCZ 2020, 169, 180.
3082 BMJV, VerSanG Regierungsentwurf 2020, S. 100; Häcker in: Bender/Häcker/Schwarz, Tatsachenfeststellung vor Gericht, Rn. 396.
3083 BMJV, VerSanG Regierungsentwurf 2020, S. 100; Häcker in: Bender/Häcker/Schwarz, Tatsachenfeststellung vor Gericht, Rn. 313.
3084 Siehe Kapitel 2 C. I. 3. c).

wartet wird. Indes darf die Nichterfüllung zusätzlicher, im Gesetz nicht näher definierter Grundsätze nicht dazu führen, dass eine Sanktionsmilderung gänzlich ausgeschlossen werden kann. Darüber hinaus sollte das Verhältnis zwischen dem Grundsatz eines fairen Verfahrens und den Rechten des Arbeitnehmers klargestellt werden. Zudem ist es vorzugswürdig, bei den Anforderungen an die Befragung zwischen Beschuldigten und Zeugen zu unterscheiden.[3085]

(1) § 17 Abs. 1 Nr. 5 lit. a VerSanG-E

„(1) Das Gericht soll die Verbandssanktion mildern, wenn
5. die Befragungen in der verbandsinternen Untersuchung unter Beachtung der Grundsätze eines fairen Verfahrens durchgeführt werden, insbesondere
a) Befragte vor ihrer Befragung darauf hingewiesen werden, dass ihre Auskünfte in einem Strafverfahren gegen sie verwendet werden können“[3086].

Nach § 17 Abs. 1 Nr. 5 lit. a VerSanG-E sollen Personen vor ihrer Befragung darauf hingewiesen werden, dass ihre Auskünfte in einem Strafverfahren gegen sie verwendet werden können. Mit dieser Regelung sowie mit § 17 Abs. 1 Nr. 5 lit. c VerSanG-E kann dem Auskunftsdilemma eines sich selbst belastenden Mitarbeiters entgegengewirkt werden.[3087]

Im Vergleich zu § 136 Abs. 1 S. 2 StPO, in dem geregelt ist, dass der Beschuldigte bei einer Vernehmung ‚darauf hinzuweisen ist', geht diese Pflicht aus dem Wortlaut des § 17 Abs. 1 Nr. 5 lit. a–c VerSanG-E – *„hingewiesen werden*“[3088] – nicht eindeutig hervor. Vielmehr kann darunter verstanden werden, dass eine solche Belehrung durch den Gesetzgeber nicht verpflichtend angeordnet wird, wenngleich die Belehrung eine der Voraussetzungen für ein faires Verfahren ist.[3089] Daraus würde sich für die Verbände keine zwingende rechtliche Pflicht ergeben, sondern lediglich ein Anreiz auf Strafmilderung nach § 18 VerSanG-E bei Einhaltung der Regelungen.[3090] Fraglich ist deshalb, ob diese Formulierung zu einer Rechtssicherheit beitragen kann.

Aus der Gesetzesentwurfsbegründung geht dagegen klar hervor, was mit der Regelung eigentlich zum Ausdruck gebracht werden sollte: Die Befragten ‚müssen' vor ihrer Befragung auf eine mögliche Verwendung ihrer Auskünfte in einem Strafverfahren hingewiesen werden. Es soll für die Befragten

3085 Siehe hierzu die Regelungen im eigenen Regelungsentwurf, Kapitel 4 C. und D.
3086 BMJV, VerSanG Regierungsentwurf 2020, S. 14.
3087 Siehe hierzu Kapitel 2 B. III. 4. a).
3088 BMJV, VerSanG Regierungsentwurf 2020, S. 14.
3089 Lanzinner/Petrasch CCZ 2020, 109, 112 f., Fn. 34, bezogen auf VerSanG-RefE.
3090 Lanzinner/Petrasch CCZ 2020, 109, 113, bezogen auf VerSanG-RefE.

nicht der Eindruck entstehen, dass die Befragung ein vertrauliches Gespräch ist.[3091]

In einem zukünftigen Gesetz, in dem diese Regelung für die Verbände verpflichtend wäre, sollte diese Belehrungspflicht eindeutig aus dem Wortlaut hervorgehen. So könnte die Vorschrift bspw. wie folgt konkretisiert werden: ‚Das Gericht soll die Verbandssanktion mildern, wenn […] eine Belehrung der Befragten vor ihrer Befragung stattfand, dass ihre Auskünfte in einem Strafverfahren gegen sie verwendet werden können.‘

(2) § 17 Abs. 1 Nr. 5 lit. b VerSanG-E

„(1) Das Gericht soll die Verbandssanktion mildern, wenn
5. die Befragungen in der verbandsinternen Untersuchung unter Beachtung der Grundsätze eines fairen Verfahrens durchgeführt werden, insbesondere
b) Befragten das Recht eingeräumt wird, einen anwaltlichen Beistand oder ein Mitglied des Betriebsrats zu Befragungen hinzuzuziehen, und die Befragten auf dieses Recht vor der Befragung hingewiesen werden“[3092].

In § 17 Abs. 1 Nr. 5 lit. b VerSanG-E ist ein Recht vorgesehen, das den Befragten von den Verbänden eingeräumt werden kann. Es bezieht sich auf die Hinzuziehung eines anwaltlichen Beistands oder eines Betriebsratsmitglieds zu der Befragung, worauf der Befragte vor der Befragung hinzuweisen ist. Ein solches Recht steht den Mitarbeitern bisher nicht zu bzw. wird nur in Teilen zur Herstellung einer Waffengleichheit gewährt.[3093] Daher ist eine Belehrung konsequent und notwendig, wenn den Mitarbeitern ein solches Recht eingeräumt werden soll.

Aus der Formulierung ‚eingeräumt‘ geht hervor, dass den Befragten das Recht zur Hinzuziehung eines Beistands nicht von Gesetzes wegen zugesprochen werden soll.[3094] Stattdessen liegt es im Ermessen des Verbands, die befragten Mitarbeiter dahingehend zu belehren, wenn er eine Milderung der Verbandssanktion durch das Gericht anstrebt. Durch das Anreizmodell werden die Verbände zur Einräumung dieser Rechte motiviert.

Mit der Möglichkeit, einen Betriebsrat hinzuzuziehen, wird durch das VerSanG-E eine Option geschaffen – sofern diese vom Verband eingeräumt wird –, die den Mitarbeitern nach dem derzeitigen Recht nicht zusteht.[3095] Wird die Vorschrift in der Form verstanden, dass dem Arbeitnehmer die Wahl zwischen einem Rechtsanwalt oder Betriebsratsmitglied bleibt, obliegt

3091 BMJV, VerSanG Regierungsentwurf 2020, S. 100.
3092 BMJV, VerSanG Regierungsentwurf 2020, S. 14.
3093 Siehe hierzu Kapitel 2 B. III. 2. ff).
3094 Lanzinner/Petrasch CCZ 2020, 109, 113, bezogen auf VerSanG-RefE.
3095 Siehe hierzu Kapitel 2 B. III. 2. ff) (3).

es dem Arbeitnehmer, frei darüber zu entscheiden, welcher Beistand ihn am besten unterstützen kann. Zu den Vor- und Nachteilen der Hinzuziehung eines Beistands wird an dieser Stelle auf die Ausführungen in Kapitel 2 verwiesen.[3096]

Dieser Regelung wird dem Grunde nach zugestimmt. Mitarbeiterbefragungen im Rahmen von internen Untersuchungen stellen für die Mitarbeiter eine Ausnahmesituation dar, die durch die Hinzuziehung eines (rechtlichen) Beistands entspannt werden kann. Denkbar wäre hierbei eine Unterscheidung zwischen Mitarbeitern, die konkret verdächtigt werden, und Mitarbeitern als Zeugen. Die Notwendigkeit eines (rechtlichen) Beistands bei einem Mitarbeiter, der als Zeuge befragt werden soll, ist weder notwendig noch praktikabel.[3097] Kommt ein Verdacht gegen einen solchen Zeugen auf, sollte allerdings ein Beistand gewährt werden.[3098]

(3) § 17 Abs. 1 Nr. 5 lit. c VerSanG-E

„(1) Das Gericht soll die Verbandssanktion mildern, wenn
5. die Befragungen in der verbandsinternen Untersuchung unter Beachtung der Grundsätze eines fairen Verfahrens durchgeführt werden, insbesondere
c) Befragten das Recht eingeräumt wird, die Auskunft auf solche Fragen zu verweigern, deren Beantwortung sie selbst oder die in § 52 Absatz 1 der Strafprozessordnung bezeichneten Angehörigen gefährden würde, wegen einer Straftat oder einer Ordnungswidrigkeit verfolgt zu werden, und die Befragten auf dieses Recht vor der Befragung hingewiesen werden.“[3099]

Den Befragten soll nach § 17 Abs. 1 Nr. 5 lit. c VerSanG-E eine Selbstbelastungsfreiheit eingeräumt werden, wenn sie sich bei einer Aussage selbst oder einen Angehörigen nach § 52 Abs. 1 StPO mit einer Straftat oder einer Ordnungswidrigkeit belasten müssten. Die Befragten sind im Rahmen der Belehrung darauf hinzuweisen. Mit dieser Regelung sowie mit lit. a wird dem Auskunftsdilemma entgegengewirkt.[3100]

Die Notwendigkeit einer klarstellenden Regelung im Gesetz wird in der Gesetzesentwurfsbegründung mit Urteilen des BAG[3101], des BGH[3102], des

---

3096 Siehe Kapitel 2 B. III. 2. ff).

3097 Siehe Kapitel 2 B. III. 2. ff) (2); Ahrens/Redwitz CB 2021, 102, 103, die darin erhebliche zeitliche und finanzielle Auswirkungen sehen.

3098 Siehe hierzu die Regelung im eigenen Regelungsentwurf, Kapitel 4 D. I.

3099 BMJV, VerSanG Regierungsentwurf 2020, S. 14.

3100 Siehe hierzu Kapitel 2 B. III. 4. a).

3101 BMJV, Regierungsentwurf VerSanG 2020, S. 101 mit Verweis auf: BAG NZA 1996, 637, 637 f.; siehe hierzu Kapitel 2 B. III. 5. c) ee).

3102 BMJV, Regierungsentwurf VerSanG 2020, S. 101 mit Verweis auf: BGH NJW-RR 1989, 614, 614 f.

OLG Karlsruhe[3103] und des LAG Hamm[3104] belegt, in denen hinsichtlich der Zumutbarkeit einer Auskunftspflicht eines Mitarbeiters unterschiedliche Ansichten vertreten werden.[3105] Die Ansichten des BAG, OLG Karlsruhe sowie LAG Hamm wurden an anderer Stelle bereits erörtert.[3106] Der BGH hat zudem in einem Urteil aus dem Jahr 1989 eine Selbstbelastungspflicht im Dienstvertrag als unzumutbar angesehen.[3107] Das Urteil des LAG Hamm, das von einer Selbstbelastungspflicht ausging, hat aus Sicht des BMJV in der strafrechtlichen Literatur zum Teil zur Annahme geführt, dass im Rahmen von internen Untersuchungen für Arbeitnehmer ein arbeitsrechtlicher Zwang zur Selbstbelastung besteht.[3108] Mit dem Selbstbelastungszwang ist aus Sicht des BMJV allerdings ein starkes Motiv für Falschaussagen verbunden, deren Beweiswert gering ist. Die Nutzung eines solchen Zwangs solle daher zu keiner Sanktionsmilderung führen.[3109]

Zwei weitere Ansätze weisen dem BMJV zufolge Defizite auf, sodass ihnen nicht gefolgt wird. Dabei handelt es sich um eine Widerspruchslösung[3110] und um einen mit einem gesetzlichen Beweisverwertungsverbot kombinierten Aussagezwang. So sind der Schutz der Arbeitnehmer und die Sachverhaltsaufklärung nach Ansicht des BMJV mit den beiden Lösungen unvereinbar.[3111]

Gemäß der Widerspruchslösung muss der Arbeitnehmer in Befragungen Auskünfte erteilen, wobei er ein Widerspruchsrecht in Bezug auf die Weitergabe der Protokolle an die Strafverfolgungsbehörden hat.[3112] Die Entscheidung, Inhalte einer internen Untersuchung an die Verfolgungsbehörden zu übergeben, obliegt somit dem aussagenden Mitarbeiter. Dies ist aus Sicht des BMJV indes nicht mit der gebotenen Effektivität der Strafverfolgung zu vereinbaren und birgt ein Missbrauchspotenzial. Nach der Gesetzesent-

---

3103 BMJV, Regierungsentwurf VerSanG 2020, S. 101 mit Verweis auf: OLG Karlsruhe NStZ 1989, 287, 287 f.; siehe hierzu Kapitel 2 B. III. 5. c) cc).

3104 BMJV, Regierungsentwurf VerSanG 2020, S. 101 mit Verweis auf: LAG Hamm BeckRS 2009, 74015; siehe hierzu Kapitel 2 B. III. 5. c) ff).

3105 Im Ergebnis so auch: BMJV, Regierungsentwurf VerSanG 2020, S. 101.

3106 Siehe hierzu Kapitel 2 B. III. 5. c) cc) ee) ff).

3107 BMJV, Regierungsentwurf VerSanG 2020, S. 101 mit Verweis auf: BGH NJW-RR 1989, 614, 615.

3108 BMJV, Regierungsentwurf VerSanG 2020, S. 101, unter Bezugnahme auf: Wimmer in: Leitner/Rosenau, Wirtschafts- und Steuerstrafrecht, § 152 StPO Rn. 20; Greco/Caracas NStZ 2015, 7, 12; Momsen/Grützner DB 2011, 1792, 1795; Wessing in: Moosmayer/Lösler, Corporate Compliance, § 47 Rn. 50.

3109 BMJV, Regierungsentwurf VerSanG 2020, S. 101.

3110 BMJV, Regierungsentwurf VerSanG 2020, S. 102; als Beispiel zur Widerspruchslösung vom BMJV angeführt: Moosmayer/Petrasch ZHR 182 (2018), 504, 526, 537.

3111 BMJV, Regierungsentwurf VerSanG 2020, S. 102.

3112 BMJV, Regierungsentwurf VerSanG 2020, S. 102; als Beispiel zur Widerspruchslösung vom BMJV angeführt: Moosmayer/Petrasch ZHR 182 (2018), 504, 526, 537.

wurfsbegründung führt dieser Ansatz zur Erpressbarkeit des Verbands. Der Mitarbeiter kann einen Widerspruch gegen die Weitergabe seiner Aussage einlegen, wodurch der Verband keinen wesentlichen Beitrag mehr zur Sachverhaltsaufklärung leisten und keine Sanktionsmilderung erhalten kann.[3113] Die Erläuterung, weshalb die Widerspruchslösung ein erhebliches Defizit darstellt, lässt die Regelung des § 17 Abs. 1 Nr. 5 lit. c VerSanG-E fraglich erscheinen. Durch die Regelung des VerSanG-E wird dem Befragten zugleich eine Machtposition verliehen, zumal der Verband in ein Abhängigkeitsverhältnis gerät, wenn er auf das Täterwissen angewiesen ist. Hierdurch kann dem Verband eine Sanktionsmilderung aufgrund eines Mangels an Wesentlichkeit, die nach § 17 Abs. 1 Nr. 1 VerSanG-E gefordert wird, verwehrt bleiben, wenn der Befragte von seinem Auskunftsverweigerungsrecht Gebrauch macht, ggf. auch zum Zweck, sich bei dem Verband ‚zu rächen'.[3114]

Zudem lehnt das BMJV die Kombination aus einem Aussagezwang und einem gesetzlichen Beweisverwertungsverbot[3115] ab.[3116] In dem Zusammenhang führt das BMJV das Beweisverwendungsverbot aus dem Gemeinschuldnerbeschluss[3117] des BVerfG an.[3118] Nach Ansicht des BMJV ist ein solches Verbot auf eine private Befragung nicht anwendbar, weshalb sich bei der Erstellung gesetzlicher Regelungen daran nicht orientiert werden kann.[3119] Nach der Auffassung des BMJV wird sonst dem privaten Untersuchungsführer die Entscheidung obliegen, ob Interviewprotokolle verwertet werden. Dies liefe jedoch dem Gebot einer effektiven Strafverfolgung zuwider, denn die Entscheidung über die Zulässigkeit strafverfahrensrechtlicher Maßnahmen läge in der Verantwortung Privater.[3120] Dem ist entgegenzuhalten, dass die Angaben eines Mitarbeiters, die einem Beweisverwertungsverbot unterliegen, in einem gegen den Mitarbeiter geführten Strafverfahren nicht gegen diesen verwertet werden. Dagegen dürften die Auskünfte von den Strafverfolgungsbehörden in einem Verfahren gegen den Verband verwertet werden.[3121] Auch obliegt die Entscheidung über die Verwertbarkeit der Auskünfte nicht dem privaten Untersuchungsführer. Erst wenn ein Auskunftsverweigerungsrecht eingeräumt und vom Mitarbeiter genutzt wird,

---

3113 BMJV, Regierungsentwurf VerSanG 2020, S. 102 f.
3114 So auch: Sartorius/Schmidt wistra 2020, 393, 395, Fn. 21.
3115 Siehe hierzu Kapitel 2 C. I. 2. a).
3116 BMJV, Regierungsentwurf VerSanG 2020, S. 102.
3117 Siehe hierzu Kapitel 2 C. I. 2. c).
3118 BMJV, Regierungsentwurf VerSanG 2020, S. 102 mit Verweis auf: BVerfG NJW 1981, 1431, 1433.
3119 BMJV, Regierungsentwurf VerSanG 2020, S. 102; a. A. Kapitel 2 C. I. 2. c) dd).
3120 BMJV, Regierungsentwurf VerSanG 2020, S. 102.
3121 Henssler/Hoven/Kubiciel/Weigend in: Kubiciel, Neues Unternehmenssanktionenrecht ante portas, S. 153, 168.

entscheidet ein Privater – das heißt der Mitarbeiter – über die Auswahl der Informationen, die die Strafverfolgungsbehörden erhalten.[3122]

Durch das Schweigerecht wird dem Verband überdies die Möglichkeit verwehrt, den Sachverhalt umfassend aufzuklären, Regelungsverstöße abzustellen sowie Maßnahmen abzuleiten, sodass sich solche Verstöße in der Zukunft nicht wiederholen. Hier findet das eindrückliche Beispiel eines Autors[3123] der Literatur zu den gesundheitsgefährdenden Mängeln an einem Flugzeug und den Konsequenzen eines Auskunftsverweigerungsrechts erneut Bedeutung. Anhand dieses Beispiels wird deutlich, vor welche Herausforderungen Verbände gestellt werden, wenn Mitarbeitern, die sich selbst belasten müssten, ein Auskunftsverweigerungsrecht zugestanden wird. Die Folgen wären insbesondere bei schwerwiegenden Sachverhalten gravierend. Zudem würden der Staatsanwaltschaft die Informationen des Wissensträgers in Form mittelbarer Beweismittel verwehrt bleiben.

Zwar wird das Anreizmodell der §§ 16 bis 18 VerSanG-E[3124] vom BMJV als effektivster Arbeitnehmerschutz angesehen,[3125] allerdings können Arbeitnehmer im Fall einer Auskunftsverweigerung weiterhin informell sanktioniert werden.[3126] Entscheidet sich ein Arbeitnehmer indes gegen sein Auskunftsverweigerungsrecht, weil er im Verband andernfalls keine Zukunftsperspektiven mehr sieht, können seine Auskünfte in einem Strafverfahren verwendet werden.[3127]

Überdies geht für die Verbände mit § 17 Abs. 1 Nr. 5 lit. c VerSanG-E eine komplizierte Entscheidung einher, die in der Literatur zutreffend erörtert wurde: Ungeachtet der Regelungen ist der Arbeitgeber weiterhin ‚berechtigt', von seinen Mitarbeitern eine umfassende und selbstbelastende Auskunft zu verlangen. Gesellschaftsrechtlich ist der Arbeitgeber gleichzeitig dazu ‚verpflichtet', die internen Verstöße möglichst umfassend aufzuklären. Vor diesem Hintergrund wird der Arbeitgeber gegenüber seinen Mitarbeitern nicht zur Einräumung besonderer Rechte wie eines Aussageverweigerungsrechts veranlasst.[3128] Wird der Arbeitnehmer aus diesem Grund nicht be-

---

3122 Henssler/Hoven/Kubiciel/Weigend in: Kubiciel, Neues Unternehmenssanktionenrecht ante portas, S. 168.

3123 Trüg NZWiSt 2022, 106, 113; siehe zum Flugzeugbeispiel bereits Kapitel 2 B. III. 5. d).

3124 BMJV, Regierungsentwurf VerSanG 2020, S. 97.

3125 BMJV, Regierungsentwurf VerSanG 2020, S. 102.

3126 Siehe hierzu ein dargestelltes Szenario von Henssler/Hoven/Kubiciel/Weigend in: Kubiciel, Neues Unternehmenssanktionenrecht ante portas, S. 153, 165, wonach sich der Mitarbeiter bei einer Verweigerung der Kooperation mit dem Arbeitgeber mindestens einer informellen Sanktionierung aussetzt.

3127 Vgl. Henssler/Hoven/Kubiciel/Weigend in: Kubiciel, Neues Unternehmenssanktionenrecht ante portas, S. 153, 166.

3128 Lanzinner/Petrasch CCZ 2020, 109, 119, bezogen auf VerSanG-RefE.

lehrt, können dessen Auskünfte ebenfalls in einem Strafverfahren verwendet werden, wobei der Verband keine Reduzierung seiner Sanktion erhält.[3129] Fraglich ist in diesem Zusammenhang, ob das Ausschlagen einer Sanktionsmilderung im Einklang mit der unternehmerischen Pflicht steht, zum Wohle des Unternehmens zu handeln, der Verstoß in diesem Zuge jedoch umfassend aufgeklärt werden könnte. Hierbei könnte eine Anreizwirkung für Arbeitnehmer in Form eines Amnestieprogramms[3130] eine wirksame Methode sein, um die Auskunft des Arbeitnehmers ohne die Inanspruchnahme eines Auskunftsverweigerungsrechts zu honorieren.

Der Anreiz, die Selbstbelastungsfreiheit der Mitarbeiter zu achten, beschränkt sich jedoch auf die Aufklärung innerhalb des Verbands, was vereinzelt in der Literatur zutreffend kritisiert wird. Dem Arbeitnehmer wird jedoch kein Recht eingeräumt, sich nicht selbst dem späteren Risiko einer Strafverfolgung aussetzen zu müssen. Zudem fehlt es grundlegend an der Vorgabe, wie mit selbstbelastenden Auskünften, die mithilfe eines (rechtswidrigen) Zwangs herbeigeführt wurden, in einem Strafprozess umgegangen werden sollte. Diese Fragen sind nicht nur im Zusammenhang mit dem Arbeitnehmerschutz von Relevanz, sondern auch für die Verbände im Hinblick auf die Frage der möglichen und ggf. auch verpflichtenden zu ergreifenden Untersuchungshandlungen zur Aufklärung des Sachverhalts.[3131]

Als Alternative zu der dargestellten Problematik im Zusammenhang mit den Herausforderungen, die mit § 17 Abs. 1 Nr. 5 lit. c VerSanG-E einhergehen, ist ein Ansatz zu nennen, der die Ablehnung eines Auskunftsverweigerungsrechts mit einer Einschränkung vorsieht. Demnach darf die Auskunftspflicht des Mitarbeiters lediglich so weit reichen, wie dies für die Erfüllung des Untersuchungszwecks notwendig ist. Fragen, die über die für die Sachverhaltsaufklärung dienlichen Auskünfte hinausgehen und sich auf die Strafe sowie die Schuld beziehen, sollten als unzulässig gelten. Auch wenn eine Abgrenzung zwischen unzulässigen und zulässigen Fragen aufgrund etwaiger Überschneidungspunkte anspruchsvoll erscheint, sei „*der Umfang der arbeitsrechtlichen Auskunftspflicht präzise [zu] bestimm[en]*“[3132].[3133] Obwohl der Grundgedanke der vorgenannten Ansicht zunächst schlüssig wirkt, könnte die Frage der Zulässigkeit in der praktischen Umsetzung zu Risiken für die Interviewer führen. Damit der Mitarbeiter nicht die Unzulässigkeit einzelner Fragen in einem Interview monieren kann und über die Auslegung der Frage debattiert wird, müssten die Fragen bereits in der Vorbereitung

3129 Henssler/Hoven/Kubiciel/Weigend in: Kubiciel, Neues Unternehmenssanktionenrecht ante portas, S. 153, 166; vgl. Koops/Opper BB 2020 1589, 1595.

3130 Siehe Kapitel 2 A. IX. 2.

3131 Wimmer in: Leitner/Rosenau, Wirtschafts- und Steuerstrafrecht, § 152 StPO Rn. 20.

3132 Dorneck wistra 2022, 141, 147.

3133 Dorneck wistra 2022, 141, 147.

auf das Gespräch hinreichend konkret formuliert werden.[3134] Im Interview müssten diese vorbereiteten Fragen entsprechend wortgenau gestellt und zudem dokumentiert werden, um eine Unzulässigkeit im Voraus ausschließen zu können. Da hierdurch die Befragung um die notwendige Flexibilität, die es braucht, um auf die Antworten entsprechend eingehen zu können, beraubt wird, ist die dargestellte Alternativregelung abzulehnen.

In der praktischen Durchführung interner Untersuchungen hätte das neue Auskunftsverweigerungsrecht einen Strategiewechsel in Bezug auf den Untersuchungsvorgang zur Folge. So müssten die Informationen, die zu einem Aufklärungserfolg führen sollen, auf eine andere Weise erlangt werden.[3135] Denkbar wäre der vermehrte Einsatz einer eDiscovery zum Screening von E-Mails und ggf. der Hardware des Mitarbeiters.[3136] Informationen zu Hintergründen oder Abläufen können jedoch regelmäßig nur durch Mitarbeiterbefragungen gewonnen werden, die auch deshalb als wesentliches Element interner Untersuchungen angesehen werden.[3137] Mit dem Gesetzestextentwurf des § 17 Abs. 1 Nr. 5 lit. c VerSanG-E wird dem Verband bei Einräumung und Ausübung des Auskunftsverweigerungsrechts durch den Mitarbeiter die Möglichkeit zur Sachverhaltsaufklärung, zur Wahrung seiner Interessen sowie zur Verhinderung zukünftiger (Rechts-)Verstöße genommen. Damit wird das Ziel des VerSanG-E – die wirksame Bekämpfung der Wirtschaftskriminalität – konterkariert.[3138] Fraglich ist, ob dieser Selbstbelastungsschutz der Mitarbeiter in einem zukünftigen Gesetz beibehalten werden sollte. Hierbei sollten – insbesondere unter Berücksichtigung des nach § 17 Abs. 1 Nr. 1 VerSanG-E geforderten wesentlichen Aufklärungsbeitrags – ebenfalls die Belange des Verbands hinreichend betrachtet werden, der zur Aufklärung auf die Informationen eines solchen Mitarbeiters angewiesen sein kann.

Bei dem Vorgenannten handelt es sich um die Herausforderungen, mit denen ein Verband konfrontiert sein kann, wenn den Arbeitnehmern ein Auskunftsverweigerungsrecht gewährt wird. Basierend auf dem Wortlaut ist dieses Recht den Befragten vom Verband erst einzuräumen, weshalb es erneut nicht per Gesetz gilt. Folglich handelt es sich lediglich um einen Anreiz für Verbände, ein Auskunftsverweigerungsrecht zu gewähren, um eine

---

3134 Siehe hierzu auch die Ausführungen zum Personalfragebogen im Kontext des BetrVG Kapitel 2 A. IX. 1. c) cc) (2).

3135 Im Ergebnis so auch: Naber/Ahrens CCZ 2020, 36, 37.

3136 Siehe Kapitel 2 B. II.

3137 Siehe Kapitel 2 B. III. 1.

3138 Henssler/Hoven/Kubiciel/Weigend in: Kubiciel, Neues Unternehmenssanktionenrecht ante portas, S. 153, 165 f.

Sanktionsmilderung zu erlangen. Einzelnen Ansichten der Literatur[3139] ist dahingehend jedoch zuzustimmen, dass es im Umkehrschluss bedeutet, dass auch nach diesem Gesetz grundsätzlich kein Aussageverweigerungsrecht vorliegt, das aus sich heraus wirkt und den Befragten schützt.

Anstelle des hier dargestellten Rechts, das dem Befragten erst einzuräumen ist, wäre es denkbar, den Schutz des Arbeitnehmers aus der Sphäre des Verbands zu lösen. Den Schutz auf die Ebene des Staates zu heben, könnte mit der vom BMJV zunächst abgelehnten Lösung eines Aussagezwangs in Kombination mit einem Beweisverwertungsverbot erzielt werden.[3140]

gg) § 17 Abs. 2 VerSanG-E

„*Die Durchführung der verbandsinternen Untersuchung nach den Grundsätzen des Absatzes 1 Nummer 5 ist gegenüber den Verfolgungsbehörden zu dokumentieren.*“[3141]

Mit der Dokumentationspflicht nach Abs. 2 soll es den Verfolgungsbehörden und den Gerichten ermöglicht werden, zu prüfen, ob die Verbände die gesetzlichen Vorgaben von § 17 Abs. 1 Nr. 5 VerSanG-E eingehalten haben. Auf Basis dessen können die Behörden eine Entscheidung über die Sanktionsmilderung im Rahmen eines gestuften Anreizsystems treffen.[3142] Bei der Form der Dokumentation sind die Verbände – zumindest nach dem Gesetzeswortlaut – frei. Denkbar wäre, dass die Verfolgungsbehörden in der Praxis eine entsprechende Form vorgeben.

Die Dokumentation der umgesetzten und eingehaltenen Regelung vor dem Hintergrund der Nachvollziehbarkeit der Strafverfolgungsbehörden und als Bestandteil zur Bemessung der Sanktion erscheint in einem zukünftigen Gesetz vorteilhaft. Da der Regelungsentwurf in Kapitel 4 keine Sanktionierung vorsieht, wird von einer Übernahme dieser Vorschrift abgesehen, wenngleich eine Dokumentationspflicht integriert wird.

hh) § 17 Abs. 3 VerSanG-E

„*Bei der Entscheidung nach Absatz 1 hat das Gericht insbesondere die Art und den Umfang der offenbarten Tatsachen und deren Bedeutung für die Aufklärung der Tat, den Zeitpunkt der Offenbarung und das Ausmaß der Unterstützung der Strafverfolgungsbehörden durch den Verband zu berücksich-*

3139 Lodemann/Tholuck in: Hoppe/Oldekop, Geschäftsgeheimnisse, Kap. 2 A. Rn. 25. S. 273.

3140 Siehe Kapitel 2 C. I. 2. b) dd); siehe hierzu zudem die Regelung im eigenen Regelungsentwurf, Kapitel 4 C.

3141 BMJV, VerSanG Regierungsentwurf 2020, S. 14.

3142 BMJV, VerSanG Regierungsentwurf 2020, S. 103.

tigen. Eine Milderung nach Absatz 1 ist ausgeschlossen, wenn der Verband die Ergebnisse der verbandsinternen Untersuchung erst nach Eröffnung des Hauptverfahrens (§ 203 der Strafprozessordnung) offenbart.“[3143]

Mit § 17 Abs. 3 VerSanG-E findet die Regelung des § 5 Abs. 4 VerbStrG-E aus dem Entwurf des Justizministeriums des Landes NRW Berücksichtigung.[3144] Darin wird vorgegeben, was die Gerichte bei ihrer Entscheidung zur Sanktionszumessung zu berücksichtigen haben. Dazu zählen Art und Umfang der offenbarten Tatsachen sowie die Bedeutung, die die Tatsachen für die Aufklärung der Tat haben. Darüber hinaus sollen der Zeitpunkt, zu dem die Offenbarung stattgefunden hat, und das Ausmaß der durch den Verband erbrachten Unterstützungsleistungen gegenüber den Strafverfolgungsbehörden durch die Gerichte berücksichtigt werden.[3145] Inwiefern weitere Straftaten durch die Aufklärung verhindert werden konnten, kann bei der Bemessung aus Sicht des BMJV ebenfalls von Bedeutung sein.[3146] Die Prinzipien der Aufklärung, Herausgabe und Unterwerfung bilden wesentliche Kriterien, wenn mit einer internen Untersuchung eine Sanktionsmilderung angestrebt wird.[3147]

Offenbart der Verband nach § 17 Abs. 3 VerSanG-E die Untersuchungsergebnisse erst nach der Eröffnung des Hauptverfahrens nach § 203 StPO, wird eine Milderung der Sanktionen um 50 Prozent gemäß §§ 17 Abs. 1, 18 VerSanG-E ausgeschlossen.[3148] Denn hierdurch wird dem geforderten Aufklärungsprinzip nicht entsprochen. Der Verband könnte damit zwar ggf. noch zu einer gerichtlichen Aufklärung beitragen, allerdings nicht zu einer Aufklärung durch die Staatsanwaltschaft, auf die der Anforderungskatalog nach § 17 VerSanG-E mit einer frühen Kooperation ausgerichtet ist. Bei einer Kooperationsvereinbarung zwischen dem betroffenen Verband und der Staatsanwaltschaft würde die Staatsanwaltschaft vorab die Ergebnisse des Verbands abfragen und deren Übermittlung anfordern. Kommt der Verband dieser Aufforderung nicht nach, wird nach § 17 Abs. 1 Nr. 3, 4 VerSanG-E gegen das Herausgabe- und Unterwerfungsprinzip verstoßen, was wiederum zu einem Ausschluss der Sanktionsmilderung (§ 17 Abs. 1 VerSanG-E) führt.[3149] Eine Offenlegung, die zu einem späteren Zeitpunkt vorgenommen

---

3143 BMJV, VerSanG Regierungsentwurf 2020, S. 14.

3144 Siehe Kapitel 3 B. I.

3145 BMJV, VerSanG Regierungsentwurf 2020, S. 14.

3146 BMJV, VerSanG Regierungsentwurf 2020, S. 103.

3147 Bielefeld CB 2020, 221, 223.

3148 Vgl. BMJV, VerSanG Regierungsentwurf 2020, S. 14; so auch: Bielefeld CB 2020, 221, 223.

3149 Bielefeld CB 2020, 221, 223.

wird, führt nach § 15 Abs. 3 S. 2 Nr. 7 VerSanG-E allerdings nicht zu einem gänzlichen Ausschluss der Sanktionsmilderung.[3150]

Den Regelungen nach § 17 Abs. 3 VerSanG-E ist dem Grunde nach zuzustimmen. Da der eigene Regelungsentwurf jedoch keine Sanktionierung umfasst und dadurch ebenfalls keine in die Entscheidung des Gerichts einzubeziehenden Kriterien berücksichtigt werden, findet dieser Abs. keinen Eingang in den eigenen Regelungsentwurf.

c) § 18 VerSanG-E – Umfang der Sanktionsmilderung

„Mildert das Gericht die Verbandsgeldsanktion nach § 17 Absatz 1, so reduziert sich das in § 9 Absatz 1 bis 3 jeweils vorgesehene Höchstmaß um die Hälfte und das vorgesehene Mindestmaß entfällt. Die Anordnung der öffentlichen Bekanntmachung der Verurteilung des Verbandes nach § 14 ist ausgeschlossen.“[3151]

Mit § 18 S. 1 VerSanG-E wird der Sanktionsrahmen für Verbände verändert. Dies betrifft sowohl die Verringerung der Obergrenze der Verbandsgeldsanktion nach § 9 VerSanG-E um die Hälfte als auch den Wegfall der Sanktionsuntergrenze.[3152] Nach § 9 Abs. 1 VerSanG-E liegt die Sanktion im Falle einer vorsätzlich begangenen Verbandstat bei mindestens 1000 Euro und höchstens 10 Mio. Euro (Nr. 1). Bei einer fahrlässigen Verbandstat liegt die Verbandsgeldsanktion dagegen zwischen mindestens 500 Euro und höchstens 5 Mio. Euro (Nr. 2). Hat der betroffene Verband jedoch einen durchschnittlichen Jahresumsatz von mehr als 100 Mio. Euro, ist § 9 Abs. 2 Nr. 1 bzw. Nr. 2 VerSanG-E einschlägig. Für eine vorsätzliche Verbandstat liegt die Verbandsgeldsanktion demnach bei mindestens 10.000 Euro und höchstens bei 10 Prozent des durchschnittlichen Jahresumsatzes. Der Verband hat bei einer fahrlässigen Verbandstat eine Sanktion zwischen 5.000 Euro und höchstens 5 Prozent des durchschnittlichen Jahresumsatzes zu erwarten.[3153] Bei der Bemessung der Sanktionshöchstgrenzen hat sich der Gesetzgeber an den Sanktionen aus dem Kartellrecht (§ 81c Abs. 4 GWB) orientiert. Zusätzlich zu der Sanktion nach dem VerSanG-E kann den Verband schlimmstenfalls ein Abschöpfungs- bzw. Einziehungsanteil nach §§ 73 ff. StGB oder §§ 29a, 17 Abs. 4 OWiG in gleicher Höhe treffen.[3154] Es wird in der Literatur vereinzelt angenommen, dass der Abschöpfungsanteil anhand des Umsatzes berechnet wird, der aus der Tat erlangt wurde (Bruttoprinzip).[3155] Hierin

3150 BMJV, VerSanG Regierungsentwurf 2020, S. 13, 103.
3151 BMJV, VerSanG Regierungsentwurf 2020, S. 15.
3152 BMJV, VerSanG Regierungsentwurf 2020, S. 15, 103.
3153 BMJV, VerSanG Regierungsentwurf 2020, S. 10.
3154 Rotsch/Mutschler/Grobe CCZ 2020, 169, 176.
3155 Rotsch/Mutschler/Grobe CCZ 2020, 169, 176 Fn. 67.

unterscheidet sich die Sanktion nach dem VerSanG-E von der kartellrechtlichen Sanktion,[3156] da eine Vermögensabschöpfung nach dem Bruttoprinzip unter den Voraussetzungen des § 29a OWiG nicht parallel zu einer Geldbuße, sondern nur stattdessen angeordnet werden kann.[3157]

Darüber hinaus hat der Verband nach § 18 S. 2 VerSanG-E bei einer von ihm umfassend durchgeführten internen Untersuchung keine öffentliche Bekanntmachung zu erwarten. Das BMJV hat eine solche Sanktion für einen Verband, der umfassend zur Straftatsaufklärung beigetragen hat, als unangemessen angesehen.[3158]

Eine Sanktionsmilderung ist auch in einem zukünftigen Gesetz zu begrüßen, um für die Unternehmen eine echte Anreizwirkung zu schaffen. Dies ist insbesondere vor dem Hintergrund relevant, dass die Berücksichtigung von internen Untersuchungen bei der Strafzumessung bisher noch nicht ausdrücklich geregelt war.

III. Zwischenergebnis

Das VerSanG-E hat zu einem Aufruhr unter Unternehmen und Wissenschaftlern geführt.[3159] Mithilfe diverser Aufsätze und Stellungnahmen werden die Regelungen des Regierungsentwurfs seither gewürdigt und hinsichtlich ihrer praktischen Anwendbarkeit bewertet und hinterfragt.[3160] Die Regelungen führen auch zu neuen Herausforderungen im Vergleich zur aktuellen Gesetzeslage. Ein Beispiel hierfür sind die Anforderungen an Befragungen, da nicht zwischen dem Status des Vernommenen als Beschuldigter oder Zeuge differenziert wird. Sofern der Verband eine Sanktionsmilderung anstrebt, wäre es notwendig, bereits einen Zeugen vor einer Befragung zu belehren, wenngleich sich die Fragen bspw. lediglich auf Prozesse beziehen. Dies würde die Informationsbeschaffung verkomplizieren.[3161] Problematisch sind ferner die Rechte der Befragten, die nicht unmittelbar von Gesetzes wegen gelten, sondern von den Verbänden erst eingeräumt werden müssten.[3162]

Zudem wurden im Gesetzestextentwurf Begriffe wie ‚wesentlich', ‚ununterbrochen' und ‚uneingeschränkt' eingeführt, die jedoch nicht hinreichend

---

3156 Rotsch/Mutschler/Grobe CCZ 2020, 169, 176.

3157 Meyer-Lindemann in: LoeMeeRieKartRKo GWB, § 81 Rn. 201.

3158 BMJV, VerSanG Regierungsentwurf 2020, S. 103.

3159 Siehe hierzu die Stellungnahmen der Interessenverbände: BMJV, Stellungnahmen zum Referentenentwurf.

3160 Siehe hierzu die kritischen Würdigungen der Paragrafen des VerSanG-E in Kapitel 3 D. II. 2 a)–c).

3161 Siehe Kapitel 3 D. II. 2. b) ff).

3162 Siehe Kapitel 3 D. II. 2. b) ff) (2) und (3).

und nachvollziehbar definiert wurden.[3163] Das Inkrafttreten des Regierungsentwurfs hätte die betroffenen Verbände vor erhebliche Unsicherheiten gestellt, für deren Auslegung sie insbesondere auf gerichtliche Entscheidungen angewiesen gewesen wären.

Unter Berücksichtigung der Tatsache, welche Parteien in eine interne Untersuchung involviert sein können – wobei es sich insbesondere um Verbände, deren Mitarbeiter, beauftragte Dritte und staatliche Institutionen handeln kann –, wird deutlich, dass der Regierungsentwurf vor allem auf staatliche Belange ausgerichtet ist. Verbände haben hingegen eine Bringschuld gegenüber den Strafverfolgungsbehörden. Sie haben nach § 17 Abs. 1 Nr. 3 VerSanG-E „*ununterbrochen und uneingeschränkt*" zu kooperieren sowie nach Abschluss der Untersuchung alle Unterlagen zur Verfügung zu stellen (§ 17 Abs. 1 Nr. 3 VerSanG-E).[3164] Sie haben sicherzustellen, dass die Verteidiger nicht gleichzeitig ermitteln, was die Beschlagnahme von Unterlagen erleichtert (§ 17 Abs. 1 Nr. 2 VerSanG-E),[3165] und müssen Befragungen im Hinblick auf die Belehrung (§ 17 Abs. 1 Nr. 5 lit. a und b VerSanG-E)[3166] und das Auskunftsverweigerungsrecht (§ 17 Abs. 1 Nr. 5 lit. c VerSanG-E)[3167] analog zu den Strafverfolgungsbehörden durchführen, wenn sie eine Sanktionsmilderung anstreben. Die zuletzt genannten Vorgaben nach § 17 Abs. 1 Nr. 5 VerSanG-E sind zudem gemäß § 17 Abs. 2 VerSanG-E zu dokumentieren, damit durch die Strafverfolgungsbehörden geprüft werden kann, ob die Vorschriften eingehalten wurden.[3168] Die Entscheidung, ob diese Maßnahmen und die Bemühungen des Unternehmens ausreichend waren, obliegt letztlich den Gerichten, die die in § 17 Abs. 1 VerSanG-E genannten Vorschriften bei ihrer Beurteilung der Sanktionsmilderung berücksichtigen sollen.[3169] In deren Entscheidung werden jedoch auch die Eindrücke der Strafverfolgungsbehörden einfließen, ob die Verbände mit ihnen gemäß den gesetzlichen Vorgaben zusammengearbeitet haben.[3170] Dieses Vorgehen kann somit als ein ‚Outsourcing' staatlicher Ermittlungstätigkeiten bewertet werden.

Basierend auf den in Kapitel 2 herausgearbeiteten Unsicherheiten und Hürden, mit denen die Ermittlerteams konfrontiert sein können, wurden im VerSanG-E die nachfolgenden Aspekte berücksichtigt:

3163 Siehe Kapitel 3 D. II. 2. b) dd).
3164 Siehe Kapitel 3 D. II. 2. b) dd).
3165 Siehe Kapitel 3 D. II. 2. b) cc).
3166 Siehe Kapitel 3 D. II. 2. b) ff) (1) und (2).
3167 Siehe Kapitel 3 D. II. 2. b) ff) (3).
3168 Siehe Kapitel 3 D. II. 2. b) ff) und gg).
3169 Siehe Kapitel 3 D. II. 2. b) aa).
3170 Zur „*ununterbrochen[en] und uneingeschränkt[en] [Zusammenarbeit] mit den Verfolgungsbehörden*" siehe Kapitel 3 D. II. 2. b) dd).

- Eine Definition für den Begriff einer internen Untersuchung befindet sich in § 16 VerSanG-E. Allerdings wird die Definition nach der hier vertretenen Auffassung für nicht ausreichend erachtet.[3171]
- Die Auskunftspflicht und die Selbstbelastungspflicht eines Arbeitnehmers wurden dahingehend berücksichtigt, dass den Arbeitnehmern ein Auskunftsverweigerungsrecht von den Verbänden eingeräumt werden konnte. Für den Fall, dass die Verbände dies nicht umsetzen, sind die Arbeitnehmer weiterhin dem Dilemma ausgesetzt, Auskunft geben zu müssen (§ 17 Abs. 1 Nr. 5 lit. c VerSanG-E).[3172]
- Die Verwertbarkeit der Auskünfte eines Arbeitnehmers erforderte aufgrund der Vorschrift zum Auskunftsverweigerungsrecht keine explizite Regelung. Wenn den Arbeitnehmern ein solches Recht nicht eingeräumt wird, können die selbstbelastenden Auskünfte eines Arbeitnehmers im Strafverfahren verwertet werden.[3173]
- Die Beschlagnahmefähigkeit von Unterlagen aus internen Untersuchungen wurde durch eine Überarbeitung von § 97 StPO geregelt und ermöglicht.[3174]

Um Leitlinien für interne Untersuchungen vorzugeben und einen Standard einzuführen, wurden die nachfolgenden Sachverhalte als optionale Bestandteile eines Gesetzes bestimmt:

- Die Belehrung von Arbeitnehmern wurde in § 17 Abs. 1 Nr. 5 lit. a–c VerSanG-E umgesetzt. Dabei betrifft die Belehrung die Verwendbarkeit der Auskünfte in gegen den Mitarbeiter gerichteten Strafverfahren (lit. a), die Möglichkeit zur Hinzuziehung eines rechtlichen Beistands oder eines Betriebsratsmitglieds zur Befragung (lit. b) sowie das Auskunftsverweigerungsrecht des Mitarbeiters (lit. c). Diese Anforderungen haben jedoch lediglich eine Anreizwirkung, damit der Verband eine Strafmilderung anstrebt.[3175]
- Die Hinzuziehung eines (rechtlichen) Beistands wurde wie zuvor beschrieben vom BMJV berücksichtigt.[3176]
- Das VerSanG-E umfasst keine Regelung zum Umgang mit beschlagnahmten Unterlagen, die Geschäftsgeheimnisse beinhalten.[3177]

Trotz der Kritik an dem Regierungsentwurf ist es positiv hervorzuheben, dass damit die Diskussion um Regelungen für interne Untersuchungen erneut entfacht wurde. Dass der Regierungsentwurf nicht als Gesetz in Kraft

---

3171 Siehe Kapitel 3 D. II. 2. a).
3172 Siehe Kapitel 3 D. II. 2. b) ff) (3).
3173 Siehe Kapitel 3 D. II. 2. b) ff) (3).
3174 Siehe Kapitel 3 D. II. 1. b).
3175 Siehe Kapitel 3 D. II. 2. b) ff) (1)–(3).
3176 Siehe Kapitel 3 D. II. 2. b) ff) (2).
3177 Siehe hierzu Kapitel 2 D. I.

getreten ist, ist bei den Verbänden und in der Wissenschaft basierend auf den geäußerten und zuvor aufgeführten Kritikpunkten jedoch wohl eher auf Erleichterung als auf Bedauern gestoßen.

Für den eigenen Regelungsentwurf dient der Regierungsentwurf sowohl als Inspiration als auch als Beispiel, welche Regelungen in ein zukünftiges Gesetz nicht erneut oder anders aufgenommen werden sollten.[3178]

E. Der Koalitionsvertrag vom 24.11.2021

Nachdem das Verbandssanktionengesetz in der 19. Legislaturperiode aufgrund der Diskontinuität gescheitert ist,[3179] wurde in dem am 24.11.2021 geschlossenen Koalitionsvertrag von SPD, Bündnis 90/Die Grünen und FDP vereinbart, dass die Regelungen zur Unternehmenssanktion sowie die Sanktionshöhe überarbeitet werden sollen. Damit wird das Ziel verfolgt, einen klaren Rechtsrahmen für interne Untersuchungen zu schaffen und „*die Rechtssicherheit von Unternehmen im Hinblick auf Compliance-Pflichten zu verbessern.*“[3180]

Im Vergleich zu den Ausführungen aus dem vorangegangenen Koalitionsvertrag vom 12.03.2018 wird das Vorhaben nach dem aktuell gültigen Koalitionsvertrag deutlich eingeschränkt.

F. Konferenz der Justizministerinnen und Justizminister vom 25. und 26.05.2023

Die Justizministerinnen und Justizminister der Bundesländer haben sich in ihrer Frühjahrskonferenz am 25. und 26.05.2023 in TOP II.16 mit der Frage beschäftigt, ob ein Erfordernis dafür besteht, ein Unternehmenssanktionenrecht zu schaffen. Angesichts der zum Teil nicht ausreichenden rechtlichen Vorschriften, mit denen kriminelle Verhaltensweisen von Unternehmen wirksam bekämpft werden können, haben sie einen Bedarf erkannt, die Sanktionsmöglichkeiten auszuweiten. Hierzu erachteten sie es für notwendig, „*das Sanktionsinteresse und das Gebot einer effektiven Strafverfolgung miteinander in Einklang zu bringen.*“[3181] Als Grundlage für ein Unternehmenssanktionenrecht hielten die Justizministerinnen und Justizminister das

3178 Siehe sogleich.

3179 Justizministerinnen und Justizminister, Frühjahrskonferenz 25./26.05.2023, S. 1.

3180 Koalitionsvertrag zwischen SPD, Bündnis 90/Die Grünen und FDP für die 20. Legislaturperiode vom 24.11.2021, S. 88.

3181 Justizministerinnen und Justizminister, Frühjahrskonferenz 25./26.05.2023, S. 1.

Gesetzgebungsverfahren zum Verbandssanktionengesetz sowie die dazugehörigen Stellungnahmen des Bundesrates für geeignet. Basierend auf diesem Beschluss wurde der Bundesjustizminister gebeten, einen Gesetzesentwurf neu vorzulegen.[3182]

Aus dem Beschluss geht hervor, dass das primäre Anliegen der Justizministerinnen und Justizminister in der Ausweitung der Möglichkeiten liegt, kriminelle Verhaltensweisen von Unternehmen zu bekämpfen. Während sie sich zwar dafür aussprachen, dass als Grundlage für eine Neuauflage eines Gesetzes das Verbandssanktionengesetz herangezogen wird, das wiederum Regelungen für interne Untersuchungen beinhaltet, haben sie sich nicht explizit für die Schaffung von Regelungen für interne Untersuchungen ausgesprochen.

G. Auskünfte des Bundesjustizministers Dr. Marco Buschmann

In einem Interview mit dem Handelsblatt vom 27.05.2022 wurde der Bundesjustizminister Dr. Marco Buschmann zum aktuellen Stand des Koalitionsvertrags im Hinblick auf die Verschärfung der Unternehmenssanktion befragt. Neben seiner persönlichen Einschätzung, dass er es auch bereits in der Vergangenheit als falsch angesehen habe, dass für Unternehmenssanktionen ein spezielles Regelwerk geschaffen werde, und er deswegen eine Veränderung im Bereich des Ordnungswidrigkeitenrechts vorsehe, gab er auch eine konkrete Auskunft über den Zeitpunkt der Umsetzung. Die Überarbeitung der Unternehmenssanktion und die Schaffung von Rechtssicherheit für interne Untersuchungen solle im Zuge der systematischen Überarbeitung des Straf- und Strafprozessrechts im Jahr 2023 vorgenommen werden.[3183]

Seit dem Interview verfolgte das BMJ diverse Gesetzgebungsverfahren. Dabei wurde u. a. im November 2023 ein Eckpunktepapier zur Modernisierung des Strafgesetzbuchs veröffentlicht. Darin waren jedoch keine Regelungen vorgesehen, die im Zusammenhang mit Unternehmen oder internen Untersuchungen stehen.[3184] Mit Stand Februar 2024 wurde auch in anderen rechtspolitischen Vorhaben des BMJ das von Herrn Buschmann angekündigte Thema nicht aufgegriffen und geregelt.[3185] Stattdessen hat Herr Buschmann in einem ‚X'-Beitrag (vormals Twitter) vom 13.03.2024 im Zusammenhang mit dem Abbau von Bürokratie Folgendes erklärt: *„Wir*

3182 Justizministerinnen und Justizminister, Frühjahrskonferenz 25./26.05.2023, S. 1.
3183 BMJ, Interview Handelsblatt mit Bundesjustizminister Buschmann vom 27.05.2022.
3184 BMJ, Eckpunktepapier zur Modernisierung des Strafgesetzbuchs, November 2023.
3185 BMJ, Übersicht der laufenden Gesetzgebungsverfahren.

müssen aufhören, jeden Lebensbereich im Detail als Gesetzgeber regeln zu wollen. Wir brauchen keinen Nanny-Staat, sondern einen effizienten Staat, der ermöglicht statt verhindert."[3186]. Der Entwurf des vierten Bürokratieentlastungsgesetzes des BMJ vom selbigen Tag enthält ebenfalls Regelungen, die die Wirtschaft betreffen.[3187] Mit dieser Zielrichtung ist fraglich, ob der Bundesjustizminister in der aktuellen Legislaturperiode noch einen weiteren Regelungsentwurf für interne Untersuchungen präsentieren wird. Diese würde zu einem erneuten Aufbau von Bürokratie führen.

Soweit ersichtlich wurden Unternehmenssanktionen und interne Untersuchungen vom Bundesjustizminister nicht erneut öffentlich thematisiert.

H. Zusammenfassende Betrachtung Kapitel 3

Die Idee, interne Untersuchungen rechtlich zu regeln, ist nicht neu. Dies geht aus den diversen Regelungsentwürfen aus den vergangenen Jahren hervor. Dabei lag der Fokus im Entwurf des Justizministeriums des Landes NRW[3188], des BUJ[3189] und des Kölner Entwurfs eines Verbandssanktionengesetzes[3190] jedoch nicht auf internen Untersuchungen, sondern auf einer Sanktionierung von Unternehmen, wobei interne Untersuchungen jeweils – in mehr oder weniger starker Ausprägung – enthalten waren. Von diesen drei Entwürfen war der Kölner Entwurf am umfangreichsten und enthielt relevante Regelungen für interne Untersuchungen, wobei auch hier ein Erweiterungspotenzial bestand. Einen weitaus umfangreicheren Gesetzesvorschlag haben *Moosmayer* und *Petrasch* hervorgebracht. Mit ihren Regelungsvorschlägen konnten sie einer Vielzahl der Regelungslücken und Herausforderungen im Zusammenhang mit internen Untersuchungen begegnen. Sowohl durch den Kölner Entwurf als auch durch den Entwurf von *Moosmayer* und *Petrasch* wurden die in Kapitel 2 herausgearbeiteten, als wesentlich sowie regelungsbedürftig benannten Herausforderungen gelöst. Die als optional eingestuften Bestandteile, wozu die Belehrung, die Gewährung eines (rechtlichen) Beistands während der Mitarbeiterbefragung sowie Regelungen zum Umgang mit Geschäftsgeheimnissen, die in beschlagnahmten Unterlagen enthalten sind, gehören, waren im Kölner Entwurf nicht enthalten, während der Entwurf von *Moosmayer* und *Petrasch* Regelungen für die ersten beiden Punkte enthielt.[3191]

3186 Marco Buschmann Beitrag auf X, 13.03.2024.
3187 BMJ, Viertes Bürokratieentlastungsgesetz RegE 13.03.2024, S. 1, 3.
3188 Siehe Kapitel 3 B. I.
3189 Siehe Kapitel 3 B. II.
3190 Siehe Kapitel 3 B. III.
3191 Siehe Kapitel 3 B. IV.

Die Große Koalition hat in ihrem Koalitionsvertrag aus dem Jahr 2018 ebenfalls die Notwendigkeit von Regelungen für die Durchführung von Internal Investigations gesehen.[3192] Die Umsetzung dieses Plans mit dem Verbandssanktionengesetz stieß allerdings in der Wissenschaft und in der Praxis auf Gegenwehr.[3193] Dies lag mitunter an den Regelungen, die für interne Untersuchungen vorgesehen waren. Wären die Vorschriften in der Form in Kraft getreten, hätte dies in der Praxis zu einschneidenden Änderungen bei der Vorgehensweise im Rahmen von Untersuchungen geführt. Hierzu zählen die Trennung[3194] von Untersuchung und Verteidigung sowie das Auskunftsverweigerungsrecht[3195]. Fraglich ist zudem, wie die praktische Umsetzung insbesondere im Zusammenhang mit den Strafverfolgungsbehörden ausgestaltet gewesen wäre, wenn Verbände verpflichtet gewesen wären, ununterbrochen und uneingeschränkt mit den Behörden zusammenzuarbeiten.[3196] Auch das VerSanG-E enthielt für alle in Kapitel 2 als wesentlich erachteten Herausforderungen grundsätzlich Regelungen, wobei deren Ausgestaltung nach der hier vertretenen Auffassung nicht immer ausreichend war. Dies betrifft insbesondere die Definition einer internen Untersuchung.[3197] Zudem wurden in dem Regierungsentwurf analog zu dem Gesetzesvorschlag von *Moosmayer* und *Petrasch* zwei optionale Bestandteile berücksichtigt, während andere Aspekte, die die beiden Autoren nicht inkludiert haben, ebenfalls nicht enthalten waren.[3198]

Auch wenn die Regelungen nicht auf Zuspruch stießen und daher nicht umgesetzt wurden, wurde die Diskussion zu Vorschriften im Zusammenhang mit internen Untersuchungen jeweils aufs Neue entfacht.

Auch mit dem Koalitionsvertrag aus dem Jahr 2021 wird weiterhin das Ziel verfolgt, einen Rechtsrahmen für interne Untersuchungen zu schaffen. Im Vergleich zu dem vorherigen Koalitionsvertrag klingen die Pläne jedoch weniger ambitioniert.[3199]

Nachdem sich nunmehr die Justizministerinnen und Justizminister im Mai 2023 für eine Neuauflage des Verbandssanktionengesetzes ausgesprochen und den Bundesjustizminister hierzu aufgefordert haben,[3200] bleibt es weiterhin spannend, ob ein Gesetz für interne Untersuchungen eingeführt wird.

3192 Siehe Kapitel 3 C.
3193 Siehe hierzu die in den Unterkapiteln von Kapitel 3 D. dargelegten kritischen Stimmen der Literatur.
3194 Siehe Kapitel 3 D. II. 2. b) cc).
3195 Siehe Kapitel 3 D. II. 2. b) ff) (3).
3196 Siehe Kapitel 3 D. II. 2. b) dd).
3197 Siehe Kapitel 3 D. II. 2. a).
3198 Siehe Kapitel 3 B IV. 5 und Kapitel 3 D. III.
3199 Siehe Kapitel 3 E.
3200 Siehe Kapitel 3 F.

Schließlich würde ein solches nicht dem Ziel des Bundesjustizministers entsprechen, die Bürokratie in Deutschland abzubauen.[3201]

3201 Siehe Kapitel 3 G.

Kapitel 4
Interne Untersuchungen de lege ferenda

Auf der Basis vorheriger Gesetzesvorschläge, des Regierungsentwurfs zum Verbandssanktionengesetz sowie hierauf bezogener Stellungnahmen von Verbänden und der Wissenschaft wurde nachfolgend der Versuch unternommen, bestehende Regelungslücken bei internen Untersuchungen als Ersatz für die Regelungen aus dem VerSanG-E zu schließen, um sich dem im Koalitionsvertrag aus dem Jahr 2021 geforderten Rechtsrahmen für interne Untersuchungen zu nähern. Gegenstand des Regelungsentwurfs ist die Durchführung von internen Untersuchungen. Dagegen bleiben Regelungen für die tatsächliche Sanktionierung unberücksichtigt. Die Erörterung von fraglichen oder umstrittenen Sachverhalten in den Kapiteln 2 und 3 führt zudem nicht zwangsläufig zu einer Berücksichtigung in dem Regelungsentwurf. So wird bspw. keine Regelung getroffen, wann in Mitarbeiterbefragungen die Rechtswidrigkeitsgrenze bei der Ausübung von Druck überschritten wird und worin die Rechtsfolgen in einem solchen Fall bestünden. Interne Ermittler unterliegen bei der Ausübung von internen Untersuchungen dem geltenden Recht. Üben sie gegenüber einem verdächtigten Arbeitnehmer in einer Mitarbeiterbefragung erheblichen Druck durch die Aussprache einer als verwerflich anzusehenden Drohung aus, kann der Straftatbestand der Nötigung nach § 240 Abs. 1, 2 StGB erfüllt sein.[3202] Eine gesonderte Regelung wird daneben als nicht notwendig erachtet.

Die Verortung der nachfolgenden Regelungsentwürfe ist ebenso nicht Gegenstand der Untersuchung. Denkbar wären eine Ergänzung der dienstvertraglichen Vorschriften des BGB, die Aufnahme der Regelungsentwürfe in ein neues Verbandssanktionengesetz oder ein Gesetz für Compliance[3203].

A. Regelungsentwurf für die Definition einer internen Untersuchung

Im Folgenden werden der Regelungsentwurf für die Definition einer internen Untersuchung sowie dessen Herleitung und Begründung dargestellt.

3202 Zur Nötigung siehe Kapitel 2 B. III. 2. b) hh).

3203 Vom DICO e. V. auch als ‚Stammgesetz‘ bezeichnet: DICO e. V., Pressemitteilung Hinweisgeberschutzgesetz, S. 2.

I. Regelungsentwurf

§ 1 Interne Untersuchungen

[1]Interne Untersuchungen sind die Gesamtheit aller Maßnahmen, die ein Arbeitgeber zur Aufklärung zureichender tatsächlicher Anhaltspunkte auf Fehlverhalten oder straf- beziehungsweise bußgeldbewehrte Verstöße (Verfehlungen) seiner Arbeitnehmer, Mitglieder der Unternehmensleitung oder Aufsichtsgremien (verdächtigte Unternehmensangehörige) im Rahmen ihrer beruflichen Tätigkeit zu ergreifen hat. [2]Die Aufklärungsmaßnahmen können vom Arbeitgeber selbst oder einem von ihm beauftragten Dritten durchgeführt werden (ermittelnde Personen).

II. Regelungszweck und Herleitung

Zwar wird der Begriff einer internen Untersuchung bzw. synonym verwendete Begrifflichkeiten vielfach in der Literatur und Rechtsprechung und im Hinweisgeberschutzgesetz verwendet.[3204] Allerdings wurde auf gesetzlicher Ebene erst durch § 16 VerSanG-E in Verbindung mit der dazugehörigen Gesetzesentwurfsbegründung eine Definition dazu hervorgebracht. Der Vorschlag einer Definition für interne Untersuchungen basiert in S. 1 auf der Gesetzesentwurfsbegründung zu § 16 VerSanG-E[3205] sowie § 18 Abs. 1 S. 1 HS. 1 VerbSG-E[3206], während durch S. 2 inhaltlich § 16 VerSanG-E widergespiegelt wird.[3207] Zudem wird als Aufgriffsschwelle einer internen Untersuchung ein Anfangsverdacht nach § 152 Abs. 2 StPO definiert.[3208] Die Differenzierung der Personenkreise, die im vorliegenden Regelungsentwurf insgesamt unter den Begriff der verdächtigten Unternehmensangehörigen subsumiert werden, stammt aus § 30a Abs. 3 lit. c OWiG n. F. des Vorschlags von *Moosmayer* und *Petrasch*[3209] sowie zum Teil aus der dargelegten Definition des Begriffs ‚Fraud'[3210]. Die Möglichkeit zur Beauftragung eines nicht näher definierten Dritten lehnt sich zudem an § 30a Abs. 2 S. 1 OWiG n. F.[3211] und § 18 Abs. 1 S. 1 HS. 2 VerbSG-E[3212] an. Zudem entstammt der Begriff der *„ermittelnden Personen"*[3213] aus dem Aufsatz zum VerbSG-E zweiter Mitverfasser des Entwurfs.

3204 Siehe Kapitel 2 A. II.
3205 Siehe Kapitel 3 D. II. 2. a).
3206 Siehe Kapitel 3 B. III. 1.
3207 Siehe Kapitel 3 D. II. 2. a).
3208 Siehe Kapitel 2 A. VI.
3209 Siehe Kapitel 3 B. IV. 1.
3210 Siehe Kapitel 2 A. II. 5. a).
3211 Moosmayer/Petrasch ZHR 182 (2018), 504, 536; siehe Kapitel 3 B. IV. 1.
3212 Henssler/Hoven/Kubiciel/Weigend NZWiSt 2018, 1, 4; siehe Kapitel 3 B. III. 1.
3213 Weigend/Hoven ZRP 2018, 30, 33.

III. Begründung

1. § 1 S. 1 des Regelungsentwurfs

Mit § 1 S. 1 des Regelungsentwurfs soll für alle Rechtsanwender und insbesondere für Arbeitgeber und Strafverfolgungsbehörden Klarheit geschaffen werden, was unter einer internen Untersuchung verstanden werden kann.

Im Vergleich zum VerSanG-E wurde der Verbandsbegriff aus dem Regelungsentwurf abgelehnt und stattdessen die Begrifflichkeit eines Arbeitgebers gewählt. Hiermit soll dem Umstand Rechnung getragen werden, dass die Form, in die die Regelungsentwürfe eingebunden werden, nicht definiert ist. Würden diese Bestandteil eines neuen Verbandssanktionengesetzes werden, könnte der dort definierte Verbandsbegriff – wenngleich vorliegend die Beschränkung auf einen wirtschaftlichen Zweck nicht befürwortet wird – auch im vorliegenden Entwurf übernommen werden. Durch die Wahl des allgemeingültigen Begriffs eines Arbeitgebers bleiben die Möglichkeiten zur Einbettung in ein Rahmenwerk jedoch offen. Zudem sollten unter dem Begriff auch Institutionen wie die Kirche verstanden werden, die nicht in den Geltungsbereich der VerSanG-E gefallen sind.[3214]

Der in der Gesetzesentwurfsbegründung zu § 16 VerSanG-E beschriebene Umstand, dass zu den Maßnahmen einer internen Untersuchung nur solche gehören, die der systematischen Aufklärung von Ordnungswidrigkeiten und/oder Straftaten dienen, wurde in diesem Regelungsentwurf unmittelbar aufgenommen.[3215] Dabei wurden auch Fehlverhaltensweisen ergänzt, die gemeinsam mit straf- und/oder bußgeldbewehrten Verstößen unter dem Begriff einer ‚Verfehlung' zusammengefasst werden. Hiermit soll dem Umstand Rechnung getragen werden, dass die Aufklärung von Sachverhalten, bei denen bspw. gegen interne Richtlinien verstoßen wurde, ebenfalls unter den Begriff einer internen Untersuchung fällt. Zudem muss es sich um eine Verfehlung handeln, die im Rahmen der beruflichen Tätigkeit begangen wurde, um die private Sphäre eines verdächtigten Unternehmensangehörigen klar abzugrenzen. Die Maßnahmen richten sich nach § 2 des Regelungsentwurfs.

Überdies erfordert die Einleitung einer internen Untersuchung in Anlehnung an § 152 Abs. 2 StPO zureichende tatsächliche Anhaltspunkte. Hierdurch soll sichergestellt werden, dass die Entscheidung für eine interne Untersuchung weiterhin bei dem Unternehmen verbleibt und es nicht auch Hinweisen, aus denen kein Anfangsverdacht resultiert, mit einer internen Untersuchung begegnen muss. Um das Vorliegen zureichender tatsächlicher Anhaltspunkte zu prüfen, bedarf es in der Praxis einer Plausibilitätsprüfung.[3216]

3214 Siehe Kapitel 3 D. II. 1. a) aa).

3215 Siehe Kapitel 3 D. II. 2. a).

3216 Siehe Kapitel 2 A. VI.

Die Formulierung, dass der Arbeitgeber die interne Untersuchung bei Vorliegen eines Anfangsverdachts zu ergreifen hat, trägt dem Ergebnis aus Kapitel 2 Rechnung, wonach eine Verpflichtung zur Durchführung einer solchen basierend auf §§ 130, 30, 9 OWiG, §§ 76 Abs. 1, 93 Abs. 1 S. 1 AktG, § 111 Abs. 1 und 2 AktG und § 43 Abs. 1 GmbHG angenommen wird. Während das ‚Ob' somit bei Vorliegen eines Anfangsverdachts feststeht, obliegt es weiterhin in der Entscheidung des Arbeitgebers, wie die interne Untersuchung ausgestaltet wird.[3217]

Der Terminus eines verdächtigten Unternehmensangehörigen umfasst Arbeitnehmer sowie – basierend auf dem Regelungsvorschlag von *Moosmayer* und *Petrasch*[3218] – Mitglieder der Unternehmensleitung und Aufsichtsgremien. Überdies hat ein weiterer Autor[3219] im Vergleich zu anderen Definitionen des Begriffs ‚Fraud' den Personenkreis um die gesetzlichen Vertreter eines Unternehmens sowie um dessen Mitglieder in Aufsichtsorganen erweitert.[3220] Diese Personengruppen werden nach vorliegender Auffassung von den vorgenannten verdächtigten Unternehmensangehörigen umfasst.

Mit der Erweiterung des Personenkreises in der Definition einer internen Untersuchung wird die Tatsache berücksichtigt, dass Mitglieder der Unternehmensleitung und Aufsichtsgremien nach § 5 Abs. 1 S. 3 ArbGG nicht unter den Begriff eines Arbeitnehmers fallen. Demnach werden Personen in Betrieben einer juristischen Person oder Personengesamtheit nicht als Arbeitnehmer angesehen, „*die kraft Gesetzes, Satzung oder Gesellschaftsvertrags allein oder als Mitglieder des Vertretungsorgans zur Vertretung der juristischen Person oder der Personengesamtheit berufen sind.*" Zudem fallen diese Personengruppen regelmäßig nicht unter den Arbeitnehmerbegriff nach § 611a BGB. Nach § 611a Abs. 1 S. 1 BGB ist eine Person als Arbeitnehmer anzusehen, die auf Basis eines privatrechtlichen Vertrags „*im Dienste eines anderen zur Leistung weisungsgebundener, fremdbestimmter Arbeit in persönlicher Abhängigkeit verpflichtet*" ist.

2. § 1 S. 2 des Regelungsentwurfs

In Anlehnung an § 16 VerSanG-E soll in diesem Regelungsentwurf mit S. 2 den Arbeitgebern die Möglichkeit gegeben werden, selbstständig zu entscheiden, wer die internen Untersuchungen durchführt.

In der Studie des DICO e. V. gaben sämtliche Unternehmen, die die Frage beantwortet haben an, dass sie interne Untersuchungen selbstständig durchführen. Im Falle umfangreicher bzw. komplexer Untersuchungen werden

3217 Siehe Kapitel 2 A. VIII.
3218 Siehe Kapitel 3 B. IV. 1., 2. (§ 30a Abs. 3 lit. c OWiG n. F.).
3219 Lescher in: Bürkle, Compliance in Versicherungsunternehmen, § 15 Rn. 9.
3220 Siehe Kapitel 2 A. II. 5. a).

jedoch in etwa 80% der Unternehmen auch externe Dritte zur Unterstützung hinzugezogen.[3221] Bei dieser Studie handelte es sich zwar nicht um eine repräsentative Studie,[3222] dennoch kann daraus eine Tendenz abgeleitet werden.

Durch den Begriff der ‚beauftragten Dritten' wird die Möglichkeit analog zur Regelung des § 18 Abs. 1 S. 1 HS. 2 VerbSG-E offengelassen, welche Dritten hierfür herangezogen werden.[3223] Dabei steht es dem Arbeitgeber frei, Berufsgruppen, die nach § 53 Abs. 1 Nr. 3 StPO ein Zeugnisverweigerungsrecht haben, oder andere Dritte – wie Detektive – zu wählen.

Kleine und mittlere Unternehmen ohne entsprechende Kapazitäten und Know-how, um interne Untersuchungen selbstständig durchzuführen, werden vermehrt externe Dritte für die Aufklärung von Verstößen einsetzen müssen. Durch § 1 S. 2 des Regelungsentwurfs wird dieser Umstand berücksichtigt.

B. Regelungsentwurf für die Durchführung von internen Untersuchungen

Im Folgenden werden der Regelungsentwurf für die Durchführung einer internen Untersuchung sowie dessen Herleitung und Begründung dargestellt.

I. Regelungsentwurf

§ 2 Maßnahmen für interne Untersuchungen

(1) [1]Zu den im Rahmen einer internen Untersuchung zu ergreifenden Maßnahmen gehören nach einer Abwägung der widerstreitenden Interessen, sofern das arbeitgeberseitige Interesse an einer Sachverhaltsaufklärung gegenüber den geschützten Interessen des verdächtigten Unternehmensangehörigen überwiegt, regelmäßig

1. die Sicherung und Auswertung von Daten und Dokumenten in elektronischer und papierhafter Form, die dem Zweck der Aufklärung dienen,
2. sofern geboten, die Sicherung und Sichtung der gesamten fallbezogenen, dienstlich genutzten Kommunikationsmittel und -daten verdächtigter Unternehmensangehöriger,

3221 DICO e. V., Studie „Interne Untersuchungen in Deutschland – 2022", S. 15 f.
3222 DICO e. V., Studie „Interne Untersuchungen in Deutschland – 2022", S. 7.
3223 Siehe Kapitel 3 B. III. 1.

3. die Befragung verdächtigter Unternehmensangehöriger sowie von Unternehmensangehörigen, die den in § 1 S. 1 genannten Personengruppen zuzuordnen sind und als Zeugen der Aufklärung dienen können.

²Die Voraussetzungen nach §§ 3, 4 finden entsprechend Anwendung.

(2) Arbeits- und datenschutzrechtliche Vorschriften sind zu beachten.

(3) Ergebnisse aus den ergriffenen Maßnahmen sowie mit den Maßnahmen verbundene Interessenabwägungen sind zu dokumentieren.

II. Regelungszweck und Herleitung

Das Vorgehen von Arbeitgebern bei internen Untersuchungen hängt von unterschiedlichen Faktoren wie der Unternehmensgröße, den verfügbaren Ressourcen in personeller und technischer Hinsicht, der Schwere und dem Umfang des aufzuklärenden Sachverhalts ab. Wenngleich bestimmte Vorgehensweisen bereits aus der Literatur abgeleitet werden können,[3224] gibt es bisher keinen Leitfaden auf gesetzlicher Ebene, durch den Arbeitgebern bei der Durchführung von internen Untersuchungen ein Standard vorgegeben wird. Gerade kleinen und mittleren Unternehmen ohne Compliance-Strukturen könnte das Vorgehen durch einen solchen Standard erleichtert werden, wenngleich sie aufgrund des fehlenden Know-hows zunächst auf die Unterstützung externer Dritter zurückgreifen werden.

Für § 2 des Regelungsentwurfs wurde der Vorschlag von *Moosmayer* und *Petrasch* (§ 30a Abs. 1 und 3 OWiG n. F.)[3225] als Grundlage genommen und ergänzt. Für die Anpassung von § 2 Abs. 1 S. 1 Nr. 2 und § 2 Abs. 3 des Regelungsentwurfs wird auf die Darstellung und die Ergänzungshinweise im vorherigen Kapitel zu § 30a Abs. 3 lit. b und d OWiG n. F. von *Moosmayer* und *Petrasch* verwiesen.[3226]

III. Begründung

1. § 2 Abs. 1 des Regelungsentwurfs

§ 2 des Regelungsentwurfs soll als eben solcher Leitfaden dienen, der Arbeitgebern Maßnahmen aufzeigt, die bei internen Untersuchungen regelmäßig durchgeführt werden. Vor der Ergreifung der in Nr. 1 bis 3 aufgelisteten Maßnahmen ist eine Abwägung der widerstreitenden Interessen vorzunehmen. Dabei sind die arbeitgeberseitigen Interessen an einer Sachverhalts-

3224 Siehe hierzu exemplarisch Kapitel 2 B. I.–III.

3225 Moosmayer/Petrasch ZHR 182 (2018), 504, 536 f.; siehe Kapitel 3 B. IV. 1., 2.

3226 Siehe Kapitel 3 B. IV. 2.

aufklärung und die geschützten Interessen des Unternehmensangehörigen wie der Schutz des Persönlichkeitsrechts gegeneinander abzuwägen. Wenn die Interessen des Arbeitgebers im Vergleich zu denen des Unternehmensangehörigen schwerer wiegen, können die Maßnahmen nach Nr. 1 bis 3 vorgenommen werden.

Die in §2 des Regelungsentwurfs aufgelisteten Maßnahmen sind wesentliche Bestandteile von internen Untersuchungen. Durch den Begriff ‚regelmäßig' wird verdeutlicht, dass die Maßnahmen in Abs. 1 S. 1 Nr. 1 bis 3 in einer internen Untersuchung berücksichtigt werden können, aber nicht zwingend ergriffen werden müssen. Dies umfasst die Sichtung und Auswertung sowohl papierhafter als auch digitaler Dokumente und Daten, die der Aufklärung dienen können (Nr. 1).[3227] Gemäß Nr. 2 gehört zu den Maßnahmen ebenso die Sicherung und Sichtung der dienstlich genutzten Kommunikationsmittel, worunter sowohl der elektronische Postverkehr[3228] als auch beruflich genutzte Messenger-Dienste und weitere Kommunikationstools fallen, die bspw. im Rahmen eines E-Mail-Reviews ausgewertet werden können.[3229] Anders als die Auswertung von Dokumenten gehört die Auswertung von Kommunikationsmitteln zwar zu den regelmäßig eingesetzten Maßnahmen einer internen Untersuchung, allerdings erfolgt ihr Einsatz einzelfallabhängig. Hierbei ist insbesondere die Frage zu klären, ob die private Nutzung des geschäftlichen E-Mail-Accounts im Unternehmen erlaubt, verboten oder geduldet ist.[3230] Davon hängt ab, inwieweit das TDDDG sowie das Fernmeldegeheimnis zu berücksichtigen sind.[3231] Zudem muss das Unternehmensinteresse an der Durchführung eines E-Mail-Reviews das Persönlichkeitsinteresse des verdächtigten Unternehmensangehörigen überwiegen,[3232] damit ein Einsatz dieser Maßnahme in Betracht kommt. Ferner bedarf es einer datenschutzrechtlichen Prüfung sowie der Klärung, ob Mitbestimmungsrechte des Betriebsrats betroffen sein könnten.[3233] Ein zentraler Bestandteil interner Untersuchungen sind Mitarbeiterbefragungen, die in Nr. 3 aufgeführt sind. Dabei wird zwischen Befragungen von verdächtigten Unternehmensangehörigen und Unternehmensangehörigen mit dem Status

3227 Siehe Kapitel 2 B. I.; siehe Kapitel 3 B. IV. 2.

3228 So auch im Regelungsentwurf von: Moosmayer/Petrasch ZHR 182 (2018), 504, 536 f.; siehe Kapitel 3 B. IV. 2..

3229 Siehe Kapitel 2 B. II.

3230 Siehe Kapitel 2 B. II. 1. d).

3231 Siehe Kapitel 2 B. II. 1. d) bb) (1)–(3).

3232 Siehe Kapitel 2 B. II. 1. a); zur Interessenabwägung auch: Wybitul NJW 2014, 3605, 3606 und Wybitul/Böhm CCZ 2015, 133, 135.

3233 Siehe Kapitel 2 A. IX. 1.

eines Zeugen[3234] differenziert.[3235] Im Zusammenhang mit diesen Befragungen finden die Voraussetzungen und Regelungen nach § 3 des Regelungsentwurfs für verdächtigte Unternehmensangehörige und § 4 des Regelungsentwurfs für Unternehmensangehörige als Zeugen Anwendung.

Mit der Pflicht, dokumentierte Interessenabwägungen vorzunehmen, geht zwar ein – im Vergleich zur aktuellen Rechtslage – erhöhter Arbeitsaufwand für Arbeitgeber einher, allerdings kann dadurch sichergestellt werden, dass die Interessen der Unternehmensangehörigen hinreichend berücksichtigt wurden.

Neben der Achtung der Interessen von Unternehmensangehörigen werden in § 2 Abs. 1 des Regelungsentwurfs die Belange von Arbeitgebern und Strafverfolgungsbehörden berücksichtigt. Für Arbeitgeber dienen § 2 und insbesondere § 2 Abs. 1 S. 1 Nr. 1 bis 3 des Entwurfs als Leitfaden zur Durchführung einer internen Untersuchung. Davon können besonders Unternehmen profitieren, die keine oder wenige Erfahrungen mit internen Untersuchungen haben. Zugleich kann durch die konkrete Benennung der Maßnahmen gewährleistet werden, dass ein Standard bei der Durchführung von internen Untersuchungen etabliert wird. Dadurch kann auch die Qualität interner Untersuchungen erhöht werden, was für die Strafverfolgungsbehörden bei der Verwendung und Auswertung der Untersuchungsergebnisse im Rahmen einer Kooperation mit dem Unternehmen ebenfalls von Vorteil sein kann.

2. § 2 Abs. 2 des Regelungsentwurfs

Bei der Umsetzung der genannten Maßnahmen sind nach § 2 Abs. 2 des Regelungsentwurfs die arbeits- und datenschutzrechtlichen Vorschriften zu beachten. Dies ist insbesondere darauf zurückzuführen, dass bei einer internen Untersuchung eine Vielzahl personenbezogener Daten erhoben und verarbeitet wird. Aus diesem Grund sind datenschutzrechtliche Vorschriften bei jeder Maßnahme zu berücksichtigen, die zur Sachverhaltsaufklärung beitragen soll. Auch die Beachtung arbeitsrechtlicher Vorschriften ist von Relevanz. Dies betrifft bspw. die Zwei-Wochen-Frist für eine außerordentliche Verdachtskündigung nach § 626 Abs. 2 S. 1 BGB.[3236]

Ferner kommt § 2 Abs. 2 des Regelungsentwurfs insbesondere bei grenzüberschreitenden internen Untersuchungen eine besondere Bedeutung zu, die nicht ausschließlich unter die deutsche Rechtsordnung fallen, denn

3234 Siehe Kapitel 3 D. II. 2. b) ff); Ahrens/Redwitz CB 2021, 102, 103 kritisieren das VerSanG-E dahingehend, dass bei Befragungen von Verdächtigten und Zeugen nach dem Entwurf stets ein Beistand hinzuzuziehen ist, was sich negativ auf den Zeitaufwand und die Kosten auswirken kann.

3235 Siehe Kapitel 2 B. III.

3236 Siehe Kapitel 2 A. IX. 3.

durch die rechtlichen Vorschriften anderer Länder entstehen andere Herausforderungen bei der Durchführung einer solchen Untersuchung.[3237]

3. § 2 Abs. 3 des Regelungsentwurfs

Im vorliegenden Regelungsentwurf wird die Dokumentation der Ergebnisse gefordert, die aus der Interessenabwägung nach § 2 Abs. 1 sowie den ergriffenen Maßnahmen nach § 2 Abs. 2 gewonnen werden. Die Form, in der diese Ergebnisse festgehalten werden, bleibt jedoch insoweit offen. Die Ergebnisse können bspw. in einem Untersuchungsbericht dargelegt werden.

Für die Strafverfolgungsbehörden entsteht durch diese Pflicht – in Kombination mit einer hier nicht berücksichtigten Sanktionierung und Sanktionsmilderung bspw. aufgrund einer Kooperation – die Möglichkeit, zu evaluieren, ob die ergriffenen Maßnahmen vertretbar waren. Von einer nicht vertretbaren Maßnahme ist bspw. auszugehen, wenn das E-Mail-Postfach eines verdächtigten Arbeitnehmers von ermittelnden Personen durchsucht wird, obwohl der Angestellte bereits umfassende Auskünfte im Rahmen einer Befragung erteilt hat. In einem solchen Fall könnte angenommen werden, dass die Interessen des verdächtigten Unternehmensangehörigen nicht hinreichend gewürdigt wurden. Dies könnte bei einer etwaigen Sanktionsbemessung entsprechend berücksichtigt werden.

Mit der Pflicht, sich nachweisbar mit den Interessen der Beteiligten zu beschäftigen, wird einem unüberlegten Handeln der ermittelnden Personen vorgebeugt. Dies kann zur Erhöhung der Qualität von internen Untersuchungen beitragen. Für Unternehmensangehörige bietet die dokumentierte Interessenabwägung in der Form einen Schutz, dass ihre Interessen hinreichend berücksichtigt wurden.

C. Regelungsentwurf für die Befragung von verdächtigten Unternehmensangehörigen

Im Folgenden werden der Regelungsentwurf für die Befragung von verdächtigten Unternehmensangehörigen sowie dessen Herleitung und Begründung dargestellt.

3237 Vgl. dazu auch: Moosmayer, Compliance – Praxisleitfaden für Unternehmen, § 5 C Rn. 312, wonach sich die Ermittlerteams bei internen Untersuchungen an das anwendbare Recht halten müssen, das insbesondere im Rechtsbereich Datenschutz in vielen Ländern Hürden bietet.

I. Regelungsentwurf

§ 3 Befragungen verdächtigter Unternehmensangehöriger

(1) [1]Ein verdächtigter Unternehmensangehöriger kann bei einer durch den Arbeitgeber durchgeführten Befragung ein Mitglied des Betriebsrats oder einen Rechtsanwalt hinzuziehen. [2]Die Teilnahme eines Rechtsanwalts ist dem verdächtigten Unternehmensangehörigen zu gewähren, wenn bei dem Arbeitgeber kein Betriebsrat besteht oder dieser nicht zuständig ist, die Befragung durch externe Dritte durchgeführt wird oder externe Dritte anwesend sind.

(2) [1]Der verdächtigte Unternehmensangehörige ist gegenüber den ermittelnden Personen verpflichtet, auf deren Verlangen hin mitzuwirken und zum Gegenstand der internen Untersuchung wahrheitsgemäß Auskunft zu geben. [2]Hierbei hat er auch Tatsachen zu offenbaren, die geeignet sind, eine Verfolgung wegen einer Straftat oder einer Ordnungswidrigkeit herbeizuführen.

(3) Legt ein verdächtigter Unternehmensangehöriger mit seiner Auskunft zur Erfüllung der in Absatz 2 genannten Pflicht Informationen offen, mit denen er sich selbst oder einen in § 52 Abs. 1 StPO bezeichneten Angehörigen in die Gefahr bringen würde, wegen einer Straftat oder einer Ordnungswidrigkeit verfolgt zu werden, ist für die Verwertung der Auskünfte in einem gegen diesen gerichteten Strafverfahren oder in einem Verfahren nach dem Gesetz über Ordnungswidrigkeiten die Zustimmung des verdächtigten Unternehmensangehörigen erforderlich.

(4) Im Rahmen eines gegen den verdächtigten Unternehmensangehörigen geführten Straf- oder Ordnungswidrigkeitenverfahrens kann die Tatsache, dass er gemäß Absatz 3 seine Zustimmung erteilt hat, strafmildernd berücksichtigt werden.

(5) Verdächtigte Unternehmensangehörige sind vor der Befragung über ihre Rechte und Pflichten nach Absatz 1 bis 4 zu belehren.

(6) Die Befragung ist zu dokumentieren.

II. Regelungszweck und Herleitung

Befragungen zählen zu den zentralen Elementen einer internen Untersuchung. Dies kann mit dem spezifischen Wissen begründet werden, das die befragten Personen haben, wodurch sie auch als Wissensträger bezeichnet werden.[3238]

Die nachfolgend aufgeführten Abs. orientieren sich an dem Regelungsvorschlag von *Moosmayer* und *Petrasch* sowie an dem VerSanG-E. Zudem

3238 Siehe Kapitel 2 B. III. 1.

wurde sich an eine Regelung der Insolvenzordnung und dem VerbSG-E angelehnt.

Im Detail betrifft dies Abs. 1, der auf § 30a Abs. 7 S. 2 OWiG n. F.[3239] von *Moosmayer* und *Petrasch* sowie auf § 17 Abs. 1 Nr. 5 lit. b VerSanG-E basiert. Im VerSanG-E war indes vorgesehen, dass dem Befragten das Recht, einen Beistand in Form eines Rechtsanwalts oder eines Betriebsratsmitglieds hinzuziehen zu dürfen, erst vom Verband einzuräumen ist.[3240] Zudem wurde die Regelung aus § 97 Abs. 1 S. 2 InsO in Abs. 2 S. 2 überführt, während Abs. 3 auf § 97 Abs. 1 S. 3 InsO basiert. Eine Zustimmungspflicht wurde ebenfalls in § 18 Abs. 3 VerbSG-E normiert.[3241] Für Abs. 4 wurde zudem § 30a Abs. 10 OWiG n. F.[3242] und für Abs. 5 § 30a Abs. 7 OWiG n. F.[3243] des Entwurfs von *Moosmayer* und *Petrasch* als Vorbild herangezogen.

III. Begründung

1. § 3 Abs. 1 des Regelungsentwurfs

Ein verdächtigter Unternehmensangehöriger kann nach S. 1 bei Befragungen durch den Arbeitgeber im Rahmen von internen Untersuchungen einen Beistand in Form eines Betriebsratsmitglieds oder eines Rechtsanwalts hinzuziehen. Durch die gewählte Formulierung ‚kann' wird verdeutlicht, dass diese Entscheidung im Ermessen des befragten Unternehmensangehörigen liegt. Die eingeschränkte Anwendbarkeit dieser Regelung auf verdächtigte Unternehmensangehörige soll die Praktikabilität von Befragungen steigern, die mit Zeugen geführt werden. Für Zeugen gelten die Regelungen nach § 4 des Regelungsentwurfs.

Besteht im Unternehmen kein Betriebsrat, verbleibt als einzige Entscheidungsmöglichkeit des verdächtigten Unternehmensangehörigen einen Rechtsanwalt hinzuzuziehen. Dies gilt gleichermaßen, wenn der Betriebsrat für verdächtigte Unternehmensangehörige aufgrund ihrer Stellung als leitende Angestellte nach § 5 Abs. 3 BetrVG nicht zuständig ist. Ein Rechtsanwalt als Beistand ist auch dann zu gewähren, wenn durch die Hinzuziehung von Dritten, die nicht dem Unternehmen angehören, die interne Sphäre des Unternehmens verlassen wird. Hierdurch soll die Waffengleichheit[3244] zwischen Arbeitgebern und Unternehmensangehörigen sichergestellt werden.

3239 Moosmayer/Petrasch ZHR 182 (2018), 504, 537; siehe Kapitel 3 B. IV. 4.
3240 BMJV, VerSanG Regierungsentwurf 2020, S. 14; siehe Kapitel 3 D. II. 2. b) ff) (2).
3241 Siehe Kapitel 2 C. I. 2. c) dd); siehe zu § 18 Abs. 3 VerbSG-E Kapitel 3 B. III. 3., 4.
3242 Moosmayer/Petrasch ZHR 182 (2018), 504, 538, siehe Kapitel 3 B. IV. 4.
3243 Moosmayer/Petrasch ZHR 182 (2018), 504, 537, siehe Kapitel 3 B. IV. 4.
3244 Siehe Kapitel 2 C. I. 2. d) aa).

Dabei ist es unerheblich, ob Dritte die Befragung durchführen oder lediglich anwesend sind.

2. § 3 Abs. 2 des Regelungsentwurfs

Mit § 3 Abs. 2 des Regelungsentwurfs wird die Pflicht gesetzlich verankert, dass verdächtigte Unternehmensangehörige gegenüber den ermittelnden Personen verpflichtet ist auf deren Verlangen[3245] hin mitzuwirken und wahrheitsgemäß zum Gegenstand der internen Untersuchung Auskunft geben müssen (S. 1).[3246] Diese Auskunft hat auch Tatsachen zu beinhalten, aufgrund derer sich der verdächtigte Unternehmensangehörige der Verfolgung wegen einer Straftat oder einer Ordnungswidrigkeit ausgesetzt sehen könnte (S. 2).[3247]

Folglich wurde hier eine Selbstbelastungspflicht der verdächtigten Unternehmensangehörigen gewählt. Denn Mitarbeiterbefragungen sind ein zentraler Bestandteil von internen Untersuchungen und stellen für die Unternehmen eine umfassende Informationsquelle dar. Würde diese Quelle nunmehr versiegen, würden Unternehmen zukünftig vor erhebliche Herausforderungen gestellt werden. So könnten sie einerseits die Sachverhalte nicht hinreichend aufklären und andererseits wären sie gegenüber den Strafverfolgungsbehörden bei einer Kooperation nicht auskunftsfähig.

Indes wird hierzu zum Teil argumentiert, dass eine umfassende Aufklärung aus Arbeitgebersicht nicht notwendig ist, zumal Unternehmensangehörige, denen eine Straftat zur Last gelegt wird, die ihre Auskunft verweigern, mithilfe einer Verdachtskündigung aus dem Unternehmen entfernt werden können.[3248] Nach dieser Ansicht wird den Unternehmen eine hinreichende Aufklärung des Sachverhalts und damit das Verständnis versagt, was notwendig ist, um zukünftig ähnliche Straftaten oder Ordnungswidrigkeiten zu verhindern.

Die Pflicht des verdächtigten Unternehmensangehörigen zur wahrheitsgemäßen Auskunft[3249] betrifft den Gegenstand der internen Untersuchung. Die Interessen des Unternehmensangehörigen sind auch in diesem Fall über eine Interessenabwägung hinreichend zu berücksichtigen. Hierdurch werden Fragen, die den abwägungsfesten Bereich der Privatsphäre und der Intimsphäre

---

3245 Siehe Kapitel 2 B. III. 4. b) aa) (1); Beuthien in: Soergel, BGB Band 10, § 666 Rn. 8.

3246 Siehe Kapitel 2 B. III. 4. b) cc).

3247 Siehe Kapitel 2 B. III. 7. d).

3248 Vgl. nur: Rudkowski, Aufklärung von Compliance-Verstößen, S. 125 f.; Rudkowski NZA 2011, 612, 613; Eufinger DB 2017, 1266, 1271.

3249 Zur Pflicht einer wahrheitsgemäßen Auskunft siehe Kapitel 2 B. III. 4. b) cc).

betreffen, einer Abwägung nicht standhalten. Diese Sphären werden jedoch ohnehin nicht vom Gegenstand der internen Untersuchung umfasst sein.[3250]

3. § 3 Abs. 3 des Regelungsentwurfs

Verdächtigte Unternehmensangehörige werden durch Abs. 3 geschützt. Dabei bedarf es der Zustimmung des verdächtigten Unternehmensangehörigen, damit dessen Auskünfte, die er in Erfüllung seiner Pflicht nach Abs. 2 gegenüber den ermittelnden Personen geleistet hat, in einem Strafverfahren oder Verfahren wegen einer Ordnungswidrigkeit gegen diesen verwendet werden dürfen. Dies betrifft nicht nur Auskünfte, mit denen sich der verdächtigte Unternehmensangehörige selbst belastet, sondern auch Angaben, mit denen er Angehörige nach § 52 Abs. 1 StPO der Gefahr der Verfolgung wegen einer Straftat oder einer Ordnungswidrigkeit aussetzen könnte.

Das Beweisverwertungsverbot richtet sich nach § 97 Abs. 1 S. 3 InsO, allerdings wird keine Fernwirkung aufgrund der erheblichen Missbrauchsmöglichkeiten eines Arbeitnehmers angenommen. Der Schutz eines Arbeitnehmers wird vorliegend auch über ein Beweisverwertungsverbot für ausreichend erachtet.[3251]

4. § 3 Abs. 4 des Regelungsentwurfs

Mit dieser Regelung wird ein Anreiz für verdächtigte Unternehmensangehörige normiert, wenn sie nach Abs. 3 die Zustimmung zur Verwendung von Informationen im gegen sie geführten Straf- oder Ordnungswidrigkeitenverfahren erteilen. Diese Zustimmung kann sodann strafmildernd berücksichtigt werden.[3252]

Der Anreiz würde für den verdächtigten Unternehmensangehörigen verstärkt werden, wenn es sich bei dieser Vorschrift um keine Kann, sondern um eine Soll-Vorschrift handeln würde. Allerdings trifft das Gericht die endgültige Entscheidung zur Anwendung einer Strafmilderung unter Berücksichtigung des gesamten Sachverhalts. Hierbei wäre nicht auszuschließen, dass die Zustimmung zur Weitergabe aufgrund der Schwere des begangenen Verstoßes nicht strafmildernd berücksichtigt werden kann. Aus diesem Grund wird an dieser Stelle kein Eingriff in die Strafzumessung seitens des Gerichts vorgenommen.

Wenngleich eine Sanktionsmilderung nicht in jedem Fall anzunehmen ist, kann der verdächtigte Unternehmensangehörige, der sich oder Angehörige belastet hat, seinen Willen und seine Motivation zur Aufklärung des Sach-

3250 Siehe Kapitel 2 C. I. 2. b) bb).
3251 Siehe Kapitel 2 C. I. 3. a) dd).
3252 Moosmayer/Petrasch ZHR 182 (2018), 504, 538; siehe Kapitel 3 B. IV. 4.

verhalts zum Ausdruck bringen. Mit der Zustimmung könnten Strafverfolgungsbehörden die erteilten Auskünfte heranziehen.

5. § 3 Abs. 5 des Regelungsentwurfs

Gemäß § 57 StPO sind Zeugen und gemäß § 136a Abs. 1 StPO Beschuldigte durch die Staatsanwaltschaft und die Polizei zu belehren. In der aktuellen Rechtsordnung ist jedoch keine Belehrung im Rahmen von Mitarbeiterbefragungen vorgesehen.[3253] Dieses Problem soll durch Abs. 5 aufgelöst werden. Demnach sind verdächtigte Unternehmensangehörige vor der Befragung über ihre Rechte und Pflichten gemäß den vorstehenden Abs. 1 bis 4 zu belehren.[3254] Damit soll sichergestellt werden, dass die verdächtigten Unternehmensangehörigen das für sie geltende Recht ausüben und die für sie bestmöglichen Entscheidungen im Zusammenhang mit der Mitarbeiterbefragung treffen können. Damit ist insbesondere die Möglichkeit nach Abs. 1 gemeint, ein Betriebsratsmitglied bzw. einen Rechtsanwalt hinzuzuziehen. Auch die Zustimmung zur Legitimierung der Verwendung der arbeitnehmerseitigen Auskünfte an die Strafverfolgungsbehörden nach Abs. 3 fällt darunter. Darüber hinaus sind die verdächtigten Unternehmensangehörigen darüber zu belehren, dass sie in einer Vernehmung durch die Polizei oder Staatsanwaltschaft nicht an ihre gegenüber den ermittelnden Personen getätigte Auskunft gebunden sind.[3255] Zu den Pflichten gehört insbesondere die wahrheitsgemäße Auskunft gegenüber den ermittelnden Personen, wobei hierzu auch selbstbelastende Informationen zählen, wenn sie den Gegenstand der internen Untersuchung betreffen.

Mit der Belehrung des Arbeitnehmers über seine Rechte und Pflichten wird dem Fairnessgedanken aus dem Fair-Trial-Grundsatz entsprochen.[3256]

6. § 3 Abs. 6 des Regelungsentwurfs

Der Abs. 6 enthält die Regelung, dass die Befragungen zu dokumentieren sind. Die Dokumentation von Befragungen ist bereits heute ein gängiger Bestandteil vieler interner Untersuchungen, die nunmehr auch gesetzlich festgehalten werden soll. Gleichwohl wird hierdurch ein Standard geschaffen, der bei allen internen Untersuchungen anzuwenden ist, wodurch die Qualität interner Untersuchungen angehoben werden kann. Die Form der Dokumentation wird bewusst nicht konkretisiert, sodass wortwörtliche Auf-

---

3253 Siehe Kapitel 2 B. III. 2. b) gg).
3254 Siehe Kapitel 2 B. III. 2. b) gg) (1)–(5).
3255 Siehe Kapitel 2 C. I. 3. c).
3256 Siehe Kapitel 2 C. I. 2. d) cc).

zeichnungen davon genauso umfasst sind wie Zusammenfassungen der Befragungen.[3257]

D. Regelungsentwurf für die Befragungen von Unternehmensangehörigen als Zeugen

Im Folgenden werden der Regelungsentwurf für die Befragungen von Unternehmensangehörigen als Zeugen sowie dessen Herleitung und Begründung dargestellt.

I. Regelungsentwurf

§ 4 Befragungen von Unternehmensangehörigen als Zeugen

(1) [1]Ein als Zeuge befragter Unternehmensangehöriger hat die Pflicht, an internen Untersuchungen auf Verlangen mitzuwirken und Fragen zu seinem Arbeitsbereich zu beantworten. [2]Die Befragung ist gemäß § 3 Abs. 6 zu dokumentieren.

(2) [1]Wird ein als Zeuge befragter Unternehmensangehöriger verdächtigt, an der Verfehlung beteiligt zu sein oder eine andere begangen zu haben, ist dieser über die Statusänderung zu informieren. [2]Die Vorgaben nach § 3 sind unverzüglich anzuwenden.

(3) Legt ein als Zeuge befragter Unternehmensangehöriger mit seiner Auskunft zur Erfüllung der in Absatz 1 genannten Pflicht Informationen offen, mit denen er sich selbst oder einen in § 52 Abs. 1 StPO bezeichneten Angehörigen in die Gefahr bringen würde, wegen einer Straftat oder einer Ordnungswidrigkeit verfolgt zu werden, gelten § 3 Abs. 3 und 4 entsprechend.

II. Regelungszweck und Herleitung

Die separate gesetzliche Regelung von Befragungen verdächtigter Unternehmensangehöriger und von Zeugen beruht auf der berechtigten Kritik[3258] am VerSanG-E, wonach die Anwendung einer einheitlichen Regelung für Verdächtigte und Zeugen nachteilig für Unternehmen ist.[3259] Mit Abs. 3 wird im Wesentlich § 18 Abs. 2 VerbSG-E inhaltlich gefolgt, der sich gemäß seinem Wortlaut auf die Befragung von Zeugen bezieht.[3260]

3257 Siehe Kapitel 2 B. III. 2. d).
3258 Ahrens/Redwitz CB 2021, 102, 103.
3259 Siehe Kapitel 3 D. II. 2. b) ff) (2).
3260 Siehe Kapitel 3 B. III. 3., 4.

III. Begründung

1. § 4 Abs. 1 des Regelungsentwurfs

Ebenso wie verdächtigte Unternehmensangehörige nach § 3 Abs. 2 des Regelungsentwurfs sind Unternehmensangehörige als Zeugen verpflichtet, an internen Untersuchungen auf Verlangen mitzuwirken und Fragen zu ihrem Arbeitsbereich zu beantworten. Daneben sind die Befragungen nach S. 2 gemäß den Vorgaben in § 3 Abs. 6 des Regelungsentwurfs zu dokumentieren.

Mit dieser klaren Trennung zwischen den Regelungen für verdächtigte Unternehmensangehörige nach § 3 und solchen, die nicht verdächtigt werden, aber als Zeugen der Aufklärung dienlich sein können, soll der Zugang des Arbeitgebers zu Informationen vereinfacht werden. Ohne eine solche Trennung müssten für jedes Gespräch im Rahmen einer internen Untersuchung u. a. Beistände herangezogen werden, was – insbesondere im Fall von Rechtsanwälten – zeit- und kostenintensiv wäre.[3261] Durch die Differenzierung zwischen Verdächtigten und Zeugen finden die Regelungen nach § 3 des Regelungsentwurfs – mit Ausnahme des § 3 Abs. 6 – keine Anwendung auf Zeugen, bis sie den Status eines Verdächtigten erhalten.

2. § 4 Abs. 2 des Regelungsentwurfs

In Fällen, in denen ein als Zeuge befragter Unternehmensangehöriger verdächtigt wird, an der Verfehlung bzw. einer anderen Verfehlung, die nicht Gegenstand der internen Untersuchung ist, beteiligt zu sein, ändert sich sein Status von einem Zeugen zu einem verdächtigten Unternehmensangehörigen. Über diese Statusänderung ist der Zeuge zu informieren. Für die Befragung des nun verdächtigten Unternehmensangehörigen finden die Vorgaben nach § 3 des Regelungsentwurfs Anwendung. Diese sind unverzüglich umzusetzen, was insbesondere die Belehrung (§ 3 Abs. 5) und die Möglichkeit zur Hinzuziehung eines Beistands (§ 3 Abs. 1) betrifft. Die Rechte und der Schutz des vormaligen Zeugen werden damit ausgeweitet, wobei auch dessen Auskunftspflicht nach § 3 Abs. 2 erweitert wird. Mit der Statusänderung des Unternehmensangehörigen geht ein erhöhter formalistischer Aufwand für den Arbeitgeber einher, wenngleich seine Interessen in diesem Fall hinter den Schutz des verdächtigten Unternehmensangehörigen zurücktreten müssen.

3261 Zur Dauer und Kosten bei der Hinzuziehung eines Beistands zu jedem Gespräch auch: Ahrens/Redwitz CB 2021, 102, 103.

3. § 4 Abs. 3 des Regelungsentwurfs

Die Regelung dient unter Berücksichtigung der Erläuterungen des § 3 Abs. 3 dem Schutz des als Zeuge befragten Unternehmensangehörigen sowie nach § 3 Abs. 4 als Anreiz. Die jeweiligen Begründungen gelten hier entsprechend.

E. Regelungsentwurf zur Beschlagnahmefähigkeit von Unterlagen aus internen Untersuchungen

Im Folgenden werden der Regelungsentwurf zur Beschlagnahmefähigkeit von Unterlagen aus internen Untersuchungen sowie dessen Herleitung und Begründung dargestellt.

I. Regelungsentwurf

§ 5 Beschlagnahmefähigkeit von Unterlagen aus internen Untersuchungen

(1) [1]Die im Zusammenhang mit der internen Untersuchung angefertigten Aufzeichnungen und Berichte unterliegen nicht der Beschlagnahme. [2]Diese Unterlagen sind zu kennzeichnen und separat aufzubewahren. [3]Eine Ausnahme zu Satz 1 besteht in Fällen, in denen die Unterlagen im Zusammenhang mit Straftaten besonderer Schwere wie Terrorismusfinanzierung (§ 89c StGB), Landesverrat (§ 94 StGB) und Tötungsdelikten (§§ 211 f. StGB) stehen.

(2) [1]Unterlagen aus internen Untersuchungen, die nicht nach Abs. 1 S. 1 beschlagnahmefrei sind, Geschäftsgeheimnisse nach § 2 GeschGehG beinhalten und von den Strafverfolgungsbehörden beschlagnahmt werden sollen, sind vom Arbeitgeber eindeutig zu kennzeichnen. [2]Diese Dokumente werden von der Staatsanwaltschaft in einem Sonderband geführt. [3]Ein Recht auf Akteneinsicht besteht gemäß §§ 406e Abs. 2 S. 1, 475 Abs. 1 S. 2 StPO nicht.

II. Regelungszweck und Herleitung

Mit § 5 des Regelungsentwurfs wird die Beschlagnahmefähigkeit von Unterlagen aus internen Untersuchungen geregelt.

Abs. 1 S. 1 basiert auf dem Grundgedanken der Verfasser des Kölner Entwurfs, dass lediglich Ergebnisse einer internen Untersuchung geschützt sind, nicht jedoch Unterlagen sowie Daten, die in dieser Zeit gesammelt wurden und zu den dokumentierten Ergebnissen geführt haben.[3262] Analog zu § 18 Abs. 2 VerbSG-E wurde auch in diesem Entwurf keine örtliche Beschränkung des Beschlagnahmeschutzes für Aufzeichnungen aus internen Untersuchungen vorgenommen.[3263] Der Schutz der Geschäftsgeheimnisse nach Abs. 2 entstammt dem Ergebnis aus Kapitel 2.[3264] Zudem ist die Versagung des Rechts auf Akteneinsicht ebenfalls im Münchener Entwurf (§ 39 S. 4 Münchener Entwurf) enthalten.[3265]

III. Begründung

1. § 5 Abs. 1 des Regelungsentwurfs

Gemäß § 5 Abs. 1 sind bestimmte Unterlagen vor einer Beschlagnahme durch die Strafverfolgungsbehörden geschützt. Diese Unterlagen betreffen bspw. eigene Auswertungen der ermittelnden Personen, Interviewprotokolle und Berichte. Alle anderen Dokumente, insbesondere jene, auf denen die angefertigten Aufzeichnungen und Berichte nach § 2 Abs. 3 beruhen, wie Verträge, Rechnungen, Kreditorenkonten, können weiterhin von Strafverfolgungsbehörden beschlagnahmt werden.

Der Ort, an dem diese Unterlagen vor einer Beschlagnahme geschützt sind, wurde nicht definiert. Durch eine Einschränkung – bspw. auf Unterlagen, die sich im Gewahrsam eines Rechtsanwalts oder Wirtschaftsprüfers befinden – würde andernfalls ein ‚Safehouse' geschaffen werden. Wären Unterlagen nur im Gewahrsam eines Dritten beschlagnahmefrei, würde dies der Möglichkeit widersprechen, dass Arbeitgeber selbstständig und ohne die Einbindung Dritter interne Untersuchungen durchführen können. Zur Abgrenzung der Unterlagen, die einem Beschlagnahmeverbot unterliegen, von Dokumenten, die beschlagnahmefrei sind, sind Erstere nach Abs. 1 S. 2 entsprechend zu kennzeichnen und separat aufzubewahren.

Mithilfe der beschlagnahmefreien Dokumente werden die Strafverfolgungsbehörden in die Lage versetzt, den Sachverhalt durch eigene Ermittlungen aufzuklären. Hierbei stehen ihnen alle für sie anwendbaren Ermittlungshandlungen offen. Gleichwohl steht es den Strafverfolgungsbehörden frei, mit Unternehmen rechtssichere Abreden zu treffen, die die Herausgabe von Unterlagen aus internen Untersuchungen unter Berücksichtigung einer entsprechenden Strafmilderung vorsehen.

3262 Weigend/Hoven ZRP 2018, 30, 33.
3263 Henssler/Hoven/Kubiciel/Weigend NZWiSt 2018, 1, 4; siehe Kapitel 3 B. III. 2.
3264 Siehe Kapitel 2 E.
3265 Saliger/Tsambikakis/Mückenberger/Huber, Münchner Entwurf eines Verbandssanktionengesetzes, S. 32.

Eine Ausnahme zu S. 1 besteht indes bei Sachverhalten, in denen die Unterlagen im Zusammenhang mit Straftaten besonderer Schwere wie Terrorismusfinanzierung (§ 89c StGB), Landesverrat (§ 94 StGB) und Tötungsdelikten (§§ 211 f. StGB) stehen. Mit dieser Ausnahme soll sichergestellt werden, dass die Ermittlungen der Strafverfolgungsbehörden bei besonders schwerwiegenden Straftaten basierend auf den Ergebnissen der internen Untersuchungen zeitnah zu einem Abschluss führen können.

2. § 5 Abs. 2 des Regelungsentwurfs

Mit § 5 Abs. 2 des Regelungsentwurfs geht eine Kennzeichnungspflicht von Unterlagen einher, wenn diese Geschäftsgeheimnisse nach § 2 GeschGehG beinhalten. Sollen diese Dokumente von den Strafverfolgungsbehörden beschlagnahmt werden, sind die Dokumente in einem Sonderband zu führen. Durch die Versagung der Akteneinsicht nach §§ 406e Abs. 2 S. 1, 475 Abs. 1 S. 2 StPO soll das schützenswerte Interesse des Arbeitgebers an seinen Geschäftsgeheimnissen gewahrt werden.[3266]

3266 Siehe Kapitel 2 D. I.

Kapitel 5
Schlussbetrachtung

A. Ergebnisthesen

1. Interne Untersuchungen, auch Internal Investigations genannt, sind ein von einem Unternehmen selbst oder von diesem beauftragten Dritten eingeleiteter Prozess, der der Ermittlung und Aufklärung von Fakten im Zusammenhang mit mutmaßlichem oder vermutetem Fehlverhalten sowie rechtlichen Verstößen dient.[3267]
2. In ihrer Eigenschaft als repressive Compliance bilden interne Untersuchungen das Gegenstück zur präventiven Compliance. Nichtsdestotrotz weisen interne Untersuchungen auch einen präventiven Charakter in der Form auf, dass sie eine abschreckende Wirkung haben und durch die Aufdeckung von Prozess- und Kontrollschwächen zur Verbesserung des Compliance-Management-Systems führen können.[3268]
3. Ihren Ursprung haben Internal Investigations in den USA. Für deren Durchführung gibt es dort starke Anreize, weshalb interne Untersuchungen dort zum Teil im Sinne eines vorauseilenden Gehorsams durchgeführt werden. Als Startpunkt für interne Untersuchungen in Deutschland gilt der Siemens-Skandal.[3269]
4. Für den Terminus ‚interne Untersuchung' existiert in Deutschland keine Legaldefinition, wenngleich der Begriff in der Rechtsprechung, Literatur und zudem im Hinweisgeberschutzgesetz verwendet wird, das im Jahr 2023 in Kraft getreten ist.[3270]
5. Es gibt zahlreiche Begriffe, die durch die Rechtsprechung und in der Literatur synonym für den Begriff einer internen Untersuchung genutzt werden. Dazu zählt die Bezeichnung als ‚interne Ermittlung', wobei diese Formulierung staatlichem Handeln vorbehalten sein sollte.[3271]
6. Die Auslöser, die zu einer internen Untersuchung führen, können mannigfaltig sein. In vielen Fällen wird ein Hinweis durch einen Mitarbeiter oder einen Dritten als Impuls gesehen. Jedoch muss nicht jeder Hinweis zu einer internen Untersuchung führen.[3272] Davon kann bspw. abgesehen werden, wenn die Behauptungen mit Fakten entkräftet werden können oder der Hinweis keinen (Rechts-)Verstoß betrifft.[3273]

3267 Siehe Kapitel 2 A. I.
3268 Siehe Kapitel 2 A. I.
3269 Siehe Kapitel 2 A. III.
3270 Siehe Kapitel 2 A. II. 1.–3.
3271 Siehe Kapitel 2 A. I.
3272 Siehe Kapitel 2 A. V. 1., 2.
3273 Siehe Kapitel 2 A. VI.

7. Das beabsichtigte rechtswidrige Handeln unternehmensinterner Personen oder mit diesen Personen zusammenarbeitender Dritter (‚Fraud‘[3274]) kann sich gegen das Unternehmen richten, bei dem die Personen angestellt sind (‚Fraud against the Company‘), oder gegen Dritte, wodurch das Unternehmen zumindest kurzfristig einen Nutzen erlangt (‚Corporate Misconduct‘). Hierdurch kann das Unternehmen die Rolle eines ‚Quasi-Täters‘ einnehmen und in der öffentlichen Wahrnehmung mit dem Täter in Verbindung gebracht werden.[3275]
8. Gesellschaftsrechtlich sind Unternehmen bei Kenntnis von einem (Rechts-)Verstoß zu dessen Aufklärung verpflichtet. Ihre Pflicht lässt sich in Form einer Pflichtentrias zusammenfassen, wonach die Geschäftsleitung zur Aufklärung des Sachverhalts, zum Abstellen der Verstöße sowie zur angemessenen Sanktionierung des Fehlverhaltens verpflichtet ist.[3276] Eine mittelbare Pflicht zur Aufklärung ergibt sich zudem aus §§ 130, 30, 9 OWiG.[3277]
9. Im Rahmen der Vorprüfung der (rechtlichen Rahmenbedingungen) haben die Ermittlerteams u. a. den anwendbaren Rechtsrahmen und zu beachtende Themen im Einzelfall zu betrachten. Dazu gehören die Informations- und Mitbestimmungsrechte des Betriebsrats[3278], die Möglichkeit von Amnestieprogrammen[3279] sowie Kündigungsfristen und Vorgaben im Falle einer Verdachtskündigung[3280].
10. Amnestieprogramme ermöglichen es dem Arbeitgeber, kurzfristig an Informationen von Mitarbeitern zu gelangen, die sich einer Auskunft trotz einer entsprechenden Pflicht verwehren. Durch eine umfassende und wahrheitsgemäße Offenlegung seiner Kenntnisse kann der Arbeitnehmer bspw. arbeitsrechtliche Konsequenzen abwenden.[3281] Die Amnestieregelung ist vom Arbeitgeber zeitlich und inhaltlich auf bestimmte Themenbereiche einzuschränken.[3282] Zudem können Mitarbeiter wie Führungskräfte von diesem Angebot ausgeschlossen sein.[3283] Bei der Ausgestaltung eines Amnestieangebots ist die Unternehmensleitung an arbeits-, gesellschafts-, straf- und vergaberechtliche Vorgaben gebunden.[3284]

3274 Siehe Kapitel 2 A. II. 5. a).
3275 Siehe Kapitel 2 A. II. 5. d).
3276 Siehe Kapitel 2 A. VIII. 2.–4.
3277 Siehe Kapitel 2 A. VIII. 1.
3278 Siehe Kapitel 2 A. IX. 1.
3279 Siehe Kapitel 2 A. IX. 2.
3280 Siehe Kapitel 2 A. IX. 3.
3281 Siehe Kapitel 2 A. IX. 2.
3282 Siehe Kapitel 2 A. IX. 2. b).
3283 Siehe Kapitel 2 A. IX. 2. d).
3284 Siehe Kapitel 2 A. IX. 2.

11. Interne Untersuchungen bestehen aus unterschiedlichen Untersuchungshandlungen, wobei die Datenerhebung und -sicherung in der Regel die erste Maßnahme zur Aufklärung der Sachverhalte darstellt.[3285]
12. Für die Untersuchungshandlung einer eDiscovery sind diverse rechtliche Vorschriften zu beachten, die sich aus dem BetrVG,[3286] dem BDSG und dem TDDDG ergeben können. Letzteres ist insbesondere von Unternehmen zu beachten, die die private Nutzung des dienstlichen E-Mail-Accounts erlauben oder dulden. Aus diesem Grund ist Unternehmen zu raten, die private E-Mail-Nutzung zu untersagen.[3287]
13. Mitarbeiterbefragungen stellen den zentralen Bestandteil einer internen Untersuchung und damit eine weitere Untersuchungshandlung dar. Diese Informationsquelle ist deshalb so wertvoll, weil die befragten Mitarbeiter in der Regel Wissensträger sind und daher erheblich zur Aufklärung des Sachverhalts beitragen können.[3288]
14. Die Vorbereitung des Interviews ist eine zwingende Voraussetzung für die Durchführung einer Mitarbeiterbefragung. Hierbei haben die Ermittlerteams vorab diverse Entscheidungen zu treffen, die Einfluss auf die Befragung und deren Ausgang nehmen können.[3289]
15. Wie eine Mitarbeiterbefragung durchgeführt werden soll, ist gesetzlich nicht geregelt. Zwar gelten die Regelungen der StPO nicht für Privatpersonen. Allerdings wird dennoch in den verbotenen Vernehmungsmethoden nach § 136a StPO eine Grenze gesehen, an die sich auch interne Ermittler zu halten haben. Solange die Ermittlerteams bei ihrem Handeln die darin definierten Grenzen nicht überschreiten, um dadurch die Willensbildung eines Mitarbeiters durch Handlungen wie Misshandlungen oder Täuschungen zu beeinflussen,[3290] unterliegt die Gestaltung der Befragung ihrer freien Entscheidung und gewählten Taktik.[3291]
16. Zur Eingrenzung des weiteren Entscheidungsspielraums können sich die Ermittlerteams an etablierte Best-Practice-Beispiele halten, wonach bspw. die Auskünfte eines Befragten schriftlich dokumentiert werden.[3292]
17. Während den Ermittlerteams bei der Belehrung der Mitarbeiter vor einer Befragung ein weiter Gestaltungsspielraum zusteht, sollte nach der hier vertretenen Auffassung innerhalb des Unternehmens ein einheitliches Vorgehen vorgegeben werden, das mindestens die Belehrung über

3285 Siehe Kapitel 2 B. I.
3286 Siehe Kapitel 2 A. IX. 1. c) bb).
3287 Siehe Kapitel 2 B. II. 1.
3288 Siehe Kapitel 2 B. III. 1.
3289 Siehe Kapitel 2 B. III. 2. b) aa)–gg).
3290 Siehe Kapitel 2 B. III. 2. hh).
3291 Siehe Kapitel 2 B. III. 2. b), c).
3292 Siehe Kapitel 2 B. III. 2. d).

das privatrechtliche Gespräch vorsieht. Aus Fairnessgründen ist eine umfassendere Belehrung indes sinnvoll.[3293]

18. Ihren Beitrag zur Aufklärung des Sachverhalts erfüllen die befragten Mitarbeiter im Wege einer Teilnahme und insbesondere durch die Auskunftspflicht. Zur Teilnahme an einer Befragung sind Mitarbeiter nach § 106 GewO verpflichtet.[3294] Diese Pflicht besteht auch gegenüber Dritten, die vom Unternehmen mit der Sachverhaltsaufklärung beauftragt wurden.[3295]
19. Bei einer Befragung gerät der Arbeitnehmer in ein Auskunftsdilemma. Gegenüber den Strafverfolgungsbehörden wäre dieser als Zeuge, Beschuldigter oder Angeklagter nach dem Nemo-tenetur-Grundsatz berechtigt, nicht auszusagen, wenn er sich selbst einer Straftat oder einer Ordnungswidrigkeit bezichtigen müsste. Dagegen ist er gegenüber seinem Arbeitgeber zu einer Aussage verpflichtet. Es besteht die Gefahr, dass der Nemo-tenetur-Grundsatz umgangen wird, wenn Strafverfolgungsbehörden die Interviewprotokolle von Mitarbeiterbefragungen beschlagnahmen oder im Rahmen einer Kooperation erhalten.[3296]
20. Der Nemo-tenetur-Grundsatz ist im Völkerrecht in Art. 14 Abs. 3 lit. g IPbpR ausdrücklich normiert.[3297] Obschon der Grundsatz im Grundgesetz nicht ausdrücklich benannt wird, kann er aus der Achtung der Menschenwürde[3298] gemäß Art. 1 Abs. 1 GG, dem allgemeinen Persönlichkeitsrecht[3299] nach Art. 2 Abs. 1 GG i. V. m. Art. 1 Abs. 1 GG sowie – wenngleich nicht ausschließlich – aus dem Rechtsstaatsprinzip[3300] nach Art. 20 Abs. 3 GG hergeleitet werden. Zudem stellen die §§ 136, 136a, 55 StPO einen Ausfluss des Grundsatzes dar bzw. bewegen sich innerhalb dieser Grenzen.[3301]
21. Über die mittelbare Drittwirkung wirken die Grundrechte über sog. Einbruchsstellen auch im Privatrecht. Dies gilt aufgrund seines Interpretationsspielraums u. a. für § 242 BGB, aus dem mitunter eine Auskunftspflicht eines Arbeitnehmers abgeleitet werden kann, wenn sich die Fragen auf dessen mittelbaren Aufgabenbereich beziehen. Dieser Grundsatz gilt jedoch grundsätzlich nicht schrankenlos und findet dort seine Grenze, wo andere auf die Auskunft angewiesen sind.[3302]

3293 Siehe Kapitel 2 B. III. 2. b) gg) (5).
3294 Siehe Kapitel 2 B. III. 3. a).
3295 Siehe Kapitel 2 B. III. 3. b).
3296 Siehe Kapitel 2 B. III. 4. a).
3297 Siehe Kapitel 2 B. III. 5. b) aa) (3).
3298 Siehe Kapitel 2 B. III. 5. b) cc) (1).
3299 Siehe Kapitel 2 B. III. 5. b) cc) (2).
3300 Siehe Kapitel 2 B. III. 5. b) cc) (3).
3301 Siehe Kapitel 2 B. III. 5. b) dd) (1)–(3).
3302 Siehe Kapitel 2 B. III. 5. b) cc) (5).

22. Ein Arbeitnehmer ist zwar zur Auskunft verpflichtet, jedoch unterscheidet sich der Umfang dieser Pflicht dahingehend, ob die gestellten Fragen den unmittelbaren oder mittelbaren Aufgabenbereich des Arbeitnehmers betreffen.[3303] Zur Bestimmung des Umfangs dieser Pflicht sind zudem die hierarchische Stellung der zu befragenden Person und die Schwere des Verstoßes zu berücksichtigen.[3304]
23. Arbeitnehmer trifft in vielen Sachverhalten eine Auskunftspflicht. Dabei ist es von ihrer Rolle als Verdächtigter oder Zeuge abhängig, wann eine Auskunftspflicht anzunehmen ist. Die weitreichendste Pflicht wird bei Fragen an Verdächtigte und Zeugen angenommen, die den unmittelbaren Arbeitsbereich des Arbeitnehmers betreffen. Diese Pflicht resultiert aus § 666 BGB i. V. m. § 675 Abs. 1 BGB.[3305] Überdies besteht nach § 241 Abs. 2 BGB die Pflicht, Schaden vom Arbeitgeber abzuwenden, woraus eine Anzeige- und Auskunftspflicht folgt.[3306]
24. Bei Fragen, die sich auf den mittelbaren Aufgabenbereich eines Arbeitnehmers beziehen, wird die Auskunftspflicht aus §§ 611, 241 Abs. 2, 242 BGB hergeleitet. Hierbei sind die vom BAG aufgestellten Grundsätze aus dem Jahr 1995 bei einer Abwägung der widerstreitenden Interessen eines Arbeitnehmers und seines Arbeitgebers zu berücksichtigen, um das Persönlichkeitsrecht des Arbeitnehmers vor einem unzulässigen Eingriff schützen zu können.[3307] Eine Abwägung ist gleichermaßen bei der Beurteilung vorzunehmen, ob sich ein Arbeitnehmer bei seiner Auskunft zu einer den mittelbaren Arbeitsbereich betreffenden Frage selbst belasten muss.[3308]
25. Die Auskunftspflicht eines verdächtigten Arbeitnehmers wirkt auch nach seinem Ausscheiden fort, da er sich dieser Pflicht andernfalls durch eine Kündigung entziehen könnte. Hierbei ist eine Interessenabwägung vorzunehmen. Dabei sind u. a. die Position des ehemaligen Arbeitnehmers und dessen gegenwärtige Verfügbarkeit sowie die Zeit, die seit der Beendigung des Arbeitsverhältnisses verstrichen ist, zu berücksichtigen. Weitere Kriterien sind die Schwere des Verstoßes und andere Untersuchungshandlungen, die zur Aufklärung des Sachverhalts hilfreich sein können.[3309] Diese Interessenabwägung wird bei einem Arbeitnehmer als Zeugen regelmäßig zu dessen Gunsten ausfallen.[3310]

3303 Siehe Kapitel 2 B. III. 4. b) aa) und bb).
3304 Siehe Kapitel 2 B. III. 4. b) aa) (2).
3305 Siehe Kapitel 2 B. III. 4. b) aa) (1); siehe Kapitel 2 B. III. 4. b) bb) (1).
3306 Siehe Kapitel 2 B. III. 4. b) aa) (4); siehe Kapitel 2 B. III. 4. b) bb) (3).
3307 Siehe Kapitel 2 B. III. 4. b) aa) (2); siehe Kapitel 2 B. III. 4. b) bb) (1).
3308 Siehe Kapitel 2 B. III. 5. f).
3309 Siehe Kapitel 2 B. III. 4. b) aa) (3).
3310 Siehe Kapitel 2 B. III. 4. b) bb) (2).

26. Arbeitnehmer als Führungskräfte bzw. mit einer Kontrollfunktion gegenüber Kollegen trifft die Pflicht zur ungefragten Offenbarung von Verstößen. Ein Arbeitnehmer, der außerhalb seines Arbeitsbereichs Zeuge eines Verstoßes wird, hat diesen zu melden, wenn der Schaden erheblich ist. Wird kein erheblicher Schaden erwartet, ist ein Arbeitnehmer nicht zum Anschwärzen seiner Kollegen verpflichtet.[3311]
27. Ein Arbeitnehmer ist zur wahrheitsgemäßen Auskunft verpflichtet. Eine Grenze stellt das Persönlichkeitsrecht des Arbeitgebers dar.[3312] Die wahrheitsgemäße Auskunft hat er in einer Mitarbeiterbefragung gegenüber seinem Arbeitgeber oder den vom Arbeitgeber beauftragten internen oder externen Ermittlern mitzuteilen.[3313]
28. Verweigert der Arbeitnehmer seine Mitwirkung an der Mitarbeiterbefragung, stehen dem Arbeitgeber Sanktionsmöglichkeiten wie die Zurückbehaltung eines Teils der Vergütung sowie arbeitsrechtliche Sanktionen (Abmahnung, Versetzung oder Kündigung) zu.[3314]
29. Für die Fälle, in denen der Arbeitnehmer die Mitwirkung verweigert, kann der Arbeitgeber durch das gesetzliche Instrument des § 888 Abs. 1 ZPO seinen Auskunftsanspruch zwangsweise durchsetzen.[3315] Hierdurch wirkt auf den Arbeitnehmer ein rechtlicher Zwang, der im Fall einer tatsächlichen Durchsetzung auch staatlich ist.[3316] Daneben kann durch die Androhung einer Kündigung auch ein wirtschaftlicher Zwang vorliegen.[3317]
30. Das private Handeln ist den Strafverfolgungsbehörden zuzurechnen, wenn sie die interne Untersuchung angeordnet haben, sie ihre eigenen Ermittlungen unter Verletzung des Legalitätsprinzips herauszögern oder wenn sie durch ihr eigenes aktives Handeln in einer solchen Intensität Einfluss auf die interne Untersuchung nehmen, dass sie ohne das Eingreifen anders durchgeführt worden wäre. In solchen Fällen ist ein Verstoß gegen den Nemo-tenetur-Grundsatz eindeutig anzunehmen.[3318]
31. Ein Auskunftsverweigerungsrecht, wie es einem Zeugen oder einem Beschuldigten in einer Vernehmung durch die Polizei oder die Staatsanwaltschaft zusteht, wenn sich dieser selbst belasten muss, steht den Arbeitnehmern in einer Mitarbeiterbefragung jedoch nicht zu.[3319]

3311 Siehe Kapitel 2 B. III. 4. b) bb) (4).
3312 Siehe Kapitel 2 B. III. 4.b) cc); siehe Kapitel 2 C. I. 2. b) bb).
3313 Siehe Kapitel 2 B. III. 4. b) dd).
3314 Siehe Kapitel 2 B. III. 6. a).
3315 Siehe Kapitel 2 B. III. 6. b).
3316 Siehe Kapitel 2 B. III. 7. a) aa).
3317 Siehe Kapitel 2 B. III. 7. a) bb).
3318 Siehe Kapitel 2 B. III. 7. b) dd).
3319 Siehe Kapitel 2 B. III. 4. a); siehe Kapitel 2 B. III. 7. c), d).

32. Ein unselbstständiges Beweisverwertungsverbot wegen eines Verstoßes nach § 136a Abs. 3 S. 2 StPO kann aus einem menschenwürdeverletzenden Vorgehen von Ermittlerteams sowie aus einem den Strafverfolgungsbehörden zurechenbaren privaten Handeln resultieren.[3320]
33. Die Auskunftspflicht gilt nur in der arbeitsrechtlichen Sphäre. Verlassen die Auskünfte diese Sphäre, ist der Arbeitnehmer über ein selbstständiges Beweisverwertungsverbot zu schützen, damit die Auskünfte in einem Strafverfahren oder einem Verfahren wegen Ordnungswidrigkeiten nicht gegen den Arbeitnehmer verwertet werden dürfen.[3321]
34. Der Schutz, der einer selbstbelastenden Auskunft eines Arbeitnehmers durch ein Beweisverwertungsverbot zukommt, basiert auf dem allgemeinen Persönlichkeitsrecht gemäß Art. 2 Abs. 1 GG i. V. m. Art. 1 Abs. 1 GG[3322] sowie in Einzelfällen, in denen sich der vorgenannte Schutz nicht entfaltet, auf dem Fair-Trial-Grundsatz[3323]. Dabei kommt dem Beweisverwertungsverbot eine Fortwirkung zu.[3324]
35. Der Schutz vor einer Beschlagnahme betrifft Unterlagen aus internen Untersuchungen unter Berücksichtigung der extensiven Auslegung von § 97 Abs. 1 Nr. 3 StPO auch dann, wenn kein Vertrauensverhältnis zum Zeugnisverweigerungsberechtigten vorliegt.[3325] Diese Unterlagen sind nach § 97 Abs. 2 StPO im Gewahrsam einer zeugnisverweigerungsberechtigten Person geschützt.
36. Unterlagen aus internen Untersuchungen können Verteidigungsunterlagen sein, wenn sie zu einem nicht unerheblichen Teil für die Zwecke der Strafverteidigung bzw. zur Entwicklung einer Verteidigungsstrategie erstellt wurden. Diese sind auch im Gewahrsam eines Unternehmens geschützt.[3326]
37. In den vergangenen Jahren gab es unterschiedliche Interessensgruppen, die bestrebt waren, ein Sanktionsgesetz für Unternehmen einzuführen. Bestandteile dieser Entwürfe waren in unterschiedlich starker Ausprägung auch Regelungen für interne Untersuchungen. Indes wurden diese Entwürfe im Rahmen von Gesetzgebungsverfahren nicht in einem relevanten Maße berücksichtigt.[3327]
38. Der Referenten- und Regierungsentwurf des BMJV für ein Verbandssanktionenstrafrecht enthielt Regelungen für interne Untersuchungen, die jedoch insbesondere zugunsten der Strafverfolgungsbehörden aus-

---

3320 Siehe Kapitel 2 C. I. 1. b), c).
3321 Siehe Kapitel 2 C. I. 2. b) dd).
3322 Siehe Kapitel 2 C. I. 2. b); siehe Kapitel 2 C. I. 2. c) dd).
3323 Siehe Kapitel 2 C. I. 2. d).
3324 Siehe Kapitel 2 C. I. 3. c).
3325 Siehe Kapitel 2 D. II. 4. c).
3326 Siehe Kapitel 2 D. III. 1. c).
3327 Siehe Kapitel 3 B.

gerichtet waren. Die Inhalte der Entwürfe mit einem Bezug zu internen Untersuchungen waren in der Praxis und in der Literatur umstritten. Ebenso hat der Bundesrat Änderungsbedarfe in Bezug auf das Gesetz gesehen. Aufgrund von Uneinigkeiten der Parteien ist der Regierungsentwurf in der 19. Legislaturperiode gescheitert.[3328]

39. Während die Justizministerinnen und Justizminister der Bundesländer im Jahr 2023 die Ausweitung der Sanktionsmöglichkeit von Unternehmen auf der Grundlage des Gesetzgebungsverfahrens zum Verbandssanktionengesetz sowie die dazugehörigen Stellungnahmen des Bundesrates für notwendig erachtet haben,[3329] wurde eine Neuauflage des VerSanG vom Bundesjustizminister nicht mehr erkennbar forciert.[3330]

B. Eigener Regelungsentwurf

§ 1 Interne Untersuchungen

[1]Interne Untersuchungen sind die Gesamtheit aller Maßnahmen, die ein Arbeitgeber zur Aufklärung zureichender tatsächlicher Anhaltspunkte auf Fehlverhalten oder straf- beziehungsweise bußgeldbewehrte Verstöße (Verfehlungen) seiner Arbeitnehmer, Mitglieder der Unternehmensleitung oder Aufsichtsgremien (verdächtigte Unternehmensangehörige) im Rahmen ihrer beruflichen Tätigkeit zu ergreifen hat. [2]Die Aufklärungsmaßnahmen können vom Arbeitgeber selbst oder einem von ihm beauftragten Dritten durchgeführt werden (ermittelnde Personen).

§ 2 Maßnahmen für interne Untersuchungen

(1) [1]Zu den im Rahmen einer internen Untersuchung zu ergreifenden Maßnahmen gehören nach einer Abwägung der widerstreitenden Interessen, sofern das arbeitgeberseitige Interesse an einer Sachverhaltsaufklärung gegenüber den geschützten Interessen des verdächtigten Unternehmensangehörigen überwiegt, regelmäßig
   1. die Sicherung und Auswertung von Daten und Dokumenten in elektronischer und papierhafter Form, die dem Zweck der Aufklärung dienen,
   2. sofern geboten, die Sicherung und Sichtung der gesamten fallbezogenen, dienstlich genutzten Kommunikationsmittel und -daten verdächtigter Unternehmensangehöriger,
   3. die Befragung verdächtigter Unternehmensangehöriger sowie von Unternehmensangehörigen, die den in § 1 S. 1 genannten Personen-

3328 Siehe Kapitel 3 D.
3329 Siehe Kapitel 3 F.
3330 Siehe Kapitel 3 G.

gruppen zuzuordnen sind und als Zeugen der Aufklärung dienen können.
[2]Die Voraussetzungen nach §§ 3, 4 finden entsprechend Anwendung.

(2) Arbeits- und datenschutzrechtliche Vorschriften sind zu beachten.
(3) Ergebnisse aus den ergriffenen Maßnahmen sowie mit den Maßnahmen verbundene Interessenabwägungen sind zu dokumentieren.

§ 3 Befragungen verdächtigter Unternehmensangehöriger

(1) [1]Ein verdächtigter Unternehmensangehöriger kann bei einer durch den Arbeitgeber durchgeführten Befragung ein Mitglied des Betriebsrats oder einen Rechtsanwalt hinzuziehen. [2]Die Teilnahme eines Rechtsanwalts ist dem verdächtigten Unternehmensangehörigen zu gewähren, wenn bei dem Arbeitgeber kein Betriebsrat besteht oder dieser nicht zuständig ist, die Befragung durch externe Dritte durchgeführt wird oder externe Dritte anwesend sind.
(2) [1]Der verdächtigte Unternehmensangehörige ist gegenüber den ermittelnden Personen verpflichtet, auf deren Verlangen hin mitzuwirken und zum Gegenstand der internen Untersuchung wahrheitsgemäß Auskunft zu geben. [2]Hierbei hat er auch Tatsachen zu offenbaren, die geeignet sind, eine Verfolgung wegen einer Straftat oder einer Ordnungswidrigkeit herbeizuführen.
(3) Legt ein verdächtigter Unternehmensangehöriger mit seiner Auskunft zur Erfüllung der in Absatz 2 genannten Pflicht Informationen offen, mit denen er sich selbst oder einen in § 52 Abs. 1 StPO bezeichneten Angehörigen in die Gefahr bringen würde, wegen einer Straftat oder einer Ordnungswidrigkeit verfolgt zu werden, ist für die Verwertung der Auskünfte in einem gegen diesen gerichteten Strafverfahren oder in einem Verfahren nach dem Gesetz über Ordnungswidrigkeiten die Zustimmung des verdächtigten Unternehmensangehörigen erforderlich.
(4) Im Rahmen eines gegen den verdächtigten Unternehmensangehörigen geführten Straf- oder Ordnungswidrigkeitenverfahrens kann die Tatsache, dass er gemäß Absatz 3 seine Zustimmung erteilt hat, strafmildernd berücksichtigt werden.
(5) Verdächtigte Unternehmensangehörige sind vor der Befragung über ihre Rechte und Pflichten nach Absatz 1 bis 4 zu belehren.
(6) Die Befragung ist zu dokumentieren.

§ 4 Befragungen von Unternehmensangehörigen als Zeugen

(1) [1]Ein als Zeuge befragter Unternehmensangehöriger hat die Pflicht, an internen Untersuchungen auf Verlangen mitzuwirken und Fragen zu seinem Arbeitsbereich zu beantworten. [2]Die Befragung ist gemäß § 3 Abs. 6 zu dokumentieren.

(2) [1]Wird ein als Zeuge befragter Unternehmensangehöriger verdächtigt, an der Verfehlung beteiligt zu sein oder eine andere begangen zu haben, ist dieser über die Statusänderung zu informieren. [2]Die Vorgaben nach § 3 sind unverzüglich anzuwenden.

(3) Legt ein als Zeuge befragter Unternehmensangehöriger mit seiner Auskunft zur Erfüllung der in Absatz 1 genannten Pflicht Informationen offen, mit denen er sich selbst oder einen in § 52 Abs. 1 StPO bezeichneten Angehörigen in die Gefahr bringen würde, wegen einer Straftat oder einer Ordnungswidrigkeit verfolgt zu werden, gelten § 3 Abs. 3 und 4 entsprechend.

§ 5 Beschlagnahmefähigkeit von Unterlagen aus internen Untersuchungen

(1) [1]Die im Zusammenhang mit der internen Untersuchung angefertigten Aufzeichnungen und Berichte unterliegen nicht der Beschlagnahme. [2]Diese Unterlagen sind zu kennzeichnen und separat aufzubewahren. [3]Eine Ausnahme zu Satz 1 besteht in Fällen, in denen die Unterlagen im Zusammenhang mit Straftaten besonderer Schwere wie Terrorismusfinanzierung (§ 89c StGB), Landesverrat (§ 94 StGB) und Tötungsdelikten (§§ 211 f. StGB) stehen.

(2) [1]Unterlagen aus internen Untersuchungen, die nicht nach Abs. 1 S. 1 beschlagnahmefrei sind, Geschäftsgeheimnisse nach § 2 GeschGehG beinhalten und von den Strafverfolgungsbehörden beschlagnahmt werden sollen, sind vom Arbeitgeber eindeutig zu kennzeichnen. [2]Diese Dokumente werden von der Staatsanwaltschaft in einem Sonderband geführt. [3]Ein Recht auf Akteneinsicht besteht gemäß §§ 406e Abs. 2 S. 1, 475 Abs. 1 S. 2 StPO nicht.

C. Ausblick

Interne Untersuchungen sind ein Instrument, das Unternehmen dazu befähigt, (Rechts-)Verstöße selbstständig oder unter Zuhilfenahme Dritter aufzuklären. Die Effektivität und Umsetzung dieses Instruments hängen jedoch maßgeblich von den handelnden internen Ermittlern und – sofern vorhanden – von den diesbezüglichen Vorgaben innerhalb des Unternehmens ab. Daher liegen die ‚Schicksale' der beteiligten Arbeitnehmer als Verdächtigte oder Zeugen in den Händen dieser handelnden Personen. Jedoch können aufkommende Spannungen und gegenläufige Interessenlagen, wie sie bei der Auskunfts- und Selbstbelastungspflicht im Rahmen von Mitarbeiterbefragungen auftreten, nicht auf Unternehmensebene gelöst werden. Stattdessen bedarf es der Schaffung von einheitlichen Regelungen, die nur in Form eines Gesetzes erzielt werden können.

Die ehemalige Regierung hat mit dem Verbandssanktionengesetz bereits erste Schritte unternommen, die Spannungsfelder bei internen Untersuchungen zu lösen. Dieses Gesetzesvorhaben ist jedoch in der 19. Legislaturperiode gescheitert. Zwar wurde in der 20. Legislaturperiode im Koalitionsvertrag weiterhin das Ziel verfolgt einen Rechtsrahmen für interne Untersuchungen zu schaffen, jedoch wurden keine konkreten Neufassungen hervorgebracht. Dies ist auch unter der in 2025 neu gegründeten Regierung basierend auf dem am 09.04.2025 veröffentlichten Koalitionsvertrag nicht zu erwarten. Denn interne Untersuchungenwerden darin nicht mehr berücksichtigt. Vielmehr verfolgt die Regierung unter anderem das Ziel, Bürokratie abzubauen.

Vor dem Hintergrund der Ergebnisse dieser Dissertation ist es bedauerlich, dass die Schaffung von Regelungen für interne Untersuchungen nicht weiter verfolgt wird. Indes bleibt zu hoffen, dass die mit internen Untersuchungen verbundenen Rechtsfragen in Zukunft dennoch durch eine Gesetzesinitiative aufgelöst werden, um Klarheit für involvierte Arbeitnehmer, Unternehmen und Strafverfolgungsbehörden zu schaffen. Bei den Regelungen für interne Untersuchungen sollte im Vergleich zum Verbandssanktionengesetz verstärkt die Arbeitnehmer- und Unternehmensperspektive miteinfließen und deren Position gestärkt werden. Dies kann bspw. dadurch erzielt werden, dass den Arbeitnehmern Rechte von Gesetzes wegen zugesprochen und nicht erst von den Unternehmen eingeräumt werden. Es erscheint zudem sinnvoll, die mitunter kostspieligen und zeitaufwendigen internen Untersuchungen der Unternehmen zur Aufklärung von (Rechts-)Verstößen u. a. dadurch zu honorieren, dass deren Ergebnisse vor einer Beschlagnahme geschützt sind.

Literaturverzeichnis

Achenbach, Hans/Ransiek, Andreas/Rönnau, Thomas (Hrsg.): Handbuch Wirtschaftsstrafrecht; 6. Auflage, Heidelberg 2024 (zit.: Bearbeiter in: Achenbach/Ransiek/Rönnau, Handbuch Wirtschaftsstrafrecht, Teil Kap. Rn.)

Ahrens, Tim/Redwitz, Christopher: Das Verbandssanktionengesetz: zukünftige Anforderungen an interne Ermittler; in: Compliance Berater 2021, S. 102–106 (zit.: Ahrens/Redwitz CB 2021, S.)

Akkilic, Alparslan: Der Umgang mit unzulässig erhobenen Daten im arbeitsgerichtlichen Verfahren; in: Neue Zeitschrift für Arbeitsrecht 2020, S. 623–629 (zit.: Akkilic NZA 2020, S.)

Albrecht, W. Steve/Albrecht, Conan C./Albrecht, Conan C./Zimbelman, Conan C.: Fraud Examination; 5. Auflage, Boston 2014 (zit.: Albrecht/Albrecht/Albrecht/Zimbelman, Fraud Examination, S.)

Alexy, Robert: Theorie der Grundrechte; 1. Auflage, Baden-Baden 1985 (zit.: Alexy, Theorie der Grundrechte, S.)

Amling, Thomas/Bantleon, Ulrich: Interne Revision – Grundlagen und Ansätze zur Beurteilung deren Wirksamkeit; in: Deutsches Steuerrecht 2008, S. 1300–1306 (zit.: Amling/Bantleon DStR 2008, S.)

Anders, Ralf Peter: Internal Investigations – Arbeitsvertragliche Auskunftspflicht und der nemo-tenetur-Grundsatz; in: Zeitschrift für Wirtschafts- und Steuerstrafrecht 2014, S. 329–334 (zit.: Anders wistra 2014, S.)

Annuß, Georg/Pelz, Christian: Amnestieprogramme – Fluch oder Segen?; in: Betriebs Berater Special 4 (2010), S. 14–21 (zit.: Annuß/Pelz BB Special 4 (2010), S.)

Arnauld von, Andreas: Strukturelle Frage des allgemeinen Persönlichkeitsrechts, Überlegungen zu Schutzbereich und Schranken des grundrechtlichen Persönlichkeitsschutzes; in: Zeitschrift für Urheber- und Medienrecht 1996, S. 286–292 (zit.: v. Arnauld ZUM 1996, S.)

Arnold, Michael: Verantwortung und Zusammenwirken des Vorstands und Aufsichtsrats bei Compliance-Untersuchungen; in: Zeitschrift für Unternehmens- und Gesellschaftsrecht 43 (2014), S. 76–106 (zit.: Arnold ZGR 43 (2014), S.)

Arnoldi, Olaf: mit Anmerkung zu BGH v. 03.05.2018 – 3 StR 390/17; in: Neue Zeitschrift für Strafrecht 2019, S. 230–232 (zit.: Arnoldi NStZ 2019, S.)

Arntzen, Friedrich (Hrsg.): Vernehmungspsychologie, Psychologie der Zeugenvernehmung; 3. Auflage, München 2008 (zit.: Arntzen, Vernehmungspsychologie, S.)

Assion, Simon (Hrsg.): Telekommunikations-Telemedien-Datenschutz-Gesetz (TTDSG) – Handkommentar; 1. Auflage, Baden-Baden 2022 (zit.: Bearbeiter in: Assion, TTDSG, § Rn.)

– ders.: Die Entwicklung des Datenschutzrechts; in: Neue Juristische Wochenschrift 2024, S. 632–636 (zit.: Assion NJW 2024, S.)

Auer-Reinsdorff, Astrid/Conrad, Isabell (Hrsg.): Handbuch IT- und Datenschutzrecht; 3. Auflage, München 2019 (zit.: Bearbeiter in: Auer-Reinsdorff/Conrad, Handbuch IT- und Datenschutzrecht, § Rn.)

Backhaus, Richard/Tielmann, Jörgen (Hrsg.): Der Aufsichtsrat – §§ 84, 87, 87a, 89, 90, 95–116, 120a, 161, 162, 170–172, 314, 394, 395 AktG: Kommentar; 2. Auflage, München 2023 (zit.: Bearbeiter in: Backhaus/Tielmann, Der Aufsichtsrat, § Rn.)

Bader, Markus: Das Verwendungsverbot des § 97 I 3 InsO; in: Neue Zeitschrift für Insolvenz- und Sanierungsrecht 2009, S. 416–420 (zit.: Bader NZI 2009, S.)

Badura, Peter: Staatsrecht: systematische Erläuterung des Grundgesetzes für die Bundesrepublik Deutschland; 7. Auflage, München 2018 (zit.: Badura, Staatsrecht, Kap. Rn.)

Bantleon, Ulrich/Thomann, Detlef: Grundlagen zum Thema „Fraud“ und dessen Vorbeugung; in: Deutsches Steuerrecht 2006, S. 1714–1721 (zit.: Bantleon/Thomann DStR 2006, S.)

Baranowski, Carolina Linda: Die Kodifikation von Internal Investigations: ein Vorschlag zum Ausgleich von Mitarbeiterrechten, Unternehmensinteressen und der Effektivität der Strafverfolgung; 1. Auflage, Berlin 2021 (zit.: Baranowski, Die Kodifikation von Internal Investigations, S.)

Barczak, Tristan: Rechtsgrundsätze – Baupläne für die normative Einheits- und Systembildung; in: Juristische Schulung 2021, S. 1–7 (zit.: Barczak JuS 2021, S.)

Barrot, Johannes: Die Unschuldsvermutung in der Rechtsprechung des EGMR; in: Zeitschrift für das Juristische Studium 2010, S. 701–706 (zit.: Barrot ZJS 2010, S.)

Bartuschka, Wolfram: Die Integration von Compliance in die Systeme der Unternehmensüberwachung – ein mittelständischer Ansatz; in: Compliance Berater 2017, S. 30–35 (zit.: Bartuschka CB 2017, S.)

– ders.: Compliance durch und bei der Digitalisierung – neue Chancen und Herausforderungen; in: Betriebs Berater 2020, S. 941–945 (zit.: Bartuschka BB 2020, S.)

Bauer, Gerhard: Die Aussage des über das Schweigerecht nicht belehrten Beschuldigten; 1. Auflage, Göttingen 1972 (zit.: Bauer, Die Aussage des über das Schweigerecht nicht belehrten Beschuldigten, S.)

Baumgart, Björn: Mikroexpressionen in polizeilichen Vernehmungen – Eine aktuelle kriminalistische Betrachtung; in: Kriminalistik 2024, S. 308–314 (zit.: Baumgart Kriminalistik 2024, S.)

Baur, Alexander: Neues zum strafprozessualen Schutz interner Ermittlungen?; in: Neue Zeitschrift für Gesellschaftsrecht 2018, S. 1092–1097 (zit.: Baur NZG 2018, S.)

– ders./Holle, Philipp Maximilian: Entwurf eines Verbandssanktionengesetzes – Eine erste Einordnung; in: Zeitschrift für Rechtspolitik 2019, S. 186–189 (zit.: Baur/Holle ZRP 2019, S.)

Bay, Karl-Christian (Hrsg.): Handbuch Internal Investigations; 1. Auflage, Berlin 2013 (zit.: Bearbeiter in: Bay, Handbuch Internal Investigations, Kap. Rn.)

Beck'sche Online-Formulare IT- und Datenrecht: Nägele, Thomas/Apel, Simon (Hrsg.); 21. Auflage, München 2024 (zit.: Bearbeiter in: BeckOF IT- und DatenR, Kap. Rn.)

Beck'scher Online-Großkommentar zum Aktiengesetz: Henssler, Martin (Gesamt-Hrsg.), Stilz, Eberhard/Veil, Rüdiger (Hrsg.); München 01.02.2025 (zit.: Bearbeiter in: BeckOGK AktG, § Rn.)

Beck'scher Online-Großkommentar zum Handelsrecht: Henssler, Martin (Gesamt-Hrsg.); München 01.01.2025 (zit.: Bearbeiter in: BeckOGK HGB, § Rn.)

Beck'scher Online-Großkommentar zum Kündigungsschutzgesetz: Höpfner, Clemens/Picker, Christian/Temming, Felipe (Hrsg.); München 01.12.2024 (zit.: Bearbeiter in: BeckOGK KSchG, § Rn.)

Beck'scher Online-Kommentar Arbeitsrecht: Rolfs, Christian/Giesen, Richard/Meßling, Miriam/Udsching, Peter (Hrsg.); 74. Edition, München 01.12.2024 (zit.: Bearbeiter in: BeckOK Arbeitsrecht, § Rn.)

Beck'scher Online-Kommentar BGB: Hau, Wolfgang/Poseck, Roman (Hrsg.); 73. Edition, München 01.02.2025 (zit.: Bearbeiter in: BeckOK BGB, § Rn.)

Beck'scher Online-Kommentar BORA: Römermann, Volker (Hrsg.); 47. Edition, München 01.03.2024 (zit.: Bearbeiter in: BeckOK BORA, § Rn.)

Beck'scher Online-Kommentar Datenschutzrecht: Wolff, Heinrich Amadeus/Brink, Stefan/v. Ungern-Sternberg, Antje (Hrsg.); 51. Edition, München 01.02.2025 (zit.: Bearbeiter in: BeckOK Datenschutzrecht, Art./§ Rn.)

Beck'scher Online-Kommentar GmbHG: Ziemons, Hildegard/Jaeger, Carsten/Pöschke, Moritz (Hrsg.); 63. Edition, München 01.02.2025 (zit.: Bearbeiter in: BeckOK GmbHG, § Rn.)

Beck'scher Online-Kommentar Grundgesetz: Epping, Volker/Hillgruber, Christian (Hrsg.); 60. Edition, München 28.12.2024 (zit.: Bearbeiter in: BeckOK GG, § Rn.)

Beck'scher Online-Kommentar HinSchG: Colneric, Ninon/Gerdemann, Simon (Hrsg.); 5. Edition, München 15.11.2024 (zit.: Bearbeiter in: BeckOK HinSchG, § Rn.)

Beck'scher Online-Kommentar OWiG: Graf, Jürgen (Hrsg.); 45. Edition, München 01.01.2025 (zit.: Bearbeiter in: BeckOK OWiG, § Rn.)

Beck'scher Online-Kommentar StGB: v. Heintschel-Heinegg, Bernd/Kudlich, Hans (Hrsg.); 64. Edition, München 01.02.2025 (zit.: Bearbeiter in: BeckOK StGB, § Rn.)

Beck'scher Online-Kommentar StPO mit RiStBV und MiStra: Graf, Jürgen (Hrsg.); 54. Edition, München 01.01.2025 (zit.: Bearbeiter in: BeckOK StPO, § Rn.)

Beck'sches Handbuch der GmbH – Gesellschaftsrecht – Steuerrecht: Prinz, Ulrich/Winkeljohann, Norbert (Hrsg.); 6. Auflage, München 2021 (zit.: Bearbeiter in: BeckHdB GmbH, § Rn.)

Beckschulze, Martin: Internet-, Intranet- und E-Mail-Einsatz am Arbeitsplatz; in: Der Betrieb 2007, S. 1526–1535 (zit.: Beckschulze DB 2007, S.)

Beckschulze, Martin/Henkel, Wolfram: Der Einfluß des Internets auf das Arbeitsrecht; in: Der Betrieb 2001, S. 1491–1506 (zit.: Beckschulze/Henkel DB 2001, S.)

Behling, Thorsten B.: Neues EGMR-Urteil zur Überwachung der elektronischen Kommunikation am Arbeitsplatz: Datenschutzrechtliche Implikationen für deutsche Arbeitgeber; in: Betriebs Berater 2018, S. 52–56 (zit.: Behling BB 2018, S.)

Behr, Nicolai/Guttenberger, Dominik: Verschärfung der Unternehmenssanktionierung – Was ändert sich durch das Verbandssanktionengesetz (RefE)?; in: Der Betrieb 2020, S. 1218–1224 (zit.: Behr/Guttenberger DB 2020, S.)

Behrens, Alexander: Internal Investigations: Hintergründe und Perspektiven anwaltlicher „Ermittlungen" in deutschen Unternehmen; in: Recht der internationalen Wirtschaft 2009, S. 22–33 (zit.: Behrens RIW 2009, S.)

Behringer, Stefan: Privatisierung des Rechtsstaats durch Compliance?; in: Compliance Berater 2018, S. 257–261 (zit.: Behringer CB 2018, S.)

– ders. (Hrsg.): Compliance kompakt, Best Practice im Compliance-Management; 4. Auflage, Berlin 2018 (zit.: Bearbeiter in: Behringer, Compliance kompakt, S.)

Beier, Michael/Hauser, Christian/Weichselbraun, Albert: Compliance-Untersuchungen im Zeitalter von Big Data und künstlicher Intelligenz; in: Compliance Berater 2022, S. 202–207 (zit.: Beier/Hauser/Weichselbraun CB 2022, S.)

Bender, Rolf/Häcker, Robert/Schwarz, Volker (Hrsg.): Tatsachenfeststellung vor Gericht – Glaubhaftigkeits- und Beweislehre, Vernehmungslehre; 5. Auflage, München 2021 (zit.: Bearbeiter in: Bender/Häcker/Schwarz, Tatsachenfeststellung vor Gericht, Rn.)

Benz, Markus: Selbstbelastungen in außerstrafrechtlichen Zwangslagen; 1. Auflage, Aachen 2005 (zit.: Benz, Selbstbelastungen in außerstrafrechtlichen Zwangslagen, S.)

Berndt, Markus/Theile, Hans (Hrsg.): Unternehmensstrafrecht und Unternehmensverteidigung; 1. Auflage, Heidelberg 2016 (zit.: Bearbeiter in: Berndt/Theile, Unternehmensstrafrecht und Unternehmensverteidigung, Rn.)

Berndt, Thomas/Aggeler, Mattias/Teo, Rogier: Effiziente Review-Prozesse durch E-Discovery: Vorgehensweise und Praxisbeispiel; in: Betriebs Berater 2012, S. 173–178 (zit.: Berndt/Aggeler/Teo BB 2012, S.)

Berndt, Thomas/Jeker, Marc: Fraud Detection im Rahmen der Abschlussprüfung; in: Betriebs Berater 2007, S. 2615–2621 (zit.: Berndt/Jeker BB 2007, S.)

Bernhardt, Marion/Bullinger, Winfried: Aufklärung von Compliance-Verstößen – Krisenmanagement und Umgang mit Mitarbeitern als Wissensträgern; in: Compliance Berater 2016, S. 205–209 (zit.: Bernhardt/Bullinger CB 2016, S.)

Beukelmann, Stephan: Durchsuchung bei Anwälten; in: Neue Juristische Wochenschrift-Spezial 2018, S. 504–504 (zit.: Beukelmann NJW-Spezial 2018, S.)

Beulke, Werner: Hypothetische Kausalverläufe im Strafverfahren bei rechtswidrigem Vorgehen von Ermittlungsorganen; in: Zeitschrift für die gesamte Strafrechtswissenschaft 103 (1991), S. 657–680 (zit.: Beulke ZStW 103 (1991), S.)

– ders./Moosmayer, Klaus: Der Reformvorschlag des Bundesverbandes der Unternehmensjuristen zu den §§ 30, 130 OWiG – Plädoyer für ein modernes Unternehmenssanktionenrecht; in: Corporate Compliance Zeitschrift 2014, S. 146–152 (zit.: Beulke/Moosmayer CCZ 2014, S.)

– ders./Swoboda, Sabine (Hrsg.): Strafprozessrecht; 16. Auflage, Heidelberg 2022 (zit.: Beulke/Swoboda, Strafprozessrecht, § Rn.)

Bielefeld, Jörg: Kooperation mit Strafverfolgern nach dem Entwurf des Verbandssanktionengesetzes; in: Compliance Berater 2019, S. 413–415 (zit.: Bielefeld CB 2019, S.)

– ders.: VerSanG-E 2.0 – Was ergibt sich aus dem „offiziellen“ Entwurf?; in: Compliance Berater 2020, S. 221–225 (zit.: Bielefeld CB 2020, S.)

– ders./Wengenroth, Lenard: Beschlagnahmeverbot von Verteidigungsunterlagen aus internen Untersuchungen – Praxisfolgen aus dem Beschluss des LG Braunschweig vom 21.7.2015 – 6 Qs 116/15; in: Compliance Berater 2016, S. 79–82 (zit.: Bielefeld/Wengenroth CB 2016, S.)

Billard, David: An Extended Model for E-Discovery Operations; in: Peterson, Gilbert/Shenoi, Sujeet: Advances in Digital Forensics V, Kapitel 21; 1. Auflage, Orlando 2009 (zit.: Billard in: Peterson/Shenoi, Advances in Digital Forensic, S.)

Bingel, Adrian/Martin, Markus: Informationsweitergabe bei Compliance-Verstößen im Konzern; in: Zeitschrift für Unternehmens- und Gesellschaftsrecht 50 (2021), S. 608–642 (zit.: Bingel/Martin ZGR 50 (2021), S.)

Bischof, Stefanie/Gieseler, Konrad: Compliance-Pflicht und Organhaftung in öffentlich-rechtlichen Instituten; in: Neue Zeitschrift für Gesellschaftsrecht 2024, S. 618–625 (zit.: Bischof/Gieseler NZG 2024, S.)

Bittmann, Folker/Brockhaus, Matthias/von Coelln, Sibylle/Heuking, Christian: Regelungsbedürftige Materien in einem zukünftigen „Gesetz über Interne Ermittlungen"; in: Neue Zeitschrift für Wirtschafts-, Steuer- und Unternehmensstrafrecht 2019, S. 1–10 (zit.: Bittmann/Brockhaus/von Coelln/Heuking NZWiSt 2019, S.)

Bittmann, Folker/Molkenbur, Josef: Private Ermittlungen, arbeitsrechtliche Aussagepflicht und strafprozessuales Schweigerecht; in: Zeitschrift für Wirtschafts- und Steuerstrafrecht 2009, S. 373–379 (zit.: Bittmann/Molkenbur wistra 2009, S.)

Blome, Thomas/Sellmeier, Dirk: Die neuen Regeln für den Einsatz von Vertrauensleuten durch das Bundesamt für Verfassungsschutz; in: Die Öffentliche Verwaltung 2016, S. 882–891 (zit.: Blome/Sellmeier DÖV 2016, S.)

Boecker, Corinna/Zwirner, Christian: Risiko Accounting Fraud; in: Zeitschrift für Bilanzierung, Rechnungswesen & Controlling 2010, S. 496–500 (zit.: Boecker/Zwirner BC 2010, S.)

Bohm, Katrin/Wagner, Alexander: Wirtschaftskriminalität aufklären – Optimale Durchführung forensischer Interviews; in: Compliance Berater 2014, S. 16–20 (zit.: Bohm/Wagner CB 2014, S.)

Böhm, Wolf-Tassilo: Strafrechtliche Verwertbarkeit der Auskünfte von Arbeitnehmern bei unternehmensinternen Untersuchungen, ein Beitrag zur aktuellen Compliance-Debatte; in: Zeitschrift für Wirtschafts- und Bankrecht 2009, S. 1923–1929 (zit.: Böhm WM 2009, S.)

– ders.: Non-Compliance und Arbeitsrecht – Interne Ermittlungen, Sanktionen und Regressansprüche nach Rechts- und Regelverstößen von Arbeitnehmern; 1. Auflage, Baden-Baden 2011 (zit.: Böhm, Non-Compliance und Arbeitsrecht, S.)

Bond, Charles/DePaulo, Bella: Accuracy of Deception Judgments; in: Personality and Social Psychology Review 2006, S. 214–234 (zit.: Bond/DePaulo Personality and Social Psychology Review 2006, S.)

Bosch, Nikolaus: Aspekte des nemo-tenetur-Prinzips aus verfassungsrechtlicher und strafprozessualer Sicht, 1. Auflage, Berlin 1998 (zit.: Bosch, Aspekte des nemo-tenetur-Prinzips aus verfassungsrechtlicher und strafprozessualer Sicht, S.)

Böse, Martin: Die verfassungsrechtlichen Grundlagen des Satzes „Nemo tenetur se ipsum accusare"; in: Goltdammer's Archiv für Strafrecht 2002, S. 98–128 (zit.: Böse GA 2002, S.)

Böttger, Marcus: Wirtschaftsstrafrecht in der Praxis; 3. Auflage, Baden-Baden 2022 (zit.: Bearbeiter in: Böttger, Wirtschaftsstrafrecht in der Praxis, Kap. Rn.)

Braasch, Patrick: Einführung in die Europäische Menschenrechtskonvention; in: Juristische Schulung 2013, S. 602–607 (zit.: Braasch JuS 2013, S.)

Bradley, Craig M.: Beweisverbote in den USA und in Deutschland; in: Goltdammer's Archiv für Strafrecht 1985, S. 99–113 (zit.: Bradley GA 1985, S.)

Braun, Axel/Wisskirchen, Gerlind (Hrsg.): Konzernarbeitsrecht Handbuch; 2. Auflage, München 2024 (zit.: Bearbeiter in: Braun/Wisskirchen, Konzern-ArbR, Kap. Rn.)

Bremen, Michael: Verbandssanktionen, Insolvenz und Sanierung; in: Compes, Achim/Thümmel, Roderich/Winkler, Angelo (Hrsg.): Festschrift für Alexander Reuter zum 65. Geburtstag; 1. Auflage, Köln 2021, S. 39–50 (zit.: Bremen, FS Reuter, S.)

Brenner, Michael: Die Selbstbelastungsfreiheit: Grundsatz und Ausnahmen – Zugleich Besprechung des Beschlusses des BVerfG vom 25. Januar 2022 Entscheidungsbesprechung,; in: Deutsches Autorecht 2022, S. 615–617 (zit.: Brenner DAR 2022, S.)

Breßler, Steffen/Kuhnke, Michael/Schulz, Stephan/Stein, Roland: Inhalte und Grenzen von Amnestien bei Internal Investigations; in: Neue Zeitschrift für Gesellschaftsrecht 2009, S. 721–727 (zit.: Breßler/Kuhnke/Schulz/Stein NZG 2009, S.)

Brömmelmeyer, Christoph: Corporate Compliance im Kartellrecht – Besteht Regelungsbedarf?; in: Neue Zeitschrift für Kartellrecht 2014, S. 478–485 (zit.: Brömmelmeyer NZKart 2014, S.)

Brückner, Andreas: Die Aufarbeitung von Compliance-Verstößen – Praktische Erfahrungen und Fallstricke; in: Betriebs Berater Special 4 (2010), S. 21–27 (zit.: Brückner BB Special 4 (2010), S.)

Buchert, Christoph: Die unternehmensinterne Befragung von Mitarbeitern im Zuge repressiver Compliance-Untersuchungen aus strafrechtlicher Sicht; 1. Auflage, Berlin 2017 (zit.: Buchert, Die unternehmensinterne Befragung, S.)

Buchholz, Momme: Der nemo tenetur-Grundsatz – Eine rechtsethische Untersuchung; 1. Auflage, Wiesbaden 2018 (zit.: Buchholz, Der nemo tenetur-Grundsatz, S.)

Burgi, Martin/Dreher, Meinrad/Opitz, Marc (Hrsg.): Beck'scher Vergaberechtskommentar, Band 1 Gesetz gegen Wettbewerbsbeschränkungen GWB 4. Teil,

Wettbewerbsregister; 4. Auflage, München 2022 (zit.: Bearbeiter: Burgi/Dreher/Opitz, GWB Band 1, § Rn.)

Burhoff, Detlev (Hrsg.): Handbuch für das strafrechtliche Ermittlungsverfahren; 10. Auflage, Bonn 2024 (zit.: Bearbeiter in: Burhoff, Handbuch für das strafrechtliche Ermittlungsverfahren, Rn.)

Bürkle, Jürgen (Hrsg.): Compliance in Versicherungsunternehmen – Rechtliche Anforderungen und praktische Umsetzung; 3. Auflage, München 2020 (zit.: Bearbeiter in: Bürkle, Compliance in Versicherungsunternehmen, § Rn.)

– ders./Hauschka, Christoph E./Schieffer, Anita (Hrsg.): Der Compliance Officer – Ein Handbuch in eigener Sache; 2. Auflage, München 2024 (zit.: Bearbeiter in: Bürkle/Hauschka/Schieffer, Der Compliance Officer, § Rn.)

Busch, Markus: Der Regierungsentwurf eines Gesetzes zur Stärkung der Integrität in der Wirtschaft; in: Murmann, Uwe (Hrsg.), Der Regierungsentwurf eines Verbandssanktionengesetzes vom 16.6.2020; 1. Auflage, Göttingen 2022, S. 17–27 (zit.: Busch in: Murmann, Der Regierungsentwurf eines Verbandssanktionengesetzes vom 16.6.2020, S.)

– ders./Hoven, Elisa/Pieth, Mark/Rübenstahl, Markus (Hrsg.): Antikorruptions-Compliance; 1. Auflage, Heidelberg 2020 (zit.: Bearbeiter in: Busch/Hoven/Pieth/Rübenstahl, Antikorruptions-Compliance, Teil Kap. Rn.)

Buschmann, Marco: Haftung ohne Verantwortung: Der Wertungswiderspruch zwischen Verbandssanktionengesetz und Aktionärsstellung im Lichte von Art. 14 Abs. 1 GG; in: Compes, Achim/Thümmel, Roderich C./Winkler, Angelo (Hrsg.): Festschrift für Alexander Reuter zum 65. Geburtstag; 1. Auflage, Köln 2021, S. 85–90 (zit.: Buschmann, FS Reuter, S.)

Bussche von dem, Axel/Voigt, Paul (Hrsg.): Konzerndatenschutz Rechtshandbuch; 2. Auflage, München 2019 (zit.: Bearbeiter in: Bussche v. d./Voigt, Konzerndatenschutz, Teil Kap. Rn.)

Byers, Philipp (Hrsg.): Mitarbeiterkontrollen – Praxis im Datenschutz und Arbeitsrecht; 2. Auflage, München 2022 (zit.: Byers, Mitarbeiterkontrollen, Kap. Rn.)

Callewaerts, Johan: Die EMRK und die EU-Grundrechtecharta – Bestandsaufnahme einer Harmonisierung auf halbem Weg; in: Europäische Grundrechte-Zeitschrift 2003, S. 198–206 (zit.: Callewaerts EuGRZ 2003, S.)

Caracas, Christian: Das geplante Verbandssanktionengesetz gibt Hungernden einen Mantel; in: Corporate Compliance Zeitschrift 2020, S. 331–338 (zit.: Caracas CCZ 2020, S.)

Centrale für GmbH (Hrsg.): GmbH-Handbuch; 191. Lieferung 1/2025 (zit.: Bearbeiter in: Centrale für GmbH, GmbH-Handbuch, § Rn.)

Corr, Christopher F./Lawler, Judd: Damned If You Do, Damned If You Don't? The OECD Convention and the Globalization of Anti-Bribery Measures; in:

Vanderbilt Journal of Transnational Law 1999, S. 1249–1344 (zit.: Corr/Lawler Vanderbilt Journal of Transnational Law 1999, S.)

Cressey, Donald R.: Other people's money: a study in the social psychology of embezzlement; 1. Auflage, Glencoe 1953 (zit.: Cressey, Other People's Money, S.)

Dann, Matthias: mit Anmerkung zu LAG Hamm v. 03.03.2009 – 14 Sa 1689/08; in: Corporate Compliance Zeitschrift 2010, S. 239–240 (zit.: Dann CCZ 2010, S.)

– ders.: Durchsuchung und Beschlagnahme in der Anwaltskanzlei; in: Neue Juristische Wochenschrift 2015, S. 2609–2614 (zit.: Dann NJW 2015, S.)

– ders./Schmidt, Kerstin: Im Würgegriff der SEC? – Mitarbeiterbefragungen und die Selbstbelastungsfreiheit; in: Neue Juristische Wochenschrift 2009, S. 1851–1855 (zit.: Dann/Schmidt NJW 2009, S.)

– ders./Zülich, Cord: Unternehmensinterne Ermittlungen – Strafrechtliche Aspekte eines umstrittenen Instruments; in: Zeitschrift Risk, Fraud & Compliance 2011, S. 267–272 (zit.: Dann/Zülich ZRFC 2011, S.)

Däubler, Wolfgang/Deinert, Olaf/Walser, Manfred (Hrsg.): AGB-Kontrolle im Arbeitsrecht: Kommentar zu den §§ 305 bis 310 BGB; 5. Auflage, München 2021 (zit.: Bearbeiter in: Däubler/Deinert/Walser, AGB-Kontrolle im Arbeitsrecht, Rn.)

Däubler, Wolfgang/Hjort, Jens Peter/Schubert, Michael/Wolmerath, Martin (Hrsg.): Handkommentar Arbeitsrecht – Individualarbeitsrecht mit kollektiven Bezügen; 5. Auflage, Baden-Baden 2022 (zit.: Bearbeiter in: HK-ArbR, § Rn.)

Däubler, Wolfgang/Wedde, Peter/Weichert, Thilo/Sommern, Imke (Hrsg.): EU-DSGVO und BDSG: Kompaktkommentar: EU-Datenschutz-Grundverordnung (EU-DSGVO) – Bundesdatenschutzgesetz (BDSG) – Telekommunikation-Telemedien- Datenschutz-Gesetz (TTDSG); 3. Auflage, Frankfurt 2024 (zit.: Bearbeiter in: DWWS, EU-DSGVO und BDSG, § Rn.)

Dauses, Manfred A. (Begr.)/Ludwigs, Markus (Hrsg.): Handbuch des EU-Wirtschaftsrechts; 61. Ergänzungslieferung, München September 2024 (zit.: Bearbeiter in: Dauses/Ludwigs, Handbuch des EU-Wirtschaftsrechts, Kap. Rn.)

de Wolf, Abraham: Kollidierende Pflichten: zwischen Schutz von E-Mails und „Compliance" im Unternehmen; in: Neue Zeitschrift für Arbeitsrecht 2010, S. 1206–1211 (zit.: de Wolf NZA 2010, S.)

Detter, Klaus: Der Zeuge vom Hörensagen – eine Bestandsaufnahme; in: Neue Zeitschrift für Strafrecht 2003, S. 1–9 (zit.: Detter NStZ 2003, S.)

Deutscher Anwaltverein (DAV): Stellungnahme durch den Ausschuss Strafrecht unter Mitwirkung der Ausschüsse Berufsrecht und Handelsrecht zum Referentenentwurf eines Gesetzes zur Bekämpfung der Unternehmenskriminalität; in: Neue Zeitschrift für Gesellschaftsrecht 2020, S. 298–306 (zit.: DAV NZG 2020, S.)

Dieckhoff, Anke/Assion, Simon: Gilt das Fernmeldegeheimnis nach dem TTDSG noch für Arbeitgeber? Eine Analyse des alten Streits nach neuer Rechtslage; in: Zeitschrift für Datenschutz 2023, S. 371–377 (zit.: Dieckhoff/Assion ZD 2023, S.)

Dieners, Peter (Hrsg.): Compliance im Gesundheitswesen – Handbuch zur Kooperation von Ärzten, Industrie und Patienten; 4. Auflage, München 2022 (zit.: Bearbeiter in: Dieners, Compliance im Gesundheitswesen, Kap. Rn.)

Dietlein, Johannes: Lehre von den grundrechtlichen Schutzpflichten; 1. Auflage, Berlin 1992 (zit.: Dietlein, Lehre von den grundrechtlichen Schutzpflichten, S.)

Diller, Martin: Der Arbeitnehmer als Informant, Handlanger und Zeuge im Prozess des Arbeitgebers gegen Dritte; in: Der Betrieb 2004, S. 313–319 (zit.: Diller DB 2004, S.)

Dilling, Johannes: Interne Ermittlungen im Spannungsfeld zwischen Unternehmensstrafrecht und Whistleblowing; in: Corporate Compliance Zeitschrift 2020, S. 132–142 (zit.: Dilling CCZ 2020, S.)

– ders./Musiol, Philip: KI-Verordnung und interne Ermittlungen; in: Corporate Compliance Zeitschrift 2024, S. 257–275 (zit.: Dilling/Musiol CCZ 2024, S.)

Dingeldey, Thomas: Der Schutz der strafprozessualen Aussagefreiheit durch Verwertungsverbote bei außerstrafrechtlichen Aussage- und Mitwirkungspflichten; in: Neue Zeitschrift für Strafrecht 1984, S. 529–534 (zit.: Dingeldey NStZ 1984, S.)

Doege, Felix: Die Bedeutung des nemo-tenetur-Grundsatzes in nicht von Strafverfolgungsorganen geführten Befragungen; 1. Auflage, Frankfurt a. M. 2016 (zit.: Doege, Bedeutung des nemo-tenetur-Grundsatzes, S.)

Dölling, Dieter/Duttge, Gunnar/König, Stefan/Rössner, Dieter (Hrsg.): Gesamtes Strafrecht – StGB, StPO, Nebengesetze; 5. Auflage, Baden-Baden 2022 (zit.: Bearbeiter in: HK-GS, § Rn.)

Dornbusch, Gregor/Krumbiegel, Markus/Löwisch, Manfred (Hrsg.): AR – Kommentar zum gesamten Arbeitsrecht; 10. Auflage, München 2021 (zit.: Bearbeiter in: Dornbusch/Krumbiegel/Löwisch, AR-Kommentar, § Rn.)

Dorneck, Carina: Die „Wahrheit“ im Strafprozess – Wahrheitsermittlung um den Preis der Selbstbelastungsfreiheit?; in: Zeitschrift für das gesamte Verfahrensrecht 2021, S. 25 (zit.: Dorneck GVRZ 2021, 25)

– dies.: Verwertbarkeit von Ergebnissen aus internal investigations im Strafprozess; in: Zeitschrift für Wirtschafts- und Steuerstrafrecht 2022, S. 141–149 (zit.: Dorneck wistra 2022, S.)

Dörr, Oliver/Grote, Rainer/Marauhn, Thilo (Hrsg.): EMRK/GG Konkordanzkommentar zum europäischen und deutschen Grundrechtsschutz Band 2, Kapitel 20–33, Register; 3. Auflage, Tübingen 2022 (zit.: Bearbeiter in: Dörr/Grote/Marauhn, EMRK/GG, Kap. Rn.)

Duggin, Sarah Helene: Internal Corporate Investigations: Legal Ethics, Professionalism and the Employee Interview; in: Columbia Business Law Review 2003, S. 859–964 (zit.: Duggin, Columbia Business Law Review 2003, S.)

Dürig, Günter: Der Grundrechtssatz von der Menschenwürde; in: Archiv für öffentliches Recht Band 81 (1956), S. 117–157 (zit.: Dürig AöR 81 (1956), S.)

– ders.: Grundrechte und Privatrechtsprechung; in: Maunz, Theodor/Nawiasky, Hans (Hrsg.): Vom Bonner Grundgesetz zur gesamtdeutschen Verfassung: Festschrift zum 75. Geburtstag von Hans Nawiasky; 1. Auflage, München 1956, S. 157–190 (zit.: Dürig, FS Nawiasky, S.)

Dzida, Boris: Die Einladung zur Anhörung vor Ausspruch einer Verdachtskündigung; in: Neue Zeitschrift für Arbeitsrecht 2013, S. 412–415 (zit.: Dzida NZA 2013, S.)

– ders.: Tat- und Verdachtskündigung bei komplexen Sachverhalten; in: Neue Zeitschrift für Arbeitsrecht 2014, S. 809–814 (zit.: Dzida NZA 2014, S.)

– ders./Förster, Julia: Beginn der Zwei-Wochen-Frist bei Compliance-Untersuchungen; in: Neue Zeitschrift für Arbeitsrecht – Rechtsprechungs-Report 2015, S. 561–565 (zit.: Dzida/Förster NZA-RR 2015, S.)

– ders./Klopp, Torben: Anwaltlicher Beistand bei unternehmensinternen Untersuchungen – „Nicht ohne meinen Anwalt“ bei Mitarbeiter-Interviews?; in: Arbeits-Rechtsberater 2017, S. 116–119 (zit.: Dzida/Klopp ArbRB 2017, S.)

Ebeling, Stephan: Die Kündigung wegen Verdachts; 1. Auflage, Baden-Baden 2006 (zit.: Ebeling, Die Kündigung wegen Verdachts, S.)

Eckhardt, Sebastian: Private Ermittlungsbeiträge im Rahmen der staatlichen Strafverfolgung; 1. Auflage, Frankfurt am Main 2009 (zit.: Eckhardt, Private Ermittlungsbeiträge, S.)

Edenharter, Andrea: Wie argumentieren EuGH und BVerfG in Grundrechtsfragen?; in: Europarecht 2022, S. 302–327 (zit.: Edenharter EuR 2022, S.)

Ehling, Jan: Abrechnungsbetrug und Scheinrechnungen im Projektgeschäft – Zivilrechtliche Behandlung und Präventionsmöglichkeiten; in: Baurecht 2017, S. 1275–1280 (zit.: Ehling BauR 2017, S.)

Ehmann, Eugen/Selmayr, Martin (Hrsg.): Datenschutz-Grundverordnung – Kommentar; 3. Auflage, München 2024 (zit.: Bearbeiter in: Ehmann/Selmayr, DS-GVO, Art. Rn.)

Effer-Uhe, Daniel Oliver: Singularia non sunt extendend; in: Brinkmann, Moritz/Effer-Uhe u. a. (Hrsg.): Dogmatik im Dienst von Gerechtigkeit, Rechtssicherheit und Rechtsentwicklung: Festschrift für Hanns Prütting zum

70. Geburtstag; 1. Auflage, Köln 2018, S. 15–26 (zit.: Effer-Uhe, FS Prütting, S.)

Eichner, Christian/Leukel, Tim: Budget- und Mitarbeiterbefragungsrecht des Aufsichtsrats im Kontext aktienrechtlicher Compliance; in: Die Aktiengesellschaft 2020, S. 513–526 (zit.: Eichner/Leukel AG 2020, S.)

Eisenberg, Ulrich: Eisenberg Beweisrecht der StPO – Spezialkommentar; 10. Auflage, München 2017 (zit.: Eisenberg, Beweisrecht der StPO, § Rn.)

Ekman, Paul: Lie Catching and Microexpressions S. 118–135; in: Martin, Clancy W.: The Philosophy of Deception; 1. Auflage, Oxford 2009 (zit.: Ekman in: Martin, The Philosophy of Deception, S.)

Ellenberger, Jürgen/Bunte, Hermann-Josef (Hrsg.): Bankrechts-Handbuch; 6. Auflage, München 2022 (zit.: Bearbeiter in: Ellenberger/Bunte, BankR-HdB, § Rn.)

Engelhart, Marc: Sanktionierung von Unternehmen und Compliance: eine rechtsvergleichende Analyse des Straf- und Ordnungswidrigkeitenrechts in Deutschland und den USA; 2. Auflage, Berlin 2012 (zit.: Engelhart, Sanktionierung von Unternehmen und Compliance, S.)

– ders.: mit Anmerkung zu: LG Stuttgart vom 26.3.2018 – 6 Qs 1/18; in: Zeitschrift für Wirtschafts- und Steuerstrafrecht 2018, S. 407–408 (zit.: Engelhart wistra 2018, S.)

Engelhoven, Philipp (Hrsg.): Richtiges Verhalten in der Compliance-Krise; 1. Auflage, München 2023 (zit.: Bearbeiter in: Engelhoven, Richtiges Verhalten in der Compliance-Krise, § Rn.)

Engisch, Karl: Einführung in das juristische Denken; 13. Auflage, Stuttgart 2024 (zit.: Engisch, Einführung in das juristische Denken, S.)

Engländer, Armin: Das nemo-tenetur-Prinzip als Schranke verdeckter Ermittlungen – Eine Besprechung von BGH 3 StR 104/07; in: Zeitschrift für Internationale Strafrechtsdogmatik 2008, S. 163–167 (zit.: Engländer ZIS 2008, S.)

Enneccerus, Ludwig/Nipperdey, Hans Carl: Allgemeine Lehren, Personen, Rechtsobjekte (Allgemeiner Teil des bürgerlichen Rechts),; 15. Auflage, Tübingen 1959 (zit.: Enneccerus/Nipperdey, Allg. Teil § Rn.)

Erb, Volker: Die Beschlagnahme von Unterlagen bei Rechtsanwälten außerhalb einer Vertrauensbeziehung zum Beschuldigten; in: Esser, Robert/Kühne, Hans-Heiner: Festschrift für Hans-Heiner Kühne zum 70. Geburtstag; 1. Auflage, Heidelberg 2013, S. 171–186 (zit.: Erb, FS Kühne, S.)

Erfurter Kommentar zum Arbeitsrecht: Müller-Glöge, Rudi/Preis, Ulrich/Gallner, Inken/Schmidt, Ingrid. (Hrsg.); 25. Auflage, München 2025 (zit.: Bearbeiter in: ErfK ArbR, §/Art. Rn.)

Erfurth, Christina: Verdeckte Ermittlungen: Problemlösung durch das OrgKG; 1. Auflage, Frankfurt a.M. 1997 (zit.: Erfurth, Verdeckte Ermittlungen, S.)

Ernst, Stefan: Der Arbeitgeber, die E-Mail und das Internet; in: Neue Zeitschrift für Arbeitsrecht 2002, S. 585–591 (zit.: Ernst NZA 2002, S.)

Eschelbach, Ralf: Erinnerungsverfälschungen durch Zeugencoaching; in: Zeitschrift für die Anwaltspraxis 2014, S. 971–988 (zit.: Eschelbach ZAP 2014, S.)

Esser, Robert/Rübenstahl, Markus/Saliger, Frank/Tsambikakis, Michael (Hrsg.): Wirtschaftsstrafrecht, Kommentar mit Steuerstrafrecht und Verfahrensrecht; 1. Auflage, Köln 2017 (zit.: Bearbeiter in: Esser/Rübenstahl/Saliger/Tsambikakis, Wirtschaftsstrafrecht, § Rn.)

Eßwein, Kilian K.: Mitarbeiteramnestien bei der Aufklärung von Compliance-Verstößen; in: Corporate Compliance Zeitschrift 2018, S. 73–78 (zit.: Eßwein CCZ 2018, S.)

Eufinger, Alexander: Arbeitsrechtliche Aspekte der Aufklärung von Compliance-Verstößen; in: Betriebs-Berater 2016, S. 1973–1978 (zit.: Eufinger BB 2016, S.)

– ders.: Arbeitsrechtliche Beweisverwertungsverbote und unternehmensinterne Untersuchungen – Compliance, Haftungsrisiken und Aufklärungsinteresse vs. Datenschutz und Persönlichkeitsrecht des Arbeitnehmers; in: Der Betrieb 2017, S. 1266–1271 (zit.: Eufinger DB 2017, S.)

– ders.: Interne Untersuchungen und Arbeitnehmerrechte – Vorgaben des Referentenentwurfs zum Verbandssanktionengesetz; in: Der Betrieb 2019, S. 2408–2413 (zit.: Eufinger DB 2019, S.)

– ders.: Die fruit-of-the-poisonous-tree-Doktrin im Arbeitsrecht; in: Recht der Arbeit 2021, S. 8–15 (zit.: Eufinger RdA 2021, S.)

– ders.: Mitarbeiterbefragungen – zwischen nemo-tenetur-Grundsatz und Jones Day-Entscheidung; in: Betriebs-Berater 2023, S. 1010–1016 (zit.: Eufinger BB 2023, S.)

Eylert; Mario: Die Verdachtskündigung; in: Neue Zeitschrift für Arbeitsrecht – Rechtsprechungs-Report 2014, S. 393–408 (zit.: Eylert NZA-RR 2014, S.)

Fassbach, Burkhard/Hülsberg, Frank: Die D&O-Versicherung im Gefüge der Compliance Management Systeme (CMS); in: Compliance Berater 2018, S. 1–5 (zit.: Fassbach/Hülsberg CB 2018, S.)

– ders./Hülsberg, Frank/Spamer, Hansgeorg: Hinweisgeberschutz durch Vertrauensanwälte; in: Compliance Berater 2022, S. 151–156 (zit.: Fassbach/Hülsberg/Spamer CB 2022, S.)

Ferati, Burim/Meyer, Annabelle: (K)eine grüne Märchenwelt? Fraud im ESG-Kontext; in: Corporate Compliance Zeitschrift 2022, S. 349–357 (zit.: Ferati/Meyer CCZ 2022, S.)

Fett, Torsten/Habbe, Julia Sophia: Interne Untersuchungen als Ausübung der Überwachungspflicht des Aufsichtsrats; in: Die Aktiengesellschaft 2018, S. 257–266 (zit.: Fett/Habbe AG 2018, S.)

Finger, Thorsten: Prozessuale Beweisverbote – Eine Darstellung ausgewählter Fallgruppen; in: Juristische Arbeitsblätter 2006, S. 529–539 (zit.: Finger JA 2006, S.)

Fink, Gundrun: Gilt „nemo tenetur se ipsum accusare" auch für juristische Personen? – Zum Problem der Selbstbelastungsfreiheit anlässlich des Entwurfs eines „Verbandsstrafgesetzbuchs"; in: Zeitschrift für Wirtschafts- und Steuerstrafrecht 2014, S. 457–463 (zit.: Fink wistra 2014, S.)

Fischer, Thomas (Hrsg.): Strafgesetzbuch: StGB mit Nebengesetzen; 72. Auflage, München 2025 (zit.: Bearbeiter in: Fischer StGB, § Rn.)

Fischer, Ulrich: Die Anhörung des Arbeitnehmers vor der Verdachtskündigung; in: Betriebs-Berater 2003, S. 522–525 (zit.: Fischer BB 2003, S.)

Fitting, Karl (Begr.)/Trebinger, Yvonne/Linsenmaier, Wolfgang/Schelz, Hanna/Schmidt, Kristina: Betriebsverfassungsgesetz Handkommentar; 32. Auflage, München 2024 (zit.: Bearbeiter in: Fitting BetrVG, § Rn.)

Fleischer, Holger: Vorstandsverantwortlichkeit und Fehlverhalten von Unternehmensangehörigen – Von der Einzelüberwachung zur Errichtung einer Compliance-Organisation; in: Die Aktiengesellschaft 2003, S. 291–300 (zit.: Fleischer AG 2003, S.)

– ders.: Corporate Compliance im aktienrechtlichen Unternehmensverbund; in: Corporate Compliance Zeitschrift 2008, S. 1–6 (zit.: Fleischer CCZ 2008, S.)

– ders.: Aktuelle Entwicklungen der Managerhaftung; in: Neue Juristische Wochenschrift 2009, S. 2337–2343 (zit.: Fleischer NJW 2009, S.)

– ders.: Aktienrechtliche Compliance-Pflichten im Praxistest: Das Siemens/Neubürger-Urteil des LG München I; in: Neue Zeitschrift für Gesellschaftsrecht 2014 S. 321–329 (zit.: Fleischer NZG 2014, S.)

Flier, Kim-Mara: Der Begriff einer „(verbands)internen Untersuchung" in den Entwürfen des BMJ(V); in: Compliance Berater 2022, S. 291–294 (zit.: Flier CB 2022, S.)

Forgó, Nikolaus/Helfrich, Marcus/Schneider, Jochen (Hrsg.): Betrieblicher Datenschutz – Rechtshandbuch; 3. Auflage, München 2019 (zit.: Bearbeiter in: Forgó/Helfrich/Schneider, Betrieblicher Datenschutz, Teil Kap. Rn.)

Frank, Justus/Heine, Maurice: In den Clouds muss die Freiheit wohl grenzenlos sein – Zu den Anforderungen an das E-Mail-Screening; in: Corporate Compliance Zeitschrift 2021, S. 195–200 (zit.: Frank/Heine CCZ 2021, S.)

Frings, Arno: Betriebsverfassungsrechtliche Notwendigkeiten bei unternehmensinternen Untersuchungen; in: Ahlbrecht, Heiko/Dann, Matthias/Wessing, Helga (Hrsg.): Unternehmensstrafrecht: Festschrift für Jürgen Wessing zum 65. Geburtstag; 1. Auflage, München 2015, S. 665–686 (zit.: Frings, FS Wessing, S.)

Fritz, Hans-Joachim: mit Anmerkung zu LG Hamburg, v. 15.10.2010 – 608 Qs 18/10; in: Corporate Compliance Zeitschrift 2011, S. 156–160 (zit.: Fritz CCZ 2011, S.)

– ders./Nolden, Dagmar: Unterrichtungspflichten und Einsichtsrechte des Arbeitnehmers im Rahmen von unternehmensinternen Untersuchungen; in: Corporate Compliance Zeitschrift 2010, S. 170–177 (zit.: Fritz/Nolden CCZ 2010, S.)

Fritzsche, Alexander/Bernhard, Thomas: Der „Nemo-Tenetur"-Grundsatz nach der 10. GWB-Novelle – Vorschläge für eine verfassungskonforme Auslegung; in: Neue Zeitschrift für Kartellrecht 2021, S. 599–606 (zit.: Fritzsche/Bernhard NZKart 2021, S.)

Fritzsche, Thomas: Step-by-step: Einführung in die Qualitätssicherung komplexer E-Mail- und Dokumenten-Reviews; in: Compliance Berater 2017, S. 71–74 (zit.: Fritzsche CB 2017, S.)

Fuhlrott, Michael: Der datenschutzrechtliche Einleitungsvermerk bei internen Ermittlungen im Arbeitsverhältnis; in: Gesellschafts- und Wirtschaftsrecht 2020, S. 23–25 (zit.: Fuhlrott GWR 2020, S.)

Fuhrmann, Lambertus: Internal Investigations: Was dürfen und müssen die Organe beim Verdacht von Compliance Verstößen tun?; in: Neue Zeitschrift für Gesellschaftsrecht 2016, S. 881–889 (zit.: Fuhrmann NZG 2016, S.)

Fülbier, Ulrich/Splittgerber, Andreas: Keine (Fernmelde-)Geheimnisse vor dem Arbeitgeber?; in: Neue Juristische Wochenschrift 2012, S. 1995–2001 (zit.: Fülbier/Splittgerber NJW 2012, S.)

Gädigk, Cornelia: Außensicht der Strafjustiz; in: Knierim, Thomas/Rübenstahl, Markus/Tsambikakis, Michael (Hrsg.): Internal Investigations: Ermittlungen im Unternehmen, Kapitel 19; 2. Auflage, Heidelberg 2016 (zit.: Gädigk in: Knierim/Rübenstahl/Tsambikakis, Internal Investigations, Kap. Rn.)

Gaede, Karsten: Das Verbot der Umgehung der EMRK durch den Einsatz von Privatpersonen bei der Strafverfolgung; in: Strafverteidiger 2004, S. 46–53 (zit.: Gaede StV 2004, S.)

Gajek, Daniel M./Raspé, Carolin/Schlösser-Rost, Julia: Das Anwaltsprivileg im englischen und US-amerikanischen Recht (Teil I); in: Journal der Wirtschaftsstrafrechtlichen Vereinigung e. V. 2018, S. 200–212 (zit.: Gajek/Raspé/Schlösser-Rost WiJ 2018, S.)

Galen, Margarete Gräfin von: mit Anmerkung zu LG Hamburg, Beschl. v. 15. 10. 2010 – 608 Qs 18/10; in: Neue Juristische Wochenschrift 2011, S. 942–945 (zit.: von Galen NJW 2011, S.)

Galle, René: Internal Investigations bei Kartellrechtsverstößen unter Einbeziehung der Mitarbeiter; in: Betriebs Berater 2018, S. 564–571 (zit.: Galle BB 2018, S.)

Gamillscheg, Franz: Die Grundrechte im Arbeitsrecht; 1. Auflage, Berlin 1989 (zit.: Gamillscheg, Die Grundrechte im Arbeitsrecht, S.)

Gassner, Kathi/Seith, Sebastian (Hrsg.): Ordnungswidrigkeitengesetz Handkommentar; 3. Auflage, Baden-Baden 2024 (zit.: Bearbeiter in: HK-OWiG, § Rn.)

Gatter, Marcelle Janina: Ausgestaltung von Mitarbeiterbefragungen; 1. Auflage, Frankfurt a. M. 2016 (zit.: Gatter, Ausgestaltung von Mitarbeiterbefragungen, S.)

Gebhard, Alexander/Hoheisel-Gruler, Roland: Kriminalistik – Campus – Gesetzliche Regelung des kriminalpolizeilichen V-Mann-Einsatzes; in: Kriminalistik 2021, S. 515–518 (zit.: Gebhard/Hoheisel-Gruler Kriminalistik 2021, S.)

Geipel, Andreas: Handbuch der Beweiswürdigung; 3. Auflage, Bonn 2017 (zit.: Geipel, Handbuch der Beweiswürdigung, Kap. Rn.)

Geppert, Martin/Schütz, Raimund (Hrsg.): Beck'scher Kommentar zum TKG: Zweiter Teil. Telekommunikation-Telemedien-Datenschutz-Gesetz; 5. Auflage, München 2023 (zit.: Bearbeiter in: Geppert/Schütz, § Rn.)

Gercke, Björn: Interne Ermittlungen – nach Jones Day und vor einem Unternehmenssanktionsrecht: Eine Bestandsaufnahme; in: Goltdammer's Archiv für Strafrecht 2020, S. 122–138 (zit.: Gercke GA 2020, S.)

– ders./Temming, Dieter/Zöller, Mark Alexander (Hrsg.): Strafprozessordnung; 7. Auflage, Heidelberg 2023 (zit.: Bearbeiter in: Gercke/Temming/Zöller, StPO, § Rn.)

Gerst, Hans-Joachim: Unternehmensinteresse und Beschuldigtenrechte bei Internal Investigations – Problemskizze und praktische Lösungswege; in: Corporate Compliance Zeitschrift 2012, S. 1–5 (zit.: Gerst CCZ 2012, S.)

Ghassemi-Tabar, Nima (Hrsg.): Deutscher Corporate Governance Kodex: DCGK; 2. Auflage, München 2023 (zit.: Beabeiter in: Ghassemi-Tabar, DCGK, Grundsatz Rn.)

Gierschmann, Sibylle/Baumgartner, Ulrich (Hrsg.): Telekommunikation-Telemedien-Datenschutz-Gesetz, Kommentar; 1. Auflage, München 2023 (zit.: Bearbeiter in: Gierschmann/Baumgartner, TTDSG, § Rn.)

Giese, Katja: Die Anhörung des Arbeitnehmers vor einer Compliance-indizierten Verdachtskündigung; in: Zeitschrift für Wirtschaftsrecht 2020, S. 1004–1005 (zit.: Giese ZIP 2020, S.)

– dies./Dachner, Anja: Arbeitsrechtliche Folgen des VerSanG: Das Ende des Personalgesprächs bei internen Ermittlungen; in: Zeitschrift für Wirtschaftsrecht 2020, S. 498–504 (zit.: Giese/Dachner ZIP 2020, S.)

Glocker, Felix/Hoffmann, Maren: Beschäftigtendatenschutz: Zentrale Rechtsgrundlage nicht mehr anwendbar; in: Betriebs Berater 2023, S. 1333–1335 (zit.: Glocker/Hoffmann BB 2023, S.)

Glombik, Melanie Alina: Vorstandspflichten bei verbandsinternen Untersuchungen; 1. Auflage, Baden-Baden 2023 (zit.: Glombik, Vorstandspflichten bei verbandsinternen Untersuchungen, S.)

Godenzi, Gunhild: Private Beweisbeschaffung im Strafprozess: eine Studie zu strafprozessualen Beweisverboten im schweizerischen und deutschen Recht; 1. Auflage, Zürich 2008 (zit.: Godenzi, Private Beweisbeschaffung im Strafprozess, S.)

Godzierz, Cornelia (Hrsg.): Corporate Compliance Checklisten – Rechtliche Risiken im Unternehmen erkennen und vermeiden; 6. Auflage, München 2025 (zit.: Bearbeiter in: Godzierz, Corporate Compliance Checklisten, § Rn.)

Goeckenjan, Ingke: Neues aus dem Irrgarten von Zeugnisverweigerungsrecht und Beschlagnahmefreiheit; in: Joecks, Wolfgang (Hrsg.): Recht – Wirtschaft – Strafe: Festschrift für Erich Samson zum 70. Geburtstag; 1. Auflage, Heidelberg 2010, S. 641–660 (zit.: Goeckenjan, FS Samson, S.)

Goette, Wulf/Arnold, Michael (Hrsg.): Handbuch Aufsichtsrat; 2. Auflage, München 2024 (zit.: Bearbeiter in: Goette/Arnold, Handbuch Aufsichtsrat, § Rn.)

Gola, Peter: Gilt das Fernmeldegeheimnis am Arbeitsplatz? Anwendungen des neuen TTDSG im Beschäftigungsverhältnis; in: Recht der Datenverarbeitung 2021, S. 305–307 (zit.: Gola RDV 2021, S.)

– ders./Heckmann, Dirk (Hrsg.): Datenschutz-Grundverordnung – Bundesdatenschutzgesetz Kommentar; 3. Auflage, München 2022 (zit.: Bearbeiter in: Gola/Heckmann, DS-GVO/BDSG, § Rn.)

Gollwitzer, Walter: Menschenrechte im Strafverfahren: MRK und IPBPR; 1. Auflage, Berlin 2005 (zit.: Gollwitzer, Menschenrechte im Strafverfahren MRK und IPBPR, MRK Art. Rn.)

Gomille, Christian: Postmortaler Persönlichkeitsschutz nach den »Kohl-Protokollen« – Zugleich Besprechung von BGH, Urteile vom 29.11.2021 – VI ZR 248/18 und VI ZR 258/18; in: Zeitschrift für Urheber- und Medienrecht 2022, S. 241–247 (zit.: Gomille ZUM 2022, S.)

Göpfert, Burkard/Merten, Frank/Siegrist, Carolin: Mitarbeiter als „Wissensträger“ – Ein Beitrag zur aktuellen Compliance-Diskussion; in: Neue Juristische Wochenschrift 2008, S. 1703–1709 (zit.: Göpfert/Merten/Siegrist NJW 2008, S.)

Götting, Horst-Peter/Nordemann, Axel (Hrsg.): UWG Handkommentar; 3. Auflage, Baden-Baden 2016 (zit.: Bearbeiter in: Götting/Nordemann, UWG, § Rn.)

Grabenwarter, Christoph/Pabel, Katharina: Europäische Menschenrechtskonvention – Ein Studienbuch; 7. Auflage, München 2021 (zit.: Grabenwarter/Pabel, EMRK, § Rn.)

Greco, Luís/Caracas, Christian: Internal investigations und Selbstbelastungsfreiheit; in: Neue Zeitschrift für Strafrecht 2015, S. 7–15 (zit.: Greco/Caracas NStZ 2015, S.)

Greeve, Gina/Tsambikakis, Michael: Individualvertretung im Strafverfahren; in: Knierim, Thomas/Rübenstahl, Markus/Tsambikakis, Michael (Hrsg.): Internal Investigations: Ermittlungen im Unternehmen, Kapitel 18; 2. Auflage, Heidelberg 2016 (zit.: Greeve/Tsambikakis in: Knierim/Rübenstahl/Tsambikakis, Internal Investigations, Kap. Rn.)

Grimm, Detlef: Rechtsanwaltliche Begleitung von Mitarbeiterbefragungen bei unternehmensinternen Ermittlungen und Kostenübernahme; in: Neue Zeitschrift für Arbeitsrecht 2019, S. 1534–1539 (zit.: Grimm NZA 2019, S.)

Grobys, Isabella/Panzer-Heemeier, Andrea (Hrsg.): StichwortKommentar Arbeitsrecht; 4. Auflage, Edition 9 Baden-Baden 2025 (zit.: Bearbeiter in: Grobys/Panzer-Heemeier, SWK-ArbR, [Stichwort] Rn.)

Grosjean, Sascha R.: Überwachung von Arbeitnehmern – Befugnisse des Arbeitgebers und mögliche Beweisverwertungsverbote; in: Der Betrieb 2003, S. 2650–2654 (zit.: Grosjean DB 2003, S.)

Groß, Nadja: Der Rechtsanwalt des Arbeitnehmers im Compliance-Interview; in: Compliance Berater 2023, S. 308–311 (zit.: Groß CB 2023, S.)

Grützner, Thomas/Jakob, Alexander (Hrsg.): Compliance von A-Z; 2. Auflage, München 2015 (zit.: Bearbeiter in: Grützner/Jakob, Compliance von A-Z, [Stichwort])

Gündel, Gerhard: Handlungspflichten und Haftungsrisiken der Geschäftsführung im Zusammenhang mit Hinweisen auf Unregelmäßigkeiten und Regelverstöße; in: Compliance Berater 2014, S. 397–401 (zit.: Gündel CB 2014, S.)

Guradze, Heinz: Die Europäische Menschenrechtskonvention – Konvention zum Schutze der Menschenrechte und Grundfreiheit nebst Zusatzprotokollen; 1. Auflage, Berlin u. a. 1968 (Guradze, Die Europäische Menschenrechtskonvention, Art./§ Rn.)

– ders.: Schweigerecht und Unschuldsvermutung im Englisch-Amerikanischen und Bundesdeutschen Strafprozess; in: Steele Commager, Henry/Doeker, Günther/Fraenke, Ernst (Hrsg.): Festschrift für Karl Loewenstein, aus Anlaß seines achtzigsten Geburtstages; 1. Auflage, Tübingen 1971, S. 151–165 (zit.: Guradze, FS Loewenstein, S.)

Habbe, Julia Sophia: Interne Untersuchungen durch den Aufsichtsrat; in: Corporate Compliance Zeitschrift 2019, S. 27–33 (zit.: Habbe CCZ 2019, S.)

– dies./Pelz, Christian: Interne Untersuchungen – Status quo und Zukunftsbetrachtung; in: Betriebs Berater 2020, S. 1226–1232 (zit.: Habbe/Pelz BB 2020, S.)

Habersack, Mathias: Grund und Grenzen der Compliance-Verantwortung des Aufsichtsrats der AG; in: Die Aktiengesellschaft 2014, S. 1–8 (zit.: Habersack AG 2014, S.)

Hacker, Philipp/Cordes, Johann/Berz, Amelie: Transparenz generativer KI – Rechtliche Rahmenbedingungen und technische Möglichkeiten; in: Gewerblicher Rechtsschutz und Urheberrecht 2024, S. 1777–1785 (zit.: Hacker/Cordes/Berz GRUR 2024, S.)

Hamacher, Anno (Hrsg.): Antragslexikon Arbeitsrecht; 4. Auflage, München 2024 (Bearbeiter in: Hamacher, Antragslexikon Arbeitsrecht, Kap. Rn.)

– ders./Happe, Christian: Lag eine Kündigung im Briefkasten? oder: Der Zeugenbeweis im arbeitsgerichtlichen Verfahren; in: Neue Zeitschrift für Arbeitsrecht 2021, S. 665–674 (zit.: Hamacher/Happe NZA 2021, S.)

Harbst, Ragnar: Die (Un-)verlässlichkeit der Zeugenerinnerung; in: Zeitschrift für Schiedsverfahren 2021, S. 49–58 (Harbst SchiedsVZ 2021, S.)

Harris, Kenneth: Verwertungsverbote für mittelbar erlangte Beweismittel – Die Fernwirkungsdoktrin in der Rechtsprechung im deutschen und amerikanischen Recht; in: Strafverteidiger 1991, S. 313–322 (zit.: Harris StV 1991, S.)

Hartmann-Rüppel, Marco/Nagel, Stephan Manuel: Durchsuchungen des Bundeskartellamts; in: Compliance Berater 2022, S. 230–236 (zit.: Hartmann-Rüppel/Nagel CB 2022)

Hartwig Maria/Granhag, Par Anders/Stromwall, Leif A./Kronkvist, Ola: Strategic Use of Evidence During Police Interviews: When Training to Detect Deception Works; in: Law and Human Behavior 2006, S. 603–619 (zit.: Hartwig/Granhag/Strömwall/Kronkvist, Law and Human Behavior 2006, S.)

Hassemer, Winfried: Unverfügbares im Strafprozeß; in: Kaufmann, Arhur: Rechtsstaat und Menschenwürde: Festschrift für Werner Maihofer zum 70. Geburtstag; 1. Auflage, Frankfurt a. M. 1988, S. 183–204 (zit.: Hassemer, FS Maihofer, S.)

Haug, Thomas: Die Pflicht deutscher Gerichte zur Berücksichtigung der Rechtsprechung des EGMR; in: Neue Juristische Wochenschrift 2018, S. 2674–2677 (zit.: Haug NJW 2018, S.)

Hauschka, Christoph E./Moosmayer, Klaus/Lösler, Thomas (Hrsg.): Corporate Compliance – Handbuch der Haftungsvermeidung im Unternehmen; 3. Auflage, München 2016 (zit.: Bearbeiter in: Hauschka/Moosmayer/Lösler, Corporate Compliance, § Rn.)

Hefendehl, Roland: Beweisermittlungs- und Beweisverwertungsverbote bei Auskunfts- und Mitwirkungspflichten; in: Zeitschrift für Wirtschafts- und Steuerstrafrecht 2003, S. 1–9 (zit.: Hefendehl wistra 2003, S.)

Heghmanns, Michael: Beweisverwertungsverbote; in: Zeitschrift für Internationale Strafrechtsdogmatik 2016, S. 404–415 (zit.: Heghmanns ZIS 2016, S.)

Hegnon, Oliver: Aufsicht als Leitungspflicht; Umfang persönlich wahrzunehmender Aufsichtspflichten von Geschäftsleitern bei vertikaler Arbeitsteilung aus gesellschafts- und strafrechtlicher Sicht; in: Corporate Compliance Zeitschrift 2009, S. 57–62 (zit.: Hegnon CCZ 2009, S.)

Heidel, Thomas/Schall, Alexander (Hrsg.): Handelsgesetzbuch; 4. Auflage, Baden-Baden 2024 (zit.: Bearbeiter in: Heidel/Schall, HGB, § Rn.)

Heinrich, Jens: Insolvenzstrafrecht im Überblick – Ein „Starterkit" für die Praxis; in: Neue Zeitschrift für Wirtschafts-, Steuer- und Unternehmensstrafrecht 2020, S. 346–368 (zit.: Heinrich NZWiSt 2020, S.)

– ders.: Die Durchsuchung in Wirtschaftsstrafverfahren – Ein Update; in: Zeitschrift für Wirtschafts- und Steuerstrafrecht 2022, S. 59–64 (zit.: Heinrich wistra 2022, S.)

Heinze, Meinhard: Personalplanung, Einstellung und Kündigung: die Mitbestimmung des Betriebsrates bei personellen Maßnahmen; 1. Auflage, Stuttgart 1982 (zit.: Heinze, Personalplanung, Einstellung und Kündigung, S. Rn.)

Helmrich, Jan: Straftaten von Mitarbeitern zum Nachteil des „eigenen" Unternehmens als Anknüpfungstaten für eine Verbandsgeldbuße?; in: Zeitschrift für Wirtschafts- und Steuerstrafrecht 2010, S. 331–335 (zit.: Helmrich wistra 2010, S.)

Hengstenberg, Achim: Die Frühwirkung der Verwertungsverbote: eine Untersuchung der Bedeutung der Beweisverwertungsverbote für die strafprozessualen Verdachtsbeurteilungen; 1. Auflage, Hamburg 2007 (zit.: Hengstenberg, Die Frühwirkung der Verwertungsverbote, S.)

Henssler, Martin: Generalbericht zum Deutschen Arbeitsrechtstag; in: Neue Zeitschrift für Arbeitsrecht-Beilage 2018, S. 31–43 (zit.: Henssler NZA-Beilage 2018, S.)

– ders./Hoven, Elisa/Kubiciel, Michael/Weigend, Thomas: Kölner Entwurf eines Verbandssanktionengesetzes; in: Neue Zeitschrift für Wirtschafts-, Steuer- und Unternehmensstrafrecht 2018, S. 1–10 (zit.: Henssler/Hoven/Kubiciel/Weigend NZWiSt 2018, S.)

– dies.: Das Gesetz zur Sanktionierung verbandsbezogener Straftaten, S. 153–175; in: Kubiciel, Michael: Neues Unternehmenssanktionenrecht ante portas 1. Aufl. 2020; 1. Auflage, Baden-Baden 2020 (zit.: Henssler/Hoven/Kubiciel/Weigend in: Kubiciel, Neues Unternehmenssanktionenrecht ante portas, S.)

– ders./Willemsen, Heinz Josef/Kalb, Heinz-Jürgen (Hrsg.): Arbeitsrecht Kommentar; 11. Auflage, Köln 2024 (zit.: Bearbeiter in: Henssler/Willemsen/Kalb, Arbeitsrecht Kommentar, § Rn.)

Herrmann, Dorothee/Zeidler, Finn: Arbeitnehmer und interne Untersuchungen – ein Balanceakt; in: Neue Zeitschrift für Arbeitsrecht 2017, S. 1499–1505 (zit.: Herrmann/Zeidler NZA 2017, S.)

Heußner (Richter): mit Anmerkung zu BVerfG v. 13.01.1981 – 1 BvR 116/77; in: Neue Juristische Wochenschrift 1981, S. 1433–1433 (zit.: Heußner NJW 1981, S.)

Hilgendorf, Eric/Kudlich, Hans/Valerius, Brian: Handbuch des Strafrechts; Band 8: Das strafprozessuale Regelverfahren in erster Instanz; 1. Auflage, Heidelberg 2022 (zit.: Bearbeiter in: Hilgendorf/Kudlich/Valerius, Handbuch des Strafrechts Band 8, § Rn.)

Hille, Annika: Die Kooperation von Unternehmen mit deutschen Strafverfolgungsbehörden – Internal Investigations, Mitarbeiterinterviews und nemo-tenetur-Grundsatz; 1. Auflage, Berlin 2020 (zit.: Hille, Kooperation von Unternehmen, S.)

Hinrichs, Ulrike: „Big Brother“ und die Menschenwürde; in: Neue Juristische Wochenschrift 2000, S. 2173–2176 (zit.: Hinrichs NJW 2000, S.)

Hirte, Heribert/Vallender, Heinz (Hrsg.): Uhlenbruck, Insolvenzordnung Band 1; 15. Auflage, München 2019 (zit.: Bearbeiter in: Uhlenbruck, InsO Band 1, § Rn.)

Hoefs, Christian: Die Verdachtskündigung; 1. Auflage, Berlin 2001 (zit.: Hoefs, Verdachtskündigung, S.)

Hoeren, Thomas/Sieber, Ulrich/Holznagel, Bernd (Hrsg.): Handbuch Multimedia-Recht – Rechtsfragen des elektronischen Geschäftsverkehrs: 62. Ergänzungslieferung, München 06.2024 (Bearbeiter in: Hoeren/Sieber/Holznagel, Handbuch Multimedia-Recht, Teil Rn.)

Hoffmann, Andreas/Schieffer, Anita: Pflichten des Vorstands bei der Ausgestaltung einer ordnungsgemäßen Compliance-Organisation; in: Neue Zeitschrift für Gesellschaftsrecht 2017, S. 401–407 (zit.: Hoffmann/Schieffer NZG 2017, S.)

Hoffmann, Maren/Glocker, Felix: Das Aus des nationalen Beschäftigtendatenschutzes?; in: Privacy in Germany 2023, S. 46–49 (zit.: Hoffmann/Glocker PinG 2023, S.)

Hoffmann, Volker H./Knierim, Thomas C.: Rückgabe von im Strafverfahren sichergestellten oder beschlagnahmten Gegenstände; in: Neue Zeitschrift für Strafrecht 2000, S. 461–464 (zit.: Hoffmann/Knierim NStZ 2000, S.)

Hofmann, Rainer/Boldt, Nicki: Internationaler Bürgerrechtepakt; 1. Auflage, Baden-Baden 2005 (zit.: Hofmann/Boldt in: Internationaler Bürgerrechtepakt, Art. Rn.)

Hofmann, Stefan: Whistleblowing: Heldentat oder Verrat? Hinweisgeber im Spannungsfeld zwischen Zivilcourage und Denunziantentum; in: Zeitschrift für Corporate Governance 2006, S. 121–126 (zit.: Hofmann ZCG 2006, S.)

Hölters, Wolfgang/Weber, Markus (Hrsg.): Aktiengesetz Kommentar; 4. Auflage, München 2022 (zit.: Bearbeiter in: Hölters/Weber, AktG, § Rn.)

Hömig, Dieter/Wolff, Heinrich Amadeus/Kluth, Winfried (Hrsg.): Grundgesetz für die Bundesrepublik Deutschland; 14. Auflage, Baden-Baden 2025 (zit.: Bearbeiter in: Hömig/Wolff/Kluth, Grundgesetz für die Bundesrepublik Deutschland, Art. Rn.)

Hoppe, Daniel/Oldekop, Axel: Geschäftsgeheimnisse – Schutz von Know-how und Geschäftsinformationen; 2. Auflage, Hürth 2023 (zit.: Bearbeiter in: Hoppe/Oldekop, Geschäftsgeheimnisse, Kap. Rn.)

Hopt, Klaus J.: Interne Untersuchungen, Whistleblowing und externes Monitoring; in: ZGR 49 (2020), S. 373–405 (zit.: Hopt ZGR 49 (2020), S.)

Howald, Bert: Kündigung bei privater Nutzung von Handy und Internet; in: Zeitschrift für das öffentliche Arbeits- und Tarifrecht 2014, S. 49–52 (zit.: Howald öAT 2014, S.)

Hübenthal, Nils: Selbstbelastungsfreiheit und Internal Investigations; 1. Auflage, Berlin 2024 (zit.: Hübenthal, Selbstbelastungsfreiheit und Internal Investigations, S.)

Hüffer, Uwe: Die leitungsbezogene Verantwortung des Aufsichtsrats; in: Neue Zeitschrift für Gesellschaftsrecht 2007, S. 47–54 (zit.: Hüffer NZG 2007, S.)

– ders. (Begr.)/Koch, Jens: Beck'sche Kurzkommentare: Band 53 Aktiengesetz; 19. Auflage, München 2025 (zit.: Bearbeiter in: Koch, AktG, § Rn.)

Hugger, Heiner: Unternehmensinterne Untersuchungen – Erfahrungen und Standards der Praxis; in: Zeitschrift für das gesamte Handels- und Wirtschaftsrecht 179 (2015), S. 214–225 (zit.: Hugger ZHR 179 (2015), S.)

Hümmerich, Klaus/Reufels, Martin: Gestaltung von Arbeitsverträgen und Dienstverträgen für Geschäftsführer und Vorstände, kommentierte Klauseln und Musterverträge; 5. Auflage, Baden-Baden 2023 (zit.: Bearbeiter in: Hümmerich/Reufels, Gestaltung von Arbeitsverträgen, § Rn.)

Ignor, Alexander: Der rechtliche Schutz des Vertrauensverhältnisses zwischen Rechtsanwalt und Mandant im Visier des Gesetzgebers; in: Neue Juristische Wochenschrift 2007, S. 3403–3406 (zit.: Ignor NJW 2007, S.)

Inderst, Cornelia/Bannenberg, Britta/Poppe, Sina: Compliance – Aufbau – Management – Risikobereiche; 3. Auflage, Heidelberg 2017 (zit.: Bearbeiter in: Inderst/Bannenberg/Poppe, Compliance, Kap. Rn.)

International Organization for Standardization: ISO/TS 37008:2023 – Internal investigations of organizations — Guidance; 1. Edition, 07/2023 (zit.: ISO/TS-Standard 37008:2023, S.)

Itzen, Uta: Richtungswechsel, Bestandsaufnahme, Prävention: Das Gerüst einer erfolgreichen Compliance-Strategie; in: Betriebs Berater Special 5 (2008), S. 12–16 (zit.: Itzen BB Special 5 (2008), S.)

Jahn, Matthias: Zur strafschärfenden Wirkung einer Maskierung des Täters bei der Tatausführung; in: Strafverteidiger 1998, S. 653–656 (zit.: Jahn StV 1998, S.)

– ders.: Ausforschung einer Beschuldigten durch Wahrsagerin in der Untersuchungshaft – BGHSt 44, 129; in: Juristische Schulung 2000, S. 441–445 (zit.: Jahn JuS 2000, S.)

– ders.: Strafprozessrecht als geronnenes Verfassungsrecht – Hauptprobleme und Streitfragen des § 136a StPO; in: Juristische Schulung 2005, S. 1057–1062 (zit.: Jahn JuS 2005, S.)

– ders.: Verhandlungen des 67. Deutschen Juristentages Erfurt 2008, 1/C: Gutachten Teil C: Beweiserhebungs- und Beweisverwertungsverbote im Spannungsfeld zwischen den Garantien des Rechtsstaates und der effektiven Bekämpfung von Kriminalität und Terrorismus; 1. Auflage, Erfurt 2008 (zit.: Jahn Gutachten C zum 67. DJT 2008, S.)

– ders.: Ermittlungen in Sachen Siemens/SEC; in: Strafverteidiger 2009, S. 41–46 (zit.: Jahn StV 2009, S.)

– ders.: Die verfassungskonforme Auslegung des § 97 Abs. 1 Nr. 3 StPO; in: Zeitschrift für Internationale Strafrechtsdogmatik 2011, S. 453–460 (zit.: Jahn ZIS 2011, S.)

– ders./Kirsch, Stefan: Kommentierung zu Beschluss des LG Mannheim vom 3. 7. 2012 – 24 Qs 1, 2/12: Beurteilung der Beschlagnahmefreiheit von Unterlagen im Gewahrsam eines Zeugen; in: Neue Zeitschrift für Strafrecht 2012, S. 713–720 (zit.: Jahn/Kirsch NStZ 2012, S.)

– dies.: mit Anmerkung zu LG Bonn, Beschluss vom 21.06.2012 – 27 Qs 2/12; in: Neue Zeitschrift für Wirtschafts-, Steuer- und Unternehmensstrafrecht 2013, S. 28–31 (zit.: Jahn/Kirsch NZWiSt 2013, S.)

Jahn, Matthias/Schmitt-Leonardy, Charlotte/Schoop, Christian: Unternehmensverantwortung für Unternehmenskriminalität – „Frankfurter Thesen"; in: Zeitschrift für Wirtschafts- und Steuerstrafrecht 2018, S. 27–31 (zit.: Jahn/Schmitt-Leonardy/Schoop wistra 2018, S.)

Janssen, Maximilian: Befragungstaktik und Aussagepsychologie bei unternehmensinternen kartellrechtlichen Untersuchungen; in: Corporate Compliance Zeitschrift 2016, S. 270–274 (zit.: Janssen CCZ 2016, S.)

Jarass, Hans D. (Hrsg.): Charta der Grundrechte der Europäischen Union unter Einbeziehung der sonstigen Grundrechtsregelungen des Primärrechts und der EMRK Kommentar; 4. Auflage, München 2021 (zit.: Bearbeiter in: Jarass, EU-Grundrechte-Charta, Art. Rn.)

– ders./Kment, Martin: Grundgesetz für die Bundesrepublik Deutschland Kommentar; 18. Auflage, München 2024 (zit.: Bearbeiter in: Jarass/Pieroth, GG, Art. Rn.)

Jatzkowski, Astrid/Votsmeier, Volker: Manche Unternehmen müssen weg – Interview mit NJW-Justizminister Thomas Kutschaty; in: JUVE-Rechtsmarkt 06/2014, S. 74–79 (zit.: Jatzkowski/Votsmeier JUVE-Rechtsmarkt 2014, S.)

Joecks, Wolfgang/Jäger, Markus/Randt, Karsten (Hrsg.): Steuerstrafrecht mit Zoll- und Verbrauchsteuerstrafrecht Kommentar; 9. Auflage, München 2023 (zit.: Bearbeiter in: Joecks/Jäger/Randt, Steuerstrafrecht, § Rn.)

Joerden, Jan C.: Verbotene Vernehmungsmethoden – Grundfragen des § 136a StPO; in: Juristische Schulung 1993, S. 927–931 (zit.: Joerden JuS 1993, S.)

Joost, Detlev/Strohn, Lutz/Poelzig, Dörte/Sander, Volker (Hrsg.): Ebenroth, Carsten, Thomas/Boujong, Karlheinz (Begr.): Handelsgesetzbuch, Band 1 §§ 1–342e HGB; 5. Auflage, München 2024 (zit.: Bearbeiter in: Ebenroth/Boujong, HGB, § Rn.)

Jüttner, Markus/Artinger, Florian/Keller, Niklas/Petersen, Malte: Compliance-Risiken unter Unsicherheit effektiv managen; in: Corporate Compliance Zeitschrift 2019, S. 225–229 (zit.: Jüttner/Artinger/Keller/Petersen CCZ 2019, S.)

Jüttner, Markus/Koch, Sebastian: Der Unterschied zwischen „Unternehmen mit kriminellen Mitarbeitern“ und „kriminellen Unternehmen“; in: Compliance Berater 2018, S. 437–442 (zit.: Jüttner/Koch CB 2018, S.)

Kahlenberg, Harald/Schwinn, Hannes: Amnestieprogramme bei Compliance-Untersuchungen im Unternehmen; in: Corporate Compliance Zeitschrift 2012, S. 81–86 (zit.: Kahlenberg/Schwinn CCZ 2012, S.)

Kainer, Friedemann/Feinauer, Franziska: Interne Ermittlungen im Referentenentwurf zum Verbandssanktionengesetz; in: Neue Zeitschrift für Arbeitsrecht 2020, S. 363–368 (zit.: Kainer/Feinauer NZA 2020, S.)

Kamann, Hans-Georg/Ohlhoff, Stefan/Völcker, Sven (Hrsg.): Handbuch Kartellverfahren und Kartellprozess; 2. Auflage, München 2024 (zit.: Bearbeiter in: Kamann/Ohlhoff/Völcker, Kartellverfahren und Kartellprozess, § Rn)

Kämpfer, Simone/Schwerdtfeger, Max: Sind Unterlagen bei Wirtschaftsprüfern vor der Beschlagnahme durch Strafverfolgungsbehörden geschützt?; in: Die Wirtschaftsprüfung 2019, S. 236–240 (zit.: Kämpfer/Schwerdtfeger WPg 2019, S.)

Kandaouroff, Katrin Ines/Rose, Franz-Josef: Personalgespräch: Darf der Arbeitnehmer dritte Personen mitbringen?; in: Der Betrieb 2008, S. 1210–1215 (zit.: Kandaouroff/Rose DB 2008, S.)

Kant, Immanuel: Gesammelte Schriften; in: Königlich Preußische Akademie der Wissenschaften (Hrsg.): Band VI Die Religion innerhalb der Grenzen der bloßen Vernunft. Die Metaphysik der Sitten; 1. Auflage, Berlin 1914 (zit.: Kant in: Königlich Preußische Akademie der Wissenschaften, Metaphysik der Sitten Band VI, S.)

Kappel, Jan/Johannsen, Jörn: § 7 Interne Untersuchungen als reaktive Steuerungspflicht; in: Ghassemi-Tabar, Nima/Pauthner, Jürgen/Wilsing, Hans-Ulrich (Hrsg.): Corporate Compliance – Praxisleitfaden für die Unternehmensführung; 1. Auflage, Düsseldorf 2016 (zit.: Kappel/Johannsen in: Ghassemi-Tabar/Pauthner/Wilsing, Corporate Compliance, § Rn.)

Kappel, Jan/Zöll, Oliver/Junkers, Florian: Die Aufarbeitung vorsätzlicher Unternehmensschädigungen – Untreue, Diebstahl, Betrug: Ein Leitfaden; in: Compliance Berater 2018, S. 55–61 (zit.: Kappel/Zöll/Junkers CB 2018, S.)

Karlsruher Kommentar zum Gesetz über Ordnungswidrigkeiten: Mitsch, Wolfgang (Hrsg.); 5. Auflage, München 2018 (zit.: Bearbeiter in: KK-OWiG, § Rn.)

Karlsruher Kommentar zur Strafprozessordnung mit GVG, EGGVG und EMRK: Barthe, Christoph/Gericke, Jan (Hrsg.); 9. Auflage, München 2023 (zit.: Bearbeiter in: KK-StPO, § Rn.)

Kasiske, Peter: Mitarbeiterbefragungen im Rahmen interner Ermittlungen – Auskunftspflichten und Verwertbarkeit im Strafverfahren; in: Neue Zeitschrift für Wirtschafts-, Steuer- und Unternehmensstrafrecht 2014, S. 262–268 (zit.: Kasiske NZWiSt 2014, S.)

– ders.: Fern-, Fort- und Frühwirkung von Beweisverwertungsverboten im Strafprozess; in: Juristische Ausbildung 2017, S. 16–25 (zit.: Kasiske JURA 2017, S.)

Kaspar, Johannes: Strafprozessuale Verwertbarkeit nach rechtswidriger privater Beweisbeschaffung – Zugleich ein Beitrag zur Systematisierung der Beweisverbotslehre; in: Goltdammer's Archiv für Strafrecht 2013, S. 206–225 (zit.: Kaspar GA 2013, S.)

Katko, Peter (Hrsg.): Checklisten zur Datenschutz-Grundverordnung (DS-GVO) – Implementieren, Mitigieren, Auditieren; 2. Auflage, München 2023 (zit.: Bearbeiter in: Katko, Checklisten DS-GVO, § Rn.)

Kaufmann, Muriel/Wegmann, Simon/Wieg, Florian: Beschäftigtendatenschutz – Spielräume und Herausforderungen mitgliedstaatlicher Regelungen – Überlegungen vor dem Hintergrund der Entscheidung des EuGH vom 30.3.2023 – C-34/21, NZA 2023, 487; in: Neue Zeitschrift für Arbeitsrecht 2023, S. 740–746 (zit.: Kaufmann/Wegmann/Wieg NZA 2023, S.)

Keller, Rainer: Rechtliche Grenzen der Provokation von Straftaten; 1. Auflage, Berlin 1989 (zit.: Keller, Rechtliche Grenzen der Provokation von Straftaten, S.)

– ders.: Privatisierung von Polizeifunktionen und strafprozessuale Beweisverwertungsverbote; in: Samson, Erich/Dencker, Friedrich u. a. (Hrsg.): Festschrift für Gerald Grünwald zum siebzigsten Geburtstag; 1. Auflage, Baden-Baden 1999, S. 267–284 (zit.: Keller, FS Grünwald S.)

Kempf, Eberhard/Corsten, Johannes: Interne Ermittlungen und das Bundesverfassungsgericht: Die Beschränkung aufs Allernötigste – Zugleich Besprechung von BVerfG, 3. Kammer des 2. Senats, Beschl. v. 27.06.2018 – 2 BvR 1405/17; in: Strafverteidiger 2019, S. 59–64 (zit.: Kempf/Corsten StV 2019, S.)

Kempf, Eberhard/Lüderssen, Klaus/Volk, Klaus (Hrsg.): Die Finanzkrise, das Wirtschaftsstrafrecht und die Moral; 1. Auflage, Berlin 2010 (zit.: Bearbeiter in: Kempf/Lüderssen/Volk, Die Finanzkrise, das Wirtschaftsstrafrecht und die Moral, S.)

– dies.: Unternehmenskultur und Wirtschaftsstrafrecht; 1. Auflage, Berlin 2015 (zit.: Bearbeiter in: Kempf/Lüderssen/Volk, Unternehmenskultur und Wirtschaftsstrafrecht, S.)

Kharraz, Gitta: Dieselskandal: Ex-Audi-Chef Stadler wegen Betrugs verurteilt; Redaktion beck-aktuell, becklink 2027523 (zit.: Kharraz, Redaktion beck-aktuell, becklink 2027523)

Kienast, Rainer: § 8 Mitarbeiterbefragungen; in: Wessing, Jürgen/Dann, Matthias (Hrsg.): Deutsch-Amerikanische Korruptionsverfahren – Ermittlungen in Unternehmen – SEC, DOJ, FCPA, SOX und die Folgen; 1. Auflage, München 2013 (zit.: Kienast in: Wessing/Dann, Deutsch-Amerikanische Korruptionsverfahren, S.)

Kieselbach, Thomas/Beelmann, Gert: Psychosoziale Risiken von Arbeitsplatzverlust und Arbeitslosigkeit – Effekte und Prävention; Psychotherapeut 2006, S. 452–485 (zit.: Kieselbach/Beelmann Psychotherapeut 2006, S.)

Kindhäuser, Urs/Neumann, Ulfrid/Paeffgen, Hans-Ullrich/Saliger, Frank (Hrsg.): Nomos Kommentar Strafgesetzbuch; 6. Auflage, Baden-Baden 2023 (zit.: Bearbeiter in: Kindhäuser NK-StGB, § Rn.)

Kindler, Peter: Vorstands- und Geschäftsführerhaftung mit Augenmaß – Über einige neuere Grundsatzentscheidungen des II. Zivilsenats des BGH zu §§ 93 AktG und 43 GmbHG; in: Habersack, Mathias/Hommelhoff, Peter (Hrsg.): Festschrift für Wolf Goette zum 65. Geburtstag; 1. Auflage, München 2011, S. 231–238 (zit.: Kindler, FS Goette, S.)

Kiparski, Gerd: Die Telekommunikations-Datenschutzregelungen im neuen TTDSG – Überblick, Auslegung, Kritik; in: Zeitschrift Computer und Recht 2021, S. 482–491 (zit.: Kiparski CR 2021, S.)

Kirch-Heim, Claudio: Sanktionen gegen Unternehmen – Rechtsinstrumente zur Bekämpfung unternehmensbezogener Straftaten; 1. Auflage, Berlin 2007 (zit.: Kirch-Heim, Sanktionen gegen Unternehmen, S.)

Klaas, Arne: Mehr Beteiligungsrechte des Verdächtigen – Der Einfluss des Transparenzgrundsatzes der DS-GVO auf die Durchführung interner Ermittlungen; in: Corporate Compliance Zeitschrift 2018, S. 242–250 (zit.: Klaas CCZ 2018, S.)

Klachin, Sarah/Rauer, Nils: Praktische Auswirkungen der Digitalisierung im Beschäftigtenverhältnis – Teil II; in: Betriebs Berater 2022, S. 1588–1594 (zit.: Klachin/Rauer BB 2022, S.)

Klasen, Evelyn/Schaefer, Sandra: Whistleblower, Zeuge und „Beschuldigter" – Informationsweitergabe im Spannungsfeld grundrechtlicher Positionen; in: Betriebs Berater 2012, S. 641–647 (zit.: Klasen/Schaefer BB 2012, S.)

Klein, Franz (Begr.): Abgabenordnung einschließlich Steuerstrafrecht; 18. Auflage, München 2024 (zit.: Bearbeiter in: Klein, AO, § Rn.)

Klein, Werner/Janßen, Christian/Parsow, Christian: Compliance im Mittelstand aus der Sicht der Praxis; in: Die Wirtschaftsprüfung 2017, S. 1008–1016 (zit.: Klein/Janßen/Parsow WPg 2017, S.)

Kleinheisterkamp, Daniela: Kreditwesengesetz und Strafverfahren; 1. Auflage, Tübingen 2010 (zit.: Kleinheisterkamp, Kreditwesengesetz und Strafverfahren, S.)

Klengel, Jürgen Detlef/Buchert, Christoph: Zur Einstufung der Ergebnisse einer „Internal Investigation" als Verteidigungsunterlagen im Sinne der §§ 97, 148 StPO; in: Neue Zeitschrift für Strafrecht 2016, S. 383–386 (zit.: Klengel/Buchert NStZ 2016, S.)

Klengel, Jürgen Detlef/Mückenberger, Ole: Internal Investigations – typische Rechts- und Praxisprobleme unternehmensinterner Ermittlungen; in: Corporate Compliance Zeitschrift 2009, S. 81–87 (zit.: Klengel/Mückenberger CCZ, S.)

Klinkhammer, Patrick: Anhörung des Arbeitnehmers vor Ausspruch von Verdachtskündigungen; in: Arbeitsrecht Aktuell 2020, S. 7–10 (zit.: Klinkhammer ArbRAktuell 2020, S.)

Knauer, Christoph: Interne Ermittlungen (Teil I) – Grundlagen; in: Zeitschrift für Wirtschaftsstrafrecht und Haftung im Unternehmen 2012, S. 41–48 (zit.: Knauer ZWH 2012, S.)

– ders.: Interne Ermittlungen (Teil II) – Konkrete Fragen der Durchführung; in: Zeitschrift für Wirtschaftsstrafrecht und Haftung im Unternehmen 2012, S. 81–88 (zit.: Knauer ZWH 2012, S.)

– ders.: mit Anmerkungen zu BVerfG v. 27.6.2018 – 2 BvR 1405/17, 2 BvR 1780/17; in: Neue Zeitschrift für Strafrecht 2019, 159, S. 164–168 (zit.: Knauer NStZ 2019, S.)

– ders.: Der Regierungsentwurf zur Einführung eines Gesetzes zur Sanktionierung von verbandsbezogenen Straftaten – großer Wurf oder bittere Pille?; in: Neue Zeitschrift für Strafrecht 2020, S. 441–452 (zit.: Knauer NStZ 2020, S.)

– ders./Buhlmann, Erik: Unternehmensinterne (Vor-)Ermittlungen – was bleibt von nemo-tenetur und fair-trail? Grenzen der strafprozessualen Verwertbarkeit unternehmensinterner Ermittlungen; in: Anwaltsblatt 2010, S. 387–393 (zit.: Knauer/Buhlmann AnwBl 2010 S.)

– ders./Gaul, Michael: Internal investigations und fair trial – Überlegungen zu einer Anwendung des Fairnessgedankens; in: Neue Zeitschrift für Strafrecht 2013, S. 192–194 (zit.: Knauer/Gaul NStZ 2013, S.)

Knaup, Martin/Vogel, Jan-Patrick: Compliance der Compliance bei Internal Investigations aus arbeitsrechtlicher Sicht; in: Compliance Berater 2023, S. 211–217 (zit.: Knaup/Vogel CB 2023, S.)

Knierim, Thomas/Tsambikakis, Michael/Klug, Oliver: Amnestie- und Kooperationsprogramme; in: Knierim, Thomas/Rübenstahl, Markus/Tsambikakis, Michael (Hrsg.): Internal Investigations: Ermittlungen im Unternehmen, Kapitel 7; 2. Auflage, Heidelberg 2016 (zit.: Knierim/Tsambikakis/Klug in: Knierim/Rübenstahl/Tsambikakis, Internal Investigations, Kap. Rn.)

Kocak, Jasmin: Selbstbelastungspflichten bei Mitarbeiterbefragungen: Eine Untersuchung unter Berücksichtigung betriebsverfassungs- und datenschutzrechtlicher Aspekte; 1. Auflage, Frankfurt a. M. 2017 (zit.: Kocak, Selbstbelastungspflichten bei Mitarbeiterbefragungen, S.)

Koffka, Else: Zur Frage, ob ein Revisionsgrund vorliegt, wenn Zeugen nicht über das Auskunftsverweigerungsrecht belehrt worden sind; in: Juristische Rundschau 1968, S. 30–31 (zit.: Koffka JR 1968, S.)

Köhler, Matthias/Häferer, Katja: Mitbestimmungsrechte des Betriebsrats im Zusammenhang mit Compliance-Systemen; in: Gesellschafts- und Wirtschaftsstrafrecht 2015, S. 159–161 (zit.: Köhler/Häferer GWR 2015, S.)

Kohlmann, Günter (Begr.): Steuerstrafrecht Kommentar; 86. Lieferung, Köln 1/2025 (zit.: Bearbeiter in: Kohlmann, Steuerstrafrecht Kommentar, § Rn.)

Köhnken, Günter/Kraus, Uta/vom Schemm, Katja: Das Kognitive Interview; in: Volbert, Renate/Steller, Max (Hrsg.): Handbuch der Rechtspsychologie; 1. Auflage, Göttingen 2008, S. 232–243 (zit.: Köhnken/Kraus/vom Schemm in: Volbert/Steller, Handbuch der Rechtspsychologie, S.)

Köllner, Rolf: Entwurf eines Verbandssanktionengesetzes. Staatsanwalt und Strafjustiz als ultimative Herrscher der Compliance und internen Untersuchungen?; in: Neue Zeitschrift für Insolvenz- und Sanierungsrecht 2020, S. 60–64 (zit.: Köllner NZI 2020, S.)

Koops, Christian/Opper, Florian: Die Mitarbeiterbefragung gem. § 17 Abs. 1 Nr. 5 lit. c VerSanG-E – Das Ende der „unbedingten Auskunftspflicht“ des Arbeitnehmers?; in: Betriebs Berater 2020, S. 1589–1595 (zit.: Koops/Opper BB 2020, S.)

Koreng, Ansgar/Lachenmann, Matthias: Formularhandbuch Datenschutzrecht; 3. Auflage, München 2021 (zit.: Bearbeiter in: Koreng/Lachenmann, Formularhandbuch Datenschutzrecht, Kap Rn.)

Kort, Michael: Compliance-Pflichten von Vorstandsmitgliedern und Aufsichtsratsmitgliedern; in: Grundmann, Stefan/Haar, Brigitte/Merkt, Hanno/Mülbert, Peter O./Wellenhofer, Marina (Hrsg.): Festschrift für Klaus J. Hopt zum 70. Geburtstag am 24. August 2010: Unternehmen, Markt und Verantwortung,; 1. Auflage, Berlin 2010, S. 983–1004 (zit.: Kort, FS Hopt, S.)

– ders.: Datenschutzrechtliche und betriebsverfassungsrechtliche Fragen bei IT-Sicherheitsmaßnahmen; in: Neue Zeitschrift für Arbeitsrecht 2011, S. 1319–1324 (zit.: Kort NZA 2011, S.)

Kottek, Petr: Die Kooperation von deutschen Unternehmen mit der US-amerikanischen Börsenaufsicht SEC: Grenzen der strafprozessualen Verwertbarkeit unternehmensinterner Ermittlungen; 1. Auflage, Frankfurt a. M. 2012 (zit.: Kottek, Die Kooperation von deutschen Unternehmen mit der US-amerikanischen Börsenaufsicht SEC, S.)

– ders.: Unternehmensinterne Compliance-Ermittlungen – Arbeitsrechtliche Vernehmungen (Interviews), Einführung ins Strafverfahren und deren strafprozessuale Verwertbarkeit; in: Zeitschrift für Wirtschafts- und Steuerstrafrecht 2017, S. 9–17 (zit.: Kottek wistra 2017, S.)

Kramer, Stefan (Hrsg.): IT-Arbeitsrecht – Handbuch Digitalisierung, Homeoffice, KI, Virtuelle Betriebsratsarbeit; 3. Auflage, München 2023 (zit.: Bearbeiter in: Kramer, IT-Arbeitsrecht, § Rn.)

Kratz, Felix/Gubbels, Achim: Beweisverwertungsverbote bei privater Internetnutzung am Arbeitsplatz; in: Neue Zeitschrift für Arbeitsrecht 2009, S. 652–656 (zit.: Kratz/Gubbels NZA 2009, S.)

Kraus, Philip Alexander: Die Selbstbelastungsfreiheit im Rahmen von Compliance-Befragungen und Amnestieprogrammen in Unternehmen – Das Spannungsverhältnis zwischen Auskunftspflichten, möglicher Selbstbelastung und Unternehmensinteressen; 1. Auflage, Baden-Baden 2016 (zit.: Kraus, Selbstbelastungsfreiheit, S.)

Krause-Ablaß, Anna-Elisabeth: Kooperationsmöglichkeiten des Unternehmens bei staatsanwaltschaftlichen Ermittlungen zu Compliance-Verstößen; in: Betriebs Berater 2018, S. 1323–1327 (zit.: Krause-Ablaß BB 2018, S.)

– dies.: Das geplante Verbandssanktionengesetz und seine Herausforderungen für die Justiz; in: Neue Zeitschrift für Wirtschafts-, Steuer- und Unternehmensstrafrecht 2020, S. 377–381 (zit.: Krause-Ablaß NZWiSt 2020, S.)

Krekeler, Wilhelm: Zufallsfunde bei Berufsgeheimnisträgern und ihre Verwertbarkeit; in: Neue Zeitschrift für Strafrecht 1987, S. 199–203 (zit.: Krekeler NStZ 1987, S.)

Kremer, Thomas/Bachmann, Gregor/Favoccia, Daniela/v. Werder, Axel (Hrsg.): Deutscher Corporate Governance Kodex – Kodex-Kommentar; 9. Auflage, München 2023 (zit.: Bearbeiter in: Kremer/Bachmann/Favoccia/v. Werder, DCGK, Teil Grundsatz Rn.)

Krenberger, Benjamin/Krumm, Carsten: Ordnungswidrigkeitengesetz Kommentar; 8. Auflage, München 2024 (Bearbeiter in: Krenberger/Krumm, OWiG, § Rn.)

Krenzler, Günter (Begr.)/Herrmann, Christoph/Niestedt, Marian (Hrsg.): EU-Außenwirtschafts- und Zollrecht, Band I; 24. Auflage, München September 2024 (zit.: Bearbeiter in: Krenzler/Herrmann/Niestedt, EU-Außenwirtschafts- und Zollrecht, Art. Rn.)

Krey, Volker: Zur Problematik privater Ermittlungen des durch eine Straftat Verletzten – Zulässigkeit und Schranken privater Straftataufklärung durch den Verletzten, seinen Rechtsanwalt und durch Detektive zum Zwecke der Strafverfolgung.; 1. Auflage, Berlin 1994 (zit.: Krey, Zur Problematik privater Ermittlungen des durch eine Straftat Verletzten, S.)

Krieger, Gerd/Schneider, Uwe H. (Hrsg.): Handbuch Managerhaftung – Vorstand Geschäftsführer Aufsichtsrat. Pflichten und Haftungsfolgen. Typische Risikobereiche.; 4. Auflage, Köln 2023 (zit.: Bearbeiter in: Krieger/Schneider, Handbuch Managerhaftung, § Rn.)

Krug, Björn/Skoupil, Christoph: Befragungen im Rahmen von internen Untersuchungen – Vorbereitung, Durchführung und Umgang mit den Ergebnissen; in: Neue Juristische Wochenschrift 2017, S. 2374–2379 (zit.: Krug/Skoupil NJW 2017, S.)

Kruse, Björn: Compliance und Rechtsstaat; 1. Auflage, Frankfurt am Main 2014 (zit.: Kruse, Compliance und Rechtsstaat, S.)

Kuckuk, Meike/Schempp, Pia: Internal Investigations: Welche Aufklärungsmaßnahmen sind möglich und sinnvoll? Eine kleine Toolbox für unternehmensinterne Ermittlungen bei etwaigen Vertragspflichtverletzungen des Arbeitnehmers; in: Arbeitsrecht Aktuell 2023, S. 51–54 (zit.: Kuckuk/Schempp ArbRB 2023, S.)

Kuhlen, Lothar: Die Reaktion von Unternehmen auf Straftaten von Mitarbeitern: eine strafbare Nötigung?; in: Prittwitz, Cornelius/Baurmann, Michael u. a. (Hrsg.): Festschrift für Klaus Lüderssen zum 70. Geburtstag am 2. Mai 2002; 1. Auflage, Baden-Baden 2002, S. 649–662 (zit.: Kuhlen, FS Lüderssen, S.)

Kühling, Jürgen/Buchner, Benedikt (Hrsg.): Datenschutz-Grundverordnung/ BDSG Kommentar; 4. Auflage, München 2024 (zit.: Bearbeiter in: Kühling/ Buchner, DS-GVO/BDSG, § Rn.)

Külz, Philipp/Odenthal, Christina: Durchsuchung: Durchsuchung und Beschlagnahme bei unternehmensinternen Untersuchungen; in: Praxis Steuerstrafrecht 2018, S. 231–235 (zit.: Külz/Odenthal PStR 2018, S.)

– dies.: Aktuelle Gesetzgebung: Der Entwurf zum Verbandssanktionengesetz – mögliche Auswirkungen auf das Steuerstrafrecht; in: Praxis Steuerstrafrecht 2020, S. 10–17 (zit.: Külz/Odenthal PStR 2020, S.)

Kummer von, Franziska: Fehlerquellen bei Interviews für Internal Investigations – Eine psychologische Perspektive auf Frage- und Interviewtechniken; in: Schnellinformation für Personalmanagement und Arbeitsrecht 2023, S. 185–187 (zit.: v. Kummer SPA 2023, S.)

Küpper, Georg: Tagebücher, Tonbänder, Telefonate – Zur Lehre von den selbständigen Beweisverwertungsverboten im Strafverfahren; in: JuristenZeitung 1990, S. 416–424 (zit.: Küpper JZ 1990, S.)

Kutschaty, Thomas: Der Entwurf für ein Verbandsstrafgesetzbuch; in: comply 2015, S. 14–16 (zit.: Kutschaty comply 2015, S.)

Lackner, Karl/Kühl, Kristian/Heger, Martin (Hrsg.): Strafgesetzbuch Kommentar; 30. Auflage, München 2023 (zit.: Bearbeiter in: Lackner/Kühl/Heger, StGB, § Rn.)

Lanzinner, Denis/Petrasch, Martin: Die Milderung nach §§ 17 f. VerSanG – ein „Anreiz" für den Verband als Arbeitgeber?; in: Corporate Compliance Zeitschrift 2020, S. 109–119 (zit.: Lanzinner/Petrasch CCZ 2020, S.)

Leisner, Jan Olaf: Amnestie- und Kooperationsprogramme; in: Knierim, Thomas/Rübenstahl, Markus/Tsambikakis, Michael (Hrsg.): Internal Investigations: Ermittlungen im Unternehmen, Kapitel 10; 2. Auflage, Heidelberg 2016 (zit.: Leisner in: Knierim/Rübenstahl/Tsambikakis, Internal Investigations, Kap. Rn.)

Leitner, Werner/Rosenau, Henning (Hrsg.): Wirtschafts- und Steuerstrafrecht; 2. Auflage, Baden-Baden 2022 (zit.: Bearbeiter in: Leitner/Rosenau, Wirtschafts- und Steuerstrafrecht, § Rn.)

Lembke, Mark: Die Verdachtskündigung in Rechtsprechung und Praxis; in: Recht der Arbeit 2013, S. 82–91 (zit.: Lembke RdA 2013, S.)

Lenaerts, Koen: Die EU-Grundrechtecharta: Anwendbarkeit und Auslegung; in: Europarecht 2012, S. 3–18 (zit.: Lenaerts EuR 2012, S.)

Lenze, Sebastian: Compliance, Internal Investigations und Beschuldigtenrechte; 1. Auflage, Frankfurt a. M. 2014 (zit.: Lenze, Compliance, Internal Investigations und Beschuldigtenrechte, S.)

Lesch, Heiko: Die Nötigung als Delikt gegen die Freiheit; in: Rogall, Klaus u. a. (Hrsg.): Festschrift Rudolphi; 1. Auflage, Neuwied 2004, S. 483–496 (zit.: Lesch, FS Rudolphi, S.)

Leuering, Dieter/Simon, Stefan: Das Einsichts- und Prüfungsrecht des Aufsichtsrats; in: Neue Juristische Wochenschrift-Spezial 2007, S. 123–124 (zit.: Leuering/Simon NJW-Spezial 2007, S.)

Libai, David: Interrogation of a Suspect and the Privilege Against Self-Incrimination; in: Dinstein, Yoram (Hrsg.): Israel Yearbook on Human Rights; 1. Auflage, Tel Aviv 1972, S. 247–276 (zit.: Libai, Interrogation of a Suspect and the Privilege Against Self-Incrimination, S.)

Lilie-Hutz, Astrid/Ihwas, Saleh R: Ein Ausblick auf Internal Investigations nach den VW/Jones Day-Entscheidungen – zugleich Besprechung der BVerfG Entscheidungen 2 BvR 1405/17; 2 BvR 1780/17; 2 BvR 1287/17; 2 BvR 1583/17; 2 BvR 1562/17; in: Neue Zeitschrift für Wirtschafts-, Steuer- und Unternehmensstrafrecht 2018, S. 349–355 (zit.: Lilie-Hutz/Ihwas NZWiSt 2018, S.)

Linck, Rüdiger/Krause, Rüdiger/Bayreuther, Frank (Hrsg.): Kündigungsschutzgesetz – Kommentar; 16. Auflage, München 2019 (zit.: Bearbeiter in: Linck/Krause/Bayreuther, KSchG, § Rn.)

Lis, Patrick Alexander: Unternehmensinterne Untersuchungen nach der sog. Jones Day Entscheidung des BVerfG; 1. Auflage, Hamburg 2020 (zit.: Lis, Unternehmensinterne Untersuchungen, S.)

Lisken, Hans/Denninger, Erhard u. a. (Hrsg.): Handbuch des Polizeirechts: Gefahrenabwehr – Strafverfolgung – Rechtsschutz; 7. Auflage, München 2021 (Bearbeiter in: Lisken/Denninger, PolR-Hdb, Kap. Rn.)

Loer, Michael: § 10 Grenzüberschreitende Korruptionsermittlungen aus Sicht der Staatsanwaltschaft; in: Wessing, Jürgen/Dann, Matthias (Hrsg.): Deutsch-Amerikanische Korruptionsverfahren – Ermittlungen in Unternehmen – SEC, DOJ, FCPA, SOX und die Folgen, S.; 1. Auflage, München 2012 (zit.: Loer in: Wessing/Dann, Deutsch-Amerikanische Korruptionsverfahren, S.)

Loewenheim, Ulrich/Meessen, Karl M./Riesenkampff, Alexander/Kersting, Christian/Meyer-Lindemann, Hans-Jürgen (Hrsg.): Kartellrecht Kommentar zum Deutschen und Europäischen Recht; 11. Teil, Gesetz gegen Wettbewerbsbeschränkungen (GWB); 4. Auflage, München 2020 (zit.: Bearbeiter in: LoeMeeRieKartRKo GWB, § Rn.)

Looschelders, Dirk/Olzen, Dirk/Schiemann, Gottfried (Hrsg.): J. von Staudingers Kommentar zum Bürgerlichen Gesetzbuch mit Einführungsgesetz und Nebengesetzen, Buch 2: Recht der Schuldverhältnisse, Einleitung zum Schuldrecht; §§ 241–243: (Treu und Glauben); 19. Auflage, Berlin 2024 (zit.: Bearbeiter in: Staudinger, BGB Band 2, § Rn.)

Löschhorn, Alexander/Fuhrmann, Lambertus: „Neubürger“ und die Datenschutz-Grundverordnung: Welche Organisations- und Handlungspflichten treffen die Geschäftsleitung in Bezug auf Datenschutz und Datensicherheit?; in: Neue Zeitschrift für Gesellschaftsrecht 2019, S. 161–170 (zit.: Löschhorn/Fuhrmann NZG 2019, S.)

Löw, Marco: Forensische Gesprächstaktiken zur Klärung doloser Handlungen bei Compliance-Audits; in: Corporate Compliance Zeitschrift 2014, S. 159–164 (zit.: Löw CCZ 2014, S.)

Löwe-Rosenberg – Großkommentar: Die Strafprozessordnung und das Gerichtsverfassungsgesetz Becker, Jörg-Peter/Erb, Volker/Esser, Robert/Graalmann-Scheerer, Kirsten/Hilger, Hans/Ignor, Alexander (Hrsg.), Band 1 Einleitung, §§ 1–47; 27. Auflage, Berlin/Boston 2016 (zit.: Bearbeiter in: Löwe-Rosenberg, StPO Band 1, § Rn.)

Löwe-Rosenberg – Großkommentar: Die Strafprozessordnung und das Gerichtsverfassungsgesetz Becker, Jörg-Peter/Erb, Volker/Esser, Robert/Graalmann-Scheerer, Kirsten/Hilger, Hans/Ignor, Alexander (Hrsg.), Band 2 §§ 48–93; 27. Auflage, Berlin/Boston 2017 (zit.: Bearbeiter in: Löwe-Rosenberg, StPO Band 2, § Rn.)

Löwe-Rosenberg – Großkommentar: Die Strafprozessordnung und das Gerichtsverfassungsgesetz; Becker, Jörg-Peter/Erb, Volker/Esser, Robert/Graalmann-Scheerer, Kirsten/Hilger, Hans/Ignor, Alexander (Hrsg.); Band 3/1 §§ 94–111a; 27. Auflage, Berlin/Boston 2019 (zit.: Bearbeiter in: Löwe-Rosenberg, StPO Band 3-1, § Rn.)

Löwe-Rosenberg – Großkommentar: Die Strafprozessordnung und das Gerichtsverfassungsgesetz; Becker, Jörg-Peter/Erb, Volker/Esser, Robert/Graalmann-Scheerer, Kirsten/Hilger, Hans/Ignor, Alexander (Hrsg.); Band 4/1 §§ 112–136a; 27. Auflage, Berlin/Boston 2019 (zit.: Bearbeiter in: Löwe-Rosenberg, StPO Band 4-1, § Rn.)

Löwe-Rosenberg – Großkommentar: Die Strafprozessordnung und das Gerichtsverfassungsgesetz; Becker, Jörg-Peter/Erb, Volker/Esser, Robert/Graalmann-Scheerer, Kirsten/Hilger, Hans/Ignor, Alexander (Hrsg.); Band 12 EMRK, IPBPR; 27. Auflage, Berlin/Boston 2024 (zit.: Bearbeiter in: Löwe-Rosenberg, StPO Band 12, § Rn.)

Lücke, Jörg: Die spezifischen Schranken des allgemeinen Persönlichkeitsrechts und ihre Geltung für die vorbehaltlosen Grundrechte – Zu den Schranken der vorbehaltlosen Freiheitsrechte aus Art. 2 Abs. 1 in Verbindung mit Art. 1 Abs. 1 GG; in: Die Öffentliche Verwaltung 2002, S. 93–103 (zit.: Lücke DÖV 2002, S.)

Lücke, Oliver: Die Verdachtskündigung – Fragen aus der Praxis; in: Betriebs Berater 1998, S. 2259–2263 (zit.: Lücke BB 1998, S.)

Lüneborg, Cäcilie/Resch, André: Die Ersatzfähigkeit von Kosten interner Ermittlungen und sonstiger Rechtsberatung im Rahmen der Organhaftung; in: Neue Zeitschrift für Gesellschaftsrecht 2018, S. 209–217 (zit.: Lüneborg/Resch NZG 2018, S.)

Lutter, Marcus/Krieger, Gerd/Verse, Dirk A.: Rechte und Pflichten des Aufsichtsrats; 7. Auflage, Köln 2020 (zit.: Bearbeiter in: Lutter/Krieger/Verse, Rechte und Pflichten des Aufsichtsrats, § Rn.)

Lützeler, Martin/Müller-Sartori, Patrick: Die Befragung des Arbeitnehmers – Auskunftspflicht oder Zeugnisverweigerungsrecht?; in: Corporate Compliance Zeitschrift 2011, S. 19–25 (zit.: Lützeler/Müller-Sartori CCZ 2011 S.)

Magnus, Dorothea: Beinahetreffer bei Massengentests – Handlungsbedarf für den Gesetzgeber?; in: Zeitschrift für Rechtspolitik 2015, S. 13–15 (zit.: Magnus ZRP 2015, S.)

Mann, Thomas: Einführung in die juristische Arbeitstechnik: Klausuren, Hausarbeiten, Seminararbeiten, Dissertationen; 5. Auflage, München 2015 (zit.: Mann, Juristische Arbeitstechnik, Kap. Rn.)

Mansdörfer, Marco: Internal Investigations: Das BVerfG inhaltsleer und provinziell? – das Jones Day-Debakel im Spiegel der Kommentatoren und im Lichte der Strafrechtspolitik; in: juris – Die Monatszeitschrift 2019, S. 123–128 (zit.: Mansdörfer jM 2019, S.)

Marzluf, Frank/Afshari, Sarah: Compliance im Einkauf – Aufdeckung von Korruption; in: Compliance Berater 2014, S. 460–466 (zit.: Marzluf/Afshari CB 2014, S.)

Maschmann, Frank: Führung und Mitarbeiterkontrolle nach neuem Datenschutzrecht; in: Neue Zeitschrift für Arbeitsrecht -Beilage 2018, S. 115–124 (zit.: Maschmann NZA-Beilage 2018, S.)

– ders./Sieg, Rainer/Göpfert, Burkard (Hrsg.): Vertragsgestaltung im Arbeitsrecht – Arbeits- und Anstellungsverträge; 3. Auflage, München 2020 (zit.: Bearbeiter in: Maschmann/Sieg/Göpfert, Vertragsgestaltung im Arbeitsrecht, Kap. Rn.)

Mathews, Arthur F.: Internal Corporate Investigations; in: Ohio State Law Journal 1984, S. 655–702 (zit.: Mathews, Ohio State Law Journal 1984, S.)

Maties, Martin/Koops, Christian: Effektive Compliance und Hinweisgeberschutz bei Verstößen gegen die persönliche Integrität im (Grenz-)Anwendungsbereich des Hinweisgeberschutzgesetzes; in: Neue Zeitschrift für Arbeitsrecht 2024, S. 287–292 (zit.: Maties/Koops NZA 2024, S.)

Matt, Holger/Renzikowski, Joachim (Hrsg.): Strafgesetzbuch – Kommentar; 2. Auflage, München 2020 (zit.: Bearbeiter in: Matt/Renzikowski, StGB, § Rn.)

Maunz, Theodor/Dürig, Günter (Begr.): Herzog, Roman/Herdegen, Matthias/Scholz, Rupert/Klein, Hans H. (Hrsg.); Grundgesetz-Kommentar; Band 1, Art. 1–5; 105. Ergänzungslieferung, München Stand: 08/2024 (zit.: Bearbeiter in: Dürig/Herzog/Scholz, GG Band 1, Art. S. Rn.)

Maus, Carolin: Die Analogiefähigkeit im Falle einer bewussten Regelungslücke; in: Zeitschrift für die gesamte Privatrechtswissenschaft 2023, S. 25–34 (zit.: Maus ZfPW 2023, S.)

Meinecke, Dominik: mit Anmerkung zu EuGH Urt. v. 30.3.2023 – C-34/21; in: Neue Zeitschrift für Arbeitsrecht 2023, S. 492–493 (zit.: Meinecke NZA 2023, S.)

Melot de Beauregard, Paul/Lieder, Jan/Liersch, Jan (Hrsg.): Managerhaftung; 1. Auflage, München 2022 (zit.: Bearbeiter in: Melot de Beauregard/Lieder/Liersch, Managerhaftung, § Rn.)

Mengel, Anja: Kontrolle der E-mail- und Internetkommunikation am Arbeitsplatz; in: Betriebs Berater 2004, S. 2014–2021 (zit.: Mengel BB 2004, S.)

– dies.: Arbeitsrechtliche Rahmenbedingungen sowie arbeitsrechtliche Gestaltung, Beratung und Vertretung für das Unternehmen; in: Knierim, Thomas/Rübenstahl, Markus/Tsambikakis, Michael (Hrsg.): Internal Investigations: Ermittlungen im Unternehmen, Kapitel 14; 2. Auflage, Heidelberg 2016 (zit.: Mengel in: Knierim/Rübenstahl/Tsambikakis, Internal Investigations Kap. Rn.)

– dies.: Internal Investigations – Arbeitsrechtliche Lessons Learned und Forderungen an den Gesetzgeber; in: Neue Zeitschrift für Arbeitsrecht 2017, S. 1494–1499 (zit.: Mengel NZA 2017, S.)

– dies.: Compliance und Arbeitsrecht, Implementierung – Durchsetzung – Organisation; 2. Auflage, München 2023 (zit.: Mengel, Compliance und Arbeitsrecht, S.)

– dies./Ullrich, Thilo: Arbeitsrechtliche Aspekte unternehmensinterner Investigations; in: Neue Zeitschrift für Arbeitsrecht 2006, S. 240–246 (zit.: Mengel/Ullrich NZA 2006, S.)

Merkner, Andreas/Sustmann, Marco/Retsch, Alexander: Das Spannungsverhältnis zwischen der kapitalmarktrechtlichen Ad-hoc-Publizitätspflicht und kartellrechtlichen Kronzeugenprogrammen; in: Neue Zeitschrift für Gesellschaftsrecht 2021, S. 1198–1208 (zit.: Merkner/Sustmann/Retsch NZG 2021, S.)

Merkt, Hanno: Compliance und Risikofrüherkennung in kleinen und mittleren Unternehmen; in: Zeitschrift für Wirtschaftsrecht 2014, S. 1705–1714 (zit.: Merkt ZIP 2014, S.)

Merten, Detlef/Papier, Hans-Jürgen (Hrsg.): Handbuch der Grundrechte in Deutschland und Europa; Band II: Grundrechte in Deutschland – Allgemeine Lehren I; 1. Auflage, München 2006 (zit.: Bearbeiter in: Merten/Papier, Handbuch der Grundrechte Band II, § Rn.)

Meseke, Bodo: Digitale Forensik – Praxiswissen Cybercrime für Manager; 1. Auflage, Berlin 2019 (zit.: Meseke, Digitale Forensik, S.)

Meyer, Frank: Unternehmenssanktionsverfahren und nemo tenetur-Schutz nach der EU-Grundrechtecharta; in: Neue Zeitschrift für Wirtschafts-, Steuer- und Unternehmensstrafrecht 2022, S. 99–106 (zit.: Meyer NZWiSt 2022, S.)

Meyer, Jürgen/Hölscheidt, Sven: Charta der Grundrechte der Europäischen Union; 6. Auflage, Baden-Baden 2024 (zit.: Bearbeiter in: Meyer/Hölscheidt, Charta der Grundrechte der Europäischen Union, Art. Rn.)

Meyer-Goßner, Lutz/Schmitt, Bertram (Hrsg.): Strafprozessordnung: Gerichtsverfassungsgesetz, Nebengesetze und ergänzende Bestimmungen; 67. Auflage, München 2024 (zit.: Bearbeiter in: Meyer-Goßner/Schmitt, StPO, § Rn.)

Meyer-Ladewig, Jens/Nettesheim, Martin/von Raumer, Stefan (Hrsg.): EMRK – Europäische Menschenrechtskonvention; 5. Auflage, Baden-Baden 2023 (zit.: Bearbeiter in: Meyer-Ladewig/Nettesheim/von Raumer, EMRK, Art. Rn.)

Meyer-Mews, Hans: Beweisverwertungsverbote im Strafverfahren; in: Juristische Schulung 2004, S. 39–42 (zit.: Meyer-Mews JuS 2004, S.)

– ders.: Beweisverwertungsverbote im Strafverfahren; in: Juristische Schulung 2004, S. 126–130 (zit.: Meyer-Mews JuS 2004, S.)

Michaelis, Marcel/Krause, Melena: Privilege Waiver in Cross-Border Investigations – Kooperation zum eigenen Nachteil?; in: Corporate Compliance Zeitschrift 2020, S. 343–352 (zit.: Michaelis/Krause CCZ 2020, S.)

Michalke, Reinhart: mit Anmerkung zu LG Gießen, Beschluss v. 25.06.2012 – 7 Qs 100/12; in: Journal der Wirtschaftsstrafrechtlichen Vereinigung e. V. 2013, S. 104–107 (zit.: Michalke WiJ 2013, S.)

– ders.: Strafprozessuale Zwangsmaßnahmen; 2. Auflage, München 2022 (zit.: Michalke, Strafprozessuale Zwangsmaßnahmen, Rn.)

Michels, Kevin H.: Internal Corporate Investigations and the Truth; in: Seton Hall Law Review, 40, (2010), S. 83–145 (zit.: Michels, Seton Hall Law Review 40 (2010), S.)

Miege, Christian: Zum Umgang mit Hinweisgebern; in: Corporate Compliance Zeitschrift 2021, S. 149–151 (zit.: Miege CCZ 2021, S.)

Minoggio, Ingo: Unternehmensverteidigung Vertretung in Straf- und Ordnungswidrigkeitenverfahren; 3. Auflage, Köln 2016 (zit.: Minoggio, Unternehmensverteidigung, § Rn.)

Mittermaier, Carl Joseph Anton: Handbuch des peinlichen Processes: mit beständiger vergleichender Darstellung des gemeinen deutschen Rechts und der Bestimmungen der französischen, österreichischen, preussischen und baierischen Criminalgesetzgebung, Band 2; 1. Auflage, Heidelberg 1812 (zit.: Mittermaier, Handbuch des peinlichen Processes Band 2, S.)

Momsen, Carsten: Internal Investigations zwischen arbeitsrechtlicher Mitwirkungspflicht und strafprozessualer Selbstbelastungsfreiheit; in: Zeitschrift für Internationale Strafrechtsdogmatik 2011, S. 508–516 (zit.: Momsen ZIS 2011, S.)

– ders.: Volkswagen, Jones Day und interne Ermittlungen – Zur Zukunft strafrechtlicher Vertretung von Unternehmen in Deutschland; in: Neue Juristische Wochenschrift 2018, S. 2362–2366 (zit.: Momsen NJW 2018, S.)

– ders./Grützner, Thomas: Verfahrensregeln für interne Ermittlungen; in: Der Betrieb 2011, S. 1792–1798 (zit.: Momsen/Grützner DB 2011, S.)

– dies.: Gesetzliche Regelungen unternehmensinterner Untersuchungen – Gewinn an Rechtsstaatlichkeit oder unnötige Komplikation?; in: Corporate Compliance Zeitschrift 2017, S. 242–253 (zit.: Momsen/Grützner CCZ 2017, S.)

– dies. (Hrsg.): Wirtschafts- und Steuerstrafrecht; 2. Auflage, München 2020 (zit.: Bearbeiter in: Momsen/Grützner, Wirtschafts- und Steuerstrafrecht, § Rn.)

Moosmayer, Klaus: Der EuGH und die Syndikusanwälte; in: Neue Juristische Wochenschrift 2010, S. 3548–3551 (zit.: Moosmayer NJW 2010, S.)

– ders.: Compliance – Praxisleitfaden für Unternehmen; 4. Auflage, München 2021 (zit.: Moosmayer, Compliance – Praxisleitfaden für Unternehmen, § Rn.)

– ders./Gropp-Stadler, Susanne: Der Diskussionsentwurf des Bundesministeriums der Justiz zur Änderung der §§ 30, 130 OWiG: Ein Zwischenruf; in: Neue Zeitschrift für Wirtschafts-, Steuer- und Unternehmensstrafrecht 2012, S. 241–243 (zit.: Moosmayer/Gropp-Stadler NZWiSt 2012, S.)

– ders./Grützner, Thomas: Compliance & Investigations im Jahr 2025 – „Wirksame Compliance erfordert ganzheitliche Ansätze“; in: Corporate Compliance Zeitschrift 2021, S. 288–299 (zit.: Moosmayer/Grützner CCZ 2021, S.)

– ders./Hartwig, Niels (Hrsg.): Interne Untersuchungen Praxisleitfaden für Unternehmen; 2. Auflage, München 2018 (zit.: Bearbeiter in: Moosmayer/Hartwig, Interne Untersuchungen, Kap. Rn.)

– ders./Lösler, Thomas (Hrsg.): Corporate Compliance – Handbuch der Haftungsvermeidung im Unternehmen; 4. Auflage, München 2024 (zit.: Bearbeiter in: Moosmayer/Lösler, Corporate Compliance, § Rn.)

– ders./Petrasch, Martin: Gesetzliche Regelungen für Internal Investigations; in: Zeitschrift für das gesamte Handels- und Wirtschaftsrecht 2018, S. 504–539 (zit.: Moosmayer/Petrasch ZHR 182 (2018), S.)

Muckel, Stefan: Mittelbare Drittwirkung des allgemeinen Gleichheitssatzes; in: Juristische Arbeitsblätter 2018, S. 553–556 (zit.: Muckel JA 2018, S.)

Mühl, Thomas: Internal Investigations: die ersten 72 Stunden nach dem „Knall“; in: Betriebs Berater 2016, S. 1992–1996 (zit.: Mühl BB 2016, S.)

Müller, Falk: Internal Investigations – Zulässigkeit von strafrechtlichen Ermittlungen durch den Arbeitgeber; in: Zeitschrift für das öffentliche Arbeits- und Tarifrecht 2023, S. 1–4 (zit.: Müller öAT 2023, S.)

Müller, Stefan: Personalgespräche: Durchführungsanspruch des Arbeitnehmers und Teilnahme Dritter; in: Fachanwalt Arbeitsrecht 2010, S. 294–297 (zit.: Müller FA 2010, S.)

– ders.: Die Lüge im Arbeitsrecht; in: Neue Zeitschrift für Arbeitsrecht – Rechtsprechungs-Report 2023, S. 225–231 (zit.: Müller NZA-RR 2023, S.)

Müller-Petzer, Sabine: Verlangt die Treuepflicht im Beschäftigungsverhältnis Missstände aufzudecken und Rechtskonformität einzufordern?; in: Corporate Compliance Zeitschrift 2018, S. 162–167 (zit.: Müller-Petzer CCZ 2018, S.)

Münchener Anwaltshandbuch Arbeitsrecht: Moll, Wilhelm (Begr.)/Eckhoff, Frank/Reufels, Martin (Hrsg.); 6. Auflage, München 2025 (zit.: Bearbeiter in: MAH ArbR, § Rn.)

Münchener Anwaltshandbuch Strafverteidigung: Müller, Eckhart/Schlothauer, Reinhold/Knauer, Christoph (Hrsg.); 3. Auflage, München 2022 (zit.: Bearbeiter in: MAH Strafverteidigung, § Rn.)

Münchener Handbuch zum Arbeitsrecht: Kiel, Heinrich/Lunk, Stefan/Oetker, Hartmut (Hrsg.); Band 1: Individualarbeitsrecht I; 6. Auflage, München 2024 (zit.: Bearbeiter in: MHdB ArbR Band 1, § Rn.)

Münchener Handbuch zum Arbeitsrecht: Kiel, Heinrich/Lunk, Stefan/Oetker, Hartmut (Hrsg.); Band 4: Kollektives Arbeitsrecht II, Arbeitsgerichtsverfahren; 5. Auflage, München 2022 (zit.: Bearbeiter in: MHdB ArbR Band 4, § Rn.)

Münchener Handbuch zum Gesellschaftsrecht: Born, Manfred/Ghassemi-Tabar, Nima/Gehle, Burkhard (Hrsg.); Band 7: Kollektives Arbeitsrecht II, Arbeitsgerichtsverfahren; 6. Auflage, München 2020 (zit.: Bearbeiter in: MHdB GesR Band 7, § Rn.)

Münchener Kommentar zum Aktiengesetz: Goette, Wulf/Habersack, Mathias/Kalss, Susanne (Hrsg.); Band 2: §§ 76–117 AktG, MitbestG, DrittelbG; 6. Auflage, München 2023 (zit.: Bearbeiter in: MüKo AktG Band 2, § Rn.)

Münchener Kommentar zum Aktiengesetz: Goette, Wulf/Habersack, Mathias/Kalss, Susanne (Hrsg.); Band 3: §§ 118–178 AktG; 6. Auflage, München 2024 (zit.: Bearbeiter in: MüKo AktG Band 3, § Rn.)

Münchener Kommentar zum Bürgerlichen Gesetzbuch: Säcker, Jürgen/Rixecker, Roland/Oetker, Hartmut u. a. (Hrsg.); Band 1: Allgemeiner Teil,

§§ 1–240a BGB, AllgPersönlR, StiftRG, ProstG; 10. Auflage, München 2025 (zit.: Bearbeiter in: MüKo BGB Band 1, § Rn.)

Münchener Kommentar zum Bürgerlichen Gesetzbuch: Säcker, Jürgen/Rixecker, Roland/Oetker, Hartmut u. a. (Hrsg.); Band 2: Schuldrecht – Allgemeiner Teil I, §§ 241–310 BGB; 9. Auflage, München 2022 (zit.: Bearbeiter in: MüKo BGB Band 2, § Rn.)

Münchener Kommentar zum Bürgerlichen Gesetzbuch: Säcker, Jürgen/Rixecker, Roland/Oetker, Hartmut u. a. (Hrsg.); Band 5: Schuldrecht – Besonderer Teil II, §§ 535–630h BGB, BetrKV, HeizkostenV, WärmeLV, EFZG, TzBfG, KSchG, MiLoG; 9. Auflage, München 2023 (zit.: Bearbeiter in: MüKo BGB Band 5, § Rn.)

Münchener Kommentar zum Bürgerlichen Gesetzbuch: Säcker, Jürgen/Rixecker, Roland/Oetker, Hartmut u. a. (Hrsg.); Band 6: Schuldrecht – Besonderer Teil III, §§ 631–704 BGB; 9. Auflage, München 2023 (zit.: Bearbeiter in: MüKo BGB Band 6, § Rn.)

Münchener Kommentar zum Gesetz betreffend die Gesellschaften mit beschränkter Haftung: Fleischer, Holger/Goette, Wulf (Hrsg.); Band 2: §§ 35–52 AktG; 4. Auflage, München 2023 (zit.: Bearbeiter in: MüKo GmbHG Band 2, § Rn.)

Münchener Kommentar zur Insolvenzordnung: Stürner, Rolf/Eidenmüller, Horst/Schoppmeyer, Heinrich (Hrsg.); Band 2: §§ 80–216 InsO; 4. Auflage, München 2019 (zit.: Bearbeiter in: MüKo InsO Band 2, § Rn.)

Münchener Kommentar zum Strafgesetzbuch: Erb, Volker/Schäfer, Jürgen (Hrsg.); Band 2: §§ 38–79b StGB; 4. Auflage, München 2020 (zit.: Bearbeiter in: MüKo StGB Band 2, § Rn.)

Münchener Kommentar zum Strafgesetzbuch: Erb, Volker/Schäfer, Jürgen (Hrsg.); Band 4: §§ 185–262 StGB; 4. Auflage, München 2021 (zit.: Bearbeiter in: MüKo StGB Band 4, § Rn.)

Münchener Kommentar zum Strafgesetzbuch: Erb, Volker/Schäfer, Jürgen (Hrsg.); Band 6: §§ 298–358 StGB; 4. Auflage, München 2022 (zit.: Bearbeiter in: MüKo StGB Band 6, § Rn.)

Münchener Kommentar zum Strafgesetzbuch: Erb, Volker/Schäfer, Jürgen (Hrsg.); Band 7: Nebenstrafrecht I Strafvorschriften aus: AMG, AntiDopG, BtMG, BtMVV, GÜG, NpSG, TPG, TFG, GenTG, TierSchG, BNatSchG, VereinsG, VersammlG, JGG (Auszug); 4. Auflage, München 2022 (zit.: Bearbeiter in: MüKo StGB Band 7, § Rn.)

Münchener Kommentar zur Strafprozessordnung: Kudlich, Hans (Hrsg.); Band 1: §§ 1–150 StPO; 2. Auflage, München 2023 (zit.: Bearbeiter in: MüKo StPO Band 1, § Rn.)

Münchener Kommentar zur Strafprozessordnung: Schneider, Hartmut (Hrsg.); Band 2: §§ 151–332 StPO; 2. Auflage, München 2024 (zit.: Bearbeiter in: MüKo StPO Band 2, § Rn.)

Münchener Kommentar zur Strafprozessordnung: Kudlich, Hans (Hrsg.); Band 4: GVG, EGGVG, EMRK, EGStPO, EGStGB, ZSHG, StrEG, JGG, G 10, AO; 2. Auflage, München 2025 (zit.: Bearbeiter in: MüKo StPO Band 4, § Rn.)

Münchener Kommentar zur Zivilprozessordnung mit Gerichtsverfassungsgesetz und Nebengesetzen: Krüger, Wolfgang/Rauscher, Thomas (Hrsg.); Band 2: §§ 355–945b ZPO; 6. Auflage, München 2020 (zit.: Bearbeiter in: MüKo ZPO Band 2, § Rn.)

Münkel, Sophia: Mitarbeiteroffenbarungen im Strafprozess – Eine Untersuchung über die strafprozessuale Verwertbarkeit von Erkenntnissen aus unternehmensinternen Privatermittlungen in Form von Mitarbeiterbefragungen; 1. Auflage, Hamburg 2014 (zit.: Münkel, Mitarbeiteroffenbarungen im Strafprozess, S.)

Munte, Oliver: Der Syndikusanwalt im Konzernunternehmen – Tätigkeit, Funktion, Auftraggeber und Vergütungsanspruch; in: Anwaltsblatt 1998, S. 500–509 (zit.: Munte AnwBl 1998, S.)

Naber, Sebastian/Ahrens, Tim: Rahmenbetriebsvereinbarungen – ein Instrument bei Internal Investigations; in: Privacy in Germany 2018, S. 257–261 (zit.: Naber/Ahrens PinG 2018, S.)

– dies.: Befragung von Mitarbeitern im Rahmen von Internal Investigations – Vorgehensweise und aktuelle Herausforderungen; in: Corporate Compliance Zeitschrift 2020, S. 36–42 (zit.: Naber/Ahrens CCZ 2020, S.)

– dies.: Remote Investigations: Die Aufklärung von Compliance-Verstößen im New Normal; in: Compliance Berater 2020, S. 465–470 (zit.: Naber/Ahrens CB 2020, S.)

Nestler, Nina: Definition und rechtstatsächliche Erkenntnisse zu internen Ermittlungen in Unternehmen; in: Knierim, Thomas/Rübenstahl, Markus/Tsambikakis, Michael (Hrsg.): Internal Investigations: Ermittlungen im Unternehmen, Kapitel 1; 2. Auflage, Heidelberg 2016 (zit.: Nestler in: Knierim/Rübenstahl/Tsambikakis, Internal Investigations, Kap. Rn.)

Neuhaus, Ralf/Artkämper, Heiko/Weise, Grit: Kriminaltechnik und Beweisführung im Strafverfahren; 2. Auflage, München 2024 (zit.: Neuhaus/Artkämper/Weise, Kriminaltechnik und Beweisführung im Strafverfahren, Teil Rn.)

Neumann, Franz L./Nipperdey, Hans Carl/Scheuner, Ulrich (Hrsg.): Die Grundrechte: Handbuch der Theorie und Praxis der Grundrechte; Band 2: Die Freiheitsrechte in Deutschland; 1. Auflage, Berlin 1954 (zit.: Bearbeiter in: Neumann/Nipperdey/Scheuner, Die Grundrechte Band 2, S.)

Niegisch, Patrick/Thielgen, Markus M.: Vernehmungsstandard 3K – Kompetenz, Konzept, Kommunikation – Zum Stand der Kunst „guter“ Vernehmung in Deutschland; in: Kriminalistik 2018, S. 726–732 (zit.: Niegisch/Thielgen Kriminalistik 2018, S.)

Nienaber, Laura Christiane: Umfang, Grenzen und Verwertbarkeit compliancebasierter unternehmensinterner Ermittlungen; 1. Auflage, Baden-Baden 2019 (zit.: Nienaber, Compliancebasierte unternehmensinterne Ermittlungen, S.)

– dies./Schauenburg, Tine/Wenglarczyk, Fynn: Ein Blick auf das geplante Verbandssanktionengesetz aus der anwaltlichen Praxis unter besonderer Berücksichtigung der Anforderungen an Interne Untersuchungen; in: Neue Zeitschrift für Wirtschafts-, Steuer- und Unternehmensstrafrecht 2020, S. 223–230 (zit.: Nienaber/Schauenburg/Wenglarczyk NZWiSt 2020, S.)

Noack, Ulrich/Servatius, Wolfgang/Haas, Ulrich (Hrsg.): Gesetz betreffend die Gesellschaften mit beschränkter Haftung; 24. Auflage, München 2025 (zit.: Bearbeiter in: Noack/Servatius/Haas, GmbH-Gesetz, § Rn.)

Nolte, Norbert/Michaelis, Marcel: Der Entwurf des Verbandssanktionengesetzes: neue Compliance-Pflichten für Vorstände und Geschäftsführer?; in: Betriebs Berater 2020, S. 1154–1162 (zit.: Nolte/Michaelis BB 2020, S.)

Oberthür, Nathalie/Seitz, Stefan (Hrsg.): Betriebsvereinbarungen; 3. Auflage, Köln 2021 (zit.: Bearbeiter in: Oberthür/Seitz, Betriebsvereinbarungen, Kap. Rn.)

Oesterle, Jörg: Kanzleidurchsuchungen und Sicherstellung von Ergebnissen aus Internal Investigations; in: Journal der Wirtschaftsstrafrechtlichen Vereinigung e. V. 2018, S. 148–155 (zit.: Oesterle WiJ 2018, S.)

– ders.: mit Anmerkung zu LG Hamburg v. 20. Januar 2023 – 608 Qs 12/22; in: Neue Zeitschrift für Wirtschafts-, Steuer- und Unternehmensstrafrecht 2023, S. 235–238 (zit.: Oesterle NZWiSt 2023, S.)

– ders./Tute, Christoph: mit Anmerkung zu LG Frankfurt (Oder) v. 07.04.2022 – 22 Qs 8/22; in: Neue Zeitschrift für Wirtschafts-, Steuer- und Unternehmensstrafrecht 2022, S. 455–458 (zit.: Oesterle/Tute NZWiSt 2022, S.)

Oppenländer, Frank/Trölitzsch, Thomas (Hrsg.): Praxishandbuch der GmbH-Geschäftsführung; 3. Auflage, München 2020 (zit.: Bearbeiter in: Oppenländer/Trölitzsch, GmbH-GF-HdB, § Rn.)

Ott, Nicolas/Lüneborg, Cäcilie: Internal Investigations in der Praxis – Umfang und Grenzen der Aufklärungspflicht, Mindestaufgriffsschwelle und Verdachtsmanagement; in: Corporate Compliance Zeitschrift 2019, S. 71–80 (zit.: Ott/Lüneborg CCZ 2019, S.)

– dies.: Das neue Verbandssanktionengesetz – Fragen und Auswirkungen für die Compliance-Praxis; in: Neue Zeitschrift für Gesellschaftsrecht 2019, S. 1361–1369 (zit.: Ott/Lüneborg NZG 2019, S.)

Özbek, Hakan: Datenschutz konformer Einsatz von E-Discovery Systemen; in: Datenschutz und Datensicherheit 2010, S. 576–580 (zit.: Özbek DuD 2010, S.)

Paal, Boris P./Pauly, Daniel A. (Hrsg.): Datenschutzgrundverodnung, Bundesdatenschutzgesetz; 3. Auflage, München 2021 (zit.: Bearbeiter in: Paal/Pauly, DS-GVO/BDSG, Art./§ Rn.)

Paeffgen, Hans-Ullrich: Vorüberlegungen zu einer Dogmatik des Untersuchungshaft-Rechts; 1. Auflage, Köln 1986 (zit.: Paeffgen, Vorüberlegungen zu einer Dogmatik des Untersuchungshaft-Rechts, S.)

Pape, Gerhard/Uhländer, Christoph: NWB Kommentar zum Insolvenzrecht; 1. Auflage, Herne 2013 (zit.: Bearbeiter in: Pape/Uhländer, Insolvenzrecht, § Rn.)

Paradissis, Alexander: Tabu Verteidigungsunterlagen – Zum sachlichen Anwendungsbereich des § 97 StPO iVm § 148 Abs. 1 StPO; in: Neue Zeitschrift für Strafrecht 2023, S. 449–455 (zit.: Paradissis NStZ 2023, S.)

Parigger, Manfred/Helm, Rüdiger/Stevens-Bartol, Eckart (Hrsg.): Arbeits- und Sozialstrafrecht; 1. Auflage, Baden-Baden 2021 (zit.: Bearbeiter in: Parigger/Helm/Stevens-Bartol, Arbeits- und Sozialstrafrecht, § Rn.)

Park, Tido: Durchsuchung und Beschlagnahme; 5. Auflage, München 2022 (zit.: Park, Durchsuchung und Beschlagnahme, § Rn.)

– ders.: Kapitalmarktstrafrecht – Straftaten, Ordungswidrigkeiten, Finanzaufsicht, Compliance; 6. Auflage, Baden-Baden 2024 (zit.: Bearbeiter in: HK-KapMStrafR, Kap. Rn.)

– ders./Eggers, Tobias: § 11 Compliance-Untersuchungen („internal investigations"); in: Volk, Klaus/Beukelmann, Stephan (Hrsg.): Münchener Anwaltshandbuch Verteidigung in Wirtschafts- und Steuerstrafsachen; 3. Auflage, München 2020 (zit.: Park/Eggers in: MAH WirtschaftsstrafR, § Rn.)

Passarge, Malte: Kritik am HinSchG-E; in: Compliance Berater 2022, Heft 06, Umschlagteil, I [1] (zit.: Passarge, CB 2022, Heft 06, Umschlagteil, I [1])

Patzak, Jörn/Fabricius, Jochen/Huth, Felix (Hrsg.): Beck'scher Kurz-Kommentar Betäubungsmittelgesetz; 11. Auflage, München 2024 (zit.: Bearbeiter in: Patzak/Fabricius, BtMG, § Rn.)

Pegal, Oliver/Prinzenberg, Wolfgang: Strafvereitelungsrisiken bei Internal Investigations; in: Zeitschrift für Wirtschafts- und Steuerstrafrecht 2023, S. 275–283 (zit.: Pegal/Prinzenberg wistra 2023, S.)

Pelz, Christian: Die Beschlagnahmefähigkeit von Unterlagen aus Internal Investigations – zugleich eine Besprechung von BVerfG, Beschluss vom 27.6.2018, Az. 2 BvR 1405/17, 2 BvR 1780/17; in: Corporate Compliance Zeitschrift 2018, S. 211–218 (zit.: Pelz CCZ 2018, S.)

– ders./Riederer, Viktoria: Beschlagnahmeschutz anwaltlicher Korrespondenz Zugleich Besprechung von LG Frankfurt/O., Beschl. v. 7.4.2022 – 22 Qs 8/22; in: Zeitschrift für Wirtschaftsstrafrecht und Haftung im Unternehmen 2022, S. 273–278 (zit.: Pelz/Riederer ZWH 2022, S.)

Petersen, Niels: Deutsches und Europäisches Verfassungsrecht II: Grundrechte und Grundfreiheiten; 2. Auflage, München 2022 (zit.: Petersen, Deutsches und Europäisches Verfassungsrecht II, § Rn.)

Petrasch, Martin: Interne Untersuchungen im geplanten Verbandssanktionengesetz; in: Deutsche Richterzeitung 2020, S. 96–99 (zit.: Petrasch DRiZ 2020, S.)

– ders.: Wäre eine „Widerspruchslösung" im geplanten VerSanG sinnvoll?; in: Compliance Berater 2020, S. 45–49 (zit.: Petrasch CB 2020, S.)

Petri, Dirk: Mobbing. Strafbarkeit eines Phänomens?; in: Strafverteidiger-Forum 2007, S. 221–225 (zit.: Petri StraFo 2007, S.)

Peukert, Matthias: Nun der Regierungsentwurf eines Gesetzes zur Stärkung der Integrität in der Wirtschaft; in: Newsdienst Compliance 2020, 230002 (zit.: Peukert Newsdienst Compliance 2020, 230002)

– ders./Sinn, Jennifer: Das Verbandssanktionengesetz – eine Historie des Scheiterns (?); in: Newsdienst Compliance 2021, 230005 (zit.: Peukert/Sinn Newsdienst Compliance 2021, 230005)

Pfeiffer, Gerd: Aus der Rechtsprechung des Bundesgerichtshofs in Strafsachen zum Verfahrensrecht – 1. Teil: 1979 §§ 1 bis 244 StPO; in: Neue Zeitschrift für Strafrecht 1981, S. 93–96 (zit.: Pfeiffer NStZ 1981, S.)

Pielow, Tobias/Volk, Eva: Der Referentenentwurf zum Hinweisgeberschutzgesetz – Quo vadis?; in: Compliance Berater 2021, S. 232–237 (zit.: Pielow/Volk CB 2021, S.)

Pikó, Rita/Uhl, Laurenz: Compliance in Zeiten von #MeToo; in: Betriebs Berater 2020, S. 1204–1214 (zit.: Pikó/Uhl BB 2020, S.)

– dies./Uhl, Laurenz/Licci, Sara: Handbuch Corporate Compliance; 1. Auflage, Basel 2022 (zit.: Bearbeiter in: Pikó/Uhl/Licci, Handbuch Corporate Compliance, § Rn.)

Plagemann, Bernd/Lanzinner, Denis: Disziplinarprozesse als Teil des Compliance-Systems; in: Corporate Compliance Zeitschrift 2019, S. 193–195 (zit.: Plagemann/Lanzinner CCZ 2019, S.)

Polley, Romina/Kuhn, Tilman/Wegmann, Henning: Die Beschlagnahme von vor Verfahrenseröffnung erstellter Anwaltskorrespondenz in deutschen Kartellverfahren; in: Kölner Schrift zum Wirtschaftsrecht 2012, S. 206–217 (zit.: Polley/Kuhn/Wegmann KSzW 2012, S.)

Polzer, Ulrich/Powietzka, Arnim: Rechtsextremismus als Kündigungsgrund?; in: Neue Zeitschrift für Arbeitsrecht 2000, S. 970–977 (zit.: Polzer/Powietzka NZA 2000, S.)

Pörtge, Jochen: Die unternehmerische Ermessensentscheidung über Verteidigung oder Kooperation; in: Corporate Compliance Zeitschrift 2020, S. 65–71 (zit.: Pörtge CCZ 2020, S.)

Potinecke, Harald/Block, Florian: Gesellschaftsrechtliche Rahmenbedingungen und Beratung der Unternehmensführung; in: Knierim, Thomas/Rübenstahl, Markus/Tsambikakis, Michael (Hrsg.): Internal Investigations: Ermittlungen im Unternehmen, Kapitel 2; 2. Auflage, Heidelberg 2016 (zit.: Potinecke/Block in: Knierim/Rübenstahl/Tsambikakis, Internal Investigations, Kap. Rn.)

Potinecke, Harald/Gottschalk, Florian: Die Rolle des Aufsichtsrats bei der betrieblichen Aufklärung von Compliance-Verstößen; in: Compliance Berater 2015, S. 444–448 (zit.: Potinecke/Gottschalk CB 2015, S.)

Potočić, Sabrina: Korruption, amerikanische Börsenaufsicht und Ermittlungen durch Private in Deutschland; 1. Auflage, Heidelberg 2016 (zit.: Potočić, Korruption, amerikanische Börsenaufsicht und Ermittlungen durch Private in Deutschland, S.)

Pragal, Oliver/Prinzenberg, Wolfgang: Strafvereitelungsrisiken bei Internal Investigations; in: Zeitschrift für Wirtschafts- und Steuerstrafrecht 2023, S. 275–283 (zit.: Pragal/Prinzenberg wistra 2023, S.)

Priewer, Mathias/Ritzenhoff, Lukas: Das Verhältnis von interner Untersuchung und (Unternehmens-)Verteidigung; in: Journal der Wirtschaftsstrafrechtlichen Vereinigung e. V. 2019, S. 166–172 (zit.: Priewer/Ritzenhoff WiJ 2019, S.)

Pünder, Hermann/Schellenberg, Martin (Hrsg.): Vergaberecht – Handkommentar; 3. Auflage, Baden-Baden 2019 (zit.: Bearbeiter in: Pünder/Schellenberg, Vergaberecht, § Rn.)

Püschel, Christof: Das Verwendungsverbot des § 97 Abs. 1 S. 3 InsO und seine Folgen für die Verteidigung in Insolvenzstrafverfahren, S. 759–772; in: Arbeitsgemeinschaft Strafrecht des Deutschen Anwaltvereins (Hrsg.): Strafverteidigung im Rechtsstaat, 25 Jahre Arbeitsgemeinschaft Strafrecht des Deutschen Anwaltvereins; 1. Auflage, Baden-Baden 2009 (zit.: Püschel, FS AG Strafrecht des DAV, S.)

Puschke, Jens/Singelnstein, Tobias: Telekommunikationsüberwachung, Vorratsdatenspeicherung und (sonstige) heimliche Ermittlungsmaßnahmen der StPO nach der Neuregelung zum 1.1.2008; in: Neue Juristische Wochenschrift 2008, S. 113–119 (zit.: Puschke/Singelnstein NJW 2008, S.)

Rack, Manfred: Das Organisationsrisiko der „kriminogenen Verbandsattitüde" – Teil 2; in: Compliance Berater 2015, S. 330–334 (zit.: Rack CB 2015, S.)

Racky, Michael/Gloeckner, Felix/Fehn-Claus, Janine: Aus der Praxis für die Praxis: Zur zivilrechtlichen Rechtsverfolgung von „Compliance"-Sachverhalten und deren Abwicklung; in: Corporate Compliance Zeitschrift 2018, S. 282–288 (zit.: Racky/Gloeckner/Fehn-Claus CCZ 2018, S.)

Radtke, Henning: Selbstbelastungsfreiheit und Beweisbeschränkungen im Strafverfahren- Gedanken am Beispiel von § 393 Abs. 2 AO; in: Goltdammer's Archiv für Strafrecht 2020, S. 470–479 (zit.: Radtke GA 2020, S.)

Raum, Rolf: Die Verwertung unternehmensinterner Ermittlungen; in: Strafverteidiger-Forum 2012, S. 395–399 (zit.: Raum StraFo 2012, S.)

Redeker, Helmut: IT-Recht; 8. Auflage, München 2023 (zit.: Redeker, IT-Recht, Kap. Rn.)

Redenius-Hövermann, Julia/Walter, Andreas: Ad-hoc-Veröffentlichungspflichten bei verbandsinternen Untersuchungen; in: Zeitschrift für Wirtschaftsrecht 2020, S. 1331–1336 (zit.: Redenius-Hövermann/Walter ZIP 2020, S.)

Reeb, Philipp: Internal Investigations – Neue Tendenzen privater Ermittlungen; 1. Auflage, Berlin 2011 (zit.: Reeb, Internal Investigations, S.)

Reichert, Jochem/Ott, Nicolas: Non Compliance in der AG – Vorstandspflichten im Zusammenhang mit der Vermeidung, Aufklärung und Sanktionierung von Rechtsverstößen; in: Zeitschrift für Wirtschaftsrecht 2009, S. 2173–2180 (zit.: Reichert/Ott ZIP 2009, S.)

– dies.: Die Zuständigkeit von Vorstand und Aufsichtsrat zur Aufklärung von Non Compliance in der AG; in: Neue Zeitschrift für Gesellschaftsrecht 2014, S. 241–251 (zit.: Reichert/Ott NZG 2014, S.)

Reimer, Franz: Juristische Methodenlehre; 2. Auflage, Baden-Baden 2020 (zit.: Reimer, Juristische Methodenlehre, Kap. Rn.)

Reinhardt, Sarah: Sozialpartner-Compliance; in: Compliance Berater 2015, S. 361–363 (zit.: Reinhardt CB 2015, S.)

– dies./Kaindl, Gerd: Mitarbeiterinterviews im Rahmen von Internal Investigations – ein schmaler Grat zwischen Befragung und Verhör; in: Compliance Berater 2017, S. 210–215 (zit.: Reinhardt/Kaindl CB 2017, S.)

– dies./von Walter, Axel: Arbeits- und datenschutzrechtliche Zulässigkeit von Pre-Employment Screenings oder sog. Background checks; in: Compliance Berater 2014, S. 114–118 (zit.: Reinhardt/von Walter CB 2014, S.)

Reinhold, Sandra/Yoon, Dahlnym/May, Lennart: Das interaktive Vernehmungstraining (invetra) – Ein Training zum Erlernen eines psychologisch angemessenen Vernehmungsvorgehens?; in: Kriminalistik 2021, S. 289–295 (zit.: Reinhold/Yoon/May Kriminalistik 2021, S.)

Reiter, Catherine: Internal Investigations in der Schweiz und bei den Vereinten Nationen; 1. Auflage, Zürich 2022 (zit.: Reiter, Internal Investigations in der Schweiz und bei den Vereinten Nationen, S.)

Reiß, Wolfram: Besteuerungsverfahren und Strafverfahren; 1. Auflage, Köln 1987 (zit.: Reiß, Besteuerungsverfahren und Strafverfahren, S.)

Reiss, Roman/Schoch, Nicholas/Erlekam, Franziska/von Haugwitz, Camillo: KI-Biases bei internen Untersuchungen: Irren ist nicht nur menschlich!?; in: CB 2025, Heft 03, Beilage, S. 15–24 (zit.: Reiss/Schoch/Erlekam/von Haugwitz CB 2025, Heft 03, Beilage, S.)

Renner, Karl-Heinz/Jacob, Nora-Corina: Das Interview: Grundlagen und Anwendung in Psychologie und Sozialwissenschaften; 1. Auflage, Berlin, Heidelberg 2020 (zit.: Renner/Jacob, Das Interview, S.)

Renners, Stephan: Private Investigation und Arbeitsrecht; 1. Auflage, Hamburg 2007 (zit.: Renners, Private Investigation und Arbeitsrecht, S.)

Richardi, Reinhard (Hrsg.): Betriebsverfassungsgesetz mit Wahlordnung Kommentar; 17. Auflage, München 2022 (Bearbeiter in: Richardi BetrVG, § Rn.)

Rieble, Volker: Schuldrechtliche Zeugenpflicht von Mitarbeitern; in: Zeitschrift für Wirtschaftsrecht 2003, S. 1273–1283 (zit.: Rieble ZIP 2003, S.)

Rieder, Markus S./Menne, Jonas: Internal Investigations – Rechtslage, Gestaltungsmöglichkeiten und rechtspolitischer Handlungsbedarf; in: Corporate Compliance Zeitschrift 2018, S. 203–211 (zit.: Rieder/Menne CCZ 2018, S.)

Röckl, Johannes: Muss der Arbeitnehmer bei Beendigung des Arbeitsverhältnisses auf Verlangen des Arbeitgebers sämtliche Dokumente herausgeben bzw. löschen?; in: Neue Zeitschrift für Arbeitsrecht-Rechtsprechungs-Report 2016, S. 505–507 (zit.: Röckl NZA-RR 2016, S.)

Rödiger, Katja: Strafverfolgung von Unternehmen, Internal Investigations und strafrechtliche Verwertbarkeit von „Mitarbeitergeständnissen“ – Untersuchung am Beispiel der Siemens-Korruptionsaffäre; 1. Auflage, Frankfurt a. M. 2012 (zit.: Rödiger, Strafverfolgung von Unternehmen, S.)

Rogall, Klaus: Der Beschuldigte als Beweismittel gegen sich selbst – Ein Beitrag zur Geltung des Satzes „Nemo tenetur seipsum prodere“ im Strafprozeß; 1. Auflage, Berlin 1977 (zit.: Rogall, Der Beschuldigte als Beweismittel gegen sich selbst, S.)

– ders.: Gegenwärtiger Stand und Entwicklungstendenzen der Lehre von den strafprozessualen Beweisverboten; in: Zeitschrift für die gesamte Strafrechtswissenschaft 91 (1979), S. 1–44 (zit.: Rogall ZStW 91 (1979), S.)

– ders.: Hypothetische Ermittlungsverläufe im Strafprozeß; Ein Beitrag zur Lehre der Beweiserhebungs- und Beweisverwertungsverbote; in: Neue Zeitschrift für Strafrecht 1988, S. 385–393 (zit.: Rogall NStZ 1988, S.)

– ders.: mit Anmerkung zu OLG Karlsruhe, Beschluss vom 06.09.1988 – 1 Ss 68/88; in: Neue Zeitschrift für Strafrecht 1989, S. 288 (zit.: Rogall NStZ 1989, S.)

– ders.: Grund und Grenzen der „qualifizierten“ Belehrung im Strafprozess; in: Geisler, Claudius/Kraatz, Erik/Kretschmer, Joachim/Schneider, Hartmut/ Christoph, Sowada (Hrsg.): Festschrift für Klaus Geppert zum 70. Geburtstag am 10. März 2011; 1. Auflage, Berlin/New York 2011, S. 519–547 (zit.: Rogall, FS Geppert, S.)

Römermann, Volker: Anwaltliches Berufsrecht; 4. Auflage, München 2022 (zit.: Römermann, Anwaltliches Berufsrecht, S.)

– ders.: Münchener Anwaltshandbuch GmbH-Recht; 5. Auflage, München 2023 (zit.: Bearbeiter in: Römermann, MAH GmbH-Recht, § Rn.)

Röß, Simon: Die Auskunftspflicht von Arbeitnehmern bei der Aufklärung einer Straftat durch den Arbeitgeber; in: Neue Zeitschrift für Arbeitsrecht 2021, S. 675–681 (zit.: Röß NZA 2021, S.)

Rotsch, Thomas (Hrsg.): Criminal Compliance – Handbuch; 1. Auflage, Baden-Baden 2015 (zit.: Bearbeiter in: Rotsch, Criminal Compliance, § Rn.)

Rotsch, Frederike/Mutschler, Magnus/Grobe, Tony: Der Regierungsentwurf zum Verbandssanktionengesetz – kritische Analyse und Ausblick; in: Corporate Compliance Zeitschrift 2020, S. 169–182 (zit.: Rotsch/Mutschler/Grobe CCZ 2020, S.)

Roxin, Claus: Das Zeugnisverweigerungsrecht des Syndikusanwalts; in: Neue Juristische Wochenschrift 1992, S. 1129–1136 (zit.: Roxin NJW 1992, S.)

– ders.: Nemo tenetur: die Rechtsprechung am Scheideweg; in: Neue Zeitschrift für Strafrecht 1995, S. 465–469 (zit.: Roxin NStZ 1995, S.).

Roxin, Imme: Probleme und Strategien der Compliance-Begleitung in Unternehmen; in: Strafverteidiger 2012, S. 116–121 (zit.: Roxin StV 2012, S.)

Rübenstahl, Markus: Internal Investigations (Unternehmensinterne Ermittlungen) – status quo; in: Journal der Wirtschaftsstrafrechtlichen Vereinigung e. V. 2012, S. 17–33 (zit.: Rübenstahl WiJ 2012, S.)

– ders.: Zum Referentenentwurf eines Gesetzes zur Bekämpfung der Unternehmenskriminalität – Punitives und „abspracheförderndes“ Verbandssanktionenrecht (Teil 3); in: Zeitschrift für Wirtschaftsstrafrecht und Haftung im Unternehmen 2020, S. 164–175 (zit.: Rübenstahl ZWH 2020, S.)

– ders./Hahn, Andreas/Voet van Vormizeele, Philipp: Kartell Compliance; 1. Auflage, Heidelberg 2020 (zit.: Bearbeiter in: Rübenstahl/Hahn/Voet van Vormizeele, Kartell Compliance, Teil Kap. Rn.)

Rudkowski, Lena: Die Aufklärung von Compliance-Verstößen durch „Interviews“; in: Neue Zeitschrift für Arbeitsrecht, S. 612–615 (zit.: Rudkowski NZA 2011, S.)

– dies.: Aufklärung von Compliance-Verstößen – Whistleblowing, Arbeitnehmerüberwachung, Auskunftspflichten; 3. Auflage, Berlin 2022 (zit.: Rudkowski, Aufklärung von Compliance-Verstößen, S.)

– dies./Schreiber, Alexander: Aufklärung von Compliance-Verstößen – Whistleblowing, Arbeitnehmerüberwachung, Auskunftspflichten; 2. Auflage, Berlin 2018 (zit.: Rudkowski/Schreiber, Aufklärung von Compliance-Verstößen, S.)

Ruhmannseder, Felix: Unternehmensinterne Ermittlungen – rechtliche Fallstricke in Deutschland und Österreich; in: Schulz, Lorenz/Reinhart, Michael/Sahan, Oliver (Hrsg.): Festschrift für Imme Roxin; 1. Auflage, Heidelberg 2012, S. 501–520 (zit.: Ruhmannseder, FS I. Roxin, S.)

– ders./Behr, Nicolai/Krakow, Georg (Hrsg.): Hinweisgebersysteme: Implementierung in Deutschland, Österreich und der Schweiz; 2. Auflage, Heidelberg 2021 (zit.: Bearbeiter in: Ruhmannseder/Behr/Krakow, Hinweisgebersysteme, Kap. Rn.)

– ders./Lehner, Dieter/Beukelmann, Stephan (Hrsg.): Compliance aktuell; 27. Lieferung, München, Wien 02/2025 (zit.: Bearbeiter in: Ruhmannseder/Lehner/Beukelmann, Compliance aktuell, Kap. Rn.)

Rüsse, Theresa: Anmerkung zu den Entscheidungen des BVerfG, Beschlüsse vom 27.06.2018 (2 BvR 1287/17, 2 BvR 1583/17, 2 BvR 1405/17, 1780/17, 2 BvR 1562/17) – Zur Frage der Zulässigkeit der Verfassungsbeschwerden der Rechtsanwaltskanzlei Jones Day, der Volkswagen AG sowie dreier Rechtsanwälte aus der Kanzlei Jones Day im Rahmen der Kanzleidurchsuchung im Zuge des Dieselskandals; in: Entscheidungsanmerkungen zum Wirtschafts- und Bankrecht, 2018, S. 535–540 (zit.: Rüsse WuB 2018, S.)

Rüttgers, Stefan/Schneider, Anne: Die Beschlagnahme anwaltlicher Unterlagen im Unternehmensgewahrsam; in: Goltdammer's Archiv für Strafrecht 2014, S. 160–178 (zit.: Rüttgers/Schneider GA 2014, S.)

Sachs, Michael: mit Anmerkung zu BVerfG, v. 2. 7. 2009 – 2 BvR 2225/08; in: Juristische Schulung 2010, S. 751–753 (zit.: Sachs JuS 2010 S.)

– ders. (Begr.)/von Coelln, Christian/Mann, Thomas (Hrsg.): Grundgesetz – Kommentar; 10. Auflage, München 2024 (zit.: Bearbeiter in: Sachs, GG, Art. Rn.)

Safferling, Christoph: Audiatur et altera pars – die prozessuale Waffengleichheit als Prozessprinzip? Qui statuit alliquid parte inaudita altera, Aequm liquet statuerit haud aequs fuit.; in: Neue Zeitschrift für Strafrecht 2004, S. 181–188 (zit.: Safferling NStZ 2004, S.)

Saliger, Frank/Tsambikakis, Michael/Mückenberger, Ole/Huber, Hans-Peter (Hrsg.): Münchner Entwurf eines Verbandssanktionengesetzes; 1. Auflage, Baden-Baden 2019 (zit.: Saliger/Tsambikakis/Mückenberger/Huber, Münchner Entwurf eines Verbandssanktionengesetzes, S.)

Samson, Erich/Langrock, Marc: Bekämpfung von Wirtschaftskriminalität im und durch Unternehmen; in: Der Betrieb 2007, S. 1684–1689 (zit.: Samson/Langrock DB 2007, S.)

Sarhan, Amr: Unternehmensinterne Privatermittlungen im Spannungsfeld zur strafprozessualen Aussagefreiheit; in: Zeitschrift für Wirtschafts- und Steuerstrafrecht 2015, S. 449–455 (zit.: Sarhan wistra 2015, S.)

– ders.: Wie viel Kooperation zwischen Unternehmen und der Strafjustiz bei der Aufklärung verbandsinterner Kriminalität verträgt der Strafprozess?; in: Zeitschrift für Wirtschafts- und Steuerstrafrecht 2017, S. 336–344 (zit.: Sarhan wistra 2017, S.)

Sartorius, Matthias/Schmidt, Till: Interne Untersuchungen nach dem geplanten Verbandssanktionengesetz (VerSanG-E) – Das Gegenteil von gut ist gut gemeint; in: Zeitschrift für Wirtschafts- und Steuerstrafrecht 2020, S. 393–400 (zit.: Sartorius/Schmidt wistra 2020, S.)

Satzger, Helmut/Schluckebier, Wilhelm/Widmaier, Gunter (Hrsg.): StPO Kommentar – Strafprozessordnung mit GVG und EMRK; 6. Auflage, Köln 2024 (zit.: Bearbeiter in: SSW-StPO, § Rn.)

Schäfer, Gerhard/Fresemann, Thomas/Hinrichs, Hauke (Hrsg.): Die Praxis des Strafverfahrens; 7. Auflage, Stuttgart 2024 (zit.: Bearbeiter in: Schäfer/Fresemann/Hinrichs, Praxis des Strafverfahrens, Rn.)

Schäfer, Gerhard/Sander, Günther/van Gemmeren, Gerhard (Hrsg.): Praxis der Strafzumessung; 7. Auflage, München 2024 (zit.: Bearbeiter in: Schäfer/Sander/van Gemmeren, Praxis der Strafzumessung, Teil Rn.)

Scharenberg, Philipp: Die strafbefreiende Selbstanzeige nach § 371 AO im Lichte des neuen Verbandssanktionenrechts; in: Neue Zeitschrift für Wirtschafts-, Steuer- und Unternehmensstrafrecht 2020, S. 230–235 (zit.: Scharenberg NZWiSt 2020, S.)

Scharnberg, Josephine: Illegale Internal Investigations – Strafrechtliche Grenzen unternehmensinterner Ermittlungen; 1. Auflage, Frankfurt a. M. 2014 (zit.: Scharnberg, Illegale Internal Investigations, S.)

Schaub, Günter (Begr.): Arbeitsrechts-Handbuch – Systematische Darstellung und Nachschlagewerk für die Praxis; 20. Auflage, München 2023 (zit.: Bearbeiter in: Schaub, Arbeitsrechts-Handbuch, § Rn.)

– ders. (Begr.)/Koch, Ulrich (Hrsg.): Arbeitsrecht von A-Z; 29. Auflage, München 2025 (zit.: Bearbeiter in: Schaub/Koch, Arbeitsrecht von A-Z, Begriff)

Scheben, Barbara/Geschonneck, Alexander/Klos, Christian: Unternehmensinterne Ermittlungen im Rahmen datenschutzrechtlicher Grenzen; in: Zeitschrift für das gesamte Handels- und Wirtschaftsrecht 179 (2015), S, 240–267 (zit.: Scheben/Geschonneck/Klos ZHR 179 (2015), S.)

Scheier, Christian/Lubberger, Andreas: Vom Angriff der Tatsachen auf die Erfahrungssätze – Anmerkungen zur Physiologie und Psychologie der Markenwahrnehmung; in: MarkenR – Markenrecht, Zeitschrift für deutsches, europäisches und internationales Kennzeichenrecht 2014, S. 453–469 (zit.: Scheier/Lubberger MarkenR 2014, S.)

Scherp, Dirk: Fraud Management: Abwehr von Kriminalität in der Organisation von Kreditinstituten und Finanzdienstleistern; 3. Auflage, Köln 2018 (zit.: Scherp, Fraud Management, S.)

Schild, Hans-Hermann: mit Anmerkungen zu EuGH, Urteil vom 30.3.2023 – C-34/21; in: Zeitschrift für Datenschutz 2023, S. 394–396 (zit.: Schild ZD 2023, S.)

Schimmelpfennig, Hans-Christoph/Wenning, Holger: Arbeitgeber als Telekommunikationsdienste-Anbieter?; in: Der Betrieb 2006, S. 2290–2294 (zit.: Schimmelpfennig/Wenning DB 2006, S.)

Schlüchter, Ellen/Radbruch, Jochen: V-Mann-Aussage zu Äußerungen von Angehörigen des Angeklagten; in: Neue Zeitschrift für Strafrecht 1995, S. 354–355 (zit.: Schlüchter/Radbruch NStZ 1995, S.)

Schmelz, Christoph: mit Anmerkung zu LG München I, Urteil vom 6. April 2011 – 9 O 3039/11; in: Zeitschrift für Urheber- und Medienrecht 2011, S. 593–594 (zit.: Schmelz ZUM 2011, S.)

Schmidt, Karsten (Hrsg.): Beck'scher Kurz-Kommentar Insolvenzordnung: 20. Auflage, München 2023 (zit.: Bearbeiter in: Schmidt, InsO, § Rn.)

Schmitt-Leonardy, Charlotte/Klarmann, Max: Examensrelevantes Strafverfahrensrecht – 13 strafprozessuale (Zusatz-)Fragen; in: Juristische Schulung 2022, S. 304–311 (zit.: Schmitt-Leonardy/Klarmann JuS 2022, S.)

Schmitz, Christian: Das neue Unternehmensstrafrecht – Geld und Unterwerfung; in: Journal der Wirtschaftsstrafrechtlichen Vereinigung e. V. 2019, S. 154–166 (zit.: Schmitz WIJ 2019, S.)

Schmoeckel, Mathias: Humanität und Staatsraison: die Abschaffung der Folter in Europa und die Entwicklung des gemeinen Strafprozeß- und Beweisrechts seit dem hohen Mittelalter; 1. Auflage, Köln u. a. 2000 (zit.: Schmoeckel, Humanität und Staatsraison, S.)

Schneider, David: Singularia non sunt extendenda – Zur Analogiefähigkeit von Ausnahmevorschriften; in: Juristische Arbeitsblätter 2008, S. 174–177 (zit.: Schneider JA 2008, S.)

Schneider, Hartmut: mit Anmerkung zu LG Braunschweig v. 21.7.2015 – 6 Qs 116/15; in: Neue Zeitschrift für Strafrecht 2016, S. 309–312 (zit.: Schneider NStZ 2016, S.)

– ders.: Grund und Grenzen des strafrechtlichen Selbstbegünstigungsprinzips auf der Basis eines generalpräventiv- funktionalen Schuldmodells; 1. Auflage, Berlin 1990 (zit.: Schneider, Grund und Grenzen des strafrechtlichen Selbstbegünstigungsprinzips, S.)

Schneider, Sven H./Priewer, Mathias: Verbandssanktionengesetz: Mitarbeiterbefragungen in unternehmensinternen Untersuchungen; in: Compliance – Die

Zeitschrift für Compliance-Verantwortliche 09/2019, S. 7 (zit.: Schneider/Priewer Compliance 09/2019, S.)

Schöning, Falk/Sauro, Helmut: Interne Untersuchungen von Exportkontrollverstößen und der strategische Einsatz von Computer-Forensik und E-Discovery; in: Corporate Compliance Zeitschrift 2011, S. 11–17 (zit.: Schöning/Sauro CCZ 2016, S.)

Schönke, Adolf/Schröder, Horst (Begr.): Strafgesetzbuch Kommentar; 30. Auflage, München 2019 (zit.: Bearbeiter in: Schönke/Schröder, StGB, § Rn.)

Schork, Stefanie: mit Anmerkung zu LG Ulm, Beschluss vom 15.01.2007 – 2 Qs 2002/07 Wik; in: Neue Juristische Wochenschrift 2007, S. 2057–2058 (zit.: Schork NJW 2007, S.)

Schrader, Peter/Thoms, Tina/Mahler, Maike: Auskunft durch den Arbeitnehmer: Was darf er? Was muss er?; in: Neue Zeitschrift für Arbeitsrecht 2018, S. 965–974 (zit.: Schrader/Thoms/Mahler NZA 2018, S.)

Schrey, Joachim/Kielkowski, Jacek/Gola, Patricia: Chatten für den Arbeitgeber – Herausforderungen bei der betrieblichen Nutzung von Messenger-Diensten aus unternehmerischer Sicht; in: Multimedia und Recht 2017, S. 656–661 (zit.: Schrey/Kielkowski/Gola MMR 2017, S.)

Schubert, Andreas: Die Abmahnung als Voraussetzung der verhaltensbedingten Kündigung; in: Arbeitsrecht Aktuell 2023, S. 334–337 (zit.: Schubert ArbR 2023, S.)

Schultz, Hans/Dünnebier, Johannes/Eek, Hilding: Das Problem einer Sonderstellung der Presse im Strafverfahren: Verhandlungen der Fachgruppe Strafrechtsvergleichung anläßl. d. Tagung für Rechtsvergleichung in Kiel vom 8. bis 11. September 1965; 1. Auflage, Frankfurt a. M. u. a. 1966 (zit.: Bearbeiter in: Schultz/Dünnebier/Eek, Das Problem einer Sonderstellung der Presse im Strafverfahren, S.)

Schulze, Reiner u. a. (Hrsg.): Bürgerliches Gesetzbuch Handkommentar; 12. Auflage, Baden-Baden 2024 (zit.: Bearbeiter in: HK-BGB, § Rn.)

Schürrle, Thomas/Olbers, Lucie Anne Mary: Praktische Hinweise zu Rechtsfragen bei eigenen Untersuchungen im Unternehmen; in: Corporate Compliance Zeitschrift 2010, S. 178–183 (zit.: Schürrle/Olbers CCZ 2010, S.)

Schuster, Peter: mit Anmerkung zu LG Hamburg v. 15.10.2010 – 608 Qs 18/10, in: Neue Zeitschrift für Wirtschafts-, Steuer- und Unternehmensstrafrecht 2012, S. 28–30 (zit.: Schuster NZWiSt 2012, S.)

Schwark, Eberhard/Zimmer, Daniel (Hrsg.): Kapitalmarktrechts-Kommentar, Börsengesetz mit Börsenzulassungsverordnung, Wertpapierprospektgesetz, Wertpapierhandelsgesetz, Wertpapiererwerbs- und Übernahmegesetz, Europäische Marktmissbrauchsverordnung; 5. Auflage, München 2020 (zit.: Bearbeiter in: Schwark/Zimmer, Kapitalmarktrechts-Kommentar, § Rn.)

Schwarze, Jürgen/Bechtold, Rainer/Bosch, Wolfgang: Rechtsstaatliche Defizite im Kartellrecht der Europäischen Gemeinschaft; 1. Auflage, Stuttgart 2008 (zit.: Schwarze/Bechtold/Bosch, Rechtsstaatliche Defizite im Kartellrecht der Europäischen Gemeinschaft, S.)

Seidenstücker, Ellen: Konstruktion und Evaluation eines Trainingsprogramms für klinische Interviews; 1. Auflage, Regensburg 1976 (zit.: Seidenstücker, Konstruktion und Evaluation eines Trainingsprogramms für klinische Interviews, S.)

Semler, Johannes: Leitung und Überwachung der Aktiengesellschaft: die Leitungsaufgabe des Vorstands und die Überwachungsaufgabe des Aufsichtsrats; 2. Auflage, Köln 1996 (zit.: Semler, Leitung und Überwachung der Aktiengesellschaft, S.)

– ders.: Zur aktienrechtlichen Haftung der Organmitglieder einer Aktiengesellschaft; in: Die Aktiengesellschaft 2005, S. 321–336 (zit.: Semler AG 2005, S.)

– ders./v. Schenck, Kersten/Wilsing, Hans-Ulrich (Hrsg.): Arbeitshandbuch für Aufsichtsratsmitglieder; 5. Auflage, München 2021 (zit.: Bearbeiter in: Semler/v. Schenck/Wilsing, Arbeitshandbuch für Aufsichtsratsmitglieder, § Rn.)

Sidhu, Karl/von Saucken, Alexander/Ruhmannseder, Felix: Der Unternehmensanwalt im Strafrecht und die Lösung von Interessenkonflikten; in: Neue Juristische Wochenschrift 2011, S. 881–884 (zit.: Sidhu/von Saucken/Ruhmannseder NJW 2011, S.)

Siepelt, Stefan/Pütz, Lasse: Die Compliance-Verantwortung des Aufsichtsrats; in: Corporate Compliance Zeitschrift 2018, S. 78–84 (zit.: Siepelt/Pütz CCZ 2018, S.)

Simitis, Spiros/Hornung, Gerrit/Spiecker genannt Döhmann, Indra (Hrsg.): Datenschutzrecht DS-GVO/BDSG; 2. Auflage, Baden-Baden 2025 (zit.: Bearbeiter in: Simitis/Hornung/Spiecker gen. Döhmann, Datenschutzrecht, § Rn.)

Soergel, Hans Theodor (Begr.): Bürgerliches Gesetzbuch mit Einführungsgesetz und Nebengesetzen (BGB) Band 10, Schuldrecht 8: §§ 652–704 BGB; 13. Auflage, Stuttgart 2012 (zit.: Bearbeiter in: Soergel, BGB Band 10, § Rn.)

Soiné, Michael: Das Aushorchen von Häftlingen durch Mitgefangene; in: Neue Justiz 2023, S. 329–335 (zit.: Soiné NJ 2023, S.)

– ders.: Strafprozessordnung: Kommentar für Polizeibeamte im Ermittlungsdienst; 149. Lieferung, Heidelberg 03/2025 (zit.: Bearbeiter in: Soiné, StPO, § Rn.)

Sorber, Dominik/Knoepffler, Christina: Das Schutzniveau der DSGVO – das Maß aller Dinge – EuGH, Urt. v. 19.12.2024 – C-65/23 (MK/K-GmbH); in: Datenschutz-Berater 2025, S. 79–80 (zit.: Sorber/Knoepffler DSB 2025, S.)

Spehl, Stephan: Der Zeugenbeistand in internen Untersuchungen; in: Corporate Compliance Zeitschrift 2017, S. 204–205 (zit.: Spehl CCZ 2017, S.)

– ders./Momsen, Carsten/Grützner, Thomas: Unternehmensinterne Ermittlungen – Ein internationaler Überblick – Teil I: Einleitung unternehmensinterner Ermittlungen; in: Corporate Compliance Zeitschrift 2013, S. 260–265 (zit.: Spehl/Momsen/Grützner CCZ 2013, S.)

– dies.: Unternehmensinterne Ermittlungen – Ein internationaler Überblick; Teil II: „Zulässigkeit und rechtliche Anforderungen verschiedener Ermittlungsmaßnahmen in ausgewählten Ländern"; in: Corporate Compliance Zeitschrift 2014, S. 2–9 (zit.: Spehl/Momsen/Grützner CCZ 2014, S.)

Spiecker genannt Döhmann, Indra/Bretthauer, Sebastian: Dokumentation zum Datenschutz mit Informationsrecht; 97. Ergänzungslieferung, Frankfurt a. M./Köln März 2025 (zit.: Bearbeiter in: Spiecker gen. Döhmann/Bretthauer, Dokumentation zum Datenschutz, Kap. Rn.)

Steffen, Markus/Stöhr, Alexander: Die Umsetzung von Compliance-Maßnahmen im Arbeitsrecht; in: Recht der Arbeit 2017, S. 41–52 (zit.: Steffen/Stöhr RdA 2017, S.)

Steinsaltz, Adin: Koren Talmud Bavli, Sanhedrin Part I; 29. Auflage, Jerusalem 2017 (zit.: Steinsaltz, Koren Talmud Bavli Sanhedrin Part I, Perek Daf. Amud S.)

Stern, Klaus/Sodan, Helge/Möstl, Markus: Das Staatsrecht der Bundesrepublik Deutschland im europäischen Staatenverbund, Band III; 2. Auflage, München 2022 (Bearbeiter in: Stern/Sodan/Möstl, Das Staatsrecht der Bundesrepublik Deutschland, Band III, § Rn.)

Sterzinger, Christian: Durchsuchung von Büro- und Kanzleiräumen durch die Steuerfahndung; in: Neue Juristische Online-Zeitschrift 2010, S. 1766–1769 (zit.: Sterzinger NJOZ 2010, S.)

Stoffer, Hannah: Wie viel Privatisierung »verträgt« das strafprozessuale Ermittlungsverfahren? Eine Untersuchung zur Zulässigkeit privater Beweisbeschaffung und zur Verwertbarkeit auf diese Weise erlangter Beweismittel im Strafverfahren; 1. Auflage, Tübingen 2016 (zit.: Stoffer, Privatisierung, S. Rn.)

Straube, Gunnar/Rasche, Jennifer: Arbeitsrechtliche Korruptionsbekämpfung: Prävention und Verfolgung bei Vorteilsnahme; 1. Auflage, München 2017 (zit.: Bearbeiter in: Straube/Rasche, Arbeitsrechtliche Korruptionsbekämpfung, Kap. Rn.)

Ströbel, Lukas/Böhm, Wolf-Tassilo/Breunig, Christina/Wybitul, Tim: Beschäftigtendatenschutz und Compliance: Compliance-Kontrollen und interne Ermittlungen nach der EU-Datenschutz-Grundverordnung und dem neuen Bundesdatenschutzgesetz; in: Corporate Compliance Zeitschrift 2018, S. 14–21 (zit.: Ströbel/Böhm/Breunig/Wybitul CCZ 2018, S.)

Stück, Volker: Rechtliche Aspekte kritischer Personalgespräche; in: Der Betrieb 2007, S. 1137–1140 (zit.: Stück DB 2007, S.)

– ders.: Unternehmensinterne Untersuchungen im Spannungsfeld von Arbeitsrecht, Compliance, Datenschutz, Haftungsrecht und Strafrecht – Rechtliche Rahmenbedingungen und praktische Empfehlungen; in: Zeitschrift für Gesellschafts-, Unternehmens- und Steuerrecht 2019, S. 156–169 (zit.: Stück GmbHR 2019, S.)

– ders.: Unternehmensinterne Untersuchungen im Fokus von Rechtsprechung und Gesetzgebung; in: Arbeitsrecht Aktuell 2020, S. 408–411 (zit.: Stück ArbR 2020, S.)

– ders.: Die Beendigung von Arbeitsverhältnissen aufgrund der Corona-Pandemie; in: Monatsschrift für Deutsches Recht 2021, S. 268–273 (zit.: Stück MDR 2021, S.)

– ders.: Entwurf für ein Verbandssanktionengesetz – Datenschutz- und arbeitsrechtliche Bedeutung für unternehmensinterne Untersuchungen; in: Zeitschrift für Datenschutz 2021, S. 307–312 (zit.: Stück ZD 2021, S.)

– ders.: Beginn der zweiwöchigen Kündigungsfristerklärung bei umfassenden Compliance Untersuchungen; in: Corporate Compliance Zeitschrift 2022, S. 122–124 (zit.: Stück CCZ 2022, S.)

– ders.: mit Anmerkung zu LAG Baden-Württemberg, v. 27.01.2023 – 12 Sa 56/21; in: Zeitschrift für Datenschutz 2023, S. 696–702 (zit.: Stück ZD 2023, S.)

Stürner, Rolf: Strafrechtliche Selbstbelastung und verfahrensförmige Wahrheitsermittlung; in: Neue Juristische Wochenschrift 1981, S. 1757–1763 (zit.: Stürner NJW 1981, S.)

Süße, Sascha: Gesetzliche Vorgaben für interne Untersuchungen – Ein Weg zur Beseitigung von Rechtsunsicherheiten bei der Kooperation in Wirtschaftsstrafverfahren?; in: Zeitschrift für Internationale Strafrechtsdogmatik 2018, S. 350–360 (zit.: Süße ZIS 2018, S.)

– ders./Ahrens, Tim: Der Unternehmensmitarbeiter als interner Ermittler; in: Betriebs Berater 2019, S. 1332–1336 (zit.: Süße/Ahrens BB 2019, S.)

– ders./Schneider, Frédéric: Entwurf eines Gesetzes zur Einführung der strafrechtlichen Verantwortlichkeit von Unternehmen und sonstigen Verbänden aus Nordrhein-Westfalen; in: Newsdienst Compliance 2014, 71002 (zit.: Süße/Schneider Newsdienst Compliance 2014, 71002)

Sydow, Gernot/Marsch, Nikolaus (Hrsg.): DS-GVO | BDSG – Datenschutz-Grundverordnung, Bundesdatenschutzgesetz; 3. Auflage, Baden-Baden 2022 (zit.: Bearbeiter in: Sydow/Marsch, DS-GVO/BDSG, § Rn.)

Szesny, André-M.: § 4 Abs. 3 WpHG: Mitwirkungspflicht trotz Selbstbelastungsgefahr?; in: Betriebs Berater 2010, S. 1995–2000 (zit.: Szesny BB 2010, S.)

– ders./Kuthe, Thorsten (Hrsg.): Kapitalmarkt Compliance; 2. Auflage, Heidelberg 2018 (zit.: Bearbeiter in: Szesny/Kuthe, Kapitalmarkt Compliance, Teil Kap. Rn.)

– ders./Stelten, Urs Jakob: Das neue VerSanG: Stärkung der Integrität in der Wirtschaft; in: Zeitschrift für Rechtspolitik 2020, S. 130–134 (zit.: Szesny/Stelten ZRP 2020, S.)

Taeger, Jürgen/Gabel, Detlev (Hrsg.): Kommentar DSGVO – BDSG – TTDSG; 4. Auflage, Frankfurt am Main 2022 (zit.: Bearbeiter in: Taeger/Gabel, DSGVO – BDSG – TTDSG, Art. Rn.)

Talaska, Peter/Görlich, Michael: Verbandssanktionengesetz (VerSanG): Der „neue" Referentenentwurf und seine Auswirkungen auf das Steuerstrafrecht; in: Die Steuerberatung 2020, S. 406, 410–416 (zit.: Talaska/Görlich Stbg 2020 S.)

Taschke, Jürgen: Zur Entwicklung der Verfolgung von Wirtschaftsstrafsachen in der Bundesrepublik Deutschland – Bemerkungen aus der Praxis; Teil 3: Auf dem Weg zur Privatisierung der Strafverfolgung; in: Neue Zeitschrift für Wirtschafts-, Steuer- und Unternehmensstrafrecht 2012, S. 89–94 (zit.: Taschke NZWiSt 2012, S.)

– ders.: „Interne Untersuchungen" in internationalen Konzernen – rechtliche und tatsächliche Probleme; in: Rotsch, Thomas (Hrsg.): Criminal Compliance vor den Aufgaben der Zukunft; 1. Auflage, Baden-Baden 2013 (zit.: Taschke in: Rotsch, Criminal Compliance vor den Aufgaben der Zukunft, S.)

– ders.: Das geplante Verbandssanktionengesetz im anwaltlichen Universum – Beginn einer goldenen Ära?; in: Murmann, Uwe: Der Regierungsentwurf eines Verbandssanktionengesetzes vom 16.6.2020; 1. Auflage, Göttingen 2022, S. 91–106 (zit.: Taschke in: Murmann, Der Regierungsentwurf eines Verbandssanktionengesetzes vom 16.6.2020, S.)

Teichmann, Fabian M.: CEO-Fraud im Kontext (generativer) künstlicher Intelligenz – Eine experimentelle Untersuchung; in: Zeitschrift für Wirtschaftsstrafrecht und Haftung im Unternehmen 2024, S. 1–8 (zit.: Teichmann ZWH 2024, S.)

Teicke, Tobias: Gute Unternehmenspraxis für Internal Investigations – Praxistipps zur erfolgreichen Umsetzung unter Berücksichtigung des VerSanG-E; in: Corporate Compliance Zeitschrift 2019, S. 298–305 (zit.: Teicke CCZ 2019, S.)

Theile, Hans: „Internal Investigations" und Selbstbelastungsfreiheit; in: Strafverteidiger 2011, S. 381–386 (zit.: Theile StV 2011, S.)

– ders./Gatter, Marcelle Janina/Wiesenack, Tobias C.: Domestizierung von Internal Investigations?; in: Zeitschrift für die gesamte Strafrechtswissenschaft 126 (2014), S. 803–843 (zit.: Theile/Gatter/Wiesenack ZStW 126 (2014), S.)

Theissen, Natalia: Das US-amerikanische Rechtsinstrument der „discovery" – Ihre Einbettung in den Zivilprozess; in: Zeitschrift für Internationales Wirtschaftsrecht 2020, S. 10–14 (zit.: Theissen IWRZ 2020, S.)

Thüsing, Gregor (Hrsg.): Beschäftigtendatenschutz und Compliance – Effektive Compliance im Spannungsfeld von DS-GVO, BDSG, Persönlichkeitsschutz und betrieblicher Mitbestimmung; 3. Auflage, München 2021 (zit.: Bearbeiter in: Thüsing, Beschäftigtendatenschutz und Compliance, § Rn.)

– ders./Wurth, Gilbert (Hrsg.): Social Media im Betrieb – Arbeitsrecht und Compliance; 2. Auflage, München 2020 (zit.: Bearbeiter in: Thüsing/Wurth, Social Media im Betrieb, § Rn.)

Tipke, Klaus/Kruse, Heinrich Wilhelm: Abgabenordnung – Finanzgerichtsordnung: AO, FGO; Köln, 184. Lieferung, 1/2025 (zit.: Bearbeiter in: Tipke/Kruse, AO/FGO, § Rn.)

Tödtmann, Ulrich/von Erdmann, Charlotte: Keine Pflicht zur Selbstbelastung für den Arbeitnehmer? Auswirkungen des Verbandssanktionengesetzes und die übersehene Rechtsprechung des BAG; in: Neue Zeitschrift für Arbeitsrecht 2020, S. 1577–1583 (zit.: Tödtmann/von Erdmann NZA 2020, S.)

Toma, Josef: Arbeitsrechtliche Grundlagen interner Ermittlungen; in: Compliance Berater 2017, S. 339–343 (zit.: Toma CB 2017, S.)

Trüg, Gerson: Gesamtpanorama der Verteidigung von Unternehmen in nationalen und internationalen Strafverfahren; in: Lehmkuhl, Marianne Johanna/Meyer, Frank (Hrsg.): Das Unternehmen im Brennpunkt nationaler und internationaler Strafverfahren, 2020, S. 13–44 (zit.: Trüg in: Lehmkuhl/Meyer, Das Unternehmen im Brennpunkt nationaler und internationaler Strafverfahren, S.)

– ders.: Die Verteidigung von Unternehmen; in: Neue Zeitschrift für Wirtschafts-, Steuer- und Unternehmensstrafrecht 2022, S. 106–117 (zit.: Trüg NZWiSt 2022, S.)

– ders./Habetha, Jörg: Beweisverwertung trotz rechtswidriger Beweisgewinnung – insbesondere mit Blick auf die „Liechtensteiner Steueraffäre"; in: Neue Zeitschrift für Strafrecht 2008, S. 481–492 (zit.: Trüg/Habetha NStZ 2008, S.)

– ders./Ulrich, Anne: Speicherung mandatsbezogener Unterlagen aus internal investigations auf im Ausland belegenen Servern; in: Neue Zeitschrift für Wirtschafts-, Steuer- und Unternehmensstrafrecht 2021, S. 1–7 (zit.: Trüg/Ulrich NZWiSt 2021, S.)

Tsambikakis, Michael/Gierok, Markus: Der Ref-E zur Einführung eines Verbandssanktionengesetzes; in: Zeitschrift für Medizinstrafrecht 2020, S. 205–212 (zit.: Tsambikakis/Gierok medstra 2020, S.)

Tschöpe, Ulrich (Hrsg.): Arbeitsrecht Handbuch; 13. Auflage, Köln 2023 (zit.: Bearbeiter in: Tschöpe, Arbeitsrecht Handbuch, Teil Rn.)

Ulmer-Eilfort, Constanze/Obergfell, Eva Inés (Hrsg.): Verlagsrecht Kommentar; 2. Auflage, München 2021 (zit.: Bearbeiter in: Ulmer-Eilfort/Obergfell, Verlagsrecht, Kap. Rn.)

Uwer, Dirk/van Ermingen-Marbach, Ralf: Bundesverfassungsgericht: Kein Vertraulichkeitsschutz für interne Untersuchungen? Die „Jones Day"-Entscheidungen des BVerfG und ihre Bedeutung für alle Anwältinnen und Anwälte; in: Anwaltsblatt 2018, S. 470–474 (zit.: Uwer/van Ermingen-Mahlbach Anwbl 2018, S.)

Veit, Vivien: Das Compliance-Interview – Ein Leitfaden für die Praxis; in: Zeitschrift Risk, Fraud & Compliance 2017, S. 171–178 (zit.: Veit ZRFC 2017, S.)

– dies.: Compliance und interne Ermittlungen; 2. Auflage, Heidelberg 2021 (zit.: Veit, Compliance und interne Ermittlungen, Rn.)

Verrel, Torsten: Nemo tenetur – Rekonstruktion eines Verfahrensgrundsatzes – 1. Teil; in: Neue Zeitschrift für Strafrecht 1997, S. 361–365 (zit.: Verrel NStZ 1997, S.)

– ders.: Die Selbstbelastungsfreiheit im Strafverfahren: ein Beitrag zur Konturierung eines überdehnten Verfahrensgrundsatzes; 1. Auflage, München 2001 (zit.: Verrel, Die Selbstbelastungsfreiheit im Strafverfahren, S.)

Verse, Dirk A.: Compliance im Konzern; in: Zeitschrift für das gesamte Handels- und Wirtschaftsrecht 175 (2011), S. 401–425 (zit.: Verse ZHR 175 (2011), S.)

Vogt, Volker: Compliance und Investigations – Zehn Fragen aus Sicht der arbeitsrechtlichen Praxis; in: Neue Juristische Online-Zeitschrift 2009, S. 4206–4219 (zit.: Vogt NJOZ 2009, S.)

Vogtmeier, Thomas: Arbeitnehmerdatenschutz bei internen Untersuchungen: Untersuchung zu den datenschutzrechtlichen Anforderungen an interne Untersuchungen und der Verwertung der gewonnenen Erkenntnisse im anschließenden arbeitsgerichtlichen Verfahren und Strafverfahren; 1. Auflage, Berlin 2022 (zit.: Vogtmeier, Arbeitnehmerdatenschutz bei internen Untersuchungen, S.)

Voßkuhle, Andreas/Schemmel, Jakob: Grundwissen – Öffentliches Recht: „Neue" Grundrechte; in: Juristische Schulung 2024, S. 312–316 (zit.: Voßkuhle/Schemmel JuS 2024, S.)

Vrij, Aldert/Granhag, Anders/Porter, Stephen: Pitfalls and Opportunities in Nonverbal and Verbal Lie Detection; in: Psychological Science in the Public Interest 2010, S. 89–121 (zit.: Vrij/Granhag/Porter, Psychological Science in the Public Interest 2010, S.)

Vrij, Aldert/Hartwig, Maria/Granhag, Pär Anders: Reading Lies: Nonverbal Communication and Deception; in: Annual Review of Psychology 2019, S. 295–317 (zit.: Vrij/Granhag/Porter, Psychological Science in the Public Interest 2010, S.)

Wabnitz, Heinz-Bernd/Janovsky, Thomas/Schmitt, Lothar (Hrsg.): Handbuch Wirtschafts- und Steuerstrafrecht; 6. Auflage, München 2025 (zit.: Bearbeiter in: Wabnitz/Janovsky/Schmitt, WirtschaftsStrafR Hdb, Kap. Rn.)

Wagner, Jens: „Internal Investigations“ und ihre Verankerung im Recht der AG; in: Corporate Compliance Zeitschrift 2009, S. 8–17 (zit.: Wagner CCZ 2009, S.)

– ders.: Legal Tech und Legal Robots in Unternehmen und den diese beratenden Kanzleien; in: Betriebs Berater 2017, S. 898–905 (zit.: Wagner BB 2017, S.)

Walther, Nele Luisa: Pflicht des GmbH-Geschäftsführers zur Compliance; in: Recht der Familienunternehmen 2024, S. 11–16 (zit.: Walther RFamU 2024, S.)

Wastl, Ulrich/Litzka, Philippe/Pusch, Martin: SEC-Ermittlungen in Deutschland – eine Umgehung rechtsstaatlicher Mindeststandards!; in: Neue Zeitschrift für Strafrecht 2009, S. 68–74 (zit.: Wastl/Litzka/Pusch NStZ 2009, S.)

Weber, Klaus (Hrsg.): Rechtswörterbuch; 33. Edition, München 2024 (zit.: Bearbeiter in: Weber, Rechtswörterbuch, [Stichwort])

– ders./Kornprobst, Hans/Maier, Stefan: Betäubungsmittelgesetz, Arzneimittelgesetz; Anti-Doping-Gesetz, Neue-psychoaktive-Stoffe-Gesetz; 6. Auflage, München 2021 (zit.: Bearbeiter in: Weber/Kornprobst/Maier, BtMG, § Rn.)

Weiand, Klara/Greß, Wolfgang: Stand der Technik/What’s next?; in: Compliance Berater 2025, Heft 03, Beilage, 4–8 (zit.: Weiand/Greß CB 2025, Heft 03, Beilage, S.)

Weigend, Thomas/Hoven Elisa: Der Kölner Entwurf eines Verbandssanktionengesetzes; in: Zeitschrift für Rechtspolitik 2018, S. 30–33 (zit.: Weigend/Hoven ZRP 2018, S.)

Weil, Randi: Verwendungsregelungen und Verwertungsverbote im Strafprozessrecht; 1. Auflage, Berlin 2021 (zit.: Weil, Verwendungsregelungen und Verwertungsverbote im Strafprozessrecht, S.)

Weiß, Harald/Sirakova, Kristina: Dawn Raids im digitalen Zeitalter – Für den Ernstfall gewappnet?; in: Neue Zeitschrift für Kartellrecht 2024, S. 594–603 (zit.: Weiß/Sirakova NZKart 2024, S.)

Weiß, Matthias M.: Compliance der Compliance – Strafbarkeitsrisiken bei Internal Investigations; in: Corporate Compliance Zeitschrift 2014, S. 136–139 (zit.: Weiß CCZ 2014, S.)

Wells, Joseph T.: Principles of Fraud Examination; 3. Auflage, Austin, Texas 2011 (zit.: Wells, Principles of Fraud Examination, S.)

Wendler, Axel/Hoffmann, Helmut: Technik und Taktik der Befragung: Prüfung von Angaben. Gespräche, Interviews und Vernehmungen zielorientiert vorbereiten und führen. Urteile richtig begründen, Fehler in Urteilen aufdecken. Lüge und Irrtum erkennen.; 2. Auflage, Stuttgart 2015 (zit.: Wendler/Hoffmann, Technik und Taktik der Befragung, S.)

Wenzl, Christopher: Die Datenlieferungsvereinbarung; in: Neue Zeitschrift für Strafrecht 2021, S. 395–402 (zit.: Wenzl NStZ 2021, S.)

Wessing, Jürgen: Die Rechtsstellung des Unternehmensanwalts im Strafrecht; in: Zeitschrift für Wirtschaftsstrafrecht und Haftung im Unternehmen 2012, S. 6–10 (zit.: Wessing ZWH 2012, S.)

– ders./Albrecht, Heiko: Der Zeugenbeistand; 1. Auflage, München 2013 (zit.: Wessing/Ahlbrecht, Zeugenbeistand, Rn.)

Westphalen, Graf von, Friedrich/Thüsing, Gregor/Pamp, Rüdiger (Hrsg.): Vertragsrecht und AGB-Klauselwerke; 50. EL, München 2024 (zit.: Westphalen, Graf von/Thüsing/Pamp, Vertragsrecht und AGB-Klauselwerke, Kap. Datenschutzklauseln, S. Rn.)

Weth, Stephan/Herberger, Maximilian/Wächter, Michael/Sorge, Christoph (Hrsg.): Daten- und Persönlichkeitsschutz im Arbeitsverhältnis; 2. Auflage, München 2019 (zit.: Bearbeiter in: WHWS, Kap. Rn.)

Wettner, Florian/Mann, Marius: Informationsrechte und Informationspflichten bei Internen Untersuchungen; in: Deutsches Steuerrecht 2014, S. 655–661 (zit.: Wettner/Mann DStR 2014, S.)

Wewerka, Frederike: Internal Investigations – Private Ermittlungen im Spannungsfeld von strafprozessualen Grundsätzen und Anforderungen eines globalisierten Wirtschaftsstrafverfahrens; 1. Auflage, Frankfurt am Main 2012 (zit.: Wewerka, Internal Investigations, S.)

Weyand, Carolin: Aufklärung sog. MeToo-Vorwürfe; in: Betriebs Berater 2024, S. 1016–1020 (zit.: Weyand BB 2024, S.)

Weyland, Dag (Hrsg.): Bundesrechtsanwaltsordnung; 11. Auflage, München 2024 (zit.: Bearbeiter in: Weyland, BRAO, § Rn.)

Wieland, Josef/Steinmeyer, Roland/Grüninger, Stephan (Hrsg.): Handbuch Compliance-Management – Konzeptionelle Grundlagen, praktische Erfolgsfaktoren, globale Herausforderungen; 3. Auflage, Berlin 2020 (zit.: Bearbeiter in: Wieland/Steinmeyer/Grüninger, Handbuch Compliance-Management, Teil Rn.)

Wiese, Günther/Kreutz, Peter/Oetker, Hartmut (Hrsg.): Gemeinschaftskommentar Betriebsverfassungsgesetz Band II: §§ 74–132; 12. Auflage, München 2022 (zit.: Bearbeiter in: GK-BetrVG, § Rn.)

Wilkens, Robert: Internal Investigations – Rechte und Pflichten bei der unternehmensinternen Aufklärung von Compliance-Verstößen; 1. Auflage, Baden-Baden 2020 (zit.: Wilkens, Internal Investigations, S.)

Wilmer, Rüdiger: Befragungstechniken; in: Jackmuth, Hans-Willi/de Lamboy, Christian/Zawilla, Peter (Hrsg.): Fraud Management. Der Mensch als Schlüsselfaktor gegen Wirtschaftskriminalität; 1. Auflage, Frankfurt am Main 2012, S. 785–805 (zit.: Wilmer in: Jackmuth/de Lamboy/Zawilla, Fraud Management, S.)

Wimmer, Renate: Unternehmensinterne Untersuchungen aus Sicht der Staatsanwaltschaft – Eine kritische Analyse „10 Jahre nach Siemens"; in: Zeitschrift Neue Kriminalpolitik 2016, S. 356–366 (zit.: Wimmer NK 2016, S.)

– dies.: Ermittlungsmaßnahmen gegen Konzerne: Die Regelungen der Strafprozessordnung als adäquate Ermächtigung zum Eingriff in die Grundrechte juristischer Personen?; in: Neue Zeitschrift für Wirtschafts-, Steuer- und Unternehmensstrafrecht 2017, S. 252–254 (zit.: Wimmer NZWiSt 2017, S.)

Winkler, Janine: Die steuerliche Abzugsfähigkeit von Aufwendungen für Compliance-Maßnahmen und Geldsanktionen nach dem Verbandssanktionengesetz; in: Der Betrieb 2020, S. 1363–1367 (zit.: Winkler DB 2020, S.)

Winter, Martin: Die Verantwortung des Aufsichtsrats für „Corporate Compliance"; in: Kindler, Peter (Hrsg.): Festschrift für Uwe Hüffer zum 70. Geburtstag; 1. Auflage, München 2010, S. 1103–1128 (zit.: Winter, FS Hüffer, S.)

Wirtz, Florian/Baumann, Maximilian-Konstantin: Einsatz von eDiscovery-Tools durch Unternehmen im Rahmen von internen Untersuchungen – Einstufung als Hochrisiko-KI-Systeme iSd KI-Verordnung?; in: Recht Digital 2024, S. 27–35 (zit.: Wirtz/Baumann RDi 2024, S.)

Wisskirchen, Gerlind/Glaser, Julia: Unternehmensinterne Untersuchungen (Teil I) – Eine praktische Anleitung; in: Der Betrieb 2011, S. 1392–1395 (zit.: Wisskirchen/Glaser DB 2011, S.)

– dies.: Unternehmensinterne Untersuchungen (Teil II) – Eine praktische Anleitung; in: Der Betrieb 2011, S. 1447–1452 (zit.: Wisskirchen/Glaser DB 2011, S.)

Wohlers, Wolfgang: Verwertungs-, Verwendungs- und/oder Belastungsverbote – die Rechtsfolgenseite der Lehre von den Beweisverwertungsverboten; in: Herzog, Felix/Schlothauer, Reinhold/Wohlers, Wolfgang: Rechtsstaatlicher Strafprozess und Bürgerrechte: Gedächtnisschrift für Edda Weßlau; 1. Auflage, Berlin 2016, S. 427–444 (zit.: Wohlers, FS Weßlau, S.)

Wolf, Sebastian: Die Siemens-Korruptionsaffäre – ein Überblick; in: Graeff, Peter/Schröder, Karenina/Wolf, Sebastian: Der Korruptionsfall Siemens; 1. Auflage, Baden-Baden 2009 (zit.: Wolf in: Graeff/Schröder/Wolf, Der Korruptionsfall Siemens, S.)

Wolff, Heinrich Amadeus: Selbstbelastung und Verfahrenstrennung: das Verbot des Zwangs zur aktiven Mitwirkung am eigenen Strafverfahren und seine Ausstrahlungswirkung auf die gesetzlichen Mitwirkungspflichten des Verwaltungsrechts; 1. Auflage, Berlin 1997 (zit.: Wolff, Selbstbelastung und Verfahrenstrennung, S.)

Wolter, Jürgen/Deiters, Mark (Hrsg.): Systematischer Kommentar zur Strafprozessordnung mit GVG und EMRK; Band 1: §§ 1–93 StPO; 5. Auflage, Köln 2016 (zit.: Bearbeiter in: Wolter/Deiters, SK-StPO Band 1, § Rn.)

– dies.: Systematischer Kommentar zur Strafprozessordnung mit GVG und EMRK; Band 2: §§ 94–136a StPO; 6. Auflage, Köln 2023 (zit.: Bearbeiter in: Wolter/Deiters, SK-StPO Band 2, § Rn.)

– dies.: Systematischer Kommentar zur Strafprozessordnung mit GVG und EMRK; Band 10: Art. 1–8; 5. Auflage, Köln 2017 (zit.: Bearbeiter in: Wolter/Deiters, SK-StPO Band 10, § Rn.)

Wünschelbaum, Markus: Tabula rasa im Beschäftigtendatenschutz? – EuGH setzt neue Maßstäbe: Rechtsfolgen und Handlungsoptionen – Besprechung von EuGH Urt. v. 30.3.2023 – C-34/21, NZA 2023, 487; in: Neue Zeitschrift für Arbeitsrecht 2023, S. 542–547 (zit.: Wünschelbaum NZA 2023, S.)

– ders./Sorber, Dominik: Beschäftigtendatenschutz (wieder) gescheitert? Lehren aus dem BMAS-Referentenentwurf 2024; in: Neue Zeitschrift für Arbeitsrecht 2024, S. 1540–1547 (zit.: Wünschelbaum/Sorber NZA 2024, S.)

Würdinger, Markus: Die Analogiefähigkeit von Normen; in: Archiv für die civilistische Praxis, Band 206 (2006), S. 946–979 (zit.: Würdinger AcP 206 (2006), S.)

– ders.: Ausnahmevorschriften sind analogiefähig!; in: Juristische Schulung 2008, S. 949–951 (zit.: Würdinger JuS 2008, S.)

– ders.: Ähnlichkeiten im juristischen Denken und Arbeiten; in: Althammer, Christoph/Schärtl, Christoph (Hrsg.): Dogmatik als Fundament für Forschung und Lehre Festschrift für Herbert Roth zum 70. Geburtstag; 1. Auflage, Tübingen 2021, S. 141–158 (zit.: Würdinger, FS Roth, S.)

– ders.: Die Analogieverbotsfalle bei Ausnahmevorschriften; in: Neue Juristische Wochenschrift 2023, S. 189–191 (zit.: Würdinger NJW 2023, S.)

Wybitul, Tim: E-Mail-Auswertung in der betrieblichen Praxis, Handlungsempfehlungen für Unternehmen; in: Neue Juristische Wochenschrift 2014, S. 3605–3611 (zit.: Wybitul NJW 2014, S.)

– ders./Böhm, Wolf-Tassilo: Beteiligung des Betriebsrats bei Ermittlungen durch Unternehmen; in: Recht der Arbeit 2011, S. 362–367 (zit.: Wybitul/Böhm RdA 2011, S.)

– dies.: E-Mail-Kontrollen für Compliance-Zwecke und bei internen Ermittlungen; in: Corporate Compliance Zeitschrift 2015, S. 133–138 (zit.: Wybitul/Böhm CCZ 2015, S.)

Xylander, Karl-Jörg/Kiefner, Alexander/Bahlinger, Simon: Durchsuchung und Beschlagnahme in der Sphäre des Unternehmensanwalts im Zuge von internen Ermittlungen; in: Betriebs Berater 2018, S. 2953–2956 (zit.: Xylander/Kiefner/Bahlinger BB 2018, S.)

Zapf, Daniel: Umgang mit unspezifischen Hinweisgebermeldungen; in: Compliance Berater 2021, S. 467–471 (zit.: Zapf CB 2021, S.)

Zawilla, Peter: Vorgehensweise bei Sonderuntersuchungen – Strukturiertes Delikt- und Schadensfallmanagement; in: Jackmuth, Hans-Willi/de Lamboy, Christian/Zawilla, Peter (Hrsg.): Fraud Management. Der Mensch als Schlüsselfaktor gegen Wirtschaftskriminalität; 1. Auflage, Frankfurt am Main, Wiesbaden 2012, S. 719–757 (zit.: Zawilla in: Jackmuth/de Lamboy/Zawilla, Fraud Management, S.)

Zerbes, Ingeborg: Unternehmensinterne Untersuchungen; in: Zeitschrift für die gesamte Strafrechtswissenschaft 125 (2013), S. 551–572 (zit.: Zerbes ZStW 125 (2013), S.)

– dies.: „Nemo tenetur se ipsum accusare“: Moderne Ansprüche an alte Ideen am Beispiel des Verbandsstrafrechts; in: Zeitschrift für die gesamte Strafrechtswissenschaft 129 (2017), S. 1035–1052 (zit.: Zerbes ZStW 129 (2017), S.)

– dies./El-Ghazi, Mohamad: Unternehmensstrafprozess – Überlegungen zur verfahrensrechtlichen Seite des „Kölner Entwurfs“; in: Neue Zeitschrift für Wirtschafts-, Steuer- und Unternehmensstrafrecht 2018, S. 425–432 (zit.: Zerbes/El-Ghazi NZWiSt 2018, S.)

Zeyher, Lukas: Grundsätze der Verwertbarkeit der von Privaten beschafften Beweismittel im Strafprozess; in: Juristische Arbeitsblätter 2022, S. 467–471 (zit.: Zeyher JA 2022, S.)

Zimmer, Mark/Heymann Robert C. J.: Beteiligungsrechte des Betriebsrats bei unternehmensinternen Ermittlungen; in: Betriebs Berater 2010, S. 1853–1856 (zit.: Zimmer/Heymann BB 2010, S.)

Zimmer, Mark/Weigl, Veronika: Selbstanzeige von Compliance-Verstößen; in: Corporate Compliance Zeitschrift 2019, S. 21–27 (zit.: Zimmer/Weigl CCZ 2019, S.)

Zimmermann, André/Lingscheid, Anja: Internal Investigations – Best Practice bei Interviews mit Mitarbeitern; in: Compliance Berater 2013, S. 23–27 (zit.: Zimmermann/Lingscheid CB 2013, S.)

Internetquellen

Allianz Trade, Pressemitteilung, Allianz Trade Analyse: Schäden durch kriminelle Mitarbeiter höher als durch externe Täter, in: https://www.allianz-trade.de/presse/pressemitteilungen/allianz-trade-analyse-schaeden-durch-kriminelle-mitarbeiter.html, abgerufen am 16.03.2025. (zit.: Allianz Trade, Pressemitteilung Allianz Trade Analyse: Schäden durch kriminelle Mitarbeiter höher als durch externe Täter)

Allianz Trade, Vertrauensschadenversicherung, in: https://www.allianz-trade.de/vertrauensschadenversicherung.html#was., abgerufen am 16.03.2025. (zit.: Allianz Trade, Vertrauensschadenversicherung)

Allianz Trade, Wer hat Angst vorm schwarzen Schaf?, in: https://www.allianz-trade.de/content/dam/onemarketing/aztrade/allianz-trade_de/presse/allianz-trade-analyse-innentaeter.pdf, abgerufen am 16.03.2025. (zit.: Allianz Trade, Schadensstatistik 2022, S.)

Association of Certified Fraud Examiners, Occupational Fraud 2024: A Report to the Nations, in: https://www.acfe.com/-/media/files/acfe/pdfs/rttn/2024/2024-report-to-the-nations.pdf, abgerufen am 16.03.2025. (zit.: ACFE Report to the Nations 2024, S.)

Association of Certified Fraud Examiners, Who we are, in: https://www.acfe.com/about-the-acfe/who-we-are, abgerufen am 16.03.2025. (zit.: AFCE, Who we are)

Bender, René/Holtermann, Felix/Iwersen, Sönke/Votsmeier, Volker, Jan Marsalek und der Coup des Jahrhunderts, Handelsblatt, 12.05.2022, in: https://www.handelsblatt.com/finanzen/wirecard-jan-marsalek-und-der-coup-des-jahrhunderts/26666344.html, abgerufen am 16.03.2025. (zit.: Bender/Holtermann/Iwersen/Votsmeier, Handelsblatt, Jan Marsalek und der Coup des Jahrhunderts)

Brendel, Michael/Laude, Nicolai: Volkswagen AG, Pressemitteilung „Volkswagen Aufsichtsrat macht Schadensersatzansprüche gegen Prof. Martin Winterkorn und Rupert Stadler geltend“, 26.03.2021, in: https://www.volkswagen-group.com/de/pressemitteilungen/volkswagen-aufsichtsrat-macht-schadensersatzansprueche-gegen-prof-martin-winterkorn-und-rupert-stadler-geltend-16748, abgerufen am 16.03.2025. (zit.: Brendel/Laude, Volkswagen AG, Pressemitteilung „Volkswagen Aufsichtsrat macht Schadensersatzansprüche gegen Prof. Martin Winterkorn und Rupert Stadler geltend“)

Budras, Corinna, Frankfurter Allgemeine, 09.06.2021, Skandale ohne Folgen, in: https://www.faz.net/aktuell/wirtschaft/koalition-beerdigt-gesetz-zu-unternehmenssanktionen-17381080.html, abgerufen am 16.03.2025. (zit.: Budras, FAZ, Skandale ohne Folgen)

Bundeskriminalamt, Korruption Bundeslagebild 2022, in: https://www.bka.de/SharedDocs/Downloads/DE/Publikationen/JahresberichteUndLagebilder/Korruption/korruptionBundeslagebild2022.html?nn=28078, abgerufen am 16.03.2025. (zit.: Bundeskriminalamt, Bundeslagebild Korruption 2022, S.)

Bundeskriminalamt, Wirtschaftskriminalität Bundeslagebild 2022, in: https://www.bka.de/SharedDocs/Downloads/DE/Publikationen/JahresberichteUndLagebilder/Wirtschaftskriminalitaet/wirtschaftskriminalitaetBundeslagebild2022.pdf?__blob=publicationFile&v=2, abgerufen am 16.03.2025. (zit.: Bundeskriminalamt, Bundeslagebild Wirtschaftskriminalität 2022, S.)

Bundeskriminalamt, Wirtschaftskriminalität Bundeslagebild 2023, in: https://www.bka.de/SharedDocs/Downloads/DE/Publikationen/JahresberichteUndLagebilder/Wirtschaftskriminalitaet/wirtschaftskriminalitaetBundeslagebild2023.pdf?__blob=publicationFile&v=3, abgerufen am 16.03.2025. (zit.: Bundeskriminalamt, Bundeslagebild Wirtschaftskriminalität 2023, S.)

Bundesrechtsanwaltskammer, Organisation, in: https://www.brak.de/die-brak/organisation, abgerufen am 16.03.2025. (zit.: BRAK, Organisation)

Bundesrechtsanwaltskammer, Stellungnahme Nr. 35, November 2010: Thesen der Bundesrechtsanwaltskammer zum Unternehmensanwalt im Strafrecht, in: https://www.brak.de/fileadmin/05_zur_rechtspolitik/stellungnahmen-pdf/stellungnahmen-deutschland/2010/stellungnahme-der-brak-2010-35.pdf, abgerufen am 16.03.2025. (zit.: BRAK, Stellungnahme Nr. 35/2010, S.)

Bundesrechtsanwaltskammer, Stellungnahme Nr. 33, Juli 2020: Zum Regierungsentwurf eines Gesetzes zur Stärkung der Integrität in der Wirtschaft, in: https://www.brak.de/fileadmin/05_zur_rechtspolitik/stellungnahmen-pdf/stellungnahmen-deutschland/2020/juli/stellungnahme-der-brak-2020-33.pdf, abgerufen am 16.03.2025. (zit.: BRAK, Stellungnahme Nr. 33/2020, S.)

Bundesverband der Unternehmensjuristen e. V., Gesetzgebungsvorschlag für eine Änderung der §§ 30, 130 des Ordnungswidrigkeitengesetzes (OWiG), nicht mehr online verfügbar (zit.: BUJ, Gesetzgebungsvorschlag OWiG, S.)

Buschmann, Marco: Beitrag auf X, 13.03.2024, in: https://twitter.com/MarcoBuschmann/status/1767885852191920292, abgerufen am 16.03.2025. (zit.: Marco Buschmann Beitrag auf X, 13.03.2024)

Continental AG, Pressemitteilung 25.04.2024, Continental zieht Schlussstrich unter Bußgeldverfahren, in: https://www.continental.com/de/presse/pressemitteilungen/20240425-konzern/, abgerufen am 16.03.2025. (zit.: Continentale AG, Pressemitteilung)

Datenschutzkonferenz, Konferenz der unabhängigen Datenschutzbehörden des Bundes und der Länder: Orientierungshilfe der Datenschutzaufsichtsbehörden zur datenschutzgerechten Nutzung von E-Mails und anderen Internetdiensten am Arbeitsplatz, in: https://www.datenschutzkonferenz-online.de/media/oh/201601_oh_email_und_internetdienste.pdf, abgerufen am

16.03.2025. (zit.: DSK, Orientierungshilfe E-Mails und anderen Internetdiensten am Arbeitsplatz, S.)

Deutsche Bischofskonferenz: Katholische Kirche in Deutschland, Zahlen und Fakten 2022/2023, Arbeitshilfe Nr. 339, in: https://www.dbk.de/fileadmin/redaktion/Zahlen%20und%20Fakten/Kirchliche%20Statistik/Allgemein_-_Zahlen_und_Fakten/AH-339_DBK_BRO_ZuF_2022-2023_WEB.pdf, abgerufen am 16.03.2025. (zit.: Sekretariat der Deutschen Bischofskonferenz, Arbeitshilfe Nr. 339, S.)

Deutsche Bischofskonferenz: Katholische Kirchensteuer im gesamten Bundesgebiet, in: https://www.dbk.de/fileadmin/redaktion/Zahlen%20und%20Fakten/Kirchensteuer/Kirchensteuer%20im%20gesamten%20Bundesgebiet/2000-2023_Tabelle_Kirchensteueraufkommen_inflationsbeinigt.pdf, abgerufen am 16.03.2025. (zit.: DBK, Katholische Kirchensteuer im gesamten Bundesgebiet 1991–2023, S.)

Deutsches Institut für Compliance e. V., Compliance-Anreiz-Gesetz 2016, in: https://www.dico-ev.de/wp-content/uploads/2016/10/CompAG_21_07_2014.pdf, abgerufen am 20.08.2024. (zit.: DICO e. V., Compliance-Anreiz-Gesetz 2016, S.)

Deutsches Institut für Compliance e. V., Pressemitteilung DICO zur Verabschiedung des Gesetzes für einen besseren Schutz hinweisgebender Personen sowie zur Umsetzung der Richtlinie zum Schutz von Personen, die Verstöße gegen das Unionsrecht melden (Hinweisgeberschutzgesetz – HinSchG), in: https://www.dico-ev.de/wp-content/uploads/2023/05/Pressemitteilung-DICO_Hinweisgeberschutzgesetz_12052023.pdf, abgerufen am 16.03.2025. (zit.: DICO e. V., Pressemitteilung Hinweisgeberschutzgesetz, S.)

Deutsches Institut für Compliance e. V., Studie „Interne Untersuchungen in Deutschland – 2022“, in: https://www.dico-ev.de/wp-content/uploads/2022/11/DICO-Studie_InterneUntersuchungeninDeutschland-2022.pdf, abgerufen am 16.03.2025. (zit.: DICO e. V., Studie „Interne Untersuchungen in Deutschland – 2022“, S.)

Deutsches Institut für Interne Revision e. V., DIIR Revisionsstandard Nr. 5, Standard zur Prüfung des Anti-Fraud-Management-Systems durch die Interne Revision, in: https://www.diir.de/content/uploads/2023/09/Revisionsstandard_Nr_5_deutsch_V1.1.pdf, abgerufen am 16.03.2025 (zit.: DIIR Revisionsstandard Nr. 5, S.)

Evangelische Kirche Deutschland, Kirchensteuerstatistik 2023, in: https://www.ekd.de/ekd_de/ds_doc/Steuerstatistik_Bericht_2023.pdf; abgerufen am 16.03.2025. (zit.: EKD, Kirchensteuerstatistik 2023, S.)

Evangelische Kirche Deutschland, Stellungnahme zum Referentenentwurf 12.06.2020, in: https://www.bmj.de/SharedDocs/Downloads/DE/Gesetzgebung/Stellungnahmen/2020/06122020_Stellungnahme_EKD_RegE_Integritaet-Wirtschaft.pdf?__blob=publicationFile&v=3, abgerufen am 16.03.2025. (zit.: Evangelische Kirche Deutschland, Stellungnahme VerSanG-RefE, S.)

Gode, Solveig, Business Insider, Die Siemens-Korruptionsaffäre: der größte Schmiergeld-Skandal der deutschen Nachkriegsgeschichte, 13.10.2021, in: https://www.businessinsider.de/bi/macht-millionen-podcast-20-siemens-korruptionsaffare-schmiergeld/; abgerufen am 16.03.2025. (zit.: Gode, Business Insider, Die Siemens-Korruptionsaffäre: der größte Schmiergeld-Skandal der deutschen Nachkriegsgeschichte)

Hoven, Elisa/Kubiciel, Michael: Stellungnahme zum Antrag „Deutschland braucht endlich ein Unternehmensstrafrecht" der Fraktion der SPD im Landtag von Nordrheinwestfalen, in: https://www.landtag.nrw.de/portal/WWW/dokumentenarchiv/Dokument/MMST17-89.pdf, abgerufen am 16.03.2025. (Hoven/Kubiciel, Stellungnahme zum Antrag „Deutschland braucht endlich ein Unternehmensstrafrecht", S.)

International Auditing and Assurance Standards Board: Proposed International Standard on Auditing 240 (Revised): The Auditor's Responsibilities Relating to Fraud in an Audit of Financial Statements, in: https://ifacweb.blob.core.windows.net/publicfiles/2024-02/IAASB-Exposure-Draft-Proposed-ISA-240-Revised-Fraud.pdf, abgerufen am 16.03.2025. (zit.: IAASB, Proposed International Standard on Auditing 240 (Revised), S. Nr.)

Land Nordrhein-Westfalen, Gesetzesantrag, Entwurf eines Gesetzes zur Einführung der strafrechtlichen Verantwortlichkeit von Unternehmen und sonstigen Verbänden 2013, in: https://www.landtag.nrw.de/portal/WWW/dokumentenarchiv/Dokument/MMI16-127.pdf, abgerufen am 16.03.2025. (zit.: Justizministerium des Landes NRW, Gesetzesentwurf VerbStrG-E, S.)

Landesbeauftragter für den Datenschutz Baden-Württemberg: Dienstliche und private E-Mail- und Internet-Nutzung am Arbeitsplatz, in: https://www.baden-wuerttemberg.datenschutz.de/wp-content/uploads/2013/03/Dienstliche-und-private-E-Mail-und-Internet-Nutzung-am-Arbeitsplatz.pdf, abgerufen am 16.03.2025. (zit.: Landesbeauftragter Datenschutz Baden-Württemberg, Dienstliche und private E-Mail- und Internet-Nutzung am Arbeitsplatz, S.)

Landesbeauftragte für den Datenschutz Niedersachsen, FAQ Telekommunikation-Digitale-Dienste-Datenschutzgesetz (TDDDG), in: https://www.lfd.niedersachsen.de/startseite/infothek/faqs_zur_ds_gvo/faq-telekommunikation-digitale-dienste-datenschutzgesetz-tdddg-206449.html, abgerufen am: 16.03.2025. (zit.: Landesbeauftragte Datenschutz Niedersachsen, FAQ TDDDG)

Langer, Marie-Astrid, Ein historisches Urteil für die #MeToo-Bewegung, Neue Zürcher Zeitung 2020, in: https://www.nzz.ch/panorama/urteil-gegen-harvey-weinstein-ld.1545842, abgerufen am 16.03.2025. (zit.: Langer, NZZ, Ein historisches Urteil für die #MeToo-Bewegung)

Müller, Edda, Eröffnungsrede zur Konferenz – „Strafverfolgung der Korruption“, S. 3-6, in: Transparency International/Friedrich Ebert Stiftung, Strafverfolgung der Korruption, 2012 https://www.transparency.de/fileadmin/Redaktion/Publikationen/2012/12-12-04-Dokumenation_Strafverfolgung-Korruption2012.pdf; abgerufen am 16.03.2025. (zit.: Müller, Transparency International Deutschland e. V., Korruptionsbekämpfung in Deutschland, S. 2 f.)

o. V., Der Spiegel, Volkswagen – Dirty Diesel – die Chronik der Ereignisse im VW-Abgasskandal, 21.06.2016, in: https://www.spiegel.de/fotostrecke/die-chronik-der-ereignisse-im-vw-abgasskandal-fotostrecke-138546.html, abgerufen am 16.03.2025. (zit.: o. V., Der Spiegel, Volkswagen – Dirty Diesel – die Chronik der Ereignisse im VW-Abgasskandal)

o. V., Die Welt, Wie VW die Dieselgate-Drahtzieher finden will, 08.04.2016, in: https://www.welt.de/wirtschaft/article154157728/Wie-VW-die-Dieselgate-Drahtzieher-finden-will.html, abgerufen am 16.03.2025. (zit.: o. V., Die Welt, Wie VW die Dieselgate-Drahtzieher finden will)

o. V., Duden, Definition Whistleblower, in: www.duden.de/rechtschreibung/Whistleblower, abgerufen am 16.03.2025. (zit.: o. V., Duden, Definition Whistleblower)

o. V., Duden, Synonym Wesentlich, in: www.duden.de/synonyme/wesentlich, abgerufen am 16.03.2025. (zit.: o. V., Duden, Synonym Wesentlich)

o. V., Electronic Discovery Reference Model, Current EDRM Model, in: https://edrm.net/wiki/edrm-model, abgerufen am 16.03.2025. (zit.: EDRM, Current EDRM Model)

o. V., Electronic Discovery Reference Model, EDRM Identification Guide, in: https://edrm.net/resources/frameworks-and-standards/edrm-model/identification, abgerufen am 16.03.2025. (zit.: EDRM, EDRM Identification Guide)

o. V., Electronic Discovery Reference Model, EDRM-Modell, in: https://edrm.net/wiki/edrm-model/, abgerufen am 16.03.2025. (zit.: EDRM, EDRM-Modell)

o. V., Electronic Discovery Reference Model, Information Governance Reference Model, in: https://edrm.net/resources/frameworks-and-standards/information-governance-reference-model/, abgerufen 16.03.2025. (zit.: EDRM, Information Governance Reference Model)

o. V., Manager-Magazin, Ex-Vorstände zahlen 288 Millionen Euro an Volkswagen, 09.06.2021, in: https://www.manager-magazin.de/unternehmen/autoindustrie/volkswagen-martin-winterkorn-zahlt-11-2-millionen-euro-schadensersatz-a-a615f546-d512-4183-af77-22c70a7c4458, abgerufen am 16.03.2025. (zit.: o. V., Manager-Magazin, Ex-Vorstände zahlen 288 Millionen Euro an Volkswagen)

o. V., Neue Zürcher Zeitung, Der Fall Harvey Weinstein: Staatsanwaltschaft geht von mehr aussagenden Opfern in neuem Prozess aus, 29.05.2024, in: https://www.nzz.ch/panorama/harvey-weinstein-die-neusten-entwicklungen-ld.1532074, abgerufen am 16.03.2025. (zit.: o. V., NZZ, Der Fall Harvey Weinstein)

o. V., Stanford Law School Conferences, in: https://conferences.law.stanford.edu/vcs/wp-content/uploads/sites/11/2017/11/Uber-Report.pdf, abgerufen am16.03.2025. (zit.: o. V. Stanford Law School Conferences, S.)

o. V., Tagesschau, in: https://www.tagesschau.de/wirtschaft/unternehmen/abgas-skandal-dieselskandal-continental-bussgeld-vw-dieselgate-100.html, abgerufen am 15.03.2025. (zit.: o. V. Tagesschau, Continental muss 100 Millionen Euro Bußgeld zahlen)

o. V., The New York Times, Uber Report: Eric Holder's Recommendations for Change, 13.06.2017, in: https://www.nytimes.com/2017/06/13/technology/uber-report-eric-holders-recommendations-for-change.html, abgerufen am 16.03.2025. (zit.: o. V., The New York Times, Uber Report: Eric Holder's Recommendations for Change)

o. V., Zeit Online, Razzia bei Volkswagen und Continental, 01.07.2020, in: https://www.zeit.de/wirtschaft/2020-07/dieselskandal-continental-durchsuchungen-vw-abschaltsysteme-abgasreinigung, abgerufen am 16.03.2025. (zit.: o. V., Zeit Online, Razzia bei Volkswagen und Continental)

Regierungskommission, Deutscher Corporate Governance Kodex, Stand 28.04.2022, in: https://www.dcgk.de//files/dcgk/usercontent/de/download/kodex/220627_Deutscher_Corporate_Governance_Kodex_2022.pdf, abgerufen am 16.03.2025. (zit.: Regierungskommission, DCGK 2022, Grundsatz, S.)

Rosenthal, David: Praxishandbuch für interne Untersuchungen und eDiscovery,; 1. Auflage 2021 Zürich/Bern, in: https://www.rosenthal.ch/downloads/Rosenthal_Handbuch_f%C3%BCr_interne_Untersuchungen_Release_1.01.pdf, abgerufen am 16.03.2025. (zit.: Rosenthal, Praxishandbuch für interne Untersuchungen und eDiscovery, S.)

Schiffner, Christiane, Juve, Internationale Kanzleien nicht vom Grundgesetz geschützt, 06.07.2018, in: https://www.juve.de/verfahren/jones-day-urteil-internationale-kanzleien-nicht-vom-grundgesetz-geschuetzt/#:~:text=Die%20Verfassungsbeschwerde%20von%20Jones%20Day,Auswirkungen%20des%20Urteils%20f%C3%BCr%20VW, abgerufen am 16.03.2025. (zit.: Schiffner, Internationale Kanzleien nicht vom Grundgesetz geschützt, www.juve.de)

Siemens AG, Pressemitteilung, Erklärung der Siemens AG: Siemens AG erzielt Einigung mit Behörden in Deutschland und den USA, 15.12.2008, in: https://assets.new.siemens.com/siemens/assets/api/uuid:ae9be71c-1932-4fb6-95dea83b0e744170/axx20081219d.pdf, abgerufen am 16.03.2025. (zit.: Siemens AG, Pressemitteilung: Einigung mit Behörden, 15.12.2008, S.)

Siemens AG, Pressemitteilung, Erklärung der Siemens AG: Zusammenfassung der Erkenntnisse anlässlich des heutigen Abschlusses der Verfahren in München und in den USA, 15.12.2008, in: https://assets.new.siemens.com/siemens/assets/api/uuid:3939b6e0-b20a-435e-bc19-be9d014a5b01/summary-d.pdf, abgerufen am 16.03.2025. (zit.: Siemens AG, Pressemitteilung: Zusammenfassung der Erkenntnisse, 15.12.2008, S.)

Solon, Olivia in: The Guardian, Uber fires more than 20 employees after sexual harassment investigation, 07.06.2017, in: https://www.theguardian.com/technology/2017/jun/06/uber-fires-employees-sexual-harassment-investigation, abgerufen am 16.03.2025. (zit.: Solon, The Guardian, Uber fires more than 20 employees after sexual harassment investigation)

Staatsanwaltschaft Hannover, Unternehmensgeldbuße in Höhe von 100 Millionen Euro gegen Continental verhängt, 25.04.2024, in: https://staatsanwaltschaft-hannover.niedersachsen.de/startseite/aktuelles/presseinformationen/unternehmensgeldbusse-in-hohe-von-100-millionen-euro-gegen-continental-verhangt-231591.html, abgerufen am 09.06.2025 (zit.: Staatsanwaltschaft Hannover, Pressemitteilung 25.04.2024)

Staatsanwaltschaft Stuttgart, Bosch muss Bußgeld zahlen, 23.05.2019, in: https://staatsanwaltschaft-stuttgart.justiz-bw.de/pb/,Lde/Startseite/Presse/Bussgeld+Bosch/?LISTPAGE=5675643#:~:text=Bosch%20muss%20Bu%C3%9Fgeld%20zahlen&text=Kurzbeschreibung%3A%20Die%20Staatsanwaltschaft%20Stuttgart%20hat,von%2090%20Millionen%20Euro%20verh%C3%A4ngt., abgerufen am 16.03.2025. (zit.: Staatsanwaltschaft Stuttgart, Pressemitteilung 23.05.2019)

Staatsanwaltschaft Stuttgart, Daimler muss Bußgeld zahlen, 24.09.2019, in: https://staatsanwaltschaft-stuttgart.justiz-bw.de/pb/,Lde/Startseite/Presse/Daimler+muss+Bussgeld+bezahlen/?LISTPAGE=5675643, abgerufen am 16.03.2025. (zit.: Staatsanwaltschaft Stuttgart, Pressemitteilung 24.09.2019)

Swinkels, Stephan C., Littler Mendelson, P.C., Pressemitteilung vom 12.11.2018, New Littler Research Reveals 79 % of European Employers are Taking Action to Reduce Risks of Sexual Harassment, in: https://www.littler.com/publication-press/press/new-littler-research-reveals-79-european-employers-are-taking-action-reduce, abgerufen am 16.03.2025. (zit.: Swinkels, Littler Mendelson, P.C., Pressemitteilung New Littler Research, 12.11.2018)

The White House, Pausing Foreign Corrupt Practices Act Enforcement to Further American Economic and National Security, vom 10.02.2025, in: https://www.whitehouse.gov/presidential-actions/2025/02/pausing-foreign-corrupt-practices-act-enforcement-to-further-american-economic-and-national-security/, abgerufen am 10.04.2025. (zit.: The White House, Pausing

Foreign Corrupt Practices Act Enforcement to Further American Economic and National Security)

Tyborski, Roman/Votsmeier, Volker, Continental muss 150 Millionen für die Aufarbeitung zahlen, Handelsblatt, 16.09.2024, in: https://www.handelsblatt.com/unternehmen/industrie/dieselskandal-continental-muss-150-millionen-fuer-die-aufarbeitung-zahlen/100061146.html?paymentupdate=undefined&_gl=1*199d8aq*_gcl_au*MTk4NzIzODQwMi4xNzM2NjcyOTYw, abgerufen am 16.03.2025. (zit.: Tyborski/Votsmeier, Handelsblatt, Continental muss 150 Millionen für die Aufarbeitung zahlen)

United States Department of Justice, 9-47.120 – Criminal Division Corporate Enforcement and Voluntary Self-Disclosure Policy (Stand: November 2024), in: https://www.justice.gov/media/1268756/dl?inline, abgerufen am 16.03.2025. (zit.: U.S. Department of Justice, 9-47.120, S.)

United States Department of Justice, A Resource Guide to the U.S. Foreign Corrupt Practices Act Second Edition, in: https://www.justice.gov/criminal/criminal-fraud/file/1292051/dl, abgerufen am 16.03.2025. (zit.: U.S. Department of Justice, A Resource Guide to the U.S. Foreign Corrupt Practices Act, S.)

United States Department of Justice, Department's Sentencing Memorandum 12.12.2008, in: (https://www.justice.gov/archive/opa/documents/siemens-sentencing-memo.pdf, abgerufen am 16.03.2025. (zit.: U.S. Department of Justice, Department's Sentencing Memorandum, 12.12.2008, S.)

United States Department of Justice, Office of Public Affairs, Speech Assistant Attorney General Kenneth A. Polite, Jr. Delivers Remarks on Revisions to the Criminal Division's Corporate Enforcement Policy, 17.01.2023, in: https://www.justice.gov/opa/speech/assistant-attorney-general-kenneth-polite-jr-delivers-remarks-georgetown-university-law#:~:text=The%20policy%20is%20sending%20an,repeatedly%20emphasized%20%E2%80%93%20is%20individual%20accountability, abgerufen am 16.03.2025. (zit.: U.S. Department of Justice, Office of Public Affairs, Speech Assistant Attorney General Kenneth A. Polite, Jr., 17.01.2023)

United States Department of Justice, Office of Public Affairs, Speech Deputy Attorney General Lisa O. Monaco Delivers Remarks on Corporate Criminal Enforcement, 15.09.2022, in: https://www.justice.gov/opa/speech/deputy-attorney-general-lisa-o-monaco-delivers-remarks-corporate-criminal-enforcement, abgerufen am 16.03.2025. (zit.: U.S. Department of Justice, Office of Public Affairs, Speech Deputy Attorney General Lisa O. Monaco, 15.09.2022)

United States Department of Justice, Press Release, SAP to Pay Over $220M to Resolve Foreign Bribery Investigations, in: https://www.justice.gov/opa/pr/sap-pay-over-220m-resolve-foreign-bribery-investigations, abgerufen am

16.03.2025. (zit.: U. S. Department of Justice, Press Release, SAP to Pay Over $220M to Resolve Foreign Bribery Investigations)

United States District Court for the District of Columbia, District of Columbia Circuit, In re Sealed Case, 676 F.2d 793 (D. C. Cir. 1982), in: https://casetext.com/case/in-re-sealed-case-65, abgerufen am 16.03.20259.08.2024. (zit.: U. S. District Court for the District of Columbia, In re Sealed Case, 676 F.2d 793 (D. C. Cir. 1982) Rn.)

United States General Accounting Office, Impact of Foreign Corruption Practices Act of U. S. Business, in: https://gao.gov/assets/afmd-81-34.pdf; abgerufen am 16.03.2025. (zit.: U. S. General Accounting Office, Impact of Foreign Corruption Practices Act of U. S. Business, S.)

Wells, Joseph, Ten Steps to a Top-Notch Interview, Journal of Accountancy 2002, in: https://www.journalofaccountancy.com/issues/2002/nov/tensteps-toatopnotchinterview.html, abgerufen am 16.03.2025. (zit.: Wells JofA 2002)

Wimmer, Renate: Internal Investigations (Siemens), S. 27–37, in: Transparency International/Friedrich Ebert Stiftung, Strafverfolgung der Korruption, 2012: https://www.transparency.de/fileadmin/Redaktion/Publikationen/2012/12-12-04-Dokumenation_StrafverfolgungKorruption2012.pdf; abgerufen am 16.03.2025. (zit.: Wimmer in: Transparency International/Friedrich Ebert Stiftung, Strafverfolgung der Korruption, 2012, S.)

Sonstige Quellen

Amtsblatt der Europäischen Union: Mitteilungen und Bekanntmachungen – Charta der Grundrechte der Europäischen Union C303 14.12.2007, in: https://eur-lex.europa.eu/legal-content/DE/TXT/PDF/?uri=OJ:C:2007:303:FULL&from=D, abgerufen am 16.03.2025. (zit.: Amtsblatt der Europäischen Union C303 14.12.2007, S.)

Bundesanzeiger Verlag, Bundesgesetzblatt Teil I, G 5702 2013 Nr. 28, in: https://www.bgbl.de/xaver/bgbl/start.xav?startbk=Bundesanzeiger_BGBl&start=//*%5b@attr_id=%27bgbl113s1738.pdf%27%5d#__bgbl__%2F%2F*%5B%40attr_id%3D%27bgbl113028.pdf%27%5D__1691176598553, abgerufen am 16.03.2025. (zit.: BGBl. I 2013, S. (ab S. 1481))

Bundesanzeiger Verlag, Bundesgesetzblatt Teil I, G 5702 2013 Nr. 32, in: https://www.bgbl.de/xaver/bgbl/start.xav?startbk=Bundesanzeiger_BGBl&start=//*%5b@attr_id=%27bgbl113s1738.pdf%27%5d#__bgbl__%2F%2F*%5B%40attr_id%3D%27bgbl113032.pdf%27%5D__1664700100501, abgerufen am 16.03.2025. (zit.: BGBl. I 2013, S. (ab S. 1737))

Bundesanzeiger Verlag, Bundesgesetzblatt Teil I, 2015 Nr. 55, in: https://www.bgbl.de/xaver/bgbl/start.xav#__bgbl__%2F%2F*%5B%40attr_id%3D%27bgbl115s2517.pdf%27%5D__1691177185955, abgerufen am 16.03.2025. (zit.: BGBl. I 2015, S.)

Bundesanzeiger Verlag, Bundesgesetzblatt Teil II, Z 1998 A 1973 Nr. 60, Gesetz zu dem Internationalen Pakt vom 19. Dezember 1966 über bürgerliche und politische Rechte, in: https://www.bgbl.de/xaver/bgbl/start.xav?start=%2F%2F*%5B%40attr_id%3D%27bgbl273s1533.pdf%27%5D#__bgbl__%2F%2F*%5B%40attr_id%3D%27bgbl273s1533.pdf%27%5D__1691176917118, abgerufen am 16.03.2025. (zit.: BGBl. II 1973, S.)

Bundesanzeiger Verlag, Bundesgesetzblatt Teil II, 1990, Gesetz zu dem VN-Übereinkommen vom 10. Dezember 1984 gegen Folter und andere grausame, unmenschliche oder erniedrigende Behandlung oder Strafe, in: https://www.bgbl.de/xaver/bgbl/start.xav#__bgbl__%2F%2F*%5B%40attr_id%3D%27bgbl290s0246.pdf%27%5D__1724234539462, abgerufen am 16.03.2025. (zit.: BGBl. II 1990, S.)

Bundesministerium der Justiz, Artikel im Handelsblatt, „Moskau an Kosten des Wiederaufbaus beteiligen“, in: https://www.bmj.de/SharedDocs/Interviews/DE/2022/0527_Handelsblatt.html, abgerufen am 16.03.2025. (zit.: BMJ, Interview Handelsblatt mit Bundesjustizminister Buschmann vom 27.05.2022)

Bundesministerium der Justiz, Eckpunkte des Bundesministeriums der Justiz zur Modernisierung des Strafgesetzbuchs, November 2023, in: https://www.

bmj.de/SharedDocs/Downloads/DE/Gesetzgebung/Eckpunkte/1123_Eckpunkte_Modernisierung_Strafrecht.pdf?__blob=publicationFile&v=3, abgerufen am 16.03.2025. (zit.: BMJ, Eckpunktepapier zur Modernisierung des Strafgesetzbuchs, November 2023)

Bundesministerium der Justiz, Gesetzentwurf der Bundesregierung, Entwurf eines Vierten Gesetzes zur Entlastung der Bürgerinnen und Bürger, der Wirtschaft sowie der Verwaltung von Bürokratie, in: https://www.bmj.de/SharedDocs/Downloads/DE/Gesetzgebung/RegE/RegE_BEG_IV.pdf?__blob=publicationFile&v=2, abgerufen am 16.03.2025. (zit.: BMJ, Viertes Bürokratieentlastungsgesetz RegE 13.03.2024, S.)

Bundesministerium der Justiz, Regierungsentwurf, Entwurf eines Gesetzes zur Regelung des Einsatzes von Verdeckten Ermittlern und Vertrauenspersonen sowie zur Tatprovokation, in: https://www.bmj.de/SharedDocs/Downloads/DE/Gesetzgebung/RegE/RegE_V-Personen.pdf?__blob=publicationFile&v=2, abgerufen am 16.03.2025. (zit.: BMJ, Regierungsentwurf zum Einsatz von Vertrauenspersonen, S.)

Bundesministerium der Justiz, Übersicht der laufenden Gesetzgebungsverfahren, in: https://www.bmj.de/DE/service/gesetzgebung/gesetzgebung_node.html, abgerufen am 20.08.2024. (zit.: BMJ, Übersicht der laufenden Gesetzgebungsverfahren)

Bundesministerium der Justiz und Verbraucherschutz, Fragen und Antworten zum Gesetzesentwurf zur Stärkung der Integrität in der Wirtschaft vom 16.06.2020, in: https://www.bmj.de/SharedDocs/Downloads/DE/Themen/Nav_Themen/FAQ_Integritaet_Wirtschaft.pdf?__blob=publicationFile&v=3; abgerufen am 16.03.2025. (zit.: BMJV, Fragen und Antworten zum Gesetzentwurf zur Stärkung der Integrität in der Wirtschaft, S.)

Bundesministerium der Justiz und Verbraucherschutz, Referentenentwurf: Entwurf eines Gesetzes zur Stärkung der Integrität in der Wirtschaft vom 15.08.2019, in: https://www.steuerberater-center.de/media/VerSanG_RefE.pdf; abgerufen am 16.03.2025. (zit.: BMJV, VerSanG Referentenentwurf 2019, S.)

Bundesministerium der Justiz und Verbraucherschutz, Referentenentwurf: Entwurf eines Gesetzes zur Stärkung der Integrität in der Wirtschaft vom 20.04.2020, in: https://www.bmj.de/SharedDocs/Downloads/DE/Gesetzgebung/RefE/RefE_Staerkung_Integritaet_Wirtschaft.pdf?__blob=publicationFile&v=3, abgerufen am 16.03.2025. (zit.: BMJV, VerSanG Referentenentwurf 2020, S.)

Bundesministerium der Justiz und Verbraucherschutz, Regierungsentwurf: Entwurf eines Gesetzes zur Stärkung der Integrität in der Wirtschaft vom 16.06.2020, in: https://www.bmj.de/SharedDocs/Downloads/DE/Gesetzgebung/RegE/RegE_Staerkung_Integritaet_Wirtschaft.pdf?__blob=publication-

File&v=3, abgerufen am 16.03.2025. (zit.: BMJV, VerSanG Regierungsentwurf 2020, S.)

Bundesministerium der Justiz und Verbraucherschutz, Stellungnahmen zum Referentenentwurf, in: https://www.bmj.de/SharedDocs/Gesetzgebungsverfahren/DE/2020_Staerkung_Integritaet_Wirtschaft.html?nn=17134, abgerufen am 16.03.2025. (zit.: BMJV, Stellungnahmen zum Referentenentwurf)

Bundesministerium für Wirtschaft und Klimaschutz, Wirtschaftsbranchen Automobilindustrie, in: https://www.bmwk.de/Redaktion/DE/Textsammlungen/Branchenfokus/Industrie/branchenfokus-automobilindustrie.html, abgerufen am 16.03.2025. (zit.: Bundesministerium für Wirtschaft und Klimaschutz, Wirtschaftsbranchen Automobilindustrie)

Bundesrat, Beschluss vom 18.09.2020, TOP 46, in: https://www.bundesrat.de/DE/plenum/bundesrat-kompakt/20/993/993-node.html, abgerufen am 16.03.2025. (zit.: Bundesrat, Beschluss vom 18.09.2020, TOP 46)

Bundesrat, Drucksache 1/92, Entwurf einer Insolvenzordnung (InsO), 03.01.1992, in: https://dserver.bundestag.de/brd/1992/D1+92.pdf, abgerufen am 16.03.2025. (zit.: BR-Drs. 1/92, S.)

Bundesrat, Drucksache 440/20 (Beschluss) vom 18.09.2020: Stellungnahme des Bundesrates Entwurf eines Gesetzes zur Stärkung der Integrität in der Wirtschaft, in: https://www.bundesrat.de/SharedDocs/drucksachen/2020/0401-0500/440-20(B).pdf?__blob=publicationFile&v=1, abgerufen am 16.03.2025. (zit.: BR-Drs. 440/20 S.)

Bundesrat, Empfehlung der Ausschüsse zu Punkt… der der 993. Sitzung des Bundesrates am Entwurf eines Gesetzes zur Stärkung der Integrität in der Wirtschaft, 08.09.2020, 440/1/20, in: https://www.bundesrat.de/SharedDocs/drucksachen/2020/0401-0500/440-1-20.pdf?__blob=publicationFile&v=1, abgerufen am 16.03.2025. (zit.: BR-Drs. 440/1/20 S.)

Deutscher Bundestag, Drucksache I/3713, Entwurf eines Dritten Strafrechtsänderungsgesetzes (Strafrechtsbereinigungsgesetz), 29.09.1952, in: https://dserver.bundestag.de/btd/01/037/0103713.pdf, abgerufen am 16.03.2025. (zit.: BT-Drs. I/3713, S.)

Deutscher Bundestag, Drucksache V/1269, Entwurf eines Gesetzes über Ordnungswidrigkeiten (OWiG), 08.01.1967, in: https://dserver.bundestag.de/btd/05/012/0501269.pdf, abgerufen am 16.03.2025. (zit.: BT-Drs. V/1269, S.)

Deutscher Bundestag, Drucksacke 12/2443, Gesetzentwurf der Bundesregierung – Entwurf eines Gesetzes über Ordnungswidrigkeiten (OWiG), 15.04.1992, in: https://dserver.bundestag.de/btd/12/024/1202443.pdf, abgerufen am 16.03.2025. (zit.: BT-Drs. 12/2443, S.)

Deutscher Bundestag, Drucksache 12/7302, Beschlußempfehlung und Bericht zu dem Gesetzentwurf der Bundesregierung. Entwurf einer Insolvenzordnung

(InsO), 19.04.1994, in: https://dserver.bundestag.de/btd/12/073/1207302.pdf, abgerufen am 16.03.2025. (zit.: BT-Drs. 12/7302, S.)

Deutscher Bundestag, Drucksache 15/2466, Entwurf eines … Strafrechtsänderungsgesetzes – § 201a StGB (… StrÄndG), 10.02.2004, in: https://dserver.bundestag.de/btd/15/024/1502466.pdf, 10.02.2004, abgerufen am 15.03.2025. (zit.: BT-Drs. 15/2466, S.)

Deutscher Bundestag, Drucksache 16/5846, Gesetzentwurf der Bundesregierung – Entwurf eines Gesetzes zur Neuregelung der Telekommunikationsüberwachung und anderer verdeckter Ermittlungsmaßnahmen sowie zur Umsetzung der Richtlinie 2006/24/EG, 27.06.2007, in: https://dserver.bundestag.de/btd/16/058/1605846.pdf, abgerufen am 16.03.2025. (zit.: BT-Drs. 16/5846, S.)

Deutscher Bundestag, Drucksache 18/5201, Gesetzentwurf der Fraktionen der CDU, CSU und SPD – Entwurf eines Gesetzes zur Neuordnung des Rechts der Syndikusanwälte, 16.06.2015, in: https://dserver.bundestag.de/btd/18/052/1805201.pdf, abgerufen am 16.03.2025. (zit.: BT-Drs. 18/5201, S.)

Deutscher Bundestag, Drucksache 18/9416, Gesetzentwurf der Bundesregierung, Entwurf eines Gesetzes zur Einführung der elektronischen Akte in Strafsachen und zur weiteren Förderung des elektronischen Rechtsverkehrs, 17.08.2016, in: https://dserver.bundestag.de/btd/18/094/1809416.pdf, abgerufen am 16.03.2025. (zit.: BT-Drs. 18/9416, S.)

Deutscher Bundestag, Drucksache 19/27441, Gesetzentwurf der Bundesregierung

Entwurf eines Gesetzes zur Regelung des Datenschutzes und des Schutzes der Privatsphäre in der Telekommunikation und bei Telemedien, 09.03.2021, in: https://dserver.bundestag.de/btd/19/274/1927441.pdf, abgerufen am 16.03.2025. (zit.: BT-Drs. 19/27441, S.)

Deutscher Bundestag, Drucksache 20/4909, Beschlussempfehlung und Bericht des Rechtsausschusses (6. Ausschuss), 14.12.2022, in: https://dserver.bundestag.de/btd/20/049/2004909.pdf, abgerufen am 16.03.2025. (zit.: BT-Drs. 20/4909, S.)

Deutscher Bundestag, Drucksache 20/6700, Beschlussempfehlung des Vermittlungsausschusses zu dem Gesetz für einen besseren Schutz hinweisgebender Personen sowie zur Umsetzung der Richtlinie zum Schutz von Personen, die Verstöße gegen das Unionsrecht melden, 09.05.2023, in: https://dserver.bundestag.de/btd/20/067/2006700.pdf, abgerufen am 16.03.2025 (zit.: BT-Drs. 20/6700, S.)

Deutscher Bundestag, Rechtsverbindlichkeit völkerrechtlicher Abkommen sowie der Beschlüsse von Einrichtungen der VN, 06.08.2019, in: https://www.bundestag.de/resource/blob/657804/df651f01ca4ea16a561eb788c3d7da84/

WD-2-086-19-pdf-data.pdf, abgerufen am 16.03.2025. (zit.: Deutscher Bundestag, Rechtsverbindlichkeit völkerrechtlicher Abkommen sowie der Beschlüsse von Einrichtungen der VN, 2019, S.)

Die Bundesregierung – Make it in Germany Stand: Januar 2023, in: https://www.make-it-in-germany.com/de/leben-in-deutschland/deutschland-kennen-lernen/wirtschaft, abgerufen am 16.03.2025. (zit.: Die Bundesregierung – Make it in Germany)

Der hessische Beauftragte für Datenschutz und Informationsfreiheit, Handreichung zur Verarbeitung personenbezogener Daten von Beschäftigten im Lichte des EuGH-Urteils vom 30. März 2023 Rs. C-34/21 vom 25. 4. 2023, in: https://datenschutz.hessen.de/sites/datenschutz.hessen.de/files/2023-04/handreichung_beschaeftigtendatenschutz_eugh-urteil.pdf, abgerufen am 16.03.2025. (zit.: HBfDI, Handreichung zur Verarbeitung personenbezogener Daten von Beschäftigten im Lichte des EuGH-Urteils vom 30. März 2023, S.)

Europäisches Parlament: Entwurf der Charta der Grundrechte der Europäischen Union, 11.10.2000, in: https://www.europarl.europa.eu/charter/pdf/04473_de.pdf, abgerufen am 16.03.2025. (zit.: Europäisches Parlament, Charte 4473/00, S.)

Justizministerinnen und Justizminister, Frühjahrskonferenz 25./26.05.2023, in: https://www.berlin.de/sen/justv/jumiko/beschluesse/top-ii16-unternehmens-sanktionen.pdf?ts=1685454559, abgerufen am 16.03.2025. (zit.: Justizministerinnen und Justizminister, Frühjahrskonferenz 25./26.05.2023, S.)

Koalition, Koalitionsvertrag zwischen CDU, CSU und SPD, Deutschlands Zukunft gestalten, 18. Legislaturperiode, 27.11.2013, in: https://archiv.cdu.de/sites/default/files/media/dokumente/koalitionsvertrag.pdf, abgerufen am 16.03.2025. (zit.: Koalitionsvertrag zwischen CDU, CSU und SPD für die 18. Legislaturperiode vom 27.11.2013, S.)

Koalition, Koalitionsvertrag zwischen CDU, CSU und SPD, Ein neuer Aufbruch für Europa, Eine neue Dynamik für Deutschland, Ein neuer Zusammenhalt für unser Land, 19. Legislaturperiode, 12.03.2018, in: https://www.bundesregierung.de/resource/blob/974430/847984/0bad5cb7d094fa10e-d58a431d2f907ce/2018-03-14-koalitionsvertrag-data.pdf?download=1, abgerufen am 16.03.2025. (zit.: Koalitionsvertrag zwischen CDU, CSU und SPD für die 19. Legislaturperiode vom 12.03.2018, Zeile)

Koalition, Koalitionsvertrag zwischen SPD, BÜNDNIS 90/DIE GRÜNEN UND FDP, Mehr Fortschritt Wagen – Bündnis für Freiheit, Gerechtigkeit und Nachhaltigkeit, 20. Legislaturperiode, 24.11.2021, in: https://www.spd.de/fileadmin/Dokumente/Koalitionsvertrag/Koalitionsvertrag_2021-2025.pdf, abgerufen am 16.03.2025. (zit.: Koalitionsvertrag zwischen SPD, Bündnis 90/Die Grünen und FDP für die 20. Legislaturperiode vom 24.11.2021, S.).

Sonstige Quellen

Koalition, Koalitionsvertrag zwischen CDU, CSU und SPD, Verantwortung für Deutschland, 21. Legislaturperiode, 09.04.2025, in: https://www.spd.de/fileadmin/Dokumente/Koalitionsvertrag_2025.pdf (zit.: Koalitionsvertrag zwischen CDU, CSU und SPD für die 21. Legislaturperiode vom 09.04.2025, Zeile)

Land Brandenburg, Verfassung des Landes Brandenburg, Stand 05.07.2022, in: https://bravors.brandenburg.de/de/gesetze-212792, abgerufen am 16.03.2025. (zit.: Land Brandenburg, Verfassung)

Rechtsprechungsverzeichnis

Europäischer Gerichtshof

EuGH, v. 16.10.2008 – C-339/07, BeckRS 2008, 71074: EuInsVO, Generalanwalt beim EuGH, Schlussantrag.

EuGH, v. 14.09.2010 – C-550/07, NJW 2010, 3557: Kein Schutz der Vertraulichkeit der Kommunikation zwischen Syndikusanwalt und Mandant.

EuGH, v. 30.03.2023 – C-34/21, NZA 2023, 487: Umgang mit Beschäftigtendaten – Anforderungen an spezifischere nationale Vorschriften.

EuGH, v. 19.12.2024 – C-65/23, NJW 2025, 637: Zulässigkeit der Verarbeitung personenbezogener Daten in Betriebsvereinbarung.

Europäischer Gerichtshof für Menschenrechte

EGMR, v. 23.11.1962 – Nr. 524/59, Nr. 617/59, Ofner und Hopfinger/Österreich: (https://hudoc.echr.coe.int/eng#{%22itemid%22:[%22001-73435%22]}).

EGMR, v. 28.03.1963 – Nr. 596/59, 789/60, Pataki und Dunshirn/Österreich: (https://www.google.de/url?sa=t&rct=j&q=&esrc=s&source=web&cd=&ved=2ahUKEwiex6ex-NOHAxVN_7sIHW4ON2AQFnoECBEQAQ&url=https%3A%2F%2Fhudoc.echr.coe.int%2Fapp%2Fconversion%2Fpdf%2F%3Flibrary%3DECHR%26id%3D001-73437%26filename%3DPATAKI%2520v.%2520AUSTRIA.pdf&usg=AOvVaw1rX24jYJx8vstvbvgF-LYp&opi=89978449).

EGMR, v. 06.12.1988 – Application no. 10590/83, Barberà, Messegué und Jabardo/Spanien: (https://hudoc.echr.coe.int/eng#{%22itemid%22:[%22001-57429%22]}).

EGMR, v. 18.01.1994 – Application no. 18731/91, Murray/Vereinigtes Königreich: (https://hudoc.echr.coe.int/eng#{%22itemid%22:[%22001-2577%22]}).

EGMR, v. 17.12.1996 – 19187/91, BeckRS 1996, 123460: proceedings, Appeal, judgment, applicant, APPLICATION, Court, Commission, decision, request, bank, Chamber, operation, provision, is, right to silence, United Kingdom, Court of Appeal.

EGMR, v. 20.03.2001 – 33501/96, BeckRS 2001, 165698: application, applicant, proceedings, registration, COURT, judgment, vehicle, decision, moreover, is, Convention, Chamber, police, name, prima facie, Burden of proof, default interest.

EGMR, v. 03.05.2001 – 1827/96 J.B./Schweiz, NJW 2002, 499: Schweigerecht im Steuer- und Strafverfahren.

EGMR, v. 12.12.2001 – Application no. 41087/98, Phillips/Vereinigtes Königreich: (https://hudoc.echr.coe.int/eng#{%22itemid%22:[%22001-59558%22]}).

EGMR, v. 11.07.2006 – 54810/00 Jalloh/Deutschland, NJW 2006, 3117: Zwangsweises Verabreichen von Brechmitteln bei Betäubungsmitteldelikt.

EGMR, v. 11.03.2009 – Application no. 4268/04, Panovits/Cyorus; (https://hudoc.echr.coe.int/eng#{%22itemid%22:[%22001-90244%22]}).

EGMR, v. 22.10.2024 – 1022/19, 1125/19, BeckRS 2024, 32743: Proceedings, Applicant, Court, investigation, moreover, decision, information, manipulation, diesel, absence, addition, Application, Selbstbestimmung, Convention, informationelle Selbstbestimmung, Recht auf informationelle Selbstbestimmung.

Bundesverfassungsgericht

BVerfG, v. 05.04.1952 – 2 BvH 1/52, BeckRS 1952, 191: Aktivlegitimation, Allgemeiner Gleichheitssatz, Landesrecht, Landesverfassungsgericht, Minderheitenschutz, nichtrechtsfähige Personenvereinigung, Parteifähigkeit, Rechtsgültigkeit, Rechtsschutzbedürfnis, Richtiger Antragsgegner, Verfassungsbeschwerde, Verfassungsgerichtsbarkeit, Verfassungsrechtsstreit, Verhältnisausgleich, Verhältniswahl, Verwaltungsstreitverfahren, Wahlgleichheit, Wahlrechtsgrundsätze, Wahlvorschlag, Weimarer Reichsverfassung.

BVerfG, v. 01.07.1953 – 1 BvL 23/51, NJW 1953, 1137: Verfassungswidrigkeit des BeanstandungsG.

BVerfG, v. 16.01.1957 – 1 BvR 253 56, NJW 1957, 297: Ausreisefreiheit, Beschränkung durch verfassungsmäßige Ordnung.

BVerfG, v. 10.05.1957 – 1 BvR 550/52, NJW 1957, 865: Männliche Homosexualität und GG.

BVerfG, v. 18.06.1957 – 1 BvR 41/57, NJW 1957, 1228: Anspruch auf rechtliches Gehör in gerichtlichen Verfahren.

BVerfG, v. 15.01.1958 – 1 BvR 400/57, NJW 1958, 257: Grundrecht der freien Meinungsäußerung, Kollision mit Zivilrecht.

BVerfG, v. 08.01.1959 – 1 BvR 396/55, NJW 1959, 427: Rechtliches Gehör – Anhörung des Beschuldigten im Haftverfahren der StPO.

BVerfG, v. 17.11.1959 – 1 BvL 80/53 u. a., NJW 1960, 139: Bedürfnisprüfung bei Zulassung von Prozeßagenten.

BVerfG, v. 29.05.1963 – 2 BvR 161/63, NJW 1963, 1195: Verfassungsmäßigkeit der Strafbarkeit der Verkehrsunfallflucht.

BVerfG, v. 05.08.1966 – 1 BvR 586/62 u. a., NJW 1966, 1603: Spiegel-Teilurteil.

BVerfG, v. 15.01.1970 – 1 BvR 13/68, NJW 1970, 555: Einsicht in Ehescheidungsakten durch Untersuchungsführer im Disziplinarverfahren.

BVerfG, v. 08.03.1972 – 2 BvR 28/71, NJW 1972, 1123: Beschlagnahme der ärztlichen Karteikarte eines Beschuldigten.

BVerfG, v. 18.01.1973 – 2 BvR 483/72, BeckRS 1973, 436: Anschuldigungsschrift, Beschwerdeführer, Beweisbeschlüsse, Disziplinarkammern, Disziplinarrechtliche, Disziplinarverfahren, Ehescheidungsakten, Ehescheidungsprozeß, Ehescheidungsverfahren, Einleitungsbehörde, Grundrechtsverletzung, Intimsphäre, Notwendige Auslagen, Öffentliches Interesse, Prozeßbevollmächtigter, Rechtsmittelbelehrung, Sachverständige Zeugen, Verantwortlichkeit, Verfassungsbeschwerde, Verwaltungsgerichte.

BVerfG, v. 31.01.1973 – 2 BvR 454/71, NJW 1973, 891: Unzulässige Verwertung einer heimlichen Tonbandaufnahme.

BVerfG, v. 08.10.1974 – 2 BvR 747/73 u. a., NJW 1975, 103: Recht des Zeugen auf einen Rechtsbeistand.

BVerfG, v. 15.01.1975 – 2 BvR 65/74, NJW 1975, 588: Kein Zeugnisverweigerungsrecht des Tierarztes im Strafverfahren.

BVerfG, v. 11.03.1975 – 2 BvR 135-139/75, NJW 1975, 1013: Verfassungsmäßigkeit der Beschränkung der Zahl der Verteidiger.

BVerfG, v. 24.05.1977 – 2 BvR 988/75, NJW 1977, 1489: Beschlagnahme von Klientenakten einer Suchtberatungsstelle.

BVerfG, v. 25.07.1979 – 2 BvR 878/74, NJW 1979, 1925: Beweislastverteilung im Arzthaftungsprozeß.

BVerfG, v. 09.07.1980 – 2 BvR 701/80, NJW 1980, 2698: Aufhebung unanfechtbarer Entscheidungen bei Verletzung des rechtlichen Gehörs.

BVerfG, v. 22.10.1980 – 2 BvR 1172, 1238/79, NJW 1981, 1087: Keine Inanspruchnahme von Rechtsetzungsbefugnissen durch Frachtenausschüsse nach Binnenschiffahrtsgesetz (sic!).

BVerfG, v. 13.01.1981 – 1 BvR 116/77, NJW 1981, 1431: Uneingeschränkte Aussagepflicht des Gemeinschuldners.

BVerfG, v. 17.02.1981 – 2 BvR 384/78, NJW 1981, 1829: Kein Zutrittsrecht betriebsfremder Gewerkschaftsangehöriger zu kirchlichen Einrichtungen.

BVerfG, v. 07.12.1981 – 2 BvR 1172/81, NJW 1982, 568: Verfassungsmäßigkeit der Fahrtenbuchauflage.

BVerfG, v. 08.03.1983 – 1 BvR 1078/80, NJW 1983, 1535: Zulassung zur Rechtsanwaltschaft trotz – nicht strafbaren – Eintretens für eine – nicht verbotene – verfassungsfeindliche Partei.

BVerfG, v. 23.04.1986 – 2 BvR 487/80, NJW 1987, 827: Keine unmittelbare Wirkung der Grundrechte im Privatrecht.

BVerfG, v. 14.01.1987 – 1 BvR 1052/79, BeckRS 1980, 43113: BetrAVG § 1 Unterstützungskassen Nr. 11.

BVerfG, v. 01.10.1987 – 2 BvR 1178/86 u. a., NJW 1988, 890: Beschlagnahme gegenüber Privaten auf Antrag des parlamentarischen Untersuchungsausschusses „Neue Heimat".

BVerfG, v. 21.04.1988 – 2 BvR 330/88, BeckRS 2010, 51411: Nichtannahme einer Verfassungsbeschwerde mangels hinreichender Erfolgsaussicht.

BVerfG, v. 14.09.1989 – 2 BvR 1062/87, NJW 1990, 563: Verwertbarkeit tagebuchartiger Aufzeichnungen des Beschuldigten im Strafverfahren.

BVerfG, v. 22.02.1994 – 1 BvL 30/88, NJW 1994, 1942: Grundsatz der Staatsfreiheit des Rundfunks und Festsetzung der Rundfunkgebühr.

BVerfG, v. 26.04.1994 – 1 BvR 1299/89, 1 BvL 6/90, NJW 1994, 2475: Ehelichkeitsanfechtung durch volljähriges Kind.

BVerfG, v. 26.04.1994 – 1 BvR 1689/88, NJW 1995, 1015: Vertraulichkeit der Äußerung im Strafvollzug.

BVerfG, v. 07.07.1995 – 2 BvR 1778/94, NStZ 1995, 599: Verwertung selbstbelastender Angaben des Angeklagten.

BVerfG, v. 07.07.1995 – 2 BvR 326/92, BeckRS 1995, 22077: Schweigen des Beschuldigten.

BVerfG, v. 26.02.1997 – 1 BvR 2172/96, NJW 1997, 1841: Herausgabe von Aufzeichnungen durch private Rundfunkveranstalter an Landesmedienanstalt.

BVerfG, v. 16.11.1998 – 2 BvR 510–96, NJW 1999, 779: Anordnung von Beugehaft gegenüber Zeugen.

BVerfG, v. 15.12.1999 – 1 BvR 653/96, NJW 2000, 1021: Veröffentlichung von Fotografien aus dem Privatleben Prominenter.

BVerfG, v. 14.12.2001 – 2 BvR 152/01, NJW 2002, 2164: Mitteilung von Prämienrückständen an Dritte durch Versicherer.

BVerfG, v. 30.01.2002 – 2 BvR 2248/00, NJW 2002, 1410: Beschlagnahme eines „Notebooks" mit Verteidigungsunterlagen.

BVerfG, v. 18.03.2003 – 2 BvB 1/01 u. a., NJW 2003, 1577: Einstellung des NPD-Verbotsverfahrens.

BVerfG, v. 30.04.2003 – 2 BvR 2045/02, NJW 2003, 2444: Amtsaufklärungspflicht und Beweiswürdigung im Strafverfahren – Alternativtäter.

BVerfG, v. 05.11.2003 – 2 BvR 1243/03, NJW 2004, 141: Auslieferung an die USA wegen Verdachts der Unterstützung von Al-Qaida.

BVerfG, v. 03.03.2004 – 1 BvR 2378/98 u. a., NJW 2004, 999: Verfassungsrechtliche Bewertung des „Großen Lauschangriffs".

BVerfG, v. 30.03.2004 – 2 BvR 1520/01 u.a., NJW 2004, 1305: Geldwäsche durch Strafverteidiger.

BVerfG, v. 15.10.2004 – 2 BvR 1316/04, NJW 2005, 352: Reichweite des Beweisverwendungsverbots des § 393 II AO.

BVerfG, v. 12.04.2005 – 2 BvR 1027/02, NJW 2005, 1917: Beschlagnahme von Datenträgern in Anwaltskanzlei.

BVerfG, v. 02.03.2006 – 2 BvR 2099/04, NJW 2006, 976: Wohnungsdurchsuchung zur Ermittlung von Kommunikationsdaten – Verdacht der Verletzung von Dienstgeheimnissen.

BVerfG, v. 21.08.2006 – 1 BvR 2606/04, NJW 2006, 3406: Bildberichterstattung über Privatperson ohne hervorgehobene Prominenz.

BVerfG, v. 15.03.2007 – 1 BvR 1887/06, NJW 2007, 2317: Widerruf der Zulassung zur Rechtsanwaltschaft wegen Tätigkeit als Kirchenbeamter.

BVerfG, v. 26.02.2008 – 1 BvR 1602/07 u.a., NJW 2008, 1793: Bildberichterstattung über Privat- und Alltagsleben prominenter Personen – Caroline von Hannover.

BVerfG, v. 31.03.2008 – 2 BvR 467/08, BeckRS 2008, 35240: Nichtannahme der Verfassungsbeschwerde zur Entscheidung.

BVerfG, v. 10.06.2009 – 1 BvR 1107/09, NJW 2009, 3357: Berichterstattung über Vergewaltigung durch einen ehemaligen Bundesliga-Fußballspieler.

BVerfG, v. 16.06.2009 – 2 BvR 902/06, NJW 2009, 2431: Sicherstellung und Beschlagnahme von E-Mails.

BVerfG, v. 05.04.2010 – 2 BvR 366/10, BeckRS 2010, 48605: Keine Verletzung der Unschuldsvermutung durch Berücksichtigung des Vorlebens.

BVerfG, v. 27.04.2010 – 2 BvL 13/07, BeckRS 2010, 50089: Unzulässige Vorlage zur Frage der Verfassungsmäßigkeit von § 393 Abs. 2 S. 2 AO mangels ausreichend dargelegter Entscheidungserheblichkeit.

BVerfG, v. 13.11.2010 – 2 BvR 1124/10, BeckRS 2011, 2618: Herausgabe einer IP-Adresse.

BVerfG, v. 04.05.2011 – 2 BvR 2365/09, u.a., NJW 2011, 1931: Verfassungswidrigkeit der Regelungen zur Sicherungsverwahrung.

BVerfG, v. 19.07.2011 – 1 BvR 1916/09, NJW 2011, 3428: Grundrechtsschutz juristischer Personen aus der EU – Verbreitungsrecht des Urhebers.

BVerfG, v. 12.10.2011 – 2 BvR 236/08 u.a., NJW 2012, 833: Verfassungsmäßigkeit der Neuregelung strafprozessualer verdeckter Ermittlungsmaßnahmen.

BVerfG, v. 07.12.2011 – 2 BvR 2500/09 u.a., NJW 2012, 907: Strafprozessuale Verwertbarkeit rechtswidrig erhobener Informationen – Betrug durch Abschluss von Lebensversicherungen.

BVerfG, v. 19.03.2013 – 2 BvR 2628/10 u. a., NJW 2013, 1058: Verfassungsmäßigkeit der gesetzlichen Regelung zur Verständigung im Strafprozess.

BVerfG, v. 25.08.2014 – 2 BvR 2048/13, NJW 2014, 3506: Beruhensprüfung bei Verletzung der Belehrungspflicht im Rahmen einer Verständigung.

BVerfG, v. 13.05.2015 – 2 BvR 616/13, BeckRS 2015, 48649: Zur strafprozessualen Verwertbarkeit sog. Beinahetreffer bei einem Reihengentest.

BVerfG, v. 12.01.2016 – 1 BvL 6/13, NJW 2016, 700: Partnerschaftsgesellschaft von Rechtsanwälten mit Ärzten und Apothekern.

BVerfG, v. 06.05.2016 – 2 BvR 890/16, BeckRS 2016, 46112: Erfolgreicher Antrag auf Erlass einer einstweiligen Anordnung betreffend die Auslieferung an das Vereinigte Königreich Großbritannien und Nordirland.

BVerfG, v. 31.05.2016 – 1 BvR 1585/13, NJW 2016, 2247: Verwendung von Samples zur künstlerischen Gestaltung.

BVerfG, v. 14.07.2016 – 2 BvR 2474/14, NJW-Spezial 2016, 600: Durchsuchung nach Tatverdacht durch anonymen Hinweis.

BVerfG, v. 06.09.2016 – 2 BvR 890/16, BeckRS 2016, 51435: Die eingeschränkte Verwertung des Schweigens zum Nachteil des Angeklagten hindert die Auslieferung an das Vereinigte Königreich nicht.

BVerfG, v. 11.04.2018 – 1 BvR 3080/09; NJW 2018, 1667: Ausstrahlung des allgemeinen Gleichheitssatzes in das Zivilrecht – Stadionverbot.

BVerfG, v. 12.06.2018 – 2 BvR 1738/12, u. a., NJW 2018, 2695: Verfassungsmäßigkeit des Streikverbots für Beamte.

BVerfG, v. 27.06.2018 – 2 BvR 1405/17 u. a., NJW 2018, 2385: Durchsuchung einer Anwaltskanzlei im Zuge des VW-Diesel-Skandals.

BVerfG, v. 27.06.2018 – 2 BvR 1287/17 u. a., NJW 2018, 2392: Beschwerdeberechtigung ausländischer juristischer Personen – VW-Diesel-Skandal.

BVerfG, v. 27.06.2018 – 2 BvR 1562/17, NJW 2018, 2395: Beschwerdebefugnis von Anwälten bei Durchsuchung der Kanzlei – VW-Diesel-Skandal.

BVerfG, v. 06.11.2019 – 1 BvR 16/13, NJW 2020, 300: Verbreitung personenbezogener Berichte durch Suchmaschinen – Recht auf Vergessen I.

BVerfG, v. 01.12.2020 – 2 BvR 916/11 u. a., BeckRS 2020, 40592: Erfolglose Verfassungsbeschwerde zur elektronischen Aufenthaltsüberwachung (elektronische Fußfessel).

BVerfG, v. 30.11.2021 – 2 BvR 2038/18, BeckRS 2021, 39283: Sicherstellung von beschlagnahmefreien Gegenständen bei einem Steuerberater.

BVerfG, v. 25.01.2022 – 2 BvR 2462/18, BeckRS 2022, 1707: Verfassungsbeschwerde: Verurteilung wegen Nichterteilung einer Auskunft nach dem Gefahrgutbeförderunsgesetz (sic!).

BVerfG, v. 07.06.2023 – 2 BvR 2139/21, NJW 2023, 2712: Gehörsverletzung wegen mangelhafter Urteilsbegründung – Inkassokosten.

BVerfG, v. 09.08.2023 – 2 BvR 1373/20, NJW 2023, 3350: Strafrechtliche Verurteilung im „Apotheker"-Verfahren.

Verfassungsgerichtshof

VerfGH Rheinland-Pfalz, v. 24.2.2014 – VGH B 26/13, NJW 2014, 1434: Verwertung angekaufter Steuerdaten-CDs im strafrechtlichen Ermittlungsverfahren.

Reichsgericht und Bundesgerichtshof

RG, v. 19.11.1938 – II 69/38, http://resolver.staatsbibliothek-berlin.de/RGN226746409E3B0377: Besteht eine Verpflichtung zur Auskunftserteilung, wenn durch die Auskunft die Verwirklichung eines Anspruchs auf Beseitigung einer nur sachlich widerrechtlichen Beeinträchtigung vorbereitet werden soll?

BGH, v. 28.10.1953 – II ZR 149/52, NJW 1954, 70: Auskunfterteilung; Verbindung von Klage auf Rechnungslegung mit Antrag auf Leistung des Offenbarungseides.

BGH, v. 16.02.1954 – 1 StR 578/53, NJW 1954, 649: Lügendetektor.

BGH, v. 25.05.1954 – I ZR 211/53, NJW 1954, 1404: Veröffentlichung von Briefen und privaten Aufzeichnungen lebender Verfasser.

BGH, v. 11.11.1954 – 3 StR 422/54, NJW 1955, 230: Verschweigung durch Zeugen.

BGH, v. 02.04.1957 – VI ZR 9/56, NJW 1957, 1146: Umgrenzung des allgemeinen Persönlichkeitsrechts.

BGH, v. 21.01.1958 – GSSt 4/57, NJW 1958, 557: Belehrung über das Auskunftsverweigerungsrecht.

BGH, v. 14.02.1958 – I ZR 151/56, NJW 1958, 827: Ersatz des immateriellen Schadens bei Verletzung von Persönlichkeitsrechten.

BGH, v. 11.10.1960 – 5 StR 333/60, NJW 1960, 2300: Erfordernisse einer Beschlagnahme.

BGH, v. 21.02.1964 – 4 StR 519/63, NJW 1964, 1139: Tagebuchaufzeichnungen als unzulässiges Beweismittel.

BGH, v. 30.04.1964 – VII ZR 156/62, NJW 1964, 1469: Zum Anspruch auf Auskunftserteilung gegen den Architekten.

BGH, v. 04.08.1964 – 3 StB 12/63, BeckRS 1964, 103681: Beschlagnahme von Beweismitteln.

BGH, v. 09.02.1977 – 3 StR 498/76, NJW 1977, 769: Begriff der tätigen Reue.

BGH, v. 22.02.1978 – 2 StR 334/77, NJW 1978, 1390: Prozessuale Auswirkungen von Tonbandaufnahmen.

BGH, v. 18.04.1980 – 2 StR 731/79, NJW 1980, 1700: Umfang des Beweisverwertungsverbots.

BGH, v. 29.01.1981 – II ZR 92/80, NJW 1981, 1270: Kündigung eines GmbH-Geschäftsführers.

BGH, v. 24.03.1981 – KRB 4/80, BeckRS 2010, 17534: Unterlassene Aufsichtsmaßnahme in einem Betrieb – Verstoß gegen das Kartellgesetz.

BGH, v. 18.09.1981 – 2 StR 370/81, NJW 1982, 59: Ausschluß der Öffentlichkeit.

BGH, v. 10.08.1982 – 5 StR 264/82, BeckRS 1982, 741: Anstiftung durch polizeilichen Lockspitzel.

BGH, v. 24.11.1982 – 3 StR 384/82, NJW 1983, 692: Tateinheit zwischen Einfuhr und Handel von Betäubungsmitteln. Einfuhr von Betäubungsmitteln in nicht geringer Menge.

BGH, v. 13.01.1983 – 1 StR 737/81, NJW 1983, 765: Begriff der Drohung mit einem empfindlichen Übel.

BGH, v. 17.03.1983 – 4 StR 640/82, NJW 1983, 1570: Verwertbarkeit eines durch „V-Mann" aufgezeichneten Telefongesprächs.

BGH, v. 24.08.1983 – 3 StR 136/83, NJW 1984, 2772: Folgen eines fehlerhaften Abhörbeschlusses.

BGH, v. 08.10.1984 – II ZR 175/83, BeckRS 1984, 31072035: BGH: Urteil vom 08.10.1984 – II ZR 175/83.

BGH, v. 05.06.1985 – I ZR 53/83, NJW 1986, 1244: Zweitverwertung auf Videocassetten – GEMA-Vermutung I.

BGH, v. 13.06.1985 – I ZR 35/83, NJW 1986, 1247: Vorführung pornographischer Filme – GEMA-Vermutung II.

BGH, v. 25.06.1985 – KRB 2/85, BeckRS 1985, 1172: Aufsichtspflicht des Betriebsinhabers.

BGH, v. 24.07.1985 – 3 StR 127/85, BeckRS 1985, 738: Berücksichtigung des Verhaltens nach der Tat bei der Strafzumessung.

BGH, v. 21.08.1985 – I BJs 280/81-4-3 StB 15/85,StV 1986, 282: Glaubhaftmachung des Auskunftsverweigerungsrechts.

BGH, v. 11.03.1986 – KRB 7/85, BeckRS 1986, 31168713: Ordnungswidrigkeiten nach § 130 OWiG.

BGH, v. 09.04.1986 – 3 StR 551/85, NJW 1986, 2261: Unzulässige Tonbandaufnahmen.

BGH, v. 23.07.1986 – 3 StR 164/86, NJW 1987, 1955: Grenzen des Zeugnisverweigerungsrechts.

BGH, v. 28.04.1987 – 5 StR 666/86, NJW 1987, 2525: Beweisverwertungsverbot einer V-Mann-Aussage.

BGH, v. 07.05.1987 – 1 BJs 46/86 u. a., StV 1987, 328: Umfang des Auskunftsverweigerungsrechts.

BGH, v. 09.07.1987 – 4 StR 223/87, NJW 1988, 1037: Verwertbarkeit von Aufzeichnungen des Angeklagten.

BGH, v. 21.04.1988 – I ZR 210/86, NJW 1989, 389: Auskunftanspruch der GEMA – Kopierwerk.

BGH, v. 27.04.1988 – 3 StR 499/87, BeckRS 1988, 4967: Hauptverhandlung, Revision, Freiheitsstrafe, Strafkammer, Verletzung, Erpressung, Beteiligung, Verfahrensfehler, Zustimmung, Ablehnung, Verwertung, Schweigerecht, Darlegungslast, Form, Zeugnis verweigert.

BGH, v. 23.02.1989 – IX ZR 236/86, NJW-RR 1989, 614: Verpflichtung eines freien Mitarbeiters zur Meldung von Wettbewerbsverstößen.

BGH, v. 02.03.1989 – 2 StR 733/88, BeckRS 1989, 2410: Unvollständige Aufklärungshilfe.

BGH, v. 30.11.1989 – III ZR 112/88, NJW 1990, 510: Ansprüche des Konkursverwalters auf Handakten eines Rechtsanwalts.

BGH, v. 15.12.1989 – 2 StR 167/89, NJW 1990, 1426: Strafrechtliche Verwertbarkeit von im Asylverfahren gemachten Angaben.

BGH, v. 11.06.1990 – II ZR 159/89, NJW 1990, 3151: Grenzen der prozessualen Aufklärungspflicht.

BGH, v. 20.06.1990 – 3 StR 74/90, BeckRS 1990, 3737: Erfolgreiche Revision der Angeklagten hinsichtlich des Strafausspruchs.

BGH, v. 08.10.1990 – 4 StR 420/90, BeckRS 1990, 03980: Betäubungsmittel, Strafmilderung.

BGH, v. 07.11.1990 – 2 StR 439/90, NJW 1991, 990: Keine Strafvereitelung durch Bezahlung der Geldstrafe durch Dritte.

BGH, v. 03.12.1991 – 1 StR 120/90, NJW 1992, 763: Beschlagnahme von Patientenkarteien bei Verdacht des Abbruchs der Schwangerschaft – Fall Theissen.

BGH, v. 26.05.1992 – 5 StR 122/92, NJW 1992, 2304: Keine nachteiligen Schlüsse aus Schweigen des Angeklagten.

BGH, v. 30.03.1994 – StB 2/94, NJW 1994, 1970: Zulässigkeit der Beschlagnahme von Tagebüchern eines Stasi-Agenten.

BGH, v. 01.06.1994 – 1 BJs 182/83 – StB 10/94, NJW 1994, 2839: Voraussetzungen des Auskunftsverweigerungsrechts.

BGH, v. 21.07.1994 – 1 StR 83/94, NJW 1994, 2904: Verwertbarkeit von Aussagen gegenüber V-Männern – Fall Sedlmayr.

BGH, v. 22.02.1995 – 3 StR 552/94, BeckRS 1995, 2262: Einsatz von Vertrauenspersonen der Polizei.

BGH, v. 20.06.1995 – 1 StR 230/95, BeckRS 1995, 4419: Betäubungsmittel, Aufklärungserfolg.

BGH, v. 19.07.1995 – 2 StR 758/94, NJW 1995, 2933: Strafbarkeit des Vertriebs „gepanschten" Weins – Glykol-Skandal.

BGH, v. 20.12.1995 – 5 StR 680/94, BeckRS 1996, 860: Verwertung eines von der Polizei veranlaßten Telefongesprächs.

BGH, v. 13.05.1996 – GSSt 1/96, NJW 1996, 2940: Verwertbarkeit von Angaben gegenüber Privatperson.

BGH, v. 21.04.1997 – II ZR 175/95, NJW 1997, 1926: Pflicht des Aufsichtsrats zur Geltendmachung von Schadensersatzansprüchen gegen Vorstandsmitglieder – ARAG/Garmenbeck.

BGH, v. 17.06.1997 – 1 StR 187/97, BeckRS 1997, 5305: Aufklärungshilfe – Vorliegen eines Aufklärungserfolgs.

BGH, v. 13.11.1997 – 4 StR 404/97, NJW 1998, 840: Beschlagnahmeverbot nach Verfahrenstrennung.

BGH, v. 25.02.1998 – 3 StR 490–97, NJW 1998, 1963: Beschlagnahme- und Verwertungsverbot von Verteidigungsunterlagen.

BGH, v. 21.07.1998 – 5 StR 302–97, NJW 1998, 3506: Beweisverwertungsverbot von belastenden Angaben gegenüber wahrsagender Mitgefangener.

BGH, v. 11.11.1998 – 3 StR 181–98, NJW 1999, 959: Beginn der Abhörfrist mit richterlicher Anordnung.

BGH, v. 18.11.1999 – 1 StR 221/99, NJW 2000, 1123: „Strafzumessungslösung" auch bei konventionswidrigem Lockspitzeleinsatz.

BGH, v. 02.12.1999 – 4 StR 547/99, BeckRS 1999, 30085221: BGH vom 02.12.1999, 4 StR 547/99.

BGH, v. 19.01.2000 – 3 StR 531/99, NJW 2000, 1962: Aktive Verweigerung des Angeklagten an der Mitwirkung zur Sachaufklärung – anwaltlicher Beistand für Speicheltest.

BGH, v. 30.05.2001 – 1 StR 42/01, NJW 2001, 2981: Verletzung des Grundsatzes des fairen Verfahrens durch Tatprovokation einer Vertrauensperson.

BGH, v. 18.12.2001 – 1 StR 444/01, NJW 2002, 908: Strafmilderung durch Aufklärungserfolg bei Betäubungsmitteldelikt.

BGH, v. 11.06.2002 – 2 StE 7-01/6 StB 12/02, BeckRS 2002, 4992: Auskunftsverweigerung, Kriminelle Vereinigung.

BGH, v. 02.06.2005 – StB 8/05, NJW 2005, 2166: Auskunftsverweigerung bei nicht rechtskräftigem Rechtsfolgenausspruch.

BGH, v. 07.03.2006 – 1 StR 316/05, NJW 2006, 1361: Prüfung der Verwertbarkeit von Erkenntnissen aus einer Telekommunikationsüberwachung.

BGH, v. 06.02.2007 – X ZR 117/04, NJW 2007, 1806: Auskunftsanspruch für Schadensschätzung – Meistbegünstigungsvereinbarung.

BGH, v. 26.07.2007 – 3 StR 104/07, NJW 2007, 3138: Selbstbelastungsfreiheit und vernehmungsähnliche Befragung durch Verdeckten Ermittler.

BGH, v. 18.12.2008 – 4 StR 455/08, NJW 2009, 1427: Verwertbarkeit von Angaben bei Unterbleiben „qualifizierter" Belehrung.

BGH, v. 27.01.2009 – 4 StR 296/08, BeckRS 2009, 8599: Drängen zur Aussage.

BGH, v. 19.03.2009 – IX ZR 58/08, NJW 2009, 1820: Kündigungsrecht des Insolvenzverwalters hinsichtlich Mitgliedschaft in Wohnungsgenossenschaft.

BGH, v. 29.04.2009 – 1 StR 701/08, NJW 2009, 2463: Heimliche Überwachung von Ehegattengesprächen in U-Haft-Besuchsraum.

BGH, v. 29.04.2010 – 5 StR 18/10, NJW 2010, 2595: Strafrechtliche Haftung eines Arztes bei Brechmitteleinsatz zu Beweissicherungszwecken.

BGH, v. 18.05.2010 – 5 StR 51/10, BeckRS 2010, 13972: Verwertungsverbot für verdecktes Verhör eines inhaftierten Beschuldigten.

BGH, v. 31.03.2011 – 3 StR 400/10, BeckRS 2011, 14181: Erfolglose Revision.

BGH, v. 03.11.2011 – III ZR 105/11, NJW 2012, 58: Rechenschaftspflicht des Vermieters von Ferienwohnungen gegenüber dem Eigentümer.

BGH, v. 01.12.2011 – III ZR 71/11, NJW 2012, 917: Verjährung des Anspruchs auf Auskunft über Kontenbewegungen.

BGH, v. 18.02.2014 – StB 8/13, NJW 2014, 1314: Löschung aufgezeichneter Telefonate zwischen Verteidiger und Beschuldigtem.

BGH, v. 07.08.2014 – 3 StR 318/14, BeckRS 2014, 17480: Unzulässige Verwertung anfänglichen Schweigens des Angeklagten.

BGH, v. 30.12.2014 – 2 StR 439/13, BeckRS 2015, 2134: Bestehen eines Verdachts und Verfolgungswille als Voraussetzungen der Beschuldigteneigenschaft – qualifizierte Belehrung erforderlich.

BGH, v. 04.02.2016 – StB 23/14, BeckRS 2016, 6847: Anwendbarkeit des § 160a Abs. 1 iVm § 53 Abs. 1 S. 1 Nr. 2 StPO bei Anbahnung eines Mandatsverhältnisses.

BGH, v. 15.03.2016 – 5 StR 26/16, BeckRS 2016, 6506: Erfolgsaussichten einer Unterbringung in einer Entziehungsanstalt.

BGH, v. 07.06.2016 – 5 StR 215/16, BeckRS 2016, 11275: Volle Überprüfung der Wesentlichkeit der Aufklärungshilfe durch das Revisionsgericht.

BGH, v. 16.06.2016 – III ZR 282/14, BeckRS 2016, 12373: Auskunftspflicht einer Mediaagentur gegenüber ihrem Auftraggeber über Rabatte und Vergünstigungen.

BGH, v. 15.07.2016 – GSSt 1/16, NJW 2017, 94: Verwertung richterlicher Aussage nach Zeugnisverweigerung – Belehrungsanforderung.

BGH, v. 12.10.2016 – 5 StR 134/15, NJW 2017, 578: Gesellschaftsrechtliche Pflichtverletzung und Untreuevorwurf – HSH Nordbank AG.

BGH, v. 01.12.2016 – 3 StR 230/16, NJW 2017, 1828: Wiederaufnahme nach Nichteröffnung – Zeugenseitig provozierte Selbstbelastung.

BGH, v. 20.12.2016 – 1 StR 177/16, NJW 2017, 899: Verschweigen von Verurteilungen im Einbürgerungsverfahren.

BGH, v. 09.05.2017 – 1 StR 265/16, BeckRS 2017, 114578: Steuerhinterziehung und Bestechung bei Rüstungsgeschäften.

BGH, v. 26.07.2017 – 3 StR 52/17, BeckRS 2017, 127539: Verstoß gegen das Verwendungsverbot nach § 97 Abs. 1 S. 3 InsO – Kein Verfahrenshindernis.

BGH, v. 06.03.2018 – 1 StR 277/17, NJW 2018, 1986: Selbstbelastungsfreiheit und Beweisverwertungsverbot – Vernehmungsbegriff.

BGH, v. 03.05.2018 – 3 StR 390/17, BeckRS 2018, 28269: Notwendigkeit einer qualifizierten Belehrung nach Verstoß gegen § 136 Abs. 1 S. 2 StPO bei der ersten Beschuldigtenvernehmung.

BGH, v. 08.08.2018 – 2 ARs 121/18, NJW 2018, 3261: Beschlagnahmevereitelung durch Strafverteidiger.

BGH, v. 18.09.2018 – II ZR 152/17, NJW 2019, 596: Verjährung von Schadensersatzansprüchen der AG gegen Aufsichtsratsmitglied.

BGH, v. 12.03.2019 – 2 StR 244/18, BeckRS 2019, 5424: Heimlich gefertigte Audioaufzeichnung bei Telefongespräch führt nicht zu einem Beweisverwertungsverbot.

BGH, v. 23.05.2019 – 1 StR 127/19, BeckRS 2019, 15738: Befreiung von der steuerlichen Erklärungspflicht (nemo tenetur).

BGH, v. 11.07.2019 – 1 StR 94/19, BeckRS 2019, 23771: Revision von Angeklagten – Aufhebung von Strafausspruch.

BGH, v. 10.10.2019 – 1 StR 413/19, BeckRS 2019, 27657: Aufklärungshilfe bei BtM-Taten.

BGH, v. 12.12.2019 – 5 StR 464/19, BeckRS 2019, 35561: Eigennützigkeit beim täterschaftlichen Handeltreiben mit Betäubungsmitteln.

BGH, v. 17.12.2020 – 3 StR 403/19, BeckRS 2020, 43998: Folgeverträge nach Ausgliederung eines kommunalen Krankenhausbetriebes auf eine Eigengesellschaft – Untreueprüfung.

BGH, v. 22.12.2020 – 1 StR 165/19, BeckRS 2020, 36337: Strafvereitelung im Amt bei einem unter polizeilicher Beobachtung begangenem Diebstahl einer Vertrauensperson.

BGH, v. 27.01.2021 – 3 StR 628/19, BeckRS 2021, 7195: Untreue bei Kreditvergabe.

BGH, v. 03.03.2021 – 4 StR 338/20, BeckRS 2021, 7199: Gewahrsamsverhältnisse bei Geldausgabe am Geldautomaten.

BGH, v. 10.02.2022 – 3 StR 329/21, BeckRS 2022, 4355: Insolvenzverfahren, Revision, Staatsanwaltschaft, Angeklagte, Verletzung, Beteiligung, Generalbundesanwalt, Rechtsmittel, Strafkammer, Vorsatz, Hauptverhandlung, Angeklagten, Pflichtverletzung, Untreue, Verletzung materiellen Rechts, bedingter Vorsatz, billigend in Kauf.

BGH, v. 27.04.2022 – 5 StR 278/21, BeckRS 2022, 13180: Festsetzung und Höhe einer Geldbuße gegen eine juristische Person als Nebenbeteiligte (Verbandsgeldbuße) bei Verurteilung deren Geschäftsführers wegen Bestechung.

BGH, v. 13.12.2022 – VI ZR 280/21, GRUR-RS 2022, 40562: Bildberichterstattung über Tod einer Schauspielerin.

BGH, v. 15.02.2023 – 2 StR 270/22, BeckRS 2023, 8184: Zulässigkeit des Einsatzes von Vertrauenspersonen zur Befragung des Beschuldigten und Voraussetzungen der Verwertbarkeit von deren Angaben vor dem Vernehmungsbeamten.

BGH, v. 14.03.2023 – VI ZR 338/21, NJW 2023, 2479: Unzulässige Berichterstattung über Gesundheitszustand.

BGH, v. 24.04.2024 – IV ZR 399/22, BeckRS 2024, 10732: Auskunft über Prämienanpassungen in der privaten Krankenversicherung.

Bayerisches Oberstes Landesgericht

BayObLG, v. 17.11.1970 – RReg. 5 St 131/70, NJW 1971, 768: Abwehr des unbefugten Parkens auf einem Droschkenplatz.

BayObLG, v. 10.01.1984 – RReg. 5 St 126/83, NJW 1984, 1246: Verwertung einer als Zeuge gemachten Aussage.

BayObLG, v. 27.07.1989 – RReg. 2 St 119/89, BeckRS 1989, 1703: Unzulässigkeit der Verwertung einer heimlichen Tonbandaufnahme.

BayObLG, v. 29.06.1994 – 3 ObOWi 54/94, NJW 1994, 2303: Kein Fortsetzungszusammenhang bei Besorgung der Rechtsangelegenheiten mehrerer Personen.

BayObLG, v. 06.04.2022 – 101 VA 122/21, BeckRS 2022, 42055: Anfechtung von Justizverwaltungsakten: Zulässigkeit und Begründetheit eines Fortsetzungsfeststellungsantrags in Ansehung einer telefonisch mitgeteilten Vermutung.

BayObLG, v. 30.09.2022 – 201 StRR 58/22, BeckRS 2022, 28619: Umfang des Revisionsbegehrens der Staatsanwaltschaft – Auslegung der Sachrüge auch als Verfahrensrüge – Verwertbarkeit von Nachweisen aus einer Suchtmittelkontrolle in einem Strafverfahren nach § 145a StGB – Bestimmtheit einer Weisung im Rahmen der Führungsaufsicht.

Oberlandesgerichte

OLG Braunschweig, v. 18.11.2021 – 3 Kap 1/16, BeckRS 2021, 35001: Verletzung der Pflicht zur Ad-hoc-Publizität im Dieselskandal.

OLG Celle, v. 19.09.1984 – 3 Ss 116/84, NJW 1985, 640: Verwertbarkeit der Zeugenaussage des Haftpflichtsachbearbeiters gegen den Versicherungsnehmer.

OLG Düsseldorf, v. 15.11.1991 – VI 14/89, NStZ 1992, 349: Verwertungsverbot für Angaben eines Asylbewerbers.

OLG Düsseldorf, v. 28.07.2005 – VII-Verg 42/05, BeckRS 2005, 11753: Vergabestelle, Bietergemeinschaft, Verhandlungsverfahren, Teilnahmewettbewerb, Bewerbung, aufschiebende Wirkung.

OLG Frankfurt a.M., v. 28.03.1951 – Ss 79/51, NJW 1951, 614: OLG Frankfurt, Urteil vom 28. 3. 1951 – Ss 79/51.

OLG Frankfurt a.M., v. 22.08.2001 – 2 AuslS 10/01, BeckRS 2001, 30200839: OLG Frankfurt a.M. vom 22.08.2001, 2 AuslS 10/01.

OLG Hamburg, v. 14.06.2005 – IV-1/04, NJW 2005, 2326: Verlesbarkeit ausländischer Vernehmungsübersichten – Fall El Motassadeq.

OLG Hamm, v. 27.07.1982 – 5 Ss 644/82, NJW 1982, 2676: Versuchte Nötigung durch Androhung der weiteren Hausbesetzung.

OLG Hamm, v. 29.06.2010 – 15 Wx 312/09, BeckRS 2010, 18482: Eintragung einer klarstellenden Satzungsbestimmung zur Haftung eines Vorstandsmitglieds in das Genossenschaftsregister.

OLG Hamm, v. 24.11.2016 – 27 U 105/15, BeckRS 2016, 130998: Abberufung des Geschäftsführers einer GmbH aus wichtigem Grund sowie außerordentliche Kündigung des Anstellungsvertrags wegen bewusster Mitwirkung an der Vorlage gefälschter Prüfprotokolle.

OLG Karlsruhe, v. 06.09.1988 – 1 Ss 68/88, NStZ 1989, 287: Verwertungsverbot für Anhörung durch Arbeitgeber.

OLG Karlsruhe, v. 25.06.2018 – 15 W 86/18, NJW 2018, 3110: Löschung von „Hassreden“ gemäß Nutzungsbedingungen eines sozialen Netzwerks.

OLG Karlsruhe, v. 01.03.2022 – 1 W 85/21, BeckRS 2022, 3332: Abberufung eine Aufsichtsratsmitglieds aus wichtigem Grund aus verhaltensbedingten Gründen.

OLG Koblenz, v. 06.07.1995 – 2 Ws 391/95 u.a., BeckRS 1995, 31161753: Unerlaubten Handeltreibens mit Betäubungsmitteln in nicht geringer Menge Beschwerde gegen Beschlagnahmebeschluß.

OLG Nürnberg, v. 30.03.2022 – 12 U 1520/19, NZG 2022, 1058: Umfang der Pflichten eines Geschäftsführers im Rahmen der internen Unternehmensorganisation.

OLG Saarbrücken, v. 08.01.2024 – 1 Ws 283/23, BeckRS 2024, 687: Keine Führungsaufsichtsweisungen nur für den Fall einer noch ungewissen Wiedereinreise des Verurteilten nach Deutschland.

OLG Stuttgart, v. 19.06.2012 – 20 W 1/12, BeckRS 2012, 14126: Darlegungs- und Beweislast eines Aufsichtsratsmitglieds über Einhaltung von Sorgfaltspflichten.

Kammergericht

KG, v. 07.07.1994 – (3) 1 Ss 175/93 (60/93), BeckRS 1994, 124005: Verwertung von Erkenntnissen des Versicherers im Strafverfahren.

KG, v. 30.04.1997 – Kart 10/96, BeckRS 1997, 11944: Kartellbußgeld, Verletzung der Aufsichtspflicht, Geschäftsführer, Aufsichtsmaßnahme, Preisempfehlung, Ordnungswidrigkeit, Außendienstmitarbeiter, Unternehmen.

KG, v. 30.10.2008 – 4 Ws 104/08, BeckRS 2009, 20795: Auskunftsverweigerung, Beteiligung.

KG, v. 01.08.2014 – 4 Ws 77/14 – 141 AR 379/14, BeckRS 2014, 19173: Auskunftsverweigerungsrecht eines wegen der verfahrensgegenständlichen Tat(en) rechtskräftig verurteilten Zeugen.

Landgerichte

LG Augsburg, v. 12.09.2017 – 1 Qs 339/17, BeckRS 2017, 129942: Kein Anfangsverdacht bei anonymer Anzeige – Unverletzlichkeit der Wohnung.

LG Berlin, v. 01.03.1989 – 520 Qs 22/89, NJW 1990, 1058: Beschlagnahme von Anwaltsunterlagen.

LG Berlin, v. 30.11.2005 – 505 Qs 185/05, NStZ 2006, 470: Zeugnisverweigerungsrecht eines Syndikusanwalts.

LG Bochum, v. 16.03.2016 – 6 Qs 1/16, BeckRS 2016, 15626: Durchsuchungsbeschluss, Beschlagnahmeanordnung, Beschwerdeverfahren, Rechtsanwalt.

Zeugnisverweigerungsrecht, Beschlagnahmeverbot, Kanzleiräume, Beweismittel, informationelle Selbstbestimmung.

LG Bonn, v. 29.09.2005 – 37 Qs 27/05, BeckRS 2008, 3704: Beschlagnahme, Syndikusanwalt, Wettbewerbsbeschränkung, Absprache, Ermittlungsverfahren, Durchsuchungsbeschluss, Verteidiger, Unterlagen, Beschlagnahmeverbot, Recht auf effektive Verteidigung, Anspruch auf faires Verfahren.

LG Bonn, v. 21.06.2012 – 27 Qs 2/12, BeckRS 2012, 18104: Beschlagnahme, Verteidigerunterlagen.

LG Braunschweig, v. 23.06.1978 – 36 Qs 67/78, NJW 1978, 2108: Beschlagnahme von Geschäftsunterlagen eines Mandanten bei einem Steuerbevollmächtigten.

LG Braunschweig, v. 21.07.2015 – 6 Qs 116/15, BeckRS 2015, 16005: Beschlagnahme, Anwaltsunterlagen.

LG Dortmund, v. 06.12.2007 – 2 O 379/07, BeckRS 2008, 360: Aussetzung.

LG Frankfurt (Oder), v. 07.04.2022 – 22 Qs 8/22, BeckRS 2022, 13112: Beschlagnahmeverbot.

LG Fulda, v. 12.10.1999 – 2 Qs 51/99, NJW 2000, 1508: Rechtswidrigkeit eines Durchsuchungsbeschlusses für eine Kanzlei bei Beschlagnahmeverbot.

LG Gießen, v. 25.06.2012 – 7 Qs 100/12, BeckRS 2012, 15498: Beschlagnahme, Verteidigerunterlagen.

LG Göttingen, v. 11.12.2007 – 8 KLs 1/07, BeckRS 2008, 3494: Steuerstrafverfahren, Steuergeheimnis.

LG Halle, v. 07.06.2017 – 2 Qs 1/2017 u. a., BeckRS 2017, 123356: Steuerhinterziehung, Durchsuchungsbeschluss, Finanzamt, Durchsuchung, Einkommensteuer, Steuerberater, Unterlagen.

LG Hamburg, v. 15.10.2010 – 608 Qs 18/10, NJW 2011, 942: Beschlagnahme von Interviewprotokollen nach „Internal Investigations“ – HSH Nordbank.

LG Hamburg, v. 17.08.2016 – 618 Qs 30/16, BeckRS 2016, 19347: Beschlagnahme, Ermittlungsverfahren, Rechtsanwalt, Schriftverkehr, Sicherstellung.

LG Hamburg, v. 20.01.2023 – 608 Qs 12/22, NZWiSt 2023, 232: Grenzen von Durchsuchungen und Sicherstellungen in Anwaltskanzleien.

LG Hamburg, v. 25.05.2023 – 326 T 16/23, BeckRS 2023, 13950: Verhältnismäßigkeit des Erlasses eines insolvenzrechtlichen Haftbefehls zur Erzwingung von Mitwirkungs- und Auskunftspflichten.

LG Köln, v. 02.04.1959 – 34 Qs 76/59, NJW 1959, 1598: Schweigepflicht ärztlicher Gehilfen.

LG Köln, v. 01.09.2022 – 112 Qs 11/22, BeckRS 2022, 56232: Staatsanwaltschaft, Beschwerde, Verteidiger, Durchsuchung, Feststellung, Sicherstellung, Beamten, Steuerhinterziehung, Unterlagen, Beschuldigter, Ermittlungsverfahren, Organisationseinheit, Steuerfahndung, Versicherung, keinen Erfolg, beschlagnahmefreie Unterlagen.

LG Köln, v. 31.01.2024 – 118 Qs 12/23, BeckRS 2024, 1868: Beschwerde, Staatsanwaltschaft, Verteidiger, Feststellung, Durchsuchung, Aufhebung, Anordnung, Ermessen, Sicherstellung, Vollstreckung, Unterlagen, Verfahren, Beschlagnahme, Rechtswidrigkeit, Beschwerde der Staatsanwaltschaft, Feststellung der Rechtswidrigkeit, angefochtene Entscheidung.

LG Mannheim, v. 03.07.2012 – 24 Qs 1/12, 24 Qs 2/12, BeckRS 2012, 15309: Beurteilung der Beschlagnahmefreiheit von Unterlagen im Gewahrsam eines Zeugen vorrangig nach § 97 Abs. 2 StPO.

LG Mannheim, v. 15.10.2020 – 24 Qs 3/20, 24 Qs 4/20, BeckRS 2020, 44104: Beschlagnahmeschutz der Kommunikation des formell Beschuldigten mit seinem Rechtsanwalt bereits vor formeller Einleitung des Ermittlungsverfahrens wirksam.

LG München I, v. 10.12.2013 – 5 HK O 1387/10, BeckRS 2014, 1998: Compliance-Pflichten des Vorstandes einer AG.

LG München I, v. 11.12.2018 – 6 Qs 16/18, NStZ 2019, 172: Verteidigungsunterlagen unterliegen unabhängig vom Zeitpunkt ihrer Entstehung nicht der Beschlagnahme.

LG München I, v. 05.09.2024 – 5 HK O 17452/21, BeckRS 2024, 22856: Vorstandshaftung für unbesicherte Darlehnsvergabe („Wirecard").

LG Münster, v. 02.05.2003 – 2 O 658/02, IWW-Abrufnummer 031141: https://www.iww.de/quellenmaterial/id/7790.

LG Nürnberg-Fürth, v. 22.12.2017 – 18 Qs 49/17, NJW-Spezial 2018, 154: Datenbeschlagnahme – Erledigung nach Löschung.

LG Oldenburg, v. 31.07.2018 – 2 KLs 98/16, BeckRS 2018, 46724: Verteidiger, Rechtsanwalt, Verteidigung, Untreue, Anstiftung, Durchsuchung, Beschlagnahme, Zeugnisverweigerungsrecht.

LG Potsdam, v. 24.04.2007 – 27 Ns 23/06, BeckRS 2009, 5070: Mitwirkungspflicht, Beweisverwertungsverbot.

LG Stuttgart, v. 21.07.2000 – 11 Qs 46/00, BeckRS 2001, 2152: Angaben des Gemeinschuldners im Insolvenzverfahren – Beweiserhebungs- und -verwertungsverbot.

LG Stuttgart, v. 26.03.2018 – 6 Qs 1/18, BeckRS 2018, 8717: Durchsuchung, Beschlagnahme, vorläufige Sicherstellung zur Durchsicht, Interne Untersuchung, Verteidigerunterlagen, Sicherstellung, Mietvertrag, Zeugenbefragung, Protokoll, Verteidigung.

Bundesarbeitsgerichte

BAG, v. 10.05.1957 – 1 AZR 249/56, NJW 1957, 1688: Vereinbarung von Zölibatsklauseln.

BAG, v. 12.05.1958 – 2 AZR 539/56, NJW 1958, 1747: Überwachungs- und Kontrollpflicht von leitenden Angestellten gegenüber anderen Arbeitnehmern.

BAG, v. 04.06.1964 – 2 AZR 310/63, NJW 1964, 1918: Außerordentliche Verdachtskündigung; Suspendierung.

BAG, v. 19.04.1967 – 3 AZR 347/66, BeckRS 1967, 11: Ansprüche auf Karenzentschädigung, Auskunftsanspruch, Auskunftspflicht, Ausscheiden des Arbeitnehmers, Ausscheidende Arbeitnehmer, Beendigung des Arbeitsverhältnisses, Entscheidungen des Landesarbeitsgerichts, Klage auf Auskunftserteilung, Klageabweisungsantrag, Konkurrenzklausel, Rechnungslegungspflicht, Revisionsbegründung, Vereinbartes Wettbewerbsverbot, Verletzung des Wettbewerbsverbots, Verletzungshandlung, Verurteilung zur Auskunftserteilung, Wettbewerbsabrede, Wettbewerbsklauseln, Wettbewerbsvereinbarungen, Wettbewerbsverstoß.

BAG, v. 22.04.1967 – 3 AZR 347/66, AP BGB § 242 Auskunftspflicht Nr. 12: § 242 BGB Auskunftspflicht Nr. 12.

BAG, v. 18.06.1970 – 1 AZR 520/69, NJW 1970, 1861: Haftung des Arbeitnehmers, Treuepflicht; Anwendbarkeit des § 254 BGB.

BAG, v. 21.10.1970 – 3 AZR 479/69, AP BGB § 242 Auskunftspflicht Nr. 13: BGB § 242 Auskunftspflicht Nr. 13.

BAG, v. 27.01.1972 – 2 AZR 157/71, NJW 1972, 1486: Anwendung der Ausschlußfrist auf die außerordentliche Verdachtskündigung.

BAG, v. 24.03.1981 – 1 ABR 32/78, NJW 1982, 404: Sicherheitswettbewerb als mitbestimmungspflichtige Maßnahme.

BAG, v. 08.12.1981 – 1 ABR 91/79, BeckRS 1981, 108301: BetrVG 1972 § 87 Lohngestaltung Nr. 6.

BAG, v. 10.04.1984 – 1 ABR 69/82, NJW 1984, 2431: Mitbestimmung bei Zugangssicherungssystem.

BAG, v. 11.11.1986 – 1 ABR 17/85 NZA 1987, 207: Mitbestimmung bei Überstunden.

BAG, v. 17.03.1987 – 1 ABR 59/85, NZA 1987, 747: Unterrichtungsanspruch des Betriebsrats.

BAG, v. 30.04.1987 – 2 AZR 283/86, NZA 1987, 699: Anhörung des Arbeitnehmers bei Verdachtskündigung.

BAG, v.15.07.1987 – 5 AZR 215/86, NJW 1988, 791: Vermerk über Gesundheitszustand in Personalakte.

BAG, v. 04.04.1990 – 5 AZR 299/89, NZA 1990, 933: Personalakteneinsicht durch Sparkassenrevision.

BAG, v. 11.12.1990 – 3 AZR 407/89, BeckRS 1990, 31017310: Schadenersatz bei Wettbewerbsverletzung, Verjährung.

BAG, v. 20.08.1991 – 1 AZR 326/90, NZA 1992, 225: Rechtsfolgen der Nichtbeachtung eines Mitbestimmungsrechts.

BAG, v. 12.11.1991 – 1 ABR 12/91, BeckRS 1991, 30739286: Unterlassung von Überstunden.

BAG, v. 03.12.1991 – GS 2/90, NZA 1992, 749: Mitbestimmung – Anrechnung übertariflicher Zulage.

BAG, v. 21.09.1993 – 1 ABR 28/93, NZA 1994, 375: Zustimmung des Betriebsrats zu Personalfragebogen in Tendenzbetrieb.

BAG, v. 28.09.1994 – 1 AZR 870/93, NZA 1995, 277: Tariferhöhung, übertarifliches Gehalt und Mitbestimmung.

BAG, v. 08.11.1994 – 1 ABR 22/94, NZA 1995, 857: Mitbestimmung des Betriebsrats bei Führung von Krankengesprächen.

BAG, v. 07.09.1995 – 8 AZR 828/93, NZA 1996, 637: Auskunftspflicht des Arbeitnehmers.

BAG, v. 18.01.1996 – 6 AZR 314/95, NZA 1997, 41: Nebentätigkeit – Tarifliche Anzeigepflicht.

BAG, v. 23.07.1996 – 1 ABR 17/96, NZA 1997, 216: Mitbestimmung des Betriebsrats bei Dienstreisen.

BAG, v. 06.11.1997 – 2 AZR 162/97, NZA 1998, 374: Verwirkung des Klagerechts – Geltendmachung der Nichtigkeit eines Aufhebungsvertrags.

BAG, v. 16.06.1998 – 1 ABR 68/97, NZA 1999, 49: Mitbestimmung bei Maßnahmen der Unfallverhütung.

BAG, v. 15.12.1998 – 1 ABR 9/98, NZA 1999, 722: Unterrichtung des Betriebsrats über Beschäftigung freier Mitarbeiter.

BAG, v. 08.06.1999 – 1 ABR 28/97, NZA 1999, 1345: Unterrichtung des Betriebsrats über Mitarbeiterbefragung.

BAG, v. 02.12.1999 – 2 AZR 724/98, NZA 2001, 107: Dienstordnungsangestellte – Fragebogenlüge – Personalfragebogen.

BAG, v. 28.03.2000 – 1 ABR 16/99, NZA 2000, 1294: Verzicht auf tarifliche Leistungen als Einstellungsvoraussetzung.

BAG, v. 18.04.2000 – 1 ABR 22/99, NZA 2000, 1176: Mitbestimmung bei Schaltertests durch Drittunternehmen.

BAG, v. 05.12.2002 – 2 AZR 478/01, BeckRS 2003, 40697: Drohung; Fristlose Kündigung; Private Telefongespräche; Ausschlussfrist.

BAG, v. 28.08.2003 – 2 ABR 48/02, NZA 2004, 501: Tendenzschutz und Zustimmung des Betriebsrats zur Kündigung eines als Tendenzträger beschäftigten Betriebsratsmitglieds.

BAG, v. 06.11.2003 – 2 AZR 631/02, BeckRS 2004, 40716: Fristlose Kündigung, Verdachtskündigung.

BAG, v. 16.11.2004 – 1 ABR 53/03, NZA 2005, 416: Hinzuziehung eines Betriebsratsmitglieds zu Personalgesprächen über Aufhebungsvertrag.

BAG, v. 01.12.2004 – 5 AZR 664/03, NZA 2005, 289: Stufenklage bei Auskunft über Gehaltserhöhung – Gleichbehandlungsgrundsatz.

BAG, v. 11.04.2006 – 9 AZR 500/05, NJW 2006, 3803: Bonusmeilen – Herausgabeanspruch des Arbeitgebers.

BAG, v. 24.04.2007 – 1 ABR 47/06, NZA 2007, 819: Vorübergehende Verlängerung der betriebsüblichen Arbeitszeit – Mitbestimmungsrecht.

BAG, v. 28.11.2007 – 5 AZR 952/06, BeckRS 2008, 50549: Arbeitnehmerstatus und Rechtskraft der Kündigungsschutzklage – Anhörung des Arbeitnehmers vor Ausspruch einer Verdachtskündigung.

BAG, v. 29.11.2007 – 2 AZR 724/06, BeckRS 2008, 51136: Verdachtskündigung auf Grund schwerwiegender Pflichtverletzung.

BAG, v. 13.12.2007 – 2 AZR 537/06, NZA 2008, 1008: Verwertbarkeit betriebsverfassungswidrig erlangter Information im Kündigungsschutzprozess.

BAG, v. 19.02.2008 – 1 ABR 84/06, NZA 2008, 1078: Auskunftsanspruch des Betriebsrats auch ohne konkrete Anhaltspunkte für Regelverstoß.

BAG, v. 13.03.2008 – 2 AZR 961/06, NZA 2008, 809: Anhörung des Arbeitnehmers bei Verdachtskündigung wegen Sachbeschädigung.

BAG, v. 28.08.2008 – 2 AZR 15/07, NZA 2009, 193: Kündigung wegen mehrjähriger Entgegennahme von Entgelt ohne Erbringung einer Arbeitsleistung.

BAG, v. 23.10.2008 – 2 AZR 483/07, NJW 2009, 1897: Fristlose Kündigung eines Tendenzträgers wegen Nebenpflichtverletzungen – Auflösungsantrag.

BAG, v. 23.06.2009 – 2 AZR 606/08, NZA 2009, 1011: Abmahnung wegen Verweigerung der Teilnahme an einem Einzel-Personalgespräch.

BAG, v. 23.03.2010 – 1 ABR 81/08, NZA 2011, 811: Grenzen des Unterrichtungsanspruchs des Betriebsrats.

BAG, v. 25.11.2010 – 2 AZR 801/09, NZA-RR 2012, 222: Beteiligung des Personalrats bei Verdachtskündigung.

BAG, v. 14.12.2011 – 10 AZR 283/10, NZA 2012, 501: Geschäftsunterlagen – Herausgabeanspruch des Arbeitgebers.

BAG, v. 07.02.2012 – 1 ABR 63/10, NZA 2012, 685: Mitbestimmung bei Parkplatznutzung.

BAG, v. 24.05.2012 – 2 AZR 206/11, NZA 2013, 137: Außerordentliche Verdachtskündigung.

BAG, v. 25.10.2012 – 2 AZR 700/11, NZA 2013, 371: Kündigung wegen Verdachts einer Straftat.

BAG, v. 14.11.2012 – 10 AZR 783/11, NZA 2013, 1150: Tantieme gemäß Partnervergütungssystem – Zielvereinbarung.

BAG, v. 20.06.2013 – 2 AZR 546/12, NZA 2014, 143: Beweisverwertungsverbot bei heimlicher Schrankkontrolle – Betriebsverfassungsrechtliches Verwertungsverbot.

BAG, v. 21.11.2013 – 2 AZR 797/1, NZA 2014, 243: Tat- und Verdachtskündigung auf Grund heimlicher Videoüberwachung.

BAG, v. 20.03.2014 – 2 AZR 1037/12, NZA 2014, 1015: Anhörung des Arbeitnehmers vor Verdachtskündigung – Kündigungserklärungsfrist.

BAG, v. 15.04.2014 – 1 ABR 2/13, NZA 2014, 551: Ladung zur Betriebsratssitzung ohne Tagesordnung – Zulässigkeit von Torkontrollen.

BAG, v. 12.02.2015 – 6 AZR 845/13, NZA 2015, 741: Verdachtskündigung eines Berufsausbildungsverhältnisses.

BAG, v. 25.02.2015 – 1 AZR 642/13, NZA 2015, 442: Pausengewährung – Vergütung wegen Annahmeverzugs.

BAG, v. 18.06.2015 – 2 AZR 256/14, NZA 2016, 287: Verdachtskündigung – beschränkte Unterrichtung des Betriebsrats und Nachschieben von Kündigungsgründen.

BAG, v. 04.11.2015 – 7 AZR 972/13, NZA 2016, 1339: Keine geringere Bemessung des Arbeitsentgeltes eines Betriebsratsmitglieds nach Beendigung der Amtszeit.

BAG, v. 22.09.2016 – 2 AZR 848/15, NZA 2017, 112: „Zufallsfund“ bei verdeckter Videoüberwachung – Außerordentliche Kündigung.

BAG, v. 20.10.2016 – 2 AZR 395/15, NZA 2017, 443: Verdeckte Videoüberwachung wegen Verdachts der Begehung von Straftaten unter Verletzung eines Zutrittsverbots.

BAG, v. 02.11.2016 – 10 AZR 596/15, NZA 2017, 183: Personalgespräch während der Arbeitsunfähigkeit – Weisungsrecht.

BAG, v. 13.12.2016 – 1 ABR 7/1, NZA 2017, 657: Mitbestimmung bei Einrichtung und Betrieb einer Facebookseite.

BAG, v. 25.04.2017 – 1 ABR 46/15, NZA 2017, 1205: Mitbestimmung bei technischer Überwachungseinrichtung – Belastungsstatistik.

BAG, v. 27.07.2017 – 2 AZR 681/16, NZA 2017, 1327: Überwachung mittels Keylogger – Verwertungsverbot.

BAG, v. 26.09.2017 – 1 ABR 27/16, NZA 2018, 108: Einsichtsrecht des örtlichen Betriebsrats in unternehmensweite Bruttoentgeltlisten.

BAG, v. 25.04.2018 – 2 AZR 611/17, NZA 2018, 1405: Außerordentliche Tat- und Verdachtskündigung – Beweiswürdigung und Anhörung des Arbeitnehmers.

BAG, v. 23.08.2018 – 2 AZR 133/18, BeckRS 2018, 20923: Offene Videoüberwachung im Kassiererraum (sic!) – „Datenschutz kein Tatenschutz".

BAG, v. 31.01.2019 – 2 AZR 426/18, NZA 2019, 893: Ordentliche Verdachtskündigung – Sachvortragsverwertungsverbot.

BAG, v. 07.02.2019 – 6 AZR 75/18, NJW 2019, 1966: Verletzung des Gebots fairen Verhandelns bei Aufhebungsvertrag.

BAG, v. 23.03.2021 – 1 ABR 31/19, NZA 2021, 959: Auskunfts- und Beseitigungsanspruch des Betriebsrats – kein Rückgängigmachen eines mitbestimmungswidrigen Zustands.

BAG, v. 29.04.2021 – 8 AZR 276/20, NJW 2021, 3483: Kosten für Compliance-Ermittlungen einer spezialisierten Anwaltskanzlei.

BAG, v. 24.02.2022 – 6 AZR 333/21, NJW 2022, 1970: Aufhebungsvertrag nur zur sofortigen Annahme – Gebot fairen Verhandelns.

BAG, v. 05.05.2022 – 2 AZR 483/21, NZA 2022, 1276: Zwei-Wochen-Frist für außerordentliche Kündigung bei Compliance-Untersuchungen.

BAG, v. 15.11.2022 – 1 ABR 5/22, NZA 2023, 369: Vorlage ärztlicher AU vom ersten Tag an – Mitbestimmung des Betriebsrats.

BAG, v. 31.01.2023 – 9 AZR 456/20, NZA 2023, 757: Urlaubsabgeltung und Beginn der Verjährung nach neuerer Senatsrechtsprechung.

BAG, v. 26.04.2023 – 10 AZR 137/22, NJW 2023, 2592: Gleichbehandlungsgrundsatz bei variabler Vergütung und Auskunftsanspruch.

BAG, v. 29.06.2023 – 2 AZR 296/22, BeckRS 2023, 15327: Kein Verwertungsverbot bei offener Videoüberwachung unter Verstoß gegen Datenschutznormen.

BAG, v. 17.10.2023 – 1 ABR 24/22, NZA 2024, 201: Kein Mitbestimmungsrecht des Betriebsrats bei Smartphone-Verbot während der Arbeitszeit.

Landesarbeitsgerichte

LAG Baden-Württemberg, v. 23.02.2010 – 8 Sa 9/09, BeckRS 2011, 65963: Verdachtskündigung, Vertrauensbruch, Vertragsverletzung, Abmahnung, Diebstahl.

LAG Baden-Württemberg, v. 06.02.2012 – 4 Sa 55/11, BeckRS 2012, 212660: Wechselschichtzulage, Arbeitszeit, Arbeitsbereitschaft, Tarifvertragsparteien, Wochenarbeitszeit, regelmäßige Arbeitszeit, Arbeitsleistung, Betriebsrat.

LAG Baden-Württemberg, v. 03.11.2021 – 10 Sa 7/21, BeckRS 2021, 40512: Außerordentliche Kündigung – Beginn der zweiwöchigen Kündigungserklärungsfrist – Ausschlussfrist – Zurechnung des Wissens von nicht kündigungsberechtigten Personen – Organisationsmangel – Compliance – Schadensersatz.

LAG Baden-Württemberg, v. 27.01.2023 – 12 Sa 56/21, BeckRS 2023, 11981: Streit um Wirksamkeit mehrerer Kündigungen sowie Entschädigungs- und Verzugslohnansprüche.

LAG Berlin, v. 26.05.1986 – 9 Sa 24/86, NJW 1986, 2528: Schadensersatz bei schuldhaft verspäteter Schlüsselherausgabe und dadurch erforderlicher Grundstücksbewachung.

LAG Berlin-Brandenburg, v. 16.02.2011 – 4 Sa 2132/10, BeckRS 2011, 72743: Abgespreicherte E-Mails nicht mehr durch Fernmeldegeheimnis geschützt.

LAG Berlin-Brandenburg, v. 30.03.2012 – 10 Sa 2272/11, BeckRS 2012, 69524: Abmahnungserfordernis bei Arbeitszeitbetrug.

LAG Berlin-Brandenburg, v. 17.04.2012 – 7 Sa 42/12, BeckRS 2012, 73099: Arbeitsvertrag, Kündigung, Zeiterfassungssystem, Hinweispflicht, Rücksichtnahmepflicht, Interessenabwägung, Abmahnung.

LAG Berlin-Brandenburg, v. 19.06.2012 – 3 TaBV 2149/11, BeckRS 2012, 71381: Mitbestimmung, Ärztliche Bescheinigung.

LAG Berlin-Brandenburg, v. 14.01.2016 – 5 Sa 657/15, BeckRS 2016, 67048: Arbeitgeber, Arbeitnehmer, Internet, Privatnutzung, Kündigungsschutzprozess, Arbeitszeit.

LAG Berlin-Brandenburg, v. 16.10.2017 – 5 Sa 462/17, BeckRS 2017, 139402: Ordentliche Kündigung wegen 11jähriger Tätigkeit, Fragebogenlüge, Kündigung, Fragebogen, DDR, Offenbarung.

LAG Chemnitz, v. 17.01.2007 – 2 Sa 808/05, MMR 2008, 416: Kündigung wegen Löschens von Outlook auf dem vom Arbeitgeber zur Verfügung gestellten Notebook.

LAG Düsseldorf, v. 28.10.1999 – 2 Sa 1047/99, BeckRS 2000, 40393: Arbeitnehmer, Revision, Abfindung, Arbeitgeber, Kaufpreis, Berufung, Bank, Straftat, Staatsanwaltschaft, Abmahnung, Aktien, Beweisaufnahme, Widerspruch, Zahlung, Zahlung einer Abfindung, schriftliche Vereinbarung, Abschluss der Vereinbarung.

LAG Düsseldorf, v. 14.11.2005 – 10 TaBV 46/05, BeckRS 2005, 43849: Mitbestimmung bei Erlass konzernweiter Ethikrichtlinien – Telefonhotline.

LAG Düsseldorf, v. 12.12.2005 – 10 TaBV 46/05, BeckRS 2006, 40003: LAG Düsseldorf: Entscheidung vom 12.12.2005 – 10 TaBV 46/05.

LAG Düsseldorf, v. 02.08.2023 – 12 TaBV 46/22, BeckRS 2023, 26256: Personelle Einzelmaßnahme, Personalfragebögen, Beurteilungsgrundsätze.

LAG Hamm, v. 23.05.2001 – 14 Sa 497/01, BeckRS 2001, 41047: Arbeitsrecht, Personalgespräch.

LAG Hamm, v. 03.03.2009 – 14 Sa 1689/08, BeckRS 2009, 74015: Auskunftspflicht, Arbeitnehmer, Wettbewerb, Selbstbelastung, strafbares Verhalten, Wettbewerbsverbot, Arbeitnehmer, Auskunftsanspruch, Ermittlungsverfahren, Selbstbelastung, Selbstbezichtigung.

LAG Hamm, v. 27.10.2009 – 14 Sa 681/09, BeckRS 2015, 70104: Auskunftsanspruch, Verjährungsfrist, Geheimhaltung, wettbewerbswidriges Verhalten, Schadensersatz.

LAG Hamm, v. 24.10.2019 – 17 Sa 1038/18, BeckRS 2019, 38478: Arbeitnehmer, erkennungsdienstliche Behandlung, Auslauffrist, Strafverfahren, Beweisaufnahme, Eigentumsverhältnis, Abhandenkommen, Geldbestellung, Kündigungsschutzklage, Plombe, Marke.

LAG Hamm, v. 27.01.2023 – 13 Sa 1007/22, BeckRS 2023, 19574: Wirksamkeit einer fristlosen, hilfsweise ordentlichen Kündigung wegen Arbeitzeitbetrugs.

LAG Hessen, v. 21.09.2018 – 10 Sa 601/18, BeckRS 2018, 36472: Informationelle Selbstbestimmung, Betriebsvereinbarung, negative Prognose, Meinungsfreiheit, Pflichtverletzung, Krankheit, Arbeitnehmer, außerordentliche Kündigung, Arbeitszeit, Wiederholungsgefahr.

LAG Köln, v. 19.07.2019 – 9 TaBV 125/18, BeckRS 2019, 29458: Internal Investigations, Mitbestimmungswidrige Überprüfung und Weiterleitung von Arbeitnehmer-E-Mails an private Ermittler, Beseitigungsanspruch des Betriebsrats, Löschung mitbestimmungswidrig erhobener Daten und Vernichtung darauf basierender Dokumente, Beweisverwertungsverbot, Betriebsrat, Kontrollmaßnahmen, Nutzung, Betriebsvereinbarung, Unterlassung, Mitbestimmungsrecht, Überwachungsaufgabe des Betriebsrats, Löschung der persönlichen Daten, Auskunftsanspruch, Verarbeitung personenbezogener Daten.

LAG Köln, v. 15.04.2020 – 4 Ta 55/20, BeckRS 2020, 9071: Weiterbeschäftigung nach außerordentlicher Kündigung.

LAG Mecklenburg-Vorpommern, v. 16.10.2018 – 5 TaBV 7/18, BeckRS 2018, 33889: Zustimmungsersetzungsverfahren, außerordentliche Kündigung, Betriebsratsmitglied, Vertraulichkeitsvereinbarung, wichtiger Grund.

LAG Mecklenburg-Vorpommern, v. 25.10.2022 – 5 Sa 27/22, BeckRS 2022, 36601: Kein Schadensersatz wegen nutzlos gewordener Bauarbeiten.

LAG Niedersachsen, v. 06.03.2007 – 11 TaBV 101/06, BeckRS 2007, 48467: Mitbestimmungsrecht des Betriebsrats bei Beurteilungsgrundsätzen.

LAG Niedersachsen, v. 31.05.2010 – 12 Sa 875/09, BeckRS 2010, 70504: Außerordentliche Kündigung wegen exzessiven privaten E-Mail-Verkehrs während der Arbeitszeit.

LAG Niedersachsen, v. 19.04.2021 – 15 Sa 557/20, BeckRS 2021, 52966: Wirksamkeit einer außerordentlichen Kündigung – Auflösung des Arbeitsverhältnisse.

LAG Niedersachsen, v. 09.11.2021 – 10 Sa 176/21, BeckRS 2021, 52965: Anspruch auf Auskunft über Gehaltsanpassungen und deren Gewährung.

LAG Nürnberg, v. 21.12.2010 – 6 TaBVGa 12/10, NZA-RR 2011, 130: Mitbestimmung bei Arbeitsvertragsformularen – Zuständigkeit des Gesamtbetriebsrats.

LAG Rheinland-Pfalz, v. 04.05.2015 – 2 Sa 403/14, BeckRS 2015, 71243: Arbeitsverhältnis, Auskunftsanspruch, Herausgabeanspruch, Kündigung, Schadensersatzanspruch, Treu und Glauben.

LAG Rheinland-Pfalz, v. 26.02.2016 – 1 Sa 358/15, BeckRS 2016, 68356: Kündigung wegen Verstoßes gegen Compliance Regeln.

LAG Rheinland-Pfalz, v. 24.01.2019 – 5 Sa 226/18, BeckRS 2019, 6752: Schadensersatz wegen Verletzung des Wettbewerbsverbots.

LAG Rheinland-Pfalz, v. 20.07.2023 – 5 Sa 318/22, BeckRS 2023, 27976: Anfechtung der Eigenkündigung eines Arbeitnehmers wegen widerrechtlicher Drohung mit fristloser Kündigung – Gebot fairen Verhandelns.

LAG Sachsen, v. 02.08.2021 – 1 Sa 321/20, BeckRS 2021, 44586: Kein Dienstwagen für Betriebsratsmitglied wegen Begünstigungsverbots.

LAG Schleswig-Holstein, v. 01.07.2014 – 1 Sa 63/14, BeckRS 2014, 72704: Rechtenschaftspflicht (sic!), Auskunft, Rechenschaftspflicht.

LAG Thüringen, v. 10.09.1998 – 5 Sa 104/97, NZA-RR 1999, 399: Sittenwidrigkeit des Schuldanerkenntnisses einer in einem Lebensmittelmarkt angestellten Kassiererin.

Arbeitsgerichte

ArbG Berlin, v. 08.07.2005 – 28 Ca 10016/05, BeckRS 2005, 151882: Verdachtskündigung, Kündigungsschutzklage, Weiterbeschäftigungsklage, Beurteilungsbasis, Gegenäußerung, Verdacht strafbarer Handlungen, Personalgespräche.

ArbG Düsseldorf, v. 27.06.2014 – 14 BV 104/13, BeckRS 2015, 65116: Arbeitnehmer, Arbeitgeber, Betriebsrat, Arzt, Betriebsvereinbarung, Einigungsstelle, Leistungen, Unterlassung, Zustimmung, Software, Beteiligung, grobe Pflichtverletzung, Sinn und Zweck.

ArbG Hamburg, v. 22.02.2011 – 21 Ca 195/10, BeckRS 2011, 73102: Auskunftsanspruch, Unterlassung, Wettbewerbsverbot.

ArbG Hagen, v. 16.05.2012 – 3 Ca 2597/11, BeckRS 2012, 71401: Anhörung des Betriebsrats, Außerordentliche fristlose Kündigung, Außerordentliche Kündigung, Betriebsangehörige, Betriebsratsanhörung, Betriebsratsvorsitzender, Darlegungs- und Beweislast, Fortsetzung des Arbeitsverhältnisses, Fristlose Kündigung, Hilfsweise ordentliche Kündigung, Kammertermin, Klageantrag, Kündigung des Arbeitsverhältnisses, Kündigung eines Arbeitsverhältnisses, Kündigungsausspruch, Ordentliche Kündigung, Rechtswirksamkeit, Stellungnahme des Betriebsrats, Umfassende Interessenabwägung, Widerspruch des Betriebsrats.

ArbG Köln, v. 14.10.2020 – 9 Ca 1130/20, BeckRS 2020, 39149: Außerordentliche Kündigung, hilfsweise ordentliche Kündigung, Kündigungserklärung, wichtiger Grund, unverzügliche Zurückweisung, Vollmacht, Prokurist, behinderte interne Ermittlungen, Compliance-Abteilung.

ArbG Saarlouis, v. 19.10.1983 – 1 Ca 493/83, BeckRS 2011, 69046: Auskunft, Arbeitsrecht.

Bundesverwaltungsgerichte

BVerwG, v. 03.12.1974 – I C 11/73, NJW 1975, 893: Rechtsweg gegen strafprozessuale Maßnahmen der Polizei.

BVerwG, v. 09.08.1983 – 1 C 7/82, NVwZ 1984, 376: Auskunftsverweigerungsrecht im Rahmen des Fahrpersonalgesetzes.

Hessischer Verwaltungsgerichtshof

VGH Kassel, v. 19.05.2009 – 6 A 2672/08, NJW 2009, 2470: Schutz des Fernmeldegeheimnisses bei E-Mails auf Betriebsrechnern.

Verwaltungsgerichte

VG Bremen, v. 07.05.2019 – 4 V 642/19, BeckRS 2019, 8153: Allgemeines Persönlichkeitsrecht, Äußerung, informationelle Selbstbestimmung, mediale Vorverurteilung, Medien, Medienberichterstattung, Staatsanwalt, Staatsanwaltschaft, Unterlassen von Äußerungen, Vorverurteilung, Titel = Unterbindung von Auskünften an Medien, staatsanwaltliche Äußerungsbefugnisse, Informationsinteresse, Privatleben.

VG Düsseldorf, v. 21.04.2017 – 17 K 2685/17.A, BeckRS 2017, 114904: Asylverfahren, Darlegungspflicht, Flüchtlingseigenschaft, Heimatland, Herkunftsland, Abschiebungsverbot, Selbstbelastungsfreiheit.

VG Frankfurt a. M., v. 06.11.2008 – 1 K 628/08, BeckRS 2008, 41196: Telekommunikation, Auskunft.

Weitere ausländische Rechtsprechung

Schweizer Bundesgericht, 19.01.2024 – 4A_368/2023: https://www.bger.ch/ext/eurospider/live/de/php/aza/http/index.php?highlight_docid=aza://19-01-2024-4A_368-2023&lang=de&zoom=&type=show_document.

United States Court of Appeals, Third Circuit, 19.12.1991 – 951 F.2d 1414, Westinghouse Electric Corp. v. Republic of Philippines: https://casetext.com/case/westinghouse-v-republic-of-the-philippines.

United States Court of Appeals, Ninth Circuit. 10.05.2012. No. 11–71844, Pacific. Picture Corp v. United States District Court for the Central District of California, Los Angeles: https://www.acc.com/sites/default/files/2021-01/2021-01-27%20SoCal%20IHCC%20Panel%203%20Handout-In%20re%20Pacific%20Pictures%20Corp.pdf.